U0723924

国博名家丛书

王春法 主编

俞伟超卷（上）

俞伟超 著

北京时代华文书局

国博名家丛书

俞伟超卷

编辑委员会

总　序

王春法
中国国家博物馆馆长

2022年是中国国家博物馆创建110周年。7月8日，习近平总书记给国家博物馆老专家回信，充分肯定国家博物馆的发展成就和重要贡献，对国家博物馆在新时代担负的使命任务提出明确要求，希望坚持正确政治方向，坚定文化自信，深化学术研究，创新展览展示，推动文物活化利用，推进文明交流互鉴，守护好、传承好、展示好中华文明优秀成果，为发展文博事业、为建设社会主义文化强国不断作出新贡献。编纂一套体现国家博物馆不同发展时期学术研究贡献的《国博名家丛书》，整理出版国家博物馆110年来学术名家的著作，传承弘扬国家博物馆老一辈专家学者的为人风范、治学精神、道德文章，彰显一代代国博人的坚守奉献、情怀担当，正是贯彻落实习近平总书记给国家博物馆老专家回信精神，坚持守正创新，推动新时代国家博物馆事业高质量发展的一项重要举措。

中国国家博物馆是近现代中华民族奋斗史的见证者和亲历者。无论是筚路蓝缕的初创时期，还是新中国成立后激情澎湃的建设岁月，无论是春潮涌动的改革年代，还是恢弘壮丽的新时代，都有一大批淡泊名利、严谨担当、甘于奉献、守正创新的国博人，立于时代潮头，回应时代呼唤，以满腔热忱和满腹学识为国博发展倾尽心血，成就了国家博物馆的百十辉煌。韩寿萱、沈从文、傅振伦、王振铎、史树青、俞伟超、苏东海、王宏钧、孙机、夏燕月等国博前贤，就是其中的杰出代表。他们都长期在国家博物馆工作，或者在相关研究领域锲而不舍地钻研、精耕细作，学术精湛、成就卓著、影响广泛、形成优势；或者掌握某一领域专门学识，具有丰富的实践经验，擅于文物保护与修复、展览策划等并有大量实践案例；或者精于某一门类文物藏品的鉴定，掌握古文字的破译等冷门绝学。他们对内能做领军人物，对外能做文化使者，堪称国博大先生。在他们身上，凝结着我们这个时代、我们这个领域顶尖学者的共同特征。

一是爱祖国爱人民。爱国必自爱史始，知史方能真爱国，一个人是不是真爱国，是不是真正站在人民的立场上，首先要看他对待历史的态度。历史不是过去，历史昭示未来。真正的治史者决不可一头钻进故纸堆，自得其乐、故步自封，而应自觉屹立时代潮头，走在时代前列，坚持学术研究的正确政治方向，始终用历史唯物主义的立场、观点和方法来指导学术研究与实践工作，用扎实的文物藏品研究成果回答历史之问、时代之问、人民之问。国博的前贤们一向坚守高度的社会责任感与历史使命感，以深邃的学术眼光洞察文物博物馆发展进程中的时代之需，突破“小我”，拥抱“大我”，时刻以祖国人民为念，开辟研究新领域，勇做时代担当者，舍一己而成天下，服务和支撑国家文化建设。正是这样的情怀、格局与担当，成就了他们的学术地位和社会影响！

二是择一事终一生。治学务求精专，精深方能大成。深研细琢国博前贤们的学术成长史，他们无一不是精心找准研究领域，选定学术问题，安于平凡生活，志存高远，潜心学术，以“咬定青山不放松”的钻研精神，几十年如一日长期持续深耕学术花园，努力追求学术上的精进与精神情操的高尚，把毕生的热情和精力都投入到博物馆的工作实践与学术研究之中，直到花园里“学术之花”满庭芳，真正做到了奉献终身。沈从文先生、孙机先生数十年持续在中国古代物质文化领域，尤其是中国古代服饰文化、汉代物质文化等方面的深耕，从开创性粗略研究到精度研究，再到深度研究，从问题表征到内涵逻辑，从知识到思想，不断将本领域研究推向纵深。俞伟超先生在秦汉考古学领域，韩寿萱、苏东海先生在博物馆学领域，王宏钧先生在明清史研究领域，史树青先生在文物鉴藏领域，王振铎先生在古代科技史领域，夏燕月先生在党史研究领域，都坚持发大心、下大力，精耕细作，追求研究的高度、深度、广度和精度，为后辈学人提供了研究范式。他们的物质生活或许并不富裕，但他们的精神世界是丰富多彩、快乐高尚的！

三是立其言成其说。博物馆是知识的海洋，是一部立体的百科全书，所涉及学科之多、历史之久、问题之多是少有其他公共文化机构所能比拟的。正是在这里，国博前贤们取得了卓著的建树，留下了《中国古代服饰研究》《科技考古论丛》《考古类型学的理论与实践》《博物馆的沉思》《中国博物馆学基础》《汉代物质文化资料图说》等彰显非凡学术之光的名篇佳作。傅振伦先生积极引介西方档案学理论，并将之与我国传统的档案汇编整理模式进行对比，构建中国现代档案学，成为中国现代档案学的拓荒者。沈从文先生专心致志开展中国古代物质文化研究，开创了中国古代服饰研究的先河，学术上精益求精，工作上家国情怀，实为后学楷模；俞伟超先生以亲身实践为基础，推动引进水下考古、航空考古、古代遗存DNA研究等，从学科角度持续探索中国考古学的基本理论，提出考古学“大文化”的概念，确立了中国田野考古学的体系与范式，极大推动了中国考古学的发展。苏东海先生始终站在学术前沿，不断求索、思考、阐释“什么是博物馆，怎样认识博物馆，怎样发展博物馆”这一时代命题，旗帜鲜明地提出中国的文博事业应走现代化发展之路，为构建中国本土化博物馆理论艰辛探索，被誉为“中国生态博物馆之父”。立一家之言、成一门之说，既能满足学者的精神追求，又能符合国家之需、人民之需，两全其美，岂不乐哉！

一个时代有一个时代的学者，一代人有一代人的学问。《国博名家丛书》涵盖文物、考古、历史、博物馆学等诸多研究领域，以向读者尽可能系统完整呈现名家学术思想脉络、提供尽可能多学术信息为原则，选取名家学术生涯中具有典型性的、在其学术贡献中成体系的文章重新编排出版。丛书以名家设卷，卷下分册，各卷按学术研究方向划分主题板块，每个板块基本按文章发表时间顺序编排。这既是对过往的总结，也是对未来的期许：一是旌表和褒扬前辈名家们一生志在一事，躬耕职守、潜心钻研的人生选择；二是嘉惠学林，为文博界全面了解每位国博名家的学术研究历程及其学术研究对我国文博事业发展所做出的贡献等提供便利；三是弘扬和传承国博名家严谨求真的治学态度、扎实的学术功底，重光国家博物馆深厚的学术底蕴和良好的学风文风；四是述往而开新，厘清百十年来国博学术思想的演进谱系，重构国博独有的学术精神与传统，赓续国博文脉；五是引发思考和启迪，激励国博中青年研究人员奋发有为，在文物博物馆研究领域不断奋进，早日成长为新一代国博名家。

中国国家博物馆是具有深厚历史底蕴和光荣革命传统的国家最高历史文化艺术殿堂，肩负珍藏民族集体记忆、传承国家文化基因、促进文明交流互鉴的重要职责。国博人将牢记总书记嘱托，踔厉奋发，奋力开创各项工作新局面。在党的二十大胜利召开，吹响第二个百年奋斗目标号角的新征程中，国家博物馆将站在新的发展起点，发挥自身优势，紧扣时代脉搏，坚定历史自信、筑牢历史记忆，打造引领文博事业发展的人才高地，用文物和展陈记录新时代党和人民的伟大创造、伟大实践，为不断谱写马克思主义中国化时代化新篇章，为全面建设社会主义现代化强国，以中国式现代化全面推进中华民族伟大复兴作出自己应有的贡献。

俞伟超

俞伟超（1933.1—2003.12），江苏江阴人，考古学家。北京大学历史系研究生毕业，曾任北京大学考古系教授，1987—1998年任中国历史博物馆馆长，长期从事考古学、先秦两汉史研究。主要论著有《三门峡漕运遗迹》《先秦两汉考古学论集》《中国古代公社组织的考察》《考古学是什么》《古史的考古学探索》等。

要坚定地走自己的路，不管别人说什么，要保持一点理想主义的色彩。

搞考古的，最好什么都懂一点，知识面要宽广，因为古代的东西，并不是你想要它有什么就有什么，而往往什么都包括。

年轻人应该多写点东西，有什么新想法，就把它写出来，在写的过程中锤炼和提高自己。

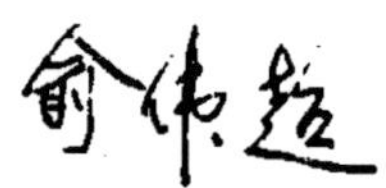

中国考古学理论的探索者、天才的考古学思想家

——俞伟超先生学术小传

俞伟超（1933.1—2003.12），著名考古学家，出生于上海，祖籍江阴。年少聪明，16岁即考入北京大学历史系，1954年毕业，至中国科学院考古研究所工作。1957年又进北大历史系攻读研究生，师从苏秉琦先生。1961年获副博士学位，并留校任教，历任讲师、副教授、教授、系党总支书记、校学术委员会委员。1985年调至中国历史博物馆工作，历任副馆长、馆长、学术委员会主任。1994年任三峡工程库区文物保护规划组组长。

作为新中国培养出来的第一代考古学家的杰出代表，俞伟超先生为新中国的考古文博事业奋斗拼搏了整整半个世纪，被认为是最有资格独立完成一部“中国考古学”的人选。

像一切杰出的考古学家一样，俞伟超先生是沐浴在田野考古实践的泥土芳香中成长和成熟起来的。1954年，他刚毕业参加工作，就一头扑进了田野考古工地，先后参加了半坡遗址、白鹿原汉唐墓群、秦阿房宫遗址、西周沣西遗址、黄河三门峡古栈道遗迹、刘家渠汉唐宋金墓群、春秋虢国墓地和郯城遗址的调查和发掘。他23岁时就已经在《考古学报》上发表了白鹿原汉唐墓群的发掘报告，25岁时又出版了人生第一部专题考古调查报告《河南三门峡古栈道的勘察》，初入考古的他就展露了非凡的才华。多年的田野考古实践，使俞伟超先生的考古学研究一直充满着泥土的清新和活泼的生机，而绝没有书斋学者的沉沉暮气。

但俞伟超先生的卓绝更在于他的人格魅力，他以一种诗人的气质，追求一种艺术的“诗的考古学”。尽管也有人对此颇有微词，但在俞先生身边，却吸引了

一批年轻的考古学人，视他为偶像，唯他马首是瞻。这种“诗”的追求背后是异常残酷的现实，因为当时的中国考古学实在是毫无诗意可言。俞伟超先生清楚地知道考古学这个满身泥土的学科有一句严厉的门规，或者当个特殊技术工人告终，或者攀援为思想家。俞伟超先生的成功，首先在于他是一个考古学思想家。在从一个青年考古工作者到考古学思想家的攀援过程中，俞伟超先生经历了一次次对自己的扬弃和否定。但一种崇高的使命感，使他坚定不移地攀登着，终于到达了辉煌的顶点。

这一攀援过程，大体以20世纪80年代中期为界，分为前、后两个时期，而其攀援的目标，则是考古学科学的目的论和方法论。1958年，北京大学围绕着考古学的目的论问题对“见物不见人”的思潮进行了一场大批判。在这场批判运动中，俞先生进行了他学术生命中的第一次攀援，完成了学术思想的第一次升华。他开始清醒地认识到，考古学家的使命是解释和复原历史；考古学中物与物关系的后面隐藏着人与人的关系即古代的社会关系，考古学家的任务就是通过思维抽象出这种隐藏在物后的社会关系。而要进行这种研究，就必须有深厚的理论修养和深刻的历史认识。为此，他花费了数年时间，阅读了马克思主义经典作家的大量有关古代社会特别是东方古代社会的著作和郭沫若、陈寅恪、王国维等人的历史学著述。1984年发表的为《苏秉琦考古学论述选集》写的“编后记”和1988年出版的《中国古代公社组织的考察》一书，可以看成是俞先生前期学术经历的总结。前者反映了俞先生对苏秉琦构建的“区系类型”考古学理论的深刻理解，后者论述了我国古代农村公社的形态变化及其对历史进程的影响。这篇名为《探索与追求》的编后记，是对中国考古学六十年（1921—1981）的一个总结。六十年探索与追求的成果，一言以蔽之，就是诞生了考古学的“中国学派”。他自述这篇并不很长的文章“花了二十天的时间”，“写作时异常激动”，而且“一边写作，一边在听德沃夏克的B小调104号大提琴协奏曲”，带着一种“在天堂前徘徊的情绪”。论文一经发表，学术界立时为之震动，一个天才学者型的俞伟超像一颗璀璨的新星，在中国考古学的天幕中开始放射出耀眼的光芒。

20世纪70年代后期，我国的改革开放使西方的各种学术思想一时如潮水般被介绍进来，形成对我国社会科学各学科的一种强大冲击。面对这种冲击，中国的考古界困惑了，俞伟超先生困惑了。从20世纪80年代中期起，他开始了学术生涯中最为艰难的一次学术思想攀援。他著文重点介绍了自20世纪60年代以来影响较大的美国新考古学派的理论和方法，并在考古实践中进行检验。1992年《考古学新理解论纲》的发表，是他这一阶段思想的总结：考古学是科学，但也可理解为艺术。科学的内容反映客观世界。考古学寻求事实的积累与验证，探究文化的规律与动力，所以是一门科学。艺术则是反映艺术家眼里的世界。考古学的内容往往是在反映考古学家眼里的世界，所以也可以理解为艺术。

通过对考古学目的论的思考，他明确提出："研究古代，是为了现代。考古学的目的，是为了今天。"对考古学的方法论，他指出除了地层学和类型学，还应该有科学的文化论；他提出了考古学"大文化"的概念，认为"古文化就是物质、精神加上社会的复合体"，考古学研究应该从"社会的、意识的、物质的、技术的等等"多视角出发，通过揭示人与人、人与自然的关系去了解和发现人的本质即人类社会演进的逻辑过程。他从驾轻就熟的类型学中总结出了"文化因素分析法"，用于研究各考古学文化在形成和发展过程中的交互影响和交流，对我国青铜时代各大考古学文化面貌、相互之间的关系及其对历史文明进程的影响，进行了高度概括性的研究。他实现了从考古学家到考古思想家的升华。

俞伟超先生是我国战国秦汉考古学体系的主要奠基者，并为逐步完善这个体系付出了毕生的努力。在20世纪60年代至80年代前期，他将研究聚焦在秦汉时期的"亭""市"制度、都城规划制度和包括丧葬制度在内的礼制方面，并开始了用考古资料探讨秦汉社会性质的尝试。从20世纪80年代起，随着我国考古学的飞跃发展和学科整体水平的提高，他又开始了通过研究秦文化和楚文化去寻找汉文化渊源的探索，同时对这一时期考古资料中所反映的宗教、信仰等意识形态问题进行了深入研究。通过这些研究，俞先生为我们勾画出一幅战国秦汉的历史画卷。1985年，他的《先秦两汉考古学论集》问世，此书确立了战国秦汉考古的基本框架，也一举奠定了俞伟超先生在这一研究领域的崇高地位。

俞伟超先生还极为重视对前文明时期和文明时代早期人类精神活动的研究，多次强调，必须重视对古代的祭祀遗迹和祭祀遗物的研究，探索古代人的信仰和精神活动。他通过对辽宁喀左东山嘴红山文化祭祀遗址、凌家滩及良渚文化玉器、铜山丘湾社祀遗迹、连云港将军崖立石岩画遗存、三星堆遗址鎏金大铜树、青铜人面具和人头像等的一系列研究，从思想家的高度，用粗犷的线条，为我们清晰地勾画出了中国“人”从诞生到走进文明的前进轨迹。

时代造就了俞伟超先生，百年中国考古学，被誉为“天才”的大概只有他一人，既有才情，又有抱负，更有平台，正可谓是既有位又有为。环顾当时的考古学界，能振臂一呼而响者云集的，舍俞伟超其谁？

但俞伟超先生成功的关键更在于他优秀的天才素质。他的天才，主要表现在四个方面。一是勤奋，多做、多读、多思、多写，他一生持之以恒。二是坚韧不拔的探索精神，他是一个不知疲倦的跋涉者，从来不把自己视野的终点看成是世界的终点，一生都在追求学术研究的更高层次和学术思想的更高境界。三是多幻想，他的诗人和艺术家气质使他在研究中经常突发奇想，著文立论新奇大胆，振聋发聩，他深知任何科学的发展都是在幻想之林中为自己开辟道路的，没有幻想就没有科学。四是敢于自我否定和自我扬弃。

需要指出的是，俞先生的学术贡献绝不限于考古学，对于博物馆学和文物保护学，他都卓有建树。在中国历史博物馆任职期间，俞伟超先生主持修改了自1959年以后长期未变的中国通史陈列，吸收了许多新的研究成果，充实了大量新的展品，增强了陈列内容的科学性和学术性；领导了三峡库区及迁建区的文物普查、规划与发掘抢救工作；克服了重重的困难，组建了我国第一支水下考古和航空考古队伍，填补了中国在这些领域的空白；指导了南海水下考古、福建海域考古以及内蒙古、山东等区域的航空考古工作；推动了古代DNA研究的进展。

在半个世纪的学术生涯中，俞伟超先生用生命和智慧为熔铸了一座巍然屹立的学术丰碑。他的学说和著述，必将成为我国社会科学宝库中的宝贵财富，永传后世！

本文节选自信立祥、高崇文、赵化成等著《一座用生命和智慧熔铸的学术丰碑（代序）——俞伟超先生的学术贡献评述》（《俞伟超先生纪念文集·怀念卷》，文物出版社，2009年6月），并参照孙庆伟著《淹没的班村与淡忘的俞伟超》（《江汉考古》2020年2期）改写，游富祥整理。

编辑说明

一、文章编排

本书分为上、下两册，共计五个部分，分别是：一、考古学理论与方法，二、史前与夏商周时代的考古学探索，三、古史分期及秦汉社会的考古学观察，四、楚文化、巴蜀文化、羌戎文化新探，五、艺术史与考古学。每个部分的文章编排，以文章发表的时间为序，这样做，或能更集中地反映出俞伟超先生学术贡献的特点和学术思想发展的脉络。

二、文章整理

1. 每篇文章大体由题目、正文、注释、出处组成。

文章的题目大部分是以作者文章初期发表时所用题目为准，但是作者生前出版过三本文集，个别文章在收入文集时题目做了改动，反映了作者学术观点的变化，这部分文章就以修改后的题目为准。

正文，以反映文章原貌为准则，文章原貌以作者最后一次修改的版本为准。有一篇例外，即《苏秉琦考古学论述选集·编后记》，该文以《探索与追求》为题，在《文物》1984年第1期上发表时，限于期刊篇幅要求对原文有删节；收入本书时仍以《探索与追求》为题，根据《编后记》补全了原文。文章以标准简化汉字录入，人名、地名适当保留异体字。原材料漫漶不清难以辨认的文字，用“□”代替。原文章疑有误字，则在疑误文字后加“[ ]”标明正字，一些显见的编校错误亦径改，不另加标注。疑有衍字或脱字，则在“〔 〕”内将脱字补入，或将衍字标出。

注释为脚注，不同时期、不同刊物文章注释标准不一，文章收录时尊重原文，保持原貌，只是为了保证全书的版式一致，注释序号统一改为[ ]形式。

出处，包括图书的出版者、出版年份，报刊的刊名、出版日期及卷、期、版号等。

2.关于作者。独著文章不再署名，合著文章则在文末注明。

3.关于标点。原文无标点，或仅有句读者，一律根据《标点符号用法》加以标点。

在编辑过程中，考虑到作者所生活的年代，文章的标点、句式的用法及一些常用词汇推荐词形的变化等因素，书中个别处难免与现在的规范要求有所不同，如书中出现的“等等”即为“等”，“攀援”即为“攀缘”，“惟一”即为“唯一”，“本世纪”即指“二十世纪”等；又如，在当时的语言环境中，“的”“地”“得”不分，“做”与“作”、“绝不”与“决不”、“象”与“像”等混用，表概数的数字间、各引号间加顿号等现象也很常见。为保持原著风貌、尊重作者语言写作习惯，对于上述差异及个别文章存在体例不一致的情况，本书均未作改动，请读者在阅读过程中，根据文意加以辨别区分。特此说明。

目　录

上

一　考古学理论与方法

二　史前与夏商周时代的考古学探索

三　古史分期及秦汉社会的考古学观察

下

四　楚文化、巴蜀文化、羌戎文化新探

一 考古学理论与方法

探索与追求

一

在文物出版社许多同志两年多的鼓动和一年多时间的热心工作下，我们的老师苏秉琦先生的考古学论述选集，终于编辑成书而和大家见面了。由我国学者自己进行的近代考古学工作，开始于本世纪二十年代，到现在近六十年了。六十年对一个学科的发展来说并不算长，但这段时间对我国的考古学来说，却是从开创到逐步走向成熟的关键时刻。一批创业的前辈为我国考古学的奠基而尽其全力，一些年逾古稀的师长为这个学科的发展至今仍在不懈奋斗。编辑他们的文集，藉以回顾这个学科的历程，并总结考古学基本理论和方法已达到的成就，来作为今后工作的起点，是当前许多同行的心愿。

这个学科，犹如黄河、长江，由许多源头汇成。任何个人，不可能在各个方面都进行工作；但源头总是有大有小，有主有次。半个世纪以来，苏秉琦先生在考古类型学基本方法的探索、我国考古学文化谱系的研究、考古报告编写方法完善化的追求等方面，进行了大量工作，并不断抽象出规律性的东西，给别人以珍贵启迪，为发展我国考古事业和培养人材作出了巨大努力。能否认识和处理好这些问题，对我国考古事业的进展速度来说，无疑是至关重要的。显然正是出于这种考虑，近几年来，当我国重新出现一个科学文化事业可以大发展的局面时，许多同志一再表示希望苏秉琦先生选编一个文集。

但事出意外。苏秉琦先生多次表示希望大家先把精力集中在编辑一种探索考古学文化区系类型问题的连续性文集上，认为这比出版他个人的文集意义更大。

这是多么高瞻远瞩的气度！历史是人民群众创造的。中国考古学的发展，是由一大批人推进的。六十年来的考古工作实践，是由不断扩大的队伍所进行，并日益提出愈来愈多的新鲜问题。探索考古学文化的区系类型，正是在积累了大量考古资料的基础上，由苏秉琦先生首先提出来，期待着不止一代的人们把它深化和完成的重大课题。这个心愿，我们这一批学生完全理解。但是，先选编一本苏秉琦先生的文集，将能使大家更便于理解这个课题是在什么样的方法论基础上，在积聚了多少实际材料的条件下和经过了多么长期的多方面探索后必然出现的；并且，使人们从中得到启迪，思考怎样才能更好地发表、积累和分析考古资料，加快培养人材的速度，提高培养人材的质量，等等。所以，我们就先作行动，拟出了篇目，几乎是强求苏秉琦先生同意编此文集。

苏秉琦先生对我国考古事业的贡献，不是已发表的文章所能包括的。但是，在如何编写考古报告，怎样进行考古类型学和考古学文化谱系研究，以及采用什么态度和措施来建设考古工作基地，发展我国考古事业等方面，都有一些代表性文章。我们就把选集分为这样三大部份来编排，每一部份所收文章，依写作年月的先后顺序编排。这样做，也许能更集中地反映出苏秉琦先生贡献的特点和这种学术思想发展的历史过程。

二

第一部份“调查、发掘报告文选”中摘录和全文收集了三篇考古报告。其中，《洛阳中州路（西工段）》是和安志敏、林寿晋二同志合作完成的，其《结语》则是苏秉琦先生一人写出的;《西安附近古文化遗存的类型和分布》，是和吴汝祚同志合作完成的。

通过调查、发掘而科学地取得资料，是考古研究的基础；准确地反映取得的资料，则是考古报告应竭力追求的。当然，凡事都没有绝对标准。野外工作及其报告的科学性，都有其时代的局限性。对一本报告来说，如果在发表资料的主要方面，达到比同时期其它报告更加准确和全面的程度，就能启示大家提高报告的质量，并从而推动学科的发展。苏秉琦先生亲自写作或主持编撰的考古报告，直到今天还对大家有启发作用。

对编写报告来说，如何全面发表各种遗迹和遗物的资料，以及表达清楚各件器物之间、器物群与各种遗迹之间的共存关系，是大家长期思索和采用过多种方法加以处理的大问题。因为，只有解决好这一点，才便于别人使用这些材料来进行各方面的研究。早在1945年成稿、1948年印出的《斗鸡台沟东区墓葬》，便运用了一种极为细致的、详细分析和全面介绍的方法。

就某一文化的每一种器物来说，其质地、制法和形态等方面，大都有一些基本共同点；就其间的每一件器物来说，又往往有不同的形态特征。正是因为不同特征的存在，需要把每一种器物分为不同的型、式。分解每一种器物的诸特征，逐件加以记录，再综合各件器物特征的异同来确定其型、式，是《斗鸡台》介绍出土物的方法。如陶鬲，就是先记录各鬲的形式、外表和制作方法的总面貌，再归纳成袋足、折足、矮脚三大类，并将袋足类分为锥脚袋足、铲脚袋足两小类，又进而分析各类鬲的器形、附饰和制法方面的细部，最后根据各种特征的结合状况，加以分组。这样，四十件鬲就被分为三大类、四小类、九组。在我国，这实际是第一次系统地运用现已日益被广泛采用的将器物按其形态差别而划分为型、亚型和式别的分型分式法。

对介绍各种遗迹现象及其出土物的共存关系来说，《斗鸡台》作了两种方式的处理。一是先逐墓介绍发掘经过、墓的形制、葬式、随葬品内容及其放置情况；二是将全部墓葬各种内容的所有特点分解成一百零五项、二百三十四目，最后以墓为单位，据各项、目的结合关系，加以归类、排比，分为三大组、十一期。如第一组为瓦鬲墓时期，第二组为屈肢葬墓时期，第三组为洞室墓时期；其第一组又以陶鬲的形态变化为基准，再综合葬式、陶壶和铜戈的形制变化状况，按照这四项若干目的组合关系，分为锥脚袋足鬲期、折足鬲早期、折足鬲中期、折足鬲晚期、矮脚鬲期这五期，等等。根据遗迹、遗物（包括不同型、式）的共存关系来判断各单位的相对年代，在我国，这又是第一次。

如果说，《斗鸡台》运用的这种方法，因属初次表达，读来未免有细碎之感，那么，五十年代写作和出版的《洛阳中州路（西工段）》的《结语》，便以同样严密的逻辑性和远为清晰的表达法，表现出这种方法更为成熟。这个《结语》，把东周墓按其随葬陶器的组合，先分为鬲、盆、罐，鼎、豆、罐，鼎、豆、壶，鼎、盒、壶四大组，再据各器的不同式别，细分为七期；像玉石器、铜剑、铜镞、铜带钩、铁刀等仅从本身形态出发还难以看出演变规律和细订其年代，则依它们与陶器的共存关系，作出相应的期别、年代判断。当得到年代分期结果后，《结语》还比较了各期之间变化程度的巨细，发现三、四期之间（即春战之际）是发生重大变革的阶段，这就把年代学的研究，上升到分析社会变化阶段性的高度。

在《中州路·结语》中，又把东周墓分为大、中、小三型；并进而分析出春秋前期只有大型铜器墓才有的鼎，春秋中期又出现于中型陶器墓，至春秋晚期则小型陶器墓也用；而春秋中期只有中型陶器墓才出的陶鼎，到春秋战国之际则大型铜器墓也出。这种分析，开始揭示出东周时期鼎类礼器使用情况的变化，及其所反映的社会等级状况的某些变化。把整个墓葬加以分型，并注意到各型墓葬在不同期别发生的不同现象和某些现象的转移情况，是对墓葬进行分类研究的发端。在阶级社会时期，人们是被划分为等级的。对这时期的墓葬作分类研究，就可达到探索社会关系及其变化的深度。

从器物形态学中分型分式法的使用到寻找期别之间巨大变革的比较法和墓葬分类研究法的发生，标志着我国考古类型学的奠基及其发展。考古报告的编写和进行类型学研究，本是不可分割的，因而，这里在说明《斗鸡台》和《中州路》两本报告的编写特点时，势必要把书中使用的类型学方法，作一些介绍。关于这种贡献的全部意义，主要在下一节叙述。

对编写考古报告来说，如何安排插图和图版，是普遍感到要费心斟酌的问题。《斗鸡台》和《中州路》都是插图按遗迹或器物的类别编排，图版按共存单位编排。这就照顾了两个方面：看插图，便于观察每种遗迹、遗物的形制变化过程；看图版，又便于了解每一单位内各种遗迹和出土遗物的共存关系。不能说这是妥善编排插图，图版的唯一方法，但这种方法的优点是显而易见的。

方法论是否正确，同能否及时获得有价值的认识，关系重大。显然正因那种分析、比较方法的正确性，当四十多年以前各种资料还非常缺乏的时候，《斗鸡台》报告就把宝鸡地区早于西周的、与周文化有密切关系的锥脚袋足瓦鬲墓这种独特的遗存，分辨了出来，成为若干年中探索周文化渊源的线索之一；同时首次对当时得到的周墓作了合理分期，并把战国时期的秦墓从周代遗存中分析了出来；还第一次对西汉墓作了分期研究。在五十年代末出版的《中州路》报告中，又根据洛阳地区的二百六十座东周墓，首先划分出了东周时期中、小型墓的期别，成为二十多年以来黄河中游东周墓葬的年代学基础。在五十年代前半期写作的《西安附近古文化遗存的类型和分布》中，当黄河中游地区的仰韶、龙山文化是同时并存还是前后相继的问题尚未解决，陕晋豫邻近地区仍被很多人视作是这两种文化形成的“混合文化区”，半坡、沣西遗址刚刚发掘，庙底沟遗址尚未发掘时，又远远早于他人而概括出关中地区仰韶文化的庙底沟类型、客省庄二期文化和西周及东周文化这几种遗存的早、晚关系及其重要特征。在1951年发表的《简报》中，苏先生指出：前两种遗存“和河南境内的两类不同的史前文化遗存好象是遥遥对照的”（《科学通报》2卷9期942页）。

编好考古报告与对发现材料的深入研究，是一件事情相辅相成的两个方面。对材料的理解愈是深刻，发表得就愈可能准确和全面。这几篇报告，因其对问题理解上的深刻性、材料发表上的全面性和分析上的严密性，曾对其它报告的编写，产生过巨大影响，相信在今后仍将产生长远影响。

三

第二部份“考古类型学与区系类型研究文选”，收集论文、讲授提纲、讲话记录稿共十四篇。其中，1941年春完成的《陕西省宝鸡县斗鸡台发掘所得瓦鬲的研究》未发表过原文，只是在《斗鸡台沟东区墓葬》中以附录形式发表过经1948年改订过的提要。现将1941年的原稿作些删节，加以发表，再附上1948年的提要，又新加最近写的一个《补序》，略述最近对陶鬲谱系的新认识。这样，就保存了1941年、1948年及目前认识的历史原貌。《考古类型学的新课题》是第一次发表的。《关于考古学文化的区系类型问题》是七十年代以来经过多年考虑和在北京大学等处多次作过报告的课题，后由殷玮璋同志根据原意写出，并经苏秉琦先生修订。《地层学与器物形态学》一文则是与殷玮璋同志合作写出的。《在朝阳地区考古工作座谈会上的讲话》这篇最近的讲话稿，是在全书已经编好后再加进去的。

地层学与类型学是近代考古学的基本方法论。系统的类型学理论，是瑞典人蒙德留斯（Oscar Montelius）在1903年出版的《东方和欧洲古代文化诸时期》第一卷《方法论》中开始建立起来的。在我国，至三十年代，蒙氏的书有了两种中文译本；四十年代以后，苏秉琦先生则在大量实际分析、综合考古新材料的工作中，从中国考古的具体研究出发，为正确运用和发展这种方法论，作出了奠基性的贡献。

首先是为正确分析单种器物形态变化过程的方法，提供了在我国最早出现的范例。

一种器物的形态变化过程是有规律可寻的，而同一种器物又往往并存一种以上的形态特点，且各有其演化轨道。一种器物的形态如果只在一条轨道上演化，就只要用一层符号来记录或表达其变化过程，如鬲的a、b、c，可表示出是由a变成b又变成c的。如果同时有几种形态，又分别在不同轨道上演变，则需要用两层符号来记录和表达，如鬲的Aa、Ab、Ac，Ba、Bb、Bc，Ca、Cb、Cc等，表示有A、B、C三型，又各有其形态变化轨道，其Aa发展成Ab又发展成Ac，Ba发展成Bb再发展成Bc，Ca则发展成Cb再发展成Cc。在《斗鸡台》报告和《瓦鬲的研究》中，就是寻找出同一种器物实际存在的几种形态而分别求其演变过程的。如《瓦鬲的研究》是把鬲分为袋足、联裆、折足、矮脚四类，用A、B、C、D代表。在《斗鸡台》中，是把袋足再分为锥脚、铲脚两小类，而把联裆和折足合成一类，成为锥形脚袋足、铲形脚袋足、折足、矮脚三大类四小类，依次用A、B、C、D来代表；每类又按照归纳各特征而得到的分组情况，找出形态变化过程，并用a、b、c、d、e来表示，形成了Aa—e、B、Ca—c、D这样的两层符号，也就是有了今天常用的型与式这样两种类型学上的概念。

大量实践表明，在许多考古学文化中，相当多的器物的形态变化过程，只用式别符号是表达不清楚的；出现型、式两层符号，是分析深入以后的必然结果。对某些器物来说，在一个型别之内，还应当再分亚型，使用三层符号。《斗鸡台》报告把袋足鬲又分为锥脚、铲脚两小类，也就是开始了划分亚型的方法。

研究器物形态变化过程要注意同一种器物可能发生的不同演化轨道，本是蒙德留斯已经明确提出的。如他在《方法论》的开头部份、便讲到进行形态学研究时，决不可忘记一个形态可以发生出两个或更多系列之事；后面所述古意大利铜扣针分为四组并行系列等情况，即皆其例证。蒙氏讲的一个形态和若干系列，就是指一个特定的器别及其不同的型别。可是蒙德留斯毕竟没有把这个道理说得很完整，也没有把它的必要性讲得很透彻；目前也仍有许多人忽视了型别的差异，以致分辨不清许多器物形态演化过程的复杂情况。苏秉琦先生四十多年前所作陶鬲等形态研究，因其相当准确的型、式划分，不仅已经引导许多后学懂得应怎样来研究器物形态的变化，而且对至今仍存在的那种只顾式别划分的方法，依然保持着新鲜的启示作用。

《瓦鬲的研究》和《斗鸡台》报告，还对类型学方法的前进，作出了独特贡献。这就是发现了制作工艺与形态特点的必然联系。突出之例如观察出袋足鬲的分裆特征，是因为先分别模制三足，再粘合成一体所形成的；折足鬲的联裆（尤其是瘪裆）特征，原来是因为用一直桶形泥圈将下口平分三折、再捏拢为三足而造成的。了解到制作方法同形态特点的联系后，自然可以推知某种形态因制作技术的原始性，应当是首先出现的；某种形态因制作方法的相对进步性，应当是后发生的。《瓦鬲的研究》正因注意到了这一点，便在资料还很不充分的条件下，就判断出在陶鬲发展的总谱系中，分裆袋足鬲是最初出现的，联裆或瘪裆折足鬲是后一阶段发生的，矮脚鬲则是最后才形成的。

对各种器物来说，如果有可以划为同一型别的相似形态，大概是同一文化或是同一文化系列的产物，至少是源自同一文化系列的；因不同制法而造成的不同型别，则很可能是分属或发源于不同文化（至少是地区类型）乃至是不同文化系列的。三十年代时，前北平研究院史学研究所是为探索周文化而到陕西考古的。当在宝鸡斗鸡台发掘到三十七座瓦鬲墓后，苏秉琦先生根据传世西周铜鬲等器的形态，推断出其中的折足鬲墓同周文化的渊源关系。对于那种锥脚袋足鬲，则因为制法和折足鬲不同，看出了二者所属文化性质的差别，因而在《斗鸡台》的《结语》中，清醒指出在时间上锥脚袋足鬲按形态而言是前一阶段的，使它转化为折足鬲那种形态的原动力，“大概是受外来的影响”。这实际是说锥脚袋足鬲的形态，不是源自周文化的。对于铲脚袋足鬲，则指出它同锥脚袋足鬲“大约是很远的同宗”，而以后又经过了“长期的独立的演化”。

在这种意见发表后的三十多年中，许多人显然因为对这一推断的方法论根据的深刻性认识不足，纷纷想从锥脚袋足鬲的发展系统来寻找周文化渊源，但总是没有成功。不久前，宝鸡市文管会的同志在武功尚家坡开始找到了折足类鬲从联裆到瘪裆的中间阶段典型标本，终于看到其前身的确不同于锥脚袋足鬲的前身；而他们在扶风刘家发掘的一处墓地，又说明那种锥脚袋足鬲，原来是源自陕甘邻境地区另一支属于羌戎系统的青铜文化的。至于铲脚袋足鬲，在《斗鸡台》报告中已根据共存物品判明是属于战国时期的，而近年以来在凤翔至甘肃东部地区的一些发现，又能进一步表明其远祖确是与上述那种锥脚袋足鬲同属于西北陶鬲的派系，后来又分别经过长期的演变。当最近我们看到这些新的发现而理解了这两大支、若干小支鬲的发展系统后，不能不对出现于四十多年前的这种观察、分析方法的生命力以及苏秉琦先生的敏锐眼力，有很深的感受。

很清楚，这种方法对探索许多文化的发展系统来说，具有普遍意义。1980年底，苏秉琦先生在中国考古学会第二次年会闭幕式上所作《从楚文化探索中提出的问题》这一讲话中，又运用这种方法，分析了殷式鬲、周式鬲和楚式鬲的基本差别，第一次概括出楚式鬲的特点是：三足由穿透腹壁的泥钉连接，外面再裹泥壳，空足很浅，若有若无，足间裆部的器体腹底几乎连成一起，全器是一种鼎式鬲。就在这次讲话后的一、二年时间内，湖北沙市周梁玉桥的相当于安阳殷墟阶段的当地文化遗存中，出土了大批用这种方法制成的陶鼎，为楚式鬲的发生，填补了一个逻辑过程中的环节。理论再一次被以后的发现所证实，更说明这种方法具有强大的生命力。

通过上面的介绍，可以看出当正确运用类型学方法来分析单种器物时，各种器物的形态变化过程及其反映的各文化之间的联系情况，就能被揭示出来。如果扩大视野，把包含着若干种器物以及许多遗迹现象的单位，作为一个个体而用同样的方法来考察，将能得到什么结果呢？

苏秉琦先生在1959年出版的《洛阳中州路·结语》中，就把一个个东周墓葬作为个体单位，运用分型分式方法来进行分析。具体讲，就是除了将东周墓分为七期外，又分作大、中、小三型，等于是把每个墓葬作为一个整体来分型、分式：大、中、小即分型，七期即分式。得到的结果，已如上节所述，是把年代学的考察，上升到为探索社会关系及其变化作好基础准备的高度。这自然又是类型学方法的一个新的、重要的发展。

用类型学方法考察古代遗存的重要作用之一，是前面已涉及到的对各文化发展系列及其相互关系的探索。在这个方面，苏秉琦先生几乎花费了大部份精力。

早在《瓦鬲的研究》中，他已经从当时得到的材料出发，寻找陶鬲的发展谱系，并由这个角度来对商文化、周文化、西北青铜文化的发展系列及其渊源，开始进行探索。五十年代以后，随着各地大量增加的新资料，又从分析黄河中游至渭河流域的仰韶文化开始，并接着对东南沿海地区的新石器文化、南方地区的印纹陶文化、长江中游的原始文化、长城地带的新石器至青铜文化等等遗存，分别考察其发展系列、区域差别及相互关系，最后归结到一个研究中国考古学文化区系类型问题的总课题。这个课题的最终目的，无疑是绘制一幅中国考古学文化的谱系图，真正把中国古代文化的发展过程研究清楚，从而理解我们今天是站在一个什么样的历史基础上，以便更好地把握今后的前进方向。

人类在距今万年左右进入了新石器时代，众多的新石器文化开始形成；研究我国的考古学文化谱系，自然要从这时期开始。我国的新石器时代诸文化，以仰韶文化的位置最为重要，资料积累也最为众多，所以，苏秉琦先生对考古学文化发展系统的考察，是从仰韶文化开始的。

在五十年代至六十年代初，经过广泛的调查，知道当时所认为的仰韶文化的范围是：西起陕甘邻境地区，东达郑州至豫北一带，北抵内蒙古托克托等地的黄河沿线，南至陕南汉中与鄂北襄樊间的汉水流域。经过发掘的，则有半坡、庙底沟、北首岭、元君庙、横阵村、泉护村、西王村、后岗、大司空村、大寺、青龙泉等重要遗址。这时，人们看到的仰韶文化面貌，远比过去的了解要复杂。怎样看待已经呈现出来的差异，是摆在大家面前的尖锐问题。许多同志主要着眼于仰韶文化的分期问题；有的同志则注意到了分区问题。苏秉琦先生在1965年发表的《关于仰韶文化的若干问题》中，指出“仰韶文化在其长期发展过程中必然会形成的阶段性和差异性，是两类不同性质的问题。我们对仰韶文化的文化类型和年代分期两问题的研究应该加以区分，而不应该把它们混为一谈。”这就是讲，对于这样一大片范围的仰韶文化、应该划出不同的文化类型，再分别寻找每个类型的年代分期。

这篇文章就把仰韶文化分为关中至晋南豫西和陇东、洛阳、豫北、鄂北、河套等区域类型；在这些类型中，以关中为纽带的东连晋南豫西、西联陇东这一区域是其中心，在此中心范围内，陕县（今三门峡市）以西和以东又有区域性变化，西安以东地区同西安以西地区又有所不同。此外，又根据仰韶文化的早晚差别，深入地分析出仰韶文化的前期还处在原始氏族制的上升阶段，而后期则已经越过了这个阶段。

现在，时间又过去了近二十年，新增加的材料，仍然表明不宜对这几个区域类型的划分作较大变动。但这篇文章的重要意义，远远超出了对仰韶文化的类型所作的具体划分，而是在于寻找到了一条考察各种考古学文化的正确途径：划分区域类型，按类型寻找来龙去脉，依期别分析社会面貌的变化。

找到这条途径，可以认为是类型学方法的又一重大进步。如果说，在我国，苏秉琦先生于四十年代基本建立了单种器物的分型分式法，五十年代发展为包括成组物品的遗迹单位的分型分式法，在六十年代就又推进到考古学文化的分型分式法。

《关于仰韶文化的若干问题》完成后，苏秉琦先生本来准备先专门进行大汶口至龙山文化的研究，但“文化大革命”中断了这个计划。七十年代以后，黄河中游以外诸文化的新材料不断涌现，一下子，简直使人眼花缭乱。只有对全国范围的各原始文化作谱系性的研究，才能理出头绪，脉络分明。于是，他奔走于半个中国，对长城内外、长江中游，对从山东半岛到长江三角洲，从洞庭、鄱阳两湖周围到岭南海边等这样一个极为广阔的空间范围的新石器至青铜时代的文化遗存，和许多直接参加发掘的同志在一起，作了大量具体材料的分析与比较工作。显然因为在研究仰韶文化时已找到的那种方法有客观的合理性，对其它文化的研究，就势如高屋建瓴。在短短的1977年—1980年内发表的《略谈我国东南沿海地区的新石器时代考古》、《关于“几何印纹陶”》、《石峡文化初论》、《从楚文化探索中提出的问题》以及最近的《在朝阳地区考古工作座谈会上的讲话》等文章中，高度概括地说明了那些地区诸文化的界限和许多区域类型的特点。正是在这些研究的基础上，终于在1981年发表了《关于考古学文化的区系类型问题》这一对我国考古学文化谱系研究具有奠基意义的重要文章。

研究全国境内新石器时代的考古学文化应分为多少区的思想，是苏秉琦先生在六十年代末至七十年代初就产生的。当时他在河南息县干校劳动，窒息学术活动的现实环境，反而使他得到空闲来思索：当全国恢复正常生活以后，怎样才能推进中国考古学的研究？七十年代中期以后，他便经常同别人讨论这个问题，还对北大、吉大考古专业的学生就这个课题作过专题讲授。开始，他曾把全国的新石器文化（包括一部份青铜文化）分为十个块块，后来，在《关于考古学文化的区系类型问题》一文中又提出了主要有六个大区的思想。

六个大区是：①陕豫晋邻境地区；②山东及邻省一部份地区；③湖北和邻近地区；④长江下游地区；⑤以鄱阳湖—珠江三角洲为中轴的南方地区；⑥以长城地带为重心的北方地区。

每个大区，又各被划分为若干区域类型。

它们又可概括成面向内陆和面向海洋的两大部份：自长江中游向西、向北是面向内陆部份；向东、向南是面向海洋部份。

任何学科，既需要作微观研究，又需要作宏观研究。没有微观研究，一些具有普遍意义的规律缺乏基础，发现不了；没有宏观研究，许多具体的研究不知方向，深入不下去。二者犹如一对矛盾的统一体，互为基础，又互相作用。对考古工作者来说，不对具体的遗迹、遗物作全面深入细致的考察、分析，就不可能发现考古文化的发展序列，也不可能发现生产技能的提高，社会关系的变动，生活习俗和艺术创作等上层建筑领域的变化；不对各文化的总貌、历史地位和相互关系有所研究，对具体遗迹、遗物的研究势必只见树木不见森林，揭示历史的本来面貌也只能是一句空话。苏秉琦先生把二者很好地结合了起来，正是在作了大量微观研究的基础上，又进行了概括各考古学文化共性与差异性的宏观研究；而这个宏观研究，也必将对许多努力于局部地区、个别地点工作的同志有所启示。

回顾四十多年以来苏秉琦先生探索我国考古学文化谱系的过程，回顾近六十年来我国考古学发展的总过程，可以说，研究我国考古学文化区系类型这一课题的提出，是苏秉琦先生几十年来运用类型学方法研究各种考古遗存后的必然结果，也是我国考古研究深入到一定程度时的必然产物。

四

第三部份“关于考古事业建设的文选”，共收集六篇文章。其中，《七十年代初信阳地区考古勘察回忆录》一文主要是记录自己在“文化大革命”动乱年代的一个经历，与这部份的总内容不完全符合。但这篇短短的回忆录，表达了令人感动的对考古事业的赤诚之心和对祖国命运的信念，所以也收在这一部份。

新中国建立后，考古事业得到蓬勃发展。苏秉琦先生没有担任很具体的行政职务，但在学科性质、事业建设、人材培养等方面，都随着现实中的新需要而发表过很重要的意见。一些建议已被实行而起了作用，有的至今还值得推广；很多见解具有启发性。他的不少意见，并未形成公开发表的文章。以收在本集中的几篇来说，有三点需要加一些说明。

一是对考古学性质与任务的认识。由于旧中国考古事业基础薄弱，许多人对这门学科的认识相当模糊。从近三十多年以来的情况看，我国因有很长时间的收藏古物和金石学研究的传统，用孤立的古物研究和单纯地寻找稀世珍宝来代替严格的科学发掘以及系统的整理研究，是一股冲击正规考古工作的社会力量。这愈是接近于建国之初、就愈是突出。向社会说明考古学的性质与任务，是考古学界的一个义务，也是考古学界进行学科自身建设应不断明确的问题。

1950年初，当新中国自己的文物事业管理机构和考古研究机构刚刚成立而准备展开工作时，苏秉琦先生便在天津《进步日报》上发表《如何使考古工作成为人民的事业》一文，开宗明义就划清了考古学与金石学的界限，指出“二者并非是一脉相传的本家”，近代考古学是走上田野道路才形成的，“并非是金石学的发展”。后面，又说明这种工作是“建立中国化马克思主义理论体系的一种准备工作”和“建立‘中国物质文化史研究’的一种基础工作”。所谓“建立中国化马克思主义理论体系的一种准备工作”，实质就是讲可以丰富马克思主义。所谓“物质文化史研究”，按其本义讲主要指研究生产力或生产技术发展史。用研究生产力发展来作为考古学的主要任务，是当时苏维埃学派的思潮，苏秉琦先生受到影响，使用了这种提法，但他很快就不这样讲了。在1953年发表的文章中，便用包括了社会关系、上层建筑等内容的“历史研究”一词来代替它。1950年初讲的两条内容，归结起来，基本就是三十年以后在《建国以来中国考古学的发展》中提倡的:“建设一个无愧于我们这个伟大时代的、马克思主义的、具有中国特色的、现代化的中国考古学。”总的目的是：认识历史，理解今天，展望未来。

三十多年来，苏秉琦先生就是按照这种方向为北大的考古专业掌舵。对于一切向他请教的各大学的考古专业和各文物考古部门的同行们，他也是引导大家坚持近代考古学的道路，以马克思主义为指导，用考古学的方法，从具体的考古材料出发，寻找中国历史的客观面貌。

二是关于建设田野工作基地的意见。1953年，我国开始实行经济建设的第一个五年计划。我国土地辽阔，历史悠久，文化遗迹众多，地下遗存丰富，需要开展的田野工作规模极大。为了适应这一形势，文化部、中国科学院考古研究所、北京大学联合举办了四届全国性的“考古工作人员训练班”，培训出一大批专业干部，在考古战线上发挥了历史性的作用。对这一措施的决定，苏秉琦先生是起了作用的。在第一届训练班结束后不久，他写出《目前考古工作中存在的问题》一文，提出“改变工作方式，建立田野工作站，多调查，多发掘，大量提供史料”的主张。

当大规模的田野工作展开后，在一些面积大、性质重要的遗址地点，建立田野工作站，可以改变过去只有少数人进行工作的手工业方式，便于长期工作，便于保管资料，便于积累经验。这个建议提出后不久，中国科学院考古研究所便陆续建立了洛阳工作站、西安研究室、安阳工作站；以后，许多省也纷纷建立工作站；至于只存在几年时间的临时性工作站，在进行大规模发掘的地点，更是到处都有。

实践已经证明这个意见是有预见性的。苏秉琦先生直到现在，还希望在更多的地点，从配备应有设备和集中保存调查、发掘标本（包括所在地点周围地区的标本）等方面，建立起某一地区的考古资料中心。任何研究都是无止境的。对一次发掘来说，报告的发表，并不等于对这批资料的研究的终结。如果建设好这样的基地，便于直接观察那一地点（甚至是一个地区）多年积累的实物资料，对推动研究的深入，将提供多大的方便条件！这种愿望，当然是有远见的。

三是如何理解考古学研究中出现了“中国学派”这一提法。实践是产生理论的基础。近六十年来，尤其是近三十年来的我国考古工作，规模相当巨大。在这样的基础上，一个粗具轮廓、主脉已备的、自旧石器时代至宋元时代的中国考古学系统，正在逐渐被概括出来。对这个系统，自然会存在着不同看法，但现在毕竟已经出现了略成体系的、独具特点的、包括方法论和大量具体研究在内的一系列认识。所以，在1981年6月北京市历史学会举办的纪念中国共产党诞生六十周年报告会上，苏秉琦先生在所作《建国以来中国考古学的发展》这一报告中，正式提出了考古学研究中“中国学派”已经出现这一看法。他说：“在国际范围的考古学研究中，一个具有自己特色的中国学派开始出现了。”

这个“中国学派”，究竟有什么特点呢？

我们理解，第一是以马克思列宁主义、毛泽东思想为指导，从考古材料出发，运用考古学的方法，仔细观察与分析考古现象所呈现出的矛盾，具体地研究中国境内各考古学文化所反映的包括生产力和生产关系、经济基础和上层建筑这些内容的社会面貌及其发展阶段性；

第二是在科学发掘基础上，运用由我国学者所发展了的考古类型学方法，分区、分系、分类型地研究各考古学文化的发展过程，通过考察我国考古学文化的谱系来研究中国这一以汉族为主体的多民族国家的形成过程，研究这一总过程中各考古学文化的相互关系及其发展的不平衡性；

第三是这种研究，以揭示历史本来面貌作为目的，对促进人民群众形成唯物主义历史观，激发他们的爱国主义、国际主义和民族团结思想情感，有着重要的作用。

由这样的指导思想、方法论和目的性三方面结合在一起的考古学研究，正是新中国所特有的；何况其研究对象，又是世界上一个有九百六十万平方公里面积的、独特的、包含着多种经济文化类型并各有其完整发展系列的考古学遗存。

多少人的血汗浇灌，终于培育出了“中国学派”这一新种。可以看到，社会主义制度下的大量考古实践，正是生长出“中国学派”的土壤；从实际出发的比较分析、综合概括、则是“中国学派”出现的催化剂。

五

我国考古学的成长史，离不开整个社会条件的制约。苏秉琦先生是从三十年代开始参加考古工作的，他在四十年代所达到的成就，主要还是运用欧洲学者创立的方法论来进行具体研究的结果；五十年代以后的成就，则是在提高了目的性和不断推进方法论后得到的。由社会主义制度决定的宣传历史唯物主义，进行爱国主义、国际主义、民族团结思想教育的社会需要，提供了大量进行考古工作的可能。于是，五十年代开始的大规模发掘工作，创造出一个被誉之为中国考古学“黄金时代”的局面。到处涌现的新材料，不断冲破旧概念，处处需要新的解释和概括。客观的需要，使得新的观点、新的方法论、新的体系必然会出现。苏秉琦先生正是遇到了这种新形势，才能推进自己的研究。

但是，社会条件向所有的考古工作者都提供了推进自己研究的可能。为什么苏秉琦先生作出的贡献，对中国考古学的研究来说、具有那样重要性影响的作用呢？

这当然同他个人的因素有关。

从我们的了解和认识来看，对马列主义的信仰和理解，把学科进步看作是全体同行的共同事业，以及不顾个人得失、对事业的忠诚和不懈的探索，是最突出的，又是结合在一起而分割不开的。

从五十年代起，苏秉琦先生就相信马列主义。怎样用马列主义来研究中国考古，是新历史时期提出的新需要。在当时，包括苏秉琦先生在内的许多学者，都在进行摸索。对刚刚接触考古学的大学生来说，这种要求尤为强烈，可是又因缺乏各方面的考古实践，不大了解考古学本身的特点。1956年以后，尤其是在1958—1961年的“大跃进”时期，一系列的政治运动，把年青学生的含有合理性的要求和脱离实际的空想，统统鼓动了起来。就在苏秉琦先生主持考古教学工作的北京大学，一大批考古专业的学生提出了“建立马克思主义中国考古学体系”的口号，主张通过考古资料来研究社会关系及其发展规律。这无疑是正确的。但是，他们拒绝本学科的基本方法，批判类型学，以为搞陶器排队是“见物不见人”，幻想“以论代史”。在这场批判高潮中，苏秉琦先生首当其冲。

1961年以后，随着全国政治形势的变化，批判高潮平静了下来。后来，许多当年曾经当面批判苏秉琦先生大搞陶器排队的学生，通过自己的实践，慢慢懂得了类型学方法的合理性，成为这种方法的信徒，并且对苏秉琦先生极为尊重。据我们自己的体会和接触到的一些人的感想，对于这一代许多有所追求的学生来说，这几乎是一个痛苦的必然过程。

但那种风浪，对前一代的师长会发生什么影响呢？

情况当然不会完全一样。苏秉琦先生始终抱着追求考古学发展的一片诚心，坚持真理，修正错误，寻找大批判中的合理因素。就像他后来多次跟我们说的那样:“大批判以后，你们觉得没有事了，我却长期平静不下来。总是在想，过去的一套有哪些不足呢？如何才能达到大家的要求呢？怎样才能建立起正确的中国考古学系统呢？”长期的思索，执着的追求，使苏秉琦先生在五十年代末期进行了用考古资料分析东周社会面貌及其变革的探索，六十年代前半期进行了划分仰韶文化类型以及仰韶遗存反映的原始社会后期的社会变革的探索，总之，开始把类型学方法推进到可以进一步分析文化序列和为探索社会面貌作好基础准备的高度。经过“文化大革命”的风浪后，他更找到了通过区系类型研究来探索以汉族为主体的多民族国家形成过程这一重大课题。

历史总是按辩证法的规律前进。一场批判类型学方法的高潮，促进了类型学方法的进步。苏秉琦先生正确对待了那种运动的两重性，推进了自己的研究方法，开始找到了运用考古资料来进行马克思主义的历史研究的途径，把中国考古学的研究，提高到一个新阶段。这是唯物辩证法的胜利。

大家知道，苏秉琦先生对校内外的学生，都是极端热忱的。不管什么人，只要向他请教，总是倾其所知，毫不保留。不管是哪里的考古单位，只要取得新成绩，他总是同样的高兴。这是很高的精神境界。他自己对考古事业的赤子之心，使他深深希望全国的考古干部，都能提高水平，共同推进我国的考古学。他经常帮助别人完成考古报告，或以自己多年研究而未发表的认识指导他人写出论著，而不求其名。许许多多同苏秉琦先生一起分析过材料、一起研究过问题的同志，都知道他对知识是不分彼此的。客观的工作环境，使苏秉琦先生在这二十年中，从校内到校外，培养了一大批学生，这些学生已成为推进我国考古事业的重要力量；而大家又深深体会到，这位老师，以他忠厚的师长品德、追求真实性的学术道德和科学的方法论，教育了众多的考古工作者。

正是出于这种感情，大家是多么期望这本选集的问世呀！

应当特别感谢文物出版社第一图书编辑部的童明康同志。他为这本书的出版，花费了大量精力，甚至《斗鸡台》报告1948年版中的一些器物号码错误，在没有原稿的条件下，都被校了出来。还应感谢北大的考古研究生南玉泉同志，他为《斗鸡台发掘所得瓦鬲的研究》恢复了已经遗失原图的部分插图。中国社会科学院考古研究所绘图室的张孝光、冯振慧等同志和北大考古教研室的马洪藻同志，都为本书绘制了大量插图；还有北大考古教研室的赵思训同志，为编制插图和图版，翻拍了许多照片，我们都极为感谢。这个《编后记》，最后又由科学出版社的牛其新同志译成英文，北京外语学院的王佐良教授作了校正，哈佛大学罗泰（LOTHAR VON FALKENHAVSEN）先生又作了订正，我们一并表示深深的谢意。

俞伟超　张忠培

一九八三年六月二十四日

本文选自《苏秉琦考古学论述选集·编后记》，文物出版社，1984年6月。后以《探索与追求》为题，在《文物》1984年1期发表，发表时因期刊篇幅限制，对原文有删改。这里取《文物》发表时的标题为题目。

关于“考古地层学”问题

一、“考古地层学”的形成和在我国的运用

任何学科，都会有自己本身的方法论。对于考古学来说，除了需要有人文科学的一般研究方法和若干自然科学的研究方法外，还应该有自己特殊的、其他学科没有的方法论，否则这个学科就不会独立出来。考古学的方法论，最基本的有哪些，当然还是一个需要讨论的问题。我自己理解，好像有三个：一个是地层学，一个是类型学。把地层学和类型学看作是考古学中最基本的方法论，目前在我国是比较普遍的认识。过去，我自己也是这样看的。但后来和一些朋友交换了意见，觉得还应该增加另外一种方法论。它现在还没有形成一个固定的名称，总的内容就是根据实物资料来恢复历史原貌。这样，地层学、类型学以及透过实物资料来了解历史原貌这三种方法论，便是考古学中最基本的方法论。其中，地层学是最基础的。

大家知道，考古学这个名词，在西方出现于古希腊时代；在我国，到北宋时期方出现“考古”这一名词。但我们现在所讲的考古学，跟古希腊时代和北宋时期所谓的“考古”有很大区别。现在讲的考古学，是一种近代考古学，英文中通常叫做Modern Archaeology，直译过来，也可以叫做现代考古学。这种近代考古学，是以野外工作为取得基础资料的主要手段，所以又常常称为田野考古学。

一种新学科的出现和发展，必须具有两方面的条件：一是随着生产扩大和复杂化后人们认识宇宙能力的提高，二是有新的社会需要作为强大的推动力。在欧洲，当文艺复兴来到后，新兴资产阶级随着地理新发现而把眼界扩大到美洲以及亚洲，等到大工业出现后又引起一系列近代科学的发展。他们为了推倒中世纪

的黑暗制度，又追求希腊、罗马这种古典时代的民主和人本主义精神，于是，从十五世纪后叶起，首先在意大利半岛，随后又扩大到法国等地，掀起了搜集古代罗马艺术品的热潮；到十八世纪中叶后，又进而搜集古希腊的艺术品。正是在这两方面因素的结合下，美术考古首先发生起来，这是近代考古学出现的一个源头。另一方面，欧洲大陆本身又不断出现石器、青铜工具和装饰品等古物，并不断有人发现古迹。到十九世纪前叶，丹麦考古学家裘琴逊·汤姆逊（Christian Jurgensen Thomsen，1788 ~ 1865）分析出人类曾经历石器、铜器和铁器三个时代。近代考古学终于逐渐形成了。但在这种形成阶段进行的野外工作，并不懂层位关系的重要性。西方的一些考古学家认为，近代考古学的真正开始，应当从施利曼（Dr. Heinrich Schliemann，1827 ~ 1890）根据地层学原理发掘特洛伊（Troy）古城算起。可见，如果把野外工作当成近代考古学的特点来看待，地层学的运用则应当是近代考古学走向成熟的一大标志。

地层学是在地质学中首先发生，后来才引进到考古学里面来的。考古学中所应用的地层学的最基本的原理，同地质学中地层学的最基本原理是一样的，但有其自身特点。为了区别两种地层学，这一种似可叫做“考古地层学”。考古学中的这种方法论，是经历了很长时间才逐渐从地质学中引入而逐步发展的，为了说明这种方法论的基本原理和具体应用方法，应当先讲一点它的成长史。

以野外工作为主要特点的近代考古学，在欧洲，于十五世纪萌芽。例如在英国，从那时起，便有一些历史学家或旅行家，在自己的旅途中记录一些他所看见的古迹、古物。在我国古代，也有某些地理学家、历史学家、旅行家记录古迹的行为。这到北魏郦道元著《水经注》时已经很突出了；后来，并一直继续不断。但我们不能简单地把这种工作看成是我国考古学的直接前身，因为我国的近代考古学并不是由这个途径直线发展而成的。欧洲的近代考古学则是从这种工作发端，再结合其他学科的方法而成长起来的。如在英国，当十六世纪末至十七世纪初，就有伊文·威廉（Even William，1551 ~ 1626）从这个道路创立了不列颠考古学。但这阶段的考古学，在现代考古学家的眼里，还是属于一种推理性质的、有科学性以前的学问。所谓推理性质的，即指他们看见了一些古迹后，往往按照史籍中的某些记载，牵强附会地加以对应。譬如伊文·威廉，即把英国史前时期的一些巨石遗迹，比附为恺撒军事征服过程中留下的堡垒或临时的扎营，这跟实际情况出入太大了。这种缺乏科学根据的推理性质的考古学，在欧洲继续了三百年左右。

到十九世纪中叶，一个英国绅士麦克·埃尼莱（Mac Enery）曾在靠近托夸（Torquay）之地的肯特山洞（Kent's Caven）中找到一些燧石工具和猛犸及另一些现已灭种的动物骨骼共存，也就是找到了旧石器时代的遗存。此时，欧洲的宗教信仰残余仍很严重，按照这种信仰，根本不能存在什么旧石器时代。麦克·埃尼莱是天主教徒，不愿因此引起个人声誉上的危险，没有对这个划时代的发现宣布其发现权，这个荣誉就归之于同时代的一个法国人布恰尔·第·波赛斯（Boucher de Perths，1788 ~ 1868）。他于1836 ~ 1837年在索米山谷（Somme Valley）的一个山洞里，找到了燧石工具碎片、新石器时代的磨光石斧和史前时期的破碎的骨骼，并于次年举行展览，公布了这一发现。1838年，他又在法国北部的有名的旧石器时代遗址阿布维利（Abbeville）得到了粗糙的燧石工具与现已灭种的动物的骨骼。这些发现，唤醒了英国的同行。于是，在1859年，一个由考古学家和地质学家组成的非官方的调查考察团，亦去阿布维利，重新检查了这个遗存。在这个考察团中，考古学的代表是约翰·伊文思爵士（Sir John Evans），地质学的代表是约瑟夫·泼利斯特维治爵士（Sir Joseph Prestwich）。发现物的年代是由地质学家决定的。他们证明了以前波赛斯的发现是可靠的。

在人类历史上发现旧石器时代是考古学和地质学相结合的结果，而这又标志着考古学的一个巨大转折。那时，要确定旧石器遗存的年代，只有地质学才有能力，因为在地质学中已经建立起了地层学。

地层学并不是早已发生的。在十八世纪末期，地质学家威廉·斯密斯（William Smith，1769 ~ 1839）曾根据自己的一系列的观察，为建立一连串的地层系列作了准备。到十九世纪早期，他又进一步证实这种地层系列可以表明年代，根据是不同地层里的不同化石。到1830 ~ 1833年，查尔斯·赖耳（Charles Lyell）发表《地质学原理》（"Principles of Geology"），标志着地层学已成熟。地质学里的地层学既然可用来判断地球历史的进程，当它同考古学一结合，自然可发现若干万年以前的旧石器时代的存在。当时，神学仍在历史年代学中占有统治地位，这种发现及其科学论证所引起的震动和影响，是无比巨大的。

十九世纪中期正是人类智能取得重大发展的伟大时代。近代科学的三大发现和田野考古学乃至共产主义学说就都是发生在这个时刻，它们之间又是互有影响的。如赖耳的贡献，便对达尔文发生直接影响；而达尔文的理论和确认旧石器时代的存在，又是息息相关的。非常凑巧，伊文思和泼利斯特维治证实属于直立猿人时期的阿布维利遗存和达尔文的发表《物种起源》，都在1859年。显然正因理论上的密切关系，当《物种起源》出版后，约翰·伊文思便立即作出如下评论：

> 确立旧石器时代有人们存在（的贡献）……莫过于为人类历史增添了新的篇章。它增加了时间的巨大范围，而对这个时期，最大量的人类学家和哲学家是必须思索的；它摧毁了基督教堂和大学里的习惯的年代学；它给人类的眼界带来了一个关于宇宙的新的均衡，与这种均衡的改变可以比拟的仅仅是文艺复兴带来的关于新世界的发现。没有（另外的）一个历史新文化或近历史时期的发现可以在科学和哲学上得到如此巨大的反响；为建立第四纪时期存在着人类的学说，就要牵涉到重定（衡量世界的）基本原理的方向。伊文思和泼利斯特维治证明布恰尔·第·波赛斯1838年的发现是正确的，它延伸了人们在地球上居住的时间，而这种原理是属于达尔文的《物种起源》的，它可一直运用到智人（*Homo Sapiens*）。

达尔文的生物进化论的产生，是科学进步总体中的重要组成部分；地层学的建立、近代考古学的产生，也都是这个总体的组成部分之一，而彼此又是密切相关的。这犹如达尔文的学说，当然是生物学的，可是它对哲学、史学、人类学产生的影响，乃至对社会总体发生的作用，也是同样巨大的。就达尔文的工作本身来说，几乎也可说是一种地质学工作，所以《物种起源》一书中，有两章便是纯地质学的。可以看到，没有地层学，达尔文的进化论学说是不可能建立起来的。这就意味着地层学建立的意义，远远超出了地质学本身的范畴，而且还对生物学、考古学、史学、哲学等等学科的前进发生了直接或间接的作用。从许多学科本是互相联系着的角度来思考，十九世纪中期人们发展自然科学、社会科学所取得的划时代进步中，近代考古学的产生是有其重要位置的，因为只有通过这个学科产生后才能得到或证实的关于人类历史进程的新认识，又为整个社会科学理论的发展，包括创立马克思主义的社会发展史理论，准备了一个新的基础。所以，近代考古学的诞生，确是人类知识发展中一个有关大局的部分。由于它的出现是许多其他学科的发展促成的，而地层学的建立有其直接作用，所以许多人就把这两个学科开始紧密结合的1859年，看作是考古学得到重要发展的转折点。

但还不能认为地质学中的地层学此时已真正引进到考古学里面来了，因为对最大量的新石器时代及其以后的各遗存的发掘工作来说，不能简单地搬用地质学中的地层学，而是必须建立自身的地层学理论与方法。在考古学史上，第一次考虑到发掘时应注意地层关系的是后来曾任美国第三任总统的托马斯·杰弗逊（Thomas Jefferson，1743 ~ 1826）。他于1784年在美国弗吉尼亚州发掘一个印第安人墓葬时，已提出了这个看法。不过，在考古发掘中真正实行这种想法的，则要迟到十九世纪七十年代的施利曼发掘特洛伊古城。

施利曼本是德国商人，少年时在他父亲送给的圣诞礼物——乔利的《通史》（Jarrer's "Universal History"）中看到一幅特洛伊的想象图，引起很大兴趣，后来又读了荷马的《史诗》，多年以来就渴望找到《伊利亚特》中讲到的特洛伊古城。四十六岁后便改搞考古，终于找到了这个古城，并于1871 ~ 1873、1879、1882 ~ 1883作了三次发掘，开始按地层堆积来进行工作。在此以前的许多发掘，例如十八世纪到十九世纪中叶的一些法国、英国的贵族，假日期间常到野外挖掘古墓，便根本不顾层次，也不作有比例的实测图，而只绘过一些素描式的图。施利曼则按一定的方法进行发掘，并按一定比例作图。他在工作日记中说，发掘者的首要任务是看地层。用现在的标准衡量施利曼的工作，当然还很原始，但毕竟开始了野外发掘方法的新阶段。所以，本世纪上半叶时，牛津大学的一位长寿的、资历极深的赛思（A. H. Sayce）教授，死前曾对英国的另一名考古学家，即为考古学中利用航空摄影做过很大贡献的格莱福特（O. G. S. Grawford，1886 ~ 1957）说：近代考古学是"伴随着施利曼开始的"。赛思本人经历了从阿布维利遗存到乌尔（Ur）王陵的发现，非常了解十九世纪后半期至本世纪初期考古学舞台上那些主角的活动情况，这个评论当深切实情。

施利曼找到的特洛伊古城虽曾长期失踪，但总是在历史记载中留下过痕迹。不久后，随着考古方法的进步，人们又可以通过发掘而对从未见诸史籍的一些遗址，重建其比较具体的历史。曾大规模进行这种工作并取得很大成就的是著名的英国考古学家费林德斯·彼特里（Flinders Petrie，1853 ~ 1942）。他使用一种建立陶器年代系列的方法，发现了一个毫无历史记载的埃及的“前王朝时期”。彼特里的学生，又把这种重建的历史的年代，推得更早。彼特里对考古学的贡献有很多方面，在改进考古发掘方法方面，最重要的是更注意发现细节，并尽一切可能来记录发现的各种情况。他认为发掘可以重现古代现象，也可能毁掉这些现象，所以说，“经过发掘之后，被发现的遗存，只存在于纸上，一个考古学者的义务，就是要记录考古发掘中所见的一切东西，因为以后只能依靠记录，才能凭想象去重建那个遗存和使过去的那些生活具体化起来。考古学的全部事业，就是重建已经消逝的生活”。这是近代考古学史上的一段名言。一个考古发掘者，的确应把尽可能记录一切现象当作自己的职业道德。

在考古发掘中应用地层学原理，并且绘制有比例的平面图、剖面图来记录层位这种方法，要到上世纪末才真正成熟。十九世纪九十年代，英国的毕德·里浮斯将军（General Pitt-Rivers）曾举出证据，明确说明在各个遗址里发现的物品不是游离的。这个思想说明了同一层位出土物的共存关系的要义。他说：“在一个地方的田野里找到了一枚罗马钱币，只能说明一个穿着罗马短袖宽袍衣服的人的口袋有一个洞；而如果在鲍克利·第基（Bokerley Deke）的一个未被扰乱的壁垒的下面找到一枚罗马钱币，就能说明壁垒是晚于这个钱币才建立的，因此，壁垒的年代一定是罗马的或者再晚一些的。”

毕德·里浮斯的突出功绩，就是更清楚地指出了地层的重要性，特别是对于判断相对年代的重要性。他的那张鲍克利·第基的壁垒下有罗马钱币的断面图（图一），是表示考古地层学已经基本成熟的一个重要的历史记录。可以说，伊文思和泼利斯特维治发现旧石器遗存，还是根据地质学里的地层学方法来断定年代的；而要判断新石器时代以后的地层关系，因堆积的成因和具体情况不大一样，观察和处理方法要细致得多，必须另建考古学自身特有的地层学。建立考古地层学的过程，如果从波赛斯和伊文思的发现算起，到毕德·里浮斯之时，大约经历了六十年左右；而它在欧洲的被普遍确认，则要迟到本世纪初。

我国的考古地层学，是从美国、法国和英国那里引入的。十九世纪末，英籍匈牙利人斯坦因（Sir Aurel Stein）在新疆做过发掘。在那种沙漠地带，层位关系很难辨认，而当时整个欧洲的考古学界还只有少数人知道层位关系的重要性，斯坦因自然并不注意地层。

1921年，瑞典人安特生（J. G. Andersson）在河南渑池县发掘，发现了仰韶文化。当时，考古地层学在西方成熟不久，安特生本是地质学家，在发掘时，就使用地质学中划分地层的做法，按等距离深度来划分地层，所以并未把仰韶和庙底沟二期的文化层区分出来，弄混了一些出土物的层位关系。

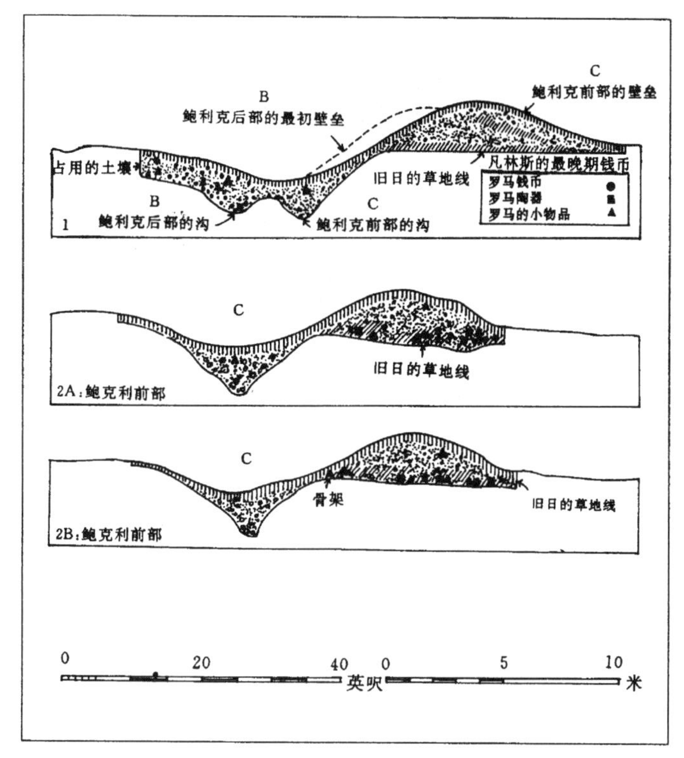

图一　鲍克利壁垒剖面图

由我国学者自己进行的野外考古，始于1926年李济在山西夏县西阴村的发掘。1928年以后，在李济主持下，安阳殷墟的发掘也开始了。李济先生曾在美国哈佛大学攻读人类学。在美国的学科划分中，考古学是属于人类学范畴的，但他最初毕竟不是专攻考古学的，所以殷墟的最初几次发掘，并未严格按地层学要求来进行工作。1930年梁思永先生从美国哈佛大学留学归来，1931年主持安阳后岗发掘，发现了仰韶、（河南）龙山和小屯的三叠层（图二），知道小屯的殷代遗存晚于（河南）龙山，（河南）龙山又晚于仰韶。以后，他主持了殷墟的发掘，就真正按照地层学原理来进行工作。任何学科的新方法的运用，总是不平衡的；我国考古发掘中对于地层学方法的运用，也是不平衡的。但从梁思永先生发现后岗三叠层和主持殷墟发掘之后，考古发掘必须划分地层那种认识，在我国的考古工作中便占有了主导地位。因此，尽管今天看后岗三叠层剖面图，还存在着诸如一层褐土和一堆烧土叠压在绿土之上而又被绿土所压那种缺点，但梁思永先生清楚地根据地层叠压关系来论证了仰韶、（河南）龙山和殷代遗存的早晚关系，应作为考古地层学已在我国确立的标志。

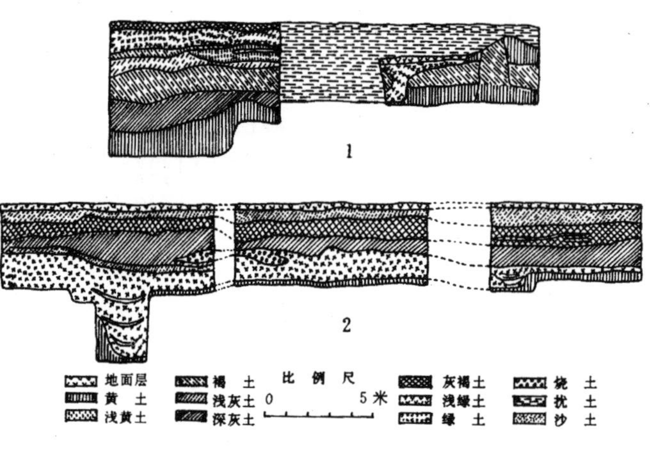

图二　后岗三叠层剖面图（选自《梁思永考古论文集》）

1. 后岗第 283、284 两坑纵截面（东墙）

2. 后岗第 241、243、244 三坑纵截面（东墙）

四十年代时，夏鼐先生从英国伦敦大学留学回来，到甘肃进行考古，在临洮寺洼山的齐家墓葬的填土中发现彩陶片，便依地层学原理，订正了安特生的六期说，把仰韶、半山的年代放在齐家之前。到五十年代后，夏鼐先生长期主持中国社会科学院考古研究所的工作，并且曾对北大考古专业和四届全国性的考古工作人员训练班讲授过田野考古方法，一直坚持强调地层学的重要性，曾对我国广大考古工作人员在发掘工作中重视地层学的应用，起了很大作用。

在我国，如果从梁思永先生发现后岗三叠层和主持殷墟的发掘开始计算，到现在已经半个多世纪了。半个多世纪以来，尤其是近三十多年来，我国的考古发掘是极其大量的，对地层学的认识和运用，也在不断进步。例如在五十年代进行了半坡发掘之后，便日益注意在大面积发掘中，仔细分辨不同层位的成群遗迹。又如在七十年代进行了盘龙城发掘之后，在大规模发掘中，已愈来愈重视统一地层编号的工作。对于地层学中经常使用的一些概念，现在也有更多的人来进行讨论以求其准确、深化和发展。从我国古代遗址的本身来看，如果同西亚、欧洲、美洲等地的遗址相比，至少是青铜时代及其以后的，颇具自身特点。西亚、欧洲、美洲等地的古代遗址，颇多石头建筑，那种遗址可以说是一种硬遗址；而我国古代，则流行土木建筑，形成一种软遗址。发掘硬遗址和发掘软遗址所要求的具体方法和技术，当然不完全一样。近年来，我们已经积累了大量的发掘软遗址的经验，并逐步得到一些有关考古地层学原理的新认识。我们应该很好地总结这些经验，为考古地层学的前进做出自己的贡献；并及时吸取国际上关于考古地层学原理和实践经验的新认识，更好地提高我国的田野考古水平。

二、“考古地层学”的基本原理

考古学中的“地层学”，就最基本的原理而言，同地质学中的“地层学”是一样的。不过，地质学中的地层学，目的是研究地球形成历史，其资料是由各种岩石形成的一连串地层系列，形成原因是因自然力量的作用。考古学中的地层学，则是研究人类出现以后，主要因人为力量而形成的各种文化堆积的形成过程和原因，它是科学地取得考古资料的理论基础。两种地层的形成原因不一，内涵和存在形式不同，因而观察和分析地层的方法，并不完全相同。此外，考古学中的地层学，还包括了一些地质学中的地层学所没有的内容，即除了观察、分析各种地层的形成过程和解释形成原因外，还要拿这种理解来指导发掘工作，处理各层次的遗迹。

从总的方面讲，地球岩石的不同层次，或因岩浆喷发而突然形成，有的则经过很长很长时间才形成，其空间范围（无论是广度或厚度）都是很大很大的。并且，地球上各种岩石的层次，因各种引力作用，可以发生大面积的升降、断裂、移动。这样，有许多本是连成一体的同一地层会分裂开，出现相错现象；原是同一水平的岩石层次，也会上下错离很远。由人为力量而形成的文化层，则面积要小得多。同一地点不同时期形成的若干文化层，只会因雨水的冲刷，断崖的崩塌，或是人力的翻动等原因而错乱。总之，像岩石层次那样相错是很少的。如拿由人力而形成的文化层同岩石的地层来比较，人类文化层的面积和厚度是很细小的。因此，考古学中观察、分析和处理地层的行为，是一种很精细的动作。从这种角度看，甚至可以讲，考古学中的地层学是一种非常非常细巧的学问。正是由于这些差别，考古地层学就不能是地质学中地层学的简单搬用。

为了理解经常碰到的文化层的一些堆积状态，应当探索一下考古地层学有哪些最基本的原理？从现在想到的来说，有五条内容大概是最基本的。

1. 不同时期形成的文化层和遗迹单位，是按时间早晚，自下而上地依次堆积而成的

文化层是指人类在某个地点生存、活动时遗留下来的各种物品的堆积的总和。在一般情况下，这些物品总是掺杂在被人们移动过的泥土中，所以大多数文化层是一种夹杂着人工遗物的土层；有些经人们翻动过的土层，即使不包含人工遗物，

因为曾经人力搬动，结构发生变化，总是和因自然力而形成的土层不同，亦应归之于文化层的范畴。

某个地点如果从前没有人居住、活动过，人们遗留下来的文化层和各种遗迹，会直接叠压在生土或岩石砂砾上。假如这个地点已经形成了最初的文化层，后来继续有人在此生存、活动，就会形成一种多层的文化层和有多层遗迹单位的遗址。在那种有多层叠压关系的遗址中，下文化层和遗迹单位的形成时间当然一定要早于上文化层和遗迹单位。不同层次的文化层和遗迹单位是人们在这个地点生存、活动过程的一种记录。下层早于上层，是地层学原理中最基本的一条定律。

同样的道理自然又说明各文化层和各层遗迹单位里面的各种遗物，亦是当地人们活动历史的记录。下层遗物的被丢弃时间一般讲要早于上层遗物的被丢弃时间。这当然不是绝对的。由于上层会扰乱下层这一原因，上文化层和上层的遗迹单位亦会包括一些下层遗物。

2. 同一文化层和同层遗迹单位的形成和遗留形式不是水平的

地球上的岩石层次，虽因地壳的升降、断裂会出现倾斜形态，但因面积很大，在人们用眼睛直接看到的部分中，其走向总是比较整齐的。文化层则不同，它保存到今天的，往往是一些极不规整的形态，可以讲是千姿百态的。所以造成这种现象，主要有以下三个原因。

第一，当一群人们生活在某个地点时，使用的地面可能本来就是坑坑洼洼、倾斜不平的，在这种地点遗留下来的文化层和各种遗迹，当然会有高有低、起伏不平。

第二，人们的活动，特别是到了新石器时代以后，愈来愈复杂，改造居住环境的能力愈来愈强，遗留下来的东西愈来愈多，文化堆积的起伏就会愈来愈大。拿比较原始的农业定居部落来说，一个村落，外围就可以挖出壕沟（如西安半坡的仰韶遗址），甚至筑起围墙（如西亚巴勒斯坦新石器时代早期[PPN A]的耶利哥[Jericho]遗址的石头围墙）；在村内，每个家庭又要修房子，挖窖穴，有的地方并有成群陶窑，甚至还会有平坦的祭祀场地或作其他公共活动的场地；村外还往往有大片氏族、部落墓地。由这样一些活动所造成的文化堆积，即使属于同一时期，也会是高低不平的。

这还可以拿许多遗迹单位本身的建造情况来作进一步说明。就修建一座房子而言，许多新石器时代的房子，往往是半地穴式的，要在平地向下挖坑，并在坑内或坑外挖柱坑，立柱子，再修墙壁，盖屋顶。其他如建造窖穴或陶窑等物，也都会挖坑。这些活动本身大大破坏了地面的平整性，而当这些遗迹废弃后，一般是先在遗迹内部堆满文化遗存，再在上面堆积起另一个新的文化层。这样，尽管属于同一层次遗迹内部的文化堆积，本应属于同一层次的范畴，但当揭掉覆盖在它们上面的晚期文化层之后，呈现在发掘者面前的，却会是一个个孤立的、高低差别很大的文化堆积。从层位关系角度看，由许多遗迹单位形成的一个文化层次，其起伏又要远远超过一般的文化层。

如果时代更晚一点，到城市生活发生后，人们的活动能力更强，活动内容更多样，遗留下来的文化堆积会更加复杂、更不平整。总之，任何时候，人们遗留下来的文化堆积，本身一定是不平整的，因而发掘时，切忌不细察文化堆积的变化而等深下挖，而要清醒估计到早期地层高于晚期地层的现象是随时可以遇到的，不要忽略地层关系的仔细辨认而被早期地层的绝对高度在晚期地层之上的现象所迷惑。

第三，当一个文化层形成后，继续在此居住、活动的人们，便把这层文化堆积的面当作地面来使用。后来在此活动的人们，因自身的生产和生活等需要而进行的各种活动，会破坏早于他们遗留下来的文化层，早期文化层就会被削低、切割或整个被挖掉。总之，只要后来有晚期人们居住，早期的文化层一定会受到不同程度的破坏。一般讲，晚期人们在此居住的次数越多，时间越长，人数越众，早期文化层遭到破坏的程度就会越大。正因如此，凡属有多层堆积的遗址，早期文化层因多次受到晚期文化层的破坏，容易呈现出破碎状态；某些地点还因晚期人类活动非常强烈，早期地层所余无几。这样，如果为研究某些考古学文化的发展序列，就宜于选择有多层叠压关系的遗址进行发掘；如果想了解古代的居住、活动状态，自然希望遇到保存较好的遗迹，那就不一定选择有复杂地层的遗址。某些主要只有单层古代堆积的遗址，恰恰容易遇到保存得比较完整的遗迹。一个地点如果只有一群人们在此居住一段时间，后来再也无人在此定居，那些遗迹所受后代的破坏不是会少得多吗？所以，评判一个遗址好坏的标准不是绝对的，出于不同的需要，评断的标准就会不一致。对于有多层堆积的遗址来说，各文化层的分布状态，可能有断有续，各文化层的起伏也会是出入很大的。

由于以上原因，一个有多层文化堆积的地点，早晚地层绝对不会是水平式的叠压。在这次山东兖州西吴寺遗址的发掘中，工作刚刚进行几天，就碰到了这种现象。例如在这次发掘区中，第4层在东北部要薄一点，第3层也是中部和南部要厚一点。

在工地上，有的学员曾提出这样的问题："在我的探方，怎么找不到第4层？"可能尚未辨认出来，也可能就是没有第4层。对整个遗址来说，地层从早到晚是依次一层叠压一层的。但因不同时期的具体居住和活动地点不见得完全相同，各探方的地层叠压顺序就可能不一样，经常会出现跳跃式的叠压关系，即第3层下，可能是第4层，也可能是第5层或第6层。正是因为在一个遗址的某些区域常常发生跳跃式的层次叠压关系，对于大面积的发掘来说，应该在基本了解到整个遗址的层次叠压顺序后，统一各探方层次的编号。这可以使整个发掘区的层次堆积情况一目了然，并便于记录出土物所属的真正层次；否则，到整理阶段，将会遇到大量同时期的遗迹、遗物分编为不同层次，而不同时期的遗迹、遗物却编为同一层次那种麻烦。当然，发掘工地上统一地层的工作，不是一开始就能进行的，也不见得进行一次就能定案，很可能要根据后来新出现的地层关系而调整多次。如果遗址面积很大，不同发掘区的地层堆积顺序差别较大，也可以作分区的统一地层编号工作。

在我国的黄土地带，还会遇到早期地层下面发现晚期遗存的现象；这当然不是指随着田鼠洞而混入的晚期东西，而是指原生堆积。如果是在一条探沟或一个探方中碰上这种现象，一点都不要奇怪。因为在这种地区，经常开凿洞室墓或是打出地道，假如墓道或地道入口是在已发掘的区域之外，而墓室或地道的顶上就是早期地层，当没有发现墓道或地道入口时在墓室或地道的顶上下挖，就会在早期地层的下面，毫无思想准备地发掘到晚期遗存。遇到这种情况，就要追寻墓道或地道的入口，只要搞清这种关系，就能明白还是晚期遗存打破早期堆积。被这种深入地下的洞穴所打破的早期地层，可能只是早于洞穴本身一个层次，也可能早出若干层次。要准确判断这种洞穴的层位关系，只能依入口处的叠压和打破关系来确定。

存在着这种堆积和打破现象的地方，还很容易遇到一种塌陷地层。这是因为地道或洞室顶部后来往往塌陷，从而顶上的各层堆积，也会跟着下陷。这次西吴寺的发掘，由于许多探方中有周代地道，而地道大部分地段的顶部已塌落，所以遇到许多塌陷地层。这种塌陷地层，往往某层本应水平式地向旁延伸，却突然中断，并在未塌陷的文化层的旁边出现要晚好几个层次的地层。如有的地方是龙山地层突然下陷，上面的东周地层就掉落下来而和未曾陷落的龙山地层并肩而存；有的地方是大片的龙山地层和东周地层一齐陷落，形成了大块龙山堆积包在东周文化层之中的现象；有的则是好几个层次的土块，东倒西歪地错杂在一起；有的地方又是成片的龙山地层直接掉在周代地道地面上。塌陷地层实际即下面将要讲的那种次生地层，当然不能像正常的堆积那样来看待。

总之，文化层的依次叠压，就一个遗址的整体来讲是绝对的；就局部地段来讲，则常常出现跳跃式的地层叠压关系；孤立地观察某一小范围，甚至还会看到好像是颠倒的叠压关系。所以，观察的面积愈大，层位关系就愈能定得比较准确。

3. 次生堆积会形成早、晚颠倒的倒装地层

古代的遗存，还有原生堆积和次生堆积之别。所谓原生堆积，指人们遗留下来而未经后代扰动的堆积层；次生堆积则是指经过后来翻动再形成的堆积层。

翻动原生地层的力量有两大种：一种是自然的力量。由人为力量翻动早期文化层而形成的堆积，通常称为扰乱地层。如农民为了平整土地，常把位于高地上的古代文化层，推向旁边的低地，这种新堆积起来的土层，就是一种扰乱地层。农民深翻土地时，也会形成扰乱地层。在扰乱地层中，早期、晚期的遗物混在一起，实际是晚期形成的一个新的地层。凡所谓扰乱地层，通常是指某个遗址地点成为农田或荒地时形成的一种地层，严格讲，它就是某个遗址的某一层，性质即为某个时期的耕土层或荒地层。如果某个遗址，早期有商代、西周、东周、汉代这几个地层，明代翻动了这些地层，形成一个明代层，这种把商代、西周、东周、汉代和明代的东西混成一起的地层，只要有一定的明代遗迹现象或明代的遗物较丰富，实际是一个明代文化层，更不宜叫做扰乱层。所有这些因人为力量翻动了早期文化层而形成的新堆积，都不属于这里所谓的次生堆积的范畴。

次生堆积皆指因自然力量而形成的次生地层而言。这种次生堆积，常会出现同原生堆积上下颠倒的倒装现象。

自然力量怎么会形成倒装的次生堆积呢？道理很简单。在某些坡度较大的地段，或者是在一些断崖、陡壁下的地段，高处所存在的古代文化层，因雨水冲刷或断崖逐渐崩塌，原生的文化层，就会自上而下地依次向低地移动。这样，原来是上面的晚期土层，在挪动到新位置后，便会压在底下，原来是下面的早期土层，却会堆在上面。由这种过程而形成的次生堆积，常常会把原生堆积的层次大体上颠倒过来。当然，许多遗址的原生地层，本身就有复杂的叠压和打破关系，新形成的次生地层，不可能把原来的地层叠压状况完全颠倒过来。

显然，遗址经历的时间越悠久，遗址内的物品挪动到它处去的可能性就越大。许多旧石器时代的遗物便是在次生地层中找到的。这些脱离了原生地层的古人类化石和旧石器，失去了与其他人类遗物以及动物骨骼化石本来的共存关系，只能主要从本身特点来进行研究。如果不懂得它们是出在次生地层中，就将得到错乱的认识。

属于新石器时代以后的次生地层，在多雨水地区比较多见。尤其是东南沿海地区的一些贝丘遗址，因主要堆积物就是蛤蛎、贝壳一类东西，本身较易滑动，雨水又多，所以许多原生堆积的周围，往往有次生堆积。例如福建闽侯县的白沙溪头遗址就是这样。凡属次生堆积部分，蛤蛎、贝壳往往在挪位过程中已被弄得很破碎，同原生堆积那种介壳很完整的状态不一样，很容易辨认出来。这种次生堆积，在长江三峡地区也很多见。黄河流域则较少见，但黄景略同志告诉我，他在山东日照两城镇遗址中，亦曾见到过这种次生地层。

需要说明的是，多数次生堆积只是混乱了原生堆积包含物的原有共存关系，不能真正当作颠倒的层位关系来看待。也就是说，次生堆积中的包含物基本上是失去了层位关系的东西。在南方多雨水地区做野外工作，应当多多注意所调查或发掘的遗址是否为次生堆积。

4. 形成不同文化层的原因，关键在于堆积内容的变更；而文化层的堆积厚度，不是估计形成时间的尺度

谈这个问题，要先把产生这个问题的前提讲清楚。

一个遗址可以有许多文化层。在实际工作中经常见到的情况是，有时一个文化层代表一段不长的历史时期，有时一段不算太长的历史时期却可以形成好几个文化层，而有的时候，一个文化层是经历了很长历史时期才形成的。

要肯定有这三种情况，需举一点具体例子。拿这次发掘的西吴寺遗址的堆积来讲，现在发现的第3层，初步判断是金代或金代前后形成的，大体代表了几十年或者一百年左右这样一段时间，就是上述的第一种情况。现在见到的第4层和第5层，以及第3层下打破第4层的一部分灰坑和第4层下打破第5层的灰坑，大体是从西周后期到春秋的。此地这段时间属鲁国管辖，总的说来是在一段不很长的历史时期内的一种一脉相承的考古学文化遗存。它们形成的绝对时间，当然是第5层最早，第4层下打破第5层的灰坑要晚一点，第4层又晚一点，第3层下打破第4层的灰坑最晚；但从遗物的异同来分析，则不见得能分成四个期别。但不管有几个期别，这就是一个二三百年左右的同一文化的遗存可以形成好几个层次的例子，属于上述的第二种情况。至于第三种情况，即经历了很长历史时期才形成一层堆积的现象，通常所见内涵比较丰富的文化层，并不属于这类；但在许多发掘工作中，实际上却是经常见到的。若干地点，在某个时期，由人们的居住地变为荒地或耕地，就会在很长时间内形成不了有相当厚度的新的文化层，不过总是会有些新的堆积。这种堆积，除了风沙降落或洪水淤积等自然原因会形成很厚的层次外，一般讲，时间虽久，也不容易增厚很多。如果后来又有人群在此居住，新的平整土地和筑房挖坑等活动，可能使这种堆积消失殆尽，再度形成的新文化层，便会直接叠压在前人在此居住时所形成的老文化层之上。如果后来一直无人定居，那就会形成一层或好几层包含物贫乏的堆积，直达表土层。许许多多遗址的表土层（即现代耕土层）之下，不是常有一层或数层通常所谓的扰乱层吗？这种所谓的扰乱层，往往是经历了若干世代才形成的。例如湖北沙市周梁玉桥遗址，自公元前二千年末即相当于商代晚期以后，就成为荒地、墓地或农田，在长达三千年左右的时间内，形成了第4、3、2三个地层，包含物除了后代扰动早期地层所混入的少量早期陶片等遗物外，只有零星的汉砖和唐宋至近代的陶、瓷片及砖头、瓦块。这三个层次，虽可大体推断第4层为汉代前后形成的，第3层为唐宋前后形成的，第2层为明清左右形成的，每一层的形成时间仍然是很长很长的，说明无人定居时期形成的新堆积，加厚的速度是非常缓慢的。可以看到，许许多多遗址都包括着时代间距较大的不同文化遗存，每一个不同文化往往留下内涵丰富的地层，而那些不同文化居民在此生活的间歇时期，当地无人定居，可是却极难在那些不同文化遗存的层次中间见到一种成为荒地或农田时期形成的堆积。可见这种堆积一般很薄的，因而一当重新有人群在此定居而频繁活动时，就会完全被破坏掉。

一个文化层的形成时间有上述三种情况，是归纳了大量地层堆积情况而得到的认识。第一种情况很好理解，它说明在一个特定的历史时期内，只要有一群人在某地定居、活动，就会遗留着一层代表了一个特定考古学文化的堆积。第三种情况也是不难理解的，由于这种地层总是包含物贫乏，遗迹稀少，并且较薄，可表明堆积速度很慢。第二种情况，即在一段连续有人群在某地居住、活动时间内形成好几个层次的现象，则尖锐地提出一个费解的问题：为什么古代人们的活动不间断而其遗存可以分为几个层次？又为什么只能分为几个层次呢？

这第二种情况并不偶见，而是普遍的。所以，解释这种现象，当是理解不同文化层形成原因的关键。

如果以为不同文化皆具有不同的生活方式，而只有一种特定生活方式的遗存才能形成一种不同于其他生活方式遗存的文化层，为什么同一个考古学文化在同一个地点的遗存可以分为好几个层次呢？

如果以堆积时间的长短或抛弃废物的堆积次数的多寡为形成不同文化层的界限，那么任何遗址的文化层，似乎将无限划分，而实际情况却总是只能划分为几个层次。

显然，不同文化层的形成原因，要从别的方面寻找。

文化层的形成，就最基本的原因讲，是从前活动在某地的人们通过各种动作而遗留下来的一切物品混杂在泥土砂砾中堆聚而成的。具体成因则非常复杂。但就时间范畴而言，无非是逐渐形成和突然形成两大类。当然，无论哪一类，具体的形成速度又是千差万别的。

在一个地点不断抛弃垃圾、灰烬或其他废物，就会逐渐形成一个灰层。其时间可能是好几个月，也可能要若干年。这是逐渐形成一个文化层的情况。遗址中许多地层、大灰沟和灰坑中的堆积，往往属于这一类。

另一类突然形成的情况，每每是碰上一次天灾人祸而发生的。如果某个聚落，突然全村起火，或是被洪水淹没，或是被异族扫荡，整个聚落就会墙倒屋塌，成为一片废墟，立即形成一个普遍的文化层；而一当有人重新在此生活时，便形成新的层次。

就一个聚落内的某地点或某区域来说，如果兴土动工，修筑道路、房屋窖穴以及大片窑场或其他建筑物，也会填平去高，顷刻摧毁旧物。这种新工程发生以后出现的堆积，便可与旧遗存明显地分为两个层次，即很快就形成了一种可区分两个文化层的界限。

在大量建筑基址处，这种情况是很明显的。

对整个遗址中某一小片区域的地层堆积情况来说，很容易从上述两大类原因来解释其形成过程。问题在于为什么有那么多的遗址，往往只是普遍地分成几大层?

假如把这两大类原因结合起来考虑，并参考当今乡村、城市等居民点的废物堆积情况，也许能得到比较合乎情理的理解。当然，我们不可能真正全面地看到古代各种聚落的兴废过程，这种考虑只能是比较抽象的，多少带一点推理性质。

这可以先从面积较小的地层堆积情况谈起。当然，诸如一个废弃窖穴、水井等小单位内的不同层次，无非说明若干次倾倒垃圾的差别。这种成因，对探讨整个遗址为什么只能分为几大层是没有意义的，不必多讲。

如果从一种大壕沟内的堆积来看，沟内的几大层，当是由于附近居民生活内容的几次大变化而形成的。可以设想，这些居民，假如生活内容无变化，尽管今天倾倒的是几筐草木灰，明天倾倒的是几筐破陶器，后天倾倒的又是几筐脏土，总起来讲，在相当时间内，倒进沟内的废物，都会是这些东西，若干时间以后形成的文化层，就将是一厚层驳杂的灰层。只有附近居民的生活内容有一定变化，倾倒的物品不一样，而且这种新发生的变化在相当一段时间内又是稳定的，才能形成一层新的、可以与以前堆积相区别的文化层。这种变化发生几次，沟内就将形成几个文化层，直到填平为止。

就整个遗址来说，一条大壕沟内的若干层次，可能同整个遗址的几大层一样，也可能其总和只相当于某一层甚至是少于一层。但一条大沟内形成几个层次的原因，对理解整个遗址形成为几大层的原因，当能有所启发。这就是说，整个遗址的几大层，也是因为居民的生活内容或抛弃废物的情况发生几次全聚落性的大变化而出现的。

这可能是居民们迁移他地，又再度有人来此定居而重新平整土地、修路筑屋，加上生活内容变化而形成为不同层次。因火灾、洪水而毁灭全村，当然也会得到同样的结果。如果大规模地变动聚落内的居住规划，从而大面积地拆毁旧屋、兴修新居或把住地变为烧陶等手工业区，也能形成大面积的新层次；不过，这种新地层，在多数情况下，总不会覆盖整个遗址。

还可能是生活用土的更动，使新堆积的土色、土质发生明显变化。自新石器时代以后，直到今天的农村，无论是修房、铺路、烧陶、填圈，许多活动都要用土，数量极大。如果取土地点或取土深度等用土的来源地发生全聚落性的变化，新堆积的土层的色泽和结构，同过去所使用和抛弃的土不一样，新形成的堆积，一定同过去形成的旧层次可以明显地区分开。例如这个西吴寺遗址，当地的生土是一些紫褐色的胶泥土或黄沙土。当龙山文化居民在此活动时，并无更早期的文化堆积，用土时便直接搬运这些生土，形成的龙山文化层，除了一些夹杂了大量灰烬的灰黑色土层外，便以比较干净的紫褐色或黄色为特点。而当殷周时期的居民在此活动时，此地已形成很厚的龙山文化层，用土时便会把这些文化层掺杂进去，所以周代的鲁文化堆积，往往是一种夹杂了不少烧土粒和灰烬的相当驳杂的灰褐色或棕褐色土层。当然，那时大量使用的东西一定混杂在当时形成的文化层中而成为这时期文化层的一种特点。长江中游的大溪、屈家岭文化因为习用红烧土块堆砌房基，几乎所有大溪、屈家岭的一般文化层，都以大量夹杂红烧土块为特点；而到相当于龙山阶段时期，已不用这种方法来建筑房屋，其文化层就是缺乏红烧土块的灰土。显然正是因为这种原因，大量遗址中所见不同文化层所以有不同的土色和土质，在很大程度上是因用土来源有所变化，亦即所用泥土本身的差别而造成的。

归结这些情况后，可以认为，对一般常见的文化层来说，抛弃的遗物和用土来源的变化，应当是形成不同层次的土色、土质差别的基础；建筑群的兴废或平地铺路等大规模的工程活动，则往往是形成大面积新层位的触媒。

社会生活的内容是复杂的。在历史的长河中，一定还有许多其他的变化来造成不同的文化层，但上述原因总是非常重要而且是很普遍的因素。就一个地点而言，这种变化当不是经常发生的，因而往往在长达数百年的时间内，只能形成几个层次（当然不包括当地无人居住的当地历史的中断时间）；事情的另一方面则是，只要某地居民生活了一段比较长的时间，这种变化又是一定要发生的，所以总会出现几个层次。

我想，这就是在一段历史时间内，同一个连续不断的考古学文化的遗存在同一地点会形成几大层的重要原因。形成时间极为接近的、基本属于一个大层次的房基打破房基、灰坑打破灰坑等小层次，当然不包括在这个范畴内。对于面积很大的遗址来说，这种变化当然不一定统括整个住地，也不一定有遍布全遗址的土色、土质完全一样的地层堆积。

如果以为一个村落内人们生活的接连不断会连续造成普遍的不同文化层，就可以看看今天的村落，特别是一些落后民族或原始部落的村落是否如此。那里，除一些洼坑、土沟会较快被填平外，在大量房屋的周围，甚至全村范围，不是若干年也堆积不起一个新地层吗？村间的道路，不是若干年之后也只会加厚一点点，甚至是原样不动吗？

对古代城址来说，除了最初从平地兴建时会形成一个普遍的大层位外，以后如有城市规划的变革、建筑群的改建，一般也只占某一地段。所以，在这种遗址中，恐难遇到通贯全城的几大层次。试看不断兴建高楼大厦、修设地下管道的当代城市，如果不是全城毁灭而重建，岂非只能在地面下出现破碎的层位关系而形成不了遍布全城的大地层吗？

各遗址中，所有房基、窖穴乃至墓葬等等单位，一概开口于某一文化层或生土的表面而绝不见包在某一层中的现象，能够进一步说明上述道理。很清楚，修建任何房子、窖穴或是墓葬，一定是在当时的地面上实行的，而这种地面，在发掘中是应当能够辨认出来的。开口在某一文化层的表面，正说明这个地层的表面，就是当时的地面；而这种遗迹全都开口在某一地层表面（亦即压在某层下，又打破某层）的现象，又说明这种地面形成后，一般会稳定若干时间不变；也说明了一个遗址的几大层次，就是历史上的几个地面。把一些遗迹或墓葬说成是包在某层之中的提法，等于说这种遗迹或墓葬会穿透土层而形成或是悬空存在。这只能是考古地层学的理论上的混乱，实际工作中的错误；用这种认识去指导野外工作，也只能造成少分地层或错划地层的失误。

对文化层的形成作了这种解释后，又会明白压在某层下面、打破某层的遗迹或墓葬，其形成时间正是在这两层之间。所以，某一发掘区如果有五个文化层，而各层下面都有打破下一层的遗迹或墓葬（包括末一层下打破生土的），那么，实际上是存在着十个层位。在某两层之间的遗迹或墓葬，如果彼此又有打破关系，那就是一个层位还可划分出几个小层位。

大家知道，层位关系只能表示相对年代。一个遗址，如果有十个层位，单凭层位关系只能知道彼此的相对早晚，而哪些层位的形成时间极为接近或相距甚远，只能依靠其中的包含物来判断。

从文化层形成的复杂原因出发，还可知道一个文化层的厚度，绝非衡量其形成时间长短的尺度。由被抛弃的垃圾所形成的一个文化层，可能需要很长时间；同一天塌毁的一组房屋，可能立即形成一片很厚的地层；一个连续使用的建筑群，室内户外，每天打扫，这片地方就可能几十年、甚至数百年都形成不了一个新地层。总之，文化层的厚度绝非衡量其形成时间长短的尺度。

5. 遗迹本身同遗迹内的文化堆积，在形成时间上的距离是不等的

房子、灰坑、水井等遗迹，当被废弃后，里面就会堆满东西。这些遗迹本身的形成年代，同里面包含的文化堆积的形成年代是有差别的。一般讲，不可能今天盖房子、挖灰坑，当天就废弃掉并立即堆满文化层，通常都是用了若干年以后才废弃掉而逐渐堆满东西的。判断这种关系时，必须考虑到遗迹本身的形成时间与里面堆积物的形成时间是有距离的。至于距离究竟有多大，不能一概而论。不等的距离很难绝对分为几类，但可举出一些不同的例子。

这个问题，可先从层位关系的角度来谈起。一个灰坑，某天挖好了，使用了若干年，废弃掉，里面便慢慢堆满灰土。从层位关系说，灰坑如果压在第3层下而打破第4层，灰坑本身的形成时间就早于第3层而晚于第4层，灰坑内的堆积物则是介于灰坑本身与第3层之间的一个层位，形成时间要早于第3层而晚于灰坑本身。晚多长时间，决定于灰坑的实际使用时间。这种实际使用时间可以根据第4层的年代和灰坑内包含物的年代来判断，它总是界于二者之间。但如果二者的年代距离很大，灰坑的实际使用时间就只能从其他方面来估计。

从一般情况考虑，像这样一种比较容易损坏的、规模比较小的建筑物，使用的时间不会很长，即里面堆积物的形成年代距离建筑物本身的形成年代不是很远的。如依今天农村的白薯窖为例，可能在数十年左右。对考古研究来说，通常讲的年代差别是指期别之差，就期别而言，绝对年代的差别只要不超过数十年，一般是在一个期别的幅度内。这样，根据坑内包含物来将其建造和使用时间归之于同一期别，一般讲是允许的。

但把建筑物的建造年代和里面的文化堆积年代同等看待，只有一定的允许范围。一些大型建筑物，使用一二百年，甚至更久，是非常可能的。对于这种遗迹，就不能仅仅根据后来充填在里面的包含物来判断其建造年代，而只能作为断定废弃年代的标尺。要确定其建造年代，就要综合这个遗址所属的层位关系、本身的形态和建筑构件的特征，以及堆在地面上的物品的年代等多方面内容来考虑；其中，层位关系是最基本的。

其实，有些小型遗迹里面的文化堆积，也只能当作确定其废弃年代的标尺来使用。如果不顾遗迹的整个层位关系，孤立地根据遗迹单位内的包含物来判断其建造年代，在个别情况下，其距离之大，超出一般的想象。可以举个突出例子，湖北襄樊西北2.5公里左右有个邓城遗址，东周时已有，现在看到的地面上的夯土城墙大约是南北朝时加修过的，后来废为农村。其中有一口汉代的水井，到现在还在使用。我不知道这口井是否曾被废弃若干年后重新挖开再用，反正现在还在使用。这样，井内的包含物和水井的修建年代，相距可达两千年。举这个极端之例，无非说明仅据建筑物遗迹内的包含物来推断建筑物本身的年代，没有地层依据，可能会有很大出入。

考古学中的地层学究竟有哪些基本原理，需要大家来总结。上面讲的五条，可能是比较基本的。一百多年前考古地层学刚刚形成时，对地层学的理解要比今天简单得多；再过一段时间后，必将又从许多实际所见现象中总结出一些新认识。我提出这些看法，是希望大家不断思考地层学问题，共同在实践中总结理论，并在理论指导下，提高实际工作的水平。

三、区分文化层层次的基本方法

从事田野发掘的人员应该具备的基本操作能力，首先是正确区分文化层的层次。一个发掘者，如果地层学的原理懂得不少，而在实际工作中却连层次都区分不清，就不能算是合格的田野考古人员。要把层次划分准确，当然需要一定的实践经验，积累许多感性的体会；但这种经验与体会，必须符合地层学原理，否则只能增加失误。

1. 根据土色、土质区分层次

所谓土色，是指文化层的色泽，如黄褐、棕红、灰黑等等。所谓土质，是指文化层的泥土质地，如沙土、胶泥土、夹杂大量灰烬和烧土粒的灰土、夯土等等。

一个遗址的同一文化层，因形成条件（无论是自然的或人力的）相同或基本相似，其土色、土质是相当近似的。反之，不同文化层的土色、土质就有差别。正因如此，发掘者才有能力把同一地点因不同条件而形成的不同堆积划分为不同的层次。

由人力所形成的文化层，其范围比因自然力而形成的地层要小得多，但一般也会延续若干米以上。某些只有数米，甚至面积更小的堆积，发掘时往往只能作为一个大文化层中的小层次来处理。至于一个灰坑、一个窑膛、一个建筑基址内的堆积，或者是一个建筑物在建造过程中因工序不同而形成的小层次，则范围都是很小的。

一个遗址中的若干文化层，由于形成的绝对时间不一，在相互接触的地段，一定会有上、下的叠压关系。两个文化层平行式的接触，只会在个别的很小的片段地区才存在。几乎所有的不同文化层，只要作较大面积的发掘和观察，一定会找到叠压关系。发掘者必须把这些叠压关系寻找出来，只有做到这一点，才能准确地区分层次。

区分层次的主要根据，在于土色、土质之别，而不是陶片等包含物。这种包含物虽然经常随着地层不同而同步变化，但也经常有陶片等包含物未变而地层已变的情况，何况在发掘工地上要确切判断期别差别不大的陶片等包含物的变化是相当困难的。

判断土色、土质不同，当然要靠眼睛。但有些文化层的土色、土质之别非常细微，不容易一下子看出来。特别是在刚到一个新的发掘地点时，发掘者对那里的堆积情况很不了解，往往要工作一二十天以后，才能对不同层次的土色、土质特点有所熟悉，这就尤其需要仔细地观察。

有些差别，可以一望而知；有些差别，需要反复比较才能辨认出来；而有些差别则仅用眼睛观察，还难以作出判断，需要加上用手铲刮地层时感觉到的软硬、松紧变化来加强判断力。某些遗存，例如一些新石器时代的墓葬，常常用刚挖出的生土填入墓坑，其墓圹界限如果不加上手感，可能辨别不出。不少柱洞、柱础穴和早期夯土的层次，也常是这样，手感往往是发现某些现象的先导和确定某些遗迹界限的重要依据。总之，把手感和眼感相结合，可以大大增强准确划分地层的能力，解决许多单凭眼睛不能分辨的疑点。一个田野发掘者，应该眼手结合，勤于动手，反复对比，并不断思索，才能把文化层划分正确。如果依靠别人刮地层，自己只用眼睛观察，很容易漏划应该划分的层次或划错层次。可以讲，忠于职守的发掘者，都是靠亲自刮地层来划分层次的。

2. 平、剖面相结合，是区分平面层次的必须手段

田野发掘都是局限于探沟或探方这种小范围内进行的。无论采用哪种形式，在发掘过程中都会有四壁剖面和平面的迹象可供观察，而这五个面上呈现出来的地层关系，客观上一定是绝对吻合的。

四壁的地层剖面表现了各层位的立体叠压关系；平面上所见的，则仅是不同堆积的平列关系。发掘工作要不断下挖，又必须先发掘晚期堆积，这就要求应不断判明平面所见不同堆积的层位关系。有些平面上所见不同堆积的层位关系是一望即知的，如这次发掘当刚揭露出第4层时，突然呈现出一些灰坑，那些灰坑就一定是压在第3层下而打破第4层的。但平面上所见有些轮廓不整齐的不同堆积，如仅仅依靠平面上的分界线是判断不清其层次关系的，只有把这些分界线同四壁剖面上表明层位关系的那些各层之间的界限连接起来，才能知道平面上见到的各种堆积应分属何层。当然，如果对各文化层的土色、土质特点已相当熟悉，即使孤立地看一块土，也能辨明其所属层次。但从科学论证的角度说，探沟或探方四壁的地层剖面，才是确定平面所见土层的层次的根据。所以，只有平、剖面相结合，才能科学地确定平面土层的层次。

应当强调指出，四壁剖面只要不打隔梁，在整个发掘过程中是固定地呈现在发掘者眼前的，可供长期观察、辨认，因而即使一度作出错误判断，后来还是可以纠正的。平面上的情况则大不一样，它是随着下挖深度而不断变化的。发掘时，如果分不出层次或颠倒了层次，到了最后，尽管剖面层次可以修改准确，各层次的包含物却会混乱不堪，难以利用，对于使用土木建筑的软遗址来说，若干遗迹也将难以很好地清理出来，或者难以确定其所属层次。可以认为，判断一个发掘者野外工作能力的强弱，不光要看划分剖面层次的能力，更在于区分平面所见层位关系的能力。

要做好平、剖面相结合的工作，必须随着下挖深度而时时把四壁剖面的地层关系划清楚。如不及时做好，平面上出现的新层次就不容易及时发现，甚至可能统统被挖掉后才在剖面上发现到。

还应当随时刮平面，寻找差别。如果工作认真，新地层的出现，多数是在平面上首先找到的。

有些平面上所见不同堆积叠压关系，在四壁剖面上尚未表现出来，这可以在两种土层的交界处开小沟下挖，以便及早了解其叠压关系。但这种做法，很容易损坏尚未认识到或尚未暴露的遗迹，为了尽量避免这种损失，局部解剖的方法不宜任意使用。

总之，随时将平、剖面相结合，就能控制住平面上的地层变化情况。

3. 包含物的变化，可引导发掘者及时发现层位的变化

发掘时，确定下挖土层有无层次变化的关键，在于土色、土质有无变化。

而时代间距达到一定程度的不同层次，其包含物又一定有所差异，因此，文化层的变化同包含物的变化，又常常是同时发生的。

从考古地层学的基本原理出发，应认识到区分层次差别的首要根据是土色、土质之异；包含物的异同是第二位的。但上、下相叠的两层堆积，其土色、土质之别不一定很显著，往往不能在新层次刚露头时就看出来，经常是在下挖到一定深度后，才能确定已进入新层次。

然而，出土物的变化，既然常和文化层的变化同步，发掘时，如见到了陶、瓷片的突然变化，就会提醒发掘者，应去细察地层，看看是否已发生了变化？

所以，发掘者应随时观察出土物，注意其变化。如果既能随时注意土色、土质，又能随时注意出土物，地层的变化是能及时发现的。

顺便讲明，能够看出陶片的变化，当然需要一定的知识，尤其要熟悉发掘地区陶器的情况。要得到这种能力，不仅应多读发掘报告和研究论文，更应多做发掘资料的室内整理工作。野外发掘和室内整理，实际是一种工作的两个部分，不可缺一。发掘时需要把观察土层变化同观察陶片变化相结合，亦可说明它们是相辅相成的两个方面。应当充分利用根据陶片变化而发现或证实新层次已出现这一手段。

4. 先清理晚期堆积，再清理早期堆积，是发掘中必须坚持的原则

在发掘过程中，必须先清理晚期堆积，再清理早期堆积。这主要有两个原因。

第一，断定一个文化层的形成年代，应以最晚的东西为准，所以，早期地层的出土物如混入晚期地层，不会影响晚期地层年代的判断，而早期文化层中如混入晚期遗物，则会拉晚这个文化层的形成年代。先清理晚期堆积，就可以避免晚期遗物混入早期地层的混乱，而且，一些混入晚期地层中的早期遗物，通过整理阶段的比较、分析，是可以剔除出去的。

根据通常工作的能力，在两个文化层相接触的地方，无论先做哪一层，难免做过头，从而使两层遗物有一定相混。因此，为了避免晚期遗物混入早期地层的失误，不仅应当先做晚期地层，并且在没有把握断定已把晚期地层做干净的情况下，宁可做过头一点，否则很容易发生晚期遗物混入早期地层之失。

第二，许多建筑遗迹，总是被晚期地层掩盖。发掘时，这种遗迹往往是先显露出很小一部分，不容易一下子就能辨认出它是一般文化堆积还是一个遗迹。先清理晚期堆积，便可逐渐显现压在下面的遗迹的全貌。如果先清理早期遗存，势必把一个本来可能是比较完整的遗迹破坏殆尽，或是造成遍体鳞伤。

仅从清理一般的文化堆积而言，当平面上发现两个层次时，假如发掘者非常熟悉不同土层的特点，并且倍加小心，分成两部分同时发掘两层堆积，不一定会弄混出土物；但采取这种做法时，发掘者的思想要高度集中，会非常紧张，所以一般是不这样做的。

对于清理建筑遗迹来说，则无论如何要先清理晚期堆积。道理很简单。地层既是从早到晚逐层堆积起来的，只要把晚期堆积清理掉，早期遗存就会将其保存下来的原貌完整地呈现在发掘者的眼前。一个埋在晚期堆积下的早期建筑物，如果把覆盖在上面的晚期地层，按叠压界限的原状剥离掉，不是就得到了这个建筑遗迹所保存下来的全部面貌吗？

按照这个道理，合理的发掘方法不仅要先清理晚期地层、再做早期地层，还应该尽可能地把不同的层次按原状分层剥离，如果做到这一点，各层遗迹将全都显现出保存下来的原貌。这当然很不容易，不仅需要熟悉各文化层和各遗迹的土色、土质特点，还要心灵手巧，动作谨慎而准确。但操作能力是可以通过勤学苦练得到的，而明白这个道理则是最基本的。

对于我国大量存在的那种流行土木建筑的软遗址来说，能否具有按原貌剥离不同土层的能力，是衡量发掘水平高低的一个重要方面，应当清楚认识这一道理和练好这一基本功。

5. 分层清理同一层次的遗迹，才能更完整地看到遗址内各活动时期的遗痕全貌

一个有多层堆积的遗址，除了成为农田或荒地时期所形成的地层外，每一层次都会包括一整片遗迹。由于同一层次的遗迹，诸如房子、窖穴、水井、围沟、窑场等等，本身就不会在同一水平面上，又因晚期地层和晚期遗迹要打破早期的地层和遗迹，各层遗迹的深浅，一定是参差不齐、相互交错的。对这种遗址，每次发掘因只能揭露一部分，又只能是一个探方一个探方地进行工作，从而在一般情况下，当清理出某层位的一些遗迹后，便会在做好文字、照相、绘图等记录后，继续下挖，清理下一层的遗迹。要了解各层遗迹的整体面貌，只能最后从拼接总平面图和总剖面图等方面来得到。

假如能同时揭露出同层遗迹的总貌，现场观察各遗迹的相互关系，就必然会对那一时期居民的活动情况获得更多知识，也必将多辨认出和多清理出一些遗迹（如室外的软地面），并对若干遗迹避免一些不妥的解释。

所以，尽可能保留清理出的同层遗迹，并不断扩大范围，乃至把一个遗址同一层位的遗迹全部清理出来，再发掘下层，就能最大程度地看到此层活动状况面貌，取得最丰富、最准确的资料，了解到最多的情况。

在实际工作中，要在一个面积较大的遗址上做到这一点，自然极为困难；但从理论上讲，这是最理想的。发掘者应该尽可能做到分层清理遗迹，尽可能把上层遗迹统统清理出来后，再清理下层遗迹。究竟能做到什么程度，当然要依实际条件而定。

应当说明，这种做法，并不是不能实现的。1974年和1976年进行的湖北黄陂盘龙城遗址的发掘，就是这样做的。在盘龙城内，主要有属于二里岗上层期的上、下两层商代建筑遗迹。为了尽可能看到某一层遗迹的全貌，就只发掘到上层宫殿基址为止，无论是宫殿建筑本身还是室外地面，都只清理到这一层为止。下面的遗存，则仅在个别地方，做了小面积的解剖，而把整片下层建筑基址统统保留在地下，留待以后发掘。

但需说明，一个遗址内的各层遗迹，其保存程度的优劣，往往并不一致；各层遗迹的重要性，也是不一样的。发掘者可以选择保存得最好、重要性最大的某层遗迹，作为全面揭露对象。晚于此层的遗存，允许在做好记录后，继续下挖，以便清理此层遗迹；早于这一层的，则让它们仍然保留在地下，等到把此层遗迹统统清理完后，再考虑发掘出来。

有了这种认识，只要条件允许，就不至于一当清理出某些遗迹后，不再追寻它们和同时期其他遗迹的关系，而马上继续下挖；也不至于一见遗迹，便只能向四旁扩大，不敢下挖。如果每一层位的遗迹都要全部清理出来后才能下挖，那么一个遗址只要有两层以上的遗迹，岂不必须把这个遗址全部揭开，才能考虑发掘下层遗迹吗？

不少发掘工作，实际上难以达到这种要求；许多遗址，也不一定必须这样来发掘。利用各种记录来复原各层遗迹全貌的方法，仍然是田野发掘中允许采用的一种基本方法，也是多数发掘工地所采用的方法。

一次发掘，如能认真按照上面讲的五个方面进行工作，只要有一定的实践经验，当能较准确地划分出遗址内的层位关系和较完整地清理出各种遗迹，从而能较全面地看到古代遗存的原貌。

四、采集各层次包含物的基本要求

任何发掘，除了要清理出各种遗迹外，还要收集出土的遗物。收集遗物不能见一件取一件，必须弄清出土层次，还要注意各出土物之间的关系，特别是它们同遗迹之间的关系。这些情况，都要加以记录。有些遗物肉眼看不见，还要通过特殊手段来收集。

就现代科学技术达到的水平和当今考古研究已涉及到的内容来说，目前收集的出土物，远远多于二三十年前采集的内容；而且，随着科学技术水平的继续提高和考古研究内容的进一步扩大，今后采集出土物的内容还会不断增多。采集出土物是受到一定能力或条件限制的，如果发掘者的认识水平不够，或是一个发掘队所具备的设备条件不足，许多东西是采集不回来的。

为了各种研究的需要，发掘者应当尽可能地准备条件，最大限度地采集出土物。这种要求几乎是无限的，而要做好这项工作，必须和若干其他学科联合；但对某一个发掘队来说，这又一定是有限度的。这里，只能从当今我国一般发掘队所具有的条件，讲一些应当采用的基本方法。

1. 按发掘单位分层采集遗物

按发掘单位来分层采集标本，是必须遵守的一条原则。近代考古学发生以前，人们得到古代遗物时，总是不注意它们的共存关系，而失去共存关系的古代遗物，大量现象就看不到，许多问题也就研究不出来。按发掘单位（如探方、房子、灰坑、窑址、水井、墓葬等等）分层收集出土物，可以把古代遗物出土时的基本共存关系记录下来，给以后的一系列研究准备重要条件。

在发掘中，只要把层次和遗迹单位的界限搞准确，做到这一点是不困难的。但要准确判断上、下两个文化层交接处的出土物的层次，则往往无把握。因为在许多情况下，当下文化层刚露头时，不一定能马上认识到，这时发现的遗物，很难确断究竟应当属上层，还是属下层。

由于判断文化层形成年代的依据是其中最晚的东西，所以妥善的处理办法是把不能确定为下层之物统统归于上层。这既不会影响上层年代的判断，也不至于把下层的年代误定为与上层相同。每个文化层，皆包括一批遗物，并制约着若干遗迹的年代。如果不是室内整理时对遗物年代的认识有误，而是因为搞混了出土物的层次才产生错误，便是发掘工作中的一种很大的过失。在没有把握确断出土物所属层次的时候，宁肯把可能属于下层的遗物归入上层，就是避免这种过失的一种保险办法。

当然，这并不等于允许把早期地层的出土物任意归入上层。脱离了本身层次的出土物，总是不利于真正共存关系的认识。例如有些首次被发现的遗物，如果本应属于下层而现在却归入上层，人们就很难确断其年代。发掘者的责任是尽可能把出土物归属本来的层位。

2. 采集出土物的内容和方法

发掘所得出土物，有人工遗物和自然遗物两大类。凡人工遗物必须全部采集，一件不漏。自然遗物的采集，则要看条件而定。从考古学科本身乃至整个科学前进过程中的需要来说，对自然遗物的采集是愈来愈多的，但永远也不可能全部采集。如泥土、沙子、石头等等，即使为了研究当时的自然环境，也只能采样，而不会全搬回去。

关于人工遗物，在一般的居住遗址中，以陶片为最多。这种碎片，通过拼对，可能复原为完整器，所以全部都要采集。在室内整理时，有些陶器往往因只缺一二碎片而不能联成一体，假如不认真收集全部陶片，这种遗憾是会经常发生的。从道理上讲，当时被打破的器皿，其碎片因遭粉碎而复原不起来的，只能占一小部分。只要陶片收集齐全，又经耐心拼对，可以复原的陶器将是大量的。

为了全部收集陶片，发掘时要把土块打碎。许多陶片是混杂在土块中的。一些个体细小的物品，例如骨针、小珠子等，更易混杂在土块中而发现不了。不应该把成块的土，尤其是大块的土，抛出探沟或探方，轻易运走。为了寻觅这些东西，许多文化层的土，尤其是出土物丰富的灰坑一类遗迹中的土，要用铁筛子过筛，现在许多国家还普遍使用漂洗法而得到大量细小物品。我们在某些报告上见到过的一些重要遗物，例如晋宁石寨山“滇王之印”等，就是过筛后才找到的。

在室内整理阶段，拼对陶片的工作量极大。新石器时代以后的遗址，出土陶片的数量一般是相当大的。可以设想，遗址中的碎陶片，凡原本属于一个个体的，一般讲，出土的位置应该距离不远；在实际工作中所见，有许多甚至堆在一起。发掘时，如果将相距不远而陶系一致的碎片包在一起，必能大大减少拼对时的工作量；尤其是当时就知道能拼成一件完整器或复原器的碎片，更应包在一起。如果一散乱，将来就可能因为无精力逐片拼对而复原不起来。

有些器物，如果出土位置同某些遗迹有明显联系，从而能直接说明当时人们的某些活动状况时，不要轻易起取。在某个遗迹内或遗迹周围留下的这些东西，可能只有一二件，也可能是成群的，如果清理出一件就取一件，就只能最后在实测图上见到它们的关系，而不能作现场观察和分析，更不能取得全貌的照片。有经验的发掘者，即使遇到珍贵的出土物，也会沉得住气，先保留其原位，直到把周围现象全清理出来，观察、分析和记录完毕，才加以起取。

如果在发掘现场难以清出全貌并加以保存的遗物，则可以带土而整块取回室内，再做仔细清理和记录。诸如竹木简、漆木器、铠甲、纺织品、成串的装饰品等，皆属此类。这样的东西勉强在现场清理，往往会遭到不必要的损失，务必避免。

有些遗迹，例如陶窑、房基等，为了室内做进一步的实物研究或陈列展览需要，也可以在工地上切割取下，搬到室内，再拼接起来。

关于自然遗物，则内容更为广泛。通常所遇最多的是动物骨骼。凡动物骨骼，可以说明当时人们的狩猎、饲养、渔捞等经济活动情况，并可通过动物群的存在情况来了解当时的气候、植被等自然环境情况，价值不亚于一般人工遗物，也必须全部收集。有时还应捻碎泥土，注意收集例如鱼鳞之类的细小遗骸。在发掘海滨的贝丘遗址时，由于古代经食用后抛弃的蚌、蛤类的介壳太多，只能采样收集。

发掘时应该注意收集的另一类自然遗物是粮食种籽。这是研究古代农业进步过程的重要材料。对研究这一课题来说，由于愈是早期的，愈是缺乏其他资料来说明当时的农业情况，它就愈是重要。古代遗留下的粮种颗粒，有的会被保存在某些容器中，如西安半坡遗址的一个小陶罐中所存的粮种和许多汉墓所出陶仓、陶壶中的粮食颗粒（当然，大部分已经腐成朽壳），有时还在粮仓中发现过成堆朽壳，如洛阳唐代含嘉仓遗址中所见。从国际上的发现看，许多粮种往往保留在泥土中，但用一般手段，很难寻找出来。为了拿到它们，已发明一种浮扬选择法，或简称浮选法，即在遗址的发掘工地上，用带有细眼的金属网小箱，取上一些文化层的土，不断用水冲洗或漂洗掉泥土，剩下的标本块使其干燥，带回室内。再把干燥的标本块浸入水内溶解，慢慢搅动，种籽等物就可分离出来，漂浮在水面上，用漏勺取出，在干燥箱内干燥后，就可进行直接观察。我们应该尽可能使用这种方法来取得研究古代农业活动状况的重要资料。

花粉孢子是研究古代农业活动的又一重要资料。孢粉几乎是到处可以取得的。通过孢粉的鉴定，可以了解当时当地的农作物存在的情况和整个植被的情况。

现在，就全世界的考古学研究来说，已经愈来愈多地引进现代科学技术。自六十年代以来，先是美国，后是英国等西欧国家，以后又是苏联等国，把研究古代的生态环境作为当前考古研究的一项重要内容。生态环境当然不是决定人类进步途径的唯一方面，但无疑是影响人类历史进程的一个重要方面。要研究古代的生态环境，就要大量采集自然遗物，通过对它们的鉴定、分析，来了解当时当地的气候、植被、土壤、矿物利用乃至人们的交换等情况，研究各种自然条件在不同历史时期对人们生产、生活的影响。在我国，从六十年代起，也已始进行花粉孢子分析，用来研究某些古代遗存周围的植被情况，并进而研究古代的气候变化。我们应该进一步开展生态环境的研究。

近三十多年来，在国际上，应用自然科学技术进行年代测定的工作也日益发展起来。就目前使用最多的^{14}C法、热释光法、古地磁法、钾氩法、裂变径迹法、树木年轮法、黑曜岩水合法来说，前五种在我国已经开始应用。关于使用这些方法应该知道的基本常识和采样方法，1982年出版的中国社会科学院考古研究所编的《考古工作手册》中曾有介绍，可以参看。

随着自然科学技术的进步，采集自然物品的内容，还会不断扩大。田野考古工作者应当不断更新自己的知识，适应学科进步的需要。

3. 记录遗物出土情况的基本要求

记录遗物的出土情况，应当符合以下几个基本要求。

第一，按照出土单位与层位。所谓出土单位，指某年发掘的某个地点的某个探方、探沟或灰坑、房基、陶窑、水井、墓葬等；层位即指这个单位内的第几层。一般遗物用标签记录即可。

第二，凡玉、石、骨、蚌、铜、铁、金、银、漆、木等器（包括残器），也就是陶片以外的各种器物，以及可以复原的陶器和有特殊记号、纹饰或铭刻的陶片，皆作为小件物品，按出土单位，依次编号，并须记明层次。某些完整的、特殊的动物骨骼，也可作小件编号。由于这些东西的重要性大于一般陶片及兽骨，为了便于将来核对出土位置、检查所属层位或与某些遗迹的关系，还应记录出土位置。具体方法通常使用第一象限的座标法。凡在探沟或探方出土的，以探沟或探方的西南角为0点，先记录它在X轴上的位置，再记录它在Y轴上的位置，最后再以0点的地表为基准，量出深度。这三个位置的记录法如138×245—80厘米。出于灰坑或房基等遗迹中的，由于这些遗迹的范围往往超出一条探沟或一个探方的面积，当以遗迹为单位来记录。方法为：在这些遗迹的西南方，任意定一个0点，标在遗迹平面图上，用同样的方法记录其X轴、Y轴的座标与深度。如果房址面积很大，并有分间，自然应记明是在哪一个分间中。

第三，凡与一定的遗迹单位有关系的，应当把这种关系记录下来。有些出土物同某些遗迹的使用状况有内在的必然联系，如灶旁的炊器、房子梁柱上镶嵌的装饰（因房屋倒塌而掉在地面上）等，应观察出它们的本来联系，并记录清楚。

准确划分地层和比较全面采集遗物，是发掘工作相辅相成的两个方面。分不准层次，判断出土物的相对年代就缺乏基本性的根据；遗物采集不全面，不但会丧失许多发掘工作应有的收获，也不利于检查地层的划分是否正确。所以，这里在讲有关地层学的问题时，也把一些采集遗物的方法和要求，作一定介绍。

五、关于记录层位关系和解释各文化层成因的问题

记录层位关系的方法，就是画一些平、剖面图，拍一些照片和写文字记录；有时还可做一些模型。

关于这些记录的基本要求和格式，在1984年5月文化部颁发的《田野考古工作规程（试行）》中，已经根据当前一般发掘工作的要求，作了基本规定。这里只对怎样做好这些记录，再作一些说明。

1．平、剖面图记录的层位关系，必须符合文化层划分的客观情况和地层堆积的原理，还要使整个发掘区的图互相吻合

一个发掘队，要求每个队员应当使画出的每个探方或探沟的平、剖面图，符合发掘时确定的地层划分情况，并且同邻方或邻沟的平、剖面图吻合。

队长则应负责完成整个发掘区的平、剖面图的拼对和吻合工作。

从道理上讲，合格的发掘者，应当使自己所划的层位关系符合地层叠压状况的本来面貌，所绘制的平、剖面图一定忠实于地层的客观情况，这样，各个探方或探沟以及整个发掘区的平、剖面图，一定能互相吻合，当然也一定合乎地层叠压的原理。

但实际上却不一定能做到。原因当然是多方面的，关键是对地层叠压状况没有看准。如果堆积情况很复杂，土色和土质差别很细微，这种错误是很容易发生的。首先应当注意的是，划分的地层叠压关系是否合理？有一些文化层和遗迹单位因彼此的打破关系而显得很零碎时，探沟或探方的四壁剖面上，常有人会划出A打破B、B打破C、C打破D、D又打破A的那种自相矛盾的层位关系。产生这种错误的直接原因是看错了一些土色、土质差别的界限，只要在某一环节上划颠倒了打破关系，这种一连串的叠压关系在四壁转一圈后，就会自相矛盾起来。但关键还是对合理的地层叠压原理缺乏理解，否则即使划出这种矛盾的层次关系，也能立即发现错误并给予纠正。不要以为指出这一点是故作惊人之言，过去有的重要发现，便是用自相矛盾的地层剖面图来表现的。

很多时候则是因为在发掘过程中，各方本是分别划地层、绘本方的图，因而当打掉隔梁而同邻方一连接地层时，发生矛盾。这就需要重新核定和修改层次的划分。发掘者应当冷静地知道，这正是发现错误和进行改正的一个步骤和机会。

这种修改，可能是相邻之方都将进行，也可能只对某一方的地层加以改动。如果仅仅是归并层次，剖面图很好修改；如果要改动较多的地层划分界线，改图的幅度就比较大，特别是由于某些隔梁已被打掉，某些图便难以根据地层叠压的本来面貌进行修改。

这样，势必要废掉一部分过去所绘的图，甚至要空缺一些探方某壁的剖面图。对于废图，可追加说明，存入资料袋供参考而不要扔掉。

为什么不要扔掉呢？

因为对遗址堆积情况的认识，可能发生多次反复。最初所划地层，总是有一定根据的，后来因核对邻方地层进行了修改，但也可能通过将来新开的探沟或探方，又全部或部分地回到最初的认识上去。这时，如果最初所画的图已被抛弃，这个探沟探方的合理的地层图，岂不将永付阙如吗？即使不是这样，多一份图存档，也不会有什么害处。

2. 随时绘制不同堆积并列现象的平面图，才能比较全面地记录各层遗迹的分布情况

探沟或探方的剖面图是最后绘制的，平面图则随时都要画。

地层的堆积既然不是水平式的，其分布又是有断有续的，某个探方或探沟如果有多层叠压关系，随着不断向下发掘，地面上就有不同的地层和不同层位的遗迹出现并列现象，并经常发生变化。要随时画出平面图，就是为了记录这种现象及其变化的。

平面上所见不同堆积的并列现象，无非属于三种情况。

一是表现出某种内容可以肯定的遗迹的存在。如在一片棕褐色泥土的中间，有一个灰黑色土的圆圈，就是有一个灰坑打破了棕褐色泥土。这种遗迹，当然必须绘图记录位置。

二是表现了两个文化层的分布状态。如东有棕褐色胶泥土一片，西有黑灰土一片。从剖面看是棕褐色胶泥土压着黑灰土，故随着下挖，棕褐色土的范围就逐渐缩小而消失，下面全变为黑灰土。这种一般文化层分布位置的变化，依靠四壁剖面图，也可大体知道，似乎可画可不画。但某些文化层的范围，实际是某种遗迹（如凹坑、灰沟）的平面形状，或是对说明某种遗迹使用状况有关（如陶窑附近的灰烬堆），然而在刚发掘到局部地段时，却不一定认识到。如果不留下平面图，而这种遗存又是压在更早期的地层上，只要一做掉下面的早期地层，就再也无法知道这种种遗痕的形状和位置，最后便因缺乏这种平面图而等于失掉了某些遗迹。

三是表现了某种暂时不能肯定其性质的遗迹。如在一片棕褐色土的一角，出现一块棕黄色硬土，发现后，可能由于不知道它是某一遗迹的一部分而当作一般文化层做掉了，但等邻方清理出一片保存较好的黄土房基时，又知道原来是那个房基的一部分。如果在下挖前已经把那一块黄色硬土绘在平面图上，至少可以在图上得到那个房基的全貌。

所有这些可能，都表明应把探沟或探方平面所见并列的不同堆积及其在不同深度发生的变化，统统画在平面图上。在发掘中，根据已画的平面图来判明新出现的某些现象的性质的情况，是经常可以遇到的。

绘制这些平面图时，应注意避免以下几个容易疏忽或遗漏之点。一是记明所绘平面现象的深度（以本方西南角的地表为准）。二是应把这一深度的各遗迹和各文化层的分布位置全部画上，并分别记明各现象的单位号或层次号，也就是绘制下层现象的平面图时，要把上层现象已下深到这个深度的那些部分，也画出来。只有这样，才能把下层遗迹和文化层所受上层遗迹和文化层打破的情况表现清楚。三是随着平面现象变化而绘制的多张平面图，各图上的所有遗迹和文化层的分布位置，都必须按其深度，和各剖面图上相对应的同一深度的同一遗迹与同一文化层的位置一一吻合。

作好这一整套的平、剖面图，古代遗存虽已被清理掉，人们还是可以根据这种记录而大体把这个遗存的地层堆积情况和各层位的遗迹的总貌复原起来。

3. 层位关系的照相记录，应突出主题和尽量表现出各文化层差别的质感

重要的、典型的层位关系，应做照相记录。但做好这一工作，实际是非常困难的。

难度最大的是如何表现出不同文化层的质感差别。许多文化层的差别，往往用眼睛直接观察还不容易区别出来，却要在照片上把它表现出来，就当前一般发掘队所具备的摄影条件来说，当然很难达到，只能尽力做好它。

一个经验是，有些不同层位的差别在土层湿润时比较明显，有些则是比较干燥时才分明些。应当根据实际情况，选择理想的干湿度来拍摄。晒得干干的土层，在一般情况下，几乎是雪白一片，很难看出不同土层的差别。使用喷雾器，可以

使很干的土层表面湿润，马上显现出颜色的差别。最好是刮出新鲜剖面。新鲜剖面可以最多地表现出色泽和质地的差别。

就通常需要而言，一个重要的拍摄内容，最好同时使用三种底片：一是彩色反转片，一是彩色负片，一是黑白负片。为了表现土色、土质差别，彩色照片当然比黑白照片要好得多。在彩色底片中，反转片的色泽比负片要好，而且可以直接用于印刷制版和放幻灯。但是，彩色底片的保存年限比黑白底片要短得多。使用彩色底片要尽量采用保存色泽年限较久的牌号。作为资料保存来说，在目前，黑白底片仍然是最基本的。

要拍好这种照片，应使主题突出。为了突出某些层次的关系，当然可以在整个剖面中摄取局部地层。如果要拍出某个剖面的全部层次，又想重点突出某些层次，可以通过镜头的仰俯角度来控制。另外，必须清除不必要的杂物和浮土，打扫得非常干净，这才能使看照片的人不致于分散注意力和表现出工作的严格性。为了表明不同层次和遗址单位的编号，钉上写好编号的木牌比在土层上划出编号数字要好得多，直接在土层上刻划出数字的做法，既破坏了土层的质感，又使画面很不好看。如果要表现地层的厚度，应当摆上标尺作比例。

同绘图和文字记录相比，对照相还很难提一个易于衡量的标准，但这种形象的记录，既能给人以直观的、强烈的印象，又往往能直接表现出发掘工作的水平，所以应当尽量做好。

4. 对各文化层的成因，力求作出合理的解释

绘图、照相、文字三种记录，本是互为补充的。凡照相和绘图难以表达的内容，应该在文字记录中讲清楚。

记录某条探沟或某个探方的层次情况，一般只要说明叠压关系的顺序和位置以及各层的土色、土质、深度、厚度等现象，也许就差不多了；但对工地的记录来说，最好能对各文化层的形成原因，进行合理分析和推测。

准确解释各层次的形成原因是难度很大的问题。如果发掘面积很小，揭露出的现象有限，当然很难进行这种分析和推测。对持续多年的大面积发掘来说，特别是当揭出了相当广阔范围的地貌情况和建筑物分布现象之后，有许多情况又是不言自明的。需要作这种推测的，往往是已发掘了相当面积而距离揭露全局还很远的那些发现。

例如湖北黄陂盘龙城遗址，1974年曾发掘了1800多平方米，在城内东北隅的主要宫殿区，于生土层之上找到七个层次。当时据土质、包含物、遗迹形成和某些地层的分布位置，曾作出如下的初步推测：

最下面的压在生土之上的第7层，只分布在局部地段，是一种基本不含人工遗物的、很干净的棕黄色淤土，可推测是一片小水塘或一条小河道的遗痕；

第6层是属于二里岗上层期的当地最初出现的下层宫殿基址，往往直接建于生土上；

第5层亦属二里岗上层期的当地上层宫殿基址，因为这两座上、下两层的宫殿基址范围极大（下层基址只在局部探沟中因解剖地层下挖而发现，并未全面揭露出来），所以既编为房基号（如上层基址为F2），又分别编为地层号（第6、5层）；

第4层是上层宫殿基址（即第5层）使用时居民们遗留下来的文化层，所以分布在宫殿基址的周围；

第3层是相当于殷墟阶段的遗存。在盘龙城内外，二里岗期遗存很丰富，而这种遗存很少，看来到了这个阶段，当地的文化已明显地衰落下去；

第2层为南北朝左右至明清的堆积。这个层次，还可分为几个小层次：它在盘龙城内中部略偏东北之地，是一个宋、元时代的庙宇遗迹；其他地段则是一种包含物贫乏的堆积，大概是一种历经许多世代才形成的古代耕土层。第3层与第2层之间的一大段历史空缺，表明当地荒无人居；

第1层地表层，就是当代耕土。

这种解释，就具体内容来说，有的当然不一定妥当。但是将发掘到的各层次，依照各层的土质的形状、分布位置和包含物等情况，把它们放在恢复当时生活环境的设想中加以考虑，就有可能作出比较合理的解释。观察、分析各种文化层的状态的目的之一，本来就应该是设想或复原当时人们的生活状态。

当然，这种解释必须有一定根据，不能凭空作任意假想。如果资料极不充分，遗址的整体现象很不明朗，则宁可只是客观记录现象而少作推测。但进行这种解释，是发掘工作本应具有的高于客观记录的一种要求，而且，它能提高继续发掘这个遗址的目的性和计划性，只要条件许可，发掘者应该考虑这个问题。

上面，我分了五个题目来讨论有关“考古地层学”的一些问题。这个总题目的总内容，应该是探讨这个方法论的一些基本理论，而不是谈具体发掘方法。不过，“考古地层学”是制定发掘方法的理论基础，为了使正确的地层学原理能在实际工作中得到贯彻，这里也涉及到不少有关具体工作方法问题。当然，这同具体讲野外发掘方法的课题毕竟不一样，因此有关方面的内容，主要是谈一些比较原则性的要求，而不是非常具体的工作方法。

实践是认识的基础。上面谈的一些内容，自然有许多方面是从自己的实际工作中归纳、概括出来的。个人的实践总是有限的，提出这些看法的目的，在于希望引起更多的讨论，更广泛的总结。

1984 年 9 月 17 日至 26 日，在山东兖州西吴寺工地为第一期田野考古工作领队培训班所讲，1985 年 2 月又略作修改。本文自 1984 年 9 月以后，曾作为国家文物局主办的田野考古领队培训班的讲义使用。

选自苏秉琦主编《考古学文化论集》1，文物出版社，1987 年 12 月版。后收入《考古学是什么——俞伟超考古学理论文选》，中国社会科学出版社，1996 年 3 月版。

关于“考古类型学”的问题

——为北京大学七七至七九级青海、湖北考古实习同学而讲

一、“考古类型学”在我国的应用和发展概况

“类型学”是一种方法论。这是本世纪才发生的外来名词，英文为typology，源于古希腊文*typos*和*logy*的结合。*typos*的本义是多数个体的共有的性质或特征，所以typology的直接意思是一种研究物品所具共有显著特征的学问。*typos*在希腊文中演变为*typo*，英文为type。近年编的许多英汉字典往往把type释为样式、类型，把typology称为类型学。在近代科学中，生物学最早使用这种方法论对生物进行分类，后来考古学也开始运用这种方法论。我国的考古学界，过去有很多人亦曾把它叫做形态学或标型学。这是研究物品（包括遗迹和遗物）外部形态演化顺序的方法论。由于许多物品的形成变化，需要在归纳成不同的类别和型别以后，各自的发展序列才能清楚，所以把它称作类型学，似乎更妥贴些。

近代考古学的研究内容，涉及到人类古代生活的许多方面，同它发生联系的学科极为广泛，研究考古资料所需要使用的方法是多学科性的。但任何一个学科都有不同于其他学科的、自身独有的方法论，否则这个学科就不会独立出来。这就是说，研究考古资料虽然会涉及到许许多多学科，却不能把所涉及的各种学科的研究方法，都算作考古学方法论的一部分。例如利用考古发现的花粉孢子、农作物种籽、动物骨骼来研究人类古代栽培农作物和驯养动物以及生态环境变化等方法，主要使用的是农学、植物学、动物学、气象学等方法。如果把这些研究工作当作单独的学科来看待，应当叫做考古农学、考古植物学（或古植物学）、考古动物学和考古环境学、古气候学等等。七十年代以来在我国曾流行过的水文考古、

地震考古这些名称，其实还是叫考古水文学、考古地震学才准确些。当然，这些利用考古资料来研究农业进步以及人类活动时期水文变化和地震现象等工作，就人们的日常概念来说，把它们叫作农业考古、水文考古、地震考古，亦未尝不可。但这些工作的主要研究方法并不属于考古学。可以说，它们是农学、植物学、动物学、水文学、地震学等学科的分支。在科学的发展过程中，两个或两个以上的学科结合为一种新学科的情况是不断发生的。考古农学、考古动物学、考古水文学、考古地震学的出现，便是两个学科结合的产物，但其主要的研究方法是属于农学、动物学、地震学的。考古环境学的出现，更是多学科的结合。不过，为了研究人类的历史而从特意寻找和提供这些资料开始，加上利用其研究成果所作有关人类生产能力和社会前进过程的分析或概括，又应当是属于考古学的。

把属于自然科学的方法划出去以后，剩下的就是研究人类社会方面的方法。能否把依据考古资料来研究人类社会的各种方法都叫做考古学方法呢？还是不能。因为这包括了人文科学的许多方面，当然不能把这许多方法都算作考古学的方法。严格讲来，真正属于考古学自身特有的方法论，主要只有地层学、类型学以及从不会说话的实物资料中观察和分析社会面貌的方法。这里所以把实物资料强调为“不会说话的”，即意味着研究考古发现的文字资料的工作，主要是属于古文字学、古文书学的范畴；至于利用这些文字资料来研究各种古代状况的工作，当然更应是属于其他学科的范畴。

按照这种划分学科性质的概念，即使是利用实物资料所作的各种研究，相当多的方面岂不亦应归属于社会史、经济史、美术史、宗教史等等专门学科，从而把考古学研究人类历史的主要内容几乎全部抽空了吗？当然不宜这样认识。因为只有产生了考古学特有的透过实物资料表面现象来观察到人们当时具体活动状况的方法，才能进行上述历史的研究。

正是为了通过实物资料来研究人类历史的需要，人们终于找到了地层学和类型学的方法，而有了这两种方法，考古学研究历史的能力，才能够发挥出来。因此，可以说是有了地层学和类型学，考古学才真正从传统史学中分化出来，成为一种利用古代遗留的实物资料来恢复人类过去时代面貌的科学。这样讲，当然是仅就学科本身的范畴而言；对一个考古学者来说，为了达到研究历史的目的，自然需要许多其他学科的知识；对于整个考古学科来说，又必须有许多其他学科的配合工作。

地层学是科学地取得考古资料的方法论；类型学则是科学地归纳、分析考古资料而加以分类的方法论。如果说，前者是从地质学中引进的一种方法，那么，后者也可以说是从生物学中得到启示而产生的一种方法。当然，考古学中的这两种方法论，不是地质学中的地层学和生物学中的类型学的简单搬用，而是有其自身特点。为了区别起见，似乎把它们叫做考古地层学和考古类型学更准确些；当然，一般即可简称为地层学和类型学。

在欧洲，近代考古学的萌芽，可以上溯到文艺复兴时代的十五世纪中叶。开始只是热衷于寻找希腊、罗马的钱币和雕刻等古典时代的古物，后来对英国的巨石建筑（如Stonehenge）等遗迹也注意了起来，但真正运用地层学原理来进行发掘，要迟到十九世纪后半叶。类型学原理的系统建立，则更要晚一些。十九世纪初期，北欧的一些古物学家已经热衷于古物的分类工作。十九世纪中叶，生物学有了很大进步，进化论原理开始被发现，达尔文便于1859年出版了他的《物种起源》。自近代考古学发生后，人们已注意到一群遗物的共存关系，而在生物学中的寻找动、植物发展谱系的那种工作启示下，考古学家为了追求许多遗迹及古物的年代序列，终于也开始找到了考古类型学这种方法。当然，开始归纳出的原理总是比较简单的；直到现在，类型学的原理还是在不断深化和完善。

大致说，在十九世纪晚期的欧洲，类型学已比较成熟。但是系统总结当时的类型学理论的代表人物是瑞典人蒙德留斯（Oscar Montelius）。蒙氏于1843年生于斯德哥尔摩，卒于1921年，着力研究北欧、意大利、希腊等地的青铜文化。那一带的青铜时代，缺乏文字记载，欧洲的考古学家往往叫做先史时代或原史时代。为了判断那种时期考古遗存的年代，蒙氏就用类型学方法来建立它们的年代学。他在1903年于斯德哥尔摩出版的《东方和欧洲的古代文化诸时期》的首章中，就专门论述他所总结的类型学原理及若干实例。这一章，他便命之为《方法论》。

蒙氏的《方法论》，从1935年起被广泛介绍到我国。此年，郑师许、胡肇椿二人在《学术世界》第一卷2～6期上，发表了他们的译本，题目被译作《考古学研究法》，1936年曾由世界书局印成单册发行。也在1935年，又有滕固完成另一译本，题目被改作《先史考古学方法论》，于1937年由商务印书馆出版。

我国学者自二十年代开始了自己进行的田野发掘以来，至三十年代，便已运用类型学方法来研究发掘到的资料。由欧洲学者总结出来的类型学的科学原理，已经说明了古代物品的形态演化有一个客观规律；但如何在具体的考古遗存中寻求具体的规律，以及如何来进行这种寻找，必然会出现不同的途径或不同的具体方法。

最初，梁思永先生于1930年在研究山西西阴村的仰韶陶器时，首先对若干陶片进行了形态分类。他把不同形态的口缘、器底、柄与把，分别给予一定的符号。如口缘根据外壁是否有转折的角度、外敞还是内敛、唇部趋厚程度的不同、向内或向外还是内外均凸起的差别，分用四层符号来标记之。由于当时对仰韶陶器的完整器形只有很少的认识，对陶器的局部形态进行这种非常细致的分类，并不能综合成一种仰韶陶器的完整概念。但这种初步的探索，毕竟是我国学者开始运用类型学方法的一个起端。后来，李济先生为了整理安阳殷墟出土的陶器和铜器，又提出另一种具体方法。他主张，对某一种考古学文化的不同器物及其不同形态，应按照同一标准，加以归纳，给以序数。例如容器，先以器物最下部为圜底器、平底器、三足器、四足器诸差别，分别给以一个序号；再按上部的口径与器高的比例、器壁与底部的角度等差别，确定第二位序号；最后又以器物最大径的位置以及耳、鼻、柄、流等附着品的有无，给以第三位序号。由这三位序号构成的一个序数，就代表了某一种器物的某一个式别；同一式别内形制略有小异的标本，则可再分为若干型（见《殷墟陶器图录·序数总说》)。按照这种方法，似乎只要一见序数的号码，就能知道器物的基本形态。各种器物及其不同形态，可以用一个序数来记录和表达，真比给每个人起一个名字还要准确和方便，因为人有同名同姓，而且人的名字表达不了形态特征。这不是最清楚的方法吗？李济先生曾专门钻研过人类学，提出这种方法，看来是受到了体质人类学记录方法的很大影响。但人类体质特征的差别和变化，同人类制造的各种东西的形态差别和变化，属于两个范畴，不宜用同一种方法来归类和记录。使用序数之法，可以很好地区分器别，但难以记录和表达同一器别内形态差别的复杂和细微之处，从而不便于寻找及表示器物的形态变化过程，更不易于记忆。关于不便于寻找及表达其形态变化过程这一点，李济先生在刚建立这种方法时，已经觉察到，所以在《记小屯出土之青铜器》（上篇）中就说："这样分目排列的办法，只具有一个极简单的目的：便于检查。至于由这个排列的秩序是否可以看出形态上的关系来，却是另外的问题；不过，这个排列的秩序，显然可以供给讨论这一问题不少的方便。"（《中国考古学报》第三册第8页，1948年 5月）把记录器物形态差别的方法，同寻找器物形态排列秩序的目的完全分割开，等于要使研究工作多做一个项目，自然极为不便；况且同一种器别的形态差别，用这种方法难以表达清楚，某些用途一样的器物如三足鼎和四足鼎，还会被归为差异很大的器别。但我国学者毕竟又提出了另一种运用类型学的方法。

也在这个四十年代，苏秉琦先生在整理宝鸡斗鸡台发掘品的过程中，把梁思永先生使用的那种具体方法大大推进一步而使之完整化。他是像蒙德留斯那样观察出同一种器物往往有不同的形态变化轨道，就把不同的轨道，区分为不同的类，在每一类内又寻找其演化过程，按其顺序，依次编号。例如在《斗鸡台沟东区墓葬》这本报告内，对陶鬲就根据制法、形式和外表的差别，归纳成袋足、折足、矮足三大类和袋足类内的锥脚、铲脚两小类，又按照各类鬲在形态、附饰和制法上的细部特点，把40件分属于三大类、四小类的鬲归纳成九组。类别表现了形态变化的不同轨道，组别则为形态早、晚之异。用现在许多人习惯使用的名称来说，大、小类就是型和亚型，组别类似于式别。

这本报告，对全部墓葬的整体，又分解成105项、234目，最后以墓为单位，根据各项、目的组合情况，归纳、排列成三大组（瓦鬲墓、屈肢葬墓、洞室墓）和十一期。各组既有时代之别，又具文化性质的差异。

苏秉琦先生在同时写作的《瓦鬲的研究》中，又探索了各地出土陶鬲的发展谱系，实际也就是从陶鬲的系列之别来探讨几种重要的考古学文化的发展序列及其相互关系。

可以说，后来有愈来愈多的人所运用的器物的分型分式法、根据出土物共存关系来判断各遗存单位（如地层、灰坑、墓葬）年代的组合比较法、按照成组遗迹和遗物的形态特点来判断其文化性质和各考古学文化的相互关系等方法，四十年代时已经出现了，同蒙德留斯归纳出的方法相比，有许多基本接近的地方并有所前进。

那时，专门从事田野考古或仔细钻研过蒙氏理论的人，自然还是很少的，但这种方法论的影响，却正扩大到其他研究领域。三十年代时郭沫若的《两周金文辞大系》，既按时间顺序、又分国别来研究金文，客观上表现了类型学方法对古文字学研究的影响。至于《大系》开头所辟专述两周铜器形态变化的篇幅以及容庚《商周彝器通考》中所述铜器形态、纹饰、字形变化等章节，特别是四十年代陈梦家研究铜器著作中所涉及到的地区特征等内容，更是古器物学研究受到类型学方法影响后的直接表现。如果从广义的角度来说，三十至四十年代梁思成等主持的营造学社对中国古代建筑的研究，乃至许多人对于中国古代雕塑、绘画、书法等美术史方面的研究，莫不受到类型学方法的影响。应当说，许多研究古代物品形态变化规律的学科，都在不同程度上运用类型学方法而前进了一步。

五十年代以来，考古工作在我国有巨大发展。面对大量新发现的材料，首先需要解决的问题，自然是了解其文化性质及年代。于是，几乎每一个报告都在作形态学的分析、比较；就某一种器物或某一个考古学文化内涵所作类型学研究的论文，也在日益增多。实践是总结方法论的基础。五十年代以来，在大量田野工作基础上进行的类型学实践既然如此之多，对类型学理论的认识，自然会不断加深；而这些新的探索，又自然是在三十至四十年代李济和苏秉琦先生所提倡的两条不完全一样的途径上前进的。

大体说，最初似乎有较多的人基本按照李济的那种方法去作类型学分析。他们摒弃了以序数作标记的琐碎方法，首先是确定各种器物的器别，再比较每一种器别内部存在的形态差别，把形态基本一致的东西定为一个式别（也往往称型别），个别较特殊的、不宜与其他东西划为一个式别的，订为异式（或异型）。各式别的号码次序，有的是表现一个形态的演化顺序，有的则是任意的。这种划分法，如果进行得很仔细，可以为别人提供一个分析全部器物形态变化序列的条件。可是，使用这种划分法所得到的式别符号，表达不出彼此是同时并存还是前后相承的关系，习惯于这种方法的工作者，就往往缺乏一种寻找同时并存几条演化轨道的紧迫感，从而在划分式别时就忽略了这种辨认，结果是很容易使别人难以根据报告上发表的材料来重作划分。当然，这种分式结果，还是能把许多器物形态的显著差别揭示出来，只要考虑到彼此的共存关系，若干遗物的演化顺序，仍能重新排列出来；若干遗迹单位的年代，亦能大体判断出来。

由苏秉琦先生首先使用的对器物进行分型、分式，并依据成组遗物、遗迹来判断文化性质及其期别、年代的方法，至五十年代后期以后，被愈来愈多的人所接受。苏秉琦先生自己在分析洛阳中州路的东周墓葬时，不仅划分了期别，而且对整个墓葬开始作了类别的划分，也可以说是对包括了成组器物、成组现象的遗迹单位，都综合成一个整体而进行型和式的划分，即型是分类，式是分期。

当类型学的运用从单种器物、单种遗迹现象的分型分式法，发展到包括成组器物、成组现象的遗迹单位的分型分式法以后，便可以在一些同时存在而内涵有别的单位中，看到一定的社会集团的划分情况，为研究当时的社会面貌，提供一个新发现的、真实的基础。这无疑是类型学方法的重大进步。

考古学是从历史学中分化出来的。正像一切事物都存在着正反合的三段论式的上升过程一样，在古史研究领域中，考古学从历史学中分化出来，可以说是对传统史学的否定；而当它重新回归于重大历史课题的研究之后，又开始了考古学、也是古史研究的新阶段。从历史学和考古学发展的总趋势来估计，传统的古史研究和后来才发生的考古学，将来总是要重新统一为一个不可分割的学科；当然，这并不意味着学科内部具体分工的完全消失。从这种估计来看，当类型学进步到能为研究社会关系提供切实可行的方法时，这个趋势便看得更为明显，也就是大大上升了考古学的研究高度，使考古学研究社会历史的能力，提高了一大步。

在运用类型学方法研究考古学文化的发展系列及其相互关系方面，六十年代时苏秉琦先生又从分析仰韶文化开始，注意到对许多考古学文化要划分其区域类型问题。到八十年代，他又系统提出了要从“区系类型”角度来探索考古学文化发展谱系的原则；讲具体一点，就是要分区、分系、分类型地寻找各考古学遗存的来龙去脉、相互关系。这又是我国类型学方法的新的重要发展。

应当说明，半个世纪以来类型学方法在我国的推广和前进，并不是一帆风顺的。首先是一些我国考古事业的开拓者，为说明类型学的作用和开创在我国运用的途径，花费了大量精力；又不知有多少人为了寻找正确的途径而走过许多弯路，付出很大代价。而且，在五十年代末期，因对建设社会主义的规律认识不清，还发生了一次否定类型学作用的错误的批判。特别是在不久以后的十年“文化大革命”期间，政治上的动乱，长期迫使大家不敢公开承认类型学的合理性。但任何事物都有两重性。这两次风浪，尽管一度阻碍了类型学理论和实践在我国的发展，却促使一些人去思考过去所讲类型学理论的不足之处。事实的结果恰恰是，两次风浪之后，我国的类型学理论正出现了两次新的、重要的提高。

由于半个世纪以来，特别是近三十多年以来我国学者的不断实践、不断总结，国际范围的类型学理论库藏中，已经包含着中国学者的特殊贡献。现在，我国学者还在运用这种经过自己深化的方法论来研究中国考古资料。可以估计，这种得到新的提高的类型学理论，必将在更大范围内发挥它的作用，并在新的实践基础上，更加充实和完善起来。

二、“考古类型学”的范畴及其作用

考古学中的类型学，最初是为解决年代学问题而产生的。人们从排比钱币、武器、工具、容器、装饰品的形态和图案的变化序列而开始了类型学的研究。直到现在，类型学方法还主要被用来研究器物的演化过程。

其实，这种方法不仅可研究器物的形态演化规律，人们制造的各种建筑物（包括墓葬）、交通工具、服装，乃至雕塑、书画等等物品，都可以用它来研究其形态变化过程。总之，人类制造的物品，只要有一定的形体，都可以用类型学方法来探索其形态变化过程（当然也包括上面的装饰图案）；反之，凡是没有形体的东西（如思想、音乐等），就无法用类型学的方法来进行研究。

这种方法论所以是科学的，自然必须有这样的前提条件，即人类制造各种物品，其形态是沿着一定的轨道演化，而不是变幻不定、不可捉摸的。对人们的日常概念来说，这好像是多么不可思议呀！可是大量类型学分析的实践，却一次又一次地表明这的确是事实。

为什么是这样呢？

正像任何事物都有因果关系那样，物品被做成某种特定形态，一定有其原因。决定物品形态的原因，有些方面非常抽象，要十分具体地说清楚它是很困难的。但概括来说，我想，物品所以做成某种形态，主要是由其用途、制作技术、使用者的生活或生产环境、制作和使用者的心理情况或审美观念这几种因素所决定的。在历史上的任何时间、任何地区、任何人们集团中，客观存在的这几种因素，总是综合为一种特定的力量，决定着物品的特定形态。在任何一个人们共同体内，已经形成的某一种综合力量，会成为牢固的传统，使得各种物品已经形成的形态具有相当的稳定性。如果这些因素基本无变化，已有的形态就会基本稳定不变；如果这些因素（哪怕是其中的一种）有了变化，物品形态一定会相应地发生变化。

由于人类社会总的来说是不停顿地前进的，因此，这些因素总是不断变化的，物品的形态也就不会在很长时间内稳定不变。

这可以拿大家熟悉的我国古代的一些陶器、铜器和瓷器为例来略加说明。

1. 关于用途同形态的关系

物品形态同用途的关系是最容易被认识到的。例如黄河中游的仰韶文化居民，用水主要依靠河流，就创造了能迅速在河流中倾倒灌水和便于在肩上背着行走而不易洒到器外的装水的小口尖底瓶。但一到龙山阶段，凿井技术已经发生并慢慢普遍，汲水之器即逐步变为能在颈部系绳悬挂并可平放在井旁地上的平底罐。同盛置粮食、鱼肉等食品的器皿来比较，水器一般做得口部较小；而当后来发生了易于挥发的酒类物品以后，盛放这些东西的容器，不仅会做成小口带盖的形态（如战国的壶、钫），还往往做细颈束口式（如秦至西汉的钾）。又如黄河中游龙山阶段以后的鬲，本是为适应在平地上点火炊煮食物的需要而发生的，所以当灶的使用普遍以后，就逐步被釜所代替，其本身形态也就慢慢向釜的方向演化。举此数例，当已能说明用途对形态的制约作用。

2. 关于制法同形态的关系

不同质地的东西，制法大不相同，所以这个问题是比较复杂的。这里只能略举陶器中的数例来说明。

例如我国新石器时代的陶器，最初往往用泥片贴筑的方法制出，大约到距今七千年以后，则主要是用泥条盘筑法制成的。用这两种制法做成的器皿（特别是中、小型器皿），往往是圜底的。贴筑法，虽无民族学材料可作具体说明，但可估计是在类似模具的物品上多次用泥片堆贴而成，而最初的模具不一定具有完整器形，所以堆贴而成的器皿，一般会自然形成圜底。用盘筑法制陶器的民族学材料则很多，用这种方法来制做器皿，人们一般是坐在地上，把双手放在膝上来盘筑泥条；或是用草圈作垫，在上面盘筑泥条。在这种情况下成形的器皿，如不再加工，总是圜底的。所以，新石器时代的陶器多圜底器。放置圜底器只能在地上挖浅坑或在器底支垫小石块、陶支脚或陶器座，后来为了求其能比较方便地放在地上，才设法改进成平底型式。但最初发生的手制陶器的平底往往是小平底，因为只要将圜底器的未干陶坯，放在竹席、麻布上，往下一按，就能形成。陕、晋、豫地区的仰韶文化，半坡阶段多圜底钵，庙底沟阶段以后大量出现底部往往印有席纹、布纹的曲腹小平底钵，即为一例。在长江中、下游的大溪、河姆渡等多雨水地区的新石器时代文化中，大概特别怕器皿倾倒，使食物沾上潮湿的泥巴，就往往在圜底器上加一个圈足来起到平底器那种放置较稳的作用。商周时期的许多青铜文化，手制中、小型陶器的技术仍在大量使用，为了使器皿能具有平底器的作用，许多陶器就成凹圜底的。当轮制技术出现后，在陶轮上制做成型的泥坯，要用细线切割取下，这种器皿自然是平底的。但应当说明，泥条盘筑与圜底、轮制与平底的关系并不是绝对的，特别是当轮制的平底器出现后，仍然存在的手制陶器便会竭力模仿这种形态，往往用一块泥饼来和器物的腹壁拼接而形成平底器。在黄河中、下游地区，龙山阶段以后轮制技术发达起来，平底器也大量出现，就是制法决定形态的突出表现之一。

3. 关于生活或生产环境同形态的关系

自古以来，不同的人们共同体，因生产能力、自然环境、风俗习惯的不同，往往有不同的生活方式。为了适应各种生活方式的需要，就会出现不同特点的器物群。例如在我国的晚唐以前，人们皆席地而坐，于是，许多酒食器就做得较高。商代和西周的爵、角、斝等酒器所以带有高高的三足，对于坐在地上的使用者来说，这种高度不正是便于取用吗？东周时期已经有了放置杯、盘的案，放在案上的杯、盘，自然不需要高足，便都做成平底或略带矮圈足的形式。像商、周至隋、唐时期那些盛酒的大件器皿如罍、壶、尊、四系罐等，都有数十厘米高，放在地上，亦便于人们弯腰用勺取酒，其陈设气氛同席地而坐的饮酒场面，该是多么协调啊！到了晚唐、五代以后，由于普遍使用桌、椅、凳子，如果继续使用像过去那样高大的酒食器，自然极为不便。因此，当人们坐在椅子、凳子上饮食的时候，高大的酒食器就会很快被排斥，一些尺寸类似于今天通行的饮食器那样的酒壶、水注以及带矮圈足的碗、盏、杯、盘等器皿，应运而生。顺便说明，那些碗、盏、杯、盘等器所以普遍带矮圈足，不在于加高，而是为了隔热。总之，只要观察整个器物群形态特征的变化，并考虑到当时人们生活方式、生活环境的条件，这种关系是很容易理解的。

4. 关于制作者和使用者的心理因素或审美观念同器物形态的关系

在制约物品形态的诸因素中，这是最难捉摸、最难具体说明的。但大家都可以理解到，对任何一个人们共同体来说（即使不包括最早的原始群，后来的氏族—部落、部族、民族都应是这样），一定的地理环境、历史条件和某些偶然因素，会造成他们特定的、共同的心理状态和风俗习惯、喜爱情绪、审美观念，而正是这种特定的精神因素，决定一些各人们共同体都使用的物品，尽管其用途、制法、使用者的生活环境非常类似，却分别出现自己的特殊形态。说得略为具体一点，就是自人类出现后，特别是到新石器时代以后，不同的氏族—部落、部族、民族，往往有各自的心理状态、风俗习惯、喜爱情绪、审美观念。正是因为这些精神因素的差别，使得许许多多处在相同的生产力水平和社会发展阶段，又有十分类似的自然环境的不同的人们共同体，使用着各具特征的器物群。当然，这种精神因素是随着社会的发展不断变化的；但对某一人们共同体（或共同体集团）来说，只要这种状态一形成，就会成为本氏族—部落（准确说是部落集团）或部族、民族的历史传统，影响若干世代，从而会存在着延续若干世代的、有独特传统的器物群。

明白了这些关系，当能相信物品的形态变化是有一定轨道的。

既然物品的形态演化是有轨道可循的，能够找到这种轨道的类型学，至少可以有三大作用。

一是确定遗迹和遗物的相对年代。

搞清楚了物品的形态变化顺序，自然就能根据这个顺序中的位置来确定某一个物品、某一群遗迹或遗物、某一个文化期别的相对年代。

但考虑这个问题或是进行某个具体工作时，必须清醒地认识到：类型学的这种研究，就方法论本身最基本的能力来说，主要在于能够找出物品形态变化的逻辑过程，而不一定是历史的具体过程。这就是说，大量物品的新、旧形态，总是存在着一定的并存时间，在其并存时间内，某些遗存中甚至会有新、旧形态交错出现或前后颠倒的现象。在物品形态变化的总过程中，新旧形态的替代是不会颠倒的，但就其中的一段局部时间来说，发掘者得到的可能只是晚期单位中保留的早期现象或是早期单位中刚刚出现的新现象。所以，忽略了新、旧形态的并存或交错出现的可能性，就经常会因这种现象而困惑，甚至会作出颠倒演化顺序的判断。应当明白，任何人在做某一批材料的类型学研究时，遇到的总是一批物品的形态演化总过程中的一个片断，所以，如果在分析过程中出现理论认识上的严密性同具体材料中观察到的现象似乎发生矛盾时，不一定要轻易放弃严密的形态演化的逻辑顺序而迁就实际是短暂的颠倒现象。

能否真正理解上述物品演化的逻辑过程同历史过程的关系是非常重要的，因为懂得了这个道理，就会明白许多根据类型学分析而排列出的分期图表，其实只是表现了一种抽象的逻辑过程，真正的具体过程则应当存在着相当的交错现象。说得具体一些，就是许多分期图表中若干前一期遗存中的某个单位或某件物品，其具体年代可能比后一期遗存中的另一个单位或另一件物品要晚。所以，类型学方法的第一个作用，实质上是可以确定遗迹、遗物的逻辑上的早晚关系，并不是具体年代的早晚。明白了这一点，就可以促使人们放宽眼界，从其他方面来寻找判断遗迹、遗物的具体早晚关系的道路，不至于因为某些通过另外途径所得结论同类型学分析结果有出入而苦思不得其解。我们这样来看待类型学在确定遗迹、遗物的相对年代方面的能力，丝毫没有降低其重要性，因为对于研究历史来说，具体过程只是认识逻辑过程的基础，通过以纷杂现象表现出来的具体过程来找到其逻辑过程，应当说是得到了高一层次的认识，从而才有可能真正看到其发展的原因。当然，在实际工作中要做到这一点，必须对已经探明的多种物品的演化顺序的知识有相当的了解，并有一定的工作经验；但确信类型学原理的科学性，则是具有判断勇气的前提。

二是确定考古学遗存的文化性质。

在一个特定地区、特定时间内的考古学遗存，一般讲，总是有一群具有独自特征的遗迹和遗物；任何一种这样的遗存，皆属于某一个考古学文化。对认识一个考古学文化来说，时间、空间和文化内涵这三种因素中，特定的文化内涵是最重要的，起决定性作用的；也就是说，只要各遗存的文化内涵基本相同，则不论空间有多大、时间有多长，都是属于一个考古学文化的。所以，判断某一遗存的文化性质，关键是把这个遗存的文化特征基本分析清楚。如果要确定一个新文化，当然又必须认清这个新文化的特征与其他已确定的考古学文化的特征的差别，达到了可以单独划出来的程度。这种文化特征的内涵，除了农作物和捕捞或驯养的动物种类以及建筑物以外，人类所制各种物品的形态，是很重要的内容。认识这些形态的特征，自然要依靠类型学方法。

我国已遇到的（准确说是已认识到的）情况是，一个文化所包含的上述各种内容基本一致。但在其他国家中，已发现有一些人们共同体在同一年代范围内，于不同季节却居住在不同自然条件的地区，从事不同的生产活动（如或渔猎、或农耕），生产和生活用物大不一样。像这样的同一种人们共同体的两种遗存，将来在我国是一定会发现或认识到的。所以，根据遗迹、遗物特征来判断其文化性质时，头脑要复杂一些，应当考虑到这种可能性。

人类的文化是多元的。自人类出现后，特别是到新石器时代以后，地球上存在着许多考古学文化。在漫长的历史过程中，各考古学文化还会发生很多彼此的影响以及移动和征服。这样一些现象，特别是在缺乏文字记载的时代和地区，需要进行类型学分析才能看清楚。所以，类型学的第二个作用，就是判断在一定空间、一定时间的范畴内，究竟存在多少考古学文化？各考古学文化的兴盛与消亡、扩大或缩小还是移动的情况究竟怎样？各文化之间发生过什么样的相互影响？

三是为分析社会关系作好基础准备。

对一个考古学文化的遗存所作类型学的分析，往往可探求出这个人们共同体内部存在着哪些不同的集团？例如对同一文化的同一时期的遗存，只要分析出某种类型的遗迹（如建筑物、墓葬）和某种类型的器物群有必然的共存关系，而另一些类型的遗迹和另一些类型的器物群又有必然的共存关系，就可以判断出这一文化在这一时期存在着几个社会集团。这种社会集团，自然可能是氏族、部落之分，也可能是阶级或阶层之分，还可能是其他集团的差别。要具体搞清楚这些情况，当然还需要其他方面的研究，但类型学分析至少可以为这些研究整理出基础性资料。如果没有这个基础，其他的进一步研究根本无从谈起，或是只能作任意的猜测。

类型学分析能够起到的作用，当然还不止上述三点。对通过考古资料去研究古代人们的生产状况、生活方式乃至心理风俗、精神活动等许多方面来说，类型学分析都可以做好基础资料的准备工作，如归类和分期。不过，对探索古代的社会面貌来说，类型学分析的作用又是有一定限度的。如果脱离了民族学、普通历史学等等人文科学的研究和自然科学史的研究，特别是历史理论的指导，人类前进过程中的许多重要的、规律性的认识是无法得到的。对许多方面的研究来说，类型学方法只能起到基础资料的分析、归纳作用。这就是类型学方法的重要性及其局限性。但只要做到可以为认识各人们共同体的发展谱系并为认识其社会的生产能力、人们的社会关系及精神面貌等方面作好基础资料的准备，实际上已经把考古学的作用，上升到研究重大历史课题的高度，使考古学真正具有研究社会历史的能力。

三、“考古类型学”与“考古地层学”的关系

物品的形态发展，存在着一个渐次而变的顺序。但一种东西，如果有A、B、C三个渐变的形态，孤立地观察就可能是依A、B、C的顺序而变，也可能是依C、B、A的顺序演化。要判定它只能是A→B→C而不能是C→B→A，除了有纪年性的物品为依据外，按目前利用自然科学来断定物品绝对年代的能力而言，还是要靠层次关系来解决问题。就考古学的发展过程来说，首先引导人们去总结类型学原理的，也是因不同地层中出土物形态有别的启发。所以，在地层学与类型学的关系中，归根结蒂，地层学是具有决定性意义的。

但是否只要发掘时把地层关系搞清楚，就不需要再仔细寻找物品的形态差别而判断其早晚关系呢？或者说，当地层关系搞准确，出土物所属层位关系非常清楚以后，物品的形态演化过程就会自然显现出来而不需要再花很大力气去作类型学分析呢？

完全不是这样。即使得到了准确的地层关系，如果不对其中的包含物作认真的类型学分析，很可能搞错其文化性质和相对年代。

为什么这样说呢？

第一，在有多层次堆积的遗址中，晚期地层经常会包括早期遗物，如果不通过形态比较，把同一地层、同一遗迹单位中分属不同年代、不同文化的遗物区分清楚，笼统视为同一时期的东西，既会误订某些遗物的年代或文化性质，连整个地层或遗迹的年代和文化性质都可能判断错误。1981年8月，我们的实习队在青海循化县苏志村的一号坟丘的M1中，发掘出了辛店文化甲组的彩陶双大耳罐，而这个坟丘是属于卡约文化晚期的。假如简单地认为同一层位、同一单位的包含物皆属同一时期、同一文化，肯定这种彩陶双大耳罐就是卡约遗物，岂不是很冒失的吗？晚期地层出早期遗物的现象是太多见了。例如在黄河中游有许多仰韶、河南龙山相叠压的遗址，这种遗址在龙山地层中一般会出仰韶陶片，如果不加分析，把二者视为同时之物，就等于重犯当年安特生在仰韶村把仰韶、庙底沟二期地层混为一谈的错误。

第二，在许多地点，历史曾多次发生过一个民族被另一个民族征服的情况，表现在考古学遗存上，就可能是时间上前后紧紧相接、层位关系上紧紧叠压的。

遇到这种遗存，如果不分析两大群遗迹、遗物的文化特征差异而只考虑时间的接替，就容易把两种文化的更换，当作是一种文化的突然变异。例如晋南侯马一带，春秋属晋国，三家分晋后属魏国，到战国晚期，秦人占领此地，于是魏国的用陶鼎、盖豆、壶随葬的墓，在某些地点（如乔村）一下子被秦人的出釜、盂等陶器的墓所代替，三晋文化的遗存，立即就变为以秦文化因素为主体的东西。如果不先把两种遗存文化性质的差别区分出来，并同其他地点的三晋遗存和秦文化遗存作比较，这种认识不是很难得到吗？

第三，即使一个遗址的不同层位都是属于一个文化或是一个文化系列的，如果上、下限相距的时间很长，其堆积是难以自始至终一脉相连、毫不间断的。愈是早期遗址，就愈是这样。旧石器时代的遗址姑且不论，拿新石器至青铜时代、甚至是铁器时代早期的文化为例，对农业居民来说，因当时的农业生产技术有限，地力一经消耗，就要易地而耕，迁移居住地点是很频繁的；对渔猎或游牧、畜牧部落来说，当然更是如此。所以，要搞清楚一个文化（尤其是一个文化系列）的全部期别，必须发掘若干遗址。客观的需要既如此，仅仅依靠地层关系而不深入细致地研究器物的形态变化，怎么能判明A地点的某地层，应当由B地点的某地层来连接呢？总之，要搞清楚某个文化或某一文化系列的全部发展阶段，必须发掘若干地点；而要把若干地点的层次排成一个系列，只能依靠对若干地点、若干层次的遗迹、遗物所作仔细的类型学比较。

至于类型学分析可以揭示其他一些社会现象的能力，当然更不是地层学所能代替的。即使拿研究一个考古学文化的分期问题来说，层位关系只能说明堆积时间的早晚之别，一个期别的遗存，可以只有一层，也可能包括好几个层次，而且一个文化在其发展过程中，总是存在着缓慢的渐变和急骤突变的差别，不依靠类型学，阶段性的差别是辨认不出或确定不下来的。

应当认为，有了地层学，才可能科学地取得古代遗存的资料；而有了类型学，才能够真正准确地认识到发掘品的共存关系和变化过程，从而把古代文化的发展过程认识清楚。地层学和类型学对于考古研究来说，犹如人体上的两条腿，互相依赖，缺一条腿就不能走路。

也就是说，没有地层学，类型学就无法开端，也无法得到证实；没有类型学，地层学也无法加以检验，更不能真正认识不同地层中内涵上的相互关系。对于探索人类古文化的发展谱系和各文化在各阶段的社会面貌来说，如果缺掉类型学这条腿，地层学等于无用。

四、进行“考古类型学”分析的一般步骤

物品的形态变化，虽然有一定的顺序，但当刚刚被发掘出来的时候，这个顺序是以错乱的状态呈现在人们面前的。怎样才能从这种形态中找出头绪、整理出顺序呢？在一般情况下，可以按下列几个步骤来进行工作。

1. 确定物品的共存关系

通过严格的田野发掘而得到准确的层位关系，是进行类型学分析的基础。因为：第一，知道了一群或若干群物品的共存关系；第二，知道了某群物品和另外一些成群物品在层位关系上的差别。

这两种情况，特别是第一种情况，是进行类型学工作的基础。在田野考古学发生以前得到的古器物，失掉了共存关系，一般讲，只能依靠器物上的铭文来确定其年代；顶多是当某种器物的数量积累到一定程度时，对它的形态变化过程多少可以进行一点研究，但因缺乏相互检验、相互启发的机会，得到的认识一定是相当片面的。

对孤立的物品还是对成群物品进行形态学的比较研究，情况会有质的不同。各种物品如果只是单个见到，要判断形态的早晚差别，因无法在若干物品的共存关系中得到互证，总是难以肯定下来。如果得到的是若干群、若干组的物品，看到A种形态的物品总是和B种形态的物品共存，而C种总是和D种共存，就知道A与B同时，C与D同时。如果出A、B种物品的地层压在出C、D种物品的地层的下面，就知道A、B早于C、D。有了这种材料，自然易于认识到各种物品的形态变化关系。共存物品的群体越大，各种物品的共存关系越清楚，判断各种物品形态发展顺序的准确性就越高。

但必须注意到，确定各种物品的共存关系，不应该只根据偶然见到的孤例。当年蒙德留斯曾讲，各种物品的共存关系重复出现30次以上，这种共存关系才由可能性转变为现实性。蒙氏规定的30次，当然是为了强调重复出现的重要性而说了一个保险数字。据我国已有的经验，一般并不需要这么多，从积累了上千个单位的经过整理的考古学遗存的资料来看，真正共存和偶然出在一起的比例，大致

不会超过10:1。所以如果没有见到相反的例子，重复出现四五次以上，其共存关系的确定性已经是相当大的了。

所以要强调这种重复出现的次数，是因为在某些情况下，有的东西会异常地使用多年；有的时候晚期遗存中，又会故意放入偶然得到的早期物品。例如陕西华县有的西汉晚期墓中就在死者头旁随葬了仰韶石斧，湖南衡阳的东汉墓中曾出商周之际的铜爵等器，朝鲜平壤附近属东汉时期的王光墓又出西汉晚期四川制造的漆器，洛阳的一座西晋墓中还出了一套战国的陶鼎、盖豆、壶。像这些仰韶石斧、战国陶明器，显然是筑墓时偶然挖到早期物品而临时决定放入的；商周之际的铜器大概是故意随葬墓主收藏的古董；西汉漆器则应是墓主家庭使用多年的旧物。因为这些原因而造成的晚期单位出早期物品的现象，显然不会是极难遇到的；至于在有多层堆积的遗址中，因晚期单位形成时经常要扰动早期堆积，从而出现早期东西的情况，就更为多见。遇到这种现象，只要考虑到最后确定共存关系还必须注意重复出现次数这个条件，冒失的判断就不容易发生。

确定共存物品后，还必须注意到，发掘时得到的共存关系，特别是在遗址中得到的，并不能准确说明各种物品产生时间的共同性，而只是说明了抛弃时间的大致共同性。区别不区别制造时间和使用时间、抛弃时间的差别，在通常的研究中，好像关系不大，但对了解某些珍贵或耐用物品同大量普通的、易损物品之间生产时间上的真正共同性，就有相当意义。今天，对某些文化的器物形态研究已到相当细致的程度，这就愈是要求把这种差别搞清楚。

对确定各种物品使用时间（尤其是制作时间）的共同性来说，不同性质的共存单位所表现的这种共同性，其程度是有差别的。一般讲：

突然废弃的作坊的堆积，包括制作场地和附近堆积废品的窖穴和地层，这种共同性最强；

一个墓葬中的成组随葬品，这种共同性也很强；

一座突然废弃（如烧毁、倒塌）的房子内留存的成批器物，其共同性也同上一种差不多；

一个灰坑（窖穴）废弃后堆积进去的东西，彼此相距的时间，大多数不会太远，共同性也比较强；

一个地层内的共存物品，其共同性就可能有较大距离。这不是指晚期地层中混杂早期遗物而言（灰坑中也有这种情况，不过比例要小得多），而是因为一个地层形成的时间，往往会比较长；有些地层的形成时间，甚至会很长很长。

所以，对各种发掘品进行的类型学分析，在成批墓葬的材料中，比较容易看出其演化顺序，期别也可以划得较细；其次是灰坑，再次是地层。突然废弃的作坊堆积，由于废品的时代比较集中，必须对多个地点进行发掘，才能比较其制品的变化情况。突然废弃的小房子，包含物的时代，一般是比较单纯的，同建筑物形成时间的距离也是比较接近的。大建筑物的情况，就会很不一样。巨大的宫殿或贵族用房，使用的时间通常会比较长，达到百年以上的，并不罕见。这样，建筑物使用时间抛弃在附近的物品，如果有一些凹沟、窑穴，会形成很多层次；如扶风召陈3号房址东边的大灰沟。遗弃在建筑物内或旁边的当时地面上的东西，同建筑物的形成时间，可能会有很大距离；比如岐山凤雏的甲组基址，木柱的^{14}C测定年代可达周初，而建筑物烧毁时遗留在地面上的陶器，有的迟到西周中期或晚期。正是因为不同的遗存有上述差别，在整理遗址出土物时，如果是寻找其变化过程，一般是先挑选灰坑及小房子的出土物作为重要的共存物品组合，进行比较。这样就比较容易看出若干物品的变化顺序。

2. 归纳共存器物的组别

一个发掘地点，如果经过多年工作，得到的有一定共存器物的单位，数量往往很大。要把每一个单位逐个同其他单位比较，工作量会大得难以承担。这就应当先归纳各单位的组别。

每个单位的具体内涵，自然各有差别，但总是可以归纳成若干组别。这种归纳，首先要考虑器别上的共同性，其次要考虑各器别形态上的共同性。也就是先根据器别组合上的共同性，把全部单位分为若干大组；每个大组之内，再根据同类物品形态上的共同性，分为若干小组。有了这个归纳，就可以把原来是数量很大的单位数，合并成小得多的组别数。在这种排比早晚顺序的工作中，比较的数量越小，当然头绪就容易清楚，工作比较容易着手和比较容易得到结果。

3. 按层次关系初分各组别的早晚

出土物形态演化的顺序，由于存在着制作时间和埋入时间的距离，也由于新、旧形态可能存在的交错现象，同其层位关系，可能发生出入；但从总体情况来说，物品的演化顺序同其层位关系，基本是会一致的。因此，先从已归纳出的各组别所属层位关系出发，观察各种遗物形态变化的趋向，就很容易得到启示，能较快找到比较许多物品形态差别的关节点。当然，在比较形态差别的整个排队过程中，最初的考虑后来总是会发生一些反复和调整的，但先做这一步工作，可以避免开始时不知从何下手的处境，加快进程。

4. 确定器别和选择典型器物

每个有出土物的单位，基本上都包括了一批器别；如果统观全部单位，包含的器别当然更多。由于寻找器物形态变化过程的工作，只能是在同一种器别内进行，正确区分器别，就是研究器物形态变化规律的首要基础。

做好这项工作的关键，在于把用途完全一样的东西，定为同一器名；用途不一样的，则分为不同的器名。但器物本身是不会说话的，怎样才能确定用途相同与否呢？正如前面所述，用途是决定物品形态的诸因素之一，用途相同的，会有基本一致的形态特点，所以确定器别的工作，主要还是形态的归类。

但有时同一器别内也会出现某些较大差别，如商、周的鼎就有三足与四足之别。孤立地从器形的分类角度说，三足或四足是很大的不同。可是就鼎这种器物的最本质的用途而言，它是供炊煮牲肉用的，又经常被抬着行走，形态上必须有大口、腹较深、带足、双耳这几个特点。三足鼎和四足鼎正都具备这几个基本点，自然可以划归为同一器别的两个类型。这就是说，同一器别形态相似是有一个幅度的，幅度的大小，是以提供相同用途为界限的。

实际工作中经常遇到的困难，有两点是很突出的：一是有许多器形，不能准确判明其用途；二是有许多器形，不知叫什么名称才准确。要彻底解决这个困难，几乎要依靠无限的工作。今天，对于第一点，只能从其质地、纹饰、出土时与其他物品的共存环境来作尽可能准确的推测或判断。如果有铭文直接说明其用途，这个困难当然就可迎刃而解；但石器时代的东西是不会有这个条件的。对于第二点，原则是应按照当时的名称来叫它，但在没有文字记载的时代，各种器名今天不可能知道（当然不包括现存的一些落后部落），只能从今天的概念出发，给不同用途、不同形态的器物，起一个名称。现在，大家也就是这样来处理的。但应注意到，在不同历史时期，许多基本功能非常类似的器物，由于具体使用目的上的一定变化，即使属同一文化系列，器名亦会发生很大变化。例如商、周的许多礼器，基本功能还是炊煮或盛置鱼牲、黍稷和水酒等物，具有这种功能的器皿，早已有之，但这时是在特定的礼仪场合上使用的，新出现了一套专门器名。在此以前和以后，类似形态、类似功能的器皿，不会叫这些名称。为了使器名和器物的特定用途能尽可能地相符合，像这种历史上有明确专门用途的器名，不宜随便使用。可是现在却往往把某些新石器时代的器皿，只因某些形态特点同某些商、周礼器的形态特点有接近处，就使用了某些礼器之名。这恐怕是不妥当的。如仅从一个考古学文化的范围来理解各种器名和含义，只要不和今天的概念出入太大，叫它什么都是无所谓的；但把许多考古学文化的器物放在一起，不同性质的东西叫同样的名称，就容易引起概念上的混乱。

当然，如果把所有考古学文化都包括进来，追求一种只有使用性质完全一样的器物才能同名的标准，在很长时间内都是达不到的；但现在总应该尽量减少不必要的混乱。

各单位、各器物组别所包含的器别会是很多的；各器别的形态变化速度及其变化的差异程度，又不会一致。为了能较快地看出各组别、各单位的发展序列，可以选出若干典型器物，着重进行排比。

所谓典型器物，应当是一些大量使用而又是易于破碎的东西。使用量大，才能在各遗迹单位有较多发现，便于比较；易于损坏，又使它们抛弃时间与制作时间的距离不会太远，便于确定真正的共存关系及其出土单位的时间。像金银器、玉器、铜器等珍贵物品，数量既少，又往往会流传多年才埋入地下，简单地与同出的易损物品当作同时之物，较易出差错。所以，在进行整理工作时，一般是拿陶器（尤其是较早的遗存）和瓷器（尤其是较晚的遗存）作主要排队标本。典型器物通常就在陶、瓷器中选择。对商、周时期墓葬的（尤其是中型以上的墓葬）整理工作来说，也会在青铜礼器中挑选。

典型器物还应具有形态的变化速度较快和变化幅度较大两大特点。各种器物在这方面的情况是不一样的，当然应该选择对变化比较敏感的、而不是比较迟钝的为典型器物。不过，不少器物在发生变化方面的敏感程度，不见得自始至终都一致，有的是在某一阶段变化较快，到另一阶段却是别的器物变化较快。所以，典型器物不一定是固定不变的。挑选多少器别和选择什么器物，都只能依具体情况而定。

对变化较敏感的，形态通常比较复杂。例如仰韶文化的小口尖底瓶，大汶口至龙山文化的鬶，龙山阶段至商周时期的鬲、鼎等器，有口沿、颈、肩、腹、底乃至裆、足、把手等部位，每个部位都可以发生变化，即使许多部位无明显变化，只要某一部位发生较突出变化，就可以划出一个阶段。这样一些器物的形态演化总过程，在同样时间内，其变化的速度会比形态简单的器物快一些，变化的阶段性也就会比形态简单的器物多一些。大家愿意选这些器物作重要的排队标本，原因就在这里。

当然，情况不会绝对如此。武昌地区的南朝墓中，有一种小瓷碟，器形是最简单的，但口沿的细微变化，却是表明这批墓葬期别变化的几项重要内容之一。不过在一般情况下，普遍性大和变化特征明显，总是典型器物应该具备的两个条件。

5. 确定各器别内的型别和式别

选好排比单位和器别之后，就要对每一件东西的形态，进行仔细观察，找出差别。尽管会先从典型器物入手，但最后应尽可能地把每一种物品都作比较。

人们的直接观察，最容易感觉出各种物品的形态差别。可以把需要进行比较的物品，按器别集中在一起，进行直接观察，按照形态不同，分为若干式别，然后把接近的式别靠在一起，连成一条长链。这就是一个形态变化序列。各共存器别的变化序列当然要互相参证，互相检验。合理的序列应该是彼此无矛盾的。

作这种比较时，要注意寻找形态变化轨道上的必然联系。各件器物之间，即使是同一器别的，由于古代都是手工制作，总是有差别的；如果差别达到可以划分为不同式别的程度时，往往有若干差别点。应当考虑到有些差别点是偶然发生的，有些差别点则正位于演化的轨道线上。区分式别时就是要找到演化轨道线上那个前后两阶段轨道的连接点。

当把若干式别连成一条长链时，这个序列的顺序，既可能是从长链的这一头到那一头，也可能是从那一头到这一头。单纯从长链本身的渐变过程来考虑，先后次序是难以确定的。但只要长链中有两个或两个以上的环节存在着打破、叠压关系，能够肯定长链中某个段落的先后顺序，由此往两端延伸，长链的首尾就可确定下来。长链中有层位关系的环节愈多，首尾的肯定就愈有把握，顺序的规律性就愈是可靠。当然，要把这种排定视为普遍的规律，即使有了层位关系或有纪年材料作证明，还需要重复出现多次。

对某一批材料来说，层位关系往往没有所需要的那么多；在许多墓地的发掘中，甚至没有得到层位关系。遇到这种情况，自然可拿其他地点发现的文化性质相同而有层位关系或纪年的材料作参证。如果不是一批完全陌生的、从未见过的新鲜材料，这个链条的首尾是不难确定的。

器物形态的变化，一般是渐进式的，但总有突然间变化较大的关节。这种关节，就是把某个器别划分为不同式别的界限，每个式别代表一个形态演化阶段。这种排队过程，应当是先排成长链，最后才划分段落，确定式别。确定式别的认识，只有在经过仔细的排比、反复调整环节之后才能得到，如果一见差别就分为两式，肯定式别的编号，势必把式别定得很乱。

必须特别注意到，各种器别的演化轨道，不一定只有一条。一个器别，可能同时存在两个或两个以上的形态，各有各的演化轨道。有时，某个器别开始时只有一条变化轨道，后来则分化为两条甚至更多的变化轨道。也有早期并存两条或更多的演化轨道而后来只存在一条轨道的情况。客观存在的情况是很复杂的，为了准确寻找物品的演化顺序，必须仔细寻找其演化轨道究竟有几条？在工作中，如果某一器别排不成一条链条，就应该考虑是否有更多的轨道。

一个器别同时并存几种各有自身演化轨道的形态，就可以确定为不同的型别。应当在型别内再划分式别。只要把型别定准确，一些看来是形态很乱的器别，也一定能把演化的顺序排得很顺当。还要注意上面说过的轨道数量可能中途发生变化的情况，所以型别的多少，不一定是始终不变的。

正因同一器别往往存在不同的型别，器物的形态差别，常常要用型和式这两重关系来表示。

型、式确定后，就要给以编号。当然应把型别号放在前面，式别号放在后面，即有两层符号。关于型号，可以把最多见的、最主要的或是最早出现的型别，给以开头的号码。关于式别号，无疑应按演化的顺序，依次编号，有几个变化阶段，就有几个号码。

编号的方法，现在很不统一。有的用大写拉丁字母的A、B、C等表示型号，用Ⅰ、Ⅱ、Ⅲ等罗马数字或1、2、3等阿拉伯数字表示式别号；有的则用罗马数字表示型号，阿拉伯数字表示式别号；也有的用阿拉伯数字表示型号，罗马数字表示式号，等等。过去有不少人把型、式这两种概念的名称，使用得同上述叫法正相颠倒。如果把器物形态差别分为这两个层次的概念基本相同，使用什么名称和什么编号法，都是无所谓的，但为了工作上的方便，最好能统一起来，考虑到当今国际通用的习惯，型号似以使用大写拉丁字母A、B、C为宜。

有些器别，在大型之下还要再分亚型，才能把形态差别的层次，表达充分。不过，亚型常常只存在于某个大型的某一阶段，并不贯穿始终，所以，式别号之前不一定自始至终都有亚型号。亚型号的使用法，也不统一，当前，比较多的人原意用小写的拉丁字母a、b、c等作亚型号。型号用大写的A、B、C，亚型号用小写a、b、c，一般讲是比较妥当的。

一种器别，如果型号、亚型号、式别号俱全，就有三重编号；加上器名，实际是有四重符号。据已有经验，不需要有再多的层次了。这个层次，同李济所用序数法的层次是一样的，但实际的含义是不同的。从现在许多人的经验看，李济的方法，表达不了器物形态演化的过程，所以当今已经很少有人使用了。

型、式的编号，表现了整理者对器物形态变化过程的一种认识。事物的规律性，不可能一下子就显露充分；已经显露出的部分，人们也难以立即认识清楚。所以，任何一次编号，都不能要求是最终结论；否则，每一次的类型学分析工作，将永远不敢暂告一段落。正因需要采取这种态度，一些还不能确定它们在演化轨道上位置的器物，可暂不编号，在报告或论文中，放在已确定了型、式号的器物之后单独叙述，不必给以型、式号。

自五十年代以来，有一些关心考古学而并不专门从事考古实际工作的同志，以为用型、式编号来记录器物形态的方法太琐碎，不便记忆。这种用号码来表示器物形态特征的抽象的符号概括，同日常生活中表现物品异同的概念，属于两个范畴，对专业工作者以外的人来说，的确不容易适应。但这正是记录和标明物品形态特点的一种极概括的形式，如用普通语言描述，势必要多花若干倍的文字；对于记录器物形态变化的复杂而细微的情况来说，这又是一种极方便的形式，所以一直使用了下来。如果取消了这种方法而恢复到语言文字的记录法，实质上就是不可能对器物形态再作像今天那样细致的分析，而今后的学科前进趋向，却可能是分析得更加细致。当然，到了许多文化和许多器物的发展序列已经基本清楚的时候，这种工作是会相对减少的，那时便不一定再对每批发掘资料都作这样大量的形态分析工作了。

6. 根据器物组合和各种器别的型、式变化来划分期别

拿一个遗存的成批东西来作分期研究，会见到器物组合上的不同和单种器物的型、式差别。两种差别当然交织在一起。一般讲，器物组合的变化发生得较慢，器别内的型、式变化，尤其是式别的变化比较频繁。因此，通常把式别变化作为划分期别的基础，组合变化则认为是较大的期别之差，同一期别内部又可因变化程度不同而区分为期、段。

应当注意到，同时期的同一文化之内，可能并存两种或两种以上的组合。这在文明时代的遗存中所见尤多。在那个时期，因建筑物或墓葬的主人的身份等级不同，其建筑物或墓葬的规模、形制和出土物的内容，会有类型之别。遇到这种情况，应分类型来划分期别。

对于划分同一类型内的期别来说，可以举1981年冬我们实习队整理过的青海循化县阿哈特拉山墓葬出土陶器的情况为例，略加说明。

这批墓葬，包括了卡约文化和唐汪文化（主要是过去所谓唐汪式遗存和一种新发现的更早一阶段的遗存）两大文化期。据随葬品组合和单个器别的形态变化，总共分为五期八段。具体情况如下表：

期别 \ 器别			堆纹口沿罐	大口双耳罐	小口双耳罐	双大耳罐	腹耳壶	球腹双耳罐
卡约文化期	一期	一段	A Ⅰ A Ⅱ	A Ⅰ	A Ⅱ			
	二期	二段	A Ⅰ A Ⅱ	A Ⅱ B Ⅰ	A Ⅱ		A Ⅰ B Ⅰ	
		三段	A Ⅲ	A Ⅲ B Ⅱ	A Ⅱ A Ⅲ		A Ⅱ B Ⅰ A Ⅲ B Ⅱ	
	三期	四段	A Ⅲ A Ⅳ	A Ⅳ B Ⅲ	A Ⅲ A Ⅳ		A Ⅲ B Ⅲ	
		五段	A Ⅳ	A Ⅳ	A Ⅳ		A Ⅲ B Ⅲ A Ⅳ	
唐汪文化期	四期	六段		A Ⅳ		Aa Ⅰ、B Ab Ⅰ	A Ⅲ A Ⅳ	
	五期	七段				Aa Ⅰ、B Aa Ⅱ Ab Ⅰ	A Ⅳ	A
		八段				Aa Ⅲ Ab Ⅱ	A Ⅳ	

这个表中所见的组合，有两大部分：第一组有堆纹口沿罐、大口双耳罐、小口双耳罐和腹耳壶；第二组有双大耳罐、腹耳壶和少量球腹双耳壶。两大组内的器别型、式，也还有相应的变化，自然应分为两大期。结合器物的形态特征来观察，第一组正全部属卡约文化期，第二组彩陶突然重新发达起来，器形亦有较大变化，应属一个新的文化期别，所以全部归之为唐汪文化期。

如据器别的型、式不同，又可分为八小组，就是变化过程的八个段落，八个最基本的期别。

如进一步分析八个段落之间器物型、式变化程度的差别，把变化较小的合成同一期，可订为五期八段。那次工作所以把二和三段、四和五段、七和八段合成一期而不作别的归并，出于两点考虑：首先是第一段的器物形态，有的极接近齐家遗物（如小口双耳罐），同第二段的差别大于二至五段，而第六段中的许多彩陶，既罕见于以前各段，图案又和七、八段的彩陶有较大不同，所以把这两段都单独作为一期；其次是在一个期别内再分段落，不宜过多，否则，期与段的时间长短，出入太大。总之，区分为期、段的期别划分法，是为了突出期与期之间的差别，而又保留了小段之间的不同。通常的情况会是期与期之间的差别比较容易看出来的，段与段之间的差别则需要细致辨认才能发现。

这个例子大致能说明：单个器物的形态变化是划分期别的基础，组合变化则表现了较大区别，各期之间器形变化的巨细不同又表现出期别之间的长短之异。为了表达期别的这种层次，似可使用文化期（即其内部的变化达不到文化性质发生变异的程度，亦可称大期）、期、段这三个名称。

对遗址材料的分期方法，基本原理是一样的。不过，因被整理的材料绝大部分是破碎陶片（动物骨骼不是类型学分析对象，故不计入），具体工作步骤当然有特点，主要是应尽可能搞清楚原来还是完整器时候的器物组合及其型、式情况。

工作可以大致这样来进行：

（1）区分陶系。把每一单位内的全部陶片，按陶质、陶色、纹饰、制法的不同分开，如夹砂粗红陶、夹砂灰陶、泥质红陶、泥质灰陶、磨光黑陶、泥质灰白陶等陶系，每个陶系内再依素面、绳纹、篮纹、方格纹、彩陶等纹饰来分类，并区别它们是手制还是轮制，最后逐系、逐类登记陶片数量和统计每系、每类以及不同制法的百分比。因器物的大小有很大出入，破碎程度也不一样，纹饰又可能或是遍布通身，或只是局部存在，记录不同陶片得到的数字和比例，并不等于器物组合的本来面貌，但这总是了解器物原有情况接近值的一种办法（参表一）。

表一　84YMTI－8（3）陶片统计表　　制表者：南玉泉

陶质/陶色/数量/纹饰	夹砂粗陶				泥质细陶				总计	百分比
	红	红褐	灰	合计	红	红褐	灰	合计		
绳　纹	1748	1367	240	3355					3355	36.13%
堆　纹	131	76	10	217					217	2.34%
篮　纹	1			1	4	1	2	7	8	0.09%
弦　纹	5	6		11					11	0.11%
乳钉纹	5	6		11					11	0.11%
素　面	1488	1193	196	2877	14		4	18	2895	31.17%
彩　陶	1590	1032	155	2777	9		4	13	2790	30.04%
合　计	4968	3680	601	9249	27	1	10	38	9287	100%
百分比	53.49%	39.63%	6.47%	99.59%	0.28%	0.01%	0.11%	0.41%	日期 :1984.11.4	

（2）复原和辨认每个陶系内的器别。把每个遗存内的器别及其形态了解得愈详细，对其文化性质和所属时代的认识才可能愈深入。如1982年秋我们发掘湖北沙市周梁玉桥遗址时，最初对其文化性质是很缺乏认识的。当整理出主要炊器是夹砂褐陶的方格纹鼎和方格纹釜以后，就知道是以鄂西地区的土著文化为基础而已大量融入南方的以几何形印纹陶为特征的青铜文化和西边的三峡青铜文化的因素；又因包含了许多商文化作风的殷式鬲和罍、簋等器，还知道受到安阳殷墟阶段的商文化很深刻的影响。但这是因1981年已经在这个遗址得到一批复原器，才能从1982年发掘出的碎陶片中看出这种有四大文化因素综合在一起的现象。遗址中发现完整陶器或可立即复原的器物是很少的，只有经过大量的拼对工作，才能复原出一批完整器形。拼对自然应按陶系着手，并把色泽、厚度、纹饰接近的陶片放在一起，因为有了这些条件，就大大增加了属于一件器物的可能性，拼对时

可节约很多寻找时间。只要知道完整器形，碎陶片原属的器别是不难辨认出来的，所以应力争把不同的器别，甚至包括其不同的型别和式别，至少复原起一件标本。如果做到这一点，大量碎陶片应归属什么器别，就能基本判断出来。拼对陶片不要拘泥于只在一个单位内寻找缺少的部分，原来是一件器物上的碎片，可能被抛到同时期的不同单位中，甚至可能扰入晚期单位。如果把不同单位的陶片拼成一件器物，各单位层次相同，便可任意归属某一单位；如有早晚差别，因只能是晚期单位扰入早期陶片，当然应归属早期单位。

（3）统计各单位的器别种类及其个体数字。已复原的器物，个体数字很好统计。大量碎陶片只根据腹片是很难知道原来的个体数字的，可以据口沿或底、足来统计。因为一件器物只有一个口沿、一个底部或几个足，只要知道口、底、足所代表的个体数，也就知道了原有完整器物的件数。古代陶器皆手工制作，不同个体的大小、色泽、厚薄不会完全一样，分辨各口、底、足所代表的不同个体的工作是不难进行的。不能忘记，如已统计口沿所代表的个体数，底、足就不要统计了；反之，也是一样。但确实存在把一件器物的碎片统计成好几件个体的可能性，所以，口沿或底部的残片，如果残径只有原来直径的四分之一以下，即原有口沿整体的八分之一以下，就不要计算进去，因为小到这种程度的碎片，很难认出与其他碎片是否同属一个个体。对三足器来说，不能用统计足体总数的办法来计算出原来的个体数，因原有的三个器足往往保存不全。还是要从残足的大小、陶质、色泽等方面来分辨个体数；其实，仍然是用口沿来统计三足器的个体数更方便些。

这步工作和上两步工作很难绝对分开。如果复原的器别很多，基本种类已齐全，通过碎片而看到的原有各器别的个体数，应当能基本反映当时使用陶器的本来情况。这样，只要制作各单位所出陶系及各陶系内的器别和个体（包括型、式）数字的统计表，出土物内涵就得到了相当充分的记录，其他各种陶器的统计表自然都不需要了。如果因各种条件限制，这步工作做不充分，就要保留陶片统计表，并在各陶系下，记录已知各器别的个体数。无论是哪一种表，各项目在全部陶器中所占的百分比都要统计清楚，因为这种百分比，正是说明各文化或是某一文化内部各期别特征的一项重要内容（参表二）。

表二　84YMTI—8（3）　器形统计表　制表者：南玉泉

陶质 / 陶色 / 数量 / 纹饰	夹砂粗陶				泥质细陶		总计	百分比
	红	红褐	灰	合计	红	合计		
鬲	78	57	5	140	1	1	141	28.03%
缸	43	31	7	81			81	16.10%
罐	114	99	20	233			233	46.32%
杯	25	14	1	40			40	7.95%
器　盖	4	2	2	8			8	1.59%
合　计	264	203	35	502	1	1	503	100%
百分比	52.48%	40.35%	6.95%	99.80%	0.19%	0.19%	100%	日期:1984.11.4

只要把陶片的整理工作做到这个程度，遗址材料和墓葬材料的分类、分期工作，方法就没有什么差别了。

7. 寻找不同类型期别的对应关系

对同一文化中不同类型（指反映不同社会集团的不同类型，而不是同一文化中的地区类型）的期别，应尽力寻找相互的对应关系。具体办法很简单，就是在不同类型的遗物内，找出彼此都有的相同器物，把出有同型、同式器别的期别对应起来，这个问题就解决了。当然，亦不能只依据孤例，应当找到较多期别的对应关系而彼此不矛盾，这个问题才算真正解决。

同一文化的不同类型，尤其是在同一地点出现的，许多期别往往可对称地对应起来。这是因为社会的变化、陶器工艺的变动，会同时牵涉到许多社会集团或阶层。例如湖北当阳赵家湖的春秋楚墓，乙a类和乙b类同样分为三期六段，变化段落基本一致。但有的时候则因各种社会情况的不平衡发展，两个类型的期别会出现差别。也以当阳赵家湖的那批楚墓为例，到战国时，乙a类可分为三期五段，乙b类则只能分为两期三段左右。至于赵家湖楚墓中的丙类小墓，因墓主贫困，墓的内容过于简单，从春秋到战国，顶多分成两期。对于可以划分多种类型的遗存来说，制订出了不同期别的参差表，分期问题才算真正清楚，也才能够看出社会各集团变化过程中的复杂性。

在五十年代，甚至到六十年代，我国各考古学文化的年代表，几乎都处在开始建立的阶段，大家都把不同类型的单位放在一起分期。在当时条件下，这些工作起了重要的开创作用。现在，由于许多考古学文化的资料积累已经比较丰富，分期研究也有相当基础，特别是对类型学方法的认识又有所前进，所以，只要材料本身已提供了可能性，分类型地寻找期别并分析对应关系，就是提到大家面前的任务了。

在实际工作中，上述几个进行类型学分析的步骤是会交错进行、出现多次反复的。例如归纳共存关系组别这一步骤，当器别、型别、式别尚未确定时，这种归纳怎么会稳定呢？最初的归纳，以后是一定会调整的。从另一个角度来看，也可以说，确定器别及其型、式，在这一系列工作中是最基本的，但在尚未用共存关系来相互检查清楚以前，最初的分型、分式又怎么能肯定下来呢？其实，只能说这是几项需要进行的工作，步骤的先后，很难作固定的安排。

需要说明的是，如果分好了器物的型、式后，一排比其组合，共存器物的变化顺序毫无规律可循，根本分不了期，应该怎么办呢？

这种情况，很难举实际例子说，可以假设一张组合表如下：

器别 墓号	鬲	盂	豆	罐
M1	AⅠ、BⅡ	Ⅲ	AⅠ、BⅡ	Ⅳ
M2	AⅡ、BⅢ	Ⅰ	AⅠ、BⅡ	Ⅱ
M3	AⅣ、BⅠ	Ⅱ	AⅠ、BⅠ	Ⅲ
M4	AⅤ、BⅡ	Ⅰ	AⅡ、BⅠ	Ⅳ
M5	AⅡ、BⅢ	Ⅱ	AⅠ、BⅡ	Ⅰ

如果碰到这样一种看不出变化规律的组合表，肯定是型、式划分得不正确，很可能是把一些偶然出现的、次要的形态差别点，当成了划分型、式的关节。这

当然需要重分型、式。我们在整理循化县阿哈特拉山墓葬材料时，曾遇到把队排颠倒的情况，当检查了全部单位的层位关系，发现最初的排列有问题后，就把原来排的序列完全打乱，重新开始排列。那次发生的错误同上列假设的混乱组合表的情况，当然不完全一样，但打乱原有排列而重求准确排列的做法是可以参考的。

一批材料能分几期是客观存在的事实，从而是有客观标准的。正因为这种客观性，整理者只要把各种组合和各器别的每个差别点，逐项作一次排列，合理的期别，一定会跃然出现；而只要能排出合理的期别表，那些型、式的划分，也就应当是基本正确的。总之，只要器别和型式定得准确，各单位的合理的类型和期别，便能自然显现出来。因而，如果整理者有一定的工作经验和知识，进行的速度会比较快；如果缺乏经验和知识，只要多作排列，反复审核，合理的期别也一定能找到，毫无奥妙可言。

上面讲的是整理一批原始材料的方法。如果对已发表的多批材料要作综合的类型学分析，基本方法是一样的。但是，人们对器物形态演化规律的认识，由于新资料的增加，总是在逐步深入、不断提高的，需要对过去的报告作新的检查，最好是尽可能地恢复报告中发表的各单位出土物组合的原始面貌，把它们当作原始材料那样来利用。从认识论的高度来说，人们对任何事物的认识都是无止境的，每个人都不应当满足自己或别人过去所作的分析。

对发掘资料作了这样的类型学分析之后，考古学本身的研究，是否就此结束了呢？当然不是。在整个考古学研究中，这只是田野发掘后的第一步工作，还有大量的综合研究和专题研究要进行下去。但千万不要以为这是第一步研究而轻视它。必须真正认识到，对考古学研究来说，这是其他一切综合研究和专题研究的基础，不奠定这个基础，各种考古资料变化过程上的逻辑顺序和具体的历史经历，将不能清楚而准确地反映出来，其他的各种研究，如何能取得时间范畴和相互关系很清楚的材料而找到正确的结论呢？当然，类型学分析的终点几乎是无限的，它的正确认识的阶段性成果，亦几乎是可以无限分割的，在取得了一定的阶段性正确认识之后，根据这种认识所作的其他研究，也能够得到有所前进的成果。懂得这一点，就会明白过去的许多研究，尽管今天看来类型学的分析做得并不充分，却确实已不断取得相对合理性的进步。但也只有冷静看到过去有不少工作对此是不够重视或是进行得不够严密的，才能真正把类型学分析当作至关重要的基础工作而严格进行，使整个考古学的研究，获得更快前进的必要条件。

五、与“考古类型学”研究有关的几个问题

对考古遗存要作类型学分析这个基本点，今天在专业工作队伍中，认识几乎是一致的；但如何估计类型学的能力和对进行这项工作时经常遇到的一些概念，看法还有相当出入。这自然影响到具体的工作方法和观察、解释若干现象的角度。所以，在谈了上面讲到的类型学存在的根据、作用以及一般的工作方法之后，还要再谈几个与这些方面有关的问题。

1. 关于器物的祖型、形态传播和形态发展谱系问题

任何一种器物，都有其发生、发展以及消亡或转化为另一种器物的过程；也就是说，任何一种器物的存在，都有一定的时间性。

如前所述，一种器物的出现，是为满足某种生产或生活的需要；做成何种形态，则是受到质料、用途、制法、使用者的生活环境以及当时统治人们的心理状态、审美观念等因素的制约。这几种因素当然互为影响，而当制作技术比较原始的时候，器物形态受到技术能力和质料限制的影响会最强烈。到人们的智力大有发展后，使用上是否合理的因素，就能发生更大的作用。至于审美观念对器物形态的影响，应当是愈到人们支配自然的能力有充分发展的时候，就愈是发挥得多。当然，不同的审美观念，本身就是受到生产能力和不同的生活环境所制约的。有一种意见可能是抽象地考虑了人类较早时期智力的幼稚，过于单纯地想到了自然物品对器皿形态的启示作用，认为最初出现的陶器，在很大程度上会是对自然物品的模拟，从而把一些模拟自然物品形态的器皿，认为是器皿的祖型。

这种看法有一定道理，许多纹饰确是以自然物品或是自然现象的模拟为其祖型。但就人类制造陶器的总过程来看，发生于新石器时代早期的若干最原始的陶器，并不是从模拟自然物品形态开始的；实际上，当时的人们恐怕还没有能力来做这种模拟。就拿我国已知的最早的一些新石器时代遗存来说，如裴李岗、磁山、老官台、大地湾、石门皂市下层等新石器时代早期的陶器，几乎都缺乏这种模拟形态。只是到再晚一点的时期，如仰韶文化的半坡阶段，才出现模仿天然葫芦的葫芦瓶和模仿天然菱角的船形壶等器。在此以后，这种模拟自然物品形态的器皿

一直是不断出现、不断消失的。可见，只能把某种模仿自然形态的具体器形作为某种器别的祖型，不宜笼统当作整个陶器的祖型。

某种器物（准确说是某种具有特定形态的器物），总应是在一个地点首先产生，再发展、传播成某一文化或某一文化的区域类型所共有的器物。一般说，在一个文化内，尤其是在一个区域类型的范围内，传播的速度恐怕很快，以致现在难以深究这个传播过程。但如果是从一个文化中的某一类型传播到另一类型，特别是从某一文化传播到另一文化去的时候，则往往可以找到其传播方向。所以，当某种特定形态的器物出现于不同文化或不同类型中的时候，就要设法确定其原生地。

当一种器物发生了传播情况之后，如果从发生时间的绝对关系来考虑，原生地当然较早；但从考古研究中通常使用的期别概念来看，又往往可当作同时期的东西来看待。有的时候，某种特定形态的器物会在原生地消失较早，而在传播出去的地方却延续很久。古人所讲"礼失而求诸野"，就反映了这种情况。具体例证如四川等地巴蜀文化中的一种三角援铜戈，是接受商文化或周文化的影响后产生的，它在周文化中到西周中期以后已经消失，而在巴蜀文化中却可延续到战国甚至更晚。但也存在相反的情况，例如周文化中的一种直援短胡戈，曾向北传播到夏家店上层文化中，它在黄河中游地区可延续到战国中期，甚至更晚，但在夏家店上层文化中似消失得早一点。所以，一种器物在原生地和传播地的存在时间，仅据本身的形态特点是判断不了的，只能据共存的其他器物或遗迹现象而确定。

但有一点是可以肯定的，即某种特定形态的物品在传播地的出现时间，不会晚于它在原生地的消失时间，否则又怎么能传播去呢？有一种倾向似乎是愿意把传播地发现的东西，时代定得晚一些，例如把黄陂盘龙城所出成组的二里岗上层样式的铜器，定为相当于安阳殷墟阶段的遗物。那批铜器的本身以及其他共存器物，并未出现殷墟阶段商文化的特征，这种意见显然是出于"礼失而求诸野"的考虑。其实，"礼失而求诸野"那种情况只能限制在器别或型别的范畴内才是存在的，如果形态特征已近似到可属同一式别，原生地和传播地的出土物，时代应当是基本一致的。道理很简单：在原生地，这种形态过一阶段后，就会变成另一式别，这种式别的形态只能是在这一式别存在的时间内传播出去的；而在传播地，这个式别的形态出现后，再过一阶段，它也一定会发生变化。所以，原生地和传播地的同一种器物，如果相似到可以划归同一式别的程度，时间上即使有早晚之别，一般讲不致于相差一大期，像上面讲到的巴蜀文化中的三角援戈，自它产生后，也是有自身的纹饰及形态细部的演化过程，如加细审，较晚的巴蜀三角援戈，同商、周文化的三角援戈，并不完全一样。明白了这个道理，将能清醒地比较原生地和传播地出的同样器物，判断出不同文化或不同区域类型之间在时间方面的对应关系。

一种器物的出现和传播，总是有一定空间范围的。就拿今天已具备的交通条件来说，人们可以当天从东半球到西半球，空间范围对人类活动速度的限制已缩小到很大程度，但也没有一种器皿曾在世界上的任何地区同时出现，更何况是古代。所以，新石器时代以来的一定的人们共同体中，必定存在着一幅自身的成组器物形态发展图；拿包含着若干人们共同体的一个区域而言，那便会是一幅含有若干组器物的形态发展谱系图；对整个地球来说，当然有许多幅这种谱系图。各人们共同体的生存区域广阔不一，活动能量有大有小，相互接触或多或少，各系列图或谱系图，一定有简有繁，相互的联系或有或无、多少不一。世界各国考古学者对各种考古学文化运用类型学方法来研究其发展过程，就是在分头绘制这些系列图和谱系图。

就一个考古学文化的成组器物系列图来说，许多器别当然可能始终存在；就若干有直接继承关系的一个考古学文化系列的器物系列图来说，有许多器别就不会延续始终；在一个谱系图上，更不会有一个器别会自始至终地延伸下来。因为一当人们的需要发生变化或是有新技术出现的时候，符合旧需要、旧技术的若干器物，一定或迟或早地被新器物代替。即使是用途和制法并未变化的器物，由于使用环境或人们精神因素的变化，形态也会变化，而当变到一定程度后，也应当认为一种旧器皿已经被另一种新器皿代替了。任何一个器别或是一个器物群的自身发展，天然地存在着从发生到消亡的过程，消失是不可避免的。况且人类的历史，又是充满了矛盾、冲突。一个部落或民族，因异部落、异民族的入侵或征服，可以使原有文化的传统发生很大变异，甚至中断。在经常的、和平状态的接触中，不同文化之间的相互影响，已经会在原有的传统面貌中，增加许多其他文化的因素，而当遇到异文化的大量渗入后，怎么能继续保持原有传统呢？旧器物的慢慢消失，新器物的不断出现，一个文化被另一种文化所取代或变为另一种文化，正是历史的必然。

一种器物或是一个器物群既不可能万世长存，就不要追求一幅有若干种器物连绵不断的演化谱系图。一个符合实际情况的谱系图，应该是无论就一个文化系列、一个区域或是其他的任何一种范围来说，一定是不断有旧器物的衰微、中断和新器物的发生、繁衍。

在人类历史上，这种器物形态的系列图和谱系图虽然是客观存在，今天却不可能把每一个图像都找到。实际上，完整无缺的这种图是永远绘制不完的。人们绘出的各种器物形态演化的谱系图，一定会有若干大大小小的空白，许许多多的缺环。这些空白和缺环，今后也许能补上，也许很长时间都补不上。对于这种空白或缺环，能否想象它的大概面貌呢？如果承认器物的形态变化是有一定轨道的，只要某一处空白、某一个缺环的前后左右都已填满，空白或缺环的具体面貌虽不可知，大致形态应当是可以估计出来的。用严格的类型学方法研究出来的谱系图，确实有一点类似门捷列夫的化学元素周期表，一些尚未找到实际例子的空白或缺环，是可以估计其大概面貌的。

2. 关于考古学文化的层次问题

所谓考古学文化，是一个包括一定空间、一定时间范畴的一个人群集团的各方面内容的综合概念。它虽以一群独具特征的遗迹和遗物为基本界限，但由这群遗迹和遗物所反映的各方面情况，都可以包括在内。对这个总概念，现在似乎分歧不大，但怎样运用这个概念，因实际的考古学遗存极为复杂，还存在着很大差异。

一个考古学文化，如果单独存在，根本没有命名妥当不妥当的问题。如果同时存在好几个考古学文化，任何一个文化就都有具体界限问题，只要同时并存的考古学文化曾发生过接触和彼此发生过影响，一个考古学文化的内部，就可能存在着两个或两个以上的考古学文化的文化因素。在我国，于五十年代以前，曾经有人使用混合文化这种概念来称呼河南等地似乎包括了仰韶和龙山两种文化因素的遗存。当时，因为对黄河中、下游的这两种文化的关系认识不清，曾把一些实际上是混杂了两个文化内涵的遗存，称之为仰韶和龙山的混合文化。这个提法，在五十年代受到批评之后，特别是当搞清楚了仰韶和河南龙山这两大阶段的前、后承袭关系后，现在已经无人使用了。但如果离开这个具体的提法，抽象谈有没有混合文化问题，概念并未清楚。

这个概念，简单地讲，就是指某一个考古学文化，是由两种或更多的考古学文化的因素组成。在地球上，无论是我国还是其他国家，一个考古学文化包含着两个或更多的考古学文化因素的现象，是经常可以见到的。对于这种遗存，即使是两个或两个以上的文化因素都占相当比例，还是不宜叫混合文化。

据五十年代以来国际范围的发现，大家愈来愈认识到人类的文化从很早时期起就是多元的。在我国，七十年代以来的发现，已证明我国的新石器文化就是多元的。一个考古学文化在其发展过程中，会受到其他文化的影响，尤其是青铜时代后，因人们活动能力的加强，这种影响会更加普遍，有时还是极强烈的。但这样的遗存，如仔细分析全部内涵，总可以判明是以哪一种文化的因素为主。拿我国境内的已有发现来看，没有一个遗存是两个或两个以上的文化因素对等地并存着。命名这样一种遗存，应该或者是起一个新名称，或者是跟从主体因素那种文化之名。如果称为某两个或某几个文化的混合文化，就会冲淡这种遗存的主要因素或主要渊源的色彩，引起认识上的模糊；影响到它在考古学文化发展谱系图上位置的妥当安排。例如前面已提到的1981年至1982年曾得到两次发掘的湖北沙市周梁玉桥的相当于商代晚期的遗存，就包含着当地龙山阶段以来土著青铜文化传统、三峡青铜文化、洞庭湖周围乃至长江下游的以几何形印纹陶为特征的青铜文化和黄河中游的商文化的影响这四种因素，四大因素都占相当比例。最初对这种遗存应怎样命名是不清楚的，但当分析出是以本地土著文化传统为主体而已大大不同于前一阶段的面貌时，就考虑起一个新名称。又如江西修水山背的以F1为代表的遗存，最初仅在发表的简报中见到包含着类似石峡文化和屈家岭文化这两种因素而看不出以哪一种因素为主，便很难决定它的文化属性。现在，江西的同志发现这样内涵的遗址在那片地区是很多的，并知道是以类似石峡文化的因素为主。这就不再考虑它是屈家岭文化的一个区域类型，或是两种文化对等混合的新文化。不同因素比例对等的遗存既从未见过，混合文化这种名称，应当没有存在的必要。

一个考古学文化，如果分布区域较大，同一时期在不同的分布地点，由于和邻近其他文化相接触而互为影响，不同地点遗存内所含的文化因素，常常不完全一样。例如东周时期的楚文化，在鄂北至豫南地区就有较多的郑、晋文化因素；在湖南，越文化因素相当突出；在湖北境内，楚文化本身的面貌较纯粹。对于这种差别，用楚文化内部的几个区域类型来表达似乎最合适。这种划分，当然有一个限度，即必须以本文化的因素为主。如果其他文化的因素已占主要位置，自然应改属其他文化，作为另一文化的某一区域类型。

如果同意这个原则，许多已经长期被命名的遗存，将来恐怕需要对旧名称作新的考虑。例如，自五十年代以来，大家把龙山文化的名称用得极广泛。其实山东一带的龙山文化，同黄河中游的河南龙山文化，尽管有许多类似的器形和接近的生产力水平，但其内涵的差别，足足够得上划分为两个文化的条件。如果把山东的龙山文化和河南龙山文化当作两个并存的文化，现有的名称当然可以继续下去。如果是当作同一文化的不同地区类型来对待，为什么这两种遗存各自的祖源和后裔现在都分别叫做不同的文化，而单单把中间这一阶段使用同一文化的名称呢？把客省庄二期叫做陕西龙山文化，也有同样的问题，因为如果把客省庄二期叫做陕西龙山文化，为什么不把齐家文化叫做甘青龙山文化呢？像江汉地区那种曾被命名为湖北龙山文化的遗存，当然更是这样。总之，目前流行的种种龙山文化之名，和许多其他文化的命名原则是不统一的。如果要同其他文化的命名原则一致起来，现在所称呼的种种龙山文化，既不能统用一个文化的名称，也不宜当作一个文化的几个区域类型。

看待考古学遗存，可以有微观和宏观两种态度。微观可以找出细小差别，是进行分区、分类型、分期研究的基础。如作极细微的分析，几乎每个遗址都能找到自身的特点。宏观可以概括出规律性现象。如作宏观的概括，可以把同一时期的各遗存，依其共同性和差异性在空间上划为若干大片，每一大片内又可再划分为若干小片，甚至有好几个层次。今天，有些学者已经把整个地球的古代文明，划分为三个最大的区域，即美洲、中美洲文明和中央安第斯文明区；东亚、南亚的中国文明和印度文明区（其实南亚还是应当和东亚区分开的）；印度河流域以西至地中海、西亚、北非、南欧文明区。这种概括全球古代文明的宏观划分，尽管还要再作讨论，对理解整个人类的历史进程，启发性是很大的。整个地球的几大古代文明区，自然还应再不断分割，究竟应分割为几个层次，还要经过许多研究和讨论。仅就中国大陆而言，不久以前苏秉琦先生曾著文认为在新石器时代（包括一部分青铜文化），应划分为六个主要的文化区，并可再概括为面向内陆和面向海洋这两大区。拿较小一层的六大文化区来看，按照现在很多人习用的一些考古学文化的划分情况，在同一时期，有的区只存在一个文化，有的区则有好几个。出现这种现象，一方面固然在于各区文化遗存的种类就有多少之别以及本身的复杂程度又有不同等因素，可是的确又存在着过去命名标准不一的原因。

在研究考古学文化的过程中，由于对许多问题的认识是随着资料的积累而逐步深化的，一度出现命名原则的不一致或某些具体命名的不妥，是历史的必然。从现有对整个中国各考古学文化发展系列的知识来看，考古学文化的命名，是否可以有三个层次：一是包括了好几个具有相当类似性的考古学文化的层次，这个大层次，可拿其中的一个代表性文化为名，叫做某某文化区（或圈），例如仰韶文化圈（或区），就可以包括大汶口文化圈以西、大溪文化圈以北、石岭下—马家窑文化圈以东、红山文化圈以南的大片遗存；中间一个层次是一个考古学文化的本身，例如大汶口文化、大溪文化等，今天的仰韶文化也许要划分为几个文化；三是一个考古学文化内部的区域类型，例如前面讲过的东周楚文化的几个类型，这是最小的层次。

回顾六十多年来我国考古学文化的划分过程，好像是走了一个正、反、合的往复。五十年代中期以前，对黄河流域的遗存，仰韶就是仰韶，龙山就是龙山，大家都把它们当作两个并存的文化。到五十年代末，当黄河中游的河南龙山是由仰韶文化发展而来的现象被认识到以后，又一下子出现了一股大一统的浪潮，似乎从黄河流域到长江流域的原始文化，甚至青铜时代、铁器时代的文化，都是从一个源流上发展出来的。于是，不仅把仰韶、龙山都划成一个很大的圈圈，马家窑、半山、马厂诸遗存亦被叫做甘肃仰韶文化，大汶口、大溪、屈家岭这些流行彩陶的文化，亦几乎被认为是仰韶文化的变体。但是，不断的新发现，终于使人们逐渐清醒起来，特别是到七十年代以后，人们尽管是慢慢地，但总是愈来愈清楚地看到它们原来不是一棵大树上的分支，而是各有自身的渊源。又随着若干新石器早期遗存的发现，大家进一步认识到中国的新石器文化，从一开始就是多元的，许多较晚的新石器和更晚的诸文化内部，还应当再划分区域类型。可以说，当前的研究趋向；已经从大一统的概念又走向仔细的再分割并重作概括的新阶段。

只要这种研究再深入到一定程度，一定可以得到一批更准确、相互关系更清楚的各考古学文化发展系列及其区域类型的新概念。分区、分系、分类型地探索各考古学文化的发展过程，寻找各考古学文化及其区域类型的特征和界限，分析各遗存（尤其是青铜时代以后的）中复杂的文化因素以探明各考古学文化及其区域类型之间的相互影响，从而认识中国境内各考古学文化的总谱系，正在成为当前我国考古研究中的突出课题。

3. 关于考古学文化与人们共同体的关系问题

所谓人们共同体，有原始群、氏族—部落、部落联盟、部落集团、部族、民族等范畴。在历史记载中留有具体活动痕迹或大量具体事件的，主要是一些部落集团和后来的部族、民族，今天自然只能探索这些人们共同体同考古学文化的具体联系。

寻找这种联系，对于有大量文字记载的部族或民族来说，只要在考古遗存中找到了记录具体活动的文字材料，就可以解决；对于缺乏文字记载的许多部落集团来说，则应当先把判断这种联系的一些条件明确起来。

这当然是一些需要经过长期讨论的理论概念问题，现在只能从已经遇到的某些现象出发，提出一些想法。

从考古学文化这方面来考虑，一个考古学文化既是有一群共同特征的遗迹和遗物的遗存，而这种特征除了生产力水平和自然条件等原因外，又是由一定的心理状态、风俗传统、审美观念等因素造成的，不同的考古学文化，当然是由具有不同心理状态、不同风俗传统、不同审美观念的人们所遗留的。

从人们共同体这方面来考虑，各部落集团或部族、民族，都有自己独特的心理因素、风俗习惯、喜爱传统，他（她）们的遗存，当然会各有自己的特点。

把这两方面结合来看，两个考古学文化如果反映出的是不同的生产条件或不同的经济活动形态、不同的生活环境或生活方式、不同的心理特点、不同的传统习惯，岂不就是具有这些不同因素的不同部落集团或不同部族、不同民族所遗留的吗？如果两个考古学文化能反映出某些精神、心理因素的不同，对于区别它们是不同部落集团、不同部族、不同民族的遗存来说，岂不也正是具有决定意义的吗？

但不同的考古学文化之间所反映的各种因素的差别程度，有很大不同；不同人们共同体之间在这些方面的差别，程度也是很不一样的。因此，从抽象的概念来讲，绝不能简单地说一个考古学文化或是其中的一个区域类型，应当是一个部落联盟、一个部落集团或是一个部族、一个民族特有的，还是更多的部落联盟、部落集团或部族、民族所共有的，抑或是两种情况兼而有之。可是，只要把不同考古学文化和不同人们共同体所表现的这些差别，分别规定在一个比较大的空间、时间和自身独有特征的范畴内，如考古学文化中的仰韶—河南龙山文化圈、石岭下—马厂文化圈、大汶口—龙山文化圈、大溪—屈家岭文化圈、石峡文化圈等等，古代部落集团中的华夏、羌戎、东夷、苗蛮、百越等等（当然包括历史记载中的这些部落集团的直系先祖），再把两者作时代和地域的对应比较，一些具体的推测或判断，应当是可以进行的。

如果承认这种考虑的合理性，确定各考古学文化及其不同区域类型的分布范围、期别及其来源和去向，搞清楚古代各部落集团的活动区域及大致时代、迁徙情况、基本经济内容，就是进行这种探索的前提，必须先做好。只要认真做了这两大项前提工作，就不应把寻找考古学文化同古代部落集团（包括传说时代的）关系的工作，视若破坏考古研究严肃性的洪水猛兽。

事实上，这种工作历来就是被人关心的。到七十年代中期以后，显然因为条件逐渐具备，许多合理性的探索纷纷出现。例如山东半岛一带的大汶口文化，就被具体推测为东夷先祖太昊、少昊集团的遗存，近年发现的晚于龙山的岳石文化，更是一开始就被认为是东夷诸族的一种遗存；甘青地区的马家窑、半山、马厂等文化，又被推测为早期羌人或是羌人前身遗存，寺洼、卡约和辛店等遗存，亦进一步被推定为属于羌戎集团；长江中游的屈家岭等文化，也被推测为三苗等苗蛮集团的遗存；至于南方的以几何形印纹陶为特征的石峡和昙石山等文化，更是早就被看作是古越人的遗存。其实，夏、商、周文化的探索，就方法论而言，也是这种性质的工作。

在探索考古学文化与古代的部落集团或部族、民族这些共同体的关系时，考虑到民族学研究中“经济文化类型”和“历史民族区”这两个概念，对理解许多现象是会有启发的。

这是苏维埃民族学派提出的两个概念。所谓经济文化类型，是指一些不同的人们共同体集团，如果处在大致相同的社会经济发展水平和相似的自然条件下，会产生类似的文化面貌。所谓历史民族区，是讲在若干地区，由于居住的一些民族，因长期的交往和共同的历史命运，会形成一定的相似的文化共同体。苏联民族学家托尔斯托夫（С.П. ТопсТоВ）还认为这两个概念可成功地用于解释考古资料。

五十年代以来，我国的一些考古学者，曾在经济文化类型这一概念的启发下，对某些考古学遗存的现象，作过一些合理的解释。例如当讨论仰韶文化是否西来时，就是考虑了这一概念，看到欧洲东部有特里波利，西亚有苏萨，中亚有阿诺，南亚有哈拉帕，东亚有仰韶这样一些以使用彩陶为特征的新石器或铜石并用时代的文化，是因为有相似的生产力水平和自然环境，并不是因为文化的传播才导致类似文化面貌的产生。美洲的印第安人，时间同上述诸文化相差很远，大概因为同样的原因，也使用着相似的彩陶。

这种解释，当时迅速排除了单纯从文化传播来说明各种彩陶文化产生原因的观念，后来就很少有人再从外来影响中寻找仰韶文化的来源了。

经济文化类型这种概念，说明了人们的经济状态（包括自然条件）同文化面貌的必然关系。一个人们共同体如果经济状态基本一样，应当是属于一个经济文化类型的；一个人们共同体如果人数很多，活动范围很大，恐怕不一定只有一个经济文化类型。例如后来的汉族，居住在海滨、岛屿上以捕鱼为生的，同以农为生的，就不是一种经济文化类型。经济文化类型同人们共同体集团不能简单地划等号。

这种概念，当然更不能引申为：一个人们共同体集团，在其长期发展过程中，经济文化类型始终是相同的。它恰恰说明如果这个人们共同体集团的经济类型发生变化，文化面貌一定也会跟着发生急剧变化。

在我国古代，这种情况并不罕见。可以举一个例子来说明。甘青地区的齐家和寺洼、卡约这些文化遗存，据近年工作，可以看到它们无论是文化面貌的连续性还是居民们体质特征的一致性，都是一脉相承的。但过去因齐家文化的陶器，同寺洼、卡约陶器的基本组合以及陶系、器形、纹饰都有很大差异，大家不敢认为它们有直接的继承关系。现在因青海省积累了大量资料，基本弄清卡约是由齐家文化的当地类型发展而来的；在甘肃东部，亦因开始了解到寺洼的大致年代，知道它也应当是从当地齐家文化发展来的。当看出齐家和卡约、寺洼这些经济内容和文化面貌有很大不同的考古学文化原来有先后相承的关系之后，才明白文化面貌到卡约、寺洼阶段所以发生剧变，在于经济状况已发生了巨大变化。同一阶段的辛店文化，尽管其陶器面貌和马厂文化有较多的继承性，经济状况亦发生了如同齐家到卡约、寺洼那样的变化。这些青藏高原边缘地区的文化，从石岭下经马家窑、半山、马厂和齐家，是以锄耕农业为主而兼有牲畜饲养，同黄河中游的仰韶至龙山阶段遗存是差不多的经济文化类型；到了卡约和寺洼、辛店这个阶段，已变为畜牧业为主而兼有农业的经济文化类型。显然正因在马厂、齐家到辛店、寺洼、卡约的交替时期，经济类型发生了巨大变革，从而引起了文化面貌的剧变。

在那个地区，青铜时代最迟开始于马厂、齐家阶段，可能还要早些。这样，青铜时代来临后在过了不很长的一段时间之后，一种新的生产力同当时自然条件（一个新寒冷期的出现）的结合，便会发生新的经济形态，带来了文化类型的大变化。经济文化类型的理论，对解释文化系列是连续的而文化面貌却突然大变的那种现象，是很有力量的。

青铜时代带来了生产力的大发展是普遍性的。这种新的生产力，自然会引起生产的大变化，而这种变化因各地自然条件不一，会形成许多不同的生产活动形式。如果说，在我国的西北高原地区这个变化是由锄耕农业变为大规模的畜牧，在黄河中、下游地区应当就是由锄耕农业进步为灌溉农业，并接着发展起了犁耕农业。长江中游地区好像也是这样。东方和南方的沿海地区发生什么变化，现在还看不清楚，但文化面貌也在这个时期突然大变。在相当时间内，大家曾为若干地区龙山阶段以后当地文化好像突然中断，难以找到明显的后裔而困惑。由甘青地区新研究的突破所给予的启发来看，许多其他地区在这个阶段，大概也因新生产力同当地特殊自然条件的结合而带来了相当变化，使得发生相应变化的新阶段的文化面貌，似乎跟以前突然脱节。当然，这时期因人们的活动能力大大加强，各部落集团的相互联系和影响，远比从前扩大，增加了文化内涵的复杂因素，从而和前身的差别更大。但经济类型的变化，总是最主要的、最根本的原因。经济文化类型理论对解释考古学文化中的许多现象，都是很有意义的。

历史民族区的理论，对理解考古遗存中所见若干长期存在的区域性和许多考古学文化有好几个层次的现象，亦能有直接的启发。

考古学文化所呈现出的区域性，会存在很长时间。新石器时代的几个大区，几乎在整个新石器时代都是一个相对独立的文化区。到三代时，随着商、周等文化的向外扩充和渗透，无论是具体的区域位置或是文化因素，虽曾不断发生变化，但即使到了周代，周文化在这些区域仍同当地的原有文化（不少区域已程度不等地渗入了商文化因素）相结合而形成了秦、楚、燕、齐、鲁、吴、百越和周晋文化本身（晋文化主要与周文化相似）。这样一些有本身土著文化传统和相似面貌的区域，至少在新石器至青铜时期，正可理解为是一些不同的历史民族区。

就任何一个区域来说，无论是新石器时代的诸文化系列还是以后的商、周、秦、楚、燕、齐、鲁、吴越（吴与百越）等文化系列，都存在着中心区及其外围这样两个圈圈。大圈之内，一般又有好几个区域类型，反映出包含着不止一个部落联盟或部落集团、部族。由这样一些经济、文化面貌相近的若干部落联盟、部落集团或部族活动的大圈圈，不也应理解为是一种历史民族区吗？

可以举一个例子作些具体说明。广东、广西、福建等南方沿海地区以及浙江、江苏南部、江西、湖南南部等地，战国以前是越人（包括吴越之吴）的活动地带；即使在汉代，许多地方仍是越人的聚居区。这一大片地区的以几何形印纹陶为特征的文化，无疑就是古越人的遗存。越人种姓繁多，号称百越，到了汉代，也还有南越、雒越、闽越等很多群体。那种遗存目前虽然还没有把区域类型的分析工作做好，但类型繁多的情况是可以看出来的。从民族史的角度来说，那个时期的那片区域，当然可以叫做众多种姓的越人的一个历史民族区。考古学上所见以几何形印纹陶为特征的文化圈（区），其空间范围和时间范畴正和这个历史民族区重合，考古学上由一个大文化系列（指包括了有直接继承关系而文化面貌相似的好几个考古学文化的一个大范围的发展系列）组成的文化圈（区），难道不就是那种历史民族区的表现吗？

民族学主要是从现存民族中概括出历史民族区这个概念的，但历史民族区在历史上的情况，毕竟不是民族学研究的主要内容。考古学研究所涉及到的历史民族区则主要是后来已经发生变化或消逝的。从考古学上观察到的现象看，一个特定的历史民族区，只存在于一定的时间范畴内，空间也是会发生变化的。可仍以上述那个区域为例，到了汉代，几何形印纹陶还是当地文化遗存中的一个特点，但在汉代设郡的地区内，汉文化的因素，愈来愈占据重要位置；南北朝以后，作为越人文化特征的一些因素，则在许多地方又进一步消失掉。如果对若干个由一个大文化系列所组成的考古学文化圈都作这种考察，可以看到这种历史民族区总是有头有尾，或是很晚才发生而至今尚未结束的。对不同的历史民族区来说，时间的长短与空间是否变化，都依历史的具体情况而定。

不久前，苏秉琦先生在我国新石器文化谱系的研究中，正式提出了考古学文化中的“区、系、类型”概念。这种新概念，是在六十多年来我国考古学所积聚的大量资料的基础上，又经过类型学方法的不断探索和大量具体的分析、比较才总结出来的。它同历史民族区的概念，的确有许多地方是殊途同归，不谋而合。考古学的研究和民族学的研究，本来都与研究各民族的历史有关，两个学科的理论和研究内容，当然会互相接近，彼此渗透，各有启发，起到共同促进的作用。

科学实践是产生科学理论的土壤。近代考古学是在欧洲首先发生的，因而在欧洲就首先总结出一套考古学的方法论。近六十年来，尤其是近三十年来，我国的考古工作有了迅速发展，考古实践和资料积累的总量，在国际范围内并不多见，在这种基础上，我国学者对考古学的方法论，已有了自己的一系列认识。就在我国学者进行独自探索的三十多年中，其他国家的考古学者又有了许多新的实践，对考古学的理论作了新的补充。我们应该很好地总结自己的经验，及时了解和汲取国际上的新经验，多作交流，把考古学的方法论推向前进，更好地指引今后的实践。

据1981年10月和1982年11月在青海西宁和湖北沙市的两次讲稿整理；1983年9月至10月，在哈佛大学略作修改；1985年1月，又补两张陶器的统计表并定稿。本文自1984年9月以后，曾作为国家文物局主办的田野考古领队培训班的讲义使用。

选自俞伟超主编《考古类型学的理论与实践》，文物出版社，1989年5月。后收入《考古学是什么——俞伟超考古学理论文选》，中国社会科学出版社，1996年3月。

我国考古工作者的历史责任

新中国建立后，几乎所有学考古的人，都碰到过使自己长期困惑而不得其解的问题：从事考古工作的目的是什么？

不少人曾以解释某些古迹、古物的具体出现原因为其目的。但这种单纯地为古而考古的行为，似乎太脱离现实，并且这样的研究层次太低了。于是，为探索古代历史发展轨道这高一层次的研究，便成为一批考古学者所追求的理想目的。

但正像许多研究历史，尤其是研究古代史的人一样，这仍然不能使自己的心灵摆脱最终的困境：研究这种轨道的目的又是为了什么？

所以，考古学者和古代史的研究者又在长期思索着：研究古代与今天的生活有什么关系呢？

可以从满足广大群众希望了解已经消逝掉的、过去的人类活动情况这种简单愿望来安慰自己。但这和科学的目的又有什么关系呢？

最佳的答案好像是：寻找出人类过去历史的发展规律，是认识今后前进的合理方向的基础。这自然有理。新中国建立后的三十多年来，一批有所追求的、正直的考古学者，正在为此而不懈工作。

其实，简单的答案就是：为了今天。大家都明白，任何学科的出现和存在，都是由于当今社会的需要，只是因为有些需要是通过非常曲折的途径来满足的，所以这个浅近的道理有时显得很深奥。考古学的出现与存在的原因，就是这样的。

客观的历史过程，是最好的讲解员。还是从考古学出现与发展的具体过程，来揭开这个学科所以存在的奥秘和探索当前的历史使命吧！

今天所说的考古学，是田野考古发生以后的近代考古学。这样的学科，萌芽于欧洲的文艺复兴时代，真正形成于十九世纪中叶，本世纪六十年代以后，在国际范围内，又开始进入一个新时期。

在欧洲，由于新大陆的发现和文艺复兴的来到，人们大大开阔了眼界，改变了传统的世界观，近代考古学开始萌芽。到了十九世纪中叶，近代科学的三大发现和马克思主义出现了，近代考古学亦真正形成。一系列人类科学知识的伟大发现与进步集中出现于这个时代，当有其内在的必然联系。也就是说，这都是由于同一种社会需要而促成的。

可以排列一张日程表来说明。

（1）1819年，丹麦的汤姆逊（Jurgensen Thomsen）根据十七、十八世纪北欧、西欧的一系列古文物的发现，确定了人类使用武器和工具是经历了石器、铜器、铁器这三个阶段，开始认识到人类历史上生产力进步的基本进程。

（2）此后不久，即在十九世纪中叶，宇宙守恒、万有引力定律发现。

（3）1836 ~ 1837年，法国的波赛斯（Boucher de Perths）在索米山谷找到旧石器和新石器时代的磨光石斧。次年，又在法国北部的阿布维利得到直立猿人时期的打制的燧石工具和现已灭种的动物骨骼化石。

（4）1848年，《共产党宣言》发表。

（5）1859年，考古学与地质学结合，由英国的考古学家约翰·伊文思（John Evans）和地质学家约瑟夫·泼利斯特维治（Joseph Prestwich）等组成的非官方考察团，证实波赛斯在阿布维利的发现是可靠的。当时，地质学中的地层学已经成熟，就由地质学家来确定了这一遗存的年代。这个结合，就使近代考古学的发生到达了转折的阶段。

（6）也在1859年，达尔文发表《物种起源》。达尔文的理论，与确定第四纪有人类存在的理论关系紧密，所以，考古学家伊文思就作出评论说：“确定旧石器时代有人存在，……它增加了时间的巨大范围，而对这个时期，最大量的人类学家和哲学家是必须思索的；它摧毁了基督教堂和大学里的习惯的年代学；它给人类的眼界带来了一个关于宇宙的新的均衡，与这种均衡的改变可比拟的仅是文艺复兴带来的新世界的发现。没有一个历史新文化或近历史时期的发现可以在科学和哲学上得到如此巨大的反映，为了建立第四纪时期存在着人类的学说，就要牵涉到重定基本原理的方向。伊文思和泼利斯特维治证明波赛斯1838年的发现是正确的，它延伸了人们在地球上居住的时间，而这种原理是属于达尔文的《物种起源》的。”

（7）1867年，《资本论》第一卷出版，马克思讲到资本主义发展的原理时，在一个小注中引用了上述汤姆逊的学说，着重指出至少在科学的研究中，已经了解到人类生产力的进步是经历了石器时代、铜器时代、铁器时代的过程。

这个简单的日程表，当可表明这些学说是互相关联、彼此渗透的。而促使它们在同一时代纷纷出现的动力，应当就是伊文思所指出的当时的人们正在寻找一种新的关于宇宙均衡的理论，在“重定基本原理的方向”。这正是十九世纪中叶的时代精神，是一种要求变革的时代精神。也正是因为这种时代精神，就促使了上述一系列伟大学说的出现，自然包括考古学在内。从此直到本世纪中叶的一百年左右的时间内，考古学所探查出的从古猿经直立人而智人的人类起源理论以及从旧石器时代经新石器时代、青铜时代、铁器时代而至近代的工业时代的人类文化的一般进程，已成为人们理解当今社会的重要认识基础。现在通常阐述的社会发展史学说，许多地方就是建立在对这一百年来发现的考古材料的认识基础上的。

寻找一种新的认识人类社会基本原理的需要，是世界各国产生考古学的基本原因。我国的考古学发生于本世纪二十年代，而这也正是类似于欧洲十九世纪中叶那样，人们正在到处冲破传统的旧的世界观。

也可以排一张简单的日程表说明这种情况。

（1）1917年，俄国发生十月革命。马克思主义开始在我国传播。

（2）1919年，五四运动发生，广大知识分子纷纷追求科学、民主精神。

（3）1921年，中国共产党诞生。

（4）也在1921年，瑞典人安特生（J.Gunnar Andersson）在河南渑池县仰韶村第一次确定了中国的新石器时代文化。

（5）就在这二十年代，科学研究机构中央研究院和北平研究院成立。

（6）1926年李济在山西夏县西阴村第一次由我国学者进行了考古发掘。

（7）1928年，安阳殷墟发掘开始。

（8）1930年，梁思永在安阳后岗发现仰韶、龙山、小屯三叠层，奠定了我国考古地层学基础。随后，北平研究院发掘宝鸡斗鸡台，1948年出版的苏秉琦《斗鸡台沟东区墓葬》，奠定了我国的考古类型学基础。

只要对照这两张日程表，产生考古学的时代背景究竟是什么，当然是一目了然的。考古学的产生既然是为了满足当时的社会需要、解答当时的时代精神所提出的疑问，今后的任务自然也应是“为了今天和未来”，为了解答新时代所提出的新问题！

六十多年来的我国考古学的成果，尤其是新中国建立以来的新收获，已大致构筑起了一个中国考古学文化的时空框架；辉煌的中国古文明，已成为国际瞩目的全人类古文明宝库中的一颗明珠。正因如此，英国的考古学史专家丹尼尔（Glyn Danial）便把这个年代誉之为中国考古学的黄金时代。

这的确是中国考古学的黄金时代，因为像元谋人、金牛山人、大地湾遗址、姜寨和半坡遗址、牛河梁女神庙、二里头遗址、偃师和郑州商城、周原建筑群、秦始皇陵兵马俑坑、马王堆和满城汉墓等等发现，使我们对人类古文化、古文明的认识得到了新的启发，并且是如此迅速地在这样广阔的地域内初步建立起了一个考古学文化的体系。但这的确还不能算是真正的黄金时代，因为国际范围内新出现的一系列考古学的新方法、新概念，在我国尚未使用或理解，甚至是还很不了解。

自二次世界大战以后，世界又发生了新的科技革命，考古工作获得了一系列新的仪器设备，新的观测手段，出现了许多新方法，从而又引出了一套新思想、新理论。这些新手段和新方法，获得了更多的考古信息，增强了考古学者分析、复原古代遗存和处理信息的能力，改造了传统考古学的计量尺度，广泛地应用着多种定量研究方法，大量运用数学方法来研究序次的排列和各种客体之间的关系，尤其是相当充分地运用着计算机技术和同位素测定。正是由于所获信息的增多，又比过去远为深入地考察不同地区人类历史进程同自然环境的关系。使用这种新方法、新理论的学派，于六十年代出现于美国，后来又传播到英国等西欧国家，以后还影响到苏联和日本等国。这个新学派，显然是为了与传统考古学对抗，把大量使用这些方法和理论的考古学研究，叫做“新考古学”。一个新的学派，即使有很大的合理性，在它刚刚出现的时候，往往会很不完善，甚至还是相当片面的。六十年代出现的“新考古学”，就是如此。二十多年来，传统考古学与“新考古学”发生着激烈争论，但事实上却是正在互相渗透。今天，西方的一些传统考古学者，就往往吸收了若干“新考古学”的成果，而“新考古学”的理论，也比它在刚出现时所提出的那些设想要实际得多。

对我国的考古学者来说，现在，除了要在原有基础上继续发挥已有的专长和深化已有的理论外，及时了解并汲取“新考古学”的合理内核，显然是很有必要的。近三十多年来，由于我国的考古遗存极为丰富多样，在传统考古学的领域内，我国学者已经做出了不少独特的贡献；尤其是在如何运用马克思主义理论来解释考古资料方面，也开始摸到了具体实现的道路。看来，一旦我国的考古学科能普遍使用新的科技手段来大量取得从前根本无法得到的新信息并有能力加以处理时，同一地点的考古发掘工作，便能得到远为广阔和深入的认识。也就是说，一旦我国现有的传统考古学汲取到了“新考古学”的合理内核之时，这个黄金时代才能真正来到。像现在这样的工作水平，应当承认还往往是依靠了老祖宗的遗产来得到许多稀世珍宝，大量在通常情况下是看不见、摸不着的然而对了解历史面貌来说却又是至关重要的信息，又往往在发掘者的手中漏掉。这样的工作水平，“黄金时代”的桂冠是不敢戴的。

作为一个伟大文明古国的考古工作者，还应当真正认识到，悠久和光辉的中国古文化、古文明，是全人类的财产，我们无权损伤或失掉它。中国是地球上几大古代文明中心之一，这个古文化、古文明，曾对其他地区，尤其是相邻区域发生过巨大影响；而且，她本身的连绵不断的历史过程，还包涵着大量可说明整个人类文化发展规律的一般性（即普遍性）内容。这种重要性，不是其他地区可以取代的。今天，国际学者对人类古文化、古文明发展规律的已有认识，主要是经过近一百多年来对其他几大古文明中心考古发掘而得到的。在那几个地区，由于已经过长时期的大规模发掘，今后除非在考古学的理论和方法上又有新的重要进步，很难再概括出新的、重要的规律性认识。对获得有关人类古文化、古文明发展规律的新认识而言，中国大陆还可以说是一片尚未被充分开垦的肥沃的原野，只要辛勤耕耘，就比较容易获得大丰收。可能正因如此，前面提到过的英国的丹尼尔在1981年便又说：“对于中国重要性的新认识，将是考古学在未来几十年中关键性的进展。”

热情地投身到当前的改革潮流中去，思索新时代精神，理解新时代的新要求，尽快汲取国际范围内已经出现的考古新方法和合理的考古学新理论，保护好大片尚未被充分开垦的考古遗存原野而认真地精耕细作，实事求是地探索我国古文化、古文明的具体发展道路并从全球角度来抽象其一般规律，自觉地从“为了今天”的目的出发来进行研究，应当就是当前我国考古工作者的历史使命。

选自苏秉琦主编《考古学文化论集》2，文物出版社，1989年9月版。后收入《考古学是什么——俞伟超考古学理论文选》，中国社会科学出版社，1996年3月。

考古学新理解论纲

人类的认识具有总体性。科学有了进步，社会思潮便会变化；社会思潮的变化，又会影响到对考古学的认识。其中，最值得重视的是关于考古学目的性的认识。如果这一认识发生变易，就会引起考古学理论、方法与技术的更新。

考古学自诞生后，有关其目的性的认识始终不一，就其总体而言，则是在逐步提高；而每当一种具有阶段性意义的新认识出现时，总是议论纷纷。我国的考古学或将进入一个新阶段，近年来有关其理论、方法与技术的议论正在增多。表露出的普遍情绪似乎是既不满于十九世纪中期以来形成的传统观念，又感迷茫。下面这个自知尚未成熟的论纲，仅为表达促进这个学科的一种朴素之愿。

一、层位论

考古层位学的出现，是近代考古学诞生的标志，它是近代考古学方法论的一个支柱。可以说，无层位学，则无近代考古学。

十七世纪后期，地质学中出现了斯坦诺定律（Steno’s Law），讲最早的地层首先形成，最晚的地层最后堆积[1]。这种地质学中的地层学十九世纪中期被移植到考古学中，形成了考古层位学。考古层位学讲文化层依次叠压，逐渐形成，时间有序，文化发展。不难看出，考古层位学与进化论有着理论上的渊源关系。层位学因进化思想才得以发生，其中亦还蕴涵着进化思想，作为近代考古学方法论的

[1] 丹麦医生尼古拉斯·斯坦诺（Nicolaus Steno）命名，见 Prodromus，1669 年。

一个支柱，其性质不宜与各类技术同等看待。

近代以前，化石曾被认为是自然界产生动、植物过程中出现的废品，或是偶然形成的与生物形态相似的自然游戏。十八世纪末有地质形成的突变与渐变之争：水成说派强调水的作用，为突变说；火成说派强调火的作用，为渐变说。这方面的重大突破是将岩石的垂直系列看作历史的逆续现象，即认为每一层皆在下一层之上逐渐形成。地质学家们考察岩层顺序以及所含矿物和化石，并据化石内容作出岩层分类。于是，一个崭新思想被提出：含有同样化石的不同地点的岩层，属同一时代。地质学中的进化理论最终确立了。这一理论包含着的生物物种的进化思想启发了达尔文，使他最终建立了物种演化的理论。十九世纪七十至八十年代，施里曼在发掘小亚细亚的特洛伊古城时，首次运用层位法，近代科学范畴内的考古发掘真正诞生了。

进化观念是十九世纪的时代精神，华莱士、达尔文的学说不过是这种时代精神的表现之一。摩尔根也是基于文化进化理论而阐述人类起源的单一性，阐述人类在相同发展阶段上的欲望的类似性和精神面貌的一致性，因而文化及社会也就被认为应划分为发展阶段，并可被排列在同质的、单一的连续线上受到观察和分析，于是，认识人类已逝的远古生活可以在现存落后居民的生活中得到启示。也正是这种进化观念，又引导出了考古层位学。

在近代考古学中，几乎所有关于时间、空间和文化关系的了解基点，都在于层位学。一切理化的、计量的确定年代的技术，均须接受层位学的检验。形态学在确定各种遗存的年代分期及其文化特性时，亦须由层位出发，并接受层位的验证。

张光直先生曾对考古学的理论、方法与技术的范畴加以区分[2]。他认为遗迹之间的层位关系是资料，研究这些关系的层位学如同雷达探测那样应属技术。分类学因可求得古代遗存的年代或古文化的生活方式而属方法。实际上，这可从另一角度来理解。考古学中关于考古学文化的概念，涉及到考古学研究的性质和目的，一系列有关考古学文化的讨论，已经成为考古学研究的主体，所以，考古学中的文化论似为考古学理论中的本体论。查明考古学遗迹的堆积、形成过程的层位学

[2] 张光直：《考古学专题六讲》，文物出版社1986年版，第57～59页。

以及寻找人工制品的形态演化轨道的分类学，则因都蕴涵着进化论思想而属同一层次的两个方面的认识，皆应理解为考古学理论中的方法论。因为有了这两种方法论，近代考古学才逐渐形成了考古学文化的概念，进行了一系列具体的考古学文化的研究。在考古学研究的认识总过程中，层位学可说是一块最初的基石，几乎一切考古学文化的编年和已逝历史的重建，都是在这块基石上建立起来的。层位学是一种方法论；应当被视为技术的，仅是基于层位学原理的若干具体操作方法，包括为探明层位关系而实行的许多使用现代科学技术的探测手段。

二、形态论

任一物品，都有形制、质地、功能等方面的特点。形态学以研究人工制品的形制为主，但又可成为追寻文化其他内容的一种基础。它聚类而比，求同寻异，所以亦被说成是分类之学。

人是文化的动物，讲求秩序与和谐，反对混乱与芜杂，故人工制品有类型，从而有类可循。人工制品所以有特定形态，既受不同生存条件的制约，又有心理过程和观念设置的影响，因此，分类之学是考古学中认识古人生存情况和心理、观念形态的另一块基石。

近代生物学为认识和建立动、植物世界的秩序，发展起了物种分类学。人为分类法采用少数几个甚至一个特征，如以生殖器官的性质来分类，把有机体的物种分为不连续的、界限分明的类群。自然分类法则以生物间存在连续性为前提，比较动植物的一切可以找到的特征，从而确定物种间的亲缘关系。

考古学受此启发，研究人工制品的外部形态，建立考古学文化的谱系。人们相信，物品作成某种特定的形态，必有其因。釜在支座或灶上使用，鬲在平地炊煮，故灶一普及，鬲就消失。陶器的圜底由泥片贴筑或泥条盘筑而成，轮制则成平底；轮制一推广，平底器就流行。席地而坐，食器宜高；使用高脚家具，食器便矮。特定生活环境、历史渊流，成特定心理、风俗、审美观念而影响人工制品的形态，并形成传统[3]。

[3] 俞伟超：《关于“考古类型学”问题》，《考古类型学的理论与实践》，文物出版社 1989 年版，第 6 ~ 11 页。

若将人工制品视为考古学文化的主要内涵，形态学就是确定文化的首要方法，甚至会被当作研究考古学文化的唯一方法。

若将考古学文化的内涵理解为包括物质的、社会的、精神的诸方面，形态学就仅是认识这些内涵的起点之一，只能为认识这些内涵作好基础性的准备工作。

同一文化传统内的人工制品，如无引发突变的外力影响，物品形态总是渐渐演化的，考古学研究便可用此分类方法，确定许多文化的时、空位置与序列。如渗入过其他文化的因素，亦可用此形态学方法，寻找到影响的来源，查明各文化的关系。但同一文化传统内的同类物品，演化轨道常有分叉，各分叉的演化速度又会不平衡，因此，演化序列研究的合理性，仅仅在于找出物品形态变化的逻辑轨道。所谓逻辑轨道，就是对历史过程的一种认识和提炼，但不一定和历史过程完全重合。在形态学研究中，如将逻辑轨道和历史的具体过程简单地等同起来，必将看不到若干人工制品有多种类型的形态交错存亡的事实。其实，在理论研究中，认识历史发展的逻辑轨道，要比把握其具体经历更为可行和重要。

分类是为了取得秩序。科学可以容忍怀疑、挫折而不能允许混乱无序。那么，秩序究竟是事物的客观属性呢，还是人们的主观认定？我们最基本的假定前提是：大自然本身是有秩序的；人类的行为，包括其制作的物品也是有秩序的。形态学的分类工作不过是一项秩序化的活动。这里的关键是这种秩序是否符合演变的关系。李济先生曾说：分目编排便于检查，至于由这个编排出的秩序能否看出形态上的演变关系，却是另外的问题[4]。他已意识到形态分类是为了取得秩序，但对取得能体现出演变关系的秩序缺乏信心。当时，我国形态学研究刚刚开始，尚无取得真正秩序的把握。其实，符合客观的分类，应当能体现出演化的秩序。

就人类的能力而言，审美感本身便能通向分类学，甚至审美感的直观性亦会预先显示出某些分类学的结果。秩序化的要求对艺术和科学来说是共同的。因而，成功的分类必有其美学价值。瓦鬲、铜壶等等物品的秩序化分类，在美感知觉上有其天然基础。有此相通，分类学也似一门艺术。

类似艺术，就有某种任意性。戴维·克拉克（1973）便曾说：想通过类似要

---

[4] 李济：《记小屯出土之青铜器》（上篇），《中国考古学报》第3册，第8页，1948年。

杂技技巧那样来回排列五种器物的类型来说明延续三万年之久的法国的莫斯特文化，真好似用电子换位来解释越南战争[5]。这批评有点过分，但的确不能以被描述对象的“真实”作为衡量分类成功与否的标准。分类工作本身是一种主体观念的设置，是一个心理过程，而任何心理过程都不能完全等同实在本身。换言之，分类是以概念来框定事物性质的，而概念却只是思维的表述，它可以反映客体的一部分形态，但无法提供客体的全部真实形态，因而其属性只是思维的自身形式。一张严密的瓦鬲、铜壶的形制演变图，尽管有内在的合理性，但只具有局部真理性。它不是对象的单纯摹本；它有一种原初的表达方式和趋向，有一种自发的符合美感秩序的生存规律；因而形态学研究结果只是告诉大家A将渐变为B并怎样渐变为C，不必也不能说明A为什么将渐变为B并为什么将渐变为C。在具体工作中，这个心理过程则将通过层位学等种种方面的检验而陆续修正，使主观心理和客观真实趋向一致。

所以，分类是一种思维过程的表现，应当承认其主观性和任意性，但又不能把它看作类乎要杂技技巧。它是物品形态演化轨道的一种逻辑抽象。

三、文化论

文化论是考古学理论的核心。对考古学文化这一概念作任何新的解释，都暗示着考古学理论与方法的转变。

考古学文化的概念出现于近代考古学中。中国的近代考古学及其中的考古学文化的概念，是从西方引进的。

中国近代考古学的前身是金石学，西方近代考古学的前身是古物学（Antiquity）。然而，金石学和古物学并未直接导致近代田野考古学的发生。在欧洲，文艺复兴后人本主义思想引发了人们寻求古典时代艺术品的热情，兴起了美术考古学。后来，古物学因生物分类学和进化观念的熏陶而发展为古物分类学，并从古物分类中看出人类经历了石器、铜器、铁器三个时代，从而孕育着近代考古学的形成。十九世纪中叶，随着考古学从地质学中引进了地层学以及随后古物

[5] 戴维·克拉克（David Clarke）：《考古学纯洁性的丧失》，《考古学文化论集》（2），文物出版社1989年版，第351页。

分类学发展为有系统理论与方法的类型学，近代考古学终于成熟了。在研究不同地区、不同时代考古遗存的过程中，近代考古学形成了考古学文化及考古学文化序列等概念。

关于考古学文化的内涵，直到本世纪中叶，大都将它看成是陶器、工具、武器、装饰品、房子、墓葬形制及死者葬式等等一系列形态特征及其组合。考古学家曾通过这些特征及其组合的变化，了解人们群体的发展、迁徙和相互影响。他们研究工作的全部目的是重建已逝生活的具体面貌（彼特里）[6]。

中国的考古学研究过去受蒙德留斯、彼特里、柴尔德等人的影响甚深，在器物分类的基础上，以一群具有共同特征的、经常伴出的典型器物群作为文化区别的原则，确定了若干文化的序列。古代遗存中陶器最多，于是陶器成为研究考古学文化特征及其变化和相互影响的最为重要之物。在很长时间内，陶器的分类，即其分型、分式、分期几乎占有考古学研究中至高无上的地位。

本世纪六十年代，美国一批年轻的考古学者开始用人类学的文化概念来看待考古学文化，以为其范畴应包含物质的（或称技术的）、社会的和精神的（或称意识的、观念的）三个方面，考古学家应当研究具有这种含义的文化的进化发展过程[7]。于是，透过遗物、遗迹来研究古人的行为过程并进而研究文化进步的法则乃至文化动力学的规律成为新的目标[8]。

新思潮给西方的考古学传统以猛烈冲击，后又波及亚洲，现又影响到中国。把考古学文化的范畴作如上扩展，便会把各种文化的总体，至少是其中的核心部分，视为人们群体共同观念体系的产物。这种观念体系植根于人类社会的深层需要，并且代代相传，沉淀为一种传统，成为群体行为的依据。这样，就有人认为半坡鱼纹与生殖崇拜有关（赵国华）[9]，含山玉版图案是《河图》、《洛书》的雏形

---

[6] O. G. S. Crawford, *Archaeology in the Field*, New York, Frederick A. Prager, 1953, p.30.

[7] 路易斯·宾福德（Lewis R. Binford）：《作为人类学的考古学》，《当代国外考古学理论与方法》，中国历史博物馆考古部编，三秦出版社 1991 年版，第 43 ~ 55 页。

[8] 保罗·斯·马丁（Paul S. Martin）：《考古学革命》，《当代国外考古学理论与方法》，第 115 ~ 129 页。

[9] 赵国华：《八卦符号与半坡鱼纹》，《考古学文化论集》（2），文物出版社 1989 年版，第 274 ~ 339 页。

（陈久金、张敬国与饶宗颐）[10]，琮、璧玉器反映了中国古人的天体模型思想（张光直）[11]。产生这种探讨的道理很简单，即各种遗迹、遗物如用来了解历史，一定要明白是做什么用的，又是在什么观念支配下的产物。于是，透物看人就还要研究人的思想，探求人们群体的共同观念体系。

对考古学文化范畴的上述两种看法以及由此带来的理论与方法的差异，有人以为前者代表了考古学的真正传统，后者则为人类学的传统。然而，就历史上的文化这一概念的本质而言，考古学的、人类学的、历史学的看法本应一致，只是在考古学、人类学诞生后因为研究的对象和角度有所不同，阐述的重点才有差异。在经历了学科的高度分化之后，当代科学的发展正进入高度综合、各学科互相渗透的新阶段。一门学科的概念理论进入其他学科是常见现象。人类学的文化概念是一个极具普遍意义的概念，它进入另一学科，常常变成一种认识工具，使人们对这门学科的研究客体可以有更好的把握。文化这一概念进入考古学，扩大了考古学文化的畛域，使研究者对考古文化作出整体性的思考，这正是科学进步趋势的一种表现。具体来说，我们应当把考古学文化看成是物质和观念的综合体，而又有社会性和历史性。总之，关于考古学文化的新概念可以进一步反映考古学遗存的总体面貌，也表现出研究目的性的提高。

依此认识，"文化"就是历史的主体，舍弃了具体细节的主体。文化有变迁也即有过程，只要相信考古学的目标是研究历史，考古学研究就要思考文化过程的规律，而不应批评那种对文化过程中动力学法则的追寻，二者其实是名异实同。寻找规律，自然会重视理论，因而戴维·克拉克（1973）曾高喊："理论问题在学科的未来发展中被赋予了头等重要的地位。"[12]

人类的文化过程有无规律，从来是历史哲学中的大问题。有一种观点认为人类过去可以被记录、描述、评价和理解，但规律无法发现。因为，首先历史不会重复，对不可重复之事，不能用规律来描述其过程；其次，即使有规律，这规律

[10] 陈久金、张敬国：《含山出土玉片图形试考》，《文物》1989年第4期；饶宗颐：《未有文字以前表示"方位"与"数理关系"的玉版—含山出土玉版小论》，《中国语文通讯》1989年第3期（香港）。

[11] 张光直：《谈"琮"及其在中国古史上的意义》，《中国青铜时代》第2集，三联书店1990年版，第63～81页。

[12] 《考古学纯洁性的丧失》，第359、360页。

能否被发现，被描述？曾被人提出的一些规律，是否真实，能否被证明？

考诸历史事实，历史过程中的任何环节，皆有因有果；所有系列事实之中皆隐含逻辑轨道，而逻辑就是规律。考古学文化范畴的扩大，使探讨文化发展规律成为考古学理所当然的研究目标，这显然是一种理论的进步，决不是对其本身性质的迷惑，更非学科纯洁性的丧失。

四、环境论

考古学从人类历史遗存中获取的信息，大致包括了有关环境的、人类体质的和人类文化的三个方面。对环境的研究在考古学中日益占有重要地位。

本世纪六十年代，考古学出现了环境考古学这个分支，其任务为分析特定文化得以发生的环境条件及其对文化进程的制约作用，研究环境与特定的技术、行为方式和观念形态的相互影响。

历史地理学的内容与此有一定交叉。不过，历史地理学主要还是在作地理学的考察，只因研究范畴属于人类活动时期，所以也在分析人类行为对于地貌、土壤、植物、小气候等方面所施加的影响。

环境考古学产生的技术条件是必须具有分析古文化与周围环境的科学能力。二次大战后科学技术的大发展准备了这个条件。

环境考古学产生的理论背景则是文化生态学的提倡。本世纪二十年代，威廉·乌格朋提出了调适或适应物质状况的非物质文化为“适应文化”的概念[13]。文化被认为是适应环境的工具。“适应”成为分析原始文化中人类行为与生态环境关系的核心思想。文化生态学的首倡者为斯图尔德，本世纪五十年代，这一理论趋于成熟。这一学说旨在研究文化与环境的相互关系，强调环境、技术（利用环境所产生）和意识形态（适应环境所产生）的相互作用。这里，文化适应成为解释的新基点。具体来说，文化适应的过程就是在一定的环境中，人类为生存，必定要发展起一套相应的技术，这套技术决定了群体的结构和活动方式，而群体结构与活动方式又决定了他们对事物的看法。这是一个生物、心理、社会因素和环境的

[13] 威廉·乌格朋（William F. Ogburn）：《社会变迁》，商务印书馆1935年版，第157、158页。

相互作用的过程。环境影响人类，人类又同时改造环境这一双向作用、演进不息的过程是文化生态学的经典模式。

考古学在此理论基础上建立假说，解释文化的适应机制，认为人类文化的变化同周围自然环境的变化相关联，文化是对其环境长期适应的结果。于是，考古学家进一步与地质学家、地理学家、生物学家等科学工作者携手合作。

我国对古文化环境作真正的研究，始于六十年代初对半坡仰韶遗址的孢粉标本的分析及对当时气候、环境的描述。七十年代初，竺可桢提出的中国近五千年来气候变化的论文大大推进了这种研究[14]。八十年代后期，考古学家又重新分析了半坡遗址的孢粉系统，提供了该地全新世的古植物、古气候和地层划分等新资料。但仅据孢粉来恢复生态系统可能出偏差，有人又提倡用古脊椎动物的生态学和埋藏学原理建立生态演替与古文化发展关系的联系，认为史前时期的人类及其文化的鼎盛期，正大致与该地生态系统中生物群落的顶极期相吻合或稍晚。诸如哺乳动物的死亡季节，鸟类化石、小化石、人类化石以及埋藏学原理提供的信息，可说明遗址被占用的时间；电镜扫描人粪化石能分析出古人的食谱；难以化解的孢粉、骨渣、毛发等亦可提供多种有关环境的信息[15]。

为了解人与环境的相互关系，考古学已和自然科学广泛合作，而其中关系最密切的，从来是地学和生物学。就地学而言，1859年，英国的地质学家和考古学家联合检查了阿布维利的发现而肯定了旧石器时代的存在，从而对近代考古学的形成起到了推动作用；1921年，由瑞典和中国的地质学家、考古学家联合发掘了仰韶村遗址，真正揭开了中国近代考古学舞台的帷幕；六十年代，这两个学科曾联合分析了我国东部海岸线的变迁。近年来，考古学家与地质学家、地理学家正合作考察关中、豫西等大片地段新石器时代以来的环境变化，考察内蒙古岱海地区的新石器至青铜时代的环境变化。人们已经知道，我国北部地区三四千年以来因气候变化而引起的植物带的移动，也就是农耕区的扩大或缩小，正同历史记载中的农、牧业民族势力的消长情况相契合。这一切，最终将再一次迫使人们思考环境因素对人类的发展究竟有多大影响，而这正是环境考古学最根本的价值。

---

[14] 竺可桢：《中国近五千年来气候变迁的初步研究》，《考古学报》1972年第1期。

[15] 尤玉柱：《史前考古埋藏学概论》，文物出版社1989年版。

很明显，当今有关人类文化发生与进步的理论，农业与畜牧业的起源、文明起源的模式，以及人口、聚落、工艺、贸易、交往等等项目研究的深度与广度，已越来越多地依赖于环境的研究。环境考古学的价值已被越来越多的学者所认识。1991年，一批有关环境考古的论文在我国首次结集出版[16]，可作为这个分支学科在我国开始形成的标志。在欧美大量的考古工作中，环境研究已成为其必要的组成部分。可以设想，一旦环境研究对解释文化进程的必要性真正成为考古学家的共识并普遍付诸实践，作为一门独立学科的环境考古学则将会自然消失。

五、聚落论

考古学家要在生态环境中研究文化，聚落形态的分析就是经过选择后得到的重要着眼点之一。

1952年，格雷厄姆·克拉克的《史前欧洲：经济基础》[17]出版，考古学研究的重心开始转向技术经济与生态的分析。1953年，威利的《秘鲁维鲁河谷聚落形态的研究》[18]问世，标志着地理学与民族学方法进入考古学领域，遗址整体开始代替器物成为研究的基本单位。1967年，张光直发表《聚落》[19]一文，更强调史前文化的研究和文化史的比较、分析，应以聚落为基础。此时，欧美大面积揭露的遗址为研究史前聚落提供了很好的材料，聚落形态的研究已蔚然成风。波兰考古学家克鲁克（Janusz Kruk）对中部欧洲新石器时代聚落形态的解释，形成了所谓的欧洲模式，是西方的研究范例。

按一定规则组织在一起的人群居住在一定区域，构成聚落。聚落必有其形态。聚落形态是对环境的一种适应，应被看成是文化的内涵之一。聚落形态的研究，是寻找某一特定环境范围内的聚落形态的特点及其成因，也即聚落形态的文化适应特质。

人在大地上生存，必有其活动的空间和位置。对其生存状况来说，身居何位至关重要。靠山吃山，靠水吃水，此为生计；左祖右社，左昭右穆，在于信仰与

---

[16] 周昆叔主编：《环境考古研究》第1辑，科学出版社1991年版。

[17] Grahame Clake, *Prehistoric Europe: The Economic Basis*, London, Methuen, 1952.

[18] Gordon R. Willey, *Prehistoric Settlement Patternsin the Viru Valley*, Peru, Washington D. C. Smithsonian Institution, 1953.

[19] 《当代国外考古学理论与方法》，第67～82页。

亲属关系；对称布局，辐射安排，出自审美。居所，集市，坛庙，墓地，皆有其位。在其位，则适应，则安定，则和谐，则美；不在其位，必冲突，必不宁，必紊乱，必丑。统言之，特定的聚落形态，皆由经济、社会、审美观念三大因素所决定，审地察势，划定范围，条理规则，比较异同，求其变化，说明原因，就是聚落形态研究的内容。

所谓经济因素，首先指在一定技术条件下聚落形态对于自然条件的适应，如房屋群与就近自然环境的关系、各聚落的分布位置等。其次为人们群体结构内部的劳动分工情况，如聚落内不同经济活动区的划分等。

所谓社会因素，如我国古代的聚族而居而葬，是由氏族、家族、宗族的血缘纽带和亲属关系所制约。摩尔根据美洲印第安人房屋布局讨论其家庭生活状况，写成了《美洲土著的房屋和家庭生活》，其隐含的前提即社会因素为聚落形态的一个决定因素。这部著作为后人提供了这方面研究的范例，有的学者曾参照这种研究对临潼姜寨、淅川下王岗、郑州大河村等地的仰韶房屋群加以解释。

所谓审美观念因素，即指选择符合美感要求的恰当位置而言。位置是否恰当，当然是一种主观认定。故既有对称的美，也有变形的美；既有凝聚向心的美，也有自由辐射的美；既有居高临下的威严，也有曲径通幽的情趣。当然，美感又有其文化性和时代性。不同文化各具特有的美感要求，而同一文化不同发展阶段的美感要求又会差异很大。不过，美感总有其符合自然属性的原则，凡违背这种原则的，一定有害于审美之感，一定不会是聚落中的常见形态。

我国从五十年代发掘半坡仰韶遗址起，就开始注意聚落的形态。七十年代以后对临潼姜寨仰韶居址的研究，更重视分析房屋群的布局与氏族集团的关系。近年苏秉琦先生（1986）则指出了一般聚落遗址与中心聚落遗址之间性质上的差别，提出了“古文化、古城、古国”的概念。古文化遗址指原始村落，古城遗址指城乡最初分化意义上的城和镇，古国遗址指高于氏族部落的政治实体出现后的政治、经济、文化的中心地[20]。这是一种统一考虑时间顺序、空间位置以及文化发展观念的思想。

[20] 苏秉琦：《辽西古文化古城古国》，《文物》1986年第8期。

严文明（1987）则提出了我国新石器时代聚落发展阶段性的具体意见。他认为农业文明是新石器时代聚落形成和发展的起因，这些聚落又因地理环境和经济类型之异形成不同形态。总起来讲，早期是封闭的；中期出现中心聚落和专业性经济中心及宗教中心；最后导致城市出现，形成一些经济、文化和政治中心[21]。

就严格意义上的聚落形态研究而言，仅对某一聚落形态作单一连续线上的发展过程的考察是不够的，应当从分析某一特定自然环境中的区域内若干同时期遗址出发，分析这些遗址和所处生态环境的关系以及比较遗址内不同居民群的生活方式、经济活动方式的异同，寻找不同文化的特点、进步法则乃至其动力。

国外五十年代以后发展起来的聚落形态研究，注意力集中在史前时期，青铜时代以后的城市形态，则一直另有研究传统。我国宋代以来的沿革地理研究中，就有绘制城市地图、结合实地考察复原古代都城平面图的传统。近代考古学产生后，对古城的勘探、发掘与研究，即承此传统，注重平面布局的复原，讨论其位置的选择与附近山川的关系，阐述古城设计思想与政治体制、学术思潮变迁的关系等。由于历代古城内的活动涉及当时社会的若干主要方面，即使是古城形态的研究，也需要联合众多学科。五十年代时，建筑史家赵正之开创了一种综合使用考古学、沿革地理学和建筑史学方法来复原一些沿袭使用至今的古城（如元大都）平面形态的方法[22]。八十年代以来，考古学家又把古城形态研究同社会经济形态的变化联系了起来[23]。今后还应进一步分析古城同周围地理环境的关系以及不同集团居民的生活、经济和观念的异同。显然，由于城市生活远比早期聚落内的生活复杂，这种研究必将是综合性很强、规模很大的，我们深信，这样的研究深度和广度迟早会达到。

六、计量论

近代社会科学，很重视天下事物的质、量关系。古代的事物因已消逝，难以

[21] 严文明：《中国新石器时代聚落形态的考察》，《庆祝苏秉琦考古五十五年论文集》，文物出版社 1989 年版，第 24 ~ 37 页。

[22] 赵正之：《元大都平面规划复原的研究》，《科技史文集》第 2 辑，上海科学技术出版社 1979 年版，第 14 ~ 27 页。

[23] 俞伟超：《中国古代都城规划的发展阶段性》，《先秦两汉考古学论集》，文物出版社 1989 年版，第 34 ~ 53 页。

求得准确的量，故历来即因其大略而描述其质的变化。二次大战后，计算技术大有发展，包括考古学、人类学、历史学在内的各种社会科学、人文科学的研究开始提倡计量研究。电子计算机技术的普及，也为发展计量研究提供了技术基础。

面对这种趋势，过去那种初级描述性统计数字显得有点简单了。从前那些考古学中描述事物特征的说明和论证，尽管还可以认为是有用的，但的确受到定量化和精确化的冲击。

对数据资料进行数量分析可找出研究对象中相对稳定的界限，其结果通常用统计图表或数学公式表达，最后是制作各种数理模型，开展对考古学文化的现象与进程的模拟研究。这是以相似形理论为基础，从考古资料中抽出某些相似的方面，通过模型模拟原型来认识文化现象及其过程。

适当的定量处理，能从同样资料中获取更多的、更准确的信息。可供机器辨读的成套资料的归纳整理，减少了资料阅读的负担和理解上的随意性。在某一假设的形成过程中，它可以成为连接事实与假设的媒介手段，并以验证和说明来代替例证和说服。这对否定个人偏见有强大能力。这种定量处理的最大收获则可能是由此产生出的一些新的研究课题乃至新的理论。

计量方法与考古学中的分类、分期工作关系较密，我国学者在这方面首先作了尝试。1984年，朱乃诚用古典概率概念判断渭南史家仰韶墓葬的相对年代次序[24]。其基本程序是：先定出最早的和最晚的两组典型器物，然后计算每种器物与这两组典型器物共存于某一墓葬中的相对频率，据两频率的数额差等级，将器物分为三期，再根据每个墓中所含三期器物的组成情况，把所有墓葬分成六期。但实施这种方案有一必要前提，即各种器物的型、式分类必须精确，而这种型、式的认定恰恰是非计量的，只是凭借操作者的观察和经验来确定。

1985年，陈铁梅用多元分析中的聚类方法再次对史家墓葬的相对年代关系进行研究[25]。他在对原始资料作了筛选后，只依器物特征将墓葬分类排列，最后才以

[24] 朱乃诚：《概率分析方法在考古学中的初步运用——以渭南史家墓地的墓葬为分析对象》，《史前研究》1984年第1期。

[25] 陈铁梅：《多元分析方法应用于考古学中相对年代研究——兼论渭南史家墓地三种相对年代分期方案的比较》，《史前研究》1985年第3期。

地层验证分期结论。朱、陈二人都对传统的分期方案提出了批评。

1989年，陈铁梅等人又用数学分类中的主成分分析方法对河南夏、商时期的陶豆重新分类[26]。全部计算都在计算机上实现。作者承认，这种分类不能排除主观性，如选取何种属性作分类标准，所选诸属性的地位是否平等，等等。尽管如此，整个分析过程是严格按数学规则进行的，其结果是定量化的。

1988年，黄其煦实现了“计算机考古序列分析系统”，可根据考古遗迹内所出器物的型、式分类编码，在计算机上实现这些遗迹的分期。但其前提依然是考古学者根据形态学原理而确定的型、式分类，其结果同过去使用初级统计方法取得的结果不会有很大出入[27]。所以，这个项目的主要价值不过是多了一种检验方法，可以节省一些人力。

一种大胆的尝试是李科威（1990）试图研制“计算机考古类型学分析系统”，以人工智能的方式来实现形态学的主要功能，如分析对象的时、空判定[28]。但计算机工作的基础，依然是分析对象的接近客观事实的型、式分类。而且，形态学是习惯于凭直觉分类，计算机却要求对器物作明确肯定的数值化记录，这两种思维方式是有差异的。因此，在如何处理描述性特征的数值化以进行计算机数值运算，以及考古学术语的标准化、统一化等方面，还需要做大量的工作；也就是说，这种方法的实现至今还存在着相当的困难。

已有实践表露出一种值得注意的倾向是，任意使用这种方法，将使有些结论十分平庸，表达方式也将愈来愈抽象、难懂；完全迷恋此种方法，甚至可能忽视和否定非数量形式的其他证据。事实上，只有将数量形式的统计资料和可能获得的其他资料结合在一起作研究，才能得到接近正确的结论。

计量方法的优点是在研究分析对象的数量形式时，能排斥直观性、经验性和由此发生的随意性，但不能弥补资料的欠缺和解释的不足；许多不能以计量来表示其特征和价值的人类活动，也不能依靠计量技术来了解。因此，考古学家应当

---

[26] 陈铁梅、何努：《计算机技术对河南二里头二期至人民公园期陶豆分类的尝试》，《考古学文化论集》（2），文物出版社1989年版，第340～345页。

[27] 裴安平、李科威：《雨台山楚墓CASA年代序列分析与相关问题讨论》，《考古》1991年第5期。

[28] 李科威：《考古类型学的计算机实现、问题和前景》，《考古与文物》1990年第5期。

利用计算技术，又要清醒地看到它的局限性。

七、技术论

考古学在研究人类历史时，以历史上的技术为对象，就产生了技术考古学，或称科技考古学；为获取人类历史的有关信息，又需一定的技术为手段，便有考古技术，或称考古科技。这里着重谈有关考古科技的问题。

新技术可以对旧观念造成冲击。十九世纪中叶，地质学家把人类的年龄前推到数十万年以前，立即摧毁了基督教堂和大学讲坛中的年代学，从而改变了人们的世界观。近四十年来，考古学中的科技革命已经发生。五十年代 ^{14}C 技术测出马耳他神庙比金字塔的时代早，巨石文化亦早于迈锡尼文化，于是，建立在西欧文化是由中东传入这种认识之上的欧洲史前文化发展谱系受到了致命冲击。显然，考古年代学的发展必然影响考古学的传统观念和理论思维。今天，热释光技术、原子核加速器、电子共振谱仪、穆斯堡尔谱仪等年代测定技术已使考古学获益匪浅，利用天然放射性同位素铀与其子体核素平衡的破坏与重建的铀系测年方法，还可能建立起旧石器时代文化的年代序列。新技术又使考古学获取了许多过去无法得到的人类适应生态环境方面的新信息。实际上，也可以说是新技术创造了这种新信息。

在这方面，1984年，蔡莲珍、仇士华提供了一份运用 ^{13}C 测定技术了解古人食谱和动物摄食习性的报告[29]，认为半坡、北首岭、陶寺等地新石器文化的农作物以小米（粟）为主，四川的普格以水稻为主。这一结论与考古发现基本相符。于是，在研究古代人类的摄食情况乃至农业起源、动物驯养等方面，又有了新的手段。

此外，金属制品、陶瓷器的微量元素分析，为确定它们的原料产地，并进而研究当时的制造业、贸易、交通和文化交流，开辟了诱人的新途径。中国科学技术大学用铅同位素比值法确定某些殷代青铜器中含有来自云南的原料，为考古学家理解那时的文化关系提供了新的思路和佐证。穆斯堡尔谱分析技术可以提供陶

[29] 蔡莲珍、仇士华：《碳十三测定和古代食谱研究》，《考古》1984年第10期。

片的历史先后顺序，甚至可以提供绝对年龄。陶片的烧制方法以及烧制时达到的最高温度，亦可通过有关技术测定、分析出来，古陶产地亦将因此而得到重要的追踪线索。新技术所提供的更为准确的产地信息，必将影响到仅从形态学分析中得到的关于文化关系的认识。

正因科学技术所获得的巨大进步，考古学家比过去更需要借助于理化技术。不过，考古学家还是在通过研究古代的物来研究古代的人，技术的进步并不能取代人文的方法。考古学家依然是在研究人类历史，依然还是历史学家。

八、全息论

二次世界大战后在科学的基础理论方面所获得的一系列进步中，对社会科学理论震动极大的恐怕是首先出现于物理学中的全息概念。

全息概念因全息摄影的成功而得以成立。全息摄影照片因摄取了光场的分布，假如被打碎，丢失的信息不是所摄物像的某一空间局部，而是整个物像的清晰度。信息虽大有损失，但每一碎片在一定条件下，都能再现所摄物体的整像。

在此启示下，全息概念又陆续出现于其它学科中。首先是在生物学中。1973年，张颖清提出了人体穴位分布的全息律，认为人体上的每一组穴位是整个人体在此处的缩小。1981年，他又指出在植物体和动物体结构中，也都有生物全息律的具体表现，例如植物的叶裂与整体的分枝对应，动物的小突起与其整体形态对应，生物机体某一相对独立部位的各位点与其整体的特定部位的化学成分相似程度较大等等[30]。至1984年，甚至有人提出了宇宙全息律，并于1986年进而提出宇宙全息统一论（王存臻、严春友）；在1991年还出版了《文化全息论》一书[31]。但这是一种过于无所不包而又缺乏明确界限的概念体系，以至一些本可令人醒觉的提法，恰恰淹没在平庸的叙述中，难以作为一种具有极大解释力的逻辑清楚的方法论来领悟。

1989年陈传康在地理学中提出的全息概念[32]则具有广泛的启示性。他说，一

[30] 张颖清：《生物全息律》，《自然杂志》第4卷第4期，1981年。

[31] 严春友、严春宝：《文化全息论》，山东人民出版社1991年版。

[32] 陈传康：《全息学和全息思维》，北京大学地理系油印本，1989年。

条大冲沟本是由最初最小的纹沟发育而成，二者表面好像看不出联系，其实皆含共同的本质。此即全息律的一种表现。

由此出发，陈传康又进而提出要从全息规律的角度去观察、解释世界，应该建立全息思维。这种认识的理论基础是认为现实世界包括了自然界以及由人类所形成的物质的、社会的和精神的世界。这个主客观世界由一系列可以互相转化的不同层次的系统所构成，每一结构的内外存在着网络，通过内外反馈，形成互为映射的同构关系。正因这种关系，部分可以映射整体，时段能够映射发展过程。

全息概念从一个学科向愈来愈多的学科漫衍，暗示着正在向科学总体发起冲击。考古学将作何打算？如细加思索，便能觉察到，已往的考古学研究，不少地方实质上也正是不自觉地按照全息规律来思索。所以，假如能自觉地、比较充分地运用全息概念来从事研究，必然会把考古学推进到一个新阶段。

按照全息规律，部分是能够映射整体的，某一遗址的内涵也就能映射出此一文化的整体，至少是其某一区域类型的某一阶段的整体；某一遗址的局部，亦能映射出此遗址整体的基本面貌。当然，就像人体上要有一组穴位，而不是一个穴位才算是整个人体的缩小那样，能够反映出遗址基本整貌的局部范围，也必须有一定的基本构成单位。所以，部分能够映射整体的定律，并不意味着发掘面积的多少对于认识遗址整貌的详略是没有意义的。

不要以为这种认识难以接受。实际上，考古学家从来允许不必等待一个遗址全部揭露出来就可对这个遗址的整体性质提出看法，更不要求把某一文化的遗址统统发掘完毕才能对这个文化发表意见。也就是说，考古学家从来都是只凭局部材料而对考古学文化的整体进行思考并作出许多有价值的解释的。人们所以能在只有整体材料的极少部分之时就能得到对于整体的含有相对真理性的认识，根本原因即在于万物皆有部分能映射整体这个自然属性。

时段可以映射过程的属性，依人们的常识似乎更难领悟到。但可以从以下两个方面来理解它。其一，任一事实系列，甚至是其中的任一事实，都是一种历史过程的某一时段的产物，而只要是历史过程，又皆潜藏着逻辑性。因而，观察一种历史过程的某一时段甚至是其中的某一事物，就可以追溯出隐含在它自身中的以前的经历——本质的逻辑经历。今天，人们依据散布于世界各地的皆为某一时段的遗存来描述人类的发展过程，说到底是因为每一时段的遗存即具有可以映射发展过程的属性，否则，任何有关人类整体发展的说明或推测，岂不是都没有存在的基础。其二，古往今来的所有人类文化，包括人类社会在内，都隐含着人与自然、人与人之间的最本质的一致性或相似性，所以人类已往的合理或不合理的行为模式，亦隐含着以后的合理或不合理的行为模式的本质。

基于这种认识，如将全息概念引进到考古学的研究中来，或者说把考古学的研究推进到全息阶段，将要发生的最深刻的变化大概为：认识人的本质，认识人与人和人与自然之间的关系的本质，成为考古学研究的最终目标，研究历史与研究现实也必然合为一体。这种最终目标，对于未来的历史学和人类学来说，恐怕也是一样的。

考古学要真正进步到全息阶段，需要全息哲学真正发展成为一个完整的思想体系，还需要获取人的本质和人与人、人与自然之间的关系的本质的各种信息的手段基本具备和完善。所以，现在提出的关于全息考古学的认识，只能算作是有了一种新的视角和启示，只是一种尚处于萌芽状态的理论或思想。如从社会科学的前进趋向来思考，当今提出全息考古学的意义，并非在于它的现实可操作性，而是它的思想前瞻性。

但这并非意味着它的不可行性。统观考古学的发展史，可以看到，从历史学中分化出来的考古学，经历了传统考古学时期，至本世纪六十年代后则进入一个新阶段。新阶段日益要求有愈来愈多的学科合作，共同寻觅更多的历史信息，以追求考古学文化的进步法则乃至其动力。这种进程的未来境界，无疑将是尽可能多地获取考古学遗存中的各种信息，研究人的本质，研究人与人、人与自然之间的本质关系，从而寻找或者懂得如何寻找人类生存的合理规则。而所有这些，正与全息考古学的原则相合。

最后应当说明，包括全息考古学在内的全息思想，其理论基础是承认世界为一整体，是内部结构互有联系、互有影响的一个整体。世界既是一整体，说明这一整体的科学，原初亦本是一简单的整体。经过漫长的发展、分化和分割的过程，最终又必将再度形成一个发展了的总体科学概念体系。这也就是说，科学总体是从门类单纯到逐渐繁多而以后又将再度合拢。在此过程中，考古学总是要消除的。就整个过程看，考古学和人类学既是从历史学中分化出来的，在其消失过程中，大概将首先是历史学重新包括了它们。也可以这样说，当全息考古学真正成熟时，人类学及历史学亦必达全息阶段，那时，当然也就不再存在什么考古学、人类学和历史学的区别了。所以，全息考古学便是考古学的最高阶段，也是其最后的阶段。

九、艺术论

考古学是科学，但也可理解为艺术。

科学的内容反映客观世界。考古学寻求事实的积累与验证，探究文化的规律与动力，所以是一门科学。

艺术则是反映艺术家眼里的世界。考古学的内容往往是在反映考古学家眼里的世界，所以也可理解为艺术。

这首先在于考古学家对古代文化实体、现象和过程的说明往往是解释的。解释符合客观实际，可属科学的范畴；解释为了表现主观愿望，在事物的分类中，则属于艺术。

弄清事实，是考古学的起码要求，如年代不能颠倒，地点不能移位。但事实也与解释有关。事实错了，解释当然不可信；可是解释又关联到事实能否被确认。北京人是否制造骨器的问题就是一例[33]。周口店的破碎骨骼系全由动物啮咬、水流冲刷、落石砸压以及化学腐蚀所致，还是部分为人工打击造成？如是人工打击，是为了取食骨髓，还是制造工具？其中，骨器的可靠性是最基本的，需要弄清楚，否则就谈不上建立在这个基本事实上的其他科学解释了。但是否为骨器，却在于解释，故解释将影响到基本事实能否确立。

要追求解释的合乎客观，考古学家就寻找考古学现象的因果关系。但考古学家在这里面临着困难。这不仅在于从一般的认识论原理上说，考古学家寻找的因果关系只能无限地逼近客观真理而永远不可能完全掌握客观真理，而且在于时间的邈远、信息的丧失给认识增加了巨大的困难，何况，客观性的含义还需再作追究。在量子理论中，观察者与被观察对象之间，存在着一种测不准关系，故“客

[33] a. Lewis R. Binford and Chuan Kun Ho, Taphonomy at a Distance: Zhou Kou Dian, “The Cave Home of Beijing Man”? *Current Anthropology*, Vo1.26, No.4.

b. Lewis R. Binford and Nancy M. Stone, The Chinese Paleolithic an Outsider's View, *Anthroquest*, Fall, 1986, No.35.

c. 贾兰坡：《关于周口店北京人遗址的若干问题——评宾福德等的新看法》，《考古》1988年第1期。

观性”与“真实性”的含义必须重新修订。物理学家可以凭借分裂粒子观察其反应，并能控制这种分裂；考古学家除在模拟古代工艺技术这种狭窄的范围内还可重新制造一些因果关系以外，并不能重新制造一种因果关系来验证其解释的准确性。所以，考古学在总体上比量子物理学有更多猜测，更依靠直觉帮助，更需要大量的解释；而解释则因解释者的文化价值观和心理倾向具有选择性。

为了寻求纯粹的科学性而不对考古学现象作出解释的考古学家事实上是不存在的。因为如果不准备作出解释，考古学家将不知道什么现象需要记录，什么需要告诉别人。考古学家的解释也不一定必须揭示全部资料。张光直（1986）用“交互作用圈”解释中国古代文明在空间范围内形成的过程，用“地域共同传统”解释夏、商、周三代的关系，用“萨满教文明”解释中国古文明的特点[34]，只是选择典型事物，述其最能说明这些问题的部分，而未将观察到的一切都详加描述。因为一则不见得有此必要，二则也是不可能的。

解释当然要合乎情理，但这只是对一种处在不断变化中的可能性的肯定。正确的不过是可能性最大的东西。如要将科学性视为主观性的消除，那考古学只能算作艺术。如把考古学的解释，看作是追求科学性过程中的必然产物，其中既有客观性的东西，也有主观性的内容，那也就不能排除其艺术性的成分。当然，就解释的整个过程来看，应该是客观性成分愈来愈多。这里决不是在鼓励不负责任的幻想和作无稽的猜测，不能把考古学研究当作艺术的自由创作。

说考古学也可当作艺术，还在于其研究对象又往往是艺术的。不仅是古人的大量艺术品，许多其他遗迹、遗物以及可以透视到的大量行为过程，含有已往人们崇高的追求和迷人的幻想，考古学家的研究要揭示出古人的这种心灵，教育和启发今人的心智。

所以，考古学的目的就不仅是寻求文化进步的法则，指导我们的未来，还有追忆人类的历史，教育人们的心智。读史使人明智。从教育的目的出发，最好的考古学著作就不应该只能供同行阅读。考古学家应当同时为追求科学和教育心智而努力。人类的文化活动，可划为科学与艺术这两大类。依照科学与艺术的分类

[34] 《考古学专题六讲》，第4—13、47—52页。

界限，教育当然应归属艺术。依照人类的活动能力来说，则科学活动和艺术活动的关系，犹如爱因斯坦所说过的那样：“科学真理的整个大厦可以用自身的、按逻辑排列的力量的石块和石灰砌起来”，而“为了实现这样的工程并完全理解它，艺术家的创造特点是必不可少的”[35]。把考古学理解为既是科学、又是艺术，才真正符合实际。

总起来讲，考古学兼有以下特点：科学的，资料的积累和证据的检验；解释的，资料的选择、分类和说明；教育的，研究结果的表达和启迪心灵的强调。有此三点，则考古学既是科学，又可看成是艺术，是科学和艺术的一种完美统一。

十、价值论

衡量一门学科价值的标准，在于其性质、目的及其对于人类、社会所发挥的作用。一门学科的目标要求在不同的发展阶段上是会出现差异的，因而其价值亦将随着学科的进步而变化。从学科的本质范畴及其最终目的出发，考古学的性质既然是科学和艺术的统一，其价值就应当也从这两方面来考虑。

作为科学范畴的考古学，最根本的价值应是：了解人类的已往过程，寻找文化进步的本质原因，认清今后前进的方向。其中，透过文化的历史进程来理解今天和预感未来，是考古学得以存在的基点。

但这个考古学科学价值的核心却很难被人直接体会到，因为它一直是在社会的理论探索和改变人们的世界观这种非常抽象的领域内发生作用，况且又是通过理解距今遥远的人类生活而曲折实现的。其实，在考古学刚刚诞生时，这个道理曾因考古学家的直感而被指出过。如十九世纪中期，当旧石器时代得到最初的肯定时，约翰·伊文思便说这最终证明了进化理论，摧毁了上帝造人的神话，改变了人们对世界均衡的看法[36]。正是这种世界观的改变,社会就得到了科学可大为发展的观念环境。如果人们的头脑始终笼罩在宗教的迷雾中，能够有原子能的利用、卫星上天和人工智能的开发吗？

另外的一系列事实，也进一步表明了这个道理。例如自马克思、恩格斯以来，

[35] 〔苏〕苏霍金：《艺术与科学》，三联书店 1986 年版，第 172 页。

[36] *Archaeology in the Field*, pp. 26 ～ 27.

一些对当代人类思想产生过极大影响的思想家，为了寻找人类及其社会的本质，寻找人类社会的发展规律，都以极大精力去研究当今社会和古代社会这两端。

1845 ~ 1846年，马克思、恩格斯根据当时的史学研究成果，在《德意志意识形态》的第一章中表达了他们最初的社会发展阶段理论。1848年，则在《共产党宣言》中正式提出了以社会发展规律为依据的共产主义理想。但这还是纲领性的表述，需要详细论证，故马、恩在以后的近二十年时间内，集中精力研究资本主义社会。直到1866年初，马克思才完成了《资本论》和《剩余价值理论》的手稿，并在他逝世后，至1894年才由恩格斯把《资本论》的第三卷整理完毕出版。在这期间，即从六十年代以后，文化人类学迅速发展起来，从七十年代早期起，马、恩把有关社会基本理论研究的重心转向人类早期社会，写了一系列的读书笔记、文章，并有《家庭、私有制和国家的起源》一书的问世。他们研究人类早期社会的一个重要目的是为了肯定未来共产主义社会的合理性。这意味着他们认为过去、现在、未来具有同一性，假如不能把人类的早期社会说清楚，有关理解当代社会和预见未来世界的理论便缺乏说服力。

本世纪初，弗洛伊德发现了潜意识的存在。以后，他又提出宗教意识的本质在于人类婴儿期或“古代的”那类较早行为在思想上的投射的意见，并进行过人类早期社会中的图腾信仰的研究。显然，他是在从人类的婴儿期、早期社会的活动中寻找人的本质。

二次大战后又一曾对社会思潮产生过很大影响的萨特，是哲学家，又是文学家。他的区分为“自在”和“自为”两大范畴的存在主义，也是在探讨物质和精神的关系。他不像弗洛伊德那样曾经专门研究过人类的早期社会活动，但也不得不讨论人类的原始欲望，不得不涉及人类的早期经历。

六十年代以后在人文科学中影响极大的列维-斯特劳斯的结构主义学说，本为人类学理论。这一学说把各种文化视为系统，系统的诸要素之间存在着结构关系，这种结构关系分为表层结构与深层结构两种。这一学说认为，文化研究者应当从表层结构中找出其深层结构，由此寻找人类共有的逻辑思维方式，从而理解社会文化结构的全过程。结构主义的影响曾席卷人文科学的大片领域，而这一学说却是从分析人类早期社会的土壤中生根、发芽、壮大的。

自马、恩以后，弗洛伊德、萨特、斯特劳斯皆为本世纪的思想大师。他们都自称曾受到过马克思主义的影响。他们的理论又都受到过很多批评。单独聆听这些学说，会为他们敏感和精密的心灵所折服；从思想史的角度统观这些学说，则会发现，自十九世纪后期，由于人类学的兴起，人类早期社会逐渐被认识到，为了理解当代社会或是探讨人与社会的本质，理论家们便纷纷在人类早期社会中寻找打开整个人类社会奥秘之门的钥匙。考古学的原初内容本是研究人类早期行为，由此正可看出考古学的最终理论价值究竟在哪里！这种价值，当然是考古学的最大价值，也就是最根本的科学价值。

作为艺术范畴的考古学，其价值的主要方面，按照我们的理解是在于满足人们那种回忆自己被忘却的天真稚气的童年、奔放热情的青年以及庆功的辉煌、失败的悲壮、丰收的欢悦、祭祀的虔诚等等历史情景的天生愿望。由此而得到的当然不仅是心灵的安慰，还会有情感的熏陶，良知的培育，智慧的启迪，勇气的鼓励。

还应看到，考古发现中从来就多见不可再度创作出来的古代艺术品。不同时代、不同地域的人们皆志趣有异，气质不一，故其艺术创作永远有其他时代、其他地域的作品不能取代的魅力。从考古学史的角度来看，正是因为这种价值的存在和被认识到，推动了近代考古学的出现，而且这种价值一直受到重视。

考古学自诞生以来，其科学价值和艺术价值就一直被看重，而且，人们这种认识对于考古学的发展一直在起着积极作用。考古学的全部价值，应视为科学价值与艺术价值的统一。正因为具有这两方面的价值，考古学才既有专业性，又有广泛的群众性，忽视任一方面，都不利于这个学科的发展。

以上十论，也许能成为理解考古学的性质、目的、任务、方法的一个体系，而这个体系是在一个半世纪的学科发展过程中逐渐形成的。

就考古学的发展过程而言，文艺复兴以后，考古学开始萌芽，至十九世纪中期真正诞生，可称为考古学的第一阶段。第二阶段大体至本世纪中叶，许多人称之为传统考古学阶段。六十年代以后则开始进入一个新阶段。对于传统考古学和以后的新阶段的考古学，至今还没有形成能够准确表述其理论、方法特点的专门名称，表明考古学的理论思考尚不成熟。当然，在这几个阶段中，总还是有一些理论阐述。总起来看，这个《论纲》中的前三论，在传统考古学阶段即已出现，故可称为“老三论”。“老三论”中的“文化论”，讨论了考古学的研究对象、范畴和目标，类似于考古学理论中的本体论。至于“层位论”和“形态论”，则是传统考古学的两大方法论支柱。“老三论”中既有本体论，又有方法论，从而构成了传统考古学的理论框架。《论纲》的中间四论，是在六十年代以后考古学新阶段中出现的，还正处在不断修改和补充的过程中。这些都属于方法论的范畴，而此时的考古学理论中的本体论，仍是经过了相当改造的“文化论”。《论纲》中的后三论，则是我们新提出的，也许可以叫做“新三论”。“新三论”中的“艺术论”和“价值论”，讨论了考古学的性质和作用，加上“老三论”中经过新补充的“文化论”，都属于本体论的范畴。至于“全息论”，当然应属方法论。总起来讲，十论中三论属本体论，七论属方法论。由于提出了“新三论”，而且从“新三论”的认识出发对“老三论”和“中间四论”作了新的阐述，所以我们把本文题为考古学的“新理解”。既然是新理解，就不会很成熟，这自然就无须多说了。

选自《中国社会科学》1992 年 6 期，与张爱冰合著。后收入《考古学是什么——俞伟超考古学理论文选》，中国社会科学出版社，1996 年 3 月。

十年来中国水下考古学的主要成果

考古学从19世纪中叶诞生以后，经过一个半世纪的工作，开始找到了人类起源的途径，并大致构筑起了人类各文化的时空框架。但历史上人类在海域中的活动情况，则要等到水下考古学发展起来后，才有能力进行探索。

符合近代科学要求的水下考古学，是在1943年法国海军发明自负式水下呼吸器以后，使潜水人员获得了可以在水下进行较长时间活动的条件，才发展起来的。二次大战后，法、英、美等国的学者，在地中海进行了一系列的水下考古工作，水下考古学才逐步成熟起来。中国自本世纪20年代开始了自己的田野考古工作以来，至80年代已对陆地上各考古学文化的时空框架有了基本了解。鉴于中国的东部和南部皆濒临大海，古人的许多活动，尤其是和日本、南洋、西亚、北非的一些直接联系，往往通过航海发生，因此，要进一步了解中国和这些地区古代文明的相互关系，必须开展水下考古工作。这当然需要许多国家的共同努力。中国自80年代后期起，已着手建立这个学科，并开始在中国的沿海地区进行了一定的工作。这里就把已经取得的一些成果，作一概括介绍。

一、中国水下考古学的发生

在我国，准备建立自己的水下考古学的愿望，始于要了解沿海岛屿上的古文化遗存情况。70年代在西沙群岛上进行的考古调查，即为具体事例[1]。因其时正

[1] 广东省博物馆编：《西沙文物》，文物出版社，1974年。

值“文化大革命”，这种科学事业当然未能进行真正的筹划。

但十多年后的一个偶然事件，则刺激了中国政府和考古学界下决心开展自己的水下考古工作。这就是1985年，英国人米歇尔·哈恰（Michel Hartcher）等人在南中国海偷偷打捞出了一艘沉船中的大批中国康熙时代的青花瓷和金锭等物，并于次年在阿姆斯丹特拍卖，获得巨利。在中国的沿海海域，这样的沉船当然不少，中国学者怎能置之不顾？！于是，1986年7月9日，就在北京召开了一次有国家科学技术委员会的科学技术开发中心和文化部国家文物局、国家海洋局、交通部救捞局、外交部条法司、海军司令部以及故宫博物院、中国社会科学院考古研究所、中国历史博物馆、北京大学考古学系、广州市博物馆诸单位参加的座谈会，共同认为中国政府应该制定水下文物的保护法规和建立水下考古学的机构。

这样，在1987年3月，建立了一个由国家文物局牵头，还有国家科委的科学技术开发中心、中国人民解放军总参谋部作战部、海军作战部、国家海洋局海洋管理司和科技司、交通部救捞局和水上安全监督局、外交部条法司、中国历史博物馆、中国社会科学院考古研究所、北京大学考古学系等国家政府部门和学术机构组成的“国家水下考古协调小组”，负责审定和协调如何在中国开展水下考古工作的重大规划和重要实施项目。接着，在1989年10月20日，国务院就发布了“中华人民共和国水下文物保护条例”；并先此而于1987年11月，在中国历史博物馆考古部内成立了“水下考古学研究室”，负责进行全国的水下考古工作。

在此基础上，培养一批专业人员已成为在中国开展水下考古工作的首要条件。所以，从1987年底开始，通过邀请国外学者来华讲课（日本的田边昭三教授，1987年12月，北京中国历史博物馆）、参加国外的沉船调查工作（荷兰北海沉船的调查，1987年6～8月），派遣考古人员至国内的潜水学校（广东省潜水学校，1988年4～5月）和赴国外（日本，1988年9～10月）学习潜水技术，派遣专业人员赴美国学习水下考古理论（德克萨斯A&M大学，1989年1～6月），以及同澳大利亚的阿德莱德大学东南亚陶瓷研究中心联合举办一期“水下考古专业人员培训班”（1989年9月～1990年5月，在山东省青岛市和福建省连江县进行，学习内容包括水下考古学的理论与方法、潜水医学和潜水技术、水下调查与发掘的实习等）这样一系列活动来培养水下考古的专业人员。至今，受过这些训练的人员分布在中国历史博物馆水下考古学研究室、国家文物局考古处、广东省博物馆、深圳市博物馆、广西壮族自治区博物馆、福建省博物馆、福州市考古队、青岛市博物馆、厦门大学历史系等单位，总计十数人。自1988年以来，我国就依靠这支队伍先后在广东、福建、山东、辽宁四省的近海地域，进行了10多个地点的水下考古调查和发掘。其中，最重要的为以下五项。

二、广东省台山县南海一号沉船的调查

1987年8月，交通部广州海难救捞局与英国海洋探测公司合作在广东省台山县川山岛附近的海面进行探测作业时，打捞出了二百多件宋元时代的瓷器和银锭、铜钱等物，知道遇上了一艘古代沉船，遂停止打捞，并把这一情况上报给国家文物局。

此时，我国尚无进行水下考古的实际经验，于是，就考虑和国外的学术机构合作，共同调查和发掘这艘沉船。经过一年多的筹划，便由中国历史博物馆与日本国的“水中考古学研究所”合作，组成了“中国南海沉船水下考古调查队”，由俞伟超任队长、田边昭三任副队长，并有中方队员6人、日方队员5人，于1989年11月15 ~ 20日，对此沉船进行了首次的水下调查。

此次调查，使用了广州救捞局的“穗救 201”和“穗救205”两艘驳船和5名潜水员，并委托地质矿产部的第二海洋地质调查大队使用美国EGG公司的SMS — 960式旁侧声纳，确定了沉船位置。调查队自己则用EC—107式电磁波流速测定器测定了沉船所在地点的流速、流向及当时海面下每隔5米的温度差，以制订进行水下作业的方案。在11月19日，调查队前后9次共13人次潜入海底，于海面下22米处探摸到已被泥砂掩盖的沉船位置，并采集到一片与1987年 8月打捞出的白瓷碗一样的德化窑系的白瓷碎片，肯定了这里就是沉船的所在地。

据1987年打捞出的物品分析，沉船中装载着宋元时期的四个窑系的日用瓷器。一是景德镇窑系的影青瓷，有划花碗、小瓶、葫芦形瓶等。二是福建德化窑系的印纹白瓷，有四耳罐、小盒等。三是福建建窑系的黑釉瓷，有小口矮颈壶等，有的瓷器在底部写上了使用者的墨书题名如“郑知客”等。四是浙江龙泉窑系的青瓷，如划花的碗、盏等。另外还有一些绿釉陶，如印花的皿和弦纹壶等。还有锡制水注1件以及银锭10数枚和“政和通宝”、“绍兴通宝”铜钱数枚。有1件鎏金银腰带，长170厘米，其形态和纹饰都表示出不是中国制品，从贵重程度看，

大概是船主所用。这就暗示出沉船大概是一艘来自南亚或西亚一带的外国船，来到中国的东南沿海地区进行贸易活动，当销售掉外国货物而装满了一船中国货物返回时，在此遇海难而覆没。[2]

通过这次调查，我们了解到在中国的近海海域中，泥沙含量很大，水下的能见度极低，要在海底进行沉船的测绘和摄影活动，最好是设法澄清沉船周围海水，提高其能见度。这都需要进行一些试验和准备足够的资金。所以，有关这艘南海一号沉船的水下考古工作，自1989年11月的首次调查之后，暂时停止了下来，至今还处在继续作准备的阶段。

三、福建省连江县定海湾白礁等地沉船的调查与发掘

福建省连江县的定海湾是在闽江入海处的北侧，现在是海船的一个避风港。这一带海底有厚约5米的贝壳堆积，70年代末以来，渔民在此挖贝壳烧石灰，曾在尾仔屿、大埕渣、青屿、白礁等岛屿的周围，挖到大量六朝以后的陶瓷器，尤以宋元至明清的为多。由此可知，这一带的海底，有许多古代沉船。因此，在1990年的3～5月，中澳合办的“水下考古专业人员培训班”，就选择这里为水下考古实习的地点。

这次工作首先是在定海湾的四母屿、青屿和黄湾屿周围，进行普遍的调查，采集到许多宋代的陶瓷片。最后选择白礁周围，进行了详细调查和发掘，找到了一艘宋元沉船。

此次工作是在水深10米的海底，布置了12个2×2米的方格网，先进行表面采集，然后在其中的一个地点（DBⅠ）设一2×2米的探方，进行试掘。探方内的表面是卵石和贝壳，下面则是混杂了宋元至近代的瓷片、瓦块等物，再下则为黑色淤泥，中含黑釉高足杯、影青浅钵等宋元瓷器，淤泥下就是沉船船体的木板。

找到的黑釉瓷，接近福建省北部和福州地区建窑系瓷器。中国历史博物馆科技部曾对白礁所出黑釉瓷和福州地区的宋元时代黑釉瓷作过成份分析。了解到福州地区的产品，含氧化钛（T_iO_2）0.33～1.04%，而白礁所出则不含；二是其氧

[2] 朝日新闻社文化企画局东京企画第一部：《中国・南海沉船文物を中心とする“はるかなる陶磁の海路展——アジアの大航海时代”》图录，1993年，东京，朝日新闻社。

化铅的比例，福州地区制品要高于白礁沉船的出水物。由此可推测，白礁所出黑釉瓷可能是福建北部烧造的。白礁出的影青瓷，可笼统定为德化窑系统之物，具体烧造地点，现在还未能确定[3]。

从上述情况看，白礁沉船应当是宋元时期为输出建窑和德化窑瓷器的一艘船只。从福州港出发，在此触礁沉没。

在1995年5月，中澳联合组织的调查发掘队，对这艘1990年时就已找到的沉船，又进行了第二次的水下发掘，发现了更多的瓷器和更大面积的船体。全面的发掘，在今后还将继续下去。

四、山东省长山列岛周围岳石文化沉船的寻找

山东省所邻渤海湾中的长山列岛，是由南五岛和北五岛组成。这些岛屿，在后冰河期的第二次海进以前曾与大陆相连。现在，不仅岛上有面积很大的新石器时代遗址，岛屿周围的海底还发现过那时的陶器。重要之例是60年代时，当地渔民曾在南五岛与北五岛之间的砣矶岛附近的海域中，在海面下约60米的深度，打捞出过完整的岳石文化的陶甗和陶罐。甗和罐的表面满布沉积在上面的细小海生生物遗骸，可以肯定曾长久淹没在海水中。由于器物完整，可推测当时是随沉船而掉入海底的。岳石文化距今4000年左右。如果这里有岳石文化的沉船，便将找到现知全世界最古老的沉船。所以，中国历史博物馆水下考古学研究室主任张威等4人便和青岛市博物馆的邱玉胜等，在1991年5月19日至8月20日间，在长山列岛10个岛屿的周围海底，进行了一次长时间的搜索。

在这茫茫大海中寻找这样细小的遗物，自然极为困难。但调查队毕竟在小黑山岛附近的海城中找到过汉代遗物，尤其令人关注的是在庙岛西海塘的近岸处的海底，发现了数片龙山文化和岳石文化的陶片；当然还有一些明清时代的青花瓷器。这些零星的发现，虽然不属于沉船遗迹的范畴，但至少提高了这一带海域中存在着岳石文化乃至龙山文化沉船的可能性。所以，只要中国的水下考古队伍行有余力，还将继续在长山列岛周围的海域中寻找最古老的沉船。

[3] 中澳合作水下考古专业人员培训班定海调查发掘队：《中国福建连江定海1990年度调查发掘报告》，《中国历史博物馆馆刊》18～19期合刊，1992年7月，北京。

五、广东省新会市银洲湖区域元灭南宋大海战遗迹的寻找

广东省新会市的银洲湖，即宋元时期的崖门海域。在元灭南宋的过程中，至1277年元军将南宋王朝赶至今珠海至新会一带的海上，最后的小朝廷聚集了战舰2000艘浮游于这一带。从1278 ~ 1279年，元军与残存的南宋王朝经过甲子门海战、十字门（今珠海横琴岛与澳门三岛间的狭窄海道）海战，最后在崖门海域，宋军被元军包围，仅逃脱800艘战舰，其余全部覆没，南宋宰相陆秀夫背负幼帝赵昺在临海的奇石上跳海自尽，南宋王朝便告灭亡。银洲湖区域既是元灭南宋的最后决战地点，大量被击沉的战舰遗骸以及其中的物品，自然应该尽力把它们寻找出来。

崖门海域自此至今经过700年的变迁，大片海域已淤为陆地，今之银洲湖，其面积比昔日的崖门海域大为缩小。故今日银洲湖岸边的大片陆地上，曾多次挖出过宋代的陶瓷器和船板。这就表示出当年大海战中的沉舰，有的应在银洲湖底，有的则已成为陆地中的遗存。

为了探索这一重要的历史遗存，中国历史博物馆水下考古学研究室和广东省考古研究所及中国社会科学院历史研究所的人员，曾于1991年3月、1991年12月和1992年 3月27日 ~ 4月3日，三次前往银洲湖进行水下调查。第二次调查时曾聘请中国科学院南海海洋研究所使用旁侧声纳对奇石周围的银洲湖海域进行寻找，确定了几个沉船点。第三次调查时，则在这些地点潜水取出一块船板，经碳十四测定，年代为距今690 ± 60年（北京大学考古实验室测定，未经年轮校正），正和史书所载元灭南宋大海战的年代基本符合。这证明，银洲湖的海底及其周围的陆地上，确有这场大海战的遗存的残余，应当制定规划，逐步把它们寻找出来。

六、三道岗元代沉船的发掘

近年来，在中国已进行的水下考古工作中，历时最长、投入人力和物力最大的是对辽宁省绥中县三道岗海域的一艘元代沉船的调查和发掘。这是一艘满载元代磁州窑瓷器和铁器的商船。调查发掘工作从1991年9月起至今已延续了6年，了解到这是一艘长约21米、宽约6米的沉船。船体已被海水中的小虫吃掉，只剩下船体中和散落在周围的大量元代铁器和瓷器。铁器主要是犁铧和大锅，瓷器主要是磁州窑系的产品。从残存情况观察，原来船舱内是将铁器置于下层，瓷器覆

盖在上面，故散落在周围的主要是瓷器。瓷器大都是白釉黑花的盆、碟等，较贵重的是白釉黑花的婴戏罐和龙凤罐，也有纯白釉的梅瓶。还有一批仿建窑的黑釉瓷器和绿釉瓷。现在散落的瓷器已大都打捞出水，大量铁器则锈蚀凝结成大块。因被海水侵蚀数百年的铁器出水后的保护、复原极为困难，故在一定时期内，不准备将这些铁器发掘出水。

七、其他工作

为配合三峡库区考古项目，首次尝试了在内陆江河水域开展水下考古工作，于素有“古代水文站”之称的涪陵白鹤梁拍摄了许多没于水下的历代石刻题记，对于确定文物保护遗址范围规划提供了可靠的第一手水下地质资料。另外在参加打捞革命历史文物“中山舰”的过程中，利用较为先进的水下微光摄像技术成功地拍摄到“中山舰”铭牌及船体状况，确保整体打捞工程的准确实施。鉴于我国的内陆江河水域普遍存在水质混浊、流速湍急的情况，以上的各项工作积累了丰富工作经验，对于今后在相类似的环境下开展工作有着非常重要的意义，从另一方面来讲，也是为我们考古学领域开拓了新的空间。

1996年4月—5月间南中国海考古项目的开展是我国水下考古走向远海的开始。在第一期工作中，考古队行程达850余海里，对西沙群岛进行了系统全面的科学考察，先后发现了多处水下遗址地点与大量不同历史时期的我国文物。在这以前我国水下考古工作均是在距岸不远的近海地点展开的，这说明我国水下考古事业已逐步走向成熟。

随着我国水下考古事业的不断发展、壮大，对外合作方式也不断扩展。特别是于 1996年夏季受日本方面邀请赴日协助对方在名古屋常滑市进行水下调查。此项工作是配合日方在海上建设机场而先期开展的水下考古调查。我方参加工作的水下考古队员克服种种困难，圆满完成了全部水下调查计划；同时也非常注意学习对方的各项长处，开拓了自己的眼界，充分了解国外水下考古技术的最新发展，并为推动国际文化交流作出了贡献。

上面，简要介绍了自1986年以来我国为创建自己的水下考古学而进行的一些主要工作。通过已有的发现可以看到，中国古代的航海活动及其航海贸易，大致有两个面向：一是面向东南亚、南亚乃至西亚，今之广西、广东、福建乃至浙江一带海港的活动，主要是为这个面向服务的；另一是面向朝鲜半岛、日本列岛等东北亚地区，今渤海湾一带的港口主要是为此而服务的。对于这两大面向来说，已有的成果是极为微小的，但随着科学技术的进步，国力的加强，再加上国际合作的发展，对中国古代在海上的开拓活动的了解，在开始的起点基础上，相信在下一世纪中，必将有一系列重要的新成果。

本文刊于《福建文博》1997 年第 2 期

人文科学与自然科学的结合

——在“现代科技考古研讨会”上的发言

这次研讨会围绕着元青花的成分以及两件传世青花瓷瓶的年代问题，汇报了现代核分析技术同考古学、古陶瓷学比较研究所取得的成果。我参加这样的会议，感触极深。

第二次世界大战以后，现代科学技术有了巨大的发展，并愈来愈紧密地同人文科学的研究结合起来，目前已经出现了一个人文科学与现代科学技术相结合的新时代。

当这个新时代萌芽之际，我国与国际科学界恰好处于基本隔断的状态，考古学当然也是如此。“四人帮”被粉碎以后，我国考古学界与国际考古学界重又发生来往。回想起那时，我们突然面对西方考古学界在60年代以后出现的新理论、新方法，几乎完全不懂。经过一二十年的学术交流，才慢慢可以做到相互对话。

中国与国际（主要是西方）考古学界存在的种种差异是由多种原因造成的。其中，文化传统和思想体系的不同，使今后相当长的一段时间内，考古学的理论、方法、体系等都会存在着差别。但是，学术管理方法和科技发展水平的差异则可以在科学前进的道路上趋同。这就是说，在西方世界已经出现并日益加强的人文科学与自然科学相结合的趋势，也必将是我国科学发展的前景。

对于考古学来说，人文科学综合性的加强以及与自然科学相结合所引起的进步主要表现在以下三个方面。第一是将出现考古学理论、方法、特别是目标的变化。60年代出现于美国的过程主义考古学和80年代中期以后出现于英国的后过程主义考古学，就是考古学与其他学科加深结合后的产物。此外，还出现了集考古学、历史学、人类学于一体的呼声。第二是考古学已不仅从人类社会自身来研究人类的进步，而且从人类社会与自然环境的相互关系中来寻找社会变化的原因，环境考古学的出现就是这一具体表现。第三是开始利用现代科技手段来研究人类已往的生产能力和技术特点，如古文化和古代人工制品的年代测定。今天大家所说的“科技考古”就是指这方面的工作。

现在看来，可以将近现代考古学的发展过程划分为两大阶段。第一阶段从19世纪中期开始，大约经历了百年左右，考古学家总结出了考古地层学、考古类型学和考古学文化论三大基本理论，并大体构筑起了世界范围的考古学文化谱系。第二阶段直到本世纪60年代以后才真正进入。我国是在经历了近40年的实践和思考后，才慢慢得到上面所讲的三个基本理论的。

在一个学科的发展过程中，十多年只是短短的一瞬间，可是中国的考古学者经过这短短的一瞬间，就已经总结出许多合理的理论、方法。只有实现本国化、本土化，与当地的实际相结合，才能出现真正的进步。就拿本次会议所讨论的内容来说，为了测定元青花的成分，并判断两件传世瓷器的年代，我们竟然连当今世界上最先进的正负电子对撞机都用上了，并且取得了极为重要的成果。这不仅是我国科技取得重大进步的一个具体表现，而且也体现出把人文科学和自然科学结合起来的趋势。相信在下一个世纪来临时，我国一定能进入人文科学与自然科学广泛结合的新时代。

近年来，由于文物拍卖活动的增加，要求科技考古工作者鉴定文物真伪已成为一股强大的商业力量。但科技考古并非商业活动，科技考古的根本目的还是揭示人类社会和技术进步的历史过程，从而启示今人如何才能更好地适应环境、改造社会。

选自在“现代科技考古研讨会”上的发言，《文物》1999年5期。

时代需要环境考古学

现代科学的发展，已经促使环境科学得到愈来愈多的关心了。道理很简单，人类的生存，要受到环境的制约。人类要生存下去，并且希望生存得愈来愈好，除了需要提高自己的能力以外，还必须使生存的环境，能够容纳这种将要日益提高的能力。这就需要保护甚至改善现有的生存环境。现在我们已经了解到，在若干万年以前，地球如果缺乏一定的环境，包括各种生物在内的生态平衡和允许某些生物有所进化的条件，人类将不会产生和不断进步。如果在若干若干年之后人类生存的环境失去平衡，不断恶化，到了一定的程度之后，人类也将不复存在。所以，现有人类的一切活动，如果将不断促使环境朝恶化的方向变化，人类今天所进行的这些活动，就不是在为自身谋利益，而是慢性自杀行为。

环境科学是研究现实环境与当今人类行为的关系的科学。但人类是历史的产物，人类的活动因而具有历史的过程性。任何时代的人们一定关心着他们当今的生活，也一定会设想自身明天及今后的生活。因为今天和明天以后的生活都是已逝生活的继续，人们为了今天和明天，就需要研究以往的历史活动，包括从前的人类和环境的相互关系。

人类自诞生以来，曾经历过好几次重大的进步。在最近阶段，19世纪中叶和20世纪60年代以来出现的两次科学大进步（包括自然科学和人文科学），意义最为重大。这两次大进步，改变着人们的世界观，促进了人类知识的飞跃，极大地改善了人们的现实生活。环境科学以及环境考古学，正是在这两次科学进步的大浪潮中出现的新生事物。对于考古学的整体来说，第一次大浪潮促使其真正诞生，第二次大浪潮则是把它推到了一个新阶段，而这个新阶段就包括了进行古人生存所依赖的自然环境的研究这个新内容。

我国的环境科学和环境考古学的研究刚刚起步不久，比起发达国家已落后了二三十年之久。但历史的发展总是不平衡的，后来者如果经过努力，哪怕需要数代人的努力，也是可以后来居上的。

我是一个考古工作者，曾经专心于纯考古学（或可包括历史学）的研究近四十年，但现在已愈来愈明白，如果仅仅依靠人类的文化遗存来研究人类的历史，许多历史之谜将难以解开，更不可能把人类进步的轨道及其原因真正看清楚。了解人类已逝生活的历史轨道，需要研究以往时代人们的生存环境；研究人类已逝生活的最终目的又是为了改善今天和明天的生活，而这又必须研究当今环境（包括自然的和人文的）和人类现实活动的关系。总之，无论从哪方面说，当今的考古工作者必须和地学工作者、生物学工作者，乃至其他与研究环境有关的一切科学工作者携起手来，发展环境考古学，进而开创考古学的新时代，搞清人类历史的真实面貌，最终为全人类改善现有的生存环境而奋斗！

此文是俞先生给“全国第二届环境考古学术讨论会”贺信的节录，收入《环境考古研究》第二辑发表，科学出版社，2000 年 3 月。

考古学体系与人类历史进程关系的新思考

我国的考古学于20世纪20年代从西方引入，在50年代至70年代末因当时国际政治上存在着东、西两大阵营，基本隔断了同西方的联系，其间在50年代后期至60年代初，则受到苏维埃考古学的极大影响。至70年代末以来，我国实行改革、开放政策，恢复了和西方的联系，同其他国家也日益发展交流关系，逐渐了解到近半世纪来国际考古学的新发展。在此新世纪刚来到之时，应该以现有认识为基础，对当今的考古学体系进行冷静反思，以取得更好的进步。考古学的基本理论与方法在任何国家实行都是相通的，故回顾与展望我国的考古学及其体系，理应放在世界范围内来思考。

一、19世纪中叶以来西方考古学的发生与发展

近代考古学要到19世纪中叶才在欧洲真正诞生，但从19世纪初叶起，北欧已从古物分类着手而发现人类工具（含武器）的进步，曾经历石器、青铜器、铁器三大阶段。这个认识，已成为说明近代以前人类生产力进步顺序的经典模式而通用至今，各地的考古学框架也是依此模式而构筑起来的。

对古物进行分类，已是考古类型学理论的发端。在19世纪中叶至末叶，考古地层学也逐渐建立起来。至20世纪初，萌芽于19世纪初叶的考古类型学已告成熟。随后在20世纪20 ~ 30年代，又形成了关于考古学文化的理论。经过百年左右的思考、概括与实践，考古学的地层学、类型学、文化论这三大基本理论与方法，终于基本建立了起来。

西方考古学家根据这些理论与方法，至二次世界大战前，在两河流域及西亚

的其他一些地方，以及埃及、欧洲、印度与巴基斯坦、中南美等地进行了大量发掘；日本从19世纪末期起也开始了考古调查和发掘。那一些地方的考古学文化的时、空框架就逐步建立起来；大量前所未知的古文化面貌，一下子暴露在人们的眼前。可以说，由于这些发现，几乎重写了那些地区的古代史。

二次大战前形成的考古学的理论与概念，从20世纪60年代起，受到了猛烈的冲击。这个冲击由美国发端，迅速延及欧洲，后又影响到东方。新的思潮扩大了考古学文化的范畴，把物质的、精神的、社会的三大方面内容，都作为研究对象，并且力图从支离破碎的实物遗存中寻找出人类的行为过程。此时因科学技术又有巨大进步，已有能力来了解古代的自然环境，于是就充分重视环境对人类行为的制约作用。环境考古学快速地发展起来了。许多考古学家从文化唯物主义角度出发，认为古代人类的许多行为是在自然环境条件下的必然表现。

这样的研究目标，当然高于二次大战前的传统考古学的要求，可是在短时期内却难以取得预想的结果。于是，反思纷纷出现，但并没有否定探索行为过程的目标，而是至80年代中期以后，大力提倡应该重视主观意识对其行为的作用。寻找考古学遗存中深藏的意识形态情况，日益受到关注。

一个半世纪以来西方考古学思潮的这个变化过程，正同哲学、史学、人类学等人文学科的理论变化，一脉相通，相互呼应。一般讲，总是哲学理论的变化在前，其他人文学科的相应变化随后相应，而考古学理论的变化是稍迟一拍的。只要观察到这种现象，就可懂得包括考古学在内的若干人文学科的理论变化，就是一种新的社会思潮在各领域中的表现。至于社会思潮变化的原因，则离不开人类总的认识能力的提高和社会有了新的需求这两大方面，而这又同自然科学的进步息息相关。人类社会乃至人与自然，本是一个总体，为了解释人类行为，提倡作总体性观察乃是人类认识能力的一大进步。在此人文学科的新进步中，法国的论坛史学已明显提出对历史应作总体性观察的意见。

二、20世纪中国考古学研究的历程

当我国刚从西方引进考古学时，自然拿欧洲已形成的理论和方法来进行工作。但中国的考古实际和欧洲、西亚、埃及等地不大一样，故要做好工作必须考虑如何才能同实际情况相结合，这需要相当的实践经验积累和反复的思考。现在回顾已往的历程，大致用了半个多世纪才真正实现中国化。当然，在这段时间里，中国经过了八年抗战、三年解放战争和“文化大革命”的十年内乱，真正进行野外工作的时间只有30年左右。但因我国考古学遗存的内容非常丰富，所以在这个时间并不太长的过程中，无论是理论解释或是具体操作方法，却都有不少独特的创造。

我国学者是在1926年才独自进行考古发掘的，至抗战爆发前的不到12年时间内，第一代考古学家就发掘了旧石器、新石器、商、周、两汉等遗存，已粗线条地勾画出了中国考古学的轮廓。在此基础上，在新中国成立后只有一年时间，就恢复发掘；至 1952年以后并迅速培养专业队伍，逐步地但却又是高速度地扩大田野工作的地点和规模，各地的新发现层出不穷。因我国地域广阔，文化众多，遗存种类复杂，一系列的新发现，往往使考古学家感到眼花缭乱，一下子理不清脉络。因此，从70年代起，常常举行分区、分片的考古学文化的研讨会。在这样一系列局部研究的基础上，至80年代初终于形成了构筑考古学文化时、空框架的“区、系、类型”理论，首次概括出了我国新石器文化（含部分青铜文化）的谱系。以后因不断的新发现，这个谱系又得到很多补充。至今，除一些边缘地区外，我国考古学文化的时、空框架，已大体建立起来了。

当时、空框架基本建立后，研究环境同古文化关系的问题，很快就受到注意。故自 80年代中期以后，考古学者与自然科学工作者携手研究环境考古学的活动，日益增多；至90年代初，甚至出现了由多学科人员组成的考古发掘队。多学科联合研究考古学的趋势，已成为不可逆转的时代特点。

有两个在我国考古学研究中长期空缺的分枝，此时亦开始填补起来。一是水下考古学。法、英、美等国自二次大战结束后，已开始进行水下考古工作。我国从80年代后期起，亦在南海、东海、渤海乃至西沙和南沙群岛等地，进行着水下的勘察与发掘。二是航空摄影考古。英国在20年代时开始创立了这个学科。至二次大战后，在欧洲又取得很大发展。我国则从90年代中期起，在河南洛阳和内蒙古赤峰等地，也开始了这种工作。

我国考古学的起步比欧洲晚了60年左右，比日本晚了30年左右，但现在如同国际的先进水平相比，差距只有二三十年左右。我国有极为多样性的古文化遗存，又有全球惟一的4000年连绵不断的文明史，如能以当前先进的理论思考和科技手段来进行考古发掘与研究，必能概括出一些新的理论和概念，为国际考古学界乃至其他的人文学科提供一些新的启示，进而能从全人类的角度来审视已逝的历史。对于站在这片广阔而肥沃的考古学原野上的我国学者来说，这应当是新世纪中的历史责任。

三、建设新的考古学体系，是新世纪中国考古学的重大任务

面对新世纪的来临，我国考古学者迎接的任务将以何者为重，一定会使有志之士，思绪万千。但现在只能就当前基础出发，提出一些可以预见和可能实现的内容。

一是革新野外记录方法和制作考古学的地理信息系统。

近年，电脑和数字化技术迅速发展，全球定位仪（GPS）和地理信息系统（GIS）已被广泛应用。现在，野外调查和发掘的测绘工作，已可利用电脑来快速而准确地制作三维实测图，并可把实测图、照片和文字记录合成在光盘上，极便于快速检阅，又接近于像到达现场那样了解遗迹。这是很容易做到的，但测绘、照片和文字记录的内容安排，必须作适应于这种三位一体的调整，需要在实践中加以试验和提高，及早作出可供普遍实行的规则。

关于考古学的地理信息系统，应当随时把已知的各种考古信息，同各种自然环境以及各代人文环境的信息，按其空间坐标，综合在一起。这样，研究者就可以快速地在荧光屏上观察古代遗迹同自然环境（含古今）及人文环境（含古今）的关系。这对加深理解古文化，尤其是环境考古学的研究来说，好处是非常明显的。当然，要制成这样的信息系统，工作量极大，而且需由多学科合作才能完成，但制成后的应用，亦将被多学科共享，所以只要费心加以组织，是可以组成联合队伍而制成这种系统的。

二是引进遗传基因（DNA）的研究。自60年代分子生物学成熟后，至80年代后期，已经使用遗传基因研究来探索人类起源问题。最初是美国加州大学伯克利分校的人类起源研究中心，测定了200多个今人的DNA，发现欧罗巴人种和蒙古利亚人种细胞中脱氧核糖核酸的线粒体排列，都含有尼格罗人种的因素，而尼格罗人种的线粒体排列，却没有欧罗巴人种和蒙古利亚人种的因素，况且当代的人种又是从东非的阿法种南方古猿进化而来的。根据这种现象进行逻辑推理，存

在于东非的阿法种南方古猿如同人类（智人）出现后各人种的线粒体作比较，尼格罗人种的基因又是最纯的，可知现今的人类是起源于东非。欧罗巴人种和蒙古利亚人种则都是从东非扩散出去的，在扩散过程中，因混血等原因，基因发生了一定的变异，但当然仍含有一定的尼格罗人种的基因因素。

这种研究，至90年代初，又由耶鲁大学进行过。这次测定了1000个今人的DNA，所得结果支持了伯克利分校的结论。

那时，遗传学家根据推算出的基因变异速度，推测现存人类是在20万年前形成并开始向外扩散。更早从东非形成的能人、直立人等人科类的物种，扩散到欧洲和亚洲的，因多次冰期的寒冷等原因，在全球各地早已绝灭，而至距今10万年以后，东非的人类又接着发生大扩散，存活至今。这种扩散曾发生过多次，但究竟有多少次，只能靠各地的考古材料来证明。1999年，伯克利分校的金力教授，进一步推定来到中国的时间，约在6万年前。1998年，中国人类基因南方中心（上海）的陈竺院士所测定的200多个今人基因，也证实了人类起源于东非说，并推测是从海上来到中国，而渡到长江以北的时间较晚。

这种新研究，推倒了一个半世纪以来关于从猿到人以及旧石器考古体系的学说，自然引起极大震动，怀疑者也不在少数。但1997年，德国的斯·帕勃教授从19世纪发现的尼安德特人的化石中提取出了核酸，测出的线粒体排列同今日欧洲人没有遗传关系，尼人只是曾与智人并存而后已绝灭的一个人种。这个被评为1997年世界十大科学发现之一的成果，使许多过去的存疑者释掉疑惑，可以说，现代人类皆起源于东非之说，在全球的绝大部分考古学家中，至今已取得共识。

人类起源问题是全人类都关心的大事。现在，尽管大家已承认了东非说，但中国学者在新世纪中，还是应对中国发现的从直立猿人至早期智人的一系列化石，进行DNA测定，对中国境内的人类起源问题，作出具体回答。

DNA比较对判定人类遗传关系既具如此关键性的意义，就应该用来判定新石器时代以来族群间的亲缘关系。以往，考古学家是以人工制品的比较来推定不同考古学文化的亲缘关系，但后来却发现有时陶器类似而农作物及装饰风俗不同，可知仅从人工制品的比较来推测其族群的亲缘关系的疏近，还存在着相当的不确定性。现在，分子遗传学的进步，既已提供了更可信的手段来判明族群间的亲缘关系，自然应该利用DNA的测定来了解不同考古学文化的亲缘情况。在这方面，从90年代中期起，我国的考古学家、历史学家、遗传学家已开始携手使用这种方法，判定辽代的契丹人同今日的达斡尔人的血缘关系最近；又在三峡考古中测定出明代湖北秭归的谭姓，同那一带今之土家族有极近的血缘关系；三峡地区战国至西汉的巴人同今日何族的血缘关系最近的问题，亦正在进行研究。如果这种研究能广泛进行，今后将对理解考古学文化和古代族群的关系得到一系列新认识，就不会根据不充分的材料而作任意的推测。

三是建立一个全新的考古学体系。所谓考古学体系，应该既有一个基本的理论认识的框架，又有各地区的具体材料；但这里讨论的“体系”，当然只是指由基本理论认定的框架而言。这种认定，从总体框架讲，过去一般是把生产力的发展水平作为最基本的方面，同时再考虑到相应的社会形态。至于意识形态，则因较难从考古学研究的角度得到明确认识，经常从略而少言。从19世纪中叶至20世纪形成的考古学体系，后来因新材料的不断出现，暴露出的矛盾和不妥，已越来越多；而人类学、史学在20世纪60年代以后出现的一系列新思考，更日夜逼迫着原有的传统体系，应当作出全局性的反思，作出系统性的变动。

如要作出这种修改，当然有巨大的工作量，需要多学科的合作。这里只能先摆出问题和提出一些可能是合理的想法，也就是发出一种呼声，期望得到响应，引发出更多的思考和讨论。

由于旧的体系主要包括生产力发展水平和相应的社会形态两大方面，这里就也先从这两方面来进行讨论。

先谈关于人类群体结构方面的问题。

这里，应首先说明当年恩格斯在《自然辩证法导言》中提出的“劳动创造人”的理论，已被上述80年代晚期以来关于人类起源问题新研究的成果，作了事实上的否定。在当今的生物学理论中，已确认后天获得性是不能遗传的。许多动物皆因本能驱使而有学习维持生存能力的过程，但不能改变其本能而遗传下去，下一代生命又将像上一代那样，从头做起。只有人类才能产生“文化”，使前代积累的能力（当然含知识），能通过“文化”的传递而代代积累，使“文化”得到发展。但这是通过基因突变而产生的，从此，新出现的人类，就有了产生“文化”的能力。基因所以发生突变，是因为某些物种的生存，遇到了极大困难。有的因顶住了困难而继续存活；有的则告绝灭；有的则发生基因突变，形成为新物种而存活下去。人类的出现，就是由于第三种情况，产生了智人，延袭为今日人类。达尔文所说“物竞天择，适者生存”，就是智人出现的道理。如把人类的出现说成是古猿因经过长期的劳动，逐渐改变其体质特征，一步步地进化为现代人类，在生物学理论中，其实是一种反进化论的拉马克理论。

其次再谈恩格斯所说人类早期最初是“母权制”的理论。这也是缺乏事实根据的假设。已知人类在漫长的生活过程中，只在后来形成的畜牧或游牧部落中，因为生活流动性强，许多管理事务往往由妇女担当，出现了一些女酋长的事例，但男酋长并不少。如从与人类亲缘关系较近的猿、猴的情况看，非洲黑猩猩和中国广西的白顶猴，其群体的首领都是雄性的；而且，在狮、虎等动物群中，也是以雄性为首领的。这当然同生物自然属性赋予雄性的能力有关。人类既由古猿进化而来，为什么人类会一反原来状态而实行“母权制”呢？显然，这是因为混淆了“母系”或“父系”这两种不同的概念而作出错误推测。所谓“母系”或“父系”，本指氏族或家族或家庭的传承关系是依女方世系还是男方世系而定。在人类早期，实行本氏族以外的对婚制，男子到外氏族婚配，与之婚配的女子并不永久固定，因而子女往往只知其母而不知其父，其氏族的传承只能依女方世系而形成“母系”传承制度。但这个氏族的生产、战争、祭祀、结盟等重大活动，并非必由女子率领。在人类出现的初期，生产是狩猎和采集，其狩猎必由男子率领。战争则更是如此。对于这种早期群体来说，狩猎和战争应当是最重要的活动，这些活动既由男子率领，群体的首领为什么不是男子呢？ 19世纪以来大量人类学调查中所见母系氏族的酋长，不正是以男子为主吗？在历史演进的过程中，“母权制”只是少量存在的现象，男子掌握生产、军事、结盟等活动的指挥权，才是最普遍的。

第三要谈的是一百多年前摩尔根所说人类婚姻最初曾经过血缘群婚和亚血缘群婚（普那路亚）两个形态的论点，既无实例可寻（含残痕），又不合于人类最初的群体就是氏族·部落的理论分析（见本书《图腾制与人类历史的起点》一文），亦应加以否定。现在，当人类发生的时间被推迟到距今20万年前后，把实行族外对偶婚的氏族·部落制推定为人类最初的社会结构，就很容易被接受。但在摩尔根时代，达尔文的进化论和赫胥黎的从猿到人的学说，是启发新时代新思潮的响亮钟声，法国北部数十万年前的阿布维利和舍利、阿舍利等遗存也被肯定了下来，人们正在为自己竟有如此悠久的历史而处在兴奋状态中，自然会设想氏族·部落制怎能有数十万年的历史？那么族外对婚制以前的婚姻形态该是怎样的，当然应该寻找合乎逻辑推理的实例，可是却一无所获（实际是根本不存在的）。于是，只能在当时尚未对猿、猴生活作过长期仔细观察的条件下，从一般对动物的印象出发来推测猿、猴和族外对婚制之间的婚姻形态应该是怎样的？结果就是设想出了血缘群婚和亚血缘群婚两个阶段。由于其逻辑推理似很合理，并且很严密，故在很长时间内，取得了很多人类学家、历史学家和考古学家的相信。其实，在人类刚出现时，一定人口稀少，全球的考古发现，也表明万年以前的人类遗迹数量很少，而其遗迹又难以表明当时群体结构的情况，故现今对人类早期社会的认识，都只是依据一些19世纪以来人类学调查中所见晚近存在的原始部落情况而作出的理论推测。何时能得到可作具体说明的材料，根本无法预测。但为了建立史学和考古学的体系，似又无法躲开。于是，在20世纪80年代以前，前苏联和中国的一些学者，就往往假设人类最初的群体结构是类似动物群一样的原始群，实行血缘群婚、亚血缘群婚；大约在5万年或10万年前，氏族制出现，实行族外对偶婚。但一当人类起源问题的认识发生了转折性的新变化后，能人、直立人、尼人已被排挤出真正人类的范畴，那个时期是否实行群婚制，至少在研究人类活动时也就可以先不考虑。换言之，所谓的血缘群婚和亚血缘群婚，已失掉了存在的时间范畴，不必再加讨论。至于直立人和尼人打制的一些石器同人工制品非常相似的问题，也应该放在另外的科学领域中去研究。对研究生物进化史来说，能人、直立人、尼人及其制作工具的能力，无论如何应该继续研究，不过毕竟已是人类历史范畴以外的事情了。

在看待这种人类早期社会时，还应该对当时的所谓“平等”现象，再作思考。人类出现后，因其生存能力，强于古猿，繁衍速度一定较快，出现了一个个群体（氏族），各群体为争夺或保护维持自身生存的资源，必定发生战斗。由于当时的生产能力（狩猎或采集）有限，必须联合行动，在群体内部会依体力和智力的强弱而出现首领。就整个群体而言，因几乎没有剩余食物，相互的关系自然是相当平等的，但在享用食物方面，也会因其所获的多寡，存在着差异。至于对其他群体，只要发生争夺资源之战，只会杀戮对方，而不会收为本群体的成员。在这种情况下，如就含有若干群体的人类总体而言，其野蛮程度当要超过以后的文明时代的任何时期。当年恩格斯从建立未来的、平等的共产主义社会的理想出发，便相信黑格尔的“否定之否定”的三段论理论，以为未来的共产主义社会既然是平等、和谐的，人类的最初社会就一定也是这样的“黄金时代”。其实黑格尔的三段论是按其辩证法的理论体系，再截取了一些事物发展过程中的局部段落的现象而设想出来的。只要细想天下事物的已知情况，其实都是从低级向高级的发展，哪有普遍存在的正反合过程的？看来，一百多年前摩尔根、恩格斯所作人类早期社会的论述，应作整体性的修正。

在讨论了人类群体结构的早期形态之后，再来看看生产力与社会形态如何对应的问题。在这方面，已有体系中的大量论述，也应该作新的考虑。

自19世纪早期丹麦的汤姆逊提出了人类的生产力曾经过石器、青铜器、铁器这三大时代后，这种认识就一直成为经典模式。后来，考古学家又把石器时代分为旧石器和新石器两大阶段，还在旧、新石器之间划出一个中石器时代。此外，又在新石器和青铜器时代之间，划出一个铜石并用时代。各地区建立的考古学体系，基本是依此顺序来划分大段落的。

与此同时，因一定的生产力水平，往往和一定的社会形态相对应，不少人又在努力寻找以某种生产工具质地为代表的生产力水平与某种社会形态相对应的规律。例如在我国学者中，自20世纪50年代以来，在很长时间内，就以为石器时代和原始社会对应，青铜器时代和奴隶制对应，铁器时代与封建制对应。由于对古史分期问题有不同看法，一些学者则拿青铜器时代来同家内奴隶制对应，拿铁器时代早期同发达的奴隶制对应，以后才进入封建制时代。对于青铜器和铁器时代来临的标志，则几乎都以为是冶铜术和冶铁术的发生。

但如把视野放宽，研究具体化，采取这样的认识，遇到的困难就太多了。例如两河流域、埃及、印度和巴基斯坦、中国等地区，在青铜器时代确已建立了奴隶制王国，但并非是铜器刚出现时，如土耳其的萨约诺（çayönü）遗址在公元前7500年就出现了铜制装饰品，伊朗、印度的哈拉帕文化在公元前4000 ~ 3000年，已从铜石并用时代过渡到青铜器时代，遂而进入文明时期；而欧洲的青铜器时代，则还处在军事民主制或曰酋邦制的原始社会向文明时代的过渡期。西亚赫梯王国在公元前1400年发明冶铁术，其社会形态则和古埃及和中国三代时期的青铜器时代大体相当。日本在从朝鲜半岛及中国大陆引进冶铁术后的弥生时代，其社会形态只能相当于许多地区的铜石并用时代；在其以后的古坟时代，也只相当于中国的三代时期。正因发生了同样一种技术后，与之相应的社会形态有很宽的幅度，在以往的考古学著作中，就不把赫梯王国的文化称之为铁器时代文化；日本在铁器时代来到后，也只是将其文化称作弥生文化、古坟时代（文化），而不是笼统地称之为铁器时代的文化。过去的习惯是到了有文字记载的时代，则以王朝、王国或古族为名。

某种技术的出现并不能真正表明生产力发展总水平的情况，至二次大战后，已被一部分考古学家认识到，故自英国的柴尔德起，就不再像过去那样把磨光石器和陶器的出现，作为新石器时代来临的标志，而是把农业和牲畜饲养的发生，作为标志，并且新订出了一个前陶（或称无陶）新石器时代。这就意味着已从生产力的总体水平出发来划分时代。但这种做法，至今还没有应用到青铜器和铁器时代。

如果细作思索，就能认识到至少还应考虑到以下三方面情况：

第一，使用同样手工技术的文化，可以容纳两个甚至是更多阶段的社会形态；

第二，某种技术的发生（如冶铜术、冶铁术），不一定是一种新技术时代（如青铜器时代、铁器时代）来到的标志，必须还要具备其他的条件；

第三，同样一种技术，对不同生计方式的社会，所起作用并不一样，例如使用青铜器的农业文化、畜牧或游牧文化、渔捞文化，其社会形态将会很不一样。应该分别寻找不同生计方式的文化的生产力进步和社会形态的变化过程，不能以单一的轨道来表明不同生计方式的文化进程。

如果得到了上述认识，则现在归纳出的考古学体系，显然并不适应大千世界的多样性。换言之，今后应该寻找更合理的体系。这可能需要相当时间的努力，现在，只能先从中国考古学遗存的实际情况出发，提出一个粗线条的思考，以期引起讨论并能逐渐具体化。

例如在石器时代方面，因人类起源的时间大为缩短，原有的旧石器时代的早、中期已自然消失，所作变动，当然应该比较大。

具体做法似可有三种。

第一种是把原有的旧石器时代晚期，笼统地称之为旧石器时代，不再像过去那样称之为晚期，保留了旧石器之名而变化其内涵。

第二种是把旧、新石器时代合并，恢复当初汤姆逊的叫法，统称为石器时代，但依其技术进步程度和社会结构的变化情况，再划分期别。

初步考虑似可分为四大期或四大阶段。

第一期为初始期。主要使用打制得相当精致的石器，亦有较小的刮削器或其他小石器。以狩猎和采集为生。陶器尚未出现。居地主要是洞穴，但制作石器或在露天进行。人类在此刚出现的时期，就形成了与猿群有根本差别的实行族外对婚制的氏族·部落。为了稳定族外对婚制，图腾制相应而生。

第二期为栽培农业和原始畜养业的发生期，即原有旧、新石器时代的过渡期。工具以打制的小石器和细石器为主，已出现局部磨光技术。有的地方出现用手捏制的露天烧造的陶器，但多数地方要到下一阶段才烧制陶器。人工栽培某些农作物和畜养某些牲畜的活动发生，但规模不大，地点也不一定普遍，狩猎或渔猎和采集还占相当比重。洞穴居住与露天居住并存，聚落很小，有的已用石墙围绕，其相邻群体的联盟或已存在。

第三期为氏族·部落制的鼎盛期。农业已广泛传布，农耕地大有发展，农业收成和并存的畜养业，或是渔猎和以渔捞业为主的氏族·部落的收获量，都远比过去提高，故人口骤增，聚落扩大，在若干地区中出现中心聚落，并常有供护卫聚落用的土垣、石墙及围壕。制陶术大有进步，一般是经泥片贴筑法或泥条贴筑法阶段而发展出泥条盘筑法，普遍使用陶窑，陶器数量大增，制陶术已成为某些氏族成员的专业化生产。部落与部落的联盟已普遍化。部落之间，甚至是部落联盟之间不同产品的交换已经常化，形成了若干空间范围很大的文化圈。

第四期为文明前夕，或可称文明曙光时期，即石器时代末期或是至青铜时代的过渡期。有的地方已进入铜石并用时期，甚至出现了小型青铜工具和收割农作物的农具（如镰刀）以及装饰品，但青铜制的大型容器和兵器尚未出现。一些尚未出现铜器和仅用小型红铜器和青铜器的文化，其社会结构尚未发生阶段性的变化。

此阶段制陶术的发展很不平衡，一些农业较发达的地区，出现了轮制法，个别文化甚至制造出前所未见又后无来者的薄如蛋壳的光亮黑陶。但在畜牧和游牧文化中，仍只作手制陶器。不同地区特有产品的交换空间扩大，交换活动的稳定性加强。

贫富分化和等级分层出现，神权更加具有控制氏族·部落乃至联盟成员的作用，祭祀活动发达。各地因具体信仰有异，物产不同，祭器往往自有特点。中国东部和东南部地区（如龙山和良渚文化）流行以珍贵的玉石器来祭祀天、地和图腾祖先（鸟类），文字亦开始出现。族外对婚制正在被族外通婚的一夫一妻制代替，父权制已基本确立。各部落联盟纷纷结成联盟集团，其首领仍由推举产生，但往往是结盟双方的酋长轮流执政，而世袭制已开始萌芽。各联盟集团为争夺资源，控制其他集团，相互征伐不绝。这种状态下的社会制度，通常称作军事民主制或酋邦制，再进一步发展，就形成国家。这时期已跨到了文明时代的门槛，但尚未真正进入文明时代。

第三种是保留原有的旧、新石器时代的名称和基本概念，但将二者之间的过渡期，即栽培农业和原始畜养业的发生期单独划出。可使用早已出现过的中石器时代为名，当然已修改了原来的涵义。

这三种划分法，尽管期别的名称不同，实质内容却是差不多的。和以往的概念相比，这里则强调了总体性的观察角度。如从此角度出发，则其中的第二种办法，把总体性的观察角度表现得更为充分。提倡对历史作总体性观察，是二次大战后法国论坛史学的代表人物布罗代尔等对史学理论所作杰出的贡献，并且直至今日仍是西方史学思潮中的主流派。如果认同这种思想，就应该对传统的考古学体系，从总体性着眼作出新的变动。对石器时代的新思考已如上述，对以后的青铜器和铁器时代，也应该作出相应的新修正。

关于青铜器时代和铁器时代，首先应当讨论的是确定青铜器和铁器时代的标准。如从总体性的角度来观察，就不能仅以冶铜术和冶铁术的发生，作为这两个时代开始的标志。

青铜器的制作和使用，当然能引起生产力的提高、社会分工的扩大以及由此而发生的社会结构的变化。但究竟能引起多大变化，则是由许多条件的综合而决定的。就青铜器本身而言，最初只出现一些小型工具、收割农具和饰物。仅仅生产和使用这些物品，青铜冶铸业的规模还很小，生产力的提高、分工的扩大、社会结构的调整程度，都不会很大。但一当制作容器，特别是制作大量兵器后，铜器的需要便会猛然增大，发展青铜冶铸业马上成为头等大事。当青铜武器刚刚出现而只被少数族群掌握时，装备了青铜武器的军队，对于手持木矛、石斧的队伍来说，取胜是轻而易举的，所以各集团都要掌握青铜冶铸技术，争夺铜矿资源。

但已经掌握制作青铜兵器技术的族群，一定会尽量保密，防止其他族群学会。这种冶铸技术的扩散，不会是掌握者的主动传布。中国的夏、商、周三代所以能使九州咸服，其军事装备的青铜化显然是重要原因。中国已有的考古发现，正表明从二里头文化二期起，直到二里岗上层文化，只有夏、商王朝能铸造青铜兵器，周围的其他文化即使已发生了冶铜业，也未能制作出青铜兵器。也正因青铜兵器的制作，社会分工的扩大和组织及指挥军队权力的集中，就相应地加速实现，从而国家机器随之形成，并进一步加大了与其他族群的差别。夏、商、周三代所以能各占数百年的霸权地位，重要原因大概就在于其青铜冶铸业远比其他族群发达。

如果联系当时的社会形态来观察，大致能看到各文化在只能制作小型青铜工具与收割器的时代，还依然处在军事民主制或酋邦制阶段，一当使用青铜兵器后，特别是军队普遍掌握青铜兵器时，就相应出现国家机构，真正跨进文明时代。

当然，这还必须农业生产已发展到可以供养一批大小官吏的程度。试看世界各地，许多地区曾经历了一千数百年至两千多年的青铜器时代，但只有两河流域、埃及、印度和巴基斯坦、中国具备了青铜兵器的普遍使用和发达的农业生产这两方面的条件，所以才最先或相当早地进入文明时代，建立早期奴隶制国家。有些地区即使已使用青铜兵器，但数量较少，农业亦不够发达，还是处在部落联盟或联盟集团的阶段。

综上所述，可以认为仅仅使用少量小型青铜工具、农作物收割器和装饰品，只能算作刚踏上青铜器时代的门槛；如果大量制作青铜兵器而农业已能供应大批兵士和官吏，国家机构才能形成，劳动所得剩余产品使得畜养奴隶有利可得，社会形态才可以转变为奴隶制（当然是早期的家内奴隶制阶段）。这样看来，青铜器时代的真正来到和文明时代的进入，几乎是同步的。这是一种总体性观察的结果。当然，对具体的考古学遗存作判断时，青铜器发展的高度和进入早期奴隶制的界限，今天很难定出准确的计量标准，但在理论概念中，应该有其抽象的标准。

但对畜牧和游牧文化或是渔捞文化来说，青铜器时代的来到，其社会形态的变化，则走着另外一种道路。

例如中国西北干旱地带的甘肃、青海境内，早在近5000年前的马家窑文化中，已出现了小型铜镰刀，在此后的马厂、齐家文化中，小型铜器又有增加，但还是一些畜牧业虽然比较发达，农业生产仍是主体的石器时代末期至青铜器时代过渡阶段的文化。此后的辛店、卡约、寺洼等文化，则显然是一种畜牧文化。尽管此时亦已使用青铜兵器，但远不如同时期的商、周农业文化那么普遍。而且因其居处不定，青铜冶铸业并未得到很大发展。其牧民的贫富分化，首领的财富积累，整个族群的文明进步程度，都不如同时期的黄河和长江的中、下游地区的农业文化。考古学遗存中所见现象和古文献中的记录，都表明这仍是一些部落联盟或联盟集团，并未形成国家组织。

同时期北方长城内外草原地带的游牧和畜牧文化，如内蒙古西部的朱开沟文化和内蒙古东部到华北北部的夏家店下层文化，也是这种情况。有此数例，已能表现出青铜器时代的畜牧和游牧文化，其社会结构的变化，走着与农业文化不同的道路，并且一直延续到铁器时代。

铁器的发生，对促进古代生产力发展的作用，主要表现在提高农业生产方面。当冶铁术刚出现时，先是通过块炼法而取得杂质很多的一种熟铁。这种铁很软，根本不能制成农具使用；如制成兵器，还不如青铜的那样坚硬和锋利，所以掌握这种早期的冶铁术，并不能对其生产和军事力量发生很大作用。

但一当冶炼生铁技术发生后，就可以制作大量农具；而到了发现可锻铸铁和熟铁锻钢技术后，又获得了比青铜兵器更为坚韧和锋利的武器。中国早在公元前5世纪时就出现了冶炼生铁和锻钢技术，而在欧洲则要晚了很长时间才会使用这两种技术。从此，铁犁畜耕，中耕除草，开凿灌溉渠道等等技术，就在中国逐渐发展起来，使农业能够向精耕细作的方向发展。从公元前5世纪起至公元前1世纪，铁兵器也逐步取代了青铜兵器。由此铁器发展的过程来思考，不宜把冶铁术的发生当作铁器时代的开始。例如中国在公元前8世纪前后，冶铁术即已出现，但对整个社会并未发生什么大影响。只是到了铁农具已开始生产并逐渐普及之时，才大大提高了劳动生产率和农作物的产量，从此才能算作真正进入到了铁器时代。

铁器因其矿藏普遍，一经使用，很快就能普及化。因此，铁器使用对提高劳动生产率的作用，要远远超过青铜器的使用。中国的战国秦汉和欧洲的希腊罗马，正因铁器大量使用后劳动生产率的大幅度提高，就都从早期的家内奴隶制发展为发达的劳动奴隶制。

应当说明的是，欧洲古典时代的冶铁术，远未达到冶炼生铁的水平，但地中海沿岸的地理和人文环境，却可使商业远比其他地区发达，从而易于在周围地区掠取奴隶和贩卖奴隶，使这里的劳动奴隶制发展到全球最充分的程度。可见仅从某种技术的发展高度来衡量其生产力的总水平是难以准确的，还是应作总体性的考虑。

使用铁器对游牧和畜牧文化所起作用，最突出的是军事力量的增加而不见得是促使牧业的大发展。驰骋千里的骑士加上锋利的铁剑和远射的铁箭镞，使游牧部落能迅速转移至各地，掠夺农业居民的财富。战国时北方草原地带的林胡、楼烦和东胡，尤其是秦汉时期的匈奴和西北的羌戎，就因其军事能力而屡屡掠夺附近的农业居民。

此时，因财富的增加，牧民间也有了等级分层，首领们的财富积累远比从前扩大，控制的部落也远远超过以往，正因权力增加，匈奴之族还出现了固定的"龙城"（即王廷）之地。但终因游牧生活流动性强，未能形成严格的官吏管理制度，没有建立王朝或国家。实行这种生计方式的族群，在中国要到中世纪时，因某些族群力量很大，稳定地控制着大片土地，甚至还包括了大片农业区，才陆续有吐蕃、契丹、党项、女真、蒙古等族建立了国家，其中蒙古族所建大元帝国，包含着全部汉人和许多其他民族，是中国当代以前历史上统一性最强的王朝。

对于铁器时代的下限，几乎所有考古学著作都未明言。从理论概念来考虑，当终于工业革命的发生。这样来看，铁器时代的时间要远远长于青铜器时代，其间发生的社会变化是很大的，但主要不是因为冶铁术的进步而引起的。如从总体性考虑出发，其间出现阶段性变化的原因，许多历史学的研究作出过大量解释或推测，其中有许多是属于政治方面的，即使是一些生产力进步的原因，凡属汉末以后的，主要也不是因为冶铁术的发展而引起的。

四、技术、社会形态和思想意识的关系

上面主要是讨论了考古学体系中关于生产技术同社会形态之间关系的一些问题。但人类的文化进程，始终包涵着物质的、精神的和社会的三大方面内容，考古学自然还应考虑思想意识（即精神的）与生产力情况（即物质的）、社会形态（即社会的，或可称社会结构，主要指生产关系）的关系究竟怎样？这个问题比较复杂，在理论思考中又有相当的独立性，所以在本文最后，专门列出一节，谈一下技术、社会形态和思想意识的关系问题。

要讨论这个问题，势必面临着如何对待物质与精神的关系这一争论了两千多年的哲学的根本问题。历来争论的核心，自然是物质决定精神还是精神决定物质？两千多年来，物质论者和精神论者都说过许多有道理的话。精神论者一直主张有一种高于现存世界的“精神”（不论是主观的还是客观的）。当物质是客观存在这一事实已无法否认时，精神论者的重要理论是，如你根本不知道（认识）周围的物质，任何物质等于不存在；也就是说，外界世界的存在与否，改变与否，完全取决于人的主观意识的作用。物质论者则认为人的主观意识是由客观存在的外部世界决定的。其历史哲学的论述，还可以举出千万个例子来说明，人们为满足衣食住行等需要而发生的行为及其思想，都是由客观存在的物质状况决定的，从而历史的发展就是由于生产力的进步来决定的，也就是取决于生产力的进步程度。但对此，精神论者又会反问：生产力为什么能进步呢？不是因为出现了新的认识，导致了新技术的发生，才使生产力向前发展吗？这是很实际的情况，但如果承认这个事实，按照现有的历史哲学的理论，就是同意精神决定论了。

两千多年来的争论，都把物质和精神视为两种性质根本不同的东西。其实，只要以世界的统一性为基础来认识物质与精神的关系问题，就可以认为意识也是一种物质活动。按生理学的研究来说，思想意识是脑细胞活动的产物，它一经产生，可以支配或影响人体其他部位的活动，还可以通过人体来影响人体以外的其他种种物质活动。这就是说，在所有物质活动中，思想意识是最高级的物质活动，其他一些机械性质的或是有其具体外部形态的活动（包括制作工具、建筑、食物、药品以及战争等等），都可称作是低级形态的物质活动。把思想意识和其他一些物质活动划分为高级、低级的类别后，就可以看到思想意识这种高级性质的物质活动，不仅具有自由组合、随意发展的抽象形态，还有其支配、改变、影响许多低级形态的物质活动的能力。于是，这种高级形态的物质活动就可以不断促使生产力的发展，影响或改变历史的进程，甚至导致许多历史的具体活动所以是这样而非另样！

如果达此认识，唯心论和唯物论的争论，历史唯心论和历史唯物论的争论，也许可以告一段落，在世界统一性（也可说是物质的统一性）这个认识基础上取得共识。在这种认识的基础上，就可以比较清醒地分析出在人类的历史进程中，人类的主观意识究竟能起多大作用？由于人类的历史进程相当漫长，又因各种条件的千变万化，在不同场合下主观意识的作用当然大小不一，可是具有决定意义的时刻，并不是少见的。

这里所以花费不少笔墨来讨论物质与精神的关系问题，就是因为在考古学研究中，随时都会遇到这个问题。现在仅举一例来略作说明。

中国的夏、商、周三代文化，至秦、汉时代发生了很大变化。其间，在经过了一段过渡时期后，土地私有制确立了，铁器得到普遍使用，农业大有发展，人口骤增，等级制度发生变化，中央王朝和分封诸国并存的国家管理制度转变为中央集权的统一帝国。这个变化，当然是由不同步骤完成的，但其最重要的起因，却是战国中期秦孝公时的商鞅变法——一次意识形态和政治管理制度的大变动。

三代之时，特别是西周时期，周王室为维护其五等爵制和卿、大夫、士、庶人的等级制度，在原有氏族制度的基础上，建立和实行着一套严密的宗法制度和礼乐制度。当西周分封诸侯后，各诸侯国也实行这些制度。这种宗法制度和礼乐制度，可以习称为“周礼”。

后来，随着以村社为基础的土地公有制的逐步松散以至走向解体的道路，更因周平王东迁后周王室的日益衰落和诸侯的强大，这套制度慢慢紊乱，但至战国时各诸侯国还是大体保留着“周礼”的框架。到了战国中期，惟独秦国却实行商鞅变法，大大更废“周礼”的制度。秦国基本废除了西周以来周王室推行的世袭的五等爵制和与之对应的礼乐制度，推行以军功论定的二十等爵制，往日的宗法制度自然也随之渐渐松弛。据已知春秋的秦国墓葬，随葬品皆按“周礼”规定，贵族依其爵等而随葬成套青铜礼器，平民则只随葬日用陶器。但至商鞅变法后，在与前相同级别的秦人墓葬中，青铜礼器突然不见了，如山西侯马乔村和河南三门峡市发掘的三四千座中、小型的战国中期以后（含一部分汉初的）的秦人墓中，有的竟有18个殉人（乔村M2），墓主的身份地位当然很高，但亦和平民的小墓一样，不出或只出少量的日用陶器和少量印章、带钩等小型铜器。可是此时东方六国仍基本沿袭着“周礼”规定的随葬品制度（仅平民自春战之际开始用仿铜陶礼器随葬），说明只有秦国才比较彻底地废除周制。此外，在秦国征服六国的过程中，凡秦军所到之处，六国故地的原有居民，也都被迫不用“周礼”旧俗，而依秦人风俗以少量日用陶器随葬。这些现象，都可表明秦国的商鞅变法，的确就包括更除“周礼”的内容。

秦与东方六国的相互征战，历时已久，但上述商鞅变法切断“周礼”传统的情况，显然又暗示出秦人意识形态的主流已经改变了方向。这应当就是秦国力量迅速大为增强的重要原因，从而仅仅经过百余年的时间，就达到了以商鞅变法后的秦国制度来构筑统一王朝的目的。

这个例子，应当能够说明思想意识的改变，在一定条件下是可以决定历史前进方向的。

现有的考古学体系，是一个半世纪以来逐渐形成的，在这段时间中，无论是自然科学或是人文学科，都得到了巨大进步，因此，现在当然应该对已有的考古学体系，进行多方面的反思，努力构筑一个更符合实际情况的新体系。

自考古学诞生以来，自然科学和人文学科的进步速度，愈来愈迅速，但也遭遇到两次世界大战的空前巨大的人为灾难。在此新世纪刚刚来临之际，科学的新进步令人更加目眩，但两次世界大战的灾难记忆犹新。这样，人们当然更加向往和平。但不同文化的歧视和人间的不平等现象，依然严重。当人们创造物质财富的力量愈来愈大之时，人文学科的重要性，实质上是更为突出，总结人类正反两方面的历史经验，并普及到不同文化的人群之中，应该是新世纪中最重要的任务。这当然需要全球各行各业人们的共同努力。但就总结历史经验来说，尽可能准确地揭示出自有人类以来的历史过程的真相，从认识过程而言，具有基础性的意义。因为得知真相，才可能概括出可靠的理论认识，使当今的人类能更清楚地了解自身的本能及其力量，摆脱一些本可避免的人为灾难，把自身合理前进的道路，认识得更清楚些。

考古学只是人类众多活动中的很小一部分，上述愿望对于考古学者来说，也许会被人讥讽为夸父逐日，但如抱此理想，就能获得忘我的探索精神。对于寻求若干万年以来人类历史进程真相的一个考古学者来说，即使明知自己的努力顶多为建设未来的宏伟的人类历史大厦铺垫一块小小的基石，也将会乐而不倦。

2001年5月2日，于北京小石桥寓所

本文的第一至第三部分写成于2000年12月下旬至2001年元月观察三峡工程重庆库区的考古新发现的途中，后略作修改，曾以《世纪之交话考古》为题，发表于2001年2月7日、2月14日、2月21日、2月28日、3月7日、3月14日的《中国文物报》上。后收入《古史的考古学探索》，文物出版社，2002年7月。

航空摄影与考古学

——内蒙古东南部航空摄影考古报告·序

《内蒙古东南部航空摄影考古报告》是我国第一部由考古人员完成的航空摄影考古工作的正式报告。航空摄影考古于20世纪20年代发生于英国，我国则要迟到90年代才开始进行这种工作。在现代考古工作中，从空中寻找地下古迹，对于湖泊、沼泽和水田以外的旱地来说，是一种效果明显，因而愈来愈被普遍实施的方法。在全球范围内，欧洲地区具有旱地为主、人类活动时间悠久、地下古迹众多、现代科学技术发达这几方面的条件，因而航空摄影考古最为发达。我国的地下古迹比欧洲要丰富得多，长江以北又是以旱地为主，故开展航空摄影考古的需求是很迫切的。可是由于航空事业在很长时间内比较落后，故迟迟未能开展这项工作。直到90年代，经过多方努力，航空摄影考古工作才得以具体开展。

对开展航空摄影考古必要性的认识，在我国考古学界中其实早已取得，但要具体实施，在我国至少还需要两方面的条件。首先是要政府批准具体的实施项目，并取得必要的经费支持。因为按照我国的航空管理规定，在空中飞行的路线和时间，必须得到政府和空军的批准。同时还需要得到有相当航空摄影考古学知识和经验的专业人员的具体指导，否则，如果从头积累经验，逐渐提高，必将花费许多年的时间，才能达到当今可以做到的水平。为了取得这两方面的条件，从1987年起，我们一方面不断向文化部和国家文物局介绍航空摄影考古的意义，另外又同德国鲁尔大学史前考古学研究室建立了密切的联系，以取得技术上的指导和帮助。经过这些努力，至1996年，文化部和国家文物局终于批准在中国历史博物馆建立一个“航空摄影考古工作小组”，并立即在河南省洛阳市开展航空摄影考古的飞行勘察工作。1997年以后，该工作小组改建为“遥感与航空摄影考古中心”。该机构在各地开展工作时，又与当地的文物部门联合成一体，共同开展工作。如果把中国历史博物馆和各地文物考古单位内能够进行航空摄影考古的人员（含飞行勘察和室内整理）算在一起，现在我国的这种专业人员已有10余人。

自1996年至今，我国进行的航空摄影考古的飞行勘察和室内整理研究，主要有三大项。

一是1996年4～5月由中国历史博物馆航空摄影考古工作小组与洛阳市文物局合作进行的河南省洛阳市和巩义市一带的飞行勘察，观察的主要对象是偃师二里头遗址、偃师尸乡沟商城遗址、偃师汉魏故城遗址、洛阳和偃师的邙山汉魏墓葬、洛阳隋唐东都城遗址南部、巩义市的部分宋陵。拍摄的数千张低空飞行的斜摄照片中，含有大量地下古迹的现象。飞行勘察工作结束后，因参加这次工作的人员，有些已离开了航空摄影考古队伍，室内整理工作需另行安排人员才能开展起来，故拖延至今，尚未真正开始。

二是1997～1999年期间由山东省文物考古研究所与德国鲁尔大学史前考古学研究室合作，对20世纪20～30年代美军所摄山东省临淄县境的航片，进行室内观察与分析，并制成临淄全境古城与古墓位置地图。该书已于2000年10月由山东省地图出版社出版，名为《中国临淄文物考古遥感影像图集》。这是我国第一部航空摄影考古的报告集，由于照片是半个多世纪以前所摄，上面所见古迹，有许多今天已经消失，因而对于记录和了解临淄的古迹来说，此书具有后来的任何资料无法取代的作用。当然由于这是高空所摄正视照片，许多隐藏在地下的古迹或是面积很小的古迹，未能观察分辨出来。这就意味着今后如在临淄境内作低空飞行勘察，一定还能发现若干地下古迹。

第三就是本书记录的1997～1998年期间由中国历史博物馆遥感与航空摄影考古中心同内蒙古自治区文物考古研究所等单位联合进行的内蒙古东南部地区的航空摄影考古工作。全部工作分成三个阶段来完成。第一阶段是1997年10～11月进行的低空飞行摄影与勘察；第二阶段是1998年5月进行的古迹地面复查与测量定位；第三阶段是1999年至2001年初进行的室内整理工作，包括航摄照片的分析与计算机处理（如把斜摄图像校正为正视图像）、制作地图、制订报告提纲与具体撰写。对于一项航空摄影考古的全过程来说，应当包括飞行摄影与勘察、进行地面考察来复查和校正照片资料、制作古迹的地图或影像图、结合史籍记载研究遗迹现象的历史过程。本书就是依次进行了上列各步骤的工作后完成的，因此，可以认为本书是一本完整的、严格的航空摄影考古报告。

我国航空摄影考古事业的诞生，可以从1996年算起，至今只有短短的6年。本书肯定还存在着许多不足之处，但仅仅是6年的时间，我国第一代的航空摄影考古人员就从无到有地开创出了这个局面，完成了这样一本航空摄影考古报告，当然应该得到大家的尊重。自1987年以来，我一直挤出时间来投身于我国航空摄影考古事业的筹划与开展，深知在我国创设航空摄影考古事业的甘苦。因此，当我见到本书终于编写完毕时，马上就想起本书的另一顾问宋宝泉博士为建设我国航空摄影考古事业所费的大量心血和遭遇到的种种难处，正是由于他全身心地投入，1996年以来我国所进行的三大项航空摄影考古工作才能够按照当今航空摄影考古的要求加以实现。

自20世纪60年代以来，全球的科学技术得到了巨大进步，人文学科也正在发生深刻变化。可以预计，在21世纪，考古学必将获得全局性的新进步，航空摄影考古应当也是这样。所以，本书的出版，我希望不仅是开始填补我国航空摄影考古这个空白的标志，最好还能够成为进一步发展航空摄影考古的一个初步基础。当然，这并非仅指我国已有的能力而言，对于我国的航空摄影考古事业的建设者来说，恰恰应该更好、更快地懂得其他国家航空摄影考古的成绩，进行更广泛的国际协作，共同推进航空摄影考古学。

2001年4月3日于四川成都

本文是《内蒙古东南部航空摄影考古报告》序，科学出版社，2002年4月。

二

史前与夏商周时代的考古学探索

铜山丘湾商代社祀遗迹的推定

《考古》1973年第2期的《江苏铜山丘湾古遗址的发掘》，发表了1965年冬发掘的一处商末杀人祭祀遗存。这应是社祀遗迹。自1914年王国维首先找出二条祭社卜辞以来[1]，商代确已有社祀之事被愈来愈多的甲骨卜辞所证实[2]。像全世界许多农业部落一样，中国上古时期的黄河、长江流域等地，随着对农业依赖性的增长，亦发生了对地母和农神的崇拜。商、周以来，人们是以社为地母，稷为农神的。《说文·示部》："社，地主也"，说的就是社为土地之神。《礼记·月令》郑玄注："社，后土也，使民神焉，神其农业也"，把社的这种含义讲得更清楚。商代的社，就是源自原始氏族—部落对地母的共同崇拜，但它已发展为农村公社的一个基层组织。研究这种组织，对了解中国古代社会的发展规律具有很大意义。几十年以来发掘的商代遗址，规模虽然很大，可是却没有任何遗迹可判明是和社的活动有关。现在，南京博物院的同志们终于把一处社祀遗迹发掘出来，这是很值得高兴的。

据原报告，丘湾遗址在一近山傍水的台地上，整个面积发掘前仅存3，000平方米左右，原来当是一个很小的居民点。已发掘的部分是遗址的中心地区，有733平方米。社祀遗迹位于发掘区的偏南处。它是在台地逐渐下降的坡地上，如果从平地登临台顶，迎头就要碰上此社。从整个遗址的布局加以分析，当时大约

[1] 《殷墟书契考释》卷下59页，1914年王国维手写石印本。

[2] 参见《殷虚卜辞综述》582—584页，科学出版社，1956年。

是把社设在住地之南、居住建筑物下方的中央部位。对每天都要出入上下的居民来说，这无疑是一个便于集中、适宜公共活动的神圣场地。

遗址的中心是矗立于地上的四块天然大石，周围有人骨架二十具、人头骨两个、狗骨架十二具。人架大多俯身屈膝，双手反缚，性别、年龄可辨者有六男四女，皆青、中年，都是被杀后就地用黄土掩埋的。全部人骨架中，一半左右头骨破碎，有的在头骨旁或腕骨旁出石块一，似表明主要是被砸死的。发掘的同志根据掩埋深度，把人骨架和狗骨架分为两层：下层有人架三、人头骨一、狗架十；上层有人架十七、人头骨一、狗架二。部分人架和狗架，有的同层叠压，有的上下层叠压，而全部人架和狗架的头向又都对着中心大石。这些现象，至少可以表明：

1.人、狗被杀是以中心大石为神祇进行祭祀；

2.同样的祭祀方式至少曾进行二次，很可能有多次，所以这不是偶一实行的临时活动，而是一种固定的习俗。

把这断为社祀遗迹，主要有两方面的根据。

第一，中心大石当是社神。

商、周以来，主要的社神用树来代表。《论语·八佾》曰："哀公问社[3]于宰我。宰我对曰：'夏后氏以松，殷人以柏，周人以栗'"。《周礼·地官·大司徒》曰："设其社稷之壝，而树之田之，各以其野之所宜木，遂以名其社与其野"。类

[3] "社"或作"主"。何晏《集解》和皇侃《义疏》本作"社"，《经典释文》卷24谓"郑本作主"，新疆吐鲁番出土卜天寿抄本《论语郑氏注》正作"主"（中国科学院考古研究所资料室：《唐景龙四年写本〈论语郑氏注〉校勘记》，《考古》1972年2期56页），邢疏引张、包、周本和《左传·文公二年》正义引亦作"主"。按《白虎通》引《论语》是作"主"字（《礼记·曲礼下》正义、《北堂书钞》卷八七、《通典·礼八》引），董仲舒所从当为齐、鲁之《论》，可知古《论》作"社"，齐、鲁之《论》作"主"，二义实际是不通的，当从古《论》。又按：《八佾》"哀公问社"句郑本作"主"之所据，见《礼记·祭法·孔疏》。《孔疏》曰："案《异义》，今《春秋公羊》说祭有主者，孝子之主系心。夏后氏以松，殷人以柏，周礼以栗。又，《周礼》说，虞主用桑，练主以栗，无夏后氏以松为主之事。许君谨案从《周礼》说，《论语》所云谓社主也。郑氏无驳，从许义也。"但许慎之时，通行的当是《古论》，故《御览》卷五三一引《五经异义》曰："哀公问社于宰我。宰我答：夏后氏以松，夏人都河东，河东宜松也；殷人以柏，殷人都亳，宜柏也；周人以栗，周人都沣、镐，沣镐宜栗也。"《五经异义》所引此条，当非《古论》原文，其中"夏人都河东，河东宜松也"，"殷人都亳，宜柏也"，"周人都沣镐，沣镐宜栗也"诸句，当为许慎解说之辞。

似的记载，不胜枚举，商、周时期主要以树为社神，是可以肯定的。

此外，又有立石为社神事。这在先秦两汉古籍中凡三见。其一是《周礼·春官·小宗伯》郑玄注:“(军社)社之主盖用石为之”。其二是《吕氏春秋·贵直论》:“(晋文公)城濮之战，五败荆人，围卫取曹，拔石社，定天子之位，成尊名于天下。”其三是《淮南子·齐俗训》:“殷人之礼，其社用石(高诱注；以石为社主也)”。《周礼·春官·小宗伯》郑玄注:“社之主盖用石为之”句中的“社之主”，原文当为“祖之主”[4]，可不必据。但以后的东魏天平四年时和唐神龙时的太社，亦曾用石主(《唐会要·社稷》)。《唐会要》卷二十二引梁崔灵恩《三礼义宗》曾作这样解释:“社之神用石，以土地所主最为实，故用石也。”《御览》卷五三二引成伯璵《礼记外传》则说:“社树各以其土所宜木，社主用石。”看来，当时的一部分三礼学家曾认为一社之中是既有社树，又有社主。其实，先秦两汉时期是只有一个社神的，即多数是树，少数或为石，所谓“社主”，是沿袭了把“祖之主”讹为“社之主”的错误。当时，即使是出师行军，也是“立军社，奉主车”(《周礼·春官·小宗伯》)，仍依“左祖右社”(《考工记》)之制，社和主是两种东西。看来，今本《周礼·小宗伯》郑玄注“社之主盖用石为之”句中把“祖”字误为“社”字，是早在六朝时已发生的。但孙诒让在《周礼正义·小宗伯疏》中整个否定古有石社之说，以为《淮南子》和《吕氏春秋》中所说都是“以田主(即指社树)与社主(即祖，指神主)为一，殆不足据”，则仍拘泥于习见的“社主”的记载，并不确切；而像孙锵鸣《吕氏春秋高注补正》以为“拔石社”句系指地名之说，又更是没有读清楚全段文义。当时的确实情况应是:《淮南子》所载殷人

---

[4] 《小宗伯》此句为“若大师，则帅有司而立军社，奉主车”，郑注全文为“有司，大视也，王出军必先有事于社，及迁庙，而以其主行。社主曰军社，迁主曰祖”。《春秋传》曰：“军行祓社，衅鼓祝奉以从。曾子问曰：‘天子巡守，以迁庙主行，载于齐车，言必有尊也。’《书》曰：‘用命赏于祖，不用命戮于社。’社之主，盖用石为之。奉谓将行。”郑玄前引《春秋传》，以社、祖并言，后引《书·甘誓》言社，其下所言石主，当为“祖之主”。今本所作“社之主”，应为“祖之主”或“神之主”之讹，其例自明。但贾公彦所见之本已误，故又引许慎《五经异义》作歧出之异说。贾云：“案许慎云：‘今山阳俗祠有石主’，彼虽施于神祠，要有石主，主类其社，其社既以土为坛，石是土之类，故郑注‘社主盖以石为之’”。按《御览》卷五三一引《五经异义》全文为：“谨按大夫以石为主，礼无明文。大夫、士无昭穆，不得有主，今山阳民俗祀有石主”，此“石主”亦指家庙之主而言，其文甚明，贾公彦又误引许慎说。王复、武亿辑校《驳五经异义》，每即指明“石主”是“神主”，也就是祖先的象征。所谓“祖之主”或“石主”，当即石祖。

“其社用石”，必有所据，有其来源；而《吕氏春秋》“拔石社”句，则是指社稷而言甚明。那时，既然有些社神是“用石为之”，就有理由推测丘湾遗迹的中心大石，就是社神。

第二，杀人祭社正是这地区尤为盛行的习俗。

祭社之法，在《周礼·春官·大宗伯》中叫做“血祭”。后来的注释家都认为“血祭”是用牲血为祭。十余年前丁山提出了“血祭即人牺”之说，以为甲骨文中的“土（社）”字或写作□、□、□，是“象血滴于社主之上”，“春秋时代用俘虏于社，正是殷商野蛮风俗的遗存”[5]。在商代的那种奴隶制下，用俘虏祭社，自然会非常普遍，丁说是可从的；当然，东周时代的“血祭”，大概确已变为用牲血为祀。丘湾遗迹中的人祭，很可能就是商代的那种“血祭”。

古代的某些习俗，尤其是像用树还是用石来作社神这种信仰，在某个具体地区一般说是会流传久长，相当牢固地沿用下去的。从这种角度来考虑，更能肯定丘湾的杀人祭祀遗迹乃是社祀之迹。因为在这个地区，或者说在这附近的地区，直到春秋以后，乃至汉、魏时期，依然存在着这种野蛮习俗。

春秋时代这地区依然遗存着杀人祭社的情况，有如《左传·僖公十九年》所说：“夏，宋（襄）公使邾文公用鄫子于次睢之社，欲以属东夷。司马子鱼曰：‘古者六畜不相为用，小事不用大牲，而况敢用人乎？祭祀以为人也，民，神之主也，用人，其谁飨之？齐桓公存三亡国，以属诸侯，义士犹曰薄德，今一会而虐二国之君，又用诸淫昏之鬼，将以求霸，不亦难乎？得死为幸。’”司马子鱼说用人祭社是“用诸淫昏之鬼”，足见这是原居此地的东夷遗俗，而不是当时其它列国的风俗。杜预注说：“睢水受汴，东经陈留、梁、谯、沛、彭城县入泗。此水次有妖神，东夷皆社祠之，盖杀人而用祭。”杜预把这是东夷之俗讲得很明白。沈钦韩在《春秋左氏传地名补注》中曾对“次睢之社”的地望作了考证。他说：“据《水经注》：‘睢水入泗谓之睢口。’《方舆纪要》：‘睢水至宿迁县东南而合于泗水（今为大河经流），亦曰睢口，亦曰小河口。’则‘次睢’当在徐州府境。”根据上引的考证，“次睢之社”距丘湾遗址不远，进一步说明这里的杀人祭社之俗在春秋

[5] 丁山：《中国古代宗教与神话考》501—502页，龙门联合书局，1961年。

以前是很盛行的。

杜预另注又说那次人祀不是用于周社，这又暗示那应是商代的遗俗。按春秋时列国的设社制度，“诸侯为百姓立社曰国社，诸侯自为立社曰侯社”（《礼记·祭法》），而“国社”之外又有“亳社”（《左传·闵公二年》及杜注）。诸侯大都是姬姓，所谓“国社”即指周社；“亳社”则为殷社。殷被周灭，周代鲁国等诸侯所以于周社以外又立殷社，是为了“戒亡国”（《春秋·哀公四年》杜注）。宋襄公的那次杀人祭社，既非用于周社，当即用于“亳社”。应当引起注意的是人祭之事皆用于殷社。除上引之例外，又如《左传·昭公十年》：“秋七月，（鲁季）平子伐莒，取郠。献俘，始用人于亳社。臧武仲在齐闻之曰：‘周公其不飨鲁祭乎？周公飨义，鲁无义。’”再如《左传·哀公七年》：“（鲁季康子伐邾）师宵掠，以邾子益来，献于亳社。”杜预以为献俘于亳社是“以其亡国与殷同”，但透过这表面现象，又可看到这是东夷旧地的遗俗，鲁国是在攻取这莒县之地后才传染上这种早期的野蛮风俗的，而这种习俗正是因为盛行于商代，所以都只用于殷社。《续汉书·郡国志三》刘昭注引《博物记》又说：“次睢有大丛社，民谓之食人社，即次睢之社。”《艺文类聚》卷三九引伍辑之《从征记》则说：“临沂厚丘间，有次睢里社，常以人祭。襄公使邾子用鄫子处。相承雇贫人，命斋絜，祭时缚着社前，如见牲牺。魏初乃止。”可见这种野蛮风俗，在这东夷旧地，一直延续到三国之初。

所有这些情况，都说明在东夷旧地，杀人祭社的陋俗，源流长久，尤为普遍。《后汉书·东夷传》说：“武乙衰敝，东夷寖盛，遂分迁淮岱，渐居中土。”东夷在商末已经向西扩展到鲁西南，力量日益强大，所以“纣克东夷而殒身”（《左传·昭公十一年》）。《左传·昭公元年》又说：“虞有三苗，夏有观扈，商有姺邳，周有徐奄，自无令王，诸侯逐进。”据杜预注：“（徐、奄）二国皆嬴姓。《书·序》曰：‘成王伐淮夷，遂践奄’，徐即淮夷。”奄是在今曲阜地区，徐在今泗水一带（《史记·周本纪》正义引《括地志》）。到周初成王时，“召公为保，周公为师，东伐淮夷践奄”（《史记·周本纪》）。周初金文中征伐东夷的记录也很多[6]。可知在商末到周初，与丘湾遗址很近的曲阜、泗水一带是淮夷之地。丘湾遗址所出商代

[6] 徐中舒：《殷周之际史迹之检讨》，《历史语言研究所集刊》第七本第二分册155—158页，1936年。

陶器，下层属殷墟早期，上层属殷墟晚期，社祀遗迹属上层，即相当于殷墟晚期。据1962年安阳大司空村的发掘，丘湾上层相当于大司空村第四期[7]。对照安阳小屯的发掘，在相当于大司空村第三期的小屯西地H1中曾有武乙、文丁时期的甲骨伴出[8]，这就可以推知丘湾遗迹应当在武乙以后，即属于“东夷寖盛，遂分迁淮岱”的时代。在那个时代，丘湾的居民肯定是和淮夷的中心地区相距甚近。即使由于目前对商、周之际东夷文化的认识还很不清楚，无法确切判断丘湾商末遗存是淮夷的一部分还是属于其它方国，但至少可以知道这里是和淮夷相邻而存，接触频繁，而且互为影响较深的地方。所以，东夷盛行杀人祭社的风俗，至少是推断丘湾遗迹为社祀之迹的有力旁证。

丘湾遗址中商末社祀遗迹的发现，说明当时的地母崇拜已被打上深深的奴隶制度烙印。如果能对杀祀人骨进行更仔细的观察和测定，也许可以对这种习俗的研究乃至东夷文化的探索，提供更多的线索。

原载《考古》1973年5期，1976年8月25日略作修改。后收入《先秦两汉考古学论集》，文物出版社，1985年6月。

[7] 中国科学院考古研究所安阳发掘队：《1962年安阳大司空村发掘简报》，《考古》1964年8期380—382页。

[8] 河南省文化局文物工作队第一队：《一九五五年秋安阳小屯殷墟的发掘》，《考古学报》1958年3期65—71页。

周代用鼎制度研究

序言

周代有一套严密的礼乐制度，人们衣、食、住、行的一切举动，几乎都必须按其规定才能进行。它实际是一套不成文法。

这种礼乐制度，是适应宗法奴隶制等级制度的需要而出现的。有许多内容，本是源于氏族社会的原始习俗，而在奴隶制产生后，又成为维系和巩固等级制度的锁链及其表现形式。所以，随着宗法奴隶制中那一套等级制度的解体，它也日益崩溃。

马克思说："在不同的所有制形式上，在生存的社会条件上，耸立着由各种不同情感、幻想、思想方式和世界观构成的整个上层建筑。"[1]历史上不同形态的上层建筑，必然反映出其时社会生产方式的特点。通过研究先秦古礼来考察当时社会的具体形态，无疑是一个有希望的新鲜途径[2]，而这种考察的第一步，当然要先搞清楚这套古礼的原来面貌。

整套先秦的礼乐制度，是一个庞杂而又变化着的体系。现知最迟在二里头文化第三期时，已出现了只有一部分人才有使用权的青铜礼器，如爵等[3]，礼乐制度

[1] 《路易·波拿巴的雾月十八日》，《马克思恩格斯全集》第8卷149页，人民出版社1961年版。以下引书凡重见者，皆只于第一处注明版本。

[2] 在五十年代后期，杨宽已经开始了这方面的工作，见所著《古史新探》，中华书局1965年版。

[3] 中国科学院考古研究所二里头工作队：《河南偃师二里头遗址三、八区发掘简报》，《考古》1975年5期302、304页；中国科学院考古研究所二里头工作队：《偃师二里头遗址新发现的铜器和玉器》，《考古》1976年4期259—261页。

此时当已萌芽。经过后来的发展，到了周代，膨胀成一整套各种礼乐彝器都要按照贵族身份和礼仪隆杀不同而使用的繁琐制度。其中，用鼎制度占有核心位置。

鼎本是仰韶时期甚至更早的裴李岗、磁山文化时期就已出现的普通炊器，为什么后来从日用器皿中分化出来而成为最重要的礼器呢？这大约同祭祀有关。当原始社会进入到父系氏族制以后，越来越发展了对天、地、山、川等等神祇的崇拜，并发生了祖先崇拜。这种信仰，到商、周之时，达于极点，凡有大事，都要卜问和祭祀种种神祇与祖先。《左传·成公十三年》所说“国之大事，在祀与戎”，正反映出了这个特点。祭祀当然会用牲肉，而牲肉是要放在某个器皿中的。估计正因鼎是祭祀所用盛牲之器，就被赋上了神圣的意义，于是便从日用器皿中分化出来而成为重器。甲骨文中贞即鼎（ ）字，在鼎字含义的孳衍过程中，还保留着这种痕迹。

在《左传·桓公二年》、《左传·宣公三年》、《墨子·耕柱》、《逸周书·克殷》、《国策·东周策》等篇章中，有夏铸九鼎、迁于商周以及其后楚、齐、秦诸国又企图从周天子手中夺取周鼎以作王权标志的传说和史实[4]，这反映出那时甚至把重鼎当作国家政权的象征物。鼎有如此重要的地位，周代自然会在礼乐制度中，把用鼎的规格作为各级贵族身份的一种重要标志。

周人的用鼎制度，应有自身的传统；当然，这并不是说用鼎有其制度是始于周人。在商代二里岗期墓葬中，已见到能否以鼎随葬和用鼎多寡的现象，应同墓主身份高低有关[5]。到了殷墟期，大量的自由民小墓用仿铜的陶觚、陶爵等礼器随葬，而不用仿铜陶鼎，鼎的使用权在贵族与平民之间，似已有了相当严格的界限。商人的用鼎制度目前虽因材料不足而不得其详，但商、周二代贵族等级制度的具体内容是不一样的，其用鼎制度当然有所差异。

周代实行的是一种天子、诸侯、卿、大夫、士的等级制度，它是建立在井田制那种经济基础上的。随着井田制的破坏，这套贵族等级制度及从属于它的用鼎

[4] 关于周鼎的下落，不很清楚。《史记·封禅书》曰：“……秦灭周，周之九鼎入于秦。或曰宋太丘社亡，而鼎没于泗水彭城下。其后百一十五年而秦并天下”；《秦始皇本纪》亦曰：“（二十八年）始皇还过彭城，斋戒祷祠，欲出周鼎泗水，使千人没水求之弗得。”

[5] 参湖北省博物馆、北京大学考古专业“盘龙城发掘队”：《盘龙城一九七四年度田野考古纪要》，《文物》1976年2期13页。

等礼乐制度，自然相应地发生变化。讲具体一点，从西周到战国这八百年期间，用鼎制度发生了从严格到崩坏的变化。但是，这个变化在最近几年中，却往往被弄扭曲了。这一则是因为现有的西周材料不多，况且就完整的鼎制材料来说，至今还有缺环，容易误以为西周前期时鼎制尚未严格起来；二则是对符合当时使用情况的本来分类没有搞明白，不可避免地会弄错一些现象；三则是忽略了经济基础与上层建筑关系的唯物主义基本原理，以至出现了论述一种上层建筑是在其经济基础走向破坏时才得到加强的理论上的混乱。

从分析周代鼎制的分类及其使用制度开始，进而考察使用制度发生的变化，以研究周代社会等级制度的部分内容，便是此文写作的步骤和目的。

上篇　周代鼎制分类及其使用制度

鼎的分类工作，可以从形态和使用制度等不同的方面来进行。对研究先秦古礼及其反映的宗法奴隶制的等级制度，并进而考察其发生、发展、衰亡过程来说，自然应先搞清楚它们在使用制度上的分类。当然，二者又是有联系的，功用不同的鼎在形态上也往往有所差别，但这总是两个不同的方面。这里着重考察的，就是其使用制度上的分类。

在先秦古礼中，周代的鼎按其使用目的不同，可分为三大类，即镬鼎、升鼎和羞鼎。这是周人自己的分类，它本来在经学家中一直是相当清楚的，但考古学家却几乎不用它来分析大量发现的遗物。只有把这种在考古学界中被遗忘的制度恢复起来，才可能比较准确地研究周代的用鼎制度。

一、镬鼎的推定及其使用制度

鼎本是炊器，最初当兼有炊具和飨具两种功能。但后来发生分化，出现了专作炊具的镬和专作飨具的鼎，不过在其器物的自铭中，往往也可通称为鼎。当鼎在分化为镬鼎、升鼎、羞鼎三大类后，真正具有炊器意义的，只是镬鼎。

这种分化，最迟在商代安阳期已经开始。此时鼎、镬二字并见。甲骨文镬字作（《乙》2762）、（《前》6·45·8）等等，周初的《引鼎》作（《三代》

3·14·6;《引觥》略同,《三代》18·21·3—4）[6]，字皆从鼎隻声，是此字古体。《引鼎》的镬字鼎符下从火，说明其本义就是煮牲的炊具。商代鼎字是象形字，镬字却是形声字，从文字发展的规律来考虑，最初出现的这种器皿就叫做鼎，随着用途上的分化，后来才出现镬。

周代把炊具之鼎叫镬，在“三礼”及郑玄注中说得很明白。例如：

《仪礼·少牢馈食礼》:“羹定，雍人陈鼎五：三鼎在羊镬之西，二鼎在豕镬之西。”

郑玄注《仪礼·士冠礼》:“煮于镬曰亨。”

郑玄注《仪礼·士虞礼》:“亨于爨用镬。”

郑玄注《仪礼·特牲馈食礼》:“亨，煮也；煮豕、鱼、腊以镬，各一爨。《诗》云:‘谁能亨鱼，溉之釜鬵。’”

《周礼·天官·亨人》:“掌共鼎、镬，以给水火之齐。”郑玄注:“镬所以煮肉及鱼、腊之器。既孰，乃脀于鼎，齐多少之量。”

《周礼·春官·大宗伯》:“凡祀大神，享大鬼，祭大示，帅执事而卜日宿，眡涤濯，涖玉鬯，省牲镬，奉玉齍，诏大号，治其大礼，诏相王之大礼。”郑玄注:“镬，亨牲器也。”

《周礼·春官·小宗伯》:“大祭祀，省牲，眡涤灌；祭之日，逆齍省镬，告时于王，告备于王。”郑玄注:“省镬，视亨腥熟。”

《周礼·秋官·小司冠》:“凡禋祀五帝，实镬水，纳亨，亦如之。”郑玄注:“纳亨，致牲也，其时镬水当以洗解牲体肉。”

《周礼·秋官·士师》:“祀五帝，则沃尸及王盥，洎镬水。”

《礼记·内则》:“(炮豚、牂）鉅镬汤，以小鼎芗脯于其中，使其汤毋灭鼎，三日三夜毋绝火，而后调之以醯醢。”

这都说明镬是贵族在祭祀、宴飨时煮牲肉及鱼、腊的炊具。

镬既为亨牲之器，其名即由此而得。前引郑玄注曾谓“煮于镬曰亨”，“亨于爨用镬”。亨的古音在晓纽、阳部，镬的古音在匣纽、铎部，晓、匣属双声，阳、

[6] 罗振玉:《辽居乙稿·文父丁鼎跋》首先释此为镬，见1931年石印本22页；此器情况可参容庚《商周彝器通考》上册290页，图象见下册图22，哈佛燕京学社1941年版。

铎可通转，古为双声叠韵。前人曾谓“由音求义，即义准音”，周人把镬中煮牲肉的动作叫亨，亨所用的炊具又叫镬，亨、镬即对音字，镬的命名当即从其功用为亨这一声音而来。

镬虽本为鼎属，因汉代以后，由于灶的发达，三足炊具大都被无足的釜属所代替，所以其时就都用釜来解释镬。如：

玄应《一切经音义》卷二引《方言》：“鍑，或谓之镬。”又引郭璞注：“鍑，釜属也。”

《说文·金部》：“镬，鑴也”。“鑴，甍也。”又，《瓦部》：“甍，大盆也。”

高诱注《淮南子·说山训》：“有足曰鼎，无足曰镬。”

其实，汉代的镬虽是釜形，以前的镬却是鼎属[7]。两周之时，有许多铜鼎自铭为“盂鼎”、“錳”、“釪鼎”、“鼾”、“鼾”和“黄镬”，便皆自称为镬。

把“盂”、“錳”、“釪”、“鼾”、“鼾”释为镬，是因为有了寿县蔡侯墓成组遗物的发现，才能够作出确切判断。

蔡侯墓出土铜鼎十九件，最大的一件通高69厘米，形体很大，底部有黑烟炊痕，这就很象是煮牲之器。盖上又自铭为“蔡侯申之飤鼾”[8]。过去，陈梦家曾以“大”释“于”，说“它可能是形制较大的一种特鼎”[9]。这完全弄错了。古音于在喻纽，镬在匣纽，喻、匣双声；古音于在鱼部，镬属入声铎部，鱼、铎又为一声之转，于、蒦二字，古代是可以通用的。《广雅·释诂》：“濩，污也”。污、汙同字，如《三国志·魏志·武帝纪》“赃污狼籍”，《后汉书·徐璆传》和《范滂传》即作“臧汙”。又，《史记·犀首传》“中国无事，秦得烧掇焚杅君之国”，《国策·秦策二》则作“中国无事于秦，则秦且烧焫獲君之国”。《晏子春秋·外篇·不合经术者第八》：“臣闻……尺蠖食黄腈”，银雀山竹简作“臣闻庰汙食黄其腈”；马王堆三号汉墓出土《养生方》第一卷简9“则察观尺汙，尺汙之食”，简116“三

[7] 郭宝钧在1935、1937年发掘了汲县山彪镇和辉县琉璃阁的东周墓以后，开始在鼎类中认出了镬，但未作任何说明，见《山彪镇与琉璃阁》42、43、56、59页，科学出版社1959年版。

[8] 安徽省文物管理委员会、安徽省博物馆：《寿县蔡侯墓出土遗物》6页、图版叁、叁拾壹：1，科学出版社1956年版。

[9] 陈梦家：《寿县蔡侯墓铜器》，《考古学报》1956年2期108页。

曰斥（尺）蠖”，第二卷简42作“三曰尺扜”[10]。这些“蒦”、“于”相通之例，证明“蔡侯󠄀䨒之飤䵸”即“蔡侯䨒之飤镬”。从墓内全部铜鼎的组合看，此鼎亦正应为镬鼎（详《下篇》）。

传世《鈇侯之孙鼎》，铭文又作“鈇侯之孙陈之䵸”[11]。䵸为镬字的又一别体。王引之《经义述闻》卷二十八曾谓：“《说文》：‘樗，木也。[12]以其皮裹松脂读若华。或作檴。’《玉篇》：‘檴、樗、并胡霸、胡郭二切，字通作华。’”罗振玉《鈇侯之孙鼎跋》更直谓“彼作鋘，作䵸，此作䵸，皆盂之变也”。[13]

镬、䵸、䵸既为音义相同的异体字，下列诸器，当并为镬鼎[14]：

《□鼎》：“□作且丁盟蒦。”[15]

《痪鼎》：“王乎虢叔召痪，易驹两，拜稽，用乍皇且文考盂鼎。”[16]

《大鼎》：“大拜稽首，对扬天子丕显休，用乍朕剌考己白盂鼎。”[17]

《硕鼎》：“硕稽首受命，敢对扬天子丕显休，用乍朕剌皇考盂鼎。”[18]。

---

[10] 周世荣：《长沙马工堆三号汉墓竹简释文》，《长沙马王堆医书研究专刊》第2辑2、9、12页，湖南中医学院1981年。

[11] 罗振玉：《贞松堂吉金图》上卷17页，1935年版；又见《商周彝器通考》上册302页，下册图97。

[12] 段玉裁：《说文解字注·樗字注》曾谓“各本樗与樺二篆互讹”，但樗、樺、檴都是同音字，王氏说樗、檴相通是对的。

[13] 同[6]《辽居乙稿》24页。

[14] 周初有一种象《盂鼎》那样形体特大的鼎，往往自铭为□，如：

《引鼎》：“引乍文父丁□。”（《故宫》24·1，1931年10月版）

《乃孙鼎》：“乃孙乍且己宗宝灩□”（《故宫》27·6，1932年1月版）

《木工鼎》：“乍匕戊□。”（《三代》3·8·8）

《董鼎》：“大保赏董贝，用乍大子癸宝䵼□。”（北京房山黄土坡M253所出，见《中国古青铜器选》第25器拓片图，文物出版社1976年版。）

□象鼎在火上炊，并有匕取物，很像是镬鼎。但说明此种器物实为镬，需要一些笔墨，只能待之另文，此处暂不论及。

[15] 罗振玉：《三代吉金文存》3·1上，1937年版。图像见《西清古鉴》卷二，29页，乾隆十六年武英殿刊本。

[16] 薛尚功：《历代钟鼎彝器款识法帖》卷十，1页下，嘉庆阮元刊本。

[17] 罗振玉：《三代吉金文存》4·32·2、4·33·1，1937年版。图象见[6]容书下册图78。

[18] 刘体智：《小校经阁金文拓片》3·26·1，1935年版。

《卫鼎》："卫乍文考□中姜氏盂鼎。"[19]

《郜公平侯鼎》："隹郜八月初吉癸未，郜公平侯自乍障铓。"[20]

《宋君夫人鼎》："宋君夫人之馍釪鼐。"[21]

《王子吴鼎》："隹正月初吉丁亥，王子吴择其吉金自乍飤鼾。"[22]

《哀成叔鼎》："乍铸飤器黄镬。"[23]

《[illegible]鼎》从形态和字体看，约属西周中期；《瘐鼎》为懿王三年时器[24]；《大鼎》郭沫若定为懿王时器，大抵与前器接近；《硕鼎》年代约亦与之相近；《卫鼎》稍晚一点；其余各鼎，除《哀成叔鼎》为战国初年物以外，皆属春秋。在整个周代，镬鼎是始终存在的。

分析西周窖藏与东周墓出土的成组礼器，又可推断出下列诸器亦并为镬鼎：

陕西扶风任家村出土《大克鼎》一[25]；

河南辉县琉璃阁 M80 铜鼎一；

辉县琉璃阁 M60 铜鼎一[26]；

河南汲县山彪镇 M1 铜鼎一[27]；

山西长治分水岭 M14 铜鼎二（原报告 I 式）[28]；

---

[19] 西安市文物管理处：《陕西长安新旺村、马王村出土的西周铜器》，《考古》1974 年 1 期 2 页、图版贰，2。

[20] 同 [17]《三代》4・22・2、4・23・1。

[21] 吕大临：《考古图》1・21，乾隆槐荫草堂刊本。又见王俅《啸堂集古录》上・19・3，《四部丛刊》续编本，商务印书馆 1934 年版。薛尚功：《历代钟鼎彝器款识法帖》卷九误释"釪"为"铆"。

[22] 同 [17]《三代》4・14・1。薛尚功：《法帖》卷十亦误释"鼾"为"铆鼎"二字。

[23] 洛阳玻璃厂 M439 出土，见洛阳博物馆：《洛阳哀成叔墓清理简报》，《文物》1981 年 7 期 65—67 页。

[24] 唐兰：《略论西周微史家族窖藏铜器群的重要意义》，《文物》1978 年 3 期 19 页。

[25] 罗振玉：《贞松堂集古遗义》3・34—35："予近以询厂估赵信臣，言此器实出岐山县法门寺之任村任姓家……赵君尝为潘文勤公亲至任村购诸器，言当时出土凡百二十余器，《克钟》、《克鼎》及《中义父鼎》并在一窖中。于时光绪十六年也。"1930 年石印本。按此窖同出《大克鼎》一件，《小克鼎》七件，《中义父鼎》八件（见中国科学院考古研究所：《美帝国主义劫掠的我国殷周铜器集录》20、21、52、53 页，科学出版社 1962 年版）。《小克鼎》与《中义父鼎》皆为升鼎（详《下篇》），《大克鼎》高 93.1 厘米，重 201500 克，是现知西周最大的铜器，当为镬鼎。图象见 [6] 容书下册图 66。

[26] 琉璃阁 M80、M60 系春秋墓，材料被劫往台湾，未全部发表，今据 [7] 郭书 43、56、59 页。

[27] 同 [7]42、43 页。

[28] 山西省文物管理委员会：《山西长治分水岭古墓的清理》，《考古学报》1957 年 1 期 112 页。

长治分水岭M26铜鼎二（原报告I式）；

长治分水岭M25铜鼎一（原报告Ⅱ式）[29]；

河北易县燕下都九女台M16陶鼎二（原报告I、IV式）[30]；

湖北江陵望山M1陶鼎一[31]；

江陵藤店M1陶鼎一（原报告I式）[32]；

安徽寿县朱家集楚幽王墓出土《楚王酓忎鼎》二[33]。

所有镬鼎，如与同出升鼎比较，一般是形体较大，形态有别。形态上的特点，在战国时是比较明显的。如上述分水岭、九女台、望山、藤店、朱家集所出，镬鼎大都最大，并皆无盖，往往保留更多的古式。同出的升鼎则大都有盖，仅仅是楚墓中有一种升鼎也是无盖，但又有兽纽、浅腹、平底诸特征，很容易同镬鼎区别开。不过，寿县蔡侯墓的镬鼎却是有盖的，同升鼎差别很小。特别是前述洛阳玻璃厂M439所出《哀成叔鼎》，既有鼎盖，形体又小，和同地同时的升鼎毫无差别[34]，所以要在成组鼎中把镬鼎区分出来，只能从镬鼎、升鼎、羞鼎三大类在用鼎制度上的关系出发，再尽可能地比较各类鼎在形体和形态上的差别。

在现存先秦史籍中，各级贵族使用镬鼎的制度已不得其详。唐贾公彦以为使用镬鼎的数字与升鼎相同，如《周礼·天官·亨人疏》曰："大夫（少牢）五鼎，羊、豕、肠胃、鱼、腊各异镬，镬别有一鼎，镬中肉孰，各升一鼎。"但孙诒让《周礼正义·亨人疏》以为"少牢肠胃与羊亦同镬，贾说未析"。孙诒让考为：

"王举牢鼎九，当有七镬：牛、羊、豕、鱼、腊、鲜鱼、鲜腊也，肠胃与牛、

---

[29] M26所出见山西省文物管理委员会、山西省考古研究所：《山西长治分水岭战国墓第二次发掘》，《考古》1964年3期120页图九：1，121、124页；M25所出见同书112页图十一：1，124页。

[30] 河北省文化局文物工作队：《河北易县燕下都第十六号墓发掘》，《考古学报》1965年2期83—85页，图版贰：2、4。

[31] 湖北省文化局文物工作队：《湖北江陵三座楚墓出土大批重要文物》，《文物》1966年5期42页图十四：1。

[32] 荆州地区博物馆：《湖北江陵藤店一号墓发掘简报》，《文物》1973年9期10、17页图三七。

[33] 北京历史博物馆：《楚文物展览图录》1—3页，1954年版。李三孤堆此墓所出铜鼎以《楚王酓忎鼎》为最大，同出又有兽纽平底铜鼎和带盖圜底铜鼎各九件，应是镬鼎二和升鼎二套。

[34] 此墓铜鼎仅此一件，估计正因这种镬鼎同升鼎形态无别，所以用来代替升鼎。

羊同镬，肤与豕同镬，其胥之则异鼎耳。”[35]

按照孙氏所说“肠胃与牛、羊同镬，肤与豕同镬”，镬鼎的使用制度为：

升鼎九鼎用七镬；

升鼎七鼎用五镬；

升鼎五鼎用四镬；

升鼎三鼎用三镬；

升鼎一鼎用一镬。

现知最多的成组镬鼎，仅传世《大鼎》已见三件[36]，墓中出的，至多只有一、二件。看来，随葬制度中使用的镬鼎，要远远少于此数。

二、升鼎的命名及其使用制度

周代各级贵族用鼎的制度，是以升鼎为中心，所以古人又把它叫做“正鼎”（《周礼·秋官·掌客》郑玄注）。但现在却通行“列鼎”这一不确切的称呼。

列鼎之称，是1935年发掘河南汲县山彪镇M1以后出现的。郭宝钧说：“列鼎制度在山彪镇发掘以前，我们是不晓得的。山彪镇五鼎[37]出土后，在整理过程中，感觉到这一组铜鼎的形状、花纹相似，只是尺寸大小，依次递减，恐怕就是古人所谓‘列鼎而食’的列鼎吧？”又说：“根据已出土十几组列鼎出土的实例，我们清楚的了解：周自厉宣以降，统治阶级中的一些阔绰者，都爱用三、五、七、九成组的大小相次的列鼎随葬”[38]。这是第一次接触到贵族墓葬的用鼎制度问题，在考古学上开始了这个问题的研究，无疑是有贡献的。但列鼎此名，其义不合古训，所规定的大小相次的概念，仅仅捕捉到当时鼎制中的局部现象而忽略了主要内容，容易引起某些混乱。

所谓“列鼎”之列，在先秦文献中，原义是指鼎的陈设形式，而不是用来表

---

[35] 孙诒让：《周礼正义》，《万有文库》本第3册9、10页，商务印书馆1933年版。

[36] 同[6]容书上册299页：“《大鼎》……《故宫》（二期）著录。同铭者凡三器，一《古鉴》（二：十九），一《怀米》（下九）著录，皆非附耳”。

[37] 所谓五鼎，是指发掘品，加上以前的盗掘品，郭宝钧后订为列鼎七，实际加上所谓的“中鼎”2，应为九鼎。见[7]42、43页。

[38] 同[7]11、13页。

明其性质。例如：

《仪礼·聘礼》："腥二牢，鼎二七，无鲜鱼、鲜腊，设于阼阶前，西面南陈如饪鼎，二列。"

《特牲馈食礼》："执事之俎陈于阶间，二列，北上。"

"二列"显然指鼎的摆法，而不是某种鼎、俎的专门名称。郑玄注《周礼·秋官·掌客》曰："公腥鼎三十六，腥四牢也；侯、伯腥鼎二十七，腥三牢也；子、男腥鼎十八，腥二牢也。皆陈，陈列也。"这把"列"为陈列之义，讲得更明白。

当时，对其它物件也常用"列"字来表明其陈设形式。如：

《聘礼》："醯醢百瓮夹碑，十以为列，醯在东。"

又，"米百筥，筥半斛设于中庭，十以为列，北上；黍、粱、稻皆二行，稷四行。门外米三十车，车秉有五籔，设于门东，皆三列，东陈。"

可见用"列鼎"一名来表明这种鼎所特有的性质，并不合古训。其实，如果按照用鼎的数字来称呼之，当时是根据所盛牲肉，把九鼎、七鼎叫做大牢，五鼎叫少牢，三鼎则曰牲，一鼎称特；凡一套大牢可统称为一牢，从来没有把一牢称为一列之例。

现在通行的"列鼎"概念，又造成了如下的误解，即必须造型相同、大小相次，才能相配成组，才能据而研究使用者的身份。其实，这类鼎固然至迟自昭、穆之际起已经有很多是形制相若、大小相次的[39]，但并不全是这样。有的是杂取各鼎，相配成套[40]；有的是形制相若而并非逐件大小相次[41]。判断这类鼎的成组数字，绝不能以此为唯一标准。

这类鼎的准确称谓是什么呢？

寿县蔡侯墓的出土物，又解答了这个问题。

蔡侯墓所出，除镬鼎外，还有两组铜鼎：一组九件，自铭为"鼑"（"贞"，

[39] 如宝鸡茹家庄M1甲椁室所出（M1甲：1—5）见宝鸡茹家庄西周墓发掘队：《陕西省宝鸡市茹家庄西周墓发掘简报》，《文物》1976年4期37页，图版肆：2上。

[40] 如茹家庄M2出铜鼎6，由直耳圆鼎2、附耳带盖圆鼎2、方鼎1、独柱带盘鼎1组成，但却是少牢五鼎一套和另外的特一鼎。同上注41、42页。

[41] 如寿县蔡侯墓的一套大牢九鼎（3·1—9号），是六件成对，三件不成对。见[8]7页。

即鼎）；一组七件，自铭为“鼎升”，全铭为“蔡侯𤕌之飤鼎升”[42]。鼎是各类鼎属的泛称，鼎升则是这类鼎的专门名称。

鼎升的形符是鼎，声符是升，此字即由声符而得义，故可以把它叫做“升鼎”。

“升”本为动词，把镬中煮熟的牲肉实之于鼎这一动作即谓之“升”。如：

《仪礼·士冠礼》：“载合升。”郑玄注：“煮于镬曰亨，在鼎曰升，在俎曰载。”

《周礼·天官·内饔》：“王举，则陈其鼎俎，以牲体实之。”郑玄注：“取于镬以实鼎，取于鼎以实俎。实鼎曰脀[43]；实俎曰载。”

清胡培翚在《仪礼正义》中为“载合升”作疏云：“凡牲煮于爨上之镬，谓之亨；由镬而实于鼎，谓之升；由鼎而盛于俎，谓之载。”[44]这对升的意义讲得很清楚。“升”字既具此义，古人便借其音、义而把升牲之鼎名之为鼎升，它同前述镬、亨一样，都是借音得名。再扩大一些范围来考察，俎、载亦为同类例子。古音俎在庄纽，载在精纽，都是齿音，发声极近；古韵俎在鱼部，载在之部，之、鱼可旁转。俎、载古音既同，可知鼎升升、镬亨、俎载正可互为证明都是据其功用而借音得名的。鼎升的命名渊源既明，这类鼎无疑即可省写为“升鼎”。

《礼记·礼器》曾云：“君子大牢而祭谓之礼，匹士大牢而祭谓之攘。”这段话，既说明当时对升鼎的使用制度是很严格的，又反映出它曾不断地受到各种力量的破坏。

在现存先秦文献中，有关升鼎使用制度的记述，主要见于《仪礼》。此书写定于战国，其内容虽然大都源于西周古礼，但具体规定却基本是东周制度。对西周用鼎制度的考察，主要只能依靠地下材料；这将在《下篇》中讨论。但《左传·桓公二年》说：“武王克商，迁九鼎于雒。”战国时对西周的制度当然是清楚的，天子用九鼎为西周制度，应当是可靠的。这样，何休注《公羊·桓公二年传》所云“礼祭：天子九鼎，诸侯七，卿大夫五，元士三也”，也自然可认为就是西周古制。[45]

---

[42] 见 [8]6、7 页，图版叁壹：2、3。

[43] “脀”即“升”字，也作“烝”。孙诒让：《周礼正义·内饔疏》：“云‘实鼎曰脀，实俎曰载’者，即据《少牢馈食礼》文，他篇脀多言升……《燕礼》‘胥荐主人于洗水西面，脯醢无脀’注云‘脀，俎实，脀字又作烝’。《国语·周语》有‘全烝’、‘房烝’、‘肴烝’。《特牲馈食礼》作‘郁脀’，此脀并谓俎实，是脀与载对文则异，散文亦通。”

[44] 胡培翚：《仪礼正义·士冠礼疏》，《万有文库》本第 1 册 66 页，商务印书馆 1933 年版。

[45] 《国语·周语中》：“周之《秩官》有之，曰：‘……其贵国之宾至，则以班加一等益虔。’”韦注：“贵国，大国也；班，次也。”“聘礼”礼加一等，是周的传统制度。

《仪礼》等战国书籍所记，正是东周制度。随着宗法制走上衰变阶段后，原有的等级制度及其从属的礼乐制度也就一步一步地受到破坏。《仪礼》等书中所见的制度，便已变化为：诸侯用大牢九鼎，卿、上大夫用大牢七鼎；下大夫用少牢五鼎；士用牲三鼎或特一鼎。其详如下：

1. 诸侯用大牢九鼎

《周礼·天官·膳夫》："王日一举，鼎十有二，物皆有俎。"郑玄注："'鼎十有二'，牢鼎九，陪鼎三。"《国语·楚语下》韦昭注："举，人君朔望之盛馔。"这里所谓的"王"，当为东周时期的周天子的泛称，此时周天子的用鼎制度，自然是承自西周古制。但《春秋·掌客》所载"诸侯之礼"又谓凡五等爵皆"鼎、簋十有二"。郑玄注亦云："鼎十有二者，饪一牢，正鼎九与陪鼎三。"这表明当时诸侯已经僭越天子之礼。同样的情况，《仪礼》中亦记之甚明。如：

《聘礼》宾致馆设食："饪一牢在西，鼎九，羞鼎三；腥一牢在东，鼎七。"

又，归饔饩于宾："饪一牢，鼎九，设于西阶前；陪鼎当内廉。东面北上，上当碑，南陈：牛、羊、豕、鱼、腊、肠胃同鼎、肤、鲜鱼、鲜腊；设扃鼏；膷、臐、膮，盖陪牛、羊、豕。"

贾疏引郑玄《三礼目录》曰："大问曰聘，诸侯相于无事，使卿相问之礼。小聘使大夫。""聘礼"既是诸侯彼此派卿、大夫致问之礼，用九鼎接待上宾，正说明诸侯可用九鼎；对前来致问的卿、大夫来说，接待之礼相当隆重，一般皆礼加一等[46]。又如：

《公食大夫礼》："上大夫八豆、八簋、六铏、九俎，鱼、腊皆二俎。"

礼食之时，鼎有一俎，九俎即有九鼎。此"公食上大夫礼"亦礼加一等，又为诸侯可用九鼎之证。

2. 卿或上大夫用大牢七鼎

周代卿、大夫中间的等级划分，众说纷纭。《左传》所记有卿、上大夫、下大夫三级；《周礼》则为卿、中大夫、下大夫三级。《左传·桓公三年》孔疏云："《周礼·序官》唯有中大夫，无上大夫也。《礼记·王制》曰'诸侯之上大夫卿'，

---

[46] 指万斯大《仪礼商》。

郑玄云‘上大夫曰卿’，则上大夫即卿也，又无上大夫矣。而此云‘上大夫’者，诸侯之制，三卿五大夫五人之中，又复分为上下。《成三年传》曰：‘次国之上卿，当大国之中，中当其下，下当其上大夫；小国之上卿，当大国之下卿，中当其上大夫，下当其下大夫。’是分大夫为上下也。”所谓上、中、下卿，不过三人，上大夫（即《周礼》的“中大夫”）亦仅数人，《王制》及郑玄所说，暗示出二者身份大概相同。史籍中通常讲的大夫，皆指下大夫而言。这里，就把卿和上大夫归并成一类而考察其使用升鼎的制度。

《仪礼》中有如下记载：

《聘礼》致馆设飧宾卿时用“饪一牢在西，鼎九，羞鼎三；腥一牢在东，鼎七”。

又，归饔饩于宾卿时用“饪一牢，鼎九，设于西阶前……腥二牢，鼎二七，无鲜鱼、鲜腊，设于阼阶前，西面南陈如饪鼎，二列。”

又，归饔饩于上介（即下大夫）时“上介饔饩三牢：饪一牢在西，鼎七，羞鼎三；腥一牢在东，鼎七”。

《公食大夫礼》礼食小聘大夫（即下大夫）时“甸人陈鼎七，当门，南面西上，设扃鼏，鼏若束若编”。

又，礼食上大夫之加于下大夫时“上大夫八豆、八簋、九俎”。（鼎有一俎，用九俎即有九鼎。）

“聘礼”是诸侯相问的嘉礼，先聘后食。这种礼仪既是礼加一等，诸侯接待异国宾卿用九鼎、接待下大大用七鼎，可推知卿自身使用升鼎的制度当是大牢七鼎；公食上大夫亦用九鼎，则卿和上大夫的用鼎制度就是一样的。

3. 下大夫用少牢五鼎

下大夫（即大夫）所用常礼为少牢五鼎，《仪礼》记之甚明。如：

《少牢馈食礼》：“羹定，雍人陈鼎五：三鼎在羊镬之西，二鼎在豕镬之西。”

贾疏引郑玄《三礼目录》讲这是“诸侯之卿大夫祭其祖祢于庙之礼”，此为大夫之礼很清楚。但贾公彦云：“郑知诸侯之卿大夫者，《曲礼下》云‘大夫以索牛’，用大牢是天子卿大夫，明此用少牢为诸侯之卿大夫。”把诸侯的卿大夫同周天子的卿大夫加以区别，恐为西周情况，东周之时是没有区别的，到春秋中、晚期时，至少是某些有力量的诸侯之卿甚至僭用了九鼎（详《下篇》），诸侯的卿大夫并不比天子的卿大夫礼下一等。那么，《曲礼下》“大夫以索牛”的记载，是否又说明下大夫可通用大牢呢？胡培翚《仪礼正义·少牢馈食礼疏》对此辨之甚明：

“今案天子、诸侯祭宗庙以大牢，大夫以少牢，士以特牲，此礼之定制也。万氏之说[46]，似为得之。《杂记》曰：‘上大夫之虞也少牢，卒哭成事时附皆大牢；下大夫之虞也特牲，卒哭成事附皆少牢。’大夫卒哭附亦用大牢，孔疏谓加一等，此亦如士之丧，遣奠用羊、豕，乃是盛礼，非常礼也。郑注《曲礼》‘大夫以索牛’云‘索，求得而用之’，不以大夫用牛为常礼矣。《王制》曰：‘诸侯无故不杀牛，大夫无故不杀羊，士无故不杀犬豕。’郑注‘故谓祭飨’，尤可证也。”

《聘礼》致食众介亦用少牢，众介是士，“聘礼”既加常礼一等，又为用少牢是大夫礼之证。《仪礼·既夕礼》所记大遣奠时士用少牢，郑玄彼注云“士礼特牲三鼎，盛葬奠，加一等，用少牢也”，这在上引胡培翚书中已经解释清楚了。总之，下大夫礼的常制就是用少牢五鼎。

4. 士用牲三鼎或特一鼎

用五鼎还是三鼎，通常讲这是大夫礼还是士礼的界限。《孟子·梁惠王下》有很清楚的记述：

“乐正子入见曰：‘君奚为不见孟轲也？’曰：‘或告寡人曰：“孟子之后丧踰前丧”，是以不往见也。’曰：‘何哉？君所谓踰者，前以士，后以大夫，前以三鼎，而后以五鼎欤？’”赵岐注：“乐正子曰：君所谓踰者，前者以士礼，后者以大夫礼，士祭三鼎，大夫祭五鼎故也。”

士用牲三鼎，《仪礼》中记载甚多。如：

《士昏礼》将亲迎豫陈馔：“期初昏，陈三鼎于寝门外东方，北面北上：其实特豚，合升，去蹄，举肺脊二，祭肺二；鱼十有四；腊一肫，髀不升。皆饪，设扃鼏。”

《士丧礼》陈大敛衣奠及殡具：“陈三鼎于门外北上；豚合升；鱼鱄鲋也；腊左胖，髀不升。”

又，朔月奠：“用特豚、鱼、腊，陈三鼎如初。东方之馔，亦如之。”

《士虞礼》陈虞祭牲酒器具：“陈三鼎于门外之右。北面北上，设扃鼏。”

《士虞记》牲杀体数鼎俎陈设之法：“羹饪，升左，肩臂臑肫胳脊胁，离肺，肤祭三，取诸左脇上，肺祭一，实于上鼎；升鱼鱄鲋九，实于中鼎；升腊左胖，髀不升，实于下鼎。扃鼏陈之。”

用特一鼎，亦为士礼常制。《仪礼》所记如：

《士冠礼》醮用酒：“若杀，则特豚，载合升，离肺，实于鼎。设扃鼏。”

《士昏礼》妇馈舅姑：“舅姑入于室，妇盥馈，特豚合升侧载，无鱼、腊，无稷，并南上，其他如取女礼。”

《士丧礼》小敛奠陈鼎实：“陈一鼎于寝门外，堂东塾少南，西面，其实特豚，四鬄去蹏，两胉脊肺。设扃鼏。”

从上列材料看，士礼用牲三鼎还是特一鼎，往往是因为用礼的隆盛或简杀之别。如“婚礼”的初婚将亲迎用三鼎，妇馈舅姑则用一鼎；“丧礼”的大敛奠用三鼎，小敛奠则用一鼎；丧祭的“虞礼”用三鼎，成丁的“冠礼”则用一鼎。但在墓葬材料中，用三鼎还是一鼎随葬，显然不是因为用礼的隆杀之别，可能是由上士（即元士）、中士、下士这种等级上的差别所决定。

先秦古籍中关于东周时期各级贵族使用升鼎制度的记载，略如上述。这项工作，早在南宋绍定元年（1228年）就有杨复写定《仪礼旁通图·鼎数图》，整理了《仪礼》中的有关记述，至今仍可作为有用的索引。因此书在元、明时代虽屡经覆刊，自清代收入《通志堂经解》后，仅日本有宽政十一年（1799年）翻本，不是到处可以找到的，故录其关于一鼎至九鼎的叙述于下，借而作为《仪礼》中所见升鼎使用制度的归纳[47]：

“一鼎（特豚无配）特豚。

《士冠》‘醮子’。（特豚载合升。煮于镬曰亨，在鼎曰升，在俎曰载。载合升者，明亨与载皆合左、右胖。）

《士昏》‘妇盥馈舅姑’。（特豚合升，侧载右胖，载之舅俎；左胖载之姑俎。）

〔《士丧》〕‘小敛之奠’。（特豚四鬄去蹄，两胉脊肺。）

[47] 现存元刊本、明刊本、通志堂本、日本宽政刊本各本略同，今据通志堂本迻录。原书省略的篇题，用方括弧补出；双行小注用圆括弧标明。原书分行者，今或据文义，并为一行。

〔《既夕》〕‘朝祢之奠’。（《既夕》朝庙有二庙则馔于祢庙，有小敛奠乃启。）

三鼎（特豚而以腊、鱼配之）：豚、鱼、腊。

《特牲》。（有上、中、下三鼎，牲上鼎，鱼中鼎，腊下[48]鼎。）

《昏礼》‘共牢’。（陈三鼎于寝门外。）

〔《士丧》〕‘大敛之奠’。（豚合升，鱼鱄鲋九，腊左胖。）

〔《士丧》〕‘朔月奠’。（朔月用特豚、鱼、腊，陈三鼎如初。）

〔《士虞》〕‘迁祖奠’。（陈鼎如殡。）

五鼎（羊、豕曰少牢。凡五鼎皆用羊、豕，而以鱼、腊配之）：羊、豕、鱼、腊、肤。

《少牢》。（雍人陈鼎五，鱼鼎从羊，三鼎在羊镬之西，肤从豕，二鼎在豕镬之西，伦肤九，鱼用鲋十有五，腊一纯。）

《聘礼》：‘致飧众介，皆少牢五鼎。’

《玉藻》：‘诸侯朔月少牢。’

少牢五鼎，大夫之常事。又有杀礼而用三鼎者，如《有司彻》‘乃升羊、豕、鱼三鼎，腊为庶羞，肤从豕，去腊、肤二鼎，陈于门外如初’，以其绎祭杀于正祭，故用少牢而鼎三也。又士礼特牲三鼎，有以盛葬奠加一等用少牢者，如《既夕》‘遣奠’：‘陈鼎五于门外’是也。

七鼎：牛、羊、豕、鱼、腊、肠胃、肤。

《公食大夫》。（甸人陈鼎七，此下大夫之礼。）

九鼎：牛、羊、豕、鱼、腊、肠胃、肤、鲜鱼、鲜腊。

《公食大夫》：‘上大夫九俎。’九俎即九鼎也。鱼、腊皆二俎，明

[48] 元刊本、明刊本（皆北京图书馆藏）、通志堂本、日本宽政本皆误作“中”，今据《士虞礼》改正。

加鲜鱼、鲜腊。

牛、羊、豕曰大牢。凡七鼎、九鼎皆大牢，而以鱼、腊、肠胃、肤配之者为七，又加鲜鱼、鲜腊者为九。”

《鼎数图》在最后还有“十鼎”、“十二鼎”两栏，所论为陪鼎之制。但杨氏对于陪鼎制度的归纳，颇为粗疏，故不逐录，在下面一节则将作比较仔细的论述。

三、羞鼎的功用及其使用制度

羞鼎是指升鼎以外的一种加馔之鼎。羞鼎之羞，义为滋味备致。如《周礼·天官·庖人》“与其荐羞之物”，郑玄注：“备品物曰荐，致滋味乃为羞。”又如《膳夫》“凡王之馈食……羞用百有二十品”，郑注：“羞出于牲及禽兽，以备滋味，谓之庶羞。”盛放“庶羞”的鼎，就叫做羞鼎。

羞鼎或称陪鼎。对于盛置大牢、少牢、特牲的升鼎而言，升鼎叫正鼎，羞鼎即曰陪鼎。《左传·昭公五年》“飧有陪鼎”句下孔疏引服虔曰“陪牛、羊、豕鼎，故云陪鼎”；杜注“熟食为飧。陪，加也。加鼎所以厚殷勤”，就是这个意思。郑玄注《周礼·天官·膳夫》和《秋官·掌客》，便以“牢鼎”、“正鼎”与“陪鼎”对言；郑玄注《仪礼·聘礼》所云“羞鼎则陪鼎也，以其实言之则曰羞，以其陈言之则曰陪”，又讲得更清楚。

羞鼎出现的原因，在于升鼎所盛肉羹往往淡而无味。《诗·鲁颂·閟宫》毛传：“羹，大羹、铏羹也。”《周礼·天官·亨人》：“祭祀，共大羹、铏羹。宾客亦如之。”郑司农注：“大羹，不致五味也。铏羹，加盐菜矣。”铏羹是置于羞鼎中的，大羹则置于升鼎。所谓不致五味的大羹，拿今天的话来讲，就是白煮肉，它无疑是起源最古老的一种肉羹。《左传·桓公二年》臧哀伯谏宋庄公曰：“君人者……是以清庙茅屋，大路越席，大羹不致，粢食不凿，昭其俭也。”《荀子·礼论》（《大戴礼记·礼三本》、《吕氏春秋·仲夏纪·古乐》、《礼记·乐记》略同）则说：“大飨，尚玄尊，俎生鱼，先大羹，贵食饮之本也。”《礼记·郊特牲》（《礼器》略同）也说：“大羹不和，贵其质也。”在先秦贵族眼里，大羹是诸羹之本，使用它，体现着崇尚传统，用郑玄的话来讲，是“乃得交于神明之宜也”（《郊特牲》注），所以在礼仪活动中把它放在首要地位。但这种白煮的肉羹，肯定很不好吃，即《淮南子·泰族训》所云“大羹之和，可食而不可嗜也”，《抱朴子·外篇·君道》说的“食薄味之大羹”。对于早已进入到文明时代的先秦贵族来说，平日真正食用的自然是备极滋味的肉羹。于是，在盛放大羹的正鼎而外，就出现了盛放“庶羞”的陪鼎。

传世有些铜鼎自铭为“羞鼎”，如：

《武生致鼎》：“武生致乍其羞鼎，子子孙孙永宝用之。”（二件）[49]

《嬟匕鼎》：“白匕乍嬟匕羞鼎，其永宝用。”（四件）[50]

《姬𡚬鼎》：“郜䯝乍姬𡚬朕（媵）羞鼎，其万年子子孙孙永宝用。”[51]

《武生致鼎》的形态、纹饰同于《毛公鼎》，是西周晚期物；其余二鼎未见图像，但铭文亦系西周字体。羞鼎肯定在西周已经出现[52]。

羞鼎既陪正鼎而用，其使用制度就和正鼎相配：正鼎用大牢，羞鼎也可用牛、羊、豕；正鼎用少牢，羞鼎则亦用羊、豕；正鼎是特牲，羞鼎就只能用豚。《聘礼》归饔饩于宾介云：“膷、臐、膮，盖陪牛、羊、豕。”郑玄注：“陪鼎三牲，臛膷、臐、膮陪之，庶羞加也。”郑玄又注《公食大夫礼》曰：“膷、臐、膮，今时臛也。牛曰膷，羊曰臐，豕曰膮，皆香美之名。”膷、臐、膮就是羞鼎所盛肉羹之名。

这种致五味的肉羹，又叫“铏芼”，即《公食大夫礼》所云“铏芼：牛藿、羊苦、豕薇，皆有滑”，《士虞礼》（《特牲馈食礼》略同）所云“铏芼用苦若薇有滑，夏用葵，冬用荁”。藿是“豆叶”，苦是“苦荼”，薇是“山菜”，滑是用“堇

[49] 同[17]《三代》3·35·3—4；图像见容庚《善斋彝器图录》图32、33，1936年版。

[50] 同[49]《三代》3·22·3—6。

[51] 同[18]2·77·4。

[52] 传世又有商代晚期铜方鼎铭文作“羞”（《美帝国主义劫掠我国殷周铜器集录》A68、R449），又一鼎同铭（《三代》2·5·6），但应是族徽而不是器名。传世又有一些铜器自铭为“羞豆”、“羞鬲”、“羞钔”，当亦是盛放众羞的。如：

《单𦭞生豆》：“单𦭞生乍羞豆，用享。”（《博古》18·16）

《邾姬𡠨鬲》：“鲁白愈父乍邾姬𡠨朕（媵）羞鬲，其永宝用。”（五件，《三代》5·31·2、5·32·1—2、5·33·1—2）

《郳始鬲》：“郳始□母铸其羞鬲。”（《三代》5·23·2）

《郑叔蒦父鬲》：“郑叔蒦父乍羞鬲。”（《三代》5·22·3）

《中姞鬲》：“中姞乍羞鬲。华。”（九件，《三代》5·16·4—7、5·17·1—5）

《峕白鬲》：“峕白乍□中□羞鬲。”（三件，《三代》5·20·1—2，5·22·1）

《洹子孟姜壶》：“用铸尔羞钔，用御天子之事。”（二件，《三代》12·33·1—35·1）。

荁之属”的乾粉作芡（《公食大夫礼》郑注、陆机《毛诗草木鸟兽虫鱼疏上》、《礼记·内则》孔疏）。用菜调和牲肉并加芡的羹就是“铏芼”，所以《礼记·内则》郑玄注说：“芼，谓菜酿也。”所谓“铏”，郑玄注《特牲馈食礼》谓“肉味之有菜和者”，注《公食大夫礼》又说是“菜和羹之器”，它既是这种肉羹之名，也是盛放这种肉羹的器名。《周礼·秋官·掌客》记载“诸侯之礼”为上公、侯伯、子男皆用“鼎、簋十有二”，郑玄彼注更曰“（牵牲以往）不杀，则无铏、鼎”，明指铏与鼎即“鼎十有二”中的羞鼎三与牢鼎九。细审“三礼”及郑注，凡陈馔处有正鼎与羞鼎相配的，郑玄即把羞鼎称为陪鼎；单独出现的羞鼎则都称之为铏，而有时把与正鼎相陪的羞鼎也叫做铏。郑玄把羞鼎又叫做铏是很清楚的。

颜师古《匡谬正俗》卷八“羹臛”曾曰：“王叔师注《楚辞·招魂》云：‘有菜曰羹，无菜曰臛。’案《礼》云：‘羹之有菜者用梜，其无菜者不用梜。’又芊、藻二物即是铏羹之芼，案在其无菜乎？羹之与臛，烹者以异齐，调和不同，非系于菜也。今之膳者，空菜不废为臛，纯肉亦得名羹，皆取于旧名耳。”但清人胡培翚却以为颜说非，他说：膷、臐、膮与铏芼，正因有无菜而区别之[53]。其实，前引《閟宫》毛传与《亨人》及其郑司农注，都以大羹与铏羹并言，当时的肉羹显然主要只分此二大类，铏羹即铏芼，也就是膷、臐、膮。颜师古去古未远，其说还是可靠的。《韩非子·喻志》：“昔者纣为象箸而箕子怖，以为象箸必不加于土铏，必将犀玉之杯。象箸玉杯必不羹菽藿，则必旄象豹胎。”（《韩非子·说林上》略同）藿即臛字，“土铏”既盛菽藿，就是陶质铏鼎。又，《韩非子·十过》所云“由余对（秦穆公）曰：‘臣闻昔者尧有天下，饭于土簋，饮于土铏。’”《墨子·节用中》亦云“古者尧治天下，……饭于土熘，啜于土形”（《史记·秦始皇本纪》、《李斯传》、《自序》、《韩诗外传·三》、《盐铁论·通有》所述略同），“形”即“铏”字，以簋、铏对言，把铏为鼎类物品的意思表示得很清楚。

这种关系，唐人都很清楚，故贾公彦《公食大夫礼疏》曰：“据羹在铏言之，谓之铏羹；据器言之，谓之铏鼎；正鼎之后设之，谓之陪鼎；据入庶羞言之，谓之羞鼎，其实一也。”直到聂崇义的《三礼图》和杨复的《仪礼图》，还都是这

[53] 同[44]第8册17页《聘礼疏》、第9册42页《公食大夫礼疏》。

样认识的。但清人却搞乱了这种关系，从王引之、胡培翚到孙诒让，一直夸大了“铏”与“陪鼎”二名之别，误以为“铏”根本不是鼎[54]。近马王堆M1所出遣册第27—29简为：“牛苦羹一鼎”，“狗苦羹一鼎”，“丨右方苦羹二鼎”。苦是苦荼，苦羹无疑是和以苦荼的铏芼。又第 19—22简为：“狗巾羹一鼎”，“雁巾羹一鼎”，“鲼禺（藕）肉巾羹一鼎”，“丨右方巾羹三鼎”。巾羹即堇羹[55]，也是铏芼。由此可知，铏芼确系放在鼎内，贾疏是正确的。《诗·召南·采苹》的《释文》引郑玄说，又把铏解释为“三足两耳有盖和羹之器”，这除了鼎属以外，别无它物。

把羞鼎、陪鼎、铏鼎这三个名称的关系弄清楚，才能真正把“三礼”中所记的羞鼎使用制度弄明白。《仪礼》中羞鼎的使用制度大略为：

1. 正鼎是大牢九鼎或七鼎，可陪羞鼎三，即膷（牛）、臐（羊）、膮（豕）俱全。如：

《聘礼》宾致馆设飧：“饪一牢在西：鼎九，羞鼎三。”

又，“上介饪一牢在西：鼎七，羞鼎三。”

《聘礼》归饔饩于宾介：“饔，饪一牢，鼎九，设于西阶前；陪鼎当内廉。东面北上，上当碑，南陈：牛、羊、豕、鱼、腊、肠胃同鼎、肤、鲜鱼、鲜腊。设扃鼏。膷、膮、臐，盖陪牛、羊、豕。”

又，“上介饔饩三牢：饪一牢在西，鼎七，羞鼎三”。

《公食大夫礼》上大夫之加于下大夫者：“上大夫八豆、八簋、六铏、九俎，鱼、腊皆二俎。”九俎即九鼎，六铏当为膷、臐、膮二套。

但在不用正鼎而只陈羞鼎的地方，则或用铏鼎六，即牛、羊、豕各二鼎；或用铏鼎四，即牛二、羊一、豕一。如：

《聘礼》归饔饩于宾介：“堂上……六铏继之：牛以西羊、豕，豕南牛，以东羊、豕。”

又“西夹……四铏继之：牛以南羊，羊东豕，豕以北牛”。

---

[54] 见王引之：《经义述闻·铏鼎》，《四部备要》本九卷 18 页，中华书局 1936 年版；胡说见 [44] 第 8 册 19、20 页《聘礼疏》；孙说见 [35] 第 21 册 52、53 页《掌客疏》。

[55] 湖南省博物馆、中国科学院考古研究所：《长沙马王堆一号汉墓》上册 132、133 页，文物出版社 1973 年版。

《公食大夫礼》为宾设正馔："宰夫设铏四于豆西，东上：牛以西羊，羊南豕，豕以东牛。"

2. 正鼎是少牢五鼎，因少牢无牛，羞鼎就只有羊、豕二鼎。如：

《少牢馈食礼》尸十一饭正祭："上佐食羞两铏，取一羊铏于房中，坐设于韭菹之南；下佐食又取一豕铏于房中，以从，上佐食受，坐设于羊铏之南。皆芼，皆有柶，尸扱以柶祭羊铏，遂以祭豕铏，尝羊铏。"

又，餕："司士进一铏于上餕，又进一铏于次餕"。

《有司彻》主妇献尸："主妇西面于主人之席北拜，送爵，入于房，主一羊铏，坐奠于韭俎西。主妇赞者执豕铏以从，主妇不兴，受设于羊铏之西……尸坐，左执爵，祭糗脩，同祭于豆祭，以羊铏之柶挹羊铏，遂以挹豕铏，祭于豆祭，祭酒。"

3. 正鼎为牲三鼎或特一鼎，无牛、羊，只能陪豚一鼎。如：

《士虞礼》陈虞祭牲酒器具："特豕馈食，侧亨于庙门外之右，东面：鱼、腊爨亚之，北上……馔两豆菹醢于西楹之东，醢在西，一铏亚之。"

又，设馔飨神阴厌："鼎入，设于西阶前，东面北上，匕、俎从设……俎入设于豆东，鱼亚之，腊特。赞设二敦于俎南，黍其东稷。设一铏于豆南。"

上述皆以铏鼎一配牲三鼎之礼。但《特牲馈食礼》阴厌又云："及佐食举牲鼎，宾长在右；及执事举鱼、腊鼎，除鼏……主妇设两敦黍稷于俎南，西上，及两铏铏芼[56]于豆南，南陈。"这种以铏鼎二配牲三鼎之例，则必定都是膮而没有臐。总之，以牛臐陪大牢、羊臐陪少牢、豚膮陪特牲是羞鼎最基本的制度，而其使用数量则是从属于前者的第二位制度。

四、鼎与簋的相配制度

在先秦古礼中，除鼎以外，其它各种礼乐器也大都有其使用制度。其中，以鼎与簋的相配制度最为明确，因为这两种礼器，其一盛置牲肉，其一盛置黍稷，

[56] 严州本作"两铏芼"，《开成石经》及《诗·召南·采蘩》孔疏引皆作"两铏铏芼"，知唐人所见之本，皆重一铏字，其义始明。见[54]王书十卷37页"两铏芼"条。1959年出的武威《仪礼简》正作"两刑刑芼"见甘肃省博物馆、中国科学院考古研究所：《武威汉简》97页、摹本四、图版肆，文物出版社1964年版。

都是食之主，自然就把这二者作为标志贵族等级的主要礼器。为了在考察周代用鼎制度的地下遗存时，能多得到一些互为证明、互为补充的条件，有必要弄清楚鼎与簋的相配制度。

“三礼”中所见的这种制度是：

1. 大牢九鼎配八簋。如：

《周礼·秋官·掌客》记诸侯五等爵皆用“鼎、簋十有二”。郑玄注：“簋十二者，堂上八，西夹、东夹各二。合言鼎、簋者，牲与黍稷，俱食之主也。”

《仪礼·聘礼》致馆设飧：“饪一牢在西，鼎九，羞鼎三……堂上之馔八。”郑玄注：“堂上八豆、八簋、六铏两簠、八壶。”

又，归饔饩于宾介：“饔，饪一牢，鼎九，设于西阶前；陪鼎当内廉……堂上八豆……八簋继之，黍其南稷，错。”

《公食大夫礼》：“上大夫八豆、八簋、六铏、九俎。”

《礼记·祭统》：“三牲之俎，八簋之实。”

所谓“三牲”，即牛、羊、豕。《祭统》也是说以八簋配大牢九鼎，故郑玄注：“天子之祭八簋。”《明堂位》所言“周之八簋”，《诗·小雅·伐木》中“于粲洒埽，陈馈八簋”，《毛传》“天子八簋”，皆为此义。

2. 大牢七鼎配六簋。如：

《聘礼》致馆设飧：“腥一牢在东，鼎七……西夹（之馔）六。”郑玄注：“西夹六豆、六簋、四铏两簠、六壶。”

又，“上介饪一牢在西，鼎七，羞鼎三。堂上之馔六。”

又，归饔饩于宾介：“腥二牢，鼎二七，无鲜鱼、鲜腊，设于阼阶前……西夹六豆……六簋继之，黍其东稷，错。”

又，“上介饔饩三牢。饪一牢在西，鼎七，羞鼎三。腥一牢在东，鼎七。堂上之馔六，西夹亦如之。”

《公食大夫礼》为宾设正馔：“（甸人陈鼎七）宰夫设黍稷六簋于俎西，二以并，黍当牛俎，其西稷，错以终，南陈。”

案《礼记·祭统》孔疏曾言“诸侯之祭有六簋”。汉唐的注疏，大抵皆以天子九鼎、诸侯七鼎的西周古制为言，所以孔颖达归纳的制度，也就是七鼎配六簋。

3. 少牢五鼎配四簋。如：

《礼记·玉藻》："朔月少牢，五俎四簋。"

《聘礼》致馆设飧："众介皆少牢。"郑玄注："亦饪在西，鼎五：羊、豕、肠胃、鱼、腊，新至尚熟。堂上之馔：四豆、四簋、两铏、四壶，无簠。"

《少牢馈食礼》阴厌："（雍人陈鼎五）主妇自东房，执一金敦黍，有盖，坐设于羊俎之南；妇赞者执敦稷以授主妇，主妇兴受，坐设于鱼俎南；又兴受，赞者敦黍坐设于稷南；又兴受，赞者敦稷坐设于黍南。"

《仪礼》写定于战国，商周之簋此时已往往演变为敦[57]，所以许多记述亦变簋为敦，此处主妇亲设四敦之礼，也就是设四簋之礼。下面所引"士礼"之文，凡用敦的亦皆同于用簋。

4. 牲三鼎配二簋。如：

《士丧礼》朔月奠："用特豚、鱼、腊，陈三鼎如初。东方之馔亦如之。无笾，有黍、稷，用瓦敦，有盖，当笾位。"瓦敦有黍有稷，其数即为二。

《士虞礼》陈虞祭牲酒器具："（于庙门外陈特豕馈食与鱼、腊三鼎）馔黍、稷二敦于阶间，西上，籍用苇席。"

又，阴厌："俎入设于豆东，鱼亚之，腊特。赞设二敦于俎南，黍其东稷。"

《特牲馈食礼》阴厌："（佐食及执事举牲、鱼、腊三鼎）主妇设两敦，黍、稷于俎南，西上。"

此外，《士昏礼》初婚将亲迎谓"陈三鼎于寝门外东方……馔于房中，醯酱二豆，菹醢四豆，兼巾之；黍、稷四敦，皆盖"；下文妇至成礼亦叙述了三俎、六豆、四敦的陈设位置，好象是以四簋配三鼎。其实，三鼎是夫妇共之，四敦则为"夫妇各二"[58]，仍是以二簋配三鼎。

牲三鼎配二簋为常制，但有时亦用二簋配特一鼎。如：

《特牲馈食礼》视濯视牲："陈鼎于门外北面，北上，有鼏……几席两敦在西堂。"

又，祭日陈设："羹饪实鼎，陈于门外如初……盛两敦陈于西堂。"

---

[57] 参高明：《中原地区东周时代青铜礼器研究》（上），《考古与文物》1981年2期80、81页。

[58] 见[44]第2册14、23页《士昏礼疏》。

但据《士冠礼》醮用酒、《士昏礼》妇馈舅姑、《士丧礼》陈鼎实、代哭等处所记，凡用特一鼎时，又往往无簋相配。

总括起来，对正鼎而言，九鼎配八簋、七鼎配六簋、五鼎配四簋、三鼎配二簋、一鼎无簋，是周代常制。不过，周代丧祭时又有所谓“阴厌”（尸未入时设祭于奥，即室中西南隅）和“阳厌”（尸既出后改设祭于屋漏，即室中西北隅）的活动，要以簋等礼器供鬼神之食[59]。供厌就要拿出一部份礼器，留下的礼器叫做“餥”（或作“餕”），所以又有所谓“天子八簋，餥以六；诸侯六簋，餥以四；大夫四簋，餥以二；士二簋，则其餥也一而已”[60]的复杂情况。

主要从古籍来整理周代的用鼎制度，当然不可能完全反映出实际存在的复杂情况。第一，这种制度不是一成不变的，而这在现存古籍中是看不清楚的；第二，各级贵族由于用礼隆杀的不同，除了允许使用所能达到的最高规格的鼎制外，还可同时使用较低规格的鼎制，所以往往见到许多套不同规格的鼎制同时存在的现象，而这在古籍中也是语焉不详的；第三，总是会有一些同规定制度略有出入而现在还未能判其原委的事例。这必须对发现愈来愈多的考古材料进行整理，上面作的简单的归纳，仅仅是为这项考察工作寻找一个进行分析的起点。

在《下篇》中，就从考古遗存中的材料出发，看看周代贵族的用鼎制度，究竟经过了一个怎样的历史过程。

下篇　周代用鼎制度的变化

同世界上一切事物都有其发生、发展、衰亡的过程一样，用鼎制度也有这个过程。《上篇》所述夏铸九鼎，迁于商、周，秦时遭到覆没的传说，暗示出这种制度大约发生于夏代，商、周继而用之，秦以后则崩坏殆尽。

在周文化以前的客省庄二期文化遗存中，不见鼎类陶器，估计周人的用鼎制度最初是受商人的影响而产生，以后又发展起了自身的特点。它在武王灭商以前究竟发展到什么程度，至今仍很不清楚。但已有考古材料可以表明，在西周前期就已经有了象《上篇》讲的那种完整形态，并受到周王室和五等爵制的两套等级

[59] 参夏炘：《学礼管释》卷十七《释阴厌阳厌》，《皇清经解续编》一四六卷 33 页，蜚英馆石印本，光绪十五年版。

[60] 见 [44] 第 15 册 40 页《特牲馈食礼疏》。

关系的约束；从西周后期开始，原有的制度则走上了破坏阶段；到战国时期，已处在急速崩坏的形势中；西汉中期以后，则几乎完全被另一套以大土地所有制为基础的庄园经济所制约的新礼俗代替。用鼎制度的兴衰同宗法奴隶制从兴盛到蜕变的过程竟是如此吻合，足以表明后者正是前者的经济基础。

马克思指出："生产关系的总和构成社会的经济结构，即有法律的和政治的上层建筑竖立其上并有一定的社会意识形式与之适应的现实基础。""随着经济基础的变更，全部庞大的上层建筑也或慢或快地发生变革。"[61]经济基础最终决定上层建筑命运的理论，正是打开用鼎制度兴衰根源之门的钥匙。但很早以前郭宝钧提出的这种制度形成于西周晚期说，却至今仍风靡于世。如果以这种看法为基点而逻辑地解释用鼎制度产生的因缘关系，就等于说建立在宗法奴隶制度经济结构上的那种上层建筑，是要到它的经济基础走上破坏阶段时才出现。在理论上，这显然存在着矛盾。于是，几年以前便出现一种把包括用鼎制度在内的先秦礼乐制度，说成是西周中期以后为挽救奴隶制危机而"严格制度化"[62]的新解释。可是实际情况并没有解脱这个困难，周代用鼎制度的实物遗存，恰恰表明从此以后并非开始制度化，而是原有制度的逐步破坏。

现在，就具体观察一下体现这些制度的实物遗存吧！这当然不包括另有自身历史文化特点的遗存。像安徽屯溪墓这种西周遗存和江苏六合程桥墓、广东越人墓等东周遗存，属于吴、越文化系统，用鼎制度同周人有别，需另作考察。

一、西周前期用鼎制度的考察

要了解周代用鼎制度是否发生变化？发生了什么变化？自然应先把西周制度，尤其是西周前期的情况搞清楚。

自汉以来，以为"三礼"所记皆三代古风、西周遗训的观念，统治人间达二千年之久。本世纪以来资产阶级史学的疑古学派，打破了这个传统，发现这顶多是东周制度的记录，以前究竟有无这些制度，尚须从新追索。于是，传统概念中的西周制度，一下子变为虚无飘渺、不可捉摸的东西。用鼎有其制度始于西周晚期说，实质上也是这种史学思潮的产物。建国以来，特别是近几年来的考古发

[61]　《政治经济学批判——序言》，《马克思恩格斯全集》第13卷8、9页，人民出版社1962年版。

[62]　邹衡：《从周代理葬制度的变化剖析孔子提倡"礼治"的反动本质》，《文物》1974年1期2页。

现，使古老的传统概念似乎又要复活。人们一次又一次地看到“三礼”所记用鼎制度的完整形态，确是西周就有，只是从西周后期开始，随着井田制和氏族宗法制的动摇，通过诸侯与天子之卿用“僭越”方式提高了自身的用鼎规格而一步一步地破坏下去。这真是“否定之否定”，人们的认识似乎是简单的往复，实际上当然是向接触问题的本质方面大大深化了一步。

这里所谓的西周前期，大体指武王至恭王时期。《史记·周本纪》云：“懿王之时，王室遂衰，诗人作刺。懿王崩，共王弟辟方立，是为孝王。孝王崩，诸侯复立懿王太子燮，是为夷王。”西周奴隶制是以氏族宗法制为其组织形式的，而这种宗法制又以长子继承制为其不可动摇的传统。懿王死后由其叔父继承王位一事在那样一种宗法制的环境中，对当时的周人来说，该有多么强烈的震动啊！从孝王篡权到诸侯复立懿王太子，无疑是一场激烈的政治斗争，而这场斗争当然正是氏族宗法制已发生尖锐矛盾的具体表现。就是从这时期开始，贵族之间转移土地的现象出现了，往日的贵族地位出现了变动，公社农民和贵族的矛盾随着土地私有现象的发生而逐步激化起来，用鼎制度也就开始变化。所谓“懿王之时，王室遂衰”，实际是整个宗法奴隶制走上衰亡阶段的开端，“共王弟辟方立”便是氏族宗法制发生动荡的体现物。从此以后接连出现的厉王时的国人暴动，共伯和的摄王政，乃至平王东迁，都是宗法奴隶制在衰亡道路上留下的明显踪迹，而懿、孝时期正是这个大变化的转折阶段。

现能搜集到反映这时期用鼎制度的实物遗存三十八组。凡墓葬所出只要经过扰乱已无法确断原来成组情况的，为尽量避免不准确的估计，皆不收入；属于这时期的窖藏出土材料，因原有组合都是本来就不齐全，亦概不收入。

这些材料，依正鼎为准，还只有少牢五鼎、牲三鼎和特一鼎三类。下面就先逐类、逐组考察之，然后再归纳、分析这时期用鼎制度的基本形态。

1. 少牢五鼎类

（1）甘肃灵台白草坡M1所出铜圆鼎五、方鼎二与簋三等，皆成、康时物。同出铜尊、卣铭“潶白乍宝尊彝”，潶伯即墓主[63]。

[63] 甘肃省博物馆文物队：《甘肃灵台白草坡西周墓》，《考古学报》1977年2期99—129页。

圆鼎大小有别，三件柱足（5—7号），二件分裆（1、4号）。五件鼎虽分两种形态，从铜鼎的全部组合关系来考虑，应是少牢一套；加上方鼎二，当即少牢五鼎陪羞鼎二之制。如果按照过去所流行的“列鼎”概念来分析，则会仅仅把柱足圆鼎理解为正鼎，而把分裆圆鼎和方鼎统统当羞鼎来看待，但牲三鼎一般不陪羞鼎二，这显然不合周人之制。按之周制，五鼎应配四簋，此墓却只出三簋，疑此墓因经崩坍而曾遗失一簋。

（2）白草坡M2所出铜方鼎二等，铭“㒓白乍宝尊彝”[64]。此墓时代稍稍晚于M1，其规模及随葬品，除缺圆鼎及簋以外，皆与M1极相似，很象是未置正鼎及与之相配的簋而只用羞鼎随葬，故亦置于此类。

（3）陕西宝鸡竹园沟M1的铜圆鼎五与簋三等，时代约属康、昭[65]。此墓情况同白草坡M1近似，也是五鼎中有三鼎形制相同并大小相次（1、3、5号），并只有三簋，但因又是农民挖出大部分遗物后再清理残墓的，故怀疑原来也是五鼎配四簋的完整组合。

（4）宝鸡茹家庄M1与M2所出強伯及其前、后夫人的穆王时期的成组铜器。有：

M1乙椁室的圆鼎四，大小相次（乙：10—13号），另有带盘鸟足圆鼎一（乙：17号）；方鼎三，亦大小相次（乙：14—16号）；双耳簋四（乙：4—7号）；双环簋一（乙：8号）等。

M2有可分三种形态的圆鼎四（1—4号）和独柱带盘鼎一（6号）；方鼎一（5号）；双耳簋四（7—10号）；双环簋一（11号）等。

M1甲椁室的圆鼎五（甲1—5号），大小相次；簋四（甲：6—9号）等[66]。

M1乙室所出鼎、簋之铭，主要为“強白乍自为鼎毁”；M2的鼎铭主要为“強白乍井姬用鼎”；M1甲室的鼎、簋之铭为“兒”。強伯当为M1乙室墓主，M2墓主井姬是強伯之妻，甲室墓主“兒”约为強伯后妻。《礼记·玉藻》云“夫人与

[64] 同[63]。

[65] 宝鸡市博物馆、渭滨区文化馆：《宝鸡竹园沟西周墓》，《考古》1978年5期289—291页，图版壹：1、2、4、5。

[66] 宝鸡茹家庄西周墓发掘队：《陕西省宝鸡市茹家庄西周墓发掘简报》，《文物》1976年4期34—56页。

君同庖”，郑玄注《周礼·天官·膳夫》亦云“后与王同庖”，“同庖”当然意味着用鼎同制。贵族夫妇既然用鼎同制，这三室的用鼎规格自然基本相同。

分析各室鼎制，M1乙室是用少牢五鼎（乙：10—13、17号）配双耳簋四（乙：4—7号），还有牲三鼎（乙：14—16号）配双环簋一（乙：8号）；M2则用少牢五鼎（1—4、6号）配双耳簋四（7—10号），以及特一鼎（5号）配双环簋一（11号）；M1甲室只用少牢五鼎（甲：1—5号）配四簋（甲：6—9号）。

2. 牲三鼎类

（5）陕西扶风庄白录子伯㦰墓的铜鼎三与簋二等。鼎由带盖椭方鼎二（原报告Ⅰ、Ⅱ式）和圆鼎一（原报告Ⅲ式）组成。簋亦为两种形态[67]。这些鼎、簋，虽然形态有别，但从整个组合看，显然是很规整的一套牲三鼎配二簋。器上皆有伯㦰之铭。伯㦰是穆王时人，据传世《录㦰卣》、《录簋》、《录伯㦰簋》，其祖先为录国诸侯，成王时臣服于周，穆王时伯㦰称其父为釐王[68]。但传世《大保簋》铭曰“周伐录子耶”（《三代》8·40·1），可知周人对录国的封爵为子，王仅是录国诸侯的自称。伯㦰从其称谓看是长子，按周代之制，当嗣为“录子”。此墓既在岐周发现，可证录子伯㦰直接致仕于周，从用鼎制度分析，级别与元士同。

（6）扶风刘家丰姬墓所出铜圆鼎三与簋二等。鼎大小相次，其一铭“白乍宝”。二簋形制全同。同出卣铭“𬀏季遽父乍丰姬宝尊彝”[69]。这是穆王时期的一套更规整的三鼎二簋。

（7）陕西长安普渡村长由墓的铜圆鼎四与簋二等。据同出《长由盉》铭，墓主长由亦穆王时人。四鼎大小相次，最大的通高37.5，最小的通高16.5厘米[70]，当是由牲三鼎和另一类鼎组成。在所有两周墓中，凡用牲三鼎和特一鼎，都不加镬鼎而常陪羞鼎，羞鼎的形体又比同出的升鼎为小（详下），故可推知这是正鼎三和陪鼎一的组合，最小一鼎为羞鼎。

3. 特一鼎类

有一鼎、一鼎一簋、一鼎二簋、二鼎、二鼎一簋、二鼎二簋六种组合形式。

[67] 罗西章、吴镇烽、雒忠如：《陕西扶风出土西周伯㦰诸器》，《文物》1976年6期51—60页，图版柒：3、5。

[68] 郭沫若：《两周金文辞大系图录考释》第6册61—65页，科学出版社1957年版。

[69] 扶风县文化馆：《扶风县历代出土西周青铜器略目》（初稿）36、37页，1976年油印本。

[70] 陕西省文物管理委员会：《长安普渡村西周墓的发掘》，《考古学报》1957年1期75—85页，图版贰、叁。

已发现的这六种组合的材料如：

类别	出土单位	组合	材料来源
一鼎	（8）陕西扶风召李村 M1	铜圆鼎 1 等	[71]
	（9）陕西长安张家坡 M219	铜圆鼎 1 等	[72]
	（10）陕西长安张家坡 M162	铜圆鼎 1 等	[73]
	（11）河南浚县辛村 M55	铜圆鼎 1 等	[74]
	（12）北京房山琉璃河 M50	铜圆鼎 1 等（图版伍，1）	[75]
	（13）北京房山琉璃河 M52	铜圆鼎 1 等	[76]
一鼎一簋	（14）河南上蔡田庄墓	铜方鼎 1 簋 1 等	[77]
	（15）河南洛阳北瑶墓	铜圆鼎 1 簋 1 等	[78]
	（16）河南襄县霍庄墓	铜圆鼎 1 簋 1 等	[79]
	（17）河南浚县辛村 M60	铜圆鼎 1 簋 1 等	[80]
	（18）河南浚县辛村 M76	铜圆鼎 1 簋 1 等	[81]
	（19）北京房山琉璃河 M54	铜圆鼎 1 簋 1 等	[82]
	（20）北京昌平白浮 M2	铜圆鼎 1 簋 1 等	[83]
	（21）甘肃灵台姚家河 M1	铜圆鼎 1 簋 1 等	[84]
	（22）陕西岐山贺家村 M5	铜圆鼎 1 簋 1 等（图版伍，2、3）	[85]
	（23）陕西长安张家坡 M178	铜圆鼎 1 簋 1 等	[86]
	（24）陕西长安张家坡 M101	铜圆鼎 1 簋 1 等	[87]
	（25）陕西长安普渡村 M2	铜圆鼎 1 簋 1 等	[88]
	（26）甘肃灵台西岭 M1	铜圆鼎 1 簋 1 等	[89]

[71] 罗西章、吴镇烽、尚志儒：《陕西扶风县召李村一号周墓清理简报》，《文物》1976 年 6 期 61—65 页。墓中又出陶簋一，但这种陶簋属于日用器皿组合，并非仿铜礼器，故皆不计入。

[72] 中国科学院考古研究所：《沣西发掘报告》121、170 页，文物出版社 1962 年版。

[73] 同上注 121、169 页。其图版陆柒：5 说明鼎内盛猪头，正合豚一鼎之制。

[74] 郭宝钧：《浚县辛村》24、25、34 页，图版拾：1，科学出版社 1964 年版。

[75] 中国科学院考古研究所、北京市文物管理处、房山县文教局“琉璃河考古工作队”：《北京附近发现的西周奴隶殉葬墓》，考古 1974 年 5 期 309—321 页。

[76] 同 [75]。

[77] 河南省文化局文物工作队第一队：《河南上蔡出土的一批铜器》，《文物参考资料》1957 年 11 期 66—69 页。

[78] 洛阳博物馆：《洛阳北瑶西周墓清理记》，《考古》1972 年 2 期 35、36 页。

[79] 河南省博物馆：《河南省襄县西周墓发掘简报》，《文物》1977 年 8 期 13—15 页。

[80] 同 [74]19、34、35 页，图版玖：1，拾贰：1。

[81] 同 [74]26、34、35 页，图版玖：2，拾贰：2。

[82] 同 [75]。

[83] 北京市文物管理处：《北京地区的又一重要考古收获》，《考古》1976 年 4 期 246—248、255、256 页，图版贰：2、6。

[84] 甘肃省博物馆文物工作队、灵台县文化馆：《甘肃灵台县两周墓葬》，《考古》1976 年 1 期 39—41 页。

[85] 陕西省博物馆、陕西省文物管理委员会：《陕西岐山贺家村西周墓葬》，《考古》1976 年 1 期 31—38 页，图版贰：4、5。

[86] 同 [72]119—121、169 页，图版柒壹：1、2。

[87] 中国科学院考古研究所沣西发掘队：《1960 年陕西长安张家坡发掘简报》，《考古》1962 年 1 期 21 页。

[88] 石兴邦：《长安普渡村西周墓葬发掘记》，《考古学报》第 8 册 109—126 页，1954 年。

[89] 同 [84]42、43 页。

类别	出土单位	组合	材料来源
一鼎 二簋	（27）陕西宝鸡峪泉墓 （28）河南浚县辛村 M29	铜圆鼎 1 簋 2 等 (图版陆，3、4.5) 铜圆鼎 1 簋 2 等	[90] [91]
二鼎	（29）甘肃灵台洞山 M1 （30）陕西扶风齐镇 M3 （31）山东黄县归城姜家墓	铜圆鼎 2 等 (图版陆，1、2)，大小、形态不同 铜《丕昝方鼎》2 等 铜圆鼎 2 等，大小不同	[92] [93] [94]
二鼎 一簋	（32）陕西长安马王村车站墓 （33）河南洛阳东郊郑州铁路局钢铁厂工地墓	铜圆鼎 2，大小、形态不同；簋 1 等 (图版柒) 铜圆鼎 2，大小、形态不同；簋 1 等	[95] [96]
二鼎 二簋	（34）陕西泾阳高家堡墓 （35）北京昌平白浮 M3 （36）陕西扶风上康村 M2 （37）湖北江陵万城“北子”墓	铜圆鼎 2，纹饰不同；簋 2 等 铜圆鼎 2，其一残；簋 2 等 铜圆鼎 2，略有大小；簋 2 等 铜圆鼎 2，大小、形态同否未详；簋 2 等	[97] [98] [99] [100]

凡一鼎与一鼎一簋、一鼎二簋，显然都属于特一鼎之制。《上篇》讲到，在《仪礼》中，一鼎无簋似为常制，一鼎二簋曾偶一用之。从实际遗存看，在西周前期，一鼎无簋固然常见，一鼎一簋则更为多见，一鼎二簋确较少见。

---

[90] 王光永：《陕西省宝鸡市峪泉生产队发现西周早期墓葬》，《文物》1975 年 3 期 72—75 页。

[91] 同 [74]19、20、34、35 页，图版拾：2，拾壹：1、2。

[92] 同 [84]42 页。

[93] 周文：《新出土的几件西周铜器》，《文物》1972 年第 7 期 9 页、11 页图二、12 页图八。墓号据 [69]36 页补。

[94] 齐文涛：《概述近年来山东出土的商周青铜器》，《文物》1972 年 5 期 7、8 页。

[95] 梁星彭、冯孝堂：《陕西长安、扶风出土西周铜器》、《考古》1963 年 8 期 413、141 页，图版壹：1、3。

[96] 傅永魁：《洛阳东郊西周墓发掘简报》，《考古》1959 年 4 期 187、188 页，图版叁：5、6。

[97] 葛今：《泾阳高家堡早周墓葬发掘记》，《文物》1972 年 7 期 5、6 页。

[98] 同 [83] 同页，图版贰：1、5。原报告曾说同出残陶鼎，实为带扉陶鬲残片。

[99] 陕西省文物管理委员会：《陕西岐山、扶风周墓清理记》，《考古》1960 年 8 期 8、9 页。

[100] 王毓彤：《江陵发现西周铜器》，《文物》1963 年 2 期 53 页。墓中所出鼎、簋、甗皆有“北子”之铭，故可定为北子墓。

那些二鼎及二鼎一簋、二鼎二簋的组合，又该怎样解释呢？

《礼记·郊特牲》曰："鼎俎奇而笾豆偶。"这里所谓必为奇数之鼎，指正鼎而言，故知二鼎当为两类鼎的组合。上述二鼎，正差不多都由不同形态或不同纹饰以及大小差别显著的两种鼎组成，其一鼎当为升鼎，另一鼎从形体都不很大这方面来考虑，估计不会是镬鼎而应当是羞鼎。《礼记·内则》曾云："钜镬汤，以小鼎芗脯于其中，使其汤毋灭鼎，三日三夜毋绝火。"这是讲用一种小鼎煮豚、羊，是放在大镬的汤中微热三日三夜而使之香美，所煮的豚、羊，当然就是所谓的羞味。烹煮羞味的小鼎虽然不是羞鼎本身，但从而可知羞鼎当是比较小的。前述（1）例白草坡M1的羞鼎，以及后面将要论及的东周羞鼎，形体正都比同出升鼎为小，二鼎中较小的一件，当为羞鼎。把这一点肯定下来后，就知二鼎一簋或二鼎二簋，也就是一鼎一簋或一鼎二簋再陪羞鼎一。传世《窓簋》有铭曰"王为周窓易贝五朋，用为宝器鼎二、毁二"（《三代》8·31·3；又《窓鼎》略同，见《三代》4·10·1），在西周后期的《郑季盨》、《函皇父簋》和春秋的《簷鼎》等铭文中，作鼎的数字都是正鼎加陪鼎的总和（皆详下述），可知此处"鼎二、毁二"之铭，正为正鼎一加陪鼎一配二簋这种组合之证。

4. 西周前期用鼎制度与五等爵制关系的推测

上述材料表明，最迟到昭、穆时期，少牢五鼎、牲三鼎、特一鼎的升鼎制度，以及正鼎五和陪鼎二、正鼎三或正鼎一和陪鼎一，还有五鼎配四簋、三鼎配二簋、一鼎无簋和一鼎配一簋或二簋的制度，都已具备，而其中除牲三鼎及与其相配的几种组合外，都已见到成、康时期的遗存，所有这些组合的出现时间，当不会晚于周初。这些组合方式，除一鼎配一簋文献阙载外，都和"三礼"所述相符，从而可推知"三礼"中的大牢九鼎、大牢七鼎以及正鼎九和陪鼎三配八簋、正鼎七和陪鼎三配六簋之制，当时也一定存在。从周初开始，这套用鼎制度显然已具完整形态。

据上述材料，又知把一套正鼎作成大小相次的形态，要到昭、穆时期才比较普遍，象（1）、（3）诸较早之例，就都是用两种形态的鼎来组成少牢五鼎。以后，也常用不同形态的鼎来相配成套，如（4）例茹家庄M1乙室和M2所出，即用二或三种形态的鼎来组成少牢五鼎。当然，后者的形成也可能是因原有的成套升鼎有所遗缺，才找它鼎配入补齐，但这至少说明形制相同、大小相次并非一套升鼎必须遵守的规定。

茹家庄M1乙室和M2中少牢五鼎和牲三鼎或特一鼎两种以上规格鼎制的同出之例，在时代更晚的窖藏或墓葬中所见甚多，这又说明当时因各种仪礼的内容不同，除最高规格的鼎制当依主人身份而有严格限制外，较低规格的鼎制则允许同时使用。对这些有多种规格鼎制共存的材料，自然应据其最高规格来判断主人的身份。

这种规格，在"三礼"中是天子与诸侯都用九鼎，他们属下的卿都用七鼎，大夫都用五鼎，士都用三鼎或一鼎，可是《公羊・桓公二年传》何休注则谓"天子九鼎，诸侯七，卿大夫五，元士三"，西周的本来制度究竟是哪一种呢？要肯定地回答这个问题，最好是等待西周前期各种用鼎规格的完整材料统统有所发现，但现有材料已多少提供了一些探明事实真相的线索。

从（1）、（2）、（4）例看，都用少牢五鼎随葬，墓主身份似都为大夫一级。然而（1）例白草坡M1的墓主叫潶伯，（2）例白草坡M2的墓主叫㮚伯，（4）例茹家庄 M1乙室的墓主叫強伯，其中是否有诸侯之伯呢？从金文中的称谓来考虑，凡诸侯皆作"某王"、"某公"、"某侯"、"某伯"、"某子"等，行辈则习称"伯某父"、"孟某父"、"仲某父"、"叔某父"、"季某父"等，或下无"父"字，但亦偶见"某仲"、"某叔"、"某季"之称，故"某伯"究竟是指爵等还是行辈，孤立考虑是难以确断的。不过，至少有些"某仲"、"某叔"、"某季"乃是氏称，例如虢仲、虢叔、虢季等；而且周代又是实行嫡长制，"某伯"一称当然往往可兼有诸侯之伯与行辈之伯的两重意义。金文中常见的"某伯"，至少有相当一部分是诸侯。強伯从其墓的形制来分析，应当是诸侯。

強伯及其夫人之墓都带墓道，墓道在周代称隧道或羡道，而在西周是只有天子及诸侯才能具有的。《左传・僖公二十五年》及《国语・晋语中》皆谓晋文公纳定周襄王于郏以后，曾"请隧"以葬，周襄王因为这是王制而弗许。贾谊在《新书・审微》中解释曰：

> "古者周礼，天子葬用隧，诸侯县下。周襄王出逃伯斗，晋文公率师诛贼，定周国之乱，复襄王之位。于是襄王赏以南阳之地。文公辞南阳，

请即死得以隧下。襄王弗听，曰：‘周国虽微，未之或代也。天子用隧，伯父用隧，是二天子也。以地为少，余请益之’。文公乃退。”

《国语》韦注引贾逵说及《左传》杜注，皆袭贾谊说而谓诸侯无墓道。但《史记·卫康叔世家》曰：“（周宣王四十二年，卫之共伯弟和）杀共伯于（卫）釐侯墓上，共伯入釐侯羡自杀”，羡道即隧道（《周礼·春官·冢人》郑玄注），可知诸侯墓至迟到西周后期也是有墓道的。后来，贾公彦以为隧道和羡道的形制有别，故在《冢人疏》中讲“天子有隧，诸侯已下有羡道”；孔颖达又以为二者无别，所以在《礼记·檀弓疏》中说《春秋》是讲“天子有隧，以羡道下棺”。这种争论可以先撇开，西周之时只有天子和诸侯这些最高等级的贵族之墓才能有墓道则是很清楚的。在已经发掘的西周墓中，除茹家庄墓以外，确实仅河南浚县辛村有八座大墓带墓道，而那些大墓又都是卫国“公侯或君夫人的墓”[101]。从筑墓制度看，强伯的身份就不象是大夫，而应是诸侯。

一个诸侯之伯，为什么只用少牢五鼎这种大夫之礼呢？

这当和周人的五等爵制有关。

《国语·周语中》曾谓，周襄王曰：“昔我先王之有天下也，规方千里，以为甸服，以供上帝山川百神之祀，以备兆民之用，以待不庭不虞之患。其余以分公、侯、伯、子、男。”《孟子·万章下》又记述当时传闻的西周五等爵制曰：“天子之卿，受地视侯；大夫受地视伯；元士受地视子、男。”这种受地之制，正如列宁在概括哲学上一般和个别的关系时所说那样：“任何个别（不论怎样）都是一般。任何一般都是个别的（一部分，或一方面，或本质）”[102]，里面应当包含着五等爵和天子属下的卿、大夫、士之间等级比较关系的一般意义。从这种比较关系出发，可推知五等爵的用鼎制度当是：公、侯同于天子之卿；伯同于天子之大夫；子、男同于天子之士。上述强伯乃至潶伯、㴔伯皆用少牢五鼎，其制同于天子之大夫，恰恰合乎这种制度；（5）例录子伯䢅墓用牲三鼎随葬，（37）例北子墓用特一鼎随葬，皆用士礼，也正同这种制度相符。这就可知关于五等爵用鼎制度的推测，并

[101] 同[74]7页。

[102] 《谈谈辩证法问题》，《列宁全集》第38卷409页，人民出版社1959年版。

非仅仅是逻辑的推理。至于《礼记・王制》所说“天子之三公之田视公、侯，天子之卿视伯，天子之大夫视子、男，天子之元士视附庸”，以及《尚书・尧典》“分北三苗”句下孔疏引郑玄所说“流四凶者，卿为伯，大夫为子、男，降其位耳”，虽是后起的说法，也如《孟子》所述那样，表明了周天子属下和五等爵属下贵族级别上的差异。

自从半个世纪以前傅斯年提出“五等爵之本由后人拼凑而成”之说[103]后，郭沫若同志亦发表了批判周人五服五等之制的文章[104]，西周的五等爵制以及与之相应的五服说，似乎很少有人相信了。尽管很多人见到康王时《盂鼎》铭中“隹殷边侯甸”（《三代》4・42・1下）的追述，知道早在商代就存在着邦畿之外的侯服、甸服之制，又见到成王时《令彝》铭中的“暨诸侯：侯、甸、男，舍四方命”（《三代》6・56・2），亦知这正和五等爵制相呼应，但总是以为金文中的公、侯、伯、子无定称，所谓西周有五等爵之制，是东周以后的推想。其实，过去所谓的金文中的爵称无定制，往往可由以下几种情况造成：一是某些同名的封地本非一国，自然可因封爵本异而出现不同的爵称；二是某些诸侯因时代相移而发生过变动其爵称之事；三是某些在本国自称为王的封国，周王室则仍以初封的爵称来称呼之；如此等等。还应当考虑到，五等爵在当时实际主要是三等，如《孟子》谈到的受地之制，就明确分为侯、伯、与子男三等，没有提到的公，当与侯基本是同一等的；《周礼・秋官・掌客》所述亦仅公、侯伯、子男三等，以侯与伯、子与男为同等。从金文材料看，《孟子》之说更接近于西周实况，《周礼》中的说法大概是后起的。但不管怎样，都是把五等爵归并为三等。值得注意的是在上述《令彝》中也只是说到三等，甚至在甲骨文中也只有侯、伯二等或侯、伯、子三等，《汉书・王莽传上》所载居摄二年王莽上奏亦曰“殷爵三等，有其说，无其文”，周初的爵等实际只有三等应当是没有问题的。既然五等爵实际是三等，某些实际为同一等的爵称，当时大概可通用，这样自然会

[103] 最初略述于《与顾颉刚论古史书（续）・殷周间的故事》，《国立第一中山大学语言历史学研究所周刊》第2集第14期31、32页，1928年1月31日；后又详述于《论所谓“五等爵”》，前《历史语言研究所集刊》第二本第一分本110—129页，1930年5月。

[104] 郭沫若：《中国古代社会研究》第四篇《五、周代彝铭中无五服五等之制》，人民出版社1954年版234—238页。

出现一些所谓无定称的现象。

很久以来，因金文材料大多无可靠的出土地点和共存关系，便很容易造成错乱的推论，现在出土情况明确的材料愈来愈多，就有可能追寻到西周五等爵制的真正踪迹。对㢭伯、录子伯䧹、北子等墓用鼎制度的考察，便终于使我们看到几个能够反映西周前期确实存在五等爵制的例子。可以估计，对五等爵制的认识，也会象对用鼎制度的认识一样，经历着“否定之否定”的过程。

发现了西周前期五等爵与天子所属各级贵族用鼎制度的对应关系，当然可肯定《公羊传》何休注讲的用鼎规格，确是西周的本来制度。概括地说，这时期周王室自有一套天子九鼎，卿七鼎，大夫五鼎，士三鼎或一鼎的制度，而又有另一套公、侯七鼎，伯五鼎，子、男三鼎或一鼎的制度。存在这样两套严格对应的用鼎制度，无疑即意味着当时的贵族等级制度以及与之相适应的用鼎等礼乐制度，正处在何等严密的状态！所有这时期的用鼎遗存从未见任何逾制的迹象，又表明这种制度在当时该是多么稳定啊！

经济基础最终决定上层建筑命运的理论，是放之四海而皆准的真理。用鼎制度的严格和稳定，正反映出这时期的井田制和建立其上的等级制度，也是处在稳定状态中。

二、西周后期至春秋初的第一次破坏

考察懿、孝以后的遗存，可以看到西周前期已经形成完整形态的那套用鼎制度，从此进入到逐步破坏的阶段。起初是一部分诸侯与天了之卿这一类的贵族僭用了过去的天子之礼；随后几乎所有诸侯和某些诸侯之卿也僭用了天子之礼；最后是传统的鼎制发生大紊乱。这是周初那种贵族等级制度一次又一次地遭到破坏的结果。

从西周后期到春秋初，是这个破坏过程的第一阶段。属于这阶段的用鼎遗存，排除掉被扰墓葬和窖藏中原有组合本来就不完整的材料，加上有铭文可说明鼎制的传世铜器，可收集到五十三组；其中，仅仅是长安张家坡M222的出土物，因是现知唯一能说明西周后期开始使用仿铜陶鼎的材料，故墓虽被盗，亦收入在内。这些材料，已基本包括了用鼎的五大类组合，各类升鼎都已具备。

1. 大牢九鼎类

（38）扶风庄白窖藏（76FZH1）所出懿王时微伯史疾的铜簋八等。作器者“疾”，或称“微伯疾”（箒、匕铭），又称“微疾”（釜铭），族徽为𦎫，在武王灭商后，自其烈祖起，世代为周王史官。《疾钟》铭谓“疾”为“左尹氏”，尹氏即作册尹，也就是内史，疾仍为史官。同出的鬲铭曾单称“微伯”，“微”既为封地，“微伯”当即封爵之称[105]。宋代出过一件《微伯媺氏鼎》，铭为“叀乍微白媺氏□鼎，永宝用。𦎫。”（《啸堂》·上·17·2）其族徽既同，当是一个“微伯”。此窖虽基本未瘗铜鼎，但八簋是用来配九鼎的，微伯史疾当用大牢九鼎[106]。

（39）传出宝鸡厉王时的《虢仲盨盖》铭：“兹盨友十有二”[107]。西周后期往往以盨代簋，“盨友十有二”等于说用簋十有二。《周礼·秋官·掌客》言五等爵皆用鼎、簋十有二，郑玄注：“簋十二者，堂上八，西夹、东夹各二”，故王国维曾谓“虢中以畿内诸侯为天子三公，正宜用上公及侯、伯之礼也。”[108]由盨（簋）相推，虢仲氏的虢公用鼎当为十有二，即正鼎九和陪鼎三。

（40）岐山董家窖藏所出铜器群中的《此鼎》三与《此簋》八等。鼎、簋皆宣王十七年十二月乙卯铸，故知《此鼎》当有遗失，原来应是九鼎成组。鼎铭“王乎史翏册令此曰：‘旅邑人善夫’”，此的官职是膳夫[109]。

（41）扶风上康村窖藏出的幽王时函皇父组铜器，有鼎四、簋四和匜一、甗一、壶二、罍二、盘一、匜二等[110]。盘铭云：“函皇父乍琱娟般、盉、障器、鼎、簋一具，自豕鼎降十有一，簋八，两罍，两锰”[111]。周人以正鼎九和陪鼎三、或是

[105] 陕西周原考古队：《陕西扶风庄白一号西周青铜器窖藏发掘简报》，《文物》1978年3期4—7页。

[106] 宋代曾出疾所用镬鼎，见《上篇》[16]；但升鼎尚无踪迹。

[107] 商承祚：《十二家吉金图录》雪10、11，金陵大学中国文化研究所1935年版。

[108] 《观堂别集》卷二《虢仲簋跋》，见王国维：《观堂集林》第1200、1201页，中华书局1961年版。

[109] 庞怀靖、镇烽、忠如、志儒：《陕西省岐山县董家村西周铜器窖穴发掘简报》，《文物》1976年5期29页。

[110] 陈梦家：《西周铜器断代》（三），《考古学报》1956年1期70、71页。关于函皇父器的出土地点，曾有岐山清化镇与周家桥两说，今据扶风县文化馆的调查，实为扶风上康村所出。解放以前上康村一带属岐山清化镇管辖，故清化镇之说亦并不误。扶风县文化馆的调查结果，见罗西章《陕西扶风县北桥出土一批青铜器》注[1]，《文物》1974年11期20页。

[111] 陕西省博物馆、陕西省文物管理委员会：《陕西省博物馆、陕西省文物管理委员会藏青铜器图释》图65，文物出版社1960年版。

正鼎七和陪鼎三为制，“自豖鼎降十有一”当为“十有二”之误。鼎、簋之铭则为“自豖鼎降十有”[112]，皆遗“二”字。今存窃曲纹的《函皇父鼎》，铭37字，通高57厘米，当为正鼎之一；重环纹的《函皇父鼎》，铭17字，通高29.5厘米，应为陪鼎之一[113]。《诗·小雅·十月之交》云“皇父卿士”，函皇父职至卿士，而卿士为西周的最高官职。

（42）传世《幻伯妊簋》铭:“孟𠉲父乍幻白妊賸𣪘八”[114]，时代属两周之交。周制既然是“夫人与君同庖”（《礼记·玉藻》），幻伯的夫人用九鼎八簋，幻伯自身当亦用此制。

（43）湖北京山苏家垅曾侯墓所出铜圆鼎九与簋七等。鼎大小相次，最大的两件铭“曾侯中子斿父自乍䵼彝”。簋由两种型式配成，已缺其一。时代为两周之际[115]。

作器者之名，在同出铜簠和铜壶中作“曾中斿父”；传世《曾子斿鼎》铭又作“曾子斿择其吉金，用铸□彝”[116]。对比这几种称呼，可知“曾仲”即“曾侯仲”，“斿”即“子斿”，“父”为男子美称。郭沫若发现，周宣王时的“虢文公子段”（《虢文公子段鼎》）又称“虢季氏子段”（《虢季氏子段鬲》），“文公”是虢公生号，“子段”乃人名[117]。此例可证“曾侯”是封爵之号，“曾仲”为氏称，“子斿”是其名。

曾国有好几个。有的附庸于齐（《春秋经·僖公十四年》），有的附庸于郑（《左传·襄公元年》），有的与申国为邻（《国语·郑语》韦昭注），有的附庸于楚。宋代安陆曾出《曾侯钟》（《啸堂》下·90·1），与此《曾侯鼎》出土地近，这一带的曾国，就是附庸于楚国的。这个曾国，刘节曾据《叔姬邛㜏匜》铭“叔姬霝乍黄邦，曾侯乍叔姬邛㜏賸器䵼彝”（《三代》10·20·2）说:“此器所谓叔姬，必为曾侯之妹或女嫁于黄国者”，又据《江仲㜏钟》和《曾姬无卹壶》而谓“江、

[112] 同[111]图61、64。

[113] 同[111]图61、62。

[114] 同[17]《三代》7·49·3—4。

[115] 湖北省博物馆：《湖北京山发现曾国铜器》，《文物》1972年2期47—53页。

[116] 马承源：《记上海博物馆新收集的青铜器》，《文物》1964年7期10页，图版贰，1、2。

[117] 郭沫若：《三门峡出土铜器二、三事》，《文物》1959年1期13、14页。

黄、曾、楚，皆互为姻娅。”[118]此墓出的铜鬲铭“佳黄□□用吉金乍鬲”，当为黄国媵器。墓中既有此媵器，墓主可能是曾侯夫人，但曾侯同其夫人的鼎制是相同的。

2. 大牢七鼎类

（44）扶风任家窖藏所出铜器群中的《大克鼎》一、《小克鼎》七、《中义父鼎》五与《中义父鼎》三等[119]，皆厉王时器。柯昌济指出“仲义父即克，周人名克多字子仪”[120]。这些鼎正是一人之器，故同出一窖。《大克鼎》是现知最大的西周铜器，像这样巨型的大鼎，当为镬鼎。《小克鼎》无疑是一套大牢七鼎。《中义父鼎》有五件皆铭十七字，末有族名“华”；三件皆铭六字。这八件《中义父鼎》，显然是少牢五鼎和牲三鼎各一套。在厉王十八年至二十五年时，克为膳夫，在此以前或以后，克曾为师[121]，作《小克鼎》时，官职即为膳夫。

（45）河南三门峡市上村岭虢太子墓（M1052）所出两周之际的铜圆鼎七与簋六等[122]。其鼎大小相次，簋亦形制相同，是很整齐的一套大牢七鼎配六簋。

（46）传出陕西户县的《宗妇鄁嬰鼎》七与《宗妇鄁嬰簋》六等[123]，铭皆为“王子剌公之宗妇鄁嬰为宗彝𩰫彝，永宝用，以降大福，保辪鄁国。”郭沫若以为“王子”为宣王之子，断为幽王时器[124]。容庚定为春秋时器[125]。西周之时，某些边鄙的诸侯，已经自称为王。但“宗妇”诸器从铭文字体和器形特征看，都是典型

[118] 刘节：《寿县所出楚器考释》，《古史考存》122—124页，人民出版社1958年版。

[119] 同[25]所引《美劫》同页。

[120] 柯昌济：《金文分域编》第12卷10页“陕西省岐山县《中义父鼎》”条，1930年版。柯氏所言，乃据王引之《春秋名字解诂》卷上“郳子克字仪父（《隐元年左传》）、周王子克字子仪（《桓十八年传》）、楚斗克字子仪（《僖二十五年传》）、宋桓司马之臣克字子仪（《哀十七年传》）”条。

[121] 同[10]唐兰《叙言》，6页。

[122] 中国科学院考古研究所：《上村岭虢国墓地》28—31、55页，图版叁叁：1、4，叁肆：3，科学出版社1959年版。

[123] 清末出土时传为七鼎、六簋、二壶、一盘，见吴大澂《愙斋集古录》第14册18页下，商务印书馆1917年景印本。《三代》著录为四鼎（4·4·4—4·5·3）、七簋（8·22·3—8·25·4）、二壶（12·23·1—4）、一盘（17·15·2），其中有一簋的盖、器二纸拓片，当为二鼎之误。其图象见[6]引容书下册图83、342。

[124] 同[68]第7册156页。

[125] 同[6]引容书上册300、354页。

的秦国风格，当是平王东迁后秦国势力已达到宗周之地时一个受秦文化控制支配的鄀国之器，时代属春秋前期，鄀国王子的身份，同于虢国太子，故其宗妇的用鼎制度与虢太子一样。

3. 少牢五鼎及其杀礼三鼎类

（47）长安张家坡M222出土的仿铜陶鼎五与仿铜陶簋一等[126]，时代属懿、孝左右。墓虽被盗，但陶鼎大小相次，当无缺数；陶簋则大有缺失。墓内其它陶器，亦为仿铜礼器。这是已知西周仿铜陶礼器的最早之例。

（48）扶风召陈村窖藏所出铜《邾姑鼎》四与弦纹鼎一，《鄦姑簋》五（报告Ⅰ式三件、Ⅱ式二件）与《疊姬簋》一，除末一簋为鼏叔山父所作外，皆散伯车父作[127]。全都是懿、孝以后物。《邾姑鼎》大小相次，原来当是一套少牢五鼎，因丢失一鼎而配以弦纹鼎。其簋疑本为四簋两套或四簋与二簋各一套，亦因有所遗失而补以它簋。

（49）长安张家坡东北郑季墓所出铜圆鼎三与盨四等[128]。盨皆铭“叔尃父乍奠季宝钟六，金隮，盨四，鼎七”，“郑”始封于宣王二十二年（《史记·郑世家》），知为西周末年器。三鼎则皆西周前期物。铭中的“盨四”即相当于簋四，可知“鼎七”为正鼎五与陪鼎二。“盨四”未缺，而同铸的《郑季鼎》大概已经亡失，故随葬时配以它鼎。但这种与“盨四”相配的三鼎，当有如《仪礼·有司彻》所说，是一种“乃升羊、豕、鱼三鼎，无腊与肤”的用少牢而为三鼎的杀礼，即郑玄注讲的“腊为庶羞，肤从豕。去其鼎者，傧尸之礼杀于初”，三鼎所盛是羊、豕、鱼而不是豚、鱼、腊。

（50）、（51）三门峡市上村岭两周之际虢国墓中的M1706和M1810，皆出铜鼎五与簋四，鼎皆大小相次[129]。

（52）—（54）上村岭虢国墓地中的M1602、M1705、M1820，皆出铜鼎三

---

[126] 同[72]122、123、170页，图版柒拾叁。

[127] 史言：《扶风庄白大队出土的一批西周铜器》，《文物》1972年6期30—35页。

[128] 中国科学院考古研究所沣西考古队：《陕西长安张家坡西周墓清理简报》，《考古》1965年9期447—450页。

[129] 同[122]33—35、37、66、75页，图版伍拾：2，伍壹：3。

与簋四[130]。鼎大小相次（M1602不详），簋亦形制相同。由于这三墓的规模与随葬品的丰富程度，大体同于（50）和（51）的五鼎墓，应亦如（49）例的郑季墓，是用少牢杀礼的三鼎再配四簋。

（55）湖北随县均川区熊家老湾曾伯文墓所出两周之际的铜簋四等，鼎已遗失，原当为五件。簋铭“唯曾白文自乍宝毁”，同出铜𬭚亦铭“唯曾白文自乍”[131]。据下述（59）例，此地之曾既亦和黄国互为姻娅，当同属京山、安陆一带的曾国。这个曾国的封爵既称“曾侯”，“曾伯”当非爵称，它不是以“曾伯”为氏称，就是以“伯”为行辈之称。

（56）湖北枣阳熊集区茶庵公社段营大队两周之际曾子墓出的铜圆鼎三与簋四等[132]。铜鼎大小相次而铜簋形态一致，也是少牢杀礼三鼎配四簋。鼎铭“隹曾子中譌（谟）用其吉金，自乍𩰫彝”。对照（43）例“曾侯仲子斿父”的称谓法，知“曾子仲”即“曾仲”，是氏称，“谟”为其名，“曾子”为爵称无疑。《国语·郑国》及韦昭注曾谓南阳有申国，附近又有曾国。此地既出曾子墓，下述（90）例又示知在此枣阳以北、南阳以南的河南新野县也发现了出曾子铜器的墓，这一带就是与申为邻的曾国之地是很清楚的。京山、安陆、随县一带的曾国，诸侯称“曾侯”，枣阳到新野一带的曾国，诸侯称“曾子”，两个曾国所封的爵等是不一样的，而此时“曾子”所用的鼎制，比起同时期的“曾侯”，显然要低得多。

（57）河南郏县太仆乡墓出的铜圆鼎五与簋四等[133]。鼎大小相次，其一铭“江小中母生自乍甬（用）鬲”，是江国媵器。时代属春秋初。

4. 牲三鼎类

（58）上村岭虢国墓中的M1721，出有大小相次的铜圆鼎三，无簋[134]。

（59）随县均川区熊家老湾墓所出两周之际的铜圆鼎三与簋二等[135]。三鼎大小相次，最大一鼎铭“黄季乍季嬴宝鼎”；簋铭“曾中大父螽……自乍宝毁”。曾、

---

[130] 同 [122] 33、37—41、55、65、76 页，图版拾肆：4，拾伍：4，肆伍：1、4，陆壹：3，陆肆：1。

[131] 鄂兵：《湖北随县发现曾国铜器》，《文物》1973 年 5 期 21、22、25 页。

[132] 湖北省博物馆：《湖北枣阳发现曾国墓葬》，《考古》1975 年 4 期 222—225 页。

[133] 《河南郏县发现的古代铜器》，《文物参考资料》1954 年 3 期 60、61 页。

[134] 同 [122]35、67 页，图版伍肆：1。

[135] 同 [131]21 — 25 页。

黄姻国，季嬴当即曾仲盉妻，其鼎就是黄季为其女所作媵器。这是属于曾侯之国的很整齐的三鼎配二簋的组合。

（60）湖北枝江百里洲王家岗墓出的铜圆鼎三（图版捌，2）与匿二等[136]，时代亦属两周之际，匿铭“考叔脂父”，同出匜铭作“塞公孙脂父”，墓主是一个诸侯的公孙，故用士礼。此墓无簋，匿二就是代替簋二的。

5. 特一鼎类

这一类，现知有一鼎、一鼎二簋（或以盨代）、二鼎、二鼎二匿（代簋）四种组合。《上篇》讲到，在《仪礼》中，一鼎无簋是常制，一鼎二簋则偶而用之。但西周前期的遗存，却是一鼎一簋最为多见。从这种情况看，《仪礼》所记，实际是西周后期以后的情况。在已发现的遗存中，除（61）例为铅质明器外，其它各例皆为铜器。

一鼎的，以（61）洛阳中州路一带M3出的为早[137]；其次为（62）长安张家坡西周末年的M420所出[138]；（63）—（84）上村岭虢国墓中的M1620、M1634、M1651、M1657、M1661、M1671、M1692、M1701、M1702、M1704、M1707、M1708、M1714、M1720、M1743、M1744、M1753、M1761、M1762、M1765、M1777、M1819[139]，皆属两周之际。

一鼎二簋的有（85）西周末年的岐山贺家M3[140]和（86）两周之交的上村岭虢国墓M1640[141]二例。贺家M3是以盨二代簋，盨铭“白车父乍旅盨”。

二鼎的有（87）—（89）上村岭虢国墓中的M1612、M1711、M1715三例[142]，亦属两周之际。M1711所出二鼎形态相同，皆为浅腹，但大小未详，不知有无差别；其余二墓所出，皆有一鼎腹部很深，另一鼎即通常所见升鼎的样子。

---

[136] 湖北省博物馆：《湖北枝江百里洲发现春秋铜器》，《文物》1972年3期65—68页。

[137] 河南省文化局文物工作队第二队：《洛阳的两个西周墓》，《考古通讯》1956年1期27、28页。

[138] 同[72]121、171页。

[139] 同[122]33、37、57、58、60—62、64—67、69—72、76页，图版拾叁：2—4，拾肆：2、3，拾伍：2、3、5、6，拾陆：1、2、4—6，肆贰：2，伍捌：2，陆肆：2。

[140] 同[85]。

[141] 同[122]69页。

[142] 同[122]31、35、56、66、67页，图版拾叁：1，拾陆：3，肆拾：3、4，伍壹：2。

鼎有两种型式，表明这种组合同西周前期一样，仍为一升一羞。

二鼎二簋的，现知仅（90）河南新野小西关墓一例，系以匿代簋，亦属两周之际[143]。二鼎为铜圆鼎与腹部很深的敦形鼎各一，其形态上的差别，与上述虢国墓中的二鼎之别极为相似。同出甗铭“隹曾子中讴用其圊圂，自乍旅献”，“曾子仲讴”是与申为邻的曾国诸侯，已详（56）例所述。（56）例之湖北枣阳墓出了《曾子鼎》，此墓又出《曾子甗》，曾子墓地应在同一地点，似乎不可能都是曾子墓。从主要礼器看，枣阳的应当是曾子墓，此墓大概仅仅以曾子所遗铜甗随葬。

6. 关于传统鼎制的僭越以及五等爵制和贵族等级制度开始破坏的推论

事物的变化，总是通过迂回曲折的途径。上述材料表明，懿王之时西周前期的那套用鼎规格开始发生变化，但表现为时而僭越旧制、时而有所恢复，某些等级是破坏旧制较烈、某些等级又变动不大的螺旋形和不平衡状态。这正是旧有制度刚刚破坏的应有现象。

（38）例懿王时微伯史瘐可用九鼎，是已知西周传统鼎制发生破坏的最早一例。瘐的封爵是伯，官职为尹氏即内史。内史在西周官制中占什么地位，现在还说不准确，从《诗·小雅·十月之交》以卿士、司徒、冢宰、膳夫、内史、趣马、师氏七职以次相列的情况看，很可能相当于六卿的地位。西周前期的伯只能用五鼎，内史如果是六卿之一，顶多也只能用七鼎，无论从哪一方面出发，微伯史瘐的用鼎规格，肯定是发生了僭越的。

（40）例宣王时膳夫此的使用九鼎，也是僭用了西周前期的天子鼎制。在《周礼》中，膳夫仅仅是上士，当然不会是西周情况。据西周金文所见，天子之膳夫，同时不止一人，故郭沫若以为“宰夫、膳夫古均名善夫，而职有上下之别”[144]。但《周礼》中的宰夫位次小宰之下，仅为下大夫，也未必可当西周的膳夫。唐兰则以为（44）例的厉王时的膳夫克，可以“出纳朕命”（《大克鼎》），“舍命于成周，遹正八师”（《小克鼎》），地位是很高的。唐说并据《十月之交》所列官职次序，

---

[143] 郑杰祥：《河南新野发现的曾国铜器》，《文物》1973年5期14、15、18页，20页图二二。

[144] 郭沫若：《金文丛考·周官质疑》十六“善夫”，人民出版社1954年版76页。

推断膳夫职在师氏之上[145]。虽然在《诗·大雅·云汉》中，又以庶正、冢宰、趣马、师氏、膳夫并列而以膳夫居后，但其地位总是和内史差不多，无怪乎亦僭用了九鼎之制。应当注意的是：厉王时的膳夫克用大牢七鼎，宣王时的膳夫此却用了大牢九鼎，显然，前者大概又按传统鼎制行礼，而后者则是僭礼。以后，（41）例的幽王卿士函皇父，也使用着正鼎九、陪鼎三和八簋这种最高规格。从懿王至幽王时，天子周围六卿一类贵族反反覆覆发生的僭礼行为，表明这种现象是刚发生不久；不过，愈是接近西周之末，已愈是演成普遍的制度。

如果从五等爵制这一方面来考虑，西周前期致仕于周王室的诸侯，其官职与爵等本有严格的对应关系，但六卿一类的内史尹氏此时却封为“微伯”[146]，当然意味着以前那种对应关系开始遭到破坏，也就是说，五等爵制本身固有的爵等界限已被冲破缺口。当这个缺口一经扩大，过去所谓的五等爵本无定制的现象，才真正有所出现。从这个角度讲，也可说这时期是发生了五等爵的僭越鼎制。

正是在这种情况下，从微伯史痪起，到（39）例厉王时的虢公（虢仲氏）、两周之际的（42）例幻伯和（43）例曾侯，都僭用了天子之礼。（45）例的虢太子和（46）例的鄀国王子用七鼎，又表明两周之际到春秋初的虢公和鄀王也必定使用大牢九鼎之礼。

但（56）例的曾子仲谟用少牢杀礼三鼎配四簋，又说明并非所有爵等或所有的诸侯一下子都僭用了天子之礼。当然，曾子仲谟的用鼎规格如果同过去那种子、男只准用牲三鼎或特一鼎的制度来比较，也已发生僭越，不过仅仅是稍有僭越。

当周初分封诸侯时，被封为公、侯的，几乎都是周王母弟；封伯的是许多同姓或异姓小国；所谓边鄙之国，则封子、男。周初所封数以百计的成千个五等爵，后来不断兼并，力量的强弱发生新的分化，原有的爵等自然就产生名实不符现象。看来，到了西周后期，特别是两周之际，随着周王室的衰微，某些力量较强的诸侯就不管原来爵等的高低，纷纷僭用天子之礼；而某些力量弱小的诸侯，还不敢

[145] 同[121]。

[146] 据庄白一号窖藏中全部铜器的铭文，史痪家族已知有七代，即高祖、微史剌祖、乙祖（乙公）、亚祖辛公乍册折、乙公丰、丁公史墙、微伯史痪。在史痪以前六代的称谓中，均未见爵称，从痪史开始才称为“微伯”，疑到痪时才封为伯。

过于僭越旧制。曾侯与曾子这两个相邻而存的诸侯，一个僭用大牢九鼎，一个仅用少牢杀礼三鼎，估计就是同力量强弱不同有关。

愈来愈多的天子之卿和五等爵僭用天子鼎制一事，当然意味着周人原有的那套包括五等爵制在内的贵族等级制度的动荡，而这种动荡无疑是宗法奴隶制发生危机的讯号。

能够反映出懿、孝以后原有的贵族等级制度发生动荡的，还有（47）的长安张家坡M222出土仿铜鼎等陶礼器一例。

周人用仿铜陶礼器随葬是这时期新出现的现象，到了东周时期才日益增多。这种现象，在它尚未成为普遍习俗的时候，除了可直接反映墓主的相对不富裕外，还有别的意义吗？

有！这同墓主能否自备青铜礼器有关。

据《礼记》所记，能否自备青铜礼器，同有无“田禄”关系至大。如：

《曲礼下》：“凡家造，祭器为先，牺赋为次，养器为后。无田禄者，不设祭器；有田禄者，先为祭服。君子虽贫，不粥祭器；虽寒，不衣祭服；为宫室，不斩于丘木。大夫、士去国，祭器不踰竟。大夫寓祭器于大夫，士寓祭器于士。”孔疏曾云：“此据有地大夫故得造祭器。若无田禄者，但为祭服耳。其有地大夫，祭器、祭服俱造，则先造祭服，乃造祭器。”

《王制》：“大夫祭器不假。祭器未成，不造燕器。”孔疏引皇侃说亦云：“此谓有地大夫，故祭器不假；若无地大夫，则当假之。故《礼运》云：‘大夫祭器不假，声乐皆具，非礼也’，谓无地大夫也。”

《王制》又曰：“大夫、士宗庙之祭，有田则祭，无田则荐。”郑注：“有田者，既祭又荐新。”

所谓“祭器”，就是鼎、簋之类的铜礼器。《礼记》说没有田禄的大夫、士不能自备祭器，只能假用，皇侃以采地来解释田禄，是很了解当时情况的。《周礼·地官·载师》郑玄注说：“宅田，致仕之家所受田也……仕者亦受田，所谓圭田也。《孟子》曰：‘自卿以下，必有圭田，圭田五十亩。’”这也是以采地作致仕者的俸禄来解释田禄的。《孟子·滕文公下》又说：“士之失位也，犹诸侯之失国家也……惟士无田，则为不祭。”这些说法，就是指田禄即以田为禄，有无田禄，就是有无官职。

无田禄的大夫、士既不能自备祭器，逢到吉凶之礼，则可以向闾里乃至六乡借用祭器。如：

《周礼·地官·乡师》："正岁，稽其乡器：比共吉凶二服；闾共祭器；族共丧器；党共射器；州共宾器；乡共吉凶礼乐之器。"

郑玄注："吉服者，祭服也；凶服者，吊服也；比长主集为之。祭器者，簠簋鼎俎之属，闾胥主集为之。丧器者，夷槃素俎楬豆輁轴之属，族师主集为之。此三者民所以相共也……乡大夫备集此（吉凶礼乐之器）四者，为州、党、族、闾有故而不共也。此乡器者，旁使相共则民无废事，上下相补则礼行而教成。"

这种从六乡到闾里都供有礼乐之器以备无田禄的大夫、士来借用的习惯，无疑是农村公社公有制的现象。在《周礼》写定的时代，农村公社已处在解体阶段，这种制度当然不会是发生在农村公社的破坏阶段，而应当是承自农村公社还比较稳固的西周时代。那个时期，"大夫祭器不假"和"乡共吉凶礼乐之器"的制度，只会更加发达。在那种制度下，没有田禄的大夫、士既不能自备青铜礼器，当然就谈不上用青铜的鼎、簋等礼器随葬；以实用铜鼎等礼器随葬的主人，自然有权自备青铜礼器，也就是都有田禄。张家坡M222所以用仿铜陶鼎等陶礼器随葬，恐怕就因主人是没有田禄的大夫。

再进而分析之，这种现象在西周前期根本见不到，像士这种最低等级的贵族几乎都以实用铜鼎随葬，可见那时士以上的贵族，几乎都有官职，士的特权地位明显地要比东周以后的同等贵族高得多和稳定得多。可以看到，宗法奴隶制的等级制度在西周前期该是相当风平浪静的。

懿、孝左右在长安张家坡M222中出现仿铜陶礼器的现象，直接揭示出那时甚至在宗周的心脏地区都发生了某些大夫已经失去田禄的情况，所谓"有地大夫"和"无地大夫"之别，大概到这时期刚刚出现，东周时期才越来越多；这也正和金文中这时期开始出现转让土地内容的情况相吻合。井田制与建筑于其上的贵族等级制度，终于遇到了风浪。像（61）例洛阳中州路一带M3中铅鼎等明器的产生，恐怕也是这场风浪中的一朵浪花。尽管在全部西周后期的用鼎遗存中，这种浪花为数甚少，也就是说，这种等级制度的发生大动荡还要更晚一些，但是，从天子之卿到宗周大夫、成周之士，从姬姓公、侯到边鄙王子，在这时期纷纷僭越着过去的用鼎制度，总可说明一场大变动的已经开始。

三、春秋中期至战国早期的第二次破坏

周人用鼎制度的第二次大破坏，大致发生在春秋中期至战国早期。主要表现为：

一，周初的诸侯，至战国初已兼并成十几个。他们都远比周王室强大，这自然导致所有诸侯统统僭用天子鼎制。原有的五等爵的鼎制，已荡然无存。

二，由于土地私有制发展后世卿世禄制度的日遭破坏，旧氏族贵族的地位一天天被新兴贵族夺取，卿大夫纷纷擅了诸侯之权，于是，诸侯之卿也僭用了天子鼎制。

三，随着庶人日益从村社中脱身为自由小农和旧贵族的衰微，往日的等级制度及其从属的用鼎制度便发生根本性动摇。当然，这是不平衡的：在东方诸国，贵族和庶人有无用鼎权力的界限已被冲破；而西方秦国则没有发生。

四，旧贵族衰微后失去田禄的大夫与士自然愈来愈多，从而随葬仿铜陶礼器的现象不断增多。这时期，大夫、士一类贵族往往只用陶礼器或与铜礼器一道并用陶礼器，它看来已丧失了区别“无地大夫”和“有地大夫”的意义。新获得可用士礼之权的庶人，也愈来愈多地使用陶礼器。

许多这时期的重要遗存是出在被扰之墓，故下列用鼎遗存不限于未扰单位。凡扰乱过甚的，或虽未扰动而因材料发表不齐、不能判明鼎制[147]或所属分期阶段的[148]，则不加收入。

1. 大牢九鼎

（91）河南新郑南关郑伯墓的铜圆鼎二十一和簋十等。此墓于1923年被盗，出土物有蒋鸿元《新郑出土古器图志》（1923年）、孙海波《新郑彝器》（1937年）、关伯益《新郑古器图录》（1929年）和《郑冢古器图考》（1940年）汇集著录。《图考》后出，核实遗物较准确，计有：

大牢九鼎一套（缺一），无盖，大小相次，是最大的一组（即《图考》“牢

---

[147] 如邯郸百家村M3的铜鼎一和陶鼎九，见河北省文化局文物工作队：《河北邯郸百家村战国墓》，《考古》1962年12期613、614页。

[148] 如邢台东董村M14的陶少牢五鼎，见河北省文化局文物工作队：《邢台战国墓发掘报告》表四，河北省文化局文物工作队1959年6月铅印本。

鼎”，《彝器》“虺螭夔文鼎”）；

大牢七鼎一套，有盖，稍小，虽大小有别，但最大三件尺寸一样，并非逐件相次（即《图考》“蟠螭鼒”，《彝器》“虺螭云文鼎”）；

羞鼎两套六件，每套三件，无盖，腹有六扉，尺寸皆近于七鼎中最小一鼎，正合乎陪上述九、七二牢之数（即《图考》“陪鼎”，《彝器》“虺螭文鼎”）；

铜簋一组八件（即《图考》“敦”、《彝器》“夔文簋”），另一组二件（即《图考》“螭耳锜”，《彝器》“蟠螭文簋”）。八簋之组，自然是配九鼎的；二簋则当如《周礼·秋官·掌客》郑注“簋十二者，堂上八，西夹、东夹各二”那种情况，是与八簋相配的另外一组。

现知春秋铜器以此为大，鼎制又为九、七二牢加羞鼎二套，墓主非郑伯莫属。同出有《王子婴次卢》，王国维考“婴次”即“楚令尹子重”[149]。当时，徐、楚称王，郑则为伯，诸子皆称“公子”（《左传·襄公八年》），“婴次”如为郑人，不会称“王子”，况器上细线方格细乳纹正具南方铜器特征，铭文字体亦为楚风（《彝器》129、130页），王说似可从。但王氏以此为鄢陵役后遗于郑地之说，则诚如杨树达所称“斯不免于凿矣”[150]。从此器的花纹看，不见于楚器，或为吴器。从全部铜器的形态和组合看，应为春秋中期偏晚之物。

（92）河南辉县琉璃阁墓甲的铜圆鼎十五和簋十四（或十二）等[151]。此墓与墓乙发掘于1936年，抗战期间记录散失，解放前夕部份器物又被劫往台湾，剩下的器物并和M2遗物相混[152]。其用鼎情况，郭宝钧记为：“鼎13器又500碎鼎片，鼒2器又2260碎鼒片。13鼎是否列鼎制，无从证明。”[153]仅据这个简单记录，当然无法确断原来的鼎制。但簋中有一组是八件成套，而八簋是配九鼎的，这就可知其中必有大牢九鼎。

---

[149] 王国维：《王子婴次卢跋》，见[108]899、900页。

[150] 杨树达：《王子婴次卢跋》，《积微居金文说》（增订本）178页，科学出版社1959年版。

[151] 同[7]70页谓出簋十四，但43页登记了簋八，71页登记了方座簋四，后两种合计只有簋十二，未知孰是。

[152] 《河南、陕西等地发现的古代青铜器·辉县战国甲墓和乙墓出土青铜器选记》，《文物》1965年5期1页。

[153] 同[151]。

（93）辉县琉璃阁M60的铜圆鼎二十四、簋六等。郭宝钧说有“镬鼎1、有盖列鼎 5、有盖列鼎9、无盖列鼎9、不成列的小鼎5”[154]。既有镬鼎一件和大牢九鼎两套、少牢五鼎一套，所谓“不成列的小鼎5”，应是陪大牢的羞鼎三和陪少牢的羞鼎二，不像是另一套少牢五鼎。

墓甲与M60是春秋中、晚期之际的墓。这时期，有什么能用九鼎的贵族会埋在这里呢？

按周初封康叔于朝歌（今河南淇县），辉县即为卫地。春秋以后，卫的领地东移缩小，辉县即属晋地。至春秋中期，晋公室弱，六卿强，各占大片领地，辉县一带便归范氏所属。

据《左传·襄公二十四年》及杜预注、孔疏引贾逵说，范本为夏御龙氏，商的豕韦氏，殷末国于唐（今河北唐县一带）；成王灭唐，迁于今西安南郊为杜；宣王杀杜伯，其子逃于晋，即为士氏；后封于范，又以范为氏。《左传·宣公十二年》称士会为“随武子”，《宣公十七年》即称为“范武子”。《宣公十六年》曾曰：“春，晋士会帅师灭赤狄甲氏及留吁、铎辰。”士会即因灭赤狄余党之功而受封于范。甲氏、留吁在今冀南的永年、鸡泽和晋东南的长治一带[155]，范即今鲁西的范县东南[156]。从此，自长治越太行山经河南、河北交界一带到山东的西部边缘，为范氏之地，淇县、辉县即在其中。

《左传》又记，自鲁昭公十三年起，范与中行二氏同赵鞅相争。先是范吉射、中行寅与邯郸午等攻赵鞅，后荀栎、韩简子、魏襄子等移兵伐二氏，自定公十四年至哀公三年，范与中行氏便固守朝歌达五年，这一带当是范氏经营已久的领地中心。

此后，辉县被知伯占领，《史记·晋世家》即曰：“当是时……知伯遂有范、中行地，最强。”抗战前有《智君子鉴》二器出于辉县[157]，正为辉县一度属知氏之

[154] 同 [7]59 页。

[155] 泷川龟太郎：《史记会注考证》第 39 卷 75、76 页，东京大学史记会注考证校补刊行会 1960 年版。

[156] 《水经注·瓠子河》：“瓠河自运城东北迳范县与济濮枝渠合，”（《武英殿聚珍版丛书》本第 24 卷 18 页上）“运城”即今山东郓城一带，故知彼时范县在今范县和梁山县之间。

[157] 唐兰：《智君子鉴考》，《辅仁学志》第 7 卷第 1、2 期合刊，1938 年 12 月。

证。《晋世家》又曰：晋出公二十二年（据《索隐》引《纪年》）“赵襄子、韩康子、魏桓子共杀知伯，尽并其地。”这一带自邺（今河北临漳县西）以南，便为魏地。

同一墓地中，还有不少出七鼎或五鼎的墓，都属前六世纪至前五世纪初叶，正相当于范氏占有辉县的时期。这恐非范氏卿族的墓地莫属，其墓甲和M60的墓主，当为某两个范子。在六卿强、公室卑的形势下，范子自然是僭用了天子之礼。

（94）安徽寿县蔡昭侯墓所出铜圆鼎十九和簋八、敦二等。许多铭文说明墓主是“蔡侯䌛”，其尊、盘之铭“十年正月初吉辛亥蔡侯䌛”，又说明在位十年以上，故只能是昭侯申、成侯朔、声侯产之一。陈梦家断为昭侯，其说可从[158]，这批铜器，当铸于公元前518—491年。

鼎中最大一件有扁盖，带炊痕，自铭为䵼即镬；其次七件无盖，腹有四兽扉，大小相次，自铭为䵻，是大牢七鼎；再次九件亦有扁盖，自铭为鼎，其中六件成对而整组仍大小相次，是大牢九鼎；最小一鼎形态同于九鼎而无铭文，疑属羞鼎而原有数量已有缺失；还有一件小口鼎[159]。正鼎为九、七二牢，与（91）郑伯墓相同；因此时簋已往往被敦代替，其八簋二敦，也就等于郑伯墓的八、二之簋。

（95）山东临淄尧王庄国子墓的铜圆鼎八等。1956年打井时挖出，共存器物未出全[160]，原来当是九鼎成套。各鼎大小相若，有“国子”、“大国”之铭，器形和同地郎家庄M1殉人坑中的陶鼎相似而足较矮[161]，当略早于郎家庄器而属春秋晚期。“国”为氏称，“大”为尊称。齐之高、国二氏自拥立桓公后，世为齐卿，至鲁哀公六年田乞立悼公而专齐政时，高、国二氏的势力被消灭殆尽。《国子鼎》

[158] 同[9]115—118页。又，《史记·蔡世家》谓昭侯及其高祖文侯皆名为申，高祖与玄孙不可能同名，必有一误。《春秋·宣公十七年》曰“蔡侯申卒”，这是蔡文侯，可见昭侯当作他名。陈梦家谓这个蔡侯名“卯”，小篆“卯”、“申”易混，昭侯原当名“卯”。按铭中[illegible]字，实为从[illegible]甫声，四甫乃繁体，本应省写作“䌛”。小篆“申”作[illegible]，“甫”作[illegible]，金文“甫”多作[illegible]或[illegible]（容庚：《金文编》180页，科学出版社1959年版），汉初古隶作[illegible]（马王堆M1第34—37、86简，见[55]下册226、227页），正易讹作“申”。

[159] 同[8]6、7页，图版叁、肆，伍：1。又，7页与图版拾肆：1的“炊器”1是小口鼎。

[160] 杨子范：《山东临淄出土的铜器》，《考古通讯》1958年6期50—52页。有六鼎的图象见山东省文物管理处、山东省博物馆：《山东文物选集》（普查部分）图113，文物出版社1959年版。

[161] 郎家庄墓的鼎，见山东省博物馆：《临淄郎家庄一号东周殉人墓》，《考古学报》1977年1期88、89页图二十：10，图版伍：1；又88、89、92、93页，图版伍：1、2、7。

的年代不会在此之后，所以这个国子是以卿的身份而使用九鼎。

（96）河南汲县山彪镇M1的铜圆鼎十九和簋二（或四）等。此墓是1935年经盗掘后发掘的，资料未全部发表。郭宝钧曾统计出土物有："大鼎1……列鼎7……中鼎2……小鼎9"[162]。所谓"大鼎1"，当是镬鼎。"小鼎9"高仅4.3厘米，出在殉人身旁，是专为殉人制作的明器，杀殉者既用九鼎，墓主的"列鼎7和中鼎2"，疑应合并成一套为大牢九鼎。

墓的时代，据四件华盖壶的形态，可断为前五世纪中叶。传世有《赵孟壶》，是前482年晋定公、吴王夫差黄池之会后所作[163]。又有传出洛阳金村的《令狐君嗣子壶》，陈梦家断为周威烈王十年（前416年）或周安王十年（前392年）之物[164]。这座墓的华盖壶，腹部最大径的位置介于《赵孟壶》与《嗣子壶》之间，其蟠螭纹也正是二器纹饰的中间形态，年代当就在二器之间。

此墓又有《玄虡铸戈》与《周王叚之元用戈》出在墓主左肩侧[165]。按周敬王名丐，叚、丐是古代常用的通假字，春秋时人并多用丐、叚为相配的名字，如士文伯名丐，字伯瑕，楚令尹阳丐，字子瑕等，故《周王叚之元用戈》当为周敬王之戈。又《玄虡铸戈》当年王献唐曾释为《大纻铸戈》[166]。过去我们也曾从其说。但"玄虡铸戈"是鸟篆字体，为南方之器。近李家浩同志考为这四个字，并因相同铭文的兵器，皆吴国王金物，遂亦订此为吴器[167]。

墓主既同范子一样，都是晋卿，自然都用大牢九鼎。

2. 大牢七鼎类

（97）—（99）辉县琉璃阁M80、M55、M75的时代，大略同于上述墓甲和M60。M80与M55应是一对夫妇并穴合葬墓。郭宝钧说：M80有"大鼎1（镬）有盖列鼎5、无盖列鼎7……簋4、敦2"；M55有"有盖列鼎5、无盖列鼎7、小

---

[162] 同[7]11、43页。按13、42页谓小鼎为八件，因偶数不合鼎制，故从九件之数。

[163] 唐兰：《怀铅随录（续）·赵孟庎壶跋》，《考古社刊》6期325—327页，考古学社1937年3月。

[164] 同[25]《美帝》134页、A714。

[165] 同[7]25页，图版贰肆：1、3、4。

[166] 详见[7]25页，图版贰肆。

[167] 皆承李家浩同志示知。

鼎2（成对）……簋4”；M75有“有盖列鼎5、空足有盖列鼎（如鬲）7[168]。三墓都用形态彼此相异的大牢七鼎和少牢五鼎各一套。M80的四簋二敦，就总数而言，等于六簋；M55的成对小鼎和四簋，则显然都是为配置少牢五鼎的。

如上所述，春秋中、晚期的琉璃阁墓地是范氏卿族的墓地。M80有铜戈一，铭“虎佁丘君□之元用”[169]。当时，凡封君的，都有食邑，身份是很高的，但他既用七鼎，显然又低于用九鼎的墓甲和M60的墓主。晋之六卿，其时犹同诸侯，他们属下也存在着卿、大夫、士这样一些级别。这些墓主，按其用鼎制度而言，大概相当于范子属下的上大夫。

（100）、（101）山东莒南大店春秋晚期的M2所出平盖仿铜陶鼎七和M1所出平盖铜圆鼎二、敦三与平盖陶鼎七、簋（原报告作敦）六等[170]。M1所出，是很整齐的一套陶七鼎配六簋；其铜鼎较大，且腹部远远深于陶鼎，应是镬鼎。M2的大牢七鼎，大小有别。

M2的铜编钟上有“簷叔之中子平自乍铸其游钟”等铭。簷即莒，说明是莒国贵族墓。传世春秋晚期的《簷侯簋》，铭为“妥乍皇妣佥君中妃祭器八簋”等[171]，是莒侯及其夫人用九鼎八簋之证。传世又有同时期的《簷太史申鼎》，铭“簷大史申乍其造鼎十”[172]，据前述金文中作鼎数的文例，“鼎十”当为正鼎七与陪鼎三。这二墓的用鼎情况，同“太史”那类官吏是差不多的。

（102）山西长治分水岭M14所出战国早期的铜圆鼎九等[173]。最大的二件无盖侈耳（原报告一式），当是镬鼎；其余的有圜盖，大小相次（原报告二式），是一套大牢七鼎。

---

[168] 同[7]56页。

[169] 同[7]56、57、66页；《虎佁丘君戈》见56、57页图二五，图版陆叁：1，传世又有铜鼎铭“虎佁君象择其吉金，自乍”□□□，封君之号相同而非一人，见于省吾：《商周金文录遗》图79，科学出版社1957年版。

[170] 山东省博物馆、临沂地区文物组、莒南县文化馆：《莒南大店春秋时期莒国殉人墓》，《考古学报》1978年3期320、321、330页，图版叁：2、4。

[171] 同[11]上卷36页，[17]《三代》8・43・1。

[172] 同[17]《三代》4・15・1，图象见[67]第1册《图编》图44。

[173] 同[28]112—114页，图版叁：1。

3. 少牢五鼎及其杀礼三鼎类

（103）户县宋村春秋中期秦墓的大小相次的无盖铜圆鼎五和簋四等。组合很规整[174]。

（104）、（105）宝鸡阳平镇秦家沟M1、M2所出春秋中期的无盖铜圆鼎三和簋四各一套[175]，当是少牢杀礼三鼎，故配四簋。

（106）山西万荣庙前村春秋中期晋墓的有盖铜圆鼎七和簋二等[176]。五鼎大小相次，二鼎成对最小，显然是少牢五鼎陪二鼎。簋仅二件，（91）、（94）及下述（117）、（120）等例表明，这阶段在配九鼎的八簋、配七鼎的六簋、配五鼎的四簋之外，又常常附加二簋或二敦，此墓所出之簋，当是属于附加簋数的范畴。

（107）山西侯马上马村晋国M13所出春秋中期的铜圆鼎七和簋四等[177]。鼎中I式一件最大，无盖侈耳；Ⅱ式二件稍小，无盖附耳，是“郐（徐）王之子庚儿”所作；Ⅲ式三件又稍小，有盖；Ⅳ式一件最小，略同上式而腹稍深。同出之簋既为四件，七件鼎应是少牢五鼎和陪鼎二。其《庚儿鼎》是徐器，可说明原有成套铜鼎已有缺失而杂取它鼎相配，所以型式很不整齐。

（108）山东莒县天井汪春秋中、晚期莒国墓的无盖铜圆鼎五与平盖铜圆鼎一等[178]。据（111）例，这一带与无盖鼎同出的平盖鼎往往是羞鼎，但当已遗阙一件。

（109）、（110）长治分水岭M270和M269的无盖铜圆鼎五、带盖铜圆鼎五和敦二等各一套，其M269缺有盖鼎一。二墓并列，M270的骨架为男性，M269为女性，当是夫妇，鼎制本应相同，故M269肯定是少放了一件有盖鼎。二敦亦如

---

[174] 陕西省文管会秦墓发掘组：《陕西户县宋村春秋秦墓发掘简报》，《文物》1975年10期56、57、63页图十五、十六。原报告说各鼎分别有牛、羊、猪等骨骼。周人的少牢五鼎是不置牛的，这个记录似说明秦人已破坏了这种制度，但因目前仅见此例，故仍疑不能定。

[175] 陕西省文物管理委员会：《陕西宝鸡阳平镇秦家沟村秦墓发掘记》，《考古》1965年7期340—343页，图版贰：1，叁：1—3。

[176] 杨富斗：《山西万荣庙前村的战国墓》，《文物参考资料》1958年12期34、35页。

[177] 山西省文物管理委员会侯马工作站：《山西侯马上马村东周墓葬》，《考古》1963年5期233—240页，图版壹：7，叁：1；又230、245页。

[178] 同[94]11页，图版捌：2；又12—14页。

单置二簋。其时代都属春秋中、晚期之际，但M270较早[179]。

（111）山东临朐杨善公社齐墓的铜圆鼎七和敦二等[180]。五鼎是一组，另二件是成对的平盖鼎，也是少牢五鼎陪二鼎再加二敦。同出壶铭纪年为“公孙灶立事岁”。《左传·襄公二十七年》至《昭公三年》载：公元前546年，齐的庆封当国执政；次年公孙灶等倒庆氏，执政涖事；前539年，公孙灶卒，可知铜壶铸于前546—前539年期间。铜鼎当亦为春秋晚期物。

（112）辉县琉璃阁墓乙的铜圆鼎十和簋四等。郭宝钧谓有“鼎5、鼐5……簋4”，“（河南省博物馆）清册中列鼎5、鼐5必为形状不同的二组”[181]。簋既为四件，鼎正应是两套少牢五鼎。时代略晚于墓甲。

（113）辉县琉璃阁M76所出春秋末的大小相次的圜盖铜圆鼎五等[182]。

（114）长治分水岭M53所出春秋晚期的大小相次的圜盖铜圆鼎五等[183]。

（115）洛阳中州路M2717的圜盖铜圆鼎五等。一件最大，四件成对略小[184]，属前五世纪中叶。此墓无簋而出铜盖豆四[185]。带盖豆是春秋中、晚期之交在黄河流域出现并很快就盛行的。它最初和簋共存，似另有使用制度（如（92）琉璃阁墓甲等），但很快就往往代替了簋的位置（如（127）南大汪M1）。战国时，黄河流域的三鼎以下之墓，普遍用盖豆代簋，较大的墓则往往同时用簋；在楚国，则普遍用匿或敦代替簋。此墓出五鼎和盖豆四，等于是五鼎四簋。

（116）洛阳中州路M2719所出战国之初的陶鼎五和盖豆五等[186]。从这时期起，盖豆之数往往与鼎数同。

---

[179] 山西省文物工作委员会晋东南工作组、山西省长治市博物馆：《长治分水岭269、270号东周墓》，《考古学报》1974年2期63—84页，图版贰：1，捌：2、3。

[180] 同[94]12页。

[181] 同[7]71页。

[182] 同[7]68页。

[183] 同[29]124、135页图十三：2、137页，图版叁：2；又119—126、137页，图版叁：1、3、4。

[184] 中国科学院考古研究所：《洛阳中州路》92、157页，图版陆叁，科学出版社1959年版；又158页；又152页。

[185] 这种带盖豆，在洛阳玻璃厂M439出的“哀成叔”器中自铭为“盫”（据洛阳博物馆陈列品），其命名似需重新考订，现暂从目前通行的名称。

[186] 同[184]。

（117）湖南长沙浏城桥M1所出战国早期的陶鼎十、簋六、敦二和铜鼎四等[187]。陶鼎中五件圜盖，其中最大的一件、中等的二件、小的二件（原报告I式）；还有二件小口鼎（原报告Ⅲ式），最小。在战国楚器中，小口鼎不在镬鼎、升鼎、羞鼎之列，可知这是五件成套。另三件无盖侈耳（原报告Ⅱ式），是一套牲三鼎。这是一套五鼎四簋和一套三鼎二簋加二敦。铜鼎已残而目前尚未修复，性质不明。

（118）—（120）长治分水岭M12所出大小相次的铜圜盖鼎五和簋一、敦二等[188]；M25的无盖铜镬鼎一和圜盖鼎五及敦二等；M26的无盖铜镬鼎二和圜盖鼎五及簋四、敦二等[189]。它们连同（102）M14都属前四世纪中叶，在通常的青铜器分期中，可算战国中期。但从现有资料看，在鼎制变化过程中，是否并用铜、陶鼎，可作为划阶段的标志之一，而在三晋两周地区，此后凡少牢五鼎以上的墓，都并用铜、陶鼎，所以这里把这几座墓暂时放在这一阶段叙述。

分水岭的M14和M26、M12和M25都是夫妇并穴合葬墓。夫妇用鼎应当同制，但M14用大牢七鼎而M26却用少牢五鼎，怎样解释这种夫妇鼎制相殊的现象呢？

《礼记·中庸》曾云："父为大夫，子为士，葬以大夫，祭以士；父为士，子为大夫，葬以士，祭以大夫。"葬礼既从死者身份，就不能从其子身份的升降来寻找造成这种差异的原因，但夫妇二人后死之人如果身份有所升降，却可能造成葬礼上的区别。

《礼记·王制》所云"大夫废其事，终身不仕，死以士礼葬之"，正说明贵族地位的下降，是会在葬礼上反映出来的。

4. 牲三鼎类

（121）洛阳中州路M4所出春秋中期的铜圆鼎三和簋一等[190]。二鼎无盖，一鼎圜盖，似经补配成套。簋似缺一。

---

[187] 湖南省博物馆：《长沙浏城桥一号墓》，《考古学报》1972年1期60—63页，图版贰：1、2、3，叁：1、2、5。

[188] 同[28]108、109页，图版叁：4、5。原报告中的椭形簋2，实为钾（图版叁：6）故不收入。

[189] 同[183]。

[190] 同[184]。

(122)山东临沂俄庄花园公社鄅国墓的铜圆鼎三等[191]。原报告订为春秋中期。

（123）宝鸡福临堡秦墓M1所出春秋中期的无盖铜圆鼎三、簋三等。二簋双耳，一簋无耳，是一套三鼎二簋再加簋一[192]。

（124）—（126）宝鸡福临堡M3、M6、M7各出仿铜陶鼎三等，M3和M6又各配簋二。鼎皆无盖直耳[193]。约亦属春秋中期。

（127）河北邢台南大汪M1所出春秋晚期的圜盖铜圆鼎三和盖豆二等[194]。

（128）、（129）侯马上马村春秋晚期的M5、M15各出圜盖铜圆鼎三等，M5又出铜簋一，M15又出铜盖豆二[195]。

（130）河北邯郸百家村M57所出春秋末年的圜盖铜圆鼎三和盖豆二等[196]。

5. 特一鼎类

这时期，庶人已逐渐普遍使用仿铜陶鼎，以青铜特一鼎随葬的，因而骤然减少。已知青铜特一鼎的遗存，有一鼎、一鼎一簋、一鼎一簋一豆、一鼎二豆、二鼎、二鼎二簋、二鼎二豆七种组合。盖豆在这里完全是代替簋的位置的，所以一簋一豆或二豆，实际就是二簋。

一鼎的有：（131）江苏邳县刘林的春秋晚期姺斳墓[197]；（132）长沙识字岭的春秋晚期M301[198]（图一）等。

一鼎一簋的有：（133）—（137）洛阳中州路春秋中期的M1、M6、M216、M1041（铅器）、M2415等[199]。

---

[191] 同[178]。

[192] 中国科学院考古研究所宝鸡发掘队：《陕西宝鸡福临堡东周墓葬发掘记》，《考古》1963年10期536—543页，图版壹—肆。

[193] 同[192]。

[194] 同[148]5、6页，图版叁：2，肆：1、2。又见河北省文化局文物工作队：《河北邢台南大汪村战国墓简报》，《考古》1959年7期347、348页。

[195] M5见[177]230、245页，图版壹：4、5，叁：9；M15的材料，承侯马工作站提供。

[196] 同[147]622、632页，图版肆：2。

[197] 南京博物院：《1959年冬徐州地区考古调查》，《考古》1960年3期27页。

[198] 中国科学院考古研究所：《长沙发掘报告》38、39、169页表一，图版拾贰：1，科学出版社1957年版。

[199] 同[184]87、92、93、94页图六二：2、110、151—153页，图版肆伍：2、3，肆玖：3、4，伍拾：1、2，其M2415原报告定为东周Ⅰ期，但具体年代已到春秋中期；又92、93、154页；又87、93、94页图六二：7、156页，图版伍捌：1、2；又152—158页。

一鼎一簋一豆的有：（138）、（139）河北唐山贾各庄春秋晚期的M18和战国早期的M28[200]；（140）易县燕下都战国早期的M31[201]等。

一鼎二豆的有：（141）洛阳中州路春秋晚期的M115等[202]。

二鼎的有：（142）湖南韶山灌区湘乡M1等，属春秋中期[203]。

二鼎二簋的有：（143）侯马上马村春秋晚期的M11[204]；（144）长安客省庄春秋晚期的M202[205]等。

二鼎二豆的有：（145）洛阳中州路春秋晚期的M2729[206]等。

用仿铜陶特一鼎随葬的小墓，从春秋中期开始发生，到春秋晚期已经多得举不胜举。此外，亦偶见殉人用陶一鼎之例，如：

（146）临淄郎家庄春战之际的M1殉人坑所出陶鼎等礼器。因被盗，墓主所用鼎制未详。其十七个殉人坑内，各殉青年女子一，除掉十个坑只见陶鼎等残片外，其余的有一鼎一敦二豆（坑1、2、4、8）、一鼎二敦二豆（坑10）、一鼎三豆（坑12、13）等组合[207]。

6. 诸侯之卿僭用天子鼎制和庶人使用士礼特一鼎反映的社会变化

诸侯之卿僭用天子鼎制和东方诸国的庶人逐渐普遍使用士礼特一鼎，是这阶段鼎制变化中最重要的内容。

1952年，郭沫若把随着井田制崩溃而导致的公室衰微和卿大夫强大，生动地描绘为："由于私家逐渐肥于公家，下层便逐级超克上层。天子倒楣了，诸侯起

[200] 安志敏：《河北唐山贾各庄发掘报告》，《考古学报》第6册67、68、85、87—89页，图版玖，拾壹—拾肆，其68页所记M18的"敦"为"簋"字之误，M18的II式鼎实为簋，1953年12月。

[201] 河北省文化局文物工作队：《1964—1965年燕下都墓葬发掘报告》，《考古》1965年11期548—550页，图版叁：1、2。原报告的I式鼎同于贾各庄M18的Ⅱ式鼎，亦应为簋。

[202] 同[199]。

[203] 湖南省博物馆：《湖南韶山灌区湘乡东周墓清理简报》，《文物》1977年3期36、37页图二，43页；又46页。

[204] 同[197]。

[205] 同[72]134、135页图八九：1、2，图版玖伍：2、3；又131—138、175—177页，图版玖贰—壹零壹。

[206] 同[199]。

[207] 同[161]。

来；诸侯倒楣了，卿大夫起来；卿大夫倒楣了，陪臣起来。”[208]在“天子倒楣了，诸侯起来”的西周末至春秋初，诸侯正纷纷僭用天子鼎制；而在“诸侯倒楣了，卿大夫起来”的时候，也又出现了（92）、（93）、（96）诸例所揭示的晋卿范子等僭用天子鼎制的情况。用鼎制度的变化，证实着西周后期以来发生的政治力量的二次兴衰。这就是代表土地私有制利益的新奴隶主贵族，在春秋中期以后正在登上历史舞台，把旧的氏族奴隶主贵族排挤下去。

但最能深刻说明当时发生着普遍的社会变化的，还是庶人使用士礼这个事实。

周初以来，士以上的贵族皆用鼎、簋等礼器，庶人则只能用鬲、豆、盂、罐等日用陶器，始终不用鼎。《国语・楚语上》引《祭典》云："国君有牛享，大夫有羊馈，士有豚犬之奠，庶人有鱼炙之荐。"《楚语下》亦云："王问观射父曰：'祀牲何及？'对曰：'祀加于举。天子举以大牢，祀以会；诸侯举以特牛，祀以大牢；卿举以少牢，祀以特牛；大夫举以特牲，祀以少牢；士食鱼炙，祀以特牲；庶人食菜，祀以鱼。上下有序，民则不慢。'""牛享"是大牢，"羊馈"是少牢，"豚犬之奠"即特牲，都是用鼎盛置的；其"鱼炙之荐"，据《诗・桧风・匪风》所云"谁能亨鱼，溉之釜鬵"，显然就是放在鬲、釜之中。从随葬品制度来看，以鬲等日用陶器随葬的小墓，无疑是庶人之墓。

但一到春秋中期，就有少量这类小墓出仿铜的陶一鼎；亦往往同出仿铜陶簋。洛阳中州路（西工段）二十六座属于这时期的东周二期陶器小墓中，就有M213出一鼎一簋，M212出一鼎二簋，M2202无鼎而出一簋。它们同只出日用陶器的小墓相比，墓主的财富及其社会地位显然差不多，这就知道有些庶人已冲破过去的限制，而可以用鼎、簋等礼器了。

更晚一些的同类小墓又表明，当这个界限一经冲破，庶人使用士礼，犹如洪水泛滥，迅速布遍大地。就在中州路（西工段）墓地中，属东周三期即春秋晚期的陶器小墓有三十七座，出陶特一鼎的（基本组合为鼎、盖豆、罐—即罍或壶或缶）便达二十七座（一座缺鼎），战国早期的二十四座东周四期的陶器小墓，更是全部用鼎、盖豆、壶等仿铜陶礼器随葬，只有四墓因组合不齐而缺鼎[209]。

[208] 郭沫若：《奴隶制时代》33页，人民出版社1973年第2版。

[209] 同[199]。

除了殉人坑，难以再找到当时的低于这种规格之墓，这说明墓主确实是普通平民。拿《仪礼·士丧礼》和《既夕礼》来对照这些小墓，又知这种葬俗确为士礼[210]。《既夕礼》并说士礼所用只有“明器”而“无祭器”，郑注谓“士礼略也，大夫以上兼用鬼器、人器也。”所谓“鬼器”，当即“明器”，是不能实用的仿铜陶礼器等；“人器”当即“祭器”，是实用的青铜礼器等。只要观察一下（117）浏城桥M1和下述使用少牢五鼎以上规格的贵族墓，就知郑玄所说确为战国的普遍情况。在春秋晚期以后，东方诸国的庶人已普遍使用士礼，是确然无疑的了。

庶人可用士礼的深刻意义，在于意味着二者之间等级界限的消失。《国策·齐策四》有齐宣王和颜斶的对话云：“今夫士之高者，乃称匹夫，徒步而处农亩；下则鄙野监门闾里。士之贱也亦甚矣！”这本来早已表明至迟到战国中期，士同耕田的庶人是没有多大差别的，现在根据鼎制的变化又知他们二者之间界限的消失，是春秋中期开始、战国之初完成的。周人的传统等级制度遭到了多大的破坏啊！这自然又意味着旧贵族的衰微，也表现出解脱了公社羁绊的自由农民，在他们尚未破产的时候，至少在社会习俗的待遇方面，比从前是提高了一步。总而言之，土地私有制的发展，正在迫使社会来调整原有的等级制度。

这种社会现象，如果排除掉自身文化特点相当强烈的南方的吴、越和北方白狄族的鲜虞—中山等国，除秦国外，在东方诸国是到处都出现着，而一当庶人皆可以用鼎，这种礼器原有的高贵属性，无疑将要消逝。于是，用鼎制度受到破坏的方面就愈来愈广，例如庶人小墓的特一鼎，从春、战之际始，就常用二件完全一样的陶鼎，在形态上再也看不出有什么一升一羞的差别。整个用鼎制度从此便进入到崩溃的前夜了。

四、战国中、晚期的第三次破坏

战国中期以后，用鼎制度加速了它的崩坏进程。这时，秦人和东方诸国的鼎制出现了比过去更为突出的差异，所以下面就分开考察之。

---

[210] 可参陈公柔：《〈士丧礼〉、〈既夕礼〉中所记载的丧葬制度》，《考古学报》1956年4期67—84页；沈文倬：《对〈“士丧礼”、“既夕礼”中所记载的丧葬制度〉几点意见》，《考古学报》1958年2期29—38页。

1. 东方诸国的大牢九鼎类

（147）辉县固围村M1的陶大牢九鼎一套和簋二等[211]。墓已被盗，青铜礼器无存，陶鼎也只能根据残片来推出数字。从残片看，九鼎大小有别；从各器形态看，墓属战国中期。

（148）河南信阳长台关战国中期偏晚的楚墓M1的铜圆鼎五和敦二、陶圆鼎十三和敦二等[212]。铜鼎皆圜盖，一件最大，其余成对缩小。陶鼎为无盖镬鼎二，腹带环鼻；圜盖升鼎八，大小有别；其它有一件无盖浅腹平底鼎；另一件未详；还有一鼎为小口鼎。整个组合疑为陶镬鼎二和大牢九鼎一套，再加铜少牢五鼎陪陶羞鼎。铜、陶敦各二，亦犹（109）、（110）、（111）、（119）等只用二敦之例。此墓木椁是头箱、足箱、左右边箱俱全[213]，为现知楚墓椁制的最高规格，墓主当是封君一类的贵族，故鼎制规格很高。

（149）河北易县燕下都九女台M16的仿铜陶鼎二十九和簋十二等。亦因被盗而铜礼器无存。鼎为无盖镬鼎二，一大一小（原报告Ⅰ、Ⅳ式）；圜盖大牢九鼎一套，大小相次（原报告Ⅱ、Ⅲ式）；无盖无耳带匕的小型大牢七鼎二套，一套腹有三扉（原报告Ⅱ式小鼎），一套无扉（原报告Ⅰ式小鼎）；羞鼎四件，皆为方鼎，一套三件，素耳素足（原报告Ⅰ式小方鼎），另一件鸟耳龙足（原报告Ⅱ式小方鼎），《仪礼·聘礼》和《公食大夫礼》都说到有二牛一羊一豕的“四铏”之制，这四件羞鼎应当就是这种组合。陶簋二套，八（原报告Ⅰ式）、四（原报告Ⅱ式）为组。鼎、簋相配之制，这时期在其它诸国往往已经紊乱了，但燕国则仍然保留着《周礼·秋官·掌客》中的“鼎、簋十有二”的老规矩，甚至羞鼎也还使用古老的方鼎那种形态[214]。

此墓所在的九女台墓区以及其北的虚粮冢墓区，在燕下都东城的西北角，周

[211] 中国科学院考古研究所：《辉县发掘报告》75页，图版肆陆：5、6，科学出版社1956年版。

[212] 河南省文物研究所：《信阳楚墓》，文物出版社，1986年版。又见河南省文化局文物工作队：《河南信阳楚墓文物图录》图四五—四八、五二、六一、一五五—一五八，河南人民出版社1959年版。

[213] 河南省文化局文物工作队第一队：《我国考古史上的空前发现——信阳长台关发掘一座战国大墓》，《文物参考资料》1957年9期21页，23页图二。

[214] 同[30]83—85、87、91—93页，图版贰：1—6，柒：1—4，捌：1、2。按92页图十四6、7的小圆鼎互倒。

围有垣墙，当是“公墓”区，墓主应属王室之人，故鼎制隆重。燕下都主要是燕昭王以后修筑的[215]，墓的年代不会早于公元前四世纪末。

（150）寿县朱家集楚幽王墓的铜器群。此墓于1933、1938年两次被盗。李景聃统计1933年的盗掘品有：《楚王酓肯鼎》一、《楚王酓忎鼎》一、大牺鼎一、有盖大鼎一、细花大鼎二、四兽平底鼎九、有盖中鬲五、有盖小鬲八、有流鼎一、鼎盖一、小鼎足一、三足簋五、三足小簋三、四足簋三、簋三等[216]。1935和1938年的盗掘品，内容不明。1952年寿县又收集铜鼎七和敦四等，又有《楚王酓忎鼎》一[217]，其它诸器不知是否与李景聃的统计物相重复。

此墓遗物因流散过甚，要把鼎、簋、敦的原来组合搞清楚是很困难的。据已发表的图象，一件无铭铜鼎最大，二件《楚王酓忎鼎》次之[218]，当为镬鼎；“四兽平底鼎”九件同（94）蔡昭侯墓的鼾相似，是大牢九鼎[219]；圜盖高足鼎九件，李景聃统计为（甲）、（丁）铭“铸客为集脰为之”，（戊）铭“铸客为集脰（乙）”，铭“集脰，大子鼎”，（壬）铭“大子鼎”、“集脰”，（丙）、（己）、（庚）、（辛）铭“客铸愳”，也是一套大牢九鼎[220]；还有小口鼎一件[221]。其它究竟还有几镬？几牢？几羞？尚不详。

楚自考烈王二十二年（前241年）迁都寿县后，至负刍五年（前223年）被秦所灭。《楚王酓忎鼎》已公认为楚幽王熊悍之器，其“楚王酓肯”当以马衡、唐兰的考烈王说可信[222]。故此墓应为楚幽王墓，入葬于公元前228年左右。直到战国末，楚王还使用着西周后期以来的很规整的鼎制。

---

[215] 参傅振伦：《燕下都发掘品的初步整理与研究》，《考古通讯》1955年4期24、25页。又，传出燕下都的铜兵器铭文，亦只见昭王以后的五王，见李学勤：《战国题铭概述（上）·燕国题铭》，《文物》1959年7期54页。

[216] 李景聃：《寿县楚墓调查报告》，《田野考古报告》第1册268—276页，1936年8月。

[217] 殷涤非：《关于寿县楚器》，《考古通讯》1955年2期22页。

[218] 同[33]。

[219] 刘节：《楚器图释·寿县所出楚器考释》附图十曾景出一鼎，无盖，北平图书馆1935年版；《安徽省博物馆筹备处所藏楚器图录》第1集图三又景出一鼎，有扁盖，1953年景印散叶本。

[220] 同[216]269、270页，器形见上注引《图录》图四—十。

[221] 刘节：《图释》附图十一有一件小口鼎。

[222] 唐兰：《寿县所出铜器考略》，《国学季刊》第4卷第1期3—5页，1934年3月。

2. 东方诸国的大牢七鼎类

（151）河南三门峡市后川M2040的铜圆鼎十八和簋二、敦二、盖豆四等[223]。有六件春秋中期的无盖侈耳鼎，当是大牢七鼎缺一。又有七鼎是圜盖、环耳、矮足，五鼎是圜盖、附耳、矮足，为战国中期物[224]；簋、敦、盖豆也是战国式的。二簋、二敦当时常用，盖豆四应是配五鼎的[225]。

3. 东方诸国的少牢五鼎类（附四鼎类）

（152）辉县赵固M1所出大小相次的陶鼎五和盖豆四、铜圆鼎四和敦二等[226]。陶器是五鼎配四豆（代簋），铜鼎中二件附耳（6、8号）、二件环耳（2、7号），应是陪陶五鼎的羞鼎两套；其中的环耳鼎也可能是簋。时代属战国中期。

（153）江陵藤店M1的无盖陶镬鼎一，腹有环鼻（原报告I式）；圜盖陶四鼎一套，二件稍大（原报告Ⅱ式），二件较小（原报告Ⅲ式）；一件小口鼎（原报告Ⅳ式）；圜盖铜鼎二[227]。又出“越王州勾剑”一，“州勾”即“朱勾”，卒于前412年[228]，应是楚人在威王六年（前334年，从《史记》说）灭越时得来的战利品，故墓的年代还要略晚于此。楚人这时起常用四件升鼎随葬，此墓从棺椁制度看，属大夫级别的规格，故将其归入少牢五鼎类之内。

（154）江陵望山楚墓M1所出战国中期偏晚的陶、铜鼎和簋、敦等各一套。陶鼎有无盖镬鼎二，腹带环鼻；圜盖少牢五鼎一套，二件稍大，三件较小；圜盖牲三鼎一套；还有一件小口鼎；无盖无耳的少牢五鼎一套，腹有四扉；无盖侈耳的牲鼎三，浅腹平底并带兽形扉四。相配的有方座豆形陶簋六和带练盒形陶簋二，另有陶敦二。铜鼎亦有圜盖少牢五鼎一套和牲三鼎一套，二件最大，四件稍小，

[223] 黄河水库考古工作队：《1957年河南陕县发掘简报》，《考古通讯》1958年11期74、75页。《简报》所述鼎数缺一，据下注改正。

[224] 王世民：《陕县后川M2040号墓的年代问题》，《考古》1959年5期262、263页。

[225] 上注又记还有二豆未见，如是盖豆，则当为配七鼎的。

[226] 同[211]110—114页，图版捌壹：1、2、5，捌陆：3，捌柒：2a、2b，捌捌：3—5。

[227] 同[32]8—10、17页，图三六、三七、三九、四O，图版贰、叁：1、4、5，伍：1、3。

[228] 朱勾的卒年据范祥雍：《古本竹书纪年辑校订补》48、92页，新知识出版社1956版。

又二件更小。还有一件小口鼎。相配的有铜敦二[229]。

据竹简祷辞，墓主叫“悊固”[230]。楚有昭、屈、景三氏与王同姓。《楚辞·离骚序》曰：“三闾之职，掌王族三姓，曰：昭、屈、景。”此墓以北的M2，椁板上有烙印戳记“邵吕竹□”[231]，其“邵吕”当即“昭闾”，是“三闾”之一。M1与M2当为同族之墓，故知“悊固”即昭氏。据尸骨，M1的墓主是二十多岁的男子，祷辞说他“趣（趋）事王大夫”而“未又（有）雀（爵）位”[232]，审之椁制，只有头箱和边箱各一[233]，合乎通常所见的大夫规格。这是相当大夫一级而尚未封爵的贵族，所以使用五个升鼎。

（155）邯郸百家村M21的陶鼎五和盖豆三等[234]。

（156）长治分水岭M35的战国晚期陶鼎六、盖豆四和铜簋一（原报告作鬲）等[235]。各鼎未发表尺寸，当为镬鼎一和升鼎五，故以四豆（代簋）相配。

（157）长治分水岭M21的战国晚期陶鼎五和盛（即盒）四等[236]。无论是黄河流域盛行的盖豆还是江淮流域盛行的敦，战国晚期往往演变为盛，所以这仍是五鼎配四簋制度的延续。

4. 东方诸国的牲三类（附四鼎类）

用青铜作牲三鼎的，又大大减少，仅见（158）韶山灌区湘乡M31一例，有铜圆鼎三、盖豆一与陶鼎二、敦二等同出[237]；还有（159）湖南浏阳北岭楚墓所出越式带盖撇足铜鼎三一例[238]。其它各例，则全是仿铜陶器。如：

---

[229] 湖北省文化局文物工作队:《湖北江陵三座楚墓出土大批重要文物》,《文物》1966年5期33—55页。各类鼎的数字，承陈振裕同志见告。

[230] 简中屡见“为悊固贞”，一简见《中华人民共和国出土文物展》图13，朝日新闻社1973年6月印。

[231] 同[229]。

[232] 承朱德熙、裘锡圭、李家浩同志见告。

[233] 同[230]又图补13。

[234] 同[147]621页图九：4、630页。此墓附近的M20出陶鼎三和盖豆四，墓的规模和随葬品的丰富程度都和M21近似，使用的应即少牢杀礼，因未见器物图像，所属时期不敢遽断，故不收入。

[235] 同[29]119、125、129、137页，图版贰：1。

[236] 同[29]116、119页，图版壹：2、10。

[237] 同[203]44、51页。

[238] 张欣如：《湖南浏阳县北岭发现青铜器》，《考古》1965年7期374页。

（160）、（161）北京昌平松园村M1、M2各出鼎三、簋二等[239]。

（162）、（163）邯郸百家村M40、M44各出鼎三、盖豆二等[240]。

（164）湖北宜昌前坪M27的鼎三、匿二（代簋）等[241]。

（165）—（169）长沙左家公山M15[242]和伍家岭M260的鼎三、敦二，M248、M264的鼎三、敦三，M215的鼎三、敦四[243]等。这时，楚墓中五鼎以下的制度，往往脱离周人的传统轨道，故M215的三鼎四敦就不宜看作仍是少牢的杀礼。

楚人脱离旧轨道的明显表现，就是较多地出现了四鼎墓。其具体情况是：

（170）长沙识字岭基M1的铜鼎与铁足铜鼎各二、铜盛二等，与陶鼎一等共存[244]。

（171）江陵太晖观M50的陶鼎四和敦二、匿二等。鼎为两种型式，每种二件[245]。

其它的四鼎墓，也都是仿铜陶器。如（172）—（180）韶山灌区湘乡M65配敦二；M70配敦六；M74配敦二；M75配敦四；M76配敦二[246]；长沙沙湖桥MD8配敦四[247]；伍家岭M237配敦三；M249配敦四；识字岭M302配敦一等[248]。

特一鼎类的二鼎从战国初起已是形态一样，故（170）、（171）二例便表明四鼎就是两套二鼎，可知这种四鼎仍应属于牲三鼎和特一鼎这个范畴。从二鼎的形态开始一样到四鼎的出现，意味着“鼎俎奇而笾豆偶”（《礼记·郊特牲》）那个

---

[239] 苏天钧：《北京昌平区松园村战国墓葬发掘记略》，《文物》1959年9期53、54页。二墓所出陶鼎数字《记略》未详，承苏天钧同志见告。

[240] 同[147]619、632、620页图八：4、6。在这个墓地中，又有出陶三鼎一豆的M5、三鼎十豆的M8、四鼎四豆的M10，皆因所属阶段不能确定，故不收入。

[241] 湖北省博物馆：《宜昌前坪战国两汉墓》，《考古学报》1976年2期120、144页。

[242] 湖南省文物管理委员会：《长沙出土的三座大型木椁墓》，《考古学报》1957年1期95页。

[243] 同[198]169、170页。

[244] 单先进、熊传新：《长沙识字岭战国墓》，《考古》1977年1期62—64页墓。

[245] 湖北省博物馆、华中师范学院历史系：《湖北江陵太晖观50号楚墓》，《考古》1977年1期56—61页。

[246] 同[203]。

[247] 李正光、彭青野：《长沙沙湖桥一带古墓发掘报告》，《考古学报》1957年4期65页。

[248] 同[243]。

周人鼎制的根本形态，在楚国终于受到了冲击。

5. 东方诸国的特一鼎类

随葬特一鼎的墓，绝大多数仍是仿铜陶器。用铜鼎的，只有以下的少量遗存。

一鼎的有：（181）—（192）江陵拍马山M18（图版拾叁，1）[249]、湖南常德德山M37（铁足）[250]、M26（与陶鼎二等同出）、M47、M50、M76[251]、长沙柳家大山M35（铁鼎）[252]、长治分水岭M20[253]、长沙伍家岭M207（与陶鼎二、敦二等同出）[254]、长沙陈家大山墓（与陶鼎、敦等同出）[255]、宜昌前坪M23（铁足）、宜昌葛洲坝M1[256]等。

一鼎一簋的有：（193）长治分水岭M36（原报告簋误作鬲），与陶鼎一、盖豆三同出[257]。

一鼎一敦的有：（194）长沙烈士公园M1[258]等。

一鼎二敦的有：（195）河南新郑新郑烟厂空心砖墓[259]等。

二鼎的有：（196）长沙识字岭M323[260]、（197）长沙紫檀铺M30[261]、（198）长

---

[249] 湖北省博物馆、荆州地区博物馆、江陵县文物工作组“发掘小组”：《湖北江陵拍马山楚墓发掘简报》，《考古》1973年3期155、160页，图版伍：1。

[250] 湖南省博物馆：《湖南常德德山战国墓葬》，《考古》1959年12期661页。

[251] 湖南省博物馆：《湖南常德德山楚墓发掘报告》，《考古》1963年9期467、471页。

[252] 湖南省博物馆：《长沙柳家大山古墓葬清理简报》，《文物》1960年3期51、25页图16。

[253] 同[29]24、137页，图版贰：6。

[254] 同[243]。

[255] 张中一：《长沙陈家大山战国墓葬清理简报》，《考古通讯》1958年9期59页。

[256] 同[241]118、144页，图版壹：1、2。《史记·秦本纪》谓公元前280年“司马错……因蜀攻楚黔中，拔之”，前278年“大良造白起攻楚，取郢为南郡”，宜昌彼时已为秦地。从同出铜壶形态看（图版壹：2、3），这二墓年代当在入秦以后，其前坪M23铜印上的“颡”字也具秦篆风格，但所出鼎、壶、镜等铜器皆楚式，墓主可能是楚人后裔并延用楚之葬俗，故收入于此。

[257] 同[29]119、124、125页图十五：2，137页。

[258] 周世荣：《长沙烈士公园清理的战国墓葬》，《考古通讯》1958年6期47页。

[259] 孟昭东：《河南新郑出土的战国铜器》，《考古》1964年7期368页。

[260] 同[243]。

[261] 湖南省文物管理委员会：《湖南长沙紫檀铺战国墓清理简报》，《考古通讯》1957年1期21页。

沙识字岭基M2[262]等。

二鼎一敦的有:(199)湖北鄂城鄂钢M53(铁足)[263]等。

二鼎二豆的有:(200)长治分水岭M10、与陶鼎二、盖豆二等同出[264]。

二鼎二敦的有:(201)长治分水岭M11[265]、(202)长沙识字岭M315(铁足)[266]等。

这些例子表明，楚国此时常用四鼎来代替五鼎或三鼎，显示出鼎制愈趋紊乱的迹象。这些例子又表明东方诸国此时仅楚国还较多地使用青铜特一鼎，在黄河流域则只有较大的墓才用铜鼎。例如长治分水岭的(188)M20与(157)M21、(193)M36与(156)M35，都是有积石积炭的中型夫妇并穴合葬墓。其M21与M35用陶少牢五鼎，而M20与 M36则用铜一鼎，这除了可说明那时铜一鼎和陶五鼎的使用规格大体相当外，又能看到本有使用五鼎资格的贵族忽然使用特一鼎，当然意味着鼎制又加紊乱。值得注意的是M20与M36都是接近战国末年的墓，可能是入秦以后所埋。如果联系到当时秦人的鼎制来考虑，又可推测这种紊乱是被秦人所大大推进的。

6. 秦人鼎制的特点及其对传统鼎制的破坏

已发现的战国秦墓，出青铜礼器的寥寥可数，而陶器墓的分期问题尚未很好解决，所以要较准确地说明这时期秦人的鼎制，还有困难。但只要把眼睛一转到秦人活动区，就马上可觉察到那里同东方诸国是大不一样的。

第一，庶人普遍用特一鼎的变化，基本上没有发生，连过去比东方诸国更多出现的部分贵族已用陶礼器的现象，这时也不很突出了。所以在宝鸡斗鸡台[267]、

[262] 同[244]。

[263] 鄂钢基建指挥部文物小组、鄂城县博物馆:《湖北鄂城鄂钢五十三号墓发掘简报》,《考古》1978年4期257、258、260页图八:1、2。

[264] 同[28]106、107页。

[265] 同[264]。

[266] 同[243]。

[267] 苏秉琦:《斗鸡台沟东区墓葬》中的屈肢墓葬部分，北京大学出版部1948年版;苏秉琦《斗鸡台沟东区墓葬图说》图版贰陆——叁叁，中国科学院1954年版。

宝鸡李家崖[268]、长安客省庄[269]、西安半坡[270]等春秋至战国的秦人墓地中，以及在陕西耀县城东[271]、侯马乔村[272]、郑州岗杜[273]、湖北云梦睡虎地[274]、江陵凤凰山[275]、内蒙古准格尔旗八垧地梁[276]等战国晚期至汉初的秦人墓地中，仅仅于李家崖M14[277]、半坡M89[278]、侯马（乔村）M26[279]、凤凰山M38和M105[280]等很少几座战国晚期秦墓中，见到陶一鼎和陶盖豆或陶盛等礼器。至于铜的，更只在睡虎地M3[281]、凤凰山M90[282]这二座战国晚期秦墓中各发现楚式鼎一。这说明相当于平民身份的秦人，从总体上说是始终不用鼎的，顶多是稍微受到一点东方的庶人亦用士礼的影响。

第二，少牢五鼎以上的规格，遭到很大破坏。例如（203）四川成都羊子山M172之例，便表现出相当于从前大夫以上身份的贵族，最迟在战国末年已变得只用铜二鼎。

羊子山M172是底长约六米的木椁墓，按其规模，墓主身份至少相当于过去的

[268] 考古研究所陕西考古调查发掘队：《宝鸡和西安附近考古发掘简报》，《考古通讯》1955年2期34—36页；又据俞伟超发掘日记，M14出陶鼎、盛、瓮各1。

[269] 同[205]。

[270] 金学山：《西安半坡的战国墓葬》，《考古学报》1957年3期63—92页。图版壹——拾陆；又M89曾出陶盛2，见81页图十三：2，91页，图版捌：3。

[271] 马建熙：《陕西耀县战国、西汉墓葬清理简报》，《考古》1959年3期147页，图版叁：1、3、5。

[272] 中共侯马市委通讯组、山西省文管会侯马工作站《殉葬》1—13页，图1—32，山西人民出版社1974年版；山西省文物工作委员会写作小组：《侯马战国奴隶殉葬墓的发掘——奴隶制度的罪证》，《文物》1972年1期63—67页。

[273] 河南省文物工作队第一队：《郑州岗杜附近古墓葬发掘简报》，《文物参考资料》1955年10期3—23页。《简报》中的第一类第四组和第二类墓即秦人墓。

[274] 湖北孝感地区第二期亦工亦农文物考古训练班：《湖北云梦睡虎地十一座秦墓发掘简报》，《文物》1976年9期51—62页；又M3曾出铁足铜鼎1，见55页图八，56页。

[275] 《关于凤凰山一六八号汉墓座谈纪要》，《文物》1975年9期11页；又M38曾出铜鼎、盛各1，M104曾出陶鼎1；又M90曾出铜鼎1。

[276] 崔璿：《秦汉广衍故城及其附近的墓葬》，《文物》1977年5期27—30、32、33页。

[277] 同[268]。

[278] 同[270]。

[279] 山西省文物管理委员会、山西省考古研究所：《侯马东周殉葬墓》，《文物》1960年8、9期合刊15—18页。此墓出陶鼎1与盖豆2等。

[280] 同[275]。

[281] 同[274]。

[282] 同[275]。

大夫。墓内出无盖羽状蟠夔纹的楚式大铜鼎一和圜盖素面的秦式小铜鼎二。大鼎带炊烟痕，底有多次补痕，三足之一并补为铁足，当是使用已久的镬鼎。小鼎则为升鼎[283]。成都本为蜀地，自秦惠文王更元九年（前316年）司马错灭蜀后（从《史记·秦本纪》和《六国年表》）即为秦地。墓内的双耳铜鍪、圈足茧形陶壶和腹部弦纹突出甚高的素面铜鼎，都是秦代前后的典型秦器，墓的年代肯定在入秦以后很久。从同出有巴蜀铭文的铜罍、铜盘和巴蜀式铜戈看，墓主也许是蜀人后裔。但成都此时已是秦人控制很久之地，即使是蜀人后裔，其葬俗肯定要受到秦制的影响甚至制约。从这点出发，已可怀疑秦国其时对少牢以上的鼎制，作了很大变动。

当然，仅据此孤例而作推论，自然是危险的。但还可拿稍晚一点的秦代情况，来验证战国末年的秦制。在三门峡市后川M2001这座出大半两的积石的秦代中型木椁墓中，也以成对的铜二鼎随葬[284]。按照墓葬的规模而言，如在战国的东方六国，肯定会用少牢以上的鼎制。所以，把羊子山M172和后川M2001联系在一起考虑，就可认为至迟在战国晚期秦人已往往把五鼎以上的规格，改为用铜二鼎。前述分水岭的M21、M20与M35、M36，同样可说明这种变动，并多少暗示了这种变化是先从秦人那里发生，而后才影响他地。

可以看到，战国末的鼎制，尤其是秦国鼎制，同周初相比已是面目全非了。这自然是经济基础的变动以及由此而引起的等级制度的更改所造成。战国时，天子、诸侯、卿、大夫、士和庶人那种等级制度，皆被各国另一些新的等级制度所代替；其中，尤以秦国的二十等爵制同旧制的差异为突出。这恐怕也是秦国与东方诸国所以产生较大不同处的原因之一。

仅仅考虑这一点，当然还未能解释为什么春秋中期以后东方诸国的庶人已纷纷使用士礼而秦国没有变化？这只能首先着眼于秦国社会发展进程的较为迟缓。东方诸国的土地私有制较早发生，农村公社和氏族宗法制也就较早受到破坏，旧礼制便首先受到冲击。秦国则直到商鞅变法时，才进一步摧垮家庭公社的残余、破坏村社土地所有制、发展私有制，自然当东方诸国冲破庶人不准使用士礼的界

---

[283] 四川省文物管理委员会：《成都羊子山第172号墓发掘报告》，《考古学报》1956年4期1—20页，图版贰：3、5，叁：4，伍：2。

[284] 黄河水库考古工作队：《一九五六年秋河南陕县发掘简报》，《考古通讯》1957年4期7页。铜鼎数字，承叶小燕同志见告。

限时，秦国的庶民仍保留着质朴的村社成员气息。

历史的发展总是不平衡的。当商鞅变法时，为了推行土地私有制，就尽力排除当初在西周宗法奴隶制基础上建立起来的、对维持农村公社和旧等级制度有利的那套礼乐制度，并以秦国特有的二十等爵制为基础，大力实行军功爵。这样，战国中期以后秦国在改变旧的上层建筑的道路上，就不是象东方诸国那样用庶人使用士礼、卿大夫僭越王礼的方式来破坏往昔的鼎制，而是走着直接改变鼎制传统形式的道路。

春秋中期开始、战国中期以后特别明显的两条破坏旧鼎制道路的产生，自然又同各诸侯国历史文化传统的特点有关。秦国是后来发展起来的，所受周人制度的束缚可能较少，这大概也是后来能比较彻底地破坏周人鼎制传统的重要原因。

周初已经形成完整形态的鼎制，经过三次破坏，到了战国末，已经走到了崩溃的边缘。在第三次破坏过程中，秦人所作变革对摧毁整个用鼎制度来说，产生了大于其它列国的作用，因为秦人的新制度，通过统一六国的过程，显然对东方六国之地发生过很大影响，加速了周人传统鼎制的破坏。不过一到汉初，除秦人后裔，许多大体有八级以下民爵的小土地占有者的墓葬，又一度恢复过东方诸国的旧传统，使用着鼎、盛（即盒）、壶、钫等仿铜陶礼器；某些有高爵的贵族，也曾重新沿用六国鼎制。但历史条件毕竟已大不一样，天子、诸侯、卿、大夫、士和庶人那种等级制度既早已成为历史陈迹，社会就不会需要过去的用鼎制度了。于是，随着大土地所有制的发展，特别是汉武帝以后大土地所有制的加速膨胀，建立在这个基础上的就是与氏族宗法制性质不一样的宗族制度以及强调人身依附关系的伦理道德观念，造成了一套新的礼俗，把在井田制基础上形成的用鼎等礼乐制度，赶出了历史舞台；顶多是在不长的一段时间内，还保留着鼎这种器物。

原载《北京大学学报》〔哲学社会科学版〕1978年1、2期，1979年1期。收入《先秦两汉考古学论集》（1985年6月）时略作改动，并增加了一些图版。

喀左东山嘴遗址是红山文化部落联盟的祭祀场地

看了辽宁喀左东山嘴遗址现场和出土的东西，知道我们终于找到了全国考古界等了三十多年才发现的重要材料。这就是一些新石器时代的妇女陶塑像以及与这种塑像有关的一片祭祀遗迹。

在欧洲，早已找到旧石器时代晚期的妇女石雕像。这种石雕像，本来是一种生育神，但后来不少苏联和我国学者把它看成是母权制的象征物，而当时整个社会又在大讲马克思、恩格斯的社会发展学说，所以从20世纪50年代起，大家便期望在我国也能找到这种东西，现在则终于在东山嘴找到了。根据所出陶片，这个遗存属红山文化，大体是红山后期的，距今约5000年左右。这个时代，在燕山南北，或者黄河上下，乃至更广大的地区，应有很多原始祭祀的遗迹，但过去却没有发现。东山嘴的这个遗迹属于这种性质，这对了解当时的社会面貌，当然具有重要意义。

东山嘴是个小山嘴，基本上被一组石头建筑遗迹所占满（图一）。山嘴南端，有一个或二、三个卵石所砌的圆圈（图二）。现在所见应是三个圆圈，但可能是先有一个，后来遭到破坏，又再砌一个，同一时期也许应当只有一个。究竟同时有几个，只能靠层位关系来判明，可惜在这里却看不清楚。山嘴的北部中心，是一个巨石所砌的平面作长方形的方框，方框中间立了一大堆石头，没有铺满，当时也不一定铺满，石头有的立着，有的倾倒，最初应当都是立着的。在这个方框里面，没有见到柱础、柱洞痕迹，可见不是有房顶的建筑物，而是一个平台式祭坛。石方框的左右两侧，各用褐色岩石砌出一个长条，北端似遭破坏，因尚未发

图一　东山嘴遗址全景鸟瞰

图二　东山嘴遗址中的石圆圈遗迹

掘完毕，是否合拢，还不能判定；南端则是敞开的。这两条褐石长条，颇似为祭坛所加的边框。褐石长条的外面，又用灰白色的石灰石铺成向外倾斜的斜坡。这里已紧靠山嘴东、西两侧的陡坡，把这种灰白色的斜坡看成是祭坛的护坡，问题不大。从南端的石圆圈到北端的石方框之间，是一片空地，整个山嘴显然就是一个公众活动的场所。

从遗迹形状看，石圆圈和石方框的意义显然不同。在圆圈的周围，发现了几个妇女陶塑像，可见这种石圆圈应当是供奉妇女陶塑像的祭坛。

从陶塑像残块看，似乎都是裸体，大肚子（图三）。这种特征，和欧洲发现的旧石器时代晚期的妇女石雕像是一致的。大肚子的特征很值得注意，把塑像作成这种孕妇形态，应当同祈求生育有关。在原始社会，或者是距离原始阶段不远的部落中，祈求生育常是人们的一项重要活动。例如现代我国贵州东南部的苗族，还流行一种“吃牯脏”的活动，十三年一次，妇女们到神庙中取下贴在墙上的用面团捏成的男女像或木雕男女像，祈求生育。所有男女像，都是裸体的。

在母权制的农业部落中，把妇女像作为崇拜的神像，还可能具有另一种意义，即作为农神的象征。美洲的一些印第安人，当年曾把对生活有重要关系的三种农作物——玉米、豆子和南瓜，作为农神，祭祀时则以妇女代表之。从东山嘴陶塑像的形态看，能够直接表现出的含义是生育神，但联系到红山文化这种5000年前的农业部落来说，生育神和农神是都会有的。

图三 红陶妇女陶塑

长方形的祭坛，则应是祭祀地母的场所。在原始的农业部落中，人们依靠农业来维持生活，因为见到农作物是从土地中生长出来的，便以为农业收成的好坏，在于土地神的赐予，于是，普遍信仰土地神。在人类学资料中，这种土地神往往称为地母。地母崇拜在我国无疑发生于石器时代，后来一直延续到近代。30多年前各地农村普遍存在的土地庙，就是地母崇拜的遗痕。

据大量文献记载，在商周时代的黄河流域，这种地母神主要用树来代表，原因大概在于树是从土地中生长出来的庞然大物。但是有的地方是用石头来代表的。古籍中有关用石头作为地母神的记载，都指我国东部地区的现象。近十年来在我国东部地区就发现了两处以石头作地母神的祭祀遗迹。一是徐州附近铜山县的丘湾，时代相当于商代的殷墟阶段；一是连云港的将军崖，时代不大好确定，从祭坛上的石刻岩画的技法看，我认为也是青铜时代的。值得注意的是，用石头来作为地母神的，正是亚洲大陆濒临太平洋的东部地区所流行的。除了上述两处青铜时代遗迹外，江苏丹徒县的农村中，直到近代，还往往每村立一个妇女石雕像作为地母神；在朝鲜半岛上，立一块巨石作为土地神的习俗，也至少沿袭到中世纪。如果从更广泛意义的巨石祭祀现象看，在整个环太平洋地区都是流行的。东山嘴这一带，或者说红山文化的分布区，正属于我国东部地区，在这个地区用石头来象征地母，是合乎情理的。

一个山头上，既有祭祀生育神或农神的祭坛，又有祭祀地母的祭坛，这对于处在母权制阶段的农业部落来说，当然是最神圣的场所。就5000年以前的红山居民来说，要修建这样一大片祭祀场地，显然要花费巨大的劳动量，一个氏族、一个部落，恐怕难以承担。这个山嘴上，除了祭祀遗迹外，并无生活的居住遗存；

而在附近的一些地段，也缺乏同时期的生活遗址。这就提供了一个信息，即当时的居民大概要长途跋涉到这里来进行祭祀活动，而这个场所，又大概不是一个氏族一部落所专用的。如果这是一个由若干氏族—部落所共用的神圣场地，就可能是一个部落联盟的最重要的集合地。类似这样的情况，在其他国家的一些青铜时代或更早的遗迹中是屡见不鲜的，如英国有许多巨石遗迹，就是离开住地的祭祀场地。了解到这一点，就会想到我国的其他许多新石器时代部落一定也会有种种离开住地不近的规模很大的祭祀活动场地，正是今后应该寻找的。

把这个场地推断为部落联盟共有的，根据其实只有两点：一是这个场地规模很大，在已经发掘的新石器时代遗址中，没有一处可以容纳下这么大的祭祀场地；其二是周围很远才有红山文化的居住遗址。但要判断这个联盟究竟有多大空间范围，只能靠以后详尽而仔细的调查。由此而言，东山嘴遗址的发现，同时给今后的野外工作提出了新要求。

本文原题《座谈东山嘴遗址》，载《文物》1984年11期。后收入《古史的考古学探索》，文物出版社，2002年7月。

中国早期的“模制法”制陶术

一

陶器的发明和使用，是人类掌握取火技术和栽培粮食、饲养家畜之后取得的又一划时代进步。这首先在于它对人类的体质，尤其是脑力的发展方面，具有重要意义。因为在当时的条件下，就人类生理的自然需要而言，必须从茹毛饮血改变为熟食，体质和脑力才能得到很大发展，而要普遍实行熟食，只有等到能用陶器作炊具之后。

进行熟食的起码条件是掌握取火技术，但在发明陶器以前，顶多只能将鸟兽鱼鳖悬挂烧烤或是带水放入坑内，再投入烧红的石头来将水弄沸而煮熟之；还有在地灶中、热灰内或是烧烫的石板上烘烤块茎类植物和粮食颗粒。在那种条件下，人们恐怕还经常生吃东西；而自陶器发明后，就能方便地进行炊煮，当很快以熟食为生。

正因陶器的出现在人类进步的总过程中占有如此重要的地位，况且在以后的很长时间内，制陶术的发展还不断改善人们的生活条件，全世界的人类学、考古学和历史学的研究，自然对陶器的起源问题，极为关注。

要探索这个问题，必须先理解制陶术进步的逻辑过程；而且，必须先搞清楚早期的制陶术，才能真正找到陶器发生的具体途径。

早在19世纪，人们已经知道人类的制陶术是沿着模制法、泥条盘筑法、轮制法这条轨道前进的。当时以为最初的陶器，是用泥土涂在编制的篮子或木容器上经过火烧而发生的，所以恩格斯便说：“在许多地方，也许是在一切地方，陶器的制造都是由于在编制的或木制的容器上涂上粘土使之能够耐火而产生的。在这样做时，人们不久便发现，成型的粘土不要内部的容器，也可以用于这个目的。”[1]但这可能仅是一种推测，当时和以后的考古发现及民族调查，都还没有遇到过这种实例。

在民族志的具体材料中，1843年马克西米林（Maximilian）报道的曼旦（Mandan）存在的一种直接成形法，被认为是极原始的制陶术。20世纪以来的一些新的民族调查材料仍表明，这是早期制陶术中的基准方法。具体情况如1925年吉尔姆（Gilmore）报道的亚利加拉（Arikara）的制陶术，是把一块黏土塞到一个粗糙的、近似于器皿的模具中，直接做出雏形，再用一手握着石头衬垫器内、一手拿着木棒在器外对着石头所衬垫的位置来拍打定型。

这种用模具做出雏形的方法，自然应当叫做模制法。不过，还有一些并不使用模具、但尚未使用盘筑法的技术，西方学者亦归在这一类制陶术的范畴中，皆称之为模制法（modeling）。例如奥萨卡（Oaxaca）的柯约梯比克（Coyotepec）的方法，是用一块中空的泥团再拿手在旋转它的过程中去拍打、拉扯而成型。又如中美萨尔瓦多（Salvador）的裘泰兼求（Guatajiagua）村的一种方法，是将一块中间被拳头戳凹的圆筒状黏土放在地上，陶工围着它转圈并不断用手斜拍，做成器皿的上部，然后同已在最初就做好的器皿下部接合成整器。这种方法，在危地马拉高原的圣泰·阿波罗尼亚（Santa Apolonia）、墨西哥的托通乃克（Totonac）和太平洋中的美拉尼西亚（Melanesian）群岛的许多地方，也可见到大同小异之例。凡此，亦都被叫做模制法。另如在苏丹的达弗（Darfur），把器皿的上部用盘筑法制出，而其下部则是在地上挖一浅坑，铺上一小块纤维物，再放入一团泥土，用杵来转动和击打它，使成雏形，然后放在右腿上用左手来转动并修饰成型。仅就这种下半部的制作法而言，也就是模制法中的一种具体实施方法。[2]

从制陶术本身的合理的逻辑进程来考虑，把这些具有种种细节之异的方法统称之为模制法，并认为皆属于比泥条盘筑法还要原始的一个制陶术阶段的范畴，显然是有道理的。当然，这个总阶段以后还可能分割得更细些，而且在不同地区

---

[1] 恩格斯：《家庭、私有制和国家的起源》第21页，人民出版社，1972年版。

[2] Shepard, A.O, Ceramics for the archaeologist, pp.55 ~ 57, fifth printing, Washington D. C., 1980.

还可能存在不同的特点。但就其总体来说，同陶器发生时期的最初技术的距离，应该不会太远了。

这种制陶术的模制法阶段，在世界各地的远古人群中，如果是自身发展起制陶术，应当曾普遍存在过；而其具体实施方法，只要看到上举各例，就可知道会有很大的多样性。这就启示我们去思考：

我国远古时代的模制法阶段是否已经找到了实际的遗存？

这个阶段的制陶术的具体面貌究竟是怎样的？

这个总阶段能不能再区分出不同的小阶段？

二

在我国，自20世纪20年代以来经过六十多年的田野工作，已经探明五六千年以前的仰韶、红山、大汶口、大溪、马家浜、河姆渡等发达的新石器文化，都已进入到用泥条盘筑法制作陶器的阶段；但有无更为原始的制陶术阶段，长期以来，似乎并未被人注意到。这恐怕主要是因为比五六千年以前的新石器文化还要早的遗存，要到20世纪70年代中期以后才被陆续确认。

例如在黄河流域，尽管早在20世纪50年代晚期已发现了华县老官台这种遗存，但要到70年代中期找到了武安磁山、新郑裴李岗这些遗存后，大家才普遍承认其年代的早期性。此后，更从渭河上游至黄河下游发现了秦安大地湾、滕县北辛等一系列的有陶新石器时代早期的遗存。

在长江中游，属于这个阶段的石门皂市下层、秭归柳林溪和宜都城背溪等遗存，则要到70年代末期以来才被陆续找到和逐渐认识的。

至于江西万年仙人洞和广西桂林甑皮岩这种更早期的新石器遗存，虽然在60年代初期和70年代中期已被报道，但其年代的判断，是要通过典型石灰岩地区^{14}C样品年代可靠性的一系列对比检验，找出了其他地区树木样品和大气CO_2的^{14}C比度数据之后，直到1982年才被真正确定下来的。

这样，在相当长的时间内，就缺乏一种力量去推动大家仔细观察这些遗存中的陶片上的制作方法遗痕，自然容易忽略这个重大问题。

首先发现有一种早于泥条盘筑法的制陶术的是牟永抗同志。他是在余姚河姆渡遗址的第4层即第一期的遗物中，看出了若干陶釜上有一种由多层泥片相贴而成的制法。后来，他在上海博物馆又观察了江西万年仙人洞出土的陶片，见到有类似的现象。1981年冬全国考古学会第三次年会结束后，他在杭州向我介绍了这个发现，并考虑把这种制陶术称之为"贴塑法"。河姆渡第4层样品的^{14}C测定年代，据达曼表校正后，在距今6570±120至6955±130之间[3]，大致为公元前五千纪的上半叶，也就是距今近七千年左右。仙人洞一期的^{14}C测定数据，其兽骨样品（ZK—92—0）为距今8825±240，蚌壳样品（ZK—39—1）为距今10870±240（同上注引书60页，半衰期皆为5730）。当时，石灰岩地区^{14}C样品测定年代可靠性的实验结果还没有公布，但这总应是很早的年代，所以牟永抗同志就把这种制陶术，看作是仰韶、红山、大汶口、大溪以及河姆渡三期等文化以前的一种早期制陶术。

此前不久，在长江中游又发现了皂市下层和柳林溪的早期新石器遗存。1983年秋季以后，还在城背溪等许多地点发掘到这时期的一些新遗存。1984年4月，我和王文建同志在一起，观察了皂市下层的陶片；5月，又和裴安平同志在一起，看了城背溪和枝城北门口出土的一些早期陶器和陶片，也都见到这种现象。其中，城背溪的出土物因数量较多，表现得就更为充分。凡这几个地点出土的陶器，皆无泥条盘筑之痕，在许多器皿上，可以看出是由若干块大小不一的泥片来互相粘接成型，而每块这样的泥片，又是由好几层薄泥片相贴而成的。

这种早期的制陶术，是否只在长江中、下游地区以及江西等更为南方的地区才存在呢？

1983年，甘肃省博物馆的同志便亦指出：大地湾一期的陶片，"从陶片分层剥离的现象来看，它的制法不是泥条盘筑，而是敷贴模制。"[4]在1982年4月，我和赵化成、南玉泉同志在甘肃省博物馆内，见到大地湾一期陶器由多层泥片相贴而成的现象是明显的；至于怎样使用模具的痕迹，则还没有看明白。

---

[3] 中国社会科学院考古研究所：《中国考古学中碳十四年代数据集（1965～1981）》第52、53页，文物出版社，1983年。

[4] 甘肃省博物馆文物工作队：《甘肃秦安大地湾遗址1978年至1982年发掘的主要收获》，《文物》1983年11期，第22页。

1984年7月，我在西安又同卢连成同志在一起，见到临潼白家遗址所出与大地湾一期同时代的陶器，也采用这种制法。

1985年7月初，我又在山东滕县博物馆内见到北辛遗存的早期陶片，也是多层相贴的。

最近，我重新观察了北京大学考古系所保存的老官台遗址的部分早期陶片，在一种泥质红陶上，见到是用多块泥片自下而上地粘贴而成，具体痕迹是把上面一块泥片的下端，粘贴在下面一块泥片的上端的内侧，每块泥片好像是一次形成的。

不久以前，还在北京市文物研究所的平谷县上宅遗址的发掘工地上，和吴汝祚同志一起见到那里的早于红山文化的遗存，无论是泥质陶还是夹砂陶，都往往用三四层薄泥片相贴成型；有的则似乎只有两层。一种高大而粗壮的筒形罐的底部，则经常用二至三层泥片先贴筑出器底内壁，再外敷一厚层黏土，制成小平底。

此外，还承北大考古系陈铁梅、原思训同志之助，见到他们在甑皮岩遗址第二层钙华板和大块崩石下采集的十多块陶片。陶胎呈灰黑色，表皮被氧化焰烧成红褐色，皆以方解石粗粒为掺和料。它们看不出分层现象，也绝无泥条盘筑的接合痕，但皆有经揉搓或挤压形成的密致而不规则的纹理。这是比上述那些用多层泥片贴筑成器的方法还要原始的一种制陶术的遗痕（详下）。

最近，我和王军同志又在广东省博物馆和中山大学人类学系内，看到粤北翁源县青塘类型遗存的一种夹炭陶，是同螺壳等共同夹杂在钙华层中[5]，可知时代很早，它相当近似于甑皮岩的陶片，但已由多层贴筑而成。还有遂溪县江洪区鲤鱼地的贝丘遗址，亦出夹炭的贴筑法篮纹陶片。高要县广利区龙一乡蚬壳贝丘遗址的夹砂绳纹灰褐陶、泥质彩陶，以及南海县西樵山15地点T1第3层的绳纹灰褐陶，亦皆为贴筑法制成；后者的^{14}C测定数据是距今6120±140（ZK—544—I）。[6]

在中山大学人类学系内保存的几片相当于裴李岗文化的河南密县莪沟采集的泥质红陶片上，亦能辨认出是由两层泥片相贴而成。

这就可以肯定，从黄河的上游经中游至下游，从长江的中游至下游，还有江

[5] 广东省博物馆：《广东翁源县青塘新石器时代遗址》，《考古》1961年11期，第585～588页。

[6] 同[3]第102页。

西、广西至粤北的石灰岩地区，已经发现了仰韶、红山、大汶口、大溪等文化以前的，包括河姆渡一期文化在内的一些比泥条盘筑法更原始的制陶术，流行的时间大概是从距今七千年左右开始再往上推，一直到九千年以前。年代的上限是据仙人洞、甑皮岩 ^{14}C 样品的测定。[7]至于贴筑法被盘筑法代替的时间，则将在下面说到，在各地是很不平衡的。

三

近四年来，我经常思索由牟永抗同志发现的这种制陶术，究竟是怎样使陶器成型的？也在不断考虑，牟永抗同志把这种制陶术叫做“贴塑法”的词义，是否妥切？

1985年的9～12月，我参加了长江三峡的考古发掘。从11月起，发掘队的盛定国、余波同志在秭归朝天嘴遗址发掘出了早于大溪文化的早期新石器遗存，因此，有机会对这些早期陶片作比较仔细的观察，从而比过去更多地看懂一些这种制陶术的具体实施法。从这种具体实施法出发，我感到，如果把这种制陶术叫做“泥片贴筑法”，似乎比叫做“贴塑法”更合适些。这主要是从以下三点来考虑的：

1.正表达了这种制陶术所具有的用“泥片”来“贴筑”成器的两大特点；

2.和“泥条盘筑法”相对称的叫法，正好指出这两种制陶术的差别就是主要在于“泥片”与“泥条”、“贴筑”与“盘筑”这两个方面；

3.在字义上，“塑”字一般指用手捏制物品的那种工艺，而这却是粘接不同泥片，并往往是用多层薄泥片先粘贴成一块较厚的泥片，再用同样方法依次粘贴，逐渐扩大成全器。这样，把“贴塑”改为“贴筑”，既避开了“塑”字的不确切性，又可躲掉把制法表达得过于具体，从而缺乏一定伸缩幅度的弱点。

为了进一步说明采用“泥片贴筑法”这个名称的理由，下面就举一些实例，作一定的具体介绍。

---

[7] 北京大学历史系考古专业 ^{14}C 实验室、中国社会科学院考古研究所 ^{14}C 实验室：《石灰岩地区碳—14样品年代的可靠性与甑皮岩等遗址的年代问题》，《考古学报》1982年2期，第243～249页。

朝天嘴遗址的堆积，据这次发掘，从第17B层以下至第22层，属新石器时代早期；第15至17A两层的出土物，极似澧县丁家岗下层那种遗存，有一点从这种早期遗存向大溪文化过渡的迹象；第14层以上至第7层，皆为大溪遗存；第6层以上，则为唐宋以后的堆积。早期遗存的陶器，已知有圜底釜、碗（或可称钵）、圈足盘、小口（双耳）瓶、支座等，而以釜占绝大多数，故承托陶釜的支座亦是大量的。陶质多为夹砂、夹炭的红褐色粗陶；也有一点泥质红陶，但为数极少。粗陶的表面几乎都有绳纹，并往往直施到口沿；但圈足盘则为素面，支座的外表还非常流行刻划或戳印的花纹。这些特点，同柳林溪、城背溪的早期遗存是相似的。

支座和容器的制法当然不一样。对了解当时的制陶术来说，当然主要应弄懂容器的制法。在这种新石器早期遗存中，既然陶釜是最主要的器皿，看明白了陶釜的制法，自然也就掌握了“泥片贴筑法”的主要特点。

据初步的抽样观察，并结合通常的制陶工艺来考虑，制作这种陶釜，应是从器底开始向上贴筑的；而从器底经器腹到器口，采用了基本一样的手法；口沿部分是上层所出有单独制成后接上的，下层所出则为分块制出、逐渐形成器口全形的。在实际使用时，口沿的转折部分和器底要承负更大重量，所以这两部分总是做得较厚（直领当然不在其内），在那里贴筑的泥片，往往层次较多；有时在口沿的转折部位，还加填一点细小的泥条。

圜底釜形状简单，只要弄懂器底和口沿是怎样制出的，就可对整器的基本制法，恍然大悟。因此，下面就以釜底和釜口残片为例，具体说明是怎样贴筑起来的。

先说较晚地层中所出的陶釜的制法。

第17B层所出一块釜底残片，残长9.1、残宽10.2、底心最厚处1.8、上边渐薄处0.9厘米。由三至四层泥片贴成。里、外两层夹砂多，红褐色；中间的一至二层陶质较细，黑色。断面可表示出，制器时先在底心用一块泥片作基础，再在外面加贴一层面积还要向上延伸的薄泥片，因陶片已残，继续向器皿上部扩大的贴筑情况，此处不见，但许多其他陶片说明是采用同样方法扩大到整个器身的形成。这两层泥片的厚度为0.3 ~ 0.4厘米。里、外两层则各厚0.2 ~ 0.5厘米左右。因里、外两层泥片把中间两层泥片通通包了起来，可知是先用内层泥片成型后再包上去的。在底心，则见到三层有明显下凹密纹的泥片，这种纹理，是经捶击、挤压而形成的；它当然改变了最初粘贴泥片时形成的痕迹的走向。所以，这上面一层即旁边的内层，中间一层即旁边由内向外数的第二、三层，下面一层即旁边的外层。下面一层因受到的捶击压力小，下凹纹理并不清晰。因上、下两层皆为夹砂较多的黏土，故可确定为即是旁边的里、外层（图一）。

第17B层出的一块釜口残片，残宽17.6、残高10.3、领部与肩部相接处厚1.1、腹壁较薄处厚约0.5厘米。领部单独制出，由三层泥片贴成。外层厚约0.2、中层厚约0.3 ~ 0.6、内层厚约0.1 ~ 0.2厘米。肩部部位亦为三层泥片贴成。外层厚约0.1 ~ 0.2、中层厚约0.3 ~ 0.4、内层厚约0.2厘米。二者的拼接，并非直上直下，而是作成倾斜状的接合形态（图二）。

统观这两块残片的痕迹，大体可知是分别做出器身和器领；器身的制作是从底部中心开始，往上逐渐粘贴泥片，形成全身，再加敷里、外两层夹砂泥片，然后拼接领部，制成全器。每块泥片，往往径5 ~ 6厘米左右；当然常常有大有小，边缘还很不整齐。器腹外壁及领部近口沿处，外表有绳纹，但在领、肩相接处，则在拼接时抹掉。这就可知绳纹是在分别制作器身和领部时已经压印或拍打上去的，而不是最后装饰的。

在以下层次出的陶片上，还可见到一种口沿直接从颈部分块加贴而形成的制法。这当然是更原始的技术。

这里举第21层所出的一块釜底残片和一块釜口残片为例来说明。

釜底残片长10、宽6、厚0.72 ~ 1.1厘米。亦是在底心先用一块厚0.3 ~ 0.5厘米的泥片作基础，再在外面加贴一层厚0.3 ~ 0.6厘米的泥片，又在外面粘贴一层厚仅0.2 ~ 0.3厘米的薄泥片，形成为一块较厚的泥片。然后再向器身上方粘贴由四层薄泥片粘合成的另一块厚泥片，四层的厚度，如由内向外计算，第一层约0.2、第二层约0.3、第三层约0.1 ~ 0.2、第四层约0.1厘米。

图一　朝天嘴17B层釜底残片断面所见贴筑情况草图

这是在第一块厚泥片已形成后，再一薄层、一薄层地加贴上去而扩大其成型面积的，并非分别贴成两块厚泥片再加粘接的。通观这块残片，可看出是由六块厚泥片互相粘贴成的（图三）。

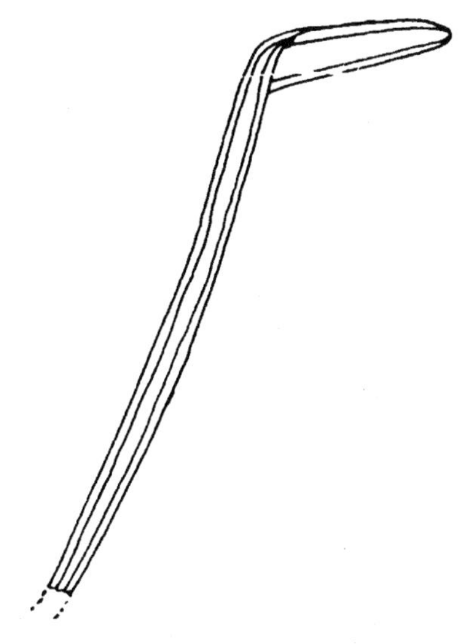

图二　朝天嘴17B层釜口残片断面所见贴筑情况草图

釜口残片长9.5、高5.4、厚0.5～1.6厘米。由三块厚泥片组成。上面一块是沿部，由三层泥片贴成，里层厚约0.2，中层厚约0.5～0.7，外层亦厚0.2厘米。下面一块是口沿和器肩交接处的部位，最厚，故由五层泥片贴成。如由内向外计算，第一、二层皆厚约0.3，第三层只占一小点地方，似是加贴在中间的一根小泥条，第四层厚约0.2～0.4，第五层厚约0.1～0.4厘米，直接和口沿部位泥片相粘接。最下一块是釜肩部位，由四层相贴，如由内向外计算，第一层厚约0.1～0.3、第二层厚约0.2、第三层厚约0.1～0.4、第四层厚约0.2厘米。第四层的上端，正夹在上两块厚泥片的中间，这就清楚表明整器（包括口沿）是一薄层、一薄层地贴筑起来的（图四）。

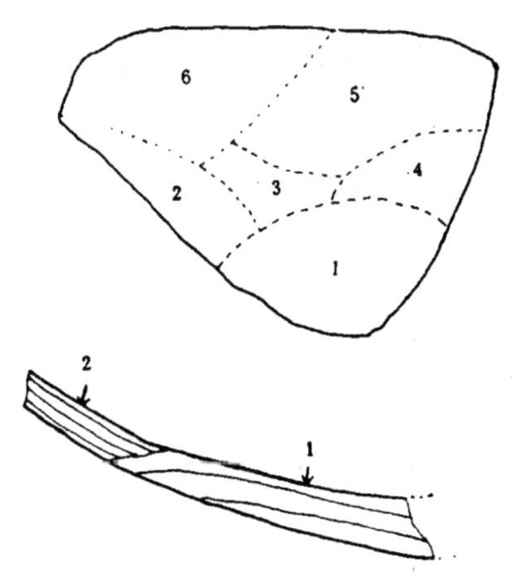

图三　朝天嘴21层釜底残片所见贴筑情况草图
上：内面所见各泥片的相组情况
下：断面所见泥片贴筑的情况

当通过这块陶片看到口沿是从颈部直接贴筑出去而形成时，就可以估计到整个口沿是从不同部位的颈部分块贴成的，而并不像第17B层所出的那样，是单独制成整体后再拼上去的。毋怪乎朝天嘴和城背溪等遗址的许多早期陶釜，口沿都是七歪八扭，很不整齐。

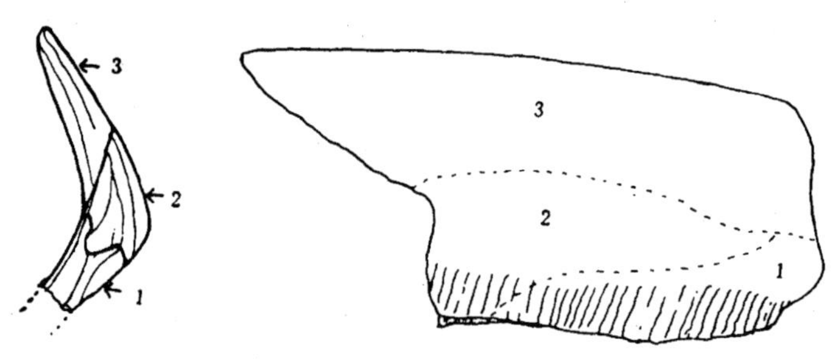

图四　朝天嘴21层釜口残片所见贴筑情况草图

左：断面所见泥片贴筑的情况

右：外表所见各泥片的相组情况

这大体说明了陶釜是怎样用泥片贴筑法制成的，而且还多少看到了一点口沿由直接分块贴出进步为单独制出后再整体贴上的变化。但是否使用模具，仍然看不清楚。

据目前所知，无论是朝天嘴还是其他地点，都还没有发现明确的制陶模具。我怀疑，当时很可能用光滑的卵石作模具，在上面逐层粘贴泥片，逐渐移动这种模具，以至全器的形成。这样的模具，即使发现，也是难以辨认出来的。

圈足器的制法，当然有所不同。从朝天嘴第21层所出圈足盘碎片看，系单独制出圈足，再把它整个粘接在盘底上。在城背溪所出圈足盘上，则可见到盘部的成层剥落泥片现象，似表明是在模具上分层贴筑泥片而形成的。

这就是我在目前已看出的泥片贴筑法的制陶情况。

四

根据上述的观察和解释，这种“泥片贴筑法”当属模制法的范畴；而无论就制陶工艺本身的技术水平还是人类学的研究来说，都应是比泥条盘筑法还要原始的方法。

在现有的发现和已知的观察结果中，贴筑法和盘筑法在流行时间方面，存在着这样的关系：

大地湾一期实行贴筑法，^{14}C测定的年代在距今7000年以前。[8]从渭河上游到

[8]　同[3]第138页。

黄河中游的仰韶文化是从距今7000年以后不久就开始的，已有的报道都说已实行盘筑法，未见使用贴筑法的说明；但我见到甘肃秦安王家阴洼的相当史家遗存的M19的陶器，还是贴筑法（少）与盘筑法（多）共存。

北辛遗存实行贴筑法，其^{14}C的年代测定数据，早的一个（ZK—632）距今7345±215，晚的一个（ZK—639）距今6470±195。[9]大汶口文化是从距今6000多年以前开始的，已进入盘筑法阶段。

平谷上宅的早于红山文化的下层（如第8层）遗存中，全部实行贴筑法，而在相当于红山文化的上层（如第3层）遗存中，既有贴筑法，又有盘筑法，大概到红山文化时，正经历着贴筑法向盘筑法的过渡。

河姆渡一期有贴筑法，二期以后则实行盘筑法（小型的模制器皿当然例外，这在以后的所有时期都会存在）。一期的年代是在靠近距今七千年的数百年时间内（见前文），二期的年代据^{14}C测定数据，约在距今六千二三百年至六千年之间。[10]

朝天嘴第17B层以下所出的陶容器，皆贴筑法制成；而在第15 ~ 17A层中，既有贴筑法陶片（多），又有盘筑法陶片（少），似乎盘筑法技术此时刚开始，二者曾并存一段时间。再晚的大溪文化，则已基本进入盘筑法阶段。朝天嘴早期遗存现在尚无年代测定的数据，但年代接近的城背溪遗址的T6第3层的一块兽骨，曾经北大考古系的实验室做^{14}C测定，达曼表校正年代为7420±110。大溪文化则是从距今六千数百年以前开始的。

西樵山15地点T1第3层贴筑法陶片的年代，据同层贝壳^{14}C测定，如前所述，为6120±140。在珠江三角洲，流行盘筑法技术的年代，大概要晚到距今5000多年以后。

这些情况表明，在我国，至少从长城内外至南海一带，还有从东方的海岱之地到陇山以西，泥片贴筑法和泥条盘筑法是前后相承的两种制陶术，中间不可能再插入一个别的制陶术阶段。二者的更替时间，在这样一大片地域内，看来是很不平衡的。盘筑技术的发生和逐渐普遍，好像在渭河流域至黄河中游最早，大概在距今六七千年之际；长江中游约在距今6000多年的上半期开始了盘筑法，并逐

[9] 同[3]第65页。

[10] 同[3]第52、54页。

渐代替贴筑法；长江下游的这个过程，好像发生在距今6000多年的中期以后；在黄河下游，似乎在距今6000多年的下半期才完成这个更替；在长城内外，贴筑法的延续时间大概较长，至少到红山文化的前半期，贴筑法和盘筑法还是共存的；在珠江三角洲，则盘筑法代替贴筑法的时间，似乎更晚。

这里当然必须说明，我只是对个别地点的材料，作了一些抽样式地观察，没有能力把这种更替过程说得很具体；而且，这种制陶术既然是刚刚被认识到，许多遗存中本来可能存在的贴筑法，也许还没有被辨认出来，从而未经报道。所以，上述我国各地区的这两种制陶术的更替情况，只能是一种粗略的、而且肯定是不精确的估计，现在所以提出来，无非是希望大家把这种更替的不平衡性，及早搞准确。

我不知道其他国家是否也存在过这种泥片贴筑法阶段。从制陶术应有的发展过程来考虑，像这篇文章最初介绍的那些使用模具或不用模具的直接成形法，似乎更接近于陶器发生阶段的最初技术。这就是说，在泥片贴筑法之前，好像还存在过一种直接成形法阶段。

在我国已有的材料中，究竟能不能看到这个阶段呢？

从我看到的甑皮岩下层所出陶片来看，这个阶段是存在的。

甑皮岩下层陶片的概貌，已略如前述。这里再举一块为例，作些具体说明。

这块陶片，残长4.4、残宽3.5、厚0.6 ~ 0.8厘米，外表有拍打或压印出的粗绳纹，内为素面，并有手指抹平的痕迹。其里、外的表面，各有0.1厘米左右的厚度烧成红褐色，里心则是灰黑色的。黏土中掺和着很多粗大的方解石颗粒，长度在0.5 ~ 1厘米左右，各颗粒的间距一般为2厘米左右，都没有暴露在外表，当是在器表最后修饰时被压入内部的。

陶片的断面上，呈现着密致的纹理，但走向很不规则，如一段水平式的走向，突然被斜向纹理打断，而斜向纹理的走向，又会忽然变化。总之，整个纹理的走向是很乱的。在这种纹理的改变走向处，绝不见两层泥片的粘合痕，而统统属于在一块泥土中形成的痕迹；特别如一处从器表到内壁表皮的通贯全部厚度的横向纹理，上部的中心，微向下凹，显然是因手指捏紧它时而形成的。这清楚表明器壁本是一层泥土，所以其中的痕迹，同前述那种因拍打、粘合多层薄泥土而形成为一块厚泥片时留下的痕迹是不大一样的。这样一种不规则的纹理，应当是对一块黏土（或者说是一层黏土）从不同方向加以猛击、挤压所形成的。具体说，也就是对一团放在模具中的黏土从不同位置对它捶击，或是对一团单独的泥土用手反复拍打、挤压才能出现的。对制陶来说，使用这样的手法，只能属于模制法中的直接成形法。当然，那时的具体实施情况，因可能存在的多样性，今天还无法推测清楚。

仙人洞的陶片，我没有作过这种观察，不知是否也是这样？但甑皮岩的陶片已表示出当时实行的是比泥片贴筑法还要原始的直接成形法。就全世界的已有发现而言，西亚之地的万年以前的陶器，被认为是最早的陶器；而至公元前七千纪时，已在广袤的地区内使用陶器。[11]甑皮岩下层的年代，据^{14}C测定，其木炭样品（ZK—911）为距今9000±150，兽骨样品（BK79314）为距今9100±250年，七个螺壳样品的平均年代约为距今10600年，扣除偏老影响后为距今9000多年。[12]各数据因皆超出现有校正表的范围，无法作树轮校正，只能知道在距今9000年以前。这样，它同西亚的最早陶器，就基本是同一阶段的东西了；而其制陶术的原始性，也正从另一方面证明了年代的古老性。

由此可见，我国也是地球上最早发生陶器的地区之一。它最迟在9000多年以前，至少在南方地区当许多人还住在山洞里的时候，已经使用非常原始的直接成形法来制造陶器；而最晚至距今7000多年时，又在极为广阔的地区内发展起了泥片贴筑法的制陶术；到了6000多年以前，则已进入到泥条盘筑法或兼用贴筑法和盘筑法的阶段。直接成形法和泥片贴筑法至少在我国的远古时期，是盘筑法以前的模制法制陶术中的两个阶段。

我对中国早期的模制法制陶术所作考察，是在得到牟永抗同志的启示之后，从泥片贴筑法的观察而开始的。其实，这个观察是到1985年的最后一个季节才集中了一点精力来进行的，但尚未达到原先准备了解的程度；况且以朝天嘴贴筑法陶片为样品的科学分析和模拟实验，尚未进行，而朝天嘴发掘品的正式整理，还没有开始。在这样一些工作尚未做出阶段性成果之时就写出的这篇文章，当然会有片面性，有些地方也许还欠准确性。明明自知不足却在这短短的几天内赶写出

[11] The Cambridge Encyclopedia of Archaeology, pp.105 ~ 109, New York, 1980.

[12] 同[7]。

来，一则是希望这个有关我国早期制陶术的新问题，能早日引起大家关注；二则在于迎接文物出版社的成立三十周年纪念。就这篇文章的本身而言，可能是微不足道的；但这个问题的发现和提出，却凝聚着一些朋友的探索精神和倾注了他们的许多愿望，而这个问题的自身价值，则是足足可以作为这批人的一件共同的珍重礼品，赠送给为我国考古、文物事业的前进过程留下历史足迹而贡献自己力量的文物出版社的朋友们！

补记：

1987年8月，我曾在德国法兰克福大学考古系的标本室内，见到一些距今约7000年的线纹陶文化的陶器和陶片，它们是由一条条泥条相粘贴而成型的，但每根泥条不能分层，可称之为泥条叠筑法。由此可知在泥条盘筑法出现以前世界各地大概的确存在着一种贴筑成型的更早期的制陶术，但这种比泥条盘筑法更原始的贴筑法，不一定都是由多层泥片相贴而成的，有的地方则由多根泥条相粘成型。

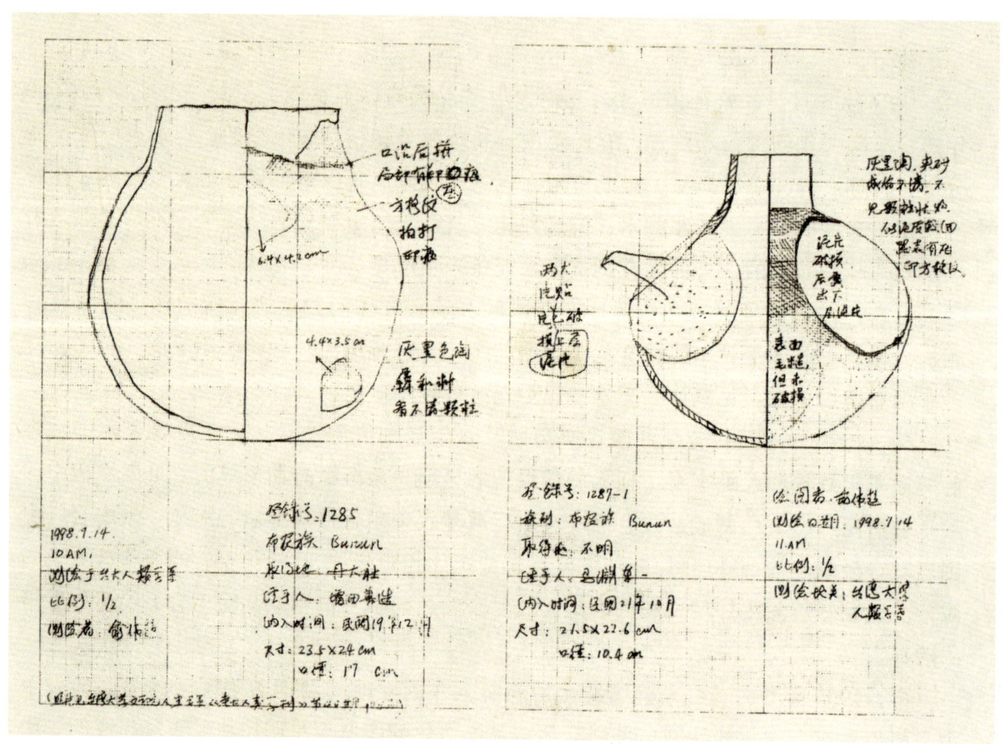

图五　布农族陶罐实测草图

另外，1988年4月我在访问日本橿原考古学研究所时，承研究所的许多朋友热心相示，见到一些属于日本绳纹文化草创期的陶片，也是用泥片贴筑法制成的。后来，在东京国立博物馆里又见到许多完整器也是用这种技术制出的。

又，1989年1月我曾至江西省博物馆及万年县仙人洞、桂林市甑皮岩观察了较多的两地所出陶片和遗址本身。仙人洞的堆积明显地是由两个时期形成的。早期堆积中的陶片皆由泥片贴筑法制成，没有甑皮岩下层那种表现出直接成形法的陶片。甑皮岩所出则还有许多距今约7000年以前的泥片贴筑法陶片和距今约5000年左右的泥条盘筑法的陶片。这就知道甑皮岩的堆积的确是比较复杂的，而仙人洞则缺乏甑皮岩下层那种更早的遗存。

再，1997年5月，我至韩国汉城访问时，在国立博物馆中参观了俄国举办的一个关于西伯利亚古文化的特展，见到阿凡纳羡夫文化的陶器也是用泥片贴筑法制成的。南西伯利亚的这种古文化，同我国东北地区的古文化是存在一定联系的。北京平谷上宅红山文化中既存在着从泥片贴筑向泥条盘筑的过渡现象，而阿凡纳

图六　布农族陶罐照片（登录号：1285）

美夫的泥片贴筑法，则表现出这种过渡在更北的南西伯利亚地区还要迟到晚得多的时间。

在亚洲，这种技术其实一直延续到20世纪初。1994年11月我在台北市台湾大学人类学系的陈列室内，还见到20世纪20 ~ 30年代在台湾东部征集的布农（Bunun）族的陶罐2件，就是用这种技术制成的，但现在，这种技术已经消失了。1998年7月14日，我又专赴台湾大学人类学系对这两件陶罐绘了1/2比例的实测草图，现将此草图与台湾大学《考古人类学刊》第48期崔伊兰《人类学系民族学收藏之陶器》中发表的其中一件的照片，一并在此文之末作为插图（图五、六）介绍给大家。

综观上述现象，如果从制陶术进步的逻辑过程来考虑，无论是欧洲线纹陶文化那种泥条叠筑法，或是东亚的泥片贴筑法，都是泥条盘筑法技术的前身，是发展成泥条盘筑法的两条途径。从已知材料看，泥片贴筑法这种早期制陶术似只存在于东亚地区，而最初的发生地当是黄河、长江流域。

2000年2月6日

原载《文物与考古论集》，228 ~ 238页，文物出版社，1986年。后收入《古史的考古学探索》，文物出版社，2002年7月。

含山凌家滩玉器反映的信仰状况

最近含山凌家滩出土的那批玉器，时代可以早到五千年以前，是过去从未见过的材料，一下子似乎难以将其含义看得很明白。因此，今天所讲关于这些玉器的用途的内容，自己觉得类似于在画鬼。画鬼总比画人容易，谁也不知道像不像。而且，在五千年前出现的这批玉器，尤其是其中的玉龟、玉牌等物，显然不是日常的生活用品，也不像是装饰品，放在当时所允许的人们普遍具有的意识形态的条件中来考虑，理应是一些原始信仰的用物。探讨五千年以前的原始信仰活动，岂不就是在画鬼吗！

不过，画鬼还是为了要表现某种精神。我今天的愿望，是希望通过关于这些玉器的用途的推测来探索当时的信仰状况，再对当时当地的文化发展高度作出一个估计，并从而鼓动大家多花一些精力去思索考古学遗存中所包含的精神领域中的问题。

凌家滩的玉器，数量很多，种类有异，具体用途当然不一样。但无论哪一种，在五千年以前要做出这些东西，不可能是为了满足世俗生活的需要，理应是信仰活动的用物。对五千多年以前当地人们信仰活动的状况，我们所知当然是很渺茫的。但任何文化现象都具有时代的性格；反过来说，一定时代的现象，就只能具有某些方面的性格。这就是推断凌家滩玉器是信仰活动用物的基础。另外，许多文化现象又会有很顽强的延续性。凌家滩玉器所反映的信仰活动虽然已经消逝，并且没有留下其他材料来表明之，但再晚一些时期的某些信仰活动，却可以成为追溯出这批玉器的用途的基础。这其实就是一种人类学的研究方法。它是解开凌

图一　含山凌家滩出土玉龟
左：玉龟全形　右：玉龟腹甲和背甲

家滩玉器用途之谜的钥匙。

根据这种方法，最容易探明其用途的是一件玉龟甲（图一）。

这件玉龟甲，应当是一种占卜用物。所以作出这种推测，一是在于其形态的功能分析，二是在于龟卜在我国古代曾长期存在的事实。

这件玉龟甲，背甲和腹甲分开，又可以合成为一个整龟甲。它如果是装饰品，当时显然有能力将一块整玉雕琢成一个整龟。人们所以把它分为上下两半再合成，无疑是出于使用方面的需要。

两半玉龟甲，腹腔又皆琢空，合为一个整龟甲后，便形成一个空腹。这当然是为了要在空腹之中放入某种物品。

两半玉龟甲的中间及两侧，又各钻出了八个小孔，上下两半玉龟甲的小孔，正好相对。其中，背甲、腹甲两侧的各二个小孔中间又各琢出一道凹槽，一望即知是为了便于稳定在这两个小孔之间串系绳或线而琢出的。在这两个小孔之间串系绳线之类，当然是为了把上下两半玉龟甲固定起来。但这种固定一定是暂时性的，即固定一段时间之后，又要解开绳线，使两半玉龟甲可以分开。所以要把两半玉龟甲合合分分，应该是为了可以多次在玉龟甲的空腹内放入和取出某种物品的需要。即当某种物品放入后，人们便会用绳或线把两半玉龟拴紧，进行使整个玉龟甲发生动荡的动作（例如摇晃），然后解开绳或线，分开玉龟甲，倒出并观察原先放入的物品变成什么状态。

使用玉龟甲来做这种动作是什么用意呢？

只要联系到一千年以后的三代之时是龟卜成风的，这种活动自然也就可以认为是一种占卜行为。

《史记·龟策列传》曾曰:“略闻夏殷，欲卜者乃取蓍龟”。商代盛行龟卜是已经得到考古发现证明的。从《史记》的记载来看，夏代也应是如此。凌家滩遗存的年代与夏代只相距千年左右，因此，把凌家滩玉龟的用途同夏代的龟卜联系起来考虑，应当是可以允许的。

夏代的龟卜究竟怎样进行，现在还不清楚。商代的龟卜，则是先命龟（告以所卜之事）再灼其龟甲而观其兆，以测吉凶。这同凌家滩遗存的龟卜方法是不一样的。凌家滩遗存的龟卜方法，大概是先由巫师（或祭司）当众口念占卜的内容，然后在玉龟空腹内放入特定的占卜物品，固定玉龟，加以摇晃，再分开玉龟，倾倒出放入的占卜物品，观其存在的形式，以测吉凶。可以认为，这是一种最早期的龟卜方法。

与玉龟同墓出的一件横长方形玉牌（图二），则应当是一种崇拜物。这件玉牌的四周，琢出了二十一个小孔，暗示出玉牌本是缝或钉在另一个物品上的。但玉牌显然是整个物品的中心，而其含义，则是通过玉牌上的图案来表现出来。

整个图案，位于玉牌的中心部位。图案的中心是内含一个八角星的正圆形，同江苏邳县大墩子彩陶盆（M44:4）上的图案颇有相似之处（见《考古学报》1964年34页图二六、4，彩色版壹:2），我和许多同志一样，认为是太阳的象征。太阳图形的外围，如以整个玉牌的横长方形为方位，则在东、南、西、北四方对称地伸出了四个树叶形图案，四个树叶之间，即在东北、东南、西南、西北这四个方位上，亦对称地伸出了四个树叶形图案，整体是伸出了八个树叶形图案。

图二　含山凌家滩出土玉牌

树叶的形态，自然使人联想起了树。这就是说，八个树叶形图案，便是在表现八棵树，而其所在的方位，又是为了象征东、南、西、北及东北、东南、西南、西北的八方之树。

天地之间，万物丛生。这个图案所以要表现八方之树，绝不会仅仅是想说明八方有树。这种树，当然有其特殊的含义。

如果像上述玉龟那样，也从同样的历史环境和文化传统的角度来考虑，这种树应当是社神的象征。

社是土地崇拜的场所。社神就是民族学中所谓的地母。中国古代以树为社神的事实，先秦古籍言之甚明，大家也都是熟知的，此处不必繁举。《御览》卷八八〇引《竹书纪年》(《路史·后纪十三》所引《纪年》略同）曾谓:“夏桀末年，社坼裂，其年为汤所放。”《论语·八佾》载:“哀公问社于宰我。宰我对曰:‘夏后氏以松，殷人以柏，周人以栗’。”这说明最迟从夏代起，整个三代都是以树为社神的。以此为基点，在早于夏代一千年左右的时期就以树为社神，不是也很容易理解的吗？这样，玉牌中太阳图案周围的八方之树应该是社神的象征，所以作出八树图案，就是用来表现八方的土地。

人们一般是把大地分为东、南、西、北四方。这块玉牌的图案，所以作出八方之树这种图案，也许同一种把大地分为八方的观念有关。《淮南子·墬形训》曰:“天地之间，九州八极。”高诱注:“八极，八方之极也。”这就是一种把大地分为八方的观念。值得注意的是,《淮南子》中的许多内容，往往是淮河流域一带的风情，而含山凌家滩正是在淮河流域。这就可使我们进一步相信玉牌上的八树图案，确是表现出了一种八方的观念，并从而可知我国古代的八方观念或许正发生于淮河流域，以后再传播到其他地区，而这在当地至少延续了三千年以上。

把上述几点解释综合起来，便能看出玉牌上的整个图案是在表现天地的总体，即是宇宙的象征。在五千多年以前，这当然不可能是一种科学概念中的宇宙的描绘，而只能是宇宙之神或天地之神的象征。整块玉牌也就是一个被崇拜的神像。在那信仰万物有灵的时代，这个宇宙之神或天地之神，无疑具有至高无上的地位，是诸神信仰中的主神。同地出的另一个玉件作成树叶形，也许就是社神即地母的象征，是诸神之一。还有一个玉人，当然是另一种神。至于凌家滩所出玉勺一类物品，则恐怕是祭祀活动中的用物。值得注意的是，玉牌与玉龟在墓中正是放在一起的，说明了当初使用时的紧密关系。看来，当时就是以玉牌为神祇，在其面前进行龟卜，祈求或卜问氏族、部落的大事。

在当时，这批玉器的工艺水平，可说是居于我国各古文化中的最高峰。此外，只有北方的红山文化才有类似水平的玉器工艺。凌家滩遗存和红山文化都位于我国的东部地区。在这沿海的东部地区，到了再晚一些的龙山文化和良渚文化阶段，制玉工艺更为发达，水平远远超过中原。但一到商代，中原地区的制玉工艺已后来居上，达到同时期的最高峰。这种变化过程，似已从总体上揭示出了商文化的制玉工艺是接受了东方文化的影响才发达起来的，而上述凌家滩玉人的形态，还令人惊异地看到竟同殷墟妇好墓所出玉人（见《殷墟妇好墓》154页图八一：6、彩版二五，文物出版社，1985年）和哈佛大学福格美术馆所藏的商代玉人（见Max Loehr，Ancient Chinese Jades，118，Fogg Art Museum，Harvard University，1975）非常相似。这无疑又提供了商文化的制玉工艺曾大量受到东方古文化传统的影响的直接信息。

对天地万物的信仰，发生甚早。凌家滩玉器反映出的信仰活动，究竟应当是什么历史阶段的产物呢？

从上述玉牌、玉龟同出一墓的现象看，墓主在生前不仅对这两件玉器有使用的特权，而且还有占有的特权。就使用的特权而言，其身份应当是专职的巫师。就占有的特权而言，则恐怕还是具有某种世袭特权的氏族、部落的首领。否则，这些祭祀、崇拜、占卜的专用物品就应转让给他人而不会具有可以用来随葬的特权。

在原始的氏族、部落中，巫师出现得很早。不过，最初的巫师并无世袭的特权。只有当氏族、部落内部出现了贫富分化，才会慢慢产生世袭的首领。这种首领，可以有神职和世俗（军事的、生产的、政治的）之分，但有时二者也会合一。

就人类总体而言，有时神权和政权曾经长期合一，例如我国西藏的藏族；有时则神权和政权曾发生过分合的变化，例如商代那样。根据甲骨文的内容，在武丁至帝乙时期，政权的首领是商王，神权的首领是贞人，即类似于古埃及的王与祭司。但最后一个商王帝辛则至少在某些时间曾自兼贞人，所以其卜辞的开头为“王占曰”，说明此时的神权和政权曾经合一起来；不过至西周以后，这种合一现象则再也没有出现过。如果从事物的发展总应存在着一种逻辑关系的方面来思考，神权和政权的分合应当有其先后的逻辑顺序，即头人和巫师最初是合为一体，后来才分开的；哪怕这种顺序关系并不那么严密。在夏、商、周三代及其以后的汉族历史中，既然基本处于神权和政权分离的状态中，商代帝辛时期的神权和政权的短期的偶然的合一，也许是一种早期历史现象的反祖。具体一点说，即这种头人和巫师合一的早期社会，在两河流域和古埃及就发展为政教合一的国家，而我国的三代王朝则成为政教分离的国家。凌家滩的遗存，大概正处在即将走上分化为这两种政权形态的前夕。

放在这样一种逻辑过程中来思考，占有玉牌、玉龟等物的凌家滩遗存中的神权首脑，应当也是生产的、军事的、政治的首脑。此地此时，正是我国考古学者当今正在着力探索的文明曙光的阶段。

1988年12月3日在合肥安徽省文物考古研究所三十年纪念暨安徽地区考古学文化讨论会上的发言，原载《文物研究》总第5辑，57—60页，黄山书社，1989年9月。后收入《古史的考古学探索》，文物出版社，2002年7月。

早期中国的四大联盟集团

在中国境内，至迟从新石器时代起，已随着各人们集团活动区域的自然环境和文化传统的差别，存在着不同的考古学文化区，并有其不同的前进道路。这些不同的文化区，即表明存在着不同的部落集团。到了青铜时代，随着活动能力的增强，又扩大了彼此之间的冲突，也因而加速了相互间的文化交融。于是，先后有一些部落集团迅速强大起来，建立起了早期国家，征服周围的其他部落集团或早期国家，成为历史上所谓的中国最早的几个“统一王朝”，即夏、商、周。还有长江流域的楚，虽未成为“统一王朝”，也是称霸南方、又是企图征服中原的盟主。夏、商、周、楚所以能取得这种地位，其重要原因在于她们曾在很长时间内，和相邻的另一个强大的部落集团结成联盟。

一、青铜文化中所见各大部落集团或早期国家的分布

在中国九百六十万平方公里土地上存在的新石器时代文化是为数众多的，它们向青铜时代过渡的时间是不平衡的。但在相当多的地区中，当公元前第三千纪期间，已先后进入青铜时代。这些青铜时代早期的遗存，如和古史记载或古史传说结合起来，基本可以肯定其族属的有以下诸集团：

1.伊洛地区的夏文化集团。今河南境内伊水、洛水流域的在河南龙山文化的基础上又综合了许多其他文化而发展出来的二里头文化，是所谓中国第一个“统一王朝”的夏王朝的遗存。同时期山西夏县东下冯遗存，是晋南地区的夏文化的另一个类型；但其源头和去向同二里头文化是有些差别的（图一、二）。

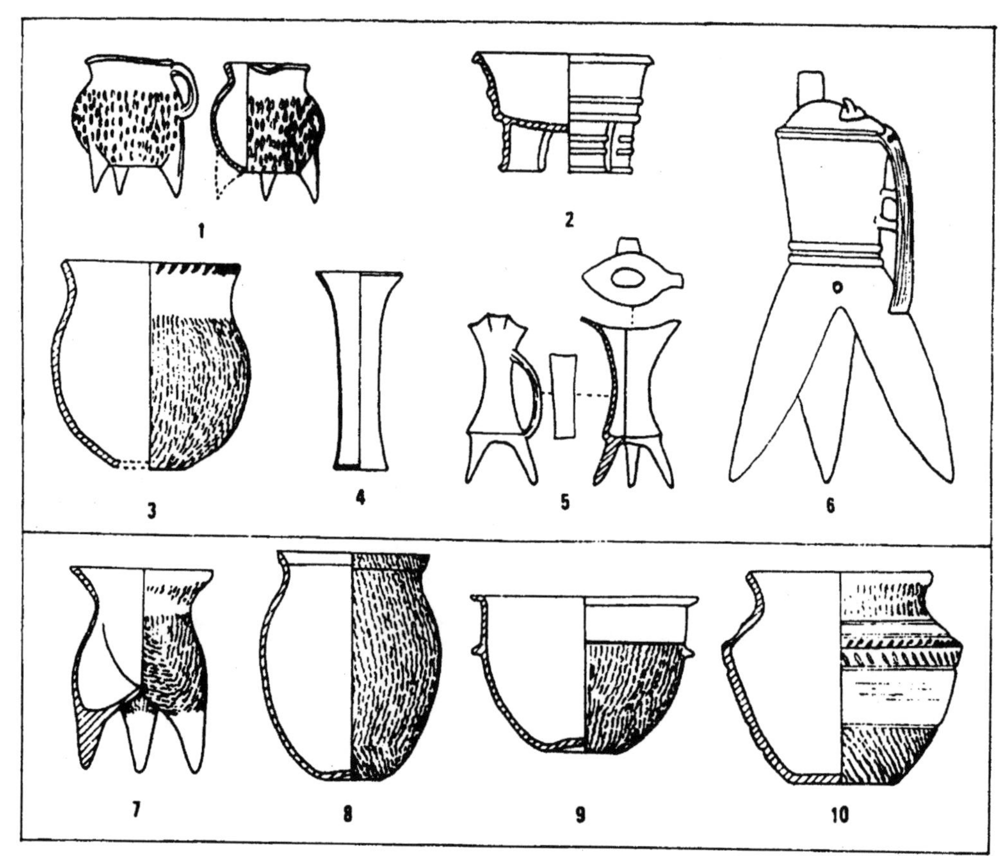

图一　夏文化的二里头类型与东下冯类型陶器

1. 鼎　2. 三足盘　3. 罐　4. 觚　5. 爵　6. 盉（以上偃师二里头）
7. 鬲　8. 罐　9. 盆　10. 尊（以上夏县东下冯）

2.渤海湾地区的东夷集团。今山东半岛上的岳石文化，大致是相当于夏代的东夷集团的遗存（图三）。类似的遗存，在辽东半岛也有发现。辽西地区至燕山南北的夏家店下层文化，是东夷集团的另一大类型的遗存。无论是岳石文化或是夏家店下层文化，又都可以分为若干地区类型。东夷古称“九夷”表示出种姓繁多，所以其文化遗存也是类型众多的。

3.黄河中游太行山以东的商文化集团。已经确定的商文化遗存是二里岗下层文化、二里岗上层文化和商文化殷墟期（图四）。其源头还在寻找中。但在豫北、冀南的太行山以东地区，已找到一些商文化源头的踪迹，估计商文化就在这一带形成和发展起来的。

4.内蒙古西部至陕北、山西中部至雁北、冀北的北狄集团。这一大片地区的青铜

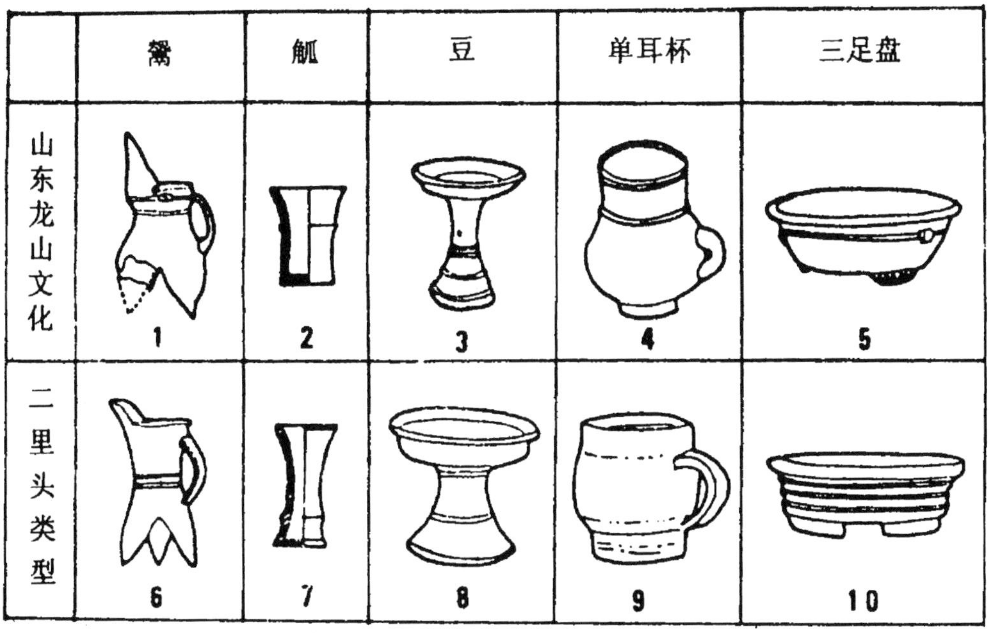

	鬶	觚	豆	单耳杯	三足盘
山东龙山文化	1	2	3	4	5
二里头类型	6	7	8	9	10

图二　二里头文化与山东龙山文化陶器比较图

（转引自李伯谦《二里头类型的文化性质与族属问题》，《文物》1986 年 6 期 45 页）

1. 山东茌平尚庄　2 ~ 5. 山东潍坊姚官庄　6、8、9. 河南偃师二里头

7. 河南洛阳东干沟　10. 河南洛阳锉李

文化类型众多，但陶器中的一种三足蛋形瓮和青铜的兽首刀或铃首刀，是共有的特征（图五）。经济以畜牧或游牧为主，故难以找到大片的居住址。其文化面貌，尤其是那些青铜刀，同远在漠北的俄国境内的外贝加尔湖地区的卡拉

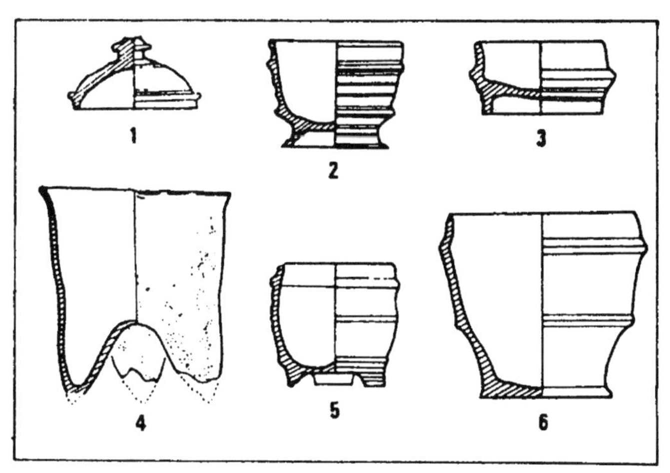

图三　东夷集团的岳石文化陶器

1. 器盖　2. 簋形器　3. 皿　5. 三足簋形器（以上平度东岳石村）

4. 鬲（北长山珍珠门）　6. 尊（赣榆下庙墩）

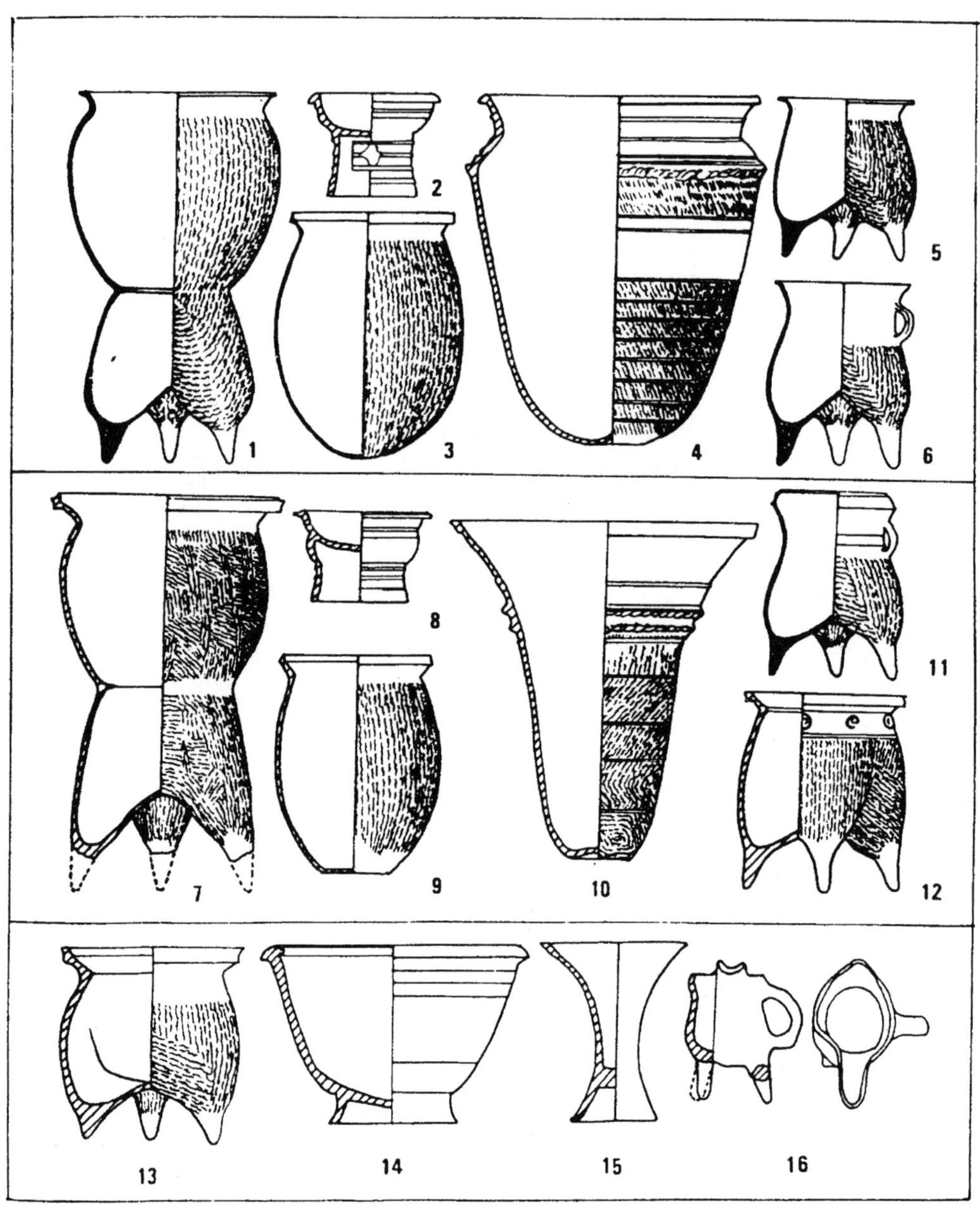

图四　商文化的二里岗下层、上层与殷墟期陶器

1、7. 甗　2、8. 豆　3、9. 罐　4、10. 尊　5、12. 鬲

6、11. 斝（以上郑州二里岗）　13. 鬲　14. 簋　15. 觚

16. 爵（以上安阳殷墟）（1 ~ 6 二里岗下层，7 ~ 12 二里岗上层，13 ~ 16 殷墟期）

索克等文化，有一定的联系。

5.泾渭流域的先周——周文化集团。从甘肃东部至关中地区的泾渭流域，是周文化的发源地。据近年来陕西武功县尚家坡及长武县等地的发现，大致在相当于二里头文化时期，客省庄二期文化（亦被称为陕西龙山文化）便发展成一种新文化，后来又受大量西、北地区的羌戎和北狄文化以及来自东方的商文化的影响。至商晚期，部落长古公亶父率众自

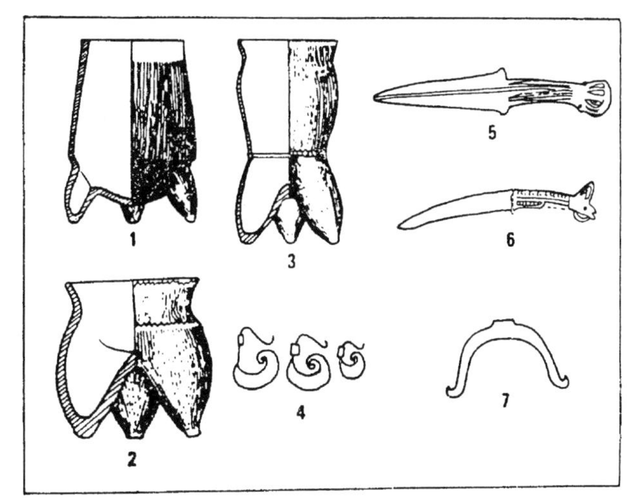

图五　北狄集团的陶器与铜器

1.三足陶瓮　2.陶鬲　3.陶甗（以上清漳李家崖）
4.金珥形饰（石楼后兰家沟）　5.铜铃首剑（柳林高红）
6.铜马首刀（绥德墕头村）　7.铜弓形饰（石楼后兰家沟）

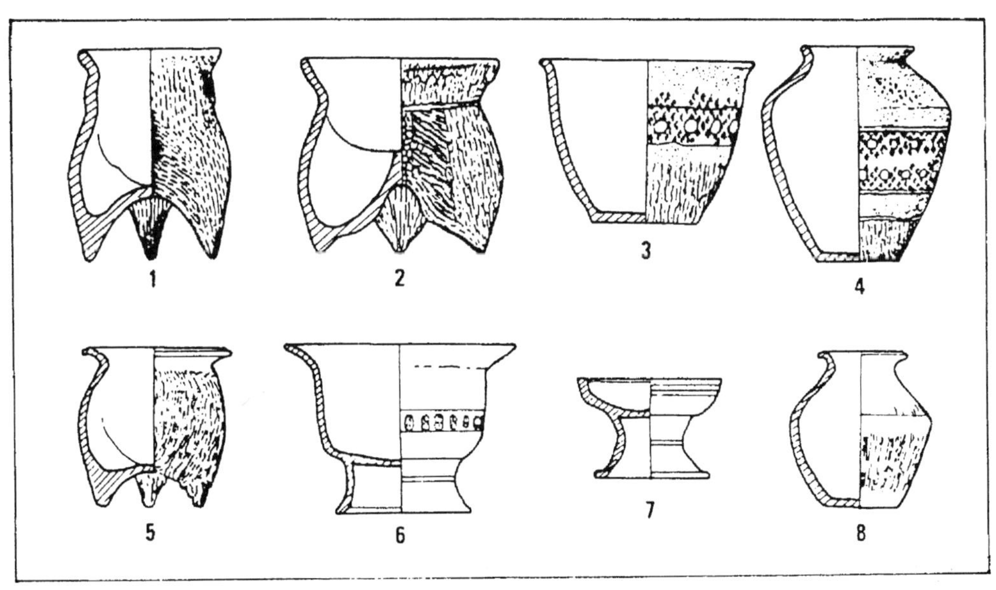

图六　先周及周文化陶器

1.联裆鬲　2.分裆鬲　3.盆　4.罐（以上武功郑家坡）　5.联裆鬲
6.簋　7.豆　8.罐（以上长安沣西）

豳地（今陕西旬邑，长武县一带）迁岐（今扶风、岐山两县交界处），自称为周。这样一种历史过程，使自此以后正式形成的周文化和以前的先周文化，包含着复杂的文化因素（图六）。

6. 甘青地区的羌戎集团。自六盘山至陇山以西的甘肃、青海地区，最迟至新石器时代晚期的马家窑文化以后，便是自身文化面貌特殊的文化区。据古史记载，这是部落繁多而以畜牧经济为主的羌戎集团的活动区。在相当于仰韶至龙山文化的过渡期，甘肃东部和宁夏一带出现了常山下层文化。以后，在陇山以西至青海东部，又出现了齐家文化。常山下层和齐家文化中包含着一定的来自东方的诸龙山文化的影响。以后，在甘青地区并存着寺洼—安国、辛店甲—乙组、卡约—唐汪三支青铜文化。这些文化，

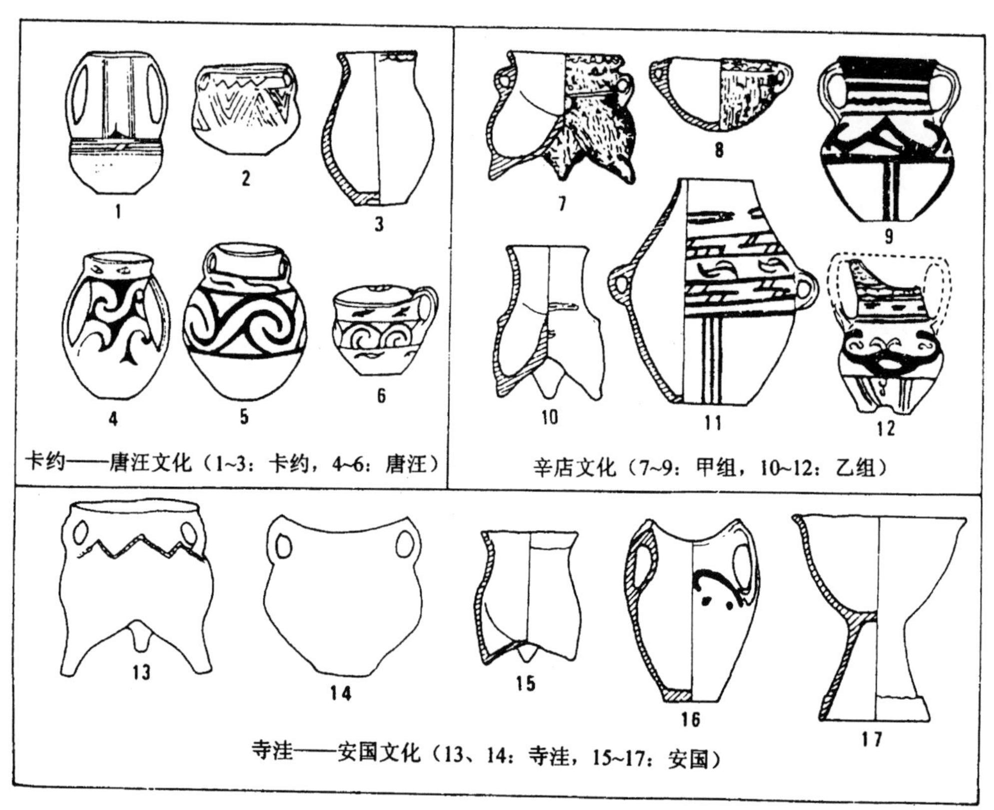

图七　羌戎集团的卡约—唐汪、辛店、寺洼—安国文化陶器

1. 双大耳罐　2. 大口双耳罐（以上循化阿哈特拉）　3. 堆纹口沿罐（同仁卡岗拉朵）　4. 双大耳罐　5. 双颈耳罐　6. 单耳杯（以上东乡唐汪川）　7. 双耳鬲　8. 圜底钵　9. 双大耳罐（以上永靖姬家川）　10. 无耳鬲　11. 腹耳壶　12. 双大耳罐（以上永靖张家咀）　13. 双耳鬲　14. 单马鞍口罐（以上临洮寺洼山）　15. 无耳鬲　16. 双马鞍口罐（庄浪徐家碾）　17. 簋式豆（以上平凉安国镇）

都属于羌戎集团的遗存（图七）。在相当于商周之际的陇山以西的甘肃东部，还存在一种类似于周文化的遗存，可能是秦文化的重要的源头。

7.长江中游的苗蛮集团。长江中游的新石器文化，经历了城背溪、大溪、屈家岭、石家河文化（亦常被称作长江中游龙山文化、青龙泉三期文化等）诸阶段。至相当于二里头文化或二里岗下层文化时期以后，一支二里头文化和以后的二里岗下层及上层文化，经南阳盆地通过随枣走廊沿着古代的云梦泽以东的地段，直抵长江之滨。在古云梦泽以西，则渗入了大量来自南方的以几何形印纹陶为特征的青铜文化和商文化的因素，还有一些三峡巴人青铜文化因素。后来，大概又受到许多周文化影响而形成楚文化。在长江以南的洞庭、鄱阳两湖之间及其附近，商时期的遗存则以几何形印纹陶为主（图八），铜器是以大铙、大鼓、大尊以及兽形的尊和卣为特点（图九）。据《战国策·魏策一》，这一带是古代三苗集团的活动区。[1]楚人在古代又曾被称作"荆蛮"。[2]苗、蛮古代音同义通，故无论是三苗还是楚人渊源阶段的遗存，可统称为苗蛮集团的遗存。

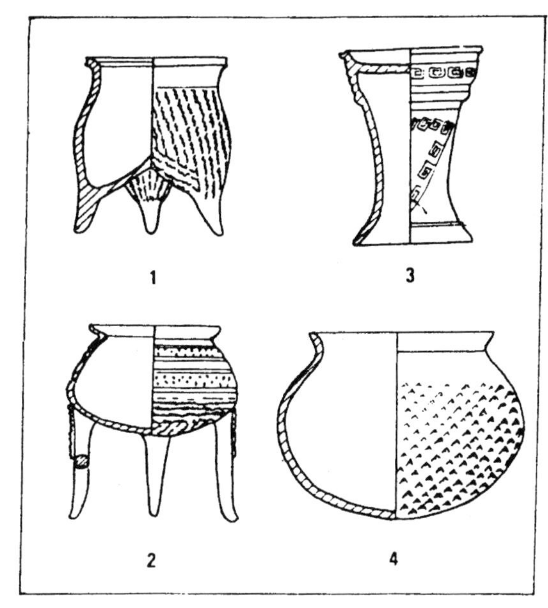

图八　商时期苗蛮集团的陶器

1. 鬲（石门皂市）　2. 鼎（澧县斑竹）
3. 豆（石门皂市）　4. 罐（沙市周梁玉桥）

8.东南至南海之滨的百越集团。从长江下游至东南沿海，自新石器时代以来有河姆渡、马家浜、崧泽、良渚、昙石山、石峡等不同阶段、不同地区的文化。在相当夏、

[1] 《战国策·魏策一》："昔者，三苗之居，左彭蠡之波，右有洞庭之水，文山在其南，而衡山在其北。"（《战国策》，782 页，上海古籍出版社，1978 年 5 月。）

[2] 《国语·晋语八》："昔成王盟诸侯于岐阳，楚为荆蛮，置茅蕝，设望表，与鲜卑守燎，故不与盟。"（《国语》，466 页，上海古籍出版社，1978 年 3 月。）

图九 商殷墟时期苗蛮集团的铜器

1. 鼓（湖北崇阳） 2. 象纹铙（湖南宁乡） 3. 戈卣（湖南宁乡） 4. 象尊（湖南醴陵） 5. 龙虎尊（安徽阜南）

商时期，这一带亦已进入青铜时代，而皆以使用几何形印纹陶为特色，并曾陆续受到商或以后的周文化的一定影响（图十）。这种文化，和东南亚的越南等地有着密切的文化关系。它们就是古史记载中的百越集团的遗存。

9. 长江三峡至成都平原的巴蜀集团。最迟从商前期起，长江三峡至川东一带，突然发展起一种以渔捞业为主的青铜文化。陶器皆手制，器形以尖底或小平底的釜、盂、罐、壶、小杯、灯形器及鬶、盉为特色。这是早期巴人的遗存。在成都平原一带，约从同一时期起，则存在着一种文化面貌接近而更为发达的早期蜀文化。陶器中大量流行盉及尖底或小平底的釜、盂、小杯和灯形器等，同早期巴人遗存相似，但另有一些自具特点的器物。广汉三星堆所出相当于商代殷墟期的数量众多的璧、圭、琮等玉瑞器和尊、罍等铜礼器，又表现出早期蜀文化曾受到商文化的影响。加上高达二米多的大铜人和大铜树、铜面具、铜人头等物，说明这种早期蜀文化，不仅远远高于同时期的巴文化，并且还有一些特殊的文化来源（图十一）。

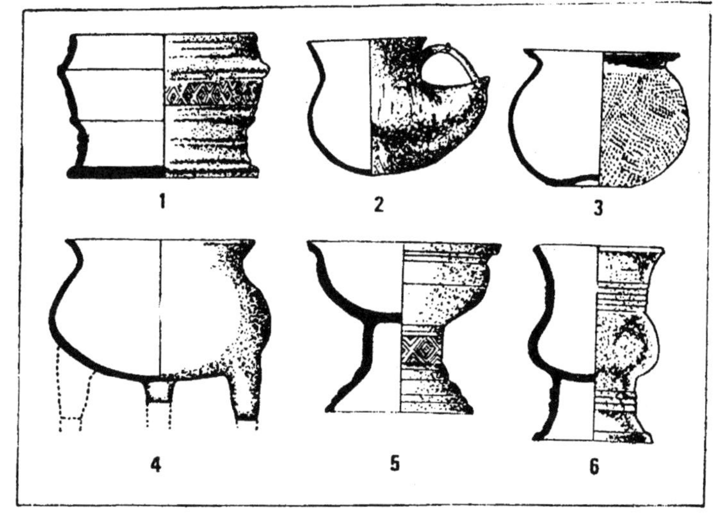

图十　百越集团的马桥文化陶器

1. 簋　2. 壶　3. 釜　4. 鼎　5. 簋　6. 尊（均上海马桥遗址出土）

上述九大文化区以外，自然还另有一些文化区；每个区域之中，也不见得只存在一种部落集团。但在公元前三千纪末叶至前一千纪初叶，它们正是当时中国的一些最主要的部落集团。在这段历史时期的具体活动中，还可看到其中的两个具有历史和地理联系的集团，往往结成联盟，而且一旦结成联盟，一个强大的王朝或是称霸一方的盟主，便会很快兴起。

二、夏、夷联盟

在古史传说中，夏代由大禹开国。禹死，本应由东夷族的伯益相继，但被禹子夏后启争得统位。此事战国时有二说：一为启、益相让；[3]一为启、益相争。[4]在军事民

[3]　《孟子·万章上》："禹荐益于天，七年，禹崩，三年之丧毕，益避禹之子于箕山之阴，朝觐讼狱者不之益而之启，曰，'吾君之子也。'讴歌者不讴歌益而讴歌启，曰，'吾君之子也。'"（阮刻本《孟子注疏》，卷九下，三页下。）

[4]　《楚辞·天问》："启代益作后，卒然离蠥，何启惟忧，而能拘是达？"（《惜阴轩丛书》本《楚辞补注》，卷三，十一页上至十一页下。）《晋书·束皙传》引《竹书纪年》："益干启位，启杀之。"（《晋书》，1432 页，中华书局，1974 年 11 月，北京。）

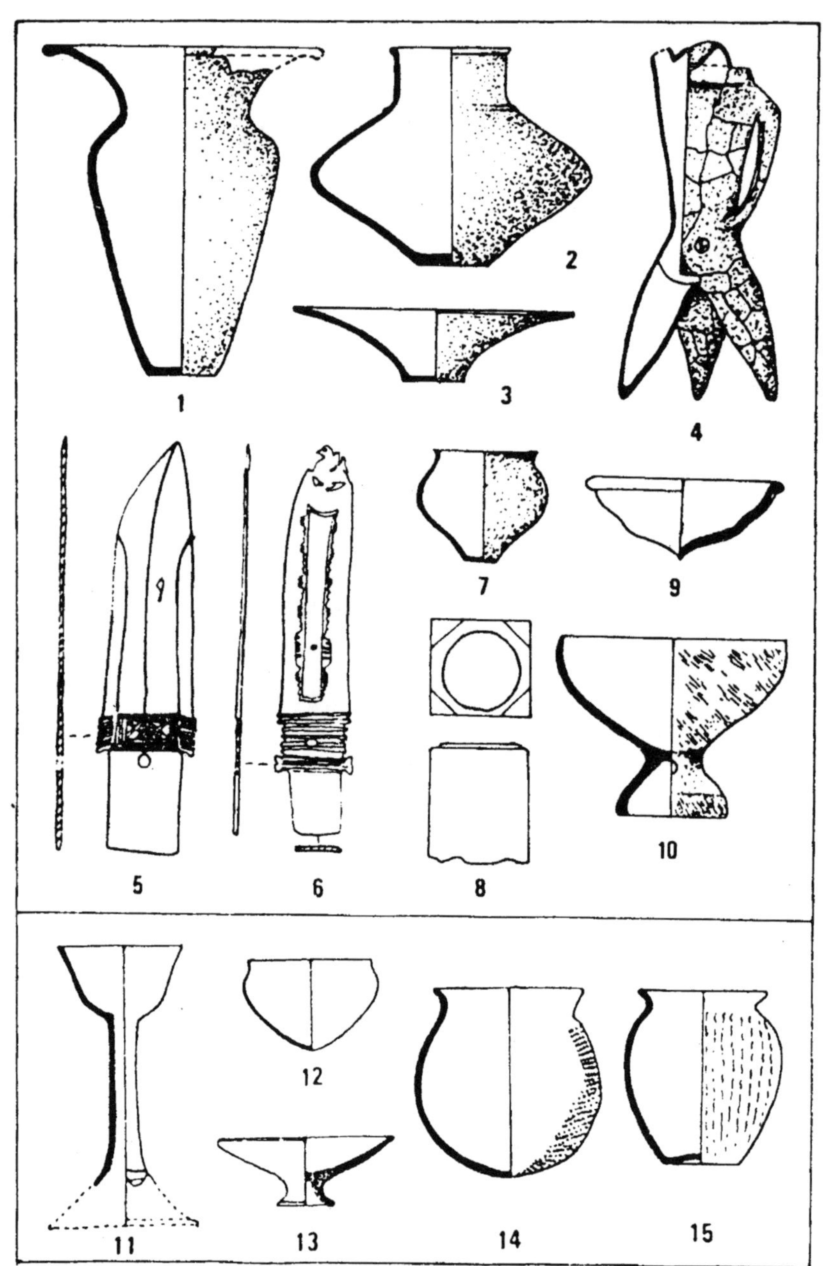

图十一　巴蜀集团的陶器和玉石祭器

1. 翻领罐　2. 高领罐　3. 平底盘　4. 盉　5. 玉戈　6. 玉璋　7. 小平底罐
8. 石琮　9. 尖底盏　10. 圈足豆（以上广汉三星堆）　11. 灯座形器（宜都毛家套）
12. 有肩罐　13. 器盖（以上宜都红花套）　14. 釜（秭归鲢鱼山）
15. 罐（宜昌白庙）（1 ～ 10 为蜀文化，11 ～ 15 为巴文化）

主制或文明时代初期，结为联盟的各部落常常轮流为长。启、益争统事反映出夏、夷两大集团本是结为联盟而轮流执长的，而至大禹死后这个传统制度发生了剧变。

古史传说又谓启子太康失国，东夷族的后羿代夏政。其后，羿相寒浞杀羿，夏的遗臣靡又联合有鬲氏灭浞，复立太康子辈少康为夏王。[5]自夏后启破坏了夏、夷的联盟后，这两集团显然长期在激烈争斗中。

夏代立国以后的遗存是二里头文化，其前身因素之一是嵩洛地区那种类似王湾三期的河南龙山文化。夏时期东夷集团的遗存是岳石文化，山东半岛的龙山及更早的大汶口等文化则是东夷先祖的遗存或是其重要源头之一。在河南省的偃师滑城、平顶山市、郸县段砦、商水县章华台发现的大汶口晚期墓葬，深入到了仰韶—河南龙山文化分布区的腹地，可能正反映出其时两大集团的不寻常关系，河南龙山文化中的鬶、觚、单耳杯、豆等陶器，源头又在大汶口文化之中。二里头文化中所继续使用的这些器皿以及新出现的三足盘、圈足壶，也是源自大汶口—龙山文化的。[6]这可以理解为是一般性质的文化影响，但放在夏、夷联盟的具体环境中来考虑，不正是因联盟而加强了二者文化交流的一种表现吗？

---

[5] 《左传·襄公四年》："魏绛曰：'……《夏训》有之曰："有穷后羿……"'公曰：'后羿何如？'对曰'昔有夏之方衰也，后羿自鉏迁于穷石，因夏民以代夏政。恃其射也，不修民事，而淫于原兽，弃武罗、伯（困）〔因〕、熊髡、龙圉，而用寒浞。寒浞，伯明氏之谗子弟也，伯明后寒弃之，夷羿收之，信而使之，以为己相。浞行媚于内，而施赂于外，愚弄其民，而虞羿于田。树之诈慝，以取其国家，外内咸服。羿犹不悛，将归自田，家众杀而亨之，以食其子，其子不忍食诸，死于穷门。靡奔有鬲氏。浞因羿室，生浇及豷；恃其谗慝诈伪，而不德于民，使浇用师，灭斟灌及斟寻氏。处浇于过，处豷于戈。靡自有鬲氏，收二国之烬，以灭浞而立少康。……'"（阮刻本《左传注疏》，卷二十九，二十二页上至二十四页上。）

又《哀公元年》："昔有过浇杀斟灌以伐斟鄩，灭夏后相，后缗方娠，逃出自窦，归于有仍，生少康焉。为仍牧正，惎浇能戒之。浇使椒求之，逃奔有虞，为之庖正，以除其害。虞思于是妻之以二姚，而邑诸纶，有田一成，有众一旅。能布其德，而兆其谋，以收夏众，抚其官职；使女艾谍浇，使季杼诱豷。遂灭过、戈，复禹之绩，祀夏配天，不失旧物。"（同上，卷五十七，二页下至四页下。）

《楚辞·离骚》："启九辩与九歌兮，夏康娱以自纵。不顾难以图后兮，五子用失乎家巷。羿淫游以佚畋兮，又好射夫封狐。固乱流其鲜终兮，浞又贪夫厥家。浇身被服强圉兮，纵欲而不忍。日康娱而自忘兮，厥首用夫颠陨。"（同注[4]，卷一，十七页上至十八页上。）又《天问》："启棘宾商，九辩九歌。何勤子屠母，而死分竟地？帝降夷羿，革孽夏民。胡躲夫河伯，而妻彼雒嫔？冯珧利决，封豨是射，何献蒸肉之膏，而后帝不若？浞娶纯狐，眩妻爰谋；何羿之躲革，而交吞揆之？"（同上，卷三，十二页上至十三页上。）

[6] 参杜在忠《试论二里头文化渊源——兼论泰山周围大汶口—龙山文化系统的族属问题》，《史前研究》1985年3期，27～33页；李伯谦《二里头类型的文化性质与族属问题》，《文物》1986年6期。

在公元前三千纪后半叶，从黄河流域到长江流域，伊洛地区的河南龙山文化，是发展程度很高的一支文化。但山东地区的龙山文化，可说是当时发展程度更高的一支文化。例如薄如蛋壳的磨光黑陶和发达的制玉工艺，都是达到当时的高峰，那种制玉工艺，显然曾对后来的夏、商文化产生很大的影响。这样两支文化结为联盟，既可在许多方面互相促进，加快本身文化的前进速度，又自然会形成一种强大的力量，迫使四方臣服。建成一个所谓“九州攸同”[7]的夏王朝。

三、商、狄联盟

史称商人子姓，是有娀氏之女简狄吞鸟卵而生。[8]有娀氏之女既称简狄，当为狄人，故商、狄曾是互为姻娅的联盟集团。在已有的发现中，确也可看到商文化和北狄遗存之中，有许多文化联系紧密甚至互为渗透的现象。

夏、商时期的北狄遗存，主要分布在长城内外及太行山以西，直至陕北。但太行山并非阻塞古文化交流的中隔。内蒙古包头市阿善一期遗存中的红顶碗、小口尖底瓶和夹砂罐，颇似仰韶文化后岗类型中的同类器，而和半坡类型不同。[9]太行山两边的古文化，早在6000年以前就存在着一定联系。至商代的二里岗上层时期，仍然保持着这种联系，无论是山西太谷白燕还是内蒙古伊克昭盟伊金霍洛旗朱开沟的北狄遗存，都有很多商式的方唇袋足陶鬲。到了殷墟阶段，狄人自身已普遍使用一种兽首或铃首刀，而在安阳殷墟的商文化遗存中，也发现了这种青铜刀。这样一连串的现象，暗示出商狄两大集团的关系，的确是很密切的。天津武清县出土的东汉延熹八年（165年）《鲜于璜碑》，又说狄人鲜于璜本为殷箕子的后裔。[10]这进一步说明了商人和狄人所存在的亲缘关系。

商人以农业为生，狄人则为畜牧部落。简狄之时，商人只是和狄人的某一支互为姻娅的联盟，作为北狄集团的总体来说，商、狄两大集团的前进轨道却是距离很远的，

---

[7] 见《史记·夏本纪》，75页，中华书局，1959年9月，北京。

[8] 《诗·商颂·玄鸟》：“天命玄鸟，降而生商。”郑玄《笺》：“天使鳦下而生商者，谓鳦遗卵，娀氏之女简狄吞之而生契。为尧司徒，有功封商。”（阮刻本《毛诗注疏》，卷二十之三，十四页下。）《楚辞·天问》：“简狄在台喾何宜？玄鸟致贻女何喜。”（同注[4]，卷三，十七页下。）

[9] 参田广金《内蒙古中南部新石器时代文化特征和年代》，《内蒙古文物考古》1986年4期。

[10] 参天津市文物管理处，武清县文化馆《武清县发现东汉鲜于璜墓碑》，《文物》1974年8期。

不过，商、狄既然存在着这样的亲缘关系，商人集团似乎在很长时间内是以广阔的狄人活动区为其可靠后方，所以商汤之时，曾放心地向南征服葛伯、韦、顾而灭夏。商、狄联盟，应当是建立商王朝之能够成功的重要原因。当然，在以后的时期中，商人又曾屡次征伐狄人的某些部落（如舌方）。从总的情况看，商、狄联盟犹如夏、夷联盟那样，开始时是建立一代王朝的基础，后来又发生过争斗。

四、周、羌联盟

周人姬姓，但古史传说谓有邰氏女姜嫄产周人的始祖弃。[11]西周金文还表明其时的周天子是隔代以姜姓之妇为后的。姜姓当即羌戎集团的一支。周人和这支姜姓部落既世为姻娅，当有牢固的联盟关系。周武王伐商纣时，以姜尚为师，周人就是以姬、姜集团的联盟为核心，再联合许多其他部落集团而实现这一目的的。

周、羌联盟在考古学文化上的反映，比起上两个联盟还要明显得多。首先，从周文化形成的自身过程来看，就不断地渗进了羌戎集团的因素。例如周文化中的典型器物周式鬲，最初本是从客省庄二期文化中的那种侈沿瘦长型的鬲演变而来（如武功尚家坡所出）。但长武、旬邑等地先周墓葬中，又大量出现源自甘青地区的高领袋足鬲，即戎式鬲。此时，以瘪裆或联裆为特色的周式鬲和分裆的戎式鬲在先周文化遗存中是共存的。到了西周时期，周文化遗存中的鬲，才以周式鬲为主。又如，周人自身的埋葬，本是以竖穴土坑墓为传统的，而甘青地区的羌戎之墓，则至迟从马厂文化时期起，就多洞室墓。近年在丰镐遗址中发现的西周墓葬，除了大部分是采用周式竖穴土坑外，有一批也是戎式的洞室墓。在甘青地区的羌戎集团的遗存中，自西周时期以后，例如安国式和辛店乙组式的鬲，也都受到周式鬲的影响而出现联裆式。这样一些互为影响、交叉存在的现象，当然可以视为因周、羌联盟而产生的。

不过，这种两大集团的联盟，只是指羌人中靠近泾渭流域的一支而言。对于羌人总体来说，周、羌两大集团的关系，亦如夏、夷和商、狄那样，后来发生了激烈斗争，以至于西周末年犬戎就侵占宗周，迫使平王东迁，实质上是覆没了西周王朝。

---

[11] 《诗·大雅·生民》："厥初生民，时维姜嫄。"（《毛诗注疏》，卷十七之一，一页下。）《史记·周本纪》："周后稷，名弃。其母有邰氏女，曰姜原。"（同注 [7]，111 页。）

五、楚、越联盟

楚、越古皆属苗蛮集团。[12]楚人芈姓，一说越人也是芈姓。[13]从考古学发现观察，在长江中游一带，至屈家岭文化阶段时，北抵伏牛山麓，西至长江三峡，东达桐柏山一带，南到洞庭、鄱阳两湖间，可以说是一个考古学文化区，也就是苗蛮集团的楚、三苗、驩兜等族的活动区。在这个区域内的遗存，当然又可分为若干区域类型，但其共同性也是很突出的。

到了商时期，洞庭、鄱阳两湖间的遗存以几何形印纹陶为特色，其族属归之于越人集团是明显的。在鄂西、湘西北等地，在大概是楚人先祖的遗存中，几何形印纹陶也较发达，同越人的关系一定是非常密切的。

这时期的楚、越是否结盟，史书阙言。但从这两大集团族源之近和文化联系的紧密来看，并参考夏夷为盟、商狄为盟、周羌为盟的情况，楚、越大概也曾结为联盟。

必须加以说明的是古史传说中的三苗的变迁。传说中的三苗，以尧、舜时为最强大。经过尧、舜之际的打击，开始衰落下去。又经大禹时的打击，更为衰微。但《国语·周语下》曾说："黎苗之王，下及夏、商之季"，大概至商末以前，三苗还存其名，以后则不见踪迹。她究竟到哪里去了呢？

按照《战国策·魏策一》的记述，洞庭、鄱阳两湖之间既是三苗的主要活动区，那一带自屈家岭阶段以后至商时期的遗存，应当就是三苗所留下的。如以商时期的遗存为准，这个区域的青铜文化，在相当于商文化的殷墟期时，包括着虎卣、猪尊、象尊、大鼓、大铙、大尊等极为精美的青铜器，发展水平显然高于同时期的楚人的先祖。看来，洞庭、鄱阳两湖间的这种以几何形印纹陶和大量动物形青铜礼器为特征的遗存，就是商后期的三苗文化，而这种文化，是属于越文化系统的。自楚人强盛起来后，越人亦开始扬名，三苗之名却告消失。古之三苗，大概就是商周以后的越人先祖中属于北部的一支。所以，这里推测的楚、越联盟，在商时期，实际上主要就是楚和三苗的联盟。

---

[12] 从徐炳昶说，见徐著《中国古史的传说时代》（增订本），57～66页，文物出版社，1985年10月，北京。

[13] 《史记·楚世家》："陆终生子六人，……六曰季连，芈姓，楚其后也。"（同注[7]，1690页）《国语·吴语》韦昭《注》引《世本》："越，芈姓也。"（同注[2]，591页。）

楚人并未像夏、商、周那样建成一个臣服四方的王朝，但在千年左右的时间内，却是长江中游、并曾逐步扩大到长江下游乃至更为南方的一个实质上的盟主。她所以能达到这个地步，在商时期、尤其是商后期曾经和三苗结为联盟，恐怕也是一个重要原因。

概括以上的论述，可以看到在黄河及长江的中、下游，当文明时代之初，本是有许许多多强大的部落或部落集团林立四方。凡是能在这部落之林中征服四方而建立起王朝的，都是由两大部落集团结为联盟才取得成功的。这种联盟，既促进了自身文化的发展速度，又扩大了双方的政治的、军事的力量。可是，文明时代来到以后所能提供的物质条件，又使得这种不同族群间的联盟，难以长期保持下去，任何一个借助于联盟而建立起来的王朝，一定会破坏这种过去的联盟，开始一种新的斗争。

两大族群集团的联盟为早期中国建成统一王朝的重要原因，是考察中国青铜文化区域划分情况所得到的一个新的认识。

附：作者曾以此题在香港中文大学和日本早稻田大学作过学术报告。中文大学并曾刊发过讲演稿，[14]并依当地文风，作了文字润饰。此处则刊印原稿。原载《中国历史博物馆馆刊》13～14期合刊，1989年。后收入《古史的考古学探索》，文物出版社，2002年7月。

[14] 《香港中文大学中国文化研究所学报》第19卷11～18页，1988年。

中国考古学中夏、商、周文化的新认识

中国古代至夏、商、周时期开始建立了王朝。近六十多年以来的考古发现，使人们对这个时期中国古文化的认识，逐渐具体化起来并大体了解到一个基本框架。新得到的认识可以用来重建夏、商、周三代古史，而夏、商、周三代文化的确认及了解其发展脉络，是研究三代古史的基础，所以，这里就简述这方面已得到的基本认识。

一、夏文化的确认与其区域性

为认识夏文化，已进行了三十多年的探索。因尚未发现夏代文字，对夏文化的认识至今未统一。但多数学者已认为从公元前2000年左右开始的、以河南嵩洛地区为中心的二里头文化，就年代与分布区域而言，正应是夏文化遗存。

这个文化以河南偃师二里头遗址而得名。据陶器形态分析，很多因素是从豫西的河南龙山文化发展而来的；当然，也受到一些其他文化的影响。青铜工艺得到了转折性的发展，出现了青铜制造的爵、斝一类的礼器。墓葬亦有了随葬青铜礼器和随葬日用陶器的等级之差。在二里头，发现了成群的大型宫殿基址，因此，此地被认为即夏都斟鄩。由于出现了这些新现象，可知占有大量财富和权力集中的君主、贵族和平民的不同阶层已经形成。

在山西南部的夏县东下冯等地，还找到了此文化的另一区域类型。二里头遗存以夹砂陶罐为炊器，东下冯遗存则是二里头文化因素再加上大量由晋南龙山文化发展过来的因素而形成的，因此以陶鬲为主要炊器。

据近年山西垣曲古城遗址的发掘，此地虽在黄河以北，却不同于东下冯类型而属于二里头类型。从分布区域观察，这两个类型在山西南部是以中条山为界的。整个夏文化，主要类型似仅二里头和东下冯两个，而夏文化的主体是二里头类型。

二、商文化的兴衰

商代于盘庚时迁殷。对商文化的认识，是从1928年发掘殷墟以后开始的。殷墟遗存出了大量甲骨文，所以年代很容易被确定。1950年起，在河南郑州等地，发现了二里岗下层与上层文化，因其青铜器、陶器、埋葬方式都和殷墟遗存一脉相承，立即被认定是殷墟以前的商文化遗存。

二里岗文化的城址已找到5座。河南偃师尸乡沟和郑州及山西垣曲古城镇的三座古城皆始筑于二里岗下层，二里岗上层时期则更为繁盛。结合古史记载，尸乡沟商城应即商汤建国时所都西亳。三座商城的筑城技术及城内包涵物的文化面貌又几乎一致，可以认为是基本同时建造的。每座古城相距都为100多公里，这种距离正暗示出每个城市所控制的周围区域的范围。

在垣曲商城以北的夏县东下冯的二里岗上层的古城，则可能是商王朝为控制后来才扩充出来的新的疆域而修筑的。在二里岗上层时，商王朝还远至长江北岸的湖北黄陂的盘龙城，也筑起了一个土城。湖北省的大冶一带盛产铜矿，最近有人估计盘龙城是商王朝为控制长江中游一带的铜矿而设立的军事基地。这种推测是有道理的。

在二里岗时期，特别是二里岗上层时期，青铜礼器的铸造，日趋精美，形体也愈来愈大。而到了殷墟期，其青铜器的制作工艺，则达到了全球范围内的青铜时代的顶峰。但就商文化发展的全过程来说，其分布范围以二里岗上层时为最大，竟然西达陕西的关中地区，北至晋南和冀北，东抵鲁中，南达长江北岸；而至殷墟期时，则已丧失了关中、晋南及江汉流域等地。可以看到，商王朝至盘庚迁殷以后，其文化的高度虽大有发展，但整个国力，却已衰退。所以，周武王的灭商，是打败了一个早已转向衰落的王朝。

三、周文化的形成及周文化影响圈的扩大

周人起源于陕西省的泾渭流域。周人始祖发迹于邰（今武功县一带），后迁至豳（今旬邑、长武县一带），再迁至周原（今岐山、扶风县交界处）而建国。

据近十多年的发掘，可知约当二里岗文化时，关中的一支客省庄二期文化（或称陕西龙山文化）已演变出一些后来的典型周文化的因素。在豳地时，又受到大量的以分裆袋足鬲和蛋形三足陶瓮为特征的那种北方狄人文化的影响。到古公亶父至周文王再迁于周原时，才又演变而形成了典型的周文化。周文王末年迁都于丰，周武王时又迁于附近的镐。丰、镐遗址在今陕西西安市西南郊的沣水两岸，已进行了三十多年的发掘，可惜丰、镐遗址因遭汉武帝时修凿昆明池的破坏，遗址比较残破，当年原貌难辨。周成王时为控制周王朝灭商以后新扩充的东部地区，又在今河南洛阳市的区域内，建立东都成周城。成周故址已被找到，在今洛阳旧县城的北郊一带。

周人灭商后，分封诸侯，给这些分封的诸侯国之地输入了大量周文化的因素。于是，周式青铜礼器和周式鬲等周式陶器，在北至北京郊区，东至山东半岛，南至江汉流域及长江三角洲，西至陇东等地，纷纷出现。周文化影响的扩大，已为后来秦汉帝国的统一，打下了一定的历史基础。

四、东周列国形成的新文化区

周平王东迁后，周王朝本身已经衰落而列国则纷纷强大，从而周文化的因素在减弱而本身的特征显著起来。东周列国往往有其当地古老的文化传统，后又不同程度地受到夏、商、周文化的影响，面貌不断发生变化。至东周时，因商品交流的加强和军事征伐所强加的影响，列国的文化面貌，又往往发生新的大变化。大略说，至春秋中期以后，已形成为秦文化、晋文化（战国时期为三晋两周文化）、燕文化、齐鲁文化（后来只有齐文化）、楚文化、吴越文化（战国时期为百越文化）这几个大区域。就这些文化的主体而言，春秋的晋文化及战国的三晋两周文化，保留周文化的传统为多。就其变化而言，秦文化至战国中期以后，又接受了很多三晋两周文化的影响。长江三角洲的吴越文化以及洞庭湖以南的百越文化，至战国时，特别是战国中期以后，则大受楚文化的影响。到战国末，随着秦人的征服六国，秦文化的影响则几乎遍及六国旧地。以墓葬为例，在六国故地，往往既是新出现一种纯粹是秦式之墓，又多综合原有文化传统和秦文化因素为一体的六国遗民之墓。不过，一到西汉初期，各地原有的文化传统，却又往往重新表现出来。其中，原有的三晋两周文化的因素，则更多地在许多地区通过多种途径而折射出来；而秦文化的因素，则同其他的六国文化遗痕一起，程度不等地逐步地融入新形成的汉文化之中。政治统治力量的更替，自然是发生这种变化的原因之一，但由此一端，亦可表现出文化的征服，最终还是取决于文化的高度以及由当时政治控制力量带来的重大影响。

最初以日译本发表，题为《中国考古学上の発見と夏、商、周文化についての新たな認識》，载于《东アジアの社会と经济》，第 307 ~ 310 页，大阪经济法科大学出版部，1992 年。后收入《古史的考古学探索》，文物出版社，2002 年 7 月。

图腾制与人类历史的起点

在人文学科的研究领域中，大概没有比图腾制度的讨论更令人眼花缭乱的了。从英国商人朗格（J.K.Long）最早将有关图腾的情况介绍到西方以来，在这个问题上的笔墨官司已持续有200年了，然而现在似乎仍然意见纷纭。正如前苏联社会学家塞勒宁（D.Zelenine）所说："从上个世纪以来，图腾制便像梦魇一样缠绕着从事这项研究的学者们。在这种梦魇下，难免有许多呓语。"[1]此语尽管有些刻薄，但事实确乎如此。早在1920年，冯·詹奈普（Van Gennep）便总结出了41种不同的图腾理论，[2]而且在那时，东方尚未真正投入讨论。二次世界大战后社会思潮出现了新变化，有关图腾制的讨论进入了更深的层次。20世纪80年代以来，我国学者对这个问题也表现出了空前的热情。如果回顾已有的研究，便能看到对图腾制的探讨，事实上已关联到怎样理解人类社会发生的原初途径，甚至牵涉到了人类与动物界的根本界限究竟是什么这个19世纪在欧洲哲学界就已提出来的重大问题。

现在，许多新的科学成果已为人类起源问题提出了全新的认识。这也就刺激我们应当重新考虑图腾制这个人类早期社会中普遍存在的问题。新的讨论需要在对图腾制理论进行正本清源的基础上进行，所以下面先回顾西方和我国的图腾制度的研究史，再论述我们的认识。

---

[1] D. Zelenine, Le Culte des idoles en Sibérie, p.64, Paris, 1952.

[2] A. van Gennep, L' Éate actuel du probléme totémique, p.351, Paris, 1920.

一、西方学者的图腾制理论

英国商人兼旅行家朗格最早将北美大湖区奥吉布瓦人（Ojibwas）的图腾介绍到西方。他于1791年出版的《一位印第安语翻译和商人的航海游记》（Voyages and Travels of an Indian Interpreter and Trader）中，首先叙述了奥吉布瓦人的图腾制度。一个世纪以后，法国人类学家考克（J.A.Cuoq）和奥吉布瓦人瓦伦（W.Warren）分别在《阿尔贡奎因人的语汇词典》（Lexique de la Langue algonquine）和《奥吉布瓦人的历史》（History of the Ojibwas）两书中，对奥吉布瓦语"图腾"一词从词义学和图腾命名传统上予以介绍，并作了最初的解释。这几部著作为图腾制的研究打开了门户。此后，图腾制便作为一个专门项目被纳入到研究人类早期社会的领域中。不过在开始时，只限于以英国、法国为中心的西欧国家。

英国学者麦克伦南（J.F.Mclennan）于1869年在英国《双周评论》（Fortnightly Review）上发表长篇论文《动植物崇拜》（The Worship of Animals and Plants），认为图腾制是拜物教加"族外婚"和母系继嗣制，真正开始了图腾制的理论研究。1899年，英国人类学大师泰勒（E.B.Tylor）在《皇家人类学研究院学报》（Journal of the Royal Anthropological Institute）总18期上发表了《对图腾制及其相关的现代理论的几点看法》（Remarks on Totemism with Especial Reference to some Modern Theories Concerning It），认为图腾制是原始人为了巩固氏族在更大的部落范围内将氏族联合在一起的一种组织手段。斯宾塞（B. Spencer）和基林（J.Gillen）两人于1904和1906年在伦敦合作出版了《澳大利亚的图腾制度》（Totemism in Australia）和《澳大利亚大陆北部的部落》（The Northern Tribes of Central Australia）两书，对澳大利亚的图腾种类及图腾与氏族的关系进行了详细介绍和分类，使澳洲的图腾种类和图腾制成为后来学者们与其他地方的图腾制进行比较的"经典图腾制"。

19世纪末20世纪初专门讨论图腾制的欧洲学者首推法国的杜尔干（E.Durkheim）。他和莫斯（M. Mauss）于1903年共同发表了《原始分类形式：对集体表象研究的贡献》（De Quelques fromes Primitives de Classification: Contribution á Vétude des Représentations Collectives），认为图腾制度是原始人的一种命名制度和分类思想，参之以原始人源自敬畏情感的礼仪。前此不久，雷纳克（S. Reinach）则在巴黎出版了《图腾制的规则》（Gode du Totemisme）一书，对图腾作了12点归纳。他的归纳主要集中在图腾礼仪和禁忌上，而排除了“族外婚”的因素，对祖先崇拜也只是作为末条而稍稍提及。

1910年以前美国有关图腾制研究的著作主要有希尔·图特（C.Hill Tout）的《英属哥伦比亚土著的图腾制起源》（The Origin of Totemism among the Aborigins of British Columbia）、兰格（A. Lang）的《图腾的秘密》（The Secret of the Totem）。兰格认为图腾制是原始人与“族外婚”相关联的血统信仰。此外，摩尔根的《古代社会》对易洛魁人的家庭和亲属关系及其称谓进行了系统的分类研究，但认为其称谓并非图腾，因为易洛魁人只有动物命名，却无图腾的涵义。[3]

图腾制研究的早期德语著作，首先出自皮克勒（J.Pikler）、索姆洛（F.Somlò），认为图腾的意义和功用类似现代的人名，即为一种标志。他们在1900年于柏林出版的《图腾的起源》（The Origin of Totem，1927年纽约版，英译本）中说，图腾的发生并非源于人类对宗教的需要，而是出自解决日常生活的要求。图腾的核心，即其自成系统的命名法，都是由原始书写技术派生的一种结果，而图腾制中的祖先崇拜，则是由于野蛮人一旦以一个动物为其名称时，就自然而然地和它形成一种血缘关系。1901年，札普莱特尔（V.Zapletel）于德国弗莱堡（Freiberg）出版《图腾制和以色列宗教》（Der Totemismus und die Religion Isreals）一书，认为图腾制是与“族外婚”相关联的氏族称谓。现代心理学创始人冯特（W.Wundt）于1912年在《民族心理学纲要》（Elemente der Volkerpsychologie）一书中则认为图腾产生于原始人对于动物的敬畏心理，图腾是一种宗教信仰。他还认为在某一历史时期中，图腾文化在许多地方都为文明的进化开辟了道路，标志着原始人的时代向半人半神的英雄时代和神的时代的转移。另一位德国学者唐威尔（R.Thurnwald）于1910年发表的论文，又认为图腾制是原始人特殊的思维

[3] 参见 The Encyclopedia Americana, International Edition, Vol.76, P871、872, Americana Corporation, 1980; L é vi–Strauss, Totemism, p.5，Boston, 1963.

表达方式，是对环境的外部特征的表达而不是分析结果。[4]

在西方现代图腾制理论的研究中，1910年是一个重要的分界线。此年有两部极为重要的著作发表，使图腾制研究进入一个新阶段。一是弗雷泽的四卷本《图腾制与族外婚》(Totemism and Exogamy)，一是戈尔登维塞(A. Goldenweiser)在《美洲民俗学报》(Journal of American Folklore)总第13期中发表的《图腾制分析研究》(Totemism，An Analytical Study)。弗雷泽将图腾分成三种：氏族图腾、性图腾、个人图腾。他认为图腾是原始人因迷信而加以崇拜的精神信仰，而这种信仰又主要建立在与动植物在血统上的认同之上，从而反映出两者存在着互惠关系。但图腾制与"族外婚"无关，两者是不同范畴的社会存在，外婚制的存在和出现要早于图腾制。《图腾制与族外婚》一书长达2200页，囊括了当时所能搜集到的全部图腾制材料，成为后来研究图腾制的资料库。戈尔登维塞的论文只有110页，却有更持久的理论影响。他第一次对图腾制作出定义，认为必须关涉到以下三个方面的内容，才能称其为图腾制：

(1)氏族的组织结构。

(2)作为氏族称谓和象征的动植物属性。

(3)对氏族和对动植物之间关系的崇信。

1914年，英国图腾制研究的权威学者里弗斯(W.H.R.Rivers)出版了两卷本的《美拉尼西亚人社会史》(The History of Melanesian Society)，又将图腾制界定为：

(1)社会因素：把某种动植物或某种无生命(或某一类无生命)物体与某一确定的社会团体联系起来。

(2)心理因素：该社会团体的成员认为与某动植物或无生命物体有亲缘关系，并承认是该图腾的后裔。

(3)仪式因素：对该动植物或其他物体充满敬意，除了某些特殊情况外，禁止食用这种动植物和物体。

这个界定，似乎是对戈尔登维塞定义的进一步阐明。与戈尔登维塞一样，里

[4] The New Encyclopedia, p.531, Vol. 18, Chicago, 1980.

弗斯也没有明确外婚制与图腾制的关系。

1951年英国皇家研究院出版的《人类学笺注》(Notes and Queries on Anthropology)第六版中对图腾制的解释和定义，显得更为全面：

“就这个术语最宽广的意义而言，我们或许可以将图腾制解释为：1)包括全部人口在内的几个团体(图腾团体)组成的部落和群体，其间每一个团体与某一种有生命或无生命的物体(图腾)有某种联系；2)图腾物与社会团体之间的关系是同类关系；3)图腾团体内的成员不能改变其成员身份(除特殊情况如收养子嗣外)。”

此外尚有如下辅加内容：

“图腾关系意味着每一物种的成员与每一图腾团体的成员享受同样的图腾关系。图腾团体内的成员不能相互通婚。”

“常常有一些强制性的行为准则……或是对图腾种类食用的禁忌；或是谈论时对特别术语的避讳及装饰、徽章等禁忌；或其他对图腾物的规定行为。”[5]

1913年，弗洛伊德发表了著名的《图腾与禁忌》。他在介绍了早期图腾制理论的发展之后，仍旧用他那著名的“俄狄浦斯情结”去解释图腾的起源。他认为任何理论都无法解释图腾制与外婚制的关系，只有心理分析方能奏效。[6]然而弗洛伊德的这种病例个案分析方法却远远说明不了史前时期普遍存在的图腾制现象，故以后很多学者认为弗氏只是对某个历史事件的诠释，而不是人类学分析的结果。

法国人类学家冯·詹奈普于1904和1920年在巴黎先后出版了《马达加斯加的禁忌和图腾》(Tabou et Totemisme au Madagascar)和《图腾制问题的真实》(L'Étate actuel du probleme Totémique)两书，后一书总结了以往有关图腾制讨论的41种不同的理论。冯·詹奈普认为图腾制是一种命名区分法，所以系统的社会体系乃是图腾制产生的先决条件。

1933年，埃尔金(A.P.Elkin)在《大洋洲》(Oceania)杂志上连续发表几

[5] Notes and Queries on Anthropology, p.192, London, 1951.

[6] Claude Lévi-Strauss, Totemism, p.69、70, Boston, 1963.

篇研究澳大利亚土著人的图腾制的文章，[7]对澳大利亚图腾制进行了系统的分类和详细的讨论。他第一次将澳大利亚图腾制分成母系、父系、妊娠、梦、半偶族（moiety）、性别和个人七种形式。埃尔金认为图腾制反映的是原始人的哲学和信仰，具备双重功能：一是表现血亲关系和人与自然之间的合作；一是表现过去和现在这二者在时间上的延续性。

1938年，美国著名人类学家博厄斯（F. Boas）出版了《普通人类学》（General Anthropology），认为图腾制是与外婚制有关的命名系统。他将许多性质不同的现象都附属在图腾名下：名称、象征、信仰和与人类无关的自然现象、食物及其他禁忌和某些外婚制规定等等。他所理解的图腾制内容是如此的驳杂，以至他自己也觉得难以界定：

"……由于世界各地的图腾制呈现出如此不同的特征；由于它们的相同之处仅仅是表面表象；更由于这是一种在很多环境中都可能发生的现象，而与真实的和假设的血缘无关，所以它们决不能被安置在统一的范畴之内。"[8]

英国著名的功能主义人类学家马凌诺夫斯基（B.Malinowski）于1948年发表的《巫术、科学和宗教》（Magic，Science and Religion）一书，用功能主义的情感说来解释图腾制的起源。他将图腾制归结为三个极易回答的问题：（1）为什么图腾制总与动植物发生联系？回答是因为动植物为人类提供生命之需；（2）人类集团与图腾物之间的礼仪和信仰关系的基础是什么？回答是由于人类对图腾物所产生的敬畏、钦羡等情感；（3）图腾制为什么一方面将自然界分成有限的几个品种，另一方面恰好将部落也分成相应的氏族？回答是就图腾制而言，每一原始物种巫术般的繁殖，都会自然地变成一个由家庭所协助的个人的职责和特权。一旦家庭本身变成氏族，则毫无疑问，每一个氏族也就会拥有不同性质的图腾。所以，马凌诺夫斯基认为理解图腾制的核心问题在于：为什么此一图腾不存在于另一地方？如果我们必须回答这个问题，那么正是马凌诺夫斯基所希望的，即必

[7] A.P.Elkin, "Studies in Australian Totemism: Sub-section, Section and Moiety Totemism", Oceania, Vol.4, No.1, 1933 ~ 4; "Studies in Australian Totemism: The Nature of Australian Totemism", Oceania, Vol.4, No.2, 1933 ~ 4; "The Australian Aborigines", 3rd edition, Sydney-London, 1954.

[8] F. Boas, General Anthropology, p.430, Boston-New York-London, 1938.

须以经济论来解释。

另一英国人类学家拉德克利夫-布朗（A. R. Radcliffe-Brown）在1929年发表的《图腾制的社会学理论》（The Sociological Theory of Totemism）和1951年发表的《社会人类学比较法》（The Comparative Method in Social Anthropology）二文中，还想使功能主义的理论更趋普遍化。他把图腾制作为近似一般概念来对待，并看作是表达社会秩序和自然环境的相互依存关系的宗教仪式。在后一篇文章中，他又将这种一般概念大大推进了一步。他对澳大利亚图腾制中那种一对互有关系的以动物如鸟类来命名的两个实行“族外婚”团体的现象非常重视，并对这种命名原则进行分析：

“选择这些成对的动物用于表现那些被成对分开来的半偶族的原则是什么？提出这个问题并非出自好奇心。我们可以猜想，对于这一原则的理解将关系到我们对土著思维中关键性问题的理解，即他们是如何将二元区分法看作是他们社会结构的一部分的。换言之，对于‘为什么是鸟类’的设问，应该换一种提法：‘为什么是鹰隼和乌鸦以及其他具体动物的成对关系？’”[9]

他这结构主义观点博得了结构主义大师列维-斯特劳斯的喝彩：“它使得问题的形式和内容再度统一，使我们趋向一个真正的结构分析，同时将远离形式主义和功能主义。”[10]

1954年，恩斯特·卡西尔（E.Cassier）发表《神话思维》（Mythical Thought），也认为图腾制是原始人的思维形式。如同神话一样，图腾也是原始人对客观世界的投射（Projection）。图腾崇拜形式是从神话的同一感和生命感到自我意识的发展。同一感即动物命名制和崇拜形式，自我意识表现为通过“族外婚”把人类集团分成各个不同的氏族。

看起来，20世纪30年代以后西方对图腾制理论的讨论已渐趋冷淡，似乎不会再有重大突破和新的见解了。然而自60年代起，整个社会思潮出现了新潮流，列维-斯特劳斯亦于1963年出版了他的《图腾制度》。他的新见地，被西方学术界认为是关于图腾制研究的天鹅之鸣。这里当然应重点介绍一下他的图腾制理论。

---

[9] A. B. Radcliffe-Brown, Method in Social Anthropology. p.114, Chicago, 1958.

[10] 同[6]，p.86。

列维-斯特劳斯于1908年生于比利时，1927 ~ 1932年就读巴黎大学，取得法学硕士学位和在中学及大学教授哲学的证书。嗣后，他执教于法国一所公立中学。1934年被举荐到巴西圣保罗大学社会学系出任教授，开始了他的人类学研究。1955年，发表了他的第一部带有游记性质的民族志专著《忧郁的热带》（Trists Tropiques）。此书是他在圣保罗大学任教期间对巴西腹地印第安人所做的民族志调查记。书中讨论的三大议题—亲属关系理论、神话逻辑和原始分类思想（亦原始思维），成为他以后毕生研究的内容。如有关亲属关系理论的著作有《亲属制度的基本结构》（Les Structures èlèmentaires de la Parentè）；神话逻辑方面的著作有《神话学》（Mythologiques）三卷；原始思维方面的著作有《野性的思维》（La Pensee Sauvage）和《图腾制度》（Le Totèmisme aujourd'hui）。《图腾制度》一书法文原名为《今日图腾制度》，英国牛津大学社会人类学系讲师罗德尼·尼德汉（Rodney Needham）将其翻成英文时，则改名为《图腾制度》（Totemism）。

和以往的图腾制理论相比，列维-斯特劳斯的解释别出机杼。他认为以前关于图腾制的理论和解释都是对图腾制度的“错觉”（Totemic illusion）。在绪论中，列维-斯特劳斯用精神病患者来比喻图腾制。弗洛伊德认为，精神病患者与健康人之间并不存在本质上的区别。列维-斯特劳斯对此深表赞许：

“从前者到后者至多只存在着人们在一般活动中所特有的各自不同的行为方式；或只是每个人所必须具备不同的经历和阅历而已。”[11]

同样，他认为图腾并不是有关早期人类社会制度或信仰的一种标志而成为文明人和野蛮人的分野。所谓的图腾制度并不存在，以往的学者们所以这样认为，是由于文化偏见所致：

“歇斯底里和图腾制度是同一时代的风尚，都起源于同一文化条件；它们的共同遭遇不妨解释为19世纪末叶各门科学所共有的一种趋势，即把人类的某些现象归结为仿佛是出乎自然的一部分。并且研究者们大都视其为与他们的道德规范大相径庭。因为只有这样，才能维护他们自己的道德规范。”[12]

列维-斯特劳斯认为所谓的“图腾制度”，是原始人对周围世界的“映像”

[11] 同[6]，p.1。

[12] 同[11]。

（reflection），是人类心理的最初逻辑形式和人类最初的思维形式。不过他所认为的原始思维不同于布留尔的“互渗”原则和弗雷泽“与自然一体化”的理论以及伊文斯·普里查德（E.Evans-Pritchard）的“心理联想”律。

我们应该先从列维-斯特劳斯的方法论开始来看看他的理论及其形成。他将图腾制的研究，也纳入结构主义的理论框架中进行。他所采用的方法是：

（1）用一种介于两个或更多术语（无论是真实的还是假设的）之间的关系，来界定我们所研究的对象。

（2）建立一个在这些术语间可能的互换排列表。

（3）将这个排列表作为一般分析对象，并且应该从某种角度通过分析总结出一些必要的联系；可先将经验现象视为所有排列组合中可能的一种排列组合；最后，这个完整的体系应该在事先便建立起来。[13]

列维-斯特劳斯对于图腾制现象（经验上的）所使用的界定术语是“自然”和“文化”，以及与“自然”有关的“种类”、“具体”和与“文化”有关的“团体”、“个人”，亦即：

自然：种类　具体

文化：团体　个人

两套术语间可能发生的联系有四种，所以这个互换排列表应为：

自然：种类　种类　具体　具体

文化：团体　个人　团体　个人

自然种类中包括动物、植物、物体或现象；文化团体中包括氏族、半偶族、区族（section）、亚区组（sub-section）、崇拜团组或同性成员的集合体等。这样一个互换排列表基本上可以包括所有的图腾种类了。不过列维-斯特劳斯并不把文化归结为“仿佛是出乎自然的一部分”，而是认为两个系统之间的原始关系“一方面是建立在诸团体氏族的差别上；另一方面是建立在自然种类的差别之上。”[14]自然和文化在所有的图腾制中便是用这种形式被直接置于相互关联和相互对立的状态之中。

[13] 同[6]，p.16。

[14] 同[6]，p.19。

旨在联系和区分的认识方法最重视关系。由于这个缘故，结构主义必须将二元逻辑（或对立两分法）作为最主要的运用手段。二元逻辑正是列维-斯特劳斯开启原始思维和原始社会大门的一把万能钥匙，同时也是他所理解的图腾制本质和原始思维核心。

列维-斯特劳斯在其《图腾制度》一书前面援引孔德（A.Comte）《实证哲学教程》中有关逻辑的论断作为该书的题献，正透露出了他对图腾制实质的看法。孔德的这段话是：

“那归根结蒂统治着心灵的逻辑法则，就其本质而言，基本上是恒定不变的；它们不仅为一切时代、一切地区所共有，亦为万物所共有；甚至在我们称之为真实和虚幻的东西之间，也毫无二致地存在着；即令在梦里，亦复如是……。”[15]

列维-斯特劳斯认为图腾是一种隐喻；是原始人二元对立思维的表现，是用“象征表示思维”。运用象征思维，首先要能够区分象征所表示的形式和它所要表示的事物；其次还需认识到象征所表示的形式和它所表示的事物之间的关系。所谓图腾，正是原始人二元对立思维中使用象征（形式）来表达他们的各种思想观念（事物），二元对立思维是源自自然本质的一部分。在自然中的对立统一体中，总是充满了文化意义，如白黑、天地、男女等，它们被作为文化观念中的好与坏、允许和禁止、强与弱等这些抽象概念的象征物。

如提克匹亚人（Tikopia）的图腾制反映的是“可食用”和“不可食用”、“个人行为”和“集体行为”的对立；努尔人（Neur）对孪生子以鸟为名的图腾制传统反映的是“上与下”、“神与人”的对立。最为明显的是澳大利亚和美洲那些直接用一对鸟来命名半偶族的图腾制。如海达人（Haida）的鹰和乌鸦、澳大利亚土人的袋鼠和袋熊的对立，成为“猎手”和“小偷”、“黑夜与白天”、“昼间活动与夜间活动”等文化观念的隐喻。

列维-斯特劳斯认为从动物到人、从自然到文化、从情感到理性这三者的转化在时间上应该是同时发生的，所以我们不能认为原始人的思维没有逻辑，因为我们的逻辑便是源自原始人的二元对立逻辑。列维-斯特劳斯引用法国早期人类学

[15] 转引自 [6]，扉页。

家卢梭（J.J.Rousseau）的观点来解释人类情感与理性的关系：

"作为一种有感觉（包括所有的感觉形式）的生物，人和动物的所有理解力都具有对立意识或以对立意识为基础。这种对立首先介于被设想是与他们不可分割的逻辑性质之间；其次，介于他们自身之间，即'人类'与'非人类'之间。在卢梭看来，这就是源自情感而不是需要的语言之发展。"[16]

列维-斯特劳斯认为人类与其他生命形式的不同之处在于语言，"谁要讨论人，则需先讨论语言；讨论语言，则需先讨论社会。"[17]语言的出现标志着人类由情感状态转变到理性状态。所以他认为，只有当人类能够用隐喻的方式作为对照和比较的工具时，人类才能达到对自我的意识—即达到对作为"我们集团"中"我"的自觉意识：

"因为人类起初认为自己与那些和自身相类似的生物（正如卢梭所表述的那样，其间必须包括动物）是一体化的，以致最终能够从中获得区别自身的能力，正如人类区别它们一样，即把物种的多样性作为社会差别这一观念的来源。"[18]

图腾制正是建立在这个基础上的逻辑思维形式，是最初的理性认识，是原始人内心对外部世界的映像（reflection from within），是隐喻式的语言。

上面所介绍的西方的图腾制理论，可以归纳成以下几类：

1.心理因素：包括祖先崇拜、自然崇拜、礼仪、禁忌以及弗洛伊德的俄狄浦斯情结。

2.社会制度：外婚制、命名制（即象征和族徽）、组织和联系手段。

3.功能主义的经济论。

4.思维形式。[19]

前三类，即心理因素、社会制度和功能主义的经济论在我国有很大影响，也是我国图腾制研究中的几种主要观点，我们将在后面的第二、第三部分中进行讨

---

[16] 同 [6]，p.101。

[17] C. Lévi-Strauss, Tristes Tropiques, p.421, New York, 1973.

[18] 同 [6]，p.101。

[19] 弗洛伊德在《图腾与禁忌》一书中，将图腾制理论分成唯名论、社会论和心理学论三类。事实上，唯名论和社会论可归为一类，心理学论则除了弗洛伊德的精神分析法外，还应包括信仰崇拜的因素。

论。这里，则先对以列维-斯特劳斯为代表的那种图腾制理论，即思维形式，加以分析和讨论。

列维-斯特劳斯运用现代逻辑学和代数学的成果，对图腾现象进行缜密分析，并且建立了一套严密的理论体系。然而，曲高和寡，赞同的人似乎不多。这种艰深晦涩的理论和繁复的公式使他的图腾制理论看上去像是一架结构复杂而精巧的机器（这正是结构主义的特征之一）；但实际运行情况如何，可能另是一回事。正因如此，以至另一结构主义代表人物英国人类学家埃德蒙·利奇（Edmund Leach）也说他的理论是精心设计出来的骗人东西，“充其量比魔术师滴答声装置的把戏更巧妙些罢了。”[20]

首先，列维-斯特劳斯认为图腾制是原始人二元对立思维的隐喻形式所依据的材料不具普遍性，如同弗洛伊德的研究一样，亦属“个案研究”之例。而且，这种二元对立思维其实是宗教思维的特征，最早出现于发生在旧石器时代晚期的萨满教，也是萨满教最主要的特征。[21]列维-斯特劳斯认为这种二元对立思维是自然本质的一部分，由此而导致了图腾制中的二元制的社会结构（亦即对偶婚制），人类及其文明也就这样产生了。列维-斯特劳斯在此实质上（尽管是模糊不清地）是把二元对立思维、对偶婚制、图腾制的发生放在旧石器时代晚期，这是非常深刻的、天才的见解。但即使二元对立是自然本质，二元制社会结构的出现，还必须有具体原因，这就是原始人群在自下而上竞争的状态中为保存自己而实行人群联盟的结果。这一点，我们将在本文后面的第三部分中详细讨论。

列维-斯特劳斯使用的结构主义方法论是把图腾制统统拆卸开来，然后再重新组装。他重新组装后的图腾制（即其结论）尽管有所误差，但把图腾制如此拆解之后，的确使我们看到许多过去不认识的图腾制的“真实”与“假象”（列氏语为“错觉”）。例如大家历来以为崇拜与禁忌是图腾制的基本内容之一，而列氏则分析出这恰恰是“假象”。他把二元对立思维视为图腾制发生根源的论点虽然勉强，但对原始人的这种思维作了如此系统的分析和总结，比之布留尔的互渗律、卡西尔的一体论等，对于解释原始文化中的许多现象，犹如艺术与宗教起源的探

[20] 埃德蒙·利奇：《列维-斯特劳斯》，38 页，北京三联书店，1986 年。

[21] M. Eliade, Shamanism, pp184 ~ 189, Princeton University Press, 1974.

索，更具启示意义。总起来说，列氏的理论把图腾制的研究水平大大推进了一步，使得研究原始社会和原始文化的能力大为提高。

二、中国学者的图腾制理论

在中国，"图腾"一词最早由严复译自英文。英人爱德华·金克斯（Edward Jenks）在《社会通诠》（A History of Politics）一书中谈及图腾，严复在译注中说："蛮夷之所以自别也，不以族姓，不以国种，亦不以部落，而以图腾。"[22]他对此并作按语云："图腾者，蛮夷之徽帜，用以自别其众人余众者也。"严复译《社会通诠》是光绪年间（1904年）的事，但中国学界对图腾和图腾制进行专门讨论，则要到20世纪30年代以后。

继严复之后，胡愈之翻译了法国倍松（M. Besson）的《图腾主义》（Totemism），1932年由开明书店出版。1933年严三翻译了戈尔登维塞的《图腾主义》，发表在《史地丛刊》1933年第1期上。

1933年，丁迪豪和黄节华则分别在《历史科学》和《东方杂志》上发表了《玄鸟传说与氏族图腾》及《初民社会的性别图腾》两文，首开对图腾制进行专题性和民族性研究的先河。稍后对图腾制研究中颇有影响的论文有：

李则纲：《社会与图腾》，《东方杂志》32卷13号，1934年。

黄文山：《中国古代社会的图腾文化》，《新社会科学》（季刊）创刊号，1934年。

岑家梧：《图腾研究之现阶段》，《食货》（半月刊）4卷20期，1936年。

闻一多：《从人头蛇身谈到龙与图腾》，《人文科学学报》1卷2期，1942年。

陆志良：《图腾主义概论》、《始祖诞生与图腾》，《说文月刊》2卷1～2期，1940年。

卫惠林：《中国古代图腾制度论证》，《民族学研究集刊》3期，1943年。

岑仲勉：《饕餮即图腾并推论我国青铜器文化之缘起》，《东方杂志》41卷5期，1945年。

关于图腾制研究的专著则有：

---

[22] 金克斯著，严复译：《社会通诠》，8～9页，商务印书馆，1981年重版。

李则纲:《始祖的诞生与图腾》，商务印书馆，1935年。

岑家梧:《图腾艺术史》，商务印书馆，1937年。

李玄伯:《中国古代社会新研》，上海开明书店，1949年。

“文化大革命”后，特别是1986年以来，全国兴起了讨论东西方“文化”特点的热潮，引发出了大量讨论图腾制的文章，使我国有关图腾与图腾制理论的研究，成为一个新的热点。

如同西方一样，我国在图腾制的讨论中，也是见仁见智，意见分歧。新中国建立前，关于图腾制的笔墨官司，曾在岑家梧、李则纲和卫聚贤三人之间展开过。卫聚贤以功能说解释图腾制；李则纲以为图腾制是祖先崇拜。岑家梧则曾把卫聚贤在《古史研究》和《吴越释名》中有关图腾制的解释，讥之为“图腾万能论者”；[23]而李则纲却又对岑家梧用图腾制代替古史研究表示异议。[24]与西方的学术意见对峙争执的情况相比，中国学者有关图腾制问题的笔墨官司，要温和得多。但中国学者对于图腾制问题的争论，似乎缺乏中心议题和讨论焦点，并显得对西方所存在的争论了解不够，从而其理论的深度和系统性，还远远不足。

自20世纪30年代以来，我国学者大多以为图腾制是与氏族外婚制相联系的祖先崇拜或生殖崇拜，尤以祖先崇拜说为人多势大。持此说的有李则纲、丁迪豪、陈志良、闻一多、郭沫若等人。但他们大多仅以中国的资料（而且往往是文献资料）来研究世界上普遍性的图腾制问题，从而若干分析研究孤立起来看或可谓很精辟，却往往说明不了其他地区的图腾制。而且，他们对于这种信仰为什么往往与“族外婚”联系在一起的问题，又几乎都避而不答，不作任何解释。由于这些情况，使得那些图腾制理论比较缺乏深度，甚至可以认为他们还没有进入到探索图腾制在人类历史早期阶段所具有的普遍意义的殿堂。

以功能主义理论来解释图腾制的，占有第二个重要位置。他们主要是把图腾纳入以动植物为主的自然崇拜的原始宗教范畴内。如任继愈主编的《宗教词典》、朱天顺的《中国古代宗教初探》、宋兆麟的《中国原始社会史》、龚维英的《原始文化史纲》、何星亮的《中国图腾文化》以及《中国大百科全书·宗教卷·图腾

[23] 岑家梧：《图腾艺术史》，134页，学林出版社，1986年重版。

[24] 李则纲：《与岑家梧君论图腾》，《学风》第17卷1号，1937年。

条》等。与马凌诺夫斯基一样，他们用功利说和情感说来解释天下所有的图腾。这是一种机械唯物论。列维-斯特劳斯在其《图腾制度》的第三章中，便曾对马凌诺夫斯基的功能主义理论，作过透彻的评论。

对图腾制的研究，自然会包括其起源问题，这应当同时寻找其逻辑起点（亦人类学研究的内容）和历史起点（亦考古学研究的内容），否则便将成为一种“空洞的命题”。功能主义的理论，恰恰仅能寻找其逻辑的起点，而这正和图腾制研究中某些不可或缺的内容，如祖先崇拜说等相悖，难以协调在一起考虑。这至少又表现出了功能主义理论的片面性。

功能主义说的另一弱点是它很容易沦为一种诡辩术，因为它对种种图腾现象的解释，往往是建立在“预期理由”（Petitio principii）这种逻辑之上的。例如一位功能主义者尤素拉·麦康尼（U. McConnel）曾这样来论证问题：

“图腾亦可代表危险的或可厌的东西，如鳄鱼和苍蝇（某些地方还有蚊子）。这些东西具有消极的社会利益，因为可使敌人和外来者不快，从而有使它们得以繁殖的理由。”[25]

设定出这样的“预期理由”，图腾制研究中遇到的任何难点，当然不将存在。但一种理论如果能用任意的解释来解决困难，当然很难令人信服了。

情感说是功能主义的另一个“万金油”式的理论，它认为图腾产生于原始人的“畏惧”、“求安”、“喜爱”、“讨厌”等各种心理或情感。在这种学说下，任何一种图腾，都可以找到与其相应的心理和情感来做解释。但是，图腾果真产生于情感和心理吗？列维-斯特劳斯在批判马凌诺夫斯基的巫术礼仪产生于情感说时曾一针见血地指出，不是由于情感而产生了礼仪，却是由于礼仪才产生出相应的情感。大家都会懂得，当然是先有了宗教，才能有源自宗教信仰的神圣感，而不会是先有了这种神圣感，才出现宗教。

人们也许要提问，人和动物都有“恐惧”、“欢喜”等情感，人类难道不正是因为这种本能的情感而产生图腾吗？这就必须说明人类和动物的情感，存在着一个根本的区别，即人类的这种本能情感已被“文化”化了，是“文化型”的；而

---

[25] U. McConnel, “The Wik-Munkan tribe of Cape York Peninsula”, Oceania, Vol. 1(1930 ~ 31), No. 1, pp79 ~ 104.

动物的基本感觉和情绪是“自然型”的。任何“自然型”的感觉、情绪和心理等，都不可能产生与“文化”有关的东西。人是“文化型”的动物，其所有的一切自然本能，都已被“文化”化了。图腾制是文化的产物，它的发生和变化，只能从文化中探其根源，在动物的自然本能中是找不到答案的。

主张图腾是生殖崇拜的主要论著有杨堃的《图腾主义新探——试论图腾是女性生殖器象征》[26]和赵国华的《生殖文化崇拜论》。[27]杨堃先生以为图腾是母系氏族的宗教，崇尚母体和生殖，故图腾为女性生殖器象征。但如果真是这样，对父系图腾制又将作何解释？在所谓澳大利亚的经典图腾制中，多数地区实行的是父系图腾制，如澳大利亚北部地区、纽克角整个海岸线沿岸以及新南威尔士和昆士兰交界处等地所见。[28]赵国华则以为图腾是包括了男女生殖器的象征，母系、父系均有存在。[29]他对马凌诺夫斯基有关图腾制提出的三个基本问题表示赞同，但以为马凌诺夫斯基的“经济论”或所谓的“产食文化”论应由“生殖文化”论来替代。他反对“产食文化”论的理由是有的图腾是非生物或不可食用的昆虫。那么，澳大利亚某些部落以笑声、疾病、呕吐、尸体或者是上面所提到过的以苍蝇、蚊子为图腾，又当作什么样的生殖器官来解释呢？如果像这些古怪图腾都能用“生殖文化”理论来解释，“生殖文化”论将同样沦为毫无意义的“空洞命题”。

赵说其二又以为图腾制与“族外婚”毫不相干，并以云南永宁摩梭人没有图腾制为例证。但民族学调查的结论却是：“永宁纳西（摩梭）族保留的以动物命名的斯日和家庭，绝非偶然现象，它是过去图腾崇拜的遗迹。”[30]赵氏此说其实是没有根据的；而且，即使摩梭人的“族外婚”与图腾制无关，世界上有四分之三的地区所呈现出的图腾制与“族外婚”的联系，[31]则又将如何解释？

赵说其三还以为“图腾未必是一种普遍的存在”，但同时又说“图腾崇拜文

[26] 杨堃：《图腾主义新探——试论图腾是女性生殖器象征》，《世界宗教研究》，1988年3期。

[27] 赵国华：《生殖文化崇拜论》，383页，中国社会科学出版社，1990年。

[28] 同[6]，p.42。

[29] 赵国华：《生殖文化崇拜略论》，《中国社会科学》1988年1期。

[30] 詹承绪：《永宁纳西族的阿注婚姻和母系家庭》，49页，上海人民出版社，1980年。

[31] E. B. Tylor, “Remarks on Totemism with Especial Reference to some Modern Theories Concerning It”, Journal of the Royal Anthropologial Institute, Vol. XXVⅢ, pp.138 ~ 148, 1898.

化是遍及全球历史现象中生殖崇拜文化的重要组成部分。”[32]这种自相矛盾的说法，至少反映出所谓“生殖崇拜文化”是相当不严密的。

赵说还认为祖先崇拜和生殖崇拜就是图腾崇拜。他列举了14种类型的民族学和民俗学材料来证实这一轻率的论断。然而其中13条是关于人类和人类始祖诞生的神话传说以及氏族命名制度，[33]看不出与图腾崇拜之间的联系；而且人们完全可把这些材料视为萨满教中祖先崇拜的证据（事实上正应如此）。反言之，假如真把这些材料当作图腾崇拜的证据，那么图腾制便全然是一种普遍现象，又正反对了上一种赵说，更显示出了这种理论的粗糙。

秋浦主编的《萨满教研究》、骆宾基的《“图腾”即“族徽”说》、骆继光的《图腾崇拜及其产生根源》等著作，则认为图腾制是母系社会为了防止近亲通婚而区别各氏族的标志和徽章。骆继光在分析图腾制起源时说：氏族制的建立是图腾崇拜产生的社会根源；万物有灵和灵魂转化观念、孕理知识的贫乏、“互渗”观念是图腾崇拜产生的思想基础。[34]可是，第一，远古之人既然“孕理知识贫乏”，又何以懂得用图腾制去防止近亲通婚呢？第二，那些不实行“族外婚”的集团（如爱斯基摩人）则是如何防止近亲婚配造成的生理性伤害呢？其三，在图腾制比较稳定的母系、父系图腾制社会中，用图腾的方法来防止“族内婚”或许可行，但在那些图腾继嗣制极不确定的如“妊娠图腾”、“梦图腾”、“个人图腾”以及隔代图腾继嗣制（即祖、子的图腾不同于父、孙的图腾）的情况下，图腾制的这一社会功能，又是如何起作用呢？可见防止近亲通婚仍不是图腾制产生的根源。

朱狄的《原始文化研究》则另发新论，他说：

“（图腾制同时）也是一种艺术现象。图腾虽是一种祖先现象，但在精神、内涵上要比祖先观念更丰富，它基本上是一种超越个体的精神信仰，虽然它有着个别种类的动物或植物的形象外观，但这种外观已不是作为一种个别事物的外观，而是作为一种被神圣化了的外观，不仅高于个体之上，而且也高于群体之上。”[35]

---

[32] 分别见[27]348、389页。

[33] 同[27]，358～371页。

[34] 骆继光：《图腾崇拜及其产生根源》，《世界宗教研究》1987年3期。

[35] 朱狄：《原始文化研究》，99～100页，北京三联书店，1988年。

他并且认为人类“美”的概念正是源自图腾崇拜。这种说法的核心是把图腾当作一种出自祖神而高于祖神的神灵来看待。但正如列维-斯特劳斯所指出的，祖先崇拜是图腾制中的“错觉”，而不是本质内容，所以对此说也就不必再详加讨论。

上面所介绍的我国已出现的有关图腾制的论述，只要一经推敲，就会看到许多作者对国际上已有的图腾制研究成果，往往了解不多，因而其论述常常并不严密。恰恰是岑家梧的《图腾艺术史》一书虽然早在1937年就已问世，却因其谨慎的科学态度，至今仍是我国有关图腾制研究中比较重要的著作。

此书曾概括出图腾制最为显著的特征有四点：

（1）原始民族的社会集团，采取某种动植物为名称，又相信其为集团之祖先，或与之有血缘关系。

（2）同一图腾集团的成员，概可视为一完整的群体，他们以图腾为共同信仰。身体装饰、日常用具、住所墓地之装饰，也采取同一样式，表现同一的图腾信仰。

（3）作为图腾祖先的动植物，集团中的成员都加以崇敬，不敢损害毁伤或生杀，犯者接受一定的处罚。

（4）男女达到规定的年龄，举行图腾入社式。又同一图腾集团内的男女，禁止婚配，绝对实行外婚制。[36]

1914年时英国的里弗斯（W. H. R. Rivers）曾从社会因素、心理因素和仪式因素这三个方面来界定图腾制，现在岑家梧则把“族外婚”这个因素也概括了进去，就比里弗斯的界定更趋全面。今天我们如果考虑到二次大战以后国际上的新研究，可知图腾制的根本内容和特征其实只有两个：命名制和“族外婚”。诸如装饰、入社式等只是表现形式之一；把图腾作为祖先崇拜或其他崇拜对象，因没有普遍意义，列维-斯特劳斯就判断为“图腾制的错觉”。许多实行图腾制的集团，并不一定崇拜图腾，如玻利尼西亚的提克皮亚人（Tikopia）以白薯、椰子、野芋和面包果为主要食物，而这四种植物恰恰是他们四个部族的图腾；[37]澳大利亚的

[36] 同 [23]，第 1 页。

[37] 同 [6]，pp.24 ~ 25。

奥吉布瓦人（Ojibwa）又可以随意猎杀和食用他们的图腾动物；[38]美洲的易洛魁人也不崇敬他们的图腾物。

岑家梧先生接下来在讨论图腾制时则说，图腾制出现于原始共同制（这当然是一个不清楚的概念）与氏族交替期的过渡阶段，即原始狩猎采集经济阶段。原始人因固定地域所生产的自然物不同，生产工具的样式特异，狩猎与采集的范围遂陷入专门化，从而产生专门猎取一种动植物的生产集团，"复由于动植物的固定猎取之限制，引起生产劳动性的沉降，与原始社会固有的生产关系发生矛盾。图腾制即由各生产集团为缓和这个矛盾而来结合更大的生产集团的特殊体制。"[39]

如果把图腾制的产生说成是为了结合成更大的集团，那就是非常精彩的意见。但现在却说是用以"结合更大的生产集团的特殊体制"，那就误入歧途了。因为如果按照这种说法，某集团所采用的某种动植物为其图腾命名，这种动植物便应是这个集团所经营的经济种类了，可是哪个集团会去经营苍蝇、蚊子或非生物呢？假如只是一种随意的命名，就不能把图腾制的出现说成是为了结合成更大的生产集团。如果拿出于各集团之间为了实行生产协作或经济互惠的目的来解释，那么各集团为什么又非要实行"族外婚"不可呢？事实上，当时是普遍实行族外对婚制，即由两个固定的半偶族进行长期、稳定的婚姻交换，而这对对婚制图腾集团之间的经济协作和互惠正好起到限制作用。

美国学者哈登（A.C.Haddon）和前苏联学者阿列克谢耶夫等人，也是这种观点的提倡者。但弗洛伊德认为这太过于"理性化"，[40]理由是哈登等人所说从事专一食物的情况是不可能存在的，因为原始人的食物是很杂的。总之，图腾制发生的真正原因，还要另外寻找。

三、图腾制发生和消亡的逻辑原因

以上所述有关图腾制的各种理论，竟是如此纷杂，如果不加分类地堆在一起，真好像是一座迷宫，人们一经闯入，便会感到处处是歧路，不知出口在哪里。

---

[38] 同 [6]，p.21。

[39] 同 [23]，4 页。

[40] 参阅阿列克谢耶夫等：《世界原始社会史》，114 页，云南人民出版社，1987 年。

产生这种情况的主要原因恐怕在于各地图腾制所呈现的大量现象中，有一些是本质的内容，具有普遍的意义；另一些则是从属性的、派生的，往往因地而异，容易形成为图腾制的一种“错觉”。如果不能把图腾制的真相即本质现象和“错觉”现象区分开，图腾制存在的根本原因当然找不清楚。

那么，在已知的种种图腾制现象中，究竟有哪一些才是具有最本质的意义呢？

这种寻找，自然应从人类社会的发展过程，特别是其进步规律的逻辑过程来着眼。

据已有材料，我们首先可以肯定图腾制是人类原始社会时期的一种普遍存在。如果要问图腾制以前的人类社会究竟是什么样子，就具体情况而言，那几乎还是一无所知。但从理论推测的角度来说，则可以假设为猿群和人群之间的一种中间状态。如果以此为前提，我们先假设图腾制是人类社会的最初形态，就会发现一百年以前英国人类学家泰勒所说图腾制是为巩固氏族以及将氏族联合在一起的意见，是极为深刻的。用现在的认识来说，为稳定“族外婚”以及实行不同人群集团的联盟，就是图腾制产生和存在的根本原因；以各种生物乃至某些自然或精神现象作为这种人群集团的命名标志，以及若干禁忌、信仰、崇拜仪式等等现象的出现，则都是派生的，因而往往因地而异，存在着很大差别。在人类刚刚走出动物群的时代，自然觉得自己和其他动物区别不大，从而认同其亲缘关系。因此，以某种动物为某人群集团的命名标志，在图腾制中又自然会占主要位置。

这里当然先要说明，一旦把图腾制作为人类社会的最初形态来考虑，马上就牵连到如何理解人与动物的界限是什么这个根本问题。一百五十年来，大量人类学家、考古学家已经对从猿到人的过程，作了详细研究，找出了一系列体质特征上的进化环节，也深入探讨了行为方面的进步内容，但是具体的界限究竟是什么，自19世纪讨论过以后，现在似乎很少有人关心了。今天，我们既然要讨论图腾制是否为人类社会最初形态的问题，就不得不重新思考人与动物的根本界限是什么这个问题了。

地球上生物的进化过程极为悠久，从猿到人也经历了很长的时期。在这个漫长的渐进过程中，应当从何处着眼把人与动物（具体说，当然就是古猿）区分开，既需具体材料，又在于认识的角度。如果我们从全方位的角度来寻找人与动物的差别，有两点可以认为是最根本的：

一是“族外婚”。人群实行“族外婚”，而动物群则皆实行“族内婚”（至少是不限制“族内婚”）。

二是行为（包括劳动）的文化性。正是因为人类行为的文化性，人类的能力就会代代传授并加发展，不同的人群之间亦会出现差异和相互影响。动物的行为则皆来自本能，即使有所承授，亦皆代代相因，没有发展。如就这二者的性质来说，“族外婚”也是一种文化行为而非本能，所以人类也可以像许多人通常所说的那样，称之为“文化的动物”。

也正是因为具有上述特性，人群就会出现族群、家庭、氏族、部落、联盟、国家等等社会组织和种种不断变化的观念，动物则永远不能产生这些组织和观念。

如果基于这种认识，就应认为只有当“族外婚”出现时，人类才能算真正形成；前此的所谓“人类”（如能人、直立人），只能视为尚处于从猿到人的过渡时期中。

要论证以上看法，理应从理论解释和事实验证这两方面来进行。可是从猿到人的过程，距今是那么遥远，已知可作具体验证的材料又还是那么不充分，以下的讨论，自然只能以理论推测为主。

这里先讨论“族外婚”是标志人类已真正形成的问题。

在从猿到人的过渡中，可以肯定，最初必定是如同其他动物一样，实行着“族内婚”，甚至是父女、母子不分辈份地随意交配。是什么原因使得尚处于从猿到人的过渡状态的“原始人”突然改变传统而实行起“族外婚”了呢？是认识到了“族内婚”的生理性伤害的优生学原理吗？这对于“原始人”来说应该是不可能的，因为现代民族学材料证明，若干原始土著部落甚至连一些基本的孕理常识都不知道。[41]而且，对于那时的“原始人”来说，即使近亲通婚，也不见得将造成今天所理解的那种生理伤害，只不过是人种不优化罢了。现在所谓的近亲不宜婚配，乃是针对现代人类而言；即使对远古作推论，也是指属于智人的人类。对于尚未实行“族外婚”的“原始人”来说，近亲婚配似乎不必理解为一定将造成

[41] E. R. Service, Profiles in Ethnology, pp.14 ~ 34, Harper and Raw Publishers, New York, 1978.

人种退化的结果。道理很简单，“原始人”正是从实行“族内婚”的动物界中走出来的，如果认为所有动物（包括“原始人”）凡实行“族内婚”就得不到进化，那么古猿又是怎样进化为“原始人”的呢？另外，也不能认为“族外婚”是人类的“自然本能”，因为从生物的角度来说，近亲婚配照样可以繁衍后代。所以，人类实行“族外婚”的原因，需要从文化范畴中去寻找。

“族外婚”对于人类进化的重大意义是不言而喻的，因为人作为一个物种而又得以优化，“族外婚”可以说是最重要的原因。人类社会和动物群的自始至终的区别，就其自身是如何繁衍的方面而言，正突出体现在“族外婚”上；在其自身的社会或群体的结构方面，动物的群体结构都表现为各个“族内”的关系，其特征是一个集团对另一个集团的排斥，人类社会的结构则除了形成族内的亲缘关系外，还表现为与外集团的联系与往来。现在人们往往用有无“社会性”来作为人与动物之间的根本差别之一。但这种提法不宜过于笼统，因为动物界也存在集团之内的类似的“社会性”。所以，准确一点的表述应该是：基于各团体之间联系上的社会性才是人与动物群体的根本区别。

最初的人类最容易实现集团与集团之间联系的方式，应当就是“外婚制”。如果进而思考人类是怎样以及什么时候开始实行“外婚制”的问题，就不得不再一次探索人类起源道路究竟是什么，而讨论亦应该从人类得以产生的动物界开始。

以地区或血缘为纽带的动物集团之间的关系是排斥性的。这表现为各个集团有自己的成员和活动地域，互不往来。正如英国人类学家珍妮·古多尔（Jane Goodall）在非洲丛林中研究黑猩猩后所描述的，两个黑猩猩集团都有各自固定的成员和领地，互不侵扰。一旦遇到侵扰，就用战争的方式来解决。[42]所幸，黑猩猩的数量并不多，非洲丛林足够它们各霸一方了。但从目前世界各地发现的智人化石和石器的地点来看，当时人类的数量大概比猩猩、猿猴的数量要多，而且覆盖面积亦大。这样，为了争夺生存地盘，乃至直接将对方掳为食物的活动，肯定不断发生。民族学调查原始部落猎人头、食人肉的现象并不鲜见，这种远古遗风，亦暗示出至少在某些时期、某些地区，“人口”曾超过了当时环境条件所能天然

[42] 参见珍妮·古多尔：《黑猩猩在召唤》，科学出版社，1980年。

容纳的限度。原始人口的增加，大概成为他们由自然走向文明的条件，[43]将最初的人类逼出自然而踏上通往文明的道路。这就是说，对当时的最初的人类来说，最大的威胁，不是来自人类以外，而是人类自身，即“早期人类”集团之间的战争。同类自相残食是少见现象，动物界基本上不存在，可是在早期人类中，却的确有过。这种现象，即使在真正人类出现以前的直立人阶段已经发生，魏敦瑞便曾提出过北京人可能残食同类的假设。（当然，后来我国的贾兰坡和吴汝康先生曾分别在《化石》上撰文反对。）但19世纪90年代在南斯拉夫的克拉比纳洞穴遗址中，也找到过许多被砸成碎片的早期智人骨骼；法国东南部距今约6000年的劳伯瓜洞穴遗址中，又发现过代表14个个体的人类碎骨和煮烧后的骨渣。[44]这些资料证明，在从猿到人的转变过程中，乃至“智人”出现以后，早期人类自相残食的现象并不罕见，从而各早期人类集团之间的战争可能是很频繁的，而且这种食人之风甚至延续到当代的某些原始部落。

在当时的条件下，战胜其他集团而不被其他集团所消灭，最简单的办法就是搞联盟，扩大本集团的力量，争取数量优势。实现联盟的方式，超不出建立经济上或血缘上的联系这两条渠道，而纯粹出于经济的原则，则如下文所述，在很久以后的原始部落中还不存在，可见最初只会是通过联姻而实现的。这正是人类特有的婚姻之由来，而人类最初的社会性以及社会制度，也就是体现在婚姻制度以及随之而发生的继嗣制度上。

为使联盟能长期而稳定，联姻就必须制度化，具体表现即禁止“族内婚”，实行“族外婚”。如是，这种人群集团与集团之间通过婚姻的联系，便以其文化属性而彻底区别于动物之间的以血缘和地域为纽带的自然联系。开始时，这种联姻只能限止在两个集团之间的对婚，这样才能以其明确性来达到长期性和稳固性。这种两个集团之间的对婚制也正是氏族和原始社会中二元机制的起因，使得原始集团为什么总是分成两个半偶族。英国人类学家埃尔金曾认为这种二元机制是由

[43] 同[6]，p.100。

[44] 陈淳：《食人风的新发现》，《化石》1990年2期。

一个复杂的形式重新吸收和合并成的简单形式，[45]这显然是本末倒置。列维-斯特劳斯则通过巴西腹地土人的调查而作出了正确的描述：

“我们在巴西腹地的南必瓦拉（Nambiwara）人中，亲眼看到当地的二元组织形式并不是通过对众多团体的合并而形成，而只是通过两个单纯的、原来相互孤立的社会团体的合并而形成。”[46]

澳大利亚原始土著中尽管有四元或八元机制，但列维-斯特劳斯亦已敏锐指出，它们是源自二元机制成倍增长的结果。[47]对原始社会的结构无论怎样划分（埃尔金划分为氏族、半偶族、区族、亚区族等），二元制总是其核心。这再一次深刻反映出最初的“族外婚”是建立在两个确定集团的对婚制之上的。

两个集团联姻的惟一原因和目的是为了在经常可能发生的战争中共同对付第三者，经济上的互惠（如果真的存在的话）只是后来和平时期的副产品。事实上，在原始部落间，经济往来不见得是常见的。例如澳大利亚的阿龙塔人有自己的对婚集团，但从不进行经济往来。他们的经济是自给自足的封闭形式。在某种特殊情况下，如婚嫁或祭典时，两个对婚集团才有某种形式确定的经济往来，[48]但这仅是象征，不具经济互惠的实际意义。如果原始部落间真的存在经济互惠，对婚制就要受到破坏，因为这恰恰限制了范围更广的各部落间的经济往来。

讨论至此，剩下的解释就好进行了。在原始集团中，敌对也罢，联系也罢，诸集团已被不同的关系区别开。自然的混沌已被打破，文化已经渗入，集团的命名和氏族的称谓便是必然发生的。没有命名便无法区别，而这种命名就是图腾。命名制度就是图腾制度。

北美大湖区阿尔贡琴（Algonquin）印第安语系中奥吉布瓦语“图腾”一词的原始含义，正反映了这种对婚关系。奥吉布瓦语Ototeman（图腾）一词的大概意思是：“他是我的一个亲属”，或“我是他的一个亲属”。其组成为：第三人称间

[45] A. P. Elkin, “Studies in Australian Totemism: The Nature of Australian Totemism”, Oceania, Vol.4, No. 2, pp.65—90, 1933 ~ 34.

[46] 同 [6]，p.48。

[47] 同 [46]。

[48] 同 [41]。

缀以“o-”；阻止元音合并的插入辅音“-t-”；“-m-”为所有格；“-an-”为第三人称后缀；缀字“-ote-”表示“我”与另一男性或女性亲属之间的关系，这样就对主语作出了“属于同代人的族外婚团体”的谓语性描述。[49]“我们是亲属”一语所要表明的正是“我们原来不是亲属”，从而强调出了两个集团之间的联姻关系。由此来看，图腾一词所表现出的原始的、根本的内涵就是“族外对婚制”。通过对婚制，两个本来不是亲属的集团，彼此互认为亲属了。

那么，以某种动植物为图腾命名的原因又是什么呢？列维-斯特劳斯曾对此紧抓不放，因为这是他图腾制理论的基础。但通过上述讨论，这种命名是否有原则或规律性，其实已无关宏旨，不必计较。即使有，也只属具体地区的具体性问题，没有普遍意义。也许某些地区和部落有规律，存在命名原则，而有些则没有。不过，澳大利亚那种以一对互有关联的动物或飞禽来为两个对婚集团分别命名的材料，更能说明图腾命名反映的正是两个集团间的对婚关系。不过这种命名原则不带普遍性。所以，假如真的存在某种图腾制的命名原则，那只是避免各集团名称的重合。正因如此，世界上才存在着千奇百怪的，甚至在今天看来是不可思议的图腾名称。

图腾制自发生后，曾经历了从母系到父系的发展过程。在这方面，埃尔金作出了深刻的分析。他说，母系图腾是“肉体”，父系图腾是“梦”，也就是前者的命名是器官或物质性的，后者则是精神或非物质性的。这是反映出母系图腾制的命名在表现一个氏族的历史和生物性变化的连续过程，即通过母系图腾继嗣制，这种“血肉之躯”将代复一代，永不枯萎。父系图腾制命名所表现的则是“人们地域性的一致”，对于人们本体来说，是外部的而非内在的本质联系。换言之，这是地域性而非生物性的，只是共时而非历时性地将不同氏族结合在一起。[50]列维-斯特劳斯则对此论点不大以为然，称之为是出自经验范畴的错误看法。[51]然而，母系图腾制和父系图腾制在内容上是有所不同的，在逻辑关系上也有先后之分，埃尔金的确区分出了二者的核心差别。

---

[49] 同 [6]，p.18。

[50] 同 [45]。

[51] 同 [6]，pp.53 ~ 54。

现在可以再来作些具体说明。在母系氏族制中，两个集团是严格按照图腾对婚制原则而紧密地联合在一起。由于对婚制集团要保持长期、稳固的联盟，必须采用母系图腾继嗣制。正因这个意义，母系图腾制就可以说是“物质的”、“本质的”和“历时性的”。到了父系社会，随着社会结构的复杂化，对婚集团的联盟情况当然也趋复杂化，朝着与母系图腾制相异的方向发展。于是，临时的和象征性的联姻结盟，以及其他形式而不是联姻形式的结盟都发生了。此时图腾制就会开始出现名存实亡的现象。例如在澳大利亚东部地区的母系图腾制中，图腾一词也意味着“肉体”，因为同一氏族的成员被认为是来自“同一肉体”的。他们严格实行“族外婚”和母系图腾继嗣制。父系图腾制中则“图腾分别以不同的方式程度与地方父系团体结合在一起，两者间建立起一种精神联系，而不是肉体联系。因此，这种情况下产生出了两种图腾继承方式：父系继承和‘妊娠’继承，抑或‘梦’图腾。”[52]在这种父系图腾制中，图腾与地方“族外婚”往往没有什么关系，所以父系图腾制可以说成是“精神”、“地域”或“共时”性的。

图腾与氏族关系的紧密程度，事实上反映出了两个联盟集团关系的紧密程度。在通过联姻结盟时，集团的关系才非常重要；通过其他方式的结盟，情况则有所不同。列维-斯特劳斯不理解母系图腾制与父系图腾制之间这种区别的原因是什么，以否认图腾制与“族外婚”的关系来对图腾“正本清源”，结果只能是南辕北辙，使别人对图腾制更加迷惑不解。[53]总之，“族外婚”是图腾制的最主要的内容，不能因为有些部落的图腾制表面上与“族外婚”无关而否定两者的关系，否则便将从根本上否定了图腾制。

在父系社会，集团间联盟的形式、目的和性质，都发生了变化，基于对付第三者而联姻结盟的图腾命名制度，已趋于复杂化或逐渐式微，甚至解体。当然，这种在从前曾严格并普遍实行过的图腾命名，不会一下子就消失掉。此时的人们肯定已渐渐遗忘图腾命名的原初意义是什么了，从而这种传统的称谓制度后来会演变成某种宗教信仰或其他崇拜形式。

以“族外对婚制”为特征的原始氏族制既是图腾制存在的基础，图腾制也就

---

[52] 同 [6]，p.46。

[53] 同 [6]，pp.46 ~ 47。

是原始氏族制得以维系、扩大的一种条件。二者是双胞胎，彼此依存，共存共亡。原始氏族制有了变化，图腾制就会相应变化；原始氏族制一旦解体，图腾制就要消失。

图腾制消失的突出表象是图腾禁忌、仪式以及将某种动植物认同为祖先的观念（但这是图腾制中衍生出来的，故不具普遍性），逐渐被祖先崇拜等宗教信仰所替代。关于祖先崇拜，实际有两大类型：一是图腾祖先，即某图腾集团以某种动植物或其他东西为其始祖；另一是父系继嗣制发展起来以后出现的人格祖先。严格讲，前者并非是纯粹的、真正的祖先崇拜。

人类早期信仰的变化过程，如据全球的考古发现，自所谓的旧石器时代晚期起，出现了生育神和狩猎之神的崇拜。人类的宗教信仰到这时期已开始发生了。新石器时代的崇拜以生育神、地母神和农神为主，亦发展起了日月星辰以及多种动物（或亦包括植物）的万物有灵信仰和崇拜，祖神也可以说已经出现，但只是图腾祖先。人格化的祖先崇拜，要到青铜时代以后才在人们的信仰中占据重要地位。一当人格祖先的崇拜发达起来后，往日的图腾信仰（包括图腾祖先），也就逐渐消亡了。[54]

这里应当指出，曾被我国的一些学者归属在图腾制名下的祖先崇拜，其实是萨满教信仰的内容，例如以为“玄鸟”（燕子）是商人图腾的意见。这种说法的主要根据是：一为《诗经·商颂》中所说“天命玄鸟，降而生商”；二是在甲骨文中，商人先公王亥之“亥”皆书写成从鸟。[55]但这只是普遍流行于许多民族中的萨满教信仰中卵生神话的一种表现。在有关商人祭祀先祖的活动中，恰恰不见崇拜“玄鸟”的内容；况且，商代之时，商人已经祭祀人格的、具体的先公先王，可见人格化的祖先崇拜，已经替代了图腾祖先的崇拜。

造成图腾祖先与人格神祖先崇拜混淆不清的原因，大概在于父系氏族时期已出现了人格神式的祖先崇拜，而又还程度不等地残存着图腾崇拜。有的学者当难以区分图腾祖先和人格神祖先的崇拜时，甚至把前面讲过的北美大湖区阿尔贡琴

[54] 俞伟超：《先秦两汉美术考古材料中所见世界观的变化》，《古史的考古学探索》，文物出版社，2002 年 7 月，46—60 页。

[55] 胡厚宣：《甲骨文中所见商族鸟图腾的新证据》，《文物》1977 年 2 期。

印第安语系中奥吉布瓦语中“图腾”一词的原初含义也误解为是“他的祖族”[56]。另一种错误则是没有明白“族外婚”与图腾制的本质联系，从而把没有祖先崇拜或其他崇拜的真正的原始图腾制，排除在图腾制之外。突出之例如摩尔根等，即使见到易洛魁人的动物命名制是建立在“族外婚”制度上的，但因没有崇拜、禁忌以及相关的礼仪，就排斥在图腾制之外。[57]

对图腾制更多的误解，发生在当今我国的大量史前研究中，“图腾崇拜”一词几乎成为原始信仰和崇拜的代称。举凡史前时期的有关精神领域的活动，如无能力作出明确解释，每每以“图腾”或“图腾崇拜”来搪塞过去。例如在藏族图腾制的研究中，接连提出了犬、牛[58]、猕猴[59]、羊[60]是图腾的说法，但根据只是某些创世纪神话中的局部内容，或是某些只与自然崇拜有关的材料，甚至是只凭想像才能成为图腾动物的文字记载，简直类似猜谜。实际上，只有把可以和图腾命名制以及实行“族外婚”的氏族集团联系在一起的动植物说成是图腾才是有意义的。

这里已讨论到了图腾制的衰微及消亡问题，我国的商代正值图腾制最终消失的前后，因而分析那时的社会情况，将能有助于探讨图腾制消亡的普遍原因。

据甲骨文和金文材料，商人的王族已产生许多支系，若干支系并被封至四方，控制各地，那些支系又分别和当地的一些其他氏族集团实行联姻。这就意味着商人最初那种“族外对婚制”至商王朝建立后，随着其支系的扩大，正通过各支系与其他氏族、部落的联姻而发生大变化，原先存在的图腾制，此时也就消失了存在的基础。由此便可推知：一种更为广泛的联盟形式的出现，当是促使图腾制解体的根本原因。

四、人类历史与文化起点的新认识

要把图腾制解释清楚，回避不了它的起点问题，而这当然应包括逻辑和历史

---

[56] 宋兆麟：《原始雕塑人面考》，《中国历史博物馆馆刊》总 15 ~ 16 期，1991 年。

[57] 同 [4]。

[58] 谢继胜：《牦牛图腾型藏族族源神话探索》，《西藏研究》1986 年 3 期。

[59] 常霞青：《麝香之路上的西藏宗教文化》，8 页，浙江人民出版社，1988 年。

[60] 格勒：《论藏族苯教的神》，《藏族学术讨论会论文集》，345 ~ 373 页，西藏人民出版社，1984 年。

的说明。

如从逻辑的角度出发，在上述那些具体的和理论研究的基础上，能够提出以下几点基本看法：

1.从动物群中走出来的人，如果和动物群中其他的各物种相比较，当然可以举出多得不胜枚举的差别；但如果把人和整个动物群当作两大类物种来比较，寻找出的差别就可能具有最本质的意义。

2.在从猿到人的漫长过程中，如从整体着眼，宜于划分为三大阶段。1）猿或古猿，其中被昵称为“露西”（Lucy）的300多万年前的阿法种南猿（*Australopithecas afarensis*）是人类的直系祖先。2）古猿进化为人种的一个后来已经绝灭的旁支，包括“能人”（*Homo habilis*）和“直立人”（*Homo erectus*）。过去曾以为南猿已经可以直立行走，但最近英国的弗里德·斯鲍尔（F.Spoor）、贝纳德·伍德（B.Wood）和荷兰的弗兰斯·佐尼维德（F. Zoonneveld）研究早期人类化石中前庭器官的半规管状态（即通过平衡作用来保持人体竖直向上的姿势的器官），发现南非古猿的行动方式是兼有两足行走和栖于树上的四肢爬行；能人的标本则有的反映出更少地依赖于两足行走，有的又接近于直立人；能证实已采用两足行走运动形式的最古老的种是直立人。[61]从这方面来观察，尽管能人已制造所谓最古老的石器，也不便于简单地认为此时人类已经形成，因而把能人和直立人视为兼有古猿和人的性质的灵长类动物（哪怕已属人种），其实还应当是可以考虑的。其实，从前把“直立人”叫做“猿人”，正是从兼有古猿和人两方面的特性来考虑的；最近张光直先生在中国发表的文章中称之为“直立猿人”，可认为是非常恰当的名称。3）真正的人，即“智人”（*Homo sapiens*），甚至是“现代智人”（*Homo sapiens sapiens*）。

3.人与动物最重要的区别是人类已实行“族外婚”及其行为的文化性，而所有动物则皆实行“族内婚”和行为的本能性（或可称为自然性）。人类的这两大特性是经过长时间的进化才得到的，尚未具有这两大特性的东非奥杜韦山谷等地发现的200万年前的“能人”、100多万年前的爪哇直立猿人、数十万年的北京直

---

[61] F. Spoor, B. Wood and Zoonneveld, “Implications of early hominid labyrinthine morphology for evolution of human bipedal locomotion”, Nature, Vol.366.23, pp.645 ～ 648, June, 1994.

立猿人等等，甚至包括在数万年前还存在的尼人，放在从猿到人的进化整过程中来考虑，可以认为都是还处在从猿到人的进化过程中的中间类型。

4.在“能人”和“直立猿人”阶段开始的石器制作、用火技术等方法的传代和进步，乃至石器制作地域性区别的出现，可认为“文化”行为已经产生。但从奥杜韦文化（Olduval Culture）到阿布维利文化（Abbevilla Culture）至北京人等等文化的石器，时间尽管经历了一二百万年之久，技术进步的速度却极为缓慢，但此后出现的真正人类的技术进步的速度却大为加快，并且越来越快。如果将这样一种文化进步的过程加以分类，把“能人”至“直立猿人”阶段的行为当作从“无文化”到“只能产生低度文化”的类型，以便同以后的发展步伐明显的那种真正的“人类文化”现象有所区别，应当能被允许，而这又正和上述对从猿到人过程所作总体划分的认识相吻合。

5.人类的“族外婚”究竟起于何时，现在当然还无能力作出具体回答。但可以考虑到，原始人一旦实行了“族外婚”，体质便能优化，智力也将迅速发展。这样，如把现代智人的出现视为实现“族外婚”后的一种结果，应当是可能性最大的假设。基于这种逻辑的推理，氏族对婚制以及图腾制的发生或萌芽，大概就在早期智人阶段；而且正因如此，人类便进化为现代智人。

只要综合以上的认识，即使仅从行为方面来看，把智人的出现当作人类真正形成的标尺，也是最为妥当的。到了这个时期，尤其是现代智人阶段，当今一般概念上的人类、社会、文化都已真正存在，人们可以凭普通的常理来理解从此之后的人类及其社会和文化了。

作了逻辑推理后，当然应该进行历史的论证了。这仍然可从文化现象方面谈起。

对了解远古人类的社会组织状况来说，欧洲许多地点发现的3～1万年前的女性石雕像，是年代最早的材料。这种女性雕像作成孕妇的形态，可知是生育女神的象征，而崇拜生育女神正是氏族社会中流行的，尤以母系氏族制为突出，故可推知氏族制度在那时已经出现。只要同意这种看法，我们并可进而把现代智人、氏族制和图腾认为是三位一体地同时发生在这个时期。

更直接的历史证据，则来自近年来的一些古人类学的新研究。

自20世纪60年代诞生了分子生物学以后，关于人类起源的问题，开始了一种全新的研究。新的学说根据遗传基因的研究，了解到从猿到人取决于古猿群体在遗传结构（基因库）上的变化,从而改变了“劳动创造人”这个著名的论断。[62]新的研究大大缩短了人与猿的分离时间，弄清了非洲猿是人的最近的亲缘。至1985 ~ 1989年，美国加州大学柏克莱分校的威尔逊（Allan C.Wilson）及其助手们,又发表了引起强烈震动的研究成果。他们根据细胞中线粒体基因(mtDNA)，推断现代智人起源于20万年前的东非，大约在12万年前向全球扩散；而今日非洲本地土著的谱系树渊源又极其久远和单纯，又可为这种观点作有力的佐证。[63]

1994年美国耶鲁大学洁德（Kenneth Kidd）等新发表的研究细胞核中遗传染色体的结果，亦支持了这一意见。在他们研究的31个族群的1000个个体中，据染色体上alu-STRP的组合形态分类结果的解释，远古人类当起源于撒哈拉以南的东非地区，大约有200万年的时间去产生染色体中的多种变异，而其中的一支约在10万年前通过东北非向全球扩散。[64]就地理条件而言，那时地中海是干涸的，这正有利于人群向欧洲及亚洲的移动。

需要说明，威尔逊研究的线粒体基因单纯由母系遗传所决定，洁德研究的细胞核中的遗传染色体则是母系和父系共同决定的。有两种研究结论的重合，又表现出前面设想的把智人出现当作人类真正形成的意见，已得到了当代科学的支持。

现在可以回过头说，20万年前至10万年前是完整意义上的人类真正形成的时期。这时期，智人和现代智人迅速形成了，氏族制及其“族外对婚制”已开始出现，图腾制亦同时发生，而这个认识，是分子生物学、文化人类学和考古学研究的结论正好整合在一起的结果。在我们自己的研究过程中，是先产生了图腾制是因维系氏族对婚制的需要而发生的想法，然后又以为图腾制和氏族对婚制当出现于人类历史的最初时期，是区分人与动物的界限之一，因而又感到应当对从猿到人的进化过程中几大阶段的属性作新的考虑。当这些思考基本稳定之后，我们才突然接触到近年来有关人类起源问题的新认识。我们当然深深感到，历史文化

---

[62] 参阅龚缨晏：《关于“劳动创造人”的命题》，《史学理论》1994年2期，19 ~ 26页。

[63] 参阅李逆熵：《寻找夏娃——现代智人起源的辩论》，《二十一世纪》总19期，85 ~ 96页，香港中文大学中国文化研究所，1993年10月号。

[64] 参阅《人类起源的新证据》，《二十一世纪》总23期，95 ~ 97页，香港中文大学中国文化研究所，1994年6月号。

研究和古人类学研究的认识走到一起，绝非历史的巧合，而是科学发展后的一种必然相遇。这种相遇后碰撞出来的火花，正在点燃熊熊烈火，驱散历史的迷雾，把人类的早期社会，包括图腾制在内的原来面貌，日益清楚地显现出来。

后记

此文由俞伟超和汤惠生合作完成。20世纪80年代末至90年代初，汤惠生曾据英译本译出列维-斯特劳斯的《图腾制度》一书（尚未刊印），并于1992年写出《图腾制理论之再检讨》一文，《青海文物》总7期（1992年12月，青海省内部发行）发表过此稿的一部分内容。此文本为《图腾制度》中译本的“序言”，主要介绍西方及中国已往的图腾制理论。嗣后，汤惠生曾将此文扩充，阐述了一些自己对图腾制的新认识。

1993年秋，汤惠生与俞伟超在北京曾对此稿详细交换了意见，以后又不断通过电话继续讨论，汤惠生在青海对此文又作过两次修改。1994年春，作者双方对“图腾制”、“族外婚”、“氏族制度”是三位一体的认识，取得一致意见，并重新思考了人与猿的根本差别是什么的问题，也就是再一次讨论了完全意义上的人类究竟形成于何时的问题。1994年9月，俞伟超曾对全文作了修改，并扩充了第三部分，增加了第四部分，还把文章改定成现在这个名称，以及把文中的四大部分都加上了篇章之名。1995年2月，俞伟超又对全文作了最后一次修改。这就是此文形成的全过程。

1995年2月26日于北京

原载《中国历史博物馆馆刊》1995年1期

自此文发表后，从遗传基因角度对人类起源的研究，又取得若干新进展。1998年11月，我国的遗传学者亦发表了同样的研究结果。因人类起源问题的新认识，现已取得愈来愈多的学者的共识，原文中有些比较含糊的词句，俞伟超又略作修改。

2000年2月7日再记于北京

收入《古史的考古学探索》，文物出版社，2002年7月。

西周铜剑的渊源

古越阁收藏的中国古代兵器，因其种类的丰富和内容的精美，已经引起了广泛重视。所以，1993年时王振华、淑华伉俪精选了珍藏之器116件出版的《商周青铜兵器》一书，立即成为研究中国古代兵器的重要资料。现在，王氏夫妇又从新入藏的精品和《商周青铜兵器》的各式铜剑中新选编成这本《古越阁藏铜兵萃珍——铜剑篇》，则又为研究中国古代兵器中最重要的门类——剑，注入了新的血液，将再度引起重视。

中国古代兵器，在全人类的文化中，自成系统。如三代兵器的主体是戈、矛、戟、钺，而最富特色的戈、戟就是在中国发生的。但不同地区的人类文化，曾相互影响，尤其是在进入青铜时代以后，由于人类活动能力的加强，相互的影响也就愈来愈大。西周以后中国兵器中最重要的门类——剑，就是因为受到来自西方游牧部落的影响才出现的。

在中国的古文化中，直到商时期，各种兵器之中，至今尚未见到剑的形态，有一种铃首或兽首的曲身形的短兵器，如本书（按：指《古越阁藏铜兵萃珍》）所收的“曲茎铃首短剑”（见《古越阁藏铜兵萃珍》第56页），虽然经常被称之为短剑，严格讲，并不是后代所用铜剑的直接前身。而且，这种短兵器也是属于长城地带直至南西伯利亚的北方青铜文化的一种遗存。它虽然在殷墟的商代墓葬（如妇好墓）中也有出土，但总是偶见之物，应当是来自其他文化的传入品。

在中国的古文化中，最早的铜剑出自西周墓葬，如北京昌平白浮、北京房山琉璃河、陕西西安沣西和甘肃灵台等地所见短剑。这些剑，皆为直身有茎，整体形态是和以后的剑一脉相承，乃是中国开始出现铜剑的标志物。

在古代世界中，剑这种兵器最初发生在欧洲地区，后来则是通过能够驰骋千里的游牧民族的活动，才传播到中国来。具有欧罗巴种血统的西方的游牧民族及其文化，何时已来到今天的中国境内并发生影响，在古代又曾出现过哪几次高潮，至今尚未进行深入的、充足的研究。但现有的一些材料，已可大略看到，约当公元前二千年左右，甘肃、青海一带马厂直至卡约等文化中突然兴起的洞室墓，应当是受到源自黑海一带的洞室墓文化的影响才产生的。新疆哈密一带发现的洞室墓，墓型更接近黑海一带的，如从各文化都会具有的一种文化延续性方面来考虑，则哈密一带的这种遗存，不管是早于马厂、卡约还是晚于马厂、卡约，都可以视为是黑海一带游牧文化向东传播的一个中间站。这种洞室墓，在商周之际至西周时期，还曾向东影响到陕西的关中之地，包括西安沣西的丰镐之地。

也就是在西周时期的周文化中，正出现了铜剑。综合上述的这些现象，应当可以认为，周人的使用铜剑，正是通过北方游牧民族的中介而受到欧洲南部的青铜文化的影响才出现的。

铜剑的这种传播关系，在中国古文献中亦留下了蛛丝马迹。

对于周初武王灭商这件大事，《史记·周本纪》曰："至纣死所。武王自射之，三发而后下车。以轻剑击之，以黄钺斩纣头，悬太白之旗。"《周书·克殷解》则曰："（武王）乃克射之，三发而后下车，而击之以轻吕，斩之以黄钺，折悬诸太白。"《史记正义》和《周书》孔晁注，均以为"轻吕"是剑名。但近人则多知其为《汉书·匈奴传下》中所说的匈奴用物"径路刀"的另一转音。匈奴的语言究竟是什么，至今不得其详，所以"轻吕"、"径路"是何种语系的哪一个辞汇的对音，尚不能明；但由此材料已能推知周人便以为当时的短剑是北方游牧民族传来的。

所谓"轻吕"、"径路"之剑，在西汉时又曾称之为"径路匕首"。此如近年连云港市尹湾所出简牍中有《武库永始四年兵车器集》，其中一条载有"径路匕首二万四千八百四"（编号为YM6D6正，见连云港市博物馆、中国社会科学院简帛研究中心、东海县博物馆、中国文物研究所：《尹湾汉墓简牍》图版17页左、释文109页，中华书局，1997年9月）。"轻吕"、"径路"既曾被称为"径路匕首"，可见是一种短剑。上面提到的那些我国所出西周时期的铜剑，正皆为短剑。

到了东汉时期，则这种短剑（即“径路匕首”），便直称为“匕首”，如《北堂书钞》卷一二三武功部十一引《东观汉记》云：“邓遵破匈奴，得战匕首二三千枚。”“战”字于此无义，《御览》卷三四六引《东观记》则或作“剑”字，原文如作“剑匕首二三千枚”，并可证这种“匕首”正是短剑。但《书钞》同卷引《魏武策军令》又云：“孤先在襄邑，有起兵意，与工师共用卑手刀。”“卑手”当即“匕首”，可知曹魏之时又把“匕首”归入刀类。以后，直至今天，所谓“匕首”正往往指短剑形态的武器而言。

通过以上论述，当能进一步分析出剑是在西周时期通过北方游牧民族而传播到黄河流域的，也就能明白为什么这种武器在整个西周时期还比较少见而又是在陕甘等西北和北方地区才略为多见。但到了春秋以后，铜剑则在东周列国的诸文化中，迅速普遍起来。这当出自两个主要原因：一是此时的战争，已以步兵为主而不像过去那样是以车战为主。车战自然要用戈、戟和矛等长兵器，而步兵则以使用短兵器有利；二是平王东迁时，有一批西戎之族跟随着来到中原，他们把许多西北地区的风格进一步带到内地，其中当亦包括了使用短剑的习惯。现据《武库永始四年兵车器集》等资料，可知这种兵器是从“径路”演化成径路匕首再演化为匕首的。

在东周以后，直到近代火器使用以前，剑及功能非常接近的刀，长期成为中国的主要兵器。不过，刀要到西汉中期以后才真正成为主要武器。在刀、剑这种兵器中（不指工具），剑的来源更为古老，所以即便后来士兵作战主要用大刀，但在许多礼仪的场合中，剑始终占有最重要的地位。由这样一个历史过程来看，可以认为，在整个中国古代的兵器使用过程中，剑居于首要之位。

原为王振华《古越阁藏铜兵萃珍》（铜剑篇）一书之序，台北，1998年10月，后又略作补充。收入《古史的考古学探索》，文物出版社，2002年7月。

中国古代文化的离合及其启示

一

中国古代文化的分离与聚合以及离合情况给予我们的启示，是诸多人文学科都应当研究的课题。今天，我主要从考古学的角度来说一点看法。

从考古学来研究文化，在全球范围内，20世纪60年代以前主要是研究客观遗物的形态变化，如器物、墓葬形制、房屋建筑等，也包括风俗习惯。60年代以后，扩大为三大方面：物质、精神和社会结构。古文化就是物质、精神加上社会的复合体。

历史的过程是通过具体的人和事展开的。考古学首先重视很具体的物质遗存，藉此来探索人类历史发展进程中最基本的事物，如生产、生活、饮食起居等等。在这个基础上探索社会的结构，看似困难，实则还比较容易。从考古学现象研究古代意识形态领域问题则是更困难的，因为这种课题的实质是探索古人的灵魂。20世纪二三十年代英国史学家柯林伍德说“一切历史都是思想史”，这是有道理的。因为具体的事情总是按照想法来做的，想法的实现有各种自然条件和社会条件的限制，有很多具体形态。我们认识当今社会的意识形态领域尚有困难，去研究古人的灵魂，其难度可想而知。不过，以我个人的感受而言，从考古发现中去探究古代社会的精神文明，是考古学中最精彩的。

考古学上的文化是指各个时代人类活动的总体，是将物质的、精神的、社会的一切活动都包括在内的。考古学文化的概念早在20世纪二三十年代就已经形成了，这种文化是人类行为的表现，而人的行为又是各种各样的，所以世界上有不同的文化，我们就把某些行为称之为某某文化，它们有各自的特征和内涵。

人类学家在20世纪50年代深化了文化的概念，提出了一套文化生态学的理论，即一定文化是在一定的环境中产生的，人类为生存必定要发展出一套相应的技术，又决定了群体的结构和活动方式，而群体结构及其活动方式又决定他们对事物的看法。他们把文化视为已有思想传统积淀后的一种必然表现，使人做某些事情一定这样做而不是那样做，使人吃饭必须这样吃，穿衣必然这样穿……，而且限制人去做别的一些事情。这些行为的根源是一种心理状态。思想传统的形成使得人类的表现不一样，出现了若干不同的文化群体。

不同的文化，其基础都是一群人。用最近全球比较流行的人类学概念来讲，就是族群（ethnic group）。一定的文化总是和一定的族群相联系。中国文化是由中国人来实现的，日本文化则是日本人的文化。文化怎样划分，可以有不同的认识，基本上一定的文化总是存在于具体的族群之中。有什么样的族群，就有什么样的文化。这是文化得以存在并延续的基础。

总之，考古学上的文化是一个内容很宽泛的概念，把人类的一切活动都包括进来，有社会的、意识的、物质的、技术的等等，所以，这是“大文化”的概念。

二

基于这样一种对文化的认识，我想概括地讲一讲史学界、考古学界对四五千年以来到两千年前这段时间内中国文化的情况。主要讲黄河、长江、珠江流域和长城地带的古代文化，西藏、新疆等地的情况现在还说不大清楚，暂不讨论。

据目前全球的发现，大概一万年以前，在西亚地区出现了农业和畜牧业。这时的畜牧业还只是家畜饲养，而不是规模的畜牧。中国农业的起源从现有的发现来看，也在一万年以前。我们掌握得比较清楚的材料是八千多年以前的，但按照已得到的农作物材料来看，这之前应当已经出现了。西亚和中国是各自独立发展的，并不是互相传播的结果。

由于自然环境的原因，一万年以后到七八千年以前，中国的北方是旱作农业，种小米；南方种水稻，稻作的最北地区是淮河流域。北方沙漠草原地区的情况，限于材料，尚说不清楚，其边缘地区也许还是采集狩猎业为主；湖滨和沿海区域可能是渔猎业。

距今六至四千年左右，从黄河流域到长江流域，直到南方海滨，大致有八个大的文化区域。黄河中游，即陕西、河南、山西一带，早期是仰韶文化，后期是中原龙山文化。黄河下游，即山东半岛一带、包括江苏北部，早期是大汶口文化，后期是典型的龙山文化。长江中游，早期是大溪文化，晚期是屈家岭文化和石家河文化，石家河文化和龙山文化的面貌接近。长江下游，早期有河姆渡文化和马家浜文化，后来又经崧泽文化而发展到良渚文化。长江上游，从三峡开始，往上一直到成都平原，是新发现的一种文化。在三峡里发现的，现在我们暂时把它叫做“哨棚嘴下层文化”。在成都平原发现的，则叫做宝墩文化。但二者都是距今4500年前后的，更早的新石器文化最近才在三峡一带有少量发现，遗址很稀少，以打制石器为主，陶器少见。看来，文化的发达程度要低于中、下游地区的同时期文化。北方长城地带可以分为两个区，东部的内蒙古东南部和东北南部及华北北部地区是红山文化；西部的甘、青、宁一带是所谓的马家窑、半山、马厂、齐家文化等。第八个文化区域是长江中游往南，鄱阳湖、洞庭湖一带，甚至可以把鄱阳湖以南直到南海的地区和福建东部沿海地区都包括进去。这八个文化区各有特点，又互有联系。20年前，苏秉琦先生曾把这时期的古文化概括为六个大区，这是因为长江上游的古文化遗存那时尚未发现，而长城地带亦因材料不如其他地区充分而没有分为东、西两区。

在这八个文化区中，其后期文化发展程度最高的是长江三角洲的良渚文化。我举一个例子来说明。余杭县莫角山遗址约南北400米，东西600米，总面积20多万平方米，夯土为基，地基平均厚度有两三米，在上面盖了一系列建筑群。这个大台基的规模之大，在当时的全球范围内没有堪与比拟者。在这个中心区的周围，是首脑人物的墓地，也都夯了土台，墓中出土一大批精美玉器。如此精致的玉器和规模宏伟的建筑遗址在黄河流域是没有的。

到距今四千年左右，夏文化开始确立。它主要包括两个大区：一是嵩山周围的嵩洛地区，所代表的是二里头大型宫殿区；二是晋南区。这两个区的文化不大一样。二里头文化，从时间和地域分布看，与文献中关于夏的记载基本一致。这个文化的地域很窄，比商代小得多，只是在豫西、豫北、晋南有一点，影响可能达到长江，但影响的地区不大。从嵩洛、晋南两种不同文化来看，夏文化本身至少有两大族群。这两大族群肯定有一定的差别，但又都属于夏文化的大范畴。夏王朝与周围地区的关系是一种贡纳关系。它不直接控制这些地区，而是通过周边地区称臣纳贡来维系与这些地区的联系，夏文化因此也影响到周边各个区域。

这一时期最引人注目的现象是，上一阶段的各种文化都发生了较大的变化。良渚文化突然消失了，其后的马桥、湖熟文化表现出衰落迹象。这种现象的出现有几种可能的原因：一是战争破坏，把它消灭了，但这在考古所见现象和历史文献中都没有踪迹可寻，它的周围在当时也没有其他的族群有那么大的力量可以将其一下子全部打光。第二种可能是，在四千年前后，气候变暖，雨量增加，洪水爆发。传说中的大禹治水不是一年两年的事，而是连续多年。海水也在上涨，海浸将沿海一带全部淹没。在这种两头夹攻之下，良渚文化一下子衰亡了。这是自然环境变化的原因，现在同意这种看法的人慢慢增多了。

东部的龙山文化变成了东夷的岳石文化，其发展水平比新石器时代晚期的山东龙山文化相差很多。各种城址、聚落址缩小，蛋壳陶没有了。文化与前一阶段没有很明显的直接连续性，好像是新产生的一样。这和南方的马桥、湖熟文化与良渚文化的关系很相似。

东北地区的辽河流域在红山文化之后也出现了新变化。夏家店下层文化和红山文化有较大的区别，也不是直接演变而来的。其南部地区的这种文化可以归入到东夷系统之中。

甘、青、宁一带的马家窑、半山、马厂、齐家文化也没有了。代之而起的是新的彩陶文化，即辛店文化和唐汪文化，还有彩陶并不发达的卡约、寺洼等文化。这些文化就是羌戎的文化。过去半山文化等有着比较发达的农业，这时候变成了以畜牧业为主，人们不再定居，以马上生活为主，在某一地点的居住时间很短，所以遗址的规模很小。这个地区从农业变为畜牧业的主要原因是气候变冷了，在这种高原地区已无法维持农业了。

在长江流域的上游，从鄂西三峡一直到成都平原，出现了巴蜀文化。中游自鄱阳湖往南，沿着石峡那一类文化传播下去，是以几何形印纹硬陶为特点的古代越人文化。

当中国历史上第一个王朝——夏建立时，许多地区的文化与五千年前已有很大的不同，表明其族群的存在状况发生了极大变化。到商代，文化又一变。

商人和夏人是两个族群，文化不同。商文化不是夏文化的延续。早期的商文化分布在太行山东侧、河北南部的漳河流域一带，后来扩展到河南地区。整个商文化可分为两大阶段，即二里岗文化和盘庚迁殷后的殷墟文化。二里岗下层文化范围很小，但上层文化分布范围很大，东边一直到山东的潍坊、临淄一带，南方到长江北岸，影响可达江西，北边到燕山脚下，西边到关中，这比后来殷墟文化的范围大得多。商代后期，有一些商人受封在各地建立方国。从现象上看，包括盘庚时期都有可能处在分封阶段。我们在山东一些商代贵族大墓出土的铜器铭文中可以找到当地的商人统治者。在商代，夏人肯定还存在，也受封，但夏文化却慢慢消失了：由于征服战争，夏文化被吃掉了。尽管如此，夏文化对商人还是有影响的，包括青铜礼器、建筑技术、政治和礼仪制度，等等。孔子在《论语·为政》中说："殷因于夏礼，所损益可知也。"这当是有根据的。

商代以后是周。周人的文化起源地是陕西的泾河、渭河流域，应属陕西龙山文化区。以此为基础，又不断接受其他文化的影响，促进了自身的发展。首先，在所谓的后稷时期夏文化肯定已经对周人有影响。其次，商文化从二里岗直到殷墟时期都对它产生了影响。同时，北方戎狄的影响也不容忽视。周人代商之后，进行了两次大分封，一次是武王灭商之后，一次是成王东征之后。周人分封诸侯基本上是以同姓弟兄为主，只有少数诸侯国如楚、吴、越、徐等是异姓。令人吃惊的是，西周时期各地诸侯国的文化面貌与周文化非常接近，而它们自身的文化因素并不十分显著。各国本身文化因素的欠发展反映出周人对各地的控制非常严。从文献记载来看，周朝与诸侯国之间的朝贡关系是比较紧密的。

这种文化趋同的现象随着西周灭亡、平王东迁而发生了很大变化。春秋时期，特别是春秋中晚期，各地的面貌大为改观。周天子的力量衰落了，无法控制各地，各地自身的文化特征逐渐发展。大的诸侯国已有强烈的自己特征的文化了，周文化却开始成为附庸文化，成为晋国的附庸文化。这一历史变化充分说明政治的控制力量对文化影响之大。统一的政治控制一旦减弱，文化的独立性就会随即加强。

最迟从周初开始，以黄河流域为中心的华夏地区开始被称作"中国"。陕西宝鸡出土的西周初年的"何尊"铭文和《礼记·中庸》及《孟子》的"滕文公"、"离娄"、"万章"、"告子"、"梁惠王"、"公孙丑"等古文献中都有这样的提法。这时，"中国"的范围指的是四裔之内，在"中国"居住的人就叫"中国人"。这也反映了中原地区人们在文化上的相互认同。围绕在“中国”周围的是北狄、西戎、东夷、南蛮等。

中原地区统一文化的形成，经过了一个较长的历史过程。夏商周三个族都有其同盟的其他族群，与后来的四裔都有关系。禹和皋陶轮流执政，肯定是有联盟的，即夏和夷联盟。商与北狄、周与羌既是联姻集团，又是联盟集团。所谓武王克商，实际上是周人与羌人联盟征服了商人。由于历史的前进，一些族群逐渐融为一体。但需要说明的是，夏、商、周都是与夷、狄、羌人中的某一支联盟，而不是和所有的支系联盟。最后融入夏商周人中间的，也只是具体的某一支。广大的夷人、狄人、羌人依然存在。

战国之后是秦。关于秦的起源有不同的说法。有人说是从山东地区迁过去的，这种看法恐怕欠妥。很难理解三千年前会有人从山东远徙至甘肃东部建立国家。从文化来看，特别是从文化主体来看，秦是从甘肃地区发展起来的，大概在西周孝王以后接受了许多中原文化，特别是周文化的影响，秦文化就真正形成，在西北的许多支土著青铜文化中独立出来，显著起来。它的文化显得比较特别，与东方六国的文化相差很大。在征服六国的过程中，秦军打到哪里，哪里就发生变化，全部按照秦的模式来重建文化。但秦的统治时间很短，15年就完了。要不是只有15年的话，可能秦以后的汉代就没有什么汉文化了。在战国到秦朝这段时期内，有两个最主要的思想体系，即儒家和道家。儒家思想起源于鲁国。孔、孟都是那里的人，儒家思想的影响则一直达到长江流域。道家思想在江淮地区有很大的影响。老子的思想肯定是在南方发展的。他是苦县人，苦县在楚国的最北端。楚国墓中就出土了比较多的道家著作。法家的起源应当是在三晋，最后在秦国发达。商鞅变法之后，秦国以法家思想为指导，征服了六国。

西汉文化的形成是比较特殊的。它的政治制度，如官制、郡县制、二十等爵制、货币制度、度量衡制度基本上继承秦制，但意识形态方面则最初是盛行黄老之学。汉代初期马王堆三号墓中出土了几十种帛书，有《老子》两本、数术类阴阳五行之书和《战国策》等纵横家的书。这几十种书中，属于儒家的作品极少。由此可见，汉代初年黄老思想确实是当时社会的主流思想。从总体上观察，汉代在秦之后，行政管理制度是秦的，思想则是楚国的黄老之学，生活习俗则基本恢复了东方六国的旧俗。

到汉武帝时期，情况发生了较大的变化。其中最重要的就是“罢黜百家，独尊儒术”，把思想意识形态固定为儒家学说。董仲舒的儒家学说有两条是最根本的，从世界观来说是天人感应、天人合一；从社会道德观念来说是三纲五常。这种思想一经提出，就建构了汉代文化的基本框架，从此以后，与先秦时期有巨大差异的一种新文化开始了。

“独尊儒术”对中国最深刻的影响是，中国没有成为一个政教合一的国家。政教合一的国家最初主要出现在中东，如两河流域和古埃及，后来的欧洲也是这样。基督教也本是在中东产生的，传到欧洲以后，于4 ~ 7世纪后长期成为国教。7世纪伊斯兰教在中东兴起，也成为这一地区的国教。政教合一的国家常常要将异教徒赶尽杀绝。中国本来在三代之时政教就未完全合一，后来虽然有可能成为这样的国家，但由于儒家思想成为国家的正统思想，这样的可能性就变得很小了。因为儒家思想毕竟是一种社会的、人间的思想，它居于正统地位后，所有宗教都可以并存。西汉晚期，道教出现了，佛教传入了，但它们只能排在第二位、第三位……。在这样的国家政体中，可以多宗教并存，这种多宗教并存的局面对于中国多民族国家的形成有着重要的意义。信仰不同宗教的民族可以和睦相处，而不是彼此残酷迫害。有了这个基础，多民族才有可能在一个国家内长期共存。欧洲后来形成为民族国家，中国则长期是多民族统一的国家，其中一个重要原因就是历史文化传统上的这个差别。

春秋战国以来的文化分离趋势到汉代统一起来。黄巾起义后魏、蜀、吴三国鼎立，这三个国家的文化又不大一样，蜀基本上继承了汉的传统；魏也是汉的，但稍有变化；吴却是继承着许多长江中、下游文化特征的另外一种文化。西晋短暂统一之后是南北朝大分裂时期，南北的文化差距很大。到隋唐时又逐渐统一了。以后的宋、辽、西夏、金有相当的一致性，但又各有特点。蒙古人征服中国后建立的元朝，对整个中国文化来说，加入了许多新的文化因素，但恰恰出现了一个大统一的局面，结果是许多蒙古人的文化被汉族文化同化了。后来的清朝也同元代情况类似，满族文化同汉人文化的一致性比前代大为加强，结果是中国文化的一致性空前加强了。

中国文化按长江、黄河到海边这个主体来说，分分合合有多次。四五千年以前，文化分得明显，夏代合了一点，西周时很多文化合得很近，东周又分离得更明显一点。秦有可能合，但它太短命。汉代合了，三国和南北朝又分了。以后又出现过多次的分分合合。在分的时候，各个文化之间也有互相接近的地方，但差异性是扩大了。

今天，探索中国文化怎么合、怎么分，是很复杂的。从中国的自然疆域来看，西南是青藏高原，西边是大荒漠，北边是寒冷地带，东边是海洋。在这样一个较为闭塞的环境中，外来文化在一定时期不容易进入。就内部文化而言，一万年前后就分成了几大块，后来又渐渐聚合了。合合分分，我觉得其中看不出什么必然性。我认为有两大因素在这个过程中起了比较大的作用：一是族群，族群内的必然要合，亲缘关系比较近的族群的文化也容易合；二是政治，政治力量对文化的分与合有着巨大影响，统一王朝的文化以合为主，分裂时期则呈现文化各自发展的趋势。从总的情况看，决定离合的最关键因素是各族群的主观认同程度。

三

以上，就我国古代特别是先秦两汉文化的聚合和分散作了简单的介绍。从考古学文化的观察出发，我觉得可以得到如下几点启示：

首先，我们提出的大文化的概念，主要基础是族群。一个族群就会形成一个文化，大的族群内部当然还有区域性，血缘及文化传统相似的族群常常会形成一个空间范围很大的文化系统。按照人类学的概念，族群的形成有许多要素，比如血缘关系和共同的语言、共同的文化传统，以及主观认同。其中，有三方面最为重要：一是语言，方言可以不同，但语系必须一样；二是文化的共性，尤其是信仰；三是主观认同，即承认自己是族群中的一分子。从历史来看，如果族群发生了变化，它的文化也随之发生变化。如果一个族群被消灭了，以这个族群为基础的文化也会消失。就全球范围而言，在四五千年来的四大文明古国中，只有中国文化还基本是一脉相承地延续下来。

第二点，在文化的几个要素中，思想体系是相当重要的方面。文化内涵的表现形式很多，有风俗习惯、文学艺术，甚至社会结构的形式也是文化的一种表现。但对文化现象各方面起决定作用的是思想体系。一个文化，它的思想内容决定它的行为规则。尽管由于技术能力不同或外在环境差异，同一文化的表现形态有可能不同，但作为其实质内容的思想内核则是一样的。从这个角度来说，文化的思想体系是文化中最主要的方面。当然，在同一文化传统内，思想体系是会发生变化的，时间一长，还会发生阶段性的大变化。例如，我国的三代文化和两汉文化尽管存在着沿袭性，但却明显属于两大阶段，差别是很大的。再往后，也会继续出现阶段性的大变化。

第三点，我觉得各种文化差异的出现是由两方面的因素决定的。一是自然环境，北方旱地农业，南方稻作农业，很显然是由自然环境决定的。自然环境对于人类文化面貌的影响，越往早期，人类能力越低的时候，其作用越强；越往后，影响越小，但不会彻底没有。文化对环境的适应性，归根结底在于人类能力的有限，对于大自然的力量来说，人类的力量，即使是数百年以后，仍然是微弱的，所以对环境还将存在着适应性。二是历史进程的影响。这个影响是非常复杂的，应具体问题具体分析。文化的变迁，有的是长期接触、相互影响的结果；有的是征服的结果。一个民族被另一个民族征服了，在文化上会出现两种可能的现象：一种是征服者的文化代替了被征服者的文化；另一种是被征服者的文化吃掉了征服者的文化。第一种情况很容易理解，第二种情况则需要两个条件。首先，被征服者的文化要高于征服者；其次是人数的作用。如果被征服者人数很多，征服者人数很少，长期在其中生活下去，征服者的文化非常容易被同化掉。如果征服者是北方的族群，当到达南方以后又一定要适应南方的环境，其文化的面貌也一定会发生相应的变异。

第四点，在中国已往的历史进程中，如果观察文化离合的总过程，根本看不到有什么“多元一体”这种现象。文化是离是合，或者说是以合为趋势还是走向分裂，关键在于社会经济的一体化程度和政治措施是否有利于各种族群达到和解。如果政治会促进经济一体化的加强和不同族群的关系融洽，文化上的聚合就会加强；反之，原有的统一趋势也会发生变化，走向分裂。假如认为“多元一体”是中国各族群客观存在的一种天然属性，反而容易误导出一些促使文化分离的政策或措施。

第五点，对于决定人类文化最本质内涵的因素来说，其实还是人的本能。人的本能，因文化传统的差异在若干方面当然会受到不同形式的压制和作出过不同方式的追求，但作为人类的本能需要，又一定会追之永恒。所以，对研究人类及其文化而言，了解人的本能当然至关重要。

可惜，关于人类本能的研究，至今还远远不够。不过，有的心理学家，如亚伯拉罕·马斯洛（Abraham Maslow）在“需要层次论”中曾提出过如下几种最基本的需求，即生理需求（包括空气、水、食物等维持生命所必须的一切，以及性生活等）、安全需求（即安全和保障）、归属与爱（群体归属感、爱人与被爱）、尊严（自我尊重和尊重他人，包含平等）和自我实现（如有满足感、秩序、有意义等）等等。前三者被视为人的“基本需求”；后二者被视为人的“发展需求”。

我觉得，还需要突出强调的是，要求大同也是人的本能需求。讲到大同世界，也就会联想到全球文化的统一。把要求人人平等看作是人类的本能需求是很容易理解的。把大同世界看作是人类永不消失的愿望，也至少已经有几千年的历史可作证明。中国古人早在两千多年之前的《礼记·礼运》中就提出了人类大同的理想。在欧洲也出现过许许多多实现这种世界的构想，如大家熟悉的傅立叶等。几千年来，人们提出的实现世界大同的构想，有的根本没有付诸实践，有的实行了却没有成功，如苏联进行的社会主义建设。对于实现文化的统一来说，推广世界语可谓是其中的一部分，也没有成功，但今后，这种本能的需求还会继续表现出来。当然，要达到这样的美好愿望非常困难，而且实现的手段和途径也要经过长久的探索。如果回顾以往的历史，世界大同和文化统一可能是一码事。要真正实现之，至少应先做到两点：一是物质上的满足，从人类生产能力的发展速度来看，达到这一点不会太遥远。二是信仰和对不同文化在认识上取得平等地位，没有这样的平等观念，全人类的平等不可能达到，全人类的文化不可能合到一起，世界大同也不可能实现。

要走到这一步，当然还是很长久的事。但现在，我们还是可以为这个伟大理想的实现做一点点工作，那就是抱着普遍同情的态度，呼吁不同文化的平等地位，为文化向聚合的方向发展和大同世界的来到，铺平认知上的道路。

附记：本文是作者1999年秋在中国文化书院所作的演讲。北京大学硕士研究生陈爽同学曾根据录音整理成稿，经作者审定后在《北京大学研究生志》（内部刊物）2000年第1期发表。后收入《古史的考古学探索》（文物出版社，2002年7月），正式发表。

凌家滩璜形玉器是结盟、联姻的信物

安徽省含山县凌家滩的新石器时代晚期遗址，曾由安徽省文物考古研究所于1987年春、秋和1998年共进行过三次发掘，均出土了大量精美玉器。1987年发掘出的玉牌、玉龟、玉人等物，自1988年底开始向一批同行公开后，很快向世人作了广泛介绍，立即引起很大震动。1998年发掘所得玉器，内容和第一次得到的不大一样，但同样精彩，现在予以公布，必将引起第二次轰动。这几批玉器的重要性，不仅因其制作精致而将我国玉器工艺已经发达的时间提早到了5000年前，尤其在于提供了大量当时安徽中部巢湖地区一系列意识形态的信息，而且还能通过对一些反映信仰、习俗的遗物的分析，得到许多有关社会结构状况的新认识。在考古学、历史学、人类学的研究中，这是极为难遇的新材料，无怪乎已经引发了大量的论述。我相信，在这批玉器资料公布后，一定会出现许多新的重要论述。

我在1999年12月访问中国科技大学时，承安徽省文物考古研究所杨立新、张敬国等先生的厚意，得到了半天观察1998年发掘出的玉器的机缘，看后，自然难以抑制内心的兴奋和激动。我发现一些璜形玉器在使用上具有类似“合符”的现象，极为罕见；又看到一些虎头璜形饰，觉得与后世的虎符可能存在某些渊源关系。张敬国先生希望我把这些想法写出来，并特意邮寄来一些照片和文字说明。我对凌家滩玉器的全面情况并不了解，本不敢起笔，但盛情难却，故草此短文，目的仅仅在于提出这个问题，以期引起更广泛的探讨。

凌家滩1998年发掘出土的这种璜形玉器，我所知道的共有7件，根据张敬国先生所作说明和我的观察，简述如下。

一件出于87M8（87M8:26），两端饰有对称的虎头，长11.9、宽1.9、厚0.5厘米。通体作半环形，与通常所见玉璜没有什么差别，应当就是一种佩饰（图一）；但却是已知玉璜中时代最早的一件。

另外六件的形态则不一样，其两端虽皆弧形向上，略似璜形，两端亦皆有小孔，可供佩戴，但其体部比较平直，而不像常见的玉璜那样作成半环形，应该是另一种物品，暂且定名为“璜形器”，以示与真正的玉璜有所区别。

这种璜形器是新见之物，下面就主要讨论这种器物。

这种璜形器与真正玉璜最重要的差别在于当全器制成后，又于正中央位置将该器一分为二，成为两个半截璜形器。但又在中分线的两旁，于全器下方的底侧，即肉厚部位上，分别碾琢出一个未透小孔以及连接两个小孔的一条浅凹槽，就像是一个榫卯结构。在此可以嵌入一根两端带有小突起的细木条，从而把已被切割为两半的璜形器重新“合”成一个稳定的整体。从使用功能的角度分析，这种现象反映出此类璜形器在使用过程中是可分可合的，分与合的使用意义必不一样，但又一定统一在这种璜形器的基本用途之中。

此外，这种璜形器据两端所饰图形又可分为两组。一组是两端都饰虎头；另一组则一端饰鸟首，另一端饰其他动物。出土时，饰虎头的大都只出全器的半截；饰鸟首与其他动物图形装饰的皆为两半合拢后的整器。

以上所述，是概括全部璜形器后得到的几个基本认识，下面则先逐件说明这六件璜形器的具体情况，再讨论其性质和所反映的问题。

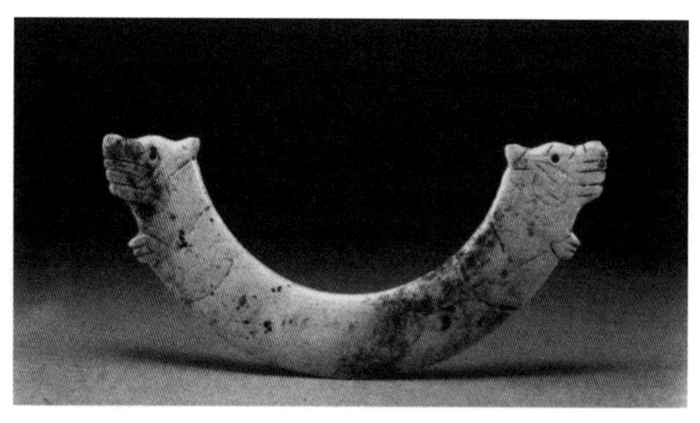

图一　凌家滩出土璜形玉器（87M8:26）

有三件半截器皆有缺损，其出土情况不详。一端皆饰虎头图形，另一端则残损程度不一。不过，比较下述诸器，可知都是全器的半截部分。其中，一器残长15厘米，故知全器原长当在30厘米以上。

有一件完整的半截

器，出土于87M15（87M15:109）。一端饰虎头图形，另一端有极为平整的切割痕迹，故知现存的形态是特意制作而成的，并非意外造成的断裂所致。下方肉厚部位上的小孔与凹槽痕迹清楚。因只剩半截，孔、槽痕迹亦只是一半。这半截部分长16.5、宽1.9、厚0.8厘米，全器全长应为33厘米左右（图二）。

这四件虎头璜形器，都只出土半截，故另一端所饰图像，自然未能见到。但这半截既可能是全器的左半，也可能是右半，所以只要从左右可能性参半的或然率来考虑，就可基本推定全器的两端皆饰虎头。这种璜形器的两端所以饰以虎头，应当同其用途有内在联系，这就需要从当时的观念中去寻找，有什么人类活动是同猛虎紧密联系在一起呢？

早在5000年前的凌家滩居民的观念活动，今天当然难以找到能作明确说明的材料，但两千年后的西周初期及以后的材料，却可帮助解开这个谜底。

如《尚书·顾命》曾谓周成王崩后，“俾爰齐侯吕伋以二干戈、虎贲百人，逆子钊于南门之外”。于是知道，周初就把守卫保护周天子的武士叫做“虎贲”。又如《周礼·地官》亦把这种武士叫做“虎士”，并把将领称为“虎贲氏”。周人显然因为猛虎勇敢有力，才这样称呼其战士与将领。《周礼·夏官·鼓人》又说当时的军乐为“金錞和鼓”，“金錞”即指青铜錞于。现知，从春秋晚期江苏镇江、丹徒吴国墓葬到战国两汉时期的巴蜀青铜錞于顶部都铸有虎钮，可见连军乐之器也要同猛虎发生关系。这一系列材料充分表明，自周初以来的一段很长的时间内，人们大概把猛虎视为“战神”，因而许许多多与军事活动有关的事物，都要同猛虎联系起来。

显然，也是出于这种观念，从东周至隋朝，中央王朝向各地调兵遣将的信物也作成“虎符”，即制作成虎形铜符。该虎符，一剖为二，一半存于中央王朝，另一半发给各地郡、府，如要各郡、府发兵，须以朝廷

图二　凌家滩出土璜形玉器（87M15:109）

所存的半个虎符为凭证，派遣使者带着虎符到各地下达发兵之令。如果合符，即应发兵。

把猛虎同军事活动联在一起的观念，当在西周以前就已经发生，但究竟能早到什么时候，过去是没有能力作出具体推测的。现在却因凌家滩出土了带有合符记号的虎头璜形器，就能联想起那时已经出现了这种观念。

在凌家滩遗存所处的5000年前的时代，各地已经形成了许多空间范围很大的部落集团，不同部落集团之间争夺资源的战争，正是此起彼伏，日益加剧。在这种形势下，不同部落乃至不同部落集团实行结盟，订立军事同盟的活动，应该已经是很普遍的事情。在那种文明时代来临前夕，订立这种盟约，双方通常会各持信物，祭天为证。这种璜形玉器既然皆一分为二，并有合拢时相互契合的记号，出土时又皆只有半截，暗示出另一半存于他方，在可以估计到的当时的历史条件下，如果不是结盟双方分持的信物，又能是什么呢？如果再从这种信物两端所饰虎头图形来考虑，这种信物如果不与军事结盟有关，又能是什么性质的结盟呢？

当然，在5000年前，两个部落或者两个部落集团的结盟，其核心就是军事结盟。所以，所谓一般意义上的结盟和军事结盟本来就是一回事情。

对于这四件璜形玉器，还有两件事情应当作进一步的思考。

其一，这四件玉器是否同时存在？

如果四器存在的时间前后相接，那就可能是凌家滩部落与另一部落长期结盟的一种带有连续性质的信物。也就意味着，每到一定时期（如首脑更替等），将再次制作信物，因此在凌家滩就已经发现了四件这种信物。如果是同时期的，则意味着凌家滩部落至少同四个其他部落有联盟关系。

但不管属于哪一种情况，凌家滩部落应不是一种独自活动的社会结构，而是和周围其他部落已经或多或少地建立了盟约关系，至少是一种部落联盟结构中的一个群体。这也就意味着凌家滩遗存在处理与周围世界的关系时，已经需要从更大范围的群体结构的角度来考虑自己的行动了。

其二，作为军事结盟信物的虎头璜形器，在原有掌管这种信物的部落首脑死亡后，从通常考虑出发，理应转给新的首脑，不会成为随葬品，但现在却出了四件，又应当怎样理解呢？

一种可能是结盟双方每逢一方首脑更替或死亡，将重新制作新的信物这种旧的信物已被弃置不用，自然可以用来随葬。另一种可能是，这四件都是仿制的明器，真正的信物已经转给新的首脑掌管。还有一种可能是，旧日的联盟已经破裂，这些璜形器只是作为往日辉煌的“纪念品”而葬入墓中的。但从这种信物竟然出土四件之多的情况来考虑，最后一种的可能性最小。

关于虎头璜形器的讨论，至此似乎可以暂告一段落下面讨论另外两件鸟首璜形器。

这两件璜形器，两端皆有供佩系的钻孔，其所饰，既非虎头，而且是两种不同的动物。一件出土于87M15（87M15:40、106），一端饰鸟首，另一端顶部平直，所饰之物不可名状。该器长18、宽2、厚0.4厘米（图三）。另一件出土于87M9（87M9:18、17），一端亦饰鸟首，另一端的动物作出嘴部，但是鱼是兽莫辨。该器长16.5、宽1.5、厚0.5厘米（图四）。二器的下方肉厚处都有孔、槽内凹的榫卯结构，设计甚是巧妙。最奇特的是，两件器物均为已经“合符”的整器，即出土时左右两半截已经合拢在一起。而“合符”后（整器）的长度又小于上述虎头璜形器一半左右。这些都表明了它们的性质同虎头璜形器是不同的。

图三　凌家滩出土璜形玉器（87M15:40、106）

先讨论两端分饰两种动物的含义。

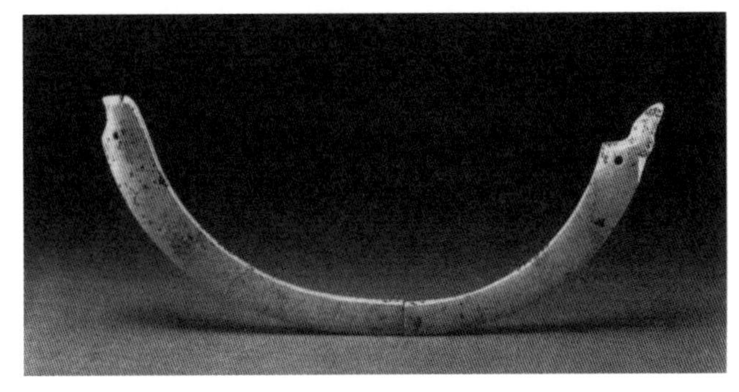

图四　凌家滩出土璜形玉器（87M9:18、17）

一器既饰两种动物，就不能像虎头璜形器那样，从所饰动物在人们观念中与某种行为的特定关系，来寻找其所依存的璜形器的用途。因为既有两种动物，如果找出两种行为的特殊关系，同璜形器只能具有一种用途的性质势必发生不可调解的矛盾，无法找到结果。所以，只能以一种用途为前提，进而找寻两种动物的性质。

惟一妥当的解释是，两种动物就是两个氏族的图腾祖先的象征物。一件璜形器上出现两种图腾，自然意味着这件璜形器就是两个氏族—部落实行“联姻”的信物。

应当注意到，这两件璜形器一端皆饰有鸟首这一现象。凌家滩的地理位置位于我国东部地区，即古史传说中屡屡提到的东夷、淮夷等集团活动的区域，他们刚好以鸟类作为图腾祖先。这就可以认为，璜形器上的鸟首正是当地居民的图腾祖先的象征物。另一端的其他动物自然就是他地其他氏族的图腾祖先的象征物。两种图腾共处一器的现象，无疑正意味着此器是两地氏族—部落实行通婚的一种物证。

外婚制是古代社会的一种普遍制度，图腾的一个重要作用就是为了贯彻氏族外婚。这里牵涉到人类学关于生物—文化一体性的复杂理论体系，在此不容详论，我们曾在《图腾制与人类历史的起点》(《中国历史博物馆馆刊》1996年1期。已收入本书）一文中论证了人类起源—图腾制—外婚制“三位一体”的观点，这里就不再征引了。拿后世的例子来说明，最典型的就是周代实行的“同姓不婚”。凌家滩所处时代的人们自然也实行着氏族外婚制，所以鸟图腾的本地居民一定和其他图腾的外氏族进行通婚。

但这种璜形器皆以珍贵的白玉为质，表明通婚双方都是首脑集团圈子里面的人物。可以为此推测提供有力证明的是，鸟首璜形器（87M15:40、106）和虎头璜形器（87M15:109）共出于87M15中，这也就说明它们的用途是有区别的。如前所述，后者是军事结盟的信物，当然归部落酋长掌管，这足以说明这位首脑即是以鸟为图腾的氏族首脑。正因为这种身份，对于这样的通婚，这里使用“联姻”来称呼。在5000年前的时候，部落联盟乃至联盟集团正在愈滚愈大，这样一些群体的首脑之间的通婚，含有很多政治需要，双方通婚也就意味着结盟，使用“联姻”一词就更能表达出这种意义。这样的联姻自然常会继续若干世代，并往往在双方的子女间先订立婚约，以后再正式成婚。可以设想，作为这种联姻信物的璜形器就会在确定婚约时制作出来，当实行了一定的仪式后，双方先各持这种信物的一半，合婚时加以合拢，从此不再分开，死后即葬入墓中。正因为如此，作为联姻信物的璜形器在墓内出土时，就都是合拢后的整器。

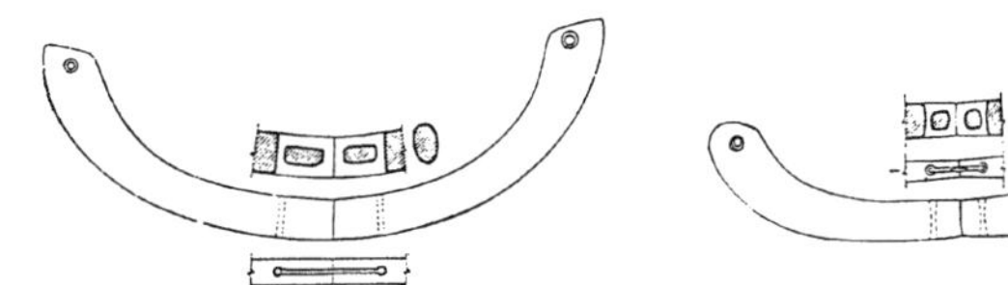

图五　北阴阳营墓葬出土璜形玉器

左：M191:1　右：M39:4

以上对六件璜形器所作的各种解释，当然都还只能算作是一种可能性的推测，但毕竟是在对江淮流域5000年前文化所达高度的已有认识的基础上，又根据凌家滩璜形器上新见的一些迹象而提出来的。具体的解释，可能还有许多不妥处，但这批材料给予最大的启示，其实还是在于使我们进一步感觉到，三代之时乃至更晚一些时候的若干事物，其源头往往会比原有估计的时间要古老得多。如此，对许多文化传统形成时的前期积累时间，以及长期存在的生命力，都应该比以前有更充分的认识。这些问题，恐怕在今后人类学、历史学和考古学的理论研究中，要给予更多的关注。

2000年5月6日晨于北京小石桥寓所

补记：

凌家滩出的璜形玉器，其实早在1955～1958年就在南京北阴阳营墓地中被发现过，只是直到1993年正式报告出版时，还误认为器侧肉厚处所设孔、槽是为修复被折断的玉璜而作，没有看出这是制器时的专门设计。

北阴阳营所出此器共2件（图五），皆为墓内随葬所用合符后的完整之器。两端皆略呈弧形，但没有作成动物形态。一器为M191:1，长17.3、宽1.2～1.7厘米。另一器为M39:4，长15.5、宽1.1～1.5厘米（南京博物院：《北阴阳营——新石器时代及商周时期遗址发掘报告》74、75页，文物出版社，1993年3月）。这二器既为合符后的随葬品，应是联姻信物。

2000年8月至2001年元月在发掘江阴祁头山的马家浜文化的墓葬时，又发现了1件璜形玉器，形态同于北阴阳营的出土物，并且也是合符后的随葬品，当然也是联姻信物。

如把凌家滩、北阴阳营和祁头山出的璜形玉器合在一起观察，可见凡被推定为结盟用的虎头璜形器，全长为 30 ~ 33 厘米左右；被推定为联姻用的璜形器，全长只有 15.5 ~ 18 厘米左右（祁头山的出土物刚刚发掘出来，我虽看到照片，尺寸不详，此处未计入，从照片上所见长、宽比较估计，也是较小的那种）。结盟时所用的璜形玉器既然要比联姻用的大出一倍左右，显然反映出当时认为结盟的意义要大于联姻，所以信物也就做得大些。

祁头山是马家浜文化的遗存，可以分期，但发掘刚结束，整理工作尚未正式进行。初步看来，有不少是属于马家浜晚期的遗存。马家浜文化的年代据已知的 ^{14}C 数据，为距今 7000 ~ 5800 年左右（见邹厚本等：《江苏考古五十年》55 页，南京出版社，2000 年 10 月）。祁头山璜形器的年代大约在距今 6000 年左右。

北阴阳营所出璜形玉器，在上引《江苏考古五十年》一书中被订为北阴阳营二期，年代约距今 6500 ~ 6000 年（84 ~ 87、108 ~ 115 页）。看来，祁头山和北阴阳营出的璜形玉器年代差不多，都比凌家滩出的要早出千年左右。这就表现出以璜形玉器为联姻信物的习俗，在长江下游很早就已发生。

祁头山、北阴阳营和凌家滩出土物的年代既有这样大的距离，使用这种信物的情况有无差别呢?

这就需要比较三处墓地的整体情况。

祁头山遗址已发掘 630 平方米，发现墓葬 132 座，当时的墓地有多大还不清楚。在已发掘的墓葬中，联姻用的璜形玉器仅出 1 件。

北阴阳营墓地已全部发掘出来，共有墓葬 271 座。所出联姻用的璜形玉器共 2 件，未出结盟用的虎头璜形玉器。

凌家滩墓地已发掘出 44 座墓葬，尚未发掘的墓葬还有很多。在这片区域共采集和发掘到结盟用的虎头璜形玉器 4 件（皆只出半截），发掘出联姻用的璜形玉器 2 件（皆为合符后的整器）。

以上现象所反映的情况有三种可能性：

第一，北阴阳营和祁头山的年代较早，其时，部落与部落间，尤其是部落联盟与部落联盟间的结盟活动不像以后那样发达，所以难以发现专供结盟用的信物；甚至像虎头璜形玉器那种信物要到以后才出现。

第二，北阴阳营和祁头山只是本文化的一般的聚落地，墓地内所葬死者缺乏势力很大的氏族—部落或是部落联盟的首领，因而未出结盟用的虎头璜形玉器。凌家滩则是本文化中心聚落的重要墓地，埋了很多部落或是联盟的首领，所以出有多件虎头璜形器。

第三，上述两种情况，在这三个墓地中同时存在。当距今6000多年时，部落联盟虽已存在，但规模可能较小，联成一大片区域的部落联盟集团，很可能尚未出现，加上北阴阳营和祁头山墓地内死者的身份，顶多有个别的氏族、部落首领，虎头璜形玉器自然见不到。但到了距今5000多年的凌家滩墓地之时，规模很大、力量很强的联盟集团正在纷纷出现，加上凌家滩又是某一联盟集团首领们的墓地，因而结盟和联姻用的信物都出了很多。

以上三种可能究竟哪一种才符合当时的实际，只能等到获得了更多新材料后，才有能力作出判断。

2001年元月27日，旧历蛇年正月初四补记

原载安徽省文物考古研究所:《凌家滩玉器》,135～140页,文物出版社,2000年。后收入《古史的考古学探索》（文物出版社，2002年7月）时进行增补。

由夏文化探索引发出的考古学文化与族群关系的争论

一种新学科的出现，一般讲，需要两种基本条件：一是技术的发展使人们有了新的方法、手段和视野；二是有了改变当今社会的迫切要求，人们需要用新的人文关怀来观察、解释当今社会和已逝历史。考古学的出现就也是由于这两方面的原因。

近代考古学的诞生地是在欧洲。17 ~ 18世纪时，近代科学技术，特别是直接诱发出考古学理论、方法的地质学和生物学正迅速在走向成熟的道路上迈进，但传统的天主—基督教教义，上帝造人的神话，仍笼罩人间。为科学技术和社会结构的进步，必须冲破传统观念，扫清思想障碍，重新认识人类自身的历史。于是，考古学就应运而生。

我国的考古学亦是在这种历史条件中产生的。当辛亥革命胜利，最末一个封建王朝被推翻后，人们要求重新审视已往的历史。在五四运动后不久的20年代，我国就在好几个地点进行考古发掘，洋人和国人都拿起了锄头，土法、洋法一起上马，这样一种历史事实，深刻反映出了人们（尤其是知识界）希望重新认识历史的强烈愿望。但中国和欧洲古史的历史过程及思想文化传统却大不相同。就欧洲本土来说，进入文明时代的时间较晚，以后除了罗马时期，并没有大片区域统为一国的情况，所以欧洲考古学研究在发生初期的重点，在于寻找有文字记载以前的人类活动情况及其进步过程的阶段性。20世纪较早阶段英国资深考古学家赛思就认为，1859年英国由地质学家和考古学家联合组成的考察队肯定了法国北部的阿布维利为数十万年前的人类遗址，对近代考古学的真正发生具有转折意义。可以说，肯定旧石器和新石器时代的存在以及寻找其进步过程的阶段性，是从19

世纪中叶至20世纪初叶欧洲考古学的一个中心。两河流域、古埃及、克里特、迈锡尼以及古典时代等考古，虽然都陆续成为欧洲考古学家关注的重点，但真正做出大规模而又是科学的发掘，要到19世纪70 ~ 80年代起才逐渐实现的，况且大多数地点是在欧洲以外。从一开始就重视人类技术和文化进步过程的阶段性，是由欧洲的历史背景所决定的。

在中国，则至迟在司马迁的《史记》中已表现出，自传说中的五帝经三代至秦汉，被认为是一个单线变化过程。这种认识深入人心，包括学问很大的知识界人士，所以我国在考古工作刚刚开始的20 ~ 30年代，尽管对刚发现的周口店北京猿人、细石器、仰韶、龙山、良渚等文化也很重视，但还是把主要力量投向探索商、周文明，由中央研究院历史语言研究所连续发掘河南安阳殷墟遗址，北平研究院史学研究所发掘陕西宝鸡斗鸡台遗址和墓葬；尤以殷墟发掘所投力量为多。

殷墟是盘庚迁殷以后的商都，更早的商文化，在抗战以前的十年殷墟发掘中并不认识。这是在1952年开始发掘郑州二里岗遗址后才确定下来的。当把二里岗上、下层的分期问题基本搞清楚了以后，尽管最初多数人还以为这是中商时期的遗存，但寻找夏文化的需要已开始凸显出来。

在50年代晚期至60年代初，已经有人怀疑甚至提出过早于二里岗下层的郑州洛达庙、洛阳东干沟等遗存属于夏文化。1959年时，由徐炳昶先生率领的考察队，根据古史传说中所示迹象，踏察了豫西和晋南的若干地点，随后并选定河南偃师二里头遗址进行长期发掘，确定了二里头文化的存在，并认识到山西夏县东下冯的同时期遗存是二里头文化的一个区域性类型。从此，由少到多地有一批学者认为二里头文化就是夏文化。但也有一批学者认为河南龙山文化才是夏文化遗存。特别是在战国时阳城附近的河南登封王城岗古城发掘后，更进一步认为已找到了一个夏都遗址。依此认识，二里头文化就只能是一种早商文化。直到后来发现并发掘了偃师尸乡沟商城遗址后，由于史籍中有尸乡是商汤亳都的记载，而尸乡沟古城中又是二里岗文化的堆积，这就使大家只能认为二里头文化是早于商代的夏文化遗存。但二里头文化可以分为四期，究竟全部都属夏文化，还是早期是夏文化，晚期属早商文化的争论，仍然继续不断。

在整个80年代至90年代前半期，关于夏文化，主要存在着三种不同的认识：

1.河南龙山是夏文化，二里头是早商文化，二里岗是中商文化，殷墟是晚商文化；

2.河南龙山晚期至二里头前半段是夏文化，二里头后半段以后是商文化；

3.二里头是夏文化，二里岗是早商文化，殷墟是晚商文化，中间不要安排中商文化。

随着新发现的增多，尤其是偃师尸乡沟商城的肯定，第一种意见慢慢衰退了。

从1996年5月至2000年9月，在综合了历史、考古、古文字、天文、测年技术这五个学科而进行的人力甚众、资金投入较多的“夏商周断代工程”的研究中，关于夏代年代学的项目，首要确定的就是夏文化遗存究竟是何种考古学文化？在1997年初冬的偃师研讨会上，肯定二里头文化是夏文化的意见已取得了基本的共识。但会议以后，对于夏文化的起端问题，还是表现了很不相同的认识。在2000年10月发表的《夏商周断代工程阶段成果报告》中，则认为河南龙山文化晚期已是夏文化。但是在考古学者心中，实际上仍然存在着相当分歧，分歧的核心并不是时间早晚的争论，而是对考古学文化的界限、考古学文化与族群的关系等有关考古学文化的基本认识方面。

持河南龙山晚期属夏文化者，主要是以古史记载中所见夏代积年的期限来判定夏文化应当起于二里头文化以前的某一阶段，两种不同的考古学文化并非区别不同族群的界限。

不同意此论者则认为，两种不同的考古学文化当然不一定是分属两个族群，但同一文化的前后期别，却很难承认是两个族群。具体一点说，如果把河南龙山晚期定为夏文化，似乎就应承认河南龙山的早、中期也是夏文化，是一种尚未进入夏代积年的夏人的文化遗存。那么，作为河南龙山文化重要源头的某一类型的仰韶文化，能否就此肯定为夏人的早期先祖的遗存呢？先秦古族与考古学文化的关系能够沿着这样一种单线途径来寻找或思考吗？自70年代以来，探索先秦古族与考古学文化关系的具体研究，在许多地区已经陆续开展并日益深化，并且愈来愈清楚地使人感觉到若干古族的兴起，往往是综合了若干文化的因素而突然（或可称迅速）出现的。夏文化的情况，似乎也应是这样。

近20年以来的一些新发现，甚至使人感受到陶器形态的相似，不一定是决定其文化性质（或曰文化命名）的主要根据。河南舞阳贾湖遗存的陶器形态，同裴李岗文化的遗存很相似，但农作物却一为水稻，一为小米，随葬龟卜用物和獐牙的风格则同于时代较晚的大汶口文化而不是裴李岗文化及其后裔——仰韶文化的某一类型。由上述诸情况来看，贾湖遗存和裴李岗遗存显然是农业经济内容和风俗习惯有异以及居住地的自然环境差别很大的不同族群。在探索夏文化时，有无超出比较陶器形态以外的方法呢？

近期分子生物学的发展已经提出了一种新的研究角度和新的方法。这就是人体遗骸的DNA测定。我国的遗传学者，现在已为全人类基因谱的建立，承担了1%的工作，并且在前几年已经从契丹女尸等标本的DNA测定中，判断出古代的契丹族同今天的达斡尔族的血缘最近。在三峡考古中，也正在寻找古代巴人同现存少数民族的亲缘关系。如果能比较出河南龙山和二里头的人骨遗骸DNA线粒体排列的异同处，无疑将为判断这两种文化的居民的亲缘关系究竟如何，提供新的证据或新的思想。

我虽然目睹了近40多年来探索夏文化的整个过程，但并未专门从事夏文化研究。不过，我的确以为这是近数十年内我国考古学研究中大家最关心的课题，而且，一些朋友又要我为这本介绍众多学者探索夏文化历程之书写一个序，只能以旁观者的身份，回忆一下这个历程。当我闭目静思时，一幅幅当年的情景，历历浮现在眼前。有那么多的当面争论，背后议论；又有那么多人因新的发现而情绪激动，长久不能平静；也有那么多的事件，引起过相互之间关系的变化。总之，至少在我国，没有另外一项考古学研究，曾经在那么长的时间内牵动着那么多人的心，又一次一次地引发出新的理论概念的思考。只要对比一下40年以前和今天夏文化讨论而引发出的考古学理论思考，一定会深深感到今天的认识深度，的确比40年以前要深化得多。这应当是所有研究者总体成果的一种表现：无论是对是错，还是局部正确、局部错误，都对深化理论认识起了推动作用。得到了这个感受之后，我自然又立即联想起一句老话：真理愈辩愈明。与此同时，我也再一次想起另一句老话：任何人不可能不犯错误。夏文化的探索过程，反反复复地证明这两句老话的确是全人类奋斗过程中经验教训的结晶。

但愿这个体会能得到本书各位作者的赞同，也愿夏文化的探索，能取得更快的进步，更想借此机会向服膺科学真相的无私的探索者们，表示我真心的钦佩！

2000年11月29日凌晨，于北京小石桥寓所

本文原为《手铲释天书——夏文化探索者的足迹》一书之序，大象出版社，2001年。后收入《古史的考古学探索》，文物出版社，2002年7月。

长江流域青铜文化发展背景的新思考

自晚清以来，洞庭湖周围出土的“人虎卣”（以往习称乳虎卣、虎食人卣、虎卣等），已因形态特殊而受到高度重视。近数十年来，洞庭湖周围又出了许多动物造型的青铜器，本身特征突出，大家更加关注。后来，湖北黄陂盘龙城、四川广汉三星堆、江西新干大洋洲三大批青铜器的发现，加上长江三角洲宁镇地区陆续发现的一批有本地特征的相当于西周时期的青铜器，长江流域青铜文化的轮廓，已经渐渐清楚了。但是，至今还没有放在中国境内各支青铜文化发展过程的大背景中来审视长江流域青铜文化的产生、变化过程。其实，只要从这个角度作出观察，就能看到长江流域的青铜文化并非土生土长的，而是二里岗文化时期的一支商人来到长江中游带来的。直到殷墟阶段时，二里岗文化普遍向商王朝核心地区退却，在殷墟文化分布范围的四周，才大量发展起本地的青铜文化。三星堆、洞庭湖周围、大洋洲、宁镇地区的青铜文化就是在这种历史背景条件下出现的。

要看到这个变化过程，当然必须了解相邻的黄河流域青铜文化的发展过程；而看清了长江流域青铜文化变化过程的背景后，对黄河流域青铜文化有兴有衰的原因，特别是对殷墟文化分布区比以前大为缩小的原因，也增加了新的理解。

一、黄河流域真正进入青铜时代及其制作青铜武器技术大扩散的时间

在黄河流域，近四五十年来随着马家窑、马厂、齐家和各地龙山阶段（含山西、河北、河南、山东等）及岳石等遗存中，小型铜器的陆续发现（如小刀、锥、

小凿、小斧锛、小铃及小型饰物等），在距今5000 ～ 4000年间，黄河流域已经出现数量并不多的人工制造的铜器，已被肯定下来。这些小型铜器，或为红铜，或为青铜，而且如同所属文化的关系联系起来，是红铜抑或青铜的早晚界限是相当模糊的。因此，仅据这些物品来确定何时从红铜时代进入青铜时代还是很困难的。

其实，红铜时代和青铜时代的来临，并不是仅拿红铜器和青铜器的出现为惟一根据的。例如在土耳其的萨约诺（çayönü）遗址，就出过公元前7500年的铜质装饰品。印度次大陆的西北部，在公元前6000年也开始有铜器。可是谁也没有把上述铜器，当作本地开始进入铜器时代的标志。

真正能表明当地已进入铜器时代的，应当是冶炼铜和使用铜器已达一定程度。例如在公元前4000年时，伊拉克、伊朗至印度次大陆的东北部，其熔炼铜和使用铜器都已有些规模，一些学者才把前4000年作为当地红铜时代的开始。到了前3000年，则又进入青铜时代。当然，那里红铜器的发达情况，在其他地区还是难以见到的。

在人类技术进步过程中，红铜时代是原始时代向文明社会过渡的、自身特点并不突出的比较短暂的阶段。但青铜冶铸技术被掌握后，人们将会大大提高生产能力，并因冶炼和铸造器物的技术要求，引起社会分工的加速扩大，并引发出其他一系列新技术的进步，从而导致社会结构的改变和观念形态的变化。但正像新石器时代出现了红铜器、红铜时代出现了青铜器后人们仍把这个时代叫做新石器和红铜时代一样，这个新时代不会因为一出现青铜器就算来临。

可以具体看看中国黄河流域的情况。已发现的从马家窑到各地龙山阶段的全部铜器，不论是红铜的还是青铜的，形体都小，数量又很少。可以看出，制作这些铜器的生产规模一定很小，对促进社会分工扩大的影响，恐怕是相当有限的。如果再考虑使用这些铜器对当时生产、生活能产生的影响，也一定不会很大。总之，这样一些铜器的出现和使用，看来还不能把当时的社会带到一个新阶段。

那么，在当时的历史背景中，有哪一种新的青铜器会对当时的社会群体产生最大影响呢？就选择的可能性来说，恐怕是莫过于青铜武器。

只要仔细思索，就能想到在那部落林立、争夺资源之战随时都会发生之时，如果有的部落，提高了冶铸青铜技术，发明了青铜武器，一旦他们装备了青铜武器之后，对于手持木矛、石斧的敌人来说，取胜就会变得轻而易举了。这样，这个部落（或是联盟集团）一定会迅速强大起来，成为一方霸主。

不要以为青铜兵器的制作，同制作其他普通铜器一样容易。对于青铜器的制作来说，制造武器需要更好地掌握铜、锡等合金成分，不是一开始就能懂得的。例如在印度次大陆的东北部，前4000年可以制作大量红铜器，而青铜武器则是在前3000年时才会制作的。

在我国，目前所见最早的一件青铜武器是河南偃师二里头文化的铜戈，时代属二里头二期。此后，二里头文化的青铜武器就日益增多。但是二里头文化以外的同时期的其他遗存，包括号称力量可与二里头文化相若的岳石文化，还是只出一些小型铜器而未见大型武器。

这个现象非常重要，因为它暗示着在许多原先本有制作小型铜器能力的族群，并不是同步发展起制作青铜武器的技术，而是仅仅出现在二里头文化中，并且长期严格保密，所以一直只有二里头文化才会出现青铜武器。显然与此有关，在当时黄河中下游的各族群中，二里头群体的武力最为强大，因此在整个二里头文化时期，这个文化就能够臣伏九州。如果把岳石文化定为古代东夷遗存、二里头文化定为夏人遗存的推测可靠，那么古史传说中的所谓夷夏之争，现在从青铜武器装备的情况来思考，东夷是无能力与夏人抗衡的。

在黄河流域，二里头文化之后的商代二里岗时期，也只是二里岗文化才有青铜武器，周围同时期的其他文化对青铜武器依然阙如。这可以暗示出以下三种情况：

第一，在二里头文化晚期之时，商人大概亦已学会铸造青铜武器的技术，否则恐怕难以战胜二里头文化。

第二，二里岗文化时期，商人对制作青铜武器的技术，依然像从前一样，对外实行严格保密。

第三，二里岗时期的商人，既然垄断了青铜武器，对于征服四方来说，简直可以为所欲为。所以，二里岗文化的分布范围，竟然西至关中，北至靠近燕山一带，东抵山东的济南、临淄附近，南达两湖的黄陂盘龙城和岳阳铜鼓山。当然，在远离商王朝腹心地区的一些地方，那些二里岗文化的遗存则常常是孤零零地作点式分布。

从二里头文化至二里岗文化对铸造青铜武器技术保密的时间，粗略估计，竟然可长达四五百或五六百年之久。这个新认识的取得，对理解三代文明显然是大有启发的。

商人垄断青铜武器的情况出现大变化，当是发生在殷墟阶段或是二里岗与殷墟阶段之际。具体现象就是从此时开始，许多地方本身的土著青铜文化，突然迅速发展起来，而且已不同程度地掌握了自身制作的青铜武器。另一方面，是商文化的分布区，至殷墟阶段已大大退缩，再也见不到二里岗文化（特别是上层时期）的那种盛况。从二里岗到殷墟阶段商文化分布范围的变化，大家已经注意了20多年，但是如果不考虑到商人因垄断青铜武器情况发生变化而引起的力量退缩，则一直是百思不得其解的。现在当然还不敢说上面的看法已经完全解开了这个谜语，但这个思路至少可以引导大家再仔细分析各地青铜文化的发生、发展过程。

二、长江流域青铜文化的传入与土著青铜文化的突起

长江流域红铜或青铜熔炼技术的取得，都要晚于黄河流域。在整个长江流域，无论是上游还是中、下游，至今未见那些类似黄河流域4000年以前的小铜器，而至商代二里岗时期，则突然出现了和郑州等地所出一样的大批商代铜器。

这就是1972年以来湖北黄陂盘龙城的出土物。由于形态与花纹酷似河南的出土物，不免使人怀疑也许是从中原运来的。但盘龙城遗址出土过二里岗时期的坩埚残块，可以确定此时当地已经会熔铸青铜器了（铜料当是来自他地）。

盘龙城所出商代铜器，绝大部分是二里岗上层的，个别的可早到二里岗下层。当这个遗存及其出土物被发现后不久，这究竟是远征至此的商人所遗，还是受到很多二里岗文化影响后的当地土著的遗存，在一些人的心目中还存着疑问。但随着长江中游考古工作的增多，由于在湖南石门皂市、湖北江陵荆南寺乃至江西清江吴城等遗址的发掘，大家又看到一批同时期的受二里岗文化影响的各地土著文化的遗存，就完全确信盘龙城的出土物是商人远离故乡南下后的遗存。

盘龙城的性质被确定后已近30年了，这些年来，长江中游的调查已做得很仔细，在这一带可以找到不少相当于商代甚至是相当于二里岗时期的遗址，但像盘龙城那样文化性质纯粹的二里岗时期的商文化遗址，除此之外，只在湖南岳阳铜

鼓山找到一处。在盘龙城和铜鼓山找到的商人二里岗文化的遗址，当然不能理解为商人随着王朝疆域的扩充而迁移至此，因为在这两个地点与商人二里岗文化分布区之间的空白地段太大了，只能理解为是为了达到某种目的而在远方建立的军事基点。

盘龙城遗址区内曾见到少量的二里岗下层遗存，而主要活动时间是在二里岗上层，并且延续时间很长。因为盘龙城中最主要的那座东西面阔竟达40米左右的大型建筑物的下面，还压着一座建筑技术相似的另一座二里岗时期的大型建筑物（据1972年发掘时所挖小型地层解剖沟所见）。这样一种长期设置的远方据点，对商王朝说来，当然具有很重要的价值。考虑到古代的一座重要铜矿就在盘龙城以东不过1 ~ 200公里的距离内，商王朝为了维持自己强大的力量，特别是要保证青铜武器的原料来源，在远离腹心之地的盘龙城，以及往南不远的岳阳铜鼓山设立据点，为了控制铜绿山矿源，恐怕是最主要的原因（铜绿山铜矿开始开采的时间，尚未能完全肯定下来，但最迟西周时已被开采，发生于二里岗时期的可能性是很大的）。如果再考虑一下当时商文化和其他文化分布的情况，在此设立据点似乎主要是为了防御来自今京汉线以西的力量；至于东边的力量，商人可能另设军事基点来守卫。

盘龙城离当时商王朝的都城实在是很远的，在这么遥远的地方敢于派出一批孤军，设立基点，又能启发我们想到两种当时应当存在的情况：其一是商人此时已经会用马车来进行运输，商王朝和盘龙城乃至铜鼓山的联系，马车交通恐怕占有很重要的位置。其二，由于盘龙城、铜鼓山周围的外族之人，当时尚未掌握青铜武器，这对于已用青铜兵器装备起来的商人来说，威胁看来不大。商人占据盘龙城的时间有多长，现在还说不准确，但至少应有一二百年。这样长的时间商王朝能够一直维持着远离都城的军事基地，这对理解当时马车的运输能力等情况，都是很有意义的。

盘龙城的废弃，也就是商人在周边地区向腹心地区的退缩是在二里岗阶段刚结束、殷墟阶段方开始的时候。这个现象不仅发生在长江之岸的盘龙城地区，甚至在晋南至关中之地也是这样。随着这种现象的发生，在商王朝的周边，一大批当地的青铜文化好像异军突起那样，纷纷兴起。他们一般是受商文化的影响而结合本地文化传统，制作出了很好的青铜器，包括一些礼器性质的物品，最重要的则是都学会了制作青铜武器的技术。看来，正是因为这些族群此时也使用青铜武器，商人对他们的威胁力量就大大减退，再也不能像从前那样严密地加以控制。而当这些族群自身力量强大起来后，为了稳定地控制自身占有的地域，自然会排斥异族势力，包括商人（当然不含结成联盟的族群）。二里岗上层文化在各地的大退却，应当就是出现这种力量新变化后表现出的一种现象。

犹如其他许多地区一样，长江流域在二里岗文化时期本地区的土著青铜文化，几乎没有发展起来。这样一种和文化传播相逆的现象，只能理解为二里岗文化对青铜冶铸技术是害怕它外传的。但一到殷墟阶段，这个技术禁区终于被冲破了，从长江上游经长江中游到长江下游，都兴起了本地区的青铜文化中心，仅仅是下游地区发达起来的时间好像要略晚一些。当这种青铜文化发展起来后，它立刻会成为本地区的中心，包括经济的、政治的和文化的；换言之，掌握青铜冶铸技术的族群，会成为本地区的霸主。当然，不管力量多么强大，上面还要受到中原王朝的控制，都没有建成为一个独立王朝；有的恐怕还是一种比较松散的联盟集团。

长江流域此时突然发展起来的青铜文化主要有四大支。

长江上游的一支是成都平原广汉三星堆文化。大量青铜人物铸像及社树等祭祀用品，是三星堆青铜文化中最具特色之物。尊、罍等礼器和戈类青铜兵器以及璧、琮等玉器，则显然是受中原文化影响而出现的。这是传称以蚕丛为始祖的蜀文化的遗存，其青铜铸像的精彩程度，在所有青铜文化中都是罕见的。但是这个蜀文化，至战国中期就被秦国灭掉，作为一个文化传统而言，以后只在其他文化（如汉文化）中有一部分残留的痕迹，主体则已经消失。

长江中游的，以分布在洞庭湖周围的一支最为突出，在湖南的宁乡、湘潭、安化等地，出土过很多大型铜铙、动物造型的铜尊、铜卣等，青铜礼器的种类中以尊和罍为多，也偶见鼎、盉、甗等，其形态特征是中原青铜器中所不见的。可是，几乎所有代表性的青铜器，都是零星出土的，以致至今还无法以一种考古学文化的名称来命名之。但这一带既然出土过那么多有自身特殊风格的青铜器，一定存在着一个发达的青铜文化，哪怕其社会结构还是比较松散的部落联盟集团，并未形成固定的政治中心，难以寻找通常意义中的大型居址！

这个青铜文化的分布区，其实还应再扩大些。在洞庭湖东北方不远处的湖北崇阳县，曾经出土过一件铜鼓，连同其器形和风格与这件铜鼓很接近的日本京都泉屋博古馆所藏另一件铜鼓，也都应是属于这个文化系统的。还有，数年前湖北江陵郊区出土的3件相当于殷墟阶段的大型铜方尊，依其风格，也应归属这个系统。

从上述情况看，长江中游特别是洞庭湖周围自盘龙城那种纯粹的二里岗文化消失后，兴起了一支制作工艺更为精彩的青铜文化，但其主人究竟是谁，其源头和后裔在何方，至今还是一个谜语。如从已有材料的分析来看，至周初之时，这支青铜文化似乎也消失了，而此时在长江中游存在什么样的青铜文化，则还是很不清楚的。

长江中游的另一支青铜文化，可以江西新干大洋洲出土的铜器群为代表。这些铜器，与洞庭湖周围的有些器物类似，都具有殷墟文化的影响，但明显地应分为两大群，可是二者之间的关系究竟如何，现在却根本说不清楚。这也就是说，大洋洲青铜文化的源头及去向，同洞庭湖的铜器群一样，还是所知太少，只能留待以后解决。

在长江下游，则至今尚未发现一批有代表性的铜器群，可以表达出这里青铜文化的基本情况。已有的发现，有两个地点的出土物表现出彼此是有相当差别的。一是淮河流域安徽阜南等地出土的相当于殷墟阶段的龙虎尊和鬲等物。这些铜器的花纹隆起较高，像龙虎尊的纹饰甚至具有高浮雕的作风，这与中原铜器存在着明显差别而和洞庭湖周围却有点相似。但从地理分布情况看，二者显然难以划归一个文化。如果根据古史传说推测为淮夷所遗，也远远缺乏归类比较的材料。所以，关于其文化属性，现在还只能存疑。

最可能代表长江下游此时兴起的本地青铜文化的物品，应当是近些年来江苏宁镇地区出土的一些铜器。可惜材料仍然很少，而且大批的集中出土物不多，分析其文化面貌，难度还是很大。大致看来，有些是来自中原王朝（如西周）的礼器，很多则是模仿中原礼器，但其形态和纹饰又稍加变化。这些变化中，最突出的是有一些几何形的图案，显然是源自南方地区印纹陶的传统。从现有材料看，如同三星堆、洞庭湖、大洋洲等铜器群比较，这支青铜文化的兴起时间似乎晚一点，但恰恰因为时代较晚，反而容易使人相信这支青铜文化，大概就是商周之际兴起的吴文化。

近年来，长江流域的青铜文化愈来愈受人们关心，对于各地出土铜器形态分类、时代排比，大家已经取得了出入不大的认识。因此，本文只是对长江流域青铜文化的发生、发展过程中同其他地区青铜文化（特别是黄河中游的）存在的关系和影响，提出一些新的思考，希望能推动我国青铜文化的研究。

2001年11月12日，于昌平小汤山医院修改完毕

收入《古史的考古学探索》，文物出版社，2002年7月。

三

古史分期及秦汉社会的考古学观察

秦汉的“亭”、“市”陶文

在传世的秦、汉陶文中，常常可见到一种“某亭”、“某市”的戳记，如“菑亭”（图一，1）、“临亭”（图一，2）[1]、“犛亭”（图一，3）、“高市”[2]、“南乡之市”（图一，4）、“荧市”（图一，5）、“东武市”（图一，6）[3]、“许市”（图一，8）、“襄阴市”（图一，7）、“曹市”（图一，9）、“代市”[4]、“临菑市”[5]等等；有的则单印“亭”字[6]、“市”（图二，1）字[7]，或印“都市”（图二，2）二字[8]。自五十年代以来，在很多调查、发掘工作中，又发现许多带有同类戳记的陶器和陶片，如洛阳周王城至汉河南县城遗址所出印“河亭”（图三，1）与“河市”（图三，2）戳记

[1] 陈介祺：《望文生谊斋辑存古陶文字》第一函，北京图书馆藏拓本。

[2] 陈直：《关中秦汉陶录》第一册“陶器类”，中国社会科学院考古研究所藏稿本。又见于其《提要》，载陈直：《摹庐丛著》（七种）页400、402，齐鲁书社，1981年。按，“犛亭”陈书误释为“埶亭”；其“高市”陶文，在《陶录》中陈直跋云：“长安汉故城出土，著者所藏，后赠于兰州人民图书馆……昔在长安市上见有陶器两件，与此同文不同范。”

[3] 同[1]。

[4] 周进：《季木藏陶》第四册页22下，72下、103下、104上，精华印刷厂，1943年。

[5] 《海岳楼藏齐鲁陶文》，中国社会科学院考古研究所藏拓本。

[6] 前华西大学博物馆藏品，传出四川理县一带的石板墓中，见郑德坤：The Slate tomb Culture of Li-Fan，Pl.Xi.3.4，Harvard journal of Asiatic studies，Vol.9，1945 — 47年。

[7] 北京大学图书馆藏：《簠斋瓦器拓片》第二十一册及《季木藏陶》第一册页6下所录，约为山东所出；又《关中秦汉陶录》第一册著录的一品，据陈直跋文，传出长安永兴堡，后归中国社会科学院考古研究所藏；又山西左云县东辛庄出的一件陶盂上亦有“市”字戳记，见吴连城《山西左云县秦权介绍》，《文物》1957年8期，页41。

[8] 同注[1]。传世又有“都市”半通印，文字风格相同，见陈介祺《十钟山房印举》二，页58下，涵芬楼石印本，1923年。

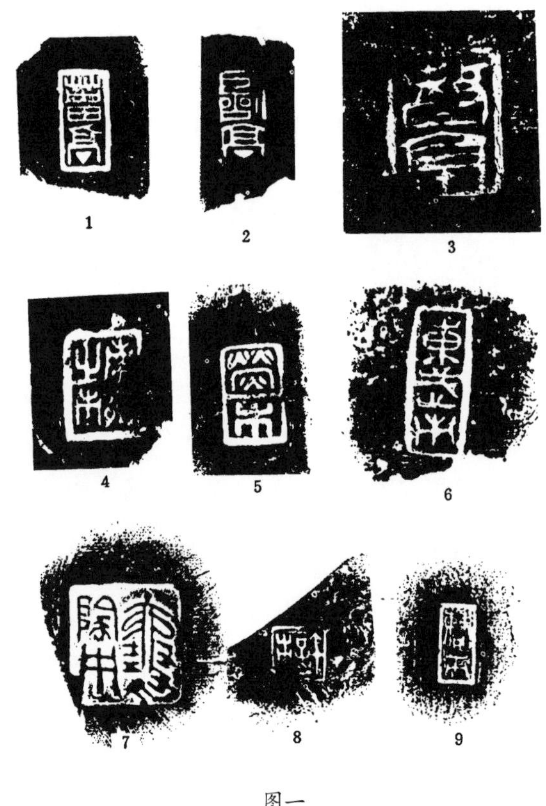

图一

的盆、碗、瓮等碎片[9]，三门峡市秦汉墓所出印“陕亭”（图三，3）与“陕市”（图三，4）戳记的绳纹陶罐[10]，邯郸百家村战国至汉代遗址和武安午汲古城汉代灰坑、永年施家庄所出印“邯亭”戳记的陶片（图三，5）[11]，夏县禹王城安邑古城遗址所出印“安亭”戳记的陶片[12]，成都洪家包秦汉墓所出印“亭”（图三，6）字戳记的陶罐，凤翔南古城遗址所出印“亭”字戳记的陶盆[13]，孝义张家庄西汉前期墓所出印

图二

[9] 中国科学院考古研究所：《洛阳中州路》（西工段）页37、38，科学出版社，1959年。

[10] 黄河水库考古工作队：《1957年河南陕县发掘简报》，《考古通讯》1958年11期，页76、77。按，《简报》中误释“陕亭”为“陕”。

[11] 邯郸百家村所出为宽唇大盆（或甑）的碎片，系1957年北京大学历史系考古专业邯郸考古实习队采集，陶文形式与午汲古城所出者全同。午汲所出见河北省文物管理委员会：《河北武安县午汲古城中的窑址》，《考古》1959年7期，页338—342。永年所出见李晓东：《永年出土汉代陶文》，《文物》1966年2期，页61、62。

[12] 黄景略同志于1961年6月29日采集。

[13] 四川省文物管理委员会：《成都北郊洪家包西汉墓清理简报》，《考古通讯》1957年2期，页2、3；陕西省考古所凤翔发掘队：《陕西凤翔南古城遗址试掘记》，《考古》1962年9期，页493、494。

“市”（图三，7）字戳记的陶罐[14]，安徽亳县城外涡河桥边出土的带“谯市”戳记的陶盆碎片[15]，咸阳秦遗址所出印“杜亭”（图三，8）戳记陶片[16]，天津黄骅县伏漪城遗址出土陶罐上的“武市”戳记[17]，永年县施家庄南出土“易亭”戳记[18]，临淄齐故城内刘家寨秦汉地层中的“菑亭”和“亭”字戳记[19]，扶风姜塬村东出土陶鼎和郿县出土陶器上的“犛亭”（图三，9）戳记[20]，呼和浩特东郊汉城出土的“市印”[21]，等等。

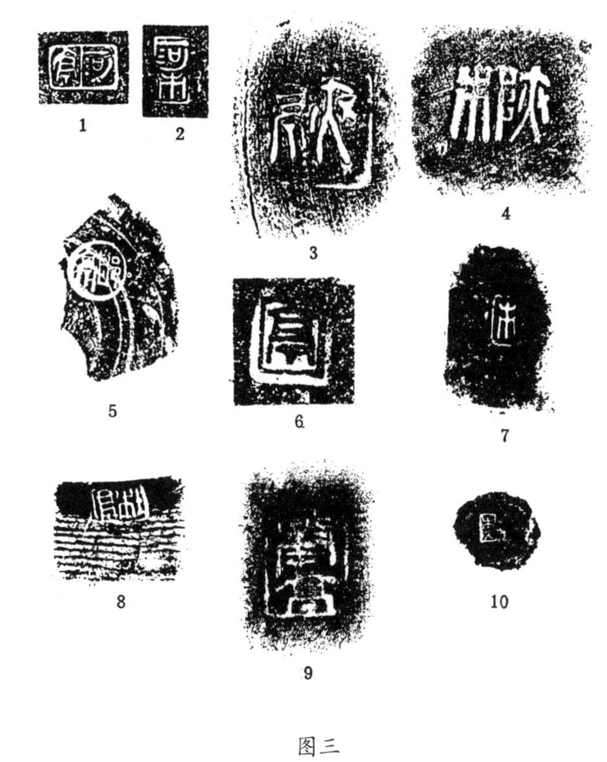

图三

[14] 山西省文物管理委员会、山西省考古研究所：《山西孝义张家庄汉墓发掘记》，《考古》1960年7期，页43。

[15] 中国社会科学院考古研究所刘观民同志于1958年冬采集，原物当时留存亳县展览馆。

[16] 吴梓林：《秦都咸阳遗址新发现的陶文》，《文物》1964年7期，页59、60；陈直：《关中秦汉陶录提要》谓“杜亭”陶文，“一九五四年，西安南乡出土。……又五三年二月，西安灞桥鼍灵盖出土有残陶甗，亦有‘杜亭’印记，与此同文并不同范。两器皆陕西省历史博物馆藏。”见《摹庐丛著》页399。

[17] 天津市文化局考古发掘队：《渤海湾西岸古文化遗址调查》，《考古》1965年2期，页64、65。

[18] 同注[11]李晓东文。

[19] 山东省考古所临淄文物工作队1965年发掘品出于H2与H115，计“菑亭”二件、“亭”一件，1965年秋曾见原物。

[20] 承罗西章同志见示。此地又出西汉“犛林共鼎”，见罗西章：《扶风姜塬发现汉代外国铭文铅饼》，《考古》1976年4期，页275、276。

[21] 吴荣曾：《内蒙古呼和浩特东郊塔布秃村汉城遗址调查》，《考古》1961年4期，页212、213。

这种戳记是制成陶胚后烧造前打上的，当为某地之“亭”、某地之“市”制品的标记。从出土地点明确的标本来看，大凡地名为二字者，往往省略一字，如河南的“亭”、“市”便省作“河亭”与“河市”，邯郸的“亭”便省作“邯亭”，安邑的“亭”便省作“安亭”。地名本为一字者，无法再加省略，故陕地的“亭”、“市”便作“陕亭”与“陕市”，许地的市便作“许市”，谯地的“市”便作“谯市”；其它如“犛”当即“犛”，为郃城，“代”当即代郡的代县。由此亦可推知前述山东出土的“菑”为“临淄”省文，“临”或为“临朐”省文[22]，“荧”当为“荥阳”省文[23]，“曹”疑为“曹阳”省文，“易”当为赵国“易阳”省文，“杜”应为“杜陵”省文，“武”从出土地来考虑，很像是勃海郡“章武县”的省文。“东武市”则疑为“东武阳”之省，是三字省作二字之例。地名本为二字而没有省略的，仅“襄阴市”与“南乡之市”。“襄阴”是定襄郡之县。“南乡”不是县名，应为某地的乡名。据长沙马王堆汉墓所出漆器上的烙印戳记，汉初的成都在南乡有市，设漆器作坊[24]。这个设有陶器作坊的“南乡之市”，大概也就是那个地方。如果某地的市超过一个，而各市又有专名，则直接标明市名，“南乡之市”即属此类；传称长安出土的“高市”，陈直先生疑为长安诸市之一[25]，或可从。此外如“都市”陶文，按之当时辞例，是指京师或王国之都的市，所以大体可以根

[22] 除临淄刘家寨出有“菑亭”陶文外，《望文生谊斋辑存古陶文字》中亦收有“菑亭”、“临亭”陶文。此书所收拓片，凡战国陶文皆有“三代古陶轩”白文印，秦汉陶文则有“宝康瓠室藏瓦”白文印，和《簠斋瓦器拓片》同，知为陈簠斋藏陶，故推测为山东所出。

[23] “荧”即“荥”字。《周礼・夏官・职方氏》：“河南曰豫州，……其川荧雒。”孙诒让《周礼正义》卷六十三：“云‘其川荧雒’者，《唐石经》‘荧雒’作‘荥洛’，《释文》作‘荧洛’，嘉靖本作‘荥雒’，今从宋余本、岳本、建阳本，小字本。宋注疏本作‘荧雒’。段玉裁云：‘荧者，光不定之皃。泲水出没不常，故《尚书》泆为荧，作此字’。《周礼》：‘荧雒’，《左传・闵二年》、《宣十二年》、杜预《后序》、《诗・鄘风・笺》：‘荧泽’，《左传》杜注：‘荧阳’。《玉篇》‘荧雒’下曰：‘亦荧阳县’。汉《韩勑后碑》、《刘宽碑阴》、《郑烈碑》、唐《卢藏用纪信碑》亦作‘荧阳’。《隋书・王劭传》上表言符命曰：‘龙斗于荧阳者，荧字三火，明火德之盛也’。然则荧泽、荧阳，古无作荥者。《尚书・禹贡・释文》谓宋开宝中妄改荧为荥，而《经典》、《史记》、《汉书》、《水经》皆为浅人任意窜易，以为水名当作荥，不知泲水名荧，自有本义，于绝小水之义无涉也。”《万有文库》本第18册，页71，商务印书馆，1933年。

[24] 俞伟超：《马王堆一号汉墓出土漆器制地诸问题》，《先秦两汉考古学论集》，文物出版社，1985年6月，页146—153。

[25] 陈直：《关中秦汉陶录提要》，《摹庐丛著》（七种）页400。

据出土地点，判断为某地之市[26]。

“某亭”陶文的意义，以例推之，当与“某市”相同。众所共知，秦、汉时期

[26] 在述及西汉及其以前乃至东汉之时的文献记载中，“都市”一词，往往专指国都之市。《史记》卷六十八《商君传》：“乃立三丈之木于国都市南门”（百衲本页 4 下）；《盐铁论》卷五《国疾篇》：“出入都市”（王利器校注本页 193，古典文学出版社，1958 年）；《汉书》卷二十四上《食货志》：“日游都市”（百衲本页 11 下）；同书卷七十七《诸葛丰传》：“县于都市”（百衲本页 5 下）；同书卷八十六《王嘉传》：“伏刑都市”（百衲本页 16 下）；同书卷九十九下《王莽传下》：“斩人都市”（百衲本页 7 下）；同书卷八十四《翟方进传》引王莽《大诰》：“皆磔暴于长安都市”（百衲本页 19 上）；又同传：“尸磔陈都市”（百衲本页 19 下）；《潜夫论》卷三《忠贵篇》：“衔刀都市”（《四部备要》本页 5 上）；《后汉书》列传卷四十四《杨震传》：“伏尸都市”（百衲本页 9 上）；《太平经·知盛衰还年寿法第八十三》：“付于京师，投于都市”（王明合校本页 211，中华书局，1961 年）；《文选》卷四十《杨德祖答临淄侯牋》李注引桓谭《新论》：“秦吕不韦请迎高妙作《吕氏春秋》，汉之淮南王聘天下辩通以著篇章，书成，皆布之都市”（国学基本丛书本页 883）。以上所云“都市”皆指京师之市。《左传·昭公三年》，“国之诸市，屦贱踊贵”句（脉望仙馆石印本《十三经注疏》卷四十一，页 11 上），《晏子春秋·内篇·问下第四》作“国都之市，屦贱而踊贵”（吴则虞《集释》页 268，中华书局，1962 年；据吴氏校注，各本仅指海本从王念孙说，改为“国之都市”），唐赵蕤《儒门经济长短经》卷三《反经》引《左传》之文作“国之都市（北京图书馆藏铁琴铜剑楼旧藏季锡畴校清钞本，又北京图书馆藏吴枚庵旧藏清钞本亦作“国之诸市”）。王念孙《谈晏子春秋杂志》曰：“案《晏子》本作‘国之都市’，‘都’、‘诸’古字通，‘都市’即‘诸市’也。国中之市非一，故曰‘诸市’。后人不知‘都’为‘诸’之借字，而误以为都邑之都，故改为‘国都之市’，不知古所谓‘国’，即今所谓‘都’也（《吴语》注：‘都，国也。’《吕氏春秋·明理篇》注：‘国，都也。’经传皆谓‘都中’为‘国中’）。既言国，而又言都，则赘矣。”（同治金陵书局刊本《读书杂志》六之一，页 46 下）王说“都”、“诸”古字通，“都市”即“诸市”，应无异义，但又谓“既言国，而又言都，则赘矣”，意有未妥。据上引文献，“都市”本为都中之市的专门名词，《左传》之文，“都”应为本字。《商君书》第十三《靳令》：“国无奸民，则都无奸市”（高亨：《商君书注释》页 103，中华书局，1974 年），明白表示“都”字往往专对国中之市而言。但到了东汉，“都市”一词，已并非专指国都之市而言。建宁五年（公元 172 年）《成阳灵台碑阴》曰“县令管君即请署（仲阿东为）门下议生都市掾官”（洪适：《隶释》卷一，页 12 下，乾隆汪氏楼松书屋刊本）。东汉之时，市内掾官常泛称“市掾”，如《后汉书》列传卷七十二下《费长房传》：“曾为市掾”（百衲本页 16 上），建康元年（公元 144 年）《文叔阳画像题字》：“故曹史市掾”（陆增祥：《八琼室金石补正》卷四，页 6 下，吴兴刘氏希古楼刊本，1925 年），武氏前石室画像题字：“君为市掾时”（王昶：《金石萃编》卷二十一，页 2 下，扫叶山房石印本，1926 年），永兴二年（公元 154 年）《芗他君石祠堂铭》：“市掾”（罗福颐：《芗他君石祠堂题字解释》，《故宫博物院院刊》第 2 期，页 179，1960 年），中平二年（公元 185 年）《郃阳令曹全碑阴题名》：“故市掾”（《金石萃编》卷十八，页 2 上）。又如第五伦以督铸钱掾领长安市事，《后汉书》本传章怀注引华峤《后汉书》曰：“上复曰：‘闻卿为市掾’”（百衲本页 2 上）。再如中平五年（公元 188 年）《巴郡太守张纳碑阴》中有“监市掾阆中赵应”题名（《隶释》卷五，页 14 上）。东汉成阳为济阴郡的一个县，并非王国之都，故这些例子，足以说明《成阳灵台碑阴》中的“都市掾官”当即“市掾”。成阳“市掾”可称“都市掾”，“都市”与“市”，当无严格区别，故《洛阳伽兰记》城内长秋寺条“冠于都市”（周祖谟《校释》本页 26，科学出版社，1958 年），城东崇真寺条“斩于都市”（周祖谟《校释》本页 39）所指虽犹为京师之市，而《列仙传》卷上“（上蔡任光）卖（丹）于都市里间”，“（崔文子于潜山下）卖药都市”，卷下“（河间玄俗）卖药都市”（嘉靖黄鲁直刻《汉唐三传》）等记载，已将“都市”作为各地之市的泛称。降至后世，“都市”与“市”，则更无区别。上述“都市”陶文与半通印，皆陈簠斋旧物，约出于山东，从字体看，为西汉物。此时“都市”一辞既为国都之市的专称，疑指齐国之都的临淄市而言。

于乡下置亭，十里一亭，亭设亭父，求盗，分掌“关闭扫除”和“逐捕盗贼”等事[27]；但“某亭”陶文，假如是指此乡亭而言，义不可解。建宁二年（169年）《史晨飨孔庙后碑》曰：“史君念孔渎颜母井去市辽远，百姓酤买不能得香酒美肉，于昌平亭下立会市，因彼左右，咸所愿乐”[28]，则亭下有时亦立市。然而“某亭”陶文也不是因为亭下有时立市而用这个名称来代替“市”字。它所以被称为“某亭”，实因市内的“市楼”，在当时又叫做“旗亭”。

汉代习称市楼为旗亭。如《文选》卷二张平子《西京赋》曰：“廓开九市，通阛带阓，旗亭五重，俯察百隧。”薛综注：“‘旗亭’，市楼也。”[29]又如《御览》卷一九一引《宫阙记》：“长安市有九所，……在突门夹横桥大道南，又有当市观”，又云：“旗亭楼在杜门大道南。”[30]（今本《三辅黄图》卷二迳作“市楼皆重屋，又曰旗亭楼，在杜门大道南。当市楼有令署，以察商贾货财买卖贸易之事”[31]）；《史记》卷十三《三代世表》：“臣（诸先生）为郎时，与方士考功，会旗亭下”[32]；《类聚》卷二十七引陈沈炯《魂归赋》：“登未央之北阙，望长乐之基趾；伊大后之所居，筑旗亭而成市”[33]，凡此皆为明证。

市楼又名旗亭，起于楼上立旗当市的制度。《周礼·地官·司徒下》：“凡市入，则胥执鞭度守门。市之群吏，平肆展成奠贾，上旌于思次以令市。市师涖焉，而听大治大讼；胥师、贾师涖于介次，而听小治小讼。”郑玄注曰：“上旌者，以为众望也，见旌则知当市也。”[34]《史记》卷十三《三代世表·集解》：“立旗于（市楼）上，故取名（旗亭）焉。”[35]这些记载，都说明了旗亭一名的来源。

但市楼举旌当市的制度，到东汉就发生变化。四川广汉周村和彭县、新繁等地出的东汉“市集”画像砖所描绘的两层市楼，皆于楼顶立一朱雀，并无旌旗，

[27] 《史记》卷一百四《正义》引应劭注（百衲本页5上）。

[28] 《金石萃编》卷十三，页3上。

[29] 《四部丛刊》本页16下。

[30] 《四部丛刊》本页6下。

[31] 《四部丛刊》本页1上。

[32] 百衲本页10上。

[33] 汪绍楹校本页497，上海古籍出版社，1982年。

[34] 《士礼居丛书》卷四，页13，蜚英馆石印本。

[35] 同[32]。

而在上层楼内的中心悬大鼓[36]。《洛阳伽兰记》城东龙华寺条曾云："（建阳里内土台）是中朝时旗亭也。上有二层楼，悬鼓击之以罢市。"[37]《唐会要》卷八十六"市条"亦云："景龙元年（707年）十一月勅：'诸非州县之所，不得置市。其市当以午时击鼓二百下，而众大会；日入前七刻，击钲三百下，散。其州县领务少处，不欲设钲鼓，听之。'"[38]举旌当市的制度，至东汉时当已改为击鼓当市。这个变化过程，正可表明用旗亭来代表市楼，至迟是起于西汉的古辞，甚至可上溯到战国，东汉以后则是沿用成辞。陈簠斋藏陶中有"亭"字圆戳陶文一品，字作"𠅏"，为战国古文之体[39]，但前述临淄刘家寨H2、H115所出"亭"字陶文，与此相同，故也可能是秦汉之际的遗物。

西汉时期又有"市亭"陶文，见于万安北沙城墓葬和遗址所出盆、豆、罐、瓮等陶器上[40]。上引《周礼》文下郑玄注曰："次，谓吏治舍。思次，介次也，若今市亭然。"[41]两汉之时既以市楼与旗亭通用，自然可以"市亭"连称。在当时，又往往以"亭市"连称，如传世有"亭市"朱文小圆印[42]，光和四年（181年）《馥阮君神祠碑》中又有"滆败亭市"之句[43]，将来或有"亭市"陶文发现，亦未可知。

传世又有"市器"陶文[44]，显然是市府之器的省文。据前所述，某地之"亭"既指旗亭也就是市楼而言，某地之"市"当亦作某地的市府解。因此，凡带"某亭"、"某市"、"亭"、"市"、"都市"、"市亭"和此"市器"戳记的陶器，当皆为

---

[36] 刘志远：《四川汉代画像砖艺术》图10，中国古典艺术出版社，1958年；刘志远：《汉代市井考——说东汉市井画像砖》，《文物》1973年3期，页52—57。

[37] 周祖谟：《洛阳伽兰记校释》页36。

[38] 商务印书馆排印本页1581。

[39] 同注[1]。拓片上有"三代古陶轩"印，知陈氏亦断为六国古物。

[40] 东亚考古学会：《万安北沙城》页61 — 63，东京座右宝刊行会，1946年。按，原书误释"市亭"为"木亭"。

[41] 同注[34]卷四，页12。

[42] 徐子静：《观自得斋印集》第二册，北京图书馆藏光绪十五年石埭徐氏钤印本。此印今暂从左行，释作"亭市"，若从右行，则可释为"市亭"。罗福颐：《古玺文字征》第五页3下所录《陆庵叠古录》中的"亭市"小玺同此，但此印实为西汉遗物。以上皆承已故的孙贯文先生见告。

[43] 《隶释》卷二，页14下。

[44] 《簠斋瓦器拓片》第28册。又承孙贯文先生见告，孙文楷《稽庵齐鲁古印笺》卷二著录有"市器"朱文半通印一方（北京大学图书馆藏光绪十一年钤印本）。按：此陶文与铜印约皆系山东一带出土。

市府制品。文献所载汉代市官的职责，略如上引今本《三辅黄图》所说，是“以察商贾货财买卖贸易之事。”然而传世建平四年（公元前3年）《南陵铜锺》铭文曰：“南陵大泉第五十八，乘舆御水铜锺容一石，重卌四斤半。建平四年十一月，长安市造。”[45]《后汉书·第五伦传》又云“署（第五）伦为督铸钱掾领长安市”[46]，可见汉代市府还兼营制造铜器、铸钱等手工业。传世又有“安城陶尉”封泥[47]，汉代郡县的官府手工业中往往还包括制陶业的情况，也是很清楚的[48]。

在六十年代初期，陕西秦咸阳故址又有带“咸亭沙寿□器”（图四，1）[49]与“咸亭郿里綦器”（图四，2）、“咸亭阳安骈器”（图四，3）等[50]戳记的陶片出土。同类陶文早有传世品，陈直先生的《关中秦汉陶录》第一册中即著录了三品，为“咸亭宂里丹器”（图四，4）、“咸亭当柳恚器”（图四，5）、“咸亭平彙”（图四，6）[51]。此外，还有印“咸亭右里道器”戳记的陶片，流传于世[52]；北京大学考古系所藏大型椭形陶盆上又有“咸亭沙里荥器”戳记。“咸亭”即“咸阳亭”，上海博

[45] 端方：《陶斋吉金录》卷六，页5，光绪三十四年石印本。

[46] 百衲本列传卷三十一，页2上。按，章怀注引《东观记》曰：“时长安市未有秩，又铸钱官奸轻所集，无能整齐理之者。（阎）兴署伦督钱掾领长安市，其后小人争讼，皆云第五掾所平，市无奸枉。”下文又引华峤《后汉书》曰：“闻卿为市掾”，可见此时长安市的令长和督铸钱掾是合为一体的，铸钱手工业至少在东汉时期的长安是归市府管理的。

[47] 周明泰：《再续封泥考略》卷三，页2下，京华印书局，1928年。安城属汝南郡。承孙贯文先生见告，《汉志》作“安成”，《续汉志》“成”旁加“土”作“安城”，此封泥当为东汉遗物。

[48] 陈直先生亦推断“安城陶尉”为地方性官府手工业中的陶官遗物，见《两汉经济史料论丛》页169、170，陕西人民出版社，1958年。

[49] 陕西省社会科学院考古研究所渭水队：《秦都咸阳故城遗址的调查和试掘》，《考古》1962年6期，页289。

[50] 同注[16]吴梓林文。

[51] 《关中秦汉陶录》“咸亭宂里丹器”残陶片跋文云：“长安北乡窑店出土，（中国科学院）考古研究所藏。……宂里属于咸亭，丹为造器人名。……又西大文物研究室藏有陶鼎与此同文，惜字画太浅，不能摹拓。”“咸亭当柳恚器”陶壶盖跋文云：“长安北乡出土。范县刘军山藏。……当柳疑为咸亭之里名，与咸亭宂里同例，恚为作器之人名。”“咸亭平汇”陶鼎跋文云：“长安北乡出土，现存长安白祚处。……平汇盖人名，亭字已模沕，就原器看，笔道尚可见。”按，这三件陶文，又见著于《关中秦汉陶录提要》，《摹庐丛著》（七种）页397，但“咸亭平汇”误录为“咸里平汇”，“咸亭宂里丹器”与“咸亭当柳恚器”又见著于《两汉经济史料论丛》页172。

[52] 吴子芯旧藏。承陈直先生1962年函告。

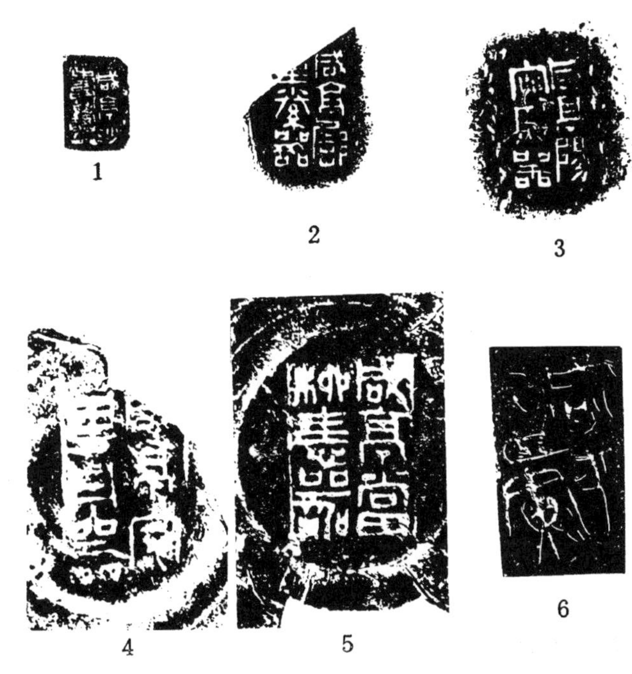
图四

物馆藏半两称钱铜权上，便刻出秦篆“咸阳亭”（图五）三字[53]。其实“咸亭”、“咸阳亭”皆“咸阳旗亭”之省，即“咸阳市府”。咸阳故址同出的“咸市阳于”戳记[54]，其“咸市”当为“咸阳市府”之省。这是“咸亭”即“咸市”的明证。“咸亭”之下作“某里某器”为这种陶文的通例，“某里”当为里名，“里”下和“器”前一字，应为作器人名。有的则省掉“里”字，前述“咸亭阳安骍器”中的“阳安”，“咸亭当柳恚器”中的“当柳”，“咸阳平彙”中的“阳平”，“咸市阳于”中的“阳”，按其位置，应当就是里名。里名之后，当然是人名。

图五

这种咸阳陶文，有许多把“咸亭”省作只用一个“咸”字，如“咸鄏里角”、“咸鄏里新”、“咸鄏里就”、“咸鄏里趌”、“咸鄏里荟”、“咸鄏里宦”、“咸鄏里驵”、“咸鄏里疆”、“咸郘里奢”等；又有许多是既省“亭”字，又省“里”

[53] 国家计量总局：《中国古代度量衡图录》图195，文物出版社，1981年。

[54] 同注[16]吴梓林文。这个陶文，见《文物》1964年7期，页60的图10。

字，如“咸鄏小颖（?）”、“咸䜌阳便”、“咸鄏小有”等。所有这些戳记，都是咸阳市府所辖某某私人陶业制品的标记。

秦的咸阳，于汉高祖元年更名新城，七年罢属长安，武帝元鼎三年后，叫做渭城（《汉书·地理志上》）。这些陶文，以咸阳市府为名，当然是秦器，估计一部份还可早到战国。

七十年代以来，在秦咸阳遗址和秦始皇陵园的发掘工作中，新增加的“咸亭”陶文内容有：“咸亭芮柳婴器”、“咸亭当柳昌器”（图六，1）、“咸芮里喜”（图六，2）、“咸成阳申”（图六，3）、“咸巨阳鬲”（图六，4）、“咸平阳□”（图六，5）、“咸如邑顷”（图六，6）、“咸小原婴”（图六，7）、“咸鄏里贝”、“咸鄏里骄”、“咸鄏里竭”、“咸鄏里射”、“咸鄏小有”、“咸广里高”、“咸成阳石”、“咸卜里院”、“咸亭完里丹器”、“咸亭完里□□”、“咸完里夫”、“咸亭沙寿□器”、“咸沙里壮”、“咸亭阳安駐器”、“咸新安盼”、“咸亭陶里师器”、“咸白里谷”、“咸高里喜”、“咸㐱里辰”、“咸戎里恒”、“咸阊里咳”、“咸亭泾里儥器”、“咸亭东里□器”、“咸亭泾里忿器”、“咸戎里卜”、“咸鄏里亥”、“咸蒲里奇”、“咸平里稟”[55]

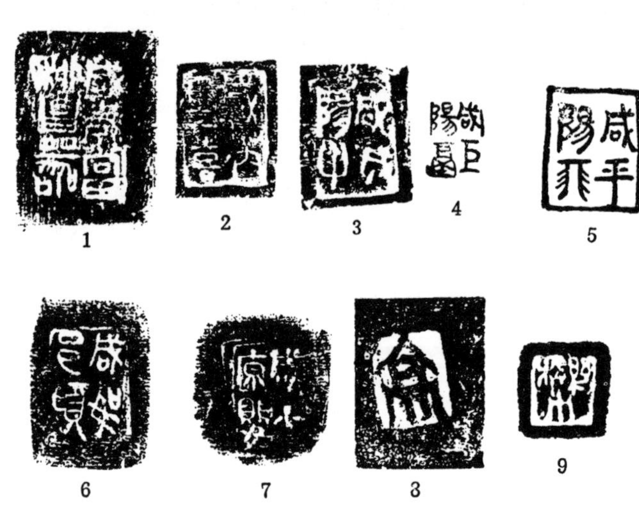

图六

[55] 秦都咸阳考古工作站：《秦都咸阳一号宫殿建筑遗址简报》，《文物》1976年11期，页23、24；秦俑考古队：《临潼上焦村秦墓清理简报》，《考古与文物》1980年2期，页50；秦俑坑考古队：《秦始皇陵东侧马厩坑钻探清理简报》，《考古与文物》1980年4期，页40；袁仲一：《秦代的市、亭陶文》，《考古与文物》1980年创刊号，页93—95；袁仲一：《秦民营制陶作坊的陶文》，《考古与文物》1981年1期；孙德润、毛富玉：《秦都咸阳出土陶文释读小议》，《考古与文物》1981年1期。

等。裘锡圭同志曾集中了一些同类文例的戳记，合理地说明了“咸”下省掉“亭”字、里名下省掉“里”字后的读法[56]。

在秦始皇陵园的发掘中，还发现了“亭”（图六，8）、“美亭”、“陕亭”、“栎市”（图六，9）、“丽亭”、“丽市”等秦代陶文[57]。“陕亭”中的“陕”字，同三门峡市后川墓中所出不带阜傍的写法完全一样[58]，当是从外地带到秦始皇陵园中的；由此亦可得知三门峡市后川所出同于上焦村的陶文，可以早到秦代。“美亭”又在扶风的召公公社巨浪大队灵护村的陶鼎上出现（扶风县博物馆藏品），可知为美阳旗亭之省。“丽”指酈邑，“栎”是栎阳，则都是很清楚的。

此外，云梦睡虎地M11所出陶瓮、小陶壶上有“安陆市亭”（图七，1）戳记[59]，它同“咸亭”“丽亭”、“丽市”、“栎市”等陶文，都说明这种戳记的出现至少可早到秦代。山西侯马乔村M25等战国末年秦墓陶盂和翼城的苇沟村——北寿城之间采集的陶釜碎片上，又有“降亭”戳记[60]。“降亭”当即“绛亭”，是绛县市府的标记。凤翔高庄战国晚期秦墓M1的陶罐上和南古城遗址中，也有“亭”字戳记[61]。咸阳黄家沟战国中晚期至秦代的M37、M49、M38所出陶罐上，又分别有“咸东里口”、“咸亭右里道器”（图七，2）、“平市”（图七，3）陶文[62]。“平市”陶文亦见于山西曲沃曲村遗址[63]，知为“平阳市府”戳记。西安市西郊高窑村又有

---

[56] 裘锡圭：《啬夫初探》，《云梦秦简研究》页276—278，中华书局，1981年。

[57] 同注[55]《上焦村秦墓》，《秦始皇陵园东侧简报》与袁文页95、96；秦俑坑考古队：《秦始皇陵园陪葬坑钻探清理简报》，《考古与文物》1982年1期，页28。按“陕亭”陶文，同五十年代时三门峡市后川出的戳记，完全一样，故袁文释“豕亭”不确；又袁文及另外两篇简报，都把“丽市”误释为“欐”，把“美亭”误释为“焦亭”。

[58] 同[10]。

[59] “云梦睡虎地秦墓”编写组：《云梦睡虎地秦墓》页47 — 49，文物出版社，1981年。

[60] 侯马乔村墓1969年发掘，是秦人占领此地后的战国晚期墓，墓地情况见山西省文物工作委员会写作小组：《侯马战国奴隶殉葬墓的发掘》，《文物》1972年1期，页63—67；中共侯马市委通讯组、山西省文管会侯马工作站：《殉葬》，山西人民出版社，1974年。但“降（绛）亭”戳记尚未发表。翼城所出戳记，见北京大学考古专业商周组等：《晋豫鄂三省考古调查简报》，《文物》1982年7期，页1、12图5、6。

[61] 雍城考古队：《凤翔高庄战国秦墓发掘简报》，《文物》1980年9期，页11、12；秦晋：《凤翔南古城遗址的钻探和试掘》，《考古与文物》1980年4期。

[62] 秦都咸阳考古队：《咸阳市黄家沟战国墓发掘简报》，《考古与文物》1982年6期，页10。

[63] 1980年北大考古实习队发掘品。

1

2

3

图七

与秦高奴铜权同坑出土的陶釜上的“频市”陶文[64]。从陶釜上的大方格印纹看，此釜应为秦代左右之物。《汉书·地理志》左冯翊下段有“频阳，秦厉公置”，“频市”当为秦的频阳市。这些发现，说明“亭”、“市”陶文可以早到战国时期。

如果仔细分析这些陶文的地名和年代，可以认为本是秦器所专有的，后来伴随着秦国的统一六国过程，才在东方六国故地出现。这里需要说明，在郑州商城东北隅所出的陶文，有很多单作“亳”一字者[65]，近年来或释为“亳”，或释为“京”、“亭”，争论纷纭。石加同志开始释为“亭”字[66]。近李家浩同志告诉我，郑州所出这种戳记，有一件“昳亭”方印（图八，1），而另有“昳”字单印与此“亭”字单印，并排打在一器上（图八，2）[67]，两两对照，可以证

1

2

图八

[64] 陕西省博物馆：《西安市西郊高窑村出土秦高奴铜石权》，《文物》1964年9期，页42。

[65] 《郑州金水河南岸工地发现许多带字的战国陶片》，《文物参考资料》1956年3期，页85；河南省文化局文物工作队第一队：《郑州白家庄遗址发掘简报》，《文物参考资料》1959年4期，页3、8。

[66] 石加：《“郑亳说”商榷》，《考古》1980年3期，页256、257。

[67] 牛济普：《郑州、荥阳两地新出战国陶文介绍》，《中原文物》1981年1期，页13—15。

明这是“亭”字。在这批陶文中，地名与“亭”字合出于一印内的，还有“斛（?）亭”、“丘（?）亭”；地名与“亭”字分为并排两印的，还有“侩亭”。已发表的这种陶文，大都打印在浅盘陶豆的豆柄上，年代难以定得很细。但在1953年时，我曾于郑州在河南省文物工作队所收集的灰陶盒（即盛）和灰陶圜底尊上，见到这种单字的“亭”字戳印，而据现在的认识，出这种陶盒和圜底尊的墓，大抵属秦占郑州一带以后的战国末期。由此可知，郑州的“亭”字陶文虽然仍然保持着六国古文之体，但用“亭”来作为市府标记，却是接受了秦国制度后的产物。

北京图书馆藏《望文生谊斋辑存古陶文字》拓本中，又收录“亭久”（图九，1）陶文十一品与“临淄亭久”陶文一品[68]，《季木藏陶》收录“新泽市久”陶文一品[69]，《关中秦汉陶录》收录“咸阳亭久”（图九，3）与“槐里市久（图九，2）陶文各一品[70]；此外，内蒙古呼和浩特东郊塔布秃村汉城遗址出有带“市久”（图三，10）和“市印”戳记的陶片[71]，陕西黄陵所出西汉陶釜上也有带“市久”戳记的[72]，另山东滕县亦有“市久”陶文出土[73]。此文在1963年初次发表时，我曾从陈

1

2

3

图九

[68] 同注[1]。《簠斋瓦器拓片》中收录的“亭久”拓片共19张，但此书所收拓片，系随便贴成，多重复者，故个体数字不可据。

[69] 《季木藏陶》第四册，页98下。

[70] 同注[2]陈书第一册，又见于《摹庐丛著》（七种）页397、398；“槐里亭久”陶文亦见于《两汉经济史料论丛》页172。

[71] 吴荣曾：《内蒙古呼和浩特东郊塔布秃村汉城遗址调查》，《考古》1961年4期，页212、213。

[72] 据1971年11月25日在黄陵所见原器。

[73] 中国社会科学院考古研究所山东队、滕县博物馆：《山东滕县古遗址调查简报》，《考古》1980年1期，页42、43。

直先生之说，以为“久”为“酒”之借字[74]。自云梦秦简出土后，许多同志指出，“久”字用在这种地方，具有“记”、“刻”之义。但我知道这一点，是李家浩同志于1977年5月23日写信所示，故将其原信摘录于此，以作旧说的更正：

“这个问题，我去年在京时曾与您谈过，那时主要认为陶文‘久’字与下列云梦秦简‘久刻’之‘久’同义：

……久刻识物……《为吏之道》，《文物》76.6，P.14

公甲兵各以其官名刻久之，其不同刻久者，以丹若髹书之……《工律》，同上7期，P.4

公器官□久久之，不可久者，以髹久之……《效》，同上P.9

近来我看到点有关资料，认为这一意见是正确的。从音韵上来说，虽然‘久’与‘酒’韵部相近，但声母却相隔甚远，‘久’在见母，‘酒’在精母，声母相隔甚远。洛阳汉墓出土的陶瓮上有‘企三石久宜酒食’的刻划文字（《考古学报》63.2，P.19），‘久’与‘酒’并出，说明它们之间是有区别的。又内蒙古呼和浩特汉城遗址中出土陶器上有‘市久’和‘市印’的戳记（《考古》61.4，P.213），似‘久’相当于‘印’的意思。

《说文》：‘久，从后灸之，象人两胫后有距也。《周礼》曰：久诸墙以观其桡。凡久之属皆从久。’按久字本义训从后歫之，引伸之，凡附着歫塞皆可曰久（见《说文》久、灸二字下段氏注）。印钤或刀刻均有附著歫塞的意思，故印钤或刀刻在物体上的文字亦可称为‘久’。这大概是‘市印’为什么又作‘市久’的意义所在。”

大家知道，市内所设官署，后代并未废置，旗亭与市楼一词，在隋、唐以后

[74] 陈直：《洛阳汉墓群陶器文字通释》，《考古》1961年11期，页629；《关中秦汉陶录》第一册“咸阳亭久”陶瓮跋文云：“久为酒字省文，与‘行司空久’、‘槐里市久’同例。汉初九、酒、久三字在陶器中均可通用，大率酒字省作九、久二字居多。”（略见于《摹庐丛著》（七种）页397）。

虽已演变为指酒楼而言，却相沿甚久[75]，但带“亭”、“市”或其它市署名称的戳记，只见于战国至西汉。现有资料并表明“亭”字戳记出现较早，大约到秦代时，“亭”、“市”两种戳记开始并用，西汉后，慢慢变为主要用“市”字，东汉以后，则皆已绝迹。这个过程，可从制陶手工业的角度，表明战国至西汉时官府手工业的发达以及东汉以后的逐渐衰微。

原载《文物》1963年2期，题为《汉代的“亭”、“市”陶文》，后改作此题，并作较大增补与修改，收入《先秦两汉考古学论集》，文物出版社，1985年6月。

[75] 《艺文类聚》卷六十五梁简文帝《移市教》：“黄亭旧体”梁庾肩吾《看放市诗》：“旗亭出御道”；陈张正《见赋得日中市朝满诗》：“旗亭丽日明”（中华书局景宋本页10上，1959年）；卷七十七梁王僧孺《中寺碑》：“（中寺）斜出旗亭”（景宋本页2下）等材料，仍指旗亭为市楼。但《隋书》卷六十六《李谔传》：“逆旅之与旗亭，自古非同一槩”（百衲本页4上），已表明当时的酒楼便叫做旗亭。唐宋时期称酒楼为旗亭的记载极多，不再赘引。到宋代又称私营酒楼为市楼，参加藤繁：《宋代に於けね都市の发达に就いて》第七节“酒楼”，《桑原（隲藏）博士还历记念东洋史论丛》页137，京都弘文堂书房，1931年。

马王堆一号汉墓出土漆器制地诸问题

——从成都市府作坊到蜀郡工官作坊的历史变化

马王堆一号汉墓中的大量漆器，发掘报告推测它们“大部分是在本地制造的”[1]，其实，大部分应当是成都市府作坊的制品。

作出这个判断，主要是依据漆器上面的烙印戳记。

这种烙印戳记，常见于西汉前期的漆器上，大都是市府所辖制器作坊的标记。1953年广州西村石头岗南越时期墓中漆椭奁盖（M1097:53）上“蕃禺”戳记的发现[2]，已经开始透露了这种性质。1971年以来，长沙马王堆一号墓、云梦大坟头一号墓[3]、临沂银雀山四号墓[4]、江陵凤凰山八号墓[5]中大量西汉前期漆器上烙印戳记的新发现，就把这种性质表现得很清楚；而马王堆和凤凰山出的戳记，更提供了研究西汉时期蜀郡官府漆器手工业管辖情况变化的新线索。

马王堆一号墓中出了一百八十四件漆器。发掘报告说：“在鼎、匕、卮、耳杯、食盘、小盘，匜、奁等七十三件漆器上，发现有打烙印的戳记。或打印在器内，或打印在器外。打印后上漆，故字迹皆模糊。从字迹观察，戳记文字似有五种，或二字，或三字，其中213号卮的戳记为‘南乡□’，字迹较清晰。其它都不易辨

[1] 湖南省博物馆、中国科学院考古研究所：《长沙马王堆一号汉墓》94页，文物出版社，1973年。

[2] 梁国光、麦英豪：《秦始皇统一岭南地区的历史作用》，《考古》1975年4期，208页。

[3] 湖北省博物馆：《云梦大坟头一号汉墓》，《文物资料丛刊》4期6、7页。

[4] 山东省博物馆临沂文物组：《临沂银雀山四座西汉墓葬》，《考古》1975年6期。

[5] 长江流域第二期文物考古工作人员训练班：《湖北江陵凤凰山西汉墓发掘简报》，《文物》1974年6期。

识，从字形推测，似都为作坊地名。”[6]细审已发表的六个烙印戳记拓片，原报告尚未辨识的五个戳记，有二个为“成市草”（原报告图六八下右、上中。后者因将戳记倒转，致不易辨识），一个为“成市饱”（原报告图六八上右）。其中，“成市”二字比较清楚，“草”、“饱”二字在没有其它比较材料前，确难认清。今年之初，承荆州地区博物馆的帮助，在江陵凤凰山八号墓中的一批同时期的漆耳杯和漆盂上，见到了“成市”、“成市草”、“成市饱”、“成市素”、“市府”、“市府饱”、“市府草”、“北市□”以及单独一个“草”字的烙印戳记。有了这些对比的例子，马王堆所出漆器戳记中的“草”、“饱”二字就都可以辨认出来。这种戳记从拓片看，往往不如在原件上见到的那样清楚，现临摹一部分凤凰山出的戳记的文字（图一，1—6），并把马王堆出的“成市草”、“成市饱”与“南乡”戳记亦据拓片印本临摹出来（图一，7—9），以便对比。由于这两批漆器工艺风格的一致，当系同一地方制造，上面的烙印戳记的文字，就更便于互相参证。

“草”有创造之义。《广雅·释言》说：“草、灶，造也。”草、造音近义通，

1 2 3

4 5 6

7 8 9

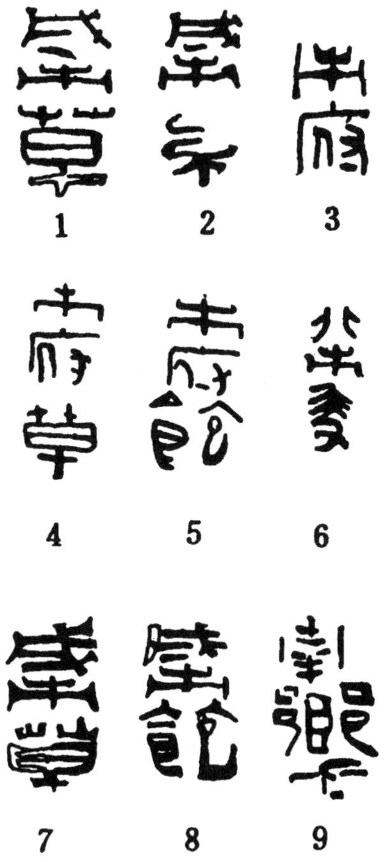

图一　马王堆、凤凰山西汉墓漆器烙印戳记摹本

1. 成市草　2. 成市素　3. 市府　4. 市府草　5. 市府饱　6. 北市□　7. 成市草　8. 成市饱　9. 南乡□（1 6. 出于凤凰山 M8；7—9，出于马王堆 M1）

1 2 3 4

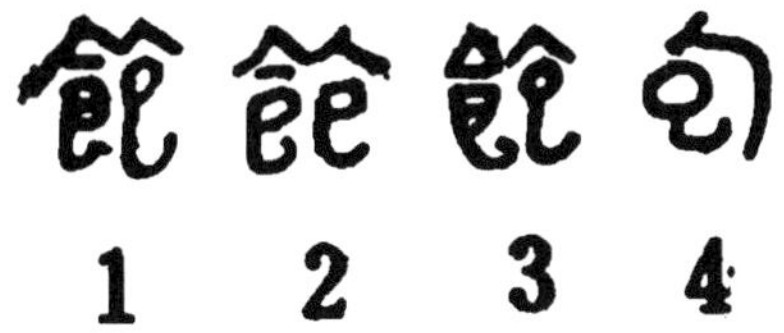

图二　漆器烙印戳记与《孙膑兵法》竹简中“饱”、“包”二字摹本

1. 马王堆 M1　2. 银雀山 M1《孙膑兵法》191 简　3. 凤凰山 M8　4. 云梦大坟头 M1

[6]　同 [1]78 页。

故汉代常以草字代造。譬如萧何造九章律，《论衡·效力篇》作“萧何造律”，而《汉书·艺文志》和《后汉书·陈宠传》便作“萧何草律”。颜师古注：“草，创造之。”又如汉文帝时曾有准备以土德代水德而造新历、改服色事，《史记·封禅书》和《汉书·郊祀志上》记此即作“草改历服色事”，《汉书·任敖传》亦作“草立土德时历制度”。《集韵》上声三十二“造”字所收异体作“簉”，又从形体上证明草、造二字相通。传世东汉永康元年半圆方枚乳神兽镜铭中“造作尚方明竟”之“造”字迳作“早”[7]，更为汉代以“草”假“造”的明证。银雀山四号墓的漆耳杯上，也有“市府草”的烙印戳记，这种耳杯口沿的弧形三角纹图案与马王堆及凤凰山出的漆器图案不同，而同墓所出其它漆耳杯上，则有“筥市”烙印戳记，可知其它地点的漆器作坊，亦常以草字代造。

马王堆、凤凰山漆器戳记中的“饱”字，与银雀山一号墓所出《孙膑兵法》第一九一简中的饱字[8]，写法基本相同（图二，1—3）。按照“成市造”、“成市素”这种词义来考虑，“饱”疑为“䰍”的假借字。《说文·桼部》说：“䰍，桼垸已复桼之。”过去在西汉后期的蜀郡、广汉郡漆器的刻铭中，屡见“素工”、“髹工”、“上工”、“造工”等等名称，“素工”当即作胎后造素地之工，“髹工”疑为漆工中的下地工，“上工”疑为上地工，“造工”则为总管之工[9]。此处的“素”与“䰍”，疑即“素工”与“髹工”；下述云梦所出漆器烙印戳记中的“亭上”之“上”，则当即“上工”，“告”当即“造”字为“造工”[10]。由此又可推知上述“成市草”、“市府草”之“草”，亦当指“造工”而言。

云梦大坟头一号墓出的漆器上又常见“包”字烙印（图二，4），那批漆器的装饰图案风格与马王堆二号汉墓的漆器大致相同，可知时代略早于马堆一号墓的漆器而当属高祖、吕后前后。大坟头漆耳杯上又有“亭”、“亭上”、“素”、“告”

---

[7] 梅原末治：《汉三国六朝纪年镜图说》25页，图版一二之1，桑名文星堂，1943年；又上海博物馆所藏一镜，铭作“早作明竟”，见《上海博物馆藏青铜器》附册103页，上海人民出版社，1964年。

[8] 《考古》1974年6期图版叁。

[9] 梅原末治：《支那汉代纪年铭漆器图说》，京都桑名文星堂，1943年。

[10] 此稿最初发表时，推测“成市草”与“市府草”义即“成市”“市府”所造漆器。其后裘锡圭同志以云梦所出漆器上的“素”当为“素工”、“告”当为“造工”见示，故改作此说。

等烙印戳记[11]，大约是另一地点的制品，但“包”、“饱”无疑是同字。可见以“包”、“饱”假作“髤”字，如同以“草”假“造”一样，也是当时许多漆器作坊的通例。

“成市”是指什么而言?

蜀郡成都是汉代最著称的官府漆器产地。据西汉陶器上常见的“某亭”、“某市”戳记之例，“某市”即为某地市府作坊的标记，并且地名为二字者，大都省略一字，一般还都是省略第二字[12]，故“成市”当即成都市府的省称。凤凰山八号墓漆器上“成市”与“市府”戳记并见，更直接证明是指市府而言。

但据《长沙马王堆一号汉墓》发表的材料，“成市”戳记只在一件漆匜上才能辨明，那么，其它漆器是否也是那里制造的呢?

要回答这个问题，最好是再仔细观察各器的烙印戳记。在未能进行这项工作以前，只好从工艺风格的分析来判断。

马王堆一号墓的漆器，除445号漆几和447号漆屏风这两件明器外[13]，其它各器的工艺作风非常接近，且又同出一墓，以当作同地产品为宜。如果拿凤凰山八号墓中带“成市”和“市府”戳记的漆耳杯，同马王堆一号墓的110号、156号等漆耳杯[14]加以比较，则又可见到耳杯边缘装饰的三角卷云纹，无论是图案的形态或是色调的配合，都几乎一样。这就可进而推断马王堆所出漆器，至少有相当一部分是成都市府作坊出产的。

但带着“南乡□”那种不同戳记的213号漆卮，是否为其它地方制造的呢?

上面提到的那种三角卷云纹，在这件漆卮的身部也见到画了同样的三道[15]，它们仍应为同地所制。西汉的县名没有叫做“南乡”的，这就可推测戳记中的“南乡”，乃指成都的一乡。《汉书·循吏文翁传》曾说：文翁“修起学官于成都市

[11] 同[3]。

[12] 俞伟超：《秦、汉的“亭”、“市”陶文》，《先秦两汉考古学论集》，文物出版社，1985年6月，132—145页。

[13] 同[1]93页—94页，图版一百九十二、一百九十三。

[14] 同[1]图七十七：2、3。

[15] 同[1]图七十四。

中”。《华阳国志·蜀志》所记文翁的文学精舍讲堂石室是“在城南”[16],《水经注·江水》记此则作“于南城”，但当时成都有东、西二城而没有“南城”，且《水经注》中有关文翁建文学精舍讲堂石室的整段记载又全系抄录《蜀志》，故“南城”当为“城南”之讹。这个“城南”，应即成都的南乡之地。陈簠斋《望文生谊斋辑存古陶文字》第一函（北京图书馆藏拓本）中曾著录“南乡之市”陶文戳记，当为一地，并说明设有市府。那里既有成都之市，戳印“南乡”自应是那个地点的市府漆器作坊制品的标记。

但成都的市不止一处。据《文选·蜀都赋》和李善注，汉代的成都有东、西二城，市在西边的小城中。对于城南的市来说，这个西边小城内的市位于其北，凤凰山八号墓漆器戳记中的“北市”，可能即指此市。可见，“南乡”、“北市”大约是南、北二处成都市府漆器作坊的标记。西汉长安城内有东、西九市，它们即可分别叫做“东市”、“西市”，又可统称为“长安市”[17]，这同此地既有“成都市”的统称，又可分别用“南乡（之市）”和“北市”来标记是一样的。

“成市”和“南乡”、“北市”戳记的性质既明，便能判断马王堆一号墓和凤凰山八号墓出的漆器，基本上都是成都市府制造的。

不仅马王堆和凤凰山出的漆器是市府制品，上面提到的另三批材料，也是各地市府所制。如银雀山所出，既有“莒市”戳记，当主要是莒县市府作坊所制[18]。大坟头出的一部分漆耳杯上则有“亭”字烙印[19],“亭”为旗亭即市楼省称[20],故亦为某地市府作坊所制。广州西村石头岗出的漆器上有“蕃禺”戳记，蕃、番古为

[16] 《御览》卷一六六引《华阳国志》作“今有文翁堂在大城内”，所谓“大城”，即指成都的东城。《御览》所引与各本《华阳国志》异。它与郦道元所见之本显然出入较大，当为省节之文，并有误字，故不从。

[17] 传世西汉哀帝建平四年（公元前3年）“南陵铜锺”铭文“长安市造”（《陶斋吉金录》卷六页五），《汉书·翟方进传》“磔暴于长安都市”，是长安市的统称；《汉书·刘屈氂传》“要斩东市”，《汉书·惠帝纪》“起长安西市”，是长安东、西二市的分称。

[18] 银雀山四号墓出的漆卮上，有“食官”戳记。《汉书·百官公卿表上》记皇后属官有“食官”，汉初诸侯王的“官室百官，同制京师”（《汉书·诸侯王表序》），这当是指城阳国的“食官”，故此器另是王国所辖作坊所制。

[19] 同[3]。

[20] 同[12]。

同字[21]，“蕃禺”即番禺，是南越的都城，它只记都名，实际亦应是指其市府而言。有了这一批例子，就可进而推知西汉前期各地重要的漆器作坊，大都由市府管辖，是一种由县廷经营、控制的地方性官府手工业。

汉代的工官由郡府管辖，但其产品往往直输中央，所以实质是一种设在各郡而由中央直接控制的官府手工业。蜀郡的工官设在成都，以制造贵重的漆器著称。自此文初次发表后，于豪亮同志著文《四川涪陵的秦始皇二十六年铜戈》[22]，指出“秦时蜀郡有东、西两工，主持制造用器和兵器。”汉初成都的官府漆器手工业既归市府管理，蜀郡工官的设置漆器作坊当在其后。自马王堆二、三号墓发掘之后，肯定了一号墓的下葬时间在文帝十二年（公元前168年）以后不久[23]，这就可断定马王堆一号墓以及时代相当接近的凤凰山八号墓中的漆器，制于文帝时期或略有前后。由此可知，至少是蜀郡工官内设置漆器作坊，自然是在文帝以后；也可能在汉初之时，蜀郡工官曾停废过一段时间，只是到后来才恢复的。

如果曾经停废，究竟要过多少时间才恢复呢？

传世有一件蜀郡工官制造的铜酒镅，上有刻铭为：“二年。蜀西工长儋，令后得，啬夫中章，佐广成，工贞造。容五石，重九十五斤。[24]”“蜀”为蜀郡省称，“西工”是蜀郡工官的专用名，“二年”前不带年号，当是武帝元鼎四年（公元前113年）创始年号以前的纪年[25]。这说明蜀郡工官最迟恢复于武帝初年，应在文帝以后至武帝初年之间。

蜀郡工官的漆器手工业，自然是继承了成都市府的传统而来，而且其整个工官的官职制度，亦大体继续了市府之制。上述“二年”铜酒镅的刻铭，表示出蜀郡工官最初的官制依次有长、令、啬夫、佐等。根据1916年以来在朝鲜[26]和贵州清镇[27]等地出土的五十多件蜀郡、广汉郡工官漆器上的刻铭，在西汉昭帝始元二年（公元

---

[21] 如“蕃昌”一词，在《史记·魏世家》中作“蕃昌”，东汉灵帝光和六年（183年）《白石神君碑》即作“番昌”。

[22] 见《考古》1976年1期。

[23] 湖南省博物馆、中国科学院考古研究所：《长沙马王堆二、三号汉墓发掘简报》，《文物》1974年7期。

[24] 容庚：《汉金文录》卷四，页二下，1913年。

[25] 武帝创始年号的时间问题，见王先谦：《汉书补注·武帝纪》“建元元年”条。

[26] 同[9]。

[27] 《贵州清镇平坝汉墓发掘报告》，《考古学报》1959年1期；《贵州清镇平坝汉至宋墓发掘简报》，《考古》1961年4期。

前85年）至东汉和帝永元十四年（102年）之间，设有“护工卒史”（东汉明帝时改为“护工掾”）、“长”、“丞”、“啬夫”（元帝以后改为“掾”）、“令史”等多级官职（王莽时一度改为“护工史”、“宰”、“丞”、“掾”、“史”、“掌大尹”等官）[28]。其中，护工卒史[29]一般居首位，长、丞则在其次。但是，“护工卒史”只是百石小吏。此如敦煌汉简（T. XiV. a、i、1）所曰：“卒史各百石，员二人”（王国维《流沙》所释脱“各”字，劳榦《释文》补）；《汉书·儒林传序》：“请选择其秩比二百石以上及吏百石通一艺以上，补左右内史、大行卒史；比百石以下，补郡太守卒史”；《汉书·儿宽传》“补廷尉文学卒史”句下臣瓒注：“《汉注》：卒史秩百石”；《汉书·循吏黄霸传》：“补左冯翊二百石卒史”，如淳注：“三辅郡得仕用它郡人，而卒史独二百石，所谓尤异者。”这都是西汉的情况。永兴元年《鲁相乙瑛碑》所谓“为孔子庙置百石卒史一人”（《隶释》卷一），又说明直到东汉，凡卒史仍为百石之吏。其长、丞之秩，当在卒史之上。据《续汉书·百官志五》所说：“其郡有盐官、铁官、都水官者，随时广狭置令、长及丞，秩次皆如县、道。”工官的首官和次官正为令、长和丞。此文初次发表后，宋治民同志又著文《汉代铭刻所见职官小记》[30]，说明“护工卒史”当因是郡府属吏，所以往往在题铭中居郡守所辖的工官的诸吏之首。当时，郡国都会及有些县的大市，亦为首官称长，副职称丞，成都市府的首官即为成都市长[31]，可见此时蜀郡工官的官制，同汉初的成都市府基本上是一样的。官制的相同，正说明了在国家机构中，工官的规格也就等于市府。

蜀郡工官恢复时间的推定，对考察西汉时期整个工官制度产生的历史原因，是有相当启发的。

---

[28] 同[9]。

[29] 《汉书·王嘉传》“使者护作”句下颜师古注：“护，监视也。”《盐铁论·水旱篇》：“卒徒工匠以县官日作公事”。护工卒史这一官名，其义约即为“监督卒徒工匠之吏”。

[30] 见《考古》1959年5期。

[31] 《汉书·百官公卿表上》：“其县万户以上为令，秩千石至六百石；减万户为长，秩五百石至三百石。皆有丞、尉，秩四百石至二百石。”《百官公卿表》“内史”条又言长安市设令、丞，则其官制同大县相当；成都等郡国都会及一些县的市则设长、丞，官制同小县相当。如传世有“广陵市长”封泥（《续封泥考略》卷二，页三十三下，1928年）与“临菑市丞”封泥（同上书卷三，页三四上）、“定阳市丞”封泥（同上书卷四，页十三上）。《汉书·食货志下》：“（王莽）更名长安东西市令及洛阳、邯郸、临淄、宛，成都市长皆为五均司市称师”，直接说明了成都市的首官为长。

《汉书·地理志》所载西汉的工官有八处，为河内郡怀、河南郡荥阳、颍川郡阳翟、南阳郡宛、济南郡东平陵、泰山郡奉高、广汉郡雒、蜀郡成都。《汉书·诸侯王表序》：汉初，“天子自有三河、东郡、颍川、南阳、自江陵以西至巴蜀，北自云中至陇西，与京师内史，凡十五郡。”济南、泰山二郡既在西汉朝廷直接控制的十五郡以外的诸侯王国境内，在景帝三年（公元前154年）平定吴楚七国之乱前，西汉朝廷当然不可能在那里设立实质是直接控制的工官，它们的设置时间，大概同蜀郡工官的恢复时间是差不多的。广汉郡的工官，从来都知道它同蜀郡工官差别很小，其兴废时间，更应接近。八处工官，有一半可大致知其创设和恢复于景帝至武帝时，从而可以推测西汉的工官，就是在这个时期开始或扩大的。

汉初的蜀郡既在西汉朝廷控制的十五郡内，而漆器作坊未属工官，其关键因素当在于西汉朝廷的力量还不足以控制那些手工业部门。那时，即使是与国库收入关系至大的铸钱业，也只得听任各地诸侯王和工商业奴隶主私铸。文帝“赐（邓）通蜀严道铜山，得自铸钱，邓氏钱布天下”（《汉书·佞幸邓通传》），就并不是因为“严道铜山”不在十五郡以内。可见，蜀郡的漆器手工业由成都市府来控制，正反映出当时西汉政府控制手工业生产的历史特点。

汉初在诸侯王控制的地区，这种地方性官府手工业往往是地方势力的一种重要经济力量，一旦诸侯王半割据局面被消灭，它们的管辖情况，必定要产生相应的变化。关东和江淮地区诸侯王的叛乱被平定后，那里的铁山铜矿，就成为直接为西汉朝廷服务的铁官、铜官。从景帝到武帝，为了真正实现统一局面和加强中央集权，进行了从推行“削藩策”、平定吴楚七国之乱到下“推恩令”、定“左官律”和“附益法”及“献酎金”等一系列军事斗争和政治斗争。成都市府的漆器制造等手工业，就在这个时期变为工官手工业，这种变革连同盐铁官营和国家垄断铸钱业，显然是当时这种斗争的一部分。

景帝至武帝时期统一局面和中央集权的大大加强，促进了手工业生产能力和商品货币关系的大发展。许许多多手工业部门，获利日益增多。同垄断铸钱权和盐铁官营一样，为了控制这份经济利益，进一步加强中央集权和打击各地的工商业奴隶主，应当就是在蜀郡等地设立工官的根本原因。

附记

1975年春、夏，在凤凰山又发现了许多文景时期的带“成市”戳记的漆器，其工艺作风，包括锥画纹（即针刻纹）漆奁，都同马王堆一号墓出的相同。同年8月初，又承湖南省博物馆之助，在马王堆一号墓100号和275号漆鼎的鼎盖内，见到了“成市饱”和“☒草”等烙印戳记，这都进一步证明马王堆一号墓的漆器主要是成都市府制造的。此外，又承示马王堆三号墓的许多漆器上的“成市草”、“成市饱”和“南乡□□”、“中乡□”等烙印戳记，可知成都的许多乡内都设有市府漆器作坊。湖北、湖南的同志正在仔细分析这些漆器，将来很可能把各乡作坊制器的特点揭示出来。

1975年底至1976年初，在云梦睡虎地发掘的十二座秦墓中出的大量漆器上，又发现“亭”、“咸亭”、“咸市”、“咸里”、“咸亭上”、“咸上”、“亭上”，“素”、“包”、“咸亭包”、“告”等烙印戳记[32]，可知前述云梦大坟头出的漆器为咸阳制品，并知在秦代漆器制造即归市府管理。又，1976年6月广西贵县罗泊湾M1出的漆器上，也有“布山”、“市府草”、“市府□”等烙印戳记[33]，时代属秦汉之际，这是其时漆器制造归市府管理的另一新例证。

（原载《考古》1976年6期，后收入《马王堆汉墓研究》〔湖南人民出版社，1979年〕时，略作修改）

再记

近四川青川和荥经秦墓出土漆器上有“成亭”烙印戳记[34]，可知秦时成都虽设工官，而漆器制造是归市府管理的。这样看来，自秦至西汉，成都始终设有工官，而把漆器手工业由市府划归工官管理，则是汉景帝以后最迟到昭帝时的事。东汉安帝时，蜀郡工官的漆器制作停止（《后汉书·和熹邓皇后纪》），标志着官府手工业的衰落。蜀郡工官控制漆器手工业，仍宜视为中央直接控制手工业的加强。

1982年12月25日

收入《先秦两汉考古学论集》（文物出版社，1985年6月）时，略作修改。

[32] “云梦睡虎地秦墓”编写组：《云梦睡虎地秦墓》27—37页，文物出版社，1981年。

[33] 广西壮族自治区文物工作队：《广西贵县罗泊湾一号墓发掘简报》，《文物》1978年9期，31、40页。

[34] 四川省博物馆、青川县文化馆：《青川县出土秦更修田律木牍—四川青川县战国墓发掘简报》，《文物》1982年1期1—13页，15页图三四、三七，16页图四五，20页图五七；荥经古墓发掘小组：《四川荥经古城坪秦汉墓葬》，《文物资料丛刊》（4）71页，文物出版社，1981年3月。

汉代诸侯王与列侯墓葬的形制分析

——兼论“周制”、“汉制”与“晋制”的三阶段性

商周秦汉的埋葬习俗，可以汉武帝前后为界限，分为两大阶段。前一阶段的成熟形态即通常所谓的“周制”，“汉制”是后一阶段的典型形态。“晋制”的出现，又标志着另一种新形态的最终形成。

经济基础的变更，是“周制”演化为“汉制”又发展成“晋制”的根本原因。分析汉代诸侯王与列侯墓葬形制的渊源和演化过程。则是探索“周制”、“汉制”、“晋制”这三阶段性的一个很有意义的方面。

一、“周制”中棺椁制度的等级分类

周代的奴隶主阶级主要实行天子、诸侯、卿、大夫、士和庶人这种等级制，椁棺制度即依此等级而分。

商代和西周之制，由于棺椁保存完好之例不足，至今尚不能言其详。战国的椁制，如据楚墓，除王制不明外，其余大略有四等：

第一等，有头箱、左右边箱、足箱和棺箱，如信阳长台关M1、M2，江陵天星观M1等（图一，1）；

第二等，在棺箱外有头箱和边箱各一，如长沙浏城桥M1，江陵望山M1、M2，江陵沙塚M1，江陵藤店M1等（图一，2）；

第三等，棺箱外只有一个头箱，如江陵太晖观M21等（图一，3）；或是虽无头箱隔板，但棺前留出头箱位置；有的甚至无椁而将随葬品置于棺前或两侧，可是墓圹规模和随葬品规格却同于有头箱的，如江陵拍马山M23、M1、M26等；

第四等，有棺无椁甚至无棺无椁的小墓，其随葬品往往只有极少量的日用陶

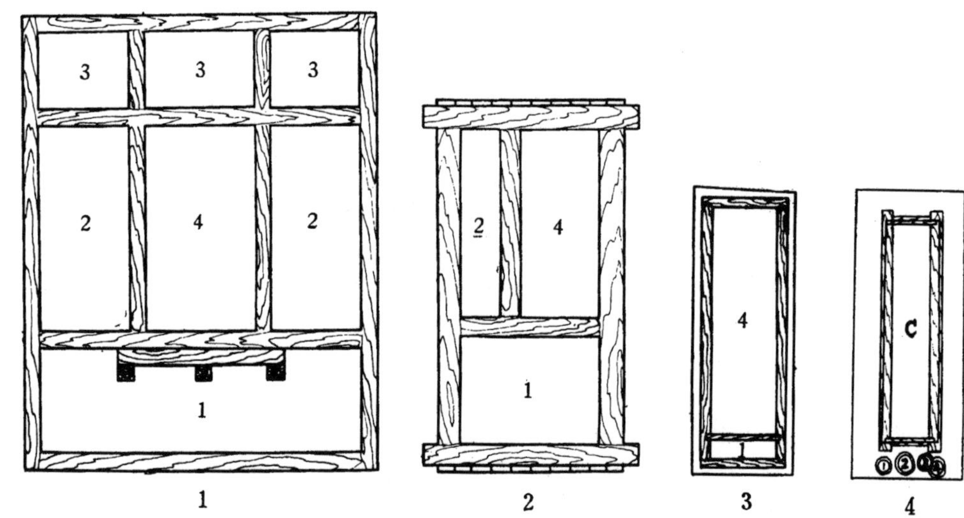

图一　战国楚墓椁制等级分类

1. 信阳长台关 M1　2. 江陵望山 M1（悲固墓）　3. 江陵太晖观 M21
4. 江陵雨台山 M235（1. 头箱，2. 边箱，3. 足箱，4. 棺箱，C. 木棺）

器或根本没有，如江陵太晖观M12、江陵雨台山M235（图一，4）等。

木椁本是作为地上居室的象征物而出现的，故早从商代起，便在椁底筑出腰坑，以模拟地上建筑物的“奠基坑”。先秦木椁既具有象征地上建筑的性质，自然可从各级贵族的居住制度来分析周代椁制。

按之周代宫室制度，诸侯有前朝（堂）、后寝（室）、左右房，房的后半部叫北堂，寝之后或有下室。对照战国楚墓木椁，其第一等，头箱当即象征前朝（堂），棺箱象征寝（室），边箱象征房，足箱或即象征北堂和下室，合乎诸侯之制。战国时的诸侯，几乎都已称王，所以原来“周制”中的诸侯之制，自然就是这时期列国中封君等最高贵族之制。信阳长台关M1出陶大牢九鼎，使用的是春秋中期以后至战国时期的列国之内的卿制；江陵天星观M1的墓主又知是邸阳君番勳，这二例可证这类椁制是封君或卿一类贵族之制。大夫的宫室，虽亦可有左、右房，但其基本制度是有前堂与东房、西室，合乎第二等；而且，这一等的墓一般出少牢五鼎，正合大夫之制。第三等是象征前堂、后室之制，一般出特一鼎，知属士制。第四等往往是无随葬品的小墓，但这一等的墓从春秋到战国又都有一些只出日用陶器而不用仿铜陶礼器随葬的墓，可知本属庶人之制，只是由于战国时庶人

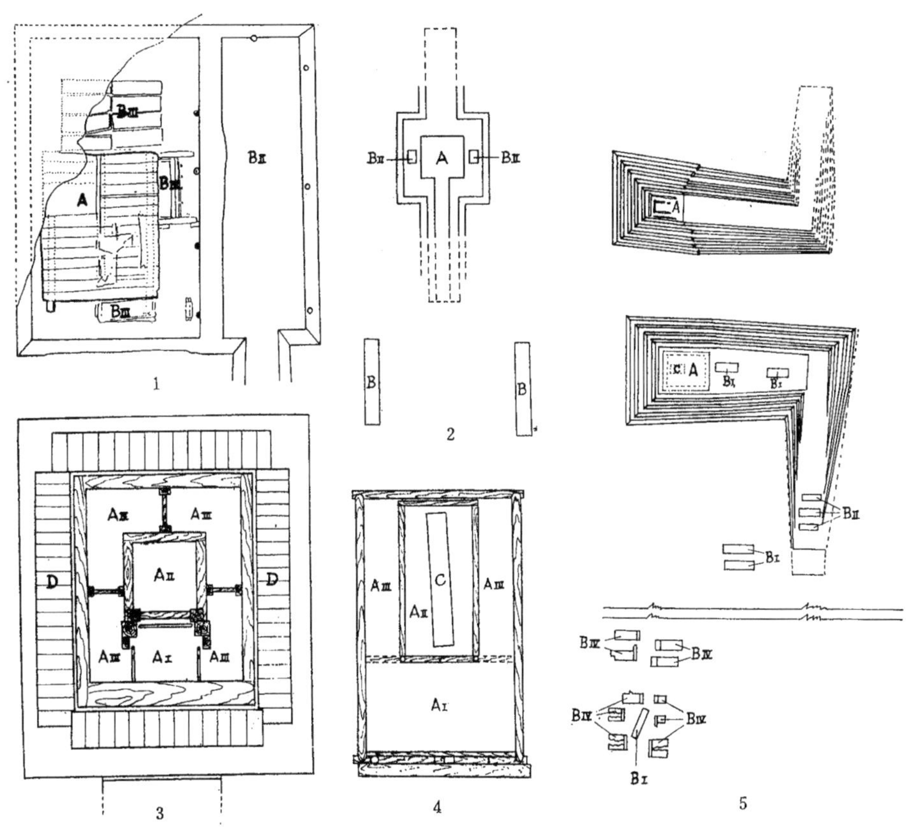

图二　春秋晚期至汉初墓葬正藏和外藏椁形制平面略图

1. 莒南大店 M1　2. 平山三汲 M6（中山王墓）　3. 长沙陡壁山墓（长沙王后曹嫘墓）　4. 阜阳双古堆 M2（汝阴侯夫人墓）

5. 咸阳杨家湾 M4 与 M5（A. 正藏，AI. 明堂，AⅡ. 后寝，AⅢ. 便房，B. 外藏椁，BI. 车马库，BⅡ. 炊厨库，BⅢ. 殉人棺，BⅣ陶俑坑，C. 梓宫，D. 黄肠题凑）

与士之间的界限往往被冲破，所以与第三等墓的棺椁制度也往往相混。

其棺制，《礼记·檀弓》、《丧大记》及郑注说：天子五层棺，上公四层棺，诸侯三层棺，大夫二层棺，士与庶人皆单棺。已知的战国楚墓的遗存是：第一等皆四或三层棺；第二等皆二层棺，仅望山 M2 为三层棺；第三、四等皆单棺，情况同上述椁制所属等级的推测正基本符合。

战国楚制的具体表现形式是后来才发生的，但当即承自“周制”传统，而“周制”的出现，无疑是适应于建立在井田制基础上的那种等级制度的需要。

二、汉初诸侯王、列侯实行的“梓宫”、“明堂”、后寝（室）、“便房”、“黄肠题凑”的“正藏”与“外藏椁”制度及其渊源

汉代实行二十等爵制。诸侯王、列侯这二级有食邑的最高爵级，可使用一些类似皇帝的、其它等级贵族所不能享用的制度。在墓形制度上，使用着包括了“明堂”、后寝（室）、“便房”、“梓宫”、“黄肠题凑”的“正藏”和“外藏椁”。

《汉书·霍光传》颜注引服虔说云：“外藏椁”是“在正藏外，婢妾之藏也；或曰厨、厩之属也。”西周、春秋本无“外藏椁”之制，但到春秋晚期的莒南大店M1、M2之中，已经在放置墓主木棺的主椁即“正藏”以外，另辟木椁即“外藏椁”，以置铜、陶礼乐器等随葬品（图二，1）。随县擂鼓墩战国初年的曾侯乙墓，在“正藏”（东椁）外有三个“外藏椁”（中、北、西椁），一个主要置礼乐器，一个主要置车马器和兵器，一个置殉人，正和服虔说的三种“外藏椁”制度相符。后两种“外藏椁”，当然是从过去的车马坑和殉人坑发展来的，但从专置礼乐等器的“外藏椁”发生后，这种车马坑和殉人坑亦理应按服虔之说而称之为“外藏椁”；何况从此开始，这种车马坑和殉人坑又一变过去的土圹筑法，而用木材做成椁状。据平山三汲战国中山王墓（图二，2）所出木牌上的文字，当时又把“外藏椁”叫做“库”。这些材料表明，把墓的结构分为“正藏”与“外藏椁”这种“汉制”，实际从春秋晚期已经发其端，战国时至少已成为好几个诸侯国的王陵制度，到汉代，诸侯王与列侯的墓葬，就沿用了这种制度。

在汉初，“正藏”中的“明堂”、后寝、“便房”发展成最近发掘的长沙象鼻山墓那种样子：“明堂”在前，后寝在“明堂”后，“便房”在周围，“外藏椁”作成外回廊形式。象鼻山墓应是文景时期的长沙恭王或靖王墓。附近的陡壁山曹嫘墓应即是靖王之后的墓。这种诸侯王及王后墓，都有“黄肠题凑”（图二，3）。曹嫘墓没有见到“外藏椁”，估计在墓外。

“外藏椁”远离“正藏”而在墓外之例，又如咸阳杨家湾M4、M5这一对夫妇并穴合葬墓。墓内出银缕玉衣残片，按之西汉制度，当属列侯等级。M4在墓道内和墓道外共有“外藏椁”十八个，计车马库五、内置陶器的炊厨库三、陶俑坑十（图二，5），从“外藏椁”的三种内涵看，基本上仍继续了从前的制度。

列侯的“正藏”形制，在阜阳双古堆的汝阴侯及其王后墓中，可看清是分

“明堂”、后寝（室）、左右“便房”几部分（图二，4）。这显然是从楚制中那种头箱、左右边箱的形制演化来的。看出了这种联系，自然也就可反转来证明了前面讲的关于头箱、左右边箱所模拟的内容的推测。要说明的是，在当时的长沙国中，有些列侯等级的木椁，其形制还往往同战国楚制一样，如马王堆M1、M3，砂子塘M1等。这种差别，自然是由各地区文化传统以及汉初所受它地影响不一等原因所造成，也正反映了在全国范围内“汉制”代替“周制”的不平衡性。

概括这些情况，可知汉初的“汉制”就是由“周制”演化来的，它们的基本制度即模拟的内容是一致的，而其表现形式则发生了一定的变化。

三、汉武帝至东汉前期“正藏”与“外藏椁”制度的两种发展系统

最迟在汉武帝时，一部分诸侯王墓就凿山为藏。这自然引起墓形的剧变，同穿土为圹的分成两个系统。

凿山为藏的，如满城陵山M1、M2这两座中山靖王、王后墓。“明堂”与后寝形成前、后（或左右）二室，“便房”做成回廊形式，“外藏椁”的车马库和炊厨库形成左右耳室（图三，1）。曲阜九龙山宣帝时的鲁孝王刘庆忌等五座墓，也是这样。这个系统发生后，对其它等级的墓形就发生很大影响，许多西汉中期以后的砖室墓的形制，显然是在其影响下发生的。

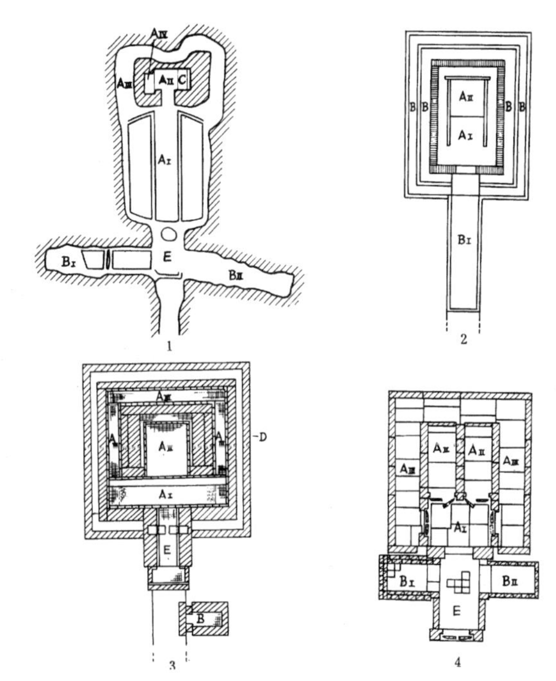

图三　西汉墓葬正藏与外藏椁形制平面略图

1. 满城陵山M1（中山靖王墓）　2. 北京大葆台M1（燕广阳顷王墓）　3. 定县北庄墓（中山简王墓）　4. 唐河新店画像石墓（郁平大尹冯孺久墓）（A. 正藏，AⅠ. 明堂，AⅡ. 后寝［室］，AⅢ. 便房，AⅣ. 更衣，B. 外藏椁—耳室，BⅠ. 车马库，BⅡ. 炊厨库，C. 木棺—梓宫，D. 题凑，E. 前室或甬道）

穿土为圹的，则大体继续旧形式，如北京大葆台M1这座汉元帝时的燕广阳顷王墓（图三，2），同汉初的长

沙王墓差不多。

定县八角郎M40这座汉宣帝时的中山怀王墓，连同定县三盘山的中山王墓，都是在“正藏”内分“明堂”、后寝、左右“便房”，椁外有“黄肠题凑”；“外藏椁”二个，都是并列于墓道内，一置车马，一置陶器，只有车库和炊厨库。汉代殉人之风大杀，故瘗埋殉人的“外藏椁”消失。

定县北庄的东汉和帝初年所瘗的中山简王墓，已变成用砖修筑，外用石材作“题凑”。这是一个总平面略成方形而内分前、后室并带回廊的墓。前面的甬道一侧有耳室，当即“外藏椁”；前室即“明堂”，后室即后寝，周围的回廊无疑就是“便房”（图三，3）。

1978年发掘的唐河县新店的一座画像石墓，形制与中山简王墓极类似，有题刻说明一个出有车马明器的耳室叫“车库”，回廊叫“藏阁”，即“藏”中之“阁”。汉代把旁门叫“阁”，又把正室之旁的偏房叫“阁”，直到唐代还把“便殿”叫“阁”，可证回廊即“便房”（图三，4）。

此墓又有题刻“始建国天凤五年郁平大尹冯君孺久”，可见最迟到王莽时，“大尹”（即郡太守）这种二千石官吏也可使用类似诸侯王、列侯的墓形制度。南阳一带是东汉的“帝乡”，显然东汉的诸侯王等墓形制度，正是继承了西汉末年南阳地区强宗豪右的墓形传统，而西汉末年一些地方豪强的势力已强大到可以僭用“便房”等制度的程度。这个变化的含义自然非常重要，因为它标志着“汉制”开始受到破坏，又表示出了地方豪右的强大正是促使“汉制”破坏的重大原因。

四、东汉后期诸侯王、列侯墓葬与地方豪强墓葬的形制相混及其社会根源

大约安帝以后，黄河流域的诸侯王与列侯都实行前、中、后三室之制，墓皆砖券顶，前室象征庭，中室即“明堂”，后室即后寝，三室的两侧又往往有耳室即“外藏椁”。例如在徐州土山探出了一座彭城王墓，其旁的一座较小的墓，墓主用银缕玉衣，属诸侯王或列侯始封等级，推测当为彭城王后墓，此墓即为三室。又如定县北陵头M43这座灵帝时的中山穆王与王后合葬墓，亦为前、中、后三室之制（图四，1）。再如亳县董园村M1、M2这两座桓、灵时期的曹侯墓，也用三室之制。

但这时许多二千石官秩的地方豪右，也普遍使用这种三室之制。如望都所药

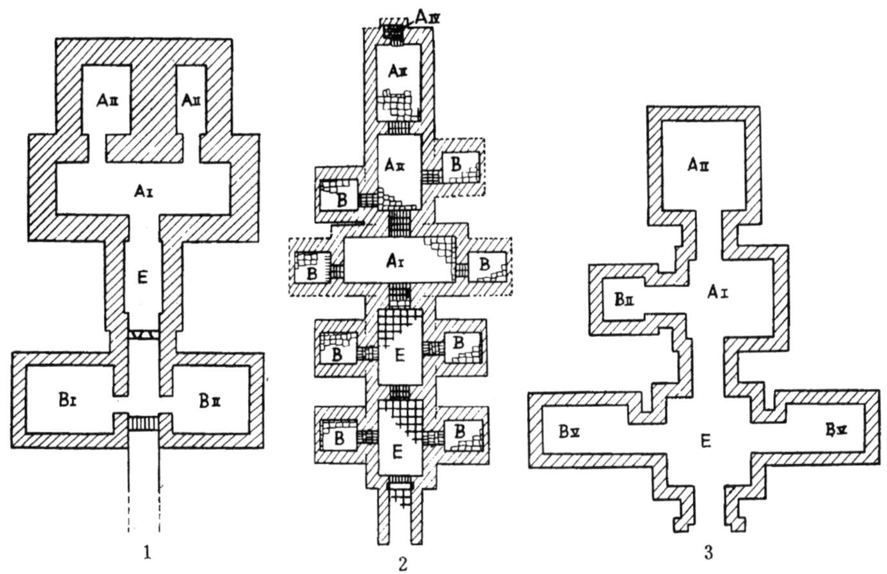

图四　东汉墓葬正藏与外藏椁形制平面略图

1. 定县北陵头 M43（中山穆王与王后墓）　2. 望都所药村 M2（太原太守中山蒲阴聚博成里刘公墓）
3. 和林格尔小板申 M1（护乌桓校尉墓）（AⅠ. 明堂，AⅡ. 后寝［室］，AⅣ. 更衣，B. 外藏—耳室，BⅠ. 车马库，BⅡ. 炊厨库，BⅤ. 象征农田、牧野的耳室，E. 庭—前室或甬道）

村 M2 是迄今所发掘的规模最大的东汉三室墓（前、后室又各分为二而成为五室），墓主却是灵帝光和五年死去的"太原太守中山蒲阴聚博成里刘公"；墓内还出从前只有列侯以上身份的贵族才能使用的玉衣残片，同样表明了那时的强宗豪右几乎可随便使用原来的诸侯王与列侯之制（图四，2）。其它如和林格尔小板申 M1 这座护乌桓校尉墓（图四，3）、武威雷台 M1 这座某某将军墓等，虽然规模较小，墓顶只用一层砖叠涩砌出，不像上述各墓都往往用三层砖起券，其平面亦多作成三室之制。当然，这个时期的耳室，已不似从前那样只分为车马库和炊厨库两种，而往往是作为大片农田、牧野的象征物而出现的。

从当时的历史环境来考虑，显然是由于大土地所有制的膨胀，到东汉后期，许多地方豪右的势力已扩展到可和诸侯王、列侯相比拟的地步，从而他们的墓形制度也就混同起来，至少已是差别较微了。

约从三国西晋时期开始，除河西等较为边远的地区仍大体沿用东汉后期的旧制外，许多身份极高的贵族之墓，往往变成单室砖墓。墓形制度从此又进入一个新阶段:“汉制”已被赶出历史舞台，“晋制”出现了。从整个两汉材料看，这种新制西汉末开始孕育，东汉后期眉目已见，三国以后瓜熟蒂落。可以认为，“汉制”是“周制”的继续而发生了相当的变化，它同“晋制”明显地应分属两大阶段。

墓形制度从“周制”到“汉制”以及向“晋制”的递变，正反映了社会历史变化的三个阶段。当然，要详细说明这三阶段性，应当仔细分析等级制度在这三个阶段中的变化；即使仅仅从埋葬制度方面来说，也还要分析随葬品制度的变化，等等。

这是《汉代诸侯王与列侯墓葬的形制流变研究》一文的提要。原载《中国考古学会第一次年会论文集》，文物出版社，1980年；收入《先秦两汉考古学论集》（文物出版社，1985年6月）时，略作文字修改。

古史分期问题的考古学观察

前言

近几年来，关于我国古史分期问题的讨论，终于冲破禁锢而重新展开了。

这种讨论，自然关联到对整个人类古代社会发展规律的认识，因此，国际范围内发生的关于亚细亚生产方式的再讨论，一定会影响到我国古史分期问题的研究。

回顾二十年代末至三十年代的第一次大讨论，它带给中国古史研究的深刻影响是最终在马克思主义史学队伍中，确认了奴隶制的存在。

六十年代以来发生的第二次大讨论，既牵涉到奴隶制的类型问题，又扩大到人类历史的发展是否存在奴隶制这个基本阶段的重大问题。这些意见，虽被推迟了十多年之后才介绍到我国，但现在也正日渐发生着影响。

恩格斯曾经说明："对经济学的批判，……也可以采用两种方式：按照历史或者按照逻辑。……历史常常是跳跃式地和曲折地前进的，如果必须处处跟随着它，那就势必不仅会注意许多无关紧要的材料，而且也会常常打断思想进程；……因此，逻辑的研究方式是唯一适用的方式。但是，实际上这种方式无非是历史的研究方式，不过摆脱了历史的形式以及起扰乱作用的偶然性而已。"[1]当年马克思、恩格斯揭示的社会发展规律，是他们对人类社会已知过程所作的理论的逻辑概括，

---

[1] 恩格斯：《卡尔·马克思"政治经济学批判"——二》，《马克思恩格斯全集》第13卷532页，人民出版社，1962年。

自然不能作为世界各地社会前进过程的具体模式。所以，随着大量新资料的发现和研究，人们看到愈来愈多样化的历史进程是必然的。

当前讨论中发生怀疑的关键似乎在于：马、恩分析了古代的西亚、埃及、印度和希腊、罗马、日耳曼等等社会之后抽象出来的古代社会理论，是否体现着整个人类古代社会发展的基本规律？

仅仅说那些地区在古代世界中占有非常重要的、甚至是先进的位置，好象还不足以使人们相信马、恩的理论，是正确地抽象出了人类古代社会的基本规律。如果还有另外一个基本是独自发展的古代社会，也经历着马、恩揭示的基本途径，人们当能进一步相信马、恩的古代社会发展规律的理论的确是真理。

我国的古代社会，在地理条件方面，正处在同其它文明古国难以发生直接接触的地位，她所经历的过程，应当能体现出人类古代社会发展的基本规律；当然也一定会有自身的特点，而这种特点又必然是从属性的。因此，我国古史分期问题的研究，客观上已被提高到非常重要的地位。

马、恩的古代社会理论内容是非常丰富的。就其社会经济形态发展过程的部分内容来说，他们认为古代社会发展的逻辑过程是：在原始公社制和封建制之间，要经历家内奴隶制和劳动奴隶制两个阶段。这就像马克思所说："在古代世界，……有时只是使家长制的、以生产直接生活资料为目的的奴隶制度，转化为以生产剩余价值为目的的奴隶制度"[2]；也就是恩格斯讲的：德意志人"由于这种野蛮状态，他们还没有达到充分发展的奴隶制：既没有达到古代的劳动奴隶制，也没有达到东方的家庭奴隶制"[3]。

按照马、恩的学说，在前一阶段，农村公社是相当完整地存在着，它是专制主义的基础，而且束缚着商品生产的发展，奴隶劳动以生产直接生活资料为主；在后一阶段，奴隶劳动扩大到以生产剩余价值为主，商品生产冲垮了（至少是严重地瓦解了）农村公社，农民于是得到了空前的自由身分，在公社解体比较彻底的地方，甚至出现民主制，从而人们的智慧和才能得到当时条件下最充分的发展。

---

[2] 马克思：《资本论》第3卷，《马克思恩格斯全集》第25卷371页，人民出版社，1974年。

[3] 恩格斯：《家庭、私有制和国家的起源》，《马克思恩格斯全集》第21卷177、178页，人民出版社，1965年。

奴隶劳动在社会生产中所占地位，只是到后一阶段才突出起来；封建性质的剥削关系早在前一阶段就已发生，只是到最后才从根本上取代了奴隶制。

由于人类历史发展的不平衡性，在绝大多数地区，农村公社的保留程度，要大于希腊、罗马，奴隶占有制从来没有发展到像古典时代那样纯粹的地步；在许多地方，甚至当人们还没有走到第二阶段的时候，就由于外来影响而发生了飞跃。所以，对于地中海沿岸以外地区的奴隶制的阶段性，是不能用从古代东方到希腊、罗马一样的进程来看待的。

但世界各地的奴隶制形态，无非是因为发展程度的不等，加上本身历史传统和自然条件给予的影响，表现了或多或少的特点。其实，不管世界各地这个历史阶段的面貌怎样多样，譬如说，不管奴隶的数量和使用范围有多大差别，总是有别于原始公社和封建制度的一种生产方式，而且总是能把它们大体归属于家内奴隶制阶段或劳动奴隶制阶段。马、恩把这种生产方式叫做“奴隶制”，正表达了它的典型形态（最充分的形态）的特点。

我国的古代，正独自走完了两个阶段，即夏、商、周三代是处于家内奴隶制阶段；春秋晚期至两汉则发展到具有自身特点的劳动奴隶制阶段。可以说，中国的古代社会是另外一个相当完整的典型。

当三代之时，社会的细胞是农村公社。这时期，从细胞的内部起，直到整个国家的政治组织，最迟自商代晚期以降，形成了一套严密的嫡长制的氏族宗法组织。氏族组织延伸到早期奴隶制是普遍性的，但先秦的宗法制度却颇具特色，因此我曾把中国古代的这个阶段叫做“宗法奴隶制”，为的是更能表现出它的形式特征。

春秋晚期以后，农村公社在迅速解体，土地私有制和商品生产有了较快的发展，但村社终未彻底崩溃。到汉末，大概因为它同封建剥削关系很容易结合在一起，公社甚至大量复活起来。黄巾起义以后许多新建立的庄园，往往就是利用复活的公社而建立起来的。

在这后一阶段，私有制的渗入虽不断地改变着村社的面貌，但公社这种纽带必然程度不等地阻塞着把农民变为债务奴隶的通道。阻塞的程度与公社的解体程度显然是成反比的，所以一到西汉晚期，因公社解体已到相当程度，债务奴隶就扩大到造成严重社会危机的地步。但也正因农村公社始终不绝如缕，农民变为债务奴隶的数量仍要受到相当限制；而且，可以直接把农民转化为国家罪犯奴隶的专制主义的基础就始终存在。正是由于这两种因素，加上秦以后统一王朝的出现，大大缩小了通过战争以掠取奴隶的来源，使得秦汉时期由国家政权直接控制的罪犯奴隶，以极大的规模扩充起来，成为中国类型劳动奴隶制的一个显著特点。

详细说明这个过程及其特点，需要汇集古籍记载和地下实物资料，从多方面来进行。我在这里，只是从部分考古资料出发，对三个方面的四个问题作提纲式的探讨，并借以表达一个从事考古工作的人对古史分期问题的关心和自己的基本态度。

一、青铜时代和铁器时代之初的农业生产条件，符合哪种社会经济形态的需要?

探讨奴隶制从产生到衰亡所需要的生产力水平，很容易被指斥为采取了机械唯物论的态度；但要认真解释某种社会经济形态发生的必然性时，却不能回避这个问题。马克思在1857—1858年时就写道："劳动主体所组成的共同体，以及以此共同体为基础的财产，归根到底归结为劳动主体的生产力发展的一定程度，而和该阶段相适应的是劳动主体相互间的一定关系和他们对自然界的一定关系。……因此，财产最初意味着（在亚细亚的、斯拉夫的、古代的、日耳曼的所有制形式中就是这样），劳动的（进行生产的）主体（或再生产自己的主体）把自己的生产或再生产的条件看作是自己的东西。因此，它也将依照这种生产的条件而具有种种不同的形式。"[4]后来，在《资本论》中更明确地讲："各种经济时代的区别，不在于生产了什么，而在于怎样生产，用什么劳动资料生产。劳动资料不仅是人类劳动力发展的测量器，而且是劳动所以进行的社会关系的指示器。"[5]正像从简单协作到工场手工业必然产生资本主义，而大机器的诞生必然发展了资本主义那样，奴隶制的产生与发达，也必须具备应有的生产力条件。

石器时代不能产生奴隶制，已是共同的认识。但奴隶制究竟产生在什么样的

[4] 马克思：《政治经济学批判（1857—1858年草稿）——第二篇，B、资本主义生产以前的各种形式》，《马克思恩格斯全集》第46卷上495、496页，人民出版社，1979年。

[5] 马克思：《资本论》第1卷，《马克思恩格斯全集》第23卷204页，人民出版社，1972年。

生产力条件下，至少在我国并未认真讨论过。

就全世界范围而言，在古代西亚和埃及，由于两河流域及尼罗河流域每年河流泛滥而淤积了肥沃泥土的特殊有利条件，早在铜石并用时代就跨入了奴隶制时代之门；其它地区则大都要到进入青铜时代以后才产生奴隶制。在讨论这个问题时，首先应当指出：当恩格斯写作《家庭、私有制和国家的起源》时，对荷马时代以前的爱琴世界并不了解，民族学的材料也不如今天充分，因而把奴隶制的发生阶段，几乎统统归之于军事民主制阶段。他尽管已看到青铜时代的来临促成了“第一次社会大分裂”[6]，但仍把古代东方以外多数地区的青铜时代，说成是原始社会的解体阶段，认为只是到铁器时代才走到“文明的门槛”[7]。据现在所知，在几乎所有的农业经济区，青铜时代都已进入到文明时代。例如马、恩当时知道的古代东方是这样，马、恩当时还不知道或很不清楚的古希腊的克里特、迈锡尼文化，乃至中美的马雅文化、南美的印卡文化等等，也都是这样。至于像日本弥生文化那种从新石器时代直达铁器时代、并要再经过三、四百年才建立国家的情况，则是因外来影响而发生的某种生产技术的飞跃，当然是特殊的变异。仅仅是一些游牧部落，在他们那种经济、生活条件下，青铜时代达到的生产力水平，恐怕还只能创造出军事民主制的部落联盟。可以看到，至少在大部分农业经济区，青铜时代已具备了产生奴隶制所必须的生产力条件。我国古代就是这样。

但青铜时代能够达到的生产力水平，可以把奴隶制推进到什么高度呢？

对当时社会形态起决定性作用的经济部门是农业，因而就考察农业生产的条件吧！

在我国，包括商代和西周在内的青铜文化，农业工具仍主要是木、石、骨、蚌器。郑州、安阳等地商代遗址和周原、丰镐、洛阳等地西周遗址的发掘，已充分说明了这一点。顶多是个别铜矿特别丰富的地方，如战国至汉代的云南洱海和滇池周围的滇文化，曾经使用了一定数量的青铜农具，但也不能完全取代木、石、骨、蚌器。在几千年以前的草莽未辟时代，使用这些原始农具，只能实行“撩荒

[6] 同[3]185页。

[7] 同[3]188页。

式”的耕作法。一些农史研究者，就论证了西周的农耕，正是采用这种方法[8]。民族学的材料说明，个体家庭是无法实行这种原始耕作法的，只有依靠公社成员的劳动协作才能实现它。所以，青铜时代提供的生产条件，只能形成农村公社普遍存在的奴隶制；也就是说，正因青铜农具没有能力排斥木、石、骨、蚌等原始农具，农村公社的存在就是必然的。在这种条件下，土地私有制和商品生产当然不可能真正发展起来，奴隶制自然还处于早期阶段而没有走到尽端。

等到铁器时代来临后，由于铁矿比较普遍和铁的性能的优越性，木、石、骨、蚌等低效能的农具，很快就被锋利的铁农具排挤掉。农夫们拿到了铁制农具，便有能力将“撩荒式”的粗放点播，向犁耕、条播、施肥、中耕管理、开渠灌溉的大面积播种和精耕细作方面发展，一家一户为生产单位的农业劳动，到了这个时候才有可能代替劳动的集体协作。

有了这种生产条件，农村公社的存在，就失掉了它的合理性，土地的公社所有制就会相应地变为私有制。古希腊自梭伦改革以后一再地打击农村公社，就是因为早在荷马时代已经有了使用铁制工具的生产条件；我国在战国时代发生的一系列打击氏族贵族、破坏土地公社所有制的变法，也正是适应了春秋以来铁器日渐普遍使用后新发生的小农经济和发展土地私有制的需要。从地中海沿岸到黄河、长江流域经历的类似过程，说明铜石并用时代或青铜时代的来临，可以把人们带进到奴隶制时代，但只能是农村公社普遍存在的家内奴隶制阶段，只有到达铁器时代，才能进入奴隶制的发达阶段。任何把青铜时代和奴隶制的兴衰等同起来，或是把铁器时代的到来同封建制的发生联系在一起的看法，都没有搞清楚农业生产条件同生产形态之间的必然关系，在地球上也找不到有另外一个例子可作旁证。

但农村公社的解体，还需要一些其它因素，特别是商品生产的冲击。希腊、罗马正因地处地中海沿岸，与周围地区有特殊方便的水、陆交通条件，商品经济便发展到其它古代国家难以达到的高度，从而私有制能很快地发展起来。在其它地方，到铁器时代以后，公社内部虽在不断削弱其公有制成份，却始终没有解体到古典时代的程度，并且往往延续到很晚时期。就拿西欧来说，在封建制度被摧

---

[8] 友于：《由西周到前汉的耕作制度沿革》，《农史研究集刊》第2册2—5页，科学出版社，1960年。

毁得较迟的德国，零星的公社形态像马克思在1831年所说："一直保存到今天，例如，在我的家乡特利尔专区就有。"[9]在俄国，则如众所周知，直到本世纪初还相当普遍地残存着[10]。这就说明仅仅是铁器的使用，还不能彻底摧垮农村公社；而且仅仅看农村公社的存在与否，并不能决定当时是否处在家内奴隶制阶段。

真正能够把劳动的集体协作改变为个体家庭生产的劳动条件，大概是铁器使用后轮作制乃至施肥的普遍实行，而这正是封建制存在的物质前提。

具备这种条件，并不在铁器时代之初。拿我国春秋晚期至汉初的情况看，主要的铁农具是铁镬、铁口臿、铁口耜、铁口锄、铁镈、铁镰等，铁犁虽已出现，数量还少，牛耕显然并不发达。《淮南子·主术训》讲，当时还主要是"跖耒而耕"的耦耕，集体的协作劳动仍占主要地位。我国的牛耕要到汉武帝以后才日益普遍，而以个体家庭作生产单位的情况，只有在此以后才会突出起来。特殊之例是两河流域和埃及。那里因为幼发拉底、底格里斯和尼罗河流域的淤积，泥土松软易耕，铜石并用时代就使用了木犁；而大概正是这种条件，那里在青铜时代便出现了小农经济，当然还是极不发达的。

但仅仅有牛耕，还不足以提供产生封建制度的生产力条件，因为如果不能使地力及时恢复，在固定的份地上，个体家庭的劳动是维持不久的。在欧洲，作为封建时代农业耕作法的标志是"三圃制"（或译作"三田制"）。它最迟发生于公元八世纪，一直实行到中世纪末；在俄国，一直延续到十九世纪[11]。这种耕作法，用考茨基的话说，就是"一般讲来是强制的轮种法在支配着；在每块土地内或在每一块田亩上，份地所有者必须以同一的方法经营。每年三块田中有一块空闲着，另一块种植冬麦，第三块种春谷。田地的耕作每年轮换着。"[12]（着重点是原有的）"三圃制"是轮作同休闲相结合的方法。在此以前，有一种豆科轮栽制度，在罗马时代就已流行[13]。农业上出现轮作制是极大进步，它可以使面积有限的份地固

---

[9] 马克思：《给维·伊·查苏利奇的复信草稿——三稿》，《马克思恩格斯全集》第19卷448页，人民出版社，1963年。

[10] 参《联共（布）党史简明教程》14、108、109页，人民出版社，1975年。

[11] 参格刺斯（N. S. B.Gras）《欧美农业史》24—29页，万国鼎译，商务印书馆，1928年。

[12] 考茨基：《土地问题》26页，三联书店，1955年。

[13] 同[11]30—34页。

定地使用下去，从而使个体家庭的农业劳动具有长期的合理性。在我国，大概比“三圃制”略早也发展起了一种轮作和使用绿肥的栽培法，用来恢复和提高地力。这种农业技术的发生可能早到汉代，但真正见于记载的，始于北魏贾思勰的《齐民要术》[14]。比较这些情况后，岂不可以认为：牛耕普遍之后轮作制的发生乃至施肥的普遍，是封建制存在的生产力条件，而这在战国至汉代是尚未具备的。

由此而得到的认识是：我国的商、周时期只具备家内奴隶制的生产力条件；春秋晚期以后则达到了劳动奴隶制所需要的生产力水平；适应于封建制的生产力高度，要到汉末前后才能得到。

推断某种经济形态的存在，当然不能以生产力水平为唯一标准，但它总是说明其必然性的一个重要的、甚至是关键性的方面。

二、人祭、人殉和人俑制度反映的奴隶制的阶段性

自五十年代以来，用人祭、人殉来说明奴隶制的存亡，是我国史学界中最流行的一种说法。这种意见认为：商代和西周流行人祭、人殉，被杀者当然是可以生杀予夺的奴隶，从而证明当时是奴隶制；战国以后人祭基本消灭，人殉亦逐渐被人俑代替，因此表示出完全没有人身自由的奴隶阶级已被至少有半自由身分的农民阶级代替，即封建制已取代了奴隶制。

人祭、人殉的大量存在，确实表现了奴隶制已出现。但像上面归纳出的那种说法，似乎忘掉了大量使用人祭、人殉，正如在美索不达米亚和埃及所示，是奴隶制早期阶段的现象[15]；大概也没有考虑人祭、人殉之中有多少俘虏以及杀殉俘虏或奴隶的差别何在？更不见得仔细考察过战国至汉代的人俑究竟象征什么样的身分？

真正的情况是相当复杂的。

[14] 李长年：《齐民要术研究》77—82页，农业出版社，1959年；中国农业科学院、南京农学院：《中国农学史（初稿）》上册253、254页，科学出版社，1959年。

[15] 世界上古史纲编写组：《世界上古史纲》上册145—148页，人民出版社，1979年。

先说人祭问题。据黄展岳同志1974年的汇集[16]和以后发表的材料[17]，在我国古代文明发达最早的黄河中游地区，人祭始于河南龙山文化，直至春秋，而以商代后期为盛。统计甲骨文中武丁以后商王所用人祭数字，达一万三千以上，实际杀祭的数字，当然还要远远超过[18]。在卜辞记录和已发掘出的人祭遗迹中，武丁时期的占一半以上[19]。武丁在位约五十余年，在这样一段时间内竟于一个地区杀祭了如此众多的人牲，死者当然主要是俘获的外族而不是商人本族。卜辞所见杀祭用人，主要有㲋、艮、奚、臣、妾、羌、䨲等等。㲋指拘捕的罪人，艮为俘获之人，奚、妾也是所俘外族，羌即西北地区的羌人，䨲字还不容易释准确，但也是指俘获的外族[20]。其中以用羌和䨲为多，动辄就是数百。这表明商代杀祭主要是用俘获的外族[21]；当然也可能有本族的罪人，但这不会影响对杀祭用人所作的总估计。最近对殷墟人骨所作研究，也恰恰证明被杀祭者人种甚杂，同当地商代墓主的体质特征是不一样的[22]。

确定商代后期的人祭主要用俘虏这一点，对判断当时的社会性质非常重要。正像恩格斯在《反杜林论》中所说：只有当"劳动力获得了价值"的时候，奴隶制才会被发现。"在这以前人们不知道怎样处理战俘，因此就简单地把他们杀掉，在更早的时候甚至把他们吃掉。但是在这时已经达到的'经济情况'的水平上，战俘获得了一定的价值；因此人们就让他们活下来，并且使用他们的劳动。"[23]后

---

[16] 黄展岳：《我国古代的人殉和人牲》，《考古》1974年3期153—163页。以后所引材料，凡见于此文的，皆不一一注明出处。

[17] 安阳亦工亦农文物考古短训班、中国科学院考古研究所安阳发掘队：《安阳殷墟奴隶祭祀坑的发掘》，《考古》1977年1期20—36页；中国社会科学院考古研究所安阳工作队：《1969—1977年殷墟西区墓葬发掘报告》，《考古学报》1979年1期27—146页；王克林：《侯马东周社祀遗迹的探讨》，中国考古学会第一次年会论文，油印本，1979年；陈贤一：《纪南城南垣水门木构建筑的发掘》，《楚都纪南城考古资料汇编》36—50页，湖北省博物馆，1980年铅印本。

[18] 胡厚宣：《中国奴隶社会的人殉和人祭》（下篇），《文物》1974年8期56—67页。

[19] 同上注及杨锡璋、杨宝成：《从商代祭祀坑看商代奴隶社会的人牲》，《考古》1977年1期13—19页。

[20] 姚孝遂：《商代的俘虏》，《古文字研究》第一辑337—390页，中华书局，1979年。

[21] 安阳祭祀坑主要用俘虏之意，[19]杨文已加论述。

[22] 韩康信、潘其风：《殷代人种问题考察》，《历史研究》1980年20期89—98页。

[23] 《马克思恩格斯全集》第20卷196页，人民出版社，1971年。

来马克思在《摩尔根〈古代社会〉一书摘要》中，也是这样来摘录墨西哥的阿兹忒克部落和北部印第安部落处理俘虏的方法的："关于俘虏的处理经过了和野蛮期的三个阶段相适应的三个连贯的阶段；野蛮期的第一个时期，俘虏被处以火刑，第二个时期——作为供献神灵的牺牲；第三个时期——转变为奴隶。"（人民出版社1965年版151页）我在这里整段引述马、恩的分析，并不是说商代的战俘根本不会被当作提供劳动力的奴隶来使用，而是指杀祭俘虏之数如此巨大，必然意味着"战俘获得了一定的价值"的条件尚未充分具备。处于家内奴隶制阶段的云南西盟佤族，就是以人祭作为各氏族最高等的祭祀品。他们在播种和收获季节，是通过武力行动来猎取外族的人头作血祭；后来其龙砍部落在受外族影响下并实行过买人砍祭[24]。如果拿佤族村落外森林中成排的供奉着杀祭人头的"人头桩"同商代杀祭遗迹的场面相比，气氛又是何等相似呵！所以，殷墟遗存中杀祭数量的巨大，不但说明不了奴隶制的"发达"，恰恰表现了奴隶制的初期性。

需要解释的是：上引恩格斯的话，是对经济状况决定暴力行动这个唯物论观点所作理论阐述，所以从逻辑角度把古典时代当作纯粹的奴隶制来看待。事实上，人祭虽然发达于原始社会，但在古代东方也是大量存在的。这就表明只要当俘虏还不能充分转化为奴隶的时候，杀祭之风是消逝不了的。

在殷墟遗迹中，武丁以后人祭已出现衰微的苗头[25]；甲骨文中亦有帝乙、帝辛时杀祭俘虏之事已经减少的现象[26]。西周的人祭情况，由于发掘不足，目前还说不清楚，但看来比商代后期衰微。到了东周，则在侯马晋国新田遗址、曲阜鲁故城、临淄齐故城、江陵纪南城、新郑郑韩故城、邯郸赵城、易县燕下都、秦都咸阳等地的发掘中，仅发现了侯马牛村古城之南的祭社一人[27]和纪南城南垣的祭

[24] 参宋恩常：《西盟佤族氏族制度的解体与阶级的产生》，《云南少数民族社会与家庭形态调查研究》37—39页，云南大学历史研究所民族组，1975年。

[25] 同[19]杨文。按杨文曾引一片所谓第四期的大字甲骨："贞，王令多羌坚田"（《粹》1222），推断武乙以后羌人开始用于农业劳动。但这片骨甲上部残缺，只能读为"……贞，王令多……羌坚田"，不能证明羌人已被驱作农业劳动。

[26] 同[20]。

[27] 同[17]王文。

水门一人[28]，确知已到没落阶段。这就从一个侧面表明，奴隶制的早期阶段，至东周时已发生了变化。

人殉的发生，在民族学材料中要晚于人祭，但自从出现后，其性质和存在条件同人祭是差不多的。已发现的人殉情况，上述黄展岳同志文章也作了汇集，加上以后发表的资料[29]，可知其泛滥时期亦与人祭一致，只是个别的人殉可晚到东汉后期。顺便指出，在宋、明时期，妻妾殉夫之风，似乎死灰复燃。但那是在理学影响下封建贞节观念强化的产物，同先秦的人殉不属一个范畴，下面就略而不论。

人殉的现象要比人祭复杂。它至少有两点要细加分析。

第一，殉人是由多种身分的人组成，而随着时代推移，殉人的身分发生着变化。

迄今所见最早的人殉，属商代二里岗上层时期，如郑州白家庄M3、黄陂盘龙城李家嘴M2等。殉人皆无棺，有的被肢解，有的是小孩，有的以铜刀、锛、凿、锯、镞随葬，前者仍像是俘虏，后者似是手工奴隶。联系到以后杀殉的劳动奴隶都不带随身工具这一点来考虑，这时期的手工奴隶，处境好像同以后的奴隶不一样。在民族学材料中，当奴隶制发生之初，主人往往像招收养子似的比较温和地畜养奴隶；当然有的也可以转卖，甚至处死或砍头祭祀（如云南西盟佤族的岳宋部落）。盘龙城李家嘴M2所见手工奴隶与被肢解的俘虏的共存现象，好像正反映了那样的社会面貌。

最迟到武丁时，人殉之风大盛。在殷墟商王陵墓中，一墓的殉人最多竟一百数十人（如西北岗M1001）。这时期的殉人，至少可分四种：

1.有棺，有随葬品。有的附于主墓之旁，本身还有木椁和殉人，并以成套的

---

[28] 同[17]陈文。

[29] 如宝鸡茹家庄西周墓发掘队：《陕西省宝鸡市茹家庄西周墓发掘简报》，《文物》1976年4期34—46页；陕西省文管会秦墓发掘组：《陕西户县宋村春秋秦墓发掘简报》，《文物》1975年10期55—67页；山东省博物馆、临沂地区文物组、莒南县文化馆：《莒南大店春秋时期莒国殉人墓》，《考古学报》1978年3期317—336页；山东省博物馆：《临淄郎家庄一号东周殉人墓》，《考古学报》1977年1期73—103页；随县擂鼓墩一号墓考古发掘队：《湖北随县曾侯乙墓发掘简报》，《文物》1979年7期1—14页。

青铜礼器相随（如西北岗M1001东墓道旁侧之墓和武官村大墓之内）。这应为王室陪臣一类人物。有的随身只有较少的松绿石、玉、青铜饰品，应当身分较低，也可能仅是随身的侍从。

2.埋于腰坑内或墓坑四隅等处，以铜戈或玉戈随葬（如西北岗M1001等），当是近卫的兵士。

3.与车马同坑（如大司空村、孝民屯等地的车马坑），当是御者。有的与犬、马同殉（如武官村大墓墓道），或为饲养者。

4.无棺，无随葬品，男女青壮幼童都有，往往成排或成堆地埋在墓内各处，多见砍头或肢解的，有的则仅以头颅为葬（如西北岗M 1001—1004、武官村大墓、后岗西区M1等）。这些应同人祭一样，主要是俘虏。

末一种占绝大多数，可见商代的人殉也是以俘虏为主。第一种陪臣之类的人物，很可能是墓主的亲属；侍从一类人物虽然可能是奴婢，但至少是一些爱幸者。第二种兵士从通常情况估计，无疑来自公社成员。真正能肯定为奴隶身分的，只有第三种。《国语·晋语四》韦昭注："士臣皂，皂臣舆，舆臣隶"，御者用奴隶，在我国古代几乎成为传统。

西周的人殉，由于尚未发掘到王室之墓，仅见上述第一种的后者和第三、四种[30]，可见总的情况和商代后期大略相似。但到西周中期以后，殉人之风已显著衰微下去。

东周的人殉，除户县宋村一墓外，所见皆春秋晚期以后的。这时期的人殉，远不如西周多见。到了汉代，除掉一些少数民族之墓外，在已发掘的上万座墓中，有殉人的仅洛阳东关东汉后期墓一个孤例，人殉之俗显然已基本退出了历史舞台。

从春秋至秦代的殉人主要有三种：

1.有棺，甚至有比较讲究的漆棺或木椁，并往往有少量随葬品。其中，用多件明器小铜鼎随葬的，疑为卿大夫的家臣一类人物（如汲县山彪镇M1殉人之一）；有的带珠、玉佩饰，又常是年青女性，当为墓主爱妾或歌舞乐伎一类的近幸婢妾（如临淄郎家庄M1下层殉人和随县曾侯乙墓的全部殉人）。

[30] 同上注《茹家庄西周墓》。

2.与车马器共置椁内某处，当和从前的车马坑中的殉人一样，是御者（如邯郸百家村M25等）。

3.置于椁顶填土中（如洛阳烧沟M640和临淄郎家庄M1的上层殉人）或墓圹外的围墓沟中（如侯马乔村墓地）。仅后者中一人有薄棺和随身小铁带钩，其它皆无棺、无随葬品，并往往被砍头或肢解。只看到这些现象，可以认为同商代杀殉俘虏的情况差不多。但在侯马乔村M2的围墓沟中，有四个殉人颈戴铁钳。那时，只有刑徒和家奴（特别是生产奴婢）要戴铁钳。如《汉书·高帝纪下》(《田叔传》略同):“郎中田叔、孟舒等十人，自髡钳为（赵）王家奴”;《汉书·季布传》亦云:“(季布）迺髡钳，布衣褐，置广柳车中，并与其家僮数十人之鲁朱家所卖之。……买置田舍。”这些殉人，出在规模不大的墓中，很难理解为刑徒，而戴上了铁钳的家奴，当然又不像是供家内侍役的。他（她）们当是一种生产奴隶。

拿这时期的殉人同从前的殉人作对比，可以看到：俘虏不见了，供玩赏的近幸奴婢在诸侯和卿大夫那种贵族家里却非常众多，家臣和御者仍常遭杀殉，被驱作繁重劳动的生产奴婢则已经大量地登上历史舞台。只要从社会经济形态的角度来观察这些现象，岂不正可看到由于劳动力价值的真正被发现，从前的俘虏现在便成为生产奴隶（一部分当然也会变成家内奴婢）；从前的家内奴隶可以有随身使用的工具，现在的生产奴隶则只有防其反抗和逃亡的铁刑具。很清楚，如果不是因为家内奴隶制已发展成为劳动奴隶制，又有什么别的变化能造成这种现像呢？

第二，在东周时期，特别是春秋晚期以后，秦国的人殉同东方诸国是有差别的。

东方诸国的人殉，还只发现了春秋晚期以后的。三晋两周地区的计有汲县山彪镇M1，辉县固围村M1、5、6和褚邱M2，邯郸百家村M1、3、20、25、57、4、6、82[31]，洛阳烧沟M640；齐国的有临淄郎家庄M1；莒国的有莒南大店M1、2；蔡国的有寿县蔡昭侯墓；曾国的有随县擂鼓墩曾侯乙墓，等等。除烧沟M640是只出一套仿铜陶礼器的小墓外，都是中型或大型的贵族墓。其殉人情况，仅烧沟一墓和郎家庄墓的上层殉人属第三种（生产奴隶），其它皆属第一（家臣或近

[31] 最后四墓系1957年北京大学考古实习队发掘，记录现存北大考古系。

幸奴婢）或第三种（御者）。可见春秋晚期以后的东方诸国，只有贵族，特别是上层贵族还比较多地使用人殉，而其殉人往往以近幸奴婢为主；地位低的，则偶用生产奴婢殉葬。

秦国的人殉，最早的只知春秋中期偏早的户县宋村一墓；其它的还只见于侯马乔村墓地，但数量很多，并具强烈特点。

乔村墓地曾探出四十七座墓，发掘了十六座。除四座墓外，都有殉人一至十八具。殉人虽有全躯或肢解之别，都扔在围墓沟中（仅M2的一老人有薄棺），因瘗埋方式的类似，可从四具戴铁钳的殉人来推知统统是生产奴隶。

这些墓，除一座外，随葬品稀少，不见礼器，是秦国小墓的特点。侯马曾是晋都新田，战国属魏，但墓内陶盂、陶罐和玺印等物，皆具秦文化特点，故推知是战国晚期秦人占领此地以后的遗存[32]。

比较乔村墓地和东方诸国的殉人，可以看到：

1.东方诸国一般只在较大的墓中才用殉人，秦国则小墓亦用较多的殉人；

2.东方诸国主要杀殉近幸奴婢和御者，秦国则大量杀殉生产奴隶。

3.无论东方诸国或秦国，以生产奴隶充殉人的既主要是小型墓葬，表示了只有上层贵族才有力量占有大批近幸奴婢，下层贵族或无爵之民占有的奴隶大概数量不多，主要是当作生产劳动力来使用的。

这些现象表现出春秋晚期以后生产奴婢虽大有发展，但他（她）们仍要遭到杀殉，当时似应属劳动奴隶制的初期阶段；而且，秦国奴隶制的发展进程，大概要比东方诸国迟缓些。

大家知道，西亚古苏美尔的乌尔王陵中，有数十个殉人相随；古埃及的早王朝时期也有人殉之俗；而当奴隶制进一步发展后，人殉之制就告消失[33]。这正说明人殉是奴隶制早期阶段的产物。

五十年代之初，郭沫若同志在讨论人殉同奴隶制的关系时，曾说过如下的话：

“在历史发展中，在同一单位上来说，殉葬人数的多寡，并不能作为奴隶制

---

[32] 中共侯马市委通讯组、山西省文管会侯马工作站：《殉葬——奴隶制的罪证之一》1—13页，山西人民出版社，1974年4月。

[33] 同[15]。

的盛衰或有无的根据。照严密的辩证逻辑来讲，倒应该是反比。生产未发达，人的使用价值未被重视之前，人是多被当成牺牲使用的，牺牲就是死的牛马。故商王墓殉葬的人多，可以证明商代是有奴隶存在，但只可作为奴隶制的初期，而不能作为最盛期或终期。”[34]

这段话是多么符合唯物史观原理呵！商王陵墓中殉人之多说明了当时奴隶制的早期性，战国墓中人殉的继续存在而大大衰微，当然只能说明奴隶制有了进一步的发展；而战国晚期秦国仍较多使用人殉的情况，自然又反映了秦国奴隶制的发展要落后于东方诸国。

就在这个“人的使用价值”已经被重视起来的时候，人俑就逐渐代替了人殉。

在安阳曾发现过商代带枷陶人（YH358所出），洛阳东关和灵台白草坡的周初墓又出过玉人，但它们并非代替殉人之物。人俑作为墓中的一种普遍随葬物，始于战国。

战国的人俑，大都象征乐舞和侍仆类的奴婢，少量的是象征近卫武士。主要有两种质地。一种是小型陶俑，目前还只见于三晋和齐地，如长治分水岭M14[35]和临淄郎家庄 M1殉人坑所出[36]，有男女侍俑、女舞俑、骑俑和披甲武士俑。另一种是楚国的木俑，有的身上画出成组玉佩，应是象征近身侍婢，如信阳长台关M1、2[37]和江陵武昌义地M6所出[38]；有的也是武士俑，如长沙M406所出。这些身分，正同春秋晚期以来殉人的情况一致，这就进一步表现人俑是殉人的模拟物。

人俑到秦代以后才日益普遍。秦至两汉的人俑，按其形态和内容之别，可分为两大阶段。

第一阶段是秦至西汉中期。主要有五种：

---

[34] 郭沫若：《关于周代社会的商讨》，《奴隶制时代》99页，人民出版社，1977年。

[35] 山西省文物管理委员会：《山西长治市分水岭古墓的清理》，《考古学报》1957年1期116页，图版贰：1、2。

[36] 山东省博物馆：《临淄郎家庄一号东周殉人墓》，《考古学报》1977年1期90页，图版拾捌：1—3。

[37] 河南省文化局文物工作队：《河南信阳楚墓文物图录》图101—105，河南人民出版社，1959年；河南省文化局文物工作队：《信阳长台关第2号楚墓的发掘》，《考古通讯》1958年11期图版捌。

[38] 前者据江陵县文化馆发掘资料；后者见中国科学院考古研究所：《长沙发掘报告》60—63页，图版贰玖，叁拾，科学出版社，1957年。

1.军队俑，如秦始皇陵陪葬坑的兵马陶俑[39]，咸阳杨家湾M4、5陪葬坑的兵马陶俑等[40]。

2.家臣俑，如马王堆M1的“冠人”木俑[41]等。

3.侍从俑，如秦始皇陵西侧陪葬坑[42]和汉文帝窦后陵陪葬坑[43]中的男坐俑和立俑；马王堆M1中的着衣女侍俑和彩绘立俑等[44]。洛阳舟山等地小型空心砖墓中的汉初陶俑头（木身已朽）[45]，也是象征侍仆。

4.歌舞乐伎俑，如马王堆M1的歌舞木俑[46]和济南无影山M1的歌舞百戏陶俑群[47]等。

5.生产奴隶俑，如江陵凤凰山M8、9[48]、167[49]、168[50]、169[51]和马王堆M3[52]等墓所出，不少木俑还手持农具。

---

[39] 始皇陵秦俑坑考古发掘队：《临潼秦俑坑试掘第一号简报》，《文物》1975年11期1—14页；始皇陵秦俑坑考古发掘队：《秦始皇陵东侧第二号兵马俑坑钻探试掘简报》，《文物》1978年5期1—15页。

[40] 陕西省文论会、博物馆、咸阳市博物馆“杨家湾汉墓发掘小组”：《咸阳杨家湾汉墓发掘简报》，《文物》1977年10期10—16页；陕西省文物管理委员会、咸阳市博物馆：《陕西省咸阳市杨家湾出土大批西汉彩绘陶俑》，《文物》1966年3期1—5页。

[41] 湖南省博物馆、中国科学院考古研究所：《长沙马王堆一号汉墓》上册97—100页，下册图版201，文物出版社，1973年。

[42] 赵康民、丁耀祖：《秦始皇陵附近出土秦陶俑和石柱础》，《文物》1964年9期55、56页。

[43] 王学理、吴镇烽：《西安任家坡汉陵从葬坑的发掘》，《考古》1976年2期129—133、75页。

[44] 同[41]上册97—100页，上册图版198、202。

[45] 北京大学历史系考古专业实习资料。

[46] 同[41]上册98、100页，下册图版203。

[47] 《济南无影山发现西汉乐舞杂技俑群》，《文物》1972年1期81、82页，图版拾壹。

[48] 长江流域第二期文物考古工作人员训练班：《湖北江陵凤凰山西汉墓发掘简报》，《文物》1974年6期41—53页。

[49] 凤凰山167号汉墓发掘整理小组：《江陵凤凰山一六七号汉墓发掘简报》，《文物》1976年10期31—37页。

[50] 纪南城凤凰山168号汉墓发掘整理组：《湖北江陵凤凰山一六八号汉墓发掘简报》，《文物》1975年9期1—7、22页。

[51] 凤凰山M169在M168之南，二墓约为夫妇并穴合葬墓，发掘资料今存荆州博物馆。

[52] 湖南省博物馆、中国科学院考古研究所：《长沙马王堆二、三号汉墓发掘简报》，《文物》1974年7期39—48页；中国科学院考古研究所、湖南省博物馆“写作小组”：《马王堆二、三号汉墓发掘的主要收获》，《考古》1975年1期55、56页。

兵马俑是军队的象征物，所以只出在秦始皇陵和咸阳杨家湾M4、5那种墓主生前约为将军一类的墓中[53]；一般的贵族或豪富的墓中，则往往出以“大奴”充当武士的木俑（详下）。军队俑当然不是作为墓主占有大量奴隶的象征物而出现的。其余各种人俑，因本身缺乏自明的内容，究竟象征什么身分，长期以来是受到任意的推测的。近年在凤凰山和马王堆的汉初墓葬中，出土了一批遣策，清楚指出这些人俑统统象征奴婢，而且包括许多从事农业劳动的奴隶。这对了解当时的社会面貌是极为重要的，所以下面把遣策中的有关条文，全部揭示出来。

凤凰山M8遣策中记有：“承巾”、“承疎（梳）”的“大婢”四人，服“侍”的“大婢”四人，以“养”（炊厨）为事的“大婢”二人，“操隻（钁）”或“操虆（蘽，即土筐）”而事“絜（洁，即扫除粪洒）”的“大奴”四或五人，掌管请“谒”的“大奴”二人，随“从”保卫的“大奴”四人（二人“埶循〔执盾〕”），“御车”的“大奴”一人，“从车”的“小奴”一人，以“骑”为事的“大奴”二人，划船的“擢（櫂）”者有“大奴”六人。直接从事农业或手工劳动的有：

“小奴君，刍牛”（简87）；

“大婢益，操柤（锄）”（简63）；

“大婢貇，操柤”（简64）；

“大婢幸，操柤”（简65）；

“大婢纟青，操柤”（简66）；

“大婢益宦，操柤”（简67）；

“大婢醉，操柤”（简68）；

“大婢屖舍，操柤”（简69）；

“大婢恩，操柤”（简70）；

“大奴师，将田，操臿”（简71）；

“大奴熊，作造”（简77）[54]。

---

[53] 咸阳杨家湾M4、5二墓南北并列，当为夫妇合葬墓。夫妇的葬制是基本相同的，M6中出有银缕玉衣残片，按之西汉制度，墓主身分当都属列侯等级。又据《水经注·渭水》，可能即周勃或周亚夫之墓。

[54] 金立：《江陵凤凰山八号汉墓竹简试释》，《文物》1976年6期69—75页。此处所引释文已据照片校正。

凤凰山M9的遣策中有：

“大婢□，承巾”；

“大婢□，承巾”；

“大婢守，承疏比”；

“大婢豢，承疏比”；

“大婢□，侍”；

“大婢□，侍”；

“大婢紫，养，操□”；

“大婢□，养，操□”；

“大奴□，谒者，操戟”；

“大奴众，谒者，操戟”；

“大奴最，御”；

“大奴获，马仆，操鉤”；

“大奴园，牛仆，操鉤”；

“大婢意，田，操柤”；

“大婢思，田，操柤”；

“大婢女已，田，操柤”；

“大婢信，田，操柤”；

“大奴载，田，操臿”[55]。

凤凰山M10六号木牍中有；

“大奴一人”；

“大婢二人”[56]。

凤凰山M167的遣策中有：

“御者一人”（简3）；

“谒者二人”（简5）；

“侍女子二人，大婢”（简6）；

---

[55] 据荆州博物馆所藏原简。

[56] 同[48]46页、图版伍：1。

“责侍女子二人，绣衣，大婢”（简7）；

“槙大婢四人”（简13）；

“养女子二人，绣衣，大婢”（简8）；

“牛者一人，大奴一人”（简9）；

“女子二人，持翄（梳）枇（篦），绣，大婢”（简10）；

“耕（耕）大奴四人”（简12）；

“小奴一人，持□□□”（简14）；

“小奴一人，持锸”（简15）；

“大奴二人，持杅”（简16）[57]。

凤凰山M168的简牍中记有“大奴良等廿八人，大婢益等十八人”，遣策则分别记为：

“美女子四人，大婢”；

“美人女子十人，大婢”；

“国人，大奴”；

“田又二人，大奴”；

“牛车一两，竖一人，大奴”；

“从马男子四人”；

“轺车一乘，盖一，马二匹，御一人，大奴”；

“案车一乘，马四匹，有盖，御一人，大奴”；

“田者男女各四人，大奴大婢各四人”[58]。

凤凰山M169的遣策中有：

“美童一”（简6）；

“美女子一人”（简56）；

“小儿一人”（简9）；

“谒者一人”（简11）；

[57] 吉林大学历史系考古专业赴纪南城开门办学小分队：《凤凰山一六七号汉墓遣策考释》，《文物》1976年10期38、39页。

[58] 同[55]。

“牡牛一，有车一乘，件（牛）者一人”（简8）；

“轺车一乘，有盖，御一人”（简42）；

“□田车□一”（简55）；

“田者三人”（简36）；

“服相一”（简5）[59]。

上述各墓的木俑，大体都能同遣策内容对应起来，证明木俑的确都是奴婢的象征物。其中“大婢某，田，操相”或“操臿”的，是指在农田中劳作的女奴；“大奴师，将田，操臿”的，当是指领班的农业男奴。大量女奴在田地中活动的简文，揭示出至少在汉初的长江中游一带，女奴是农业奴隶劳动中的重要部分。云梦秦墓所出大量咸阳所制漆器的针刻铭文，亦表明工匠主要是女子。这就使我们知道乔村秦墓殉人中的女奴，恐怕也会被驱到农田或手工作坊中，而不见得像通常设想那样，凡女奴就是家内服役的。可以估计，像矿冶和土木工程等需要重体力的劳动，则基本上是由男奴担当的。

在五十年代讨论我国古史分期的时候，一些西周封建论和战国封建论者，想用汉代的奴婢数量虽大，但并不用于农业劳动这种理由来否定当时的奴隶制。现在先不谈古籍中的记载，新出现的上述材料已清楚地表明：在那交通便利、工商业发达的江陵地区，农业生产中确实使用着很大数量的奴隶劳动。

凤凰山的那几座墓，墓主身分大体为九级爵五大夫。当时，八级以下之爵为民爵，九级以上属高爵（官爵）。看来一到这种身分，往往可占有奴隶四、五十人。如以凤凰山M8的遣策内容为例，在四十三个奴婢中，家内服役的约十八、九人（“承梳”、“承巾”、“侍”、“养”、“絜”、“谒”），随从武卫的约四人（“从”，其中二人“执盾”），管理车、骑的约五人（“御车”、“从车”、“车竖”、“骑”），掌船的六人（“櫂”），农田劳动和饲牛的约十人（“操相”、“操臿”、“将田”、“刍牛”），手工劳动的一人（“作造”）。其中作农活的占四分之一，如把水陆运送也算作生产劳动，一个占有几十个奴婢的家庭，支配奴隶劳动力的情况是家内服役和生产劳动各占一半左右。

[59] 同[55]。

像凤凰山M8墓主那种社会地位的人，不会只依靠一、二十个生产奴隶的劳动作其全部财富的来源，他除了还有官俸及其它各种非法剥夺为收入外，通过雇佣劳动甚至是租佃制来剥削小农，肯定也是会同时进行的。但即使当时已经出现租佃制，一个中等官吏（或贵族）占有几十个奴隶的情况，竟像上述材料所表现出的是那样普遍，这种社会如果不是奴隶占有制占统治地位，又能是什么呢？

上层贵族随葬木俑的情况，则同春秋晚期至战国的殉人内容相当接近。如马王堆M3这座列侯家属墓，遣策上记的木俑，既有列侯以下贵族不能具有的“家吏”、“宦者”、“家丞”，又有许多歌舞乐伎和成百成百的兵卒。但此外还有“大奴百人，衣布”和“婢八十人，衣布”，也可能有从事生产劳动的。

用人俑代替人殉，无疑是人的劳动价值被进一步发现的产物。只要把几千年的埋葬制度串连起来作历史的观察，就能看到从龙山阶段到商代后期人祭、人殉的逐步泛滥，正能说明从家长制到家内奴隶制的发展；战国以后从人殉到人俑的变化，则又可表示出家内奴隶制已进入到劳动奴隶制；而战国时期人殉和人俑并存的现象，还表明了当时在对待奴隶劳动力态度上的过渡性，当处于劳动奴隶制的初期阶段。

第二阶段是西汉晚期到东汉末。

这阶段的人俑，除未见前一阶段的第二种家臣俑外，其余几种都继续存在，而已发掘的诸侯王或列侯这些最高爵级的贵族墓又皆经盗掘，所以家臣俑本来还是可能存在的。人俑的内容既然基本未变，一些劳作、侍役、乐舞百戏的人俑，当然还应当是奴婢的象征物。还有，这时期的能证明人俑身分的遣策虽未发现，武威雷台的一座东汉末年墓，却出土了一批带有刻铭的铜俑，仍说明人俑的品格是奴隶的模拟物。这批刻铭是：

“牵马奴一人”（三见）；

“御奴一人”（二见）；

“将车奴一人，从婢一人”（二见）；

“将车奴一人，从婢二人”（一见）；

“张氏婢”（四见）[60]。

---

[60] 甘肃省博物馆：《武威雷台汉墓》，《考古学报》1974年2期87—108页。

但人俑的表现形式及其所模拟者的身分，毕竟发生了变化，而且时代愈晚愈明显。

在表现形式方面，这阶段的人俑，往往同其活动环境联在一起，有一点类似群塑的形态。在内容方面，则以农田劳作、饲养、食物加工、乐舞百戏和武卫兵士为多。由于这里主要想通过人俑来考察当时的社会经济形态，下面就只分析一些劳作俑和兵士俑。

在西汉晚期，长沙墓中仍然有手持臿、耜、镰刀的木俑（如M203）[61]，同凤凰山的汉初木俑变化不大，一看就知道还是农业奴隶的模拟物。

东汉的从事农业活动的陶俑，以四川所出为多。有一件绵阳新皂公社出土的陶水田模型，一半作成池塘，一半的水田中站立五人，其中四人穿短衣裤而劳作，一个男俑身穿褒衣，拱手旁立，无疑是监视者[62]。广东佛山澜石的东汉墓中出了一件类似的陶水田，田中有五人弯腰劳作，中间也站立一个比较高大的监督者[63]。这种监督劳动的场面，还可在同时期的谷物加工活动中看到。例如陕县（今三门峡市）刘家渠东汉中期的M20所出陶碓房模型，既有二个裸身家奴操作，又有一褒衣拱袖的主人坐在旁边监督[64]。马克思曾说："凡是建立在作为直接生产者的劳动者和生产资料所有者之间的对立上的生产方式中，都必然会产生这种监督劳动。这种对立越严重，这种监督劳动所起的作用也就越大。因此，它在奴隶制度下所起的作用达到了最大的限度。"[65]如果孤立考虑监督劳动存在的条件，只能知道它在农业劳动中，不会出现于实物租的剥削形态下，而在奴隶制、徭役租或雇佣劳动中都会见到。但西汉以来既然存在许多农业奴隶，魏晋以后的人俑或画像中又再也见不到这种场面，把上述几例的监督劳动放在这种历史环境中分析，表现的岂不正是奴隶劳动吗？东汉的模型明器是人们在世生活的一般仿照物，监

[61] 中国科学院考古研究所：《长沙发掘报告》124、125页，图版捌陆、捌捌，科学出版社，1957年。

[62] 全国基本建设工程中出土文物展览会工作委员会：《全国基本建设工程中出土文物展览图录》下册图版218、219，中国古典艺术出版社，1955年。

[63] 广东省文物管理委员会：《广东佛山市郊澜石东汉墓发掘报告》，《考古》1964年9期455、456页，图版捌：10。

[64] 黄河水库考古工作队：《河南陕县刘家渠汉墓》，《考古学报》1965年1期142、143页，图版拾叁：4。

[65] 同[2]431、432页。

督劳动场面既然多次出现，当时必然相当普遍。这就知道无论是家内劳作或农田生产，奴隶劳动在东汉时期绝不罕见。

不过最迟到东汉后期，这些直接劳动者的身分的确又发生了变化。四川出的许多东汉晚期的农夫俑，常作一手持臿、一手持箕而腰佩大刀的形状[66]。同出的兵士俑，装束非常近似，也是脚穿草鞋而腰佩大刀，手中则持兵器并挂盾牌[67]。农夫有兵器而兵士类似农夫，他们当然是古籍中所见的在东汉晚期是愈来愈多的亦兵亦农的依附农民。

在河南、陕西等地出土的东汉中、晚期的陶楼阁模型上，还屡见一种身穿盔甲、弯弓欲射或骑马警卫的武士俑[68]。出土这些明器的墓，规模之大都达不到从前以军队俑随葬之墓，所以这些武士俑应该是强宗豪右私家武装的模拟物，这样，也就是象征亦兵亦农的依附农民。

据文献记载，这种依附农民往往是自由小农破产而成。他们的性质，过去曾发生过很大争论。现在单纯从人俑的变化过程看，存在了很长时期的农业奴隶和以家奴充当的少量武卫，后来却被愈来愈多的亦兵亦农的依附农民所代替，在那大土地所有制急剧膨胀的时代，这种依附农民岂不就像是罗马帝国的隶农吗?

汉末以后，最迟至西晋，人俑又发生剧变。无论是黄河流域或长江流域，一种新型的部曲俑和家内侍从俑，几乎完全代替了过去的各种人俑。例如洛阳的中型以上的西晋墓，总是用身穿盔甲的武士俑的男、女侍俑各一、二件，来表示墓主拥有部曲和家内侍仆[69]。长沙的一座西晋永宁二年墓，更出有数量很大的持着刀、盾的部曲俑和多种属吏俑、家内侍从俑[70]。无论从内容或表现形式来看，南北朝至盛唐时期盛行的部曲俑、侍从俑，就是它们的继续和发展。南北朝至盛唐

---

[66] 刘志远：《成都天回山崖墓清理记》，《考古学报》1958 年 1 期 99 页，图版捌：2；四川省博物馆文物工作队：《四川新津县堡子山崖墓清理简报》，《考古通讯》1958 年 8 期 34 页，图版贰：11；沈仲常：《重庆江北相国寺的东汉砖墓》，《文物参考资料》1955 年 3 期 45 页图 16、47 页。

[67] 同上注《天回山》同页，图版捌：1；《堡子山》同页，图版贰：12。

[68] 同 [64]134—139 页，图版伍：3、4，图版陆。

[69] 河南省文化局文物工作队第二队：《洛阳晋墓的发掘》，《考古学报》1957 年 1 期 169—185 页，图版叁：4—7。

[70] 湖南省博物馆：《长沙两晋南朝隋墓发掘报告》，《考古学报》1969 年 3 期 75—89 页，图版陆—拾贰。

的部曲，当然不是奴隶身分，所以西晋前后人俑新变化所反映的，只能是封建制取代奴隶制。

从人祭、人殉到人俑以及人俑本身的变化，自然不能全面反映出直接劳动者的变化过程，例如从公社成员到带有公社痕迹的小农的变化，需要依靠别的资料才能了解。但这种变化顺序竟是如此符合马、恩所说古代社会发展的基本规律，这就不能不认为我国古代的奴隶制，的确也是经历了两大阶段。

三、刑徒劳动大军是专制主义制度下奴隶制发达阶段的特点

在奴隶制度下，奴隶的来源不外是外来的俘虏和国外市场上买来的奴隶、国内的罪犯奴隶和债务奴隶（包括国内的异族）。在古典世界，后来因废止过债务奴隶，曾一度堵住把本族自由民转化为奴隶的途径，但绝大多数地区则始终存在着罪犯奴隶和债务奴隶。我国古代就是这样，而罪犯奴隶的数量，到战国以后竟发展到其它地区罕见的庞大规模。

早在家长制（即军事民主制）阶段，已开始把部落以外的俘虏和氏族内部触犯习俗的成员，转化为奴隶。后者到真正的奴隶时代，就演化为罪犯奴隶。《周礼·秋官·司属》郑司农注“今之为奴婢，古之罪人也”，说出了族内奴隶发生的原始途径。《意林》卷四引《风俗通》谓：“古制本无奴婢，奴婢皆是犯事者”（《初学记》卷十九、《类聚》卷三十五、《六帖》卷二十所引略异，但其义相同），说的也是这意思。在《左传》、《周礼》等书中，受刖刑者总是被当作守门奴隶。殷墟卜辞中屡见实施刖刑的记录[71]，故宫藏品[72]和扶风庄白H1所出西周后期的铜方鬲[73]，又都铸有受刖刑者守门像，《左传》、《周礼》所记当是古已有之。《周礼·秋官》又谓论决本族平民为罪奴是官府之权。把这种权力完全控制在官府手中，应是伴随中央集权的出现而完成的。新出云梦《秦律》，说明秦国自商鞅变法后就是这样的。

---

[71] 胡厚宣：《殷代的刖刑》，《考古》1973年2期108—117页。

[72] 王文昶：《从西周铜鬲上刖刑守门奴隶看“克己复礼”的反动本质》，《文物》1974年4期29页。

[73] 扶风庄白H1的铜方鬲，同故宫藏品相似。发现情况见陕西周原考古队：《陕西扶风庄白一号西周青铜器窖藏发掘简报》，《文物》1978年第3期1—8页，但《简报》未及介绍这件铜鬲。

把刑徒——罪犯奴隶当作生产劳动力使用的情况，大约是当各国实行承认土地私有制、剥夺氏族旧贵族特权和加强中央集权的变法后急剧扩大起来的。

云梦《秦律·仓律》即谓："隶臣田者，以二月月禀二石半石，到九月尽而止其半石。"[74]在《汉书》中，"隶臣"是刑徒的一种。这说明秦代的一部分刑徒是用于农业生产的。近来有些同志以为《秦律》中的"隶臣妾"是官奴婢而不是刑徒[75]。官奴婢同国家直接控制的罪犯奴隶在本质上本就区别不大。不过《秦律》讲普通平民是受"耐"刑才成为"隶臣"的，"隶臣"如果不属于刑徒范畴，为什么要经过受刑的环节呢？《秦律》中所见"隶臣"可以有自己的财产、自由身分的妻室和劳役的终身性，有一点类似后代那种"刺配沧州的林冲"。《类聚》卷五十引司马彪《续汉书》："虞延除细阳令，每至岁时伏腊，休遣徒系，各使还家，并感其恩，应期归，有一囚于家被病，自载诣狱，既至城门而死。"东汉时某些地区的刑徒既有每年遣送回家的假期，秦国的某种刑徒可以有上述情况也是不足为怪的。其实，大概正是因为当时的不少刑徒有一定的财产和自由身分的妻室，刑徒的数量才能够达到多得惊人的地步。

刑徒劳动恐怕主要还是用于手工业生产和各种土木工程。

春秋以前本是"工商食官"(《国语·晋语四》)。随着土地私有制的发展，战国时私工商业也发展起来了；但大量官工制品的发现，说明官府工商业仍占很大比例。许多官工制品的刻铭，表明工匠往往就是刑徒。

先看三晋的青铜兵器。直接铸造兵器的工匠叫"冶"。凡作坊属中央官府的，其最高督造者，魏为"邦司寇"，赵为"相邦"或加"大工尹"，韩为"大官"系统的官吏[76]。作坊属地方官府的，最高督造者为"令"，韩又每每加"司寇"[77]。"冶"的身分本身是难以自明的。但从其督造者的官职来看，如依《周礼》，制作器物等手工之职本应归于"冬官"，即"司空"；倘若因兵器制作要属于军事系统，

---

[74] 睡虎地秦墓竹简整理小组：《睡虎地秦墓竹简》49页，文物出版社，1978年。以下简称《睡虎地》。

[75] 高敏：《关于〈秦律〉中的"隶臣妾"问题质疑》，《云梦秦简初探》102—121页，河南人民出版社，1979年。

[76] "大官"所制兵器出自新郑郑韩故城白庙范村北。承郝本性同志示知。

[77] 黄盛璋：《试论三晋兵器的国别和年代及其相关问题》，《考古学报》1974年1期13—43页。

也应归属“夏官司马”；可是这些东西却由掌管刑法与刑徒的“司寇”督造。正是因为这个原因，早在1959年，李学勤同志就指出“冶”当为刑徒[78]，前几年黄盛璋同志又指出“冶”应包括刑徒和兵卒[79]。说明“冶”中有刑徒是很重要的发现，但推断其中又包括兵卒则仅据“上郡戟”中一种“工更长漓”的题名[80]。秦的“上郡戟”已发现十二件，工匠几乎都是刑徒（详下）。云梦《秦律·答问》谓受刑的官奴称“更人”[81],“更长”当即“更人”之长[82],应当是从刑徒中挑选指定的小头目，所以这件兵器还可以认为是由刑徒铸造的。总之，三晋之“冶”，至少有相当一部分是刑徒。

三晋两周的青铜礼器，也有一部分是刑徒铸造的。如传世魏国“大梁司寇

---

[78] 李学勤：《战国题铭概述》（中），《文物》1959 年第 8 期 61 页。

[79] 同 [77]。

[80] 黄文所引戟铭见 [77]38 页。后来，崔璿《秦汉广衍故城及其附近的墓葬》一文，又发表了一件同铭之戟，见《文物》1977 年，第 5 期 31 页、35 页图九。据照片，刻铭应为：“十二年，上郡守寿造，漆垣工师爽，工更长漓。”

[81] 云梦《秦律·答问》：“可（何）谓‘宫更人’？宫隶有刑，是谓‘宫更人’。”（《睡虎地》232 页）此谓受刑的官奴为“更人”。《秦律·答问》又曰：“可（何）谓‘署人’、‘更人’？耤（藉）牢有六署囚道，一署旞（遂）所道，旞（遂）者命曰‘署人’，其它皆为‘更人’；或曰守囚即‘更人’殹（也），原者‘署人’殹（也）。”（《睡虎地》235、236 页）前面一段是讲牢中有六个囚道，一个囚道内的是“遂者”叫做“署人”，其它囚道内的都叫“更人”。《礼记·曲礼上》：“户开亦开，户阖亦阖，有后入者，阖而勿遂。”《汉书·陈平传》：“吾闻先生事魏不遂”，颜注：“遂犹竟”。“遂”既有尽、竟之义，“遂者”即指刑满之人；“更人”与此相对为言，应为在刑之徒。后面一段的意义基本相同。《三国志·魏志·张鲁传》：“犯法者，三原然后乃刑。”《御览》卷 642 引《风俗通义》：“徒不上墓。说新遭刑罪原解者，不可以上墓祠祀。”《后汉书·范冉传》：“冉首自劾退，诏书特原不理罪。”“原”皆作宽宥刑罪义。所谓“原者，‘署人’殹（也）”，就是“宽宥刑罪的人称‘署人’也”。前面的“守囚”与“原者”相对为言，当解为“在刑之人”，由此可知“更人”即刑徒的一种称呼。

[82] 秦至汉初常把某一种人物的领头者称作“某长”。如江陵凤凰山 M167 遣策简 9、M169 遣策简 8 和云梦《秦律·金布律》中都见到“牛者”之称，而云梦《厩苑律》中又有“牛长”，“牛长”显然就是一群“牛者”的小头目。《汉书·黥布传》又曰：“骊山之徒数十万人，布皆与其徒长、豪杰交通。”《新书·阶级篇》亦曰：“输之司空，编之徒官，司寇、牢正、徒长、小吏骂詈而榜笞之，殆非所以令众庶之见也。”这是把一批刑徒的小头目称作“徒长”之例。以此相推，“更长”当即“更人”之“长”。他大概同于“徒长”，本人虽然已是小吏，从《黥布传》的记述来看，当即出自刑徒。[77] 黄文误把“长”字下读，以为是姓，这不合秦时工匠题名皆只书其名的通例。

鼎”，督造者亦为“邦司寇”（“大梁司寇”即“邦司寇”）[83]。临潼所出“十一年鼎”[84]和传世“梁阴令鼎”（《周金文存》2·47·2）、“卅年鼎”（《商周金文录遗》522）、“二年鼎”（《三代》3·24·8）等器，铸工也是“冶”。此外，齐国的“齐成右造车戈”（《三代》20·19·1）和楚国的“羕陵公戈”[85]，铸工亦称“冶”。不过，寿县朱家集楚幽王墓的铜器刻铭中，曾见“冶”与“冶师”同名之例[86]，楚国的“冶”，身分也许比较复杂。但其它东方诸国铸造青铜礼器的“冶”，应当也是刑徒。

使用刑徒劳动，在秦国的上郡官工中最为突出。据“上郡戟”铭文，作坊在“漆垣”（或略作“漆”）和“高奴”二地；督造者大都是“上郡守”，有的是“守丞”；铸匠称“工”，身分大都是“城旦”、“鬼薪”、“隶臣”这些刑徒。如“三年上郡守□戟”为“工城旦□”，“廿五年上郡守庙戟”为“工鬼薪诎”，“四十年上郡守起戟”为“国隶臣庚”，“廿七年上郡守趞戟”为“工隶臣积”[87]，还有上面提到的“十二年上郡守寿戟”为“工更长滈”。除兵器外，西安高窑村出的“□三年高奴禾石铜权”，也为“工隶臣平”所造[88]。

---

[83] “大梁司寇鼎”有二件，一件铭“梁廿七年，大梁司寇肖（赵）亡智铸为量，容半䪢。”见马承源《商鞅方升和战国量制》，《文物》1972年2期23页。另一件铭文同上，仅最末为“容四分䪢”，见罗振玉《三代吉金文存》3·42·2，1937年。

[84] 丁耀祖：《临潼县附近出土秦代铜器》，《文物》1965年7期53—55页。全铭为：“十一年十一月乙巳朔，左官，冶大夫林命，冶意铸鼎。容一斛。”这是两周或三晋之器。

[85] 武汉市文物商店藏品。承蓝蔚同志见示，原物约出自襄阳。全铭为：“膚鼎之戠（岁），羕陵公迵□所部（造）。冶已女。”

[86] 朱德熙：《寿县出土楚器铭文研究》，《历史研究》1954年1期99—118页。

[87] 上述诸戟，见张政烺《秦汉刑徒的考古资料》，《北京大学学报》（人文科学）1958年3期179—181页；李学勤：《战国时代的秦国铜器》，《文物参考资料》1957年8期38—40、53页；李学勤：《战国题铭概述》（下），《文物》1959年9期61页；仪真：《从考古发现谈儒法斗争的几个问题》，《文物》1974年6期14页。《概述》（下）所录一戟系1957年燕下都出土，据李家浩同志摹本，全铭一面应为：“十八年，漆工里□，守丞臣□，工□”，另一面为“上郡武库”。《问题》中的“十年戟”，又见罗振玉《贞松堂吉金图》卷中66页，1935年，实为“上郡守疾戟”。

[88] 陕西省博物馆：《西安市西郊高窑村出土秦高奴铜石权》，《文物》1964年9期42—45页。

不过，秦的官工工匠并非全为刑徒。在雍、栎阳、咸阳[89]和成都[90]、临汾[91]、陇西郡西县[92]等地官工制出的武器或其它铜器，其刻铭大都未说明工匠身分，有的则指明是二级爵“上造”所作，如传世“四年相邦樛斿戟”为“栎阳工上造间”（《三代》2·26·2），咸阳出的“廿一年铜軎”为“工上造但”[93]。云梦秦墓出的咸阳市府所制漆器，其针刻文字表明有的也是“上造”或夺爵之民“士五（伍）”所作[94]。这些无爵或低爵之民，大约是服徭役而来到作坊的。但从总的情况看，秦国官府铜工中刑徒的比例显然是很大的。

燕国的官工，已知也曾用刑徒劳动。六十年代以来在燕下都的五个地点，发现了刑徒所戴的铁刑具，计铁钳六件和铁釱三件。有的出在陶器作坊和玉器作坊的遗址旁边，并或与人骨伴出，当是出在劳累致死的刑徒的葬坑中[95]。《周礼·秋官·大司寇》曾云：“凡万民之有罪过而未丽于法而害于州里者，桎梏而坐诸嘉石，役诸司空。”郑玄注：“‘役诸司空’，坐日讫，使给百工之役也。”古籍记载和燕下都的地下遗存，表达了同样内容。

把农民转化为罪奴的规模，在秦始皇时代可说是达到了古代世界的顶峰。大家知道，仅仅为修造阿房宫和骊山陵，就集中了刑徒七十余万（《史记·秦始皇本纪》、《汉书·贾山传》）。这样巨大的数字，最初似乎很难相信。但五十年代就

---

[89] 雍地制器有“十六年大良造鞅矛”，“廿一年相邦冉戟”；栎阳制器有“四年相邦樛斿戟”，“十四年相邦冉戟”；咸阳制器有“十三年相邦义戟”，“四年”、“五年”、“八年相邦吕不韦戟”等。“四年吕不韦戟”见湖南省文物管理委员会《长沙左家塘秦代木椁墓清理简报》，《考古》1959年9期456—458页；“八年吕不韦戟”见李仲操《八年吕不韦戈考》，《文物》1979年12期17页；其余皆见[87]。

[90] 于豪亮：《四川涪陵的秦始皇二十六年铜戈》，《考古》1976年1期22、23页。

[91] 江西省博物馆、遂川县文化馆：《记江西遂川出土的几件秦代铜兵器》，《考古》1978年1期65—67页。

[92] 王红武、吴大炎：《陕西宝鸡凤阁岭公社出土一批秦代文物》，《文物》1980年9期94页；李学勤：《秦国文物的新认识》，《文物》1980年9期29页。

[93] 陕西省博物馆：《介绍陕西省博物馆收藏的几件战国时期的秦器》，《文物》1966年1期7—9页。

[94] 孝感地区第二期亦工亦农文物考古训练班：《湖北云梦睡虎地十一号秦墓发掘简报》，《文物》1976年6期4、5页，图版肆：2；湖北孝感地区第二期亦工亦农文物考古训练班：《湖北云梦睡虎地十一座秦墓发掘简报》，《文物》1976年9期56页。简报中发表了‘士五（伍）”的针刻文字，“上造”所制漆器出于M11，尚未发表。

[95] 陈应祺：《燕下都遗址出土的奴隶铁颈锁和脚镣》，《文物》1975年6期89—91页。

找到的阿房宫前殿的夯土台基，东西竟达1300—1400米，南北约500—600百米，北高8米左右，南高约3—4米，周围还有大量的其它大型夯土台基。近年又对始皇陵东侧的二个陪葬坑开始发掘，坑内竟有好几百至好几千个比真人真马还要高大的兵马陶俑，周围并有许多尚未发掘的陪葬坑。至于始皇陵本身的规模，当然更要惊人得多。只要看到这些遗迹，对七十万刑徒的数字就不会发生怀疑。当时，全国性的大工程还有筑长城、修驰道，加上各地郡县经常进行的修路、搭桥、建筑官署和祭坛等等工程，即便使用大量服役农民，刑徒劳动的总数一定比七十万还要大得多；何况还有前面提到过的农田耕作和手工业生产中的刑徒劳动。所以，即使作很保守的估计，全国刑徒的总数是不会少于二、三百万的。《续汉书·郡国志一》刘昭注引皇甫谧《帝王世纪》曰："然考苏、张之说，计秦及山东六国戎卒，尚存五百余万，推民口数，尚当千余万。及秦兼诸侯，置三十六郡，其所杀伤，三分居二。"秦代的总人口即使以苏秦、张仪时代那种杀伤还不算最甚的情况去估计，只有千余万，在一千多万人口中竟有二、三百万刑徒，刑徒所占比例便达五、六分之一左右。这种国家罪犯奴隶的数量，如果再加上官私奴婢（如云梦《秦律》中的"人奴"、"人臣"、"人妾"或"人奴妾"等），无论哪一种封建制度都是容纳不下的，也不是家内奴隶制所能够达到的。

总之，这时期的奴隶劳动，就数量而言，已远不是春秋以前所能比拟的；就劳动的范围而言，也已经大量投入生产剩余价值的领域。战国以后的奴隶制显然已从早期阶段进入到发达阶段。在整个古代世界，国家直接控制的罪犯奴隶竟占如此比例，当足以把它作为中国类型劳动奴隶制的特点之一。

显然是因为秦末大起义的威力，汉代政府再也不敢像秦代那样任意地把农民转化为刑徒了。但在国家所控制的生产领域内，两汉时期，特别是在西汉，刑徒劳动的规模仍然极为巨大。

一如冶铁业。它从来就是奴隶劳动的场所，而自武帝时由国家垄断以后，就全部被"铁官徒"占据。巩县铁生沟"河三"（河南铁官第三）作坊遗址出土陶盆上所带"大赦"二字，是某个铁官徒逢此际遇刻下留念的[96]，它正是冶铁业以

[96] 河南省文化局文物工作队：《巩县铁生沟》35页，文物出版社，1962年。"河三"即河南铁官第三号作坊之义，见李京华《汉代铁农具铭文试释》，《考古》1974年1期61页。

刑徒充劳动力的一个见证。

二如铸钱业。武帝以后完全由国家控制的铸钱业，也是以刑徒和官奴婢作劳动力的。《后汉书·隗嚣传》曾说："（王莽时）民坐挟铜炭，没入锺官，徒隶殷积，数十万人；工匠饥死，长安皆臭。""徒隶"连用，汉代屡见，指刑徒与奴婢，故知王莽时长安的铸钱作坊中，使用着数十万个刑徒和官奴婢。1937年在汉长安城以西今好汉庙东南约2—3公里的一处西汉铸钱遗址中，出土大批王莽"大泉五十"等钱范，同出一百多块椭形陶模，背刻"左作"、"左作货泉"、"左作泉"等字[97]。洛阳东汉刑徒墓砖上屡见刑徒所属的"左部"、"右部"之名，吴荣曾同志指出这是"左作部"和"右作部"的省称[98]。王莽陶模上的"左作"，无疑即"左作部"，是管理刑徒役作的机构。"左作"陶模既与王莽钱范同出，有的并直接指明是铸"货泉"的，证明当时的铸钱业确是大量使用刑徒的。

三如官府手工业中的砖瓦业。汉长安城中出土很多带"元延元年都司空瓦"、"都建平三年"、"都元寿三年"、"都元始五年"、"居摄二年都司空"、"始建国四年保城都司空"、"始建国五年保城都司空"、"天凤四年保城都司空造官瓦"、"始建国天凤四年保城都司空"等戳记的瓦片[99]，"都"即"都司空"省称，表明全是这个官府制出的。《汉书·百官公卿表上》谓宗正的"属官有都司空令、丞。"如淳注："《律》：'司空主水及罪人。'贾谊曰：'输之司空，编之徒官。'""都司空"即是管理刑徒的官府，汉长安城内外大量存在"都司空瓦"，正说明宫殿、官署用瓦主要是由"都司空"所辖刑徒烧造的。《隶释》卷三《郙县碑》又曰："建平五年六月，郙五官掾范功平、史石工、㲉徒要本，长廿五丈，贾二万五千。"汉代称砖为"㲉"[100]，"㲉徒"即作砖的刑徒，可见以刑徒充砖瓦工匠之事还遍于各郡县。

四如修筑城垣。《汉书·惠帝纪》讲，当惠帝三年六月第三次发众建筑长安城垣时，"发诸侯王、列侯徒隶二万人"。如前所述，"徒隶"是包括了刑徒和奴

---

[97] 陈直：《汉书新证》182页，天津人民出版社，1979年第二版。今北京大学考古教研室有藏品数件。谢国桢：《跋汉左元异墓石陶片拓本》中曾发表一件"左作"拓片（《文物》1979年11期45页图四），但误为离石左表墓中物。

[98] 吴荣曾：《汉刑徒砖志杂释》，《考古》1977年3期193—196页。

[99] 同[97]陈书96页。

[100] 曾庸：《汉至六朝间砖名的演变》，《考古》1959年11期629、630页。

婢。《汉书·昭帝纪》又谓:“(元凤六年)春正月,募郡国徒筑辽东玄菟城”,可见各郡国筑城亦用刑徒劳动。传世有“徒府”和“武徒府”半通印(《十钟山房印举》2·56上),字体可说明是西汉物。“徒府”指管理刑徒的官署,“武”是地名或某地全名之省。汉代的官署,县级称廷,郡级以上称府,故“徒府”当为郡级以上官府直辖的管理刑徒的机构。这种机构显然不是狱所,而应是管理役作的。所以“武徒府”等官印的存在,证明各郡国确实直接控制着一批刑徒劳动力,从而可用之于筑城等方面。

五如修建陵墓。据《汉书·景帝纪》、《宣帝纪》、《成帝纪》等记载,皇帝的陵墓也几乎都是征调刑徒和兵卒修筑的。1972年,在咸阳原上汉景帝阳陵西北,发现了一大片筑陵刑徒的墓地。已发掘的二十九墓,共有三十五副骨架,有的颈带铁钳,有的足带铁釱,甚至是被枭首或腰斩[101]。

六如建筑宫殿。自春秋晚期至汉代,尤其是西汉以前,突然出现一系列极为壮观的宫殿建筑物。以现有遗存而言,从侯马平望古城中约属春秋晚期的大型夯土台基起,直至汉长安城南的王莽宗庙遗址,都以远远超过建筑功能需要的高大夯土台基而成为时代特色。例如邯郸赵王城的“龙台”,长288、宽210、北高19米余;易县燕下都的“武阳台”,长140、宽110、高11米;“老姆台”长110、宽90、高12米;汉长安城的未央宫前殿台基,长200余、宽100余、北高约11米;秦阿房宫前殿台基的惊人规模因已见前述,此处从略。到处出现这样巨大的建筑工程,即使当时已有铁工具,如不具备可任意支配的大量刑徒,恐怕也是难以实现的。

把上面几方面的情况集中在一起,西汉时期由官府管理的各种手工业和土木工程以刑徒作主要劳动力的情况是一目了然的。阳陵刑徒墓地中的现象,还表明刑徒实际是奴隶队伍中最悲惨的一层人。但同秦代相比,刑徒劳动毕竟已走过了它的历史极限。例如居延汉简中就常出现一种“施(弛)刑士”,在《汉书》中

[101] 秦中行:《汉阳陵附近钳徒墓的发现》,《文物》1972年7期51—53页。

或作“免刑罪人”（《西域传下》）、“免徒”（《晁错传》及张晏、臣瓒注）[102]。他们就像秦代赦骊山徒以为兵卒那样，是内地刑徒赦免其罪而罚作戍边屯田的。这种免罪刑徒的待遇肯定不如一般的戍卒，但总比在刑之徒要好一些。秦末大赦骊山徒是王朝将推倒前夕被迫进行的，西汉的“施刑士”则是在正常形势下经常出现的，这也就从一个方面反映出国家政权不像过去那样来竭力扩大刑徒的队伍了。

自绿林、赤眉起义后，把大批农民转化为罪犯奴隶的势头，更有所削弱，特别是刑徒的遭遇看来比从前要略好一些。

直接表明这种情况的有东汉洛阳城南郊的刑徒墓地。此地从清末起就出土过刑徒墓志，1964年，又发掘了刑徒墓五百二十二座；周围尚未发掘的，还不计其数。这五百二十二座墓，起自东汉永初元年（公元107年），止于建光元年（公元121年）。《水经注》卷十六《穀水》曰：“石经东有一碑，是汉顺帝阳嘉元年立。碑文云：‘建武二十七年造太学，年积毁坏。永建六年九月诏书修太学，刻石纪年，用作工徒十一万二千人，阳嘉元年八月作毕。’”东汉太学遗址在这片墓地东北一公里左右，旁边还有明堂、灵台等遗址。现在虽不能断定墓地中的刑徒是修建哪一处建筑物的，但总是为巨大的官府工程而劳作，劳作内容同西汉阳陵的作徒基本是一样的，即都是土木工程。阳陵刑徒的惨状有如上述，这批东汉作徒却身躯完整，尸骨上都没有戴铁刑具，说明劳作时的待遇要好一些[103]。

从过去的戴铁钳、铁釱劳作到现在的解除刑具而劳作，多少表现了刑徒历史地位的变化正同农业奴隶在逐渐被隶农身分的直接生产者所代替一样，走着类似的步伐。

---

[102] 《汉书·赵充国传》颜注：“弛刑，谓不加钳釱者也：弛之言解也。”这说明了“弛刑士”不戴刑具的现象。《汉书·晁错传》又曰：“迺募辠人及免徒复作令居之。”张晏注：“募民有罪自首除罪定输作者也，复作如徒也。”臣瓒曰：“募有罪者及罪人遇赦复作竟其日月者，今皆除其罚令居之也。”这又讲清楚了“弛刑士”的真正特点。《论衡·四讳篇》所云“若完城旦以下，施刑彩衣系躬，冠带与俗人殊”，具体表明了“弛刑士”的地位比平常老百姓要低，实际是刑徒中的一层人。云梦《秦律》中有“免老”（《睡虎地》53、54页）、“身免”（同上书259页）之语，“免”为解除刑罪义。《秦律》中还可见到“免隶臣妾”（同上书53页），他（她）们等于汉代的“弛刑士”或“免刑罪人”、“免徒”，因为还属于刑徒范畴，都还要服劳作之役。

[103] 中国科学院考古研究所洛阳工作队：《东汉洛阳城南郊的刑徒墓地》，《考古》1972年4期2—19页。

当然，在整个历史进程中，东汉的刑徒仍堪称为官府的一支劳动大军。请看以下诸例：

"蜀郡太守平陵何君遣掾临邛舒鲔将徒治道，造尊楗阁，袤五十五丈，用工千一百九十八日。建武中元二年六月就。道史任云、陈春主。"（《隶释》卷四《蜀郡太守何君阁道碑》）

"永平六年，汉中郡以诏书受广汉、蜀郡、巴郡徒二千六百九十人，开通褒余道。太守鉅鹿鄐君、部掾治级王宏、史荀茂、张宇、韩岭等兴功作□。太守丞广汉杨显将相用□，始作桥格六百卅三间，大桥五，为道二百五十八里，邮亭、驿置、徒司空褒中县官寺并六十四所，最凡用功七十六万六千八百余人，瓦卅六万九千八百四□□器，用钱百四十九万九千四百余斛粟。□□□九年四月成就。益州□□东至京师，去□□就安稳。"（《金石萃编》卷五。"将"下"相"字，据《汉碑录文》卷一补。）

《延熹七年蜀郡属国辛通达、李仲曾造桥碑》碑末题名有："义工王文宰、义工□□乔、义工王汉朝、义工□□□、义徒汉嘉□杜□，时……。"（《隶释》卷十五）所谓"义工"、"义徒"，即自愿修造此桥的工匠和刑徒。

"（武都）郡西狭中道危难阻峻，……勑衡官有秩李瑾、掾仇审因常繇道徒，鐉烧破析，……。"（《金石萃编》卷十四《建宁四年李翕西狭颂》）"道徒"即指修筑道路的刑徒。

《东观汉记》卷八《邓豹传》："迁大匠，工无虚张之缮，徒无饥寒之色。"以"工"、"徒"前后对应为言，说明将作大匠常以刑徒为手工工匠。

一到三国以后，则仅偶见以刑徒修建栈道之事[104]；西汉以前常见的高大夯土台基，到东汉时亦显著减少和缩小，魏晋以后则很难见到了。高大台基的消失或许同建筑技术合理性认识的提高有关，但最根本的原因恐怕还是同国家机器丧失了从前那样巨大的刑徒队伍有关。可见刑徒的命运，同整个官私奴婢一样，在生产的领域内，汉末以后是基本退出了历史舞台。

能把大量农民转化为罪犯奴隶，同中央集权的专制主义有关。马、恩曾多次

[104] 如北魏永平二年《石门铭》："诏遣左校令贾三德领徒一万人、石师百人，共成其事。……起（正始）四年十月十日，迄永平二年正月毕功。"（《金石萃编》卷22）。

讲到农村公社是专制主义的基础。1869年11月7日，马克思在《致恩格斯的信》中说："在俄国人的公社里还可以看到（在一部分印度公社里也可以看到，不是旁遮普的，而是南部的）：第一：公社的管理机构的性质**不是民主制的**，而是**家长制的**。"[105]恩格斯也讲："各个公社相互间这种完全隔绝的状态，在全国造成虽然相同但绝非共同的利益，这就是**东方专制制度**的自然基础。"[106]又曾说："那里的原始共产主义，象在印度和俄国一样，今天正在给剥削和专制制度提供最好的、最广阔的基础。"[107]古希腊和罗马共和国所以能够出现奴隶制的民主制，同那里公社解体得比较彻底有关。在我国，到春秋晚期以后，尽管私有制已愈来愈多地渗入到公社的机体之内，使得公社也进入到解体阶段，但直至两汉，古代的公社至少在相当多的地区还维持着躯壳，这就使得专制主义始终保持着广阔的基础。

必须说明，多年以来，史学界的许多同志曾详细论述过商、周时代的农村公社，但几乎都认为它在战国以后就解体无存了。实际上，公社直到东汉还存在着。早在商代，农村公社已经有了一个专门名称，叫做"单"（后来或作"弹"、"僤"）。由于每个公社都有自己的地母崇拜组织——"社"，在人员的范围上，一个"单"就是一个"社"，因而后来又常用"社"或"书社"来称呼这个村社，其实最初本是两种概念、两个名称。这种村社组织，后来慢慢和国家的民政编制——里，混而为一，"单"的公社性质也就渐渐消失，但却长期未被彻底摧垮，更不用说其残余形态。到了汉代，一个村落往往对官府以"里"这种民政编制来活动，在内部却维持着"单"内的古老组织系统。当然，由于私有制的长期渗入和扩展，村社的内部情况已经同过去大不一样了，例如在东汉的心脏地区——洛阳周围，便存在着用金钱买来土地以作供祭祀活动的公田的现象。黄巾起义后，许多豪强大族并以重建这种组织为手段，组成了大约是实行封建制关系的大庄园。详细说明我国古代公社的这些情况，需要很多笔墨，只能待之另文。这里只是说明在战国秦汉时期，农村公社从来没有完全解体过；当然由于私有制的发展，这

---

[105] 《马克思恩格斯全集》第32卷184、185页，人民出版社，1974年。

[106] 《流亡者文献——五、论俄国的社会问题》，《马克思恩格斯全集》第18卷618页，人民出版社，1964年。

[107] 《致考茨基的信》（1884年2月16日），《马克思恩格斯全集》第36卷112页，人民出版社，1974年。

时期的公社同春秋以前的大不一样，应当分属两大阶段。

大概正因公社组织的继续广阔存在，春秋以后就不能产生像古典世界那样的民主制，而且由于其它因素的作用，专制主义并发展到更为加强的中央集权，从而在扩大刑徒队伍方面得到了易于实现的条件。

扩大刑徒队伍的更根本的原因，应当是国内奴隶来源的减少。

本来一到春秋晚期以后，由于社会经济的发展，特别是工商业的日益发达，大大刺激了贵族、豪富们扩充奴隶队伍的欲望，而扩充的途径无非是通过掠取战俘和把国内农民转化为债务奴隶或罪犯奴隶。从掠取战俘来说，战国时还有列国十余，战争频繁，大概能得到一定的满足；但当秦、汉的统一帝国形成后，就只能向匈奴、东胡、东夷、百越、西南夷等等少数民族地区寻找。这是要受到多么大的反抗啊！而且，就人数来说，当然填不满补充和扩充奴隶队伍的需要。于是，只好向国内农民下手。

春秋晚期以后的农民，虽因公社毕竟已走上解体道路而使得愈来愈多的人会陷入债务奴隶的苦境，但残留的公社纽带终究又给以一定的牵制。这样，债务奴隶的数量对整个奴隶制国家的经济结构来说，总是填不满补充和扩大奴隶队伍的需要。剩下的办法自然只能是把大量的国内农民，转化为国有的罪犯奴隶，而中央集权的专制主义制度，又正是实现这种转化的方便条件。

春秋晚期以后，尤其是秦汉时期的历史条件，正把这几种因素凑合在一起，从而造成了一支全世界仅有的刑徒劳动大军。这就形成了中国类型的劳动奴隶制。

四、墓地变化所见土地公社所有制到大土地所有制的变化

从考古遗存来分析土地制度是比较困难的，但考察墓地布置的变化，却多少能看到古代土地制度变化过程的一线脉络。

决定古代墓地形态的因素，主要有两个方面：一是人们的血缘或亲属关系的形态；一是土地所有制或财产关系的形态。此外，风俗习惯或信仰方面的因素，在其表现形式上当然要起极大作用。因此，寻找墓地的变化规律，是可以进而探索以上几方面情况的。

这种方法，马克思便曾使用过。例如他于1881年5月至1882年2月间，在《摩尔根〈古代社会〉一书摘要》中，为了说明印第安人的母系氏族制，就作了

如下笔记：

“（塔斯卡洛剌人）的保留地中，有一个这个部落的公共墓地，不过凡属同一氏族——海狸、熊、灰色狼等等——的成员都埋葬在单独的行列里。夫与妻分别埋在不同的墓列里，父与子也是如此；但是母亲和子女，兄弟和姊妹，埋葬在同一墓列里。”（人民出版社，1965年版85页）

为了说明罗马氏族的解体，又摘录如下：

“在朱理奥·恺撒时代，家族的墓穴还未完全排挤掉氏族的墓地。”

“在西塞禄的时代，家族坟墓代替了氏族坟墓的地位，因为家族在氏族中达到完全独立的地步。”（同上，202页）

自六十年代以来，不少同志已利用陕西的仰韶墓地来分析母系氏族制和利用甘肃的齐家墓地来分析父系家长制；但对商代以后的墓地，一般是仅仅利用安阳西北岗的王陵来说明王权的确立，从未进一步分析过墓地反映的土地制度。

探讨这个问题，首先要说明商、周之时氏族制度并未解体，不过已是基本以地缘为纽带的农村公社中的氏族制度。商、周铜器中族徽的普遍性，正是氏族林立的标志。至西周晚期，族徽大大减少，春秋中期以后已经绝迹[108]，作为个人标志的私名玺印却开始出现。王引之《春秋名字解诂下》据“郑公子睔字子印”谓“睔，读为纶”，“纶，印绶也”，推断“春秋时已有佩印绶者”。从族徽到私名印的变化，至少反映了氏族组织正在解体。氏族组织解体以前的墓地，毫无疑问，当然是氏族或公社公有的。殷墟遗址西部的白家坟、梅园庄、北辛庄、孝民屯之间，曾发现八个墓区，其中五个墓区所出铜器，各自独有它区不见的族徽。正如发掘报告所说：不同的墓区应是不同氏族的墓地[109]。这清楚说明殷代的墓地是公有制的。

两周墓地的所有制，则可先从《周礼·春官》中窥知。如：

《冢人》曰：“掌公墓之地，辨其兆域而为之图。先王之葬居中，以昭穆为左右。凡诸侯居左右以前，卿、大夫、士居后，各以其族。凡死于兵者，不入兆域。凡有功者居前。以爵等为丘封之度，与其树数。”

---

[108] 参林巳奈夫：《殷周时代の图像记号》，《东方学报》京都第39册1—115页。

[109] 同[17]《殷墟西区墓葬》114—117页。

《墓大夫》曰："掌凡邦墓之地域为之图。令国民族葬而掌其禁令，正其位，掌其度数，使皆有私地域。"

《周礼》成书于战国，所谓王制也就是诸侯之制，故"公墓"即天子与诸侯的墓地。这种墓地是王有或诸侯所有的土地，在公社尚未完全解体的专制主义制度下，也可以说是国有土地。一般"国民"（包括贵族和平民）的"邦墓"之地，既是由专门官吏来分配各族的"私地域"，整个墓地无疑是农村公社的公有制，当然也可以称国有制。

已有的发现，可证明周代的墓地制度，的确是这样的。例如：

河南浚县辛村的西周卫国诸侯墓地，发掘到八座大型的卫公及其夫人之墓，大体居于中央而并排横列，西端的M21最早而东端的M24最晚，其南、北又各有若干座中、小型墓[110]。《冢人》所云"先王之葬居中，以昭穆为左右"，自高祖以后的各代诸侯之墓，应是夫妇并穴而隔代依昭穆分列左右，所以这个墓地很像是卫国"公墓"的"左昭"部分。各大墓的南北又有若干中、小型墓的情况，则又与《冢人》所云"凡诸侯居左右以前，卿、大夫、士居后，各以其族"的情况相吻合。

陕县（今三门峡市）上村岭两周之际的虢国墓地，以虢太子墓及其相邻的M1810居中，其东侧和东南、东北三方又有三大群墓葬，各有一些出青铜礼器的贵族墓和大批出陶器或只出武器、只出串饰的平民墓[111]。这好像是一个未入虢国"公墓"兆域的先期死亡的太子墓地，旁边所伴三大群墓葬，大概是曾依附于虢太子的某些氏族之墓，总的情况是类同于上述"公墓"制度的。

洛阳烧沟的战国中、晚期墓地，曾发掘了三区五十九座，都是只出一套或二套仿铜陶礼器的小墓，是一处"邦墓"之地。各墓排列稠密，彼此距离往往不到1、2米或2、3米，但毫无打破关系，必有专人安排墓位，当存在着《墓大夫》所说"掌凡邦墓之地域为之图"那种情况才能出现[112]。

这种以族为单位的公共墓地，特别是其"公墓"制度，至少在部分国家中到

[110] 郭宝钧：《浚县辛村》1—6页，科学出版社，1964年。

[111] 中国科学院考古研究所：《上村岭虢国墓地》图一乙，科学出版社，1959年。

[112] 王仲殊：《洛阳烧沟附近的战国墓葬》，《考古学报》第8册127—162页，1954年。

战国时已发生着变化，但上述烧沟的“邦墓”之例，说明这种墓地的公社所有制，直到战国晚期尚未破坏。

可是耕地的私有制，在春秋晚期以后已陆续地普遍发展起来了。这同墓地的公有制是否矛盾呢？

马克思在《给维·伊·查苏利奇的复信草稿——三稿》中，分析土地公社所有制的破坏过程是这样实现的：最初是“土地私有制已经通过房屋及农作园地的私有渗入公社内部”，接着“首先会破坏耕地的公有制，然后会破坏森林、牧场、荒地等等的公有制”[113]。墓地是血亲关系的体现物，只要血缘纽带尚未完全松弛，它就会保存着氏族、公社乃至家族的公有制，从而在土地公有制的破坏过程中，它的自由买卖是会很晚才发生的。但只要耕地的私有制一出现，墓地的自由买卖只是时间的问题罢了。

《史记·淮阴侯传》说：“韩信虽为布衣时，其志与众异。其母死，贫无为葬，然乃行营高敞地，令其旁可置万家。余视其母冢，良然。”西汉时，曾在五个帝陵旁边新置城邑，韩信设想的“其旁可置万家”，就是预先选择这样的帝陵之地。这同《周礼》中的“公墓”制度，显然已发生了一定的差异。

《汉书·李广传》又说：“（元狩五年）李蔡以丞相坐诏赐冢地阳陵，当得二十亩，蔡盗取三顷，颇卖得四十余万；又盗取神道外壖地一亩葬其中。当下狱，自杀。”赐在景帝阳陵周围的冢地，恐难作一般的耕地使用，应该是作为墓地而卖出的。这暗示了武帝时墓地已经开始自由买卖。

如果上述材料还不够明确，清道光年间在四川巴县发现的《杨量买山刻石》，便清楚表明至迟在宣帝时，墓地肯定已经自由买卖了。这块《刻石》谓：

“地节二年囸月，巴州民杨量（量）买山，值钱千百，作业示子孙，永保其毋替。”[114]

所谓“山地”，汉代即冢地之谓。如浙江绍兴东汉章帝时的《昆弟买山地刻石》云：

[113] 同 [9]450 页。

[114] 徐森玉：《西汉石刻文字初探》，《文物》1964 年 5 期 5 页。

“建初元年，昆弟六人，共买山地，造此冢地，直三万钱。”[115]

一旦墓地可以自由买卖，社会地位和财富相似的人，自然会购买地价接近的墓田为其茔地。于是，以前由宗法关系而把许多身份、财富不同的死者联系在一个墓地内的现象消逝了，代之而起的是另一种墓地，其内各墓的大小类型往往很接近；而且，在一个这样的墓地内，往往出现若干在姓氏上毫无联系的家族茔地。洛阳烧沟汉代墓地便是明显之例。

烧沟墓地的时代是从西汉武帝至东汉末。在其乙一至乙三发掘区的南部和甲一至甲三发掘区的西部，有百余座武帝至王莽（主要是宣帝前后）的墓。这些墓葬，据所出铜印和陶瓮上的刻划文字，位于中间的一片，墓主皆郭姓（如M74、94、111、138），当是郭氏茔地；郭氏茔地西北方的M58为吴氏墓，东方的M410为宾氏墓、M88为章氏墓，更东的M406和偏北的M47为尹氏墓，南方的M125为商氏墓，更南的M135为赵氏墓[116]。各姓墓葬及茔地杂乱无章的分布情况，当因墓田的任意买卖而形成。这种实际遗存，正反映了武帝至宣帝时墓地的自由买卖。

正因墓地的自由买卖，东汉就出现了随葬买卖墓田契约那种明器的习俗。这种明器习称为“买地券”，其实叫“买墓地券”才准确。现知最早的一件是传出山西忻县的《建初六年武靡婴买墓田玉券》[117]。以后就愈来愈普遍。不过从《延熹四年锺仲游妻买墓地券》[118]起，已经开始同道教内容的《解除文》结合在一起，离开真正的契约形式愈来愈远了；但“买墓地券”的存在，总是反映了墓地买卖

---

[115] 陆增祥：《八琼室金石补正》卷3，6页，嘉业堂刊本，1925年。

[116] 洛阳地区考古发掘队：《洛阳烧沟汉墓》图二，科学出版社，1959年。

[117] 黄濬：《衡斋金石识小录》上册44页，尊古斋，1935年。全文为：“建初六年十一月十六日乙酉，武孟子男靡婴买马起宜、朱大弟少卿冢田。南广九十四步，西长六十八步，北广六十五步，东长七十九步，为田廿三亩奇百六十四步，直钱十万二千。东，陈田比分；北、西、南，朱少比分。时知券约赵满、何非，沽酒各二千。”

[118] 罗振玉：《贞松堂集古遗文》15、31，石印本，1930年。全文为：“延熹四年九月丙辰朔卅日乙酉直闭，黄帝告丘丞、墓伯、地下二千石、墓左、墓右、主墓狱史、墓门亭长、莫不皆在！今平阴偃人乡苌富里锺仲游妻，薄命蚤死，今来下葬，自买万世冢田，贾直九万九千，钱即日毕。四角立封，中央明堂，皆有尺六桃券、钱布、铜（铅）人。时证知者□□曾□□□□□□□□，自今以后，不得干扰生人。”

这个简单的事实正在继续进行下去。

如果再仔细加以观察，还可见到有一种世家大族的墓地，可以从西汉晚期开始，一直延续到南北朝，甚至隋唐。突出之例是河北无极县的甄氏墓地。

这个墓地在无极县城以西12 — 15公里之间，范围很大，原有三十六个大封土堆。1957年时在二座墓中，分别出了东汉某年的《故茂陵令甄谦买墓地券》和北魏正光六年的《甄凯石志》[119]。《太平寰宇记》卷六十“祁州无极县”条记述这个墓地说：“前汉司空甄丰坟、前汉司徒甄邯坟、后汉车骑将军甄韵坟、前魏武威将军甄举坟、新室光禄大夫甄阜坟、魏给事中甄逸坟、后汉（按：疑为‘魏’字之误）司徒甄思伯坟、魏中书令甄备坟、魏特进驸马甄像坟、魏骠骑大将军甄暘坟，并在县西南三十五里（按：据原注及实地情况，应为‘二十五里’之误）。”无极甄氏是绵延七、八百年的大族，西汉末、王莽时已登上过“三公”之位，以后虽经多次朝代变更，始终有人出仕高官，直至盛唐还有后代官至“幽凉二州都督”（《新唐书·甄济传》）。像这种形成于西汉晚期而延续到唐代的望门大族，在《新唐书·宰相世系表》中不乏其例。使这些大族能够抗御数百年之久的多次政治变动的力量，无疑即他们占有的大地产，从而这些大家族墓地，就是这种大土地占有制的一个表征。

从商代的氏族墓地经周代的“族坟墓”到汉武帝以后个体家庭或嫡长制家族的私有茔地，说明了墓地制度从公社所有制到私有制的变化。这种变化，比耕地所发生的同样变化大概要晚三、四百年，但墓地所有制的这个变化，总是反映了耕地的所有制，也是按照古代社会的基本规律而发生着从公社所有制到个体家庭私有制的变化。恩格斯在论述日耳曼人入侵罗马帝国后封建主义是怎样发生时曾说：“从自主地这一可以自由出让的地产，这一作为商品的地产产生的时候起，大地产的产生便仅仅是一个时间问题了。”[120]西汉晚期以后出现的大家族墓地，证明我国的大土地所有制也是按照古代社会的基本规律而发生起来。

孤立地观察土地制度是不能确定当时的社会性质的，但一般讲来，在古代世界，家内奴隶制阶段由于农村公社的牢固存在，土地的公社所有制总是占主要地

[119]　孟昭林：《无极甄氏诸墓的发现及其有关问题》，《文物》1959年1期44—46页。

[120]　恩格斯：《法兰克时代》，《马克思恩格斯全集》第19卷541页，人民出版社，1963年。

位；劳动奴隶制则几乎都和土地私有制伴生。从墓地变化所看到的土地制度的变化，又从另一个方面说明我国的古代社会，就是经历了这两个阶段，而最后亦由大土地所有制的发展来为封建制降临作好准备。

后语

归纳以上的论述，简单的结论是：

一，从生产力发展的水平来说，青铜时代的商代和西周，只能产生农村公社普遍存在的家内奴隶制；春秋晚期以后逐渐普遍使用的铁器则可以产生劳动奴隶制，汉末魏晋以后普遍实施的轮作制和施肥，则是封建制度赖以存在的生产力条件。

二，商代和西周流行人祭、人殉，是把俘虏驱于生产的劳动价值尚未被真正认识到的家内奴隶制的特征；战国时人殉和人俑并存而有时用生产奴隶作殉人，反映了劳动奴隶制的初期性质，秦、汉时期普遍以人俑代替人殉，是劳动奴隶制充分发展的结果；东汉时期（尤其在晚期）新出现的依附农民俑，反映了类似罗马帝国的隶农身分的直接生产者已经出现在历史舞台上，表示出奴隶制行将被另一种新的生产方式所代替。

三，战国时大量青铜制品的刻铭和新出《秦律》，说明刑徒已成为一支由专制主义国家直接控制的劳动大军。它在秦代达到最庞大的规模，直到汉代，始终是官府掌握的手工业部门和各种土木工程中的重要劳动力，东汉时这种罪犯奴隶的地位略有改善，到三国以后则不再成为生产劳动中的重要力量。庞大的刑徒队伍是中国类型劳动奴隶制的显著特征。

四，墓地的演化过程，反映出自商代至汉末的土地制度，是经历了从公社所有制到个体家庭的私有制及大土地所有制膨胀的过程，后者正是封建制度产生的前提之一。

除了生产力条件、直接生产者的身分和土地制度以外，意识形态等上层建筑领域亦是说明其社会性质的一个重要方面。以考古资料中普遍见到的艺术风格而论，商周时期最盛行的饕餮纹、夔龙纹、凤纹、云雷纹、窃曲纹等等图案和一些人物、鸟兽的造型，具有十分强烈的神秘主义色彩，这正是人们严重地束缚于自然威力并习惯于极度残暴地对待俘虏的精神面貌、心理状态的表现。春秋晚期以后人物图像的骤增以及与日俱增的写实风格，应当就是人们进一步认识到人的劳动价值，也就是认识到人的自身的力量以后所发生的精神状态的大变化。当社会进入到奴隶制的发达阶段时，奴隶遭受剥夺的生活现实自然是极其悲惨的，但为了保存生产力而维持俘虏、奴隶生命的需要，使得新兴奴隶主在对待人这种生命的态度上，比起从前旧氏族贵族的任意杀戮俘虏来说，总算是有了一点产生人道主义思想的基础。还是人们的经济状况决定人们的思想意识。所以，艺术创造从神秘主义到现实主义的变化，特别是人道主义的萌芽，是可以反过来说明社会经济形态的变化的。

但正如“前言”所说，这篇文章仅从部分考古资料出发来概略地论述我国奴隶制发展的两阶段性。大量文献记载姑且不论，就以考古资料来说，商周时代礼乐制度从发生到严密再走向崩溃的过程，就能表示出早期奴隶制的等级制度的变化；西汉晚期以后壁画墓、画像石墓和画像砖墓中的大量画像，又相当具体地再现了大土地所有制从产生到膨胀时期的生产经营、伦理道德等等情况。总之，可以论述的内容还有很多。不过，这些内容比起上述的几个方面，毕竟处于从属性的地位，而且有的过去已作过一定论述[121]，因而此文皆略而不谈。

列宁曾经说：“任何个别（不论怎样）都是一般。”[122]从古代东方到希腊、罗马这个“个别”，应当能够体现出“一般”的规律；而中国古代这另一“个别”既然又与前者有基本的共同性，自然更能证明奴隶制的存在和奴隶制的两阶段性，确实是人类古代社会的“一般”规律。

原载《文物》1981年5、6期。后收入《先秦两汉考古学论集》，文物出版社，1985年6月。

[121] 俞伟超：《周代用鼎制度研究》，《先秦两汉考古学论集》，文物出版社，1985年6月，62—114页。

[122] 列宁：《谈谈辩证法问题》，《列宁全集》第38卷409页，人民出版社，1959年。

马王堆一号汉墓棺制的推定

马王堆一号汉墓的随葬品制度，基本保留了战国的楚制[1]；它的四层套棺，亦承自旧制。因此，《礼记》中有关先秦棺制的记述，是解开这组套棺使用制度之谜的钥匙；当然，也正是因为有了这组套棺，才开始真正理解这些记述。

四层套棺内壁均涂朱漆。套棺外表，其最外面的一层是黑漆素地，第二层是黑地彩绘，第三层是朱地彩绘，内棺则为黑漆地上贴锦饰[2]。由于外棺朴素无华，与色彩绚丽的其它三棺差别明显，最初发表的《简报》便把外棺当作内椁，从而将整组套棺视为"三棺"[3]；但不久后，大家就订正为"四棺"[4]。接着，于省吾先生提出了内棺锦饰即《左传·成公二年》中的"翰桧"的意见[5]。以后，正式报告综合诸说，并开始拿《礼记·丧大记》中关于"裹棺"的记载，来同内棺比较。

这本已达到了探明四层套棺（尤其是内棺）使用制度的边缘，但因这是考古研究中刚刚提出的新问题，对已在经学领域中聚讼若干年的老争论还不大熟

---

[1] 参见:《马王堆一号汉墓用鼎制度考》,《先秦两汉考古学论集》，文物出版社，1985 年，115—116 页。

[2] 湖南省博物馆、中国科学院考古研究所：《长沙马王堆一号汉墓》上集 13—27 页，下集图版二六—三七，文物出版社，1973 年。

[3] 湖南博物馆、中国科学院考古研究所、文物编辑委员会：《长沙马王堆一号汉墓发掘简报》2—4 页，文物出版社，1972 年。

[4] 唐兰、俞伟超：《座谈常山马王堆一号汉墓·关于棺椁制度》,《文物》1972 年 9 期 55、56 页；史为：《长沙马王堆一号汉墓的棺椁制度》，《考古》1972 年 6 期 48—52、24 页。

[5] 于省吾：《关于长沙马王堆一号汉墓内棺棺饰的解说》，《考古》1973 年 2 期 126、127 页。

悉，正式报告最后却以为《丧大记》中关于“裹棺”的记述，与马王堆一号汉墓的内棺“无涉”[6]。后来，由于探索先秦两汉墓葬的形制变化规律[7]，便能看出马王堆一号汉墓的四层套棺，正基本符合《礼记·檀弓》和《丧大记》中所讲“诸公”级别的棺制，从而又可知道《礼记》所述其它级别的棺制，也应当是实际存在的。

先看《礼记·檀弓上》的记述：

“天子之棺四重：

郑注：尚深邃也。诸公三重，诸侯再重，大夫一重，士不重。

水、兕革棺被之，其厚三寸；

郑注：以水牛、兕牛之革以为棺被，革各厚三寸，合六寸也。此为一重。

杝棺一；

郑注：所谓椑棺也。《尔雅》曰‘椵杝’。

梓棺二；

郑注：所谓属与大棺。

四者皆周。

郑注：周，匝也。凡棺用能湿之物。

棺束缩二衡三，衽每束一。

郑注：衡亦当为横。衽，今小要。衽或作漆，或作髹。

孔疏：四重者，水牛、兕牛二物为一重也；又杝为第二重也；又属为第三重也；又大棺为第四重也；四重凡五物也。以次而差之，上公三重，则去水牛，馀兕、杝、属、大棺也；侯、伯、子、男再重，又去兕，馀杝、属、

[6] 同 [2]。

[7] 俞伟超：《汉代诸侯王与列侯墓葬的形制分析——兼论“周制”、“汉制”与“晋制”的三阶段性》，《先秦两汉考古学论集》，文物出版社，1985 年 6 月，117—124 页。

大棺；大夫一重，又去杝，馀属、大棺也；士不重，又去属，唯单用大棺也。"

清人金鹗《求古录礼说》卷八《棺椁考》和孙希旦《礼记集解》卷九，都以为"一重"即一层。但定县八角郎M40（西汉宣帝时中山怀王墓）[8]和北京大葆台M1（西汉元帝时燕广阳顷王墓）[9]，都用五层套棺，当即承自《礼记》中的"天子之棺四重"那种制度，故孔颖达所从郑玄说的解释"一重"为二层，显然符合《礼记》原义。概括言之，应是：天子五层棺，诸公四层棺，侯、伯、子、男之爵为三层棺，大夫二层棺，士一层棺。各层棺名如由外向内计（《檀弓》是由内向外叙述的），外棺都叫"大棺"，第二层棺都叫"属"，第三层棺都叫"椑"或"杝"，最里的一或二层内棺是"革棺"；如为三层套棺，内棺就是"椑"或"杝"，没有"革棺"；如只有二层，内棺即"属"，既无"革棺"，又无"椑棺"；如为单层，就是"大棺"。

这应是当时普遍通晓的周制的基本内容，故《丧大记》亦云：

"君，大棺八寸，属六寸，椑四寸。上大夫，大棺八寸，属六寸。下大夫，大棺六寸，属四寸。士，棺六寸。

郑注：大棺，棺之在表者也。……上公革棺不被，三重也；诸侯无革棺，再重也；大夫无椑，一重也；士无属，不重也；庶人之棺四寸。"

但贴尸的内棺，当时或称"裏棺"。《丧大记》紧接着就说：

"君，裏棺用朱、绿，用杂金鐕。大夫，裏棺用玄、绿，用牛骨鐕。士，不绿。

郑注：鐕，所以琢著里。

君，盖用漆三衽三束。大夫，盖用漆二衽二束。士，盖不用漆，二衽二束。"

---

[8] 河北省博物馆、文物管理处，中共定县县委组织部、定县博物馆：《定县40号汉墓出土的金缕玉衣》，《文物》1976年7期57页。

[9] 北京市古墓发掘办公室：《大葆台西汉木椁墓发掘简报》，《文物》1977年6期24页。

《丧大记》和《檀弓》中关于棺制的记述，除了一是由外而内、一是由内而外来叙说外，内容和行文次序都相当接近。两段文字只要加以对照，“君”一级的“裏棺”相当于“革棺”（即内棺）是文义自明的。

《丧大记》中关于“裏棺”之制的本文，即使加上郑玄注，今天如无其它参考材料，真是难以读懂。但在汉至南北朝时，有世代相承的经学传授，一定能够基本明白，故唐初孔颖达还可以作比较清楚的解释。如孔疏曰：

“‘裏棺’，谓以缯贴棺裏也；朱缯贴四方，以绿缯贴四角。定本经中‘绿’字皆作‘琢’，‘琢’谓鐕琢朱缯贴著於棺也。‘用杂金鐕’者，鐕，钉也。旧说云：‘用金钉，又用象牙钉杂之，以琢朱、绿著棺也。’《释义》云：‘朱、绿，皆缯也。’杂金鐕，《尚书》曰：‘贡金三品，黄、白、青色。’‘大夫，裏棺用玄、绿’者，四面玄，四角绿。‘用牛骨鐕’者，不用牙、金也。‘士，不绿’者，悉用玄也。亦同大夫用牛骨鐕，不言，从可知也。”

孔疏既是读懂《丧大记》中“裏棺”之制的桥梁，为了比较准确地利用它，有两点必须先加辨明。

一是孔疏所云“定本经中‘绿’字皆作‘琢’，‘琢’谓鐕琢朱缯贴著於棺也。”如依孔氏所见定本，则“君”一级的“裏棺”就只贴朱缯而不是朱、绿并用。这一点，张敦仁《抚本〈礼记郑注〉考异》已分辨得很清楚。张云：“《正义》之义以定本为非。盖经末云：‘士，不绿’，若依定本，则作‘士，不琢’。苟士棺有裏，不琢何以贴著？明不当作‘琢’字。定本涉注而误。又，郑下文（按：指‘君、大夫鬊爪实于绿中，士埋之’句）云：‘此绿或为篓’。特言‘此绿’，所以别於上文三‘绿’，则郑自作‘绿’可知。《释文》‘椓’字之音，次第在注，不在经，其本与《正义》同。唐石本亦全是‘绿’字，当时固无从定本者。”张氏所谓士棺亦有贴著之说，并未真正弄明《礼记》中的棺制，但推断“定本涉注而误”的意见，无疑是正确的。

二是孔疏所谓“‘裏棺’，谓以缯贴棺裏也”，是把“裏棺”当作因有丝织物贴于棺内而得名。其实，“裏”字为从衣从里的形声字，其本义当如《说文·衣部》所云，为“衣内也”。“裏棺”之义，最初就是衣内之棺，即在丝织物里面的棺；后来，引申为广义的内棺。郑玄所说“鐕，所从著琢裏”的“裏”字，当为

“裹棺”一称的省文，而到孔疏，便误作“棺裹”之解。

说清了这些情况，就可以推断马王堆一号汉墓的四层套棺，正基本符合《礼记》中的“诸公”之制，即外棺就是“大棺”，第二层棺为“属棺”，第三层棺为“椑棺”，内棺也就是“裹棺”，相当于“革棺”。

内棺即“裹棺”的证据最清楚。首先是“裹棺”之制乃贴著丝织物为饰，而这个内棺正贴上了锦饰；其次是此棺锦饰的颜色乃至其锦色的位置，正合乎《丧大记》所说的“君”级之制，即四或五层套棺的内棺之制。

这个内棺的锦饰是：在黑地漆棺的盖顶中间，粘贴一层菱花勾连纹的贴毛锦，在贴毛锦中央和棺盖四周以及棺身四壁的周边和两侧壁板的中央，分别粘贴铺绒绣锦。贴毛锦是粘贴桔红羽毛作地，又用青、黑二色羽毛贴在菱形勾连纹内。因桔红地的范围大于菱形勾连纹，整个贴毛锦便以朱色为显著。铺绒绣锦是以烟色绢为地，又用朱红、黑、烟三色线，绣出通体略作斜方格的图案。斜方格图案因由朱红、黑、烟三色相配，通体便呈紫或紫褐色，而锦上的花纹又占了大部份面积，映入眼目的便主要是紫或紫褐色[10]。

紫色和《丧大记》中所说的“青”色，都属深色，是非常接近的。这样，在黑色漆棺上粘贴了朱地和紫色花纹锦饰之状，岂不同《丧大记》所谓“君，裹棺用朱、绿”十分相似吗？孔疏说“朱缯贴四方”，这个内棺就是以朱地之锦贴在棺盖中央；孔疏又说“以绿缯贴四角”，这个内棺也是以紫花锦贴在棺盖和棺身的四角和四边以及中央的一窄道，应当可以说是十分相似的了。湖南省博物馆的同志告诉我，三号墓的内棺也贴锦饰，又一次证明“裹棺”贴锦饰的确是当时高级贵族的基本制度。

锦饰以外，棺束也能证明这个内棺使用着“君”级“裹棺”制度。

关于棺束，在《丧大记》中是于叙述“裹棺”制度之末才说到的；《檀弓》也是在叙述棺制的末尾才讲棺束制度的，足证它只在内棺上施用。马王堆一号汉墓的四层套棺以及江陵、长沙发现的其它战国和汉初的套棺，正是只在内棺上才能见到棺束。

---

[10] 同[2]上集27、62、65页，下集图版二六、三七、六一、六四、一一五、一一六。

内棺的棺束，原报告说："盖棺之后，在黑漆层外面，横缠了两道宽12厘米的帛束，每道六、七层。"其实，贴在棺盖和棺身中央的一道铺绒绣锦，按其位置，正当棺束所在之地；这在图版上可以看得很清楚[11]。如果把这道绣锦作为相当于棺束的东西来看待，正好是三道，而馀下的紫花绣锦只占四角和四边，这就同孔疏所说"以绿缯贴四角"的状态极为相似了。由此可见，这个内棺的棺束也可以当作三道来对待。内棺用"三束"，就和"裹棺用朱、绿"的规格一致起来，都属于"君"级"裹棺"的制度。

"裹棺"贴以织物同"革棺"被以皮革的作风，显然有共同性，因而在《礼记》中才会拿二者相当。当然，一用织物，一用皮革，二者还是有差异的。估计出现这种差异的原因，不外乎起源时期所存在的墓主身份或地域之别。在棺外包以牛皮，当发生于古老、原始的风俗。《礼记》所述为周制。大概周人在早期阶段就出现了部落首领可享用包着牛皮之棺的特殊待遇，后来周天子承此传统，便以"革棺"为内棺。贴以织物的"裹棺"，或许是在"革棺"影响下出现的，而且还可能是一种级别略低的诸侯之制。《檀弓》明言"革棺"是天子内棺，《丧大记》则把诸侯以下各级贵族的内棺都叫"裹棺"，这至少暗示出了二者在最初时期所存在的使用制度上的一定差别。

依据上述材料而论定内棺即"裹棺"以外，还可从两个自身的根据来推断外棺就是"大棺"。

一是"大棺"的形体特征。

"大棺"这种称呼的本义，当指其形体很大。外棺当然大于其它诸棺，但把它称为"大棺"，则是因为在多层套棺中，外棺往往要比里面的棺大出很多。把这样的外棺叫做"大棺"，正表达了它的形体特征。

例如战国中期偏晚的信阳长台关M1和M2，都是四层套棺。外面的两层棺同里面的两层棺，大小差别悬殊，使得二、三层之间留出一片较大的空隙。这种状况，竟使最初的报道把外面的两层棺当作内椁[12]。江陵天星观M1是战国中期邸旛

[11] 同[10]。

[12] 河南省文物局文物工作队第一队：《我国考古史上的空前发现——信阳长台关发掘一座大墓》，《文物参考资料》1957年9期21页；河南省文化局文物工作队：《信阳长台关第2号楚墓的发掘》，《考古通讯》1958年11期79、80页。

君番勳墓，有三层套棺，外棺也紧靠着棺箱的壁板，远远大于里面的两层棺[13]。另外有许多墓的二层套棺，由于木椁和套棺的尺寸比较小，外棺与内棺的大小差别不那么突出，如长沙浏城桥M1这座战国早期偏晚的墓[14]和战国中期偏晚的江陵望山M1[15]等，外棺与内棺之间的距离就只有20多至30多厘米；但外棺仍明显地大出一块。尤如浏城桥M1那种把外棺作成长方匣形而内棺作成弧边形的，大小差别就更为突出。在楚墓中，外棺特大的现象，可以说是普遍的。

也有少量套棺这种差别不突出。例如战国中期偏晚的望山M2，三层套棺的外棺，就只比第二层长出36、宽出38厘米[16]。但从总体看，战国时代的三或四层套棺，显然是以外棺形体特大为特征；而且，四层套棺的第二层“属棺”，也往往具有这种特点。

还应说明，外棺特大之制，在晋国也存在着，最迟发生于春秋中期。例如长治分水岭M270的二层套棺，外棺长2.60、宽1.70米，内棺长2.00、宽0.65米，外棺明显地大出一块[17]。时代略晚属春秋中、晚期之际的分水岭M269，二层套棺的外棺长2.60、宽1.22米，内棺长2.16、宽0.74米，内外棺的大小差别则较少[18]。如果联系“大棺”之名的本义来考虑，自然可以认为后者的现象是晚起的；也就是说，外棺所以被命名为“大棺”，当在于套棺制度发生之初，外棺即以形体特大为制。

马王堆一号墓的四层套棺是紧紧相套的。把它放在上述诸例之中来观察，似可理解为是“大棺”形体特征消逝过程中的产物。当然，这种特征的消逝，必然要经历很长时间，并且是不平衡的。北京大葆台M1的五层套棺，就保留着外面两层棺远远大于里面几层棺的早期（至少是战国）形制，如外棺的长、宽

[13] 承荆州博物馆王从礼同志示知。

[14] 湖南省博物馆：《长沙浏城桥一号墓》，《考古学报》1972年1期59—61页。

[15] 湖北省文化局文物工作队：《湖北江陵三座楚墓出土大批重要文物》，《文物》1966年5期34、35页。

[16] 同[15]。

[17] 山西省文物工作委员会晋东南工作组、山西长治市博物馆：《长治分水岭269、270号东周墓》，《考古学报》1974年2期75页。

[18] 同上书63、64页。

为5.08×3.44，第二层棺为3.94×2.34，第三层棺为2.69×1.40，第四层棺为2.52×1.00，内棺为2.22×0.70米[19]。可见“大棺”（甚至包括四、五层套棺的“属棺”）的这种形制特点，至少在部分地区可延续到西汉后期。

二是“大棺”的装饰特征。

关于多层套棺的外棺的色泽等装饰特点，《礼记》并无直接说明，但曾对士棺的色泽有所记录，而士的单棺就是“大棺”（从《檀弓》孔疏）。

《丧大记》谓大夫是“裏棺用玄、绿”，士棺是“不绿”。孔疏解释“玄”是玄缯，以为“用玄、绿”是“四面玄，四角绿”，“不绿”是“悉用玄也”。孔疏所述“玄、绿”的位置，必有师承；但所谓“玄”是玄缯，应已有所传讹。细察马王堆一号汉墓的内棺，是在黑漆地上粘贴朱地和紫花的锦饰，通体具有玄、朱、紫（即《礼记》中的“青”）三色，可见《礼记》说的“君，裏棺用朱、绿”是省去“玄”色而突出了这一级别的“裏棺”是用“朱、绿”的特点。这样，紧接着说的“大夫，裏棺用玄、绿”，当指是在黑漆棺地上仅以绿缯相贴而不用朱锦；所谓“士，不绿”，无疑是不贴锦帛的黑漆素棺。

从士的身份地位和财富考虑，也应作这样的理解。士这种下层贵族，西周时固然地位不低，但春秋时已经下降，战国时更纷纷沦落。《礼记》所述是战国时代正在通行的风尚，要把那时的士棺规定为以粘贴缯帛为制，实在与情难合；而且，已发掘的大量采用“士丧礼”制度的小型单棺战国墓（包括棺椁保存完好的楚墓），几乎都只见到黑漆素棺。士棺既即“大棺”之制，马王堆一号汉墓的外棺作成黑漆素地，当正能表现这是“大棺”的通制。

最后，还应当说明五点：

1.上面推定的“裏棺”、“大棺”之制，当然指其基本情况而言。这种制度，肯定经历了发生和变化的过程，而且还会存在地域差别，自然不能要求所有的四、五层套棺，皆为内棺贴锦、革而外棺为黑漆素地。像长台关M1、M2的外棺是素木无漆之例（据“简报”），当然不能认为与上述推定大相迳庭；至于内棺饰以锦缯的情况，至今虽然还只见到马王堆一号墓、三号墓这两个例子，显然也不能认为这是偶然出现的孤例。

[19] 同[18]。

2.已发现的各组多层套棺，其装饰和形制的细部特征虽然存在一些差别，马王堆一号墓的内、外二棺，既有那么多方面可同《礼记》中“裏棺”和“大棺”的记述对应起来，把第二层棺推定为“属棺”、第三层棺推定为“椑棺”，应当没有多大问题；而且，这个第二和第三层棺的彩漆装饰特点，应当也包含着先秦贵族的“属棺”和“椑棺”的一定的一般性特征。

3.《礼记》所述是周制。由于黄河中游地区那些能更准确地表现周制特点的墓葬，保存棺椁的条件不如楚墓和楚地的西汉墓葬，目前就只能主要用楚地之墓来研究当时的用棺制度。楚制和周制当然会存在某些差异，例如所谓大夫的“裏棺用玄、绿”之制，在楚墓中就至今尚未找到踪迹。但通过上述比较，至少在棺制方面，已大体可看到楚制和周制的共同处还是基本的；而且在汉初的长沙国中，至少在一部分贵族中间，仍相当完整地保留着先秦旧制。

4.使用四层套棺的马王堆一号汉墓的墓主是列侯夫人，使用五层套棺的大葆台M1和定县八角郎M40的墓主是诸侯王。当时，夫妇同制，故知西汉的列侯曾用《礼记》中的“诸公”之制，诸侯王则往往用天子之制。《汉书·百官公卿表上》颜注引蔡邕说：“汉制，皇子封为王，其实诸侯也。周末诸侯或称王，而汉天子自以皇帝为称，故以王号加之，总名诸侯王也。”诸侯僭用天子之制，早在两周之际已经发生[20]，所以西汉诸侯王的棺制用过去的天子之制、列侯用战国时代列国的封君贵族或列卿之制是很自然的。这种棺制上等级制度的延续性，正表现了汉制同周制的继承性。

5.上面提到的使用二层套棺的各春秋、战国墓，墓主身份都相当于大夫一级[21]，又同《礼记》所述棺制相合，进而证明这种用棺制度在东周之时是普遍实行的。但汉初的诸侯王或列侯之墓，却或用三层套棺，有的甚至可能是二层套棺。例如马王堆二号汉墓这座轪侯利苍之墓，使用的就是二或三层套棺[22]；长沙象鼻

[20] 俞伟超：《周代用鼎制度研究》，《先秦两汉考古学论集》，文物出版社，1985年6月，62—114页。

[21] 同上注。按浏城桥M1和望山M1使用升鼎的数量，都是五鼎，正合大夫之制。

[22] 湖南省博物馆、中国科学院考古研究所：《长沙马王堆二、三号汉墓发掘简报》，《文物》1974年7期40页。

山的长沙恭王吴右或靖王吴著墓[23]，以及陡壁山的靖王王后曹嫘墓[24]，就都用三层套棺。西汉的诸侯王和列侯使用三至五层套棺的不整齐情况，反映出周制中的用棺制度，在汉制中毕竟正在发生变化。

综上所述，可知马王堆一号墓的棺制，基本是沿用了先秦旧制，而这组套棺的出土，又大大有助于先秦两汉棺制的系统研究。

原载《湖南考古辑刊》第1集，岳麓书社，1982年。后收入《先秦两汉考古学论集》，文物出版社，1985年6月。

[23] 湖南省博物馆：《长沙象鼻嘴一号西汉墓》《考古学报》1981年1期121、122页。

[24] 长沙市文化局文物组：《长沙咸家湖西汉曹嫘墓》，《文物》1979年3期3页。

国博名家丛书

王春法 主编

俞伟超卷（下）

俞伟超 著

北京时代华文书局

三

古史分期及秦汉社会的考古学观察

中国古代都城规划的发展阶段性

——为中国考古学会第五次年会而作

中国进入文明时代，已有四千年左右的时间。在这期间，有许多王朝的更替。如以今日中国的九百六十万平方公里的领土为范围，同时期往往不止存在一个王朝，但主要王朝的都城规划，大致有一条自成系统的发展线索。这个过程，似应分为四大阶段。每个阶段的特点，主要是由各时代的社会经济发展水平和人们社会关系的总面貌所决定的；而这种规划的形式特征和某些细部安排，自汉代以后又在很大程度上接受了东周时期形成的一种设计思想的传统影响。

为了表达这种看法，需要叙述五个问题。

一、中国古代城市的发生时间

城市这种人们的居住点，可以有许多特征，但归根结蒂是由居住在里面的人们的经济活动状况决定的。这种人们的居住形态，是当社会前进到在某些地点出现了人口、手工业生产、商业交换以及财富和文化的集中时才出现的；同时存在的另一些居民点，则表现为人们生活的相对孤立和分散以及落后。这也就是说，只有到出现了城市和乡村的差别时，城市才算真正形成。在通常情况下，这个时期便是文明时代的初期。

在整个人类历史的长河中，城市只存在于最近的五千多年中。一当出现了人口、手工业和商业以及财富的这种集中时，为了管理和保护这种集中，一般都在这种居民点的外围，修筑起城墙。但有无防御性的围墙，并非城市的根本标志。早在新石器时代早期，如距今九千年左右的西亚巴勒斯坦的耶利哥（Jericho）遗址就围有石墙；直到现代的中国北部的农村，也还往往有土围墙；而近代的新兴城市，则都没有城墙。显然不能拿城墙的出现与否作为中国古代城市发生时间的标志。

当然，古代城市一般是有城墙的。但世界范围内的一些初期城市，并不都有城墙。拿中国的具体情况来说，在城市出现后的一段并不很短的时期内，这种居民点的外围有无城墙是不一定的，甚至可能存在城市和村落交错出现围墙的现象。所以，判断一个遗址是否为城市，关键要看这个遗址的内涵是不是达到了进行城市活动的条件，也必须考虑到当时社会生产力的发展水平是不是具有出现城市的可能。

在几千年以前的生产力条件下，某些地区如西亚的两河流域和埃及的尼罗河流域以及巴基斯坦的印度河流域，因为具有对发展农业生产特别有利的自然环境，早在铜石并用时期就出现了最初的城市；许多地区的城市发生于青铜时代；有的地区则要迟到铁器时代才出现城市。

在中国，黄河中游是文明发生最早的地区。那里在距今四千年左右的河南龙山文化阶段，至少已进入铜石并用时期。目前，在河南淮阳的平粮台和登封的王城岗，已发现了用夯土墙包围的河南龙山文化遗址；在内蒙古凉城县的老虎山和包头市的阿善，也发现了有石围墙的当地龙山阶段的遗址。由于黄河流域更早的遗址从来没有围墙，这时期却纷纷出现围墙，至少能说明聚落的形态大概已到一新阶段。

要进一步判断这种有围墙的聚落是否为城市，当然还必须了解其居民的生产与交换情况，是否已形成为这个地区的集中点。这只能有待于今后的工作。从目前所知情况看，王城岗遗址的夯土墙，每边长度不超过100米，过于狭小，遗址中也无突出的手工业作坊，不敢断定这是一个城址[1]。老虎山遗址的石围墙虽然西北至南东长380米，东北至西南长310米[2]，但尚未发现异于其它一般龙山遗址的遗迹，也不敢匆忙断定属于城址的性质。阿善遗址情况与老虎山遗址略似。平粮

[1] 河南省文物研究所、中国历史博物馆考古部：《登封王城岗遗址的发掘》，《文物》1983年3期14—16页。

[2] 承田广金同志示知，阿善遗址的石围墙情况，见内蒙古社会科学院蒙古史研究所、包头市文物管理所：《内蒙古包头市阿善遗址发掘简报》，《考古》1984年2期97、103、104页。

台遗址则土城范围达到每边长185米左右，并发现南、北城门，在南门的地面下找到了陶质排水管道[3]。在中国古代，这种公共的排水设施，常见于以后的城市遗址，村落遗址中则从未发现过。从这些局部情况来判断，平粮台遗址似已发展为最初的城市（图一）。

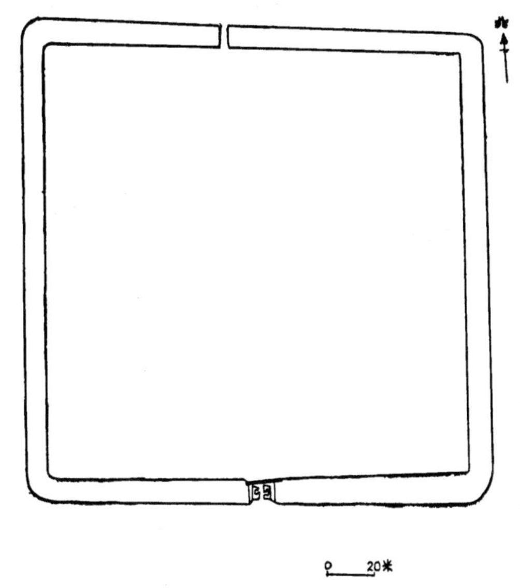

图一　淮阳平粮台龙山古城平面略图

总之，无论从生产力水平还是遗址的形态看，黄河中游及其附近的龙山阶段，应当已经出现了最初的城市。这个时期，有人以为相当于历史上的夏代，有人以为夏代还在晚一阶段的“二里头文化”时期。不管哪种意见正确，这总是在文明时代门槛的左右。中国古代的城市，大概就是发生在这个阶段。但同时期的其它龙山遗址，有许多规模还要更大，可以认为当时的城乡分化并不明显。这正是城市刚刚发生时期应当具有的历史特点。

二、商和西周都城遗址内各种活动区分散存在的特点，是初期阶段都城的形态

商代至西周的都城，属中国古代都城发展史上的最初阶段。它往往没有城墙，或仅宫城有墙，宫殿、宗庙、贵族和平民住地、手工业区等各种遗址，一般是在都城的总范围内，分散于若干地点，各地点之间常是一大片没有遗存的空白地带。

例如河南偃师的二里头遗址，有人认为是夏都斟鄩，有人认为是商都亳，不管怎样，这是已知中国的最早都城。它有一大片宫殿区，四周分散地存在着若干

[3]　河南省文物研究所、周口地区文化局文物科：《河南淮阳平粮台龙山文化城址试掘简报》，《文物》1983年3期27—36页。

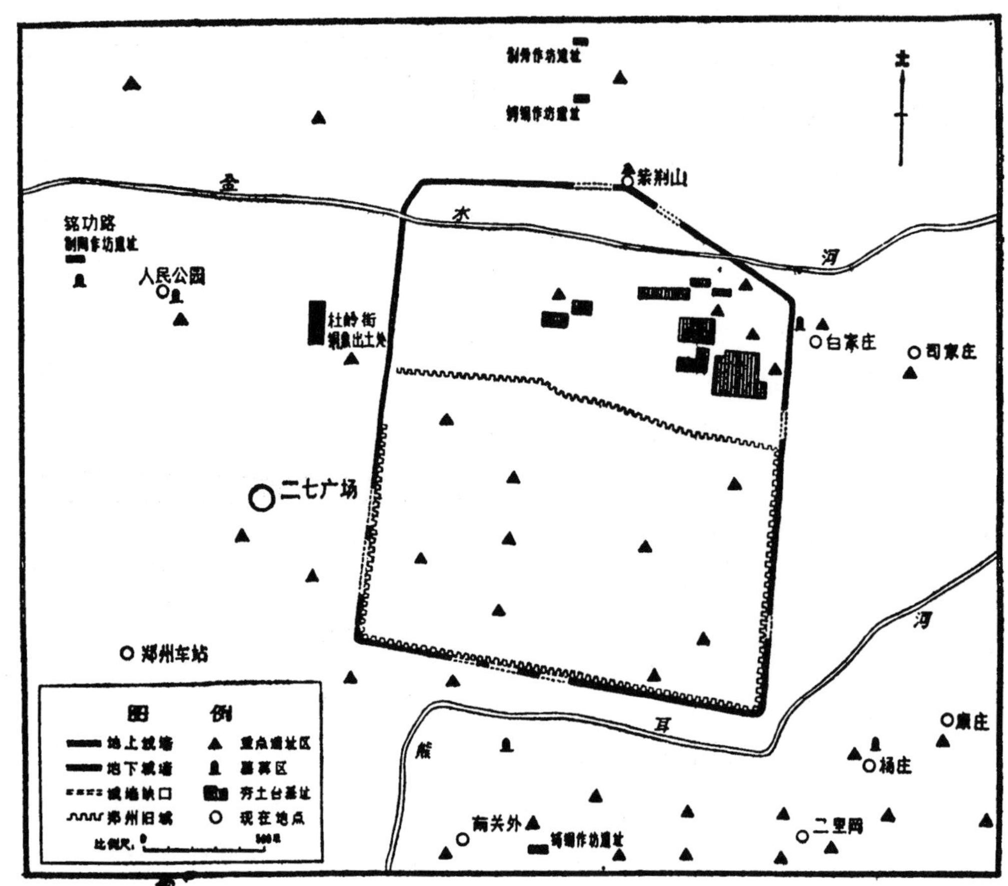

图二　郑州商城平面略图

居住与手工业作坊遗址，外围没有城墙[4]。

河南郑州的商城，时代稍晚一点。有人认为是商都亳，有人认为是商都隞。它有一个面积约3平方公里余的夯土城圈，城圈内东北部有大片宫殿基址，其余部分因被现代建筑所压，原来规划情况不明。但城圈外还有许多居住和手工业遗址，如土城北的紫荆山以北有制铜和制骨遗址，土城西的铭功路一带有制陶遗址，土城南的南关外附近也有制铜遗址，一般的居住遗址则四周都有，如最初发现的

[4] 中国科学院考古研究所洛阳发掘队：《河南偃师二里头遗址发掘简报》，《考古》1965年5期215—224页；中国科学院考古研究所二里头工作队：《河南偃师二里头早期宫殿遗址发掘简报》，《考古》1974年第4期234—248页。

二里岗遗址，就在土城外的东南方向[5]。这种分布情况，表明了当时土城内和土城外的整体性，很难把这一城市的范围，局限在城墙内这一部分（图二）。

图三　商代盘龙城遗址略图

湖北黄陂的盘龙城，城墙修筑于二里岗上层，始筑年代比郑州商城略晚。这应是商代的某个方国之都。有一个东西270、南北290米的小土城，城内东北部为成群的宫殿基址，西南部从地形看似为大池塘。整个土城当为宫城，居民和手工业区是在城北的杨家湾、西北的楼子湾和城南的王家嘴等地[6]。作为一个城市来说，当然应把土城内和土城外各遗址都包括进去（图三）。

河南安阳殷墟这一商代晚期的都城遗址，一般认为小屯村是宫殿区。如以小屯村为中心，在东、南、西三面的20—30平方公里的范围内，又有大司空村、后岗、高楼庄、王裕村、花园庄、梅园庄、霍家小庄、白家坟、四盘磨等居住遗址和铁路苗圃、北辛庄等手工业遗址，彼此并不连成一片，外面也没有城墙[7]（图四）。

西周的都城遗址如以陕西的岐邑和丰、镐为例，情况也大致如此。在岐邑发

[5] 河南省博物馆、郑州市博物馆：《郑州商代城遗址发掘报告》，《文物资料丛刊》第1集29、30页，文物出版社，1977年。

[6] 湖北省博物馆、北京大学考古专业盘龙城发掘队：《盘龙城一九七四年度田野考古纪要》，《文物》1976年2期5—15页。

[7] 北京大学历史系考古教研室商周组：《商周考古》63、64页，文物出版社，1979年。

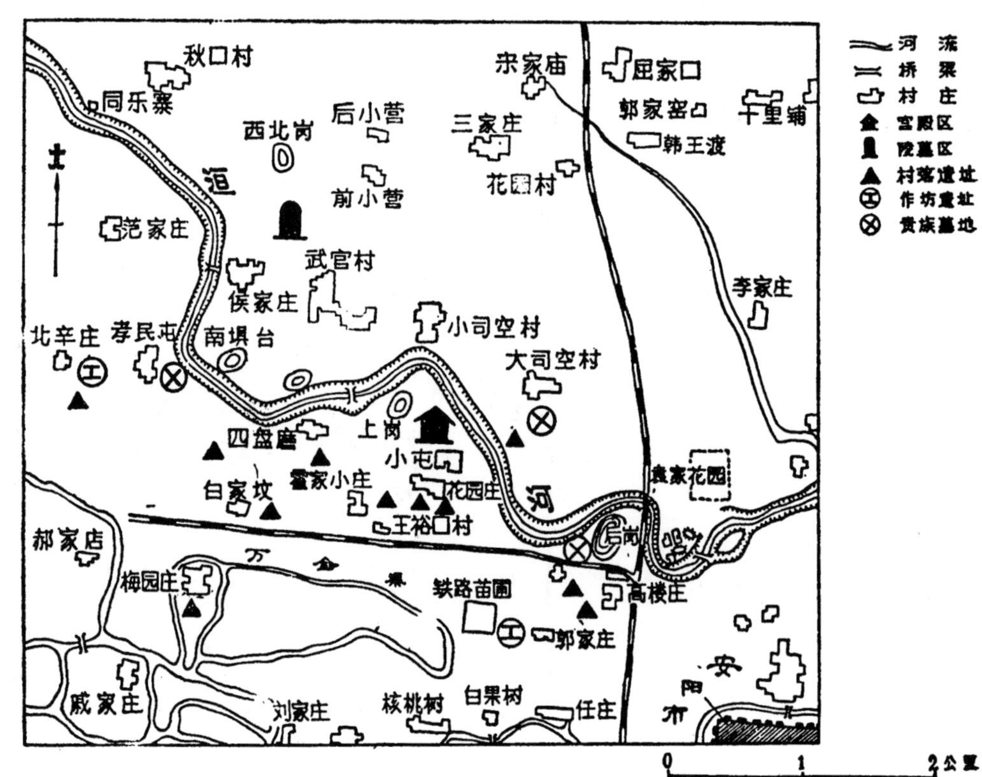

图四　商代安阳殷墟遗址略图

现的宫殿、宗庙和贵族住处，有岐山的凤雏、扶风的召陈、强家、庄白等地；一般的居民区广泛地分布在许多地点，经过发掘的有岐山的礼村、扶风的齐家等地；手工业遗址则在扶风的云塘、白家、任家、齐家和召陈等现代村落的周围，都有发现。这些遗址，散布在东西约3—4、南北约4—5公里的范围内，彼此并不连接[8]。西安市沣河两岸的丰京和镐京遗址，亦是在10—20平方公里的范围内，于冯村、西王村、大原村、张家坡、客省庄、普渡村等地点，分散存在着各个独立的西周遗址[9]。

这几个已知的商、周都城（包括方国之都），既然宫殿、宗庙、贵族和平民

[8]　陈全方：《早周都城岐邑初探》，《文物》1979年10期46—50页。

[9]　胡谦盈：《丰镐地区诸水道的踏察——兼论周都丰镐位置》，《考古》1963年2期188—197页。

住地、各种手工业区都分散存在，那么，在这最初阶段的都城规划中，它们自然具有一般的意义。如果同以后的城市遗址作比较，并考虑到当时的其它一些历史情况，便至少能看到以下几个特点。

1.城内各种活动，尤如经济活动的联系或结合，和以后的城市活动相比是远为松散的。

2.这种城市聚落内虽已集中了当时规模最大的、技术最复杂的手工业生产，但许多居住区的出土物内容，同当时的一般村落遗址一样，也有许多农具，不少居民显然就近进行农业生产。一个城市内的若干居民点遗址同村落遗址没有很大差别的情况，正表现出了城乡的刚刚分化。

3.居民点的分散，大概同当时还相当完整地保留着氏族组织有关。目前，各遗址的出土物虽还不能直接证明这一点，但安阳殷墟遗址西部白家坟、梅园庄、北辛庄、孝民屯之间八个墓区中有五个墓区出土的铜器上，各有它区不见的族徽，说明当时不同的墓区是不同氏族的墓地[10]。墓地依氏族而分的情况，至少可为分族而居的推测提供一个旁证。先秦文献中也还有许多分族居住的记述。当然，一个居民点包括的可能不止一个氏族，但不同居民点包括的氏族是不一样的。如果仍按照墓地的情况来考虑，当时的氏族墓地，往往既有贵族，也有平民[11]；相当多的居民点内，也应是既有贵族，亦有平民。这同后代城市内依身分等级、贫富贵贱的差别来划分出几大片居民区的规划情况是大不一样的。

这样一种看不到整齐规划的都城布局，正是由城乡刚刚分化、王权已经确立而氏族仍然林立的社会历史条件所决定的。

三、东周至两汉都城的密封式规划，是专制主义政治体制确立后中国古代都城发展的第二阶段形态

东周时，列国并存，各有都城。列国之都，虽因地理条件和历史传统之异，

---

[10] 中国社会科学院考古研究所安阳工作队：《1969—1977年殷墟西区墓葬发掘报告》，《考古学报》1979年1期27—146页。

[11] 俞伟超：《古史分期问题的考古学观察》，《先秦两汉考古学论集》，文物出版社，1985年6月，1—33页。

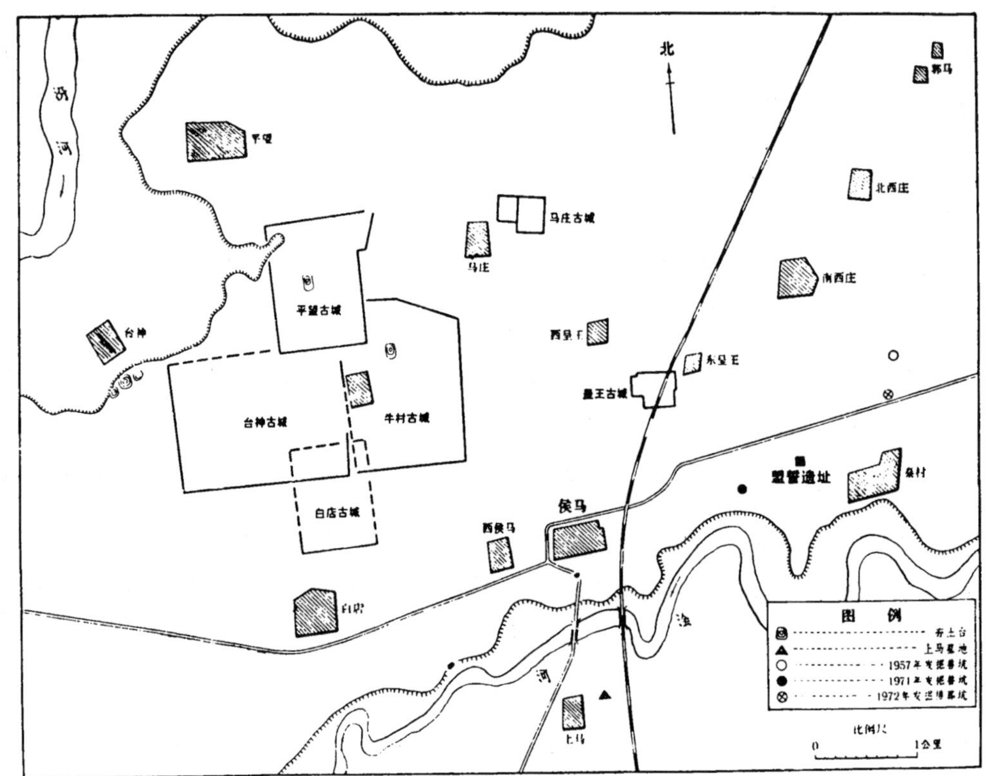

图五　侯马晋国新田古城遗址略图

可以分为好几个区域性类型，但仍有基本的时代共同性。这些东周都城和两汉都城，可以划归为中国都城规划发展过程中的第二阶段。

据现有发现，最迟在公元前六世纪，黄河流域至长江中游，已进入铁器时代。如据甘肃灵台景家庄春秋初期秦墓中的零星发现，进入铁器时代的时间还会早一些，大概在两周之际；实际上，西周晚期左右冶铁术可能已经发生。

铁器时代的来临，使中国古代的农业，从刀耕火种的形态逐步前进为大规模的田野农业，即犁耕农业。当然，这个过程从开始到普遍实行，要用好几百年时间，但进入铁器时代后，农业和手工业一定得到很快的发展并急剧扩大了二者的分工，从而又引起商品货币关系的迅速发展。正因农业、手工业、商业的新发展和进一步分工，各地纷纷形成新城市，而城市的大量兴起，又促进了商品货币关系及手工业的大发展。

据杨守敬在《秦郡县图序》中的估计，秦代全国有县城八百至九百个，战国时县城的总数当相差不远。依《续汉书·郡国志一》刘昭注引晋皇甫谧《帝王世纪》之说，战国中期的人口总数约一千多万。当时，同时并存的最大的列国都城有七个，略小的还有好几个。其中，最繁华的齐都临淄，人口达三、四十万，统括各国都城的人口总数可能在二百万左右。列国又总共有三、四十个郡府，每个郡府的平均人口不会少于数万。其它每个县城的人口平均数，至少当以数千为计。这样，全国人口或许有三分之一以上集中在城市之内。至西汉末，据《汉书·地理志上》所记，人口总数激增至近六千万，城市数目增至一千五百多个，如按同等比例推算，人口集中于城市的程度，不会超过战国。到东汉时，《续汉书·郡国志》刘注引《帝王世纪》又讲，桓帝时人口额最高，为五千万多，城市总数在东汉之初则骤然减少四百多个。东汉时，自然经济有所加强，人口集中于城市的情况，走上了下坡路。总的来看，人口集中于城市的情况，在战国至汉代（至少至西汉），在我国历史上是仅见的。这样的历史，完全可以说是城市的历史；这样一种时期的都城规划，当然能集中反映出当时的社会面貌。

这阶段的都城规划，如以战国时的情况来说，有以下几个新特点。

1.都有城墙包围，面积一般扩大到20多平方公里。城内各种遗存，基本连成一片，中间很少空白地带。居民主要集中于城内，城外的近郊区，除一些离宫、祭祀场地和少量可能是贵族的宅院外，很少有一般的居民点。城市已大有发展，城市和村落址已可明显地区别开了；也就是说，城乡分化已脱离了最初的、界限还不很明朗的阶段，城市经济和城市生活已发展到非常繁荣和集中的程度。

2.全城主要都是由宫城和郭城两大部分组成。宫城往往不止一个。郭城只有一个，包括了官署、居住区、手工业作坊、商业区。居民区从分散的状态到集中在一个大郭城内，看来是经过了一个逐步变化的过程。山西侯马的春秋晚期晋都新田遗址，由平望、台神、牛村、白店、马庄、呈王等小城址组成，各城时代大致相同，至少有相当一部分是同时存在的。其中，平望古城中间有一巨大的夯土台基，大概是重要的宫城。其它诸城，即使有的还是宫城，但一定有一些是贵族和平民的居住区或工商业区（图五）。也许，商代至西周都城的分散的居民点，到此时在某些都城已发展成分散的几个小土城；战国时，则又集中为一个大郭城（图六）。郭城内的居民区，以里为基本单位，各里之内，居民姓氏混杂。自西周晚期以后，氏族制进入迅速破坏阶段。大概正是因为氏族制的崩坏，使得依氏族关系分散而居的旧规划，逐步演变为各姓氏杂居的新里制。

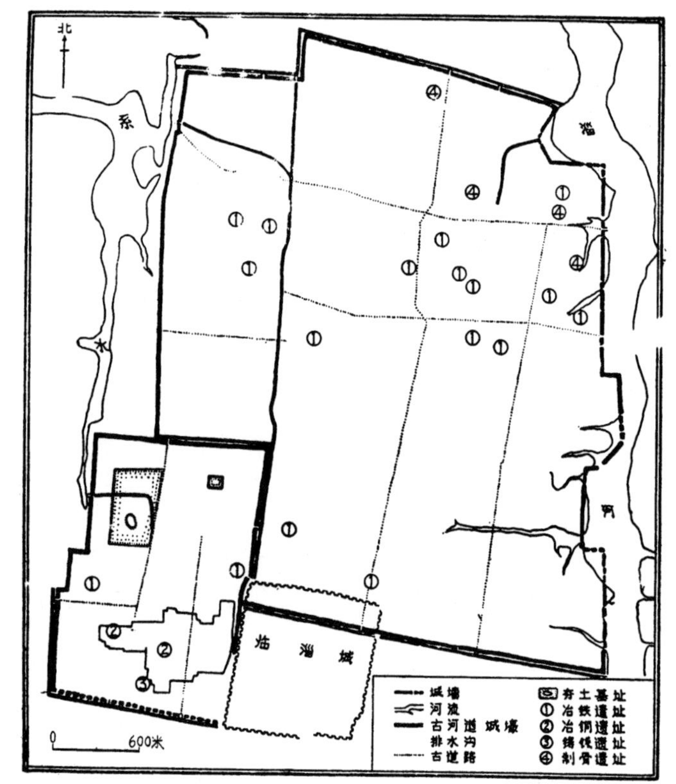

图六　临淄齐故城平面略图

3.无论是宫城内或郭城内，都有许多手工业区。宫城内的作坊，当然是由王室控制的；郭城内的作坊，则可以有由中央官府、地方官府和富商大贾经营的好几种性质，当然也会有一些小型的私手工业作坊。私手工业是春秋晚期以后，随着土地私有制的确立发展起来的，但直到西汉，官手工业所占比重仍很大。所以，这阶段的宫殿区内往往有众多的、规模很大的作坊遗址，郭城内亦有大量官手业作坊遗址。

4.郭城内新出现了市，即由官府管理的特定的商业区。文献记载中的市，最早见于《左传》。当时，市在各国都城中都已发生，而金属铸币亦正出现于此时。显然，因为商品货币关系至春秋时已发展为城市生活中的经常性内容，城市内才普遍出现这种区域。

5.主要宫殿皆设于制高点，便于控制全城。城门皆有三个门道，中间一个叫“驰道”，供国君专用；两旁的叫“旁道”（依武威磨嘴子《王杖十简》），可供百姓通行。无论是里或市，又都有围墙密封，门口设官吏管理。由这种密封的居民区所组成的城市生活，平时只有在每天定时开放的市区内，才有喧闹的场面。东周时期，特别是春秋晚期以后，大大强化的专制主义政治体制，是形成这种密封式城市规划的重要原因。

战国时成书的《考工记》，有一段文字集中概括了这种都城设计思想：

“匠人营国，方九里，旁三门。国中九经九纬，经涂九轨，左祖右社，面朝后市，市、朝一夫（郑玄注：方各百步）。”（《考工记·匠人》）

所谓“国中”，就是“郭中”。后来的经学家都把这段文字理解为宫城位于郭城中央的一种布局。从已发现的两周都城遗址看，只有山东曲阜的鲁城遗址，才大体有这种格局[12]。其它已知的东周列国都城，宫城皆偏于郭城的一隅或一侧，具体面貌并不这样；但“朝”、“市”、“祖”、“社”和每个城门连通三条并列街道等基本规划，正大体如此。如果说，这是对已形成的都城规划所作的一种标准式设计思想的阐述，那么，自这部书在西汉武帝时被重新找到以后，棋盘格式的街道布局乃至“左祖右社”的细部设计，给以后的都城规划带来很大影响。特别是当曹魏时古文经学又得到了和今文经学同样重视的地位后，它几乎成为以后一千数百年中规划历代都城的一个传统思想。直到明、清的北京城，仍有交叉方正的街道和每边有三或二个城门，以及宫城的前方保留着“左祖右社”的安排。

两汉的都城规划，基本特点也差不多。不过，宫殿区已更为集中，如西汉的长安城，未央、长乐、明光、桂宫、北宫这五个宫殿区集中在城内的偏南部位，仅仅是汉武帝时增修的建章宫，因城内已没有地方可安排，就放在西南城角外，紧靠着最主要的宫殿区未央宫（图七）。东汉洛阳的两大宫殿区——北宫与南宫，都在城内靠近中间的部位，全城规划可能受到《考工记》的一定影响，已略具中轴线的味道。

四、从曹魏邺都北城到隋唐两京城的棋盘格形封闭式规划，是人身依附关系加强后封建等级制森严时期的都城形态

三国至整个南北朝，是城市经济极为衰落的时期。西汉晚期以后，农民对土地占有者的人身依附关系日益加强，从三国到唐初，拥有大量部曲和客的世家大族的庄园，形成为自给自足的自然经济单位，城市的各种活动，已不能像从前那

[12] 山东省文物考古研究所、山东省博物馆、济宁地区文物组、曲阜县文管会：《曲阜鲁国故城》4—27页，齐鲁书社，1982年。

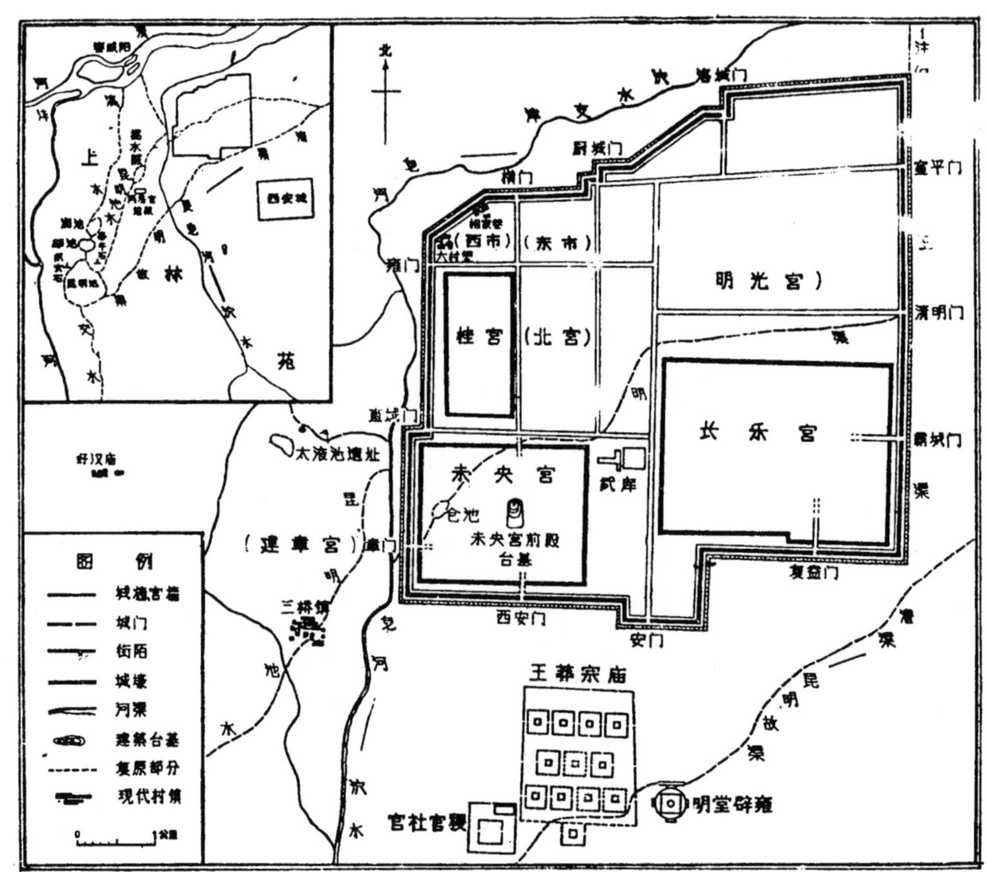

图七　西汉长安城平面略图

样集中反映当时的社会面貌。城市经济只是到中、晚唐以后，因商品经济在一种新的基础上再一次活跃起来，才又进入活跃阶段。这五、六百年的社会面貌有阶段性特点，这时期的都城规划亦正有自成段落的特点，应当划为中国都城规划发展过程中的第三阶段。

这阶段有一套以大量占有部曲和客的大土地所有制为基础的新的等级制度。等级和官位的高低，土地和部曲及客的占有数量，都有对应的严格规定。普通百姓和贵族、官吏之间的相互关系，因等级制度束缚而存在的种种受限制情况，比前一阶段还要突出。

显然正因这种经济基础和等级制度的制约，这阶段的都城规划，既保留了过去那种封闭式形态，又更严格地按等级贵贱来划分居民区。在具体形式上，森严的、多层的等级观念，会使人们追求方正的格局，再加上《考工记·匠人》的那种设计思想的传统影响，便导致一种对称均匀的、有中轴线的城市规划的诞生。

河北临漳曹魏时的邺都北城，是开始这个新阶段的标志。这个古城的详细勘察虽然正在进行中，但四十多年前日本人村田治郎已据文献记载，作了平面规划的复原研究，近年日人秋山日出雄又作过更仔细的复原研究。全城大体可知是分为南、北两大部分：北部中央是宫殿区和官署区，西边是苑囿，东边是只供贵族居住的“戚里”；南部分为思忠、永平、吉阳、长寿等里，是居民区[13]。全城应已形成中轴线，区划匀称，是棋盘格式街道布局的雏形（图八）。

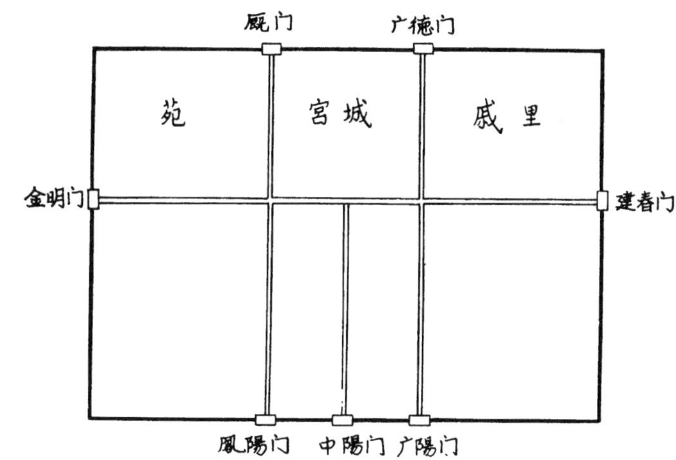

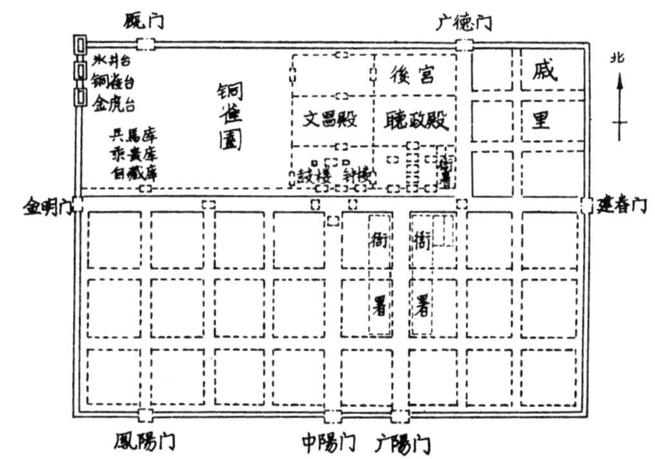

图八　曹魏、后赵邺都北城平面复原略图

上：村田治郎复原图《邺都略考》，《建筑学研究》89 号 5 页，1938 年

下：秋山日出雄复原图，奈良县立橿原考古学研究所附属博物馆《中国の都城遗迹》34 页，1983 年

北魏洛阳城是沿用东汉至西晋的旧城，不可能像平地新建城市那样规整。但

[13]　村田治郎：《邺都略考》，《建筑学研究》第 89 号，1938 年 9 期。

它仍然模仿邺北城的规划形式，把东汉洛阳的北宫故址作为宫殿区，两边为太仓、武库及郡县官署，城内北半部的其余地方，除一因特殊缘故造成的由皇胄及军事显贵居住的延平里外，都是广义的宫苑区；南半部则有九寺七里，皆中央官署、高官显宦宅第及寺院区。许多里和市，因旧城狭窄，后来被安排到这个旧城之外的郭中。北魏的太祖道武帝在营建平城时，就“分别士庶，不令杂居，伎作屠沽，各有攸处”（《魏书·韩麒麟附子显宗传》）；孝文帝迁洛时，韩显宗又上奏主张“寺署有别，四民异处”（同上引书）；后来在四郭发展起来的里坊，更被明确规定要“官位相从”（同上引书）。

早在二十年前，何炳棣从《洛阳伽蓝记》中归纳出北魏洛阳的区划情况是：城内北半部大体是宫苑区；南半部是显宦及府曹属吏所聚之地，还有一些寺院；统治阶级又集中居住在东郭的晖文等六里；西郭最西处的总面积达三十里的寿丘里，是皇宗居住区；南部的洛水以南，则有高阳王雍的第邸；一般居民及工商业者，居住在东郭偏北部的建阳等三里、东郭偏东部的殖货里和洛阳小市、西郭西阳门外御道两侧的洛阳大市及相毗连的阜财、金肆二里；南朝的降服者和异邦商客，则集中在南郭的洛水以南。从这个观察而得到的结论便是：“北魏洛阳坊里制中呈现出相当严格的阶级与身份的区分”[14]。

东魏、北齐的邺都南城，紧靠在邺北城之南。其规划是仿照邺北城，与北魏洛阳亦是很相似的。它的宫城位于北部中央，南部是居民区，街道已作棋盘格式[15]（图九）。

隋、唐之际城市经济比以前略有发展，由于统一局面的重新形成，隋、唐的西京城（隋的大兴城、唐的长安城），面积突然增大至84平方公里左右，但始终没有住满。隋、唐的许多礼仪制度承自北齐，西京城即模仿邺南城的规划而建[16]。主要宫殿区太极宫位于全城北部的中央，仅后来扩建的大明宫和兴庆宫，才一个置城北的东北部、一个置紧靠东城墙处。宫城之南设皇城，是官署区。在

[14] 何炳棣：《北魏洛阳城郭规划》，《庆祝李济先生七十岁论文集》上册，台北，1965年。此文承杜正胜先生告知。

[15] 同[13]。

[16] 陈寅恪：《隋唐制度渊源略论稿·礼仪（附都城建筑）》44—58页，商务印书馆，1946年。

宫城与皇城的左右及其南部，设了一百多个坊和东、西两市，坊即相当过去的里。全城以对准宫城和皇城正门的明德门大街为中轴线，全部纵横街道，形成一个极为整齐的棋盘格网，每个网格之内，即为坊、市（图一〇）。

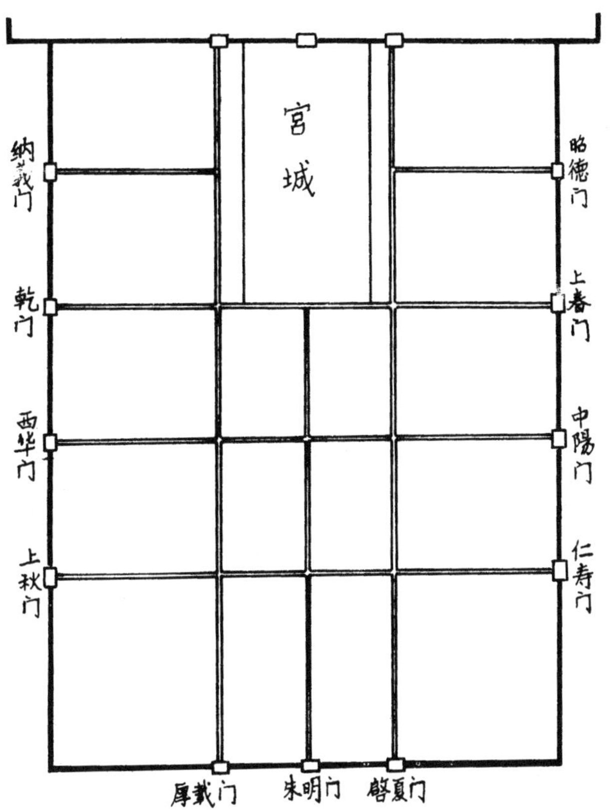

图九　东魏、北齐邺都南城

隋、唐的东都洛阳城，因地形关系，为了使宫城中轴对准伊阙龙门，把宫城设于全城西北部。除此以外，格局同西京城基本一样（图一一）。

这一阶段的里坊和市，仍然是密封式的；市内的商业活动，也是定时进行的。但随着工商业的新发展和人们依附关系、等级制度的日渐松弛，这种封闭式的城市规划和管理制度，愈来愈不能适应新的生活需要。中、晚唐时，长安城内就出现了冲破法令禁止的夜市；有的近市之坊，出现了供人短期租用停憩的类似旅店式的场所，以至“昼夜喧呼，灯火不绝”（宋敏求《长安志》卷八），成为全城最热闹的地方[17]。可以看出，这种延续了五、六百年的城市规划，正在受到愈来愈多的冲击。

[17]　宿白：《隋唐长安城与洛阳城》，《考古》1978年6期409—425页。

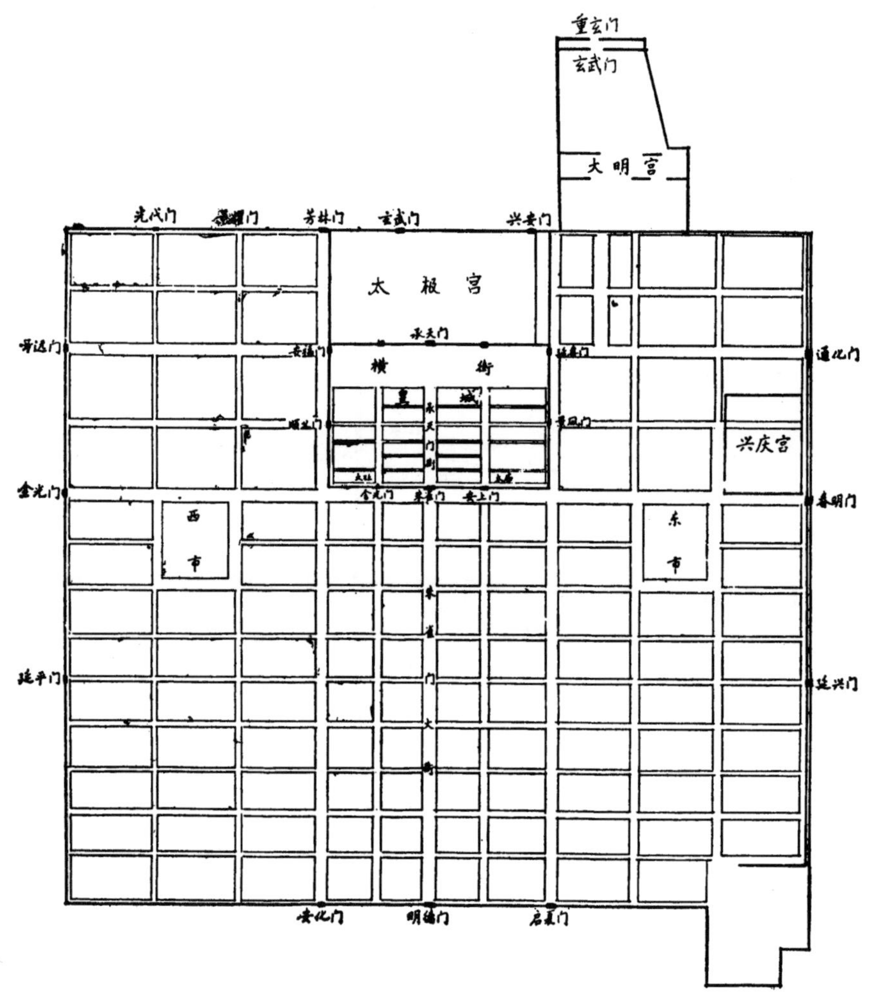

图一〇　隋大兴城、唐长安城平面复原略图

五、北宋汴梁至明、清北京的开放式街道布局，是中国古代都城规划最后阶段的形态

盛唐以后，农村中租佃制大有发展，旧日的部曲日益向佃农转化；城市中的小工商业者也在增加。二者又互相起促进影响。这些新因素，都要求一种新型的城市生活。这样，都城规划大概在北宋时，终于又发生一次大变化。

北宋汴梁在今河南开封，是改造五代旧城而成。全城有内外城墙三层。中心为宫城；中间一层为内城，中央官署设在这里；外城周长20多公里。全城相当方

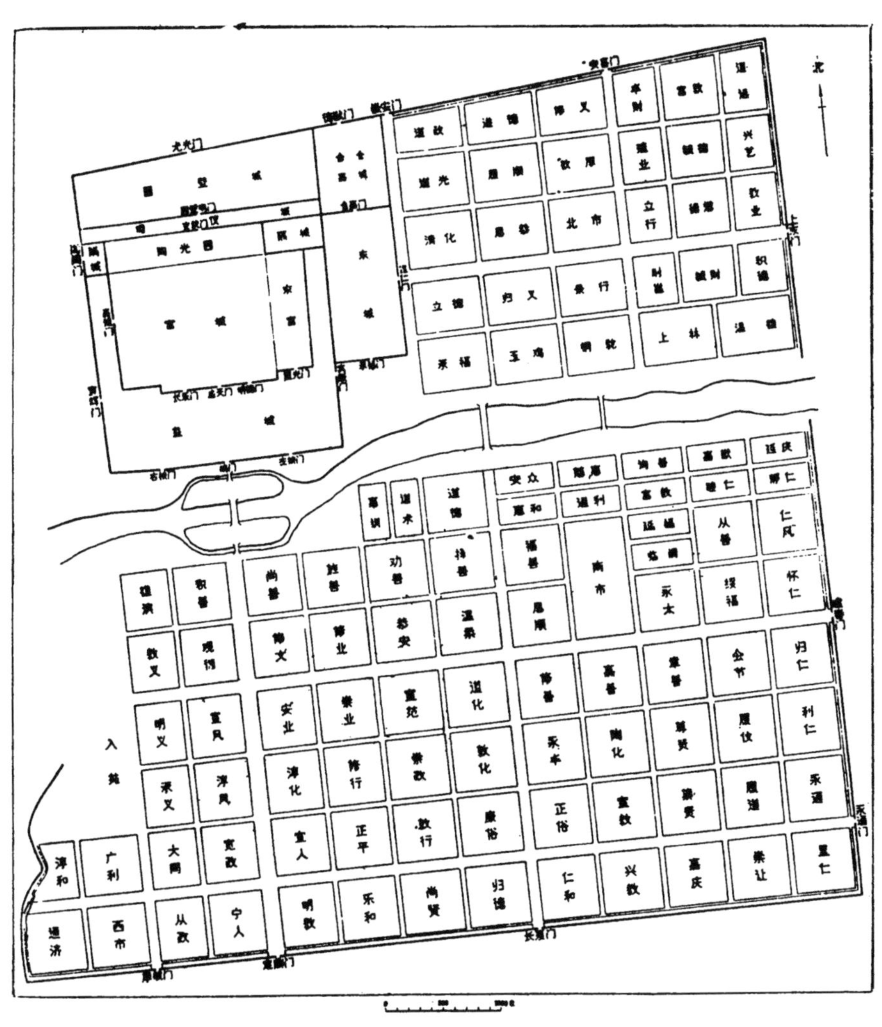

图一一　唐东都洛阳城平面复原略图

正，各主要街道，直通外城各门，街道的走向也是整齐的（图一二）。后来的金中都（图一三）、元大都（图一四）及明清北京城（图一五），都是宫城在中心，各主要街道有很方正的布局，平面规划有很大的相似性[18]。

北宋汴梁至明清北京的城市规划和管理制度，跟以前阶段的最大不同处，就

[18] 侯仁之、吴良镛：《天安门广场礼赞——从宫廷广场到人民广场的演变和改造》，《文物》1977 年 9 期。

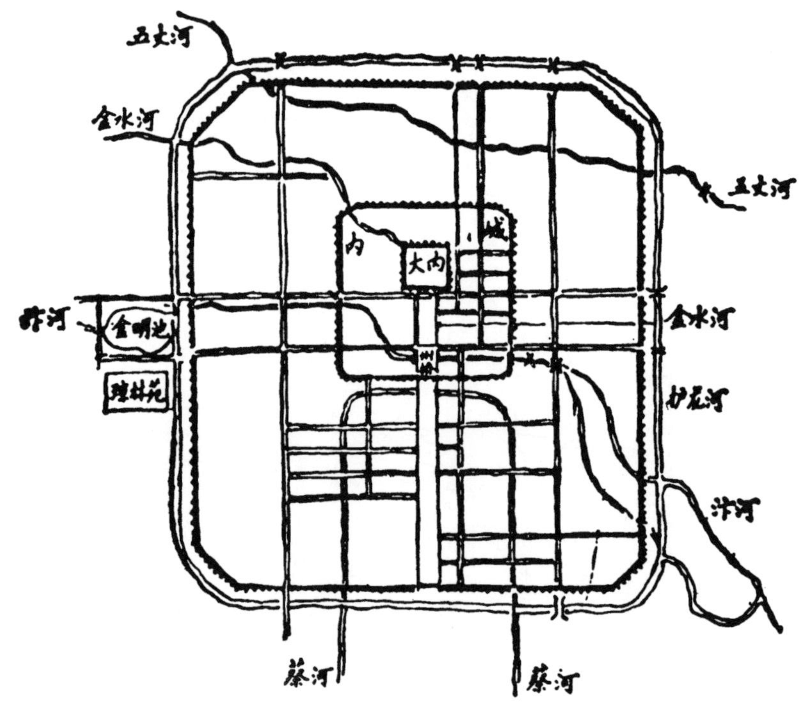

图一二　北宋汴梁城平面规划略图

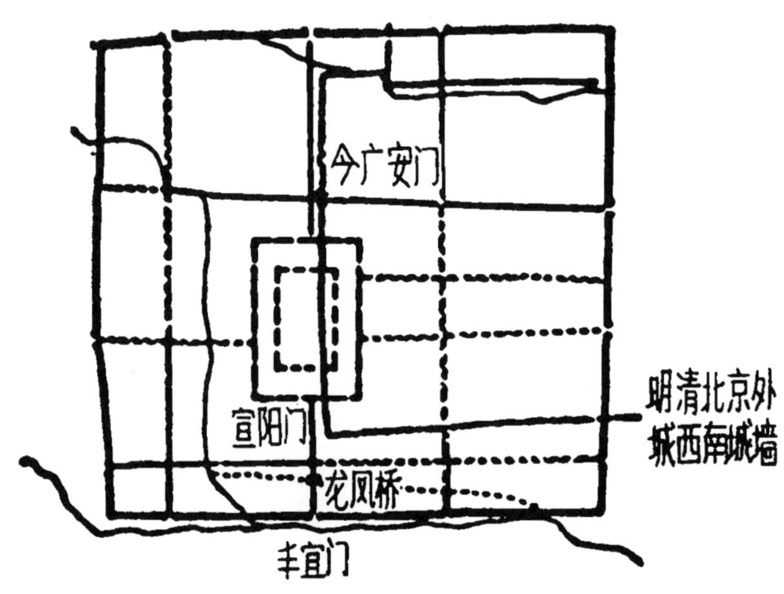

图一三　金中都平面规划略图

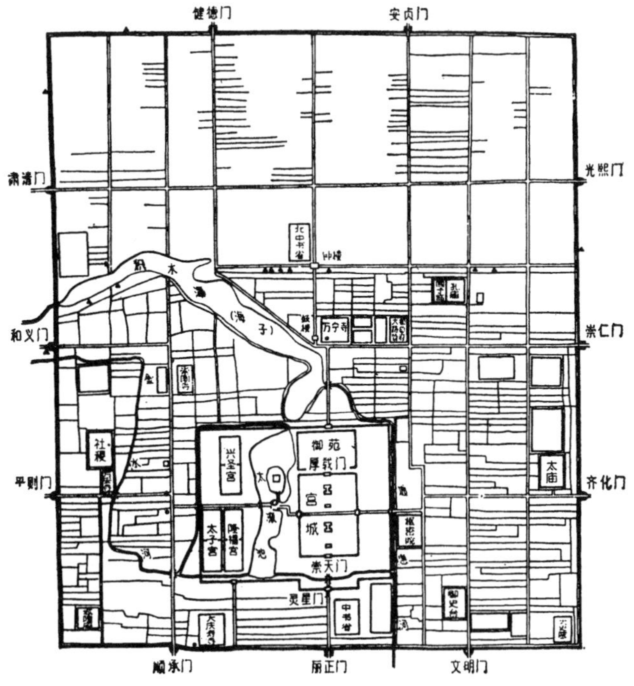

图一四　元大都城平面复原略图

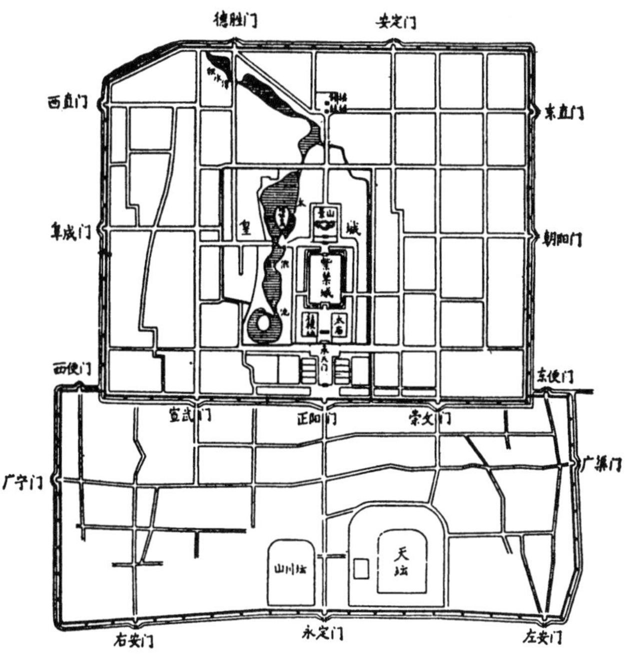

图一五　明北京城平面略图

是封闭形态的里坊和市区制度，已改变为开放式的街、巷制度；作为这一变化的标志是北宋中期左右的汴梁的拆除坊墙[19]。此后，正如孟元老《东京梦华录》等书籍所记和张择端《清明上河图》等所描绘的那样，北宋汴梁以降的各城市，店铺、酒楼可以沿街设立；民居的小巷、胡同，也是向街道开放的，没有专设的官吏把守；专门的市区，当然已经消失掉。

这种城市规划和适应这种布局的管理制度，自然为市民经济的产生和发展，提供了方便条件。当然，从北宋至明、清，专制主义的封建制度仍然存在，但如同过去比较，无论在农村或城市，毕竟发生了相当变化。总的来说，人们的依附关系和多层的等级关系，已经大为松弛。这是出现开放式街道的基础；而这种开放式的规划形态，又为工商业的进一步发展和资本主义经济的产生，准备了必不可少的条件。中国古代都城规划的这最末一种形态进一步变化的逻辑道路，只能是资本主义性质的近代城市。

就整个地球而言，人类文化的发展，尽管千差万别，却总是有一条客观存在的逻辑道路。对各个地区来说，各条具体道路的具体过程，因历史和自然条件不同，或慢或快，或逐步前进，或跳跃式发展，但逻辑过程的顺序是不会颠倒的。研究历史的重要目的之一，就是要在千差万别之中找到基本的逻辑过程，以便认识今后的前进方向。

现在，人类的智能有了巨大发展，卫星已经上天，站在卫星的高度来统观全人类历史过程的时间，一定为期不远了。只要能真正统观全人类的历史过程，当能比较清楚地看到这个逻辑过程。对统观全人类历史来说，分别寻找各地区文化系统的发展规律性以及比较各地区文化进程的异同并从中寻找共同的逻辑规律，一定是交错进行，互有启发的。在整个地球上，中国或东亚这片地区，近代以前，基本属于一个独立发展的系统。中国古代都城规划的变化过程，就是自成一系的。今天，国际范围的考古学者和历史学者已经对西亚、非洲东北部和欧洲的城市起源和发展，南亚的古代城市和中、南美的早期城市聚落作了许多研究。探索出中国古代城市的变化规律，对研究世界其它地区古代城市的发展规律，是会有启发

[19] 傅熹年：《论几幅传为李思训画派金碧山水的绘制年代》，《文物》1983年11期82页。

的；而从世界其它地区古代城市的变化过程中寻求理解中国古代城市发展规律性的触媒，自然也是必要的。

这篇短文，就是为了这个目的而写作的。

1983年10月27日初稿

12月10日修改于哈佛大学

1984年5月4日定稿

附记：《考古》1984年第6期上的《偃师商城的初步勘探和发掘》，发表了1983年以来新发现的偃师商城的一些资料，内涵及时代与郑州商城大体相同，简报推测为商汤所都之西亳。因对此城所进行的野外工作刚刚开始，遗迹分布情况还很不清楚，目前还不便讨论其规划特点。

1984年8月23日补志

原载《文物》1985年2期，后收入《先秦两汉考古学论集》，文物出版社，1985年6月。

汉末、东吴、两晋的鄂城铸镜业

我国古代的铜镜，据现有资料，大致在齐家文化至商时期因受来自欧洲的游牧部落的影响，在早期的羌戎或狄人文化中，开始出现一种类似齐家、卡约文化纹样的铜镜。这种纹样系统的铜镜，曾延续到两周之际。具有中原铜器纹样的铜镜，则在西周晚期于陕西扶风的周原遗址中开始出现，至春秋晚期以后，则迅速成为人们日常生活中的必需用品。这些铜镜，如按其形态和纹饰分类，大致可分为春秋晚期至西汉初，西汉中期至东汉初，东汉中期至南北朝前期，南北朝后期至唐初，盛唐至五代，辽宋金元，明清这几个大阶段。这本图录（《鄂城汉三国六朝铜镜》）收集的鄂城出土铜镜，主要是汉末、东吴、两晋时期的。

我国金石学家著录古镜，是从北宋末王黼的《宣和博古图》开始的。但用近代考古学方法来研究我国古镜，却是由日本学者发其端。这一则是因为近代考古学的发生在日本要早于我国，二则是因为日本的弥生文化和古坟时代遗存中包含着大量从中国传去的汉、三国、六朝古镜，日本的考古学者为了研究本国的古代文化，就必然要研究中国古镜。

20世纪初，日本的富冈谦藏对我国的汉、三国、六朝古镜开始进行了比较系统的形态学考察。[1]继而，梅原末治、后藤守一等人又进行了更为广泛的分类和

[1] 见富冈谦藏《古镜の研究》，九善株式会社，1920年。

年代学研究，同时搜集、著录了大量资料。[2]后来，我国的梁上椿也做过一定规模的分类工作。[3]在当时的条件下，他们主要是依靠失掉共存关系甚至出土地点的传世品来进行分析的，自然只能对其形态的分类和变化勾画出一个大概轮廓，难以真正弄清楚它们的发展谱系，更谈不上寻找各时代铜镜工艺的地区特点了。

但到20世纪50年代以后，由于我国田野考古工作的大发展，这种情况就不断地、迅速地发生变化。例如，当1953年发掘了洛阳烧沟的225座西汉中期至东汉末的墓葬后，根据这一时期铜镜的主要形态，便可以比较准确地判断其年代了。[4]后来，通过洛阳舟山的发掘，[5]以及70年代以来长沙马王堆、[6]江陵凤凰山[7]等地汉初墓葬的发掘，汉初铜镜的年代就被进一步弄清楚了。现在，如果汇集建国以来全国各地的发现，已经完全有条件建立起两汉铜镜流变的详细谱系。

关于汉末、三国、两晋的铜镜，最初主要是通过日本的出土物得到一些了解。[8]后来，传世品也不断出现。1936年在浙江绍兴古墓中出土了三百多面铜镜，这是一次重要的集中发现，[9]揭示出了会稽山阴（即今绍兴）这一东吴铸镜中心的特殊风格。汉末、三国、两晋铜镜，流行纪年铭文，又常常铸出作坊和作坊所在地的地名，这不仅便于进行年代学考察，而且可据而进一步研究当时铜镜工艺的

---

[2] 关于汉、三国、六朝镜的著作，日人梅原末治著《支那古镜概说》，载（删订）《泉屋清赏》，日本，京都，1934年；《绍兴古镜聚英》（以下简称《绍兴》），桑名文星堂，1939年；《汉三国六朝纪年镜图说》（以下简称《纪年镜》），桑名文星堂，1943年；《汉三国六朝纪年镜总目》，《考古学杂志》第40卷第4号，1955年3月等。日人后藤守一著有《汉式镜》，《日本考古学大系》第1卷，雄山阁，1926年；《镜》，见清野谦次编《考古学讲座》第10本，雄山阁，1931年；《古镜聚英》，大琢巧艺社，1942年等。

[3] 梁上椿：《岩窟藏镜》，北京育华大业印刷局，1940～1942年。

[4] 洛阳地区考古发掘队：《洛阳烧沟汉墓》第二章，科学出版社，1959年。

[5] 洛阳市文物管理委员会：《洛阳出土古镜》，文物出版社，1959年。按：此书所谓“防洪一段”即舟山之地。

[6] 湖南省博物馆、中国科学院考古研究所：《长沙马王堆一号汉墓》，文物出版社，1973年；湖南省博物馆、中国科学院考古研究所：《长沙马王堆二、三号汉墓发掘简报》，《文物》1974年7期。

[7] 长江流域第二期文物考古工作人员训练班：《湖北江陵凤凰山西汉墓发掘简报》；纪南城凤凰山一六八号汉墓发掘整理组：《湖北江陵凤凰山一六八号汉墓发掘简报》，文物1975年9期；凤凰山一六七号汉墓发掘整理小组：《江陵凤凰山一六七号汉墓发掘简报》，《文物》1976年10期。

[8] 参看[1]和[2]《汉式镜》。

[9] 参看[2]《绍兴》。

图一　建安21年会稽所作半圆方枚乳神兽镜

图二　鄂城出土龙虎镜

地区性。当然，要进行后一项工作，还需要有较多出土地点明确的材料，而这在新中国建立以前却尚未具备。

经过近三十年来新资料的积累，现在已有可能寻找汉末和三国时期魏、蜀、吴三地铜镜的特点了。其中，魏、蜀的材料还比较零散，而吴镜的发现则相当集中。这主要就是湖北鄂城和武昌等地的出土物，尤以鄂城出土的为多。鄂城大量铜镜的发现，不仅使我们增加了对东吴铜镜总特点的认识，而且揭示出了三国前后会稽山阴以外东吴的又一铸镜中心便是当时的武昌（即鄂城——现已改为鄂州市）。

鄂城在汉代为江夏郡的鄂县。因地处长江中游的要冲，当汉末之时，东吴便大力经营此地。《三国志·吴书·孙权传》记载孙权于魏黄初元年（公元220年）自公安迁都至此，更名武昌；黄龙元年（公元229年）孙权迁都建业，但仍以大将军陆逊辅太子登掌留武昌事。同书《孙皓传》谓至甘露元年（公元265年）时，孙皓又曾迁都于武昌，次年十二月仍还都建业，由卫将军滕牧留镇武昌。终东吴一代，此地有十年建为都城，其余时间则为行都，是当时邺、成都、建业以外的第二等城市，无怪乎会成为一个铸镜中心。管维良同志在这本图录（湖北省博物馆、鄂州市博物馆编《鄂城汉三国六朝铜镜》，文物出版社，1986年3月）的概述中曾据梁陶弘景的《古今刀剑录》和鄂城湖北钢厂所出黄武元年（公元222年）的武昌“官作铜釜”，指出了东吴时期当地采铜之盛。从所出大量铜镜情况看，该地当是仅次于会稽山阴的东吴铸镜中心。

会稽山阴发展成铸镜中心的时间，大概不会晚于汉末建安年间。如本书图44（按：本文中“本书”皆指《鄂城汉三国六朝铜镜》，用阿拉伯数字表示的图号皆指该书中的图版号，下文不再一一注明。）的半圆方枚神兽镜即铭曰：“建安廿一年四（月）戊午朔[10]十九日起□□也。道其者，会稽所作，中有六寸一千也。人者服之千万年，长仙，作吏宜官，吉羊，宜侯王，家有五马千头羊，□羊□女子具富昌□□□。”这是已发现的会稽铸镜中最早的一面纪年镜（图一），会稽铸镜的开始时间，一定还要早些。

还有一面同铭的半圆方枚乳神兽镜，今藏日本东京国立博物馆。[11]那面镜子传出绍兴，说明当时的会稽铜镜铸出后，有的在本地使用，有的则远传至鄂城等地。

汉末的鄂城已经有了自己的铸镜业，图59、60的龙虎镜可以为证。图60的龙虎镜（图二），铭文为“朱氏作竟（四）夷服，多贺国家人民（息）。胡虏殄灭天下复，风雨时节五菽孰。”“朱氏”为作坊之名，又见于传世的三面建安十年（公元205年）的重列神兽镜铭文中（图三）。这个“朱氏”作坊如果仅据传世的那三面建安十年铜镜因为不知出土地点，不便确定其铸地，那么有了此镜，就知“朱氏”作坊是在武昌。另外一面图59之镜，据铭文则为“李氏”作坊所铸，而且这个作坊名又出现于本书图23的同一时代的浮雕式鸟兽纹带龙虎镜中（图四），但在绍兴镜中却从未见过。鄂城出的两面镜子既然都带“李氏作镜”铭文，这个作坊也应当就在此地。

鄂城铸镜业的兴盛，大约在黄初元年（公元220年）孙权迁都于此以后不久。有一面传出长沙的半圆方枚神兽镜，其铭为：“黄初二年，武昌元作明镜，宫湅（三）章，乃而清明，吉羊。”（图五）那时，凡用铭文标明的铸镜地点，都是有名望的铸镜中心，如东汉的“尚方”（指真正表示作坊名称的“尚方”）和“广

---

[10] 建安二十一年四月的朔日是庚午，镜铭误记。类似的误记之例甚多，可见当时是随便铸出的。

[11] 见[2]《汉三国六朝纪年镜总目》。

图三　传世建安十年重列神兽镜

图四　汉末武昌李氏作坊所铸龙虎镜

汉”、“西蜀”，曹魏的“右尚方”和“徐州”，东吴的“尚方”（亦指真正表示作坊名称的“尚方”）和“会稽山阴”等等。这面黄初二年镜既标明是“武昌”所作，足证武昌镜必定也已负有盛名了。

《鄂城汉三国六朝铜镜》中图110重列神兽镜（图六），又说明了鄂城铸镜业最初是由于引进了会稽山阴的著名匠师而发展起来的。这面铜镜铭曰：“黄武六年十一月丁巳朔[12]七日丙辰，会稽山阴作师鲍唐竟，照明服者也。宜子孙，阳遂，富贵老寿，臣先牛羊马，家在武昌，思其少天下命吉服，吾王干昔□□”。前面说“会稽山阴作师鲍唐竟”，后言“家在武昌”，显然是讲在武昌的这个“作师”，是从会稽山阴迁来的。这就暗示出东吴时武昌的铸镜工艺是从会稽山阴传来的。

鲍氏或即鲍唐所作铜镜，在鄂城还发现了三面。它们是：

图93半圆方枚神兽镜，铭：“□□四年五月丙午朔[13]十四日，会稽师鲍作明镜。行之大吉，宜贵人王侯，□服者□□□，今造大毋王三”。

[12]　黄武六年十一月的朔日是壬辰，镜铭误记。

[13]　黄武四年五月的朔日是戊子，镜铭误记。

图104重列神兽镜，铭："黄武四年六月五日丙辰作长明镜。服者大吉，寿得万年，鲍师扬名无已，人去之"。

图112重列神兽镜，铭："黄龙二年七月丁未朔七日癸丑，大师鲍豫而作明镜。玄湅三（商），灭绝孚秽，服者高迁，位至竹帛，寿复金石也。"

此外，"鲍唐"作镜还有一面传世的半圆方枚神兽镜，出土地点不明。铭为：

"黄初四年五月壬午朔[14]十四日□，会稽师鲍作明镜。行之大吉宜贵人，王民治服者也。□□今造□□□。"（《纪年镜》46页）

上述"黄龙二年"镜中所云"鲍豫"之"豫"，约为动词，具豫先、早已之义。鄂城所出另二镜的铭文，把这种意思表现得比较清楚，即为：

图108重列神兽镜（图七），铭："黄初二年十一月丁卯朔廿七日癸巳，扬州会稽山阴师薛豫命作镜，大六寸，清明，服者高迁，秩公美，宜侯王，子孙潘（蕃）昌。"

图五　东吴黄初二年武昌所作半圆方枚乳神兽镜

图六　鄂城出土东吴黄武六年会稽山阴鲍唐所作重列神兽镜

[14]　黄初四年五月的朔日是戊子，镜铭误记。

图七　鄂城出土东吴黄初二年会稽山阴作师薛所制重列神兽镜

图八　鄂城出土荣氏作神人鸟兽纹带镜

图109重列神兽镜，铭同上。

所谓“鲍豫而作明镜”和“薛豫命作镜”，当指按照鲍氏和薛氏豫先定下的规矩来铸镜。这样看来，具体铸镜的工匠并非鲍氏和薛氏本人，而是这两家作坊中的工人，鲍氏和薛氏是作坊主人。

如果仅仅看这七面“鲍氏”和“薛氏”作镜的铭文，“薛氏”作坊的二镜就可以认为是在会稽铸作的，后来才流至武昌。但既然它们都出在鄂城，而在传出绍兴的古镜中只能见到“王氏”、“吕氏”、“驺氏”、“田氏”、“为氏”、“伯氏”（或作“柏氏”、“柏师”）、“杜氏”、“周氏”与“周仲”、“徐伯”、“大师陈世严”、“师郑”、“师卜德□”、“安本里思子丁”等作坊或匠师之名，没有“鲍氏”和“薛氏”（皆见《绍兴》、《纪年镜》和《浙江出土铜镜选集》[15]），可知这两个作坊是在武昌作镜，从而传世的那面黄初四年镜大概也是在鄂城铸作的。[16]

东吴会稽镜中最富特色的是

[15]　王士伦：《浙江出土铜镜选集》，中国古典艺术出版社，1957年。简称《浙江》。

[16]　本文最初发表时，误把“黄初二年”镜中的“师薛”释为“师鲍”，后董亚巍著《中国古代铜镜工艺技术研究》120—122页指出其误，今据以改正。2000年3月31日补记。

一种浮雕式的神人或人物画像镜，在鄂城也曾出土过。

这种镜子在绍兴一带出土的数量很大，如《绍兴》一书便收录了五十四面，《浙江》一书也采录了十面；可是在鄂城却只收集到三面（图118—120）。鄂城出土的这三面铜镜，会不会是从会稽传入的呢？细加分析，这三镜是有其自身特点的。例如图118、119两镜都作成绍兴镜中少见的神人鸟兽纹带形式，各有两组对坐的仙人，不见东王公与西王母（图八），而在已经著录的绍兴镜中，只有一面“杜氏作珍奇镜”是这种风格，但其中仍有“西王母”像（《绍兴》图50）。又如图120，虽作成绍兴镜中最多见的四区式，但东王公与西王母之旁，都只有侍者一人，而绍兴出土的几乎都有二人或三人相侍，况且镜铭中的“荣氏”作坊，亦不见于绍兴诸镜。这种风格的神人画像镜，最近为访秭归楚王城而在秭归县文化馆又见到一面当地的出土物。这些在湖北出土并具有特色的画像镜有很大可能是鄂城自铸而不是会稽镜。

图九　荆门出土神人龙虎画像镜拓片

图十　荆门出土神人龙虎画像镜拓片

还有一种风格同会稽镜几乎一样的画像镜，例如最近在荆门县文化馆见到二面出自当地的神人龙虎画像镜，其图像的布局和浮雕作风与绍兴镜极为类似。其中一镜径16厘米，纽座外带方格，无铭（图九）；另一镜径18.6厘米，铭为“袁氏乍竟真大巧，东王公、西王母，青龙在左，白虎居右，山人子乔、赤踊子，千秋万岁不知老，渴饮玉泉饥食枣。”（图十）其“袁氏”作坊不见于会稽镜铭，估计可能也是鄂城所铸。综合这些材料，可以推测武昌的铸镜业曾从会稽移入了非常精致的神人画像镜工艺，虽然发展了一点自身的特点，但基本风格却是一致的。

本书收集的材料表明，东吴时期的武昌镜是以浮雕式的半圆方枚乳神兽镜和重列神兽镜为其主要内容，“鲍氏”、“薛氏”作的那几面镜子，就都是这种形式。拿它们和绍兴出的同类镜子相比，真是惟妙惟肖，简直是会稽镜的翻版；但和四川、陕西出的同类镜子相比，则差别自明。例如在四川昭化和广元出土的蜀镜，其半圆方枚乳神兽镜系统的诸镜，神人图像少见，主要是鸟、兽图像，而且流行一种以方枚乳和动物图像相间的画纹带[17]；这是与会稽镜、武昌镜不同之处，而且尚未发现重列神兽镜。在陕西西安、乾县出土的半圆方枚神兽镜和重列神兽镜，其神人和怪兽的形态就比较呆滞；而且，外缘上流行的那周流云纹类似于后代的忍冬纹，与会稽镜、武昌镜中的云纹带都不相同；此外，其外缘内常见的一道动物画纹带也同蜀镜类似而不如东吴镜的画纹带那样生动[18]。显然，“鲍唐”等匠师确是把绍兴的优秀工艺带到了鄂城，故武昌镜的工艺传统和会稽镜属于同一个系统而与魏、蜀之镜的风格不同。

当武昌的铸镜业发达起来以后，由于武昌和建业之间的频繁往来，一些会稽镜肯定还会传到武昌。图111那面分段式重列神兽镜（图十一）就大概是从会稽传入的。

此镜铭曰：“黄龙元年太岁在丁酉七月壬子朔[19]十三日甲子，陈世严造作三湅明镜，……久富贵”。“陈世严”是当时的铸镜名匠，还有三面传世铜镜也是他铸造的。一面是环带状神兽镜，铭为：“黄武七年七月丙午朔[20]七日甲子纪主治时，大师陈世严作明镜。服者立至公。”另二面是和图111之镜同年作的分段式重列神

---

[17] 沈仲常：《四川绍化宝轮镇南北朝时期的崖墓》，《考古学报》1959年2期118、119页；四川省博物馆、重庆市博物馆：《四川省出土铜镜》图40、41，文物出版社，1960年。

[18] 陕西省文物管理委员会：《陕西省出土铜镜》图75—78，文物出版社，1959年。

[19] 黄龙元年的干支是己酉，七月的朔日是壬子，镜铭一部分误记。

[20] 黄武七年七月的朔日是戊午，镜铭误记。

兽镜，铭曰：“黄龙元年大岁在己酉九月壬子朔十三日甲子，师陈世（严）造三湅明镜。其有服者久富贵，宜□□□□□”；“黄龙元年太岁在己酉七月壬子朔[21]十三日甲子，师陈世（严）造作百湅明镜。其有服者，命久富贵，宜□□。”（《纪年镜》60—62页，黄武七年的“陈世严”作镜传出南中国，产地很可能是浙江，“陈世严”可能是会稽“大师”，看来图111的镜子也是会稽铸造的。）

图十一　鄂城出土黄龙元年陈世严作分段式重列神兽镜

这时各种神兽镜的边缘上，流行锯齿纹、棘刺纹、流云纹、怪云纹和一种类似涡形的云纹等装饰，这些都是从汉镜边饰花纹发展演变而来的。但是在一种极讲究的半圆方枚乳神兽镜的边缘上，却出现了一种往往由羽人操舟、奔龙、飞凤、走兽等生动图像组成的画纹带。它显然是伴随着浮雕式图像的发展而出现的。这种画纹带，始见于传出绍兴的一面非常精致的中平四年半圆方枚乳神兽镜上（《浙江》图28）。在汉末，这种镜子是罕见的，但本书图95—103的九面方枚乳或半圆方枚乳神兽镜上，都有这种

图十二　鄂城出土东吴画纹带神兽镜

[21] 黄龙元年七月的朔日是壬子，九月的朔日才是辛亥。这三面黄龙元年镜，一面作“九月壬子朔”，另外二面作“七月壬子朔”，显然本来应当都作“九月辛亥朔”。

图十三　东吴简化兽首镜

图十四　东吴柿蒂八凤镜

画纹带。其中，图96之镜有“吴造明镜，神圣设容，服者卿公”铭文（图十二），说明了它们的时代，而图95—97三镜又都是通背鎏金，纽上还有错金兽纹，又表明它们是极为珍贵的物品。由此可知，画纹带是汉末起源于会稽，东吴时武昌镜也采用，并常用在非常讲究的镜子上。前述陕西、四川出土的两种神兽镜，则又表明这种画纹带也影响到了魏、蜀等地。传世的西晋泰始六年、泰始九年和南齐建武五年的三面半圆方枚乳神兽镜，也有这种画纹带，最后一镜更作出飞龙引舆图像，尤为精致（《纪年镜》图版56、58、67），可见这种边缘在长江中下游一直沿用到南朝，而且后来在一些最讲究的镜子上做得更为复杂和精细。顺便说明，再晚一些，它就消失了。

除了浮雕式的龙虎镜、画像镜、神兽镜外，东吴、西晋的武昌还同时流行一些平雕式花纹的铜镜。这主要是简化兽首镜和柿蒂八凤镜。

简化兽首镜是从东汉晚期的兽首镜演化来的，除了主题花纹外，边缘上也习用一种承自东汉兽首镜边饰的菱格云纹。如果拿图69、70这二面简化兽首镜（图十三）外缘的菱格云纹同传世的四面曹魏甘露四年、甘露五年“右尚方师”所作兽首镜的边缘花纹相比（《纪年镜》图版27—29），可以看出二者极为接近，故可将简化兽首镜的时代，定在东吴时期。

图71—74的四面柿蒂八凤镜（图十四），则是从东汉的那种过去习称为夔凤镜的系统演化下来的。现知最早的柿蒂八凤镜，可早达东汉冲帝时，有一面传世镜即带“[永]嘉元年”之铭，并称“造作广汉西蜀尚方明竟”（《纪年镜》图版6），也许就是四川地区先发展起来的。鄂城所出的这四面柿蒂八凤镜，其图案的平雕风度，同于上述简化兽首镜，时代应当是相同的。

图十五　西晋变异柿蒂八凤佛兽镜

这种铜镜的再进一步发展，就变为图75—82那种镜子，本书称之为变异柿蒂八凤镜。其花纹更趋繁缛，在边缘的十多个内向连弧纹中心和中央的四个蒂瓣中心，也填以生动的动物图像。这种镜子曾出土于江西瑞昌马头地区的西晋墓[22]，故可将其年代定为西晋，从而将其前身，即图71—74那几面柿蒂八凤镜定为东吴之物，当不会有多大出入。

图十六　西晋变异柿蒂八凤佛兽镜

值得特别提出的是在这种变异柿蒂八凤镜中间，还常常出现反映佛教信仰的

[22]　江西省博物馆：《江西瑞昌马头西晋墓》，《考古》1974年1期。

图十七　西晋变异柿蒂八凤佛兽镜

图十八　西晋变异柿蒂八凤佛兽镜

图像。例如图81在三个蒂瓣的中心，各做出一尊结跏趺坐的释迦像（图十五）；另一个蒂瓣的中心，则是一尊勇猛跏坐的释迦像，佛后有侍者一人持伞盖，佛前有一菩萨跪像。四尊佛像皆带背光，下有莲座，外面更作出佛龛之形，所以很容易辨认出他们是佛像。

类似的变异柿蒂八凤佛兽镜，过去还有三面流至国外。一面藏于日本东京国立博物馆，镜背一个蒂瓣的中心有一尊带背光并有莲座的结跏趺坐释迦像（图十六）[23]。一面曾陈列于美国福格美术馆（The Fogg Museum of Art）是在一个蒂瓣中心做出一尊带背光的结跏趺坐释迦像，其旁有胁侍菩萨二人；镜缘上的两个内向连弧纹的中心，又各有一个带背光的飞天像（图十七）[24]。还有一面藏于德国国立博物馆的东方部（Ostasiatis che Kunst abteilung, Statcn Museum），是在三个内向连弧纹的中心，分别作出一尊带背

[23]　见[2]《古镜聚英》上篇图版36之5。

[24]　参看梅原末治:《欧米で觀た佛像を表はした三面の古鏡》,《欧米に於ける支那古鏡》111—113页，插图21之二，刀江书院，1931年。

光的立佛像、坐佛像和大象（图十八）[25]。在铜镜上铸佛像，起于三国，日本奈良新山古坟出土过一面曹魏的三佛三兽镜[26]，这是把神兽镜中的神人变为佛像，它同变异柿蒂八凤镜中的佛兽镜，显然分属两个系统。像变异柿蒂八凤镜那种佛兽镜既然已经见到四面，似可说明到西晋时佛教信仰已比三国时又要普遍一些。

综观汉末、三国、两晋的铜镜，可以看到那时的铸镜工艺当以东吴地区居首位，许多别具新格的型式，特别是浮雕式的龙虎镜、画像镜、重列神兽镜、画纹带镜等新工艺，都是在这里首先发展起来，而后影响各地的。东吴的铸镜工艺可说是达到了我国古代铸镜史上的一个新高峰。西晋之时，它还勉强保留在一定的高度上。一到东晋，则已普遍地衰落下去。此后，确有个别的南朝镜子还做得很精致，但直到南北朝后期整个铜镜工艺才重新发展起来。这批鄂城出土的铜镜，正是集中反映了汉末至西晋时期东吴地区的一个仅次于会稽山阴的铸镜中心的工艺面貌，自然是非常重要的。我相信，尽管这批材料已经失掉了与其他遗物的共存关系，不无缺憾，但发表了这样集中的材料，一定会引起考古学、古代史、美术史、冶金史等多方面研究者的重视。

1974年8月赴盘龙城遗址发掘的前夕，我在鄂城县文化馆第一次见到这批铜镜时，便曾建议将它们整理成书。经湖北省博物馆和鄂州市博物馆同志们的努力，现在全书告成，因略述数端，以志其缘。

原为湖北省博物馆、鄂州市博物馆编《鄂城汉三国六朝铜镜》一书的“序言”，在文物出版社1986年3月的中文版中，关于镜铭中朔日干支的叙述有误，1987年日本“古代学术研究会”所印日译文已改正，今皆据以更正。收入《古史的考古学探索》，文物出版社，2002年7月。

[25] 同上注113、114页，插图21之一。

[26] 参看[2]《汉式镜》122、123页第102图，《古镜聚英》上篇图版59之1。

考古学中的汉文化问题

有关“文化”的解释，已有好几百种。这里讲的“汉文化”，则指考古学文化而言。

考古学文化这一概念，20世纪初才形成。最初仅把陶器、工具、武器、装饰品、房子、墓葬等等具有相似形态特征的遗存，视为一种文化；60年代后，又把有关技术的、社会的、精神的内容，统统扩大进去。于是，考古学文化就可以当作某一人们共同体一切活动的一个综合体。

实现考古学文化的人们共同体，在历史上曾经历过从血缘纽带到地缘纽带的变化，考古学文化的形成途径及其文化的组成成分和内容，亦因而发生相应变化。两汉时期汉文化的出现，正说明了这个变化。

一、先秦各国考古学文化的层次性及主体族群文化的核心地位

人类的早期共同体，群体很小，文化传统单纯。后来，群体扩大，形成了联盟集团，与外界联系增多，出现了来自其他集团的文化因素，但主体因素仍是本族文化的传统。这一直延续到很晚很晚，先秦古族的情况当然也是这样。

但当这些古族建立起国家后，有的国家就慢慢扩大到包含着不同的族群，因而一国之内可能存在着不同的考古学文化。由于相互来往增多，各考古学文化会发生相互影响，因而一种考古学文化的本身也会出现其他考古学文化的因素，但统治族群的文化因素因其权力作用，会对其他文化产生更大影响而形成相当的一致性，其他不同族群的文化差异则将降到第二层次。

具体而言，自夏经商至周，疆域愈来愈大，管辖之族愈来愈多，其考古学文

化的面貌就愈来愈复杂。例如夏代的二里头文化，就包括了豫西的二里头和晋南的东下冯两大类型，暗示出当时至少存在着两大族群而二里头类型是本文化的核心。商代则除了核心类型二里岗和殷墟文化以外，第二层次的地方类型更多。到了西周，除了主体的周文化以外，又有齐、鲁、燕、晋、秦、楚、吴、越等等第二层次的文化。这些西周时期的第二层次文化，大都含有很多周文化因素，又皆程度不等地具有本身特点，有的还很强烈（尤如吴、越、楚），甚至可以单独定为一种文化。对这些文化来说，由早周文化发展而来的周文化当然是核心，其他的则是当地原有文化与周文化综合而成。由这种情况形成的若干文化，应当有两个层次、一个核心。其第一层次为主体族群的文化，即核心文化；第二层次为各地土著文化与主体文化综合而成的区域性文化。如果第二层次文化的范围很大，则还可能出现第三层次的文化类型。

至东周时期，周文化衰落，其他列国的文化，特别是曾经称霸的大国文化，几乎都发展成独立性更强的文化。这些文化虽因最初就曾融入周文化因素而共同性很强，但各自的特点毕竟更加明显。这也就意味着原先的第二层次的文化，至春秋中期以后，特别是到了战国时期，实际已具有第一层次的性质。

东周列国的文化既已上升为第一层次，各文化的差异当然更明显。其中，秦与东方六国之别尤为突出。秦人在征服六国过程中和统一天下后于六国故地留下的遗存，同六国遗民之物的差别，犹如泾渭，一望即知。这些秦人遗存还完整地保留着原有文化传统，而六国遗民之物则几乎都显示出受到秦文化的一定影响。看来秦人在灭六国后，还想用自己的文化来统一天下，只因秦代的短促年代使这种愿望未能实现。但历史的趋势却是三代以来以主体族群文化为全国文化主体的那种传统，必然结束。秦人以及其他列国的主体族群都是从建立在血缘联系基础上的氏族—部落联盟集团发展而来的，这种社会结构使其文化的来源比较单纯。但当以地缘纽带为基础后，社会成员的来源便会复杂起来，文化的组成因素也会逐渐复杂化。这种转变约从两周之际已经开始，到战国之时，特别在秦代，因社会的基层已大体完成了这个转变，加上国家的疆域又大为扩展，社会成员的地缘联系进入到了远为广阔的范围，从而必定促使文化的结构发生相应变化。但此时各国的统治集团还是由原先那种血缘关系紧密的、世系悠久的贵族组成，自然希望保存从前的文化传统。所以，如果不是秦王朝迅速被武力推翻，这个变化还将姗姗来迟。必然性与偶然性的相遇，终于使一种新的文化结构代替了绵延一、二千年的旧结构。

二、汉文化形成时期的多元结构文化

秦王朝的被推翻，一下子使灭国不久的东方六国的原有力量复活起来；但新建立的西汉王朝基本维持着统一局面，战国时的各国百姓就成为同一个大国之民。于是，从前的若干族群将组合成一个新的大族群；列国各不同的文化也会组成一个分布范围更大、一致性更强的新文化，并且一定适应着消除秦代暴政和反秦战争及楚汉之争带来巨大战争苦难的需要。

这当然是在原有秦文化和六国文化的基础上发展出来而不是从外界输入的，从而必然是渐变过程。汉初的六七十年就是这个渐变阶段，最后形成了一个完整形态的汉文化，因而此阶段又可认为是汉文化的形成期。如从另一角度说，这也就是新族群在形成时期的一种文化体现，而其主要内涵则来自三个源头。

下面就对上述情况作些具体说明。

1."中国人"之称所示统一性加强的大范围的新族群的形成

三代以来的各族群，应当也像上述的文化那样，分为两个层次。按照族群形成的血缘、语言、文化、主观认同等要素来说，夏、商、周、晋、燕、齐、楚、秦等等族群，陆续成为华夏族的一部分，华夏族就是三代之时类似第一层次的那种族群概念。夏人、商人、周人、燕人、齐人、楚人、秦人等等，则是类似第二层次的族群概念。到了汉代以后，第一层次的族群又融入了许多新的成分而不断扩大，即是后代所谓的以汉人、汉族为称，一直继续到现在。

族群形成的要素是很复杂的，其中的血缘关系、语言、文化（特别是信仰）、主观认同等等可能是最重要的，而且他们在历史过程中是会发生变化的。在《汉书》中，对于出生在秦以前的人，还是像东周时期一样，习惯于使用第二层次的族称。例如称季布、陆贾、朱建为楚人，娄敬为齐人，张良之先为韩人，蜀卓氏之先、毛公为越人，宛孔氏之先、栾布为梁人等。对再晚一些出身的人，则不大使用往日的旧族称，只是偶尔还曾沿用老习惯，如称周堪、辕固、胡母生为齐人，韩婴为燕人等（以上皆见《汉书》〈本传〉）。但秦汉时期对于第一层次的族称，则又曾用“中国人”这一概念。

“中国”一词，在宝鸡出土周初的“何尊”铭文及《礼记·中庸》、《孟子·滕文公、离娄、万章、告子、梁惠王、公孙丑》中已经出现，本指四裔之中的那片地区而言，自然也意味着即是这片地区的国家。降至后代，随着国家疆域的扩大、族群关系及其分布形势的变化，慢慢演变成今天的涵义。但在西汉，还是按照古义来使用“中国”一词。如《汉书·晁错传》云“今匈奴地形技艺与中国异”，《汉书·西域传上》云“（秦始皇）筑长城，界中国”，长沙出土王莽时期博局纹镜铭文中的“中国大宁”（中国历史博物馆藏）等等，不胜枚举。按此意义，所谓“中国人”，就是生活在这片地区的人。

不过，“中国”一词最初是为了说明地域位置之别而出现的，而“中国人”一词则除了表示居住区域的特点以外，还含有相异于四裔各族的族群意义在内。如《史记·南越尉佗传》曾说，秦时“南海东西数千里，颇有中国人相辅”。这里是秦代新设的郡，那里的“中国人”，不仅是指“中国”（秦代）疆域之内的人，而且是同土著越人不同的居民。同书又讲，以后的南越王赵婴齐，当他还是太子而被质于长安为宿卫时，曾娶邯郸摎氏女，摎氏女后来做了王太后，却被当地人视为“中国人”也。《汉书·匈奴传上》亦谓“中国人亡入匈奴者”。凡此等等，都可证明“中国人”是指相对于四裔少数民族的汉人、汉族而言。含有这种意义的辞汇的出现，至少意味着在汉以前，一种可以包括齐人、燕人、楚人、秦人等等族群在内的大族群（即第一层次）的观念，已经出现，一种范围更大的、统一性更强的新族群，亦即汉族的形成，早已具有主观认定的基础。

2. 承自秦制的政治制度和其他

汉初的统治集团主要由关东六国的中下层人物组成，汉初的文化则主要由秦、楚和关东（这里主要不包括楚）这三大文化系统综合而成。不要以为所谓“汉承秦制”是汉文化对秦文化的全面继承，《汉书》的《百官公卿表》和《地理志》其实只是讲汉代因循了秦的“百官之职”和“分天下为郡县”之制。所以，“汉承秦制”的原本涵义是汉代继承了秦代管理全国的行政制度。这当然具有非常重要的意义。

近年汉长安城西北隅的东西市遗址一带出土的千枚以上的秦至西汉的封泥，

还有半个多世纪以前在临淄齐故城内刘家寨出土的大量汉初齐国封泥，都证明汉代官制的确承自秦制。各地所出能说明西汉郡县设置情况的文字材料，也同《汉书·地理志》的记载基本相合，继续实行着秦的郡县制。但应明白，汉初并不是充分比较了秦和东方六国的行政制度后才继承秦制，而是因为萧何收有秦丞相府的图籍文书，详知秦的行政管理制度，对于东方六国的制度则不会那么清楚，加上秦制毕竟已在全国推行了好多年，各地已经比较习惯，所以实行秦制。

当然，也还有另一些秦文化内涵，曾长期存在于汉文化之中。一如钱币，汉代亦继承了秦代标明重量作为币值标志的传统；二如度量衡，战国时各国异制，而汉制则全部承自秦；三如建筑用瓦，战国时各国的瓦当图案几乎各有特点，而至汉代以后，很快就统一于秦式的卷云纹图案；四如天子陵墓，大受秦制影响，在墓外设置许多外藏椁，分类随葬大量陶俑和各种器物，许多诸侯王或列侯之墓也出现了类似葬俗；五如秦文化中独有的茧形壶、蒜头壶、鍪等器皿和陶仓囷等模型明器，汉初在中央直接控制的十五郡之地依然存在，而以模型陶明器随葬之俗，在汉武帝以后更是日益发达。

综观这些现象，可以看到秦文化的因素在汉文化的总体中，的确占有重要地位。

3. 承自楚地的黄老思想

汉初为了休养生息，提倡黄帝、老子之学，黄老思想成为主流思潮。

黄老思想的经典是《道德经》五千言，主张清静无为，正符合当时休养生息的需要。黄帝其实是虚托的。不过，传世战国铜器中齐威王时的陈侯因资敦的铭文曾提到黄帝。齐地近海，那时正多入海求神洲仙药的方士，驺衍的五行之说也发达起来，后来的太平道又正起源于这一带，在此时此地出现的黄帝，应当同这种思潮有关，所以后来能把黄老合在一起。但是黄老思想的核心基础是《老子》。

战国时的百家之言，其实正表现出了一些区域性的思潮。鲁地是诞生孔孟之道的家乡，三晋与秦是法家的用武之地，楚地则流行老庄思想。老子本是楚国苦县人，产生老子学说的土壤就是长江流域的楚文化。这里，直到战国至汉代，还是盛行相当原始的巫术，神话传说极为丰富，《庄子》中超脱人间的幻想色彩、屈原《楚辞》中依托神话来表示政治愿望的风格、楚文化漆器中的大量神灵图像，正可和《老子》之言合成一幅和谐的图画。

这并不仅仅是理论的推测。近年湖北荆门郭店楚墓所出战国时的《老子》残本竹简，具体表现出了那时老子学说正流行于楚地。长沙马王堆汉墓所出帛书《老子》甲乙本，又说明直到汉初楚地还是流行老子学说。马王堆汉墓中与帛书《老子》同出的《黄帝四经》，则是证明汉初楚地盛行黄老思想的直接材料。综合这些情况，就可以清楚地看到楚地是老子学说的发祥地，在汉初也是黄老思想的发达地区。

汉初盛行黄老思想的基本原因是休养生息的社会需要，但刘邦等西汉王朝的建立者，正多三楚之人，这不能不和黄老思想的盛行没有关系。即使不作这种推测，汉初思想领域的主要文化来源是在楚地，应当是可以肯定的。

4. 六国文化遗风的复苏

秦人的统治，在生活习俗方面也要求六国遗民服从秦文化的现象，在各地发现的墓葬中，已经反映得比较清楚。生活习俗是所有族群长期的文化传统的积淀，不是小节琐事，而是对本族文化自尊性和历史怀念的表现。可以想像秦人对六国遗民施加的这种精神压力，将带给他们多大的痛苦和反抗情绪。所以，一当秦王朝被推翻，六国遗民会感到沉重的精神枷锁已被去掉，六国遗民的传统习俗，六国文化的遗风，一下子就复苏起来。这在葬俗方面表现得最为充分，也是最容易看清楚的。

在战国时期，东方六国的葬俗一直沿用周礼传统，一般民众的墓葬，几乎都用成组的鼎、敦（或瑚）、壶等礼器随葬。秦人则主要用瓮、罐等日用器皿随葬。但从战国晚期起，凡秦军占领之地，六国遗民原有的传统葬俗，立刻就遭压制，而且要学着秦人的样子，以日用器皿随葬，再也不使用成组的礼器。当然，偶然的例外或个别还袭旧俗的地区总是存在的（如长沙），具体器皿的种类和形态，也同秦人墓中的东西不完全一样。这种现象，在秦军所到之处，几乎都能见到，真是举不胜举。

但一进入汉代，则从关中到东海之滨，从长城地带到南海之地，从贵族大墓到平民小墓，又重新以成组的礼器随葬。尽管各地出土物的形态有本地特点，但鼎、盛（盒形）、壶、钫是从大墓到小墓的最基本组合。

此时秦人当然也有自己的遗民，在陕西耀县、河南灵宝、三门峡市、郑州、山西侯马等等许多地点，都发掘到从战国至汉初的秦人平民墓地，他（她）们用屈肢葬和少量日用陶器随葬的特点，一脉相承而逐渐汉化，但至西汉中期左右，则再无踪迹可寻。从此，即使是秦文化的遗痕，在成组的考古学遗存中，也已经退出了历史舞台。这也就意味着历经千年沧桑并曾喧赫一时的秦人、秦文化，最终被完全融入到新形成的汉人、汉文化中去了。

在此以后，以成组的群体现象表现的文化形态，不仅是秦文化消失了，六国文化也见不到了。但对已经具有完整形态的汉文化来说，其核心的因素（儒家思想）却是在从前的六国文化的环境中生长出来的。

5. 汉初文化形态特点的总归纳

如上所述，汉初六七十年时间内的文化，其中的政治制度承自秦制，并一直维持到汉末；社会思潮的主流，则是来自楚地的黄老思想；其社会习俗，虽然各地都有自身特点，但从总体面貌看，则是六国文化的复活。这种文化形态既然主要由三股来源组成，便可称之为多元结构。所以会出现这种多元结构，既同最高政治集团的成员来自多方有关，也同具体发生的偶然事件有关（萧何收取秦代图籍文书等），最重要的当然还是历史发展的趋势，即把东周的列国文化综合成一种新文化。这种趋势的具体结果，就是此时正在组成过程中的汉文化，至西汉中期形成了完整的形态。

三、西汉中期以后汉文化的主要新特点

考古学中的汉文化，是一个庞然大物，可从许多方面寻其特点。如要了解当时的新的历史特点，应该寻找能够反映经济制度和观念形态变化的核心现象，并加分析。下面就为此而作一些探索性的阐述。

1. 家族茔地的兴起

埋葬要用土地。在土地私有制发生以前，只能存在公共墓地。

在我国古代，直到战国还设有官吏来管理公共墓地。此即《周礼·春官·冢人》和《墓大夫》所说，天子和诸侯的墓地叫“公墓”，国民的叫“邦墓”，由“冢人”和“墓大夫”按照死者的身份、亲属关系，以“族”为单位，安排墓位。

这当然是一种公共墓地。

现在，两周时期的“公墓”和“邦墓”之地，已经发掘出了许多。但如果不能确知墓主的身份和各墓墓主的亲属关系，要细致解释这些墓地的使用规则，当然是困难的。但直到战国，墓地内的墓位安排，基本上很有秩序，如无专门规划，恐难出现这种现象，所以大家一般认为《周礼》中的这种制度，还在实行着。

如要出现个人或家族管理的私有墓地，前提是土地私有制必已确定。我国古代土地私有制确立于何时，已经争论了好几十年。近二十多年来新发现的青川木牍所出秦武王二年更修的蜀地《为田律》，云梦秦简中的《田律》和《魏户律》，银雀山竹简中的齐国《田法》，都说这些国家直到战国晚期，还在实行授田制度，可证土地的公有制那时尚未废止。在古籍中，可以找到一点有关战国时期进行土地买卖活动的记载，但如无国家的法令规定，这可以理解是一种个别活动。因为要以土地私有制来代替实行了好几千年的土地公有制，必有一漫长的过渡阶段，在国家确定这种制度的合法地位以前，一定会有些民间的私自活动。所以，土地私有制的确立必须有国家的法令作标志。可惜迄今为止，还没有找到一条先秦时期的这样的材料。

但秦始皇三十一年的“使黔首自实田也”（《史记·秦始皇本纪》徐广注）这条材料，可说明国家此时已允许土地自由买卖。徐广注的这句话，在《秦始皇本纪》“三十一年”条之首，其上并无记载具体事情的文字，《史记》原文必已脱落。后日人泷川资言以为是解释后文所载“赐牛酒”事。“赐牛酒”事多见，与“自实地”无涉，可见还是应当理解为百姓可以自己买入土地。从已知有关这种内容的全部材料分析，这是最早的、仅有的政府法令性质的文献，是我国历史上第一次承认土地自由买卖的合法性。只要理解到秦始皇才确立了土地私有制，也就能很好地理解历史上第一个叹息“于是有卖田宅，鬻子孙，以偿责者矣”（《汉书·食货志上》）的人，是只晚了数十年的汉文帝时的晁错。

也就在秦始皇允许土地自由买卖后不到十年，个人选择墓地之事亦已出现。此即《史记·淮阴侯传》所说：“韩信虽为布衣时，其志与众异。其母死，贫无以葬，然乃行高敞地，其旁可置万家。”所谓“其旁可置万家”，是帝王陵墓的形势。历代帝陵，皆由官府管理，并非私有墓地。但韩信可以自由选择其母墓地一事，则已表明墓地的私有制，此时亦已出现。

从此以后的确是墓地内墓位的分布情况，发生了大变化。至少从汉武帝时开始，那种范围广阔的墓地内的墓位排列便杂乱无章，因为这种墓地内存在着许多姓氏的茔地，而不同家族又是自己购买墓地，必然会出现这种现象。例如洛阳烧沟墓地中的百余座武帝至王莽的墓葬，其中有一片墓葬的墓主皆郭姓（M74、M94、M111、M138等），四方又有吴姓、宾姓、章姓、尹姓、商姓、赵姓等墓，同战国墓地的情况大不一样。清道光年间在今重庆市巴县发现的宣帝地节二年的《杨量买山（地）刻石》和浙江绍兴章帝建初元年的《昆弟买山地刻石》，都是买下墓地的券约。至于在墓内随葬的买墓田的明器券约，在东汉时期就很多见。买下墓地，当然是为了建立家族的茔地。

总之，汉代家族茔地的出现，是土地私有制实行以后的一种新现象，而这种现象大约到汉武帝以后才明显起来。这也就从反证的角度，说明土地私有制的确立，不会早出很多时间。总之，家族茔地的出现及其迅速发展，是汉文化的新特点之一。

2. 多代合葬一墓的新葬俗

一墓之内，埋葬几人，同婚姻制度和家族制度，关系密切。在母系氏族制下，男女双方皆葬于本氏族墓地。进入一夫一妻制阶段后，女方长期随从男方，似应葬于男方墓地。但殷墟所见王室墓地，并不见得就是这样。商王之后，并不葬于商王墓地，看来还是葬于本氏族墓地。如武丁之后妇好，就没有葬在西北岗王陵区。至西周以后，女方已入男方墓地，但因分属不同氏族，还是分穴而葬；不过两墓已经紧靠一起。这种风气，在帝王陵墓中，一直延续到东汉；而对一般贵族至平民来说，则自西汉中期始，夫妇开始同穴合葬。从此，夫妇同穴而葬之风，延续了两千年之久。这也就暗示出，三代时期的那种氏族制度，要到西汉中期才真正消失传统的力量。

夫妇同穴合葬的风俗，当然意味着一个以男方为主的家庭，已比过去远远摆脱了女系家族（更早则为氏族）的约束力量。此时，旧氏族制度的遗痕，才算彻底消失。换言之，在亲属关系的范围内，旧有的、受周代宗法制度制约的那种氏族制度，已被新的、受大土地所有制制约的宗族制度所代替。

自秦代确立了土地私有制之后，大土地所有制的发展，只是一个时间问题。

大体说，西汉中期已见端倪，西汉晚期有了相当规模，东汉时期，特别是东汉后期，则是日益膨胀。随着大土地所有制的发展，土地所有者和农民之间的人身依附关系，也在相应加强。当经济制度发生了这种变化后，建立在大土地所有制基础上的家族制度，在摆脱了周代宗法制度约束后，又发生了依附于土地主人的新束缚。土地所有权是根据父子继承制度而代代相传。为了避免土地的分散或丧失，就要强化家族关系。正是在这种背景下，从王莽时期开始，直到汉末，至少在豫西和成都平原等地，出现了多代合葬一墓的新葬俗。

这种新葬俗，开始时只见两代人葬于一墓之例。至东汉中期以后，则同墓所葬的世代增加。如河南陕县刘家渠M3，四对夫妇葬于四室。按照当时家族内的财产分配制度，父死兄弟分家，弟兄不在一个大家庭内生活，死后不会埋于同墓，故四对夫妇，只能理解为四代人。成都天回山的汉末崖墓M3，共有七组十一个石棺，究竟有多少代，难以想像。《隶释》卷十三所录四川武阳（今彭山）崖墓的《张宾公妻穿中二柱文》题刻，明确说明计有四代人合葬此墓。洛阳所出西晋《裴氏墓志》，记有三代人合葬此墓。

从西汉末起愈来愈流行的多代合葬一墓的新葬俗，是新形成的宗族制度强化家族关系的反映。自大土地所有制发展后，一个大庄园就是一个自给自足的经济单位，即使是王朝更迭，庄园仍可维持原状，因而以庄园为基础的土地所有者，自然成为门阀豪族。从《新唐书·宰相世系表》的记录看，这种大族，往往源自先秦，而主要是从两汉时期一直延续到唐代。汉代墓葬中所见的这种新葬俗，其出现和发展的时间，正在《宰相世系表》所示范围内，是解释这种葬俗的有价值的参照物。

据上所述，正是因为西汉晚期以后，大土地所有制有了迅速发展，形成了可以数百年不衰败的大族，强化了家族关系，从而出现了多代合葬一墓之风。这当然是汉文化中的另一新特点。

3. 模拟庄园面貌的模型明器的发达

墓内随葬品的内容，是墓主在世时期身份地位和财富占有状况的反映，也是墓主亲属希望继续下去的一种生存方式的表现。当然，一旦成为葬俗，就成为行为的规范，人们都按照这种规范来放置随葬品。这种葬俗，古人归入“礼”的范畴。

三代之“礼”，夏商不足征，周礼则比较清楚。两周的随葬品，就是按照周礼而安排的。其核心是用不同规格的礼器来表示墓主的身份。

周礼的传统，至东周时期，特别是春秋中期以后，正在逐渐崩坏，但传统的框架犹存。一到汉代，则因实行周礼的社会基础，即千年以来的旧氏族贵族集团，几乎统统被西汉王朝的建立者所打散，而新的社会结构又要求另一种社会规范，于是周礼一下子就只剩下一点点遗痕。例如汉初虽还使用鼎、敦（盒形）、壶、钫这种礼器随葬，但根本不按周礼中的规格来放置。汉初以来，叔孙通等多次重定朝仪，似乎都是寻找周礼作范本，结果却永远没有恢复周礼。时代需要的变化，决定了周礼将永远退出历史舞台。

代替周礼内容而出现的汉代随葬品的内容，从总体组成情况看，有四大类。一是日用器皿，其中即使有鼎、盛（敦）、钫、壶等往日的礼器，实际上已成为日用器皿。其质地，或铜、或漆、或陶、或仿铜漆的陶器，依墓主社会地位和贫富程度而定。二是车马明器，是墓主身份地位的标志之一。三是模型明器，包括仓囷、灶、井、磨、碓房、猪圈、羊圈、鸡、狗、楼阁和多种人俑（含亦兵亦农的部曲俑）等。四是随身的装饰品和钱币、印章、镜鉴、刀剑等。各墓随葬品的种类和个体的多寡，依墓主地位以及年代早晚，有许多差别和变化。但这种总的情况，一望即知同从前依周礼规格而安排的内容，完全是两码事，是不同观念形态的体现。

这些随葬品中的模型明器，如就个体而言，则有的早在战国，甚至是春秋时期已经出现，如仓囷。至于人俑，在许多地方亦已于战国时出现，并在秦始皇陵中发展到极峰。这些人俑，在秦始皇陵中是表示庞大的军队；而在东方六国的贵族墓中，则是表示各种侍仆。这些情况延续到汉代，特别是汉初。

但是，从西汉中期以后，特别是东汉时期，模型明器的种类在逐渐增加，形成了一套象征庄园生活缩影的明器群，从而这种明器的意义已发生变化。出现这种现象的原因，同上述引起家族茔地和多代合葬一墓的原因是一样的，也是由于大土地所有制的发展。不过就随葬品而言，既是为了表示墓主的社会地位，又反映了普天之下希望成为一种规模很大、能够自给自足又有部曲保卫的庄园主的时代愿望。

所以，模拟庄园面貌的模型明器的发达，是汉文化中反映西汉晚期以来，尤其是东汉时期社会形态特点的一种极富时代特征的新内容。

4. 墓室壁画和画像石反映的“三纲五常”道德观和“天人感应”的世界观

西汉武帝时期，新的社会结构已经形成，平定吴楚七国之乱后中央集权的力量又大为加强。为了稳定已经开始发展的大土地所有制和统一局面，就要求一种新的思想体系。于是，以儒家思想为基础，由董仲舒提出的“三纲五常”道德规范和“天人感应”思想，成为社会的主流思潮，并立为官学。自此以后，直至汉末，除了短暂的王莽时期略有变化外，突出这种内容的儒家今文学派，统治了整个社会达三百年之久。

“三纲五常”道德观和“天人感应”世界观都是抽象的观念，很难用随葬品来表现。于是从西汉晚期开始，在一些有力量来加以表现的大、中型墓中，用壁画、画像石来赞颂这些观念。

这种现象，愈来愈发达，至东汉晚期，已达到极盛状态，最充分地表现这种思想内容。

具体而言，“三纲五常”思想是通过图绘古之帝王、圣贤和忠臣、孝子、烈士、贞女的历史上的成败故事来表现。古之帝王如祝融、神农、黄帝、颛顼、帝喾、唐尧、虞舜、大禹、夏桀等；圣贤如仓颉、周公、孔子、曾参等；忠臣如蔺相如完璧归赵等；孝子如丁兰、老莱子等；烈士如晏婴二桃杀三士、荆轲刺秦王等；贞女如梁高行等。

“天人感应”论则是通过祥瑞图来反映的。这种理论，认为上天意旨，对人间活动具有决定意义，所以人间凡遇虐政，各方必有灾异相示；如施仁政，则会出现祥瑞之物。汉墓壁画和画像石中所见，皆祥瑞图像，如连理木、比翼鸟、比肩兽、玄圭、白鱼、比目鱼等等。

汉文化中的这些内容，是汉武帝以后笼罩人间的道德观和世界观的具体表现。至三国两晋以后，观念形态又大有变化，考古学文化的面貌也就出现了一种新形态。所以，如从这个角度评论，汉墓壁画和画像石中反映的那种伦理道德观和世界观，正是最富于时代特色的。

四、余论

上面的讨论，涉及到了汉文化概念本身以及汉文化的形成过程和汉文化的主要新内容。但这并不是对汉文化的系统阐述，而是探索汉文化中隐含的一些主要历史特点。

这虽是一些比较抽象的观点，但也多少勾画了汉文化的面貌。可是，汉文化涵盖的空间范围，远远超过以前的任何一种中国的考古学文化，所以其中存在的区域差异性，一定是很大的，对汉文化的研究，不能回避区域差别问题。

在中国考古学的研究中，自20世纪80年代以来对新石器至青铜时代各文化的区域性探索，已经进行得相当广泛和比较深入了；但对于汉文化，则还很少有人认真思考这方面的问题。要划分汉文化的区域类型，原理是清楚的，即西汉时期以长安等关中地区的遗存为中心，东汉时期以洛阳等豫西地区的遗存为中心，概括出典型的、核心型的汉文化面貌，然后依据地理环境划出范围，寻找各区域土著文化与汉文化的交融程度，再进行更大范围的比较，确定汉文化到底应划分为哪几个区域类型。

如把研究的空间范围定得那么大，其工作量是惊人的，绝非一人或少数几个人的力量在短时期内能够完成。但要真正确定汉文化的区域类型，又不能不把面积定得这么大。

为了进行这种研究，一些理论的基点，当然要进行考虑。根据对其他考古学文化区系类型研究的体会，一定的自然环境，是形成一种具有自身特点的文化类型的重要原因。在一种特定环境中，一定有早于汉代的当地文化。只有把那个区域中的文化演变过程搞清楚，才能寻找出两汉时期当地土著文化与汉文化的交融情况。

自然环境对人文面貌产生影响的作用，当然不仅限于汉文化。对自然环境的划分，也不仅限于某一代人。十年以前，高广仁、邵望平二位，曾对《禹贡》“九州”之地的新石器文化作了一定的比较研究，见到《禹贡》的划分“九州”，同今天考古学文化的划分，竟有相当的重合性。如果把高、邵二位研究的范围往下延伸，就也能看到“九州”之地汉代考古学遗存的差别，不少地方也能同《禹贡》的划分发生重合。

在汉代，疆域比三代要大，古之“九州”，肯定容纳不下。但汉代仍沿袭了以前对“九州”的划分，只是扩大为“十三州”。这显然是因为“九州”的划分，也符合汉人的认识，所以未加改变。如从今天的认识来看，这种划分，确是由实际观察而来。同样，汉之“十三州”，也是基本符合客观存在的地理形势。当然，这里面还包括了人文因素。但这种人文因素，不就是今天要寻找的考古学文化区域类型的内容吗？

当今，关心汉文化的学者，遍及东西方，也扩大到了地理学等学科的领域中。但愿能更早地出现更广阔的联合研究，把汉文化的区域性研究和总体研究更快地向前推进。

“中研院”历史语言研究所1997年度傅斯年汉学讲座的演讲稿，原载《考古·文明与历史》，台北，1999年。后收入《古史的考古学探索》，文物出版社，2002年7月。

秦汉青铜器概论

研究中国青铜器的传统，北宋末以来一直以三代至汉为基本的时间范畴。这套《中国青铜器全集》承此传统，把古代称为“四裔”的那些族群的青铜器以及“铜镜”列为专目，单独成卷，主体部分十二卷即以秦汉为末卷。如和三代青铜器相比，秦汉青铜器已失去了从前那种居于文化中心地位的光彩，却以质朴的气息，开始了写实的传统，反映出一种新的时代精神。正是由于这些新特点，秦汉青铜器仍是中国古文化中的重要内容，古代艺术中的瑰宝。

一

在中国古代青铜艺术的发展总过程中，夏、商、西周三代和秦汉时期，特别是汉武帝以后，分属于两大阶段。中间的东周时期，其实还应包括汉初，是过渡阶段。三国以后，铜器的主体已基本成为日常用品，自然不再是研究古代文化和艺术的重要内容。

为理解秦汉青铜艺术的特点，当同以前的情况作比较，先说明三代青铜器的历史地位。从总体看，三代青铜器正集中反映了当时文化的中心内容并达到了当时艺术的最高水平，是我国青铜艺术的繁荣期。

这可以从四个方面加以说明。

第一，三代青铜器是当时生产技术最高水平的代表物。中国的青铜时代现在已可确定就是夏、商、西周。在这个时代，青铜冶铸当然是最高技术，青铜器是最重要的人工制品。而且，因为青铜的性能又宜于作成各种形态及精致装饰的物品，人们一定会倾注大量心血，做出一批又一批的贵重的艺术品，使青铜器成为三代文化的精华所在。

第二,三代青铜器中的礼乐器，又是当时精神信仰的集中表现物。历史上，在真正的宗教形成以前，人们普遍信仰原始巫术。三代之时同全世界其他地区文化发展程度类似的社会一样，存在着萨满教式的巫术信仰。那时正如《左传·成公十三年》所言:“国之大事，在祀与戎”，进行各种祭祀活动被认为是头等大事。三代祭祀的对象是以天地、山川和祖先为主，并皆用青铜礼乐器作为沟通天地和人神关系的“法器”性质的用物，从而在器上铸出诡秘的神鬼图像。这种信仰是当时文化的核心。青铜礼乐器既要适应，又要体现出这种信仰。器上实现的艺术表现，一定贯注了制作者最强的情感，必然成为当时最高水平的艺术品[1]。

第三,三代的青铜礼乐器还是社会关系中宗法制度、等级制度、五等爵制度的反映物。夏代开始、西周更为完整和典型的亲属制度，是从原始氏族制发展而来的宗法制，这套亲属制度为同一血缘关系的亲属群体内的嫡长制，其直系继承关系百世不断，是为大宗；其他旁系为小宗，以五世为界限，超此界限，另立小宗。在宗法制度下，此时还有一套严格的等级制度，各种等级又有相应的礼俗，实际即法律正式形成以前的一种不成文法，人人必须遵守。五等爵制度则是天子分封诸侯中存在的一种诸侯级别。

夏、商、周族源不同，礼俗必有差别。但《论语·为政》则谓:“殷因于夏礼，所损益可知也。周因于殷礼，所损益可知也。其或继周者，虽百世亦可知。”孔子既然认为三代之礼的体系基本以继承为主，总体面貌应该是差不多的。

其中，周人之礼因在“三礼”等古籍中留下了不少记载，可与考古发现对照比较。据已有研究，可以确定西周之时实行着天子、卿、大夫、士、庶人的等级制度以及公、侯、伯、子、男的五等爵制度，各有其使用礼乐器的规格。这种等级制度和爵制是当时社会关系的典型表现，青铜礼乐器的使用情况即能反映出这种制度，可见这种礼乐器又是三代文化的另一核心内容[2]。

---

[1] 俞伟超：《五千年中国艺术的文化基础》，《古史的考古学探索》，文物出版社，2002 年 7 月，61—67 页。

[2] 俞伟超：《周代用鼎制度研究》，《先秦两汉考古学论集》，文物出版社，1985 年 6 月，62—114 页。

第四,三代王朝已普遍使用青铜兵器，既说明了青铜冶铸业的发达，又反映出军事力量要比周围其他还不能普遍使用青铜器的族群要强大。这种武力基础和其他因素的结合，使得三代王朝能够征伐四方，扩大疆域，文化影响愈来愈远，促成了中国文化传统的真正形成。三代文化成为中国文化传统起点是极重要的历史现象，而青铜兵器的发达正是造成这一结果的原因之一。

以上四点，充分说明了三代青铜器的历史特点。就其在当时文化中所占地位的重要性而言，这些方面可以认为在全球青铜文化中也是最突出的。

三代以后，东周青铜艺术是向汉武帝以后的新阶段过渡的时期。这时期发生的变化，也可概括成四大方面。

第一，平王东迁后，周文化衰落，列国文化，特别是曾经称霸的大国文化，相继发展成独立性更大的文化。这尤如春秋中期以后的晋文化、齐文化、燕文化、秦文化、楚文化、吴和越或吴越文化等等，都已是并存的各支独立文化，周文化本身反而成为附庸性质的文化。战国时的燕、齐、三晋两周、秦、楚、越是更具独立性的六大文化。一致性减弱和区域性加强是三代和东周青铜器一望即知的醒目差别。

第二，春秋以后，西周时期的等级制度和五等爵制日趋崩坏，战国时秦国率先形成以军功为基础的二十等爵制。其他列国也先后发生类似变化。原有的礼乐器使用制度随之更加紊乱，青铜器慢慢失掉从前那种至尊无上的地位，为日后向日用器物的转化准备了条件。

第三,三代的巫术信仰，东周以后走向衰微，而自春秋晚期起，诸子百家学说兴起。诸子之说，来源不同，思想各异，但都是论述应该如何看待和处理各种人间事物。人们的精神面貌已逐渐从专注于神鬼世界向人间转化；青铜器上过去那种到处都在的神鬼图像，慢慢变为人间事物的描绘；当然还主要是各种礼仪活动的场面。即使是装饰性的图案，也在减弱其神秘色彩。

第四，自两周之际冶铁术在中国发生后，青铜冶铸就日复一日地失去了从前所占生产技术中最先进的地位，青铜器的高贵性日渐下降。不过，铁器时代的来到，促使人们的各种生产技术得到全面提高。在青铜器的制作中，失蜡法、模印花纹或模印铭文、错嵌红铜或错嵌金银、鎏金银、细线刻镂等新工艺相继兴起，使得青铜工艺在春秋中期后曾出现一个新高峰。但与此同时，漆器工艺也成熟起来，轻巧、美观、绚丽的漆器正在进入贵族、官吏的生活领域，逐渐在排斥铜器。这种漆器和铜器相比，各有胜色。如作祭器，凝重的铜器更具庄严气息；如为日常使用，轻便的漆器更为美丽。所以，在日用器皿方面，漆器取代铜器的速度要快些。但即使是神圣的礼乐器，至战国时期礼乐制度的进一步崩坏，加上战争对经济破坏的加剧，到战国晚期亦已显著地衰败下去。

总之，东周的青铜器正在一步步地失去过去的特有地位，变化较多，衰落在加速。这在战国晚期尤为明显。如综观全局，这个过渡阶段可一直延伸到汉初。

二

秦王朝历时仅十五年，留下的青铜器不多，但却出现了相当的变化。

在东周时，秦与东方六国的文化传统不一，青铜器风格有别。特别是到战国中期，秦国相当彻底地抛弃了“周礼”以后，使用制度和东方六国发生了很大差异，因而在秦征服六国后，由于秦人青铜器的使用制度和器物特点对各地发生的普遍影响，六国故地往往突然中断原有传统，出现许多秦文化的因素。

在这十五年期间，如就精工细艺来说，很难说有新进步；但秦文化中追求浩大气势的长期传统，此时却因统一六国后的国力强大，几乎发挥极致。在青铜器方面，竟然制出形体大到难以想像程度的铸品，创造了当时世界的奇迹！

这当然首先是指“金人十二”。《史记·秦始皇本纪》载，秦始皇兼并天下后，“收天下兵，聚之咸阳，销以为钟鐻、金人十二，重各千石，置廷宫中”。“钟鐻”为编钟及其钟架，“金人”为大铜人，“千石”按秦时衡制计算（每斤约二百五十克，每石一百二十斤），折今三万公斤左右[3]。铜的比重为每立方厘米八点九二克，三万公斤的体积为三千三百六十三立方分米，即三立方米多，如铸成一个空心的大铜人，高度应在五至六米左右。要在两千多年前铸成这样的大铜人，当然非常困难。但《史记》所说“千石”，只是约数，而古人在使用这种巨大的约数时，通常带夸张性，况且还可能先分段铸出再拼合成一体，这样的铜人体积自然可以大于一次铸成的物体。比“金人十二”要早出千余年的广汉三星堆大铜人，高达

[3] 国家计量局：《中国古代度量衡图集》，图版说明二六至三〇页，文物出版社，1981年。

二点六二米，如果考虑到上述的几种可能，在三星堆大铜人千年之后铸造出还要高一倍以上的铜人也不是没有可能的。所以即使今天无法推知“金人十二”的真正高度，那时曾有空前高大的铜人问世是可以肯定的。

1980年冬在临潼始皇陵西侧外藏坑内发现的两辆大型铜车马明器，表示出秦代确实制作了形体极大的铜器。

两件铜车马的大小约为实际车马的一半。一号铜车马为驷马立乘的兵车，车厢上立伞盖，御人一，身佩长剑，立乘挽辔，通车马长225、高152厘米（图一、二）。二号铜车马是驷马辎车，车厢四周封闭，其门在后，顶盖作四注式伞状，御人一，坐乘持缰。两件铜车马从车厢的细部结构、马身装饰到车马的通体彩绘，都惟妙惟肖地模拟实物。如二号铜车马竟由三千多个部件组成，虽经长年瘗埋，车厢门窗犹可开闭自如，牵动辕衡还能带动轮轴，显出了工艺技术的精湛。

图一　秦始皇陵一号铜车马全形

其艺术表现手法，则无论是驷马、御人乃至车厢外形及其细部结构，都做到高度逼真，远远强于以前的模仿能力；而驷马健壮体魄所示饱满精神和御人脸部神情所隐含的恭顺心态，又反映出创作这些青铜雕像时，在做到形似后还在追求神似。总起来说，力求青铜制品的形态高大和艺术创作的现实主义风格，是秦代青铜艺术的两大优秀的、历史的特点。换言之，也是秦人文化传统中那种宏大气魄在统一局面形成后力量空间强大时的一个终结性的表现[4]。

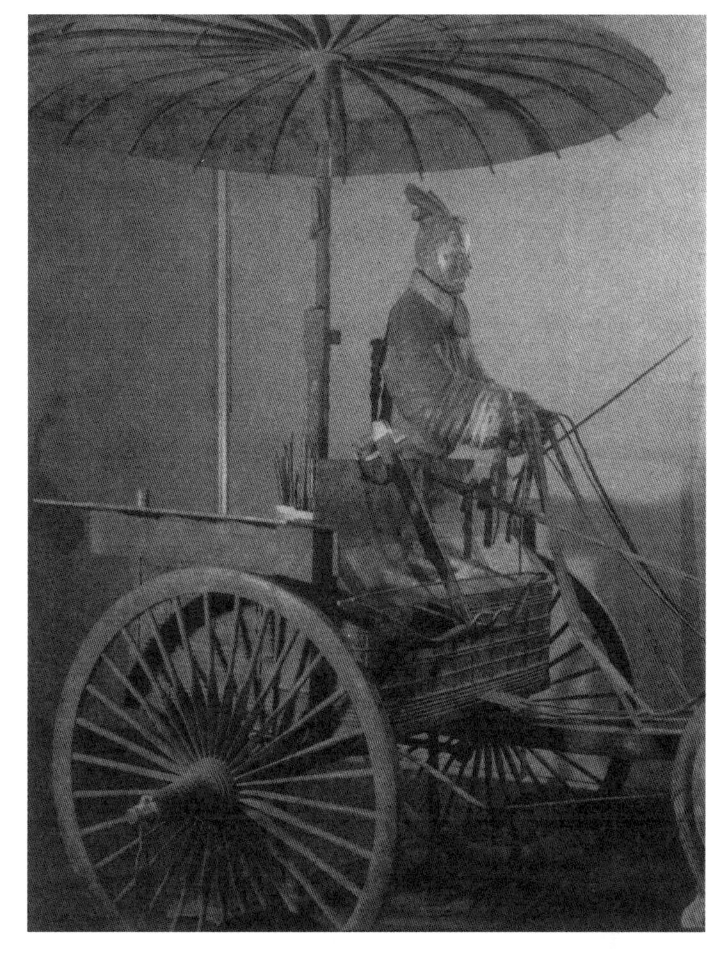

图二　秦始皇陵一号铜车马御人特写

秦代青铜器的另一特点是在更广阔的空间范围内，不再沿用传统的礼乐器制度。

春秋时，秦人还是按照“周礼”制度而严格使用青铜礼器；但在战国末至秦代，在秦人的控制区内，却不再见到这种情况。这一变化究竟发生于何时，因战国时的秦国大墓至今尚未发掘到，还不得其详；但这一变化的起端，大概还是商

[4]　秦始皇兵马俑博物馆、陕西省考古研究所：《秦始皇陵铜车马发掘报告》，文物出版社，1988年。

鞅变法。因为“周礼”虽自春秋以来就日益松弛，可是直至战国末，除秦国外，各国并未在这方面实行彻底变化；而商鞅的变法主张，如果不包括要根本改变传统礼制，恐怕不至于最初就被魏惠王严拒，也不至于要经过四次说服才得秦孝公的许可。

作出这种推测的根据，目前还只是反证。例如许多东方列国的战国中、晚期的大墓，依然存在着成套的青铜礼器；而这在秦国，却并未见到，一些秦代前后的大墓，又明显表现出传统的礼器制度已遭破坏。

一如河南陕县后川的2001号墓。此墓出土秦半两34枚，墓底尺寸为4.95×3.44～9.30米，椁外积石，依此规格，如实行传统礼制，至少应有铜五鼎随葬，但所出铜器仅有素面的鼎、钫各二件和甗、盆、勺、灯、竹节形器、蒜头壶、镜各一件，鼎、钫、甗已混同日用器皿，看不到成套礼器[5]。此地在战国中期前相继被韩、魏所占，秦昭襄王时入为秦地，到了秦代前后，入秦已久，此时具有典型的秦文化面貌是很自然的。

二如成都羊子山172号墓，亦为同于上墓规格的秦代木椁墓。随葬品中的铜鼎为楚式大鼎（镬鼎）1、秦式小鼎2，还有大量蜀式兵器。这里在秦昭王时已被秦人占领，但蜀人后裔仍长期为主要居民。此墓主人当为蜀人后裔，但其文化面貌，已大受秦文化影响，基本按照秦制随葬铜鼎，并可为解释后川秦墓的用鼎情况作旁证[6]。

以上两例都说明了传统礼制至秦代已遭根本性破坏，但在各地的表现当然是不平衡的。洛阳西宫曾出成组铜器为鼎（1件）、盛（1件）、壶（2件），盛上带标准的秦代小篆“轨”字铭文，时代可确定。此地战国时为西周君所辖，看来周人原有传统在此地延续得比其他地方要牢固些，所以还沿用旧制来随葬铜器[7]。

秦器的形态从战国中期起就大受三晋之器，特别是魏器影响。例如铜鼎，迅速从原来的浅腹、无盖、立耳、肥足变为深腹、半圆盖、附耳、中型之足；铜壶

---

[5] 黄河水库报告之五：《陕县东周秦汉墓》附表二，二一五页，科学出版社，1994年。按：据叶小燕同志见告，此报告在编写时，2001号墓的原始资料大部已佚，文中所述现象是我于1957年时在发掘现场所见。

[6] 四川省文物管理委员会：《成都羊子山第一七二号墓发掘报告》，《考古学报》1956年4期。

[7] 杜迺松：《记洛阳西宫出土的几件铜器》，《文物》1965年11期。

亦从方腹变为圆腹。秦、魏相邻，相互之间本就容易发生影响，但影响总是像水从高处向低处流那样，发展程度高的总是容易影响发展程度较低的。在战国中期以前，无论是文化整体或是青铜工艺，魏国都要高于秦国，秦国受魏国的影响自然会多一些，例如后来使秦国迅速强大起来的法家思想，就是从魏国传到秦国的。秦器大受魏器影响就是在这种背景下发生的，因此秦代铜器和战国魏器在其形态的源流上也就存在着共同性。

另外，自公元前4世纪秦灭巴蜀后，秦人就同长江流域的文化发生更多接触，长江流域以釜为炊器的传统，很快就影响为秦器中鍪的出现和流行。秦器中几乎同时出现的蒜头壶（包括扁壶），也当是受其他文化的影响而产生的。这些器物，在秦军陆续占领的东方六国之地也经常出现，并成为判断是否为入秦以后的遗存的重要根据，并一直延续到秦代乃至汉初。

综上所述，三代以来青铜器的传统至秦代已完成了根本变化。如果这个变化趋向继续延续下去，肯定将形成一种以秦代铜器为基础的青铜器新传统。但秦人统治时间太短了，陈胜、吴广、项羽、刘邦的推翻秦朝，改变了这个趋向的进程，青铜艺术是以另一种形式走到下一阶段的。

三

取代秦文化的汉文化，要经过六七十年至汉武帝时才形成完整形态；汉代初期原有的秦文化和东方六国文化正处在重新组合的状态下。

汉初全国的官制、郡县制、二十等爵制、钱币和度量衡制度皆承自秦制，这加强着文化的统一性。例如各地瓦当亦基本为承自秦式的卷云纹图案。

但社会思潮的主流却承自楚地。战国时楚地流行老庄思想，主张清静无为，早期的巫术信仰也残存较多。战国时齐地又出现了黄帝之神的信仰（见齐威王时陈侯因資敦铭文），这当与东方沿海地区出现的驺衍五行之说和入海求仙药的活动有关。汉初这两种思想体系结合起来，成为黄老之学，并因适应休养生息的需要，成为社会的主流思潮。马王堆汉墓的帛书，说明汉初的楚地正盛行黄老思想；刘邦等西汉王朝的建立者正多三楚之人，大概也和汉初盛行黄老思想有一定关系。

但就社会的生活习俗而言，在多数地区内，六国文化的遗风却立即复苏起来。秦人在征服六国的过程中，凡力量所达之处，又要求在许多生活习俗，诸如葬俗等方面，服从于秦文化。这当然会产生极大的反抗情绪。所以一当秦王朝被推翻，六国遗民就立即恢复原有的习俗，例如随葬品制度。当然已不会像从前那样严格。一些仍集中居住的秦人后裔，则还固守原有传统，直至汉武帝时期。

在这种多元结构的文化背景下，汉初的青铜艺术呈现出很复杂的情况。其一是各地因为已处在西汉王朝的统一管辖下，文化交流比战国时方便，文化面貌的一致性就要强一些。其二是原来的六国旧地都在一定程度上恢复了原有文化传统，特别是在中央朝廷直接控制的十五郡以外。只是原本是秦文化基地的陇东至关中一带，因秦王朝的被推翻，却一下子变为汉文化最主要的形成地。其三是西周以来的青铜器铸造和使用制度，因井田制、宗法制、世卿世禄等制度的逐步解体，至东周时已日益走上崩坏的道路，又经秦代的进一步摧毁，至汉初已缺乏恢复的基础。这样，所谓汉初的六国文化复苏，主要只是指一些铜器的器别及其形态，如就青铜器的组合而言，则传统礼器的种类已经大减，主要只有鼎、盛、壶、钫、甗等并常和日用器皿混杂在一起随葬，原有那种礼器使用的严格性显然在减弱。

各地所出汉初铜器，基本为素面（“四裔”之地不计入）。其鼎主要承自秦式，但一般讲三足更矮些。因战国中期以后的秦式鼎本是出自魏式，所以汉初鼎的形态也可以说是源出三晋，同此时六国文化复苏的趋势没有冲突。盛作盒形，战国晚期出现并迅速流行，是从敦变化过来的。壶有大小二型并存。大型的亦主要是承自秦式而源自魏式，但腹下部略呈收缩之状，相形之下，即腹部比从前的要鼓出一些。小型的腹部较瘦长，在楚地战国晚期已经出现，至汉初也比他地多见，而且经常铸出变形螭纹。铜钫出现于春秋，战国时要多些，而汉初更流行，有的做得很讲究，通腹有镶嵌松绿石的变形三角云纹。铜甗则皆为釜甑合体形。

秦式的鍪、蒜头壶、蒜头扁壶（钾）继续流行。其他日用器皿中高灯更为多见，豆式熏炉突然流行，带钩依然是琵琶形、棒形、琴形并存，讲究的则多作成错金银、镶嵌松绿石或鎏金的。

此外，这时青铜兵器正在进一步被铁兵器取代。铜剑、铜戈、铜矛（含戈、矛组成的戟）、铜铍和铜镞虽继续存在，铁剑、铁戟、铁矛、铁镞却日增。到下一个时期，铜兵器就已基本被铁兵器所代替（仅长江下游还常见一种青铜长刀）。

上述各种汉初青铜器的艺术风貌，就其器别、形态或是装饰花纹来说，还有不少战国遗风；如就以素面为主（含弦纹及宽带纹装饰）和人物、动物造型愈趋写实而言，则已开启了整个汉代青铜器特点之风。综观我国青铜艺术的总历程，可以把三代和汉武帝至东汉末视为两大阶段，中间是其漫长的过渡时期，汉初即为这个过渡时期的最末阶段。汉初青铜器的艺术风格，也表现出了这一点。

四

西汉中期至东汉早期（即西汉武帝至东汉章帝时）是汉代青铜器最发达的时期，也是汉代青铜艺术最典型的时期。

各时代的艺术都在表现同时代的文化精神，而不同时代又皆由某种特定艺术来表现时代的主要风貌。汉代的青铜艺术已经退出了这个主要位置，但为了理解这种艺术，仍必须懂得形成当时文化总貌的主要基础是什么。

从汉武帝时起，完整形态的汉文化已经形成，而所以形成这种文化，以下三大方面是最根本的原因。

其一是自秦代以国家法令确立了土地私有制（《史记·秦始皇本纪》“三十一年”条下《集解》引徐广注）后，土地兼并现象出现，至汉武帝时一种新的大土地所有制开始渐渐扩大，到两汉之际已达一定规模。但直到西汉中期，小农经济还很发达，而这种经济则为铁农具乃至牛耕的推广准备了社会条件，从而农业迅速发展，人口激增，手工业和商品货币关系空前发达，各地文化的统一性因此亦大为加强。

其二是大批原先由宗法制度维系的世袭贵族，已丧失了传统的高贵地位，一些过去的平民在汉初成为新的官吏，他们没有从前那种贵族的世袭特权，却以本身的劳绩作为升迁的主要原因。但一当进入新的官吏集团以后，又因其权力而占有大片土地，等到大土地所有制成为社会稳定的一种经济基础之后，世代占有大片土地的家族就形成了新出现的宗族制度。这就是说，从前的宗法制度是建立在土地公有制基础上的一种人们氏族关系的表现，而汉代形成的宗族制度是建立在大土地所有制上的一种人们家族制度的表现。人们的亲族关系发生了这种变化，自然亦引起观念形态以及青铜艺术的相应变化。

其三是自汉武帝时起，出于稳定新出现的大土地所有制和宗族制度以及国家大统一局面的需要，以儒家学说为基础，由董仲舒提出的“天人感应”世界观和“三纲五常”道德观，成为直到汉末，乃至更长时期的社会主流思想。这是汉武帝以后汉代艺术主题中潜藏的精神核心，青铜艺术也在一定程度上含有这方面的内容。

在两汉时期，铜器主要由三种性质的作坊铸造。一是都城长安、洛阳的中央朝廷内少府属下的考工（东汉改属太仆）与尚方的作坊，专供禁中用物（含各地离宫、寺庙、陵寝用器）和兵器中的弩机铜廓[8]，有些制品则被赐给皇室亲属或其他高官而散至各地。这种少府制品，多以一系列督造官吏的题名铭文为标志，但有一批上林苑使用的铜鼎、铜鉴，只有“工某”题名，应当也是考工或尚方铸器。二是设在郡县却由中央朝廷任命管理官吏的工官作坊。凡工官，所制物品有好多种，但铜器必为其一。其产品，有的上供朝廷，有的则运销四方。三是各地的私手工业作坊，生产之物主要是商品。

铜器铸造中的私工作坊要到战国才逐渐发展起来，所以直到西汉中期至东汉早期官工产品还占很大比重。就少府铜器来说，在西汉晚期时铸造量大增。据传世铜器铭文可知，在成帝阳朔元年（前24年）至鸿嘉二年（前19年），即曾铸出重九斤十两至六十斤（皆西汉衡制，下同）不等的上林铜鼎一千八百五十件。另据西安三桥镇所出上林铜鉴铭文，又知在阳朔元年至鸿嘉三年还同时铸出了各重一百数十斤的大铜鉴一千四百九十八件[9]。再据传世阳朔四年考工所作汤官钟[10]，同时期少府作坊肯定还铸造了许多其他铜器。但即使仅就上林铜鼎和上林铜鉴而言，在六七年期间少府作坊竟至少铸出三千三百四十八器，青铜铸造业至西汉晚期时又已得到巨大新发展是非常明显的。

西汉所设各地工官，《汉书・地理志》记为河南郡、河内郡怀、南阳郡宛、济南郡东平陵、泰山郡及本郡的奉高、广汉郡及本郡的雒、蜀郡成都。传世“二

[8] 两汉书所载考工、尚方还管理兵器制作。但西汉中期以后，军队主要使用铁兵器，这里因只讲铜器铸作，所以只提到弩机的铜廓。

[9] 孙慰祖、徐谷富:《秦汉金文汇编》，第六一至六五器、二五七至二六四器，上海书店出版社，1997年。

[10] 同注 [9] 第一七三器。

年蜀西工”铜酒锠为武帝于元鼎三年创立年号以前器，作于汉初，但正是《地理志》所录蜀郡成都工官所铸。器铭中有长、令史、啬夫、佐、工诸官吏之名，说明工官铜器和少府铜器一样，常有督造官吏题名。传世南陵大泉铜钟[11]，又表示出一些重要的武库和市府，也是官工铜器的产地，而某地之“库”铸造铜器（特别是兵器），正是战国时就普遍存在的一种传统。

东汉所设工官，在《续汉书·郡国志》中并未指明地点。但传世“建武廿一年（公元45年）蜀郡西工造乘舆一斛承旋”鎏金铜尊和“永元十六年（公元104年）广汉郡工官”金马铁书刀以及成都天回山出土“光和七年（公元184年）广汉工官”金凤铁书刀，则表明有些重要的西汉工官曾一直延续到汉末。不过一到东汉中期，官府手工业的整体已步入衰落阶段，蜀郡、广汉的工官也在萎缩之中。

然而东汉早期的官府手工业还有相当规模。传世光武帝“建武卅二年一月（公元56年）虎贲官冶”铜弩机廓是光禄卿属下的作坊所作；“建武中元二年七月十六日（公元57年）东海官司空作铜槃鋗镫”和明帝永平十八年（公元75年）“汝南郡八石弩机郭”则为地方官工所作，或为工官制品[12]。《郡国志》又载丹扬郡有铜官；另如越巂郡的邛都南山，益州郡的俞元装山、律高石室山、贲古采山和犍为属国的朱提等地都出产铜或铜和锡，附近应有铸器作坊。但具体情况还只能由地下发现来作证。

关于这时期私手工业经营铜器铸造的情况，可从一些铜器铭文中得到了解。例如传世的宣帝元康元年（前65年）“汤官鼎”铭曰“河东造”，元帝初元五年（前44年）“敬武主家铜铫”铭曰“河东所造”，永光五年（前39年）“博邑家铜鼎”铭曰“河东平阳造”，都没有督造官吏题名，应当皆出自私手工业[13]。这种“河东”铜器又在武帝时的满城汉墓中发现过，如两件铜锠分别铭为“郎中定市河东”（图三）和“郎中定市河东，贾八百”[14]。前后五器，当为同地制作，即“河东”是省称郡名，“河东平阳”则是郡、县之名的全称，作器之地是在“平阳”。

[11] 同注[9]第一六九、一七五器。

[12] 同注[9]第五七九、三五〇、五八一器。

[13] 同注[9]第五四、一五九、六〇器。

[14] 中国社会科学院考古研究所：《满城汉墓发掘报告》，文物出版社，1980年。

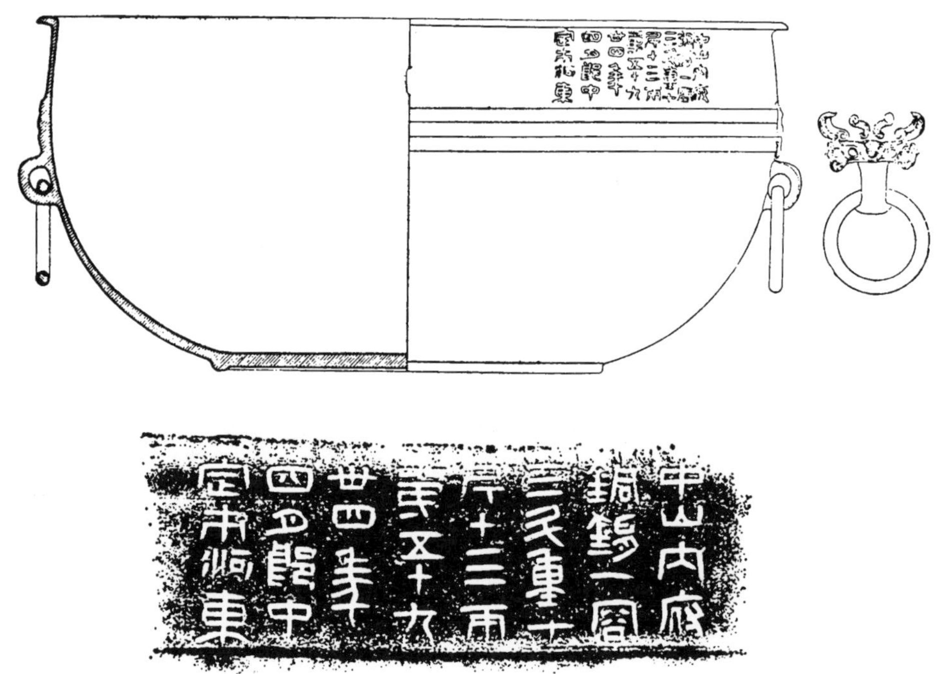

图三　满城汉墓出土“郎中定市河东”铜鋗（附铭文拓片）

其中，满城铜鋗既明言是买来的，其他数器当然也是买来的。这就更能证明这些铜器是出自生产商品的私手工业。

这个“河东平阳”作坊的重要地位，还可通过铜器使用者的身份而表现出来。满城铜鋗是武帝时中山王所用，“汤官鼎”为宣帝时少府属官所用，“敬武主家铜铫”是元帝之妹敬武长公主所用，“博邑家铜鼎”按照公主食地称邑之制，或亦为敬武公主用物[15]。武帝至元帝时有那么一些中央官府和皇室贵族买来河东平阳铜器，足见那里的作坊一定是制品精美，名传四方，从而才能历久不衰，规模也一定发展得很大。

满城汉墓所出另一件“中山内府铜钫”，铭文又记为“中郎柳市雒阳”[16]（图四）。如依上例，所指也是到洛阳的一处私工作坊去买铜钫。中山国既然曾分头

[15]　敬武长公主的事迹见《汉书》的《张汤传》、《赵充国传》、《薛宣传》、《王莽传上》。

[16]　同 [14]。

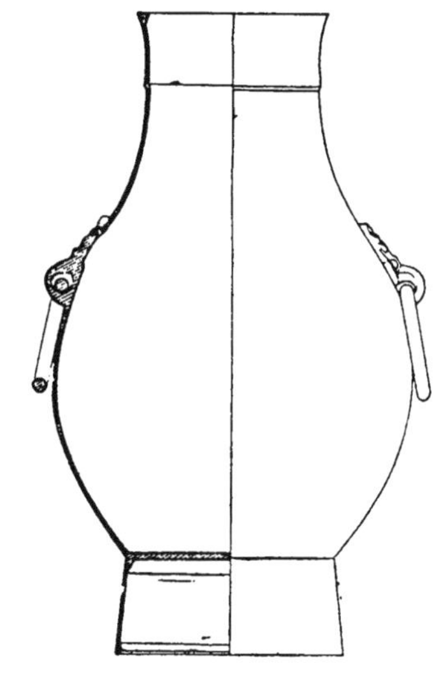

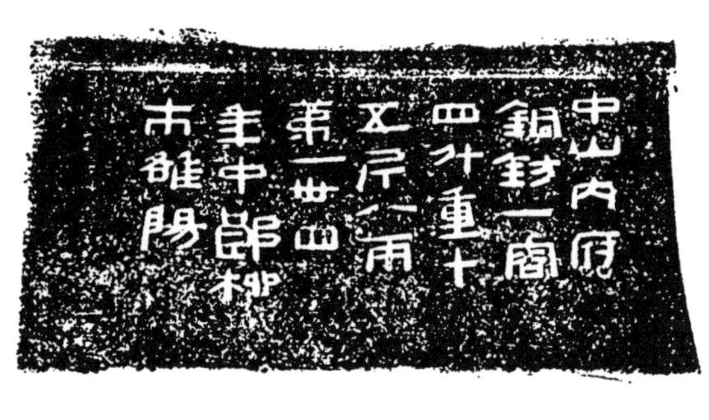

图四　满城汉墓出土“中郎柳市雒阳”铜钫（附铭文拓片）

到平阳和洛阳采购铜器，可见此时铜器的商品销售活动，至少在中原地区已经发展得相当普遍了。

如果综合上述内容，就可看到秦汉时期青铜艺术的历史地位虽已下降，青铜器的铸造量及其商品化程度，却在西汉中、晚期时发展到隋唐以前的最高峰。

这在工艺技术方面，也有类似表现。此时因艺术需求的变化，尽管素面铜器占据着非常突出的主要位置，但许多富人，特别是贵族高官，大量使用鎏金银的铜器。不仅是室内器皿，甚至是车马器也常被通体鎏金。可以想像一下，一当进入放置着许多鎏金银器皿的堂室或是在道路上望到装饰着鎏金车马器的车骑，将是何等富丽堂皇的场面。鎏金铜器中形体最大之例为兴平武帝茂陵陪葬墓随葬坑所出大型立马（图五），通长76、通高62厘米，神态俊秀，通体金光闪闪，简直像一尊马神[17]。

错金银技术的使用，也更普遍。战国至汉初的错金银器，多为小件物品，如带钩、车马器、兵器等，如为鼎、敦、壶等礼器，体型没有太大的，并很少见。

[17]　咸阳地区文管会、茂陵博物馆：《陕西茂陵一号无名冢一号从葬坑的发掘》，《文物》1982年9期。

现在则较多地施用于一些较大型的贵重器皿上，如满城汉墓出土的错金银鸟虫书铜壶和错金银博山炉（图六）等[18]。最精彩的一件是茂陵附近出土的大型犀尊，长58.1、高34.1厘米，遍体有流动性很强的错金银变形云纹，全形模仿独角犀牛的写实性和表现粗壮而又笨拙喜人的艺术性，达到了青铜艺术的新高峰（图七）。这件犀尊的年代因缺乏相似之例，较难确断。但既是在茂陵陵墓附近出土，发现时腹内又有东汉五铢，故能推定本是茂陵陵园内的祭器，一直使用到东汉因遇突变而瘗埋地下。这就是说，其铸造年代大概就在武帝左右[19]。一当时代确定，就可把此器作为说明青铜艺术至西汉中期又进入一个新阶段的典型例证。

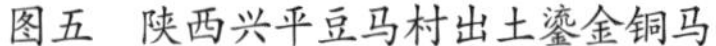

图五　陕西兴平豆马村出土鎏金铜马

图六　满城汉墓出土错金银博山炉

作为新出现的工艺，则有长江中游及其以南地区的一种细线花纹。早在春秋晚期，中原铜器上就有一种细线刻镂花纹，主要用来表现大幅图画；但至战国晚期已消失。不久后，南方沿海地区却有一种铸出的细线花纹，源头大概是几何形

[18] 同注[14]；又见肖蕴：《满城汉墓出土的错金鸟虫书铜壶》，《考古》1972年5期。

[19] 陕西省考古研究所：《陕西兴平县出土的古代嵌金铜犀尊》，《文物》1965年7期。

图七　陕西兴平豆马村出土错金银云纹犀尊

印纹硬陶。在广州一带武帝前后的越式铜器上，可见到一种仿自印纹硬陶图案的阳纹细线图案，线条组合较稀疏，如广州南越王赵眜墓中铜提筒上的圆圈、平行竖线、勾连菱纹等（图八）。显然因为西汉政府在百越之地设郡后南方越文化与内地文化联系的加强，最迟到西汉晚期长沙等地所出铜器上也出现了细线花纹，但图案线条繁密，完全脱离了几何形印纹的祖型。类似的花纹在广州等地的铜器上也可见到，但或许是由长江中游反过来影响到岭南，也可能还是在越人那里先产生的。尽管素面铜器仍是从长江到海滨的南方地区中最多见的，但细线花纹毕竟是南方青铜器中特有的。

在青铜器的使用制度方面，“周礼”传统已基本退

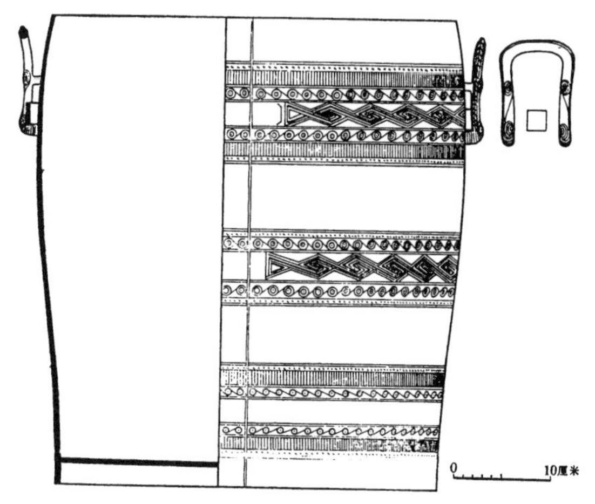

图八　西汉南越王墓出土铜提筒

出了历史舞台。先秦礼器中汉初犹存的鼎、盛、壶、钫、甗等此时虽仍继续沿用（钫在中原地区至西汉晚期已消失），但更具一般日用器皿的性质。仅仅是鼎，还是一些祭祀活动中的重要祭器。

据《续汉书·礼仪志上》，东汉皇帝死后行“大丧”礼时，太常要实行“太牢奠”。这就还是在沿用西周以来的用鼎制度。同书又载皇帝的随葬明器有“瓦鼎十二”，即用正鼎九和陪鼎三，也是用“太牢”旧制。但皇帝的随葬品竟然用陶鼎来表现“太牢”之制，似又暗示出不必用铜鼎来实行这种制度了。

从许多墓葬的情况看，至少在天子以下的各级贵族中，使用铜鼎的制度发生了大变化。“周礼”中的用鼎制度东周以来一直处在崩坏过程中[20]。到了此时，即使是诸侯王或列侯的墓，铜鼎只是单件或成对出现（有时出现多对），过去那套鼎制已经看不到了。《后汉书·明帝纪》又曾说：“（永平六年）二月，王雒山出宝鼎，庐江太守献之。……太常其以礿祭之日，陈鼎于庙。”按照旧制，这种祭祀理应使用九鼎，此时却以宝鼎一件为祭。这就表现出即使是重要的祭祀，以特一鼎或成对双鼎作祭器，已成通例。

不仅铜鼎不再以原来数量表示使用者的身份，其他礼器也是这样。如铜壶（亦可称锺），本为盛酒之器，现在又可放置黍稷等农作物，由于用途扩大，同一墓内常出更多铜壶（仿铜陶壶尤甚），进而表明愈来愈多的原有礼器已成为日常用器。

这时期最多见的青铜用器是鼎、壶、钫、盛、铜、鋬、盆、甗（常为分体的釜和甑）、尊（大多为奁形三足半圜盖，少量是三足盆形，个别做成犀牛等禽兽形）、勺、耳杯、盘、魁、鐎斗、鉶镂、灯、炉、熨斗、镇、车马器、带钩、镜鉴、玺印、封泥筒等等。其中，灯的形态最多，主要有高灯（豆式）、雁足灯（高灯之一，柄部作雁足形）、行灯（有柄似熨斗式，以便手持行走）、辘轳灯（卧羊式或椭盒式）、卮灯（卮形深腹）、釭灯（人物形、牛形、雁形）等。熏炉常做得很讲究，并皆从汉初的豆形变为博山炉式。这是因为神仙思想流行起来以后，就把熏香之器和海上有神洲之说结合起来，将熏炉做成想像中的神洲仙山状，多为

[20] 同注[2]。

山峦重叠，异兽奔腾。

所有这时期的铜器，已显露出一种时代的新风尚。如专就艺术风格来说，凡整体作成人物或鸟兽形的，或是器身三足及器盖附饰部分作成这种形体的，皆类似于独立的青铜雕像，最能体现出造型艺术的特点。其形象，都是工匠们对观察客体的逼真模拟。如和先秦的同类形态作比较，立即能感到已从神秘的想像转化为现实的写照；换言之，也就意味着此时青铜艺术出现的最深刻变化，就是已从天上世界降到了地上人间。

五

东汉中、晚期时的社会面貌和青铜器铸造的管理经营方式以及青铜器本身，又发生一定变化。所谓东汉中、晚期，按照通常使用的习惯来说，指和帝至汉末献帝时；如依文化面貌的变化而言，则汉末建安更宜归入三国时期。但即使真正进入三国时期，魏、蜀、吴三国同东汉发生的文化差异，则又是很不平衡的，由于这套《中国青铜器全集》并不涉及三国以后的铜器（镜鉴例外），所以这里不加评论，仅在有些地方谈到一点建安时期的情况。

东汉中、晚期时社会面貌最基本的特点是大土地所有制已占主要地位，并且还在加速膨胀。在这种经济基础上，一个个自给自足、兵农合一的大庄园相继形成并日趋稳固。农民对大土地所有者的依附关系日益加强，高官同属吏也在发展其服从关系，许多官吏都有一大批终身相依的“门生”、“故吏”。百余年前董仲舒提出的思想，促进了这种社会基础的发展，而现在则这种思想更普遍地占据着人们的头脑。

以大土地所有制为基础的庄园经济的发展，对朝廷来说，几乎已成为一个个独立的经济、武装乃至是政治的实体，政府再也没有能力像从前那样实行直接的控制。就手工制造业而言，汉武帝以后长期实行盐铁官营；东汉王朝建立后，地方豪强日益强大，朝廷仅于章帝时一度复收盐铁之利，但和帝刚一即位，窦太后就以章帝遗戒为言，“罢盐铁之禁，纵民煮铸，入税县官如故事”（《后汉书·和帝纪》）。从此，中央朝廷就放给地方豪强一个最重要的手工业部门。和帝死后，邓太后又立即“减大官、导官、尚方、内者服御珍膳靡丽难成之物，……旧大官、汤官经用且二万万，太后敕止曰杀省珍费。自是裁数千万。……其蜀汉钔器、九带佩刀，并不复调。”（《后汉书·皇后纪上》和“和熹邓皇后”条）中央朝廷对直接控制的手工业部门和蜀郡、广汉工官的这种紧缩，无疑即意味着官府手工业的大大衰退。庄园经济的发展和官手工业的衰落，正是同一种历史趋势的两方面表现。换言之，就是东汉中期以后官工在迅速衰落而私工却大有发展。

这在青铜器制作方面，正表现得非常清楚。

首先可以看到的是，官手工业所铸铜器在西汉中、晚期时曾有大量发现，而在东汉早期就已很少见，至东汉中期以后，则除了一些弩机铜廓和朱提、堂狼所造铜盆以外，几乎不见；以某氏为标记的私工铜器却大为增加。

已知中央官工铜器有弩机的铜廓，如安帝元初二年（公元115年）中尚方监作的八百石弩机廓和延光四年（公元125年）太仆所属考工所作弩机廓。兵器制作当然规模很大，故元初二年那次铸造即达“钒郭千八百廿四具”[21]。另见“河东李游”和“河东冯久”刻铭的机廓[22]，应为私工所作，并且可能就是西汉“河东平阳”铸造业的延续。

今云南昭通一带东汉犍为属国的朱提、堂狼应是郡国官工中最大的铜器制地，主要铸作铜盆（过去习称为洗）。盆底内侧多双鱼纹，较晚的出现双鸟、鱼鸟、五铢纹等；两侧花纹的中间则铸出某年堂狼或朱提造作的铭文，末字或为“工”，表明是官工制品，可能即“工官”之省。凡带有“堂狼造”铭文的纪年，最早的为章帝建初八年（公元83年），有一件为“永平三年四月造作，牢”（公元60年），虽未标出地名，但铭文风格同章帝时的堂狼铜盆很接近，应当能表明这里的工官作坊在明帝时即已出现。“朱提造”铜盆则始见于殇帝延平年间（公元106年）。已知堂狼、朱提铜盆的时代下限为灵帝建宁四年（公元171年），但有一件传世铜钟铭为“熹平六年（公元177年）犍为国上计王翔奉”[23]，可以说明终止的时间还要再晚些。按照当时制度，各地郡国在每年九月之后，“岁尽遣吏上计”（《续汉书·郡国志五》）。堂狼、朱提的工官都归犍为属国管理，犍为属国在岁终上计时

---

[21] 同注[9]第五八二、五八三器。

[22] 同注[9]第五四四、五八五器。

[23] 同注[9]第一八〇器。

所供铜器，无疑是当地工官的制品。

熹平钟后不到十年，黄巾起义爆发，烽火四起，堂狼、朱提的工官当即停止。综观上述材料，可知堂狼、朱提的官府铜器手工业起于东汉早期，盛于东汉中、晚期，废于黄巾起义时，是规模最大的地方官工。

蜀郡则还是重要的私工铜器制地。这里也是以铸造铜盆为特色，传世和出土品都很多，但皆无纪年铭文，只能大致判定为东汉物。所有铭文均不见“工”字，却以不同姓氏作为标志，可知出自私手工业。最多见的是“蜀郡董氏”或“董氏”，还有“蜀郡严氏”或“严氏”，这两大家当是制作蜀郡铜盆的最大作坊。凡此类蜀郡铜盆，内侧主要有羊、鸟和鼎的图像，和堂狼、朱提制品的双鱼纹有明显差别。有的具蜀郡图案风格的铜盆则带“武氏”、“刘是（通氏字）”铸铭，说明蜀郡的私工作坊还有多处。另一些有“唐氏”、“陈”等姓氏铭文的铜盆，则铸地不详，但可说明当时私手工业的发达。

在双鱼铜盆中，有一件铭为灵帝“初平五年（公元194年）吴师作”；另一件铭为献帝“建安四年（公元199年）六月造作，牢，大吉羊，富贵，谢张宜用”。两器年代都在黄巾起义后十年左右。其时中原荒乱，堂狼、朱提工官已废，蜀地和吴地则稍稍安定，手工业生产的状况要好一些。如建安时期的武昌（今湖北鄂城）和会稽（今浙江绍兴）即有发达的铜镜铸造业。初平铜盆铭曰“吴师作”，已明言为吴地制品；建安铜盆铭文中的“谢张宜用”，其谢氏又为吴地大姓，亦当为吴地制品。看来，此时长江中、下游的铜器手工业比其他地区要发达，除了大量铸造精致的镜鉴以外，又开始制作当时极流行的铜盆，而其形态则主要来自堂狼、朱提的传统。也许堂狼、朱提的工官被废置后，一些工匠被吸收到吴地作坊，带去了昭通一带的风格[24]。

东汉中期以后私工铜器的发展，曾在许多地方表现出来。大凡铭文中记出价值或标明某氏做的，皆为私工制品。此如安帝永初四年（公元110年）铜钟铭曰“直戋（即钱字）二千”；顺帝阳嘉二年（公元133年）铭曰“陈彤作”；阳嘉三年（公元134年）铜钟铭曰“雷师作，直二千五百”等等[25]。不过，这些铜器的铸地

[24] 以上铜盆铭文见注[9]第三九九至四六九器。

[25] 同注[9]第一一七至一一九器。

都不清楚。

对整个青铜铸造业来说，东汉中期以后已走向衰落。不仅像从前那些做得最精美的铜器已经见不到，铜器的铸造量及其商品化程度也在退缩。这当然同大土地所有制发展后自然经济在加强有关。

与此同步的现象是铜器比前轻薄，错金银技术在铜器装饰中几乎消失（但在讲究的铁器中反而增多），鎏金银则仍较多。作为具有这个时代特点的新纹饰，则是在贵重的鎏金器上出现的细线阴刻云气纹。云气纹本是表现天上现象，现在被刻画得流畅非凡，又常常有仙禽异兽飞跃其间。这些笼罩在金色之下的细纤而刚劲的花纹，随光线的闪射而隐约可见，充满了神仙世界的气氛。东汉中期以后太平道、天师道日益在黄河、长江流域扩大其影响，神仙和升天思想得到进一步发展，可能就是流行这种艺术题材的基础。

大概由于同样原因，东汉中、晚期时在西南地区乃至长江三峡和甘青交界处，流行一种新出现的青铜钱树。一般是在陶座上立有高约一米多的铜树，枝叶蔓延，顶端常有西王母像，并悬挂着许多铜钱和夹杂着仙人（羽人）、珍禽异兽和圜璧等物（图九），有时还有佛像。钱树本是社树的一种特殊形态[26]，但此时突然流行并多仙神内容，看来和道教信仰有关。如从钱树的分布区域来考虑，当和天师道的关系更密切。即使不作这种推定，至少是和神仙思想的流行有关。

与此有同样性质的关系是，甚至有的铜灯亦作成钱树式。近年被盗掘出的一件钱树形铜灯，高约140厘米，枝繁叶茂，树枝上竟托有96个灯盘。从其形态看，当为长江流域物品。以上这些现象，直接说明的是神仙思想的流行曾对铜器的形态发生影响，深层表达的则是社会思潮的变化是导致青铜艺术，乃至一切艺术发生相应变化的基础原因。

就是这个原因，传统礼器中即使是占有首要位置的鼎亦已走到消失的边缘，很少出现；另一些使用较多的壶（锺）、扁壶（钾）、盆、釜、甑、鐎斗、鉊镂、

---

[26] 《三国志·魏书·邴原传》裴注引《邴原别传》（《御览》卷八三六引《邴原别传》略同）：“（邴）原遂到辽东，辽东多虎，原之邑落独无虎患。原尝行而得遗钱，拾以系树枝。此钱既不见取，而系钱者愈多，问其故，答者谓之神树。原恶其由，已而成淫祀，乃辨之。于是里中遂敛其钱，以为社供。”

图九　彭山双江出土钱树（局部）

灯、博山炉、炉、熨斗、尊、耳杯、盘、案、水注、虎子、车马器、带钩、镜鉴、玺印、封泥筒等日用器物，除了带钩、镜鉴、玺印等当时还必须用青铜制作的以外，其数量也比从前大为减少。

但有些车马明器此时却或用铜制。这在西南至西北地区较为突出。如四川绵阳何家山二号墓就出土了一件体型最大的铜马和马奴，前者高达135、后者亦高67厘米[27]，除秦始皇陵铜车马外，这是秦汉时期最高大的青铜器。甘肃武威雷台的汉末之墓，则出了一套由铜车十四、铜马三十九、铜人俑四十五组成的出行行列的明器，气势壮观（图十）。其中一件奔马为了表现奔跑速度，脚踩飞鸟，习称为马踏飞燕，所示姿态的雄健和意境的超越，堪称为最优秀的汉代青铜雕像[28]（图十一）。如说

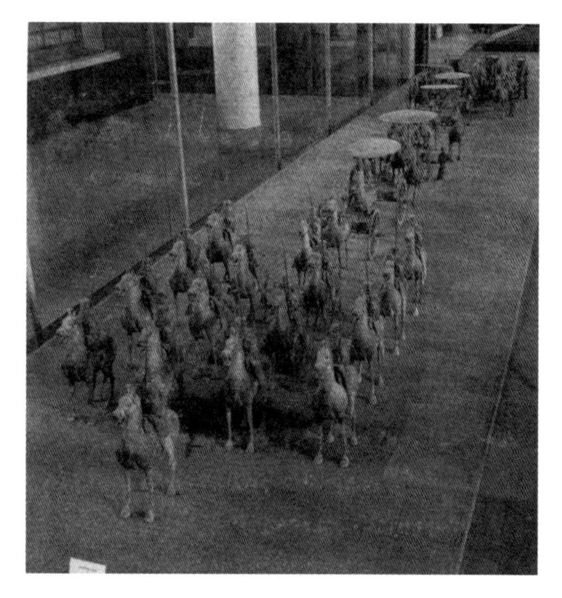

图十　甘肃武威雷台汉墓出土铜车马的全部行列

[27]　中国文物精华编辑委员会：《中国文物精华》（1997），图83，文物出版社，1977年。

[28]　甘肃省博物馆：《武威雷台汉墓》，《考古学报》1974年2期。

汉武帝时开始了中国青铜艺术的现实主义道路，则经过三百年的发展后，现在又从写实手法达到以超写实境地表现理想境界的艺术高度。这是两千年前古代世界最优秀的艺术品之一，汉末的铜工以最好的成绩来为秦汉的青铜艺术作了总结。

图十一　甘肃武威雷台汉墓出土马踏飞燕铜铸像

在秦汉时代的四百四十年间，中国古代的青铜艺术渡过了最后的辉煌。从世界范围的青铜时代来观察，古代中国的青铜艺术占有最重要的地位。到了铁器时代后，秦汉时期的青铜艺术已处在秦汉文化总体中的次要位置，而古典世界的青铜雕像在当时的青铜艺术中则曾独步天下；但在青铜器的工艺美术成就方面，秦汉青铜器却是最突出的。即使就青铜雕像的造型艺术魅力而言，秦汉时期走着与古典世界不一样的艺术道路，主要以田园般的朴素和诚实的温情，表现了平易的风采和含蓄的魅力。

艺术是人类理想的一种情感追求。朴素、温情和平易、含蓄的境界，当然也是人们将追之无限的一种高尚情操。秦汉的青铜艺术是这种情操的一个宝库。

原载《中国美术分类全集·中国青铜器全集》第12卷“秦汉”，文物出版社，1998年。后收入《古史的考古学探索》，文物出版社，2002年7月。

秦汉考古学文化的历史特征

北宋以来的金石学，已经对秦汉时代的铜器、碑刻、画像石、砖瓦陶文、玺印、封泥、钱币、度量衡等实物资料，做过大量著录和研究，但考古学工作要到20世纪才开始。

最初是一些外国学者，在当时中国国力虚弱、政治腐败之时，独自发掘过敦煌一带的汉代边塞遗址，掠夺走一批简牍，并对四川、山东、河南等地的汉阙、汉画像石做过调查，发掘了东北的一些汉墓。瑞典与中国合组的“西北科学考察团”，则系统调查过居延地区和罗布泊附近的汉代烽燧遗址，发掘出大量简牍。日军侵华期间，日本学者在华北调查和发掘了一些汉代遗址和墓葬。我国学者自己则在30～40年代发掘了陕西宝鸡斗鸡台的汉墓群、山东滕县的传曹王墓（东汉画像石墓）、四川彭山的东汉崖墓，还调查了乐山及重庆的一些崖墓。这些工作，引发了对于西北汉简和汉代艺术的专门研究，并对秦汉时期考古学遗存的形态特点有了概貌性的了解，但还没有能力来考虑建立秦汉考古的体系。

新中国建立后，这种情况发生了转折性变化，一系列秦汉时期的考古学遗存，得到了规模巨大的勘察和发掘。其中最重要的如：

咸阳[1]、长安[2]、洛阳[3]三大秦汉都城及其周围帝陵[4]，特别是秦始皇陵园的勘察和发掘[5]，揭示出了秦汉文明所具有的宏伟气魄，使当今世界的目睹者几乎无不感到震撼；汉时期的考古学遗存，得到了规模巨大的勘察和发掘。其中两汉诸侯王中的中山王[6]、楚王[7]、鲁王[8]、梁王[9]、长沙王[10]等陵墓区的发掘，再现了这种最高贵族惊人奢华的生活状况，表现出三代以来丧葬、礼仪制度发生的阶段性大变化；

各地发掘的其他各种等级（列侯至平民）的汉墓数以十万为计[11]，大致反映出了两汉时期的文化区域性、人们的等级差别、历史进程的阶段性这三大基本情况；

---

[1] 陕西省社会科学院考古研究所渭水队：《秦都咸阳故城遗址的调查和试掘》，《考古》1962年6期；秦都咸阳工作队：《秦都咸阳一号宫殿建筑遗址简报》，《文物》1976年11期。

[2] 俞伟超：《汉长安城西北部勘查记》，《考古通讯》1956年5期；王仲殊：《汉长安城考古工作的初步收获》，《考古通讯》1957年5期；中国科学院考古研究所汉城发掘队：《汉长安城南郊礼制建筑遗址发掘简报》，《考古》1960年7期；中国社会科学院考古研究所：《汉长安城未央宫》，中国大百科全书出版社，1996年。

[3] 阎文儒：《洛阳汉魏隋唐城勘查记》，《考古学报》1955年9期；中国科学院考古研究所洛阳工作队：《汉魏洛阳城初步勘查》，《考古》1973年4期。

[4] 刘庆柱、李毓芳：《西汉诸陵调查与研究》，《文物资料丛刊（6）》，文物出版社，1982年；中国社会科学院考古研究所：《汉杜陵陵园遗址》，科学出版社，1993年。

[5] 陕西省文物管理委员会：《秦始皇陵调查简报》，《考古》1962年8期；陕西省考古研究所始皇陵秦俑坑考古发掘队：《秦始皇陵兵马俑坑》，文物出版社，1998年。

[6] 中国科学院考古研究所、河北省文物管理处：《满城汉墓发掘报告》，文物出版社，1980年；河北省文物研究所：《河北定县40号汉墓发掘简报》，《文物》1981年8期。

[7] 徐州博物馆：《徐州石桥汉墓清理报告》，《文物》1984年11期；南京博物院：《铜山龟山二号西汉崖墓》，《考古学报》1985年1期；徐州博物馆、南京大学历史系考古专业：《徐州北洞山西汉墓发掘简报》，《文物》1988年2期；狮子山楚王陵考古发掘队：《徐州狮子山西汉楚王陵发掘简报》，《文物》1988年8期。

[8] 山东省博物馆：《曲阜九龙山汉墓发掘简报》，《文物》1972年5期。

[9] 河南省文物研究所：《永城西汉梁国王陵与寝园》，中州古籍出版社，1996年。

[10] 湖南省博物馆：《长沙象鼻嘴一号汉墓》，《考古学报》1981年1期；长沙市文物局文物组：《长沙陡壁山西汉曹𡟰墓》，《文物》1979年3期。

[11] 洛阳区考古发掘队：《洛阳烧沟汉墓》，科学出版社，1959年；中国科学院考古研究所：《长沙发掘报告》，科学出版社，1957年；广州市文物管理委员会、广州市博物馆：《广州汉墓》，文物出版社，1981年；中国社会科学院考古研究所：《陕县东周秦汉墓》，科学出版社，1994年；黄河水库考古工作队：《河南陕县刘家渠汉墓》，《考古学报》1965年1期；湖南省博物馆、中国科学院考古研究所：《长沙马王堆一号汉墓》，文物出版社，1973年。

云梦睡虎地[12]与龙岗[13]、临沂银雀山[14]、长沙马王堆[15]、江陵张家山[16]与王家台[17]、连云港东海尹湾[18]等地秦汉墓中出土的简牍和帛书，包含了许多已佚古籍和律令、券约、遣册等文书，大大增加了对当时政治制度、意识形态和风俗习惯的认识；

敦煌悬泉置[19]和居延甲渠候官遗址[20]发掘中新获得的大批屯戍文书，扩大了对汉代管理边塞情况的了解；

郑州古荥镇[21]、巩县铁生沟[22]、南阳瓦房庄[23]等汉代铁官遗址的发掘和各地所出汉代铁器的金相学考察，揭示出了当时居于世界前列的冶铁技术；其战国时已用液态生铁铸造农具的实例，说明汉代农业生产所以能获得大发展，正因有此新的物质条件[24]；

有此冶铁技术，再结合黄河三门峡一带和汉中褒斜道沿线古栈道的调查材

---

[12] 睡虎地秦墓竹简整理小组：《睡虎地秦墓竹简》，文物出版社，1978年。

[13] 湖北省文物考古研究所：《云梦龙岗六号秦墓及出土简牍》，《考古学集刊》第8集，1994年。

[14] 山东省博物馆、临沂文物组：《山东临沂西汉墓发现〈孙子兵法〉和〈孙膑兵法〉等竹简的简报》，《文物》1974年2期；银雀山汉墓竹简整理小组：《孙膑兵法》，文物出版社，1975年。

[15] 湖南省博物馆、中国科学院考古研究所：《长沙马王堆二、三号墓发掘简报》，《文物》1974年7期；马王堆汉墓帛画整理小组：《马王堆汉墓帛书（壹）》，文物出版社，1975年。

[16] 荆州地区博物馆：《江陵张家山两座汉墓出土大批竹简》，《文物》1992年9期。

[17] 荆州地区博物馆：《江陵王家台15号秦墓》，《文物》1995年1期。

[18] 连云港市博物馆：《江苏东海县尹湾汉墓群发掘简报》，《文物》1996年8期；连云港市博物馆、中国社会科学院简帛研究中心、东海县博物馆、中国文物研究所：《尹湾汉墓简牍》，中华书局，1997年。

[19] 阎渭清：《敦煌悬泉置遗址》，《中国考古学年鉴》1992，文物出版社，1994年。

[20] 甘肃居延考古队：《居延汉代遗址的发掘和新出土的简册文物》，《文物》1978年1期；甘肃省文物考古研究所、甘肃省博物馆、文化部古文献研究室、中国社会科学院历史研究所：《居延新简》，文物出版社，1990年。

[21] 郑州市博物馆：《郑州古荥镇汉代冶铁遗址发掘简报》，《文物》1978年2期。

[22] 河南省文化局文物工作队：《巩县铁生沟》，文物出版社，1962年。

[23] 河南省文化局文物工作队：《南阳汉代铁工厂发掘简报》，《文物》1960年1期；河南省文物研究所：《南阳北关瓦房庄汉代冶铁遗址发掘报告》，《华夏考古》1991年1期。

[24] 李京华：《中原古代冶金技术研究》，中州古籍出版社，1994年。

料[25]，又知汉代为保证某些必要的水陆运输，已能在一些险要地段实施开山凿道的工程；

对匈奴、东胡、东夷、百越、西南夷和西域等“四裔”文化进行过广泛探索，并发掘了晋宁石寨山的滇王墓地[26]和广州的南越文王墓[27]，已大体认识到这些文化的特征及其与秦汉文化的关系，为寻找秦汉文明与中亚、东北亚、东南亚、南亚以及欧洲等地的文化联系，架起了桥梁。

这些发现，更新着对秦汉文明的认识，并逐步建立起秦汉考古学的体系。秦汉文明同三代以及三国以后的文明，有着阶段性的差别，她与罗马文明同时创造了历史上的光辉，并对以后东西方文明的发展产生重大影响，在全球的古代文明中占有同样重要的位置。这个文明有其庞大的体系，就其主体而言，在四百多年内主要经历了四大阶段。

一

秦代历时仅十五年，但秦文化最迟在西周中期已于甘肃东部崛起。

这本是西北某支羌戎文化融入一些北狄文化并接受了大量周文化影响后形成的。据现有发现，西周中、晚期时新形成的秦文化，其本身特点已显现出来；至春秋中期，秦人已很强大，并扩大到关中。战国中期实行商鞅变法前后，又深受魏国的文化影响，并比东方六国更彻底地抛弃“周礼”传统。在征服六国过程中，各地大受秦文化影响，并因秦人的进入而同时存在着纯粹的秦文化和原有文化同

[25] 中国科学院考古研究所：《三门峡漕运遗迹》，科学出版社，1959 年；河南省文物研究所、水利部小浪底水利枢纽建设管理局移民局：《黄河小浪底水库文物考古报告集》之六、“黄河八里胡同栈道”，黄河水利出版社，1998 年；陕西省文管会、陕西省博物馆陕南调查组：《褒斜道连云栈南段调查简报》，《文物》1964 年 11 期；陕西省考古所：《褒斜道石门附近栈道遗迹及题刻的调查》，《文物》1964 年 11 期；秦中行、李自智、赵化成：《褒斜道栈道调查》，《考古与文物》1980 年 4 期。

[26] 云南省博物馆：《云南晋宁石寨山古墓群发掘报告》，文物出版社，1959 年；云南省文物考古研究所、昆明市文物管理委员会、晋宁县文物管理所：《云南晋宁石寨山第五次抢救性清理发掘简报》，《文物》1998 年 6 期。

[27] 广州市文物管理委员会、中国社会科学院考古研究所、广东省博物馆：《西汉南越王墓》，文物出版社，1991 年。

秦文化因素糅成一体的两种遗存。

在纯粹的秦文化中，原有的礼乐器虽存，但沿自“周礼”的使用制度已基本破坏，礼器的性质类同一般的日用器皿，并因其他文化影响而新出现鍪、钾（扁壶）、蒜头壶等器，有的（如鍪）大概源自巴蜀等长江流域的文化。

秦人在土木工程和手工制品方面原来就有喜好巨大体量的作风，在统一六国后更是发挥极致。修长城、开驰道、兴建阿房宫和骊山陵墓以及众多离宫别馆等，浩大工程接连不断。许多遗迹已被发现，其阿房宫前殿基址和秦始皇陵墓的工程之巨及陪葬物之多，远远超出已往的想象，堪称古代奇迹。秦始皇陵区域内已发现的遗迹，有接近万数的比真人真马还要高大的兵马陶俑，还有尺寸约为实用车马一半左右的多辆青铜车马、同原物一样大小的大量石甲胄、众多的马厩坑和珍禽异兽坑、成片的筑陵刑徒墓、大型的寝殿基址以及纵横达1000 ~ 2000米的内外两道陵园围墙等等，所示滥用民力的程度，是当时任何国家都不堪承担的。毋怪乎这样一个财富如此集中、军事力量空前强大的王朝，顷刻之间便土崩瓦解。当然，这也表现出当时的文化积淀已是何等深厚，因而一旦把人力集中起来，就能产生如此令人惊讶的文化奇迹！

历时数百年的东周文化，是许多地区原有文化结合周文化后的一种多元结构。其中的秦文化本有可能长期成为一种全国性的统一文化，但秦代的短促，打断了这个进程，使两汉时期的文化朝着另一种形态发展下去。

二

各地方国和诸侯国经三代而至战国，都有本身的主体族群及其主体文化，如燕人、齐人、楚人、秦人和后分为韩、赵、魏的晋人及其文化等等。她们既有自身的族系和文化渊源，又曾不同程度地融入他族及其文化。至于两汉的汉人及汉文化，却是综合了许多族群及其文化，在短短的六七十年间内突然形成的，源头甚为复杂。

汉初是汉人及汉文化的形成时期。原有的周人、燕人、齐人、楚人、韩人、赵人等等，此时尚未称汉人，但为了区别于周边的“四裔”诸族，曾统称为“中国人”；就当时的疆域而言，其文化结构还是多元的，那时承袭秦之官制、郡县制和度量衡制度，其行政管理制度促进了各地文化统一性的加强。但许多地方还残存着列国文化的遗痕。

此时的精神领域，仍有儒家、法家等多种思想并存，但以主要是承自楚地传统的黄老思想为主流。

黄老思想的主体是《老子》。老聃，楚人，其学说多抽象的虚拟比喻，主张社会行为的原则是“无为而无不为”。楚地的原始巫术残余远比中原为重，这是产生《老子》的人文原因。近年湖北荆门郭店楚墓所出《老子》残本竹简，正说明战国时的楚地流行老子学说。

黄帝颇似宗教之神，初见于战国中期齐威王的陈侯因資敦铭文。以五帝中的轩辕氏为名，当然是依托的。齐地近海，战国中期已多入海求神洲仙药之人，神仙思想发达。驺衍的五行学说和后来的太平道，亦起源于此。

这两种思想有接近之处，故能联在一起而称黄老之学。汉初民生凋敝，推行这种思想正符合休养生息的需要。而且，西汉王朝的建立者，正多三楚之人，这同当时提倡黄老思想当亦有关系。长沙马王堆汉墓出土帛书中的《老子》甲、乙本和《黄帝四经》等，表明汉初的楚地依然是老子思想盛行的地区，因而黄老之学亦比他地更发达。

在生活习俗方面，秦朝曾要求六国遗民服从秦人规矩。如在随葬品方面，六国本沿周礼传统，秦代则改用日用器皿。但一到汉代，各地无论是贵族或平民，都重新以成组礼器随葬，鼎、盛（盒形，即敦）、壶、钫是最基本的组合。六国遗风一下子就复苏了。只有一些秦人遗民，还用屈肢葬和少量日用陶器，保持着原有传统。

大约至汉武帝时，成组出现的秦和六国遗痕，已基本消失，一个完整形态的汉文化真正出现了。

三

自西汉武帝至东汉明、章二帝时期，是汉文化最繁荣的阶段。

这时期，经过汉初以来的土地兼并，大土地所有制的存在已成为一种社会现象。大批由宗法制度维系的先秦贵族，丧失了世袭特权，宗法制度失去了基础。

汉初新出现的官吏集团，虽以本身的劳绩而升迁，毕竟又产生了一批世代占有土地的家族，形成了新的宗族制度。汉武帝时为稳定这些情况和国家的大统一局面，由董仲舒提出的以“天人感应”的世界观、“三纲五常”的道德观为经纬的儒家今文学派学说，成为社会的正统思想直至汉末。这也是汉文化的整体思想基础。

战国时取得的液态生铁冶炼技术已相当普及，大土地所有制发展后实行大面积耕作的需要亦日渐突出，这两方面的结合促使中原地区普遍使用铁农具和牛耕。古代农业技术中具有革命性进步意义的轮作制在北魏的《齐民要术》中已有明确记述，但汉武帝时赵过代田法的那种对成片土地实行分垄轮休的耕作技术，已经走到了产生轮作制的门槛。看来，轮作制至迟在东汉应已出现。

除简单的家庭手工业外，技术复杂的手工业，春秋时还基本在官府控制之下。战国以来，富商大贾的私工虽已迅速发展，但直到此时，官工仍占很大比重。尤如盐铁生产，因其在国计民生中的重要地位，除去从东汉光武帝至章帝初的那段时间，此时全由国家垄断。

官工还制作许多兵器和讲究的铜器、漆器以及丝织品。在中央，由考工、尚方管理；在郡县，设工官、服官管理。但私工并未衰落。据满城中山王陵出土物和传世铜器铭文，河东平阳的私工作坊，其制品自武帝至元帝时，曾销至中央官府和中山王、敬武长公主等高等贵族手中。这又暗示出商业活动更为发达。西安三桥镇出土和传世上林铜鉴、鼎、锺之铭，说明在成帝阳朔元年至鸿嘉四年这八年期间，考工的作坊铸造出这种铜器三千三百四十九件以上。两汉的工商业在西汉晚期发展到高峰。

城市也发展到隋唐以前的最高峰。特别是西汉都城长安，经武帝以后大加扩建，成为当时世界上规模最大、人口最多的城市。

埋葬制度进入到一个新阶段。依宗法制度安排墓位的族坟墓制度，被家族茔地代替。夫妇并穴而葬变为同穴合葬。随葬品中成组礼器消失，主要是各种日用器皿和象征庄园生活乃至墓主身份的模型明器。从西汉晚期起，为更充分地反映这些内容（包括天道观和历史道德观），又日益流行壁画墓和画像石墓，用图画来表现之。

这时期汉文化遗存表现出的整体面貌，若同先秦相比，一望而知应分属两种形态。

四

自东汉和帝至汉末，汉文化进入衰落阶段，但其历史特点却表现得更充分，因而也可视为汉文化的最典型形态。

此时大土地所有制迅速膨胀，地方豪强力量扩大，各种依附关系日益发展，自然经济有所加强，商品货币关系开始走向衰落。

由这些原因引发的现象是，官工显著收缩而地方豪强经营的私工却大有发展。其突出标志就是和帝时的“罢盐铁之禁”（《后汉书·和帝纪》），政府已把最重要的手工业让给地方豪强。不久后，和熹邓太后又大大紧缩中央至蜀郡、广汉等工官。不过，最迟创设于明帝时的今云南昭通一带的朱提、堂狼工官却大有发展，所铸双鱼纹铜盆在各地常有发现，但不见黄巾起义以后之物，此地的工官当已消失。

与官工衰落相应，此时以某氏为标记的各种私工铜器大增。多见的如蜀郡“董氏”、“严氏”铜盆等，花纹以羊、鸟、鼎为主。

意识形态的变化是神仙思想正在日益成为普遍的宗教信仰。一般讲，宗教是在人间遇到难以解脱的苦恼而发达起来的。西汉晚期正逢此情，于是结合着原有的神仙信仰，太平道在齐地形成。佛教亦传入中国。在东汉，佛道始终交糅在一起而佛教信仰一直依附于道教。到顺帝后，太平道在黄河流域广为传布，关中则有缅匿法道，四川及汉中出现五斗米道。最早出现的太平道，本是在西汉晚期盛行的谶纬学说的基础上发展起来的，而此时含有多种教派的早期道教，又融入了西王母等民间信仰，再加上同传入的佛教混在一起，内容非常复杂，以至于似可统称为神仙信仰。这时，夹杂着羽人、仙禽、异兽的流云纹突然流行起来；三峡至四川等西南地区到甘、青交界处一带，又出现了很多往往含有羽人、西王母、佛像的青铜钱树；山东、苏北、河南、内蒙古、重庆、四川等地壁画墓、画像石墓、崖墓中，也屡见羽人、西王母、佛和菩萨等图像；江苏连云港孔望山的太平道东海庙故址更出现了佛道信仰并存的摩崖造像，这些都是盛行神仙信仰的产物。如果不是黄巾起义后太平道受统治者的严厉打击，三国以后宗教的发展，应当主要是道教。佛教正是因此机缘才迅速成为最主要的宗教。

正因此时大土地所有制、宗族制度，天人感应思想和神仙信仰愈益发达，埋葬习俗中又出现了多代葬于一墓和模拟庄园生活的模型明器更为完备等现象；墓葬壁画和画像石内容中的各种祥瑞图以及多种神仙图像，也更为多见了。

新中国建立后五十年来秦汉考古一系列重大发现中的最重要成果，就是可以概括出上述的文化进程，周边的四裔文化亦已了解到大致的轮廓。从此，秦汉考古就可以概括出自己的框架系统了。

原题《秦汉时代考古》，载于宿白主编：《中华人民共和国重大考古发现》，文物出版社，1999 年。后收入《古史的考古学探索》，文物出版社，2002 年 7 月。

四

楚文化、巴蜀文化、羌戎文化新探

关于楚文化发展的新探索

最近十多年来，湖北省的同志们在研究楚文化的发展过程方面，做了大量的工作。所以，1979年4月份在西安举行的全国考古学会结束时，第一届理事会希望1980年举行的全国考古学会年会能在湖北召开，讨论楚文化的问题。正是因为这个原因，湖北省博物馆的谭维四付馆长和我的老师苏秉琦先生，让我来湖北看看，了解一下近几年来湖北省在探索楚文化方面的新收获。这对我来说，是一个很好的学习机会。因此，我在国家文物局召开的"周原西周建筑遗址现场座谈会"结束后，就从陕西来武汉。在省博物馆和云梦县文化局、襄阳地区文化局、宜昌地区文化局、荆州地区博物馆等单位的安排和照顾下，从5月3日起，至29日，在云梦、襄樊、宜城、荆门、宜昌、当阳、枝江、秭归和江陵等地参观学习，看到了各地许许多多考古新收获，特别是楚文化研究的新收获，深深地感到对于楚文化的研究，已经开始进入到了一个新阶段。回武汉后，我理应把这些新体会，向省文化局、省博物馆的同志汇报一下。但由于我自己对楚文化了解得很少，这次来湖北，又只是在出差途中临时决定的，事先毫无准备，仅仅在这个月的参观学习途中向各地区的同志们学到了一些东西和零碎地看了一些资料。所以在这里主要是转述各地同志们的工作成果，肯定会有错误，请同志们指正。

为了把湖北各地在楚文化探索方面的新收获谈清楚一些，自然需要先把楚文化发展的过程和过去考古学界对楚文化研究的概况作一个简单的介绍。这样，我就准备讲下列四个问题。

一、为什么要重视楚文化的研究?

最近几年来，考古与历史学界对楚文化的研究是相当重视的。例如，1977

年在河南登封告成镇举行的夏文化讨论会上，有的同志就提出应召开讨论南方楚文化的学术会议。接着考古学界又在南京召开的讨论长江下游地区新石器时代文化问题的会议上和 1978 年庐山召开的讨论江南地区印纹陶文化问题的座谈会上，都发出了召开讨论楚文化会议的呼声。今年 3 月底至 4 月初在成都召开的全国历史学规划会上，武汉大学的唐长孺先生又提出成立楚文化研究会的建议。同时期，在 4 月上旬西安召开的全国考古学规划会议和中国考古学会成立大会上，也提出成立楚文化研究会的要求。湖北、湖南、安徽、河南四省的同志召开了两次联席会议，准备成立楚文化研究会。正是在这基础上，中国考古学会决定 1980 年第二次年会在湖北举行，重点讨论楚文化问题。考古学界和历史学界前后共五次会议，都提出了召开楚文化讨论会的要求，反映了大家对楚文化研究的重视。为什么对它这么感兴趣呢？仅仅是这几年楚文化的遗址遗物发现得较多、新材料很丰富吗？还有没有更深刻的原因呢？据我的考虑，恐怕重要的还是跟我们应当在理论上全面地阐明我国古代文明发展的重大任务有关。简单地说，不把南方的问题搞清楚，对我国古代文明的发展的理解就会是片面的或者是比较片面的。

大家知道，我国是世界四大文明古国之一。所谓四大文明古国（巴比伦、埃及、印度、中国），就是因为人类历史在这四个国家最早从石器时代进入到青铜时代，最早从原始社会进入到阶级社会，最早产生国家，最早出现文字。用通俗的话说，是最早从野蛮时代跨入到文明时代，最早发展起自成体系的高度发展的古代文明。为什么这四个国家发展得最早呢？原因当然是多方面的，但其中至少有一条是与当时这些国家的自然条件有关。大家知道，当人类还处在幼年时期，要发展起高度的文明，自然同农业的发展有关。人类从狩猎采集时代或者渔猎时代进入到农业时代，就可以定居，更好地积累生产和其它各方面的知识，而在四、五千年前的条件下，一些河谷地带对发展农业是极有利的。古代的苏美尔，正是地处幼发拉底和底格里斯两河流域，发展农业有利，所以最早进入文明时代。埃及也是因在尼罗河流域，发展起来了最早的农业。古代的印度就是因为处在印度河上游和恒河流域，也发展了最早的农业。中国呢？也有同样的有利条件。传统的讲法是说黄河流域是中国文明的摇篮。这个讲法对不对呢？应当说是有道理的，因为人类在发展自己的文明时，如前所述，与农业的起源有关。在全世界范围内，两河流域、埃及的古代农业发达最早，它约在五千多年前进入到了阶级社会。再往上推的话，据这些年的考古发现，在伊拉克的耶莫等遗址里，早在九千年以前已开始从狩猎采集时代进入到了农业时代。所以，两河流域、埃及的最早文明是有极其悠久的历史基础和经济基础的。

中国呢？根据这些年来的考古发现，至少在七千年以前已经进入农业时代了。这些年来，在探索新石器早期文化方面找到了一些线索。实际上在二十年以前，在渭河流域就发现了早于仰韶文化的老官台文化。最近几年中，又在河北邯郸附近发现了早于仰韶文化的磁山文化，接着在河南又发现文化性质和时代都相当于磁山文化的裴李岗等遗址。可见，在那一带，最迟在七千年以前已经进入到了新石器时代，出现了农业和定居；而这些并不是我国最早的新石器时代遗存，就是说发生农业和定居的时间还应早些。这样说来，黄河流域最早发生农业和定居的时代，和西亚等世界上最早进入新石器时代的时间就相差无几了。到了四千年以前，在黄河流域建立了夏王朝，进入到人类的文明时代。显然，我国所以是世界上四大文明古国之一，同样也是有着悠久的历史渊源的。

黄河流域是我国夏、商、周三代文明的发祥地，而夏、商、周三代又是中国古代文明的重要发展时期。这三代的文明，奠定了中国古代文化的传统，极大地推动了中国历史的发展。所以，从这一点上讲，把黄河流域说成是中国文明的摇篮，这话并不错。

但仅仅强调这一点并不全面。因为，在整个新石器时代，黄河上、下游同中游地区的文化就是各有自身传统的；而且几乎与黄河流域同时，长江中、下游也发展起了农业文化，它同黄河流域，一南一北，同时在迅速地发展着人类的原始文化。

大家知道，前几年在浙江余姚河姆渡遗址已发现了距今六千多年前发展到了相当高度的新石器时代文化，这个文化在长江下游地区不断地发展。至于长江中游地区，根据目前的发现，已经找到了相当于黄河流域仰韶文化和龙山文化几个阶段的原始社会文化，这就是从河南南部经湖北至洞庭湖北部和三峡地区发现的很发达的大溪文化和屈家岭文化以及一种发展阶段类似于龙山文化的东西（有的同志就把它暂时命名为“湖北龙山文化”或“青龙泉三期文化”）。

与此同时，再往南的珠江流域也发展着另一种独特的原始文化。因此可以说，黄河、长江、珠江这三大流域在几千年以前都发展起了有自身特点的原始农业文化。这些文化，分别对我国古代文明的发展作出贡献，是它们和另一些文化共同组成了我国的文明。黄河中、下游的原始文化，发展到四千年前以后，进入到了阶级社会，建立了国家，经历了夏、商、周三代。至少在周代，长江、珠江流域也进入到了阶级社会，其中在长江流域发展起来的楚文化，最后在政治上几乎统治了整个南中国。楚文化的出现，是长江流域几千年原始文化发展的一个结晶。在楚文化的母胎中，最后孕育了屈原这颗中国古代文化的明珠。楚文化是中国古代文化的重要组成部分之一，它不但对长江以南的古代文明发生了极大的影响，而且对黄河流域的古代文明也产生了很大的影响。所以，要比较准确、全面地理解我国古代文明的发展，自然应深入探讨楚文化的发生和发展过程。

二、楚文化发展的简单旅程

楚文化应是长江流域新石器时代文化中的某一支所发展起来的。当这支文化发展成一个独特的文化共同体之后，它又不断地和周围其它文化相互作用。就楚文化自身来说，必然有一个范围，而这个范围是会发生变迁的，这是考古学上研究楚文化所要探索的问题。为了进行这项工作，我们可以先从文献记载方面来归纳一下楚文化活动范围的旅程。

《诗经·商颂》是春秋时宋国人用于宗庙祭祀的一些史诗。宋人是商人的后裔，其中有一篇在追颂其祖先商王武丁时，说到武丁曾“奋伐荆楚”(《殷武》)。武丁是商王中强盛的一代，所以曾南征荆楚。由此可见，在商代后期，长江流域的楚人已经是商王朝所力图征服的一支力量了。

1977年初，在周人的老家——周原遗址（今陕西岐山县京当公社贺家大队凤雏村南）的一个西周早期的甲组建筑基址中，有一个打破基址的灰坑（H11），里面出土了一批商末至周初的周人甲骨文，其中有一条刻有“楚子来告”等字。由此可见，在周初之时，周天子确实是把楚国封为子爵的。

根据司马迁《史记》的记载，在商代末年，楚人的首领鬻熊曾“事文王”。周成王时，分封诸侯，就封鬻熊的曾孙熊绎为子男之爵，居丹阳。可以认为，最迟在熊绎时，楚人已正式建立了国家，都城建于丹阳。

丹阳在什么地方呢？搞清楚这个地望，对于探索楚文化的起源，自然有极大的意义。

一千多年以来，关于丹阳的地望，主要有三种不同的说法。

一种是:《史记·集解》引徐广说“在南郡枝江”；唐代张守节《正义》引《传例》也说“楚居丹阳，今枝江县故城是也。”这是有关丹阳故地所在的最早出现的一种说法。

二种是：在今秭归县一带，主要是郦道元《水经注》提出来的。唐初的《括地志》也主巴东境内之说。后杜佑《通典》又提出先在秭归、后在枝江的折衷说。

三种是：在今河南南部的丹淅之会，即今丹江水库一带。《史记·楚世家》记，楚怀王十七年（前312年）秦楚曾战于丹阳。司马贞在《史记·索隐》中讲丹阳在汉中。元胡三省在《通鉴注》中讲“此丹阳即丹水之阳也”。班固《汉书·地理志》说，丹水，“水出上洛冢领山，东至析入钧”。地在武关之外，秦楚交战当在此。自清宋翔凤以来，许多学者主此说。

究竟哪一说正确呢？

“秭归说”不可从。因为在西陵峡内，山高平地少，不利于古代农业的发展。从楚国发展的整个历史过程来说，也很难设想最初会在三峡之中建都。此说之所以发生，可能同丹山这个地名有关。从《山海经》开始，就记载今巴东至秭归一带，有山名丹山。丹阳之名，按照古代对地名命名的习惯，往往是指丹水之阳（水北）或者是丹山之阳（山南）。巴东至秭归一带古代既有丹山，丹山之阳就可能是指长江北岸那片地带而言。所以，《水经注》便讲在长江北岸有一个“据山跨阜，周回八里二百八十步”的古城，即熊绎所都。后来又相传今秭归县城对岸偏上游处，在临江的山岭上有一个楚王城即熊绎所都的丹阳。1979年5月我们调查了这个古城，发现与《水经注》记载的位置不合。古城城垣是分三次筑成，上层是明代的，中、下层时代不明。下层夯土内有相当于龙山阶段的遗物。地面上的陶片，有很多明代的“龙泉窑”瓷片，还有汉代瓦片甚多，没有见到西周遗物和唐宋遗物。如果中层是汉代的，则此城始建于战国以前。当然，要准确地判断此城的年代，还需要作进一步的调查和发掘工作。况且，此城即使是始建于西周，当时这一带也还存在一个夔国，不能确定它就是熊绎所居丹阳。从整个地理环境及楚国发展的历史过程考虑，熊绎所居丹阳，不大可能是在这里，楚人在这里修筑东周城则是可能的。

那么，“丹淅之会”和“枝江一带”的两种说法，那一种可信呢？

过去，我是比较倾向于“丹淅之会”说的。通过这次调查和沿途所见到的一些资料，使我感到还是“枝江”之说可能性最大。

春秋晚期的楚灵王时，右尹子革曾说:“昔我先王熊绎，辟在荆山，筚路蓝缕，以处草莽，跋涉山林，以事天子。唯是桃弧、棘矢，以共御王事。”(《左传·昭公十二年》)熊绎之时，既是建都于丹阳，又“辟在荆山”，可见丹阳距荆山应不会太远，甚至可以认为丹阳就是在荆山脚下。按照古代文化发展的一般规律来考虑，一种文化总是沿着河流发展起来的。荆山的中心地带，在今南漳、保康一带，沮河、漳河自这一带发源，南下注入长江，到了今当阳县东一带，就是荆山脚下的平原地带了。沮河、漳河在这一带再往下不远，至今河溶公社所在地，就合二为一。熊绎的“辟在荆山”不会在南漳、保康一带山岭的高峰处，很有可能就在荆山脚下的平原地带，即今当阳县至枝江一带，这样，丹阳就有可能在此附近。

当然，荆山之地，在其北麓的神农架一带还发源一条南河，东北注入汉水。那么，熊绎在南河下游，在荆山北麓的山脚下开辟土地似乎也是可能的。

不过，再分析一下西周中期以后楚国疆域扩大的过程，就可知道“枝江”说最有可能成立。

根据很多西周铜器铭文和历史记载，到了西周昭王时，楚国的力量已经比较强大了。那时周昭王曾亲自率师南征荆楚，但“南征而不返”(《左传·僖公四年》)，打到江汉流域就丧身而亡。当然，这并不能说那时楚国的力量已经比周人强大了，因为周昭王是远离本土征伐，后方供应困难，又有水土不适宜等多种原因，所以很容易打败仗。但这至少说明楚国力量已比过去强大，否则，周王也不会亲自远征的。不过，据《左传·僖公四年》所载齐桓公与楚使对话，楚境当时未到汉水。

史称到了周夷王时，王室微弱，楚国此时已往外发展。当时，楚子熊渠已“甚得江汉间民和”(《史记·楚世家》)，就向西北征伐庸国（今竹山县一带），又向东发展到了鄂（今鄂城一带）。那时，西边的庸国没有完全被灭，但削弱了其力量，楚人已使自己的力量发展到了那一带，而东边的鄂则是牢牢地被楚人控制了。可见，到了西周晚期，楚人主要是沿着长江向东发展的。在今湖北地区的沿江两岸已成为楚国疆域。

早在1962年时，在江陵的万城曾出土一批西周中期偏早的铜器，据铭文，皆为邶子之器，可知当时那一带存在一个“邶国”。楚国的控制范围，在西周早期至中期，大概主要还是局限于沮漳河一带，甚至在沮漳河河西一带，其间也还插花式地存在着一些其它诸侯小国。但是，到夷王以后，沿江两岸，就皆为楚国的疆域了。

到了平王东迁以后，春秋时期，楚国势力就进一步向北发展，首先是尽力向汉水流域发展。当时，在汉水及涢水流域，大洪山两侧及其以北的地区，存在着许许多多的诸侯国，其中以一些姬姓诸侯为强，即“汉阳诸姬”(《左传·僖公二十八年》)。楚国要往这一带发展，就得先征伐她们。当时对一个与楚国接壤而力量最强的姬姓国——随国，春秋初年的楚武王就连续征伐了三次。这时约在前740年，楚子已自称为王了。

关于随国，大家知道，其中心当在今随县一带。这个随国，《左传》记事很多。这些年来，在随国范围（京山——随县一带）内发现的西周末年至春秋，甚至战国的铜器，多为曾国器，而不见随器，因此，很多同志推测文献上的“随”就是铜器铭文中的“曾”。这种推测是有道理的。据去年在随县发现的曾侯乙墓中所出的一件与宋代所出相同的铜镈，可知楚国虽然三次征伐随国，但并没有完全把它灭掉，直到前433年时，即楚惠王五十六年，它还是存在着。但它的力量早已被楚国削弱，成为楚国的附庸了。因而，楚国的力量在武王时已经往北达到了汉水流域一带。

此时，楚王又兴兵伐邓（襄樊西北郊），伐鄾（汉水北，邓的南边），败郧（今安陆、云梦一带），伐绞（郧附近），伐罗（宜城一带）。总之，在大洪山的两侧征伐了这许多国家。可见，春秋初年楚国已大力向汉水流域扩张。同时，它还开拓至当时一支少数民族——濮人所居之地。

楚武王三次伐随，最后一次死于军中。其子文王立。楚文王时（前689年），就把都城迁到了郢（今江陵纪南城）。楚人把都城东徙江陵，显然是为了进一步控制江汉平原，便于北进到河南南部、淮河流域。因此，在楚文王迁都到郢以后，就向北又灭掉了邓国，并越过邓国灭申（今河南南阳地区）、灭息（今河南南部息县），并征伐了当时在那一带较强大的蔡国（今河南上蔡），往北达到了淮河上游地区。当时江汉间还存在着一些小国，但都怕楚国。此时，楚国不仅往北发展，还向西进入到了三峡，灭了夔国，到达了今秭归、巴东一带。所以，楚成王时史称“楚地千里”，已经整个或基本上占有了江汉之地。如果丹阳是在“丹淅之会”，楚国怎么会从“丹淅之会”通过大洪山西侧迁都江陵再回过头去征伐那一带呢？

在这样的基础上，楚国自然还想要北进，争霸中原，因此，就两次出兵征伐北边的郑国。但是，当时黄河流域晋国力量很强大，楚国要向北发展，晋国自然要阻挡，故两国就发生了激战。前632年楚晋城濮之战，楚国大败。因北进受阻，于是就掉头往东，向淮河流域发展。

到了春秋中期，楚成王时代就从河南南部、淮河上游向东发展，先后灭掉了弦国（今河南潢川西）、黄国（今潢川）、英国（今安徽金寨东南）；春秋中期的楚穆王时代又灭掉了江国（今河南息县西）、六国（今安徽六安县）、蓼国（今河南固始县附近），后又进攻到安徽中部的霍山、舒成一带，东边到达了安徽中部。其西边，在楚庄王时，鄂西北的庸国就完全被楚所灭。此时，楚国的势力真可谓强极了，成了春秋霸主之一。楚庄王进而又进兵洛阳周郊，问周鼎之大小轻重。周鼎是王权的象征，说明楚庄王想要做天子了。

当春秋中期，楚国势力向东发展到江淮流域，因往北发展受阻，又往长江下游发展时，长江下游的吴国发展起来了。于是，楚国往长江下游发展又受阻碍，因此，吴楚经常交战。

春秋晚期，吴王阖闾曾一度攻入楚的郢都，昭王曾一度迁都于都（今宜城楚皇城之地）。都地原为罗国所在地，约春秋初年楚成王时即已归入楚国，便把这“罗——都”之地称为鄢郢。鄢郢是楚国的别都，楚国要向北发展，仅仅以郢都为中心，是有些不便的。这类似周人向东发展后，又于镐京之东的洛阳建立王城一样，楚国亦在郢都之北建别都于都。

后来，吴被越王勾践所灭。战国后期，楚国又灭掉越，楚国的实力终于扩大到了长江下游。

在此以前，湘北可能早就是楚国之境，楚后来又在洞庭湖东岸越江南下，发展自己的势力。例如，在今长江以南的长沙、衡阳一带，都发现了春秋中期以后的楚墓，可见楚人在这一带是沿湘江向南发展的。到战国时，西至巫山，南有“九嶷苍梧”，达到了广西的北部。自灭越后，一直征伐到了南海一带。当秦攻取郢都的前一年（即前279年），楚将庄蹻甚至通过黔中郡西进，灭了夜郎（在今贵州境），并到达滇池称王。但由于次年郢都就被秦攻取，楚人在那一带并未进一步发展自己特有的文化，而是逐步滇化了。因为至今在滇西和滇池周围发现的战国至西汉滇文化，并未在其中见到很多楚文化的因素。

前278年，秦国攻取郢都，楚就迁都于陈（今河南淮阳）。前253年，又迁都于钜阳（今安徽太和）。前241年，最后迁都于寿春（今安徽寿县）。前223年，楚被秦所灭。关于楚国疆域的变迁过程，不久以前黄盛璋、钮仲勋同志在《楚的起源和疆域发展》(《地理知识》1979年第1期）一文中，已作过简述，请参看。

从周成王时熊绎建都丹阳起，至楚被秦灭，楚建国达八百年之久。从此以后，楚国就再也不作一个王朝而出现，但楚文化并不是从此就消灭了。大家知道，在战国时期，究竟由谁来统一天下，主要的可能是秦楚两国。后来秦统一了天下。但秦始皇统一六国后，不过十五年就爆发了陈胜、吴广起义，陈、吴都是楚人，而且陈胜建立的国号就叫“张楚”，即张大楚国之义。紧接着发生的项羽、刘邦起义，他们又是楚人；项羽本来就是楚国贵族之后，并推楚王后裔为义帝，再一次打出楚的旗号反秦。在推翻秦王朝之后，项羽力量较大，后来，爆发了五年的楚汉战争。从地区力量对比来说，刘邦自汉中北出关中，即以秦故地关中为基地来与项羽相战的。从这种地理角度上讲，五年的楚汉之争，可以说也是秦楚之争的继续。即使从政治体制的角度来说，楚汉之争也类似于秦楚之争。所以，至少可以说，秦始皇前223年灭楚，但并未真正把楚国的传统力量打散。一直到汉初，刘邦封吴芮为长沙王，长沙国在相当大的程度上，包括它的货币制度，还是承袭着楚国的传统。这直到西汉王朝最后消灭异姓诸侯王时为止。所以，真正从文化的长期继承性方面来说，楚文化存在的时间就不仅仅是八百年，而是要更长一些，即西周以前就已发生，汉代初年还实际上继续存在着，大约千年以上。

在长达一千多年的时间内曾对我国古代文明发展发生过重大影响的这样一支长江流域文化，我们自然应当很好地研究，不把这个文化的来龙去脉搞清楚，我们对中国古代文明发展过程的了解，就是相当局部和片面的。

三、考古学界对楚文化研究的概况

对于楚文化的了解，仅仅依靠古代文献，显然是不够的，特别是当问题一深入时，就更是如此。

在中国考古学中，对于楚文化的研究，开始于二十年代后期。那时，在淮河流域，特别是在安徽蚌埠至寿县一带，盗掘出了许多战国时期的楚国铜器。当时，研究中国古代铜器的水平，特别是研究东周铜器的水平还很有限，就把一些战国至汉初的铜镜和楚国铜器统称为淮式镜或淮式铜器。

1933、1935和1938年，在安徽寿县朱家集，由地方豪绅及国民党军阀三次盗掘了李三孤堆这个古墓。这是楚幽王熊悍的墓，出土了有楚王酓忎铭文的铜鼎等好几百件铜器。大家知道，寿春是考烈王迁去的楚都，是战国末年楚国的政治中心，所以，周围出土的许多楚国遗物，以战国晚期的为多。考古学上对楚文化比较多的认识，首先是从战国晚期的情况了解起的。

此后，由于帝国主义的出钱收买，许多土夫子（湖南人对盗墓者之称）就在湖南的长沙等地，盗掘了大量的战国时期的楚墓。当时盗掘出的许多战国时期的楚国漆器和铜器，往往收藏在许多外国的博物馆中，其中包括一幅珍贵的战国中期的缯书。这幅缯书，据我看，是一部相当于《明堂图》或《月令图》性质的楚国书籍，自然是一件极为珍贵的历史文物。在那个时期，几乎把长沙地区较大楚墓盗掘一空，但科学的发掘却一次也未进行，所以把许多汉初的漆器、木俑等物，几乎也一概认为皆战国之物。

解放前，对楚文化的认识和了解，是建立在这样一个基础上的。所以，解放之初，为了探索楚文化，自然会先从长沙开始工作。1951年，中国科学院考古研究所第一次在长沙进行了科学的发掘，挖了一百座春秋战国至汉代前期的墓葬。以此为开端，湖南省博物馆的同志，在五十年代又继续在长沙、常德、衡阳等地发掘了大量的楚墓，可以讲，五十年代探索楚文化的中心是在湖南。

根据当时的研究，已开始能把春秋墓和战国墓区分开来了，即春秋墓一般出鬲、盂、罐（或称壶）为组合的陶器，而战国墓则出鼎、敦、壶等仿铜陶礼器组合，到战国晚期，其陶器组合又为鼎、盒、壶（据近些年湖南、湖北发现的汉初遣册，盒应命名为盛）。这一组合到汉初又一般变化为鼎、盒、壶、钫。就长沙地区的发现来说，最大量的楚墓是鼎、敦、壶这种组合的墓。据目前认识，在长沙，这些主要应是战国中期墓；以后的也有一些，而更早一些的则很少。前面所讲春秋中期以后楚国疆域自长江越洞庭湖而到湘江流域，就是根据这种发现而得到的认识。另外，当白起拔郢之后，湘江一带的墓葬仍多楚文化遗风，而在湖北的荆州等地，便由以秦文化因素为主的墓葬所代替了。据七十年代的新发现，在长沙以西的湘乡地区还有许多楚国的大封土堆。从发掘其中的少数墓葬来看，知道是战国中期的楚国贵族墓，可见那一带应是战国时楚人活动的另一个中心。

五十年代，关于楚国大墓的发掘，是河南南部的信阳长台关M1、M2。M1未被盗，其规模和等级，同1977年在江陵发掘的天星观M1一样，大概是封君贵族之墓。长台关M1发掘后，由于所出编钟上的铭文有“屈奕晋人”一语，郭沫若据此推为晋国存在时的东西，故定为春秋晚期墓。其实，战国的韩、赵、魏三晋之人，并可称为晋人。当时我们虽然认为这不是春秋墓，但仍然认为它是战国早期的楚墓，现在则知应断为战国中晚期之际。此墓出铜鼎五个，陶鼎则出了二十多个，有大牢九鼎。大家都知道，对周代的贵族来说，使用九鼎是最高的规格。墓中出土的器物还有陶簠、壶、敦及鬲等。战国时期，陶鬲在黄河流域除秦国外基本上被陶釜代替了，而根据此墓，可知陶鬲在楚国至战国中期还存在着。

到了六十年代，湖北省的考古工作发展起来了。江陵纪南城是楚郢都遗址，楚国在此建都达四百年之久。因此，荆州自然是探索楚文化的一个中心。六十年代时，湖北省博物馆的同志们重点在此做工作。首先，他们做了一项很重要的准备工作，即测了一张1/2000的纪南城地形图。同时，在城外发掘了一些墓葬，主要是张家山、太晖观、葛陂寺等地的一些小墓。1965年底，又发掘了望山M1、M2和沙冢M1三座较大的墓葬。望山M1未被盗，出土了越王勾践剑，自然引起了人们的重视。当时根据纪南城外的发掘，认为一些战国时期楚国小型墓随葬器物的组合是由鼎、簠、壶变为鼎、敦、壶，而春秋时期的小墓则是鬲、盂、长颈罐。当时对这种变化规律的认识，帮助我们了解到长沙等地的湖南楚墓，以战国中期的为多，因为那里最大量的是以鼎、敦、壶为组合的墓。但现在则进一步认识到簠、敦这两种陶器在战国早、中期是并存的，而那种出鬲、盂、长颈罐的小墓至少可延续到战国中期。此外，对较大型楚墓，由于材料不足，还是认识不清。例如对望山M1的认识，由于出了勾践剑，因越王勾践是春秋末年的人，故大家一般都认为它是战国初期的墓。但现在根据器物形态的分析，知道当时把它的时代定得太早了一点。

到了七十年代，楚文化的探索，仍然主要集中在荆州。在荆州之外，当然也进行了一些工作。如七十年代之初，湖南省博物馆的同志在长沙浏城桥发掘了一座中等规模的楚墓，比过去常见的出鼎、敦、壶的那种墓显然要早，出了鼎、簠、敦、壶的组合，而且还有陶鬲。其器物造型，壶腹最大径在下部，鼎足较矮，盛行圆圈纹装饰。湖南省博物馆的同志当时把它定为春秋晚期或春秋战国之交，实际上应当是战国早期墓。关于年代问题，一直到七十年代中期，一般都定得比较早，但我们已经感到过去对信阳、望山及浏城桥墓的年代订得早了。1978年，随县曾侯乙墓中出土的铜镈是楚惠王五十六年所铸，墓的年代比此年还可能晚些。当时，曾国器物已基本是楚器作风了。以此为标尺，可知信阳、望山墓应晚于此，而浏城桥墓当与此相近。因此，就可把浏城桥墓确定为战国早期，把信阳、望山墓定为最早是战国中期。江陵天星观墓亦知为战国中期的。

对楚墓年代分期，就是说楚墓年代学的建立，极有意义的工作是1975年纪南城东雨台山的发掘。这里一共发掘了五百多座楚墓，时代大致是春秋中期至战国中、晚期之际，即前278年以前，约可分为六、七期。大致说：春秋中晚期的一种庶人小墓，往往出陶鬲、盂、长颈罐。这种组合延续到什么时候？六十年代中在发掘者的内部曾有过讨论，现在知道至少可延续到战国中期；当然其间器物形态是有些变化的。但从战国早期起，特别是在战国早、中期之交，即大致在公元前400年以后，一些平民墓的随葬陶器已几乎都从日用陶器变为仿铜礼器，即为陶鼎、簠、敦、壶的组合；再后还出现钫，成为鼎、敦、钫、壶的陶器组合，此时已距公元前278年不远了。以后是一些出釜、盂、罐、壶、瓮的秦人葬俗的墓葬。

在黄河流域的三晋两周地区，平民小墓用仿铜陶礼器来代替日用陶器，出现于春秋中期，但很少。到了春秋晚期则达到百分之五十左右的比例；战国早期，就几乎全是用仿铜陶礼器了。这究竟反映了什么社会意义呢？按照周代的礼乐制度，本来只有士以上的贵族才能使用礼器，庶人只能使用鬲等日用器，即所谓的“刑不上大夫，礼不下庶人”，士以上的贵族和庶人之间有着一条不可逾越的鸿沟。所以，庶人普遍使用仿铜礼器，无疑说明了士与庶人之间的等级界限已被冲破，这正反映出当时社会的等级制度发生了大的变化。这种等级制度的变化，应是由土地所有制发生变化而引起的，即土地私有制发生后，原来那套建立在土地公有制基础上的等级制度就要发生变化。

从雨台山这批墓来看，楚国这种变动比起三晋两周好象要迟缓一点，因楚在战国初期好像还没有全部完成这种变化，也许要到战国中期才达到三晋两周地区战国初期的程度。当然，三晋两周地区这种变化的交错情况可能还没有分析出来。

1975年，在纪南城内，还进行了较大规模的发掘。发掘出了西垣北边城门。又在城内中部的偏东南处，发掘了一所大型宫殿遗址（30号台基）。之后并于朱河以南古城的中部探出一部分小城城垣，约为宫城城垣。根据这个发掘，知道现有城垣，即东西4.5公里，南北3.5公里的大城垣至少有一部分是筑于战国时期，城垣下压有春秋时期的灰坑。30号台基的上层台基即筑于战国时。在城内朱河两岸，历年来还发掘了一些水井，也是废于战国中期或晚期的。这样，自然就给我们提出了一个问题：现有纪南城究竟始筑于何时？前689年楚文王所都的郢城是否即建于此？

关于楚纪南城的始筑年代问题，从城内外发现的遗物、墓葬来看，城内摩天岭及其以北一带发现过春秋中期的墓，墓主生前当然就是住在纪南城。问题好象在于现在发现的春秋墓皆小墓，如果纪南城是当时楚国的政治、经济中心——郢都，就不会没有同时期的贵族墓。实际上，前些年在纪南城东南不远的草市一带，出土过一批春秋中期的铜器，有鼎、簋、簠等物，其簠上的铭文为“鄬白受”所作。雨台山也有一墓出土的铜戈铭文为“鄬之宝戈”，应为同一氏族遗物。鄬氏显然住在纪南城里，就是说，纪南城周围既有春秋中期的贵族墓，纪南城内是会有春秋中期遗存的。现有纪南城的范围，同战国时期它国的都城规模大致相同，但如果以公元前689年所建的城来考虑，当时很难有这样大的规模，可以认为现有城垣范围，是后来逐步扩大了的，最初肯定是小一些。我想，纪南城如果是长达四百年之久的郢都所在地，城垣大小是会有变化的。从一般情况来考虑，城市的发生往往是沿着河流而发展起来的。最初的郢都如果稍小，似应在朱河两岸，所以，似可从朱河河岸附近探求早期的堆积，甚至城垣。

正在纪南城1975年发掘以后，宜昌地区在当阳县赵家湖一带，为配合水利灌溉工程，四年以来，发掘了约三百座楚墓。这个发掘使我们对楚文化的认识，特别是对春秋楚文化的认识向前推进了一大步。这批墓葬最早的可到西周晚期，其墓葬的随葬品的基本组合是陶鬲、盂、豆、罐，同陕西、河南地区西周晚期墓的器物组合是一样的；但器形有自己的特点。到春秋中期，开始出现仿铜礼器。有一些墓，往往同出鼎、簋等铜礼器，可知是贵族墓。这种墓出土的仿铜陶礼器，做得很讲究，往往是磨光黑陶，好似上了一层漆，极光亮，还流行精致的暗纹。

同出的铜器，基本作风非常类似新郑一带春秋中期的铜器，故年代可以确定。到春秋晚期，墓的基本情况仍然是如此，但器形发生了变化，铜器和寿县蔡侯墓一样，因为那个蔡侯墓现可定为蔡昭侯的墓，昭侯死于前491年，故可知这些墓的年代为春秋末年。再晚一些，就与浏城桥墓一样；以后的墓又同雨台山等江陵战国中期墓差不多。

赵家湖墓最重要的意义还在于可以分为三大类。一类是出铜一鼎（春秋）或陶五鼎（战国）的贵族墓，一类是只出陶器的平民墓，一类是基本不出陶器的贫民小墓。由于仔细分析了这三类墓的关系，现在对楚国在春、战之际社会变动在葬俗方面的反映，已经认识得比中原地区还要清楚。

在赵家湖周围，有一些遗址，年代也是从春秋到战国，有的则可早到西周。赵家湖的有些墓葬里，还出有带错金铭文的“番仲作白皇之造戈”和“鄦（许）之造戈”，都是被楚征服的贵族之物。有一件春秋中期墓出土的鼎上铭文为“楚子趌之飤緐”。这都说明那一带住有许多楚国贵族。

1974年3月，在赵家湖以南约10多公里处的草埠湖农场新华大队的季家湖旁边的一个古城中部偏东北处，农民挖出了一个青铜拱形构件，中空，由上面的花纹可知是东周遗物。又在古城以西2.5公里处的青山之地，出过一个铜壶圈足，从花纹看，应是春秋遗物。从铜壶圈足可知，这是一件大型的春秋铜器，它的高度至少有好几十厘米，并非一般小贵族墓能出。

另外，与青铜构件同出的还有一件铜钟，是编钟之一，今藏荆州博物馆，由花纹可知是战国中期的遗物。其上有铭文为“秦王卑命竞用王之定救秦戎”，其中“王卑命”当连读，是王亲自下命令之义，当指楚王。整套编钟是为纪念某次救秦之战而铸。由此看来，这里是楚的一个重要城址。从地理位置看，这个古城的贵族墓地似在西边二、三公里处的青山一带，而不是赵家湖周围。从当阳赵家湖到季家湖这一带，显然至少是东周时期楚国的一个重要地区，值得今后继续探索。

总起来说，在七十年代之时，对郢都已经进行了一定的勘探和发掘，并把春秋中期以后至战国中期，即前278年以前的墓葬进行了分析，初步建立了一个年代表，而且开始找到了探索西周时期楚文化的线索。七十年代对楚文化探索中心是在荆州，为了探索早期楚文化，从而寻找楚文化的渊源，到了八十年代，除了会进一步在荆州纪南城周围进行工作以外，还一定会在宜昌地区的当阳、枝江一带进行工作，寻找西周时期楚文化的面貌。为了搞清楚文化的来源，在江汉平原，特别是在沮漳河流域，对新石器时代晚期，特别是相当于龙山阶段及其更晚一些的遗存进行调查、发掘，就可以从上下两头来探索楚文化的来源。我相信，在八十年代，宜昌地区和荆州地区会同时成为探索楚文化的中心。

四、楚文化与其它文化的相互关系问题

我国是一个以汉族为主体的统一的多民族国家。在汉族形成以前，各种民族的文化共同体更为众多，要了解历史上一个民族文化共同体的形成和发展，决不能孤立地观察一种文化，而必须考察她和周围其它文化的相互关系。对楚文化的考察，也必须如此。

当前，大家非常关心的一个问题，是楚文化究竟由哪种原始文化发展来的。要解决这个问题，必须首先把西周时期，特别是西周初期的楚文化面貌搞清楚。这还需要做大量的工作，今天是不可能讲清楚的。但现有材料，已多少提出了一些可以注意的线索。

在江汉平原，早从新石器时代起，其涢水流域和沮漳河流域便似乎存在着两个基本相似而又有其差别的文化系统。在沮漳河流域至三峡地区的原始文化，应是一个类型。七十年代以来这个地区的工作较多。从目前积累的资料来看，至少从六千多年以前开始，一直到四千多年以前，存在着一种一脉相承的文化系统：较早是大溪文化或包括其另一种类型，以后是屈家岭文化或是其另一些类型，再后是相当于龙山阶段的文化。末一个阶段的文化，有的同志称之为湖北龙山文化，但它显然是屈家岭文化或其另一种类型的直系子孙，不过在很多地方受到东方沿海地区的龙山文化的影响（当然可能也受到了黄河流域的龙山文化的影响），所以这个命名是不妥当的。有的同志则用河南、湖北交界处的青龙泉三期来概括它，但二者显然又至少是两个类型，因此，将来恐怕要采用一个新名称。在涢水流域，相当于大溪阶段的原始文化尚未找到，以后的屈家岭文化则很发达，再后也是相当于龙山阶段的文化。后两个阶段的文化，和沮漳河流域的同阶段文化比较，至少可划分为两个类型，其河南、湖北接壤地带的汉水中游地区，甚至可再划为一个类型。如果同黄河中游地区的仰韶、龙山文化相比较，江汉平原的这些虽有类型差别的原始文化，可以归为一个大系统。从分布的范围来考虑，这个文化系统

应当就是楚文化的祖先。但严格意义的楚文化是指楚人的文化而言，这就只能理解为是从这个原始文化系统中的某一个类型发展而来的；当然，这绝不否认那几个文化类型在长期发展过程中的相互影响。

到了商代和西周之时，这两个流域仍然存在着不同的文化系统。不过，从已知材料来看，商、周之时江汉平原东、西两侧的差别，已不是原有差别的继续。在涢水流域，从二里岗时期，甚至早从二里头时期开始，黄河流域的这个文化已经到达了黄陂盘龙城这长江之岸；而在鄂西的沮漳河流域以及那一带的长江沿岸，却见不到这样的文化遗存。近年以来在宜都的古老背、红花套等地，曾找到了许多相当于商周时期的早期巴人遗址，许多陶器同四川新繁水观音的早期蜀人遗物极为一致。这种陶器，甚至在当阳季家湖也出土过。这表现出在商代前后，江汉平原东西两侧的文化面貌确是大不一样的。鄂西地区的巴人文化绝非从当地的原始文化发展而来是不言而喻的；涢水下游盘龙城的二里头、二里岗文化，由黄河流域的发展序列来观察，也不会是江汉平原原始文化的直系子孙。显然，到了那个时代，黄河流域的二里头、二里岗文化是通过南阳盆地沿涢水而下，直抵长江；而巴人文化则是沿清江而到达长江之岸。

分析了这种情况后，寻找江汉平原自身的原始文化系统的去向，对探索楚文化起源问题的重要性，自然就十分明朗了。

涢水和沮漳河这两个流域的西周时期情况是：涢水流域有“汉阳诸姬”在那里。1977年，黄陂双凤亭出过一批周初铜器，一件圆鼎是“长子狗”所作，二件方鼎是公大史为姬𡍳所作，看来，“长子”与姬姓通婚，正是与汉阳姬姓诸国关系密切的诸侯；而且，涢水及汉水中游地区又经常出土西周晚期至春秋的“汉阳诸姬”的铜器。更东的圻春毛家咀所出西周中期的陶鬲、簋、尊，其中一部分的作风和同时期的陕西出土物几乎一样。黄河流域周人的子孙，看来是统治了涢水流域。

沮漳河流域则大不一样。多年以来，除了在江陵以西的万城出过上面提到的西周中期偏早的“邶子”铜器外，尚未发现过其它西周铜器，而所出春秋铜器，则几乎皆为楚器。在这一带，我想，当商代之时巴人从清江到达长江沿岸后，是没有力量直达荆山脚下，把原有居民统统赶掉的。摸清荆山脚下沮漳河流域的原始文化到商周时期究竟发展成什么面貌，也许就能找到楚文化起源的眉目。当然，至今也还不能排斥在荆山北麓脚下寻找楚文化起源的可能性。

周文化对它的影响，估计应是在文王以后才发生，即《史记》所谓的鬻熊“事文王”，但目前由于缺乏资料，还说不清楚。目前所见许多地点发现的周初铜器，在很多地方直到西周中期，几乎全是典型的周文化形态，估计很可能是周人在分封姬姓诸侯时，带去了一批青铜器工匠，所以各地所铸铜器，完全是周人的作风。但一些原本不属于周文化系统的其它文化，所铸西周铜器则往往有自身特征。当时楚人的铜器是什么特征，现在还不知道，也许因为不是姬姓诸侯，而自具特征。估计是既有周器的时代特征，又有楚人特有的风格，究竟怎样，当然只能等待将来的发现。

各地的青铜工艺，到两周之际，特别是到了春秋中期以后，地方风格日益明显。湖北现在发现的许多两周之际的铜器，工艺风格还是典型的周人作风。如襄樊发现的邓公牧铜簋等器和京山发现的曾侯铜器等，就都是典型的周人作风。当然，可能是因为襄樊地区是姬姓诸侯国，所以还更多地继续着周人的传统风格。

春秋中期的楚人铜器，已经发现了一些，不仅在赵家湖出土了一批，就是在江陵也有所发现。这些铜器，同新郑出土的春秋中期的郑国铜器极为相似，尤其是一种带捉手的三足圆簋以及铜鼎，几乎形态完全一样，上面流行的小蟠虺纹、蕉叶纹等纹饰也都是一样的。当时，楚与郑国相邻，自然在文化面貌上发生很多相同处。当然也有其特点，如发展起了一种“S”形云纹。

大约从春秋晚期开始，楚国铜器特有的风格开始明朗起来。这就是鼎的足部开始变得瘦长，但起初还比较短，后来更为加长。那时楚国力量已到达淮河流域，所以江淮流域的铜器工艺是一样的，可统归一个系统。蔡国铜器和楚国铜器作风就是一致的。由于我们首先发现的是蔡国铜器，所以，一见楚国铜器就觉得与蔡国作风一致，其实，从总体上来考虑，似不如说蔡器是受楚国铜器的影响更确切些。

同样的道理，在曾侯乙墓出的铜器中可看得很清楚。曾侯乙墓出土的铜器，虽多少有自身的特点，但同楚器的风格极近，可以归属于一个大体系。大概在春秋中期以后，江汉流域几乎全部统一于楚文化之中了。

到了战国早期，楚器的独特风格已完全形成，或者说非常明显了；当然还有其时代的共同特点。宜城孔湾公社台子岗二队骆家山M1出土的铜鼎、簋各一件，鼎同于寿县蔡昭侯墓所出之物；簋为圜盖，全身有嵌红铜片的动物形图案，还有相对的横三角纹边饰，这种横三角纹是楚国极发达的纹饰，簋的盖顶上还饰有三分式的圆涡纹，这种花纹直到战国中期，在楚国的敦盖中心还常见。这件簋的动物形图案，类似于中原的狩猎纹，但不见人物，唯有动物，或许这正是楚国的自身特点。

战国时期，楚国铜鼎的特点，大致有三种：一种是深腹，腹带一或二环鼻，三足较直，无盖，是镬鼎；另一种是圜盖，附耳，三足较直较瘦，在仿铜的陶鼎上，早期流行圆圈纹；一种是浅腹平底，侈耳。铜壶的腹径在战国初期是最大径靠下部，是大肚子状。

到战国中期，鼎足变得瘦长，多素面；壶腹变得较瘦，最大径上移，流行棱形云雷纹。

战国晚期，楚的湖北地区由于已被秦占，遗物与墓葬发现很少，估计河南东南部至安徽应当很多。其鼎的形态变化不大，长沙所出也可能是受了秦国的影响，脚变得稍短。壶显得瘦长。这种铜壶在宜昌地区曾有所发现。

大约从战国中期开始，特别在偏晚之时，由于楚灭越（前334年），与南方越人相互影响加强，部分铜器受到越器的影响，如出现了一种越式鼎。这种铜鼎，在雨台山墓中发现了六件，在宜城楚皇城周围也出土过，长沙及岳阳等地也都出过。它的特点是：腹深，盖薄，附耳，三足瘦细外撇，盖上往往饰双线云雷纹，表面看来似乎是一种早期花纹，实际上是南方百越地区极为发达的那种几何形花纹。不仅铜鼎如此，有些武器也受到越人的影响，例如江陵天星观M1中出土有两件铜矛以及宜城魏岗M2和大冶铜绿山出的铜矛，血槽在矛中心，其两侧饰倒刺形回纹，骹部饰“王”字形纹饰，显然与楚矛不同；楚矛的血槽为两个，并且没有上述纹饰。由此可见，楚文化在其发展过程中，曾不断地受到周围其它民族文化的影响。并且，即使是在楚人统治的中心地区，也还存在着一些当时的少数民族，例如战国时期已被赶到嘉陵江流域及川东的巴人就一直在郢都等地也还留有一部分居民。大家熟知的“阳春白雪，下里巴人”，说的就是楚郢都有一个下里，集中居着巴人，巴人能歌善舞，这个歌舞就是楚国民众都能接受的，通俗化的。巴人还有自己的特殊武器，在秭归县以及宜昌市、枝江县境内都见到过一些巴人的柳叶形剑，在当阳孙膑寨还出土过巴人的三角形援的铜戈等器。在荆门，过去就出土了一件巴人柳叶形剑和巴蜀的“兵闢太岁”铜戚（从李家浩同志释）。这些有的可能是出自巴人的墓，有的则可能出自楚人墓。可见，当时的楚国，是存在着许多不同民族的文化的，这在研究楚文化时，是必须注意的。

战国时，楚国与其交往最多的国家还是秦国。秦楚两国，一是通过陕西东南部发生交往，另是秦昭王灭了蜀后，又通过三峡，同楚国发生直接关系。秦楚两国各有自身的文化来源，秦国发源于陇东一带的原始文化，文化传统是不同的，但后来发生的关系却很多，所以又产生了许多共同性。例如，战国时期，秦楚两国的衡制，就相当接近。

当秦占楚地以后，秦文化对楚文化的影响，特别是对宜昌、荆州、襄樊、孝感等地区的影响是极为深刻的。那一带的埋葬习俗在很大程度上是按照秦人的风俗进行的。两国文化还有一个共同点，即进行的变革都比较迟。前面讲过，楚的变化似乎比三晋两周地区晚一点点，而秦则更要晚得多。这一点，对两国力量的发展都产生了一种两重性的作用。一方面，其古老作风和风俗习惯保留得较久；另一方面，正因为发展较迟，国内的矛盾不及其它国家尖锐，所以，武力较强，成为军事力量最强大的两国，最终由秦国统一了六国。

当然，楚文化对其它各国的文化也发生了很大影响。我们先不说《老子》、《楚辞》等对思想、文学的重大影响，就以秦国的漆器工艺为例，有可能就是在楚文化影响下产生的。在战国中期以后的楚墓中，出过许多精致的漆器，它们的产地现在虽然还不明，但估计是楚人自己制造的，这可能与楚国的自然条件有关。自秦取郢以后，湖北境内楚国的漆器工艺大概被摧毁了，此后，在云梦等地秦墓中出土的漆器，就没有楚国原来的那种漆器，绝大部分是咸阳制造的。秦国咸阳的漆器工艺是怎样发展起来的？很可能是秦人取楚后，俘获了一些楚国的漆工，故很快发展了自己的漆器工艺。咸阳漆器发展的时间不长，到汉初，成都的漆器工艺发达起来，很快就代替了咸阳的漆器，这很可能是因为项羽火烧咸阳之后，咸阳的漆器工艺亦被摧毁，中心转到成都来了。成都在前四世纪时还是蜀国的国都，本来不可能有发达的漆器工艺，成都的漆器工艺，只能是外来的，即或是学习外地的技艺，或是有了外来的工匠，具体说，大概是从楚国传入了发达的漆器工艺；也可能咸阳的漆器工艺是通过成都的中介而从楚国传入的。从这个角度讲，就可以说秦咸阳、汉成都市府的漆器工艺就是楚国漆器工艺的继续。当然，是不是这样，还要依靠以后的发现来证实或修正。浙江省的朱伯谦同志告诉我，西周至春秋时期越的原始瓷器很发达，到战国晚期突然不见了，后来到汉代才又重新发展起来，估计可能是楚灭越后，摧毁了越的瓷器工艺。这就启发我们作上面的推测。看来，秦灭楚后，秦是削弱甚至摧毁了楚的漆器工艺，但这并不等于楚国漆器工艺的传统就被彻底消灭，有可能是先转移到秦的咸阳和成都等地继续发展。马克思、恩格斯早就讲过，征服者并不一定能把被征服者的文化彻底摧毁，而很可能变为被征服者。我这样讲，当然并不是说秦国在文化上后来成为被征服者，只是说在漆器工艺方面，秦国虽然曾摧垮过楚国的手工业作坊，但可能秦国是把楚国的工艺吸收过来而继续发展。仅从这点来看，就可以说，楚文化对整个中国古代文明在许多方面是作出了它应有的贡献的。

我这次来湖北，在很短的时间内，走了九个县、市，学习了不少东西，这里仅把各地同志们辛勤工作的成果略加条理，有错误，请指正。

通过这次参观调查，我深深感到湖北省的同志，在对楚文化的探索方面已经作了大量的工作。在这些工作的基础上，明年在这儿召开的全国考古学会第二次年会一定会开得丰富多彩，并为推动全国楚文化的研究作出新的贡献。

本文是1979年6月1日为湖北省博物馆和武汉大学历史系考古专业所作讲话，曾收入《江汉考古》1980年1期和《楚文化新探》（湖北人民出版社，1981年9月版），后略作修改，收入《先秦两汉考古学论集》，文物出版社，1985年6月。

古代“西戎”和“羌”、“胡”考古学文化归属问题的探讨

在我国考古学领域中，甘青地区有相当的重要性。她在古代是一个畜牧兼农业经济的文化区，经济、文化和民族传统都有相当的特点。如果说，夏、商、周时期我国的黄河中、下游已经进入文明时代，发展起了世界最古老的文明之一，那么，就从这时期开始，甘肃和青海地区，特别是其东部地区亦已进入到青铜时代，使得早已发展到相当高度的新石器时代文明，又进入到了一个更具特点的独特的文明。这种古代文明对黄河中、下游的文化产生过很大影响，所以，为了更全面地了解我国古代文明的构成，就应当很好地研究这个地区；即使是为了研究黄河中、下游的古代文明，也不能把这个地区对黄河中、下游地区的影响置之不顾。

从本世纪二、三十年代以来，近代考古学在我国发展起来了。当近代考古学在我国刚刚发生的时期，青海地区就开始了田野考古工作。在半殖民地半封建时期，这种最初的工作是由外国人——瑞典的安特生来做的，规模也极其微小。但是在解放以后，特别是1973年以来，青海省文物考古队的同志和中国社会科学院考古研究所青海工作队的同志，做了大量的工作，有了许多重要的发现，使得相当多的过去大家渴望知道而线索不明的问题，终于开始明朗起来。要了解这些成果，当然需要一段时间。我这次是初来青海，而且时间很短，还应当再认真地看一些东西才能发表意见。青海省文物管理处和省文物考古队的同志一定要我来谈谈体会，只好讲一点肤浅的认识，作为希望进一步了解的一些纲目。

今天我准备讲四个问题，许多问题应当说就是省文物考古队这些年来的工作成果。

一、史籍中的“西戎”和“羌”、“胡”之别

先秦两汉时期的甘青及其相邻的一些地带，最初是一些畜牧和游牧部落活动的地区，后来她们中间的一部分也发展起了农业，汉人也进入到了这个地区。整个说来，这是一个多民族交错居住的地区。那些畜牧和游牧（主要是畜牧）部落，古代史籍或称其为“西戎”，或称之“羌”、“胡”。她们在这一带往往交错而居或同地杂居，彼此的风俗习惯和文化面貌当然是互有影响。为了把她们的祖源和文化面貌的区划搞清楚，就需要先把戎、羌、胡这三种称呼的概念弄明白。

大体讲来，西戎是指起源于陕西西部至甘、青地区的一些祖源相同或相近的畜牧和游牧部落的统称。羌人就是其中的一部分。畜牧和游牧是有区别的，畜牧业部落肯定有程度不等的农业。在一定的时间内，戎和羌是指一些祖源相同或相近而后来已分化为不同部落的一些古代部落集团。胡则是指活动于北方沙漠草原地区的一些游牧部落，主要指匈奴、东胡（乌桓、鲜卑）而言；先秦之时的北狄也叫作胡。战国至秦代，活动在甘肃的大月氏也称胡。新疆一带的西域诸国，又叫西域胡或大胡，或省称胡。在“前四史”中，经常“羌胡”并提，标点本《后汉书》往往作一个名词来处理，其实二者的区别是严格的，本来是两个专门名词，只是后来因为他们往往杂居在一起，所以“羌”、“胡”并提；标点本《三国志》就是这样来处理的。

“西戎”和“羌”是指和胡人完全不同的另外一些部落。在我国古代文献中，羌人这一名称出现最早。如《尚书·牧誓》就说在武王伐纣时，有“庸、蜀、羌、髳、微、卢、彭、濮”八个部落联盟，会于牧野。《诗经·商颂·殷武》也说在商王武丁之时，曾讨伐诸羌，“自彼氐羌，莫敢不来享，莫敢不来王。”安阳出土的甲骨文从第一期起，即武丁之时起，就经常提到俘虏羌人，用来供祭祀。大家知道，河湟之间，即古代所说的“湟中”一带，在战国至汉代是羌人的中心地区。商人当然还跑不到这一带。甲骨卜辞中的“羌”人，当然不会是从青海俘获过去的，而可能是从陕西西部，顶多是从甘肃东部地区俘虏去的。羌人当时活动的范围，大概可东达陕、甘、宁交界地区，主要是子午岭以西。

但羌人从来没有形成一个统一的部落联盟或国家，从《后汉书·西羌传》的记载来看，她自古以来就是分为许许多多不同的种姓。这许许多多不同种姓的羌人，自然有的文化发展较早、较高、较强大；有的则发展很迟、较落后、很弱小。

在商末之时，羌人中最先进的一支是姜姓部落，她的主要活动地区当在陕西的宝鸡一带。史称周人的祖先弃是姜嫄所生，可知周人的姬姓是世代与姜姓互通婚姻的。姜姓部落至迟在周文王时，已经发展到了和周人的姬姓部落同等的高度，进入了比较发达的青铜时代，因此，周文王为灭商所作准备以及武王伐纣，都由于得到了姜姓部落得力的帮助，才能获得成功。这种文化发展最快、最高的羌人，到西周以后，尽管在其老根据地——陕西西部的宝鸡地区等地，或许还保留着某些本族的文化特点，但其文化的总面貌，应当已经和周人没有什么差别了。但早期的姜姓部落大概发生过分化，像《左传·襄公十四年》、《僖公三十三年》中提到的"姜戎"，既称为姜姓之戎，可能就是从其中分化出来的一些部落，她们大概走着与多数羌人相似的经济道路，发展程度当比与姬姓周人世代通婚的姜姓之宗要低得多。

除此以外，显然还有许许多多的羌人部落，还处于文化发展较迟的阶段。所以姜姓的羌人到西周以后已经慢慢和周人融而为一，但其它的许多羌人部落还长期地保留其政治组织、经济生活和文化上的独立性。

在古书中常常提到的"西戎"这一名称，是一个总称，下面又分成若干种戎。著名的例如犬戎、骊戎、陆浑戎、緜诸戎、翟貊戎、邽冀之戎、义渠戎、大荔戎等等。她们的活动地区，主要也是在陕西、甘肃、宁夏，特别是在甘肃一带，有的戎当然已在青海东部。西戎和羌人无论就其祖源或是从春秋、战国以及两汉时期的关系来说，都是属于同系的。所以，《后汉书·西羌传》一开始是先讲先秦之时的西戎的历史，再转而讲到战国以后河、湟之间羌人的兴盛，最后在对羌人作总论时又说："羌戎之患，自三代尚矣。……（至安帝永初之间）自西戎作逆，未有凌斥上国若斯其炽也。"很明显，《西羌传》就是认为羌人即"西戎"。东汉班固所作《燕然山铭》讲到章帝时窦宪发兵征伐北匈奴时所调动的少数民族时，亦言"暨南单于、东乌桓、西戎氐羌侯王君长之群"（《后汉书·窦宪传》），也把氐羌放在"西戎"的行列中。《三国志·蜀志·马超传》仍称羌人为"诸戎"，说明直到汉末三国时，还往往把羌称作戎。但古代历史上的犬戎、骊山、大荔、义渠等戎人，却从来不称她们为羌，这暗示出，她们从羌人中分化出来后，一定有其不同于当时其它诸羌的特点。可以估计到，这些戎人，在西周晚期以后，其文化发展程度要高于当时还在青海一带的其它诸种羌人。这些戎人在强大起来以后，就向黄河中游地区东进，肯定对那里的周文化发生了较大的影响；但也正因如此，她们后来也较早地同化于周文化系统之中。

这里应当特别着重指出的是秦人也是西戎之一。如果说，在春秋之初，犬戎对中原地区的文明曾发生了较大影响，那么，到战国之时，特别是在战国晚期，秦人对中原地区的文明就发生了更大影响。自秦文化力量强大以后，有相当一部分戎人的文化是融合于秦文化之中的。但西戎之一的秦文化，从目前发现的秦墓看，至迟在两周之际，就极大地接受了周文化的影响。后来，这种因素逐渐增多，最后从总体上说，也可以算是归属于周文化这个大文化圈中。所以，从这个意义来说，逐步融合于秦文化的各支西戎文化，也就是融合于周文化之中。当然，在秦文化中，直到秦始皇时代，甚至直到汉初的秦人后裔的遗存中，早先的西戎文化的因素，还一直保留了一部分。这种情况，下面还要具体地讲到。

讲到“西戎”这个名称的特定涵义时，还必须把古代“北戎”和“山戎”的问题交待清楚。这种“戎”与“西戎”之“戎”是不同的。《史记》等书中所说的“北戎”，是指“白狄”、“赤狄”和“代戎”而言（《史记·匈奴传》三家注）；《春秋·僖公十年》杜注又谓北戎即山戎。“白狄”和“赤狄”活动于太行山麓，“代戎”则活动于河北、山西北部的长城地带。从五十年代起，河北省博物馆的同志已经在河北太行山麓的行唐县一带发现过春秋时代的“白狄”遗物；六十年代时又在怀来县北辛堡发掘了春秋晚期的“代戎”贵族之墓；今年中国社会科学院考古研究所和吉林大学考古专业的同志们并在张家口的白庙发掘了一处春秋晚期的“代戎”的氏族墓地。从这些发现看，春秋时期代戎和白狄的文化，虽有一定的差别，但可归属于一个大的文化系统，总起来可称之为狄人文化。这种文化和匈奴文化有密切关系而又有区别，都是属于北方草原地区的游牧或畜牧部落文化圈，也就是说，应当属于胡人的文化系统。对于这种部落，其实古人也往往以胡人称之，如《左传·宣公十五年》中讲到活动在晋东南上党一带的赤狄时，《史记·匈奴传·索隐》引《春秋地名》即谓“今曰赤涉胡”；《左传·僖公三十三年》中讲到“白狄”时，杜预注又称之为“故西河郡有白部胡”。至于“山戎”，古人早就讲清楚了，就是“东胡”（《史记·匈奴传》及其《索隐》引服虔说）。总之，“北戎”、“山戎”和“代戎”，根本就是“胡”，与“西戎”之“戎”是不同的。所以把这种“胡”叫做“戎”，可能就是因为她们深入内地后和各支“西戎”

比较接近，因而在名称上也发生了一定的相混。此外，东方的徐夷亦曾偶被称为“徐戎”（《史记·鲁周公世家》）；但这种少量的混称，不足以改变“戎”与“胡”、“夷”诸名称的基本差别。

把“西戎”、“羌”、“胡”这三个名称的概念搞清楚，对考查甘青地区青铜文化的族属问题，乃至考虑这个地区的新石器时代文化与以后的青铜文化的系统问题，自然就能得到一定的方便之处。

二、关于“寺洼”、“卡约”和“安国式”遗存的族属问题

考虑考古学文化的族属问题是比较复杂的。因为我们对考古学文化的认识是不断深化的，最初命名的一种考古学文化，随着新资料的增加、认识的深入，后来往往又被划分为若干种文化。这样的若干种文化，当然在其时代和文化特征上会存在着相当程度的相似之处，但也可能根本不是属于一个文化系统的。所以，只要我们对考古学文化的划分还不够准确，拿来探讨其族属问题就比较难困。例如龙山文化，最初在山东发现，后来又逐渐被分为所谓山东龙山文化、河南龙山文化、陕西龙山文化、乃至于湖北龙山文化等等。其实它们尽管互有联系，彼此都发生过影响，但却各有源头，大概分别是东夷文化、夏、商、周乃至楚文化的祖先。只有逐个地找清楚它们的发展系列，才可以逐步把这些古代历史上重要民族的文化源流搞清楚。

因此，要探讨甘青地区许多考古学文化的族属问题，首先应当把各种文化的源流搞清楚。这自然还需要做大量的工作。但半个世纪以来积累的资料，特别是青海省文物考古队近几年来在大通上孙家寨新发现的一些地层关系，已经大大推进了对甘青地区青铜文化源流的了解，使我们有可能对某些文化的族属问题，作进一步的推测。

关于甘青地区古代文化的发展序列，最初是由安特生在1925年发表的《甘肃考古记》中提出来的。这种最初的意见是“齐家、半山、马厂、辛店、寺洼、沙井”六期说。后来，1945年夏鼐先生在甘肃宁定县的杨家湾发掘了两座齐家墓葬，把齐家的年代改订在半山之后。1953年以来，大家又把青海地区极为发达的一种卡约文化从寺洼文化中划分了出来。1956年，由黄河水库考古队在甘肃东乡自治县的唐汪川又发现一种“唐汪式”遗存，它和辛店文化比较接近，

安志敏先生曾认为它基本是辛店乙组之物。1957年，黄河水库考古队又在刘家峡水库区找到了辛店叠压在齐家之上的地层，不仅确定了齐家和辛店的早晚关系，而且动摇了过去认为辛店是从马厂发展来的认识。此后又经过二十年的工作，大体上已可把甘青地区的原始文化，定为仰韶、石岭下、马家窑、半山、马厂、齐家这样一个序列。至迟从齐家开始，已进入青铜时代、父系氏族制阶段，其绝对年代经过近年以来碳十四的测定，大致为公元前2250年至2000年左右，即和中原的夏代大体相当而出现得略早。此后的辛店、唐汪和寺洼、卡约，则一般认为是辛店、唐汪较早，寺洼、卡约较晚。由于六十年代甘肃省的同志曾在平凉地区找到一种“安国式”陶器，这种遗存有寺洼文化中极富特征的那种马鞍形口的陶罐和西周时代的陶鬲共存，故可把寺洼以及与寺洼比较接近的卡约文化的年代，定在西周左右，从而就认为辛店、唐汪的年代当在商代左右。但是，青海省文物考古队的同志近年在大通上孙家寨曾屡次找到唐汪墓打破卡约墓的地层关系。从器物形态特征来看，卡约、唐汪、辛店三种墓葬，随葬陶器都是以三种双耳罐为主。其中，卡约与唐汪陶器的形态，一望而知应是一种文化的前后不同阶段之物，而唐汪与辛店陶器关系之密切，已如上面所说，又是人们早就熟悉的。所以，省文物考古队的同志认为卡约早于唐汪、辛店。有了这样一些认识，再考虑这些文化分布的地望，自然可以对它们的族属，作出一些推测了。

顺便说明，在上孙家寨的卡约墓中，曾发现一件石锤，同样形状的石锤在北京昌平白浮的西周早期墓葬中出土过。省文物考古队同志据而推测那座卡约墓的年代相当于西周前期。卡约很像是周初前后河、湟之间的一支独特文化。这支文化与齐家文化之间，究竟有什么联系，现在还不清楚，但已经知道二者之间相距有好几百年。下面将要讲到，卡约是羌人遗存，所以搞清这几百年中河、湟之间的文化面貌，羌人（至少是河、湟之间的羌人）文化的来源，应当就能说清楚了；但现在还只能从卡约文化讲起。

卡约、寺洼和安国式这三种文化遗存，都是以一种双耳罐为其显著特征；在寺洼和安国式遗存中，还以一种马鞍形口的双耳罐为其特征（这在卡约中是相当少见的）。它们尽管可以分为三种文化或类型，但其共同性却相当显著，暗示出了它们之间在时代和族系上的共同性或接近处。四十年代夏鼐先生在甘肃临洮寺洼山的发掘中，发现那里的寺洼墓葬有火葬墓，而《墨子》、《荀子》、《吕氏春秋》等书又有关于氐羌实行火葬的记述，从而提出了寺洼是氐羌文化的推测。现在，青海省文物考古队经过大量的工作，又证明卡约文化是分布在湟水流域及其支流的广大地区，而以湟水中、上游为中心，最东只达到甘肃的永靖一带。这就是《后汉书·西羌传》所讲的羌人聚居区。从这个地域范围来看，在公元前一千年左右，那里的主要居民只能是羌人，不可能是其它部落。青海省文物考古队的同志把卡约文化推定为羌人遗存的意见无疑是正确的。

但如果对比寺洼和卡约文化，又会发现二者存在着相当的差别。不仅是在陶器的形态上各有特点（如卡约中马鞍形口很少），而且其埋葬的习俗也存在着一定的差异。卡约之墓，不见火葬，最盛行的是一种仰身直肢葬，其次为骨架上身被扰动的葬式，有的则是骨架全部零乱。全部零乱的显然是一种二次葬，仅仅上身被扰乱的葬式也应是二次造成的。从这些差异看，寺洼和卡约应当是羌人不同种姓的遗存。如果从这些遗存的分布总范围来考虑，当然可以认为它们是商、周之际甘肃和青海的羌人遗存。

所谓"安国式"遗存，不仅见于平凉、天水地区，东边还到宝鸡一带。1975年，在宝鸡市渭河以南的竹园沟，发现过一个西周早期的墓地，发掘了其中的几座，最大的一座（M1）出了很多西周早期（大约是康王前后）的铜器。铜鼎是三个成组，按照周人的礼乐制度来考虑，墓主的身份当属"上士"。就在这座墓中，又出土了双马鞍形口的安国式夹砂灰陶罐；并在附近采集到许多安国式陶器。由于这批材料而得到的启示，可知"安国式"曾存在于西周早期。但在周人的都城地区，例如在岐山、扶风的周原遗址和西安沣河两岸的丰镐遗址中，从来见不到这种陶器，可知这支文化，就是活动在宝鸡至平凉、天水一带。那一带是什么人的活动范围呢？大家知道，所谓姜太公垂钓的地点，就在宝鸡，《史记·齐太公世家》便讲周文王与姜尚遇于渭河之阳。武王灭商以后，姜尚被封于齐，但大概直到成王时，其子才真正就国。在他的老根据地，相当于武王以前的遗存，主要的应当属于姜姓部落。到周初以后，姜姓部落既已东迁，那里西周早期文化遗存中出现的安国式双马鞍形口陶罐，表明这种遗存具有周文化和安国式遗存两种因素，很可能是一支受到周文化影响很深的氐羌族的东西。

总之，把安国式遗存、寺洼文化、卡约文化综合起来观察，它们相互之间的关联和各自具备的特有的表征，说明它们都是羌人文化，但已经形成为几个明显的分支。其中有的文化发展程度很高，当已进入奴隶制阶段；有的则还没有出现阶级分化，停留在原始氏族制阶段。顺便指出，在大通上孙家寨的卡约墓葬中，有的妇女墓随葬的青铜饰物极为丰富，如M723的主人，身上竟佩有铜泡四百余件；M1026的主人，身上也有铜泡及充作臂饰的长方形小铜牌五十多件。这里已发掘了卡约文化墓葬六、七百座，这两座墓的随葬品是最丰富的，并且墓主人都是女性，似乎反映出殷周之际居住在湟中地区的羌人，还保留着母权制；至少是母权制的残余还是很严重的。大家知道，据《后汉书·西羌传》记载，直到东汉初，羌人烧何种的酋长“比铜钳”就是妇女。这直接说明湟中地区的羌人，至少是湟中地区的一部分羌人部落，其母权制是保留得何等之久啊！

还可指出，卡约文化中出现的青铜钺等器物，显然受到了中原地区商周文化的影响；而一种青铜小刀，又同北方地区的青铜文化接近，反映了它们之间的联系。

三、关于甘肃洮河流域的辛店文化及青海湟水流域的唐汪和辛店文化的族属问题

辛店文化是1924年安特生于甘肃临洮的辛店首先发现的。1956年，黄河水库考古队又在甘肃东乡自治县唐汪川的山神发现一批与辛店文化相当接近的陶器，以后就出现了唐汪式陶器的名称。这两种遗存，近年来在青海的东部农业区也发现很多。如在大通的上孙家寨就发掘了数百座唐汪墓葬；在民和县的核桃庄小旱地也发掘了一处辛店墓地。上孙家寨的唐汪墓，时代要晚于卡约墓，而随葬的陶器，主要的也是三种双耳罐，文化特征相当接近。民和发掘的辛店墓，也主要是随葬三种双耳罐，不过彩陶比较发达。这三种墓葬的葬式，除部分完整的仰身直肢葬外，都普遍流行一种上肢被扰乱的葬式。所以，无论从陶器或葬式来看，都有很密切的关系。

甘肃洮河流域的辛店文化，同湟水流域的辛店文化，有很大的共同性。最大的特征是，都流行红陶，多黑彩图案，流行双耳罐，彩陶的花纹也基本一样。所不同的是，甘肃永靖姬家川的辛店墓中所见踡屈特甚的屈肢葬以及一种高领袋足的双耳鬲，在民和的辛店墓中是少见的。这种屈肢葬，早在马厂时期就已出现，

并且盛行一时，例如甘肃地区马厂墓屈肢葬所占比例很大；在青海乐都柳湾的马厂墓葬中，也有百分之十五的墓葬采取屈肢葬的葬式。可是在那个时候，黄河中、下游以及北方的诸文化中，都不见这种葬俗。由此可见，这种葬俗是发达于甘青地区的新石器时代至青铜时代的一种习俗。

马厂遗存后来发展为甘青地区洮河流域以西的齐家文化，经过这几年来的考古发掘和研究，已经是愈来愈明确的了。近年来，在大通等地的齐家文化墓中，也发现了屈肢葬，虽然数量并不多；在海南藏族自治州龙羊峡地区的齐家文化墓中，又出现一种砍头式的乱骨葬，有的乱骨葬是把骨架分成好几层，这显然是卡约葬式的前身。从马厂文化到齐家文化陆续发展起来的屈肢、砍头、乱骨葬等葬式，不见于夏、商、周三族的文化，而是戎人、羌人所特有的。由此看来，把齐家、马厂，乃至上溯到半山、马家窑、石岭下文化，看作是羌人文明的前驱，是有道理的。当然，这里必须说明，在齐家和卡约、寺洼、安国式遗存中间还有缺环；而且，在西戎和羌人之中，文化的发展亦是相当不平衡的，今后在分析这些文化的发展过程时，应当注意到这种不平衡性。

到了卡约、寺洼和安国式时期，按其葬式而言，似可分为不同的文化类型。安国式还不大清楚。寺洼墓则有火葬。卡约墓却以乱骨葬，特别是上身扰乱、包括砍头的乱骨葬为特色，但也有少量俯身葬和屈肢葬，当然，仰身直肢葬的数量也占相当比例；这显然是继承了湟中地区的齐家文化而来的。

湟水一带唐汪时期的葬式，同卡约是一样的。但在辛店文化中，据民和发现的，有仰身直肢和乱骨葬，却不见屈肢葬。这同更东部的甘肃永靖等地的辛店墓是不一样的。如果从葬式的变化过程来看，似可认为屈肢葬和乱骨葬本来都是起源于甘青地区原始文化的一种葬俗，但到辛店文化时期，在这两个不同的地区，葬式发生了分化，产生了地区性。这种地区性，显然应当和其墓主种姓的地区性是有关的。

上面已经讲过，从那种袋足鬲的发达与否来看，洮河、湟水两地是各有特点的。所以，洮河、湟水两地的辛店文化，大概是两个类型，它们虽然祖源相同，但当早已分化为两个不同的文化类型。青海省文物考古队的同志拟把湟中的唐汪类型称为上孙家寨类型（简称上孙类型），这是合适的。其实，湟水流域的辛店文化，似乎也可以标出它和洮河流域的差别。

在湟水一带的辛店、唐汪文化，按其地望来说，显然应当还是羌人的遗存。

在洮河流域所见的辛店文化，当然也就是另一些种姓的羌人。

要说明这个推测，首先还是从屈肢葬说起。

周人的葬俗，本是仰身直肢葬。所有西周墓葬，几乎都是仰身直肢葬。但是从平王东迁以后，在河南、山西、河北等地的春秋墓葬，突然一变旧俗，极为盛行踡屈得不太厉害的屈肢葬，只是到了战国时期，特别是战国中期以后，仰身直肢葬的比例才又慢慢增大，重新多于屈肢葬。看一看西周以来周人文化系统的葬式，就知道那种屈肢葬肯定是受外来因素的影响才发生的。放在当时历史变化的环境中考虑，屈肢葬既本是起源于甘青地区的葬俗，那么，这自然是受到西北地区影响的结果。这种影响，无疑是随着犬戎等西戎诸族随平王东迁而带到中原的。

能够更加清楚地说明辛店文化是西戎文化之一的根据，还在于它跟秦人的文化有很大的相似处。秦文化是起源于甘肃东部的。《史记·秦本纪》讲秦的祖先中潏在殷代时就是“在西戎，保西垂。”。《秦本纪》又讲，在周穆王时，秦的“造父”曾被封于“赵”，后来认为在今晋南的洪洞县一带。但到了周孝王时代，“非子”又“主马于汧、渭之间”，即活动在今陕西、甘肃交界处。1974年，湖北当阳季家湖的楚国城址中所出一件战国铜钟铭文，把秦人称为“秦戎”。秦人（至少其主体）是西戎的一支，应当是没有问题的。

秦国的文化，最迟从西周晚期以后，也许就从西周中期穆王时的“造父”开始，就受到了周文化的强烈影响；但秦人在很长时间内仍保留了她自身的文化特征。这种特征，据现有资料，至少知道有三点是很突出的：一点是盛行踡屈特甚的屈肢葬，踡屈程度就跟甘肃永靖的辛店墓一样。据现有发现，最迟从春秋时起，秦人之墓主要是这种屈肢葬，一直到秦始皇时期。这几乎成为区别秦人墓与其它各春秋战国墓的重要特征。甚至一直到汉初，一些秦人后裔的墓，还是采用屈肢葬，不过踡屈程度慢慢减弱；大概要到汉武帝以后，这种现象才基本消失。秦人和永靖的辛店墓既都流行极为相似的屈肢葬，正表明了族源上的密切关系，即都是戎人的一支。第二点是秦人在其根据地，即汧、渭之间的宝鸡和甘肃东部一带，直到战国时代还使用一种双耳高领袋足鬲，其特征是足端扁平，过去苏秉琦先生叫做“铲形袋足鬲”。这种“铲形袋足”，也是甘肃辛店文化陶鬲中所特有的，而周文化本身的陶鬲，足端则是尖的，二者即使其它外形相似，足尖的形态却明显地不同。顺便介绍一个情况，近来在宝鸡地区也找到极其类似辛店文化的一种陶器，原生地层或墓葬虽未找到，但至少可知所谓类似辛店的文化圈，最东可达宝鸡。宝鸡的辛店和临洮的辛店，当然会有些区别，但大的系统无疑是一个。还要介绍一件宝鸡出土的直领袋足鬲，粗略一看简直和岐山、扶风的周原地区以及宝鸡斗鸡台瓦鬲墓中那种太王至文王时代的陶鬲一样，但仔细观察，绳纹很细，而且袋足之尖是扁平的，即“铲形袋足”，充份表明这种遗存同卡约、寺洼、安国式、唐汪式、辛店这个系统的文化，存在着密切的亲缘关系。双耳、高领、袋足乃至铲状足端的陶鬲，同“周式鬲”是不同的，按其所属文化的主要族属性质来说，可称之为“戎式鬲”。东周时期，秦人主要使用虽有自身特点但极为接近于“周式鬲”系统的陶鬲，宝鸡斗鸡台等地战国秦墓中出现的“戎式”双耳铲形袋足鬲，应视为受到相邻戎人文化影响的结果；西安半坡等地出的战国秦鬲，有的足端作扁平铲状，也是受到“戎式鬲”影响的产物。秦人不断使用具有“戎式鬲”作风的陶鬲，至少暗示了秦人和戎人的长期密切关系，而这是有历史上的亲缘关系为基础的。第三点是洞室墓。在黄河中、下游，无论是仰韶、龙山、二里头、二里岗以及殷墟、周原等地的商、周文化，都没有洞室墓的传统，而是一种竖穴土坑墓。但洞室墓在甘青地区起源很早。它初见于马厂，最迟到卡约时就很流行。在陕西地区，东周的秦墓也流行洞室墓。那些秦墓，除了竖穴墓以外，横穴和竖穴的洞室墓都很多，这显然同羌戎系统的文化有联系，说明了秦人的文化传统，同羌人是有特殊关系的。这种洞室墓，在河南等地，则要到战国中期以后才逐渐出现并流行，显然是从秦人那里传去的。所以，秦人流行洞室墓，又说明她和羌戎文化关系的密切。

总之，屈肢葬、铲形足端的鬲、洞室墓这三个文化因素都是源自羌戎的，而屈肢葬和洞室墓后来又影响到中原。我相信，随着宝鸡地区及甘肃、宁夏、青海乃至新疆等西北考古的进一步深入，这个推测是能够得到证明的。

四、大通上孙家寨汉至魏晋时期墓葬的族属问题

从1973年以来，青海省文物考古队已在大通上孙家寨发掘了一百四十多座相当于西汉至魏晋时代的墓葬。初步分析，时代大约从西汉晚期开始，一直到汉末、

三国、西晋。这段时期，西宁周围的湟中之地，是那些民族在活动呢？

据史书记载，在秦汉之时，匈奴的冒顿单于控制了甘肃的河西地区。那里，本是大月氏所占，受到匈奴打击后，大月氏西迁，留下的余部，就进入南山，有的来到湟中，称为小月氏，与羌人杂处共婚，其语言、饮食、被服都略与羌同。这部分小月氏部落，后来汉人称之为“月氏胡”，又称为“湟中胡”。到宣帝时，赵充国攻打羌人到达这里，在河湟之间，置屯田，于西宁一带设立了西平亭，并设金城属国管理诸羌。后来还在乐都设破羌县，在湟源设临羌县，在贵德设榆中县等。东汉时，也在这一带设有这些县。《续汉书·郡国志》并没有记载这一带设有属国，但《西羌传》上曾提到有“属国湟中月氏诸胡”，可知也设有属国来管理各种羌、胡，很可能东汉的某个时期也在这一带设过金城属国。总之，从西汉宣帝以后，这一带是小月氏、羌人、汉人的杂居区。

正因为汉人把“小月氏”称为“胡”人，所以汉人就把这一带的“月氏胡”和“羌”人，统称为“羌胡”。但《后汉书·西羌传》等又常提到“湟中月氏诸胡”，可知湟中之胡不止“月氏胡”一种。前面讲过，汉代是把匈奴称为胡，羌人只称戎，所以“月氏诸胡”，除了纯粹的“月氏胡”以外，其它的“胡”只能是匈奴人。但据“两汉书”所记，匈奴的主体都没有到湟中，可能到湟中的，大概是一种匈奴别部叫做“卢水胡”的。“卢水胡”是起源于张掖以南源出祁连山的卢水一带的匈奴别部。汉武帝时，霍去病打到祁连山，大败匈奴，匈奴的主部逃遁，汉朝在这一带设立了河西四郡，但卢水胡却留在当地。近年来出土的居延汉简中，就有东汉初年窦融控制河西地区时卢水胡在那一带活动的记录。《后汉书·西羌传》又讲在建武之末，卢水胡曾经征伐过烧何羌比铜钳；并谓章帝时，烧当羌迷吾聚兵打败了金城太守郝崇，于是诸羌及属国卢水胡悉与相应。卢水胡既与河、湟之间的羌人来往密切，可见卢水胡必有一部曾越过祁连山而与湟中地区的月氏胡及羌人杂处。《西羌传》所讲东汉顺帝永和五年“湟中杂种羌胡大寇三辅”，也就意味着湟中的羌胡其种甚杂，大概包括了卢水胡在内。当然，在湟中的胡人，应以小月氏为主，所以叫做“湟中月氏诸胡”。卢水之地，清代的沈钦韩及前几年去世的马长寿先生，都考订在汉代的张掖郡境内，但《水经注·河水》又谓西宁以西有卢溪水，《后汉书·窦固传》李贤注以为卢溪水即卢水胡的发祥地。李贤的说法是不对的，但也许正是因为卢水胡的一部分曾经到达此地，才产生了这种说法。《后汉书·西南夷传》讲汶山郡的冉駹夷以北有“黄石、北地、卢水胡”。汉代汶山郡在今四川北部的理县和茂汶羌族自治县一带，当时是多种氐羌族的活动区，从此地往北，即到达甘肃南部和青海的东南部，这又暗示出卢水胡可能到达湟中等青海地区。到了魏晋时，文献更明确记载卢水胡曾广布于金城郡的临羌县，即今湟源县一带，由此亦可推知，东汉之时，卢水胡的一部分一定已经到达湟中。所谓“月氏诸胡”，当是以小月氏的后裔为主体，而包括了卢水胡等匈奴别部的后代。这些月氏胡和卢水胡在湟中与羌人通婚杂处，风俗习惯当受到羌人的很大影响。

上面讲到，自西汉宣帝以后，赵充国等就在湟中一带设有屯田兵，这一带受汉人的控制和影响是比较大的。所以，湟中的“月氏诸胡”和“诸羌”，汉化程度比较深，受汉代朝廷的控制程度，也较它种羌、胡为重。这种臣服于汉廷的羌、胡，在东汉时就叫做“义从羌”、“义从胡”。湟中的义从羌胡，曾屡次被东汉的官吏率领去出征匈奴（《窦固传》）以及它种杂羌（《西羌传》、《段颖传》）。这种义从羌胡，对汉代官府的态度是“虽依附县官，而首施两端，其从汉兵战斗，随势强弱。”（《西羌传》）时而随汉兵征伐它羌，时而起来叛乱。所以自黄巾起义后，湟中羌及湟中义从胡北宫伯玉、李文侯就起来杀死了护羌校尉冷徵，一直打到甘肃东部和三辅地区。

大通上孙家寨的相当于汉至魏晋时期的墓葬区，在其东北方有一处汉代遗址，应当就是这片墓地的主人的住地。这个地点，据《水经注》的记载，叫做长宁亭，东边的那条北川河，当时叫做长宁川。从这批墓葬所出的随葬品及墓葬形制来看，主要接近于河西地区及关中地区的汉墓，但其葬俗却很特殊，保留了很多卡约文化以来的遗俗，也就是说有很多羌人葬俗。而且，在一座东汉晚期的双室砖墓中，出了一方驼钮铜印，文曰“汉匈奴归义亲汉长”。刚看到此印感到很奇怪：匈奴人怎么会跑到这里来呢？查了一下有关这一带的历史资料，才知道这种“匈奴归义亲汉长”，大概就是东汉时所说的“义从胡”，它出现在这一带，应当是“卢水胡”之物。由此来看，上孙家寨这个墓地，就是与羌人杂处的湟中义从月氏诸胡的墓地，即使主人在这个小地点主要是卢水胡，但从总体讲也应当是属于“湟中月氏诸胡”的范畴。作这种推测是否仅仅根据这枚铜印呢？不是的。整个墓地中呈现的一种文化复杂情况，都可说明这一点。

前面已经讲过，湟中月氏诸胡是与羌人杂处、通婚，其语言、饮食、被服都略与羌同，而且，它在东汉又是一种义从胡，即臣服于汉代官府的。这种“义从胡”，当然汉化得比较深。在这批墓葬中，有一批西汉末到东汉初的平民墓葬，是带斜坡墓道的土洞墓。其中往往置一或二人。凡是二人的，当是夫妇合葬；置一人的，有的是男，有的是女。这种墓随葬品很少，往往没有，或者只有二、三个陶罐。陶罐都是汉式的，说明受汉文化影响之深。但其葬式很奇怪，有的是二次葬，骨架散乱，有的是四肢整齐，而胸部肋骨已乱，甚至脑袋被砍下来搬了家。这种现象在其它地点的汉墓中从未见过，而略同于当地的卡约、唐汪等墓，显然是一种羌人的葬俗。这种墓葬，很可能是汉化程度很深而风俗习惯略与羌同的湟中诸胡的墓葬；当然也可能根本就是羌人墓，即与月氏诸胡杂居的羌人之墓。

还有不少条砖所砌的双室砖墓，规模较大，其一就出了“汉匈奴归义亲汉长”铜印。这肯定是当地有权势的酋豪之墓。这种墓的时代，主要是东汉中期以后，晚的也可以到三国、西晋。这种墓形，当时在中原地区是贵族、豪富所通用的。其随葬物也略同中原地区，如陶器出壶、瓮、罐、钼、仓、井、灶等。其器形当然有一定地方特点，但其组合和主要形态却和汉人之物、特别是和河西地区东汉墓相同。不过就在其中的一座墓（甲区M24）内，出了一块网状铜牌，是一件带扣，具有强烈的斯基泰风格，是匈奴等胡人所特有的。类似的铜牌，过去在内蒙古集宁二兰虎沟的东汉南匈奴墓中曾经发现过，这也证明应为匈奴遗物。还有，在另外一座墓（乙区M3）内出土过一件单耳银壶，腹上锤揲出一周忍冬花瓣和葡萄形图案，上面鎏金。这件银壶，根本不是汉人之器，也不象是匈奴物件，应当是安息（波斯）制品。大家知道，匈奴人是游牧民族，他们常常驰骋千里，在他们的墓中出现中亚诸国遗物是不足为怪的。这件银壶，不仅是说明汉魏时期中西文化交流的重要物品，而且也反映出墓主极可能是匈奴人，因为只有他们，才最可能得到这种安息的工艺品。

表明匈奴的确已经在汉代到达湟中的，不仅是上孙家寨墓中发现的这些遗物。最近在互助县也发现了一件双马相骑的铜牌；同样的铜牌还在海南藏族自治州的共和县出土过。这种铜牌，也只见于斯基泰——匈奴文化中。所以，它们在湟中不止一次的出土，再度说明匈奴人的确到达过这里。

上孙家寨的义从胡之墓，其葬俗一般是仰身直肢，与羌人之俗不同。在内蒙古等地发现的匈奴墓，也是这种葬式。但这些墓中埋葬的人骨往往是多具，有七、八具到十多具的。东汉时，内地的许多较大的墓葬，也常见有多具棺木；它们往往是多代合葬一墓。但这些义从胡之墓却不是这样。由于匈奴贵族的多妻情况是很突出的，要准确判断那些骨架之间的关系，至少还要作一些骨架的鉴定测量工作，判断他们是否属于同一人种。如果有多种人种，那就要考虑除了妻妾之外，是否可能有殉人？据甲区M20记录，这座子母砖砌的单室券顶墓，墓室内有两层木棺：下层二棺，上层亦有二棺，其一为小孩，这可能是墓主家庭成员的死者；但在下层二棺的脚下，还有五个头骨，一为小孩，不见身躯，显然是杀殉的俘虏或奴隶。总之，这批义从胡曾使用杀殉制度是可以肯定的。

要准确判定这批墓主的族别，极重要的工作是对其人骨进行测定，作人种学的研究。出土“汉匈奴归义亲汉长”铜印墓中的三个人头骨，曾经经过中国社会科学院考古研究所韩康信、潘其风同志的研究，发现他们与卡约、唐汪的人骨不一样，正说明他们是出于不同的族属。当然，月氏胡、卢水胡长期和羌人杂居、通婚，他们之间的体质特征发生相混现象是很可能的。这也要靠对大量人骨进行研究才能清楚。“月氏胡”和羌人互为婚姻的情况，在《西羌传》中已经有了明确的记载。“卢水胡”在这一带也一定会和外族通婚，因为“两汉书”早就告诉我们匈奴人是实行氏族外婚制的，跑到湟中的卢水胡，最初人数不会很多，要他们在数百年的时间内，仅仅在同部落联盟内不同氏族之间通婚，是不可想像的。

所以，对这些考古学文化归属问题所作的种种推测，只有将这些遗址和墓葬内出土的人骨进行了人种学的研究，才能得到进一步的肯定或否定。

在一开头我就讲过，我是第一次来青海。这些重要的发现，仅仅是在来后的短时间内才接触到，许多重要的观点，如卡约文化是羌人的遗存等等，都是青海省文物考古队的同志首先提出来的，我不过是转述了他们的意见。通过短短一个月来的见闻，我更具体地感到青海地区在考古学上的重要性。在古代中国，当夏、商、周三代中原地区已经进入到阶级社会时，在其四周地区也先后进入青铜时代，发展起了各具特征的文化。这些中原四周的文化，甘青地区是一大片。大家知道，古代往往把四周的这些当时的少数民族文化，称为东夷、西戎、南蛮、北狄、西南夷、百越等，甘青地区就主要是西戎的文化区。当然，实际上，各少数民族文化的类型还要多些，但最重要的就是这一些。在古代，这些四周的少数民族文化对中原文化发生影响最大的，可以说是西戎；而过去，在考古学上对西戎文化的了解却很少。现在，通过青海省文物考古队这几年的工作，已经沿着湟水流域开始提出了一个比较清楚的序列，这对中国古代文明发展过程的研究，无疑已做出了一定的贡献。为了把这种研究再推前一步，希望青海省的同志能尽早地安排人力，把这些报告很快地整理出来。同时，在今后能在湟水流域把从马家窑、半山、马厂、齐家文化到卡约、唐汪和辛店文化的遗址进行适当的发掘，使这些古代文化的经济面貌搞得更清楚，并把齐家文化到卡约文化之间的缺环和唐汪到西汉中、晚期之间的缺环（后者主要即小月氏的文化）探索清楚。这样，我们就可能对古代戎羌和小月氏、匈奴等等曾对中国古代历史发生过巨大影响的一些文明，得到比较系统的了解。

感谢各位同志给我这个机会，来发表这些粗糙的推测，错误的地方，请同志们批评、指正。

本文是1979年9月19日在青海省考古学会和青海省历史学会联合举办的学术报告会上的讲话，曾以《古代“西戎”和“羌”、“胡”文化归属问题的探讨》为题，刊于《青海考古学会会刊》1期。1983年初改作此题，并略作修改，收入《先秦两汉考古学论集》，文物出版社，1985年6月。

楚文化的渊源与三苗文化的考古学推测

——为中国考古学会第二次年会而作

一、古史传说中楚人先祖与三苗的关系

对楚文化的考古学考察，自五十年代初开始了科学发掘以来，现已大体摸清了它自两周之交至战国末的发展脉络及其在汉初的延续情况；在楚人先祖活动过的长江中游地区，又找到了大量新石器时代的遗存。这样，通过认识楚人建国时期文化面貌这个环节来了解楚文化渊源的问题，自然就提到人们的面前了。

《史记·楚世家》说："周文王之时，季连之苗裔鬻熊。鬻熊子事文王。"(《史记·周本纪》略同)《汉书·艺文志》也说："(鬻子)名熊，为周师，自文王以下问焉。周封为楚祖。"(《史记·周本纪·集解》引刘向《别录》略同)《楚世家》又谓在周成王时，鬻熊的曾孙熊绎被封于荆蛮，"居丹阳"。自鬻熊已降，特别是到熊绎时，既被周王封为楚子，当已建立起国家组织。就像周人以古公亶父为太王一样，楚人是以鬻熊为始祖的；鬻熊以前，则世系不明。所以，鬻熊以前的楚人，可以叫做楚的先祖。

现在，从黄河流域到长江中、下游的主要的新石器时代文化，已经大致搞清了它们的发展序列。因此，只要把鬻熊至熊绎前后的文化面貌认识清楚，就很容易同新石器时代的文化联系起来，从而解决楚文化的起源问题。

这自然主要应依靠新的田野工作。但如果结合古史传说，对什么样的新石器时代文化可能是楚人先祖遗存，尤其是对哪一种新石器时代的文化系统应当包括楚人先祖遗存在内的问题作一定的推测，则是可以进行的。因为：

第一，新石器时代的一些族属（也就是一些部落联盟或部落集团）的遗存，

总是会有自身的文化特征的；不同的族属，特别是族源不同、经济和生活方式不同的族属，常常表现为不同的考古学文化，所以如果把考古学文化的划分搞得比较准确，就有可能来寻找什么是楚人先祖的遗存。

第二，每一个这种族属，还总是有一批族源相同，赖以生存的自然环境、经济面貌、风俗习惯相当接近的其它的族属，或是一些族源虽异而后来因征服、迁徙等原因生活在一种类似环境中的其它族属，共同组成一个基本特征相近的文化圈。所以，即使具体的楚人先祖的文化遗存难以确定，推测哪一个文化圈应当包括楚人先祖在内的工作，就是比较容易下手的。

第三，楚人先祖与三苗关系密切，而三苗的活动范围在古史传说中又比较清楚，因此，先推定三苗文化的归属，再进而推测楚人先祖文化的归属，就是完全可能的。

早在四十年代，徐炳昶先生已指出楚与三苗同属南方的“苗蛮集团”[1]。如作进一步考察，又知楚人与三苗的先祖是同源的。

楚人的始祖，因屈原在《离骚》中自称是“帝高阳之苗裔兮”，历来都只考虑是颛顼。但《国语·鲁语上》、《大戴礼记·帝系》、《史记·五帝本纪》和《夏本纪》又直指有虞氏、夏后氏为颛顼之裔，《左传》文公十八年亦谓梼杌（即鲧）为颛顼的“不才子”，颛顼的后裔既有那么多支，可见把楚人的族源上推到所谓颛顼高阳，未免是过于遥远。其实，在《左传》、《国语》等早期史籍中，只是把颛顼的子孙重黎[2]，推为楚人所出之源。

楚人的族属源流，以《大戴礼记·帝系》和《史记·楚世家》所述为详。

《帝系》:“颛顼氏娶于滕奔氏，滕奔氏之子谓之女禄氏，产老童。老童娶于竭水氏，竭水氏之子谓之高緺氏，产重黎及吴回。吴回氏产陆终。陆终氏娶于鬼方氏，鬼方氏之妹谓之女隤氏，产六子，孕而不粥，三年启其左胁，六人出焉：……

[1] 徐旭生：《中国古史的传说时代》（增订本）57—66页，科学出版社，1960年。

[2] 重黎又每分作重、黎二氏。但《大戴礼记·帝系》和《史记·楚世家》是合作一氏的，故《史记索隐》曰：“重氏、黎氏，二官代司天、地，重为木正，黎为火正。据《左氏》，少昊氏之子曰重，颛顼氏之子曰黎，今以重黎为一人，乃是颛顼氏之子孙者。刘氏云：少昊氏之后曰重，颛顼氏之后曰重黎，对彼重则单称黎，若自言当家则称重黎，故楚及司马氏皆重黎之后，非关少昊之重。愚谓此解为当。”这里在探索楚人族源时，就把重黎合作一氏对待。

其六曰季连，是为芈姓。”

《楚世家》:“楚之先祖，出自帝颛顼高阳。高阳者，黄帝之孙，昌意之子也。高阳生称，称生卷章，卷章生重黎。重黎为帝喾高辛，居火正，甚有功，能光融天下，帝喾命曰祝融。共工氏作乱，帝喾使重黎诛之而不尽，帝乃以庚寅日诛重黎，而以其弟吴回为重黎后，复居火正，为祝融。吴回生陆终。陆终生子六人，坼剖而产焉。……六曰季连，芈姓，楚其后也。”

据《史记集解》、《史记索隐》及《山海经·大荒西经》郭璞注引文，《楚世家》当本自《世本》。《集解》又引谯周曰:“老童即卷章。”把老童之子重黎及吴回举为火正祝融之说，它书屡见[3]。按照当时已经发生的五行学说，立为火正之族，当在南方[4]，故《左传》昭公四年曰:“火，水妃也，而楚所相也”，正把南方的荆楚同治火之职联系在一起，可知相继举为火正祝融的重黎和吴回当是南方的部落。《国语·郑语》载史伯答郑桓公更进一步说:“夫荆子……且重黎之后也。……融之兴者，其在芈姓乎？”显然，西周末年实际是把重黎作为楚人的始祖。《左传》僖公二十六年又云:“夔子不祀祝融与鬻熊，楚人让之。”夔子是楚子的别封，既本是同族，所祭先祖自应相同，故楚人责备“夔子不祀祝融与鬻熊”，又可证明楚人就是以重黎为始祖的。

三苗是重黎的另一支重要后裔。如《国语·楚语下》:“及少皞之衰也，九黎乱德，民神杂糅，不可方物。……颛顼受之，乃命南正重司天以属神，命火正黎司地以属民，使复旧常，无相侵渎，是谓绝地天通。其后三苗复九黎之德，尧复育重黎之后不忘旧者，使复典之，以至于夏、商，故重黎氏世叙天地，而别其分主者也。”(《史记·历书》略同)“九黎”之称，意味着种姓繁多，部落纷杂；“三苗复九黎之德”，又表明三苗是从黎氏发展而来。故《国语·周语下》直以“黎苗之王”为言，《书·吕刑》孔疏引郑玄说和《楚语下》韦注，也都说三苗之民即“九黎之后”。

---

[3] 如《左传》僖公二十六年、昭公十八年、昭公二十九年、《国语·郑语、楚语下》、《风俗通·祀典》引“周礼说”、《史记·历书、自序》和《山海经·大荒西经》等。

[4] 《郑语》韦注、《楚语下》韦注引唐尚书说、《历书·索隐》曾谓“火正黎”或作“北正黎”。但《序·索隐》则谓：“案《国语》：‘黎为火正，以淳曜敦大，光照四海’；又《幽通赋》云：‘黎淳耀于高辛’，则火正为是也。”重黎为火正之说，不胜枚举，“北正”说不足取。

黎和三苗的先世既汇合于黎氏，当说明祖源相同。在《山海经》那种长江流域传说中，也存在着类似内容。如《大荒北经》："颛顼生驩头，驩头生苗民，驩民釐姓。"釐、黎上古音同字通，钱坫《十经文字通正书》卷五即谓："来，……《少牢馈食礼》'来女孝孙'，注'来读曰釐'，是来与釐通。《春秋》（隐公十一年）'公会郑伯于时来'，《公羊》作'祁黎'，是来又与黎通。""釐姓"当即"黎姓"，亦说明三苗是从黎氏发展来的。另如将三苗先祖一直追溯到颛顼的说法，又和《离骚》、《大戴礼记·帝系》、《史记·楚世家》中楚人始祖之说相通，自然也能表示出三苗与楚同源。

在传说中的尧、舜、禹时代，三苗远比楚人先祖活跃，她不断和黄河流域的部落发生冲突。

最大的冲突有两次。第一次在尧、舜之际。《史记·五帝本纪》综合其情况为："三苗在江、淮、荆州，数为乱。于是舜归而言于帝，请流共工于幽陵，以变北狄；放驩兜于崇山，以变南蛮；迁三苗于三危，以变西戎；殛鲧于羽山，以变东夷。四罪而天下咸服。"[5]但这次尧放"四凶"之举，并未真正把三苗打散，故《礼记·檀弓下》"舜葬于苍梧之野"句下郑注云："舜征有苗而死，因留葬焉。《书》说舜曰：'陟方乃死'。"三苗的力量还是十分强大的。

第二次是在舜、禹之际。《战国策·魏策一》载吴起对魏武侯之言，曾概括其事为："昔者三苗之居，左彭蠡之波，右洞庭之水，文山在其南，而衡山在其北。恃此险也，为政不善，而禹放逐之。"[6]《国语·周语下》载太子晋谏周灵王又曰："王无亦鉴于黎苗之王，下及夏、商之季，上不象天，而下不仪地；中不和民，而方不顺时；不共神祇，而蔑弃五则。是以人夷其宗庙而火焚其彝器，子孙为隶，不夷于民，而亦未观夫前哲令德之则。"把黎苗之衰与夏桀、商纣并提，足证这次打击之后，三苗已经极为衰微。

---

[5] 与这次冲突有关的传说，又见于《书·尧典、吕刑》、《左传》昭公元年、《孟子·万章上》、《荀子·成相》、《国策·秦策一》、《吕氏春秋·召类》、《大戴礼记·五帝德》、《淮南子·缪称训、诠言训、修务训、泰族训》等。

[6] 与这次冲突有关的传说，又见于《书·皋陶谟》、《逸周书》、《墨子·兼爱下、非攻下》、《通鉴外纪一》引《纪年》、《赵策二》、《韩非子·五蠹》、《吕氏春秋·上德》、《韩诗外传三》、《说苑·君道、贵德》、《淮南子·原道训、缪称训、齐俗训、氾论训》、《史记·夏本纪、吴起传》等。

此后，《诗·商颂·殷武》曾云：“挞彼殷武，奋伐荆楚。……维女荆楚，居国南乡。”在商代武丁时期，楚人大约已在长江中游活跃起来，三苗部落则被赶到了边僻山地。

先楚与三苗的族源与活动区域既近，自然可能属同一种新石器时代文化系统。现在就看看那一带新石器时代文化遗存的具体情况吧！

二、长江中游的新石器时化文代序列

长江中游的新石器时代，存在着一种不同于黄河流域的、自身有连续发展序列的文化系统。这个系统，西至长江三峡，东至鄂东，北至伏牛山麓，南至洞庭与鄱阳两湖间。已知有三大阶段，都可分为好几个文化或类型。

第一阶段有：大溪[7]，三元宫早、中期[8]，螺蛳山[9]，下王岗早期[10]和青龙泉一期[11]等遗存。

第二阶段有：红花套三、四期[12]，三元宫晚期[13]，屈家岭[14]，下王岗中期[15]和青龙泉二期[16]，修水山背跑马岭[17]等遗存。

[7] 四川长江流域文物保护委员会文物考古队：《四川巫山大溪新石器时代遗址发掘记略》，《文物》1961年11期15—21、60页。

[8] 湖南省博物馆：《澧县梦溪二元宫遗址》，《考古学报》1979年4期461—488页。

[9] 中国科学院考古研究所湖北发掘队：《湖北黄冈螺蛳山遗址的探掘》，《考古》1962年7期339—344页。

[10] 河南省博物馆、长江流域规划办公室文物考古队河南分队：《河南淅川下王岗遗址的试掘》，《文物》1972年10期6—10页。

[11] 长办文物考古队直属分队：《一九五八年至一九六一年湖北郧县和均县发掘简报》，《考古》1961年10期521—523页。

[12] 参王劲：《江汉地区新石器时代文化综述》，《江汉考古》1980年1期11页。

[13] 同[8]。

[14] 中国科学院考古研究所：《京山屈家岭》，科学出版社，1965年。

[15] 同[10]10、11页。

[16] 同[11]523—526页。

[17] 江西省文物管理委员会：《江西修水山背地区考古调查与试掘》，《考古》1962年7期358—366页。

第三阶段有：季家湖下层[18]，易家山[19]，青龙泉三期[20]和下王岗晚期[21]等遗存。

第一阶段的大溪文化，打制石器还占很大比例，但磨制石器相当精致。陶器以红陶为主，多红衣黑彩或褐彩、红彩的彩陶，间有白陶，灰陶和黑陶愈晚愈多，晚期多红彩黑陶。炊器常以稻壳或蚌末作羼和料。盛置器如簋、碗、盘、豆等，几乎都有高矮不等的圈足，并常以戳印纹或镂孔为饰，有喇叭形器座。三足器主要是鼎，以大口釜形或小口罐形为主，足为圆锥或扁凿状。筒形瓶、曲腹杯是大溪文化的特征性器物。篦纹陶球也是其特征。有少量陶塑小动物。建筑物习用烧土块堆砌，故文化层常夹杂大量红烧土。埋葬以蹲式屈肢葬为特点。

大溪遗存自四川巫山县一带起，沿长江两岸，东至湖北的江陵、公安和湖南的澧县一带[22]。在江北，东边是古之云梦泽；在江南，往东不远的洞庭湖便几乎北达江边。大溪文化大概就以此为东界。在这样广阔的地段内，自然存在地区差异。如筒形瓶在西部地区多彩绘，东部则多素面；而东部的公安王家岗和澧县三元宫所出细颈壶，又远远多于鄂西及三峡地区。看来，洞庭湖西北岸应是一地区性类型，沮漳河流域和三峡地区则是另外的类型。

鄂东的黄岗螺蛳山遗存，有许多特征接近大溪文化。如流行红胎或橙黄胎的彩陶、蛋壳彩陶和同样发达的圈足器；簋、碗、盘、豆、罐、鼎等基本器类很相似；上端压指窝纹的扁凿形鼎足，同澧县三元宫的大溪晚期遗物作风一样。独有的特征是：彩陶中的圆点弧线纹；圈足罐上的半圆弧带和圆点宽带划纹；圈足上只有镂孔而不见戳印纹等。这表明它是与大溪文化有亲缘关系的另一种文化，就象仰韶文化的“半坡——庙底沟”类型同“后岗——大司空村”类型的关系那样，可归属同一种文化系统。

丹江和汉水交会处一带，则存在着与长江中游原始文化有联系而属于不同系统的文化。较早的郧县大寺遗存，基本是仰韶文化因素，彩陶等风格近似半坡阶

---

[18] 1979 年秋发掘资料，参见 [12]13、14 页。

[19] 湖北省文物管理委员会：《湖北圻春易家山新石器时代遗址》，《考古》1960 年 5 期 1—6 页。

[20] 同 [11]526—528 页。

[21] 同 [10]11—13 页。

[22] 参李文杰：《试论大溪文化与屈家岭文化、仰韶文化的关系》，《考古》1976 年 2 期 161 页。

段。到下王岗早一期，其罐形鼎作成高圆锥足，已有长江中游的风格。至下王岗早二期，又出现了在鼎足上端有指窝纹和喇叭形器座、矮圈足碗、高圈足碗、高圈足豆这些大溪、螺蛳山的因素。但葬俗则从大寺到下王岗早一、二期，始终同仰韶一样，是迁骨的多人合葬和仰身直肢的单人葬。到了青龙泉一期，彩陶大为减少，鼎更类似长江中游作风，主要有高圆锥足罐形鼎和扁凿足釜形鼎，但大量夹砂深腹罐等器，仍是典型的仰韶风格。鄂西北至豫南的大寺至青龙泉一期的文化序列，显然最初主要是豫西仰韶因素，后来逐步加进了长江中游因素，但最后仍以仰韶因素居多。

第二阶段的各遗存，通常都称为屈家岭文化。基本特征如：磨光石器到中期以后占主要地位，刀、凿等小工具日益精致。红陶大为减少，相继以黑陶、灰陶为主，橙黄陶增加，最后灰白陶增多。轮制出现。红胎彩陶衰落，而早期多黑胎朱绘彩陶，中期以后蛋壳彩陶和彩陶纺轮发达。出现篮纹。圈足器继续发达，装饰则主要是镂孔，器身以双腹式为特点。筒形杯消失，曲腹杯在中期以后也不见。新出现高圈足的壶形器和盂形器，还有侈口深腹小底尊和尖底锅。一种薄胎甚至是蛋壳陶的高圈足折壁杯是它的特征性器物。鼎足扁凿式增多。篦纹陶球继续存在。陶塑小动物增多。建筑物仍流行以烧土块堆砌的技术[23]。

其实这阶段的文化，至少有四个地区类型。

一是原来的大溪文化区。宜都红花套、枝江关庙山、澧县三元宫的遗存，分别是本地区大溪文化的直接继承者，但象壶形器等物，却似受东部影响才出现。蛋壳彩陶和彩陶纺轮较少。羼和料仍保存着稻壳、蚌末这个传统。洞庭湖西北岸地区的细颈壶特别发达，应是单独的小类型。

二是包括京山屈家岭在内的涢水流域及其两侧，大致是西达汉水下游，东至鄂东。

这是典型屈家岭文化的中心区。屈家岭西部类型同大溪文化的连续性已如上述，京山屈家岭一座晚期的蹲式屈肢葬（IM1），又从葬俗上表现了它同大溪文化的亲缘关系[24]。但这个类型往往用陶末作羼和料，橙黄陶比较发达，蛋壳彩陶和

[23] 关于屈家岭文化的概况，可参 [12]7—10 页。

[24] 参 [22]161—164 页。

彩陶纺轮较多，多浅腹盆形鼎。这既有别于三峡、鄂西、洞庭湖西北岸类型，也不像是来自大溪的因素。羼和料用陶末，橙黄陶发达和蛋壳彩陶等因素，曾见于螺蛳山遗存。典型屈家岭文化的直系前身，大概相当接近于螺蛳山遗存。

三是鄂西北至豫南的下王岗中期和青龙泉二期那个类型的屈家岭文化。红陶较多，有少量带流擂钵（即研磨器），鼎腹多鸡冠耳。带流擂钵在青龙泉一期就有，鸡冠耳则习见于豫西仰韶遗存，都不是长江中游原始文化的自身因素。但大量双腹豆、高圈足杯、壶形器、盂形器、小底侈口尊和蛋壳形陶，则明显是屈家岭文化因素。由于大大增加了来自南方的因素，这阶段就和青龙泉一期不同，可将它划归于屈家岭文化的系统。

这种类型的遗址，在南阳盆地甚多[25]，如唐河寨茨岗[26]、镇平赵湾[27]等。再往北的禹县谷水河等遗址，虽出过类似屈家岭的镂孔圈足杯，但整个遗存仍属类似秦王寨类型的范畴[28]。这个类型的北界，即整个屈家岭系统的北界，就在伏牛山和方山一带。

四是江西修水山背的跑马岭遗存。还只见F1内出的一批遗物。其中带指窝纹的扁足罐形鼎、侧扁足罐形鼎、镂孔豆、圈足碗、圈足盘、高圈足杯、壶形器，都有屈家岭的特征；笠式器盖、鋬手在肩的鬶、曲折印纹的小口圜底罐，则有广东曲江石峡下层的特征[29]。这个最南部的类型，包含着屈家岭和石峡这两个文化系统的因素，尽管以后一种为主因素，但总已表示出屈家岭系统的南界，不会离此太远。

第三阶段相当于黄河流域的龙山阶段。灰白陶（或黄白陶）成为突出陶系。彩陶基本消逝。流行篮纹、方格纹、绳纹、宽带状堆纹和特有的波浪形划纹。轮

---

[25] 同[22]。

[26] 河南省文化局文物工作队：《河南唐河寨茨岗新石器时代遗址》，《考古》1963年12期641—645、667页。

[27] 河南省文化局文物工作队：《河南镇平赵湾新石器时代遗址的发掘》，《考古》1962年1期23—27页。

[28] 中国社会科学院考古研究所洛阳工作队：《1975年豫西考古调查》，《考古》1978年1期25—30页。

[29] 广东省博物馆、曲江县文化局"石峡发掘小组"：《广东曲江石峡墓葬发掘简报》，《文物》1978年7期5—7页。

制器更多，但仍限于碗、盘、杯等小型器皿。豆、盘、碗等盛置器仍盛行镂孔圈足之风。薄胎高圈足杯有的变为薄胎细柄高足杯。侈口小底尊和尖底缸（即锅）继续存在，而壶形器、盂形器大为减少，三足器中出现近似大汶口—龙山系统的薄胎鬶；鼎的扁凿足上普遍饰篦点纹，圆锥足上仍多指窝纹。建筑物一般不用红烧土堆砌，故文化层大多变得色泽单纯。

这种遗存，如只注意篮纹、方格纹、绳纹、蛋壳黑陶、鬶等局部特点，很容易归于龙山系统，但从陶系及器形的全貌来看，都只能说是受到龙山系统的影响，主体是继承屈家岭文化的。

已知的地区类型有：

鄂西至三峡类型：早期遗存如当阳季家湖下层，较晚遗存如江陵蔡台中层和松滋桂花树上层[30]。羼和料继续本地区使用稻壳、蚌末的传统。没有彩陶。篮纹和方格纹的比例差不多，而绳纹很少。埋葬仍沿袭蹲式屈肢葬那种习俗。

鄂西北至豫南类型：如青龙泉三期、下王岗晚期、房县七里河等。青龙泉三期和下王岗晚一期中还有彩陶，下王岗晚二期彩陶消失。

这个类型有斝。斝在黄河中游的庙底沟二期文化等龙山阶段遗存中常见，长江中游则从未出现过。红陶比其它类型多。篮纹多于方格纹。屈肢葬少而承自本地原有传统的直肢葬为多。综合各种因素，可表明它是从青龙泉二期、下王岗中期直接发展来的，但新接受了一些黄河中游龙山早期的影响。

鄂东地区所见则多黄白陶。圻春易家山遗存中的一种侈口锥足鼎[31]，同黄石所出西周鬲[32]接近，而上述季家湖遗存中的敛口侈沿锥足鼎，却同沮漳河流域至汉水下游的西周鬲有承续踪迹（详第四节）。这种差别，多少暗示出鄂东是不同于鄂西的另一类型。

洞庭湖以东湖南平江献冲等地的遗存，方格纹特别发达，是另一类型。再往南，这个系统的遗址就很难找到。

三大阶段的绝对年代还说不大准确，大致可知大溪文化（特别是其中、晚期）

---

[30] 湖北省荆州地区博物馆：《湖北松滋县桂花树新石器时代遗址》，《考古》1976 年 3 期 195、196 页。

[31] 见 [19]3 页。

[32] 高应勤、周抱权：《湖北黄石市六处古遗址调查纪要》，《文物参考资料》1956 年 12 期 50 页插图 1。

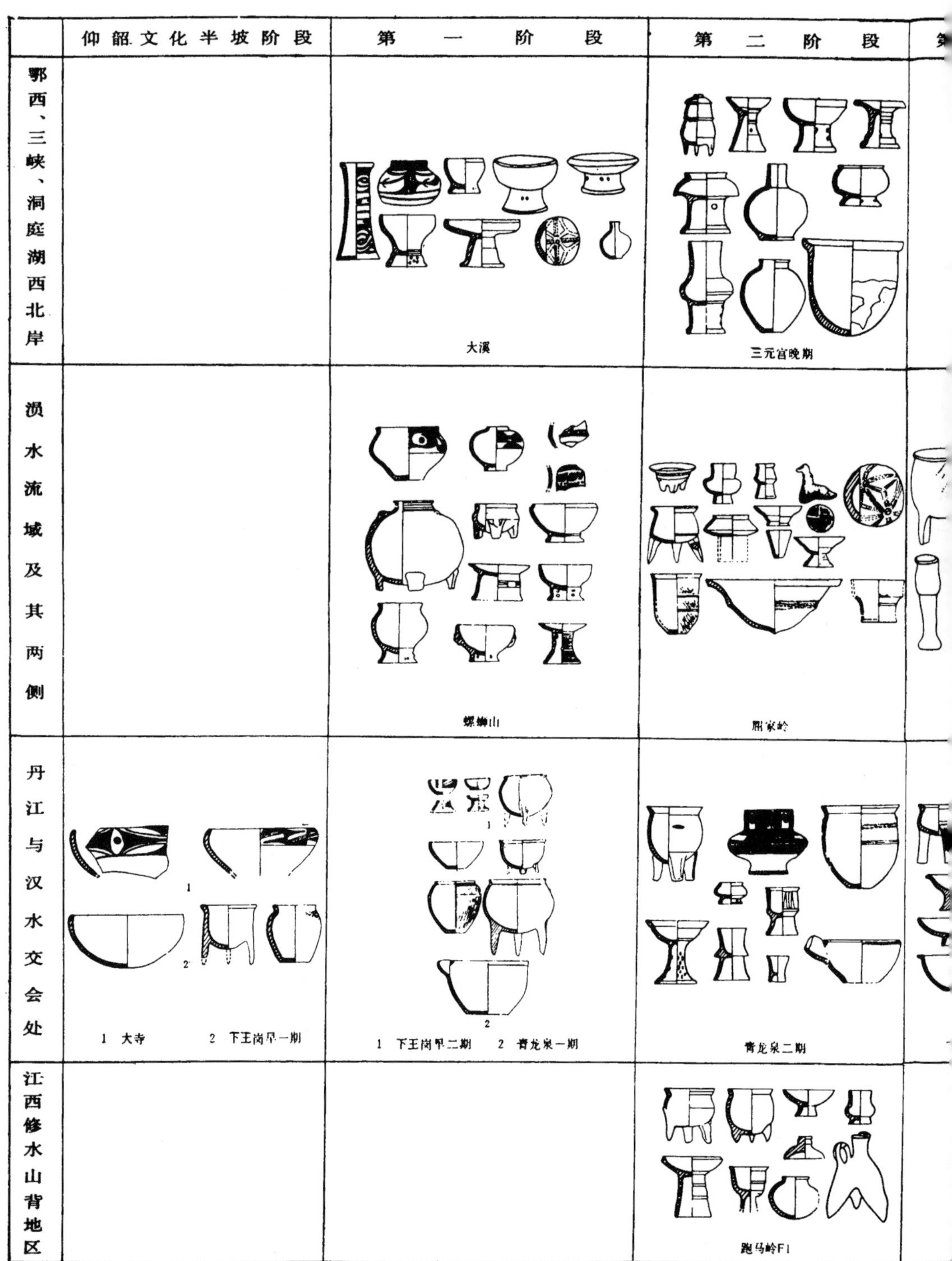

图一 长江中游楚人先祖文化与三苗文化陶器演变示意图

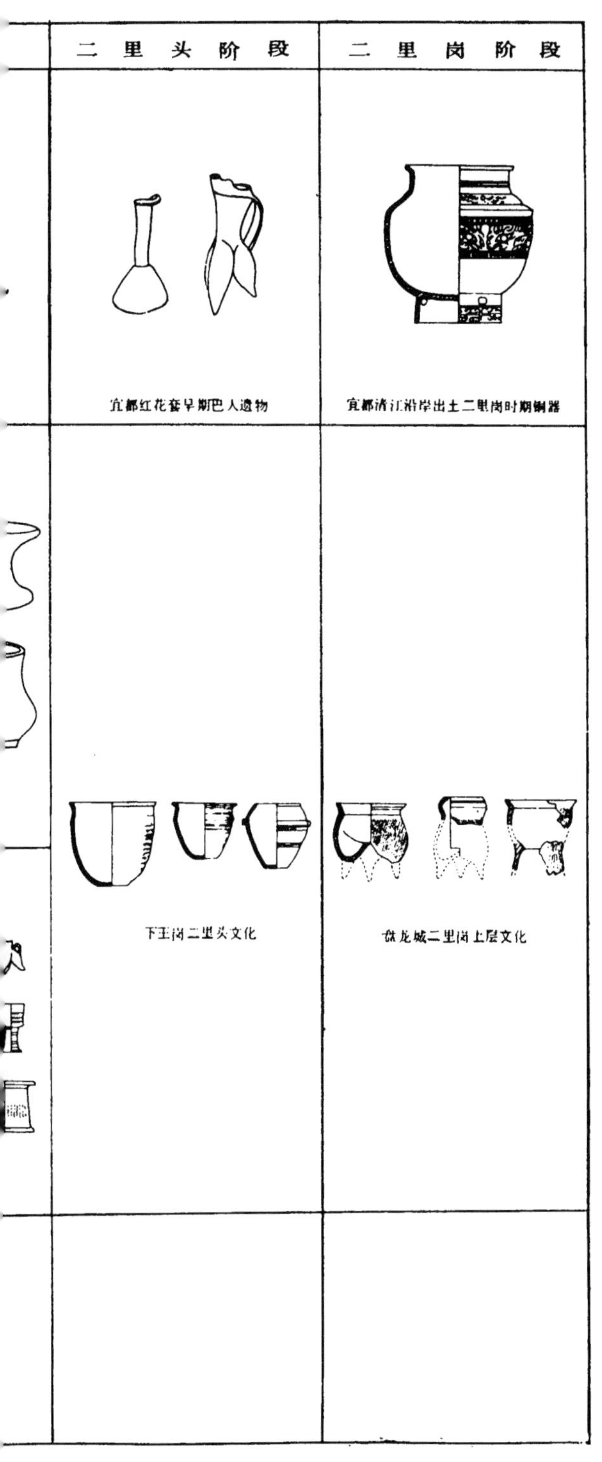

相当于仰韶的庙底沟阶段，屈家岭文化相当于豫西仰韶的秦王寨阶段，季家湖下层和青龙泉三期相当于庙底沟二期文化阶段，下王岗晚二期则相当于通常所谓的河南龙山阶段。

从纵的方面加以观察，可以见到在鄂西至三峡、涢水流域及其两侧、丹江和汉水会合处这三大区域，各有贯穿三大阶段的地区类型；其它地区则因缺环尚多，自身的发展序列还联贯不起来，但显然还有别的类型。

如果从横的方面把各类型串联起来，又能看到如下景象：

约当公元前四千年时[33]，从巫峡到云梦泽，已有发达的大溪文化活跃其间；东边则有螺蛳山类型的文化。北边的丹江、汉水会合处一带，在更早的时候，是仰韶文化的占领区，前四千年时则渐渐渗入长江中游的文化因素，最后成为独特的或过渡性的文化类型，即青龙泉一期文化。最迟在前三千纪上半叶，长江中游的大溪和螺蛳山等文

[33] 这里关于年代的估计，是据与此三大阶段对应的新石器时代文化的 ^{14}C 测定。

化，统统发展成各具地区特征的屈家岭文化。到此阶段，这个文化系统的势力显然比前强大，向北影响到丹江和汉水中游，直抵伏牛山麓，使得那里的原始文化从以仰韶因素为主，转化为以屈家岭因素为主。在洞庭、鄱阳两湖间江西修水一带的南部类型，因自身序列不清，不知始于何时。但至迟到屈家岭阶段，长江中游的原始文化因素已到达那里，并同岭南的石峡文化结合在一起。在前三千纪中叶以后，这个文化系统发展到新阶段，文化面貌发生急速变化，可能进入铜石并用时期，并同黄河中、下游的龙山阶段诸文化发生更多的接触。

此后不久，长江中游的这个原始文化系统，忽然发生极大动荡。从下王岗晚二期起，就突然大大增加了黄河流域的影响；而在淅川下王岗[34]和黄陂盘龙城[35]找到的二里头文化因素，显然不是从青龙泉三期或易家山、季家湖下层、桂花树上层那种文化系统发展来的，说明此时有一支来自黄河中游的力量，通过南阳盆地，沿着随枣走廊，直抵长江之岸。盘龙城的二里岗遗存，同样属于这种情况。那一带盘亘二千多年的土著文化，在此冲击下，大概发生很大迁移，并且衰微下去，故涢水流域很难找到上述第三阶段文化的直系后裔，而二里岗文化的影响则在洞庭、鄱阳之间直下，南达江西清江的吴城一带[36]。在江汉平原西侧，虽不见黄河中游文化南下的痕迹，但三峡出口处的长江沿岸，却突然出现大量早期巴人遗址[37]。据宜都红花套的发掘，这种早期巴人使用着二里头式陶盉[38]，说明鄂西、三峡地区发生大变动的时间，同涢水流域差不多，而且至少是间接受到一点黄河中游文化的影响。很可能大溪至季家湖这支文化此时也正中衰，早期巴人就趁机从清江流域发展起来，扩展到长江沿岸。无论是江汉平原东部的涢水流域还是西

---

[34] 参 [10]13、14 页。

[35] 湖北省博物馆、北京大学考古专业“盘龙城发掘队”：《盘龙城一九七四年度田野考古纪要》，《文物》1976 年 2 期 8 页。

[36] 江西省博物馆、北京大学历史系考古专业、清江县博物馆：《江西清江吴城商代遗址发掘简报》，《文物》1975 年 7 期 51—71 页。

[37] 这种早期巴人遗址，已在宜都的古老背、红花套等地找到多处；当阳季家湖也出过早期巴人的陶片，其文化面貌，酷似四川新繁水观音的早期蜀人遗存。水观音遗存见四川省博物馆：《四川新繁水观音遗址试掘简报》，《考古》1959 年 8 期 404—110 页。

[38] 红花套的陶盉，同二里头遗址的早期陶盉极类似。后者见中国科学院考古研究所洛阳发掘队：《河南偃师二里头遗址发掘简报》，《考古》1965 年 5 期 219 页图七：2，图版贰：8。

部的沮漳河流域，原有文化系统的去向，到二里头时期就很不清楚。这一则在于田野工作的不足，但也暗示出这个文化系统到这时已失去了过去的势头（图一）。

有了这样一幅图景，自然可以联系古史传说，对这个系统的族属，作一些具体的推测。

三、三苗文化归属问题的推测

三苗的活动区，自然会有变化，但主要的范围应当就是《战国策·魏策一》所讲："左彭蠡之波，右洞庭之水，文山在其南，而衡山在其北。"

后代的注释，皆把"彭蠡"指为今之鄱阳湖，"洞庭"即今之洞庭湖。只是钱穆在1932年把这个区域推定为今豫西、晋南间的黄河夹岸数百里地[39]，但后来徐炳昶先生已纠其误[40]，这里就不再详论。

《魏策》记的"左彭蠡之波，右洞庭之水"，和实际方位相反，故《史记·吴起传》、《说苑·君道、贵德》和《韩诗外传三》皆变其左、右；不过，《外传》却误"彭蠡"为"彭泽"。"文山"本自《国策》姚氏本，鲍本作"汶山"，《君道》作"大山"，《外传》作"岐山"。赵怀玉校《外传》谓"岐山"当为"岷山"。"岷"、"汶"、"文"实为一字，故《君道》的"大山"，亦应为"文山"的形近之讹。"衡山"在《君道》中误为"殿山"；《外传》则把二山的南、北位置误倒。《左传》襄公三年曾曰："楚子……克鸠兹至于衡山。"杜注谓："衡山，在吴兴乌程县南。"但《魏策》中讲的"衡山"，是在长江以北，即今河南南部的伏牛山[41]。"文山"是今何地，还无法确定，大致应在鄱阳、洞庭间靠南部之地。

这个范围，恰同上述文化系统内东部、北部、南部几个类型的总地域重合。如鄱阳、洞庭间的长江两岸，特别是北岸地区，就有螺蛳山、屈家岭、易家山等三阶段遗存；北部丹、汉相会处的青龙泉一、二、三期等遗存，特别是二期文化的遗存，正以伏牛山为其北界；南部也恰恰延伸到鄱阳、洞庭间靠近江西修水一带。这个重合，绝非偶然，当是推测这几个类型就是三苗文化遗存的根据之一。

---

[39] 钱穆：《古三苗疆域考》，《燕京学报》12期2479—2497页，1932年12月。

[40] 见[1]58、59页。

[41] 钱穆曾列举"衡山"在今河南南部的材料，见[39]2480、2481页。

在这个区域内，如上所述，至少有三个以上的地区性类型。三苗的部落，顾名思义，当极为纷杂。高诱注《淮南子·修务训》曾说："三苗，盖谓帝鸿氏之裔子浑敦，少昊氏之裔子穷奇，缙云氏之裔子饕餮，三族之苗裔，故谓之三苗。"据《左传》文公十八年，浑敦即驩兜，穷奇即共工，三苗只是缙云氏后裔，都是尧时"四凶"之一。《左传》的贾、服、杜注（见刘文淇《春秋左氏传旧注疏证》文公十八年条）和《尚书》的马、郑注（见孙星衍《尚书今古文注疏·尧典下》），都从此说，高诱说不知何据？但三苗当非一支，故高诱才说是"三族之苗裔"。三苗部落支系众多，正同这个区域内有三个以上类型之状相符，这就是推测为三苗文化遗存的第二个根据。

三苗与中原部落发生过两次大冲突的情况，略如第一节所述。传说中的尧、舜时代相当于考古学文化的什么阶段，现在还无从谈起。但尧、舜之际第一次大冲突后的所谓"窜三苗于三危"（《书·尧典》），在实际遗存中毫无踪迹可循；传说中还有第二次冲突的存在，亦说明三苗所受第一次打击，并不是最严重的。舜、禹之际的第二次征服，则确实看到了明显的现象。

这第二次征服，《墨子·非攻下》描绘得天地变容，山川改易。如云："昔者有三苗大乱，天命殛之。日妖宵出，雨血三朝，龙生于庙，犬哭乎市，夏水地坼及泉，五穀变化，民乃大振。高阳乃命玄宫，禹亲把天之瑞令，以征有苗，四电诱祇。有神人面鸟身，若瑾以侍，搤矢有苗之祥。苗师大乱，后乃遂几。"《路史·后记十二》注引《论衡》亦曰："三苗之亡，五穀变种，鬼哭于郊。"大禹的考古学文化归属问题，还正在讨论中，但总不会在龙山阶段以前。在这个长江中游地区，正好在龙山阶段以后的二里头至二里岗时期，有一支来自黄河中游的文化，从淅川到黄陂盘龙城，直插其心脏，而当地原有的文化序列，在二里头以后恰似猛然中断。文化面貌的突然变异，正同古史传说相符，这是把以上几个类型推测为三苗文化遗存的第三个根据。

三苗的装束，有不同于中原部落的特点。如《淮南子·齐俗训》："三苗髽首，羌人括领，中国冠笄，越人劗鬋，其于服一也。""中国冠笄"即指中原部落以戴冠插笄为俗。黄河中游的仰韶、龙山文化，正大量使用骨或石笄；据洛阳王湾的发掘，数量还是愈晚愈多[42]。直到商、周，"中国冠笄"仍是中原传统。三苗的那

---

[42] 北京大学考古实习队：《洛阳王湾遗址发掘简报》，《考古》1961年4期176、177页。

种“髽首”之俗，据《左传》襄公四年杜注和孔疏引郑众说及《齐俗训》高注，都以为是用枲麻束发而结，《左传》襄公四年孔疏引马融说以为是“屈布为巾”，引郑玄说以为是“去缅而紒”，总之，是不用簪笄的。凡属这个文化系统的遗存，在已发表资料中，仅青龙泉遗址的二、三期出骨笄。这个遗址，靠近中原，仰韶、龙山系统的因素本就较多，从长江中游这个文化系统的自身因素看，正无发笄。所以，装束上的这种特点，是推测它们为三苗遗存的第四个根据。

有了这样一些根据，把洞庭、鄱阳之间，北抵伏牛山麓、南达江西修水一带的以屈家岭文化为中心的三大阶段的原始文化，推测为三苗遗存，应当是合理的。

四、楚人先祖文化归属问题的推测

把上面那些遗存划归三苗文化以后，剩下的鄂西、三峡和洞庭湖西北岸类型，自然是同三苗亲缘关系很近的另一些族属所遗。这只能主要是楚人先祖和驩兜等族。

驩兜又叫驩头或驩朱（《山海经·海外南经》）。前引《大荒北经》所讲“颛顼生驩头，驩头生苗民”，就表现了同三苗及楚人先祖关系之近。按诸中原系统传说，驩兜是尧时四凶之一[43]。其活动地点，《史记·五帝本纪集解》引马融说是“南裔也”，《正义》引《神异经》也说在“南方荒中”。在南方系统传说中，见于《山海经·海外南经、大荒南经、大荒北经》。出现于前面二《经》之中，正说明是在南方；出现于《大荒北经》，是否又说在北方呢？原来《大荒北经》在叙述三苗时是为了说明“驩头生苗民”才提到她的，而所以把三苗置于“西北海外，黑水之地”，则是依从“窜三苗于三危”（《书·尧典》）之说。所以，《大荒北经》的原意并非说驩头在西北方。所有古籍其实都是讲驩兜在南方。

驩兜应在三苗以西。《海外南经》便讲三苗以西有厌火国，厌火之西即驩头。《淮南子·墬形训》亦曰：“自西南至东南方：结胸民，羽民，驩头国民，裸国民，三苗民……”。

驩兜的具体地域，《书·尧典》讲的“放驩兜于崇山”，已透露了讯息。“崇

[43] 见《书·尧典》、《左传》文公十八年、《孟子·万章上》、《荀子·议兵》、《国策·秦策一》、《史记·五帝本纪》、《淮南子·修务训》等。

山”，《太平御览》卷四十九引盛弘之《荆州记》，指为“在澧阳县南七十五里”，即今临澧和澧县以西的山地。洞庭湖西北岸地带，如前所述，其大溪、屈家岭阶段遗存，可考虑单独划为一个类型。在三苗以西的这个小类型，岂不很可能就是䍃兜吗？

在䍃头以西的羽民和结胸民等部落，它书很少提到，想必势力不盛，难以布满鄂西、三峡。按照三苗与楚人先祖有密切的亲缘关系来考虑，把那里推为主要是楚人先祖活动区，恐怕是比较妥当的。

作这种推测，还有以下两方面的考虑。

第一，这个区域，特别是沮漳河流域，楚人后来在此建国，暗示出楚人在这一带有悠久的历史基础。《史记·楚世家》说周成王时，封熊绎于荆蛮，“居丹阳”。《左传》昭公十二年载右尹子革所曰“昔我先王熊绎，辟在荆山”，表明熊绎所居的丹阳，当在荆山山麓的沮漳河之岸[44]。《墨子·非攻上》又谓鬻熊之子、熊绎之祖熊丽即“始封（从毕沅校本）此雎山之间”。“雎山”即“沮山”，当为沮水所出之山。《山海经·中次八经》曰：“荆山之首曰景山，……雎水出焉。”《淮南子·墬形训》亦谓“雎出荆山”，故“雎山”当即荆山。楚人在商、周时期所以被称作“荆楚”（《诗·商颂·殷武》）或“荆蛮”（《国语·晋语八》），恐亦与此地望有关，表明楚人曾长期活动在这一带。这样，沮漳河流域（或亦包括三峡地区在内）的大溪、红花套三和四期、季家湖下层和蔡台中层这个文化系统，自然可能是楚人先祖的遗存。

第二，季家湖下层遗存的某些陶器形态，正包含着一些周代楚文化特有的因素。

由于至今商代至周初的楚人遗存尚未能确定下来，要把季家湖下层等遗存同周代楚文化直接联接起来，自然还是困难的。但周代楚文化中一种特殊风格的红陶高足楚式鬲，正存在着季家湖遗存中那种红陶敛口侈沿高锥足鼎的某些特点。

据当阳赵家湖、江陵雨台山、长沙新车站[45]等地的楚墓和纪南城30号台基的

[44] 参丁永芳：《楚疆述略》，《江汉考古》1980年1期85—87页。

[45] 长沙铁路车站建设工程文物发掘队：《长沙新发现春秋晚期的铜剑和铁器》，《文物》1978年10期44—47页。

材料[46]，楚人最迟从两周之际开始，直到战国中期，始终使用一种高腿锥足红陶绳纹鬲。两周之际的特征是：小口，侈沿，平裆，三足高而直，足根是平的。战国时，底部又略呈圜状。周初的真正楚鬲尚未发现，但武昌放鹰台上层的一种西周前期鬲，呈现出了上述高锥足和小口侈沿的特点，它同西周晚期以后的那种高足楚鬲可联成一系，暗示出周初楚国的楚式鬲应当同这种鬲差不多。由于放鹰台鬲可大致补上周初楚式鬲的缺环，就知道高腿、锥足、内敛小口、侈沿（后来成方唇）的红陶鬲，是楚文化的特征性器物之一。

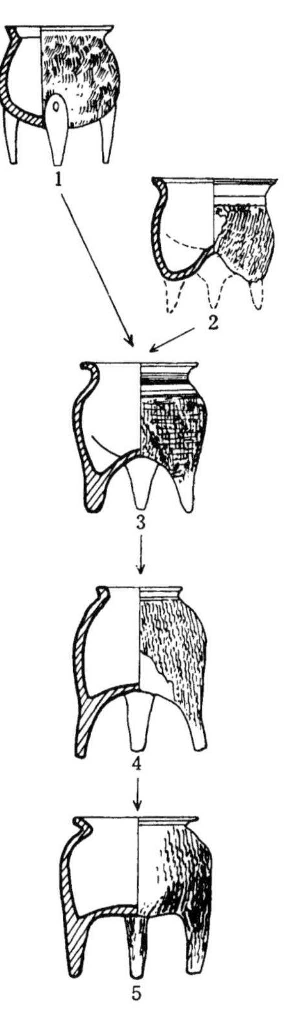

图二　楚式鬲的形成与变化

1. 季家湖锥足鼎（当阳季家湖杨家山子 F2 上层）　2. 盘龙城商代二里岗上层鬲（HP4TO17）　3. 放鹰台西周初期鬲（武昌放鹰台上层）　4. 赵家湖两周之际鬲（当阳赵家湖 M81:2）　5. 长沙新车站春战之际鬲（长杨 M65）

在长江中游及其以南，鬲只是到盘龙城的二里岗文化和吴城二里岗阶段的遗存中才出现的。这种鬲，形态同于黄河流域的二里岗遗物，是二里岗文化南下过程中产生的。楚文化系统的高腿锥足红陶楚式鬲，同二里岗至安阳殷墟期的商式鬲不一样，不会是从这个系统直接发展来的；同关中地区的早周至周初的陶鬲，也不属一系，又不会是从周式鬲系统发展来的。巡视各地的出土物，只是在季家湖下层的一种红陶鼎上，能见到相当近似的圆锥高足、敛口侈沿和罐形腹部等作风。楚文化系统特有的高腿锥足红陶楚式鬲，当是长江中游的土著文化在受到商文化影响而发生陶鬲之时，同原有的一种红陶锥足罐形鼎结合改造而成（图二）。这就揭示出了季家湖遗存同楚文化的某些直线联系，具体表现出了鄂西及三峡地区大溪至季家湖下层的文化系统是

[46]　赵家湖、雨台山、纪南城30号台基诸材料，系宜昌地区文物考古队、荆州博物馆、湖北省博物馆发掘。

楚文化前身的可能性。

综上所述，鄂西、洞庭湖西北岸和三峡的大溪、红花套三至四期、季家湖下层诸阶段的文化，大概是以先楚为主，又包括了驩兜以及羽民、结胸民等部落在内的文化遗存。

上面所作关于楚人先祖及三苗等文化的考古学归属问题的推测，是一次把考古学同古史传说研究结合起来的尝试，期待着大家的批评、指正。

原载《文物》1980年10期，题为《先楚与三苗文化的考古学推测》，后改作此题，并补充和改动了少量文字，收入《先秦两汉考古学论集》，文物出版社，1985年6月。

关于当前楚文化的考古学研究问题

这几天大家在热烈的讨论中，发表了许多如何研究楚文化的宝贵意见；其中牵涉到什么是楚文化这个概念性的问题。郑杰祥同志在会上曾讲，关于夏文化的概念问题，是经过了好多年的讨论，慢慢才有了一个比较明确的意见和说法。探索楚文化的历史要短得多，我自己的知识又很不足，现在要说一点对楚文化这个概念的认识，本来是力所不及的。但这既然是一个楚文化的研究会，就抛砖引玉，说一点自己的肤浅认识吧！

首先要说明，对楚文化的研究，可以从许多方面，甚至可以有许多学科来进行。但这里讲的，是考古学范畴内的楚文化。

在考古学的领域内研究楚文化，萌芽于本世纪二十年代后期，现在已有相当的基础了；但关于什么是楚文化，认识仍很不一致。为了使今后的研究避免不必要的误差和少走弯路，自然应当明确一下楚文化的范畴和当前有哪些需要进一步探索的问题。这就是今天我要谈的两个问题。总的题目就叫《关于当前楚文化的考古学研究问题》吧！

一、关于楚文化的概念问题

考古学上的楚文化，简单地说，就是中国古代楚人所创造的一种有自身特征的文化遗存。讲得再具体一点，就是这种文化遗存有一定的时间范围、一定的空间范围、一定的族属范围、一定的文化特征内涵。在这四个方面中，一定的文化特征内涵是最重要的。

历史上，包括楚文化在内的任何一种可以独立存在的文化，都因其自身特征已达到跟同时期的其它文化可以区别开的程度。换句话说，历史上一定时间、一定空间里面的一定的人们共同体，往往创造出一种不同于其它人们共同体的文化。这种文化遗存，也就是我们通常讲的考古学文化。诸如仰韶、龙山、大汶口、大溪文化等等。没有文字的原始时代的考古学文化，一般用首先发现或确认的地名来称呼它。楚文化的时间范畴，已到了有文字记载的时代，这种文化的族属、国别都比较清楚，就可以用族名或国名来命名。所以，总的来说，古代楚人创造的、具有自身特征的文化，可以叫楚文化。

但如作进一步的推敲，讲得这样简单，就存在着不准确的地方。首先是一个考古学文化所包含的族属往往不止一个；而一个族属，也可能创造出一个以上的文化（至少是类型）。这拿当代的情况来讲就很清楚：例如今天同一地区的汉族和满族，文化面貌就是基本一样的；而今天北方的汉族，和许多南方汉族的风俗习惯、文化面貌，就可以划分为不同的文化类型。这就是说，今天汉族所创造的文化，就不能和今天的汉族文化这个概念划等号。古代楚人所创造的文化和楚文化这两个概念的关系，也基本是这样的。

古代社会比今天的社会简单得多，许多族属和这些族属所创造的文化之间的联系要比今天单纯得多。但到了有文字记载的时代，人们之间的关系已相当复杂。并不是所有的楚人或在楚国疆域里创造出来的一切文化遗物、遗迹都属于楚文化的范畴；也不见得不是楚人或不在楚国创造出来的东西，都不属于楚文化；而且即使是在楚国疆域范围里，也还存在着不止一种的文化。所以，我们就不应当在楚文化和楚人创造的文化之间划等号。否则，就会使我们的研究结论出问题。

现在至少已看到有两个方面的现象，使我们不能简单地划等号。

第一种情况是，并非所有楚人或所有楚国疆域里所创造的、存在的文化遗存，都属于楚文化。

如果把问题限制在楚人在楚国所创造的文化而言，通常情况下，这种文化就是楚文化。但如把楚人和楚国疆域作为孤立的范畴来讲，跑到他国去居住、活动的楚人，他们创造出来的东西，就不一定属于楚文化。这是容易考虑到的；而且考古学文化所进行的研究，通常是从总面貌来加以分析，而不是探讨某些个人创造了什么样的文化。所以在实际工作中，这方面并不存在问题。不过对楚国存在时期楚国疆域内的文化不一定是楚文化这个认识，目前并不一致。我想，对这点必须有清醒的认识，否则容易作出错误的判断。

后一种情况，确实是存在的。我们知道，楚国疆域就是不断变化的。她最初存在于长江中游，疆域很小，后来扩大。春秋以后向淮河流域扩张，战国时扩大到长江下游的江南地区，当灭越后，名义上甚至可直到南海之滨。如果简单地认为凡属楚国疆域内的东西就是楚文化遗存，麻烦就多了。可以举一个极端的例子：公元前279年左右，楚将庄蹻带领军队打到云南滇池一带的滇国，次年秦国的白起拔郢，接着攻下了楚的黔中郡和巫郡，庄蹻断了归路，“以其众王滇”（《史记·西南夷列传》），这样，滇国一度成为楚的领土。我们敢不敢说滇池周围在那一段时间内的文化遗存就是楚文化呢？当然不敢。因为据现有的发现，从战国到西汉，在那里没有楚文化的东西。当然，楚国既然有一支军队打到那里，将来不会一点踪迹都找不到。但从总体看，滇池周围生活下去的楚人，后来显然滇化了，而且速度可能很快，不见得那里有一段时间主要就是楚文化。

再看楚灭越后江南的情况。那里，如镇江等地，确实出现了一些相当标准的楚墓，随葬楚式的鼎、敦、壶等物，但也不敢讲此时那个地区的文化面貌整个都属楚文化了。江南地区在楚灭越后的文化面貌恐怕是非常复杂的，可能既有典型的楚文化遗存，又有典型的吴越文化遗存，还有渗入了楚文化和吴越文化两种因素的遗存；至少可以讲楚文化和吴越文化两种因素是同时并存的。

在楚国很晚才占领的土地上，原有文化的因素恐怕往往继续占主要地位。这在湖南南部资兴的发掘中，可以看得很清楚。吴铭生同志已经分析出那里发掘的一批墓就时代而言可以说是楚国的墓；但就文化面貌论，至少有相当一部份墓葬，还属于越人文化的传统。

这种情况在疆域发生变革之初、民族杂居十分显著的地方，表现得会尤其突出。例如河南郑州之地，战国时本是韩国领土，后来秦国占据，设为三川郡之地。这里本来的韩国墓葬是出鼎、盖豆、壶，而在属秦管辖之后，既有出尊、盒（即盛）的木盖空心砖墓，又有以釜、盂、瓮、罐等物随葬的屈肢葬墓。二者从时间说，正好接着从前的韩国之墓，但从文化特征看，又都和战国韩墓缺乏一脉相承的关系。看来，前者是当地原有居民受到秦文化影响后的产物，后者则根本就是新迁移来的秦人墓，像这样两种同时、同地存在的墓，是可以分为两种文化性质的。所以，单纯从族属、国别出发来判断文化遗存的文化性质，是容易引起混乱的。

第二种情况是，在楚国的疆域以外，某些不是楚人所创造的文化遗存，也可以归之于楚文化的范畴。

这种情况是经常遇到的。例如寿县的蔡昭侯墓，所出大量蔡侯甫之器，当然就是蔡器，但它们和同时期的、春秋末的楚器极相似，具有同一种文化特征。同样的情况又如随县的曾侯乙墓。这个墓内大量战国早期的曾国铜器，和同时期的楚器作风基本一致。今天我们研究楚国铜器形态变化规律时，恰恰缺乏这个阶段的年代明确的楚国自身之器，自然可以把它们当作春秋末至战国早期的典型标本来对待。我们不能取同时期的三晋两周之器或秦国之器来填补楚器的这段空白，原因就在于它们和楚器不属一个文化系统。这种情况，可以表明所谓楚文化的空间、国别、族属等范畴，至少有大、小两种：狭义的就是指楚人在楚国领地上的遗存（当然也可以包括少量的楚人在它国领地上的遗存）；广义的则包括其他一些族属和国别的遗存，只要文化面貌的特征基本一致，就应归之于广义的范畴。后者当然也可以有一些次要的自身特征，但从当时周围各文化系统的异同性来看，还是归之于楚文化系统为宜。

需要说明的是，历史上各国、各族文化之间的关系，是在不断发生变化的。某个时期甲与乙的文化面貌相似，到另一个时期，甲又可能与丙相似。就拿上面提到过的曾国之器来说，湖北京山出土的两周之际的曾器，就接近于周文化系统，而战国早期的曾侯乙之器，却接近于楚文化系统。发生这种变化的原因，当然和政治历史的变迁有关，但这进一步表明不能以文化遗存的国属、族属来决定其文化性质的归属。

由此可见，确定一种文化性质的归属问题，最基本的因素是它的文化面貌特征。这种特征，当然有其时间的范围，就是说，具有某一种特征的文化遗存，必定是属于某一段时间的。至于其族属、国属乃至绝对意义上的空间范围，都只处于次要的地位。

把这个概念用具体一点的话来说，所谓楚文化，就是指最初是由楚人在楚国境内创造的一种文化，这种文化有不同于其它文化的自身特征，当然这种特征是随着历史的进展不断变化，而基本具有这种特征的文化遗存，都可看作属于楚文化的范畴。

还应当考虑到的是，楚人在其长期创造楚文化的过程中，曾经不断吸收其它文化的因素。例如楚人在后期，特别是在灭越以后，曾制造一种三足外撇并往往带细纤的双线云纹的越式鼎。在江陵、长沙等地楚墓中出的许多越式鼎当然是楚器，但它显然是渗入楚文化中的越文化因素。一种遗存中如果有两种或两种以上的文化因素并存，这种遗存应当叫什么遗存呢？我想，这就看各种因素所占比重。如果这个遗存的文化因素以楚文化的因素为主，当然应当叫楚文化或是属于楚文化的系统；如果是其它文化因素为主，即使是在楚国的疆域内，像前面提到过的湖南资兴的那批墓葬，恐怕就不能简单地叫做楚文化，而是可以分为两部份墓葬，一部份可以属于楚文化系统，一部份则以归之于越文化的系统为宜。

这样，所谓楚文化的概念，实际是楚人所创造的具有自身特征的文化面貌的一种抽象。凡以这种抽象出的特征为主的遗存，都可看作是楚文化或属于楚文化的系统；如果只占次要地位，那就应当归之于别的文化或别的文化系统。对待任何文化共同体，只要条件具备，都应仔细分析其文化因素的结构。楚人在楚国的遗存，一般讲，当然是以楚文化的因素为主体；但也可存在别的文化因素。楚国后来领土广阔，由于不同区域内存在着不同的历史传统、不同族属的居民和随之而来的不同生活习俗，当然又存在着若干个各具自身特点的区域类型。这样，在楚文化的资料有了更多的积累和作了更深入的分析之后，一定又可依据各种文化因素之间的不同关系，把楚文化划分为若干类型。总之，楚文化这个概念当然是从楚人在楚国所创造出来的文化之中抽象、概括出来的，但既然已成为一种抽象的概念，就已经超出了楚人、楚国的具体范畴，而是可以作为一种具有特定内涵的文化面貌来看待。

如果把楚文化作为这样抽象出来的特征性的文化共同体来看待，它的时间范畴就应当比楚国存在的具体时间长一些，就是说，它的发生自然在楚人建国之前，它的结束也是在秦灭楚之后。现有材料已可表明，汉初湖南境内（尤其是长沙周围）的长沙国地区，在货币、葬俗、服饰、乐舞等许多方面还保留着战国时代的楚文化传统，这样的文化面貌，自然还是应当视为楚文化的延伸。延伸的时间有多长，可以研究，但总不能说公元前223年秦灭楚，楚文化就到此结束。把楚文化看作是一定的抽象出来的特定文化系统的概念，就应当这样来分析实际遗存。

二、当前深入探索楚文化的重要课题

要考虑当前怎样进一步探索楚文化的问题，自然要对楚文化发展的总过程及已有的研究基础，有一个比较全面的估计。

楚文化的总过程，我们可以分成四大阶段，最重要的是其中的二、三阶段。有了这个认识，再看看每个阶段的已有研究成果，就可以明白当前应着重探索哪些问题了。

第一阶段可以说是楚文化正式形成以前的渊源阶段。这主要是新石器时代，也可能包括铜石并用时代或青铜时代之初。

当前要解决楚文化渊源的关键，是把楚人建国之初的文化面貌搞清楚，找到了这个基点，就容易在新石器时代诸文化中看到它的渊源。但在摸清楚人在建国初期的文化面貌之前，把新石器时代诸文化的演化系统整理清楚，就会为最终解决楚文化渊源问题，作好准备。现在，一种意见认为楚文化来源于东方，一种意见则认为是在长江中游。所谓东方，大体是指山东、河南之间的地区，或是淮河中下游。山东至淮河流域一带的大汶口、龙山这个文化系统，和古代的东夷诸族关系紧密；再往西的豫东地区，仰韶和河南龙山诸类型的遗存，则又和后来的夏、商文化关系至深。楚文化的渊源，看来，还是要到长江中游的新石器时代文化中去寻找。这样，如果把长江中游的大溪、螺蛳山、屈家岭以及相当于龙山阶段的各遗存的区域类型，它们各自的发展系统和阶段性分析清楚，等到将来商周之际楚文化遗存的面貌一确定，其渊源问题就可迎刃而解了。

第二阶段就是青铜时代的楚文化。从人类历史的基本规律来估计，楚人这种农业部落，应当就是在这个阶段进入文明时代，建立起国家的。史籍所讲楚人先祖鬻熊"事文王"和熊绎建都丹阳，也正是在这个阶段。最近顾铁符先生写文章说，周原甲骨文中的"楚子来告"，指的就是鬻熊。周原凤雏甲组基址中出的甲骨文，一部份证明是奉殷王帝乙为王的，其中正包括了一部份文王时期的卜辞，所以这个推测很有道理。如果鬻熊已被周文王封为楚子，楚人此时当已进入文明时代。其实，《史记·周本纪》中就把鬻熊归附于周文王说为鬻子往归周文王，将鬻熊叫做鬻子，似乎也意味着已受封为子男之爵。看来，那时楚人已建立起早期的国家组织了。即使建国之事要到周成王时的熊绎才完成，也晚不了多少年，仍在青铜时代。总之，楚人大概正像夏、商、周一样，也是在青铜时代建立起奴隶制国家，并陆续征服周围部落和国家而发展、强盛起来的。

这个阶段，楚文化的中心自然是在其都城丹阳一带。楚在丹阳定都三百多年，可以说楚人的青铜时代，主要就是建都丹阳的时期。因此，探清丹阳的地望，对研究楚人的青铜文化来说，自然具有极重要的意义。

现在对丹阳地望的推测，主要有两种意见。一种认为是在丹淅之会，一种认为是在沮漳河流域。如果通过调查和发掘，能把丹阳遗址确定下来，那当然是最理想的。但即使丹阳遗址已破坏无存，楚人建国时期的文化面貌还是能够探明的。这就是拿已知最早的楚文化遗存为基点，通过新的田野工作，用类型学的方法，一步步地往上追索楚文化的早期面貌，一直追索到楚人建国前后。

在去年全国考古学会第二次年会以后，通过会议所提供的大量资料，许多同志又进一步对当阳赵家湖的楚墓作了分类、分期研究，从其中分析出了几座西周晚期的楚墓。这是现知最早的可以肯定是属于楚文化的遗存。更早的楚文化面貌，则至今还很不清楚，因为现在即使已在长江中游的若干地点找到了周初或西周中期的遗址，但怎么敢肯定那是属于楚文化的范畴呢？真正要解决这个问题，必须找到能同已知的西周晚期的楚文化遗存发生直接联系的西周早、中期遗存。

这种寻找，自然应着重于丹阳一带。丹阳所在地不是有不同的说法吗？那就可以在不同的地区分别做工作，看看哪一个地区的西周早、中期文化可以是已确定的西周晚期的楚文化的直系祖先。

就丹淅之会和沮漳河流域这两地而言，如果青铜文化的面貌基本一样，不管找到哪一个地点的西周早、中期遗存，楚人建国时期的文化面貌就可以搞清楚。但实际情况并不那么简单。这两个地区，从新石器时代以来，直到西周，其文化发展序列是有差异的。

在南阳盆地至鄂北，已经找到了相似于裴李岗文化的遗存；之后有仰韶文化遗存；再晚一点的青龙泉二期文化或下王岗中期，是相似于屈家岭文化的遗存；再往后的青龙泉三期或下王岗晚期是相当于龙山阶段的遗存；更晚的，则有河南龙山晚期、二里头、二里岗、安阳这几个阶段的遗存。商周之际的东西从淅川下王岗发现的陶鬲来看，无疑还是属于商文化系统。西周早、中期的面貌不大清楚，但南阳及襄樊地区发现的西周晚期至春秋初的铜器基本和黄河中游的作风接近。当时，那里的文化面貌既是类似于周文化系统，楚人的祖先就不像是发迹于此。

再往南的涢水和汉水中、下游及其附近地区，情况已不完全一样。这里没有仰韶文化，旁边却有黄岗螺蛳山遗存。何介钧同志说得很清楚，这是类似大溪文化的东西。往后是典型的屈家岭文化。再往后还是那种相当于龙山阶段的遗存。在盘龙城，已找到了相当于二里头阶段的遗存，但似有自身特点，算不算二里头文化还要再做工作。盘龙城的主要遗存，尽管有一些地方特点，显然还是属于二里岗上层文化的。盘龙城发现的商代晚期遗存，仍然和安阳的东西很相像。圻春毛家咀的西周中期遗存，从陶器看，兼有典型的周文化和当地文化的两种因素。到了春秋战国时期，就成为相当单纯的楚文化。

在长江以南的洞庭湖以东地区，相当于长江中游龙山阶段的遗址有平江献冲等地；相当于二里头的还不清楚；相当于二里岗的有很多；相当于安阳阶段的东西，从宁乡等地发现的大量的青铜器看，水平是相当高的，自身特点也是明显的。这一带西周时期的.面貌还不大清楚，但长沙周围发现的一些春秋早期青铜鼎，却有南方越文化的面貌。楚文化的遗存，似乎在春秋中期以后才出现。

但是在鄂西至三峡、湘北地区，情况就很不一样。这个地区，自七十年代以来，工作做得较多，可以看到无论是三峡地区或是长江以北的沮漳河流域以及长江以南的澧水流域，都存在着从大溪到屈家岭再到相当于龙山阶段的季家湖下层那种文化序列；当然，沮漳河流域及澧水流域的遗存还是各有自身特点的，但总的面貌是比较接近的。

对了解这个文化序列极有意义的新发现，是湖南的同志在石门皂市终于找到了一种早于大溪文化的新的遗存。这种石门皂市下层遗存，承高至喜、何介钧同志相示，是以红陶为主，上面的绳纹和篦纹跟大溪及其以后诸遗存的陶器纹饰显然不同，而其中带戳印纹的圈足部份又暗示了它同大溪文化之间的继承关系。皂市遗址是在渫河左岸的山脚下，这大概就是一种长江中游的早于大溪文化的遗存。有了这个发现，可以认为长江中游地区，大概自新石器时代早期起，就有一个一脉相承的文化序列；当然这并不排斥在其发展过程中，曾不断受到其它文化（诸如仰韶、龙山）的影响。

皂市相当于二里岗的遗存，对了解季家湖下层文化的去向，亦是一个极重要的发现，这一期遗存的少量陶鬲、假腹豆等器，具有二里岗上层的作风，但大量圈足器以及灰白陶等，又清楚地说明是从类似季家湖下层文化那种遗存发展来的。这就是说，当季家湖下层文化发展到这阶段时，受到了很多来自东边的二里岗上层文化的影响。过去我们看到盘龙城的二里岗上层遗存，觉得还是应当归入商文化的系统之中；看到江陵张家山的相当于二里岗上层的遗存，觉得自身特点较多，能否归之于商文化系统，很不好确定。现在看到石门皂市的这种遗存，可以断定，自季家湖下层以后，直到二里岗上层时期，在洞庭湖西北侧至江汉平原的西侧，本地的原有文化还是按照自身的轨道向前发展，不过又一次受到了来自黄河中游的文化影响；当然，有的可能是通过江汉平原东侧至洞庭湖东岸一些遗存而间接传播的二里岗阶段的文化影响。

至于这个地区的西周晚期以前的周代遗存，在澧水流域亦已找到一些，它们同赵家湖西周晚期楚墓之物，的确可看出存在着直系的继承关系。这种遗存，应该特别注意的是去冬有了进一步认识的当阳磨盘山遗址。宜昌地区文物队好几年以前已经找到了这个遗址。它位于沮河、漳河合流处的东岸，就是《水经注》上提到的昭丘的旁边。赵家湖一带的高地，就是它的墓地。磨盘山遗址面积极大，东西达三、四华里，南北超过二华里。根据纪南城、季家湖古城及雨台山、赵家湖墓葬的发掘，战国时期楚国的陶器以灰陶为主；而春秋的，特别是春秋中期以前的，则以红陶为主。磨盘山遗址中的陶片，是以红陶为主的；采集到的一种小口锥足红陶鬲、红陶盂和一种绳纹白陶盆，按形态说，显然早于赵家湖西周晚期楚墓之物，而又具有同一种文化面貌的特征。这个遗址也有战国灰陶片，但不像是主要遗存。从总体面貌观察，主要遗存是西周到春秋的。公元前689年，楚文王自丹阳迁都于郢。磨盘山遗址在公元前689年以前，肯定已经存在；而且它的主要活动时期，很像是和楚人建都于丹阳时期（至少是其后一段时期）大体相当。这样，无论它是不是丹阳故址，对探索西周时期的楚文化面貌来说，自然是十分重要的。

我这样讲，并不意味着楚人活动的中心地域以及楚文化的渊源都已得到基本的解决。因为，上面提到的那些西周时期楚文化的遗物，同石门皂市那种二里岗上层时期的本地区文化传统的遗存，还看不清彼此的直系继承关系；就是说，从磨盘山、赵家湖到澧水流域的西周时期的遗存，即使可断定属于楚文化，它的来源问题仍有待进一步寻找。所以，为最终解决楚人建国前后的文化面貌及其渊源，最好还是在伏牛山以南的南阳盆地至江汉平原及洞庭湖的西北侧，分别作新的发掘和文化序列的研究。从现在已找到的线索看，距离解决这个问题的时间已经不太远了。

第三阶段是楚文化的早期铁器时代，大体讲，就是公元前689年楚人迁郢以后至公元前223年秦灭楚以前。这个阶段的主体，楚人正建都于郢，因此也可以说，楚文化的青铜时代主要是丹阳期，楚文化的铁器时代则主要是郢都期。

江陵纪南城即郢都遗址，在考古学界中是没有什么争论的。但迄今为止，纪南城内外发现的堆积和墓葬，包括城垣本身，主要是春秋晚期以后的。春秋中期的文化层没有找到，春秋中期的墓葬有一些，但数量很少，更早的东西，则还只见到新石器时代的遗存。所以，不少同志怀疑楚文王所迁的郢都，并不在纪南城。在楚文化的研究中，这自然是很重要的问题，需要作进一步的探索。

春秋晚期以后的楚文化，现在已经得到了一个基本的轮廓。对纪南城的城门、宫殿、水井、陶窑以及其它建筑遗存，都作了一定面积的发掘。至于春秋晚期以后的楚墓，据王世民同志的统计，发掘总数达三千五百座以上。在全国范围内，楚墓资料的积累，远远超出了同时期其它文化的墓葬资料。尤其是通过近几年来对赵家湖和雨台山两地楚墓的整理，今天对东周墓葬的认识，就以楚墓为最清楚。面对这样多的资料，今后理应进行较大规模的综合研究。这种研究，我想还是要首先考虑进行考古学研究中的三个基础性的工作，即分期、分类和分区。

先说分区问题，这里讲的当然是楚文化内部的分区，而不是指楚文化与秦文化、三晋文化、吴越文化等这种大的文化分区。陈振裕同志已经开始探讨这个问题。

讲楚文化的分区，就是考察楚文化内部的区域差别。在许多考古学文化遗存中，往往距离很近的地点，就存在一定差别，如果一见差别就划为两个区域类型，会过于琐碎。但楚国的疆域，尤其是东周时的疆域相当广阔，倘若根本不考虑分区问题，就不容易把楚文化同周围其它文化的关系分析清楚。我们在襄樊地区见到一种春秋晚期至战国早期的圜盖矮足鼎，就带有中原地区作风，在而这荆州至宜昌地区以及湖南境内是难见到的。这当同襄樊地区与三晋及周、郑等地接近有关。在东周时期的楚国疆域内，当然北部会有较多的中原文化因素，而东部则会有较多的齐鲁文化乃至徐舒文化的因素，南部会有较多的越文化或吴越文化的因素。把楚文化的这些区域类型分析出来，就能比较清楚地看到楚文化在其发展过程中与其它文化的关系。

其次讲分类问题。很多同志都已讲到楚墓的分类问题，郭德维同志讲的更多。早在二十多年前，苏秉琦先生在北大讲课中，已经提出了战国墓的分类问题。现在分类问题的重要性，已被愈来愈多的同志认识到了。就任何一个文化而言，只要当人们出现了等级之后，他们的埋葬方式也会出现等级差别。如果把这些墓葬的类差分析清楚，当能大大推进对当时社会等级关系的认识，因此，对古代墓葬，进行分类研究，就可以把考古学的年代学研究推进到社会历史的研究。

其实，即使是年代学的研究，如果想把分期问题搞得更细致和准确，分类工作也是必须的。同一地点、同一历史时期的墓中出现不同的类别，是常见之事。这可以是因为财富不同而引起的，也可以是因为习俗不同而引起的。前一种情况当然往往同社会等级之差联系在一起，后一种情况则一般同人们的族属不同有关。但不管是因何种原因引起的类差，只要存在这种差别，某一类墓发生变化时，另一类墓不一定同时发生变化；而且，各类墓的变化数次也不一定相同。

可以举当阳赵家湖的楚墓为例来说明。这批墓，可以分为甲、乙A、乙B和丙三大类四小类，时代从西周晚期起至白起拔郢时。总括各类墓葬，共有七期十二段，但并非每一类墓都能分这么多的期别。有的类别是因现有材料不足，缺少某些期别；有的则是因变化较小，不能分出那么多的期别。例如丙类墓是一些基本不带随葬品的最小之墓，几乎分不出什么期别。还如乙B类是以陶鬲、盂、罐等器为基本组合的小墓，它从西周晚期起，至少可以延续到战国中期。到了战国，由于这种组合已逐渐被仿铜陶礼器的鼎、簠或敦、壶等器的组合代替，数量越来越少，器形变化也不如若干仿铜陶礼器那么明显，这种以日用陶器为组合的墓，期别就不如同时期的以仿铜陶礼器为组合的墓那样多。不同类别的墓，期别和变化的时间表既然不一致，怎能不加分类而作统一分期呢？

这里必须同时说明，人们埋葬制度的变化，往往是由社会变化的原因所引起的。这种社会变化，自然会牵涉到许多等级，所以一些不同类别的墓，常常也基本是同时发生变化的。而且，我们常常是根据随葬品器形的变化来划分墓葬的期别，由于同一种器物可以出在不同类别的墓中，如果根据这种器物的变化来划分期别，不同类别的墓当然也会有相同的期别。但这种情况，总不会把各类墓葬，自始至终地全部包括进去。

就年代学研究来说，实际工作中往往也可不加分类就作分期。因为各类墓葬的变化过程，总有其一致性的地方，不加分类就作分期研究，也是可以得到一定的成果的。但是当资料比较充分之后，特别是当问题深入到分析全部墓葬的组成状况时，不作分类工作，就既分辨不清这个组成的结构，更看不出这种结构在变化过程中所具有的复杂情况。例如早在五十年代，大家就已分析出无论是三晋两周之墓或是楚墓，在春秋、战国时期，普通小墓都是由鬲、盂、罐的组合变为鼎、盖豆或敦、壶的组合。从随葬品变化的逻辑过程来说，这确是基本轨道。但就历史的具体进程来说，前一种组合能一下子都变成后一种组合吗？二者有没有并存的阶段呢？从一般的道理考虑，交错并存的阶段是一定存在的。可是怎样才能具体分析出来呢？现在来看，如果把一批墓葬进行分类，分别研究各类的变化序列，同时考虑各类序列的相互关系，这种情况就较易具体认识到。对赵家湖楚墓的整理，就已经通过这种方法而开始具体看到这种交错并存的现象了。

还应当指出，如果社会的等级关系发生大变动，墓葬的类差情况往往也会发生相应的变化。在赵家湖楚墓中，就有上述乙B类的墓葬，到战国时日益与乙A类墓葬难以区别的现象。这大概是因为乙A、乙B两类墓主的身份后来差别日益不大而引起的。这种通过分类工作才能揭示出的现象，提供了分析当时社会变化的一个新基础。正是由于分类研究有这些作用，所以我在前面讲：分类工作可把年代学的研究上升到社会历史研究的高度。

上面举的例子，可以说明同一文化中的不同类别之墓，它们的变化数次和变化速度是会不一致的。不同文化之间的不同类别，当然更会这样。

说明分类工作的这些重要意义之后，自然可以明白分期研究是可以在这种基础上大大前进一步的。总起来说，分期、分类、分区三个东西是紧密联系在一起的，可以说是一个事物的三个方面，不分别解决好，任何一个方面都不可能真正搞清楚。当然，这三个方面又都有相对的独立性，所以也可先分割进行研究。不过当其它两个方面没有弄清楚以前，某一个方面的认识，一定带有相当的局限性。今天，我们对东周时期楚文化的研究，既然已经有好几千座墓葬作为材料的基础，而且这个基础又会日益扩大，当然应当对这三个方面都进行综合研究了。

第四阶段是楚文化的延伸时期。秦灭楚后，广大地区的楚文化一下子就和秦文化以及其它文化混杂相处；到了汉代，具有原先那种自身特征的楚文化的各种因素，又和逐步形成的汉文化交互影响。具有自身传统的楚文化，终于慢慢消失了。许多原来的楚地，后来那里的文化，虽然往往仍带区域特点，但那是一种经过新综合、新发生的文化区，不能把那种区域文化视为楚文化。

据现有材料看，秦代的长沙郡、汉初的长沙国，特别是洞庭湖以东的长沙一带，当时仍保留着许多楚文化的传统。例如马王堆一号墓、三号墓、砂子塘一号墓等大墓，就基本保持着楚国的棺椁制度、衣衾制度以及随葬品制度。大量陶器小墓的随葬品组合，虽然不敢说是先秦楚人葬俗的直接延续，但总是同战国中晚期之交以后的楚墓的随葬品组合十分接近。汉初长沙国中仍大量制造和通行“郢称”这种黄金货币，更是楚国币制的直接继续。在马王堆三号墓的遣策中，又可看到当地当时的某些服饰和乐舞，就叫做“楚服”、“楚舞”。很清楚，存在了近千年的楚文化，不仅在当时当地人们的心目中还是具有独特传统的事物，而且在实际生活中，仍然继续实行着若干内容。对于这样一种具有许多楚文化传统的汉初的区域性文化，尽管早就渗入了秦文化因素，后来又出现了越来越多的汉文化因素，作为一个整体来看，似乎还应作为楚文化的延续部份。

楚文化的这个最后的延伸阶段，大体到西汉王朝废止吴氏长沙国时为止。考古学文化的阶段划分，不可能那么绝对，笼统讲，可以说是大体到汉武帝左右就终止了。

现在可以看到，当秦灭六国以前，在战国七雄的疆域内，大体存在着三晋两周、齐、燕、秦、楚、越六大文化区。在秦灭六国过程中，秦文化曾对其它文化发生很大影响，而其它文化也对秦文化发生着影响。这样，先秦的六大文化，就开始了一个新的综合。到了汉代，这个综合，在更广阔和更深入的情况下进行下去。六大区域几乎都已不能看作是当地原有先秦文化的继续。对研究汉代如何形成这种新的文化及其区域类型来说，楚文化延伸阶段的情况，具有很大的典型性。

1981 年 6 月 11 日在楚文化研究会上的讲话，原载《湖南考古辑刊》第 1 集，岳麓书社，1982 年。后收入《先秦两汉考古学论集》，文物出版社，1985 年 6 月。

关于“卡约文化”和“唐汪文化”的新认识

人类的文化，由于不同的自然条件和不同的经济、生活方式，会造成不同的经济文化类型；而不同的历史、民族传统，又会使类似的经济文化类型，形成不同的文化系统。在一般情况下，不同经济文化类型的考古学遗存，往往不属于一个文化系统；而一个文化系统的各遗存，其经济类型则大抵不会发生很大变化。但在一定条件下，同一文化系统的各阶段，在其发展过程中，有可能发生经济类型的大变更。甘肃至青海东部的古代文化，正因其特殊的地理条件，当发展到青铜时代时，就发生了经济文化类型的巨大变易，即从锄耕农业为主的经济文化类型，发展为以放牧为主的、农牧兼营的畜牧经济的经济文化类型。

这里所讲的文化系统，就像黄河中游从仰韶到河南龙山、二里头、二里岗、安阳殷墟等阶段的那种有文化继承性的发展系统一样。它的各阶段的文化遗存当然都可以分为若干地区性类型，各类型又都会有自身的承袭系列，但由于基本的共同性，可以把它们归之为一个文化系统。据本世纪二十年代以来，特别是近三十年以来的发现，自陕甘交界处至青海的东部农业区（不包括河西走廊的西部），其新石器时代至青铜时代的文化遗存，大体是属于一个发展系统的。这个系统的各阶段，虽有一些支系（即考古学文化中的类型），各支系也存在着互相的影响甚至迁移，由于基本的共同性，应当归属于一个大的文化系统而和别的系统相区别。当然，在这个大系统内，同时期可以并存好几个考古学文化；有些考古学文化之间的差别，也许还不算太小。

这个系统的文化面貌是极其多样的。迄今为止，曾经被命名为文化或类型的，就有（秦安）大地湾、半坡、庙底沟、（武山）石岭下、马家窑、半山、马厂、客省庄二期、（镇原）常山下层、齐家、（玉门）火烧沟（即四坝）、寺洼、安国式、卡约、唐汪式、辛店甲组（或称姬家川类型）、辛店乙组（或称张家嘴类型）、沙井、骟马等，已达十九种之多。对于如此众多的文化群，如何分辨清楚它们的关系、找出其发展系列，是大家关心的首要问题和探索其它情况的基础。现在，对这个系统的新石器至青铜时代初期的文化序列，开始有了基本的了解，即是自大地湾经半坡和庙底沟阶段，大概和另一种当地原有的而现在尚未认识清楚的文化相结合（可能是象青海贵南县拉乙亥公社8021地点那种前陶新石器遗存发展而来的文化），产生了石岭下那种遗存，再至马家窑→半山→马厂→齐家及火烧沟[1]；而在这个过程中，当然又会发生若干文化的新的影响。自齐家和火烧沟以后的青铜文化遗存，目前以青海省的发现为多[2]，如在大通县的上孙家寨、循化县的阿哈特拉山和苏志村、民和县的核桃庄，就发掘了卡约、唐汪和辛店的墓葬一千六、七百座；在甘肃，则从东部的天水地区至河西地区的东端，进行过一些小规模的发掘。得到这样大批的资料，就可看出甘青地区的青铜文化，自齐家以后，主要经历了卡约和唐汪式，寺洼及安国式，辛店的甲组和乙组等并存的几支文化。搞清了这个序列，便再也不会感到甘青地区的古代文化头绪纷繁、来源难明了。这对探索古代羌人文化来说，自然是一重大突破，也必将对与西北古文化关系密切的周、秦文化的研究，提供许多新启示。

得到这些新认识，是青海和甘肃的同志们多年辛勤工作的结果。自1979年夏天起，我有机会三次去青海，和北大考古实习队在一起，参加过循化苏志的发掘和上孙家寨、阿哈特拉山及苏志的整理工作，得到卢耀光、许新国同志的很大帮助，并在苏生秀同志的帮助下，观察了核桃庄的材料，还在张学正同志的帮助下，

---

[1] 甘肃省博物馆：《甘肃省文物考古工作三十年》，《文物考古工作三十年》，文物出版社，1979年；张学正、张朋川、郭德勇：《谈马家窑、半山、马厂类型的分期和相互关系》，《中国考古学会第一次年会论文集》50—70页，文物出版社，1980年。拉乙亥的无陶新石器遗存是1980年发现的，见卢耀光：《略谈我队一九八〇年田野考古的重要收获》，《青海考古学会会刊》2期15、16页，1981年5月。

[2] 青海省文物管理处考古队：《青海省文物考古工作三十年》，《文物考古工作三十年》，162—165页，文物出版社，1979年。

看到许多甘肃发现的材料。正因有这些机缘，今天才有可能谈一些关于甘青地区青铜文化的新认识。应当说，有许多认识是共同得到的。

一、关于卡约文化的基本内涵与类型问题

卡约文化的遗存，虽然早在1923—1924年已由安特生（J.G.Andersson）在青海湟中县的卡约村和下西河发现[3]，但长期以来对它的基本内涵是认识得很不清楚的。例如最初安特生只发现一些单色陶器，大家便以为卡约文化是没有彩陶的；而自1958年中国科学院考古研究所的同志们在西宁古城台和湟中朱家寨找到了卡约的彩陶后，就知道它有三角纹、网格纹等图案的彩陶[4]。但后来又经常在卡约遗址中见到所谓唐汪式的彩陶，可是并不真正明白这种彩陶和卡约文化的关系。可以说，十年以前大家对卡约文化的基本特征还是很不清楚的。

1973年以来，青海省文物考古队发掘了上孙家寨、阿哈特拉山和苏志村等地的卡约墓地，又调查了许多卡约遗址，特别是最近整理了大通和循化的资料，才知道卡约文化是从齐家文化发展而来的；它本身至少可分为三至四期，所谓唐汪式的陶器，是从卡约陶器演化而来的。有了这些认识，现在就可以谈一些关于卡约文化基本内涵的问题了。

从墓葬材料看，卡约文化几乎没有细泥陶，即使是最细致的泥质陶，质地也比较粗糙。夹砂粗陶的羼和料有砂粒、陶末、云母片等。泥质陶多红胎，但也有灰陶和黑皮陶。粗陶往往因火候不匀而烧成颜色斑驳的红褐色或灰褐色。全部陶器都是手制的。

器形以双耳器为特色。如盛置牲肉用大口双耳罐；装水酒用小口双耳罐或双大耳罐；炊器是粗陶，有的地方以一种堆纹口沿的绳纹罐为主，有的地方则多用绳纹或划纹的双耳罐；还有一些体型较大的壶、瓮类器皿，也常在口部或腹部做出双耳或四耳。卡约墓中不见鬲，但遗址中多鬲，也是一种带双耳的高领袋足鬲（如下西河所出）。

卡约的彩陶，最初沿袭着西部地区齐家文化的传统，有较少的数量，而到晚

[3] 安特生：《甘肃考古记》19、20页，1925年。

[4] 安志敏：《青海的古代文化》，《考古》1959年7期，395页。

期则数量增多；但在湟水流域，卡约中、晚期的彩陶都很少。最初的卡约彩陶，是在红陶上施黑彩或深红彩，图案类似齐家彩陶的三角纹和锯齿纹、网格纹。稍后，往往加上红陶衣再施黑彩或深红彩，锯齿纹和网格纹继续存在，又新出现了写实的鹿、羊等动物纹；有一种双线连续凹字纹，目前虽只从这阶段起才见到，但显然是承自齐家、马厂彩陶的。最后，出现少量白衣彩陶，而且在黄河沿岸的遗存中，可看到彩陶显著增多，其主要纹饰是网格纹、锯齿形三角纹、波折纹、双线菱形纹、动物纹（仍以鹿、羊纹为主）。

再往后，彩陶突然盛行，尤其是在黄河沿岸地区，随葬陶器往往以彩陶为主。这个新时期的彩陶，开始一阶段仍以三角网纹（或称勿字纹）、双线连续凹字纹、双线菱形纹为主；第二阶段忽然盛行旋涡纹，即唐汪式彩陶上最多见的那种花纹。但新出现一种白衣上红、黑两色相间的波形纹，有一点类似辛店乙组彩陶中多见的红、黑相间的双钩羊头纹。在这个新时期，陶器群面貌的整体已有很大变化，其第一阶段的彩陶纹饰是见到的，但从器形特点及流行彩陶的情况看，按照已有的传统观念，似可统统归入唐汪的范畴。

卡约墓中多青铜器。习见小刀、镰、戈、矛、钺、镞、铃、泡、联珠状臂饰、镜等，只有工具、武器和服饰用物，不见容器，更无铁器，可见处于青铜时代。装饰品中还多玉、石、玛瑙、松石等珠饰和贝。在遗址中，则常可采集到打制的石质敲砸器，磨制的石斧和半月形石刀，还有黑曜石和燧石的细石器。这些石器和青铜工具，既有畜牧、狩猎用物，又有农耕工具。在遗址中，还曾见到过大量的鱼骨。墓葬中则习用粟和羊、牛、马、猪、狗和鹿的肢体随葬。这些情况，加上彩陶上多见的羊、鹿等动物图案，说明卡约的经济应是兼有农、牧和渔猎，而总的来说则是畜牧经济。大概正是因为以畜牧业为主，遗址的堆积都比较薄，表明其居民一般不在一个地点长期定居。

卡约的葬俗，其墓形有竖井土坑和横穴洞室（习称偏洞墓）两种。木棺或有或无。葬式有仰身直肢、乱骨迁葬、二次扰乱上身的伸直葬、俯身葬和火葬数种。多殉羊、牛、马、猪、鹿和狗，偶有殉人。

1981年，在苏志还发掘到两座自卡约中期至晚期的坟丘墓。每个坟丘都用夯土筑成一个长约20—24米、宽约16—18米、高约1.5米的土堆，坟丘两侧，又各有一条平面作弧形弯曲的围墓沟，两端似要合拢而以石子路或土路隔开。围墓沟是在坟丘基本筑好后才挖的，挖好沟后，又先在沟内埋棺，再在坟丘顶上挖坑埋墓。在2号坟丘的围墓沟外，还发现六个安放木桩的柱穴。木桩当是祭祀用物。这两个坟丘，分别埋墓十六和十座。两个坟丘距离很近，丘内各墓，又是先2号坟丘、后1号坟丘，而在每个坟丘内，又皆先在围墓沟内、后在坟丘顶部埋墓，在丘顶的诸墓，又大体是自南而北，依次埋葬。这种坟丘，如果是氏族墓地，同时期的墓应该很多，但这两个坟丘上的二十六座墓葬，却可清楚地分为五个连续的小段，说明当是一个家族的成员依次而在此埋葬的。

卡约墓葬发现的总数已经很多，但这种坟丘墓却是少见的。筑成这样一个坟丘，就当时的生产力水平来说，显然不是普通的个体家庭所能承担的，也不像由亲缘关系而联合起来的几个家庭联合修成的。看来，这当是部落中的显贵成员，利用了氏族或部落成员的协作力量完成的工程。从二十六座墓可分为连续的五小段这种情况看，那时的氏族显贵当已是世袭的。不过，这两个坟丘内包括的各墓，同其它地点发现的卡约墓葬相比，看不出有明显的贫富差别，当时大概还处在阶级刚刚分化的军事民主制阶段。又根据上孙家寨M723和M1026这两座妇女墓中随葬品最为丰富的情况（M723有铜泡四百余件，M1026有铜泡和联珠状铜臂饰五十余件）来看，至少在某些卡约部落中，母权制还是比较牢固的。

关于卡约成员的寿命情况，据中国社会科学院考古研究所韩康信同志对阿哈特拉山一百五十六个人骨（包括十七个属于较晚的唐汪阶段的人骨）的鉴定，平均年龄只有27.2岁。当时的生活环境，无疑是十分困难的。

上面所述，就是目前了解到的卡约文化的一些基本情况。

但卡约文化的这些内涵，在不同的分布区却是有所区别的，也就是说，卡约文化可分为不同的区域类型。

卡约文化的分布范围，东起甘青交界处黄河沿岸的永靖、循化等地，西至海南藏族自治州的共和、贵南等县，南至黄南藏族自治州，北至海北藏族自治州的刚察、海晏等县。在这一大片范围内，黄河沿岸与湟水流域的卡约文化，属于两个不同的类型。

黄河沿岸的卡约文化，可以拿循化阿哈特拉山和苏志村的遗存为代表。这个类型，彩陶较多，上面所讲卡约彩陶的发展过程，在这里有比较充分的表现。炊器主要是堆纹口沿罐。墓葬全是竖穴土坑，全有木棺，并多火葬，有的甚至将墓圹的壁、底都烧红熏黑。墓向基本为南北向。

湟水流域的卡约文化，可以拿大通上孙家寨的遗存为代表；湟中县卡约村和下西河的遗存，也属这个类型。这一类型，彩陶较少，几乎不见动物纹。炊器多用绳纹或划纹的粗陶双耳罐。墓葬除竖穴土坑外，多横穴墓，往往不用木棺。墓向基本为东西方向。

卡约文化的地区类型，可能不止这两个。其实，如果再扩大一点眼界来考察，甘肃洮河流域至子午岭西侧的寺洼文化以及安国式遗存（有的同志以为所谓安国式就是寺洼文化的晚期遗存），也可以说同卡约是一个大文化区中的不同小文化。

例如寺洼的陶器，也以砂粒和陶末为羼和料，也几乎不见细泥陶，陶质都比较粗松。在安国式遗存中，黑皮陶虽然好像略多一点，但通常所说的寺洼或安国式的黑皮陶，时代属殷周之际或周初，而这个时期的卡约遗存，光亮的黑皮陶也比较多。夹砂粗陶的色泽，亦同卡约接近。就制法而言，也不见轮制陶器。

又如寺洼陶器的形态，亦以盛行双耳器为特色。寺洼中特别发达的马鞍形器口，在卡约遗存中虽然数量极少，但也存在着。这种马鞍形器口，在我国出现于马厂陶器中，盛行于寺洼及安国式，后来，又在川北岷江上游的理县、茂汶羌族自治县一带的战国末至汉初的石板墓中的陶器上经常见到。寺洼文化早已被推定是氐羌的一支遗存[5]，岷江上游的石板墓则应是冉駹的遗存[6]，而冉駹也正是“氐类”(《汉书·西南夷传》)。岷江上游的石板墓同寺洼、安国遗存显然有前后相承的关系。从这些情况看，卡约和寺洼都有马鞍形器口，又说明了它们之间重要的亲缘关系。

还如彩陶。过去有的同志以为卡约有彩陶而寺洼无彩陶，但最近在甘肃庄浪县李家咀找到的寺洼的马鞍形口双耳罐，有的就施彩陶图案[7]。尽管寺洼的彩陶的确不如卡约那么多，可是二者都有类似的彩陶这一点，毕竟还是共同的。

再以葬俗来说，过去以为只有寺洼有火葬而卡约无火葬，但最近在苏志的卡

[5] 关于寺洼文化的概况，参胡谦盈：《试论寺洼文化》，《文物集刊》（2），文物出版社，1980 年；夏鼐：《临洮寺洼山发掘记》，《考古学论文集》，科学出版社，1961 年。

[6] 参童恩正：《近年来中国西南民族地区战国秦汉时代的考古发现及其研究》，《考古学报》1980 年第 4 期，433—436 页。

[7] 丁广学：《甘肃庄浪县出土的寺洼陶器》，《考古与文物》1981 年 2 期，15 页图三、16、17 页。

约墓地中，亦发现了好几座火葬墓。

卡约文化经历了近千年的时间（详下），而寺洼文化的发展序列还没有排出来。在这种情况下，笼统比较二者的面貌，人们就可能拿较早的卡约遗物来和时代要晚得多的寺洼遗物相比，这必将扩大二者的差别。我相信，等将来把寺洼的分期弄清楚后，人们拿同时期的卡约、寺洼遗物作比较，这两个文化的共同性就一目了然了。

这里需要说明的是，上面所以举出许多卡约和寺洼的共同性，并不意味着应当取消寺洼文化的名称，而是为了说明这两个文化，犹如江汉流域的大溪文化和螺蛳山遗存那样，实质上是属于一个大文化系统的。明白了这一点，就可以利用现在对卡约文化发展序列的了解，加快今后探索寺洼分期及其渊源和去向的步伐。

二、关于卡约和寺洼文化的来源问题

在陕西西部至甘肃东部的陕甘交界地带，是黄河中游至渭河流域的原始文化和甘青原始文化的交错并存区。这里不仅有大地湾文化的若干遗址以及丰富的半坡、庙底沟至客省庄二期这个系列的遗存，而且有石岭下至齐家等遗存。看来，东、西两个系统的原始文化，曾在这个地区此进彼退地交错落过脚。其中的齐家文化，东端即达宝鸡地区；它在这陕甘交界处，大概是和客省庄二期文化并存的。齐家的西端，大抵达到河西走廊的东部和青海的东部农业区；而在河西走廊的西部，则有相当于齐家阶段的火烧沟文化。近年来，由于资料积累逐渐增多，对于齐家文化的来源及其类型问题，已经展开了一定的探讨[8]，但关于齐家文化的去向，直到不久以前，还因线索不明而几乎没有涉及到。

在甘青地区进行的野外考古，已经达到相当的规模了。不能设想，由分布范围那样广阔的齐家文化所演变成的后一种文化遗存，至今还没有见到过。问题一定在于虽已发现而还没有认识到。

现在，由于在民和县山家头、大通县上孙家寨和循化县阿哈特拉山都已发现了齐家向卡约过渡的遗存，由齐家发展为卡约的线索已经极为明朗了。从齐家向寺洼过渡的中间遗存，现在虽然还没有找到，但从上述卡约和寺洼的亲缘面貌来

---

[8] 参胡谦盈：《试论齐家文化的不同类型及其源流》，《考古与文物》1980年3期，77—82页。

看，寺洼是由齐家某一类型发展而来的关系，也已经可以作比较肯定的推测了。

由齐家向卡约过渡的遗存，以青海民和县山家头的M4、M23为已知的最初之例。这两座墓的随葬品，各有粗陶的堆纹口沿罐、泥质橙红陶的双大耳罐、泥质红陶的小口双耳罐、夹砂橙红陶的碗，有的还有粗砂橙黄陶的大罐。这已基本是卡约墓的陶器组合，而卡约墓中普遍出现的大口双耳罐，这时尚为齐家式的碗；尤其是双大耳罐，还保留着强烈的齐家风格。当然，就整个山家头遗存而言，又表现出同辛店文化的一定联系。

再稍后一阶段的卡约遗存，仍保留着明显的齐家风格的痕迹。这些遗存是大通上孙家寨的M13和循化阿哈特拉山的M91、M123和M179。

上孙家寨的M13，出有大口双耳罐、堆纹口沿绳纹罐、短颈腹耳壶和彩陶双大耳罐各一件。阿哈特拉山的M123出了大口双耳罐一件；M91有大口双耳罐、小口双耳罐、堆纹口沿绳纹罐各一件；M179有彩陶大口双耳罐、小口双耳罐、堆纹口沿绳纹罐各一件。各都同上述山家头的同类器物有形态相承的演化痕迹。如作更具体的分析，则那种堆纹口沿罐，在永靖大河庄的齐家遗存中，就已有了形态接近之器；而阿哈特拉的大口双耳罐，其折腹形态又近似于武威皇娘娘台齐家遗物中的同类陶器；至于上孙家寨的那件双大耳折腹罐，则更是从齐家文化中多见的双大耳罐发展而来的。这几座墓的陶器形态，进一步表明了卡约承自齐家的关系。

上孙家寨和阿哈特拉山的两件彩陶的图案，更清楚地表明了这种继承性。上孙家寨的彩陶双大耳罐，在红陶上施深红彩，这本是齐家文化的作风；而它同阿哈特拉的彩陶双大耳罐，又都以瘦长的重线三角纹为花纹主体，这又是齐家的风格。具体说，上孙家寨M13的双大耳罐，口沿有一周网格纹，腹部施四个竖三角纹，其两侧又各用一、二道竖条纹作陪衬。这种在腹部主体花纹两侧陪衬竖条纹的图案布局，正极接近于武威皇娘娘台的齐家彩陶罐；而网格纹则在乐都柳湾的齐家彩陶上，亦已经出现。又如阿哈特拉山M179的大口双耳罐腹部所见六组四道重线组成的对立三角纹，亦是乐都柳湾等地青海东部齐家彩陶，乃至马厂彩陶上的流行图案[9]。总之，这两件彩陶源自齐家的风格，是一望即知的。

---

[9] 青海省文物考古队：《青海彩陶》图版114、115、160—162、158，文物出版社，1980年。

有了这些材料，就可以认为齐家文化在西部地区发展为卡约文化，而在其东部地区则发展为寺洼文化，乃至安国式遗存。当然，要清楚说明这种分头两路的演化过程，还需要对齐家文化作进一步的类型分析，更要搞清寺洼和安国式的序列，找到它们的早期遗存。不过，现有材料所透露出的齐家彩陶以西部地区较多（更西的火烧沟文化彩陶更多）等情况，已多少暗示出寺洼彩陶较少的历史原因，便在于其前身即彩陶较少。

最近，韩康信同志在西宁又观察了一批卡约人骨，看到卡约人种的体质特征是接近于现代蒙古人种的东亚类型，也就是过去步达生（D.Black）所说的近似于现代华北人种。这同甘青地区新石器时代及齐家的人种是基本一样的[10]。人种学方面的证据，又从一个方面说明了卡约直接承袭齐家的关系。

三、关于卡约文化和唐汪文化的关系问题

唐汪式遗存和辛店文化遗存，特别是与辛店乙组的遗存，有一定的相似。辛店文化由于其不同群体有各自的特征，过去曾有过好几种名称。

1924年，安特生在甘肃临洮县辛店发现的那种遗存，自五十年代末以来，通常称之为辛店甲组；后来，甘肃省博物馆的同志又叫做辛店文化的姬家川类型。

1958年，黄河水库考古队在甘肃永靖张家咀发掘的那种辛店遗存，随着辛店甲组的命名而被称之为辛店乙组；后来，甘肃省博物馆的同志则叫做张家咀类型。

1956年，黄河水库考古队在甘肃东乡自治县唐汪川山神收集的那种类似于辛店乙组的陶器，曾习称为唐汪式遗物。有的同志以为这是一种可以独自划分出来的唐汪文化的遗物，有的同志则把它归入辛店文化之中。

关于这几种遗存的年代关系，有的同志以为唐汪最早，乙组次之，甲组最晚；有的同志则以为甲组早于乙组；有的同志又以为唐汪与乙组可能并存[11]。

至于这几种遗存与卡约及寺洼的关系，直到不久以前，相当多的同志还以为要早于卡约、寺洼。作出这种判断，虽然没有清楚的层位关系作根据，也没有说

[10] 参潘其风、韩康信：《我国新石器时代居民种系分布研究》，《考古与文物》1980年2期，86页。

[11] 参许新国：《历年来关于青海古文化的考古学研究》，《青海考古学会会刊》2期，1981年5月，12、13页。

明具体理由，其出发点不外乎考虑到这几种遗存皆彩陶发达，而彩陶发达正是马厂及其以前的甘青地区新石器时代诸文化的重要特点。

但在上孙家寨的发掘中，则发现了出唐汪陶器之墓打破出卡约陶器之墓的例子，已达七组；而且，通过最近对上孙家寨和阿哈特拉山两批墓葬的陶器的类型学分析，又清楚地看出唐汪式陶器，就是由卡约陶器演变而来的。当然，这不排斥由于其它文化的影响才发生这种变化。

上孙家寨的一至四期墓，都属卡约文化；第五、六期墓普遍出唐汪式陶器；第七期墓则是有少量辛店乙组陶器与唐汪式陶器并存。

阿哈特拉山的前三期墓，都属卡约文化。第四期墓就以彩陶为主，但不同于唐汪式，而以双线菱形纹、双线连续凹字纹等纹饰为主；其双大耳罐等器形，又是唐汪式双大耳罐的前身形态。第五期墓的早期，则有类似于四期墓那种双线菱形纹彩陶与唐汪式的旋涡纹彩陶并存的现象；还有一种在白衣上施红、黑双色相同的波形纹彩陶，略具辛店乙组彩陶的作风。第五期墓的晚期，则只出唐汪式彩陶。在阿哈特拉，没有出现标准的辛店乙组陶器。

这两个序列，表明卡约文化是早于唐汪式的，而二者之间，还有阿哈特拉第四期墓这一阶段。

如进一步分析随葬品的组合关系和器物的形态，唐汪式是从卡约文化逐步演变过来的迹象就更为清楚。

就组合关系说，上孙家寨和阿哈特拉山的各期墓葬，不论是卡约的还是唐汪式的，都以三种陶器为基本组合，即以堆纹口沿的绳纹罐或双耳的绳纹、划纹罐为炊器，大口双耳罐为盛肉器（到唐汪阶段前后，或用双大耳罐代替），小口双耳罐为盛水酒器（在卡约的较早阶段，双耳较小，唐汪阶段后成为双大耳罐）；此外，各期又都有腹耳壶等器。随葬品组合基本无变化的现象，说明了各期文化的直接继承性。

在器物形态方面，这几种东西又都有一脉相承的演变关系。这里，可以举唐汪式陶器中的一种典型器物——旋涡纹黑彩的红陶双耳罐的演变过程，来作些具体说明。这种器物，在卡约文化的较早时期，本是小口、短颈、垂腹及双小耳，后来颈部逐渐增高，双耳也跟着慢慢变长，逐步变成唐汪式的长颈双大耳罐（图一）。从下面所附的插图中，可以看到这些器物的形态演化过程是一线相连，没

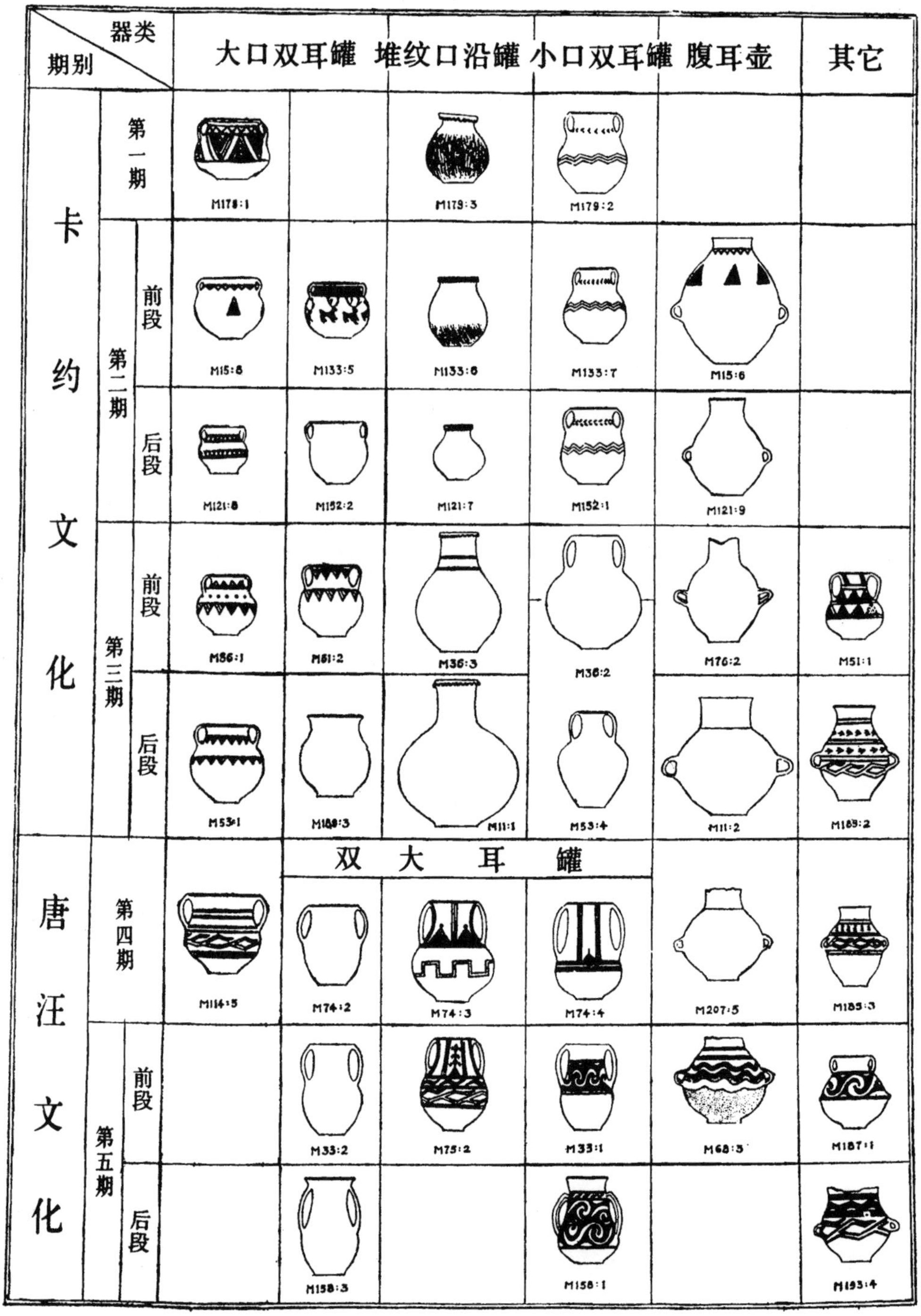

期别 \ 器类			大口双耳罐		堆纹口沿罐	小口双耳罐	腹耳壶	其它
卡约文化	第一期		M178:1		M179:3	M179:2		
	第二期	前段	M15:8	M133:5	M133:6	M133:7	M15:6	
		后段	M121:8	M152:2	M121:7	M152:1	M121:9	
	第三期	前段	M86:1	M81:2	M36:3	M36:2	M76:2	M51:1
		后段	M53:1	M189:3	M11:1	M53:4	M11:2	M189:2
唐汪文化	第四期			双大耳罐				
			M114:5	M74:2	M74:3	M74:4	M207:5	M185:3
	第五期	前段		M33:2	M75:2	M33:1	M68:5	M187:1
		后段		M158:3		M158:1		M193:4

图一 阿哈特拉类型陶器分期图

有间断或跳跃，说明在这两个地点所见从卡约到唐汪的发展过程，已经没有太多的缺环了。

根据这两个序列，可知卡约文化大概先在黄河沿岸的一些地方，再一次发展起彩陶，出现了大量使用双线连续凹字纹和菱形纹的阿哈特拉第四期，后来又演变为唐汪式遗存。

至于湟水流域的唐汪式遗存，据上孙家寨的早期阶段墓（第五期），双大耳罐多数是通体灰黑，没有彩绘，红陶的大口双耳罐亦不见彩绘，而唐汪式的旋涡纹彩陶，只是到再晚一期（第六期）才大量流行。这又进一步说明，直到唐汪阶段，彩陶还是先在黄河沿岸地带发达起来的。黄河沿岸和湟水流域唐汪阶段的差别性，自然还是卡约阶段旧有差别的继续，表明这两个流域的唐汪式遗存也是属于两个类型的。青海省的同志把湟水流域的唐汪式遗存叫上孙类型，正可表现出这个阶段的遗存是有其自身地区特征的。

把山家头、上孙家寨、阿哈特拉山、苏志村等地的材料连贯起来，从齐家发展为卡约再发展为唐汪的序列，已经是比较清楚的了。它们既是同一种性质文化的连续发展，是否应当用一个考古学文化的名称来概括它们，把唐汪作为卡约文化的某某期来处理呢？

一个考古学文化的名称，只是代表着占据一定空间、一定时间和具有一定特征的一种文化遗存。一个连续发展的共同体的遗存，如果不同阶段的特征差异达到一定程度，就可以使用好几个考古学文化的名称。例如大汶口和龙山文化，明明是同一个连续发展的人们共同体的遗存，由于两大阶段的文化特征有明显差别，大家就使用着两个名称。黄河中游的仰韶文化和河南龙山文化，也是属于这种情况。从齐家到卡约、寺洼，就是因为这个原因，采用着不同的文化名称。从卡约到唐汪，当然也应这样来处理。

对于任何一个文化发展系列来说，都应当抓住其突出变化的环节，划分阶段。像卡约至唐汪这个系列，就显而易见的彩陶使用情况而言，把它分为缺乏彩陶和彩陶发达这两大阶段，特征既明朗，又能照顾到已有的传统名称，因此，把这个系列的前一大阶段仍然称为卡约文化，后一大阶段则统称为唐汪文化，可能就比较合适了。

如果这样处理，前一大阶段的卡约文化，至少可以有黄河沿岸的阿哈特拉类型和湟水流域的上孙类型。卡约的阿哈特拉类型已知有三期，上孙类型则至少包括四期。这仍然是过去概念的继续。

但唐汪文化的概念，由于新增加了一些内容，就需要给予一定的调整和补充。

要对唐汪文化这一概念作新的规定，最好是先分清它的区域类型。就已知材料来说，也还只能把河湟之间的遗存，分为黄河沿岸的阿哈特拉类型和湟水流域的上孙类型。

在阿哈特拉类型中，彩陶于卡约时期还是不算突出的，而到阿哈特拉的第四期时，便突然大量使用双线菱形纹和双线连续凹字纹的彩陶。大量使用彩陶正是唐汪文化的一个显著特征，因此，把这一期作为唐汪文化的开始，可能比较妥当。这个唐汪文化的第一阶段既首次发现于阿哈特拉山，就可以叫做唐汪文化的阿哈特拉期；第二阶段（即阿哈特拉第五期）既以过去习见的唐汪式陶器为特征，就可沿用已有名称，叫做唐汪期。

上孙类型唐汪文化的第一阶段是紧接着上孙类型卡约文化的上孙家寨的第五、六期。这阶段大体相当于阿哈特拉类型的唐汪期（或可包括更早的阿哈特拉期），但有自身的区域特点（如第五期的双大耳罐无旋涡纹彩陶）。如和阿哈特拉类型比较，好像第六期就是唐汪期，第五期似可称为唐汪前期。第二阶段是上孙家寨第七期，是以习见的唐汪彩陶和辛店乙组彩陶并存为特点的，但唐汪和辛店的关系还没有完全搞清，是否可暂叫唐汪后期?

现在排出的这个序列，自然会随着新的发现和研究，发生变动，所以一定具有临时的性质。而且，已知各阶段的各种文化因素，现在也未能将其整个演化线索通通搞清楚。例如阿哈特拉期的双线连续凹字纹，就很像是从马厂彩陶上的同类花纹演化来的，但二者之间的年代距离却很远；又如唐汪期的旋涡纹，也不像是从双线菱形纹和凹字纹的传统中演化出来的，真正的来源现在还不明白。总之，如果要把这个文化系统的发展谱系真正搞清楚，还有许多工作要做，而且一定要扩大考察的空间范围，特别是要对火烧沟文化和辛店文化作仔细研究。

四、关于卡约、寺洼、唐汪的族属及其对中原文化的影响问题

要探讨卡约、寺洼、唐汪诸文化的族属，最好是对它们的绝对年代有基本的了解。

青海省文物考古队的卢耀光、许新国同志告诉了我一批上孙家寨和阿哈特拉山墓葬的 ^{14}C 测示数据。在这些数据中，就期别清楚、矛盾不大的部分看，阿哈特拉二期早段（卡约中期偏早）的M12为距今3555±130（已作年轮较正。以下数据同），五期晚段（唐汪期）的M158为距今2800±140，上孙家寨六期早段（唐汪期）的M333为距今3080±120、M979为距今2650±130。

距离这个地区不远的甘肃永靖至青海乐都一带的齐家文化，现知的 ^{14}C 年代数据为：齐家早期的乐都柳湾M266为距今4205±140，典型齐家的永靖大何庄F7为距今4000±115和距今3965±115，齐家晚期的柳湾M392为距今3865±155[12]。

对照这两批数据，大致可推知山家头的卡约最初遗存及阿哈特拉和上孙家寨卡约一期的年代，约为距今3800—3600年左右；唐汪如以上孙家寨M333、M979和阿哈特拉的M158的数据为准，为距今3000—2600年左右。以此为基点，便可推知卡约文化的存在时间相当于夏代后半期至商周之际；唐汪文化则相当于西周左右。至于甘肃东部地区那些遗存的年代，据合水县九站的 ^{14}C 测定，为距今3375±155[13]，正和卡约相当，可知大体是差不多的。

自陕甘之间至青海东部的卡约至唐汪和寺洼、安国诸文化，发展当然不会平衡，再加上民族迁移等因素的作用，某个文化在某些地区的起迄时间，都可能同另外一些地区有差别，上述估计当然只能是就整体概况而言。

但有了这个基本的年代表后，根据卡约、唐汪及寺洼、安国的分布区域，就知道它们是以羌人为主体的西戎诸部落的遗存。这一点我在1979年于西宁所作《古代“西戎”和“羌”、“胡”考古学文化归属问题的探讨》[14]这一报告中，已经作过基本的估计；现在当卡约、唐汪的发展序列及其年代问题更为清楚之后，情况就尤加明朗了。而且，在新材料大为增加的条件下，还可就探索卡约至唐汪文化某些类型的族系分支问题，作一些新的补充。

---

[12] 参夏鼐：《碳-14测定年代和中国史前考古学》，《考古》1977年4期，224、230页；谢端琚：《试论齐家文化与陕西龙山文化的关系》，《文物》1979年10期，67页。

[13] 同[5]胡文125页。

[14] 参见：《古代“西戎”和“羌”、“胡”考古学文化归属问题的探讨》，《先秦两汉考古学论集》，文物出版社，180—192页。

就目前所知卡约至唐汪的阿哈特拉类型来说，分布在阿尼玛卿山东北的黄河河曲之地。这一带，古代名为析支或赐支，前几年出版的《中国历史地图集》，就是这样看待的。阿尼玛卿山即古代的积石山。《禹贡》说：黄河“浮于积石，……织皮昆仑、析支、渠、搜，西戎即叙”。《史记·夏本纪·集解》引孔安国《传》说：“此四国皆在荒服之外，流沙之内。羌、髳之属，皆就次序，美禹之功及戎狄。”这明显地把析支指为羌人或西戎的一支。陆德明《释文》引马融说及孔颖达《疏》引王肃说，又都讲“析支在河关西”。这个“河关”，大致就在今循化县西南不远的地方，亦即河曲之地。所谓析支羌，当然是指居住在析支之地的羌人。

析支羌的活动时间，史籍并未明言。从《后汉书·西羌传》的记述看，除了舜流四凶、徙三苗于三危而为西羌之本这个不太可靠的传说外，是把析支羌作为最早的羌人来对待的，其最早的活动是从夏代太康失国以后开始的。阿哈特拉类型的卡约至唐汪遗存，无论就其分布地域或所属时代而言，都应当是析支羌的遗存。

在早期羌人中，析支羌应是最重要的一支，故《后汉书·西羌传》几乎把她当作羌人之祖来看待。在卡约文化时期，阿哈特拉类型是彩陶较多，青铜的工具、武器和各种珠饰也比较多，而属于唐汪文化阿哈特拉期和唐汪期的彩陶，也是先在这里发生和发展起来的。对比上孙类型，可以认为在当时的河湟之间，阿哈特拉类型，即析支羌是羌人中比较发达、比较强大的一支。

这个类型，后来好像还曾对上孙类型发生过很大影响。上孙家寨的第五期遗存，即那里已知的唐汪文化的最初阶段，还缺乏彩陶，而到第六期，则唐汪式彩陶猛增。这可能是阿哈特拉类型给予影响的结果。

还可指出，阿哈特拉类型的墓向，自始至终基本是南北向的；卡约文化的上孙类型，则基本为东西向，可是到了唐汪文化时期，又突然转为基本是南北向的。这如果不是从阿哈特拉类型的影响中寻找原因，上孙类型后来发生的这个变化又该怎样解释呢？

由于上孙类型的唐汪文化，其墓形仍然继续着自身的传统，仍有许多横穴洞室墓，而这在阿哈特拉类型中还没有发现过。因此，上孙类型的上述变化，只能理解为受到阿哈特拉类型影响的结果，而不敢说是阿哈特拉类型的迁移或扩展。

历史的发展是不平衡的。阿哈特拉类型的强盛，不见得能长久保持下去。《后汉书·西羌传》讲，到战国中期秦穆公时，羌人的一支豪酋“忍及弟舞独留湟中，并多娶妻妇。……羌之兴盛，从此起矣。”大概一到这个时期，湟水流域羌人的发展高度，就不亚于黄河的河曲一带。

羌人种姓繁多，各支种姓发展的不平衡性，自然极其复杂，像甘肃东部至陕西西部的羌人活动过程，只能靠以后的新发现才能知其详情。就目前材料看，在甘肃中部，辛店文化后来是被沙井文化所代替的。据甘肃省博物馆近年在永昌县双湾公社三角城的发掘，沙井遗存中有大量铁器，并有一种青铜的动物铸像，带有明显的北方草原文化风格。这种风格的动物铸像，如同南西伯利亚至长城地带的同类遗物相比较，时代当属公元前三世纪左右，由此可推知沙井的年代可延续到战国晚期。这个时期，河西走廊的西部已被面貌与沙井类似的骟马文化所占领。无论是沙井或骟马，其文化面貌都不能说是辛店、唐汪或当地其它原有文化的直接继续。看来，这一带的羌人，在东周时期左右曾被另一些民族驱逐而转移。甘肃省博物馆的张学正同志告诉我，沙井很像是大月氏的遗存。这个推测是很有道理的。

能够帮助证明这个推测的是，在核桃庄还发掘到几座晚于辛店而又近似于沙井的墓葬。这些墓中除了还有一些承自辛店传统的双大耳罐等器外，突出地新出现一种直领鼓腹双耳罐和单耳筒形杯，后两种陶器，酷似甘肃的沙井遗物。从这几座墓的墓形、葬制同以前的辛店墓无大差别来看，出现这些新形态的陶器，也许是当地固有文化受到沙井文化强烈影响的产物，而不一定是沙井文化迁移的结果。正如大家熟知的，秦汉之际，匈奴打败了居住在甘肃境内的大月氏，大部分月氏人西迁，一小部分则越过祁连山，到达河湟之间为小月氏。核桃庄的沙井式遗物，如果不是秦汉之际的小月氏带去的影响所造成的，就是受到东周时期大月氏影响的结果。这样讲，当然并不意味着核桃庄的那几座墓，其主人就一定是月氏人，但当地的羌人，如果不是受到相邻杂居的月氏人的影响，又怎么会突然使用起这些沙井式陶器呢？

顺便说明，上孙家寨有两座西汉昭宣至西汉晚期的墓（M156、M116），分别出了一种粗红陶的双耳直腹罐。这种陶器，无论是陶质、制法（手制）和形态，都略似于永靖三角城的沙井同类器物。这当然是小月氏带到湟水流域去的陶器作风的遗痕，而这种遗痕，又正可反过来给沙井是大月氏遗存的推测作旁证。当然，到达甘青一带的月氏文化，一定会融合某些当地原有的羌人等西戎文化的因素，而羌人等西戎诸部落的居民，一定也会有相当一部分留居当地，接受了大量月氏文化的影响。

由于对沙井的时代及其族属的这些新了解，自然能使我们进而推知在陕西西部至青海东部，凡是属于这个阶段以前的卡约、寺洼、辛店诸系列的遗存，即使不是羌人的，也应当是西戎其它部落的。

活动在甘青地区的西戎诸部落，曾不断直接或间接地受到中原文化的影响。但在史籍记载中，又有许多西戎部落向黄河中游等地移动的内容。这肯定也会给中原文化带去影响。

在1979年所讲的《古代“西戎”和“羌”、“胡”考古学文化归属问题的探讨》中，我曾指出“屈肢葬”、“铲形袋足鬲”和“洞室墓”，是卡约、寺洼、辛店文化带给中原的影响。当时是专就秦人文化而言。由于甘肃东部至陕西西部的秦文化早期遗存，至今还不很清楚，关于秦文化的具体来源问题，仍有待于新的探索。但从最近两年多来在甘肃东部甘谷县毛家坪发掘中了解到的新情况来看，秦人所受周文化的影响，在商周之际就已经非常突出了。如果同我在1979年所作的估计比较，秦人受到周文化影响的时间应当早得多，而且其程度要强烈得多。这样，周孝王时代非子前后的秦文化面貌，恐怕就要到类似于周文化的遗存中去寻找了。

对于“屈肢葬”、“铲形袋足鬲”和“洞室墓”这三个特征性因素来说，在黄河上游至黄河中游的青铜文化中，当然还是属于黄河上游文化系统的传统因素。但如果就整个黄河上游地区而言，把陶鬲的基本特征说成是：双耳、高领、袋足、领部和三个大袋足是分别制成后再拼接起来的，就更准确些；其屈肢葬则应限定为踡曲式，即并非是长江中游大溪、屈家岭系统的那种蹲式屈肢葬。在整个甘青地区中，把陶鬲足根先做成舌状，又演变成鸭嘴状的铲形袋足鬲及踡屈式屈肢葬，最初似只是洮河流域及其两翼的寺洼、辛店等文化的突出特征。

据最近苏志的新发现，卡约系统的文化，后来带给中原文化的影响，还可增加两个内容。

一是坟丘墓。正如前面所讲，在苏志曾发掘到两座从卡约中期偏晚到卡约晚期的坟丘墓。卡约的坟丘墓有无其它的文化来源，还要等待以后的探索。就其自身的习俗来说，这个系统的文化早在新石器时代就习惯于挑选一个小山之顶作墓地，后来在平地上埋墓时，便也筑起一个夯土坟丘来象征小山。如果这样来理解，在坟丘顶上埋墓这种初看似乎很难懂其用意的风俗，自然就是原来那种在山顶埋墓的传统习俗的模拟。

对于当时的商人或周人来说，从来就没有这种习俗；长江下游江浙一带青铜文化中的土墩墓，也是另外一种文化系统的传统。可是一到战国时期，从黄河中、下游到长江中游，在墓上筑起封土堆，已是普遍的制度。从孔子所说“古也，墓而不坟”（《礼记·檀弓》）的话来考虑，这种风俗在黄河中、下游地区，春秋时代当已存在。大家知道，随着平王东迁，大批西戎部落移入中原。屈肢葬的风俗，就是在这个时候传到黄河中游的；估计也就在这个时候，这些部落也把坟丘墓的风俗传到中原。当然，在坟丘上埋墓的风俗，传到中原后已改为在墓顶上筑坟丘。由于苏志那种坟丘墓，应如前面的推测，是氏族—部落中显贵家族所专有的，后来中原地区因受西戎影响而发生的封土堆，自然可能也是从王室、贵族那里先开始，而后才扩展为普遍习俗的。总之，中原地区东周以后坟丘墓的兴起，也许就是在甘青地区坟丘墓的影响下发生的。

二是围墓沟。当苏志两座坟丘墓周围的围墓沟刚刚发现时，我们在发掘工地上马上就联想起了山西侯马乔村战国晚期墓的类似的围墓沟。乔村的围墓沟，于五十年代末首先发现一例[15]。当时因缺乏比较材料，还无从考虑这种葬俗所包含的族属意义。到六十年代后期，在乔村又发现这原来是一整片墓地的通行葬俗[16]。由于这次所发现的墓葬的随葬品特点明显，才知道这是战国晚期秦人占领以后，在当地新出现的一种葬俗。东周其它列国的墓葬，从来没有使用过这种葬制，因此最初怀疑这是秦人所特有的。可是在此以前发掘的宝鸡、西安等地的秦人墓和在此以后发掘的凤翔、咸阳、朝邑等地的大批秦人墓，都没有见到这种制度；这就长期使人不敢轻易作出判断。最近，在凤翔三畤原上秦公陵墓的墓圹外，亦往往发现内外两重的围墓沟。这些秦公陵墓的准

[15] 山西省文物管理委员会、山西省考古研究所：《侯马东周殉人墓》，《文物》1960年8、9期合刊，15—18页。

[16] 山西省文物工作委员会写作小组：《侯马战国奴隶殉葬墓的发掘——奴隶制度的罪证》，《文物》1972年1期63—67页；中共侯马市委通讯组、山西省文管会侯马工作站：《殉葬》，山西人民出版社，1974年。

确年代虽然还未能肯定，围墓沟是秦人的一种传统葬俗则应当是很清楚的了。这种制度，现在既然又知道早在相当于商代的苏志的析支羌的墓地中已经发生，当能进一步说明秦人与以羌人为主体的西戎诸部落，早就有其密切关系。如果联系到《史记·秦本纪》所述秦之先祖中谲便“在西戎、保西垂”等情况来考虑，秦人和西戎诸部落关系之悠久，是完全可以肯定的了。从秦文化发展的整个历史过程来看，这样悠久的密切关系，至少在实质上可以认为是一种亲缘关系。

最近一些年来，在研究我国古代诸文化的关系时，不少同志似乎过分强调了中原文化对周围文化的影响。事实上，我国古代的中原文化固然曾不断给周围文化以很大影响，但影响总是相互的。只注意到中原文化对周围文化的影响，势必会忽视我国新石器文化的多元性，从而扭曲了许多古代文化发展的真正轨道。现在，当逐步把甘青地区青铜文化带给中原的影响分析出来以后，当能更准确地理解中原文化的进程；而且，对探索当时黄河流域同中亚乃至欧洲一带的文化联系来说，显然又扩大了视野，提供了新的可以互相联系的内容（如坟丘墓和洞室墓构造，屈肢葬和火葬等）。

五、关于甘青高原地区由锄耕农业向畜牧经济转化的问题

甘青地区的新石器至青铜时代诸文化，自大地湾至齐家，除与齐家同时的火烧沟遗存畜牧经济的成分可能较多外，其它的虽有许多狩猎、畜养动物、捕鱼等经济成分，但都是以锄耕农业为其经济主体的；而卡约、寺洼、辛店等遗存，虽然仍有相当的农业经济成分，则显然以畜牧经济为主体。这样，作出了如前所述的卡约、寺洼是源自齐家文化的判断之后，人们也许会问：一种农业部落，如无外来的强烈影响，会自然地转化为畜牧部落吗？

在我国史学界的传统观念中，古代人类经济进步的轨道是由采集、狩猎而游牧或畜牧，再发展为农业；只是在不平衡的前进过程中，有一些部落曾长期停留在游牧或畜牧阶段。直到最近出版的一些历史教科书中，还是保留着这种观念。

但半个世纪以来世界各地的考古发现，尤其是近三十年以来西亚的考古发现，却告诉我们在中石器时代至新石器时代之初，人类便开始由采集、狩猎转为原始农业和原始畜养相结合的经济。具体说，大致在距今11000—9000年左右，原始农业和原始畜养都已发生。不少地方是先有原始农业，再驯养动物；有的地方则

是先畜养绵羊、山羊和犬，然后再开始农业。

在我国最近出版的一些介绍这些情况的书籍或文章中，把这种人类早期的作物栽培叫做农耕或原始农业，而把这种早期的动物畜养叫做畜牧业或原始畜牧业[17]。就动物驯养来说，这种早期的原始畜养，和后来发生的大规模放牧，无论其畜养方式、畜群规模或其经济效果，都有很大不同。笼统地就整个新石器时代而言，原始畜养总是和锄耕农业结合在一起，而锄耕农业则占据着重要的位置。当然，愈是接近新石器时代之初，在取得肉类食物方面，狩猎愈占很大比重；而且，在海滨或湖边地区，捕捞业又会在很长时间内占很大比重。至于后来发生的大规模的放牧，无论是草原地带的游牧经济还是高原或多山地区的畜牧经济，农业或是只占极少比重（如游牧经济），或是虽有较多比重，而放牧所得财富，总是占据着经济利益中的主要位置（如畜牧经济）。动物畜养的这样两种范畴，当然应该明确区别开。考虑到过去既然已习惯于把大规模经营的放牧按其与农业结合程度及定居程度的不同，叫做游牧或畜牧，那种早期的动物驯养，似乎可以叫做畜养业或原始畜养，以示区别。

对于放牧成群牲畜的游牧经济或畜牧经济来说，它所需要的经营条件和管理能力，都不是新石器时代所能达到的。在民族学的研究中，早在一百多年以前，摩尔根（Lewis H. Morgan）就把这种经济的发生放在中级野蛮社会的阶段，而中级野蛮社会是大致属于青铜时代的[18]。到五十年代初，尽管西亚等地关于农业和驯养动物等重要材料刚刚有所发现，一些民族学家已经进一步批驳了由狩猎而畜牧而农业的“三阶段论”，指出真正的畜牧业的发生，是要晚到犁耕农业产生之后[19]。现在，如果从中国的考古发现看，新石器时代的经济，到了青铜时代，在适于农业发展的地区，便由锄耕农业发展为灌溉农业或田野农业；而在适于放牧的自然条件下，则往往在锄耕农业的基础上，导致了游牧经济或畜牧经济的发展。从人类经济发展的逻辑范畴来考虑，这个时候社会的第一次劳动大分工就发生了，

[17] 参《世界上古史纲》编写组：《世界上古史纲》上册（1979年）、下册（1981年）人民出版社；刘家和等：《世界上古史》，吉林人民出版社，1979年。

[18] 路易斯·亨利·摩尔根：《古代社会》（新译本）上册，10、11、23、24、31页，商务印书馆，1977年。

[19] 参柯斯文：《原始文化史纲》84—97页，人民出版社，1955年。

从而商品的交换和财富的积累得以更快的迅速发展起来，“也就产生了第一次社会大分裂，即分裂为两个阶级：主人和奴隶、剥削者和被剥削者。”[20]这样的游牧经济或畜牧经济，自然只能在农业发展到一定程度时才能产生。

从齐家文化发展为卡约–唐汪文化，正是说明在适于放牧的地区由锄耕农业为主的经济转化为畜牧经济的一个典型例证。

自陕甘交界处至青海的东部农业区，属于青藏高原的东部边缘。这一大片地段的高度在海拔1000 – 4000米左右，具有高原性质的自然条件。这种条件固然适合于畜牧业的发展，但在这个地区发现的自大地湾至齐家的遗存，尽管包含着程度不等的狩猎、渔捞和畜牧的经济成分，却始终以锄耕农业为经济的主体。这表明即使在这种自然条件下，在七、八千年至四千年以前的时候，人们还是在山坡高地至河谷地带发展原始农业和原始畜养相结合的经济（当然，在渭河流域的大地湾→庙底沟文化到达那里以前的那种以狩猎、采集为主的前陶新石器遗存，在甘青的高原地区中，结束的时间是会不一样的）；只是到青铜时代的卡约、寺洼阶段，才有能力去发展大规模的畜牧业。可以设想，当人们从事锄耕农业的时候，征服的土地还只是河谷地带的狭小地段，而当大规模的畜牧业发展起来后，更大片的山岭，又开始被人们征服了。对甘青的高原地区来说，这自然是巨大进步。我们不能拿后代的能力来衡量几千年以前的生产条件，抽象地以为在这种地区由农业转化为畜牧业是后退。要知道从大地湾到齐家的锄耕农业，本是属于原始农业范畴的一种比较低下的生产力，四千年以前甘青地区由锄耕农业为主的经济转变为农牧兼营而以畜牧为主的经济，正是到达青铜时代后合乎逻辑的一大进步。这个转变当然有其相当的准备阶段，而从齐家到卡约，便是完成这一转化的转折阶段。

原始农业部落和畜牧部落的生产、生活方式，当然有很大不同，从而导致了生活用器、生产用物方面的差异。畜牧部落的流动性，大大超过农业部落，为了适应这种流动性较大的生活方式，其陶器等生活器皿，一般讲不会像农业部落那么精致。石岭下、马家窑、半山、马厂时期流行的大型彩陶罐，显然只有在比较

[20] 恩格斯：《家庭、私有制和国家的起源》，《马克思恩格斯全集》第21卷185页，人民出版社，1965年。

稳定的定居环境中，才能发达起来；而卡约—唐汪阶段盛行的双耳器，正适合于放牧、骑马生活的需要。当畜牧业发展为主要经济成分时，由于流动生活的加强，氏族、部落的成员也就不会像从前那样热心于陶工，所以卡约—唐汪陶器，特别是卡约陶器远比齐家乃至更早的陶器为粗陋的情况，只能从由农业部落转化为畜牧部落的情况中得到解释，而不能简单地拿它来说明生产力水平的高低。

正是由于这时期发生了经济文化类型的变化，使得卡约文化虽然在人种、时间和文化系统方面都是紧接齐家文化，一脉相承，人们却长期看不出二者的继承关系。现在，当把这种文化发展序列上的连续性认识出来之后，便可以对古代人类经济前进的逻辑过程的了解，得到很重要的启示。

从这种启示出发，至少可以看到在我国九百六十万平方公里的土地上，凡是属于新石器时代的遗存，除了以狩猎为主的细石器遗存（当然包括目前认识还很不足的前陶新石器遗存）和以渔捞为主的贝丘等遗存外，几乎都是以锄耕农业为主的，从来不见游牧经济或畜牧业为主的遗存。这说明在新石器时代是没有真正的游牧部落或畜牧部落的。到了青铜时代，新的生产力使得各地的原始部落，依照自然条件的不同，分头向好几条经济发展的轨道前进。大体说，在黄河中、下游及长江中游等地，便由锄耕农业发展为灌溉农业（长江下游地区还说不清楚）；在甘青等高原地区，便由锄耕农业发展为大规模的畜牧业；在北方沙漠边缘等草原地区，便产生了游牧经济。这种情况，在世界的范围内，究竟具有多大的普遍性，自然还有待于更广阔的概括，但在我国的范围内，这的确具有一定的普遍性。

我国田野考古学的发展，已经有了近六十年的历史。现在，各地区从新石器时代开始的考古学文化的区系类型，已经愈来愈被大家认识到了[21]。但在这种研究中，目前似乎突出感到，在各地区的文化系列中，当新石器时代进入到青铜时代之时，却到处存在缺环。就田野工作的规模来考虑，这种缺环似乎不应有那么多，可是已有的认识却往往难以把许多新石器文化或青铜时代初期文化，同以后的青铜文化直接连接起来。这很可能是因为一到这个阶段，人们的经济活动就普遍发生一次飞跃，从而导致文化面貌的巨大变化，使得大家一时不容易看出本是

[21] 苏秉琦、殷玮璋：《关于考古学文化的区系类型问题》，《文物》1981 年 5 期，10—17 页。

紧紧相连的两个阶段的文化继承性。由此而言，从齐家到卡约这个转变所提供的启示，当能促进人们加速找清各地区现在所存在的缺环。

本文最初是在青海考古学会和青海历史学会1981年10月30日举办的报告会上的讲稿，曾以《关于“卡约文化”的新认识》为题在《青海考古学会会刊》3期上刊出，不久又经修改，以《关于“卡约文化”和“辛店文化”的新认识》为题，发表于《中亚学刊》创刊号上。现据1983年以后南玉泉等同志对辛店文化的新发现，修正错误，改成此文，收入《先秦两汉考古学论集》，文物出版社，1985年6月。

寻找“楚文化”渊源的新线索

一

1979年6月1日，我在这里曾提出江汉平原的原始文化连同春秋以前的青铜文化分为东、西两路演进的说法。1980年夏，为迎接中国考古学会第二次年会，我又进一步推测鄂西的沮漳河一带，大概是楚文化的真正摇篮。当时，这片地区相当于“龙山”阶段以后至西周晚期以前各阶段遗存的面貌，还几乎完全没有被认识。我只是因为见到江汉平原东部地区的商、周时期遗存，同黄河中游及渭水流域的商、周文化，在很多地方有极为相似的面貌，而鄂西地区相当于“龙山”阶段的一种罐形鼎，又同西周时代的楚式鬲，有一定的继承关系，便作出这种估计。今年9月19日至11月30日，我到沙市参加周梁玉桥遗址的第二次发掘，有机会看到近两年内在宜昌地区和荆州地区新发现的一批资料，感到鄂西地区过去所存在的 大段空白，已可大体填补起来。由于大家工作的努力，仅仅两年时间，就使我们对于楚文化的渊源及其形成过程的认识，从原有那种缺环甚大的状态下进展到有了一个粗线条轮廓的境地，速度是多么快啊！

在这二、三年中，由省博物馆和宜昌、荆州地区博物馆以及武汉大学、北京大学的同志们所作的这种探索，是从上、下两头同时进行的。一方面是先从当阳赵家湖楚墓中把属于西周晚期的遗存分析出来，然后以此为基础，找到了以当阳磨盘山遗址为代表的西周中期左右的楚文化遗存，并进而追索西周早期的楚文化遗存。另一方面则以当阳季家湖下层和江陵蔡台中层那种相当于“龙山”阶段的遗存为基点，寻找它们的去向。这后一方面工作的收获，主要是在宜都石板巷子等地点，找到了大体属“龙山”阶段末期的一种新遗存；并在江陵张家山南侧的荆南寺（中层），再次找到了相当于“二里岗上层”时期的本地文化的遗存。此外，通过沙市周梁玉桥遗址的两次发掘和松滋苦竹寺遗址残剩部份的发掘，认识了这一地区相当于商代殷墟期的文化特征。分上、下两头进行的这种探索，使江汉平原西部地区新石器文化和楚文化的交汇点日趋靠拢，这就使希望它们碰在一起的心情更加迫切。不久以前的11月29日，当我们在荆州博物馆看到了松滋苦竹寺遗址中部份灰坑的遗物时，终于辨认出了可以约略联通上下的大体属西周前期的楚文化遗存，这就是说，鄂西地区的新石器时代文化，终于大体上可与西周的楚文化连接起来了。

总括已有资料，可以初步看到，鄂西地区自“屈家岭”阶段以后至真正楚文化的形成，经历了三大阶段：第一阶段是当地“屈家岭”阶段的土著文化受到东方沿海至黄河中游一带的“龙山文化”影响之后，逐步形成了季家湖下层、蔡台中层和石板巷子等遗存，还有一些遗存又多少带一点二里头文化的因素，看来黄河中游所给予的影响是在不断继续着；第二阶段是以前一阶段的文化为基础，又受到了更南一些地区的以几何形印纹陶为特征的青铜文化和黄河中游商文化的影响，形成了荆南寺中层、周梁玉桥和苦竹寺下层等遗存；第三阶段则应是第二阶段的那种文化，又受到了周文化等影响，形成了真正的楚文化，依时代先后排列，大体有苦竹寺的部份灰坑，磨盘山、赵家湖西周晚期以降的各期楚墓，等等。

上述三大阶段的各遗存，从总体上说，都具有文化面貌上的承袭关系；但也好像存在着某些文化类型上的差别。由于目前有许多资料只是调查中得到的陶片，文化类型上的不同，还说不大清楚，所以现在的认识，自然还是极其粗犷的。

二

鄂西地区大致在前三千纪中叶左右进入到相当于“龙山”阶段的时期。季家湖下层的遗存，盛器以灰白陶为主，炊器多为羼杂稻壳或蚌末的红褐陶或灰褐陶。大量带圈足的盘、碗、豆、壶形器、盂形器以及罐形鼎、釜形鼎、缸等器皿的形态，都具有浓郁的本地区“屈家岭”阶段的遗风，属这阶段的早期。蔡台中层遗存的复原器很少，但可知灰白陶减少，黑皮陶和灰褐陶增多，要晚一阶段。如果把这两个遗存同黄河中游对比，可以认为季家湖下层大体相当于庙底沟二期的阶段，蔡台中层大体相当于“河南龙山”阶段。

新发现的宜都石板巷子遗存，从大量直领罐、鼎等器形和篮纹、方格纹、绳纹的作风看，宜于归属这一大阶段之末。其黑皮陶、灰褐陶或红褐陶占有更突出的位置；篮纹更为规整，并流行新出现的间断篮纹。还有宜昌县白庙子遗存，有一种侈口绳纹罐，常带花边口沿，颇具黄河中游“二里头文化”中同类器物的作风。“二里头”式陶器作风的出现，多少表示出这个地区此时又和黄河中游的文化发生着新的联系；当然，这种联系可能是直接的，也可能是通过中介而间接发生的。

发现石板巷子和白庙子这种新遗存的重要意义在于：第一，找到这个环节，才有可能把鄂西地区相当于“龙山”阶段的原始文化，同以后的、面貌全新的青铜文化直接联系起来；第二，告诉我们这个地区同黄河中游的文化联系，自季家湖下层阶段以后从未发生过中断，并好像是愈来愈强。

三

六十年代曾得到小规模发掘的江陵张家山遗址和最近新发现的荆南寺遗址，主要遗存属“二里岗上层”阶段。张家山的遗存，从前年发表的材料看，文化因素中的本地特征还不大清楚。从荆南寺遗址采集的陶片看，这个相当于“二里岗上层”阶段的遗存，明显地具有黄河中游二里岗上层时期的商文化和长江中游的“二里岗上层文化变体”、更南的几何形印纹陶文化以及本地区土著文化传统这四种因素。

这是从以下四个方面观察出来的：

1. 大量的大口尊、鬲、假腹豆、研磨盆等器的器形，同黄河中游二里岗上层的遗存有相当的一致性，当然是受到同时期商文化强烈影响后的产物。

2. 各种器物几乎都是红陶的，偶有灰白陶和白陶。这既和郑州一带的二里岗上层遗存迥然有别，也同盘龙城的二里岗上层遗存大不一样，应当是土著文化的自身特点。其中，假腹豆的豆部外壁呈类似双腹式的折棱。这不见于郑州及盘龙城，而多见于湖南石门皂市的同时期遗存，又说明鄂西地区的这阶段遗存，同湘北地区的同时期遗存有相当的联系，而和盘龙城、尤其是黄河中游的同时期遗存，有不少差异。

3.各种器皿中，以夹砂厚胎的缸为主，鬲很少。这也是一种明显的自身特点。关于这一点，应注意到在盘龙城的“二里岗上层”遗存中，厚胎的缸也占了一半左右。如果就大量使用陶缸而言，可以认为这是长江中游的一种“二里岗上层”文化变体（如盘龙城）的特征；当然，也可以认为是整个长江中游这阶段遗存的一种共同特征。

4.缸和大口尊上的纹饰，以方格纹为主，间或在堆纹中压印出叶脉纹。方格纹固然在“河南龙山文化”中就很盛行，但至“二里岗”时期的商文化中，则仅余遗风。可是在洞庭湖周围，从平江献冲那种相当于“龙山”阶段的遗存开始，直到相当于商代的许多遗存，方格纹却始终非常发达，可知这一时期以方格纹为主的特征，是受到更南地区影响后的产物。至于那种叶脉纹，更毋庸说是受到南方青铜文化影响后才会产生的。

由上述四种因素结合而成的江陵张家山、荆南寺那种独具特色的遗存，同更早的石板巷子遗存及更晚的周梁玉桥遗存，目前中间都存在着缺环，难以直接连接起来，但在时间上的大致顺序是可以判明的。

沙市周梁玉桥的遗存，从一种灰陶的殷式分裆鬲看，大体相当于商代殷墟期的早期阶段。这里出的许多卜甲，钻凿和烧灼形式亦同于安阳殷墟遗物。

这种遗存，具有三种文化因素：

1.本地区土著文化的传统因素。统计全部陶片，各种器皿中以鼎为主。鼎有两种：一种是圆锥形或扁方形足的罐形鼎；另一种是矮锥足仰折口的釜形鼎。无论是罐形鼎或釜形鼎，都可以在季家湖下层遗存中找到其前身形态，不过过去是以釜形鼎为主，现在则以罐形鼎为多。此外，红陶为主和继续存在一些灰白陶的陶系特征，以及众多的斜壁杯等也都是自季家湖下层至荆南寺中层所陆续形成和长期保留下来的一些本地区的传统因素。

2.更南的洞庭湖周围乃至长江下游的青铜文化因素。第一，在全部陶器中，数量次于鼎的炊器是圜底釜。这种釜，尽管在房县七里河相当于“龙山”阶段的遗存中也有发现，但在更南的以几何形印纹陶为特征的青铜文化中，却更为多见。第二，鼎、釜上的纹饰，以方格纹为主，篮纹次之，而方格纹正如前面所述，自

“龙山”阶段以后直至此时，在洞庭湖周围最为发达；此外，还有一种回纹，更是南方几何形印纹陶中的一种特征。第三，许多鼎足作外撇之状，足尖并往往向外上翘。鼎足外撇并上翘，在长江下游的湖熟、马桥等文化中是常见的（如苏州越城遗址所出），而鼎足外撇的风格，在更早的崧泽、良渚文化中已发其端倪，以后则直到东周时期两广等地的越式铜鼎上，仍继承着这种特点，可见这是南方越人或是吴越文化系统的一种特征。这种风格在此地既是突然出现和倏然消失，正说明是受外来影响的结果。

3.黄河中游商文化殷墟期的因素。首先从陶器看，一种灰陶的分裆锥足鬲，正具有殷墟早期殷式鬲的基本特征；另一些灰陶绳纹的凹圜底广肩瓮，无论其陶色、器形和纹饰，亦都具有殷文化的作风。其次，刚刚发掘出的一座“吕”字形半地穴式房子（乙区F1），其样式在黄河流域是从客省庄二期文化时已经出现（客省庄H98），后来在郑州紫荆山和临淄淄河东岸的商代遗址以及扶风齐家的西周遗址中，也都发现过，而在长江中游，在此以前的房子并非这种形式。可见它也足以表明是一种新渗入的殷文化因素。

松滋苦竹寺下层的遗存，同周梁玉桥的遗存是相当近似的，但其灰白陶的比例，远远大于周梁玉桥的遗存，而同长江以南的湖南石门皂市的遗存比较接近。由于这种遗存中新出现一些仿铜的带扉棱和云雷纹饰的陶尊等器，而在湖南澧县斑竹的同时期遗存中也存在仿铜的带扉棱陶器，估计长江两岸的湘北和松滋等地，当时是一个区域类型。

如果仔细分析这一大阶段的上述几种遗存，应当承认，目前对它们之间的关系并没有完全理解清楚。特别荆南寺那种相当于“二里岗上层”阶段的遗存，好像突然增加了大量外来因素，本地区的原有传统却似一下子被淹没掉。假如把这种遗存抛开，将周梁玉桥遗存直接同季家湖下层、蔡台中层、石板巷子等遗存联系起来作比较，其继承性似乎更加明显。是不是在相当于“二里岗”阶段时，鄂西地区另有一支土著文化传统更为浓厚的遗存尚未发现，或是荆南寺遗存中的本地传统因素因为遗址还没有正式发掘而尚未认识到，还是发生过两种不同类型的文化的进退？这只能留待进一步的工作来解决。

关于这些遗存，还应当指出，有些地方已经可以看到同周代的楚文化之间，的确存在着密切关系。例如，过去通过赵家湖楚墓的整理，知道从西周晚期到战国的楚式鬲，有大口、小口两型。楚式鬲是楚文化遗存中的一个醒目标志，大家都会特别注意它。楚式鬲是怎样发生的呢？在长江中游，直到相当于“龙山”阶段的时期，鬲还没有产生；而在黄河中游，则到“龙山”阶段就开始出现。根据六十年代和1974年的盘龙城发掘，到“二里岗上层”时期，长江中游的鬲，至少在江汉平原的东部地区已经出现；但它是一种殷式鬲，后来的楚式鬲，与它显然没有直接沿袭关系。正因如此，在1980年的夏天，我推测季家湖下层那种罐形鼎的后裔和“二里岗上层”时期的殷式鬲的结合，是楚式鬲发生的源头。后来，了解到最近几年盘龙城的发掘，在早于“二里岗上层”的时期（可能要早达“二里头”时期），那里已经出现了鬲。最早的一种鬲有一点类似“二里头”式，但其高领、平裆等特点，已略具后来的楚式鬲作风，楚式鬲的最初萌芽，可能发生在此时。但由于盘龙城所出的这两种鬲，都属大口鬲型式，楚式鬲有大口、小口两型的问题，在那里还没有解决。

现在，通过周梁玉桥的发掘，见到其中的罐形鼎，竟然也有大口、小口之分；特别是那种小口鼎，除鼎足和鬲足当然不同外，通体形态和后来的楚式小口鬲，真是相似乃尔！这就进一步揭示出，鄂西地区所见周代的大口、小口两型楚式鬲，的确可能是周梁玉桥遗存中所见大口、小口两型罐形鼎同殷式鬲的结合。当然，统观全局，盘龙城那种早于周梁玉桥遗存的类似“二里头”式的鬲，仍可认为是楚式鬲（特别是大口鬲）的最初源头。

这样的分析，我想，不仅有助于理解楚式鬲的起源问题，还可说明周梁玉桥那种遗存，至少是构成后来的楚文化的因素之一。

四

属于松滋苦竹寺中层的一些遗物，有大量红陶或红褐陶的绳纹鬲、豆、罐、盂、盆等器。仅从其中一个灰坑的出土物来看，同一种器物的形态都较磨盘山下层的遗物略早，且伴出个别当地商时期土著文化流行的方格纹陶片，其时代应稍早于西周中期或中晚期之际的磨盘山下层而大体可归属西周前期。

苦竹寺中层的文化总貌和器形特点，都清晰地表现出和磨盘山、赵家湖等西周中、晚期楚文化遗存的直接因袭关系，应即现知最早的楚文化遗存。该遗存以鬲为主要烹饪器。从一些鬲足残片看，裆部较平，属联裆鬲一类，而联裆鬲正是周式鬲的一个重要特征。以前的鄂西各阶段土著文化，虽然偶尔亦见鬲的出土，但主要是以鼎或釜为主要烹饪器。周梁玉桥等较早遗存中所见的殷式分裆鬲，和典型的楚式鬲也大不相同。所以，对苦竹寺中层遗物的观察告诉我们，正是从西周前期或更早一点的商周之际开始，鄂西地区古代文化进入了一个全新的历史阶段，它大概又接受了周文化的影响，如和以前的土著文化相比较，又已经发生了一个新的质的转变。

在世界文明之海中，"鬲"是中国古代文化独树一帜的鲜明标记。它始于黄河中游至渭河流域的"龙山"阶段，盛行于秦代以前。在这一大段历史时期中，随着中原文化不断向各地的辐射，它日渐扩大着自己的历史舞台。鄂西地区的鬲的普遍被采用，既标示了楚文化的最终形成，也反映出楚文化在其形成时日益受到中原文化的强烈影响。苦竹寺中层陶器群所包含的器类，与周人的陶器群有许多相似之处，也证实了这一点。史载西周初年建国伊始的楚，就与周王朝有着极为密切的关系。《史记·楚世家》云："鬻熊子事文王"，《史记·周本纪》云："（周文王时）太颠、闳夭、散宜生、鬻子（即鬻熊）、辛甲大夫之徒皆往归之"。从大体属商周之际的周原甲骨来看，当时楚子确曾亲自朝见周王，所以才有成王时的"举文武勤劳之后嗣而封熊绎于楚蛮，封以子男之田"（《史记·楚世家》）。史书记载与考古学文化面貌的分析是一致的。

五

自1979年以来，在整理当阳赵家湖楚墓的基础上，由于对当阳季家湖、江陵蔡台、宜昌白庙子、沙市周梁玉桥、松滋苦竹寺、当阳磨盘山等几处遗址进行了规模不等的发掘，取得了追索西周晚期以前楚文化面貌及其渊源的几个重要的中介环节；再加上宜昌、荆州两地区的调查材料，现在就有可能初步勾划出楚文化形成过程的大体脉络了。

从这个脉络看，楚文化的形成是经历了一个复杂的历史过程。已有的材料可大致表明楚文化是以鄂西地区"大溪"到"屈家岭"阶段的原始文化为基础，到相当于"龙山"阶段时，汲收了很多来自东方（如鬶、蛋壳陶、高柄杯等）和黄河中游（如方格纹、篮纹、直领罐等）的文化因素，形成了一个新风貌。再后，因青铜时代的来到为人们提供了更为广阔的活动舞台或流动能力，在商代时，这支文化便又与长江以南乃至长江下游的青铜文化发生联系，受到影响（如几何形印纹、叶脉纹、方格纹增多，外撇鼎足、圜底釜等），并同黄河中游的商文化，发生着愈来愈密切的交往（如新出现的大口尊、殷式鬲、卷沿的器口、“吕”字形房子等），使它成为一支以本地原有因素为基础而渗入大量南、北因素的由好几支文化孕育起来的新文化。最后，到商周之际，这支文化又接受了许多来自周文化的因素，便最终形成了真正的楚文化。从此，自西周以降直至战国末年，这支楚文化尽管又不断受到其它列国文化的影响，但始终是环环相因，呈现出更为直接和紧密的承袭关系。也正是从西周开始，这支文化的内涵极大地丰富起来了，大面积的城邑遗址和规格迥异的墓葬相继出现，培育出这支文化的土壤，显然已具有新的结构。可以说，真正的楚文化瓜熟蒂落之时，正与史书所载楚人建国的时间大体相当。统观鄂西地区从公元前四千年到前一千年的文化发展过程，最终形成于商周之际的这支文化，当然就是众人瞩目的真正的楚文化。

具体的实例，是理论概括的基础。三年多以前，当我们连什么是春秋时期楚文化的特征还认识不清的时候，只能抽象地知道西周时代的江汉平原有一个楚文化。这样的认识基础，曾使我以为周代的楚文化是单纯地由一支原始文化发展而来的；当然，也不是绝对排斥在其形成过程中曾受到过其它文化的影响。几年以来追索楚文化渊源的实际收获，终于使我们对考古学中什么是楚文化这个概念，从混沌不清的状态中解脱出来而趋近于历史现实。具体说，真正的楚文化是到商周之际才形成的；在此以前诸阶段的前身文化，哪怕是最重要的来源，只能说是其渊源之一。

应当认为，有了时间、空间和文化特征这样一些具体的内涵，楚文化便能成为一个科学概念。但任何一个考古学文化的发展系列，几乎都可以有广义和狭义两个范畴。广义的，就是指具有这个文化系列基本特征的一个空间范围较大的文化圈；狭义的，则是指这个文化圈中某一最纯粹的区域类型。我们对待考古学上楚文化及其渊源阶段诸文化的态度，也应当是这样。

请看，从“大溪”到“屈家岭”以及相当“龙山”阶段的诸遗存，不是都有一个西起三峡、东抵鄂东、北达湖北偏北部至河南伏牛山以南、南至洞庭和鄱阳两湖间的大文化圈和若干区域类型吗？

再看在“二里头”或“二里岗”阶段以后，沿着古云梦泽至洞庭湖一带的东、西两侧，原有文化的发展途径发生分化：东线一路是黄河中游的文化长驱直入，极大地改变了土著文化的原有面貌，在长江以北几乎成为文化因素的主体；西线一路的土著文化，大致在相当于“龙山”阶段以后的一千年左右的时间内，从东、南、西、北四方，不断汲取其它文化的养料，最终哺育出了典型的楚文化。两路的文化面貌，尽管这阶段有了较大的差异，不是也都存在着一定的承自当地传统因素和互为影响而形成的一致性吗？

拿楚文化真正形成以后的情况说，典型的楚文化，应当是从鄂西地区逐步向江汉平原东部及其以北、以南和更东部地区扩大的。但是在新石器时代就已形成的文化圈内，当楚国疆域扩大到那里以前，同典型楚文化类似的若干文化因素（如楚式鬲），不是也早已发生了吗？

楚文化的形成与发展，犹如滔滔长江。唐古拉山的许多源头汇聚起来，孕育出了长江前身的通天河、金沙江，流到四川宜宾后，水量顿丰，气势益壮，从此才成为名实相符的长江。楚文化的源头，如果暂且从鄂西地区“大溪”阶段的文化算起，不是在三、四千年的时间内，不断汇集着若干其它文化的水流，最终才形成和发展为雄踞江、淮的楚文化吗？

把楚文化分为渊源阶段和本身阶段，并且又对这两大阶段都从广义和狭义两个范畴来观察，可能更便于认识这个文化系统及其区域类型的发展、变迁过程。

人们的认识，总是从具体到一般，又用提高了的一般认识使具体认识深入一步，循环往复，以至无穷。已经进行了多年的对夏、商、周文化所作探索中形成的一些概念，加快了探索楚文化的进程；而在探索楚文化过程中逐步形成的一些新概念，对于研究其它文化的形成过程来说，恐怕也是不无启发的。

本文是 1982 年 12 月 4 日在湖北省博物馆所作报告的记录稿。

这个稿在整理过程中，曾得到王光镐同志的协助和补充加工，原载《江汉考古》1982 年 2 期。1983 年 6 月 1 日又略作修改。后收入《先秦两汉考古学论集》，文物出版社，1985 年 6 月。

夏家店下层与上层文化为两支东夷遗存

到这里参加燕山南北夏家店文化讨论会的，别人都不是首次来朝阳，我则是第一次，自然对材料最生疏。但也有一个因缘，就是在1961年，即赤峰药王庙简报发表的前夕，到昌平雪山发掘了一下，遇上了夏家店下层文化。因为这个因缘，以后虽然一直没有直接接触这方面的工作，却总是有些兴趣，所以也愿意讲一点看法。

刚才好几位先生都谈到要探索夏家店下层文化的渊源及其区、系划分这样一个比较关键的问题，讲到燕山南北有差别的问题。我可以补充一小点，就是昌平雪山的夏家店下层遗存，跟这一带的水泉遗存也好，大甸子遗存也好，是有一定差别的；把燕山南北划为不同的区域类型，确实是可以的。但是就我这个并未专门从事夏家店下层文化分析的人来说，却想到一个另外的方面，即应当怎样来看待这种文化的共同性问题。

考察一个考古学文化，自然应包括共同性和区域性这两个既有联系又有差别的问题。把燕山南北的夏家店下层文化分为两个区域类型，是因为两个类型既共有区别于其他考古学文化的基本特征，又各有自身特点。现在，大家一般是把辽西至京津一带作为夏家店下层文化的分布区。但如果远远扩大观察的空间范围，比较同时期许多考古学文化的共同性与差异性，就会感到具有这种文化的主要特征的遗存，不见得仅仅局限于燕山南北，而是面积还要大得多，区域类型要更多些。

夏家店下层文化（图一）的一系列特征中，最富代表性的器物，无疑是一种筒状鬲。这种鬲，在刚才看到的水泉遗址第五层中有，大甸子有，雪山有，其他的许多夏家店下层的遗址中也有。它们是用泥条盘筑法做成一个圆筒作器腹，又单独作出三足和口沿，再拼接成一体；三个袋足则还要加上足根。仅从这种制法过程来说，西北青铜文化中的一种带卷沿的袋足鬲和许多地方的殷式鬲也是这样的，但只要所属文化系统不同，每个部位的大小比例、形态及纹饰，则各有特点。夏家店下层文化的筒状鬲的特征是：腹部特别长，三足的下半部突然往外鼓出一点点，表面又往往是磨光的素面陶，有的还带彩绘。

具有这种特征的陶鬲，其实从辽西地区起，向东南可一直分布到山东半岛乃至苏北的海滨。在山东一带，近年确定了一种晚于龙山文化的遗存，即所谓岳石

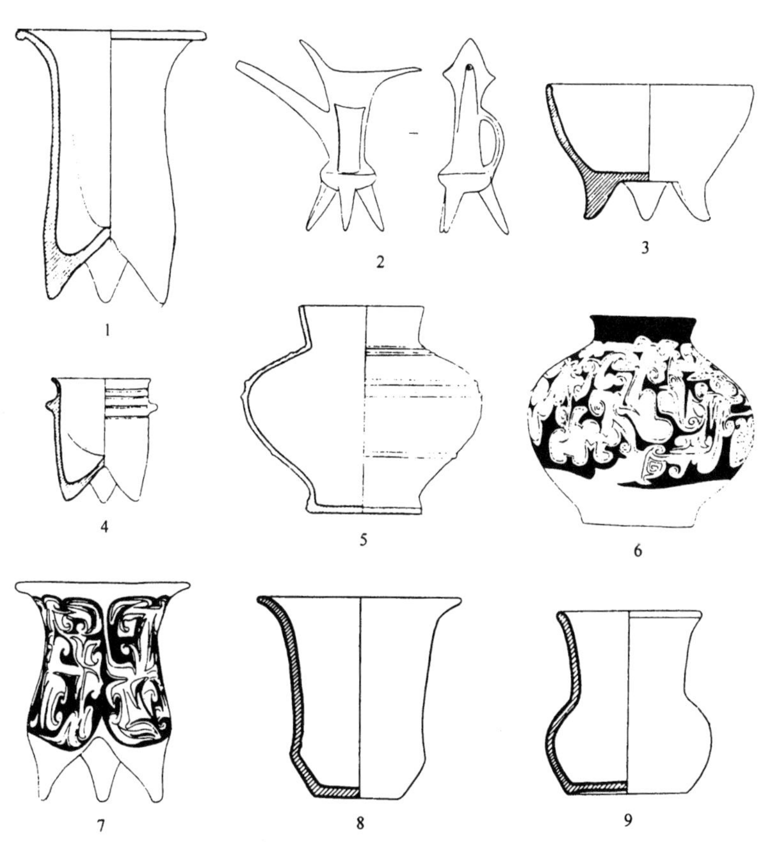

图一　夏家店下层文化陶器（敖汉旗大甸子墓葬出土）

1. 鬲（M612:14）　2. 爵（M612:19）　3. 鼎（M745:1）
4. 鬲（M612:16）　5. 假圈足罐（M612:15）　6. 平底罐（M726:6）
7. 鬲（M726:5）　8. 尊（M472:4）　9. 壶（M868:3）

文化。目前所见最早的岳石遗存似乎无鬲，但稍晚一阶段就有鬲，形态同这里的夏家店下层鬲有一望即知的相似性。这种遗存，东至长山列岛，西至鲁西南，严文明等推测为东夷遗存，应当是没有问题的。对岳石遗存有了这种认识之后，必然会引起另一种新考虑：燕山南北的表现为夏家店下层文化的部落，同山东半岛的东夷，又存在一种什么关系呢？

谈到这种考虑时，还应当介绍一个情况。1981年夏，为了孔望山摩崖造像问题，我曾到连云港去了几天，在那里的文化馆中，看到两件红褐陶鬲。一件的腹部比较瘦长，颇有夏家店下层的风味；另一件似可晚到安阳殷墟阶段，但还有一点夏家店下层鬲的余味。长期以来，我对夏家店下层文化的族属问题是迷惑不解的，但一当看到连云港的那两件鬲以后，立即脱口而说："夏家店下层是东夷的"。道理很简单，因为在历史上的夏、商至周初，从连云港一带经山东半岛到燕山南北，曾是所谓"九夷"的活动区。把这一片区域的部落集团叫做九夷，是因其种姓繁多；东夷是一种统称法。

当时，我对岳石文化的具体面貌还不了解，只是从地理位置上估计在燕山南北和东海之滨中间的山东半岛，也是会有这种筒状鬲的。在离开连云港返回北京的归途中，于淄博市博物馆又见到一件在临淄县城以东桐林遗址中采集的素面橙红陶筒状鬲，便确信在地域分布上，燕山南北的筒状鬲同东海之滨的筒状鬲是连成一片的。今年之初，我看到了长岛珍珠门发掘出的岳石文化的筒状鬲的实测图，它同夏家店下层鬲的相似形态，可以比较明显地表现出这两个文化的亲缘关系。鲁西南泗水尹家城岳石遗存中的那种朱绘黑陶，无论是陶质或纹样，都同大甸子等夏家店下层的东西更为相似。我看，二者应当是属于一个文化区的。

在我国各考古学文化的命名过程中，有时在命名了一个文化之后，再命名其不同的区域类型，如仰韶文化及其半坡、庙底沟和后岗等类型；有时会把有一定相似性的不同文化作为同一个文化来命名，如黄河下游、黄河中游、长江中游的相当于龙山阶段的诸文化，曾被统称为龙山文化；有时所命名的不同文化，可能类似于同一文化的不同区域类型，如寺洼文化与卡约文化；有时还会把应为同一文化不同期别的遗存叫做不同的文化，如半山文化与马厂文化等等。对任何一个考古学文化的认识，必然要经历一个逐步正确的过程，而牵涉到考古学文化命名原则的一系列概念，又只有展开充分讨论才能比较接近。因此，现在流行的许许多多考古学遗存的称呼法，概念的涵义自然还很不一致。这里所讲夏家店下层文化同岳石文化应属同一文化区的概念，大体类似于仰韶文化的后岗——大司空和半坡、庙底沟等类型是属于一个文化区那种含义。

把夏家店下层文化和岳石文化归之于同一文化区，当然不是否认二者的差别。这种差别的程度，看来要大于夏家店下层的燕山南北这两个类型之间的差异。统观这个文化区内的各遗存，也许需要有三个层次的名称，才能表达出这样的关系。究竟怎样处理才妥当。当然还需要进一步的研究和讨论；但从已知材料看，这时期从辽西至山东、苏北的滨海地带的文化遗存具有相当共同性这一点，恐怕已到了必须重视的程度了。

关于夏家店下层文化的渊源这个大家长期关心而迄今尚未很好解决的问题，我说一点一般性的看法。这个文化从最初发现到现在，已经二十多年了。这一带野外工作的总量相当不少，为什么解决这个问题的线索还是不够明朗呢？

我想，这可能同两方面的原因有关。

一是到了这个青铜时代的早期阶段，在许多地区，因新工具的使用，生产力有了大进步，使得人们的生活方式发生变化，导致了一系列生活用具的剧变。于是，新时代的考古学遗存的面貌，同过去有很大差别，一下子看不出前、后两大阶段文化遗存的联系。还可能因这个变化发生得比较突然，变化的过渡时期比较短暂，所以，当资料的积累不到相当程度时，也不容易看清楚转变过程。这个转变的关节，根据一些已知情况看，不是在青铜时代刚刚来到的最初时节，而是在过了一段时间之后。正是由于这个原因，一些青铜时代形成的新文化，往往在很长时期内看不清它们同新石器时代文化的联系。

例如长江下游由良渚文化转变为湖熟文化、马桥遗存的中间环节，不是至今还很不清楚吗？

又如黄河上游的齐家文化和寺洼、卡约文化，不是长期以来因差别性太大，大家总是不相信它们有继承关系，只是到不久以前，因在青海东部的大通县、循化县等地积累了一千好几百座墓葬材料后，才开始看出二者的前、后有所联系的情况吗？

二是到了这个青铜时代，由于人们的活动能力加强，许多部落集团发生了征服、扩张、迁移等等可以加强各文化彼此影响的活动。在这种形势下形成的新文化，就往往是综合了好几支文化的因素而形成，渊源非一。如果单一地从某一个文化来寻找渊源，就可能长期感到头绪不清，门路不明。

其实，如果仅就筒状鬲而言，其来源已有线索可寻了。这就是山东茌平尚庄所出龙山文化鬲、腹部亦具有这种筒状特征，大概就是岳石文化和夏家店下层文化陶鬲前身的来源之一。此外，就昨天看到的水泉遗址的夏家店下层陶器而言，除了一般常见的筒状鬲、折腹盆那些典型的夏家店下层器物外，还见到一些带堆纹的尊、瓮等大型陶器，以及一种三足陶鼎，都具有很浓的二里头文化风格。这就是说，这里的夏家店下层文化中，又含有一定的二里头文化因素；当然，并不是主体。这些现象，至少表明夏家店下层文化的来源非一，应当从复杂的方面来考虑这种文化的形成。

关于夏家店下层文化同上层文化（图二）的关系问题，也是至今没有很好解决的。从陶器的面貌看，上层文化不像是从下层文化发展而来的；从分布的范围看，二者又大体重合。这两个矛盾的现象，亦曾使人们长期困惑。

最近，郭大顺同志找到了一个魏营子类型，认为从陶系看，是属于夏家店上层的，从器形看，应当是上层中最早阶段的。郭大顺同志还以为它表现了一点把下层同上层连接起来的风格。

昨天，我看到了魏营子的东西。拿它们跟夏家店下层的东西，或者是燕山南北其他早于夏家店上层的东西来比较，感到增加了几点新因素：一是鬲上出现了堆纹口沿；二是出现了带双耳的鬲；三是这种鬲虽然也是袋足的，但有一部分出现了联裆的味道。这些从前在本地区所见不到的因素，是在本地文化发展过程中新产生的，还是受其他文化影响后才发生的呢？

据我所知，堆纹口沿、双耳发达和联裆味道在东部地区或黄河中游相当于魏营子遗存以前的阶段是见不到的，而在陕西至甘青地区的寺洼、安国、卡约和周、秦等遗存中是非常发达的，其原生地当在陕西至青海东部。

但燕山南北同这个原生地距离太远了，包括魏营子遗存在内的夏家店上层文化，似乎难以同那个地区接触上。怎样来理解这些新因素的出现呢？

据我所知，近年发现已表明，这种西北青铜文化的某些支系，后来已经跑到了关中的扶风县一带；商周之际，甚至到达晋南之地。向北到何处，还不清楚，如果曾至雁北或内蒙古南部，同辽西发生联系，就是十分可能的。夏家店上层的

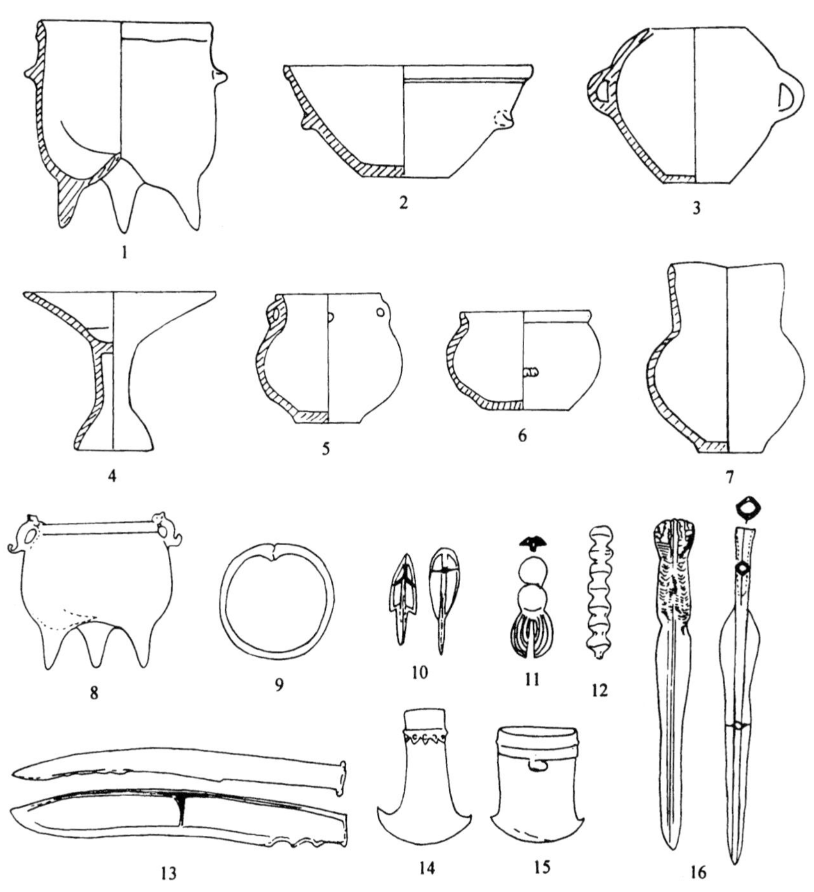

图二　夏家店上层文化陶器、铜器、金器

1. 直腹陶鬲（林西大井铜矿址）　2. 叠唇陶盆（宁城南山根）　3. 双耳陶罐（赤峰红山后）
4. 浅盘陶豆（赤峰蜘蛛山）　5. 双耳陶罐（翁牛特大泡子）　6. 陶钵（赤峰红山后）
7. 陶壶（敖汉周家地）　8. 铜鬲（宁城南山根）　9. 金钏（宁城南山根）
10. 铜镞（赤峰夏家店）　11. 铜双尾饰（夏家店）　12. 铜联珠饰（宁城南山根）
13. 铜刀（宁城南山根）　14. 铜斧（宁城南山根）　15. 铜斧（宁城南山根）
16. 铜剑（宁城南山根）

整体面貌同西北青铜文化显然不是一个系统的，把这些新因素看作是接受外地文化影响的产物，可能还是比较妥当的。

这种上层文化，林沄同志以为是东夷之物，而流行的意见则认为是东胡遗存。我对东胡遗存的看法始终是怀疑的。要推定一种文化的族属，除了要求其年代、分布区和史籍记载中的某些族的活动时代和活动地区重合外，最好要找到其文化面貌同已能判明为某族的一些遗存有或先或后的继承关系。推断夏家店上层文化的族属，自然也应当考虑到这两个方面。

东胡是一种游牧民族。中国古代除了曾把新疆的一些民族叫做西域胡或大胡以外，只把北方的匈奴等游牧民族叫胡。陈寅恪还从语音学方面指出“胡本匈奴（Huna）专名，去Na著Hu，故音译曰胡”（蒋天枢《陈寅恪先生编年事辑》194页，上海古籍出版社，1981）。所谓东胡，原意即为匈奴以东的另一支胡人，当时把二者都叫作胡，就是因为经济状况、生活方式和文化面貌是比较接近的。

在汉代至北魏的东胡系统的遗存上，的确可以看到同匈奴的文化面貌的联系点。东胡之族，汉代主要为乌桓、鲜卑两大支。北魏的鲜卑遗物，当然已经受到很强的汉化影响，但1955年内蒙古呼和浩特北魏墓中出土的鲜卑式双耳铜鍑，正是匈奴遗存中特征性很强的一种器物。1959年在内蒙古扎赉诺尔汉代乌桓墓中出土的铜饰牌，也具有强烈的匈奴饰牌风格。汉代至北魏的乌桓、鲜卑遗物既然同匈奴遗物有这样一些重要的相似处，早期的东胡遗存怎么会是同匈奴遗存差别很大的夏家店上层文化呢？

从经济面貌看，夏家店上层文化是一种兼有农业和畜牧业的经济，这同史籍所记东夷诸族的经济面貌是符合的。

从文化面貌看，夏家店上层文化中的青铜曲刃剑和多纽镜，在辽东至朝鲜半岛也很发达，而这一大片地区只能是东夷的活动区而不会是东胡的居住地。60年代时平壤的一座相当于西汉时期的墓中，有这种曲刃剑、多纽镜与一枚“夫租薉君”银印共出，直接说明秽貊之族是大量使用这种东西的，而秽貊正是东夷的一支。

从分布范围看，辽东至朝鲜半岛是东夷的活动区已不用详论，燕山南北地区亦曾是东夷的活动区则需要加一些说明。《诗·大雅·韩奕》说：“以先祖受命，因时百蛮，王锡韩侯。其追其貊，奄受北国，因以其伯。”据郑笺及孔疏，周初韩侯所封之地为韩城，即今山西河津县一带，其北面有追、貊等族。貊即秽貊，故孔疏引《郑志·答赵商》说：“九貊即九夷也。”郑笺又说：“其后，追也、貊也，为玁狁所逼，稍稍东迁。”孔疏解释为：“貊者，东夷之种，而分居于北，故于此时为韩侯所统。”《鲁颂》云：“‘淮夷蛮貊，莫不率从’，是于鲁僖之时，貊近鲁也。至于汉氏之初，其种皆在东北，于并州之北，无复貊种，故辨之。猃狁之最强，故知为猃夷所逼。”这些话，虽然没有明确指出两周时貊地的西界与南界究竟在哪里，但亦约略可知他们认为汉代并州以北西周时曾是秽貊的分布地。今天的朝阳地区正在汉代并州的北界附近，这一带发现的许多出曲刃剑与多纽镜的夏家店上层墓葬，时代往往早到春秋，甚至是西周晚期，像魏营子那种遗存则很可能属于周初左右，而战国中晚期的遗存则很难遇到。在辽东一带，则大量出曲刃剑与多纽镜的墓是属于战国的；在朝鲜半岛，又一直可延续到汉代。这种情况，岂不和《韩奕》及郑笺、孔疏所说两周时期秽貊的分布地及其东迁情况有所契合吗？

这样讲，当然不会否认辽东至朝鲜半岛的秽貊遗存有早期的东西，但对于辽西地区在西周至春秋或战国早期曾有东夷活动这一点来说，至少是有了一个证据。

把夏家店下层文化推测为东夷遗存，并把夏家店上层文化亦推测为东夷遗存，对于这两个文化分布区的重合现象以及它们同东部沿海地区其他同时期文化的相似性，就可能比较容易理解了。但是，从考古学遗存的形态看，即使认为魏营子遗存的时代正处于夏家店下层与上层之间，也很难认为上层文化是从下层文化发展而来的。总之，二者文化面貌的差异实在太大，而且文化面貌逐渐变异的过程，也一直寻找不出来。这使得许许多多的研究者苦恼了二三十年。

最近，吉林大学考古系同研究遗传基因的学者结合，对上、下层人骨遗骸的DNA开始作了测定和比较，发现二者的人种并不一致。这自然开始解开了上、下层文化难以直接联系之谜，但二者的距离究竟有多大，差别的意义究竟是什么，也许还要作进一步的研究。如果从上述同周围各种文化比较出来的现象看，也许二者分属东夷中的两个支系，即下层被上层代替，意味着一个支系征服了另一个支系。当然，在目前，这只能是一种推测，真实情况如何，还有待于今后的继续研究。

1983年7月在朝阳“燕山南北长城地带考古专题座谈会”上的发言，后载于辽宁省博物馆、辽宁省文物考古研究所编：《燕山南北长城地带考古专题座谈会文集》，辽宁朝阳，1983年7月，但在2000年7月31日，又作了不少修改和最末一段文字的补充，收入《古史的考古学探索》，文物出版社，2002年7月。

楚文化的发现与研究

——《楚文化考古大事记》序

考古学中的楚文化，指一种主要由楚人创造的、有自身特征的文化遗存。楚文化有很长的渊源阶段，经历了青铜时代，结束于铁器时代早期。从地下发现来研究楚文化遗存，已有近六十年的历史。回顾这个过程，可大致分为三个阶段。

第一阶段主要是古器物学的研究。本世纪二十年代中期，安徽寿县出了一些战国晚期的楚国铜器和秦汉之际至王莽前后的铜镜。当时在蚌埠的瑞典工程师加尔白克（O.Karlback）得到这批东西，分售欧美各地，楚器开始被人所知。1926年，加氏发表《一些早期中国青铜镜的笔记》[1]，论述其中的十五面铜镜。其中早于通常所见西汉中期以后汉式镜的一些型式，曾被欧洲学者称为秦式镜，后因洛阳金村也出土过，日本的梅原末治即辨其非，加氏见其出土地战国时为楚境，遂定为楚镜。1934年，刘节据某些镜上所带小篆形体的铭文，定为战国中期至西汉初年物[2]。欧洲的一些学者因这些型式的铜镜，当时都出于淮河流域，所以直到四十年代还习惯使用淮式镜的名称[3]。其实，淮河流域并非其区域范围，1946年，陈梦家便指出这种名称是不妥当的[4]。

对楚国铜器真正作研究，是在安徽寿县朱家集李三孤堆这座楚幽王墓被盗掘

[1] Oscan Karlback, Notes on some Early Chinese Bronze Mirrors, China Journal of Science and Arts, 1926, Shanghai.

[2] 刘节：《寿县所出楚器考释》，《古史考存》，人民出版社，1958年，133、134页。

[3] Barnhard Karlgren, Huai and Han, The Museum of Far Eastern Antiquities Bulletin, NO.13, Stokholm, 1941.

[4] 陈梦家：《海外中国铜器图录》第一集上册，北平图书馆印本，1946年。

之后。自1923年起，河南新郑、山西浑源、洛阳金村陆续出了几批铜器，开始了东周铜器的形态学研究。1933年春、1935年、1938年冬，李三孤堆这座大墓经三次盗掘[5]，出土铜器近千件，战国的礼器种类基本俱全，大家又看到了战国晚期楚器的特征。这样，即使在那研究东周铜器水平还很有限的时候，刘节已指出楚器和郑器有许多相似的作风[6]。

从二十年代末至四十年代，湖南长沙的古墓受到大量盗掘，出土许多战国至西汉早期的漆器、木俑以及铜镜等物，于是，又开始了楚国漆、木器的研究[7]。因被盗掘出的物品缺乏共存关系，年代的判断往往有误，许多本属秦至西汉早期的东西，当时几乎都被认为是战国楚物。

此外，自朱家集楚器出土后，考释其铭文的工作，蔚然成风；郭沫若在1935年印出的《两周金文辞大系》中，亦汇集楚器铭文。古文字学领域中增加了研究战国时楚国文字的内容。

对楚文化遗存作科学发掘，开始于1951年冬中国科学院考古研究所在长沙的工作[8]。从此，楚文化的考古学研究，进入到第二阶段。

这个阶段，大体经历了五十年代至七十年代的整整三十年，主要成果是基本建立了东周楚墓的年代学和大体认识了东周楚文化的考古学特征。

在五十年代，发掘楚文化遗存的中心是湖南：仅长沙一地，就清理了一千多座楚墓（包括部份汉初之墓）[9]；并在衡阳、常德、株洲等地也发掘了一些楚墓。在河南，则于信阳长台关发掘了两座大型楚墓。到六十年代，湖北省开展了探索楚文化的工作，主要是勘察了江陵郢都纪南城和发掘了城外的几批小型楚墓以及望山、沙塚的三座中型楚墓。七十年代时，湖北成为探索楚文化的中心。野外工作的主要收获是发掘了纪南城的两座城门和城内的一个宫殿基址，城外雨台山的

[5] 郭德维：《关于寿县楚王墓椁室形制复原问题》，《江汉考古》1982年1期37页。

[6] 同[2]125—140页。

[7] 商承祚：《长沙古物闻见记》，金陵大学中国文化研究所刊本，1939年；商承祚：《长沙出土楚漆器图录》，中国古典艺术出版社，1957年修订本。

[8] 中国科学院考古研究所：《长沙发掘报告》，科学出版社，1957年。

[9] 湖南省博物馆：《长沙楚墓》，《考古学报》1959年1期41页。凡湖南、湖北、河南、安徽四省在建国以后所作有关楚文化的野外工作报告之目，在这本《大事记》中皆已录出，故下文不再对这种报告作注说明。

五百多座小型楚墓和天星观的一座大型楚墓、藤店的一座中型楚墓，还有当阳赵家湖的近三百座中小型楚墓。河南省则在浙川下寺发掘到九座大型的和十六座小型的春秋楚墓。湖南省是在长沙的浏城桥发掘到一座中型楚墓和新车站等地的数百座小型楚墓，并在湘乡牛形山和临澧九里公社找到了有许多大型楚墓的墓地和发掘了其中的三座大墓。

通过这样一些发现，东周楚墓的年代表，就逐步建立起来了。大致过程为：

五十年代时，主要根据长沙的小型楚墓，把随葬鬲、盂、罐这种日用陶器组合的，定为春秋墓；出鼎、敦、壶这种仿铜陶礼器组合的，定为战国墓；出鼎、盛（即盒）、壶、钫组合的，定为战国晚期至西汉早期墓。信阳长台关的大型楚墓，因编钟铭文中有“屈奕晋人”之语，郭沫若以为是三家分晋以前器物，而且陶器中又有鬲与簠这种在当时认定的长沙战国楚墓中少见的东西，就定为春秋晚期或战国早期墓。

六十年代时，在江陵张家山、太晖观等地的战国小型楚墓中，新见到一种陶鼎、簠、壶的组合，分析出了一些战国陶鼎、陶壶的形态早晚之别，并据而以为陶鼎、簠、壶的组合要稍稍早于陶鼎、敦、壶的组合，后者大致属战国中期，故看出长沙的陶礼器墓主要是战国中期以后的。对江陵望山墓的时代认识，因出了春秋晚期的越王勾践剑，陶器的种类和形态又略同长台关墓的出土物，也以为属春秋末至战国初。

到七十年代后期，由于发掘到当阳赵家湖和江陵雨台山墓，基本搞清了两周之际至公元前278年秦国白起拔郢时中小型楚墓的年代序列。有了这两大批资料，就知道在小型墓中，用仿铜陶礼器来代替日用陶器，同黄河中游一样，是春秋中期以后逐步进行的，而日用陶器的组合，则发现可延续到战国早期，甚至中期，二者交错存在了相当一段时间；陶礼器中的簠与敦，则是同时并存，无早晚之别。

这阶段之末，还因在浙川下寺发掘到卒于楚康王十二年（公元前548年）的令尹薳子冯及其夫人之墓，在随县擂鼓墩发掘到随葬铜器风格基本同于楚器的、葬于楚惠王五十六年（公元前433年）后不久的曾侯乙墓，使赵家湖、雨台山楚墓期别的绝对年代，能推断得比较准确；并可把最初将年代订得不够妥当的浏城桥墓改订为战国早期偏晚，藤店墓为战国中期偏早，长台关和望山墓为战国中期偏晚。

随着东周楚墓年代学的建立，已进一步认识到这些中小型楚墓虽和其它主要列国的墓葬有基本相似处，但日用陶器组合中屡见的长颈罐（或称长颈壶）和陶礼器组合中的敦、簠等，都是其它列国同时期墓葬中缺乏的；即使是相同的器物，形态和纹饰也自具特点。并且，通过纪南城等发掘，还看到春秋晚期以后的大型建筑物，具有台基较矮、以瓦片作散水、白膏泥作墙基、充填红烧土块或一般泥土的夯土柱础（不用石柱础）、瓦当几乎皆素面、泄水陶管尺寸较小等不同于其它列国同类遗存的特点。总之，楚文化遗存的特征，已日益明朗起来。

在这些认识的基础上，八十年代以后对楚文化的继续探索，自然又会进入到一个新阶段，即第三阶段。

在这第三阶段刚刚开始的时候，哪些工作是亟待进行而且是可能进行的呢？

我想，一是尽快搞清楚西周时期的楚文化面貌，并进而解决楚文化的渊源问题。

《左传·昭公二十三年》说西周晚期至春秋初的楚国疆域只是“土不过同”，杜预谓“方百里为一同”。周初建国之时，疆域一定更小，所以，要寻找西周时期，尤其是周初的楚文化遗存，必须判断好当时的楚境究竟在哪一带。

西周的楚都是丹阳。丹阳的地望，现在主要有枝江、秭归、先秭归后枝江以及丹淅之会诸说；大别之，是河南南部和江汉平原西侧二说。我于1979年发现江汉平原以古云梦泽为界，东西两侧的原始文化有区别，而在商代和西周时，东侧遗存所具中原风格的色彩，远比西侧浓厚。考虑到东周时期的楚文化既有强烈的自身特点，西周时期的楚文化面貌亦应与典型的周文化有较大差别，当然更不像是从比较纯粹的商文化发展而来的，因此就主张丹阳在西侧说。

其实，西周金文已说明当时的河南南部并非楚地。如宋代孝感所出安州六器中的《中方鼎》（二件）曰：“隹王令南宫伐反虎方之年，王令中先眚（省）南或（国）贯行，执王应（位）。”（《款识》十）《中甗》亦曰：“王令中先眚（省）南或（国）贯行，埶（艺）位。在甶（曾）”。（《款识》十六）“南国”又见于《禹鼎》及《周王㝬钟》。《禹鼎》曰：“亦唯噩侯駿（驭）方，率南淮尸（夷）、东尸（夷）广伐南或（国）、东或（国），至于历寒”。（《录遗》九九）《周王㝬钟》曰：“王肇遹眚（省）文、武，堇（勤）疆土，南或（国）𠬝孳敢臽处我土。王敦伐其至，戭伐氒（厥）都。𠬝孳乃遣闲来逆邵王，南尸（夷）、东尸（夷）具见，廿又六邦。”（《三代》一・五六）两器所记皆厉王南征事。《国语・周语上》曾云“宣王既丧南国之师”，看来大概经过厉王征伐后，“南国之师”完全可由周王支配，《周语》才能说那样的话。噩侯姞姓，徐中舒已经指出当在南阳之南[10]。至于“南国”，《周语上》韦昭注说是在“江汉之间也”；再说具体一点，也包括了南阳一带。噩侯与“南国”是相近的。

经过厉王的征服以后，宣王曾封申伯于“南国”之地。如《诗・大雅・崧高》曰：“亹亹申伯，王缵之事。于邑于谢，南国是式。”毛传：“谢，周之南国也。”《郑语》韦昭注曾谓谢邑“今在南阳”。前引《中甗》既说周王令中巡守“南国”，又言“在曾”，“曾”不在“南国”之中，也一定在旁边。这个“曾”，不是《郑语》所讲与申为邻的“缯”，就是《左传》中的“随”，即近年京山、随县一带所出铜器铭文中的“曾”。总之，是在河南的南阳地区至汉水东岸一带。这个地区既然是“南国”之地，而所谓“南国”又未见包括了楚在内的记述，楚境怎么会在丹淅之会呢？

经过这几年的工作，楚文化的摇篮在鄂西地区是比从前清楚了。1980年冬举行的中国考古学会第二次年会，印发了许多当时尚未正式发表的楚墓资料，使得整理赵家湖楚墓的同志们，能在会后不久就进一步调整了这批墓葬的期别，新分析出了几座西周晚期的楚墓。当把对楚墓的认识上推到西周晚期时，很快就发现当阳境内赵家湖附近今沮漳河东岸磨盘山这个规模很大的遗址，可早到西周中期，而且文化性质又正是西周晚期楚文化的直接前身。接着，在当阳、枝江的沮漳河两岸，又找到好几处西周中、晚期的楚文化遗址；并且，在松滋苦竹寺还发掘到文化性质相同而时代比磨盘山下层还要早的一种遗存（苦竹寺中层）。有了这些新发现，现在对西周楚文化的认识，尽管还局限于少量的调查、试掘材料，真正的空白只有周初的一小段，顶多百年左右。这样，只要再作一定的调查和发掘，追索楚文化渊源的工作，就会得到一个可靠的基础。

探索楚文化的渊源，就是要研究周初以后的典型的楚文化遗存，究竟是由土著文化发展出来，还是从外地迁移而来，或者是综合了多种文化才形成的？

[10] 徐中舒：《禹鼎的年代及其相关问题》，《考古学报》1959年3期63页。

要判断这个问题，自然关系到对长江中游、乃至远为广阔的地区的新石器至青铜文化发展谱系的了解程度。就鄂西及湘北地区而言，在七十年代中，通过宜都红花套、枝江关庙山、澧县丁家岗、梦溪三元宫、当阳季家湖等地点的发掘，已基本认识了从大溪经屈家岭阶段而至相当于龙山阶段的发展序列；在八十年代的头三年中，又通过宜昌县白庙子的试掘、江陵荆南寺的发现以及石门皂市、澧县斑竹、松滋苦竹寺、沙市周梁玉桥等遗址的发掘，开始看到了这一带相当于二里头、二里岗至安阳各阶段遗存的文化面貌。把它们串联起来并同其它地区的文化系列加以比较，就知当地的大溪至屈家岭阶段的遗存，是一支属于长江中游文化圈而又具有区域特征的土生土长的原始文化。在其内部，虽然还可划分为一些不同的、较小的区域类型，总的来看，大致到相当于庙底沟二期阶段时，这支土著文化受到很多来自东方及黄河中游的龙山文化的影响；后来又受到一些二里头文化的影响；至二里岗上层阶段时，则大量渗入了长江以南几何形印纹陶文化和黄河中游商文化的因素；在殷墟阶段，甚至出现了类似长江下游湖熟、马桥等文化所给予的影响。此外，从清江到长江沿岸的宜都、宜昌至三峡的许多遗址，又表明早期巴人的文化，到商、周之时突然发达起来，占领了沿江的大片地区。显然，当历史进入到青铜时代时，黄河中游发生了三代变革，这片地区也出现了极大变化和动荡，土著居民正频繁地和外界接触和扩大联系，并且存在着不止一种的文化遗存。

如果寻找这些遗存之间的直接继承关系，可以看到从大溪经屈家岭阶段再经相当于龙山阶段的季家湖下层和江陵蔡台中层而到相当于二里岗上层的石门皂市中层以及相当于殷墟阶段的沙市周梁玉桥、松滋苦竹寺下层、澧县斑竹等遗存，大体是一个相承关系直接的文化系列。当然，这片地区还存在着一些较小的区域类型。至于江陵荆南寺那种相当于二里岗上层的遗存，商文化因素较多，似不宜于插入这个行列。也许在二里岗阶段前后，那一带长江两岸的文化，甚至一直到云梦泽的北部，曾发生过不同文化的此进彼退的消长。这个疑问，只能靠以后的工作来解决。

在这样一些材料的基础上，可以推测西周的楚文化，是在从大溪到周梁玉桥等遗存的这个行列的基础上，再加入了周人的新的文化因素而发展来的。如果这样来估计，楚文化就是在土著新石器文化的基础上，到青铜时代之时，大大地从东、北、南、西四方汲收其它文化的养料而逐步形成的。不过，在已有发掘材料中，相当于龙山阶段遗存到相当于二里岗上层阶段之间，还有突出缺环；相当于殷墟阶段遗存和现知最早的西周楚文化遗存，也看不清其间的直接继承关系。寻找这些缺环，尤其是找到相当于殷墟阶段的遗存同西周楚文化遗存的联接点，就是当前探索楚文化渊源的关键。

二是应当开展划分楚文化区域类型的工作。楚国的疆域，到春秋以后，特别在春秋中期至白起拔郢以前，范围很大。在这大片疆域内的楚文化，一定存在着不同的区域类型。不同的区域类型，会反映出不同地区和其它相邻文化的关系。在现有材料中已可看出，豫南南阳和鄂北襄樊地区春秋晚期至战国早期的楚器如鼎等，形态或与荆州、宜昌地区的同类楚器有一定差别，而同黄河中游的郑器却有相似处；豫南至鄂北和鄂西这两片地方，至少在一定时期内是两个区域类型。湘南资兴的战国墓地，则有楚式墓与越式墓共存，某些楚式墓中又出越式的瓮、罐、碗、杯等硬陶器，即使是楚式的鼎、敦、壶等陶器，也有自身特点。这种具有楚、越两种文化因素的遗存，又是一个特征更强的区域类型。其它地区，当然还存在着另外的区域类型。把楚文化内部的区域类型划分清楚，就能将楚文化同其它文化的关系，比较充份地揭示出来。

进行这项分析时还必须注意到，楚文化的分布范围，在不同时期是不一样的，楚文化内部的区域类型，肯定会随着时间差异而发生变化；而且，楚文化的文化特征，也存在着广义的和狭义的两种范畴。只有严格比较同时期的遗存，主要从分析文化因素的异同出发，并考虑到历史记载中楚国疆域的变化状况以及楚国同其它列国、其它族属的相互军事征伐等情形，才能比较准确地划分出区域类型。如果把不同时期楚文化区域类型的变化过程基本寻找出来，对楚文化发展过程的认识，将是何等深入啊！

三是进一步开展楚文化的分期研究。这项工作，已有的基础主要是东周墓葬的年代分期；遗址材料只是对纪南城地区从春战之交到战国中晚期之际部份陶器的特点和形态变化，有了一点初步认识。而且，就墓葬资料来说，目前也只是在江汉平原西部地区得到一个从西周晚期到白起拔郢前的比较细致的年代表；对其它地区楚墓期别的认识，还是比较粗括的。考古学遗存的变化过程，在同一文化内部的不同类型之间，也是各有特点的。所以，关于楚文化的年代学工作，即使是墓葬的年代分期，也还必须化很大力量来继续进行。

目前所建立的楚墓年代表，以赵家湖的时间最长、期别最细。共分为七期十二段，即西周晚期、两周之际至春秋早期、春秋中期、春秋晚期、战国早期、战国中期、战国中晚期之际这七期，二至六期又各可分为两小段。七期十二段的总时间大约有五、六百年，五十年左右被分为一小段，分期大概不能再细了。

西周晚期以前的楚墓，因尚无发现，当然还说不清楚。白起拔郢以后的楚墓，过去则都以长沙发现的以鼎、盛（即盒）、壶、钫为组合的战国晚期墓为代表。但1977年至1979年在安徽长丰县杨公公社和八十年代初在河南淮阳平粮台发现的楚墓，却表明战国晚期的楚墓特征，原来不是这样。

淮阳即陈，楚顷襄王廿一年至考烈王十年（前278—253年），自纪南城迁都于此。考烈王十年，又迁都于钜阳。考烈王廿二年（前241年），最后迁都于寿春，直至被秦灭亡。淮阳和长丰发现的楚墓，都是属于迁都于陈至迁都于寿春以后的战国晚期墓。那一带当时是最后的楚境，这些墓自然具有楚墓的典型形态。它们的陶器组合仍以鼎、簠、敦、壶为特点，钫已经多见，但盛出得较少，鼎也还主要是高足的楚式，矮足的秦式鼎只有少量的，整个陶器的组合和形态，都是纪南城周围最晚一期楚墓的直系后裔。拿它们同长沙的战国晚期墓作比较，就会发现长沙墓的鼎、盛、壶、钫组合，原来本是当时黄河中游流行的制度；而且陶鼎突然变为主要是矮足的风格，显然不是从楚式鼎发展来的，而应属于秦式鼎系统。据《史记·秦本纪》和《白起传》等文献记载，秦在白起拔郢前后，又攻取了楚的黔中、巫郡和江南之地，设黔中郡。长沙在黔中郡以东不远处，何时被秦攻取，史书阙言。从现在对长沙战国晚期墓的认识看，大概在设黔中郡后不久，长沙即入为秦地，故墓中突然出现不少秦文化因素。当然，楚文化的传统，在那一带保存得要比湖北境内的南郡等地多一些，所以长期以来，大家把长沙的战国晚期秦墓，误认为楚墓。其实，寿县朱家集楚幽王墓所出大量铜器，早已表明楚文化的特殊风格，一直相当完整地继续到战国之末。

四是进行楚墓的分类研究。人们进入阶级社会后，会分成不同的阶级、阶层以及等级。在古代和中世纪，不同的等级往往使用着不同的葬制，其墓圹、葬具和随葬品，出现级别之差。如果分析葬制，归纳出墓葬的类差，就可以进而研究当时人们的等级制度、社会关系。

对楚墓作分类研究，始于七十年代末。在1979年的中国考古学会第一次年会上，我曾对战国楚墓的棺椁制度，作过初步的分类工作与分析[11]。从1979年秋以来进行的赵家湖楚墓的整理工作，又将赵家湖墓分成甲、乙A、乙B、丙三大类四小类。甲类春秋时随葬铜一鼎，战国早期用陶五鼎；乙A类春秋时用较精致的鬲、盂、豆、罐等日用陶器，战国时用陶二鼎等仿铜陶礼器；乙B类从春秋到战国中期，基本上使用很简陋的鬲、盂、豆、罐这几种日用陶器，但到战国时，这种墓的数量愈来愈少，器类也往往有所简化，而且也出现一些粗陋的陶礼器组合。丙类则基本无随葬陶器，墓坑亦极窄小。这种甲类墓的情况，说明楚国在春秋时可以使用铜一鼎的士这种下层贵族，战国时则可使用大夫一级的少牢五鼎制度，不过已将铜鼎改为陶鼎；乙A类墓的情况，说明春秋时比较富裕的使用日用陶器的庶人，战国时已普遍使用士的礼制；乙B类墓则说明春秋时那种财富更少的庶人，到战国时往往仍用原来的庶人之制，他（她）们把日用陶器改变为仿铜礼器的过程是既缓慢，又不普遍。丙类墓的存在，还表明当时有一批更为贫困的庶人。进行了这种分类，就可以揭露出这个墓地内所包含的等级差别以及这些等级从春秋到战国时发生的历史变化，从而把研究的内容，上升到探索社会关系的高度。

据第二次中国考古学会年会上王世民同志所统计的数字，春秋晚期以后的楚墓，已发掘到三千五百座以上。近两年多来，各地又新发掘了一些楚墓。有了这样大量的资料，如把被盗掘的寿县楚幽王墓的资料也包括进来，东周时期各个等级的楚墓，都已有例可循。通过东周楚墓的分类工作来研究当时的等级状况，应当说是有条件来进行了。

还要说明，社会各等级的历史地位变化过程，不见得是平衡的；不同等级的葬制变化（包括器物的组合及形态），更不见得是同步前进的。说得具体一点，就是某一类墓的形制、葬具、随葬品组合和形态发生变化时，另一类墓的这些方面，不一定同时发生变化。只有先进行分类，逐类排出发展序列，再找出各类序列的对应关系，才能真正认识到楚墓整体的发展过程。用某一类楚墓的序列表，或是用混杂了好几类楚墓的序列表来代替楚墓整体序列表的阶段，应该快要成为历史

[11] 参见《汉代诸侯王与列侯墓葬的形制分析——兼论“周制”、“汉制”与“晋制”的三阶段性》，《先秦两汉考古学论集》，文物出版社，1985年，117—124页。

的陈迹了。

五是选择典型楚器，按器别研究其形态演化过程。上面提到的几项工作，都包括了器物的形态学研究。所以还要专门提出来，是因为一些标志着楚文化特征的典型器物，例如楚式鬲、楚式鼎、楚式缶（壶）、长颈罐（或称长颈壶）等，放在那样一些研究成群遗物的环境中，固然因为各种现象的共存关系很集中，便于检验其序列的正确性，但每一种器物自身的形态演化全过程，很容易因被割裂而认识不充份。如果按器别来进行分析，当能更清楚、更细致地排列出它们的发展谱系。现在，东周时期的楚式鼎，已有同志开始作了形态演化的系统研究。如果各典型楚器都能整理出形态演化的谱系，自然就会大大加深对楚文化的总体特点及其区域类型、年代分期、墓葬分类等方面的认识。

探索楚文化的内容，当然远远不止这一些。随着各种条件的进步，今后必将发现更多的楚文化遗存，也必将不断扩大研究领域，从建筑、矿冶、金属工艺、制漆工艺、玉石工艺、音乐、舞蹈、美术史、服饰史、风俗史，乃至运用体质人类学、动植物学、生态学等等方法来研究这些遗存。什么时候才能从这些方面进行比较系统的研究，不是今天可以预料到的；但上面讲的几个方面，只要有关单位作一定安排，有可能很快就会取得相当的成果。

楚文化的考古学研究，已走过幼年时代而长大成人了。这本《大事记》，记录了从考古学来研究楚文化的主要过程，它的编纂完工，正好作为中国考古学中这个学科分枝开始成熟的一个标志。编纂者要我写几句话作序言。我想，《大事记》中的各项工作，凝聚着许许多多同行、朋友和老师、学生们的汗水和心血，有的甚至为此而牺牲于工地，应该对这些辛勤劳动的成果，作一些简单的概括，以致敬意，并志纪念。

原载《楚文化考古大事记》，文物出版社，1984年。后收入《先秦两汉考古学论集》，文物出版社，1985 年 6 月。

内蒙古西部古代狄人文化的推定

这几天，听内蒙古文物工作队和内蒙古社会科学院历史所的朋友们介绍了近几年来内蒙古西部地区考古新发现的一些情况，并看了一些标本，学到很多东西。我这是第三次来内蒙古，但每次时间都不长，这次更只有短短数天，所以对这些新发现的认识是很不足的，只能就三个问题，谈一点简单的看法。

一

首先，我感觉到，内蒙古西部地区这些新发现的意义，已经远远超出了对本地区原始文化面貌的一种认识，而是看到在我国九百六十万平方公里的土地上，自太行山以西、子午岭以东、晋南和关中以北、大青山以南（包括内蒙古西部在内）的一大片地区，至少在新石器时代至青铜时代，可以确定为是一个相对独立的文化区。

这个区域的界限，凭今天所知材料，已知其大体轮廓就是：西以子午岭为界；东限则刚才刘观民先生已指出，约在张家口至集宁一线；南边在山西境内，可包括太行山以西至吕梁山两侧的晋中一带，晋南不在这个区域内；在陕西境内，大致到铜川、耀县以北，也就是关中之北；北边的界限，虽然因为阴山（即大青山）以北的情况还不大清楚，不敢说得很绝对，但从地理形势看，可能就依阴山为界。这个区域，除了晋中的少量河谷之地外，海拔高度在800至1200 ~ 1300米左右，是高原地区；在此范围以外的关中盆地，海拔高度平均为500米左右；晋南则更低；太行山以东、燕山山脉之南，即为华北平原，海拔往往在50米以下。从自然环境看，这片区域的原始文化，就可能是自成系统的。

当然，在这个大区域内，还可以再划分为几个小区域。由于今天的工作还很不够，这种小的区域性还说不清楚，但山西太谷白燕的青铜文化遗存，同内蒙古伊盟伊金霍洛旗的朱开沟青铜文化遗存，面貌就不大一样；陕北的同时期遗存，也有自己特点。不过，彼此的共同性还是很突出的，例如都流行一种灰陶的绳纹三足瓮（或称空足瓮）。在此大区域以外的豫北、陇东的同时期遗存中，乃至关中一带的西周遗存中，固然也有一定数量的三足瓮，但要少得多，应当是受到这一带文化的影响后才发生的。如果把眼界再扩大一些，从更广阔的空间范围和更长久的时间范围来比较各地区的考古学文化序列，可以看到内蒙古东部至辽西一带的红山文化、夏家店下层文化乃至夏家店上层文化，是这里没有的；在子午岭以西至陇山两侧（姑不论更西的地段），自常山下层以降，便是齐家至安国的序列以及与安国并存的秦文化序列，也同这里的遗存有别；在晋南，从龙山阶段的陶寺遗存经二里头阶段的东下冯遗存至二里岗上层的商文化遗存，又同这里的面貌大不一样；在关中，则无论是客省庄二期文化，还是类似二里岗上层的文化遗存和武功尚家坡等地新发现的那种同周文化渊源有密切关系的遗存，亦都显然和这里的遗存应分属不同的系列。总之，根据现在对各种考古学文化的认识，只要环顾四周，略加比较，这个相对独立的文化区是可以划分出来的。

二

今天，当大家对全国各地考古学文化的认识逐渐充分起来的时候，分析某一文化时要考虑的问题，就不会仅仅从本身各阶段的异同来概括其特征和孤立地寻找其变化过程，而将是既以分析自身材料为基础，又同时注意和周围其他文化的关系，并且，注意的空间范围还往往是相当广阔的。对内蒙古西部地区近年来的一些新发现，自然也应当这样来观察。

在这次看到的内蒙古西部地区出土的东西中，最早的似乎近似于仰韶文化的后岗类型，即接近于仰韶文化早期阶段的豫北地区遗存而和关中、晋南、豫西的半坡类型差别较大。后一阶段的东西，许多同志认为相当近似于关中、晋南、豫西的庙底沟类型之物。最大量的，则是时代还要晚一些的大体相当于庙底沟二期及其以后的东西。几年以前，胡谦盈先生发表文章，介绍了一种甘肃东部的常山下层遗存，开始揭示出了陕甘宁交界处相当于庙底沟二期左右的一种新遗存的面貌。这次看到的清水河县白泥窑子第三段和凉城老虎山早期遗存的陶器，特别是白泥窑子第三段的东西，同常山下层尽管有差别，但接近处是明显的（例如都有施横篮纹的瓮、缸）。有许多带红彩、黑彩的彩陶，不见于同时期关中、晋南、豫西的遗存，而颇有半山、马厂彩陶之风。这样一些情况似乎透露出：这个内蒙古的西部地区，在距今6000年左右，好像与太行山东侧（例如豫北、冀南）有一定接触而受到某些影响；到距今5000多年之时，则同晋南、豫西、关中一带的联系大为加强；而至距今5000 ~ 4000年之间，又同甘青等西北地区的原始文化发生较多关系。在此以后，也可能从这阶段末期就开始，起初是有许多方面接近于晋南陶寺的龙山阶段遗存，后来则齐家文化的因素在不断加强，到二里岗阶段时，又渗入不少的商文化因素。当然，这里始终有本身特征，同周围其他文化的关系在同一时期也不是单一的，不过，已能看到这个地区各方的联系或所受影响的强弱程度，是在不断移动的。

这地区相当于龙山阶段的遗存，目前所知以凉城老虎山的早期遗物为最早。其中的斝，好似一个尖底的大口罐加上三个大胖袋足，其制法和形态特点，在山西襄汾陶寺遗址发现的同类陶器（斝、鬲）中，颇有相似风格；而晋南、豫西的龙山遗存和关中客省庄二期遗存中流行的单耳鬲，在晚于老虎山遗存的朱开沟一至三段墓葬中，又极为多见。显然，从仰韶文化的庙底沟阶段开始，晋南、豫西和关中的古文化，曾在很长时间内对这个地区保持着一定的影响力。但到朱开沟第一段以后，齐家文化给予此地的影响，就强烈地出现了。

田广金先生现在把朱开沟的墓葬分为五段。以此为准，一、二、三段比较接近，是一脉相承而没有什么间断的；四、五段则同前三段有较大差别，属于另一大文化期。在已发掘的全部墓葬中，有两座最早，其中M2001的那件单耳鬲，是先分别制出直筒形领部、腹部、三个袋足和一个把手，再把这些部位拼接成一个整体，正具有龙山阶段陶鬲和齐家陶鬲制法的特点；而其三足略向外撇的作风，又近似于齐家早期鬲。同出的一种小口双耳罐，如果把甘青地区所出同类器物放在一起概括，其基本形态为：直口或敞口，折腹或椭腹，自口沿至肩部有双小耳或双大耳。这种器物在甘青地区始见于马厂和齐家文化，以后在卡约至唐汪、辛店甲组至乙组中，又一直是多见的特征性器物；其实，寺洼和安国遗存中常见的马鞍口双耳罐，也是同类器物。在盛置器上置双耳，可以说是甘青地区自石岭下以来的一种传统，而在内蒙古西部地区更早的遗存中却是很难见到的。所以，朱开沟一至三段墓葬中习用小口双耳罐随葬的现象，应当是受到西北地区青铜文化（主要是齐家文化）影响后才产生的。

这种影响，自第一段发生后，可延续到第三段。例如M3002等墓中的一种橘红色泥质陶的双大耳罐，简直同齐家文化中的同类器物难以区别。M3002中还有一件灰黑陶的高领袋足鬲，颈间横贴一道堆纹。在颈部或口沿上饰以堆纹的作风，虽不见于齐家鬲，而在寺洼、安国、辛店甲组、卡约和扶风刘家等地的那种高领袋足鬲上，却常可见到。这当亦显示出了同西北青铜文化的一种联系。有一种带长管形嘴的斝形陶盉，则不见于它处，无论是豫西龙山、客省庄二期还是齐家文化，其陶盉大都作成带短流的鬶形或鬲形。

总之，朱开沟的前三段墓，表现出了本地文化已大大加强同齐家至卡约、寺洼文化的联系。

朱开沟的四、五段墓则具有一些另外的因素，并因这些因素占有突出位置，以至不敢把这两段墓同前三段紧紧连接起来；也可能在二者之间存在着一段空档。

四、五段遗存中的其他因素好像不止一种。在现定五段的遗存中，有一种方唇陶鬲，具有明显的二里岗上层鬲的作风。还有一件雷纹簋，也有商文化作风。另一些商式戈的援部比较瘦长，亦有二里岗上层之风，因为殷墟阶段的商式戈，援部往往短些。从这些方面看，这阶段遗存的年代，大致相当于二里岗上层。不过，如果认为一至三段遗存中较晚的还含有卡约、寺洼、辛店的影响，则其绝对年代可能要在二里岗上层以后。这种商文化的因素，可能是直接受到商人影响而来，但也可能是通过类似白燕那些遗存的间接影响而发生的。反正到了这个时期，内蒙古的西部地区，已和商文化存在着一定的联系。

另一种因素是现在订为第四段的那种蛇纹鬲。这种鬲上的直领、大袋足和领部及三袋足是分别制出后再拼接而成的特点，仍有本地区早期阶段或甘青陶鬲的传统作风，但上面用细线泥条堆贴出的所谓“蛇纹”，在此地是突然出现的。这种细线堆纹，于内蒙古西部地区，在时代更晚的遗物中，目前仅在凉城毛庆沟出的一件矮足鬲上见过类似的斜线形装饰。它在这个地区既是突然发生，又基本是倏然而灭，应当是从其他文化中传入的因素。类似的细线堆纹，在甘肃广河县齐家坪所出齐家文化的一种双耳罐上，亦曾见到过；但这种纹饰在齐家遗存中是少见的，以后在那一带也没有流行下去，可见其源头不在齐家或是再晚一些的西北青铜文化中。从这片地区往南，也没有见过这种纹饰，又知不会是从南边传来的。如果往东北方向甚至是遥远的北方寻找，则好像有些线索。徐光冀先生告诉我，在辽西的西喇木伦河流域曾出过类似的蛇纹鬲，不过，也是偶见的，那里仍不像是发生地。其实，这种蛇纹鬲出土数量最多的地点，是在前苏联境内南西伯利亚的外贝加尔地区。

据奥克拉德尼科夫1959年的论述，在贝加尔湖以东的东至石勒喀河及涅尔琴斯克城地区、西至赤塔和恰克图一带、北抵乌兰乌德甚至巴尔古津盆地，出土了很多陶鬲。其中，在鄂嫩河流域阿钦斯科附近和色楞格河中游及乌兰乌德郊区发现的三个鬲，皆可复原。它们都是由分别制出的三个大袋足和一个矮直领拼接成一体，全器形态和上面用细线泥条堆贴的“蛇纹”，以及阿钦斯科所出陶鬲颈上所贴圆突和曲折形堆纹（见《内蒙古文物考古》第4期第9页图一，1986年7月），都极近似于朱开沟的蛇纹鬲。外贝加尔地区的那些鬲，应属卡拉索克文化，时代为公元前二千纪晚期至公元前一千纪初。朱开沟蛇纹鬲的时代当大致相若。这样，现订朱开沟的四段，也许可以同一至三段的时间颠倒过来。如果撇开蛇纹装饰而从整个器形的体型观察，则显然同陶寺下层陶鬲的风格，颇为相似。从这一点看，把这种第四段遗存的时间提早到第一段以前，好像也并无不妥处。

奥克拉德尼科夫还把这种蛇状细线堆纹同雅库特人木质祭祀器皿“却龙”上的毛绳装饰作过对比。雅库特人是牧人，为祈求马群蕃育，多得乳制品，在初夏产牛奶、马奶最多之时定有繁殖节，奉行赞颂地神、天神仪式。行仪式时使用“却龙”。“却龙”是高脚杯形，上面用马鬃编成的毛绳围绕，再从上面垂挂着流苏般的同样的毛绳。奥氏以为蛇纹鬲上的堆纹颇似这种毛绳装饰，并据这种相似性，认为蛇纹鬲有本地区的文化特色，是当地制品（皆见《外贝加尔地区的三足器》，《苏联考古学》1959年第3期）。这种比较不论是否贴切，鬲上饰以这种细线堆纹，至少也是外贝加尔地区游牧经济的青铜文化的一种特点。这种蛇纹鬲的源头，究竟是在那遥远的北方森林草原地带，还是在中国的西北或北部地区，则还有待于今后的发现才能确断。

总起来看，内蒙古西部地区的原始文化，在距今六千年左右至距今三千年左右的时间内，不是孤立独自发展的。我们应当立足本地，而又放眼四方，从它同周围文化的关联中来了解这个地区的考古学文化的变化过程。

三

最后，再谈一个关于这个地区的青铜文化的族属问题；也就是老虎山的龙山阶段遗存和朱开沟的遗存，究竟是古代的哪一个或哪一些部落集团的东西？

已有的我国整个野外考古工作的成果，尤其是20世纪70年代中期以来探索各地青铜文化族属的研究，能清楚表明内蒙古西部地区的这些青铜文化遗存，绝不属于黄河中游至泾渭流域那些夏、商、周文化的系统。我在前面讲第一个问题时说到的这个文化圈所处的高原环境，也就决定了这种文化遗存同夏、商、周文化的生产和生活内容必定有相当差别，从而其文化面貌当然不一样。说得具体一点，夏、商、周文化所处的河谷、盆地那种平原环境，适宜于发展农业，而这种高原环境，却比较适宜于发展游牧或畜牧业。当然，这里也可以存在一定的农业；而且在这两大经济文化类型相接触的地段，不同类型遗存的那种特定的地理环境，也可能存在犬牙交错状态。例如陕西耀县北村那种接近于二里岗上层商文化式的遗存，就是位于一千米左右的高程，已属高原环境，但并不属于这个文化系统。从总体上看，具有这种文化面貌的这个古代部落集团，既然生存在高原环境中，当以从事游牧或畜牧业而著称。

如果从各不同考古学文化的分布区来看，现已大体可知子午岭以西的甘青一带的青铜文化（包括陕西、宁夏的一部分交界地区），当时属于羌戎系统；自内蒙古东部昭盟等地直到东海之滨的夏家店下层和岳石等文化，当时都属于东夷集团的系统。后者我在去年举行的朝阳座谈会上已经谈过了，这里不再重复。我们现在正在讨论、分析的这个文化区，正夹在羌戎、东夷和商、周文化区之间，具体位置是包括了内蒙古西部、陕北、雁北、晋中等一大片地段，它在三代之时，正主要是游牧或畜牧业很发达的狄人的活动区。

这个区域的青铜文化，尽管已如上面所讲，还应再分为几个区域类型，各类型同其他考古学文化的相互关系还是有区别的，但总的来看，在西周以前，都和商文化的联系相当密切，而和先周、早周的联系较少。许伟先生在整理白燕的材料时，发现了这个特点。他不仅已推测白燕遗存的族属是狄人，还看到“殷契之母曰简狄”这一事实，正如“周弃之母曰姜原”是反映了周人和姜姓羌人世通婚姻那样，商人和狄人中的一支本亦是相互联姻的。这是很重要的发现。有了这个启示，就能理解为什么白燕和朱开沟四、五段以及陕北一带的以三足瓮为代表的这种青铜文化经常与二里岗等商式鬲共存。从这种现象出发，岂不亦可进一步把以三足瓮为特征的这种青铜文化，推测为狄人集团的遗存吗？

在夏、商、周以外，东夷、南蛮、西戎、北狄是当时最重要的，亦是最强大的几个部落集团。这几个部落集团究竟同哪种考古学文化有族属关系的问题，自然要进行长期的探索。在这个探索过程中，推测某一部落集团与何种考古学文化有族属关系，显然是受到另一些部落集团应与哪一批考古学文化有族属关系的那种推测所牵制的。今天，所以能把这个文化区的青铜文化推测为狄人遗存，既在于这个文化系统的材料已有一定的积累，更在于其周围的羌戎、东夷和先周等文化的面貌，在最近几年中，已经渐渐清楚起来。也是因为这个道理，对狄人遗存的这个推定，又必将加强夏家店下层、岳石、齐家、寺洼、辛店、卡约、安国等遗存的族属应当是东夷和羌戎的判断力。

1984年8月，在呼和浩特“内蒙古西部地区原始文化座谈会”上的发言，原载《内蒙古文物考古》第4期，1986年7月。后收入《古史的考古学探索》，文物出版社，2002年7月。

楚文化的研究与文化因素的分析

从1981年6月楚文化研究会成立以来，湖北、湖南、河南、安徽以及江苏等省的同志，对楚文化遗存的发掘与研究，又取得了很多新成果。在研究楚文化的形成以及楚文化与其他文化的关系方面，我感到目前应当进一步注意一个方法论，即文化因素分析的问题。下面，就结合楚文化研究中遇到过的一些具体情况，从两个方面来谈一些看法。

一、在楚文化研究中，“文化因素分析法”是怎样提出来的

所谓“文化因素分析法”，是近年在分析楚文化的区域类型和探索楚文化渊源的过程中，逐渐被明确提出来的。其要义，简单讲就是分析出一个考古学遗存内部所包含的不同文化因素的组成情况，以认识其文化属性，即确定它在考古学文化谱系中的位置。这里讲的“不同文化因素”，就是指源自不同考古学文化的那些互相有区别的特征。

在考古学的理论中，“考古学文化”是一个极基本的概念。它规定了某个特定的空间范畴、时间范畴和文化特征的一个文化共同体的基本界限；其中，特定的文化特征是最根本的，空间范畴和时间范畴则是从属于文化特征的。这种“考古学文化”，当然是由一定的人们共同体所产生的，从而又往往和一定的部落集团或部族、民族的范畴相重合。这样，考古学中的楚文化，用我过去讲过的话来说，就是一种主要由楚人创造的、有自身特征的、延续了一千年左右而分布范围不断有所变动的考古学文化。

但任何考古学文化，至少自新石器时代以来，几乎都不是孤立地发展的，某一文化只要和其他文化发生一定的接触，就会相互影响，内部就会出现来自其他文化的因素。所以，如果要把一个考古学文化的特征讲得很准确，应该是包括了一组以上的那些文化因素的一个总体概括，当然还应该是指出了各组文化因素所占比重的一种概括，也一定是自身文化的传统因素总要占主体位置的一种概括。如果仅就其中的某一组文化因素而言，则应该按其发生的源头，确定它是属于某某文化的因素。总之，要真正把某个考古学遗存的属性或某个考古学文化的特征看明白，就必须对它进行仔细的文化因素的分析。对楚文化的研究，自然不能例外。

还应当注意到的是，许许多多文化在其发展过程中，同其他文化的接触和相互影响，并不是一成不变的。楚文化就其来源而言，就绝非单一，而且自它在一定时间、一定区域内形成后，已经成为自身特征的面貌又会随着生产能力的进步、生活方式的变动而变化，并因本身的向四方扩展以及其他文化也同样发生着扩展，又会不断与新遇到的文化相互影响，产生新的因素，出现新的特征。在七八百年至千年左右的时间内，楚文化的分布区域曾经历了从小到大又逐渐缩小的过程，与其他文化相接触和受到的影响的情况是错综复杂的。因此，要把楚文化发展的总过程了解清楚，还必须分阶段地分析楚文化所包含的各种文化因素。

这种方法本是考古类型学的一部分内容，并已体现在许多已有的考古类型学分析的实践之中。但过去对这种方法的认识和运用，还局限在一种不很自觉的、缺乏系统理论指引的自发状态中，并因材料不足，对我国许多考古学文化的认识，往往还处在孤立地观察它们自身的境地，很容易把若干考古学文化当作一个个单纯的总体而寻找其单线条的变化序列。

至少对楚文化的研究，就是这样的。总的来说，直到七十年代末期，大家还主要在排列东周楚文化的总体序列，顾不上去分析不同阶段的楚文化内涵究竟包括了有哪些来自其他文化的因素。

对楚文化遗存或与楚文化有密切关系的那些遗存进行文化因素的分析，是到八十年代以来才逐渐引起注意的，而且，正迅速地受到重视和逐步把这种方法理论化起来。

当然这种方法论的萌芽，很早就因实际材料的启发而已发生。

早在1951年，中国科学院考古研究所在长沙的战国楚墓（M207、M301、M323）中，便发掘出了个别的越式铜鼎。但当时大家对南方的越文化还非常缺乏了解，自然辨认不出这是越式鼎。到六十年代以后，因对两广等地东周越文化中铜鼎形态的特点有了一点认识，就开始感到这种有细瘦长足、腹壁较直而器盖等处又饰以细密云雷纹的战国铜鼎，颇有越式器味道。至七十年代末，江汉平原东周楚墓的序列逐渐清楚，就知道在楚式器的自身发展轨道上，这种形态难以自然形成，只能是在受到越文化的影响后才会突然出现的。这时，江陵雨台山等地楚墓的发现，又进一步表明楚文化中的这种越式鼎，是在楚灭越前后才流行起来的，并暗示出楚人较多铸造越式鼎的原因，在于通过楚灭越的行动而进一步扩大或疏通了越文化因素渗入到楚文化之中的渠道。得到了这个启示后，从江陵天星观M1至寿县朱家集楚幽王墓（据安徽省博物馆藏品）等战国中、晚期楚墓中多次出现的一种血槽在矛中心、两翼饰倒刺形回纹、骹部带“王”字形饰纹的铜矛，也就被辨认出是一种越式矛。当战国楚墓，尤其是战国中、晚期楚墓中经常出现的这两种越式器物被分辨出来后，从方法论的角度来考虑应当分析楚文化中包含的其他文化因素的思想，自然就同时发生。

不久，新的发现又使划分楚文化区域类型的要求开始具体化，这种思想也就逐渐系统化起来。

自五十年代至七十年代，对东周楚文化的了解，主要是通过长沙、江陵、当阳等地的发掘而得到的。那是东周楚文化的中心区。那一带东周楚国遗址和墓葬所表现出的特征，可说是属于典型的东周楚文化的（长沙附近的楚文化，大概要晚到春秋中期以后才发达起来）。七十年代中期时，在鄂北襄樊一带出土的春秋晚期至战国早期的楚国器物上，却见到带有晋、郑之地的中原文化的风格。到八十年代初，在湘南的资兴又发掘到一批既有楚文化面貌、又有越文化传统的战国墓葬。在湘西地区，新近还发现了兼有巴、楚文化因素的墓葬资料。这些资料的出现，让人们看到一些自身特征明显的而又是属于楚文化范畴的区域类型，就出现了一种现实的需要来促使大家比较自觉地运用文化因素分析法去研究楚文化。

也就在近几年中，追寻楚文化渊源的工作，更把这种方法的合理性，进一步明朗化起来。

从1979年开始，湖北、湖南和北大、武大的一些同志，都在努力寻找楚文化的源头。这项工作在鄂西和湘西北进行得较多。在那一大片地区，现已大体找出从大溪文化经当地的屈家岭文化至那里的相当于中原地区龙山文化阶段的后屈家岭文化（或称石家河文化、长江中游龙山文化、湖北龙山文化、青龙泉三期文化及季石遗存）的基本序列，更晚一些的，在荆州地区找到了相当于二里岗上层的江陵张家山和荆南寺遗存；在湘西北，则有同时期的石门皂市中层遗存。相当于殷墟阶段的，则有沙市周梁玉桥和澧县斑竹等遗存。这些遗存同当地的后屈家岭文化之间虽有缺环，但可隐约看出是在土著的后屈家岭文化的基础上，大量渗入了黄河中游的二里岗上层至殷墟文化的因素，以及洞庭、鄱阳两湖周围的、乃至长江下游的以几何形印纹陶为特征的青铜文化的因素。如细加分析，则大体是：长江以北的，所受黄河中游的商文化的影响较多；长江以南的，则受到早期越文化系统的影响较多。在鄂西至湘西北的相当于商代的遗存是否为楚文化的主要前身，现在还不好确定。如以现可确定的西周中期以后的楚文化遗存为基准，则可看出那些相当于商代的土著青铜文化中的陶鼎，在制法和形态上，同西周中期以后的楚式鬲是存在着一定联系的。例如三足皆为穿透腹壁的泥柱再外裹泥皮而成；皆有大口、小口两型之别。但西周中期以后楚文化遗存中多见的鬲、盂、豆、罐等陶器的组合情况及其形态，又显然是受到周文化的影响而产生的。这样，楚文化的源头现在尽管还看不清楚，但多少已知西周的楚文化不会是从某一个新石器文化单线条地进化为青铜文化并直线发展而来的。也就是说，楚文化应是由多支早期文化汇聚而成的，各个源头虽有主次之别，但绝不是从一个源头发展来的。

这个信息，立即启示我们认识到：任何文化，只要发展到其活动能力已达到可以比较广泛地同其他文化相接触并相互发生影响的程度，每一个文化的内部，都不会只有一种属于自身文化传统的因素，而且因这种相互联系所产生的彼此影响，不会只发生一次。

用这种分析法去统观已知的楚文化遗存的整个历程，并把鄂西和湘西北的可能是属于其前身遗存（至少是一部分渊源）的一些现象也包括进去，便可看到一种文化在其长期的发展过程中，受到其他文化的影响，竟是极为复杂的。这种情况是：

后屈家岭文化中有东方的龙山文化的影响（如鬶、高足杯等）和豫西一带的龙山文化的影响（篮纹、绳纹等）；

相当于商代的遗存中，既有本地土著文化的传统（如釜形鼎等），又有黄河中游的二里岗上层至殷墟文化的影响（如大口尊、假腹豆、簋、殷式鬲等），还有更南的以几何形印纹陶为特征的青铜文化的影响（如发达的方格印纹和叶脉印纹等），像荆南寺遗存中的鬶或盉，则应是受到类似宜都毛溪套那种三峡地区的青铜文化的影响而产生的，而三峡青铜文化中的这种器物，却本是在相当于龙山阶段时受到鄂西地区的后屈家岭文化的影响（鬶），或者又受到二里头至二里岗文化的影响（盉）后出现的，也就是说，这时期的鬶或盉，实际上是重新发生（鬶）或是新出现的（盉）；

西周中、晚期楚文化遗存中的鬲、盂、豆、罐等器的组合及楚式鬲中的联裆作风等，当源自周文化；

宜城楚皇城和淅川下寺M1出土春秋早期及春秋中期的铜方壶，则是受到当时中原文化影响后的产物；

从当阳赵家湖至襄樊等地那种春秋中期至战国早期前后的鼎形铜圆簠，和新郑一带的出土物极相似，反映出那时的楚文化经淮河上游地区而和郑国一带的中原文化，亦有一定的共同特征；

松滋楚墓和纪南城遗址中偶尔出现的战国云纹圆瓦当，当是受到洛阳一带两周地区的或新郑一带韩国地区的文化影响而出现的；

前述江陵、长沙、寿县等地战国中、晚期楚墓中的越式鼎和越式矛，如上所说，是接受越文化影响后的产物；

河南淮阳和安徽长丰县杨公公社等地战国晚期楚墓中的矮足陶鼎，则一反战国时期楚式鼎的高足传统，当是在三晋或秦文化的影响下新发生的；

最近安徽省文物考古研究所在寿县柏家台战国晚期大型建筑基址中发现的菱形纹空心砖和卷云纹圆瓦当、葵纹圆瓦当等，可能是秦文化影响的产物。

上面说到的几点，自然只是蜻蜓点水式地对楚文化中所含其他文化的因素，作出一个简单的提示。但即使只看到这个简单提示，也应当能明白，如果不是全面分析各阶段（当然包括其渊源阶段）楚文化所包含的各种文化因素，就不可能懂得楚文化是怎样形成的？同哪些文化发生过关系？受到了多少影响？显然，只有分阶段地进行仔细的分析，才可能把楚文化在众多文化中的位置，真正看清楚。

楚文化研究中“文化因素分析法”的运用，如果放在我国考古类型学理论的进步总过程中来观察，那就是当八十年代初苏秉琦教授提出了考古学文化研究中的“区系类型”理论之后，大家为了进一步寻找各文化之间、各区域类型之间的相互影响时才逐步明确起来的。如果仅就楚文化研究的本身过程来看，那就是这样逐渐形成的。人们的各种研究，总是在寻找新的资料、新的方法论，而一当具体的研究逐步扩大和深入之后，在已有的具体的实践中，又会概括出新的方法论。“文化因素分析法”就是在我国考古学科大有进步的总环境中，在楚文化研究的日益深化以后出现的。

二、分析某一个考古学文化内不同文化因素组成状况时，应该注意的几个要点

一个学科的进步，如果不作理论上的探索，是不可能概括出新的方法的，也不可能去更好地指引具体的研究而更快地取得新成果；但如果没有相当的具体研究的成果，新的方法便得不到启示，更得不到催化力量及检验的基点，从而不可能概括出来。“文化因素分析法”的被明确提出来，如上所述，就是楚文化研究中运用考古类型学理论的逐渐深化或完整化，也是因为已经对若干考古学文化得到了基本了解。这就是说，我国的许多古文化（当然包括楚文化在内），现在已经初步具备了分析其文化因素组成情况的条件。

在具体进行这种分析工作时，我感到，至少有以下两点是要注意到的。

1.用定性、定量的方法，来确定同一文化中各种文化因素的主次位置。

所谓“文化因素”的具体内涵，几乎可以包括考古遗存中凡因人力作用而形成的各种物品的一切方面的特征，诸如居住址的位置选择、聚落的规划、建筑物的营造技术和形式、生产的内容和手段、墓葬的形制、葬式、随葬品组合以及各种器物的形态和纹饰的特征等等。各项内容在不同的文化中，都可能各有自己的特点，因而可以根据其特征而分析出应当属于何种文化因素。此外，一个文化如果受到好几个文化的影响，很可能某一文化的影响只在某项内容或是只在某项内容的少数细节中存在，而另外文化的影响却在别的项目中存在。所以，要全面了解某一文化中的不同的文化因素，不能只分析某一项目的内容，而应该尽可能地分析所有项目的内容。否则，得到的认识就会有片面性。

当然，由于客观存在的各种条件所限，包括比较资料的还不够充足，具体的

分析工作总是有局限性的。我们只可能在无限的工作中来逐步达到理想的愿望。

就当前我国的客观条件而言，通常进行分析、比较的内容是：生产的内容和手段，建筑物的营造技术和形式，墓葬的形制、葬式和随葬品组合情况，各种器物的制法和形态、纹饰等。其中，对陶器的分析、比较，自然是进行得最多的。

对陶器来说，不同文化因素的特征，主要表现在陶质、陶色、器别（或可称为器类）、形态、纹饰和制法这六个方面。不同的文化，乃至其不同的阶段，在这些方面往往都有自己的特点。不过，不同文化在这六大方面的差异的突出程度，并不平衡，其中，最容易捕捉到特点的方面是器别和形态及纹饰。但因受外来影响而在同一文化内出现的其他文化因素，又常常会具有某些本地文化的特点，特别是在陶质、陶色、制法，甚至还有纹饰诸方面，所以，通常是先在器别及其形态这两方面来分析文化因素的组成情况。

进行这种分析、比较的工作，类似于写发掘报告；或者说，要认真写好发掘报告，也应该进行这种工作。具体的步骤是：先对六个方面分别分类，再做好统计，然后将分类和统计的结果，同其他文化的内涵进行比较，依据相互都有的、特别是形态或纹饰非常相似的项目，确定其中究竟包含了哪些文化的因素。显然，分类的准确与否，尤其是器别和器物型、式的划分是否准确，是这种比较、分析能否得到妥当结果的基础。

做这种工作时，抽样式地进行分类是比较容易做到的。但应当尽可能地把全部陶器（包括陶片）都做好分类，因为只有做到这种程度，统计的结果才可能比较符合实际情况。

统计结果对确定不同文化因素所占主次位置来说，是头等重要的。就文化特征的异同而言，都是既有质量界限，又有数量界限。各文化的陶器中的六大方面的自身特征，就是其质量界限；各项目所占的比例，则是其数量界限。如果能把各项各目的分类比较做得很正确，就是对其中所包含的各种文化因素，取得了一个合乎实际的定性分析结果。如果再能把各项各目的分类统计结果做准确，便又能得到一个符合事实的定量范畴。只有定性分析而没有定量分析，许许多多遗存就不能确定它应当归属于什么文化？只有既做好定性分析，又做好定量比较，才能确定某个遗存是以何种文化因素占主体位置，何种因素占第二位或第三位，从而判明其文化的属性。

可以举湖南的石门皂市中层和湖北的黄陂盘龙城这两种都是长江中游的、都相当于二里岗上层的遗存为例，做些具体说明。

石门皂市中层遗存的陶器，至少包括了两种文化因素。甲组是本地土著文化的因素，主要有釜、鼎、罐、碗、豆、大口缸等。乙组是源自黄河中游二里岗上层遗存的因素，主要有商式的袋足分裆鬲、簋、假腹豆，还有少量的爵、斝、大口尊等。但两组的陶系相同，其乙组的形态也都略具本地特点。此外，两组陶器上也都有一些S形和云雷形等印纹，就是通常所说的几何形印纹陶上的纹饰作风；但在这里，可能还应是属于甲组本身的因素。统计结果是：甲组占90%左右；乙组仅占10%左右。这种比例表明，皂市的那种遗存，是一种受到一点二里岗上层文化影响的本地的土著青铜文化[1]。

盘龙城遗存的陶器，主要是灰陶的商式袋足分裆鬲、甗、斝、簋、豆、盆、研磨盆、大口尊和将军盔等器，和郑州一带的二里岗上层陶器极相似。仅仅是一种黄河中游虽亦存在而长江中游却远为发达的红陶大口缸，竟占陶器总数的一半左右。这种情况表明，盘龙城的遗存是一种略带本地特点的二里岗上层文化，或可称之为二里岗上层文化在长江中游的地方变体[2]。

确定何者为本地土著文化因素，何者是外地传播或扩展而来的文化因素，是比较其他遗存后才能得到的认识。皂市遗存中占主要地位的甲组因素，可以在湘西北乃至洞庭湖周围和鄂西的一些更早的遗存（如安乡划城岗晚期遗存、宜都石板巷子遗存等）中，看到一点点前后相通的踪迹，因而能确定为土著的文化。盘龙城遗存的主体因素，在长江中游却找不到直接的前身，而在黄河中游则有从二里岗下层到二里岗上层的紧密相连的完整序列，自然能判断它是从那里扩展来的。两个遗存都有二里岗上层文化的因素，但在皂市遗存中分量很小，在盘龙城遗存中则占主体位置（如把青铜器、玉器、城垣和宫殿建筑技术、埋葬制度也包括进去，占主体位置的情况便更突出）。同一种文化因素在两个遗存中所占位置的主次之异，就决定了这两个遗存的文化属性的差别。由此可见，在分析某个遗存的

[1] 据王文建：《商时期澧水流域青铜文化的序列和文化因素分析》，见《考古类型学的理论与实践》，文物出版社 1989 年版，第 110—114 页。

[2] 据《盘龙城一九七四年度田野考古纪要》，《文物》1976 年第 2 期。

文化因素时，必须在定性之后再加上定量，才能准确地判定其文化的属性。

一个文化遗存内常常包括不同文化因素的情况是很清楚的了。其实，在一个遗迹或是一件器物的身上，也可能包括不同的文化因素。例如上述皂市遗存乙组陶器的簋和假腹豆上，印有S形纹、云雷纹，器形是商式的，纹饰却是属于甲组的或是更为南方的几何形印纹陶遗存的因素。又如寿县蔡昭侯墓中的一种错嵌红铜的铜缶，器形是楚式的，用红铜嵌出的动物纹的作风，当时在晋和燕、代之地更为发达，可以说是兼有楚和北方至中原的两种文化的因素。文化因素的分析法，对个别器物的研究也是有用的。

总之，在考古学的研究中，只要牵涉到文化序列的谱系问题，也就是在牵涉到各文化的相互关系问题时，无论对某个文化的总体或是对个别的遗迹、器物，都需要运用文化因素的分析法。这种方法就是要把某个研究的对象，分割为若干细部，分部地抓住其具体表征，同其他文化相同部位的具体表征进行对比，根据其异同来确定其文化因素的属性，并计算出不同因素的比例，判断出这个总体的文化性质以及它同其他文化的关系和所受影响的强弱程度。

2.确定各遗迹、遗物所代表文化因素的属性，要在同时期的不同文化中作比较，并尽量扩大比较的空间范围。

所谓“文化因素”，都是具体的遗迹、遗物所代表的。这种文化因素，如果作为一个抽象的范畴来考虑，至少有以下几个必然存在的现象：

（1）任何文化或是文化因素的特征，总是有很强的传统力量而会延续若干时间。

（2）任何文化或是其中包括的各种文化因素，在其发展过程中，其自身特征到一定阶段后又是会发生变化的。

（3）同一文化内的不同文化因素，有的是承自本文化的自身传统，有的是受到其他文化的影响而发生的，有的则是通过中介环节，即间接的影响才出现的。

（4）任何一种文化因素，其最初的源头都只应属于某一文化，后来却可能扩展到若干文化之中，所以不同文化内可能存在着同一种文化因素，而不同文化内同一种文化因素的发生时间或消失时间是往往不一致的，其形态的细部也常常是微有差别的。

正因为某种文化因素可能扩展到若干文化中，判断一个遗迹、遗物所代表的文化因素的属性时，应当先在本文化中找出其序列，确定这个序列中的最初形态，然后在这个时期的其他文化中寻找有无更早的同一种物品。如果这种物品在其他文化的序列中发生时间更早，而且存在着传播到本文化中来的渠道，它就应归属为其他文化的因素。如果这种物品在其他文化中不见踪迹，或出现的时间较晚，当然就是自身发生的，可定为本文化的因素。

必须注意的是，这种比较一定要先在同时期的不同文化中进行。因为文化因素的影响或传播，只能通过不同文化同时出现完全一样的或是非常相似的物品而体现出来。当然，有些文化因素的特征性形态，从原生地传播出去以后，可能在次生地点会延续很久，而在原生地却很快就消失了。但当次生地点刚刚出现带有这种特征性形态的东西时，在其原生地点这种特征性的形态一定也是存在的（即使目前还没有发现，将来也是一定能找到的）；否则怎么会发生传播到它地的可能呢？

还应当考虑的是，某种发生于某一文化中的物品，当它影响到若干文化之中以后，是否要把次生的这种物品，统统定为原生地的那个文化的因素呢？

这恐怕要看它们的形态的异同程度。如果各文化中所出同一种物品的形态乃至纹饰，几乎完全一样，则不管经过多么辗转的传播，都应当归为原生的那个文化的因素。例如前述皂市遗存中的商式鬲和楚文化遗存中的越式矛，就是如此。

但在很多情况下，原生的文化因素一经传播出去后，形态往往会发生一点变化；有时这种变化还是不小的。假如这种变化所造成的新特点（甚至是细部特点），在次生地已成为固有的传统而自成一系，则不妨规定它已是次生地所在的那个文化的一个因素了；当然还应指出它是由哪个文化所派生出来的。如果派生出的某个分支，要到一定阶段后才自具特征，就只能从这时期起才把它算作次生地所在的那个文化的因素。

可以举西周中期以后才出现的铜方壶的一部分情况，作些具体说明。

方壶大概是从周初那种略似觯形的长腹圆壶中演变和分化出来的，在西周中期发生于宗周地区。两周之际以后，主要分化成三个系统。

一是直接继承周式方壶而来的中原文化系统，如今三门峡市上村岭的虢国墓和侯马上马村M13、辉县甲乙墓、邢台大汪村墓等晋国墓以及新郑李家楼郑伯墓中所出，时代可延续到春秋晚期。以后，在三晋等中原之地，逐渐被一种新形成的圆腹的圆壶所代替，方壶仅偶有孑遗（如今三门峡市后川M2040所出），还可能是受其他文化的影响而重新发生的。

二是秦文化的系统，当是受周式壶的影响而产生的，但形态已自成一系。至战国中期后，又因受到三晋影响，方壶亦被圆腹的圆壶所代替。

三是楚文化系统，但应包括江淮之间的曾、蔡等国在内，时代可延续到战国中期（如传世“曾姬無卹壶”等）。在这个文化系统的分布范围内，春秋早期的“曾仲斿父壶”完全是周式方壶的形态。春秋中期晚段的淅川下寺M1所出方壶，又和新郑李家楼郑伯墓出的方壶一样，目前不能判明是谁受谁的影响。所以，仅从这两个单位所出方壶的形态来看，还难以断定楚式方壶已经形成。但宜城楚皇城出的一件方壶，已有自己的特点；而随县均川刘家崖、寿县蔡昭侯墓、随县擂鼓墩M2所出的方壶及传世“曾姬無卹壶”，则明显地自成一系，可以划分成楚式方壶的序列，时代约从春秋中期至战国中期。这种情况表明，楚式方壶是在周式方壶及春秋初的中原方壶的影响下产生的，但要晚到春秋中期左右，才真正产生具有自身特征的系列。

此外，燕国后来也产生方壶，开始出现的时间不详，现在见到的皆属战国中、晚期（如北京昌平松园M1和燕下都九女台M16所出仿铜陶方壶等），形态和战国中期的楚式方壶相似，似乎就应当叫做楚式方壶[3]。不过，到战国末当楚式方壶消失后燕式方壶仍继续存在。

两周方壶的这种产生和分支略况，当能说明确定那些遗迹、遗物所代表的文化因素的属性时，要作仔细的形态分析，并加以分型，把每一型的源头寻找出来，才能确定其分支情况，然后才可以从这种物品的形态变化的谱系总图上，看到它应当归属于何种文化。

这自然要求分析者应尽可能地扩大眼界，广泛了解不同文化的内涵。如果在分析楚式方壶时，完全不知道周式方壶和东周时的中原式方壶和秦式方壶的情况，又怎样能找到楚式方壶的源头及其真正产生的时间呢？显然，一个研究者如果只看到某一文化遗存的本身，就将没有能力去分析出它的文化因素的组成情况。

---

[3] 据高崇文:《两周时期铜壶的形态学研究》，见《考古类型学的理论与实践》，文物出版社1989年版，第177—233页。

现在，楚文化的研究已扩大和深入到追寻其来龙去脉以及它同左邻右舍的关系的程度了。这样，我们观察楚文化的眼光，就不能局限于楚文化本身。在这次年会的论文中，有的是探讨长江下游地区的江淮之间的楚文化发展问题，有的谈到江苏地区的楚文化发展问题，这就又需要了解徐舒和吴越等文化系统。总之，只有从很广泛的角度来观察楚文化遗存，才可能对楚文化得到一些比较深入的认识。文化因素的分析法，就是从这种要求出发，在这几年的实践中慢慢概括出来的。作为一种方法论来说，既然刚刚作出概括，一定不会周到，期待着大家的修正、补充。

本文选自《楚文化研究论集》第1集，荆楚书社1987年1月版。后收入《考古学是什么——俞伟超考古学理论文选》，中国社会科学出版社，1996年3月。

长江上游古巴蜀信仰及其文化背景的探索

长江上游的古代巴蜀文化，在20世纪40年代被提了出来，至80年代后，因广汉三星堆、新津宝墩等古城和长江三峡沿岸的一系列发现，开始进入系统研究的新阶段。巴、蜀两地区曾存在两支并列的考古学文化，并可能因源头上有一定的共同性和地缘上的邻近关系，在很长时间内其陶器与铜器有很多相似处，以至曾统称为巴蜀文化。可是其最初的族群源头和后来的经济方式却不一样，从而其文化面貌又存在着相当差异；尤其是精神信仰，分属不同类型。从考古学遗存来探索古文化的精神信仰，当然非常艰难，但这却是古文化的灵魂，为更好地理解巴、蜀文化，只能闯入迷雾，寻其信仰的奥秘。

一、人类早期信仰的一般情况

全人类在一定阶段时都信仰过某种一神教，而当这种真正的宗教出现以前，又普遍存在原始的巫术信仰。刚脱离动物界的人类，已有了思想，又自感无力，自然会出现求诸神灵的巫术信仰。

人类最早的信仰，按已知现象再作逻辑推理，当包括图腾崇拜。最初的人类为保护自身群体，就实行本群体以外的族外婚。最早的人类，又会觉得自己只是动物界的一员，以为自身是源自某种动物，不同的群体（如氏族）认定了各自的动物祖源；后来则亦把一些植物乃至某些无生命的物体当作图腾。其实图腾崇拜的原初意义也就是一种祖先崇拜。[1]

[1] 俞伟超：《图腾制与人类历史的起点》，《古史的考古学探索》1—26页，文物出版社，2002年7月。

如果观察3～1万年前人类最早的艺术品，可见其题材皆为祈求捕猎顺利和生育繁盛，得知人类最初的信仰是包括了主宰捕猎和生育的神灵。直到新石器时代，人类还因自身力量的微弱，以为万物有灵，崇拜多种神灵。但因不同的生存环境，出现多种经济方式，各族群的信仰也就分化为多种形态。总起来说，则无非是自然神和祖神两大类。其祖神，最初是某种图腾祖先；当父系制确立后，则转化为人格祖神。自然神的内容，则依经济方式和一些其他情况而定。大体是在农业社会中，因农作物是在土地上生长出来的，就以为决定农作物生长的土地神有重要的地位；并移入人类繁衍的规律，把生长农作物的土地视为母亲，称为地母神；有的地方则还出现农神。当然，实行父系制后，地神偶尔亦为男性。在渔猎、畜牧、游牧的社会中，则以动物为神的现象很普遍。这种信仰曾延续很久，但当有的族群被其他经济方式的族群征服后，原有信仰会发生变化，不过其经济方式也必先期或同步变化。经济方式同信仰内容总是存在着相应的主从关系。[2]

人类早期信仰的普遍情况，当是理解古代巴蜀文化信仰的基点。

二、成都平原蜀文化兴衰的轨迹

古代蜀文化的分布范围有过不少变动，在其兴盛时期是“东接于巴，南接于越，北与秦分，西奄岷（‘岷’字据《御览》卷四十‘嶓冢山’条改）嶓。”（《华阳国志·蜀志》）这个范围很广，其中心区域就是成都平原。

在今存史籍中，《尚书·牧誓》称周武王灭商有蜀人加盟，商末之时蜀人当是西南一大力量。有关蜀人的起源过程，蜀汉时谯周的《蜀本纪》[3]和东晋常璩的《华阳国志》等书记了不少传说材料。谯、常皆蜀地人，时距蜀人先世不算太远，经他们选定的这些当地居民世代口传材料，类似当今人类学调查的记录，应当包含着蜀人早期经历中最重要的内容。

按照这些记录，蜀人始祖蚕丛本居岷江上游，[4]那里是以畜牧为生的氐羌族

---

[2] 俞伟超：《先秦两汉美术考古材料中所见世界观的变化》，《古史的考古学探索》46—60页，文物出版社，2002年7月。

[3] 此书唐以后一直伪传为扬雄的《蜀王本纪》，1979年徐中舒订正为谯周所作《蜀本纪》，见《论蜀王本纪成书年代及其作者》，载《徐中舒历史论文选辑》（下）1319—1328页，中华书局，1998年。

[4] 《古文苑·蜀都赋》章樵注引《蜀王本纪》：“蚕丛始居岷山石室中。”

的活动区域，蚕丛当为其中的一支。其世系依次为柏濩（或作灌）、鱼凫，后者已南至成都平原西北边缘的“湔山”（今茂汶一带）。不久，滇北昭通一带的朱提男子杜宇和梁氏女利又成为蜀人的王、妃，暗示着那一支居民又加入了蜀人族群。[5]昭通之地富产铜、银、锡，有此矿产基地，青铜手工业应当发生得很早。看来，杜宇所率之众大概促使了蜀人青铜冶铸业的发生或发展。杜宇又“教民务农”，自称“望帝”，“移治郫邑，或治瞿上”（《华阳国志·蜀志》）。看来原先的畜牧经济此时转为农业经济，活动中心到达了成都平原的彭县一带，所谓“蜀文化”当已真正形成。

杜宇又以治水有功的鳖令开明为相，[6]后又禅位给开明，号曰“丛帝”，历世相袭，皆称开明。九世开明移至成都。战国时蜀与秦屡战，攻取了陕南汉中之地。蜀又与巴世为战争。至秦惠文王后元九年（前316年），秦因巴人求救之请而灭蜀，开明氏王蜀十二世而亡，子孙流散于川西。但有一支蜀王之子率众三万至越南北部称安阳王，至秦汉之际被南越所灭。[7]在成都平原，则秦国封蜀王子孙为蜀侯，至秦昭襄王二十二年（前285年）又诛灭末代蜀侯，只置蜀守。自开明氏亡后，秦国为管理蜀地，当然会启用一些蜀人为吏，但蜀人已无自身的政治机构，原有族群自然逐渐解体，慢慢融入两汉时期的，特别是汉武帝以后新形成的汉人族群之中。[8]

由此兴衰过程看，蜀人祖源本为川陇间氐羌之一，在其向平原地区移动时，又汇入一支昭通的居民，而至成都盆地定居后，又有汉时牂柯郡的一支西南夷族融入，并且一定有当地原有土著逐渐融入。蚕丛、杜宇、开明的子孙正因是以蜀地为根基，其文化才被称作蜀文化。蜀文化当含有岷江上游的、滇北的和贵州遵义一带的以及本地土著的三大文化因素。

但这些有关蜀人早期活动的传说，皆未指明时代。《华阳国志·蜀志》曾曰

[5] 《史记·三代世表·索隐》引《蜀王本纪》：“朱提有男子杜宇，自天而下，自号望帝。”

[6] 鳖令多书引作“荆人鳖灵”。《后汉书·张衡传·思玄赋》曰：“鳖令殪而尸亡兮，取蜀禅而引世。”章怀注引《蜀王本纪》作“荆人鳖令”。鳖令即鳖县之令，《汉书·地理志上》牂柯郡下有鳖县，即今贵州遵义，曾为楚国的黔中之地，故汉以后的文献中称为“荆人鳖令”，其实当时并非楚地。

[7] 徐中舒：《交州外域记蜀王子安阳王史迹笺证》，同注[3]引书，1391—1403页。

[8] 俞伟超：《考古学中的汉文化问题》，《古史的考古学探索》180—190页，文物出版社，2002年7月。

"周失纲纪，蜀先称王"，但这并非指蚕丛等早期事迹，而是说蜀人称王自东周时始。《蜀本纪》则取汉代阴阳术数说，把蚕丛的时代上推到3万数千年前。这种说法当然不可靠，所以只能从考古发现来作推测。

据现有考古发现，成都平原乃至周围的地区，自进入全新世后至少是长期人烟稀少，故迄今所见最早的人类文化，只找到距今万余年左右的资阳人，以后则是长时间的空白。也许那时还只有很少的人群，继续使用打制石器而以游猎为生，生活无定处，所以遗址和遗物很难找到。文化的迅速发展要迟到前3千纪中叶才开始。这是近年在新津、都江堰、温江、郫县、崇州和广汉等地见到的一批面积仅为数万至10余万平方米的古城和更小的聚落址所表现出来的。陶器多夹砂粗褐陶，也有灰黑陶等，上有粗细不等的绳纹、菱格纹、戳点纹、波浪纹等，圈足部位或带镂孔，器形以尖底、圜底和花边口沿为特色。有一种灰白陶，则风格迥异。

1999年在重庆市三峡地区的巫山县河梁区迷宫洞找到可能是距今13500年的人类化石和打制石器；又在奉节县鱼复浦发掘到8000年前的打制小石器与捏制陶片共存的遗址，可知此时这一地区还处在游猎阶段。此外，在嘉陵江上游的广元中子铺遗址曾发掘到6000年前或许还晚一些的遗址。这表明成都平原周围的山地，狩猎时期确实延续到较晚时期。到了4500年前左右，类似成都平原诸古城遗址所出的陶器群，近年在重庆市境内长江沿岸亦被发现。[9]两地所出，可归为一个文化系统；至于其整体发展过程及其区域类型，因发现不久，当然还来不及弄清楚。但据重庆市忠县哨棚嘴、中坝和奉节老关庙[10]等地所见，这种文化有自身的发展序列，同成都平原的已知遗存相比，时代基本是平行的。这就知道巴、蜀两地的新石器遗存，并非分别发生的两大文化。这种遗存，东端抵达长江三峡的巫峡地段，与城背溪、大溪、屈家岭、石家河这一文化系列交错为界（据1999年冬季发掘，城背溪可西达丰都玉溪，屈家岭亦在忠县哨棚嘴下层有所发现）。这

[9] 可以重庆市忠县哨棚嘴和中坝遗址的下层遗存为代表。1996年秋季以后，此遗址每年发掘。正式报告尚未发表，其1993—1994年的小规模发掘材料，已见王鑫：《忠县㽏井沟遗址群哨棚嘴遗址分析——兼论川东地区的新石器文化及早期青铜文化》，载四川省文物考古研究所编：《四川考古论文集》19—43页，文物出版社，1996年12月。

[10] 赵宾福、王鲁茂：《老关庙下层文化初论》，同上注引书44—56页。

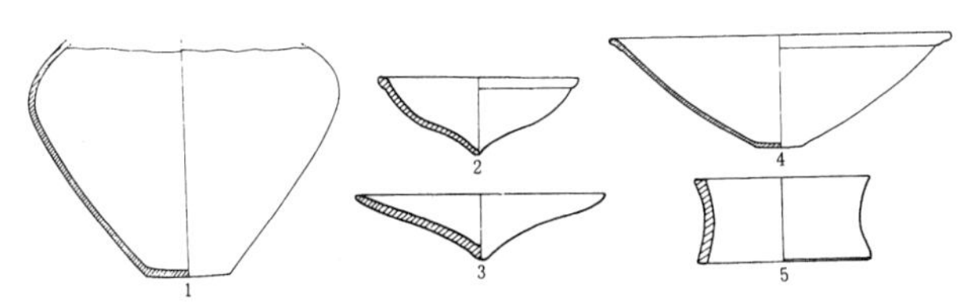

图一 三星堆文化陶器

1. 陶罐 2、3. 尖底盏 4. 平底盘 5. 器座

种分布情况，自然会发生两大文化系列的相互影响。

得此认识，就可看出前述灰白陶和圈足部分的镂空作风，不是从夹砂粗褐陶那种文化的基础上生长出来的，而是来自屈家岭、石家河文化的影响。

那种色泽和泥质结构的灰白陶，在屈家岭中、晚期和石家河早、中期的陶器中常见，却不见于其他新石器文化。在圈足上镂孔，也是大溪、屈家岭和石家河的长期传统。还有成都平原诸古城，其城垣无基槽而主体两侧皆筑出很宽的斜坡，又同石家河的筑城技术一样。有此数端，可以推测在4500年前左右，约有一支长江中游的居民（疑即“三苗”），来到成都盆地。当时，长江中游的文化发展程度要高于蜀地，这就促进了蜀地的文化，兴起了筑城之风。[11]

成都平原的这种新石器时代晚期文化，当为蜀文化产生以前的土著文化。蚕丛、柏濩、鱼凫既是来自岷江上游，其文化应有双耳器发达等特征，可是在成都平原这些古城的遗存中，却没有这种踪迹。杜宇一支来自滇北，但也找不出来自哪一带文化的痕迹。看来，这两支文化此时还没有来到成都平原。

现知最早的蜀文化是广汉三星堆和成都十二桥等遗存[12]。时代主要相当于商代殷墟期前后，同宝墩等遗存仅隔千年左右，而文化却突然有大进步，其间应当得到了新的文化因素的促进。

三星堆文化的陶器以夹砂灰黑陶为主。从器型看，主要源自上述宝墩等新石

[11] 俞伟超:《三星堆蜀文化与三苗文化的关系及其崇拜内容》之“一、早期蜀文化与三苗文化的关系”，《古史的考古学探索》284—291页，文物出版社2002年7月。

[12] 四川省文物管理委员会等：《广汉三星堆遗址》，《考古学报》1988年2期227—253页；四川省文物管理委员会、四川省文物考古研究所等：《广汉三星堆遗址一号祭坑发掘简报》，《文物》1988年10期1—15页；四川省文物管理委员会、四川省文物考古研究所等：《广汉三星堆遗址二号祭祀坑发掘简报》，《文物》1990年5期1—20页；四川省文物管理委员会等：《成都十二桥商代建筑遗址第一期发掘简报》，《文物》1988年12期1—23页。

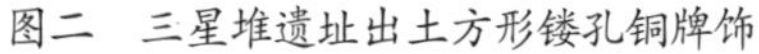

图二　三星堆遗址出土方形镂孔铜牌饰

图三　彭县竹瓦街遗址出土三角援铜戈

器晚期文化的传统，如尖底杯、小平底罐、小平底盆、小平底盘、圈足盘、高柄豆、簋形豆、豆式灯座形器、鸟头把勺等（图一）。有的则是源自夏、商文化，如封口盉。还有少量的鬶，此时在夏、商本土已消失，而在巴文化区和鄂西地区则很多，当从那里影响而来。

三星堆文化的铜器，则主要来自其他文化的影响。三星堆遗址中出的一种长方形弧角镂孔铜牌饰[13]（图二），同二里头文化中以松绿石为饰的铜牌非常相似，源头当是夏文化，又暗示出此时蜀人已新形成为一种青铜文化并和夏文化发生过直接或间接的关系。彭县竹瓦街所出商末周初的三角援铜戈[14]（图三），商文化中几乎不见，而在相当于殷墟期的陕南汉中城固的遗存和陕甘交界地带的西周早期墓中却很多见，可见那里的氐羌之族在商周之际正多用三角援戈。按地望分析，

[13]　《中国美术分类全集·中国青铜器全集》卷13“巴蜀”图63、64，文物出版社，1994年。

[14]　同上注引书图134。

彭县竹瓦街所出当是蜀人的遗存，如再联系蚕丛的传说，有理由推测这种形式（甚至包括其他形式）的铜戈，在蜀地出现的原初来源正是岷江上游。三星堆两个埋藏坑的大量铜器和玉石瑞器，时代相当于殷墟期。其铜尊和罍，以及璧、琮、圭、璋等玉器，显然是商文化影响下的产物；但四棵大铜树和一件大铜人，众多的各式人物、兽面形的青铜面具和人头像，以及大量鸟、兽形的青铜附饰，则是蜀文化独有的。[15]后一部分铜器，如从各种青铜文化的长期传统来观察，在商文化中连类似的风格都没有，而滇池周围战国至西汉的铜器却正多人物和动物的造型。从文化传统积淀状况一般规律来推测，这种造型风格在云南等地不会仅从战国才开始，如果早有源头，那就也可推测蜀文化中的那种文化因素是杜宇那支文化带来影响后发生出来的。

由此分析，三星堆文化主要含有三大文化的因素。蜀文化发展到春秋晚期至战国时，又陆续出现具有秦（含三晋）、楚风格的铜器，这当和秦、楚的攻战以及楚国西境最后扩大到枳（今涪陵）有关。至汉初，又进一步受到关中等中原地区的影响，到西汉中期以后，作为独立形态的蜀文化，则已消失。蜀文化从此退出了历史舞台。

这就是蜀文化的兴衰过程。

三、三星堆文化所见古蜀国的信仰

以三星堆遗存为代表的早期蜀文化，既已以农业为主，又受到过夏、商文化的许多影响，其信仰、崇拜当然也包括在内。

当时黄河中、下游的崇拜内容，在三代之时应当是差不多的，故孔子曾曰“殷因于夏礼”，“周因于殷礼”（《论语·学而》）。这样，《汉书·郊祀志上》追述西周时“天子祭天下名山大川，怀柔百神”的情况，在夏、商当亦大体如此。不过，三代时最高的崇拜对象是天地。甲骨文中正多对天帝之祭。对土地的崇拜，则三代以来一直以社来表示，而社神即地母神是用树为代表物。大体情况为“夏后氏以松，殷人以柏，周人以栗”（《论语·八佾》）。世界各地地神的代

[15] 皆见上注引书，不逐一注明图号。

表物各不相同。三代皆以树为代表，表示出最迟在新石器时代晚期整个黄河中游已是如此；又因三代王朝曾征服各地，以树为社神之俗也就遍布于更广阔的地区。在杜宇以前，蜀人还不是农业经济，当然不会崇尚土地神。但三星堆所出物品中，以四棵铜树最为高大，一望而知应是极受重视的崇拜物，而这就是地母神的代表物。[16]

三代社神是天然大树，但三星堆出的却是大铜树，是否当作社神来祭祀呢？

如为明器，高达数米，不可能放入墓中，只应是真正的崇拜物。从三星堆文化接受商文化的程度来看，夏、商的社祀制度也会影响到蜀地。西周之时是“王为群姓立社，曰大社；王自为立社，曰王社”（《礼记·祭法》），夏、商大概也是如此。蜀人当然可能因受此影响而“大社”、“王社”并列，大铜树即置于“王社”之中，后因战争或天然灾难而仓促抛弃在埋藏坑内。

大铜树的树枝上悬挂了许多铜制仿玉之璧。《周礼·春官·大宗伯》谓“以苍璧礼天。”在社树上悬挂玉璧，又表明早期蜀文化是把礼天和祭地放在一起进行。这是不同于三代的特点。

四棵铜树的底部，两棵较小的环坐三人，双手握持某物，皆残破而尚未能修复，所持何物不明。因其衣冠及神情同于另一件高达2米多的大铜人，可据大铜人所持之物来推测小铜人所持之物。大铜人所持之物从双手中空部位的形状看，很像是琮（原物已脱落或朽蚀而不存）。《周礼·春官·大宗伯》又言“以黄琮礼地”。三个铜人握琮，表示出正在祭祀地母。这更能证明中间的大铜树是地神。

大铜人立于祭坛上，头戴华冠，身着饰有龙形图案的右衽长服，从双手持琮的情况分析，应为主持祭地活动的大祭司。如从原来大概和大铜树放在一起而亦受崇拜的情况来考虑，应是祭地之神。[17]

在三星堆的全部出土物中，以大铜树和大铜人最为突出，可见在早期蜀文化的信仰中，土地崇拜占有极重要的地位。

大量青铜人面面具和人头像，则反映出祖神占有第二位重要的位置。这些面

---

[16] 同上注引书图42—46。

[17] 同上注引书图1—4。

具和人头像，大概是放在木柱上作为祭祀对象。依其大小、形态和发饰，可分为多类，当即代表多代或多支祖神。

最巨型的一件面具，高65、宽138厘米，远远大于其他面具和人头像，无疑是最重要的祖神。这件面具连同另外两件次大的面具，双目作柱状突出，和其他所有面具和人头像不一样，必有特殊地位。《华阳国志·蜀志》称蜀之始祖蚕丛“其目纵，始称王。”过去大家都不明白“纵目”之义，自这几件面具出土后，赵殿增即解为就是这种突目之状[18]。这就可推知这种纵目面具是表示蜀人始祖蚕丛。在各代祖神中，始祖当然地位最高，所以纵目面具做得最大[19]。

另有两件次大的横目面具，脸形同大量的人头像类似，皆为横目。从其尺寸看，在蜀人的先祖中，也当占有非常重要的地位。[20]按诸前述传说中先祖的世系来推测，疑即表示柏濩或鱼凫。

人头像有54件，依其发式、冠形或有无面罩，可分为多种形式（图四）。有的束发于冠内[21]，有的辫发垂脑后[22]，有的辫发盘于头顶[23]，大别之，则为束发和编发两类。史称羌人“被发”（《后汉书·西羌传》），蜀人则椎髻（《全汉文》五三《蜀王本纪》），西南夷中的夜郎、滇、邛都等族亦为“椎结”，更西的则为“编发”即辫发（《汉书·西南夷传》）。蚕丛、柏濩、鱼凫来自氐羌之地，其族群原来当为“被发”，后来则变为“椎髻”。5件最大的面具皆未铸出发型，如有发型，也许就是“被发”。杜宇来自朱提，按其地望，应在“椎结”区域内，蜀人从“被发”变为椎髻可能从此开始。人头像中束发于冠内的，很可能为“椎结”，大概就是象征属于杜宇之后的蜀人。这种人头像中，偶有戴黄金面罩的，应当是历史上地位很高的首领，或许就是象征杜宇、开明。第一世开明为鳖令，鳖县即今遵义之地，在夜郎东北很远，但也是在古之西南夷的分布区内。只是因为后来一度被楚占领，故后代的一些文献曾把开明说成楚人。开明氏的族源既为西南夷，

[18] 赵殿增：《巴蜀青铜器概论》，同上注引书，27页。

[19] 同上注引书图27、28、30。

[20] 同上注引书图33。

[21] 同上注引书图5—7、16—18、20、23、24。

[22] 同上注引书图8—15、21、22。

[23] 同上注引书图19。

图四　三星堆遗址出土人头像

而夜郎等西南夷及蜀人既皆为椎髻，开明氏一族的历世祖神，也应是束发于冠的人头像。另一些辫发的人头像，当是表现西南夷的西部诸族，也许历世蜀人中有的母后来自西南夷中的西部之族，所以也当作祖神来看待，但疑莫能明。

把地神和祖神推定以后，按照青铜时代农业社会的一般信仰情况来考虑，应当还有许多山川之神。三星堆所出一件玉璋上，有一幅细线刻出的祭山图，四排巫师，四排神山，是祭山场面[24]（图五）。还有许多铜器也与祭祀活动有关，可惜具体内容尚难推定。至于那些尊、罍等礼器，则可用于多种祭祀。

总起来看，这个以农业经济为主的青铜文化，其信仰内容正包括了地神或天地之神、祖神和代表山川河泽的多种自然神。

四、三峡地区及嘉陵江流域巴文化兴衰的轨迹

巴人长期以渔猎为生，起源于鄂西的清江流域，又沿着长江向上游发展，并到达嘉陵江流域和汉中等地。在这一大片范围内的巴人，实际存在着东、西（巴东和巴西）亦即南、北（长江三峡和嘉陵江流域）两大支。

史称廪君蛮起于武落钟离山，即今湖北长杨的清江流域，有巴、樊、瞫、相、

[24]　同上注引书28页、插图九。

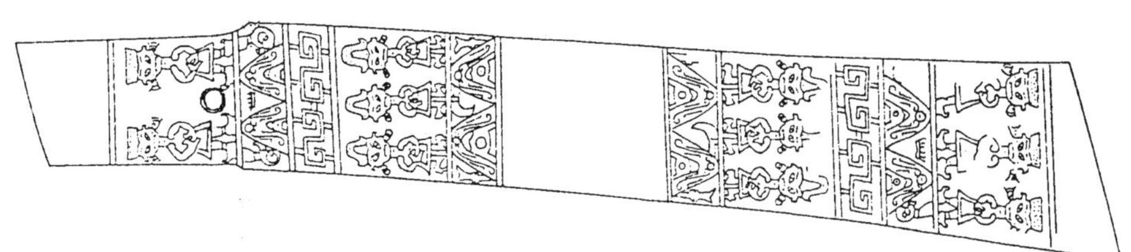

图五　三星堆玉璋上的祭山图

郑五氏，以巴氏为帅。随后向长江三峡一带扩展时，传称廪君曾射杀盐神。三峡地带多盐井，盛产井盐，这一传说暗示廪君蛮曾以武力从原有居民手中夺取这片地方，而这些原有居民，很可能就是哨棚嘴（下层）文化的后裔。巴氏又称廪君的魂魄世代为白虎，说明是以白虎为图腾祖先。当巴人到达嘉陵江流域而形成为两大支后，其界限是很难分清的。大体讲，长江沿岸主要是这五氏巴人，东汉以后曾向荆、湘等地散布，故《后汉书》依其主体归为“巴郡、南郡蛮”。唐宋后南方地区的僚人，即其后裔。

以嘉陵江流域为中心的巴人有罗、朴、昝、鄂、度、夕、龚七大姓，汉时称板楯蛮或賨人。相传秦昭襄王时有白虎率群虎为害，阆中巴夷射杀白虎，平定虎害，秦国即常年免其租算，汉代亦继续下来，故汉时又称为白虎复夷。长江三峡一带的五氏巴人以白虎为祖，而这七姓巴人却以射虎为业，必非一支。但这支巴人直到十六国时的李特一氏，还称为“廪君苗裔”（《晋书·李特载记》），分化当是后来发生的。在嘉陵江上游至汉中一带，本多氐人，巴人来到这里后，与氐人及当地其他族群长期共处，故其血统很杂，而至魏晋以后，又习称为巴氐。地理区域和血缘上后来发生的相异，是将巴人划分为两大支的原因。或许这支巴人最初的血统与蜀人类似，从很早开始就渗入了氐人的成分，所以后来出现的“巴氐”之称，也含有血缘上的意义，即这种族群，是由廪君苗裔和氐人组成的。就魏晋以后出现的“巴氐”之称而言，当然是指七姓巴人的后代而言。那么，五氏巴人和七姓巴人在族群源头方面是否有区别，也是今后要探索的。

嘉陵江流域的巴人，天性劲勇，俗喜歌舞，周武王伐纣时即用为前锋，并因其作战时的“前歌后舞”（《白虎通·礼乐篇》引《尚书》）而传称后世。刘邦自汉中出兵征服三秦时，亦用为前锋，又因见其歌舞即武王伐纣之歌，下令乐人习而传之，成为后来广泛流行的“巴渝舞”。史称巴人勇猛和能歌善舞，是指这支巴人而言。

周人克商后，封“宗姬”为巴子（《华阳国志·巴志》）。巴与楚婚，楚共王正妃为“巴姬”（《左传·昭公十三年》），楚灵王妃亦为“巴姬”（《路史·国名记》），巴曾为姬姓封国是没有问题的。春秋时巴子已为楚的附庸，但楚国曾为巴师的武力而吃惊。巴人又曾伐申、伐庸、伐楚，巴的东界一定曾到达长江北岸楚境之西。至战国时，则楚国逐渐沿江西侵而至于枳（今涪陵），巴的中心只能退到江州（今巴县）[25]。不久后，秦国灭蜀、灭巴（前316年），随即攻占楚的郢都（前278年），这一带悉为秦地[26]。但秦国对巴、蜀的政策完全不同。蜀国早已以农业立国，秦国即在那里实行郡县制。巴则虽为西周封国，但大部分地域还是渔猎经济，多为大姓渠帅掌领的部落，实际并未统为一国，所以秦灭巴后，仍依其旧制，由原有大姓渠帅，统领各姓，实行管辖。这样，自重庆以下的长江三峡一带，巴人的生产、生活原貌，基本未变，涪陵小田溪发现的秦灭巴国以后的巴王墓地[27]，就依然在以前形成的所谓巴人先王陵墓区内。不过，这个墓地的时代要晚到战国至秦代，也许这还不能算作所谓的“先王陵墓”。这就是说，真正的巴人“先王墓地”还有待于寻找，而且至今在涪陵县境内也还没有找到大规模的早期巴文化遗址，也许当时的“枳”，只能理解为在今日的涪陵县一带，或可东至忠县之地。

两汉时期长江三峡和嘉陵江流域及汉中等地的巴人，原有的族姓关系仍很严密，但又受新设县廷的管理，故汉化速度大大加快，其大姓出任官吏的也愈来愈多。这尤以嘉陵江流域至汉中一带为甚，以至汉末从巴西岩渠（今四川渠县东北）移至汉中，并再移至甘肃东南部的李虎一族，至十六国时又流归四川建立成汉政权达四十二年。经南北朝后，北支巴人逐渐消失；南支巴人则不绝如缕。今湖北、湖南、重庆接邻地带的土家族，大约即为南支巴人之裔。

[25] 徐中舒：《巴蜀文化初论》，同注[3]引书1033—1040页。

[26] 以上所述巴人情况，见《后汉书·巴郡南郡蛮传》、《华阳国志·巴志、汉中志》。

[27] 四川省博物馆、重庆市博物馆、涪陵县文化馆：《四川涪陵地区小田溪战国土坑墓清理简报》，《文物》1974年5期61—80页。

据80年代以来的考古发现，在宜昌至重庆之间的长江两岸，包括清江流域，已可把早期的巴文化上推至夏、商之际，而至二里岗上层期后，则遗址增多。其陶器和三星堆文化的很相似，皆为手制，灰黑陶和红褐陶都有。流行鬶和封口盉，但鬶比蜀文化要多。也有尖底或小平底的盂、小罐、杯、灯座形器等，但蜀文化多大侈沿长腹罐而巴文化多高领微侈沿中腹罐；蜀文化多鸟头把勺而巴文化多羊角杯等等。石器多磨制精致的小型斧、锛、凿等木工工具；铜器多鱼钩等小型渔具。这种遗址如包括相当于西周时期的在内，在此地段内已找到百余处，大多为沿江的小遗址，颇似经常移动的小渔村。

但也有一些大型遗址。例如巫山大宁河畔的双堰塘，面积几乎近10万平方米。下游数公里处的河滩李家滩旁还出过兽面纹铜尊，风格极似三星堆出的。上游10多公里处的巫溪县鲤鱼村又出过10多枚铜锭，从铸锭尺寸看，时代不会和铜尊差得太远。这表明早期巴人的青铜手工业也达到相当水平。

又如忠县㽏井沟一带的巴人遗址密集，遗存堆积时间长久。其中坝遗址，文化层竟达10多米，从商代前后到战国，乃至汉代，看不出有很多间断。附近的瓦渣地遗址为烧陶区，烧废之器堆积如小丘，而且器形单一，当是专门烧制某些陶器（盛置盐卤的大、小尖底器）的地点。如联系廪君时即曾用武力争得这一带制盐业的传说来考虑，此时巴人手工业生产和产品交换的专业化程度，当已属于文明时代的范畴。

再如云阳李家坝、巴县冬笋坝、昭化宝轮院等地所见战国至汉初的巴人墓，几乎普遍有巴式的青铜剑、戈、钺、矛等武器随葬，反映出一种既为渔猎之民、亦为战士的全民皆兵的状况。这很能说明当时巴人的社会面貌。

但涪陵小田溪战国末或秦代巴人首领（或可称巴王）墓中所出十四件成套的编钟（八件有错金纹饰）[28]（图六），既表现出此时巴人已模仿中原的宗庙之乐，又说明其首领比一般成员占有更多财富的情况是很突出的。

应当说明的是，巴、蜀两地的兵器是一样的，作为巴、蜀文化乐器特点的青铜錞于和钲，也是一样的[29]。不过錞于在巴文化中要延续到汉代。

---

[28] 同注[13]引书图194、195。

[29] 同注[13]引书图184—189。

图六　涪陵小田溪遗址出土编钟

表现巴、蜀文化自身特征最强烈的是图语式符号与成行的文字（图七）。图语式符号多见于兵器、乐器及玺印上；成行的文字则仅在兵器上偶见[30]。这些符号和文字，现知只存在于战国至汉初，还都不认识，好像刚产生不久即行消亡。这当然同后来的汉化加速有关。

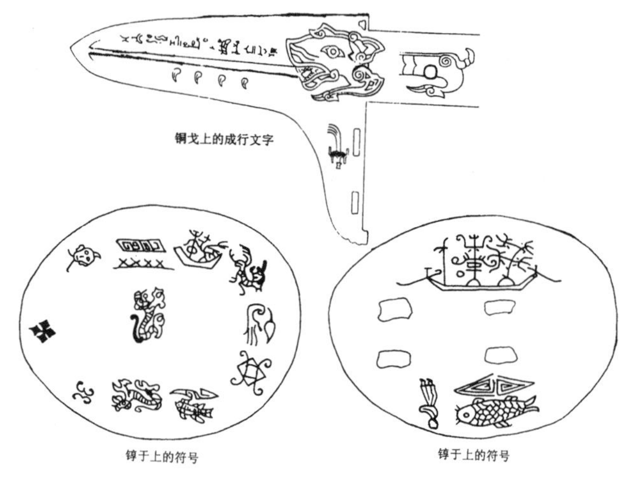

图七　巴蜀图语

但这并不意味着巴文化很快将完全消失。直到今天，土家族的跳丧舞和吊脚楼以及其他民俗，还存有古代的巴渝舞和巴人干栏式建筑的一些遗痕（今岷江上游的羌人，也多干栏式建筑）。汉以后巴文化面貌的递变过程，在以后的仔细寻找中，一定还能看到一部分。

[30]　同注 [13] 引书图 133、136、147、156、157、180—183。

五、三峡地区巴文化中的白虎崇拜

以渔猎为生的巴人，同以农业经济为生的蜀人不一样，不以土地神为重，而且还停留在图腾祖先崇拜的阶段。

此如《后汉书·巴郡南郡蛮传》所曰："巴郡、南郡蛮本有五姓，……（其巴氏子务相能力特异）因共立之，是为廪君。……廪君死，魂魄世为白虎。巴氏以虎饮人血，遂以人祠焉。"

但嘉陵江流域的巴人后来曾以射杀白虎为业，故《巴郡南郡蛮传》又曰："板楯蛮夷者，秦昭襄王时有一白虎，常从群虎数游秦、蜀、巴、汉之境，伤害千余人。昭王乃重募国中有能杀虎者，赏邑万家，金百镒。时有巴郡阆中夷人能作白竹之弩，乃登楼射杀白虎。……（汉末灵帝时）汉中上计程包对曰：'板楯七姓，射杀白虎，立先世，复为义人。'"[31]这清楚说明是阆中的板楯七姓射杀白虎。但《华阳国志·巴志》则作"夷朐忍药何射虎，秦精等乃作白竹弩，于高楼上射虎"，指为三峡地段今云阳之地的巴人射杀。

任乃强以为三峡一带的廪君五氏以白虎为祖，而嘉陵江的板楯七姓则"专以射白虎为事"（《巴志》），所以是"对立之两种民族"，即一为巴族遗裔，一为忠于秦的賨民即板楯蛮[32]。但古今各地的图腾制很复杂，在此制度下多数是禁杀、禁食本族图腾，而有的却允许食用。

比如玻利尼西亚的提克皮亚人（Tikopia），有四个部落以白薯、椰子、野芋、面包果为图腾，但却把这四种植物当作主要食物[33]。这种例子表明以白虎为图腾祖先的族群，不见得必定要禁杀白虎，况且所谓被射杀的白虎，只是隐喻虎神。有无射杀白虎的事迹，可以暗示出三峡的廪君五氏和嘉陵江的七姓板楯是巴人中的两大族群；但射杀白虎既是一种历史的荣誉，后来三峡一带的巴人拿自身来比附也是很可能的。看来，古代曾经并存过两种说法，而范晔及常璩则各取其一。

其实，最迟从周初开始，已经把猛虎同兵士及其将领联系在一起。如《书·

[31] "复为义人"为免其租赋之人，亦即《华阳国志·巴志》所称"白虎复夷"。

[32] 任乃强：《华阳国志校补图注》15 页，上海古籍出版社，1987 年。

[33] Claude Levi — Strauss, Totemism, P. 6, Boston, 1963.

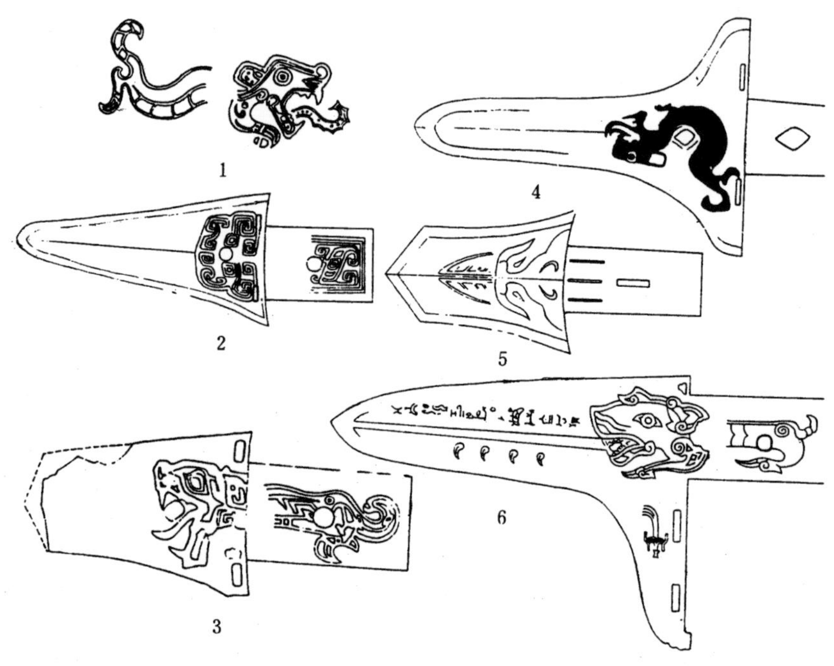

图八　巴人兵器上的虎纹（选自童恩正《中国西南民族考古论文集》）

1. 四川大学博物馆藏品　2. 彭县竹瓦街窖藏　3. 成都百花潭中学 10 号墓出土
4. 成都出土　5. 巴县冬笋坝出土　6. 郫县出土

顾命》即谓周成王崩后，“俾齐侯吕伋以二干戈、虎贲百人，逆子于南门之外”，就是把守卫周天子的勇士叫“虎贲”。《周礼・地官》亦把兵士称“虎士”，又把其将领叫做“虎贲氏”。看来，正因猛虎勇敢，所以自古以来经常把猛虎同战争有关的事物，联系在一起。

如把白虎视为虎神，那么，巴文化的遗存中有无具体表现呢？

有！这就是战国至两汉时多见的虎形图像。

最多见的是战国至汉初巴人青铜兵器上的，尤其是柳叶形剑上的一种侧形虎纹和三角援戈上的虎头纹。有的剑虽无虎纹，剑身作出的斑点纹亦曾被称为虎斑纹[34]。在不少兵器上，则只铸出虎头形（图八）。

[34]　同注 [13] 引书图 159—162 及说明。

还有是长江沿岸秭归、涪陵等地两汉时期墓中的虎形铜带钩[35]。这是它地不见的，当亦是巴人崇拜虎神的一种表现。

最突出的是青铜錞于上的虎纽，《周礼·地官·鼓人》曾笼统说錞于是用于军乐。现知最早的錞于出自江苏镇江王家山的春秋晚期吴国贵族墓中[36]，上亦有小虎纽。錞于既是军中乐器，虎纽当即象征勇如猛虎的战神。由此启示，可推知巴人武器上的虎形图案，大概也是象征战神。

在巴文化中，錞于至战国时才有，也许是受吴越文化影响后才出现的，并一直延续到东汉，甚至更晚一些[37]。巴人的錞于，常常单独出土，颇似汉以后百越文化中铜鼓的出土情况。按照当代人类学的调查，这种铜鼓是祭祀、丰收以及其他许多公共活动中的主要的，甚至是惟一的乐器。如果錞于的用途类似，则虎神将是一种具有主宰多方事物威力的伟大神灵。

巴人的这种虎神，如同射杀白虎之说有关，正为表示捕猎和战争中的勇猛无比，其性质同一般意义上的战神没有多大差别。春秋晚期吴国錞于和战国至汉初巴人兵器及錞于上的虎神，应当就是这种战神；顶多是巴文化中东汉錞于上的虎神，也许已是地位更高的神灵，但现有材料并不能肯定不再是战神。

所谓廪君魂魄世代为白虎的说法，当指图腾祖先。图腾祖先不会见于经常使用的兵器或器皿上，而应出现在更为神圣的场合中。錞于虽然可能在这种场合上出现，但其虎纽的形态早晚差别不大，难以看出从图腾祖先到战神的变化。作为图腾祖先的白虎，迄今尚未能在巴文化中肯定下来。

应当再细加思考的是，带有这些虎形图纹的兵器和乐器，巴、蜀两地都有，而且只流行于战国至汉初，更早的迄今未见。这就应理解为崇拜这种虎神并非巴人特有信仰，而且要晚到战国才出现。可见这绝非表示“魂魄世为白虎”的图腾祖先，而应同射杀白虎那种传说的出现有关。作为战神来看待，就可以拉开同族源的关系，因而巴蜀两地可以共同信奉。从这种信奉情况看，巴人与蜀人精神信仰的接近程度，远远超出了仅从文献记载中得到的认识。

---

[35] 张一品：《长江三峡出土文物精粹》图乙030，中国三峡出版社，1898年。

[36] 镇江博物馆：《江苏镇江谏壁王家山东周墓》，《文物》1987年12期24—37页。

[37] 湖北秭归马营所出錞于，虎纽旁鼓面铸有双鱼纹，是东汉器，见注[35]引书图乙025。

但作为图腾祖先的白虎崇拜在巴文化中肯定是存在的，因为其遗痕甚至一直保留至今。现在巴东、建始、利川等县的土家族家庭，往往还供奉白虎，祭祀雕刻木虎，使用白虎门神；有的门楣、柱础、墓碑或家具上，也常雕出白虎形象[38]。另如当阳等地修有白虎寺。土家族人还用纸或布画虎贴于堂屋，孩子戴虎头帽，穿虎头鞋，以期得到祖先荫护，不受鬼怪侵扰。结婚时铺虎毯，跳丧时唱"三唱白虎当堂坐，当堂坐的是家神。"[39]像这些遗痕，特别是供奉和祭祀使用的，肯定具有图腾祖先的意义。

六、东汉中期以后巴蜀地区神仙信仰的发达

在巴蜀地区，蜀文化早已开始汉化；巴文化至西汉中期后，也日益加速汉化。就其信仰而言，原先那种原始巫术信仰，则渐变为道教范畴的神仙信仰。

就整个汉代来说，至西汉晚期，在当时盛行的谶纬学说的基础上，太平道在齐地形成。自东汉顺帝时起，太平道在黄河中、下游广为传布，关中有骆曜所传缅匿法道，蜀中则流行张陵所创五斗米道即天师道。其后，张陵子张衡、张衡子张鲁，皆传五斗米道，并向汉中一带传播。汉末黄巾起义后，天下混乱，张鲁占有汉中，那里实际已成为五斗米道的政教合一的教区。从嘉陵江畔的阆中至汉中，长期是賨民即板楯蛮的聚居区，此时则賨民几乎都信奉五斗米道。在这种信仰背景中，巴文化中神仙思想的发达，必是日益加甚。就当时整个道教信仰的内容说，又和佛教信仰和西王母等民间信仰交杂在一起。西王母信仰的发源地，即为巴蜀地区，故东汉中期以后这里的西王母图像，到处都会出现。近年巫山的高唐观、南陵、东井坎等地东汉后期墓中出土的一些漆器和木棺上的鎏金铜饰，正多西王母等神人和仙禽异兽的图像。[40]

最突出的表现是从三峡到成都平原，自东汉中期以后流行一种青铜钱树，又习称为摇钱树。通常是在一个陶座上，插立一棵高约1米多的铜树，枝叶繁衍，

[38] 宋兆麟：《三峡民俗琐记》，《中国历史博物馆馆刊》1995年2期92页。

[39] 中华文化通志编委会：《土家、景颇、羌、普米、独龙、阿昌、珞巴、门巴族文化志》中覃诗翠所选"土家族"中的第五章"宗教信仰"，51页，上海人民出版社，1998年10月。（此书为《中华文化通志》第3典《民族文化》之一）

[40] 同注[35]引书图001—005。

悬挂了许多铜钱，还有许多仙人（即羽人）和仙禽异兽，穿插其间，树顶往往立有朱雀。在这种陶座或钱树上，又多以西王母为主要的供奉神像，亦偶尔供奉佛像和菩萨像[41]。由于佛教信仰此时还依附于道教，根据钱树上多次出现的佛像就可以明确地把钱树当作道教遗物来看待。如从钱树的发现地来看，南至云贵，西抵甘青交界地带，东、北为三峡地段和汉中，皆为天师道即五斗米道盛行之地，这也进一步为钱树是道教遗物作了旁证。

东汉中期以后，神仙信仰的发达，是全国性现象；而在巴蜀地区，尤其是巴人的聚居地，这种情况更为突出。天师道信仰对巴人的影响，肯定亦渗入到原有的巫术信仰中，直到今天，土家等族的巫师活动，在许多场合中杂有道教的痕迹。巴人的后裔，后来肯定亦不断受到过佛教信仰的影响，但至今在土家族的巫术活动中，道教的影响远为强烈。这当因汉代的道教在很多地方就是从巫术信仰的基础上发展出来的，从而更容易结合在一起。

七、巴蜀信仰异同的文化背景

细审上述情况，可以得到以下几点基本认识或启示。

第一，在巴、蜀两地，蜀地先进入农业经济的时代。在此基础上，就出现了和中原地区近似的信仰，即以土地或天地崇拜为主，祖先崇拜为次，同时还有山川河泽等自然神的崇拜。正因与当时的中原地区同属农业经济，蜀地的信仰状况同中原相当接近；在具体的信仰方式上，也受到许多中原信仰的影响。

第二，巴人在很长时间内是一种渔猎经济，当其刚步入文明时代时，还是全民皆兵。由于这种经济形态，巴文化中既无地神、农神信仰，而是崇拜一种虎神，就其主要属性而言，也就是战神。因对这种战神的信奉同族源的关系不密切，所以几乎同时在蜀文化中受信奉。巴、蜀的信仰并不一样，但对战神的崇拜却是相同的。

第三，巴、蜀两地相邻，而且最迟从新石器时代晚期起，就存在着同一种文化系统。后来，自夏、商之时已经形成的巴蜀文化，其族源同本地的新石器文化

[41] 王永红：《汉代“摇钱树”的形状及内涵》，《中国历史博物馆馆刊》1996年2期42—49页。

已有差别，并在不同自然环境的条件下，形成为经济方式有异、基本信仰不同的两支文化，但其文化面貌仍有很多相似处，以至如从其器物形态特点出发，亦似可归为考古学文化中的一个大的文化系统。但由此却可看到，仅从器物形态特征的异同出发，不见得能准确地区分出文化系统的差别。

第四，巴、蜀两地的汉化进程不一。蜀地是从战国晚期就已开始的，至西汉中期已达相当程度，并且导致了蜀文化的消失。巴地几乎要到西汉中期才开始，以后的进程则也很迅速，以至许多东汉时期的墓葬，往往难以判断墓主是巴人还是汉人；但如从经济方式、社会结构乃至精神信仰等方面来考虑，这种文化（即使族名有了变化），也很难说已经消失。

第五，在思想信仰方面，蜀地从西汉中期起，就已经出现了一些儒家的重要人物，以至当东汉中期张陵在此创立天师道后，信徒虽然众多，仍没有取代儒家那种主流思想的地位。在巴地，虽然也长期传授儒家学说，但在土著巴人那里，接受天师道似乎更为容易。以至巴西之地，尤如汉中，在汉末建安时代，甚至出现了一个以道教思想为主体的、政教合一的政体达二十余年。在中国的历史上，除了藏族、白族的聚居区以外，这样的政体几乎是仅有的。由此得到的启示是，一当非宗教的儒家学说牢固地成为社会的主流思想后，政教合一的政权就难以出现；如果偶然出现了这种政体，当其尚未真正牢固时，有了外力的进入，这种政权也会马上消失。总起来看，政权结构当然要受到经济发展程度和经济关系的极大影响，但占有统治地位的思想体系，将会起到直接的、决定性的作用。

总起来说，要理解自三代至两汉时期巴蜀文化的异同及其变化情况，只有从文化背景的角度加以整体性分析，才能得到比较深入的认识。当然，上面所作解释的内容，还是因材料不足而只是触及表层，更深入的探讨，只能待之来日。

附记：这是1999年6月29—30日在日本京都“国际日本文化研究中心”举行的“神话·祭祀与长江文明”国际学术讨论会上所作的演讲，题目为《长江上游古巴蜀信仰的文化背景》。收入《古史的考古学探索》（文物出版社，2002年7月）后作了较多修改，并改成本题。

楚墓分期研究的新方法

本报告所发表的297座墓葬，在已发掘的成批楚墓中，其数量只属中等，而且主要是一些小型的和中型偏小的墓。但本报告所表达的研究成果，在楚文化研究的历程中，却具有阶段性意义。这主要表现在两个方面：

第一，对楚国腹心地区的自西周晚期至战国中晚期之际的楚墓，提供了一个迄今为止最为详尽的分期序列。

楚墓的分期研究成果，始见于1957年出版的《长沙发掘报告》[1]。该报告，首次划分出时代属战国的楚墓，但未作进一步的分期。那次发掘的长沙楚墓，都是战国中期以后的，起迄年代很短。在那材料不足、分期研究刚刚开始的时候，能够做到这一点，已属难能可贵。有此基础，要进一步区分楚墓期别的愿望，自然接着就产生出来。

1959年，湖南省博物馆根据1952—1956年发掘的209座楚墓，发表《长沙楚墓》一文[2]，把春秋战国之际至战国末或汉初的长沙楚墓，分为三期，首次对战国楚墓提出了分期意见。但此文并未严格按组合关系来作分期研究，不仅尚未把春秋战国之际和战国晚期至汉初的前后差别揭示清楚，三期楚墓的变化脉络也还是比较模糊的。可以说，整个考古学界对楚墓的分期认识，此时尚处于朦胧状态。

在这样的认识基础上，1957—1958年发掘的战国中期的河南信阳长台关的

[1] 中国科学院考古研究所：《长沙发掘报告》，科学出版社1957年版。

[2] 湖南省博物馆：《长沙楚墓》，《考古学报》1959年第1期。

两座大型楚墓，直到1986年正式报告[3]出版时，仍被误定为战国早期。1965年发掘的战国中期的湖北江陵望山一号墓等中型楚墓[4]因出有“越王勾践”铜剑，亦长期被误认为是春秋战国之际的。1971年发掘的战国早期的长沙浏城桥一号墓[5]，则被定为春秋晚期。1973年发掘的战国早期的江陵藤店一号墓[6]，因出有“越王州句”铜剑，推测此剑是楚人灭越后所得，故将此墓的年代定为公元前334年以后。总之，直到七十年代中期，大家对战国楚墓年代的认识，还带有一定的猜测性。

对楚墓的年代分期有比较清醒的认识，是对湖北当阳赵家湖一带和江陵雨台山的两批楚墓进行大量发掘以后才得到的。赵家湖楚墓的发掘，始于1973年夏，终于1979年8月。雨台山楚墓的发掘，是在1975年11月至1976年1月。两地的发掘，基本是同时进行的。对资料的整理，雨台山则稍稍在前，陈跃钧同志在写出《江陵雨台山楚墓》初稿后，参加了1980年底至1981年元月的赵家湖楚墓总排队的研讨活动，随后并根据这次研讨活动中大家得到的基本认识，调整了部分雨台山楚墓的期别与年代。当《江陵雨台山楚墓》正式出版以后，本报告的编写者，又根据雨台山楚墓的材料，对自己的研究结论作了检验。无论是资料的本身还是整理研究的成果，这两本报告成了难分难解的孪生兄弟。

但是，赵家湖楚墓中的早期墓葬，是雨台山缺乏的；而且又包括了较多的规格略高的墓。因而，对了解楚墓变化过程的主要脉络来说，赵家湖楚墓数量虽然少一些，却更为完整和系统。可以认为，自从认识到了赵家湖和雨台山两地楚墓的分期与年代以后，对判断其他各地所发现的春秋战国时期楚墓的年代已不存在多大困难。因而，自八十年代中期以来，大家已经不再对东周楚墓的年代发生纠缠不清的争论了。

第二，开始实现了在对墓葬按规格进行分类的基础上再进行分期的更细致的形态学研究方法。

---

[3] 河南省文物研究所：《信阳楚墓》，文物出版社1986年版。

[4] 湖北省文化局文物工作队：《湖北江陵三座楚墓出土大批重要文物》，《文物》1966年第5期。

[5] 湖北省文化局文物工作队：《湖北江陵三座楚墓出土大批重要文物》，《文物》1966年第5期。

[6] 荆州地区博物馆：《湖北江陵藤店一号墓发掘简报》，《文物》1973年第9期。

对墓葬进行分期研究的方法，在我国，自五十年代以来已经普遍使用。但长期以来，几乎都把各种规格的墓葬放在一起，进行统一的分期。

在1959年出版的《洛阳中州路》[7]的“结语”中，苏秉琦先生对中州路的东周墓，提出了按规格分类的思想。但整个报告，实际上并未按照这个思想对全部资料作规格上的分类。要做到这一点，就需要将每座墓葬当作一个单位来看待，然后依照各墓整体情况所表现的等级规格加以分类，再依类进行分期。这种依规格分类再分期的方法，当时尚未真正形成。

自五十至六十年代，我国各考古学文化的年代表，几乎都处在创建阶段。当时，材料还很不足，大家又急于想把各文化（包括墓葬）的年代分期先大致确定下来，自然会把当时所见到的、包括不同规格的材料，放在一起，作统一的分期研究。许多古墓葬，尽管规格有别，其间却又总是有相当的时代共同性，因此，不依规格之别先加分类而作统一的分期研究，也是可以得到相当成果的。但是，随着材料的增多和分期研究的深入，我们慢慢感觉到不同规格的墓葬，各有自己的演变轨迹。尤其是当大家希望通过墓葬材料的分析来了解当时人们的社会关系及其变化时，更觉得应当对古墓葬进行分类研究。这次，我们决心进行一次实际试验，对赵家湖楚墓的整理，就是既分期，又分类，即先以墓的整体组合情况为单位，确定全部墓葬的类别，再依类作分期研究，寻找出各类墓葬的期别，最后则按照各类各期墓葬的对应关系，排列出全部墓葬的分类分期序列。总的结论是将全部墓葬分为甲、乙、丙、丁四类，共七期十二段，年代为西周晚期至战国晚期之初，中间并无缺环，而每一类墓的期别并不相同。这就是说，各类墓所代表的社会阶层，其葬俗发生变化是各有轨迹的，而其变化的速度及其频率也是各不相同的。寻找出了这个表象之后，人们当能透过这个表象而思索当时社会的各阶层，在某段历史时期内，究竟发生过哪些变化，而这种变化所反映的社会意义究竟是什么?

当赵家湖楚墓的分类、分期工作基本完成之后，我于1981年6月11日在湖南长沙举行的“楚文化研究会”第一次年会上，曾发表过如下的看法：

[7] 中国科学院考古研究所：《洛阳中州路（西工段）》，科学出版社1959年版。

当人们出现等级之后，其埋葬方式也会出现等级差别。如要通过这些墓葬来了解当时的等级情况，就必须划分和解析这些墓葬的类差。

同一地点、同一时期的墓出现类差既然是常见之事，某一类墓发生变化时，另一类墓就不一定同时发生变化，而且，各类墓发生变化的频率也会相异，因而，即使仅从年代学的研究来说，只有分类寻找年代分期，才能把分期问题搞得更清楚、更准确。

例如，早在五十年代，大家就已分析出东周时期许多地区普通小墓的随葬品，是由鬲、盂、豆、罐的组合变为鼎、盖豆、壶或鼎、敦、壶的组合。这的确是这时期随葬品变化的逻辑过程。但在历史的具体过程中，前一种组合能一下子都变成后一种组合吗？二者有无并存阶段呢？从一般道理来设想，并存阶段是一定存在的，可是怎样才能具体分析出来呢？通过赵家湖楚墓的整理，已能知道如果对成批墓葬进行分类，再寻找各类墓葬的变化序列，同时又考虑到各序列的对应关系，这种交错并存关系就能具体看出来。

还应想到，如果社会的等级关系发生大变化，墓葬的类差情况也会发生相应的变化。在赵家湖楚墓中，就可看到春秋时期乙、丙两类墓葬的差别是相当明显的，而到战国时期则难以区别，这显然反映出了这两类墓所表现出的那种原有的等级差别，至战国时已发生了相当的变化。这种通过墓葬分类工作才能揭示出的现象，提供了一个分析社会关系变化的新基础，从而可把形态学的研究从仅仅解决年代分期问题的程度上升到研究社会关系的高度[8]。

这是从赵家湖楚墓资料整理工作中抽象出来的一些有关类型学理论的新认识。本报告便是根据这种认识而编写的，因而报告本身即是检验这种认识是否妥当的具体材料。为了便于检验，报告之末的墓葬登记表是按类而分期编排的。这是一种编写墓葬发掘报告的新尝试，或有利于对上述方法的了解和便于作肯定或否定的判断。

上述的两点价值能否存在，基础当然在于资料本身能否提供这种价值。但能否认识到这两点价值，关键又在于是否严格按照既分类、又分期的方法进行资料

[8] 请参看《关于当前楚文化的考古学研究问题》，《先秦两汉考古学论集》，文物出版社 1985 年版，243—253 页。

整理。

我们通过这次赵家湖楚墓整理工作的实践，相信这种方法是合理的；并且认为，如果这种认识能被大家接受，其意义恐怕将超出推进楚墓研究的范围，而对整个中国文明时期古文化的研究起一点普遍的推进作用。

本文选自湖北省宜昌地区博物馆、北京大学考古系合著《当阳赵家湖楚墓》，文物出版社 1992 年 3 月版，本文为该书“序言”。后收入《考古学是什么——俞伟超考古学理论文选》，中国社会科学出版社，1996 年 3 月。

考古学理论的进步与楚文化研究的历史前景

近10多年来，我国有一系列重大发现，出现了许多新的重要的研究课题，其中就有楚文化的研究。大量的具体研究成果总会引导出一些新的理论思考，甚至是理论思维的新途径或新方式，而这种新的思维方式的出现和成熟又总是会经过一个或长或短的令人苦恼的过程。就整个中国考古学研究的范畴来说，这种困惑已经发生了。对楚文化研究来说，这种困惑或迟或早也是会强烈起来的。我想，任何学科的进步，都是在一定的理论基点上起步的；理论基点有了提高，各种研究就会进入一个新的层次。所以，为了楚文化研究能取得更好的进步，我们应该回顾和归纳一下70年代中期以来所取得的主要进展及其研究的理论基点，同时把这种研究和世界范围内的考古学理论进步加以比较。有了这样的认识，我们对今后楚文化研究的前景，也许就可以得到一个比较客观的估计。

正是出于这种愿望，下面就从三个方面讲一点看法。

一、70年代中期以来楚文化研究的主要进步

在近20年的时间内，楚文化研究所取得的进步，可谓头绪众多。但为了说明它的主要进步，必须加以概括。我现在概括为五个方面。为了叙述，就会有顺序。有些顺序是因本身存在的因果关系而排定的，但总起来讲却又是互有因果关系的。

1. 关于楚文化概念的明确

要进行楚文化研究，首要的理论基础是必须明确什么是楚文化这个基本概念。

楚文化这个名词，很早就出现在史学研究中。但在考古学研究中真正对这个

概念进行讨论，却始于1980年在武汉召开的中国考古学会的第二次年会。在这次会上，夏鼐先生和苏秉琦先生都对楚文化这个概念，发表了自己的意见；在1981年的楚文化研究会的成立大会上，我也发表了意见。这些意见，并没有太大的原则性区别，都认为应从时间、空间及文化特征诸方面来规定楚文化的界限，其中，文化特征是最重要的。

在整个中国考古学的研究中，楚文化概念的提出，要晚于商文化、周文化、夏文化概念的提出。把历史上某一民族文化的概念同具体的考古学遗存结合起来，一直存在着认识上的分歧。在很长时间内，特别是在20世纪70年代末以前，许多人甚至没有把文化特征当作确定其文化性质的主要方面来看待。但是通过70年代对夏文化的讨论，已有愈来愈多的人达到了这个认识。所以，有关楚文化的概念。自从1980年提出以后，并未发生很大争论而取得了基本一致的认识。当然，当时整个中国考古学界，都把器物的形态特征视为考古学文化的主要内涵，所以此后大家基本上也是从器物的形态特征方面来观察楚文化的形成、发展、变迁及其和其他文化的关系的。自80年代以来，大家就是根据这种观念来探索楚文化的渊源及其变化过程，而这两方面的探索几乎是同时并进的。

2. 西周晚期以后楚墓年代学的基本建立

任何考古学文化的研究，排出它的年代表可说是第一步基础工作。许多考古学文化的研究史，正说明大家都是这样来考虑的。

在考古学遗存中，墓葬材料的组合关系比较简单，所以在年代学的研究中，一般讲是墓葬的分期工作进行得比较系统。在楚文化的年代学研究中，也是首先建立起了楚墓的分期序列。

1957年出版的中国科学院考古研究所编写的《长沙发掘报告》，首先开始了这方面的研究。1959年发表的湖南省博物馆编写的《长沙楚墓》一文（《考古学报》1959年第1期）继续作了研究。以后，湖南、湖北等地的朋友还一直对一些新发现的楚墓，进行个别的断代研究。但总起来讲，由于当时对年代学研究的理论思考还很粗略，也由于材料不足，楚墓的年代学研究此时并不系统，具体结论也难免不准确。

到了80年代初，这种研究有了大进步。那时，因为湖北当阳赵家湖和江陵雨台山的发掘，得到了800座左右的自西周晚期至公元前278年白起拔郢以前的楚墓材料，有了建立起那段时间楚墓分期系列的资料基础；另外，对考古类型学此时也已有了更为细致的认识，于是，从1980年冬开始，就对赵家湖资料进行了一种先按墓葬的整体规格进行分类，再逐类寻找期别，最后又排列各类各期墓葬在年代上的对应关系的工作。由此而得到的最大收获是看到了当时社会不同阶层葬俗变化的不平衡性，并可从而思索它反映的社会历史意义。赵家湖楚墓分类、分期工作的最大价值，在于已把类型学的研究纳入到社会史研究的范畴。如果仅就分期、断代的意义而言，建立了这个楚墓分期的基础之后，也就很容易理解安徽寿县一带战国晚期楚墓在形态学上的合理位置，并得到了寻找西周中期以前的楚文化遗存的器物形态学上的可靠基点。可以讲，自从排出了赵家湖及雨台山的楚墓的年代序列以后，不论何地的楚墓，一看就会知道是什么时代的。所以，至少对于西周晚期以后的楚墓来说，其年代学已经基本建立起来了。

3. 开始了寻找楚文化渊源的工作

关于楚文化的来源问题，从30年代起已经在古史或金文研究中被提出来了。但是从考古学上来真正探索这个问题，却要迟到80年代才开始。那是因为考古学中的楚文化的概念，要到80年代时才明确。有了这样的概念，才有可能以已经认识的楚文化遗存为基点，往上追溯其渊源。

关于楚文化渊源的探索，湖北省、宜昌地区、荆州地区的考古工作者和北京大学、武汉大学考古专业的师生，曾在80年代前半期于鄂西等地作了五、六年时间的专门探索。大家以赵家湖西周晚期楚墓的遗存为基点，往上追索。他们跑遍了沮漳河两岸，包括荆州地区西部以及三峡的许多地点。如果以器物形态学为依据，则可以肯定楚文化遗存在这一带可以上推到西周中期左右；属于西周早期的遗存，仅个别地点有零星现象（如松滋博宇山，或称苦竹寺）。正因如此，在鄂西一带探索楚文化渊源的工作就暂时搁浅了。

河南南阳地区的考古工作者，在本地区进行过相当普遍的考古调查。从整体情况观察，这一带商时期的文化面貌，缺乏长江中游的影响，也看不出东方文化的因素，而是以商文化的影响为突出。可以肯定为西周前期的文化面貌，现在还认识不清。淅川境内个别地点的遗存，有可能属于这个时期，有些陶器也带有一定的楚文化的特点，但毕竟材料太少，难以作出比较具体的推测。

所以，有关楚文化渊源的探索，目前正处在迷惑不清的困境。这就可能迫使大家去寻找新的思路来探索楚文化的形成过程。

在80年代初刚刚探索楚文化的渊源时，认识是很简单的。大家往往以为这个文化会是一脉相承的，西周晚期的楚文化面貌既然已经清楚，就可以一步步一直追其前身，直至新石器时代。但如果无限地上溯，岂不就将到达人类的起源时期？当然不能这样来思考。于是，就把五、六千年以前的新石器时代文化作为寻找的上限，我还写过《楚文化的渊源和三苗文化的考古学推测》一文（见《先秦两汉考古学论集》，文物出版社，1985）。但在追索楚文化渊源过程中不断遇到的文化中断、空白和突变现象，终于使我慢慢领会到西周以后存在于长江中游的楚文化，大约是有多种文化因某些历史的因缘或机遇而在一段不很长的时间内综合而成的。如果仅作单一连续线的观察，有可能将永远找不到楚文化的源头。假如从这种思路出发来考虑，则最初的楚文化，便可能包括本地的土著文化（如果形成于鄂西，这便是江陵荆南寺、沙市周梁玉桥那种商时期的遗存）、早周文化（鬻熊曾为文王师，那时的楚文化理应受到早周文化的影响）等文化的因素。由于荆南寺和周梁玉桥的遗存本身又包括了具有石家河文化（或称湖北龙山文化）传统的土著文化以及商文化、三峡青铜文化（即巴文化）和南方的几何形印纹陶文化（即早期百越文化）等多种文化因素，楚文化的源头实际是更加复杂的。具有如此众多源头的楚文化，如果和本地原有的文化相比，恐将面貌一新，堪称为是一种新出现的文化。

所以，关于楚文化渊源问题的解决，并不仅仅在于考古发现，还需要思路、观察角度和分析方法的更新。也就是说，即使解决问题的材料已经具备，如果不能作出合理的解释，也将永远不得真相。

4. 文化因素分析法的广泛运用

据现有发现，即使在远古的旧石器时代，各地的考古学文化就是面貌不一。在上面讲的楚文化形成的问题中，也阐述了楚文化源头的多样性。在两周时期的楚文化发展过程中，更是不断地涌入过许多其他的文化因素。所以，要正确地研究楚文化的发展过程，必须运用文化因素分析法。

就此方法的实质而言，如果所谓的文化因素主要是指器物特征所表现的文化属性，那也就是一种类型学的分析方法，不过是扩大了视野，把它运用到分析某一考古学文化所包含的其他文化因素的方面。实际上，当这种方法的理论概念形成以前，人们在研究各种考古学文化的相互关系时，已经不同程度地运用了这种方法，所以在我国的类型学研究建立起了"区、系、类型"理论以后，就很自然地概括出了这种概念。

1981年发表的李伯谦同志的《试论吴城文化》(《文物集刊》第3集，文物出版社)，已经运用了这种方法。1985年6月，我在楚文化研究会的第三次年会上，则就这种方法讲了一些略有系统的看法，正式提出了文化因素分析法的概念(《楚文化的研究与文化因素的分析》,《楚文化研究论集》第一集，荆楚书社，1987年；又见《考古学是什么》，中国社会科学出版社，1996年)。接着，李伯谦同志于同年11月又在山西侯马召开的晋文化研究座谈会上，讲了《晋文化研究中如何运用文化因素分析方法的问题》。显然，那时这种方法已经成熟了，因而以后就迅速被许多人所运用。

正因运用这种方法的日益普遍，使得划分楚文化内部的区域类型的研究，能够迅速开展起来；若干楚国古器物的形态学研究，也深入探讨了与其他文化的关系。可以认为，文化因素分析方法的成熟及其逐渐普及，是近十年来楚文化研究方法的一个基础性进步。

5. 关于楚国都城的探索

对于楚国都城的探索，无疑是楚文化研究中大家最关心的问题。史载楚国最初都于丹阳，楚武王时迁郢，白起拔郢后迁都于陈，后又东迁于安徽境内，最后定都于寿春被秦所灭。在这些都城中，丹阳至今无踪迹可寻；50年代时在江陵找到的纪南城，长期被认为是春秋初期以后的郢都；陈及寿春的城址在80年代时也已被确定下来。自70至 80年代，又对纪南城进行了多次发掘，确定了此城实为战国时期所建。于是，春秋时期的楚都究竟在哪里，突然成为一个难以解决的问题。

关于丹阳及郢都的位置，历来就存在着差异很大的说法，现在也依然争论不止。但是，通过纪南城的发掘，战国时期楚都的城门、宫殿基址、一般建筑物的特点，已经得到了初步了解。所以，西周的丹阳及春秋时的郢都虽然仍未确定下来，但对于楚国都城遗址的探索，无论如何也应该看作是楚文化研究中的一种重要成果。

对都城探索的重视，当然不能意味着对一般城市研究的忽视。自60至70年代于纪南城以西约40公里的范围内所找到的同时期的万城和季家湖古城，即使仅就纪南城本身的研究来说，也有重要意义。因为在那个时期，竟然在40公里的范围内，同时存在着3座城市。这在考虑它们所反映的人文地理意义方面，显然具有重要价值。德国学者对于古代城市的研究，曾从人文地理学的角度，提出一种选择交通距离最短而取得能源最为方便的六角形分布的理论。对楚国古城的研究，也应该从这种宏观的角度，对城市生活同周围自然环境的关系以及人文需要等方面，进行多学科的综合考察。

上面所讲的五点，便是近一、二十年来在楚文化的考古学研究中所取得的最主要的进步。这些成果的得到，当然基于大量具体工作的积累，但更重要的却在于理论、方法的提高。

二、国际范围内60年代以后考古学理论的进步

二次大战以后，科学技术有重大进步，人文学科的思潮也发生很大变化。这两方面都对考古学研究发生很大影响。前者首先表现在对古代遗存的年代确定方面，接着并突出表现为愈来愈深入地研究环境对于形成古代人类文化特征的制约作用方面。后者则集中表现为扩大了考古学文化这一概念的范畴。说得具体一点，也就是过去的考古学家是把器物、建筑物、墓葬等物的形态特征及其组合，当作考古学文化的主要内涵，人们可以根据这些特征及其组合的变化，查明考古学文化的发展序列以及各考古学文化的相互影响乃至其迁徙过程；而现在，则认为考古学文化应当包括物质的（或称技术的）、精神的（或称意识的、观念的）、社会的三大方面。这样，研究考古学文化，不仅可以了解过去人们族群的发展、变化、迁徙过程，还可以探讨古人意识形态和社会关系的变化。由此而引起的深刻思索是，环境、技术、意识和人们的社会关系究竟存在什么相互影响？这实际已迫使考古学家不得不作哲学的思考。60年代在美国首先出现的“新考古学”，就总体而言，其哲学基础是文化唯物主义，他们引入文化人类学中的适应性理论，认为

古代人类文化的特征所以是这样或那样，是为了适应环境。他们的研究内容，不仅在于归纳出考古学文化的具体特征，还要探索古人的行为过程，乃至其文化发展的规则与动力。其研究方法，则已不仅使用归纳法，还应用了演绎法。到80年代中期以后，更出现了一种强调古人主观意图对其行为发生重大影响的"后过程主义"理论，尤其重视探讨考古学遗存中包含的有关意识活动的内容。

就考古学发展的全过程来看，自19世纪中期至20世纪中叶，考古学研究的主要内容是记录已发现的古代遗存，排列出他们的序列，重新恢复已被人们忘却了的人类已逝生活的具体内容。到60年代以后，则在努力解释已发现的古代遗存，寻找其发展规律。如果放在人文学科的整体环境中来观察，则我们又会感觉到当19世纪中期考古学刚刚出现时，考古学家最关心的问题，例如从猿到人，从石器时代到青铜时代到铁器时代等问题，也是哲学家、社会科学家最为关心的问题；但在以后近百年的过程中，考古学家由于花费了最大精力去研究各种具体问题，却好像渐渐不关心社会科学热衷讨论的问题；而现在，则又重新研究社会科学中的重大问题，开始向社会科学的大家庭回归了。

参与的学科在日益增多，研究内容的本质却在返本归朴，是二次大战以后考古学进步的趋势。

三、楚文化研究的历史前景

预测科学发展的前景是有可能的，但也是极为困难的。对楚文化研究前景的估计，当然也是这样。

如果参照世界考古学发展的过程来考虑，已有的楚文化的考古学研究，主要还是从取得考古学遗存的资料，并根据形态学的研究来建立其发展序列，探索其技术进步这几个方面来进行的，大体上还处于考古学的记录阶段。今后，自然也应当扩大楚文化的范畴，从技术的、精神的、社会的三方面来进行研究和解释。

1987年冬，我在武汉举行的楚文化国际学术讨论会上，曾提出了应该进行楚文化的整体研究这一设想；其中，特别强调了要注意意识领域的研究。听说，那时有不少从事楚文化的考古学探索的朋友，以为这种说法未免太玄了。其实，在世界范围内，对于许多考古学文化的探索来说，已经这样做了。

事实上，从80年代以来，对楚文化的考古学研究，已经开始了有关精神领域和社会关系的探索。即使今天并不明确提出要从整体角度来研究楚文化，客观的趋势也还是在向这个方面前进。但是，如果我们明确意识到这一点，则将能加快这个进程，并且可以使整个人文、社会科学界来关心楚文化的研究，扩大楚文化研究的队伍，最终使楚文化的研究能很好地为现实世界服务。

科学进步的轨道是客观的。为了能比较清醒地认识到这条轨道，我们应当努力观察全世界的科学进程。我今天所作的有关楚文化研究在近十多年来的进步及其与国际考古学研究进步的简单比较，就是为了寻找合理的前景方向。是否妥当，请大家指正。

1992年9月4日在河南淅川举行的“楚文化研究会”第六次年会上的讲话，原载楚文化研究会编：《楚文化研究论集》第四集，1—9页，河南人民出版社，1994年6月。后收入《古史的考古学探索》，文物出版社，2002年7月。

“三危”地望的新揭示

四川广汉三星堆的发现，至今正逢十年。这个发现，因内容丰富与奇特，震动了全球考古界，故十年以来有关著述之多，推论之广，皆属少有。但在近代的史学或考古学研究中，每当有一种重要的新材料出现后，必是文章纷飞，宏论左右，需要等到弄清了若干表面现象，并找到了新的研究角度或方法，才会出现巨著，把有关的研究推上一个新高峰。选堂先生的《“西南文化创世纪”——殷代西南部族地理与三星堆文化》，便是这种巨著。

我所以把此书誉之为巨著，首先在于书中提出了一种研究中国古史的新方法——“三重证据法”。20世纪20年代时，由于甲骨文及大量古物的新发现，王观堂先生提出了“二重证据法”，主张以历代文献与出土古物互证，从而把中国三代古史的研究推进到一个新阶段。在时间过去了70多年后，由于大量的考古发现，也由于考古学理论的进步，已大致构筑起了中国的考古学文化谱系的框架，也愈来愈清楚地看清了各考古学文化相互之间的联系与影响。正是在具备了这种新的研究基础的条件下，选堂先生便提出了“三重证据法”，主张还应当根据古代各族活动区域的地望来钩沉古史。此书即以三星堆的发现为契机，重新审核了甲骨文中有关商代西南地区各族群的地望，相当全面地使商时期西南地区各族群与商文明的本来关系，能够重显于世。

我所以把本书称为巨著，另一方面的道理就是选堂先生又具体论证了甲骨文中有关当时西南各部落集团或称族群的地理位置，并与已有的考古发现相互印证，重新对商代武丁以后西南各族群的地望作了全局性的推定。有了这个新的推定，三代时期西南古文化的“创世纪”面貌，才可能真正被勾画出来。

自《尚书》以来，传世文献中存在着许多夏、商、周王朝与西南各族相互关系的记录。但因时间渺远，加上各族频繁迁徙，传说增多，谬误滋生；至汉代以降，则更是歧说纷纭，莫衷一是。选堂先生所构筑的新体系，自然要力排许多旧说。但这个新说，恰恰得到了若干考古新发现的支持，自然可以认为大大胜过旧说。

这里略举其三：

一、此书论述古蜀国的辖区可包括川康滇高原，以雅砻江、若水为中心，北抵汶川、武都，东至犍为，南及昆明。今知商周时期的青铜文化，若以戈、钺等武器为言，自三星堆至陕南汉中、关中西端的宝鸡茹家庄、竹园沟和陇东的灵台一带所出，正表现出文化上的密切关系。这种青铜武器形态上的共同性，无疑能暗示出这几个地点的青铜文化至少曾经具有一体性。

二、此书论述了甲骨文中的𢀛方即工方，𢀛字当释为邛，𢀛方含有后之邛郲、邛都；𢀛又与沚交战频繁，而沚冒伐巴方之事特多，足证沚与巴为邻，沚又与𢀛相近。自80年代以来，特别是自1994年以来，由于长江三峡地区大规模考古工作的进行，已知商时期巴、蜀两文化的面貌本是非常接近的，而且，都受到商文化的很大影响；如果联系到这两个文化的发展总过程来看，还可视为原是兄弟或姊妹关系。考古学文化所表达出的这种关系，又进一步支持了推定𢀛方在巴、蜀相近之地的新解。

三、此书把“三危”的古地定在四川境内岷山附近的新解，纠正了汉以来古之“三危”在陇西或敦煌两地之说。书中把甲骨文中董作宾旧释的“下旨”，改释为“下危”；并据甲骨卜辞中多条有关“下危”及“危方”材料，推定“危方”近于岷山，而“危方”因有上、中、下之分，故又称“三危”。在古史传说之中，尧、舜、禹时期位于洞庭和鄱阳两湖之间的“三苗”，在长江流域是力量最为强大的部落集团。古籍中又多“三苗”经尧、舜之际和舜、禹之际两次来自黄河流域的打击之后曾发生“窜三苗于三危”（《书·尧典》）的记载，留在当地的三苗余众，遂即衰微。古史中的尧、舜、禹时期究竟相当于考古学文化序列中的什么阶段，至今尚难肯定，但在长江中游一带，则可大致判明应属屈家岭文化至石家河文化之时。在长江中游的石家河文化的遗存中，陶鬶颇多见。这是源自东方大汶口文化的器物，至山东的龙山文化阶段又通过河南之地传到了长江中游。长江中游石家河文化的西界在三峡中的巫峡地段，此时期陶鬶的西传，也就到此为止。再往西，在同时期的文化遗存中就见不到陶鬶。但在以三星堆等遗址为代表的夏、商时期的蜀文化和以忠县㽏井沟等遗址为代表的三代时期的巴文化中，却再度出现陶鬶、陶盉，并一直存在到西周时期。这显然是在石家河阶段以后才传到巴、蜀文化之中的。它是从什么文化中传来的呢？过去，始终令考古学界困惑不解。现在，既然能把古之“三危”定在岷山一带，疑团就豁然解开了。尧、舜之际和舜、禹之际三苗既然曾经窜向“三危”，原来流行于长江中游的石家河阶段的陶鬶，自然就带到了蜀地和巴地，并影响了巴蜀文化而成为一种本身的传统，长期沿用下去。如按“三危”是在陇西或敦煌之说，为什么在那里反而见不到这种影响？三苗窜于“三危”之后，带去的文化因素，当然不止给那一带增加了陶鬶、陶盉，但仅此一事，亦有力地证明了旧说之非和新解的正确。

三代时期西南古文化分布的空间范围非常广阔，文化的分支又多，而且在长期的发展过程中，又不断受到其他古文化的影响，其文化面貌是相当复杂的。现在选堂先生独具慧眼，在大量甲骨文材料中，钩玄索沉，去芜取精，对商时期西南地区的众多部落集团，构筑起了一个新框架或新的体系，对中国古史研究来说，当然是开辟了一条新途径，登上了一个新高峰，功德巨大。

1996年8月11日，于中国历史博物馆

（此文是为饶宗颐先生所撰《西南文化创世纪——般代西南部族地理与三星堆文化》一书所写“序言”的主要内容）

附记：今读《文物》2000年8期中新发表的赵平安释甲骨文中的“[illegible]”和“[illegible]”一文，将上述“危”字改释为“弁”，以为“下危”即西汉武都郡中的“下辨”，但无只字解释“上危”，故上述饶宗颐先生之说，似仍未能真正驳倒。

2000年11月22日

后收入《古史的考古学探索》，文物出版社，2002年7月。

三星堆文化在我国文化谱系中的位置及三星堆遗址的古地望

20世纪80年代广汉三星堆和成都十二桥的发现刷新了对早期蜀文化的认识。1986年，我曾在广汉就这些新发现发表过意见。这些年来许多学者已经对早期蜀文化做了大量研究，但我当年的一些看法，仍有可供参考之处，所以现在重新整理成文，就正于读者。其中，当然补充了一些最近的新认识。

一、关于早期蜀文化和早期巴文化在我国考古学文化谱系中的位置

我国古代的蜀文化和巴文化，分布地区有别，但却彼此相邻，其文化面貌尽管有差别，却有很大的相似性。也就是说，早期蜀文化和巴文化虽然各有自身特征，如果和同时期其他考古学文化作比较，其共同性就很突出，可以把二者划在一个大文化圈（区）内。蜀文化和巴文化是这个大文化圈（区）内的两个亚文化。

三星堆遗址早在1929年就被发现，1934年又进行过发掘，但在考古学中开始出现巴蜀文化之名，却要迟至抗日战争时期。那时，转移到大后方的一些学者，忽然见到许多出自四川的战国前后的巴蜀铜器，有很强的自身特色，就提出了"巴蜀文化"的命题。但当时有关巴蜀遗存的正式发掘，仅前述1934年的一次小规模工作，所以对巴蜀文化的认识，主要是从流散品中所见某些铜器（尤其是铜兵器）上得到的。至50年代初，通过对巴县冬笋坝和昭化宝轮院的正规发掘，人们才对战国至汉初的巴蜀文化（其实主要是巴文化）有了比较系统的认识。50年代晚期以后，则在长江三峡地区和成都平原的若干地点，又找到一些商周时期的巴蜀遗存，但与战国前后的巴蜀遗存差别较大，许多人在相当长的时间内不敢轻

易地把二者作直接联系。直到70年代末以来，为了配合即将进行的长江三峡水库建设，在长江的西陵峡地区做了大量的考古工作，发现了一系列早期巴人的遗存，接着又在成都平原发掘了三星堆、十二桥等早期蜀文化的遗存，终于使大家把相当于三代之时的早期蜀文化和早期巴文化确认下来。

三代时期我国境内的一些大文化圈（区），已能认识其族属的，主要有夏文化、商文化、周文化（包括先周）、东夷文化、北狄文化、羌戎文化、秦文化、楚文化、燕文化、齐文化、越文化（包括吴文化）等等。巴蜀文化是这些大文化圈（区）以外的另一个大文化圈（区）。

相当于商代前后的早期巴蜀文化的共同特征如：陶器基本为手制，流行鬶或封口盉，多小平底或尖底的盂、小罐、杯等器皿以及灯座形器；石器多小型的磨得很精致的斧、锛、凿等木工工具，并已出现青铜器。不同之处如：蜀文化多盉而巴文化多鬶；蜀文化多喇叭形大侈沿长腰罐而巴文化多高领微侈沿中腹罐；蜀文化多鸟头把勺而巴文化多羊角杯，蜀文化多璧、琮、圭等玉石瑞器而巴文化缺乏这些玉石瑞器；蜀文化多大型青铜礼器而巴文化中多鱼钩等小型铜工具；蜀文化已出现了大型城址而巴文化多小型的以渔捞经济为主的迁移不定的遗址。从文化发展高度来看，蜀文化要胜于巴文化。但是，近年来，已在三峡中的巫峡地段至云阳、忠县一带发现了大型巴人遗址，周围还找到过类似三星堆遗物的青铜尊及铜锭等物。早期巴人的文化发展高度，显然比十多年前的设想要高一些。

这种早期巴蜀文化的源头，现在还看不清楚。如果按照《后汉书·南蛮传》和传扬雄《蜀王本纪》（有严可均辑本，见《全汉文》卷五十三）的记载来看，巴人的起源地应在鄂西的清江流域一带；蜀人的起源地则好像是在岷江上游再迁移到成都平原一带。在清江流域至西陵峡地段再沿江至宜昌一带，已经找到过许多自夏代至商代前后的早期巴人遗存。在这一带更早的新石器遗存是石家河文化，再早的是屈家岭文化，更早的是大溪文化，还要早的是城背溪文化。这个文化系列，基本与江汉平原（特别是鄂西地区）相同，看不出与早期巴文化有什么直接联系，可以认为不会是早期巴文化的直系祖先。成都平原的比早期蜀文化更早的遗存，如以三星堆遗址区内月亮湾附近西泉坎的那种以具有灰白陶为特征的遗存为例，则还不能确定其为蜀文化前身的必然性。这种遗存的年代，据^{14}C测定，距今4500年左右。如从陶质陶色的特点看，其中的灰白陶近似于鄂西地区的石家河文化早期阶段的遗存，但另一些陶系不同，而且器形很不一样，显然是一种本地土著文化的遗存。据1994年的三峡考古普查，从巫峡一带往东，直至鄂西的江汉平原，新石器文化的系列就是城背溪、大溪、屈家岭、石家河；而由此往西，则是另一个系列的新石器文化，西泉坎的遗存，就是属于这个系列的。这个系列的新石器晚期遗存，与蜀文化和巴文化的源头有什么样的关系，现在还说不大清楚。如果巴、蜀文化都是从这个系列再经过突变（当然包括接受其他文化的影响）而形成的，则传说中的巴人蜀人起源地，只能说是主体族群的来源地，当地原有的居民及其文化就逐渐被融合掉了。

三星堆、十二桥遗址中的一部分陶器、铜器和玉器，显然是在黄河中游的二里头和商文化的直接或间接影响下才发生的。在陶器中，最突出的是盉（大量）和鬶（个别）。就这两种器物发展的总体过程来看，大汶口文化晚期就出现鬶，盉则是在二里头文化中发生的。在长江中游，鬶在石家河文化中亦已出现，盉则尽管在相当于二里头阶段的遗存中已可见到，却大量存在于相当于二里岗上层及殷墟阶段的遗存中。在三星堆和十二桥遗存中，盉的延续时间也很长。盉的原生地是黄河中游，铜盉可延续到东周（形态当然已发生变化），但陶盉至商代已几乎不见。器物的传播规律是，同一种器物在次生地的出现时间，不会晚于原生地的消亡时间，而在次生地的消亡时间，则可能与原生地的消亡时间相同，也可能早于或晚于原生地的消亡时间。早期蜀文化中陶盉的发生时间，当不会晚于二里头时期，否则它就成为无源之水，无根之木，根本不会发生；但它的延续时间，显然要远远长于黄河流域。所以，要判断蜀文化中的陶盉的年代必须排列其自身的演化顺序，不能简单地同黄河中游的同类器物相比。

巴蜀青铜器中的三角援戈，也应当用同样方法来判断其年代。三角援戈在黄河中游出现于商代的殷墟阶段，下限约在西周早期。但在巴蜀文化中，直至战国时期还大量使用，据近年宜昌地区的发现，还见到了可晚至汉晋时期的三角援铜戈（器物存宜昌市博物馆）。

从总体看，三星堆的遗存，主要是相当于商时期的。其中的两个器物坑，则是相当于殷墟阶段的。这时期的蜀文化，已接受了大量商文化的影响。

在青铜工艺方面，最突出的是出有大量商式戈与商式的罍和尊。

巴蜀文化中流行商式戈的情况，早在40年代就已看到。但早期巴蜀文化中流行商式罍与商式尊的情况，则是有了三星堆的发现才清楚的。早在70年代，湖北省宜都县的清江沿岸，就发现过一件商式罍（原件今存宜昌市博物馆），由于其形态和纹饰同郑州白家庄二里岗上层文化墓中的出土物极为相似，它究竟是商人所流传到当地的，还是那一带的巴人所铸，当时疑莫能定。现在，三星堆的两个器物坑中竟然出土了那么多的商式罍和商式尊，宜都所出二里岗上层式的铜罍就应当也是早期巴人的制品。80年代时，巫山县大宁河畔又发现了一件商式尊，形态、纹饰同三星堆所出非常相似（器存巫山县文化馆），这就进一步证明早期巴人也同早期蜀人一样，铸造着商式的罍和尊。

根据三星堆器物坑中的全部出土物，早期蜀人在模仿商文化的青铜器方面，主要是仿造罍和尊，其他礼器极难见到。参照宜都及巫山县的发现，则早期巴人也是如此。如果再扩大观察的范围，又见到湖南省洞庭湖周围的同时期三苗集团的遗存中，其模仿中原的青铜礼器亦以商式的尊为多见，其他礼器仅偶见商式的卣和个别的鼎，还有一些独具本地特色的动物型尊。如把这些情况联系起来考虑，又能进一步知道在长江中游的一大片地区，习用商式的罍、尊、这种青铜礼器，正是其显著的区域特征。

对三星堆、十二桥的早期蜀文化遗存和长江三峡一带的早期巴文化作了上述比较分析之后，便能看到其前身应是城背溪、大溪、屈家岭、湖北龙山系列以外的另外的文化也不见得和当地的新石器晚期文化有直线的渊源关系。早期蜀文化和早期巴文化是分别位于成都平原至川东及三峡一带的两支青铜文化，其文化面貌有很多相似之处，因而又共同构成了一个独特的大文化圈（区）。自夏时期起，这个文化圈内开始渗入了一些二里头文化的因素，而至商时期，则又大量接受了二里岗和殷墟文化的影响。这就是早期蜀文化和早期巴文化在我国考古学文化总谱系中的位置。

二、关于三星堆遗址区是古蜀国故都“广都樊乡”之地

三星堆遗址区域的面积，据1980年5月至1981年5月的发掘报告，“不少于四万平方米”（见《考古学报》1989年2期237页），这就不会是一般的村落遗址。

1987年我到实地去看了一下。所谓三星堆，像是夯土城墙拐角处的残垣。当

时，又观察了另外三个地点，分别见到了一个古城的西垣、北垣和东垣的夯土残垣。三星堆似是其西南角。1934年华西大学博物馆发掘的月亮湾遗址，是在城内的北部。10多年前发掘的两个埋藏坑，是在南垣外的不远处。据东垣残垣断面所示，城墙的中间是由若干层平铺夯土筑成的主垣，内外两侧又各有斜行夯土支撑中间的主垣。这同郑州商城及黄陂盘龙城的筑城方法非常相似，而在中原地区，这种筑城法最迟至东周时期已经消失。整个遗址区文化层的分布范围，又恰恰在城圈之内。把这种现象结合两个埋藏坑内出土遗物的年代及其高贵规格来分析，这里当是一座古蜀国的王都遗址。

今天，对早期蜀文化的系统发掘刚刚开始，早期蜀人的文献记载又很不足，要推断这是什么蜀都当然是困难的。但残存的传扬雄《蜀王本纪》，多少提出了一些可供推测的线索。

《蜀王本纪》曾曰：蜀之先王杜宇“治汶山下邑曰郫”，百余岁后荆人鳖灵之尸“随江水上至郫”。杜宇的年代遥远，究竟和什么遗存相应，现在还无法推测。但鳖灵实为汉牂柯郡下鳖县之令，因曾为楚国的黔中之地，故《蜀王本纪》误记为“荆人鳖灵”（据任乃强《华阳国志校补图注》，1987）。鳖灵之尸既谓“随江水上至郫”，这个“郫”当在成都平原。

《蜀王本纪》又曰：以后的“蜀王据有巴蜀之地，本治广都樊乡，徙居成都。”（以上皆据《全汉文》卷五十三）“广都樊乡”之地仅据《蜀王本纪》，不知今为何地，但既然前言“本治广都樊乡”，接着又说“徙居成都”，应当就在成都附近。

1953年，前西南博物院曾在成都北郊驷马桥附近发掘了羊子山土台。土台正方形，每边长31.57米、高6米，其外12米处又用土坯筑成一大方圈，内外两个方圈之间皆用夯土打实。这个土台自战国末以后，已荒废成为历代丛葬之地（见《考古学报》1956年4期1页），可知其修筑年代当在东周以前，但应在三星堆被废弃以后。这个羊子山土台，从其形态和规模看，当是晚于三星堆遗存的早期蜀文化中某一时期的蜀王祭祀场地。

三星堆遗址区在今成都市区以北40公里处，羊子山土台则在三星堆遗址之南的成都北郊。至蜀王九世开明时，则又迁于成都，即为后来历代成都旧城之地。由此来看，蜀王迁居成都以前，就是从三星堆一带再迁至羊子山一带，最后才迁到成都旧城之地。这处三星堆之地，自三星堆至羊子山一带，应当就是所谓的“广都樊乡”之地。

摘自《三星堆文化在我国文化总谱系中的位置、地望及其土地崇拜》的第一、二部分，但又作修改。原载四川省文物考古研究所编：《四川考古论文集》，文物出版社，1996年。后收入《古史的考古学探索》，文物出版社，2002年7月。

三星堆蜀文化与三苗文化的关系及其崇拜内容

10年以前四川广汉三星堆的发现，因其高大的青铜神树和神人以及大量青铜人头像、面具、动物像、礼器和玉石瑞器等物，引发出了大量新的研究，使三星堆成为中国古文化研究中的一个热点。

由于这一发现及随之而进行的大量发掘，现已揭示出3000数百年前以成都平原为中心的蜀王国，具有高度发达的青铜文明，并接受了大量商文化影响，但自身文化特点依然极为显著。这个蜀王国当其强盛时，管辖之地曾扩大到川康滇高原（自西昌至云南，从饶宗颐说），在成都平原的统治则延续到公元前四世纪，最后被秦惠文王所灭，其后裔还曾南奔越南。这个历时近2000年而分布范围又如此广阔的蜀文化，在中国古史中自然占有重要地位，并会受到全面研究；但当前因三星堆是新发现，大家当然先集中探索这种文化来源及其主要的崇拜内容；但现有认识很不统一。我则以为，蜀文化所以迅速发展起来，同公元前三千纪中叶有一批长江中游的“三苗”之民来到这里并带来了比较发达的文化有关，况且直到公元前二千纪的后叶，早期蜀人始终与“三苗”集团存在着密切的文化关系；这些早期蜀人有多种信仰，但以土地崇拜和祖先崇拜为其核心。

一、早期蜀文化与三苗文化的关系

以三星堆遗址为代表的早期蜀文化，年代相当于商代的殷墟期，即前二千纪的后期。这种文化有青铜礼器尊和罍，青铜兵器戈、钺、矛，玉石瑞器璧、琮、圭，这些都是源自黄河文明的产物。还多小型精致的斧、锛、凿等石质的木工工具。陶器则为具有强烈本文化特点的手制小平底或尖底的盉、小罐、杯、灯座形器和鸟头把勺等；有一种封口盉，则亦是源自夏、商文化的。

这种早期蜀文化的直接源头，现在还没有完全找清楚。但据20世纪50年代以来的考古发现，已知在长江中游自三峡至长江北岸的江汉平原和南岸的湘、资、沅、澧四水流域，8000 ~ 7000年前至4000多年前的新石器时代，经历了城背溪、大溪、屈家岭和石家河文化这样一个系列；而自瞿塘峡以西，也就是长江三峡以西，直至成都平原和川北之地，另有一个新石器文化系列。约属4500年前的忠县哨棚嘴下层、巫山魏家梁子、奉节老官庙及三星堆遗址北部的西泉坎遗存，大体反映出了这个系列的晚期情况。值得注意的是，以西泉坎等遗址为代表的成都平原等四川地区新石器晚期遗存，以一定的灰白陶为重要特征之一，而且普遍存在一种镂空圈足豆。这恰恰亦是长江中游屈家岭中、晚期到石家河早、中期文化的特点之一。从城背溪至石家河和哨棚嘴、西坎泉等这些长江中、上游东、西两大新石器文化的特点看，西泉坎等地点的灰白陶和镂空圈足豆，应当是长江中游屈家岭、石家河文化向西影响的结果。这就暗示出其时有一批长江中游屈家岭文化和石家河文化的居民，曾经西迁至成都平原等四川地区。这种居民按之古史传说，当属尧、舜、禹时期的“三苗”。

三苗是其时长江中游势力最大的部落集团。据《战国策・魏策一》，其中心活动区域在洞庭、鄱阳两湖之间。《国语・楚语下》曾说“其后三苗复九黎之德，尧复育重黎之后不忘旧者，使复典之，以至于夏、商。”《国语・周语下》亦谓“王无亦鉴于黎苗之王，下及夏、商之季。”这说明三苗集团尧时已经出现，而其存在的时间则一直延续到商代。

尧时黄河中游同三苗的关系，最初应当是和平的，故《荀子・成相》说“尧有德，干戈不用，三苗服。”但后来显然发生长期冲突，所以帝尧后期就对三苗进行了第一次打击，即所谓的“窜三苗于三危”。[1]其实，这次行动是舜实行的，故《荀子・议兵》、《战国策・秦策一》、《淮南子・诠言训》皆言“舜伐有苗”；《吕氏春秋・召类》亦谓“舜却苗民，更易其俗”；《淮南子・修务训》则将此事夸大为“（舜）南征三苗，道死苍梧”[2]。

---

[1] 《书・舜典》。

[2] 《礼记・檀弓下》及郑玄注略同。

经此次打击后，情况类似帝尧时期那样，三苗与帝舜集团先是保持了一段比较平静的关系，以后则由帝舜集团中的大禹对三苗发动了另一次更严重的打击。前一情况如《韩非子·五蠹篇》所云“当舜之时，有苗不服，禹将伐之。舜曰：‘不可！上德不厚而行武，非道也。’乃修教三年，执干戚舞，有苗乃服”[3]；后来则如《战国策·魏策一》所载“昔者三苗之居，左彭蠡之波，右洞庭之水，文山在其南，而衡山在其北。恃此险也，为政不善，而禹放逐之”[4]。《墨子·非攻下》曾说经过这次打击后，“苗师大乱，后乃遂几。”既谓“遂几”，就说明并未完全被消灭或赶走。这同前述《周语》、《楚语》中所说三苗可“下及夏、商”，也是符合的。

现在，夏文化已可基本确定即二里头文化，则上述舜和禹对三苗进行的两次大打击，应大体发生于屈家岭及石家河文化时期。其中，第一次打击后又出现了“窜（即迁）三苗于三危”的事件。这个“三危”的地望自汉以来，有陇西和敦煌二说。最近饶宗颐在其新作《西南文化创世纪——殷代西南部族地理与三星堆文化》一书中，改正甲骨文中董作宾旧释的“下旨”为“下危”，又找到一条“上危”材料和若干条“危方”材料，并在银雀山简中寻出“舜击三苗方（放）之危”的记载，推断“危方”当即银雀山简中的“危”，而危方因分为上、中、下，故后称“三危”。甲骨文中的“危方”，据饶宗颐推定，近于岷山。这就可知，在尧舜之际，有一部分三苗部众曾被迫迁入陇蜀之间，也就是已经进入四川境内。这样，三星堆古城北部西泉坎遗址中出现的灰白陶和镂空圈足豆，自然可理解为正是“窜三苗于三危”时带到那一带的新因素。那时，三苗的文化在长江中游一带是发展水平最高的，它到达蜀地之后，自然促进了当地原有文化。三星堆等地的早期蜀文化，正是借此基础并在后来又因其他文化的影响而发展起来的。三星堆早期蜀文化中存在的封口陶盉，最初出现于二里头文化遗存中，也应当是通过三苗的媒介而传入的。

大概正因受到大禹的严重打击，长江中游的三苗文化不免有所衰落，故至商代的二里岗时期，商文化在古之云梦泽以东可直达长江北岸的湖北黄陂盘龙城；在云梦泽以西则对长江南北岸的文化都给予了强烈影响，如湖北江陵荆南寺和湖

[3] 《吕氏春秋·离俗览·上德》及《韩诗外传三》略同。

[4] 《史记·吴起传》、《说苑·贵德》略同。

南石门皂寺下层遗存所见。另外，来自更南地区的几何形印纹陶的因素，也极大地影响到这一带。

到了商后期，洞庭湖周围及其附近的三苗余部，在商文化的影响下，青铜工艺极为发达，铸造出许多体形高大和厚重的铜铙和铜鼓以及动物造型的礼器如虎卣、象尊、猪尊和人面方鼎等。一般形态的青铜礼器则有尊、罍、卣等，而尤以尊和罍为多，成为这一带的文化特色。

非常有意义的现象是，在三星堆和彭县竹瓦街等早期蜀文化的遗存中，其青铜礼器都是尊和罍，这显然又表示出与同时期的湖南等地的三苗文化，依然存在着一种特殊的联系。另外，在近10多年中，在湖北宜昌地段的清江之中和四川巫山大宁河畔又分别出了类似于三星堆遗物的商时期的铜罍和铜尊各一件，又多少暗示出那时的巴人也和三苗余部存在着相当的文化联系。

三年以前，巴蜀书社的范勇先生曾敏锐地提出了早期蜀人是由当地的濮人和西迁的部分三苗之众融合而成的意见。[5]现在，我又作出了上述说明，早期蜀文化与三苗文化存在着特殊关系的认识，应当已走出猜测阶段而可以进行具体论证了。

二、三星堆遗存中的崇拜内容

三星堆出土的铜树、铜人、铜面具或铜人头、动物形铸件及铜祭坛等物，一望即知反映了一些信仰崇拜活动。但究竟是一些什么样的信仰崇拜，却是众说纷纭，莫衷一是。我想，要真正把这个问题弄清楚，首先应当从人类信仰崇拜活动的总演变过程出发，考虑到在这种青铜时代普遍存在的主要信仰会是什么，然后结合具体遗物细加分析，再作推定。

人类当产生后不久，因自身力量微弱，感到周围一切自然之物都能影响自己的存亡，自然以为“万物有灵”。据考古发现，数万年前的旧石器时代发生了一些狩猎之神和生育之神的最初崇拜。至新石器时代，日月星辰及各种动植物，都曾成为崇拜的对象；而在以农业为主的原始部落中，则地母神、生育神、祖神是最主要的，有时还有农神。但那时的祖神，是一种图腾祖先，因为人类刚从动物

[5] 范勇：《试论早期蜀文化的渊源及族属》，《三星堆与巴蜀文化》，巴蜀书社，1993年。

群中分离出来后，往往以为某些动物是自己的祖先，从而把这些动物当作本氏族的图腾祖先。

到了青铜时代，源于从前那种“万物有灵”信仰而产生的各种自然神，依然延续存在，但最主要的崇拜，则是地母神和人格祖神。农神或亦存在，但因人们见到粮食是从大地中生长出来的，所以认为对于主宰粮食丰收与否来说，地母神是最重要的。所谓人格祖神，也就是祖先崇拜。当母系氏族制时，原始部落实行图腾对婚制，故崇拜图腾祖先。到了父系氏族制乃至王权出现以后，原有那种稳定的氏族对婚制，已向多种形式的共时性的联姻方向转化，权力开始世袭，图腾制被否定，从前的图腾祖先自然被人格化的祖神取代。当然，最初的人格化的祖神，还带有浓厚的神化或是图腾式的色彩。

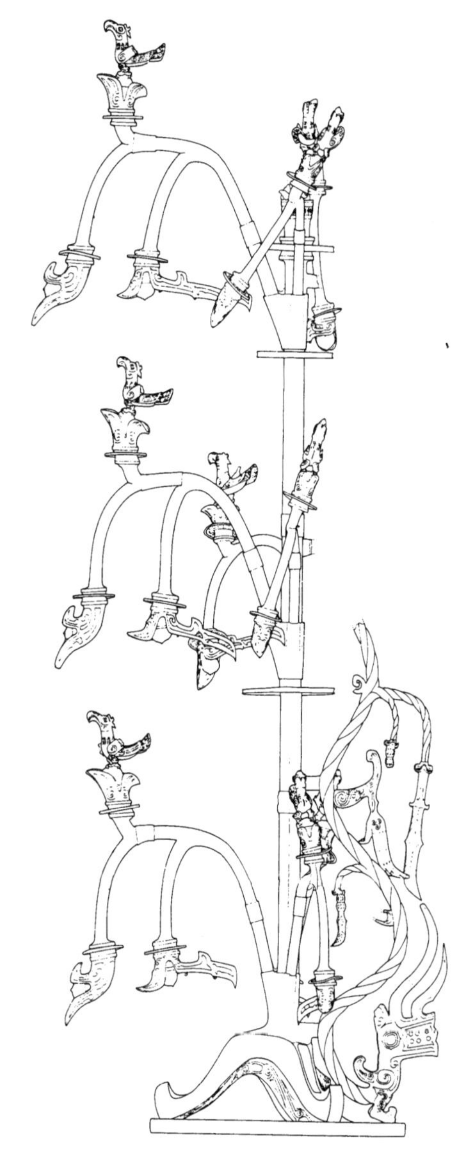

图一　三星堆Ⅰ号大型铜神树（局部）

三星堆的早期蜀文化，正值青铜时代，按照通常的逻辑规律来考虑，其信仰应是有多种自然神和土地神及人格化的祖神并存，而以后二者为重。三星堆出土的若干崇拜物，正是三者并存而以地神和祖神最突出。

三星堆蜀文化的地神，就是大铜树（图一）和大铜人（图二）。

三星堆出的铜树有4件，最大的一株高达4米以上，次大的也在2米以上。各树在主干上伸出三层枝叶，悬挂着许多物品，但皆散落，难以复原，能辨认的是树枝上套着不少铜质的玉璧模型。铜树的底座、顶端及树枝末端还饰有盘龙、立

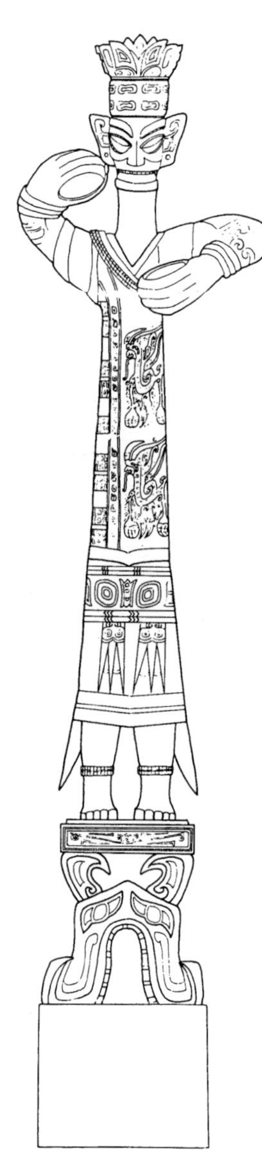

图二　三星堆出土大型铜立人像

凤、飞鸟、果实等附件。有的铜树底座还附有三个跪坐状的类似于大铜人的小型地神（图三）。这种铜树，显然是东汉时期四川地区最流行并在云南、贵州、甘肃和青海东部亦曾出现的墓中随葬的铜制钱树的源头。东汉墓中的钱树，我在1980年已著文说明是当时各地普遍存在的社树的模拟物。[6]三星堆的大铜树既是东汉钱树之祖，其性质也应当是社树的模拟物。

所谓社树，乃是中国古代的一种土地神。早在原始的农业部落中，为了祈求农业丰收，就发生了对土地之神的崇拜，即大量民族志材料中所说的地母神。中国古代大概因为在土地中生长出来的植物以大树的形态最为庄严，就以大树来作为地母神。又因古代对地母神的崇拜活动是在"社"中进行的，就把这种地母神叫做社树。《论语・八佾》曾说："哀公问社于宰我。宰我对曰：'夏后氏以松，殷人以柏，周人以栗。'"《书・甘誓》亦曰："弗用命戮于社。"有了这些记载，可知最迟至夏代，黄河中游便以社树为地母神，并继续到商、周及其以后。三星堆的早期蜀文化，既然同黄河文明有着那么密切的关系，蜀地也以社树为地母神就是很容易理解的。

需要说明的是，一般意义上的社树是天然的大树；东汉墓中的铜质钱树则为社树的模型明器。三星堆的大铜树，因其形体高大，当然不是明器而是实用物。这种实用物，应该是置于社宫的大殿内，是蜀王进行社祀时专用的，一般民众则应当还是在露天的真

[6]　俞伟超：《东汉佛教图像考》，《先秦两汉考古学论集》，文物出版社，1985年，157—169页。

图三　三星堆Ⅱ号大型铜神树之根旁跪座的地神（小神人）像

正的社树下进行社祀活动。先秦之时王和诸侯，同时立有两种社，其实是一种普遍实行的制度。如《礼记·祭法》便说："王为群姓立社，曰大社；王自为立社，曰王社；诸侯为百姓立社，曰国社；诸侯自为立社，曰侯社；大夫以下成群立社，曰置社。"看来，三星堆时期的蜀王国，也是实行着"王社"和"大社"并存的制度。

不过早期蜀文化中的社树，毕竟有其自身特点。如树枝上所悬铜制玉璧模型，则又具有祭天的意义，因为在《周礼·春官·大宗伯》中明言"以苍璧礼天"，社树上挂了玉璧，不可能是别的用意。至于在铜树底座上作出的三个跪坐铜人，其双手所持之物，按其形态，同下述大铜人所持之物完全一样。是一种原物已经脱落的玉琮模型。前引《大宗伯》又曰："以黄琮礼地。"铜人持琮礼地，当然是一个祭地之神。大树树根之旁有神祭地，正进一步表明了铜树的性质。

图四　三星堆出土纵目面具

大概因为铜树又包含着可以祭天等涵义，许多人就引《淮南子·地形训》等记载，以为象征"建木"。其实所谓"建木"，是专指位于天地中心的某一棵神木。三星堆的铜树，既然并出多件，就不会是某一特定神树的模拟物，还是应解释为社树的象征，只是多了还可用来祭天的用途。

当把铜树的性质分析清楚以后，大铜人的性质，也就很容易被释破。这件大型铜人立像，站于祭坛之上，通高2.62米，跟真人一样高大。立人头戴高冠，身着华衣，双手作把握某物状，中空，似原持之物已脱落，从中空部分的整体形状看，其横断面略呈方形圈状；从双手上下相距的位置看，所握之物应为长条形。综合这些现象，并考虑到当时可能存在物品，已有学者推测铜人所持，应为一长条形大琮。这个大琮，如为玉质，则可能在瘗藏大铜人时取下而另置别处；如为木质模型，当因已经腐朽而现在看不见了。前已述及，先秦之时，以琮礼地。铜人既然手持大琮，无疑是象征一个正在祭地的神祇，也就是一个地神。这种大型的青铜地神，我以为，和青铜大社树一样，在当时是蜀王专用的社宫之内的崇拜物。

三星堆所出还有大量青铜的人头像和面具。无论是人头像或面具，最初都可能是套在一个木质人形或木柱状物之上，后因木质腐朽，就只留下青铜的人头或面具。

图五　三星堆出土纵目面具

如何推定这些东西的性质，当然是很困难的。但其中一件特大的突目面具（图四）和两件略小的大型突目面具（图五），应当是一种蜀人的始祖之神。

据严可均辑录的传扬雄《蜀王本纪》和常璩的《华阳国志·蜀志》，蜀之先王，第一个叫蚕丛，“其

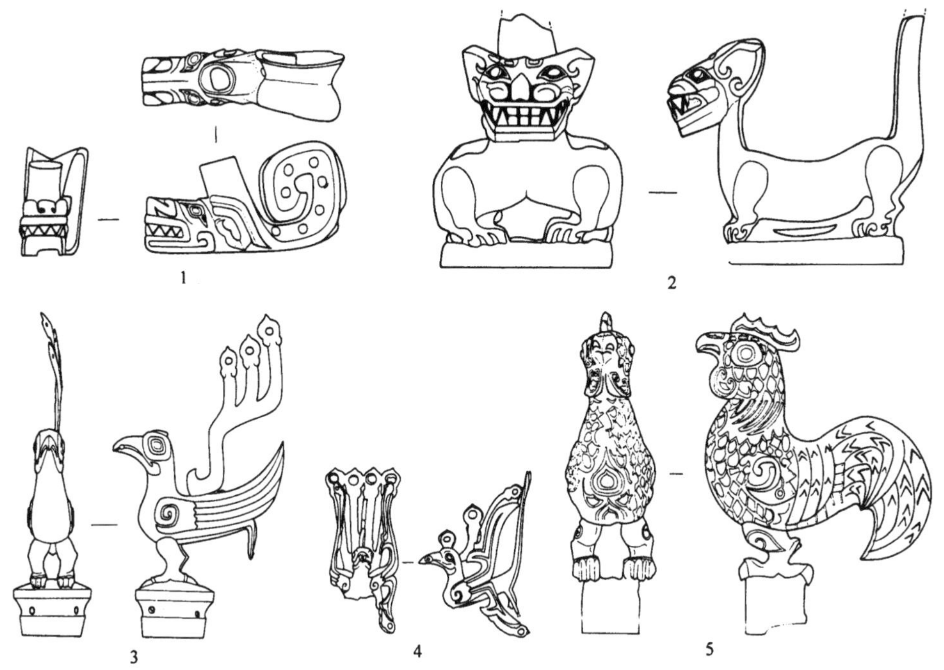

图六　三星堆出土铜质动物形铸件

1. 铜龙形饰　2. 铜虎形器　3、4. 铜鸟　5. 铜公鸡

目纵，始称王”。上述的三件突目面具，正具有纵目特征，而且在其他大量的面具和人头像中，再也见不到这种纵目特征，可见这三件面具，如和其他面具及人头像比较，具有特殊地位，所以赵殿增就曾推测这象征蚕丛。[7]按照各地青铜文化一般流行的信仰状况来估计，此时的祖先崇拜，应占重要位置；而对于先王来说，其第一代先王，即被当作始祖来看待的先王，如商之契、周之后稷，更具特殊地位，且每被神化。上述三个纵目面具双目奇凸，两耳作大片外侈状，根本不像普通的人脸形，况且两件略小的还在鼻间作出上扬甚高的片状勾云形装饰，俨然神人形态。把始祖神化，亦正是青铜时代习见之风。

至于当时是否还有始祖蚕丛以后的各代祖神及各种自然神，因为缺乏文献记载作旁证（汉画像石中的一些自然神，便因有文献上的旁证而被推定出来），现

[7]　《中国美术分类全集·中国青铜器全集》13卷“巴蜀”，文物出版社，1994年。

在还不能加以推定。但是，三星堆的出土物中，既然还有铜人头像54件、小型人像20多件、其他面具30多件，以及许多青铜的龙、虎、蛇、鸟、鹰、鸡等动物造型的铸件（图六），其中含有另一些祖神和自然神，也是很可能的。

所以，总起来看，三星堆出土物所反映的信仰情况，同大多数青铜文化一样，包含着自然神、地神和祖神的崇拜，而以地神和祖神的崇拜为主，其中的祖神，则已走向人格化，但仍被加以神化。

这就是现在所能看到的三星堆早期蜀文化的信仰、崇拜的总面貌。

原载《文物》1997年5期。后收入《古史的考古学探索》，文物出版社，2002年7月。

三峡地区的古文化

三峡风光，古今传颂，人人神往。但美不胜收的景色中，更有难数的历史文化遗迹，却长锁迷雾，鲜有人知。即使是文物考古工作者，在很久时间内也只知其点滴。

但如今进行的兴建三峡水库工程，则强人识古，把数万年来积累的古文化宝藏，一下子推到了人们的面前。

从基本探明三峡水库区内文物古迹点到它们将被大水淹没，只有十多年的时间，无怪乎在现代化工程巨轮下，抢救三峡历史文化遗产的奋斗，从一开始就牵动了广大民众的心。

一、三峡库区寻找历史文化遗迹的“简历”

20世纪20年代，已有人对三峡两岸的旧石器等文物古迹，有一点发现。但交通的不便，在很长时间内影响了考古学者的进一步探索。

自40年代有了修建三峡水库的设想后，从50年代起，进行了长达30 ～ 40年的勘察、筹划和设计工作。水库一旦建成，水面以下的文物古迹将被淹没，所以从1958年起，就逐渐在那一带进行考古调查和各类地面古迹的勘察工作，以备今后的抢救。

但因三峡水库是否修建，长期未作决断，寻找古代遗迹的活动，也就规模很小。至80年代中期，修建水库似乎马上要作出决定，在西陵峡地段就进行了较多的抢救性的考古发掘工作；调查沿江文物古迹的队伍，也迅速扩大。

1992年4月3日，七届全国人大五次会议通过了兴建长江三峡水利枢纽工程的决议，湖北、四川两省的文化厅便再一次组织人员进一步寻找三峡库区的文物古迹。1993年底，国家文物局又组织了由中国科学院、中国社会科学院、全国若干省的考古所、博物馆和大学等20多个单位，普查库区文物古迹。1994年3月，按照国务院三建委要求，国家文物局指定中国历史博物馆和中国文物研究所组成“三峡工程库区文物保护规划组”，负责制定三峡库区的文物保护规划，又扩大了普查内容，参加单位亦增至30个。

这样，在1993年底至1995年6月就有数百名专业人员深入库区的各个角落，作了相当仔细的调查，得到了一份地下和地面的“文物清单”。1996年5月底，一叠厚厚的《长江三峡工程淹没及迁建区文物古迹保护规划报告》共27种和附录5种、附件1种，提交三建委审批。1996年10月，国务院指定由湖北省和重庆市负责实施三峡库区的文物抢救工作。1997年下半年起，《文物保护规划》虽尚未审批，三建委预拨了一点经费，开始实施一部分《规划》中制定的考古发掘和古建迁移工作，直到今天。

整个三峡工程，已于1994年12月4日正式动工；1997年11月7日实现了大江截流，坝前水位提高到82.28米高程；2003年将为135米；2006年则为水库初期蓄水位156米；2009年大坝建成，蓄水位达175米，另加2米风浪线。这个日程表，说明抢救三峡库区文物的总时间，从现在开始计算不到10年，而大量文物古迹是在156米以下，抢救工作最紧张的时间只有短短的数年。如不加大力量，及时抢救，古代遗存的损失会是很严重的。在这样的形势下，一场为配合工程建设而投入专业力量的空前巨大的抢救文物的战役，终于真正打响了。

二、三峡库区的“文物清单”

三峡水库淹没区和移民迁建区的各类文物点据1993 ～ 1995年的调查并经工程部门的确认，已知1000余处，其地下文物（指遗址和墓葬等）700余处、地面文物（指建筑物和石刻，含水下枯水题刻和古栈道、纤道等）约400处。

这是一幅长长的、从旧石器时代至近现代的历史文化图卷，隐含着三峡地区数万年以来的天、地、人的关系和文化的变迁及其进步过程。就其要点而言，有以下10方面。

1.数十个数万年以来的旧石器时代遗存，有些只出打击石器的地点，也可能已到新石器时代。丰都高家镇遗址，是很少发现的露天制作石器场地。所见石器，多大型的砍砸器、刮削器，属中国南方旧石器工艺传统，可进一步解决中国旧石器文化的南北分界问题。奉节县鱼复浦遗址出打制的小石器，但找到了一片用手捏制的陶片，年代约为8000年前，是三峡地区首次找到的新石器时代之初的遗存，可能将要解开长江上游地区从旧石器过渡到新石器之谜。

图一　巫山县出土铜尊

2.近百处新石器遗址，第一次表明瞿塘峡至巫峡一带是长江中上游新石器文化东、西两大系统的分界线。约在7000 ~ 8000至4000年前，由此往东至江汉平原，属过去已知的城背溪→大溪→屈家岭→石家河的文化系列。其经济以农业为主，但因地理环境之异，分布在三峡沿岸的，则渔捞业占相当比重。陶器很精致，制法由早期的泥片贴筑法（城背溪）经泥条盘筑法（大溪）而至出现轮制法（屈家岭至石家河，与泥条盘筑法共存）。一度彩陶发达（大溪）。遗址较多，面积较大，似乎人口较多，居住得比较集中。巫峡—瞿塘峡以西的另一文化系统是这次普查中新发现的，遗址较稀少，似乎人口不多。时代早的如忠县哨棚嘴下层，晚的如巫山魏家梁子、奉节老关庙遗存。陶器较粗糙，轮制未出现，多绳纹、线纹而无彩陶（老关庙的彩陶纺轮是屈家岭文化的遗物，并非是老关庙遗存本身之物），器形多圜底，器口往往加厚或作成花边式。如比较陶器的基本器类和形态，同成都平原近年新发现的新津宝墩文化可归属同一大系统，时代也只能早到距今4500年左右。在三峡库区新发现的这个新石器文化，如按最初的发现地点命名，可叫做哨棚嘴（下层）文化。

3.百余处自夏商至东周时期的巴人遗址和墓地，是揭开巴文化之谜的重要遗存。这一带正是那时巴人的重要活动区。

巴人在三代至汉，主要可分为两大支。一支从清江流域起源，又漫衍到三峡至重庆一带，为以廪君蛮为首的五氏巴人。另一支是分布在嘉陵江沿岸和汉中一带的七姓巴人，其后裔亦自称为廪君之后。巴人素以勇悍善战和能歌善舞而著称于史。周武王灭商，便以前歌后舞的七姓巴人为前锋，打下了商纣王住地朝歌。春秋以后，巴楚时而结盟，时而攻战，又曾通婚，出现了楚地渐渐西侵而巴楚常常同地杂居的情况。战国时楚国郢都中的“下里”，就聚居着巴人，而“下里巴人”所唱之歌，在郢都楚人中是大众间最流行的。汉高祖刘邦建国时，初被项羽封于汉中称汉王，以后也是使用七姓巴人攻入关中再征服关中等地而完成大业。巴人既对周、汉两代有奇功，又善歌舞，这两代宗庙之乐为表现建国武功而新增加的武舞（周武王时作）或武德舞（汉高祖时改作），即为表彰巴人之功而据巴人歌舞所作。这两支巴人，尤以嘉陵江一带的七姓巴人最为勇敢，帮助周武王攻入朝歌和帮助刘邦出兵三秦的，主要都是那里的巴人。

三代之时三峡地区的巴文化已进入青铜时代，有鱼钩、小刀等青铜工具。但巫山双堰塘巴人遗址附近曾出土相当于商代殷墟期的青铜尊（图一），工艺风格同广汉三星堆早期蜀文化的同类器几乎一样，暗示出这时期的巴人亦有发达的青铜工业，等待寻找。

陶器皆手制，圜底器与尖底器发达，多瓮、釜、罐、羊角杯、鸟头勺、灯座形器、鬶、盉等，偶见鬲，器口或作成花边状，纹饰以绳纹为主，少量是方格纹。这既包含有当地新石器文化的传统，又有商文化影响，总体面貌同成都平原的早期蜀文化相似。

这种早期的巴文化，东起湖北宜昌，西至重庆市区附近，中心区则在巫山县至忠县、涪陵县一带。巫山县大宁河畔的双堰塘遗址和忠县㽏井沟两侧的中坝、哨棚嘴、瓦渣地等地点的遗址群，面积甚至可达10万平方米左右，文化堆积有时竟达10米以上（如中坝）。许多分散在各地的小遗址，则面积常常只有数万至数千平方米。从这种遗址的分布情况和内涵看，巴人此时显然已形成了族群的中心地及其首领集团。在瓦渣地，有一处面积达5000平方米左右的窑场遗存，废品堆积有好几米厚，陶器种类几乎全是圜底花边口沿罐和羊角形杯，其制陶的专业化情况，暗示出当时巴人的社会分工已达相当细致的程度。

这种文化的经济内容，现在还说不清楚。大致看来，渔猎业非常发达。在古代，农业文明很容易发展出国家组织，而狩猎、畜牧、渔捞经济，因为财富的积累程度弱以及生产的季节性和与此相应的流动性强，往往形成一种比较松散的、若干族群集团结为联盟的政治结构。巴人的社会结构，显属后者。

东周以后，特别是在战国时期，楚、秦两国之力，从三峡的东、西两端，分别压向巴人。巴人的许多居地，也许就因此而发生了迁移。云阳县小江流域的李家坝遗址，面积达5万平方米左右，就是东周至汉代得到扩大的一个大型巴人居住地。已发掘的数十座战国至汉初的巴人之墓，大多随葬巴式的青铜柳叶形剑、戈、钺等兵器，一付全民皆兵的模样，正以物化形式体现出了巴人勇悍善战的气质。

在战国晚期到秦代前后，巴文化的中心地已西移至“枳”，大约在今忠县至涪陵一带。1972年时已在涪陵小田溪找到了这时期的“巴王”墓地，并经4次发掘。最大之墓出了成套的14个错金编钟，并有秦始皇时期的铜戈，秦文化的影响是明显的。从整个墓地的出土物看，青铜兵器仍以巴式为主，还有一种青铜虎纽錞钎，是春秋时期吴文化中已经出现的打击乐器，后来巴蜀文化接受过来，又成为反映自身文化特点的东西。小田溪墓地还有许多墓葬已探出，是进一步探索秦代前后巴文化的重要地点。

这种文化的遗址在50年代末已在忠县㽏井沟一带发现，至今尚未形成统一的考古学文化的名称。如依惯例，似以叫做㽏井沟文化为宜。

4.数十处东周时期的遗址和墓群，可说明楚、秦文化进入三峡的过程。

自80年代以来，已知从三峡大坝所在地的中堡岛一带起，整个西陵峡地段自新石器时期结束以后，就被早期的巴文化占领。近年据秭归县庙坪遗址的发掘，又知约从西周中期起，一支楚系统的文化已经到达那里。从此，巴文化就向西退缩。庙坪的西周时期遗存有典型的楚式大、小口鬲而又具周式鬲的瘪裆形式，其文化性质和年代是清楚的。

但史载楚人建国之君熊绎的六世孙熊挚曾奔于秭归，立为夔子之国。夔、楚同姓，文化面貌大概差不多，所以这个遗存或许是夔国的。

但至楚成王38年（前634年），夔被楚灭，此时楚国的西边疆域，肯定已扩大到西陵峡。近年在云阳故陵、李家坝、忠县半壁街等地都发现了战国楚墓，大都属前3 ~ 4世纪之交。古人曾说“楚得枳而国亡”（《战国策・燕策三》）。所谓“国亡”，当指秦将白起于前278年攻下了今在湖北江陵的郢都而言。枳地即在忠县至涪陵一带，自云阳至忠县一带的战国中晚期之际的楚墓，正是此时楚国大力向西扩展的边缘地区遗存。

秦巴关系则与楚巴关系不一样。秦与巴蜀曾经长期通好，而巴蜀却世代战争。至前 316年，蜀伐苴，巴求救于秦，秦人灭蜀，但随即又灭巴，在巴蜀之地统统设立郡县。不过秦国保留了巴人原来的首领，不改旧俗，所以在重庆以西的巴人故地，几乎不见这时期的秦人遗迹。直到前278年白起拔郢之役后，在云阳故陵、秭归庙坪等地才出现秦人之墓。三峡地区发现的楚、秦墓葬，正说明了两国势力进入此地的过程。

5.汉代鱼复、朐忍县址和460余处汉至六朝的遗址和墓群，数量超过了库区文物点的一半，是这时期（尤如汉代）人口剧增的最好说明。丰都汇南、奉节宝塔坪、巫山江东咀等地，都有成千上百的汉墓，规模很大的砖室墓与崖墓以及墓内的大量随葬品，表现出了生产能力的巨大进步。其葬俗，不论来自直接或间接的影响，主要源自中原的汉式。但史书又大量记录着当地居民很多是早期巴人后裔，可是旧日的巴人葬俗特点，在西汉中期以后已很不明显。不过，最近在西汉中期以后的墓中，发现过类似着巴人服饰的陶俑；秭归和涪陵等地的汉墓中，又出现过他处不见的虎形铜带钩。巴人崇拜虎神，巴人后裔板楯蛮又称“白虎复夷”，虎形带钩应当就是巴人遗物。由此可见这些遗址和墓葬的发掘，可能让今人看到巴文化与汉文化是如何逐渐融合的。

6.自重庆朝天门的灵石、江北的莲花石、巴县的迎春石起，经涪陵白鹤梁、丰都龙床石，东至云阳龙脊石，都有江边河床上的枯水题刻，记录了近2000年来的枯水水文情况。其中的白鹤梁，唐代就刻出石鱼作水标，并有自唐广德元年（公元763年）至现代的题刻170幅，记录了1200年以来72个年份的枯水位，被称为世界第一古代水文站。这些题刻。常年没于水下，但在冬末长江枯水季节会露出水面。今后一当三峡水面提高后，如不潜入水底，将再也看不见这些枯水题刻了。

此外，沿江水面上还有宋以来的洪水题刻90处。把这些洪、枯水题刻合在一起，是一条举世罕见的古代石刻水文记录长廊。如何保护这条长廊，正受到全世界的关注。

7.沿江有历代摩崖造像、碑碣、诗文题刻数十处，其中的忠县临江岩唐代摩崖造像、瞿塘峡夔门石壁的南宋《宋中兴圣德颂碑》等题刻、重庆元末弹子石大佛等，是著名艺术品，均应很好地进行保护。

8.近300处衙署、庙祠、亭楼、民居、阙坊、桥梁等建筑物，除忠县的2处东汉石阙外，大部为明清所建。但这是三峡风光和三峡民俗的荟萃点，具有特殊的人文价值。

其中，忠县长江北岸的明代石宝寨，在临江的玉印山上，兀立了一座十二层楼阁式的建筑，湖光山色之中映出绿顶红墙，是三峡中最光彩的一颗明珠。

云阳长江南岸的张飞庙，清同治年间所建。此庙依据临江山势，把传统的多进庙宇吸取民居宅院形式，改为“品”字形院落，成为“巴蜀一胜景”。人们对这座庙宇有很深的怀念张飞的历史情结，一直是朝圣式的观光胜地。

巫山大宁河畔大昌镇和秭归长江北岸的新滩老镇，都有一批清代民居。大昌镇的民居群，包括古镇的城墙、城门、十字街道、沿街合院式或带铺面的建筑，犹存当年旧貌。新滩的民居群是因为此地在清末为工商业的集散地而出现的。那时船主富商竞相营造讲究的宅院，以祭祀江神（即屈原）的江渎庙为中心，围绕周围而按江边高低地形，错落而建，百余年前南方旧镇的古风，保存得相当之好。

这些三峡库区的古老建筑，是三峡地区仅存的反映中华传统文化的景点，应当通过围堤挡水或迁移它地等手段，加以保护。

9.大量古栈道、纤道，是世界上规模最大的内河航运古迹。三峡狭窄，水流湍急，险滩不断，木船航行，需用人力拉纤，才能通过，故栈道和纤道很多。其中，巫山、巫溪境内的大宁河栈道，相传为唐代刘晏所凿。奉节境内的瞿塘峡、孟良梯、偷水孔等地段，也都有古栈道。在武隆县乌江段的江门峡、落石岩、牛屎滩、小角邦等地，则有古纤道遗迹。巴东官渡口对岸至铁官峡附近，也有几处古纤道。但这些古迹，如无纪年题刻，年代难以确定。如今应在水库蓄水线上涨到栈道、纤道高程之上以前，组织人力，作好详细勘察和记录，寻找文字题刻，判断其形成和使用的时间。

10.土家等少数民族的民俗文物，是三峡历史文化的有机组成部分。这里至少自4000年以来，巴人在长时间内是主人。后来当楚人、秦人进入三峡后，巴人仍是主要居民（至少在秭归以西是这样的）。巴人在这里真正成为人口只占少数的民族，当在汉代以后。至于其后裔究竟是今之何族，在很长时间内并不清楚。

但50年代时社会学家潘光旦先生提出，今日的土家族就是巴人后裔。因此，前几年在制订三峡文物保护规划时，为寻找土家族和古代巴人的文化联系，中国历史博物馆和中央民族大学派人深入库区调查，见到土家族的门神竟为老虎，恰和古之巴人信奉白虎相通。这就意味着土家族的生产、生活行为中，可能保存着不少古代巴文化的遗痕，是一部分巴文化的活化石。我们应当利用录像、录音等手段记下土家等少数民族的生活现状。否则，目前在三峡推行的“开发性移民”方针，将立即改变原有居民的生存环境和生计方式，使许多民族民俗的原有传统一去不返，从而那些少数民族古老文化的活化石也将永远见不到。不要以为这种文化传统对现代文明毫无价值，沈从文的作品就是植根于土家族文化的养料下而发芽长大的。

上面这些三峡库区文物古迹的主要内容，是一批可能即将丧失的历史文化宝藏。愿天下有情人珍惜祖先们经历的历史沧桑，尽可能地把这批宝藏抢救出来。

三、三峡文物古迹中的人地关系

人类在一定的环境中生存，必定发展起一套相应的技术，并决定其群体结构和活动方式，还制约着对事物的看法。三峡的文物古迹，一定隐含有当年的人地关系。

但这种相互关系当然非常隐蔽，今天还很难把他们完全看清楚。但有一些比较浅显的内容，已经可以感觉到。

其一是长江中游以巫峡至瞿塘峡一带为界的新石器文化的东西两大系统，从地理形势看，自川东到成都平原是四川盆地的大平原，湖北的长江、汉水之间则是江汉平原，而连接这两大平原的主要通道就是长江三峡地段。三峡是峡谷地形，山陡水急，尤以瞿塘峡至巫峡为甚，数千年前是交通上难以逾越的大障碍，从而东西两大平原分别出现的新石器文化系统，就在这一带交错为界。地理形势决定了不同新石器文化的分布范围。

也许因江汉平原的文化系统发达较早，力量较大，抢先进入三峡，并逐渐漫衍至山高水险的巫峡两岸（如大溪遗址）。三峡西端至成都平原的文化系统，则在到达瞿塘峡入口处的夔门一带，就被挡住了。如夔门北岸的老关庙遗存，同时含有东、西两种文化的因素。不过，西侧文化系统又曾少量渗入到巫峡中的大宁河畔（如魏家梁子遗址）；当然这并不影响到改变分界状况的大局。

其二是青铜时代的五氏巴人的文化，正主要是以宜昌到重庆的三峡地区为其分布区。在地理形势方面，这本是一个相对独立的区域。更早的新石器文化或许是在三峡以外先发达起来，以后才进入三峡，所以在东西两侧，各占一方，以天然形成的地理屏障为分布界限。但整个峡江地段，总的形势是山高水险，巴人因是以渔猎为生的，正适应于这种地理形势，所以后来巴文化的分布就打破了原有的分界，而占有整个峡江地带。

其三是在此山高水险、缺乏平原之地生存的古代巴人，因艰险的生存环境，养成为一支勇敢而强悍的队伍。后来进入川北阆中一带的巴人即賨民，也是这样。周武王、汉高祖都用巴人为军队的前锋，当出于此因。

再按现今沟壑众多、人烟较少之地的民风来思考，在那种环境下的青年男女，在旷野山林之中，往往可以远远看见而难以交谈，从而总是引吭高歌，作为对话。古代巴人也许正因如此，养成高歌之俗，并成为传统。

其四是古代巴人既以渔猎为生，这种生存方式如前所述，只是组成比较松散的联盟。

成都平原的早期蜀人，尽管文化面貌甚至族源都同巴人非常接近，却因土地宜谷而以农业为生，很早就建立蜀国。由于以农立国，在秦灭蜀后，遗民很容易和生存方式接近的秦人、汉人融合，所以没有很长时间，蜀人就再也不作为一个独立的族群而出现。巴人则因生存方式与秦人、汉人之别，一直没有被完全同化掉。

环境对民风的影响，对历史进程的影响，有时就是如此奥妙！

四、三峡库区的历史文化遗产能否长存人间

三峡水库建成后，三峡库区的历史文物如不采取保护措施，必将一荡而空。现代化建设同历史文化遗产的保存，似乎是一对解不开的矛盾。

要进行现代化建设，一定会翻山填海，挖沟造湖，破坏古迹。

要保存历史文化遗迹，就要求现代化建设的工程，应当躲开这些遗迹来安排。

这对于历史悠久、人口众多的国家来说，实在太困难了。于是，许多国家都出现过不顾一切地进行大规模工程建设的遗憾阶段。

此时受到破坏的，已经不仅是古文化遗迹，往往还有对人们有利的生存环境。

但当人们的知识、技术、能力提高到一定程度时，就会冷静地思考，应当怎样处理这些矛盾，求得平衡，保证人类的持续发展。

我国在50年代提出的“重点发掘、重点保护”和90年代提出的“保护为主，抢救第一”的文物工作方针，就是为了处理好基本建设同保护文物之间的矛盾。近半个世纪的实践，证明这个基本方针是有道理的。在我们的国家，地下到处有古文化遗存，如果全要保护，势必无法进行工程建设。但如果一味破坏，一个忘掉或者轻视自己历史的民族，一定会性格软弱，精神空虚，没有理想，只知追求物质享受。

不要以为得到的物质享受丰富就一定强大、愉快。人所需要的物质享受，如果得到基本满足却被人讥笑为没有文化自尊心，恐怕只会羞耻难忍。

在我国实行现代化建设的过程中，已经不断遇到这种矛盾。但怎样处理这种矛盾却会因人而异。

三峡工程的建设如果从1994年12月4日正式动工算起，已经六年多了。六年多以来，一批关注这个工程的人始终为如何处理这对矛盾而争论不休。三峡工程如按设计方案，2009年将全部完工。这就是说，争论顶多再有10年，到时必自动停止。因为水漫三峡以后，库区的“文物清单”，将只是筵席上的一道菜单，可望而不能品尝，何必再多点几道菜？

但愿这只是无病呻吟，也希望大家的呼喊能起到加大抢救三峡文物力度的作用！

2000年元月26日凌晨，修改于小石桥寓所

1998年〈北京〉三联书店为创办《人文地理》杂志，曾受约而写作《三峡迷雾中的古文化》一文，后曾在此杂志1999年第1期（试刊号）上以《三峡文物抢救计划》的名称发表。后杂志停办，故又作修改，收入《古史的考古学探索》，文物出版社，2002年7月。

关于三峡地区考古学文化的命名问题

——在“三峡工程重庆库区考古发掘工作研讨会”上的讲话

通过最近这两年的工作，重庆库区考古取得了相当大的收获，超过原来的预想。有一种观点认为没有太多好东西出土，这是一种表面现象，应该如何看待工作的成果，涉及到对考古学根本目的性的认识问题。考古学的目的如果从深层的最终目标来说，是要探索人的本质；即使从浅层要求来说，也是要把古代的历史发展问题搞清楚。古代历史文化的发展在考古学研究中体现为考古学文化的发展过程，从1994年开始制订规划以来，六七年过去了，考古界对三峡文化的认识提高了很多，一些属于全国性考古学文化的新问题也已经提出。加上这两年进行的正式配合工程而开展的工作，应该在2009年以前，把这些问题基本搞清楚。这对考古学建设来说，对理解中国古代历史文化来说，特别是关于三峡地区的，包括成都平原地区古文化的理解，将是一个阶段性的、跳跃性的发展。

三峡考古学研究目前最大的收获，一是刚露头的从距今1万年前后至8000年左右的新旧石器时代过渡的东西。这是当今全球关心的问题，已经找到一些具体地点和新线索，当然还要努力工作。另外，我认为有两大收获：第一，在三峡西部地区肯定了一支新的有别于城背溪、大溪、屈家岭、石家河系统的新石器文化。第二，巴文化的认识。 50年代晚期在三峡地区已找到了相当于商周时期的一种新文化，一般来说，后来大家认为是早期巴人的遗存。近几年，关于这个文化又有了一个比较系统的新认识。没有这两点收获，三峡古代历史根本就讲不清楚。

大家对这几个问题作了很多实际工作，热心地思考了很多问题，也提出了一些想法，其中涉及到文化命名问题。关于三峡地区考古学文化命名，在此我想重点谈一下。首先申明两点：第一，所谈的意见，应该说是即席的想法，刚听到一些新情况，来不及系统思考，可能有些凌乱和错误。第二，三峡文物保护的成败关乎国家、民族的荣誉。从这个角度出发，我希望工作做得更好，所以抱着坦率、真诚的态度，提出一些看法，供大家讨论。

我们现在讲的考古学是19世纪中期才开始真正形成的，前面只是萌芽阶段。从实际工作到概括出理论得有一个过程，考古地层学方面的系统理论，严格说是在19世纪50年代到90年代逐步形成的，用了将近四五十年时间，才通过一些不一定很系统的文章普及了。按照英国人赛思（A. H. Sayce）的说法，考古学家在发掘遗址时主动按照地层观念做工作是由一个原来是外行开始的。19世纪70年代到80年代，德国商人舍利曼（H. Schliemann）发掘特洛伊遗址首先采用了地层学的方法。从考古学史来讲，第一次谈到考古要按地层工作的是美国第三任总统托马斯·杰弗逊（Tomas Jefferson），他当时还没有做总统，在弗吉尼亚州发掘印第安人墓葬时，提出要作地层的观察。考古类型学、形态学、分类学概念的出现并不比考古地层学概念晚，早在19世纪早期就开始有研究。但真正形成系统理论，并直到今天仍没有跳出这个大框子的是1903年蒙特留斯著作的内容。直到这时，大家才普遍相信了考古地层学，类型学也有了系统著作，但是考古文化的概念还没有提出来。

考古学文化概念是什么时候形成的？在19世纪后半期至20世纪的20、30年代，欧洲发现了很多旧石器文化，有年代早晚的区别。开始发现这些文化时，比较简单地称为某某期，譬如舍利期、莫斯特期等，没有讲某某旧石器文化。到了20世纪20、30年代，从中石器文化研究开始，发现有些所谓的旧石器文化有区域性，同时期的不一定是同一个文化，石器的分类也越分越清楚了，在这时开始出现考古学文化的概念。考古学文化概念出现以后，在整个20世纪，特别是二次世界大战以前，基本上就是按照一群器物，包括陶器、铜器以及建筑、墓葬的形态特征，算是一种古代的文化遗存，即是有相同的共生器物、共同的理葬风俗、房屋形态，叫做一种文化。这些特征基本上是按照人类物质生产活动中一些东西的形态分类归纳出来的。到现在为止，我们也是按这种办法来分的。这种办法对不对呢？已经用了一百年了，还这么用。但从二次大战后，特别是60年代以来，关于考古学文化的概念还是有所修正、扩大，目前认为考古学文化里包含的，除了物质生产活动的遗留物以外，还应包括意识形态和社会结构的内容。

会议期间，有的同志谈到了商文化起源的探索问题，谈到中国社科院考古所与张光直先生合作在河南东部商丘一带寻找商文化起源的情况。七八年以前张光直先生在北京问我的看法，我说："豫东地区的文化就陶器来说跟后来的二里岗、殷墟联系不上。"他很热心这件事，当作他毕生最后一个大的理想。张光直先生认为，陶器即使不一样，怎么知道意识、思想的传统不一样呢？把意识形态领域这种难以捉摸的东西具体化，操作起来比较困难，但确实不能不考虑，目前的考古工作不能像二次世界大战以前那么简单。比如，现在我们碰到的一件事，已引起了西方世界的重视，就是1999年《自然》杂志发表的文章谈到了河南舞阳县贾湖遗址的发现。贾湖遗址距今8000年前后，80年代就发现了，陶器总体面貌很接近裴李岗文化，似其区域性类型。十年后报告整理出来了，在怎么样确定其文化属性的问题上就产生了一些新考虑，至少不能简单认定是裴李岗文化的区域类型。因为，第一，陶器群虽相似，但贾湖遗址的经济类型是水稻，裴李岗文化的经济类型是小米，两者是否为同一个文化？第二，贾湖遗址随葬用獐牙、龟壳，用龟壳的风俗可能跟占卜有关系，而大汶口也有用这两种东西随葬的习惯。现南京博物院在淮河下游、长江下游发现了晚一点的类似贾湖文化的遗存，说明贾湖文化与淮河的联系较密切，与黄河流域文化决不是一个系统。但贾湖文化陶器，绝对与大汶口的陶器不相似，与淮河下游其他文化也不相似，而与裴李岗文化相似；仅仅是细微的差别。如从以往文化命名的角度来考虑，则在一个文化内陶器出现这种差别是正常的，如仰韶文化中大司空村、半坡等类型就不一致，而同样被定为一种文化。所以，我们仅仅根据陶器来判断文化属性是有局限的。这就牵涉到我们要讨论的成都平原跟我们三峡西部地区新石器文化与青铜时代文化的许多器物上的一致性，能否仅依此来判断两者是一个文化还是两个文化？我认为要广泛考虑这片地区的器物特征、经济形态、文化关系，特别是与更大一些范围的周围地区的关系，乃至其信仰状况来确定为一个文化或两个文化；总之，考虑面应该再广泛些。从这个角度出发，我想比较具体地谈一些关于三峡地区的考古学文化命名问题。

一、关于新石器文化的命名问题

成都平原的新石器文化，是近四五年来才确定下来的，成都市郊区新津、郫县等地，发现宝墩等一系列很接近的城址。其实这种文化在这之前已经发现了，在1929年就找到了，但没有定出来；如三星堆第一期月亮湾的遗存中就有宝墩文化的陶器。成都平原的新石器文化从1949年以来，历时半个世纪没有肯定的发现，而现在，找到了一系列古城，发现了一系列新石器遗址。已找到的新石器文化，集中于宝墩文化阶段，再往上找就没有了，这里比较大的可能恐怕是更早遗址太少而难以找到。如果遗存内容像宝墩文化这种四千五百年前后的遗址这样丰富，早一阶段的文化遗存哪怕少一半，少三分之二也会找到。这就提出了一个非常实际的问题，即成都平原在五千年或四千五百年以前，有多少人住过这里？如果有，是否只是稀稀拉拉的？这时的成都平原究竟是一个什么样的自然环境，是不是很不适应人类生活还是文化的发达要很晚才来到？我们今天所说的人口密集的天府之国，根据当代情况及近五十年来的考古发现，可是在五千年以前好像人烟稀少，这是很奇怪的现象！这些事的解决，要靠别的学科来共同工作，譬如了解当时自然环境有什么状况和变化。也许当时还处在无陶新石器时代，或是陶器刚刚出现，还很稀少，人们还处在采集、狩猎即所谓的游猎阶段，遗址自然难以发现。还有另一种可能就是后来有别的文化渗透进去，使当地文化迅速发展起来，纯粹的土生土长，突然出现那么多古城似乎不可思议。我推测，后来可能是长江中游文化去到那里以后成都平原的文化一下子就迅速发展起来了。成都平原的早一些的新石器文化，目前看不出迹象，将来一定会发现，就20世纪成都平原的考古来说，近四五年来确认了新石器时代晚期的文化是了不起的成果。

那么，三峡以西的新石器文化是否刚找到？也并不是这样的。就我来说，1986年就看到陶片了。当时我和国家文物局沈竹副局长一块到涪陵，在县文化馆采集的陶片中发现了几片灰白陶，与月亮湾的灰白陶一样。

但真正确定是在1994年以后，发现了几个地点。老关庙、魏家梁子是当时能肯定的两个地点，很快由吉林大学、中国社会科学院考古研究所把这两个地点的工作做了，发掘者一个叫老关庙文化、一个叫魏家梁子文化。按考古界的惯例，以先发现的地点来命名文化，这很正常，能理解。现在则又提出了哨棚嘴文化、中坝文化的名称，锁龙遗址也有命名为文化的意思。今天的情况跟百年以前、五十年以前大不一样了，因为我们对各地古文化的认识已有了很广泛的基础，对各考古学文化的谱系已有了相当的了解，所以命名应当更慎重，应当更周密地考虑到周围已有的发现。对于文化命名，目前似乎又有一种新的想法，即一个被命名为文化名称的遗址，其遗存应该涵盖该文化的全面内容。我认为这是不可能的。仰韶遗址的遗存命名为仰韶文化，但仰韶村的遗存并没有包括仰韶文化全过程。当然至少应有相当的典型性。如果从此考虑出发，则老关庙遗址、魏家梁子遗址都太小了，而且老关庙遗址中还含有相当的屈家岭文化因素，并不典型，不宜作为文化的命名地点。我觉得不要先忙于定名。如果从最早的发现地点和遗存的典型性来说，忠县哨棚嘴下层似乎可以考虑。假如以此命名，我觉得直呼哨棚嘴文化即可，不必叫下层，因为哨棚嘴上层的遗存，可以叫别的名称。当然，这最好再开个会，有关人员共同商量一下。总之，一个新文化的命名，大家的认识最好要成熟些。

在这两天的讨论中还作了三峡新石器文化跟成都平原宝墩文化的比较，总体认为是属于一个大的文化系统。与全国其他大的文化如仰韶、龙山、红山、大汶口文化相比，三峡的新石器与宝墩文化是一个系统。但是不是可以确定为一种文化？假如完全一样，就可把三峡的也直接叫宝墩文化。但根据现有的资料，要确定跟宝墩文化是一个文化，尚嫌为时过早：至少宝墩文化已大量修筑土城，而三峡还没有；时代尽管相同，但经济形态不大一样，即宝墩似是农业，而三峡是渔猎，能否定为一个文化？总之，我们还要多作些工作，作为总体筹划来说，晚一点作决断可能比较稳妥。

二、关于巴文化的命名问题

关于青铜时代——准确地说是以青铜时代为主，晚到铁器时代的所谓巴文化的命名问题，刚才徐光冀先生已讲了巴文化的名称可以有很多角度的考虑。我想先谈巴文化命名的历史，再谈巴文化应如何命名的问题。

关于巴蜀文化得名。抗战时期，一批学者到了大后方重庆，收集了很多以战国时代为主的巴蜀兵器，在1942年《说文月刊》巴蜀文化专号上，提出了巴蜀文化之名，并得以沿用。三星堆的发现，首先把蜀文化的年代提得很早，而且文化发展程度很高，内涵很丰富，于是出现了蜀文化的名称。与此相应，自然出现了在重庆三峡地区的应不应单独叫巴文化的问题。巴蜀文化原来一直没有人把它们分开，随着蜀文化名称的响亮，好像不叫巴文化就不好办。在三星堆发现的时候，早期的巴文化遗存虽已早有发现，但文化的总体面貌并不太清楚，所以长期没有正式命名。

巴文化遗存实际上最早发现是在1957年找到獐井沟口的哨棚嘴。比较多的发现在80年代中期，为准备配合三峡水库建设，在湖北西陵峡地区做了很多工作，发掘了十多个相当于青铜时代的早期巴人的遗址，但没有人明确称之为巴文化。正式提出来是湖北省考古研究所的王善才同志，将在湖北清江香炉石发现的遗址，定为早期巴文化遗址。在文章中提到是巴人的东西，我觉得可以。但是，按照习惯来说，早期文化命名不像晚一点的文字记载很清楚的历史时期遗存那样，巴文化历史记载虽然还是清楚的，巴人本身的文字材料却不是很清楚。在这种情况下，我觉得如果按照商文化、周文化、汉文化、唐文化的习惯，取消考古学文化命名，还是有一定的问题。其实在商文化中还有这个问题：二里岗还没有发现文字，因此，二里岗属于商文化的什么时期还争论了很长的时间，而且并存两个名字，或称为商前期或商文化，或用考古学的习惯叫二里岗文化。殷墟文化则一般就叫商文化或商后期文化；当然叫殷墟文化的也很多。所以，关于巴文化，我认为最后也许可以就叫“巴文化”这个名称，但在研究过程中是不是可以参考夏、商文化的办法，目前两种名称并存。

这个名称的争论不像三峡西部的新石器文化那么多。先提出的是清江香炉石文化。但我认为，假如一定要用一个地名，那么第一，这个遗址应该比较大，不能像老关庙那样做两年就完了，做完了再要去检查验证却不可能，会永远留下一个悬案。第二要照顾到最早发现的地点。我觉得干脆叫獐井沟文化算了。獐井沟两侧有许多这样的遗址，最初的发现地虽是哨棚嘴，发表时却叫獐井沟，大家用了二三十年，很多人已经比较习惯了。

还有，獐井沟两侧的那套东西，跟三星堆、十二桥相比，确有很多相同的地方，但如果完全一样，那么就叫三星堆、十二桥文化算了。这样行不行？我认为不行。两者的陶器虽然很接近，但差别是有的，目前还缺乏分析。此外，还有一系列的区别，特别重要的是两点：第一，经济形态不一样，第二，族源有别；其实，信仰情况也是不一样的。

首先，三星堆文化是农业文化，有记载，同时还发现了大的城址。巴文化是渔猎文化，虽然意外地发现了一些大遗址，但小渔村很多，是基本成分。

第二点，族源可能相同，也可能不同，从史料记载来看是不同的。当然可以怀疑，陶器甚至铜器形态如此相似，族源却不同？今后可以作DNA测定来解决。所谓扬雄的《蜀王本纪》(实际为谯周的《蜀本纪》)、常璩《华阳国志》将蜀的来源讲得很清楚，蜀人始祖蚕丛，本居岷江上游，当属畜牧为生的氐族。其后柏灌、鱼凫向南迁徙，抵达成都平原西北边缘的"湔山"，即今茂汶一带。不久，滇北昭通来的朱提男子杜宇和梁氏女利加入蜀人族群，成为首领，"教民农耕"、"移治郫邑，或治瞿上"，自称"望帝"。杜宇又以治水有功的鳖令开明为相，后又禅位开明，号曰"从帝"。鳖县即今遵义，开明当为夜郎之族，说明又有一支西南夷融入蜀人族群。以后世代蜀王皆曰开明，九世开明迁成都。前316年，秦人灭蜀，开明氏王蜀十二世而亡。从上述记载看，蜀文化有氐羌、云南昭通和贵州遵义的西南夷加上肯定存在的本地原有土著这几个来源。由此来分析三星堆面貌，太具有启发性了，三星堆文化是多源的。

按史料记载，巴人起源于武落钟离山，即湖北清江流域，有五个族群，巴氏为首，祖先叫廪君。从清江流域发源以后，到了长江三峡一带，应为巴东、巫山至忠县、涪陵一带，就是今天我们所看到的这支巴文化的中心地。廪君的这支巴人带了其他四个巴人族群和当地经营井盐的居民发生了战争，胜利后当了领袖。那么，这就是说此地原来有土著居住，巴人来后才换了新统治族群。如果按今天的考古发现来思考，原来居住的是否即新石器时代的人群？即巴文化与原来的新石器文化是否是一脉相承的？就文化中的陶器遗存来说，不会没有关系，但是否就是我们所谓的巴文化就是刚说的哨棚嘴、中坝下层的这些东西演变出来的？两者肯定有关系，但他们领导的族群变了，文化也有变化。同样，三星堆文化我们也很难想象是在宝墩文化之上直线发展来的，因此，四川也好，三峡也好，把新石器文化跟青铜文化说成一脉相承，毫无变化地自然发展而来的，将巴人的祖源直接就推到新石器文化的观点是不一定妥当的。即使有可能，在今天也是作不了证明的。现在有一个有利条件，就是可以做一做DNA，看看在血缘上是不是一脉相承的。前后两种文化的族群的血缘关系不管如何，对考古学研究的启发都将是极大的。我建议暂时还是按不同的考古学文化来命名。可以作推测，但是不能做结论，不要以为某个文化成了后来的巴文化，巴文化也就早到了好多年。这是第二点：族源不一样。

第三点就是至少在三星堆的时候，蜀人已是以农业为生了。前316年秦灭蜀以后，秦设郡县治理蜀人。能够设郡县来管理蜀人是因为蜀人以农业为生。此后到了汉武帝时期，即公元前一百年左右，大约有二百年时间，据考古发现，那里就成了汉文化，没有蜀文化了。为什么呢？因为蜀人以农业为生，定居容易被同化。即使某些文化因素可以留下来，但是以后的蜀人就不是一个独立的族群了。后来四川地方的人叫蜀人只是地域概念，不是族群概念。

巴人渔猎为生，秦灭巴以后继续原来的管理办法，依然由巴人的大姓渠帅来管理原来的地方，像后来的羁縻州那样。秦并没有用对待蜀人的那种办法来统治巴的基层老百姓，因此巴人一直到后来，还是单独的族群。巴和蜀受到的待遇不一样，早期巴文化还可以说与蜀文化很相近，但讲巴文化不能光讲到商代和西周、战国，汉代还要讲，而此时的蜀文化已成了汉文化。所以我觉得哪怕后来两者还有很多相近的地方，但我们还要考查源头，即使这些文化最初很像是一个文化，也不一定是从古至今一脉相承，永远是一个文化。从这个角度说，即使笼统地讲巴蜀文化，实际上还要进一步把二者分清楚。另外，目前我倾向于对所谓的巴文化，还是有一个考古学文化名称好一点。而且考古学文化的名称可以随着时代的不同而变化的，即早期青铜时代怎么叫，秦代以后怎么叫，名称可以变。譬如说滝井沟文化，到汉代还是叫滝井沟文化？它已不是滝井沟文化了，但可能还是巴人的文化。另外我建议，对三峡遗物的断代，要考虑得周到些。举个例子，陶鬶，我亲手挖了很多，有石家河文化的，江陵发现的相当于二里岗，三峡的基本上早不过殷墟阶段。所以三峡的东西现在应该就三峡本身材料来分期。假如仅叫巴文化就不太好办，有了考古学文化命名的话，分一、二、三、四等期比较方便。也可有区域类型，三峡那么大，东面、西边、中间可以有不同的类型，像仰韶文化有庙底沟、半坡类型一样。

第四点，应把巴人历史过程考虑一下。关于巴人的历史，到了战国以后，古书上讲得比较清楚，在重庆到宜昌这个范围以内，商周到战国巴文化是不平衡发展的，因为后来两个大的文化力量，先后进入三峡地域，即楚从东向西进，秦从西往东，一下把三峡打了下来。据我看到的材料，楚文化在西周中期或晚期就进入到秭归，但后来那一带却并不是纯粹的楚文化，巴人的小村落小集群还留着。到了春秋中晚期以后，纯粹楚文化的遗存（如墓葬）就可以辨认得很清楚。现在见到的楚墓，西边到忠县，基本是偏晚的材料，能不能达到春秋还不敢说。《战国策·燕策三》里面有句话，“楚得枳而国亡”，“枳”就是今天的涪陵（或是其附近），离忠县很近。楚人达到涪陵很晚，得到枳后就亡了，就是指发生了前278年的白起拔郢。现在长江三峡在春秋战国时代有所谓的巴文化、楚文化并存的现象，到公元前278年以后，我看到许多地方包括秭归庙坪、云阳故陵直到宜昌，秦墓出现，而楚墓基本消失。因此从宜昌到重庆地段，在这段时间内某些地区有时是楚巴并存，有时是秦巴并存，两种文化同时并存的时间是不平衡的；但总的来说，从西周到春秋战国，巴、楚、秦三者并存的现象并未见到。目前，在考古学文化中，对楚文化、秦文化的认识已经比较清楚了，所以能够得到以上看法。另外，昨天有人讲到李家坝楚墓里有一种越式鼎，那应该是楚人的越式鼎，是楚灭了越以后因越文化的影响而做的，所以就是楚文化的器物。巴人基本上没有受到越文化的直接影响。

最后，再谈一点从事考古学研究的体会。

对许多新的学术意见，既不要不敏感，又不要过分强求。我赞成会议期间有些关于学术保守的批评，但是，确实也应避免一些意见的过分抢先，没有考虑成熟就加以发表。有些意见过一段时间随着认识提高，慢慢会变的。人人都会变，我自己也有很多意见，过几年就变了，所以不要因为以后可能变而不敢讲新认识。但太不成熟的意见，朝三暮四的态度不好。如果对自己有信心的话，就敢于后发表意见。因为你相信自己有能力过一段时间把问题讲清楚，抢先说一些不成熟的意见，恰恰表现出你对自己没有信心。科学毕竟就是科学，不是商业广告。这话不一定很好听，我也没有具体所指，但是我这话非常实在。三峡考古有一系列新的问题，希望大家多吸收新的养料，多想一点新的情况来求得好的解决。新的学术想法当然可以谈，也可以在文章里表现，但是一种系统性意见，一定要稳妥，不要发表太不成熟的意见。实际上，科学发展的速度已经非常快了，今天对三峡考古的认识，不像当年黄河水库的情况，好多年才变，现在我们两三年就有很多新的想法。在这种情况下，我最后的意见是八个字：科学研究，水到渠成。

2000年1月13日，重庆·万州市

原载《重庆历史与文化》2000年1期。后收入《古史的考古学探索》，文物出版社，2002年7月。

关于楚文化形成、发展和消亡过程的新认识

距今3000余年至2100年左右的楚文化，曾对南中国，甚至是整个中国的文化进程产生过重大影响。就总体而言，这支文化是以长江中游为中心的，仅仅是在战国末年其中心曾转移到淮河流域，而到了汉初，则只有今长沙一带还存在着楚文化的延续形态。但这是在最近数十年内才逐步得到的认识。人们对楚文化的注意，要到20世纪20年代瑞典工程师加尔白克介绍了淮河流域新出战国楚镜后慢慢开始的。[1]1951年以后，因在长沙、江陵等地陆续发掘了许多东周楚墓和江陵纪南城等遗址，楚文化逐渐受到重视。至1980年中国考古学会举行了以讨论楚文化为中心的第二次年会后，楚文化研究则迅速成为中国考古学中的一项重要内容，很快就建立起了东周楚墓的分期表，并进一步探索楚文化的渊源。[2]现在，关于楚文化的遗存，已积累了大量资料，对其从形成到消亡的总过程，只有最早的形成阶段的资料还存在相当空缺，因而今天已有可能对其总面貌作出基本的阐述。

一、关于楚文化的概念问题

有关“文化”的概念，一直存在着许多不同的解释。本文说的“楚文化”是

---

[1] Karlback, Oscan, Notes on some Chinese Bronze Mirrors, China Journal of Science and Arts, Shanghai, 1926.

[2] 俞伟超：《楚文化的发现与研究》，载俞伟超：《先秦两汉考古学论集》，文物出版社，1985年，262—269页。

指一种考古学文化而言。具体讲，就是由古代楚人实现的一种具有自身特点的各种行为的综合体的遗存。它有一定的时间、空间范畴，与一定的族群有从属关系，有特定的文化特征。其中，一定的文化特征内涵具决定意义，即只要是以楚文化特有的内涵为主，不管其所属的时间、空间、族属情况如何，都可认为是楚文化或楚文化系统的遗存。当然，在超出楚文化可能影响到的区域，或是在楚人族群及其文化消亡以后，具有这种特征的文化就不会出现。[3]

但楚文化的特征及其分布范围是在不断变化中。任何考古学文化在其发展过程中，其自身总是要变化的；如同其他文化接触，又会渗入别的文化因素。楚文化和许多其他文化类似，在其形成时即由不同的文化因素组合而成，而其分布范围后来又经历了从小到大再迅速缩小的过程，这样，同其他文化相接触并受到影响的情况就非常复杂，因而不同阶段所涵文化因素是不一样的。楚文化的特征既在不断变化，就应分清其阶段性和区域性。[4]

同时存在的现象是，具有楚文化特征的一些遗存的分布范围，同楚国的疆域并不完全一致。在楚文化刚刚形成时，楚人族群当是在一大片空间范围内具有相似文化面貌的若干族群之一，而当其兴盛发达起来后，又曾对若干其他文化，特别是周围的一些文化，给予了愈来愈多的影响。因此，某些本有自身文化传统的族群或国别（如蔡、曾——即随）的文化，因受到楚文化影响的强烈，其自身特点后来反而退居微弱的位置，文化的总面貌就变得可归入楚文化的大系统中。这样，考古学中的楚文化还应分为广义和狭义两种范畴。广义的也包括楚国以外的、但以楚文化因素为主的遗存；狭义的即为楚国的楚人的遗存。后者当然是典型的楚文化，也就是通常所称的楚文化。

关于考古学文化的特征，在二次大战前，通常是指一群共生的典型器，也包括房址、墓葬的形式等。在国际范围内，到60年代后又将人类学中的文化概念引入考古学，以为考古学文化的内容应包括物质的（或称技术的）、社会的和精神的（或称意识的、观念的）三大方面。在中国，探讨考古学文化中反映出的社会

---

[3] 俞伟超：《关于楚文化的概念问题》，王然编：《考古学是什么》，中国社会科学出版社，1996年，113—118页。

[4] 俞伟超：《楚文化的研究与文化因素的分析》，见上注引书119—132页。

结构的情况，从20世纪50年代晚期已经开始；至80年代末在楚文化中寻找潜藏的“文化观念”的要求亦被提了出来。[5]这样，考古学中研究“文化”的目标，就和历史学的、人类学的目标更趋一致。1995年由湖北教育出版社出版的《楚学文库》18本，可说也就是一套“楚文化丛书”，正包括了物质的、社会的、精神的三大方面内容。当今，既有许多学者对楚文化的认识扩大了视野，今后对楚文化的研究，当会更为全面和深入。

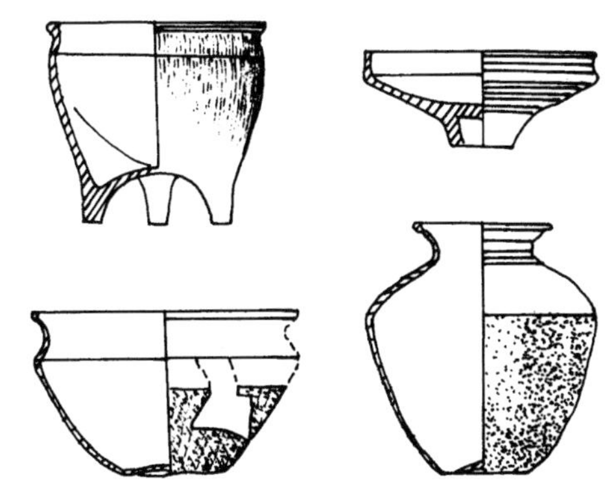

图一　襄樊真武山遗址出土陶器

二、楚文化形成时的两大主要文化因素

在古文献记载中，楚的先祖传为居于南方的祝融氏（《国语·郑语》、《左传》“僖公二十六年”条）。从商人后裔追颂其先祖功德的诗句看，商代武丁时楚人族群已经出现（《诗·商颂·殷武》）。商末时楚的始祖鬻熊被周文王封为楚子（《史记·楚世家》、《史记·周本纪》及《集解》引刘向《别录》、《汉书·艺文志》），周原甲骨文中亦有“楚子来告”[6]之语。鬻熊之子熊丽又被封于“睢山之间”（《墨子·非攻上》），此“睢山”当即睢（即沮）水之源的今湖北省境内的荆山（《淮南子·墬地训》）。商、周时期楚国亦被称作“荆楚”，应与此地望有关。周成王时，熊丽之孙熊绎居于丹阳（《史记·楚世家》），而春秋时期楚灵王的右尹子革则说“昔我先王熊绎，辟在荆山”（《左传》“昭公十二年”条），丹阳当在荆山一带，可见与熊丽之居相去不远。按照这些记载，楚人建国当在商、周之际，活动地区应在沮漳河流域。

但丹阳的地望历来又有多说。《史记·楚世家·集解》引徐广说是在今枝江

[5]　俞伟超：《关于考古学文化的范畴问题》，亦见上注引书143—146页。

[6]　陕西周原考古队：《陕西岐山凤雏村发现周初甲骨文》，《文物》1979年10期。

县之地；《水经注·江水》和《史记正义》引《括地志》又谓在今秭归县境；《汉书·地理志上》则说是在丹扬郡的丹扬（今安徽当涂一带）；清宋翔凤《过庭录》卷九“楚鬻熊居丹阳，武王徙郢考”则主张是在丹水之阳，即今丹、淅交会处。近人钱穆、顾颉刚、童书业皆从宋说；胡厚宣以为楚人源于东方；王玉哲则考订楚人当起源于今河南省的中部，后来曾东迁而居于丹阳，即从《汉书·地理志》之说。[7]在这些不同的地点中，商周之际的文化遗存的面貌往往相差很大，而且至今还未找到一处具有当时楚子都城规模或性质的遗址，所以楚人建国时期的文化面貌，也可以说是楚文化形成时期的文化面貌，至今还不太清楚。

但所有考古学文化的若干特征，特别是其主要的、典型的特征，一定会积淀下来而延续很久。这样，就可以从较晚时期的楚文化遗存中，分析出一些特征来追索并推测其原初面貌。

80年代以来，有关楚文化渊源的探索，就是以文化性质非常明确的战国楚墓为基准而逐步上溯。如就广义的楚文化而言，在湖北省境内已可上推到西周中、晚期。无论是墓葬或遗址所出，陶器中鬲、盂、豆、罐多见，如秭归庙坪遗址[8]、襄樊真武山遗址[9]（图一）、松滋博宇山遗址[10]、当阳磨盘山遗址[11]、当阳赵家湖第一期楚墓[12]（图二）等。在此区域内，陶器中鬲、盂、豆、罐成组的现象在相当于二里岗至殷墟时期的遗存中尚未出现，[13]显然是到后来因周文化的影响才发生的。

这些鬲、盂、豆、罐的形态，与典型周文化的遗存当然有一些差别。尤其是

[7] 近人诸说皆见王玉哲：《楚族故地及其迁移路线》中的阐述和征引，载《周叔弢先生六十生日纪念论文集》35—67页，1950年自印本。

[8] 孟华平等：《秭归庙坪遗址发掘的主要收获》，《江汉考古》1997年1期。

[9] 湖北省文物考古研究所等：《湖北襄樊真武山周代遗址》，载《考古学集刊》第9集，138—161页，科学出版社，1995年。

[10] 荆州地区博物馆：《湖北松滋博宇山遗址试掘简报》，载《文物资料丛刊》第10辑，32—38页，文物出版社，1987年。

[11] 宜昌地区博物馆：《当阳磨盘山西周遗址试掘简报》，《江汉考古》1984年2期。

[12] 湖北省宜昌地区博物馆、北京大学考古系：《当阳赵家湖楚墓》，文物出版社，1992年。

[13] 陈贤一：《江陵张家山遗址的试掘与探索》，《江汉考古》1980年2期；荆州地区博物馆、北京大学考古系：《湖北江陵荆南寺遗址第一、二次发掘简报》，《考古》1989年8期；沙市市博物馆：《湖北沙市周梁玉桥遗址试掘简报》，载《文物资料丛刊》第10辑，文物出版社，1987年。

鬲，腹底连接一起，空足由圆锥体的核心从腹底从里向外穿透底壁，再加上从器体外部裹住核心的外壳。商式鬲则是腹足连为一体而分裆清楚。周式鬲的腹足亦连为一体，但腹足的底部是加上去的，足间裆部呈弧形，即所谓瘪裆。苏秉琦先生在1980年中国考古学会的第二次年会上揭示出了这种陶鬲的制法特点后，就命名为“楚式鬲”（或“鼎式鬲”、“斝式鬲”）。[14]鬲在商、周时期见于许多文化，但楚式鬲却是楚文化或楚式系统文化（即广义楚文化）中特有的。

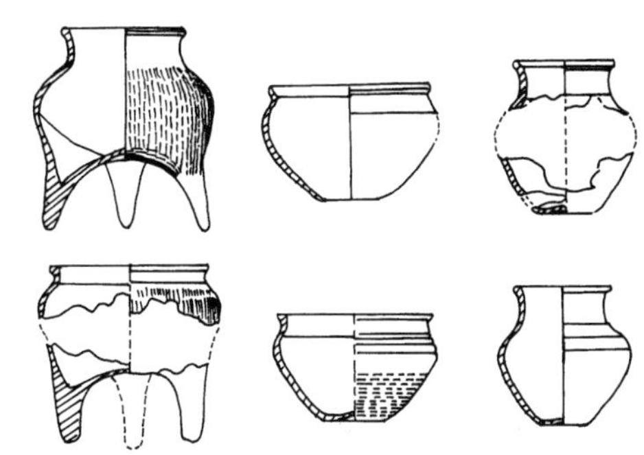

图二　当阳赵家湖第一期楚墓出土陶器

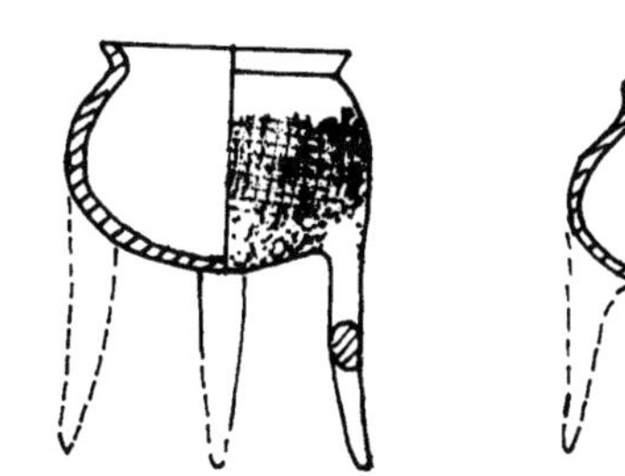

图三　沙市周梁玉桥出土大、小口鼎

楚式鬲最早见于黄陂盘龙城的二里岗下层（甚至更早一点）的遗存中，在当阳赵家湖西周晚期楚墓等遗存中，还见到楚式鬲有大口、小口之分（见图二左侧上、下之鬲）。更早的楚文化遗存因现有材料不足，这种情况不知始于何时。但沙市周梁玉桥的殷墟时期遗存中，鬲虽为商式的，而承自土著文化传统的陶鼎，却有大口、小口两种形态（图三）。由此又可推知，鬲分大口、小口，是源自长江中游的一种文化传统。

在湖北境内，二里岗下层时期楚式鬲的出现和西周以后楚文化中的大量使用鬲、盂、豆、罐等陶器，已经暗示出商、周之际形成的楚文化，正是长江中游的本地文化结合了大量周文化因素而形成的。如从春秋以后楚墓的情况来观察，其丧葬制度，包括随葬品的组合，主要是本自“周礼”，可见周文化对楚文化的影响，绝不限于仅使用了许多周式器物，而且在意识形态和政治结构方面，也发生

[14]　苏秉琦：《楚文化探索中提出的问题——在中国考古学会第二次年会闭幕式上的讲话》，《苏秉琦考古学论述选集》，文物出版社，1984年。

了很多承自周文化的变化。《史记·楚世家》谓“鬻熊子事文王”;《汉书·艺文志》亦云“(鬻熊)为周师，自文王以下问焉”。《国语·晋语八》又曰“昔成王盟诸侯于岐阳，楚为荆蛮，置茆，设望表，与鲜卑守燎，故不与盟。”楚人在建国之初，尽管还被周人视为蛮夷，数代楚子却屡赴周原岐邑寻求更高的文明，这时期的楚文化接受了大量周文化影响并加快了发展速度，当是很自然的。

三、东周时期楚文化自身特征的加强

周初分封的各诸侯国，在西周时期因周文化的强盛而所受影响很大，以至其文化的总面貌同周文化都很接近。平王东迁后，周文化衰落，无力再像过去那样控制各诸侯国，各诸侯国的自身文化特征随即迅速加强。到了春秋中期，秦、晋(后来分为韩、赵、魏)、燕、齐、吴、楚等强大的诸侯国的文化皆明显地自成一系，其中的楚文化直到战国晚期一直是南半个中国的中心，而周文化反倒退缩为晋系文化的附庸。

楚文化的这种变化现已可大体看清。例如在西周中、晚期的遗存中，陶器中多鬲、盂、豆、罐等器当因周文化的影响而出现(鬲的制法和形态则楚式特点强烈)，楚系特有的只是少数瘦高的椭腹罐等器。在青铜礼器方面，已知最早的是传世两周之际的楚季苟盘和楚嬴盘、匜[15](图四)，几乎与周器无别。当阳赵家塝M2的春秋早期鼎、簋，[16]通体无纹饰，形态也略有特点，但并不突出(图五)。可是一到春秋中期，从河南淅川下寺的令尹莛(𨛭)子冯(倗)墓起[17](图六)，直至战国末安徽寿县朱家集的楚幽王熊悍墓(李三孤堆)，[18]包括其他已经发掘出的好几千座不同级别的楚墓，楚文化自身的特点就始终非常突出。

---

[15] 刘彬徽:《楚系青铜器研究》213—218、291—292页,《楚学文库》之一,湖北教育出版社,1995年。

[16] 同[11]114、120、121页。

[17] 河南省文物研究所、河南省丹江库区考古发掘队、淅川县博物馆:《淅川下寺春秋楚墓》,文物出版社,1991年;其墓主考订据李零:《“楚叔之孙倗”究竟是谁》,《中原文物》1981年4期;李零:《再论下寺楚墓》,《文物》1996年1期。

[18] 李景聃:《寿县楚墓调查报告》,《田野考古报告》第1册,1936年8月;殷涤非:《关于寿县楚器》,《考古通讯》1955年2期;刘节:《楚器图释·寿县所出楚器考释》,北平图书馆,1935年;《安徽省博物馆筹备处所藏楚器图录》第1集,1953年印散叶本;北京历史博物馆:《楚文物展览图录》1—3页,1954年;唐兰:《寿县所出铜器考略》,《国学季刊》4卷1期。

这个时期从黄河流域至长江流域，各诸侯国的各类墓葬，所出礼器无论是种类或数量是否有多寡，也不论其质地是铜的还是陶的，基本组合都以“周礼”中的规定为基础，即盛牲肉用鼎，盛黍稷用簠、瑚（此器以往习称为簠，但所见自铭、器名皆从“古”，可知应即古籍中所说的瑚）、[19]豆（有盖）、敦、盛，盛水和酒用壶、缶、钫，沃盥用盘和匜。每种用途的礼器大都只出一种，但也有并用两种的。有的则因时代不同而发生变化，如敦至春秋晚期才出现，盛是到战国晚期代替了敦，钫要到春秋时才出现，战国中期以后流行。这些器物在各诸侯国中都出现过，但在中原，黍稷器主要是簠和豆，水、酒器主要是壶；而在楚地，黍稷器主要是簠、瑚、敦（敦多见于小墓），水、酒器主要是浴缶和尊缶。另如一种小口鼎，自铭为“盪（汤）鼎”与“浴巽”，分别为煮肉汤和温水的，则是楚文化中特有的。

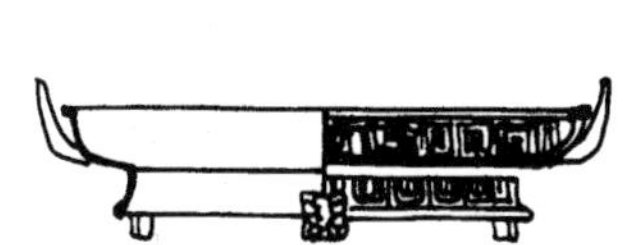

图四　传世楚季苟盘、楚嬴匜

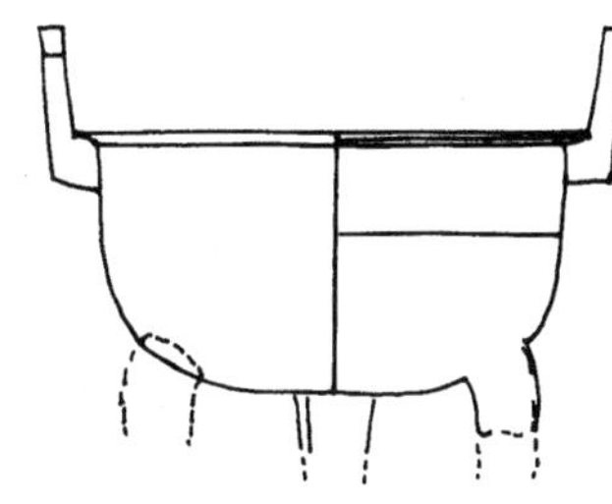
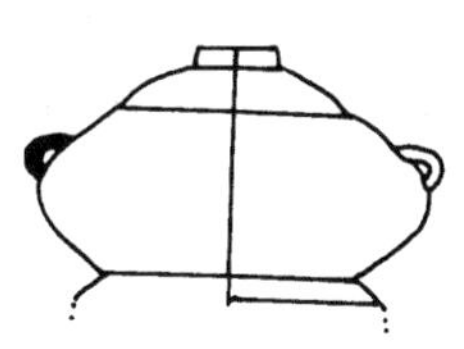

图五　当阳赵家塝 M2 出土青铜器

其中表现墓主身份最重要的礼器是升鼎，即盛放煮熟的各色牲、鱼之鼎。[20]至春秋中期后，在楚系文化中，凡高身份的贵族如诸侯或卿，即用九鼎或七鼎的，其升鼎往往作成一种特有的束腰平底式，从楚国的王子午和令尹薳子冯（下寺

[19] 高明：《中国古文字学通论》337—338 页，北京大学出版社，1996 年。

[20] 俞伟超：《周代用鼎制度研究》上篇：“二、升鼎的命名及其使用制度”，下篇：“三、春秋中期至战国早期的第二次破坏”，“四、战国中、晚期的第三次破坏”，载《先秦两汉考古学论集》67—72、93—107 页，文物出版社，1985 年。

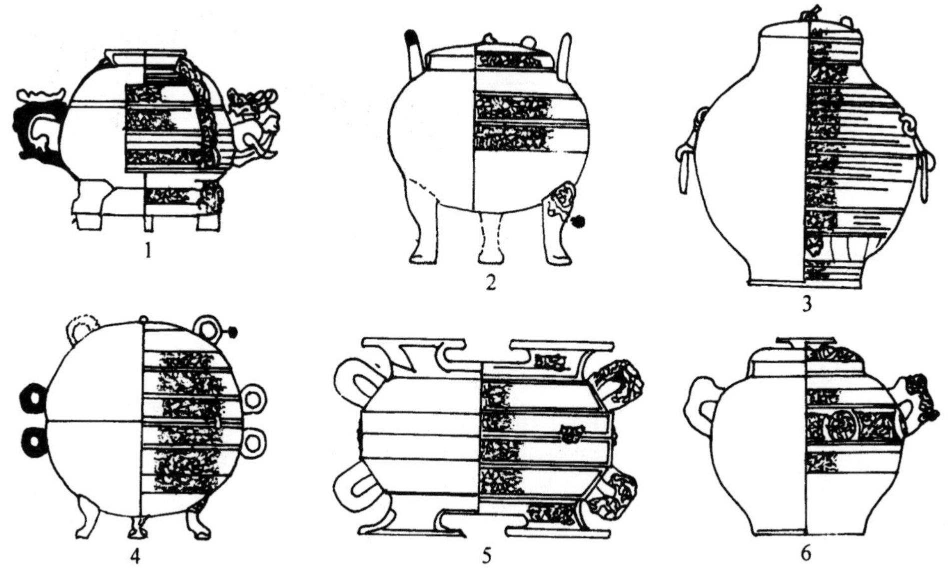

图六　淅川下寺 M2、M10 出土青铜器

1. 𨙸子倗簋　2. 𨙸子倗𪔂鼎　3. 𨙸子倗尊缶（M2）　4. 敦　5. 瑚　6. 浴缶（M10）

M2所出是薳子冯使用了原为王子午的七鼎）到楚幽王熊悍以及蔡昭侯、曾侯乙等，就都用这种升鼎（图七）；但同时也使用各诸侯国中通见的圜底带盖鼎作升鼎。在一些大夫以下级别的墓中，则升鼎是以楚式的圜底带盖为主，偶见的束腰平底鼎恰似被当作陪鼎来使用。[21]总起来看，束腰平底鼎是楚系铜器中特有的。

但楚文化中也陆续渗入了一些其他文化的因素。最明显的是在前334年楚灭越后，因为与越人接触增多而新出现了两种越式铜器。一是腹深、盖薄、三足瘦细外撇而盖上饰双线云雷纹的越式鼎，二是血槽在矛叶中心、两侧饰倒刺回纹、骹部有“王”字形纹的越式矛。至前278年秦国白起拔郢后，楚国迁都于陈（今河南淮阳）、钜阳（今安徽太和）、寿春（今安徽寿县），那一带战国晚期的楚国遗存，还相当完整地保留着原有文化特点。但河南淮阳平粮台和安徽长丰杨公乡等地这时期楚墓所出陶鼎，多数虽仍为高足楚式，少量的却作矮足秦式。寿春楚

[21]　同 [15] 第三章“楚系青铜器组合研究”，第四章“楚系青铜器分类研究”，83—246 页。

故城柏家台遗址出的蒂形云纹铺地方砖和卷云纹瓦当，亦是新出现的秦式风格。[22]在三峡至湖北一带的楚境内，秦文化的影响是伴随着秦军的来到而出现的，而随着秦文化的东渐，在秦灭楚以前，秦文化的一部分影响甚至已渗入到最后的楚都之地。

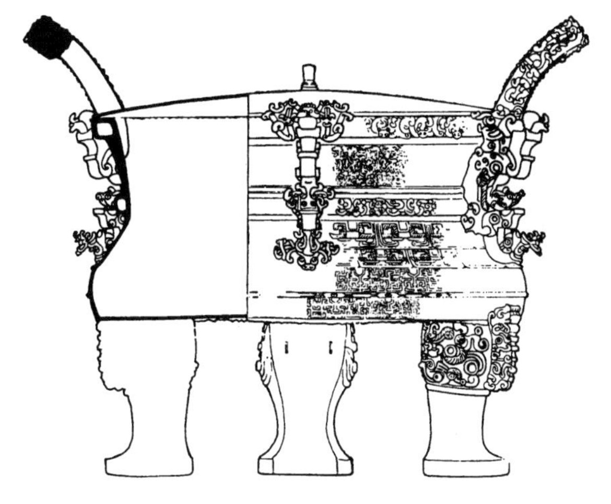

图七　淅川下寺 M2（薳子冯墓）出土王子午升鼎

但即使陆续出现了一些其他文化的影响，春秋中期以后的楚文化，始终具有强烈的自身风格。

四、楚文化中潜藏的思想意识特色

考古学文化的特点，一是因其物质技术能力和自然条件的制约而形成，另外则受意识形态的支配而决定。在中国，当黄河中游建立起三代王朝后，其意识形态（包括礼制）曾对四周臣服之国发生过强烈影响，黄河、长江甚至珠江流域的许多文化都或多或少地出现了这种情况。楚文化也是这样。

就信仰而言，中国亦如全球的普遍情况那样，当刚步入文明时代后不久，萨满教式的巫术信仰曾遍布各地，在黄河、长江的中、下游地区，要到春秋晚期起才逐渐被诸子百家的哲学思想、政治学说、伦理道德观念所代替。但在楚地，此时的巫术信仰残余却远比中原为重。《吕氏春秋 · 侈乐》所云“楚之衰也，作为巫音”，说明了这种情况。《楚辞 · 九歌》王逸“序”说的“昔楚南郢之邑，沅湘之间，其俗信鬼而好祀”，亦指此而言。《汉书 · 地理志下》所记“楚地……信巫鬼，重淫祀”，又表明直到汉代还是这样。战国楚墓漆木器中多见的神人异兽图

[22]　刘和惠：《楚文化的东渐》114—132、180—209 页，《楚学文库》之一，湖北教育出版社，1995 年。

像，正是巫术依然盛行的一种艺术反映。

在思想史的研究中，十年以前我曾提出，以老、庄为代表的道家思想是这时期长江流域的学术主流，黄河流域则以儒、法为主。后来，张正明先生亦以为道家思想是江、淮流域的学术主流，儒、墨是黄河流域的主流。1993年冬湖北荆门郭店一号楚墓所出战国古籍的竹简残本，十四种为儒家著作的摘录，而《老子》则有三种残本，另有《太一生水》残本，其内容虽多阴阳家色彩，但显然也以道家的思想为重，而且在后代道教中这种说法依然十分盛行。[23]由此看来，当时在楚地是儒、道并行，而道家学说占有突出位置。

传出长沙子弹库的战国楚帛书，[24]则是一种论述行事要选择时日的图书，李零曾暂名为《四时令》。[25]这种书籍，汉代曾归入“术数”类。同出的另一些帛书残片也是“术数”类的书籍。《四时令》的内容与《管子·幼官、幼官图》颇有相似处，含阴阳思想，而这同道家学说也是相通的。战国楚墓中出土的图书，正表明楚国盛行道家思想。

以《老子》、《庄子》为代表的道家学说，无论其思想内容或表达形式，都可明显地看到与更早的巫术之学有渊源关系。[26]屈原和宋玉的《楚辞》亦多巫风痕迹。[27]从巫到道到骚，正是楚文化的思想意识和文学艺术的传统，毋怪乎楚文化会具有那样光怪陆离的色彩。

五、汉初楚文化的余痕

在秦灭六国过程中，秦军所到几乎像秋风扫落叶那样，使各地原有的文化面貌大变。六国故地往往出现一批典型的秦式墓葬，另外的墓葬则是变为随葬品以当时秦制的日用陶器为内容，而其形态则融有当地原有传统。仅长沙一带还保存着浓厚的楚文化遗风。

---

[23] 荆门市博物馆：《郭店楚墓竹简》，文物出版社，1998年。

[24] 李零：《长沙子弹库战国楚帛书研究》，中华书局，1985年。

[25] 李零：《读几种出土发现的选择类古书》，载《简帛研究》第3辑96～104页，广西教育出版社，1998年。

[26] 张正明：《楚史》272—277、294—299页，《楚学文库》之一，湖北教育出版社，1995年。

[27] 赵辉：《楚辞文化背景研究》51—99页，《楚学文库》之一，湖北教育出版社，1995年。

长沙一带何时被秦占领，史载不详。《史记·秦本纪》和《白起传》谓秦在白起拔郢前后，又攻取了楚的黔中、巫郡和江南之地，长沙大约即被秦占。但此时的长沙之墓，仍沿袭楚制，以鼎、盛（即盒）、壶、钫等礼器为随葬品，仅是鼎的形态已变为矮足秦式。这种现象，一直沿袭到西汉早期。

长沙一带在西汉早期还存在浓厚的楚文化面貌的现象有很多，如继续铸造和流通楚国的黄金货币“郢称”，许多墓葬中常出作为明器的泥版“郢称”，肯定也还铸造黄金“郢称”；

长沙王和轪侯及其王后、夫人等大墓依然使用楚式的有头箱、左右边箱、足箱和棺箱的木椁制度；

其尸体不用玉衣而裹以多重衣衾（如马王堆一号墓），即不用汉制而保存着楚制遗风；

马王堆的轪侯及其家属墓依然使用九、七为制的升鼎，而这种使用制度在战国中期以后的秦式大墓和其他地区的西汉早期大墓中已经消失；

马王堆三号汉墓的遣册中有“楚服”、“楚舞”之词，可见还沿用从前楚人的风俗；

最重要的是，仍以道家思想为其意识形态的主流。马王堆三号汉墓所出大量帛书，清楚说明了这一点。

全部帛书内容以道家思想为重，基本没有儒、墨、法等家的。最主要的是《老子》甲、乙本两种和《黄帝四经》一种，正是汉初盛行的黄老之学的典籍。还有《伊尹·九主》一种，在《汉书·艺文志》中也归入道家。另有《周易》及《系辞》一种，后世儒家虽然传称孔子作《易传》，但《易》的源头古老，后代道家和道教对它的借用、发挥要远远重于儒家。另如《驻军图》、《五星占》、《杂占》、《相马经》、《导引图》、《五十二病方》等属“经方”、“术数”类的图书，也与道家的关系为近。再如《春秋事语》、《战国纵横家书》等“春秋”、“纵横”类书籍，难以归属某家哲学学说。[28]综观这些帛书，西汉早期长沙国的思想意识正继承着先秦楚文化的传统，道家思想占有主流地位。

[28] 晓函：《长沙马王堆汉墓帛书概述》，《文物》1974年9期。

汉初为了恢复元气大伤的社会经济，无为而治，提倡黄老思想。“老子”思想本是源于楚地，而所谓“黄帝”思想则是起于齐地的一种神仙方术之学。二者大概因为比较接近，至汉初就结合成一体，并成为后来发生的道教的思想源头。西汉前期全国都流行黄老思想早已见诸史籍，但马王堆帛书则进一步表明，当时的长沙国境内似乎更为盛行，这当然同楚文化的思想传统有密切关系。

至汉武帝时，因自秦代确立土地私有制后，至此时大土地所有制已达一定规模，加上国家统一局面的加强，出于这些新的社会需要，由董仲舒提出的主张“天人合一”的儒家今文学派思想及其“三纲五常”的伦理道德观念，成为当时的正统思想，而且儒家思想的正统地位从此延续了两千年之久。在这样一些条件下，汉文化真正形成了，于是，楚文化终于退出了历史舞台。

在千年左右的时间内，楚文化推进了长江中游，甚至是南中国的历史进程；而其文化影响，特别是以《老子》为代表的道家思想，遍及全国，并影响至今。其间，于西汉早期新形成的黄老思想，甚至一度成为全国性的主流思想。楚文化对中国古文化的贡献是范围广阔的，而其思想意识的影响尤为深远。我以为，这是楚文化最光辉之点！

原载中国历史博物馆考古部编：《中国历史博物馆考古部纪念文集》，153～161页，科学出版社，2000年4月。后收入《古史的考古学探索》，文物出版社，2002年7月。

三峡与四川考古新收获以及对长江上游古代文明的新思考

三峡文物保护中的一项重要内容是三峡考古。近几年来，三峡文物保护正在实施“三峡文物保护规划”中列出的一些项目，考古发掘的规模愈来愈大，新的收获也愈来愈多。这些收获，正在日益揭示出原来并不太清楚的长江上游古代文明的一些长期不明的难解之谜。自20世纪70年代末期以来，研究长江文明已成为我国学界的热点之一，而长江上游的古代文明却是其中比较薄弱的环节，因而三峡考古自然受到大家的关注。

万里长江从发源地开始，直到流入大海，通常分为上、中、下游三段，宜昌以上地段为长江上游。这三大段，从新石器时代起，直至秦代以前，其古文化正好可分成三个大区域。其下游地区，现知距今7000年以后的新石器文化主要有马家浜、松泽、良渚三大阶段；在马家浜时期，则还有河姆渡文化并存。大约距今4000年前后，这里进入青铜时代；约至前一千纪中叶，又进入铁器时代。据现有考古发现，良渚文化后来突然衰落了，代之而起的则是一种新发生的青铜文化，即湖熟、马桥和一种新发现的、但面貌与前二者很接近的江阴佘城遗存。佘城遗存已建有古城。史载商周之际这里已建有吴国，还有越国，春秋晚期越国灭掉了吴国，而至战国中期，来自长江中游的楚国又灭掉了越国，不过，吴越文化的面貌是很接近的，楚文化则是另一种面貌。至公元前3世纪后叶，秦国灭楚，此地即成为秦的疆域。现在，东周乃至西周晚期的吴越文化的面貌已经得到相当的认识，更早的湖熟、佘城、马桥一类的文化遗存，可能是早期吴文化的遗存，至少是吴文化的重要源头；早期越文化面貌大约与之接近。

长江中游的新石器文化，万年前已进入新石器时代，至8000年前以后主要经历了彭头山、城背溪、大溪、屈家岭、石家河诸阶段。最早的彭头山遗存是在湖南澧水流域发现的，城背溪那种遗存则集中在鄂西至三峡，据最近新发现，其西端可到达丰都的玉溪，而其后的大溪和屈家岭乃至石家河的遗存，则逐渐东退，但其中的屈家岭遗存的西沿亦至少到达忠县一带。这个系列在城背溪阶段时，东端只达鄂西，以后则几乎席卷了江汉平原，乃至长江以南的洞庭湖沿岸。从总体情况看，这是长江中游的主要新石器文化系列。

但如同长江下游一样，这个新石器系列并未延伸到青铜时代。从4000年前以后，在江汉平原，北面的夏、商文化（特别是二里岗阶段的）沿随枣走廊南下，直至长江中游两岸，乃至江西的清江，使当地文化出现了许多二里岗文化的因素，甚至在湖北黄陂盘龙城建立了据点。至商文化的殷墟时期，对南方地区的影响有所减退，但青铜礼器的风格，在湖南、安徽甚至江西的部分地区，却影响至深。此外，南方的几何形印纹陶的影响，也已经漫衍到湖南乃至江汉平原的荆州一带。还有，三峡一带新形成的巴文化，此时亦对江汉平原，尤其是鄂西地区，产生一定影响。总之，这时期长江中游的文化面貌大变，原有的新石器文化的传统，基本中断，出现了一些由多种文化因素组成的新文化，其总面貌虽然有一定的共同性，但在不同地域其文化因素的组成情况却有相当差别。

最迟在商周之际，长江中游的楚文化已经形成。关于楚文化的发生地究竟在哪里，现在尚未得到考古发现的明证。但大约是属于西周中期的楚文化系统的遗存，已在鄂西至三峡的秭归和鄂西北的宜城一带发现。从这一些材料来观察，商周之际的楚文化当是长江中游某一支原有文化接受了大量周文化的因素而形成的，并且一直成为此后愈来愈宽广的楚系统的诸文化的骨干。在长江中游，西周晚期以后直到公元前278年秦国白起拔郢的楚文化的年代序列，特别是在墓葬材料方面，已经基本建立了起来。从楚文化的整个进程来观察，自春秋中期起，楚文化自身的特殊风格才强烈起来。这是因为平王东迁以后，周人已无力控制各地，各诸侯国就分别发展其具有自身特点的文化。总起来看，自西周晚期以后，楚文化已成为长江中游的核心文化，直到被秦攻占。

长江上游的秦以前的古文化，自然是以古代的巴蜀文化为中心。早在1929年，在四川广汉的月亮湾就挖出过大批早期蜀文化的玉石器，1934年华西大学博物馆又曾来此发掘，但此时当然不可能得到有关其文化性质的认识。抗日战争时期，一批来到大后方的学者，根据传世的战国巴蜀青铜器，因其形制有特点，提出了巴蜀文化的概念，但亦未有系统认识。50年代晚期，在四川新繁水观音和重庆忠县㽏井沟发掘到一点早期巴蜀文化的遗存，也还没有对其文化性质提出看法。60年代初在四川彭县竹瓦街得到一批相当于西周时期的蜀人青铜器的窖藏，可是对其年代和文化性质的认识仍是众说纷纭。直到1986年后，因广汉三星堆出现了两个早期蜀文化的埋藏坑，出土了大批铜器；同时在成都十二桥发掘了相当于三星堆晚期的早期蜀文化的木构建筑遗址。从此，关于蜀文化，特别是早期蜀文化的研究，才真正系统地开展起来，并立即成为考古学界关注的一个热点。至90年代中期，在成都周围的新津宝墩等地又确定了距今4500年前后的新石器晚期的宝墩文化，并发现了6个古城址，在成都平原首次找到了新石器时代晚期的遗存，大大推动了四川地区考古学的前进。但是，因为成都平原及其周围地区的古文化发展谱系尚未建立，所以一当发现宝墩文化后，人们就纷纷以为三星堆文化是从宝墩文化发展而来的，并为尚未找到本地区的早于宝墩的新石器文化而苦恼了好几年。

与此同时，自80年代初开始，为了配合建设三峡水库的前期准备工作，在三峡地区就不断进行考古调查，并在西陵峡地段发掘了10多处相当于商周时期的早期巴人遗址。当三星堆遗址开始大规模发掘后，因两地陶器群有很多相似处，就进一步认识到这的确应是早期巴人遗存。1994年以后，为制定"三峡库区文物保护规划"，对库区进行了相当仔细的调查和逐步开始发掘，开始认识到在此长江中、上游地段，大体以三峡为界，在新石器时代，如以三峡入口处的奉节县的夔门一带为界，往东直至江汉平原，就是从城背溪经大溪、屈家岭到石家河的文化系统；向西则是一种过去从未见过的文化系列。后来，当成都平原确立了宝墩文化后，又在忠县哨棚嘴下层等遗存中，见到三峡以西此时的新石器文化，竟同宝墩文化大同小异，似可归为一个大文化系统。相当于商周至汉代的巴人遗址和墓地，则也发现了百余处。其中面积最大的为巫山双堰塘、云阳李家坝、万州市中坝子和忠县 井沟一带的遗址群，由此可看到此时期长江两岸的五氏巴人，其中心地带是在巫山至忠县，或是巴东至涪陵一带。这些地点发现的早期巴人陶器，同三星堆文化的早期蜀人陶器，也是比较接近的。

既然三峡地带发现的新石器晚期遗存同成都平原的宝墩遗存极为接近，晚于这个时期的三峡早期巴文化的陶器同成都平原早期蜀文化的陶器也是风格特点相似，许多人自然亦以为三峡的新石器晚期文化同早期的巴文化有直线联系。至于这种新石器文化的来源，则至今还是一个谜。

在历史记载中，古代的巴、蜀，本是一对难分难解的兄弟，而80年代中期以后，成都平原同三峡地区考古发现的上述遗存又有如此之多的相似处，产生上面谈到的那些想法当然并不奇怪。但1999以来两地的一些新发现，以及对近几年来成都平原周围山地一些调查资料的再思索，终于促使我们开始作一些新思考。这种新思考的核心是，成都平原至三峡一带万年以来的古文化进程，和黄河中、下游以及长江中、下游的古文化的进程，并不同步；而且，因外地影响而发生的文化突变，曾多次发生。

新认识的具体内容，可以自早而晚地加以述说。

1999年秋冬，在重庆奉节长江北岸的鱼腹浦遗址，曾于地表以下缺乏文化遗物的6米深的土层下，找到一处含有少量打制小石器的遗存，中含一片红烧土，旁边出了一小块夹粗砂的红褐陶，火候很低，捏制成型，制作技术颇为类似广西桂林甑皮岩遗址和江西万年仙人洞遗址的下层陶片，是我国已知陶器中制法最为原始的一种。年代据中科院古脊椎所估计，约为8000年前。假如没有这块陶片和不能判定其年代，这样的遗存，很容易被认为是旧石器时代晚期的。有此遗存为基点，就可认识到在此三峡入口夔门以西不远的地段，8000年前的原始人群，尽管开始有了陶器，应当还是以游猎为生的，所以堆积很薄，遗存面积很小，很难找到。比起黄河中、下游和三峡以东的长江流域同时期的遗存来说，文化发展的高度，显然要低得多。这样的遗存，当然不可能仅此一地，一定还存于一片相当广阔的地段中。

再看成都平原以西、以北的山地，过去已经找到了不少细石器的采集点。其中，川北广元中子铺遗址经过小规模发掘，得到许多细石器，其年代经测定，大体在距今7000年至6000年间，甚至可能晚到距今6000年以后。如果依照上述奉节鱼腹浦遗存和广元中子铺遗存的年代，大体可看到在万年以后，5000多年以前时，从三峡夔门以西至川西、川北（成都平原大概也会包括在内），还处在只有少量制法原始的陶器的一种小石器和细石器的文化阶段，生产方式还是游猎式的。

按文化发展程度而言，这只能算作一种最初的或是早期的新石器阶段。

在此分布区以东的城背溪、大溪乃至屈家岭文化，其生产能力显然要高得多。据1999年秋冬的三峡考古，在三峡库区的丰都的玉溪发现了城背溪文化的遗存，还在忠县哨棚嘴下层遗存的下一层，发现了屈家岭的陶片（前几年在奉节老官庙遗址早就发现过屈家岭的彩陶纺轮），看来，当时从奉节到成都平原到川西、川北山地的细石器文化，抵挡不住城背溪至屈家岭文化的侵入，所以在那里留下了这些文化的遗存。但后来，当三峡的哨棚嘴下层和成都平原的宝墩文化发展起来后，力量慢慢强大，就把东边那支文化逐渐挤出去，所以，那一带后来就只有哨棚嘴下层和宝墩文化而没有石家河文化的那种遗存。

关于哨棚嘴下层和宝墩文化，当然不会是直接从当地原有的那种细石器文化发展而来的。1997年时，我曾就宝墩等古城的城垣筑法，陶器遗存中的灰白陶以及圈足上的镂孔风格，并结合古史传说，推测宝墩文化是因为长江中游屈家岭晚期至石家河文化的进入而突然兴起的（见本书《三星堆蜀文化与三苗文化的关系及其崇拜内容》）。现在得到了上述新认识后，又进而觉得宝墩及哨棚嘴下层文化的出现，正可以为那一带细石器遗存的消失，找到了原因。当然，新来的屈家岭和石家河的人群，一定要同当地原有居民结合，所以其文化的整体面貌，一定含有两种文化系统的因素；也就是说，一定会形成一种新文化，即哨棚嘴下层和宝墩文化。

其次又可看到三峡至成都平原的巴、蜀文化，也不应是从哨棚嘴下层和宝墩文化直线发展而来的。

近年来，自宝墩文化与哨棚嘴下层文化被确定后，由于时代较早，地点重合，大家很自然、也是很简单地认为宝墩和哨棚嘴下层文化是蜀文化和巴文化的前身。又因宝墩和哨棚嘴下层及巴、蜀这两大阶段的文化面貌，都很相似，以致在不少人的内心深处，又很容易引导出巴蜀文化可能同源的想法。但一系列新发现，却表示出情况并不那么简单。

先说蜀文化。去年夏天，我已从谯周《蜀本纪》和常璩《华阳国志》中有关巴蜀古史的传说出发，并结合三星堆等遗存的文化因素分析，说明自蚕丛到开明，蜀文化中应包括了氐羌、西南夷和当地土著三大文化因素。三星堆至十二桥时期的蜀文化，已缺乏宝墩文化中盛行的灰白陶和圈足镂孔风格，器类也有很大差别，仅是花边口沿和尖底器等因素，可在宝墩文化中找到源头，而这只能说明三星堆文化中含有一定的当地土著文化因素。去年在成都黄忠村遗址中发现的相当西周时期的一些早期蜀文化的墓葬，除少量双手交叉的伸直葬外，流行二次葬，而成都南郊十街坊发现的宝墩文化墓葬，却都是仰身伸直葬。葬式之异，当能明显表示出这两种文化并非同一族群的遗存。观察全国范围的古文化，在宝墩至三星堆、黄忠遗存的前后，只有甘青地区的半山，马厂至卡约、辛店等文化才流行这种骨骼摆法非常接近的二次葬，这至少可强烈暗示出三星堆至黄忠那种蜀文化中的一部分人群，是来源于西北地区的。这同蜀人始祖蚕丛来自岷江上游一带的古史传说，正相契合，可见应当是一个说明宝墩和三星堆至黄忠不是同一族群文化前后两大阶段的一个重要证据。

得此认识后，自然能立即启示人们去思考，哨棚嘴下层同早期巴文化的关系，应当也是差不多。目前，已知三峡地段这时期的材料，还达不到成都平原的丰富程度，但亦大体可知哨棚嘴下层同早期巴文化的陶器，在陶系、器类等方面，难以直接联系上。这就是说，巴文化的出现，也是综合了来自他地同本地土著文化的因素而新形成的。

降至春秋、战国时期，巴、蜀文化同相邻的秦、楚等文化，各自特征明显，在巴、蜀之地出现秦、楚乃至其他列国的遗物，或是巴、蜀文化中新融入了秦、楚等文化的影响，是一望即知的。也正是根据这种文化因素分析法，还可大体看到直到汉初，自成都平原至三峡一带，尽管巴、蜀早已灭国，但在蜀人和巴人中，还保留着很多本身原有的文化传统。大致要到西汉中期以后，才慢慢融入到汉文化中；而巴人因以渔猎为生的特殊生活方式，原有族群的结构形式及其文化传统，当然要延续得更为长久。

以上所述，当然在许多方面还只是根据最近新出资料提供的一些线索而作出的推测，历史进程的本来情况究竟如何，还有待于今后更多的新发现来验证或修改。但从以上得到的一些认识来考虑，在研究任何一个古文化时，应当注意到它并非孤立存在，而且任何一个文化由于来自自然环境或是人文环境变化的影响，往往会发生或强或弱之变，甚至导致旧有文化的衰亡和新文化的产生。这就要求我们研究任何一个考古学文化，必须了解其前后左右的其他文化。对于三峡地区来说，其左右的江汉平原和成都平原的文化关系尤为密切，一定要时时注意那里的新发现和新的研究成果。如果仅就巴文化的研究来说，巴蜀文化的关系本来就是最密切的，而且嘉陵江流域还有一支七姓巴人的文化，这就可以说，研究巴蜀文化是四川离不开重庆，而重庆也离不开四川，只有加强两地的合作，才能更好地解开古代巴蜀之谜。

补记：

2000 年 7 月 1 日在重庆市博物馆曾作演讲，题为“三峡考古与长江文明”。同年 8 月 10 日在四川省文物考古研究所又作“关于四川地区古文化的一些思考”的演讲。今综合二次演讲成此文，并改作今题，收入《古史的考古学探索》，文物出版社，2002 年 7 月。

2000 年 8 月 12 补记于成都安蓉大厦。

五 艺术史与考古学

马王堆一号汉墓帛画内容考

唐兰先生释遣册中的“非衣一”即帛画，这很精辟。要解释这幅帛画，必须从当时的丧礼来加以考察。

非衣又可叫做幠。《荀子·礼论》说：“故圹垅其貌象室屋也；棺椁其貌版盖斯象拂也（‘版’字上原有‘象’字，依杨注删）；无帾丝歶缕翣其貌以象菲帷帱尉也；抗折其貌以象槾茨番阏也。”这讲的是墓圹棺椁所象生人居室、用物之事。抗折是椁底垫木。无帾丝歶缕翣所象的菲帷帱尉本皆是生人居室所用之物，但在丧礼中，也可指棺椁外面所饰的织物。其中的无帾按行文次序来对照，当即象菲（扉），也就是遣册中的“非衣”。

无帾之无即幠。幠和覆音义俱通，覆盖在死者尸体上和棺上的织物都可叫幠。《仪礼·士丧礼》一开头就说：“死于适室，幠用敛衾”；《仪礼·既夕礼》说：“幠用夷衾”；郑玄注和《说文·巾部》：“幠，覆也”，《礼记·丧服大记》孔颖达疏说夷衾是“覆尸柩之衾也”，都把这点讲得很清楚。《礼记·檀弓上》“褚幕丹质”句下郑玄注又说：“以丹布幕为褚，葬覆棺”；《丧服大记》郑注也说：“大夫以上有褚，以衬覆棺”。《荀子·礼论》把它叫“无帾”，则是综幠、褚二名而通言之。褚为丹色，这幅帛画正是赤帛为地。此墓随葬衣物甚多，而遣册中没有一简记述衣服，这也可从侧面说明“非衣”不是指衣服而言。

幠又有同音字怃。《方言一》说：“怃……爱也。”《檀弓下》又说：“复，尽爱之道也。”所谓复，是指一种招魂复魄之术。当时，凡死者刚亡，都要招魂，欲求重生，不得重生，才真正进行丧礼。幠、怃和复的古音也是可以通的，这种同音字，究其字义之源，往往相同，故以帵为名，可以含有“尽爱之道”的意义。如果从帵的音义和招魂之复有相通的方面来考虑，帛画的内容就可于招魂的风俗中求其解释。

按照当时的习俗，人刚死之后，立即要进行招魂复魄之术。上引《士丧礼》在“帵用敛衾”下接着就说：

“复者一人，以爵弁服，簪裳于衣，左何之，扱领于带。升自前东荣，中屋北面，招以衣曰：皋某复。三，降衣于前。”

郑玄注：“复者，有司招魂复魄也。天子则夏采、祭仆之属，诸侯则小臣为之。”“皋，长声也；某，死者之名也；复，反也；降衣，下之也。”

所谓“东荣”，是指屋翼，“中屋”是指屋脊之上，当时复者要登到屋顶上去长声而呼，招魂三次，即《礼记·礼运》所说的“及其死也，升屋而号，告曰：‘皋某复’”。《丧大记》说的“升自东荣，中屋履危，北面三号。”

招魂之时，都要拿着死者的衣服。《丧大记》说：“小臣复，复者朝服”。郑玄注：“小臣，君之近臣也，朝服而复，所以事君之衣也。用朝服而复之者，敬也，复用死者之祭服，以其求于神也。”这幅帛画，正略具衣服之形，可进而表明复者招魂时就是拿着它来呼号的。

帛画的用途一经确定，整个画面的内容就大体可于《楚辞·招魂》中得解。《楚辞·招魂》记下了当时荆楚地区的巫师向东南西北及上天下地六方招魂归来的招辞。巫师说，各方皆多灾害，魂当归来。招辞中所说东、南、西、北四方的内容，帛画没有表现，但上天、下地二方却画出了主要内容。如《招魂》说：

“魂兮归来，君无上天些。虎豹九关，啄害下人些。一夫九首，拔木九千些。豺狼从目，往来侁侁些。悬人以娭，投之深渊些。致命于帝，然后得瞑些。归来归来，往恐危身些。

“魂兮归来，君无下此幽都些。土伯九约，其角觺觺些。敦脄血拇，逐人駓駓些。参目虎首，其身若牛些。此皆甘人，归来归来，恐自遗灾些。”

所谓上天之中的“虎豹九关”，王逸的注解是“天门凡有九重，使神虎豹执其关闭，主啄啮天下欲上之人而杀之也。”在帛画上方，正有两柱似门，各有虎豹盘踞以守，其上且有骑兽豺狼往来奔走。所谓幽都的“土伯”，王逸又解释它是“其身九屈”，“广肩厚背”，“身又肥大，状如牛也”。这些特征，又和帛画下方正中的屈身肥人有其接近处。这当是“土伯”无疑。

《招魂》又说：

“魂兮归来，入脩门些。工祝招君，背行先些。秦篝齐缕，郑绵络些。招具该备，永啸呼些。魂兮归来，反故居些。”

“天地四方，多贼奸些。像设君室，静閒安些。”

所谓“脩门”，本是具体指楚国郢都的城门，但通而言之，则可以说是要死者之魂从城门中归来。下面讲的“招具该备”，朱熹说就是上面讲的“秦篝”、“齐缕”、“郑绵”三物。洪兴祖《补注》则从王逸之注，说是“撰没甘美招魂之具”，当包括甘美食物。所谓“秦篝”，王逸注：“篝，落也”，就是指薰衣的薰笼。帛画中段墓主画像下方的一组鼎、锺等酒食器旁边正有一物作圆笼形，上面铺盖着织物，其花纹同上方所绘墓主轪侯夫人身穿衣服上的图案一样，很清楚它就是正在薰主人衣服的薰笼。这整组东西，就像是等候死者招魂归来的待食场面，也就是上面引文中的“招具该备”，所以两旁有奴仆多人而无主人。把这些都解释清楚之后，帛画中心的墓主画像，当然就是上述引文末段所说的“像没君室，静閒安些”。这是墓主画像，于此亦可得到证明。

《楚辞·招魂》的作者和时代，王逸以为是宋玉所作，后明、清的黄维章、林云铭、蒋骥及近人梁启雄以为是屈原自招，刘永济则以为与屈原作风不同，但是否系宋玉所作，尚当存疑。各种意见尽管不一样，它和帛画产生的时代和地点总是非常接近的，因此把二者联系在一起进行考察，应当是可以允许的。

以衣服招魂之俗，延续很久，《论衡·明雩篇》便仍旧讲当时的风俗是：“既死气绝，不可如何，升屋之危，以衣招复，悲恨思慕，冀其悟也。”但到了后代，就改用魂幡来招魂。此如《司马氏书仪》卷五所说：“魂帛，结白绢为之。……置倚卓其前，置魂帛于倚上。”司马光自注又云：“士民之家，皆用魂帛。魂帛亦立道也。”又如赵彦卫《云麓漫钞》卷四亦曰：“柩之有旐，……古人施于柩侧。近俗多用竹县出于室外，阴阳家从而附会之，以为死之魂悠扬于太空，认此以归。”《文献通考》卷十四《王礼·国恤丧礼》所引绍兴三十一年五月二十二日礼部侍郎金安节等言，把这个变化讲得更清楚。他说：“检会典故，切详神帛之制，虽不经见，然考之于古，盖复之遗意也。……然古之复者以衣，今用神帛招魂，其意盖本于此。”从这次出土的帛画形状看，以衣招魂向用魂幡招魂的过渡，是早在汉初就已经开始。

自这幅帛画出土后，有许多同志是用引魂上天那种意识形态来解释其内容。但在先秦典籍中，升仙思想找不到明显踪迹。它只是到汉武帝以后，尤其是在西汉晚期原始道教发生以后，才日益成为人们普遍的幻想。正是因为这种信仰的扩展，在东汉的营城子古墓壁画中才出现了引魂升天的内容；估计也正是因为同样原因，招魂之俗虽仍在实行着，魂幡在丧礼中所占的地位，一定就大大降低了。

这是 1972 年 4 月在长沙马王堆一号汉墓座谈会上的一次发言，刊于《文物》1972 年 9 期。1975 年元旦添上这个题目，略作修改和补充。后收入《先秦两汉考古学论集》，文物出版社，1985 年 6 月。

东汉佛教图像考

佛教传入我国，殆始于西汉末[1]。东汉时，特别是在东汉后期，因社会危机日益加重而导致的政治腐朽，道德沦丧，物质贫乏，达到了类似罗马帝国产生基督教时的那种“经济、政治、智力和道德的总解体时期”[2]的严重程度，人们为寻求精神上的解脱，就纷纷沉迷于宗教。那时，起于中国本土的神仙思想和早期道教，占据着宗教信仰的主要位置，佛教还处于附庸状态，人们的宗教崇拜往往是这几种信仰的交糅；但佛教信仰在渐渐扩大[3]。

在那样一种包括着佛教在内的宗教信仰日渐普遍的时代，一定会留下许多有关史迹。可是在已发现的东汉雕塑和图画中究竟有无佛教图像，却始终聚讼难定。这或是表现为对有些图像的内容解释不一，或是表现为对有些图像的年代推断出入很大。总的原因自然在于互为证明的资料不足，以致有些图像虽然早已被人指出是东汉的佛教遗迹，却几乎不见反响。人们认识上的疑惑是显而易见的。

现在，推断东汉资料年代的能力已经大大提高了，新发现的一些性质清楚的东汉佛教图像，又使得过去难以判断的某些图像，也可以从而肯定为佛教遗迹。这样，就开始有条件来探讨东汉佛教图像所反映的一般意义了。

为了纪念曾对古代中西文化交流的研究尽其毕生精力并作出很大贡献的向觉

[1] 汤用彤：《汉魏两晋南北朝佛教史》上册，第一、二、四章，中华书局，1955 年。

[2] 恩格斯：《布鲁诺·鲍威尔和早期基督教》，《马克思恩格斯全集》第 19 卷 334 页，人民出版社，1963 年。

[3] 参看 [1] 第五章。

明师，不揣冒昧，缀集已知的东汉佛教图像，作此短文，略说它们所反映的当时佛教信仰状况，并考订图像的内容。

一、和林格尔壁画墓中的降身故事和舍利像

1973年夏，在内蒙古和林格尔小板申M1的前室顶部，可以看到其南壁有两幅以粗线画出梯形外框的壁画：西侧一幅右为一尊骑在白象身上穿了红色衣服而头部已残泐的佛或菩萨像，右上角墨书榜题“仙人骑白象”五字，左为立凤像，颈下墨书榜题“凤皇从九韶”五字；东侧一幅残存朱雀图像，墨书榜题“朱爵”二字。与此相对的北壁顶部，残存有带“麒麟”、“雨师驾三虬（？）”墨书榜题的两个图像。东、西两壁顶部的壁画，则已脱落殆尽[4]。

这些壁画，当1971年冬此墓刚被发现时，保存得还要完好些。那时尚在内蒙古自治区博物馆工作的李作智同志，在11月6日与荷云同志赶到墓内了解情况，见到了更多的壁画内容。现在，那些后来已经剥落的壁画虽因当时没有条件照相而无法见到照片，但李作智同志于1973年8月2日根据记忆所作补充记录，却告诉了我们这个前室顶部本来还有青龙、白虎、玄武、东王公、西王母和舍利诸图像。对了解东汉后期的佛教信仰状况来说，这无疑是极为珍贵的资料，理应把它公之于世，所以我把有关段落，摘录于下。这个补记，名为《和林（格尔）汉代壁画墓初次调查记》，其中记录道：

“前室的壁画保存较好，色彩鲜艳。顶部所画云气纹中绘有四神，南边靠中间画一凤鸟动物，傍题‘朱爵’；在‘朱爵’西边稍偏下一些，画有一人骑白象，左上傍题‘仙人骑白券（按：应为“象”字）’。北边中间画有一绕蛇于龟身，傍题‘玄武’。东边墓门上方绘有一蛇形动物，傍题‘青龙’。‘青龙’之上画有一盘腿坐于云雾之中的人物，傍题‘东王公’。在‘东王公’的北侧稍偏下一些的地方绘有一盘状物内放有四个圆球形的东西，在其左上方题有‘猞猁’二字。西边顶部画有一动物，傍题‘白虎’。其上与‘东王公’相对称的位置上，也画有一人物盘腿坐于云气纹中，傍题为‘西王母’。‘东王公’与‘西王母’的身子上

[4] 内蒙古自治区博物馆文物工作队：《和林格尔汉墓壁画》25、26、33、68、118页，文物出版社，1978年。这里的记述，凡与原报告有出入处，皆据1973年夏在墓中所作笔记改正，不一一注明。

好象还画有羽翼状物，因当时光线太暗看不太清楚。……

“上述情况系墓刚打开时所见情景，于1972年5月份第二次去调查时，该墓前室顶部的壁画，已脱落一部分，北边的‘玄武’，尚残留一个‘武’字，‘东王公’、‘西王母’已剥落，‘猞猁’二字尚在，‘仙人骑白券（按：应为“象”字）’的‘仙’字还残存大部分。”

有了这个记录，就知道原来是“仙人骑白象”、“猞猁”二图和“东王公”、“西王母”二图两两相对地画在对称的位置上。参考《和林格尔汉墓壁画》所记1973年夏还保存着的图像，可知这座墓的前室顶部象征天空，其东面画“青龙”和“东王公”，西面画“白虎”和“西王母”，南面画“朱爵”和“仙人骑白象”及“凤皇从九韶”，北面画“玄武”和“猞猁”及“麒麟”并“雨师驾三虬（？）”。

此墓的时代属东汉的桓、灵时期[5]。那时，人们以四神象征四方星座，并普遍把“东王公”和“西王母”当作神仙来供奉。“仙人骑白象”和“猞猁”既然画在与“东王公”、“西王母”相对应的位置上，可知也是当作一种神仙来供奉的。

“仙人骑白象”一望即知是佛教图像。但它表现的是什么内容呢？

东汉西域竺大力共康孟详译《修行本起经》卷上“菩萨降身品第二”曰：“于是能仁菩萨（按：东汉或译“释迦牟尼”为“能仁”。释迦尚未修行成佛时，称“菩萨”），化乘白象，来就母胎。用四月八日，夫人沐浴，涂香著新衣毕，小如安身。梦见空中有乘白象，光明悉照天下，弹琴鼓乐，弦歌之声，散花烧香，来诣我上，忽然不见。夫人惊寤，王即问曰：‘何故惊动？’夫人言：‘向于梦中，见乘白象者，空中飞来，弹琴鼓乐，散花烧香，来在我上，忽不复见，是以惊觉。’王意恐惧，心为不乐，便召相师随占耶，占其所梦。相师言：‘此梦者，是王福庆，圣神降胎，故有是梦。生子处家，当为转轮飞行皇帝；出家学道，当得作佛，度脱十方。’王意欢喜。”（《大正藏》第三卷463页）这种情景，同“仙人骑白象”图岂不是相当近似吗？固然，此经译于建安时，要晚出于此墓，但佛教传入后当早已传其经义，降身故事在中土的流传，自亦不会晚于此墓。

把尚未修行成佛的各种佛徒叫做“仙人”，在汉文所译佛经中多得不胜枚举，

[5] 同上注书5、10页。

就在桓、灵时期，安息沙门安世高译的佛经即使用着这种称呼。例如《佛说婆罗门避死经》曰："尔时世尊告诸比丘，昔有四婆罗门仙人，精进修善法五通，常恐畏死。时四婆罗门仙人，精进修善法五通，便作是念：我等当住何处永存在世？"（《大正藏》第二卷854页）又如献帝时西域沙门昙果共康孟详译《中本起经》卷上"转法轮品第一"亦曰："于是如来便诣波罗奈国古仙人处鹿园树下。"（《大正藏》第四卷148页）东汉失译人名的《大方便佛报恩经》卷三"论议品第五"之中，也屡用"仙人"一词（《大正藏》第三卷138页）。有那么多的东汉译经使用这个名词，榜题中的"仙人"一词，其意义自然可以确定了。

"仙人"本是道教用语。在佛教还处于早期道教附庸地位的时候，刚刚发展起来的译经事业借用道教中的习称是很自然的事，所以安世高在所译《佛说尸迦罗越六方礼经》中，又把比丘叫做"沙门道士"（《大正藏》第一卷251页），等等。不过，象"沙门道士"这种译名后来在汉文佛经中就逐渐消灭了，而"仙人"一称则已成为传统，一直延续到唐宋。唐玄奘译阿毗达摩《大毗婆沙论》卷一八三"定蕴第七中不还纳息第四之十"说："问：何故名仙人论处？答：若作是说，诸佛定于此处转法轮者，彼说佛是最胜仙人，皆于此处初转法轮，故名仙人论处。若作是说，诸佛非定于此转法轮者，彼说应言仙人住处，谓佛出世时有佛大仙及圣弟子仙众所住，佛不出世时有独觉仙所住，若无独觉时有世俗五通仙住，以此处恒有诸仙已住、今住、当住，故名仙人住处。有说应言仙人堕处，昔有五百仙人飞行空中，至此遇退因缘，一时堕落。"（《大正藏》第二十七卷917页）这把"仙人"为诸佛尚未修行成功时的称呼之义，表达得相当明白，可见"仙人骑白象"就可以作"能仁菩萨骑白象"之解。

把"仙人骑白象"图推测为降身故事，能否找到旁证呢？

有！这就是此图左边的"凤皇从九韶"图。

"九韶"相传是"虞舜乐也"（《说文·音部》），或作"九招"（《墨子·三辩》、《吕氏春秋·古乐》）、"九磬"（《周礼·大司乐》）、"大磬"（同上）、"箫韶"（《尚书·皋陶谟》）等。所谓"凤皇从九韶"，即本自《尚书·皋陶谟》"箫韶九成，凤凰来仪"。就是讲："九韶"之乐舞有九终、九变，演奏此乐时凤凰便会到来。"凤凰从九韶"既是承自先秦传说，与佛教故事似乎无涉，但把它和"仙人骑白象"构成一整幅图像时，则显然同降身故事发生关系了。前引《修行本起经》

在描绘“能仁菩萨，化乘白象，来就母胎”时，说到其时是“弹琴鼓乐，弦歌之声”。在那佛教图像传入中国未久之际，显然因粉本尚不充足，就借用传统的图像，把“凤皇从九韶”画在“仙人骑白象”的旁边来表现这种场面。这当可进一步证明“仙人骑白象”图的确是表现降身故事。

“猞猁”当即“舍利”的借字，它本是梵语佛骨的对音，《法苑珠林》卷四十“舍利篇第三十七·引证部第二”所云：“舍利者，西域梵语。此云身骨，恐滥凡夫死人之骨，故存梵本之名”（《大正藏》第五三卷598页），把这点讲得很清楚。

在佛教信仰中，供养“舍利”就好象是供养佛身。此如北凉昙无谶译《金光明经》卷四“捨身品第十七”曰：“佛言：‘善女天，我本修行菩萨道时，我身舍利安止是塔，因由是身令我早成阿耨多罗三藐三菩提。’尔时佛告尊者阿难：‘汝可开塔取中舍利示此大众。是舍利者，乃是无量六波罗蜜功德所薰。’尔时阿难闻佛教勅，即往塔所，礼拜供养。开其塔户，见其塔中有七宝函，以手开函，见其舍利色妙红白，而白佛言：‘世尊，是中舍利，其色红白’。佛告阿难：‘汝可持来，此是大士真身舍利。’尔时阿难即举宝函，还至佛所，持以上佛。尔时佛告一切大众：‘汝等今可礼是舍利，此舍利是戒定慧之所薰，修甚难，可得最上福田。’尔时大众闻是语已，心怀欢喜，即从座起，合掌敬礼大士舍利。”（《大正藏》第十六卷353、354页）在与“仙人骑白象”对应的位置上画出“猞猁”图，正表现出是把它当作佛本尊一样的礼拜对象看待。

据佛典所见，“舍利”之说最迟在汉末已经传入中土。建安时康孟详译《佛说兴起行经》卷上“佛说孙陀利宿缘经第一”即曰：“辟支佛……即于空中烧身灭度。于是大众，皆悲涕泣，或有忏悔，或有作礼者。取其舍利，于四衢道，起偷婆。”（《大正藏》第四卷165页）还有好几部东汉失译人名的佛经，也提到了供养舍利之事。例如《杂譬喻经》卷上：“唯有一龙王，北界所止之池广三百余里，得佛一分舍利昼夜供养，独不降首于阿育王。……王知功德日多，兴兵往讨，未至道半，龙王大小奉迎首伏，所得佛一分舍利者献阿育王。阿育王复兴塔寺，广阐佛法。”（《大正藏》第四卷503页）又如《大方便佛报恩经》卷三“论议品第五”：“尔时鹿母夫人……即立誓愿我供养是五百辟支佛，并起五百塔供养舍利功德。”（《大正藏》第三卷140页）再如《佛说未曾有经》亦屡言“以如芥子舍利起塔”（《大正藏》第十六卷781页）。这个“猞猁”图像的发现，又说明“舍利”之说传入中土的时间，不会晚于桓、灵时期。

把“舍利”画在盘中，当是汉末魏晋时期的流行风格。《法苑珠林》卷四十“舍利篇第三十七·感应缘”引《破邪篇》说：“魏明帝洛城中本有三寺，其一在宫之西，每系舍利在幡刹之上，辄斥见宫内，帝患之，将毁除坏。时有外国沙门居寺，乃赍金盘盛水，水贮舍利，五色光明，腾焰不息。帝见叹曰：‘非夫神效，安得尔乎！’乃于道东造周闾百间，名为官佛图精舍云。”这个传说和壁画中的舍利，都用盘承托，必非偶然巧合，而是时代风格。

“仙人骑白象”和“猞猁”图的性质虽明，为了要进一步考虑当时的佛教信仰状况，自然还应当对与之并列的其它诸像，特别是“东王公”、“西王母”和“雨师驾三虯（？）”像再作些说明。

“西王母”传说的发生，要早于“东王公”。它在《山海经·西山经》和《庄子·内篇·大宗师》中已经出现，后来在《尔雅·释地》、《淮南子·坠形训》、《焦氏易林·临之履》和《汉书》的《哀帝纪》、《五行志》、《地理志》、《司马相如传·大人赋》、《翟方进传附翟义传》、《扬雄传·甘泉赋》、《西域传》、《元后传》等等文献中，屡见不鲜。这本是一种对远方地区的地理认识中的神话传说，到东汉之时又配上了相应的“东王公”。最迟到东汉后期，它们并进入到太平道的信仰之中，如《太平经·师策文》、《解师策书诀第五十》便有“使人寿若西王母”（王明《合校》本62、68页，中华书局，1960年）之说。当东汉顺帝以后太平道和天师道等早期道教盛行于大河上下、长江南北的时候，“东王公”与“西王母”已成为道教信奉的神人。和林格尔墓正值其时，那时的“东王公”和“西王母”图，自然具有道教信仰的性质。

“雨师驾三虯（？）”图应当也含有同样的性质。按之最初的传说，“雨师”名“蓱翳”（《楚辞·天问》及王逸注），或作“屏翳”（《山海经·海外东经》郭璞注，《汉书·郊祀志》颜师古注）。但后来的道教传说，又谓“赤松子者，神农时雨师也。服水玉，以教神农，能入火自烧。往往至昆仑山上，常止西王母石室中，随风雨上下。炎帝少女追之，亦得仙俱去。至高辛时，复为雨师。今之雨师本是焉。”（王照圆校正本《列仙传》卷上“赤松子”条）“赤松子”本来也起源于先秦传说，不过它仅仅是一个道术之士，与“雨师”无关。如《楚辞·远游》曰：“闻赤松之清尘兮，愿承风乎遗则。”后来，《淮南子·齐俗训》亦谓：“今夫王乔、赤诵（按：‘松’、‘诵’古字通）子，吹呕呼吸，吐故内新，遗形去智，抱素反真，以游无眇，上通云天。”到谶纬学说兴起后，“赤松子”被纳入其学说体系，《初学记》卷二九引《孝经右契》所说“赤松子时桥，名受纪”，即其表现。谶纬之学本是道教思想的重要来源，“赤松子”就进入道教，成为到处传诵的仙人。他之被推到“雨师”的地位，不在西汉末年，也必在东汉。这个“雨师驾三虬（？）”图绘于北壁“玄武”图之旁，表明那是因为北方象水而画上的。在此东汉后期之时，所谓“雨师”，当然就是指“赤松子”。所以，这幅图像自然也反映了道教的信仰。

图一　沂南画像石墓的东王公、西王母和立佛图
1. 中室擎天柱东面画像　2. 中室擎天柱西面画像
3. 中室擎天柱南面画像　4. 中室擎天柱北面画像

了解到“仙人骑白象”、“猞猁”和“东王公”、“西王母”、“雨师驾三虬（？）”等图像的性质后，再把它们联系起来考虑，就可知道那时和林格尔所在的云中郡一带，佛教信仰仍然是和早期道教交糅在一起，其佛教图像的表现手法，既使用着外来的粉本（如“仙人骑白象”图和“猞猁”图），也同时混杂使用着固有的

传统底本（如“凤皇从九韶”图）。

二、沂南画像石墓中的立佛像

1953年发掘的山东沂南画像石墓中室的八角擎天石柱上，也刻出了东王公、西王母和两尊立佛像。石柱的四个斜面刻出许多禽、兽和羽人像，四个正面则刻出下列图像：

东面：顶端是一坐于华盖下的带冠东王公，其座由三峰相托，两侧之峰有羽人捣药。峰下为青龙。再下为持钩镶与斧的大龟。最下是一鸟驮螺（图一：1）。

西面：顶端之像同上，但带冠的东王公改为戴胜的西王母。山峰由巨鳌相托（据《楚辞·天问》及王逸注）。下为白虎。最下为麒麟（图一：2）。

南面：顶端是一带项光的立像，头上有束带，腰部系下垂流苏之带。衣裙下端作垂幛状，着裤，双手似捧一鱼。下面之物作人面双首鸟身，按所在方位考虑，应为朱雀。下面是一带双翼的坐像。左手踡在胸前，右手五指外伸，有点像佛教图像中的手印。再下为一羽人。最下之兽略似龙形（图一：3）。

北面：顶端之像，与南面相同，唯双手似捧一鸟。下面一力士，赤身系短裙，右佩大刀，力拔一树。再下是一翼牛。最下是鸟首翼龙（图一：4）[6]。

其中，东王公与西王母像是很容易辨认出来的，但南、北两面顶端那个带项光的立像，大家在很久时间内都不敢确认是佛像。原报告中下列的论述，代表了当时比较普遍的认识：

“当我们看到第56幅那个作手印的肩生双翼的人（按：即图二：3自上向下的第三像）和第56、57幅两个头上有项光的童子（按：即图二：3、4最上之像）时，我们很容易联想到南北朝时的佛刻，不过仔细研究，两者是有相当大的距离的”。“手印和佛光为受佛教影响的产物，大致没有什么疑义”。“可注意的，这里作手印的人，并非佛像，而是肩生双翼的人，像东王公、西王母的样子；头绕佛光的人，也非佛像，而是着普通衣服的童子。这些都表示当时画家对于佛教艺术，只是一知半解，偶有所见，便采入自己的作品中。这是佛教传到中国不久、其艺

---

[6] 曾昭燏、蒋宝庚、黎忠义：《沂南古画像石墓发掘报告》26、27页，图版65—68，文化部文物管理局，1956年。

术在中土开始萌芽的现象，当达到相当成熟时期以后，这种现象便不存在了”[7]。

那时还缺乏比较材料，作出上述判断是很自然的，现在则由于和林格尔小板申M1中佛教图像的发现，就完全可以肯定南、北两面顶端是佛像了。

这至少有三点理由：

一，石柱四面顶端之像，由于位置相当，彼此的品格应当具有一致性。其东西两面既为东王公与西王母，南、北两面也就应当是一种受礼拜、供奉的神人。这种情况，同和林格尔墓前室顶部有“东王公”、“西王母”和“仙人骑白象”、“猞猁”两两对称是一样的。

二，南北两面顶端之像的形态和东王公。西王母迥不相同，二者必非同一种宗教信奉之神。当时流行的宗教是早期道教和佛教，东王公、西王母既是道教神仙，另外二像就应当是佛教信奉的。这同和林格尔墓的情况也是一样的。

三，南北两面顶端之像所带项光，只有在佛教信仰中的佛、菩萨、飞天等身上才会出现，而且，其腰带垂流苏、衣裙作垂幛状的那种装束，在汉代人物画像—无论是童子或成人的身上从未见过，而同佛教造像多少有些相似处。

由此可知，这个石柱四面的画像，犹如和林格尔墓的前室顶部，把四神和东王公、西王母及两个佛教图像，布置在两两对称的地方。把东王公、西王母及两个立佛像都放在石柱顶端，无疑也是为了表现它们是在天上世界。

佛像的性质肯定以后，还需要说明的是时代问题。这座墓自发现后，因画像石的雕刻技法比较进步，便往往以为是魏晋的遗存[8]。1973年，在山东苍山又发现了一座带“元嘉元年”纪年的画像石墓，部分画像，特别是墓门上方的那幅与沂南墓的画像极为近似，年代显然也是差不多的。由于苍山墓内出土了西晋的青瓷盏和陶槅等物，原报告便把“元嘉”定为宋文帝刘义隆的年号，并把沂南墓的年代断为魏晋[9]。

但苍山墓的画像石，无论从题材内容或是雕刻技法看，都晚不到魏晋以后；

---

[7] 同上注书65、66页。

[8] 安志敏：《论沂南画像石墓的年代问题》，《考古通讯》1955年2期16—20页；李文信：《沂南画像石古墓年代的管见》，《考古通讯》1957年6期67—76页。

[9] 山东省博物馆、苍山县文化馆：《山东苍山元嘉元年画像石墓》，《考古》1975年2期124—134页。

其题记字体，也绝对要早于魏晋。原报告所说题记中的“都督”始见于三国，大概是沿袭了乾隆勒撰《历代职官表》之误。《三国志·吴书·孙坚传》说的“灵帝崩……坚复收兵，合战于阳人，大破卓军，枭其都督华雄等”，证明这种官职在建安以前已经存在。夏作铭师在发表的文章中已把苍山墓的画像石指为东汉物[10]，还有山东大学李发林和中国历史博物馆孙机二同志也都详细论证过这是东汉桓帝元嘉元年（151年）的画像石。李发林同志并发现此墓的画像石经过挪动，说明它是后代翻盖过的，所以出有西晋陶瓷器。因李、孙二位皆已著文待发，关于苍山墓的年代问题，这里就不再详述了。需要指出的是，由于苍山画像石年代的确定，沂南画像石的年代也就可以订在东汉桓帝左右。由此可知，沂南墓同和林格尔墓的年代是接近的，无怪乎它们表现佛教图像的手法，也是相当近似的。

三、滕县画像石中的六牙白象图

在滕县出土的一块东汉画像石残块上，有两个六牙象的图像。画像因透视技巧不高，每个象的六牙，都只作出右半的三个。象身皆套鞍具，上有人物骑坐，惜因残缺而不见。象前一兽似辟邪，有佩剑之人相骑[11]。这块画像石只剩很小一块，既不知两个六牙象是在什么环境中，也无法判断原在墓室或享堂中的何处，只能孤零零地来考虑六牙象的性质。

这幅画像，在1954年时，曾被劳榦推测为东汉章帝前后的佛教史迹[12]。六牙之象只见于佛教传说[13]，劳榦说“它是明显地指示出了早期佛教对中国艺术的影响”[14]，应当是正确的。

---

[10] 夏鼐：《考古学和科技史——最近我国有关科技史的考古新发现》，《考古》1977年2期84页及90页注㉗。

[11] 傅惜华：《汉代画像全集》初编，图版113，中法汉学研究所，北京，1950年。

[12] Lao Kan（劳榦）, Six-Tusked ElePhants on a Han Bas-Relief, Harvard Journal of Asiatic Studies, Vol. 17, P.366-369, 1954.

[13] 《古逸丛书》本《稽瑞》“白象不死”句下引《说文》曾曰：“其状如皎白，六牙，道贵德远兵，故多卷几，象牙垂白以和疆。”但经过徐铉整理的《说文》，与《稽瑞》所引迥不相同，观其文义，不类许书，必《稽瑞》误记书名。疑原为某经《音义》之文，因《音义》每每征引许书，此亦误为《说文》。

[14] 同[12]。

审之佛典，六牙白象为象中之宝。东汉末年竺大力共康孟详译《修行本起经》卷上“现变品第一”曾曰：“白象宝者，色白绀目，七肢平跱，力过百象。髦尾贯珠，既鲜且洁。口有六牙，牙七宝色。若王乘时，一日之中，周遍天下，朝往暮返，不劳不疲；若行渡水，水不动摇，足亦不濡，是故名为白象宝也。”（《大正藏》第三卷463页）它既被赋予了如此神通，象王皆称身有六牙，如东汉失译人名的《杂譬喻经》卷上谓：“昔雪山有白象王，身有六牙，生二万象。”（《大正藏》第四卷504页）再如有关降身之说，众经皆言乘以六牙白象，此如西晋月氏三藏竺法护译《普曜经》卷一“所现象品第三”所云：“吾察梵志典籍所载，叹说菩萨应降神母胎。又问：‘以何形往？’答曰：‘象形第一。六牙白象，颈首微妙，威神巍巍，形像姝好，梵典所载，其为然矣。’”（《大正藏》第三卷488页）

六牙白象既为佛教传说之物，这个图像的性质也就可以肯定下来了。

四、乐山麻濠和柿子湾崖墓的坐佛像

在四川乐山城郊的麻濠之旁，有一座东汉的大型崖墓。墓的前部凿成石室状，习称麻濠享堂，其实，按照汉墓形制来分析，应当是墓内的“明堂”，即前堂部分。此室四壁刻出了“荆轲刺秦王”等习见的画像，皆阳刻，大体属东汉末期作风。前室可通向三个后室，在其中间一个后室的门额位置上，用浅浮雕的技法刻出了一尊坐佛像。

佛像高37厘米，头带项光，结跏趺坐，手作施无畏印[15]（图二）。此像高居门上，接近于房顶，正处在受供奉的位置，其形态又一望而知是模仿着外来的佛教造像作风，性质是很容易肯定的。

过去，闻宥又说在乐山柿子湾的另一座东汉崖墓内，也在同样位置刻有类似的雕像[16]。最近我调查了这个崖墓，知此墓有一个前室，二个后室，还有一个后室尚未开凿。在已经凿出的二个后室的门额上，也都刻出一尊带有项光的坐佛像。

---

[15] 李复华、陶鸣宽：《东汉岩墓内的一尊石刻佛像》，《文物参考资料》1957年6期88—90页。又，闻宥：《四川汉代画像选集》，收有此像拓本，见群联出版社1955年版第59图，上海。佛印形式名称的确定，据逸见梅荣《印度に汇於けね礼拜像の形式研究》，东洋文库论丛第二十一，东京，1935年。

[16] 同上注所引闻宥书第59图说明。

图二　乐山麻濠享堂的坐佛像

图三　四川彭山崖墓出土的陶座上的一佛二菩萨像

这二尊佛像虽然残泐得形象比较模糊，但细察原物，仍可肯定同麻濠崖墓的坐佛像是一样的。

五、彭山崖墓所出钱树陶座上的一佛二弟子或二菩萨像

抗战时期，四川彭山的东汉崖墓内曾出一陶座，底部有双龙啣璧图像，身部有三人，皆凸成浮雕状，其中间一像结跏趺坐，高肉髻，右手作施无畏印，两侧之像站立而侍（图三）。陶座藏于南京博物院，在《沂南古画像石墓发掘报告》中发表了它的照片，并推断上面的坐像“是真正的佛像”[17]。其实，身部三人整组都是佛教造像——一佛二弟子或二菩萨，即中为释迦像，两侧为迦叶、阿难或大势至菩萨和观世音菩萨像。

这件东西非常重要，因为它不仅把一佛二弟子或二菩萨像在我国出现的时间

[17]　同 [6]66、67 页。

上推到东汉后期，而且可表明那时的佛教礼拜曾和古老的社祀活动结合在一起。

这必须先说明陶座是什么东西。这种陶座，出土时常和铜铸的钱树（或称摇钱树）碎片在一起，故知即铜质钱树之座[18]。钱树常出于陕南及四川、云南、贵州等西南地区的东汉后期墓乃至甘肃和青海大通县上孙家寨的汉末魏晋时期的义从胡墓中，在其它地区或更早的墓葬中尚未发现过。过去以为这是西南地区东汉后期墓中特有的随葬品。1969年冬，在河南济源泗涧沟M8这座西汉晚期墓中，又发现了一件绿釉陶树，它虽然不像钱树那样在枝叶上悬挂了许多五铢钱，但座部贴上了裸体之人、猿猴、飞蝉、奔马等泥塑，极似钱树之座；其枝叶九出，并有鸟、蝉和小猴停留、登攀其间，亦和钱树形态相通[19]，应当和钱树是同类随葬品，是钱树的前身。这就把它存在的时间和地域扩大了许多，从而能从更广阔的角度来探索这类随葬品所具有的真正意义。

放在先秦两汉最普遍的社会习俗范围内来考虑，以树的模型随葬，最可能是用来象征社神。社神最初本是一个氏族公社共同供奉的“地母”——土地神，在我国古代，它主要是用树来代表。当奴隶制发生后，特别是在周代，它又分成好多级别，天子、诸侯并有自家的社神；不过，每个农村公社还是有其共同的社神，一般的贵族则是不能自有社神的[20]。所以，当这种社制还比较稳定的时期，不可能出现以社神模型作为随葬品的风俗。但是，当农村公社逐步解体、大土地所有制日益膨胀以后，我想，一些地方豪右就可能控制一地的社神，作为维系和压榨没有完全摆脱公社传统束缚的农民的一种特权。西汉晚期以后这些地方豪右高居历史舞台，墓内开始出现这种随葬品，或许正反映了他们可以象私有财物那样控制社神；当然，他们不可能真正把社神完全作为私有物，而可能只是以一社之长的身分来控制社神。

和林格尔小板申M1后室北壁的一幅“立官桂树”图，可以帮助说明这个历史真相。这着重描绘在一个单独的空旷的庭院内，一棵参天大树，据傍题“立官

[18] 于豪亮：《“钱树”“钱树座”和鱼龙漫衍之戏》，《文物》1961年11期43—45页。

[19] 河南省博物馆：《济源泗涧沟三座汉墓的发掘》，《文物》1972年2期46—53页。

[20] 参见:《铜山丘湾商代社祀遗迹的推定》,《先秦两汉考古学论集》,文物出版社,1985年,54—58页。

（即宫）桂树”，表现的显然就是社树[21]。此墓主人是官至护乌桓校尉的当地豪右，在他的墓内画出社树，如果不是为了表现墓主对社树的特权，又是为了什么呢？所以，这幅“立官桂树”图的出现，就揭示出了地方豪右在东汉后期可控制当地社神的具体面貌，陶树、铜钱树出现的意义，应当也是这样的。

其实，钱树这种形态，本身已可证明它是象征社树的。《三国志·魏书·邴原传》裴注引《邴原别传》曰：“（邴）原遂到辽东，辽东多虎，原之邑落独无虎患。原尝行而得遗钱，拾以系树枝。此钱既不见取，而系钱者愈多，问其故，答者谓之神树。原恶其由，已而成淫祀，乃辨之。于是里中遂敛其钱，以为社供。”（《御览》卷八三六引《邴原别传》略同）这个传说，正说明在社树之上系钱，是汉末的一种淫祀，钱树显然就是模仿这种淫祀的，而在钱树流行的地区内，这种淫祀看来是极为泛滥的。

钱树的品格既明，就可懂得所以在陶座上作出一佛二弟子或二菩萨，正因为钱树及其陶座本身是象征一个受礼拜、供奉的神物。还应当指出，在其它的陶座上又经常可见到东王公、西王母等神人[22]。显然，当时的社祀同早期道教的一些礼拜活动首先交错在一起，后来，佛教信仰也就逐步渗入到这种最普遍的、传统的社祀活动中去了。

六、尼雅墓中蓝色腊缬棉布上的菩萨像

1959年，在新疆民丰县北尼雅遗址旁边的一座夫妇合葬墓中，发现了两块白地蓝色腊缬棉布，一块残长89、宽48厘米，中心图案已残缺，外面有一道直行的小方格图纹和一道横行的蛟龙纹，再外面，在左下角印出了一个长、宽均为32厘米的方框，框内有一半身菩萨像。菩萨的头后有项光，身后有背光，上身赤裸，

[21] 参[4]24、35、100、101、144页。在树下还有二人弯弓欲射，当是为了表现社树高大多栖鸟。按《艺文类聚》卷九十引《博物志》曰：“子路与子贡过郑神社，社树有鸟。子路捕鸟（《玉烛宝典》卷二引作‘子路搏而取之’）。神社（《宝典》引作‘社神’）牵挛子路（《宝典》引作‘不得去’），子贡悦（《宝典》引作‘说’）之，乃止”。这也正反映出社树年久高大而多栖鸟的情况。

[22] 同[22]。

手持花束[23]（图四）。棉布出土时盖在中有羊骨的木碗上，但这不见得能说明它的用途[24]，从上面带有菩萨像的情况来推测，也许是祭坛这类物品上的用物。同出的蝙蝠形柿蒂纹铜镜是典型的汉末风格，墓的时代当即在此时[25]。

图四　尼雅墓中蓝缬棉布上的菩萨像

棉花的种植在新疆要远远早于内地。这块棉布，即使不是鄯善本地织出，也当是附近的西域之地制造的，所以，上面的菩萨像无疑是表现了那一带的艺术风格。拿它和上述诸出自中土的东汉佛教图像作比较，这个菩萨像具有远为浓厚的希腊——犍陀逻作风，它和新疆克孜尔石窟某些裸身图像的画风是更为接近的。由此可知，即使当佛教艺术传入中国不久的时期，就已经发生了佛教图像一到内地其汉化程度便有所加强的趋势。

综合上面叙述的几个材料，至少可以得到或加深以下几点认识：

一、最迟至东汉的桓、灵时期，从新疆开始，直到东边的山东滕县和沂南，北边的内蒙古和林格尔，南边的四川彭山和乐山等地，佛教图像已经有了一定程度的传布，在内地，佛教信仰已扩大到地方豪右这一阶层的某些人之中；

二、当时的佛教信仰，确是和其它起自本土的信仰交糅在一起，它还处在早

---

[23] 新疆维吾尔自治区博物馆：《新疆民丰县北大沙漠中古遗址墓葬区东汉合葬墓清理简报》，《文物》1960年6期9—12页。按5页图6就是这块腊缬的照片，但误印成反面。日本讲谈社《图说中国の历史》2（大庭脩）“秦汉帝国の威容”147页图267印出了一张比较清楚的照片，东京，1977年。

[24] 或据此而推测为餐巾，疑不确。餐巾说见汪宁生《汉晋西域与祖国文明》，《考古学报》1977年1期30页。

[25] 同[23]《文物》12页图14。

期道教、神仙思想、乃至传统的土地崇拜的附属地位，但佛教信仰毕竟已经占据了一定的思想阵地，并正在逐步扩大之；

三、降身故事等内容是小乘教义的东西，东汉后期的墓室壁画中既然出现这种图像，又可证明最初传入中国的佛教确是小乘教；

四、新传入的佛教艺术，确实带有强烈的外来风格，但它从一开始就和本土的传统艺术作风发生混合，而这种本地化的程度，已经可以看到中原要强于新疆。

《汉书·韩信传》有言："愚者千虑，亦有一得，故曰狂夫之言，圣人择焉！"对一个外行来说，就是凭着这一点想法，才写出上面的一些意见。

原载《文物》1980年5期。后收入《先秦两汉考古学论集》，文物出版社，1985年7月。

孔望山摩崖造像的年代考察

孔望山的摩崖造像，历来被认为是汉代遗迹。如嘉庆《海州直隶州志》卷十一引《淮安府志》即谓孔望山“有诸贤摩崖像，冠裳甚古，如读汉画”。傅惜华的《汉代画像全集》收录了其中两尊刻像[1]。1954年，江苏省文管会作了初步调查，也认为其风格与武梁祠画像相近[2]。1957年，朱江同志再次调查后，仍以为是汉代作品[3]。此后，它一直被作为汉代摩崖画像而列为江苏省的文物保护单位。但自发现其中有大量佛教题材后，大家很容易怀疑原来所定的时代。这是因为佛教虽然发生在公元前五世纪初叶，佛教艺术的兴盛却要晚到公元一世纪的贵霜王朝时代。孔望山的佛教造像如属于东汉，那就意味着佛教艺术兴盛后不久，就传到了我国的东海之滨。这同过去所估计的佛教艺术传入中国内地的时间，岂不出入太大了吗?

现在，这处遗迹已经引起普遍重视，详细内容有调查报告，许多同志又有专文论述。由于造像的年代对其历史价值的认识具有关键意义，我们既然参加过考察，就有义务说明自己的一些看法。

一

孔望山石雕可分两类：一类是摩崖造像，分布在东西约17、高约8米的范围

[1] 傅惜华：《汉代画像全集》二编，图232，巴黎大学北京汉学研究所，1951年。傅把孔望山造像中的X65、X2像合在一起，将地点误定为山东益都的稷山摩崖造像，显然是受碑帖商欺骗而造成的。

[2] 《江苏省文管会调查孔望山石刻画像》，《文物参考资料》1954年7期128页。

[3] 朱江：《海州孔望山摩崖造像》，《文物参考资料》1958年6期74页。

内，共有十八组一百零五躯（包括头像和四个小龛内的阴线画像）；一类是立体圆雕，分布在摩崖东南方的山脚下，有大象、蟾蜍和石碣形碑座各一。

摩崖造像各组的位置虽依岩面错落而不整齐，但还是有一定的规律性。如最大的X68、X66和X21，位于造像群的最中间，自上而下依次排列。大量阳刻的佛教造像，则分布在68、66两像下方和21涅槃像两边。在三躯大像下方和两侧，都在山岩上凿出礼拜时使用的香炉或灯碗。四个小龛内的阴线画像可能是佛道并有。从整体观察，这是一处佛、道交糅而以道教为尊、又是佛教题材为多的礼拜场所。从造像技法看，高浮雕见于X21涅槃像、X83和X82舍身饲虎像的虎头，均属佛教题材；其余各种技法皆并见于佛、道两种造像上。这都表明佛、道两种造像是同时代的作品。

当然，这样一大片造像，雕凿时间必然有先有后。统观全部雕像，几乎都是凸面阳刻，仅四小龛内的像是单线阴刻，作风迥然有别，小龛大概是最后才完成的。

二

任何时代的造型艺术，一般讲都有其鲜明的时代特征。确定孔望山造像的年代，可以从分析雕刻技法入手。

与大同云岗和洛阳龙门的北魏石窟造像相比，孔望山摩崖造像具有明显的更为早期的特征，而与汉画像石的风格极为一致。连云港正处在汉画像石墓最集中的山东与苏北区域内，因此汉画像石的雕刻技法和艺术风格，应当是判断孔望山造像年代的重要依据。孔望山摩崖造像的雕刻技法大体有四种：凸面线刻、剔地浅浮雕、高浮雕和单线阴刻。除了凹面阴刻和透雕外，几乎包括了汉画像石的所有技法。

第一种凸面线刻，如X68、X66和X21及其周围的人物，都是用这种技法刻出。在画像石中，这种技法最初出现于王莽时期或更早一些，南阳地区唐河县始建国天凤五年冯孺久墓的画像石，就使用了这种技法[4]。不过，当时的阴线还很粗

[4] 南阳博物馆、南阳地区文物队：《唐河汉郁平大尹冯君孺人画像石墓》，《考古学报》1980年2期。

糙，人物之间的透视关系处理不好。到了东汉中期，凸面轮廓中的阴线才运用得愈来愈精细，至桓帝时期就出现了武氏祠及沂南画像石等成熟的作品。近年江苏邳县燕子埠又有元嘉元年所葬的缪宇墓的画像石出土，其中祥瑞图的风格酷似武氏祠画像，而其余诸石更近似于沂南画像石[5]。这就进一步证明成熟的凸面阴刻技法，的确盛行于桓帝前后。孔望山的这种雕像，固然有自身的特点，但基本的技巧，与上述桓帝时期的画像石还是比较接近的，年代应大体相当。

第二种剔地浅浮雕，X1、X2、X82皆用此法。这种技法可说是从上一种凸面线刻发展而来，前述冯孺久墓的主要画像石，实际也是这种剔地浅浮雕技法的始祖。至东汉中期，浅浮雕技法已完全成熟。端方旧藏的安帝永初七年（113年）戴氏画像石[6]，两城山出土的永建五年（130年）食堂画像，都是采用了风格相同的浅浮雕技法[7]。至东汉晚期，用这种技法所表现的人物禽兽，其神态更为生动，徐州茅村墓的画像石即为典型一例[8]。去夏，我们在此墓前室北壁发现“熹平四年四月十三日乙酉”（175年）的铭刻。孔望山的浅浮雕像，风貌比较接近茅村画像石，年代应大致相近。

第三种高浮雕见于X21涅槃、X83和X82舍身饲虎图中的虎头。它们是雕造者精心和巧妙地利用了峭壁起伏的自然形势，借突起的山石修凿而成。虎头的细部已完全漫漶不清，涅槃像犹能看到以阴线刻出的压在脸下的手掌和面颊上的眼鼻五官。

1959年发现的山东安邱董家庄画像石墓中的雕刻，尤其是门楣上的卧鹿和各石柱上的人物、伏虎、蹲熊，也使用了类似的高浮雕技法[9]（图版拾陆，2）。从安邱墓叠涩的顶部结构看，应属东汉晚期。这种高浮雕的技法，当是浅浮雕与圆雕

[5] 缪宇墓题记见徐州博物馆：《论徐州汉画像石》，《文物》1980年2期45页。其余诸石拓片今存徐州博物馆。

[6] 《汉画》第一辑上卷24页上，上海有正书局石印本，1921年；傅惜华：《汉代画像全集》初编，图232，1950年。

[7] 傅惜华：《汉代画像全集》二编，图7。

[8] 江苏省文物管理委员会：《江苏徐州汉画像石》4—5页，图版叁、伍一拾柒，科学出版社，1959年。

[9] 殷汝章：《山东安邱牟山水库发现大型石刻汉墓》，《文物》1960年5期55—59页；山东省博物馆：《山东安邱汉画像石墓发掘简报》，《文物》1964年4期30—40页。

图一 连云港出土王莽时期画像石

技法发展到一定阶段时相结合的产物。以茅村汉墓为例，浅浮雕技法的成熟要晚到东汉晚期。现存汉代的成熟的圆雕作品，又大都是桓灵时期之作，可见由两者结合而产生的高浮雕技法，出现在桓灵时期。孔望山的高浮雕造像，也应属这一时期。

第四种单线阴刻，见于四个小龛内。龛的上沿刻出垂幛纹式的帷幔，下面的人物之间置尊、案，侍者或持便面，或持木吾。整个画面的布置形式及衣冠器具，在画像石、画像砖和壁画中，从东汉一直流行到魏晋。

画像石中的单线阴刻，约发生于西汉晚期。徐州西汉晚期的万寨M2和范山墓的石椁，就有单线阴刻的亭阁和穿璧纹等图案。传出山东邹县的“食斋祠园”画像石，大概也是这时期的[10]。1973年，连云港桃花涧所出王莽时期的画像石（图一），是一种线条粗犷、人物比例失当的阴线刻像，其下限可到东汉早期。之后，单线阴刻在画像石中似乎消逝了一段时间，与它并存的一种凹面阴刻也少见了，而凸面线刻和剔地浅浮雕占据了画像石的主要位置。当这种单线阴刻再度出现时，与前期比较，则线条细劲流畅，人物形象洒脱，神态的细部特征表现得相当细致。山东嘉祥武氏祠后石室有两幅阴线刻画像，一幅刻仙人饵青龙，一幅刻白虎，形象十分生动。后石室建造年代无铭文记载，从其雕刻技法看，与其他各石室相同，应为桓帝前后所建。安徽亳县曹氏宗族墓地中的董园村M2的画像石，

[10] 周进：《居贞草堂汉晋石景》图3，1929年石印本。

也用单线阴刻技法刻成（图二）[11]。曹氏宗族自曹腾以后才更为发迹。董园村M2是规模宏大的前、中、后三室墓，墓主当是曹氏发迹以后的人物。《水经注·阴沟水》谓曹腾墓碑是“延熹三年立”，董园村M2不会早于此年。可见这种细致流畅的单线阴刻，也是在桓、灵之际才发展起来。

图二　安徽亳县董园村M2画像石线刻人物

与孔望山阴线画像更近似的是山东临淄的一块石刻。此石作馒头形，正面浮雕一屋檐，下为小龛，内有单线阴刻的屏风和人物。龛右有“光和六年”题记。光和六年（183年）是黄巾起义前一年，此后大动荡在黄河中、下游历经几十年之久，在此期间恐怕再也没有力量去修凿象样的石刻画像了。

据现在所见材料，西晋时的画像，仍流行单线阴刻的技法。传出洛阳的《当利里社碑》碑阴，就用这种技法刻出社正、社三老、社掾、社史等多种人物的画像[12]，但人物造型显得拘谨，同孔望山的阴线刻像已有区别。而在北魏以后的这种画像，则把物像以外的地子稍稍剔除，其人物造型的差别就更为明显了。

概括上述，孔望山的全部摩崖造像都应是东汉桓、灵时期的雕刻，而其中的四个小龛，大概时代最晚。

[11]　亳县博物馆：《安徽亳县发现一批汉字砖和石刻》，《文物资料丛刊》第二集142—175页，文物出版社，1978年。

[12]　同[10]，图127。

三

推断孔望山的石蟾蜍为东汉雕刻，大概不会引起争论。以蟾蜍为饰或作成独立的雕像，正是秦汉时期流行的作风。秦始皇陵园东侧的上焦村M15，就出有秦代少府制作器皿上的银蟾蜍附件[13]。兴平霍去病墓前也有两块蟾蜍雕石[14]。近年连云港一座西汉晚期墓所出漆几，也以蟾蜍为饰。徐州东汉彭城王亲属墓所出的鎏金铜砚，通体作成蟾蜍形[15]。史载张衡所作的候风地动仪上，也有铜蟾蜍的造像。

战国、秦汉直到魏晋，蟾蜍一直被人们视为神物。《太平御览》卷九二九引《文子》曰："蟾蜍辟兵"。《抱朴子》内篇卷十一说："肉芝者谓万岁蟾蜍，头上有角，颔下有丹书八字，体重，以五月五日日中时取之，阴干百日，以其左足画地，即为流水，带其左手于身，辟五兵。若敌人射己者，弓弩矢皆反还自向也。"《太平御览》卷九四九引《玄中记》云："蟾蜍头生角，得而食之，寿千岁，又能食山精。"《水经注·穀水》条引《晋中州记》曾云："先是有谶云：'虾蟆当贵'"。可见当时人们相信蟾蜍是辟五兵、镇凶邪、助长生、主富贵的吉祥之物，所以到处用它作装饰。但到魏晋以后，除了南方越人的铜鼓仍经常以蟾蜍为饰外，在中原地区就不多见了。可见石蟾蜍应当和摩崖造像是同时代的作品。

但把石象定为东汉遗物，则可能会引起疑惑。因为它高大匀称，比例准确，体型雄健浑厚，神态温良驯善，雕刻水平超出了过去对汉代石雕艺术的认识，自然容易把它视为晚期的作品。那么，确定石象为汉代遗物的根据是什么呢？

第一，石象的四肢之间，未加雕透，正是汉代大型圆雕的特点。我国现存古代的大型圆雕，以西汉武帝时的遗物为最早。这些石雕，如西安昆明池畔的牵牛织女像[16]、太液池畔的石鲸[17]、霍去病墓前的石雕群等，都只是就大块岩石的原状来雕出物像的轮廓，然后对细部稍予加工，颇近似通体浮雕形式。汉代的圆雕艺术因为是以此为基础而发展起来的，在相当时间内，动物雕像是不把四肢之间

[13] 秦俑坑考古队：《临潼上焦村秦墓清理简报》，《考古与文物》，1980年2期45—47页。

[14] 陕西省博物馆、陕西省文物管理委员会：《茂陵一霍去病墓石刻介绍》，长安美术出版社，1959年。

[15] 《中华人民共和国古代青铜器展》图109，日本经济新闻社，1976年。

[16] 牵牛像见王子云：《新疆的石刻艺术》图七，《文物参考资料》1956年8期13页；织女像见汤池：《西汉石雕牵牛织女辨》，《文物》1979年2期87页。

[17] 黑光：《西安太液池出土一件巨形石鱼》，《文物》1975年6期91—92页。

雕空的。青海海晏三角城始建国年间的石虎，便是一个例子[18]。要雕穿四肢之间，必须解决好力点平衡。大约到东汉晚期，许多天禄、辟邪、狮子及石马，才开始把四足凿成前后交叉分立、尾部下垂至地的样式，以五个支点来撑住庞大的身躯。譬如南阳、洛阳、四川芦山、雅安等处的天禄、辟邪，嘉祥武氏祠前的石狮，临淄的洛阳中东门外刘汉作的双狮，望都二号汉墓出土的大型石刻骑马俑等等。但四足之间雕空和未雕空的两种手法，并存了相当一段时间。原在长安城内的大夏真兴六年（423年）石马，其前面两肢和后面两肢之间的石料仍相联属[19]，依然保持着汉代遗风。以后，这种早期石雕手法，就再也见不到了。孔望山石象的四肢之间既未凿空，自然应属于汉代石雕手法。

图三　徐州洪楼画像石中的象和象奴

第二，石象左腹所刻脚带重镣、手持长钩的象奴，也是汉画像石中常见的题材。

以钩驯养家兽本是汉代之术。江陵凤凰山M9所出汉初的遣策（荆州博物馆藏）有两条：

“大奴园，牛仆、操钩”；

“大奴获，马仆、操钩”。

可见早在西汉初年，便以长钩驯养牛、马。

驯象用钩，则见于佛典。晋法炬译《法句譬喻经》曰：“佛问居士：‘调象之法有几事乎？’答曰：‘常以三事用调大象。何谓为三？一者刚钩钩口著其[illegible]鞅，……。’又问：‘施此三事何所摄治也？’曰：‘刚钩钩口以制口强，……’”（《大正藏》卷四第600页）。“刚钩”即钢钩。法炬译经时，可能中国本土就是用

[18]　赵生琛：《青海海晏的汉代石虎》，《文物》1959年3期73页。

[19]　陕西省博物馆：《陕西省博物馆藏石刻选集》图15，文物出版社，1957年。

这种办法来驯象的。

能够确定这是东汉雕刻的道理，还在于象奴的装束和造型同于汉画像石上所见人物像。如象奴头上所束很高的单髻，还见于河南唐河针织厂画像石[20]；而且，它同两城山第十六石中的另一个象奴，在整体形象上都极为相似。

在汉画像石中，这种象奴持钩驯象图，至少有九例：孝堂山画像；南武阳皇圣卿阙画像；南武阳功曹阙画像[21]；河南登封少室石阙画像[22]；山东滕县宏道院画像石[23]；滕县画像石；嘉祥吕村画像[24]；南阳所出画像石；徐州洪楼画像石[25]。同类形象，汉以后不见，故石象的年代只能属于东汉（参见图三、四）。

第三，石象四足下，均刻出仰莲一朵，表明是佛教题材。此处摩崖，既然有那么多的佛教造像，它们旁边的一个石雕大象，自然与整体内容有关，应视为同时期作品。

四

审之佛教传入中国的过程和东汉译经的内容，东汉晚期出现孔望山那种佛教造像是完全合理的。

佛教传播的一般规律是先传佛教故事和偶像，然后才是译经活动；而随着译经活动的展开，人们对佛教内容的了解不断加深，必将推动造像活动的发展。从孔望山摩崖造像佛教题材的丰富和构图的严谨看，显然是人们对佛教有了一定了解后的作品。

佛教在中土得到较大发展，是在桓帝时安息的安世高到达洛阳大规模译经之后。不久，月氏人支谶、支曜等，也相继到洛阳译经。其时大月氏人所建的贵霜王朝，创造了犍陀罗艺术的繁荣时期，建造佛像之风盛行，安世高、支谶等人来

[20] 周到、李京华：《唐河针织厂汉画像石墓的发掘》，《文物》1973 年 6 期。

[21] 傅惜华：《汉代画像全集》初编，图 44、3、205、210 和图 113。

[22] 大村西崖：《支那美术史雕塑篇》图版 107，东京印刷株式会社，1909 年。

[23] 同 [21]。

[24] 此石先藏于日本内崛维文氏，后藏于东京帝室博物馆，大村西崖，《支那美术史雕塑篇》图 275。

[25] 江苏省文物管理委员会：《江苏徐州画像石》图版肆壹。

到中国，不可能不把这种风气带进来。

图四　南阳画像石中的象和象奴

可以帮助说明这个推测的是，提倡造像供养的佛经，在桓、灵之世已经译出。如支谶所译《道行般若经》(《大正藏》卷八）云：

“譬如佛般泥洹后有人作佛形像，人见佛形像无不跪拜供养者，其像端正姝好。”

又如东汉失译人名的《佛说作佛形像经》(《大正藏》卷十六）云：

“(拘盐惟国）王复白佛言：‘人作善者，其得福祐，当何趣向？佛去后，我恐不复见佛，我欲作佛形象恭敬承事之，后当得何等福？愿佛哀为我说之，我欲闻之。’……佛言：‘天下人做佛形像者，其后世所生处，眼目净洁，面目端政，身体手足常好，生天上亦净洁与诸天绝异，眼目面貌好。……死后得生第七梵天上，复胜馀天端政，绝好无比，为诸天所敬。……作佛形象，后世当生豪富家。……其后无数劫会当得泥洹道。’”

《三国志·魏志·东夷传》裴注引《魏略》云：“昔汉哀帝元寿元年，博士弟子景卢受大月氏王使伊存口授浮屠经。”在东汉译经事业发展起来以前，许多西域佛典的内容当已通过口授而流传中土，故《后汉书·楚王英传》、《襄楷传》、《桓帝纪》所记设祠祭祀浮屠之事，有的就发生在上述佛经译出之前。已发现的沂南画像石墓、和林格尔壁画墓、麻濠崖墓中的佛像，就是东汉晚期确已出现佛教造像的例证。

任何宗教艺术的内容和题材，都与人们对它的理解程度相一致。孔望山造像中已能辨出的舍身饲虎和涅槃等内容，东汉时是否已经传入中国呢？

审之东汉译经，这些内容都已出现了。

关于舍身饲虎故事，至少见于三处。一是竺大力、康孟详所译《修行本起经》，二是严佛调译《佛说菩萨内有六波罗蜜经》，三是失译人名的《分别功德论》。或作譬喻，或为本生故事，情节虽各有取舍，其主要内容讲的都是舍身饲饿虎，以求功果。

关于佛涅槃故事，现存最早的涅槃经虽为西晋白法祖译的《佛般泥洹经》，但据东晋释道安的《经录》和唐释道宣的《大唐内典录》，东汉时原有安世高所译《小泥洹经》。“涅槃”汉时多译作“般泥洹”、“泥洹”。它在汉译其他佛经中，如支谶译《道行般若经》、《般舟三昧经》、《佛说无量清静平等觉经》中已多次出现，这足以表明当时的佛徒对涅槃故事是熟悉的。

造像中X2、X61号和X76佛像的手印姿态，也同东汉的译经相合。这三个佛像均把右手抬到胸前，掌心向外，左手置于胸前持一袋状物，与沂南汉墓、麻濠崖墓中所见佛教造像手势相同，类似后来佛教中的“施无畏印”。佛教造像中的手印，虽到四世纪才形成一定程式，但在此以前已被赋予了各种涵义。安世高译《佛说处处经》(《大正藏》卷十七）说：“佛举右手，有四因缘：一者用恶人无复故；二者以善人有反复故；三者现教；四者语人无作恶。佛举右手复有四因缘：一者欲令十方人皆来学道随行意；二者欲示人我所行福；三者劝人皆令持戒；四者威仪自尔。亦为不欲见人恶念，是故举一切右手。”

还应说明，在这些佛教题材的造像中，又有许多头戴尖顶垂翅帽和深目高鼻的胡人形象，其形象同孝堂山以及沂南汉墓内胡汉战争图上的胡人像极为类似。这种形像上的类似，本身就可说明造像的年代。当时，佛教刚刚传入中土不久，佛教被目为胡教，佛被看成胡神，来到内地传播佛教的僧徒又多为胡人，因此，把佛教故事中的佛徒刻成深目高鼻的胡人形像，是完全合乎情理的。

总之，从这些造像的题材、内容看，桓、灵时期都已在中土出现。

五

摩崖中的X68、X66、X1像和2、3、4号龛内画像，是汉画像石中的习见形像，可以推断为太平道的造像。

第一，在X68、X66和X21涅槃像下方山石上都凿出圆形香炉或灯碗，显然是祭祀时使用之物，表明上面的雕像是礼拜对象。X66像下方又刻出莲座，证明其性质类似佛像，都是受供养的尊神。

第二，它们既是礼拜对象，衣冠又都同于汉画像石中常见的世俗服饰，肯定不是佛像。东汉时代的宗教信仰是道、佛交糅，所以只能是黄老道信奉的尊神。

第三，连云港市博物馆的丁义珍同志，已考出山脚下的石碣形碑座原来是《金石录》和《隶释》卷二著录的东汉熹平元年（172年）《东海庙碑》之座。碑座周围正有汉代绳纹瓦片和云纹瓦当出土，可知孔望山摩崖造像和山脚下的大象、蟾蜍，原是桓灵时期的东海庙内之物。

东海庙当即东海君之庙。《后汉书·方术费长房传》曾云："后，东海君来见葛陂君，因淫其夫人，于是长房劾击之，三年而东海大旱。长房至海上，见其人请雨，乃谓之曰：'东海君有罪，吾前击于葛陂，今方出之，使作雨也。'于是雨立注。"从这段文字看，东海君正是东海海滨一带之神。《隶续》收录的洛阳上清宫《五君杯盘文》刻有："大老君，西海君，东海君，仙人君，真人君"诸神之名。洪适谓："其文唯'大老君'三字最大，盖尊老子也。"这是东汉的道教刻石，可见"东海君"是道教之神，东海庙即道教庙宇。

据《上清后圣道君列纪》所引《太平经》，老子在道教中被尊为后圣，下有五辅，其中上相方诸宫青童君即为东海君。

在《太平经》和陶弘景《登真隐诀》、《真诰》中，东海君又被称为"东华玉保高晨师青童大君"、"青童君"、"东海青童君"、"东海小童"等等，是道教中统辖一方的重要尊神[26]。《太平经复文序》也有"后圣太平帝君……故作《太平复文》，先传上相青童君"的记载。可见，东海青童君在道教中的地位无疑是十分重要的。传世汉印有"东海庙长"（《汉印文字征》九.十上，1978年版）。在东汉，大县置令，官秩千石；小县置长，官秩三、四百石；盐官、铁官、工官、都水官置令、长及丞，官秩如县、道。"东海庙长"当亦为三、四百石官吏，这就又知东海庙是东汉时期由官府管理的一处极重要的道教庙宇。《后汉书》的《楚王英传》、《襄楷传》和《桓帝纪》，屡言当时在诸侯王和天子的宫殿里是祭祀黄老和浮屠的，在这样重要的道教庙宇中，当然更是要有道教神像的。

东汉"东海庙"故址的确定，足以证明X1、X68、X66等像是道教造像。《隶释》卷二《熹平元年东海庙碑》谓此庙建于桓帝永寿元年（155年）。在黄巾起义后，太平道教遭取缔，此地当在很长时间内不会再有修庙造像之事，由此可知这

[26] 《皇天上清金阙帝君灵书紫文上经》所引《太平经》，《道藏》伤字号第三四二册；《三洞珠囊》卷三引《太平经》卷一一四；《真诰》卷九、十、十一、十三。

些造像应当是永寿元年到中平元年（184年）间的作品。

六

1933年，陈寅恪曾指出道教起源于滨海地区[27]。这处以道教为尊的石刻造像，正发现在东海之滨。接着，汤用彤又指出东汉的佛教是依附于道教而存在的[28]，这处东汉道教庙宇内造像，也正是道佛并糅。孔望山的新发现，正和过去的研究成果完全符合。

由于这个发现，可知连云港地区应当是东汉滨海地区的道教活动中心。《后汉书·东海恭王传》称：永平元年，东海恭王病危，明帝和太后就“数遣使者、太医、令丞，方伎道术，络绎不绝”。所谓“方伎道术”，无疑包括了道教之士。这暗示出东汉早期的东海郡，道教就已经比较流行了。

《后汉书·襄楷传》又说：“顺帝时，琅邪宫崇诣阙，上其师干吉于曲阳泉水上所得神书百七十卷，皆缥白素、朱介、青首、朱目，号《太平清领书》。”李贤注：“今……海州有曲阳城，北有羽潭水，……盖东海曲阳是也。”唐之海州即今连云港市地，这里既然是《太平清领书》的出现地，当然可以认为是东汉太平道的发源地。

《后汉书·楚王英传》又谓：楚王英“晚节更喜黄老，学为浮屠，斋戒祭祀”。楚王英之都在今邳县一带，连云港市在邳县以东100公里左右，可见东汉时期，那里正是道佛并奉的。

在这种宗教信仰环境中，连云港市出现一批佛、道并奉而以道教为尊的造像，当非偶然。

在张角起义被镇压之后，太平道（不是南方的天师道）自然会受到严重削弱，也许佛教正是趁此机缘摆脱道教，走上了独立发展的道路。《三国志·吴志·刘繇传》和《后汉书·陶谦传》讲的初平年间笮融用丹阳、广陵、彭城三郡漕粮大起浮图祠和招取三千余人悉读佛经一事，是这一变化的重要标志。孔望山造像兼

[27] 陈寅恪：《天师道与滨海地域之关系》，《金明馆丛稿》初编第1—40页，上海古籍出版社，1980年。
[28] 汤用彤：《汉魏两晋南北朝佛教史》上册第五章，中华书局，1955年。

有佛、道两种内容，其时代正应在此以前。

综上所述，可知孔望山摩崖造像和立体圆雕，应是东汉桓灵之时的道教寺院——“东海庙”供奉的神像[29]及其附属建筑的雕刻。当时的道教以黄老为崇拜对象，在滨海地区至黄河中游一带因以《太平经》为经典，又称为太平道，所以这里的道教造像无疑是太平道的礼拜物；又因其时佛教已日渐在中土流传并依附于道教，所以这里供奉的神像就包括有佛教内容。这样一个遗迹的发现，对研究我国道教、佛教的早期状况无疑具有重要的意义。

东汉时期的佛教艺术作品，过去已有零星发现，但由于材料不足，对于当时的艺术手法还说不清楚。现在有了这一批材料，就可以帮助我们了解到：我国内地的早期佛教雕刻，并没有明显的犍陀罗艺术风格；它虽有一些外来的手法，但并不居主要地位。用中国汉代传统的画像石技法，表现外来的佛教题材，是孔望山摩崖造像的重要特点之一。看来，在云岗、龙门等地石窟中北魏时期雕像上那种浓厚的外来作风，是经过后来的不断影响才加强的。当然，在距巴基斯坦较近的新疆地区，佛教艺术当刚一出现时，就带有比较多的犍陀罗风格，也是很可能的。

原载《文物》1981 年 7 期，今略作文字修改。后收入《先秦两汉考古学论集》，1985 年 6 月。

[29] 《隶释》卷二所载《东海庙碑》云：“进瞻坛，退宴礼堂”，从孔望山摩崖造像位置看，大概在东海庙建筑遗址之北，摩崖前有平地，很像是东海庙祭坛旧址。

先秦两汉美术考古材料中所见世界观的变化

——1987年初夏在《中国美术史·秦汉篇》讨论会上的讲话

世界观是决定艺术品题材主旨的核心因素。对研究古代美术史来说，了解古人世界观的变化情况，应当是一个基本前提。但古人的世界观究竟怎样，却要靠今人的研究才能弄清楚，而在这方面，考古研究是能够起到相当作用的。

所谓世界观，简单讲，就是对世界总体的看法。随着世界观的不同，人们对若干事物便采取不同态度，由此也就产生了不同的社会观，不同的人生观。其实，社会观、人生观也都是属于世界观范畴之内的。

世界观应在人类出现后便已发生。当然，最初一定非常简单，非常原始，以后则会日趋复杂。当人们的世界观发展到一定高度时，通过考古材料而能了解到的，只能是其中很小的一部分。但这一部分如果在人们世界观的总体中占有核心地位，或者在人们思想中是相当普遍地存在的，就可能说明当时人们世界观的总貌。从考古发现的一些实际情况看，只要稍加思考，便能明白已知的材料，永远是古代的偶然孑遗，只能是古人全部遗存中的极小一部分，但却往往能表现出普遍的意义。所以，通过它们是可以观察到古人世界观的核心内容的。

今天，我就通过一些美术考古的材料，探索一些秦汉时期世界观的情况。为了说明这个时期世界观的历史特点，就要追溯过去。这样，我准备从艺术发生时期谈起，总共讲四个阶段的问题。这自然只能掇其精要，略述一点总体看法。

一、石器时代世界观的总貌是“万物有灵”

人类在其幼年时期，当然不懂得天下万物何以有消有长，何以有各自的特殊力量，并且总觉得自身是何其渺小！于是，在朦胧的头脑中，就以为万物皆有灵，天地八方充满了种种神灵。世界各地的原始部落，几乎普遍产生了周围都是神灵的诸神信仰。

据二次世界大战结束后的考古发现，当今的考古学家认为人类已有二三百万年的历史。但人类的艺术作品，却要迟到3～1万年前的旧石器时代晚期才出现。据欧洲的材料，那时的艺术品，按表现手段而言，主要有壁画和雕刻两大类。前者是19世纪70年代以后在西班牙和法国等地的山洞中发现的，题材以野牛、猛犸象、野马、披毛犀、鹿等动物为主；有些野牛身上还画出被射上的箭，暗示出它们是被当作猎物来描绘的（图一）。当时的人类处在狩猎、采集时代，猎取动物是生活的极大需要，因而不少学者认为这些壁画是供人们在其前面举行巫术以求狩猎成功之用。这是很合理的解释。这就能猜测到在绘画者的心目中，画面之外还潜藏着一个主宰着狩猎能否成功的神灵。由此可知，那些壁画尽管画面上只有动物图像，本质上却是在表现高于人类的狩猎之神的伟大力量。

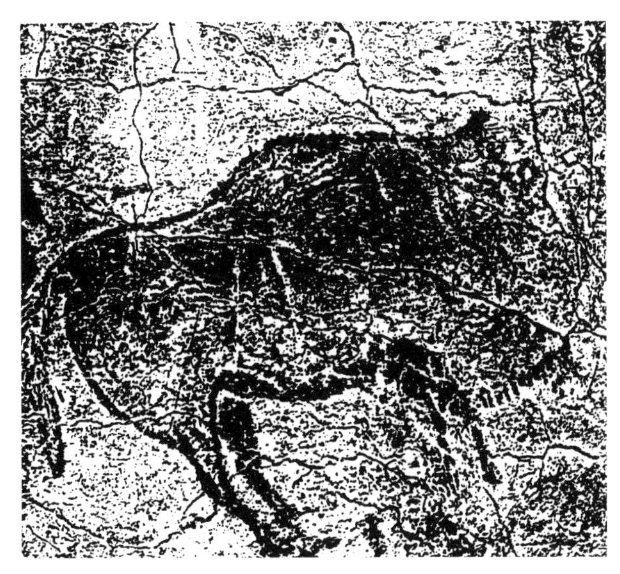

图一　西班牙阿尔塔米拉洞窟壁画野牛

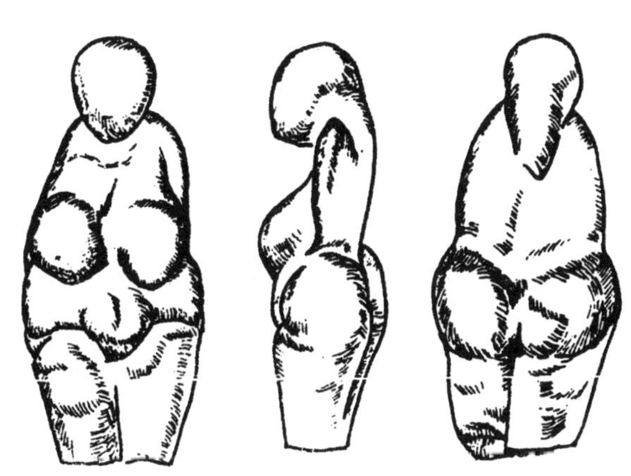

图二　意大利出土格利马狄母神雕像

此时的雕刻品，按其表现手法可分成两大种。

一种是软石板或骨角上的线刻，内容主要是各种野兽，还有男、女人像及若干符号，包括一些代表男、女性器官的符号。总观这些题材，主要与祈求狩猎顺利和生育繁盛有关。在当时那种人们维持自己生存还极其困难的条件下，这两个愿望，无疑是最普遍和最强烈的，所以艺术品的题材，主要就被这两种愿望所决定。

另一种是立体石雕，有多种动物形态和许多妇女小雕像。那些妇女小雕像，往往夸张其乳房、臀部或者还有腹部，一望即知是一种孕妇形态，显然是在表现生育之神（图二）。总括立体石雕的内容和含义，同上述线刻是基本一样的。

把这些旧石器时代的艺术品同人们的信仰状况联系在一起考虑，就能清楚地看出原始艺术是为满足信仰活动的需要才出现的，绝不是单纯为了满足某些美感要求而发生的。存在决定意识的原理，仍然是解开艺术产生之谜的钥匙。

至新石器时代，无论在中国还是其他国家，艺术品的题材和表现手法，都在不断扩大。就题材而言，归其大要，还是一些动物、人物及日、月等自然景象。植物题材并不多。似乎具有装饰意味的图案，则大量出现，但各种图案，恐怕大都还是上述那些题材形态的抽象和变化，不见得真正是为了装饰而出现的。不过，根据当代澳大利亚等一些原始部落的材料，他（她）们会把一些不理解的自然现象（如闪电、风云突变）甚至梦境遭遇，表现为纹身图案。所以，相当多图案的真实源头，今天很难找清楚，因而上面的解释，只能属于推测的性质。

对于新石器时代艺术品中的一些动物、人物形象，许多人简单地用当时日常生活或生产活动的直接描绘来作解释。其实，那些具体形象，当然来源于生活的观察和模拟，而如果对其真正含义只作如此直观的解释，则是忽略了史的考察。只要综观美术发展的总过程，就知道单纯表现人间生活的艺术品，要晚到铁器时代才出现（至少在我国是如此）。在青铜时代，人们仍然没有在艺术上表现一般的日常生活或生产活动；即使有一些极其类似这种情况的场面，也是在表现与神有关的故事或是祭神礼仪。石器时代的思想信仰既是万物有灵，艺术品的创作就一定会表现万物之灵。在那人类对自身力量还非常缺乏认识的原始时代，当然不会用艺术品来表现自身的世俗（姑且借用这个区别于神灵世界的词汇）活动。

那么，这些原始艺术的题材，应该是一些什么内容呢？

据民族学的研究成果，原始社会的人们，往往以为自身是来源于某种动物，由此便产生了图腾崇拜。不同的族群还往往认为各有自身的动物祖源，于是图腾崇拜就各不相同。新石器时代的动物图像中，可能有的应属于反映了图腾崇拜的范畴，而这种崇拜物，当作为图腾祖先来对待时，实质上也具有祖神的意义。

此外，许多原始部落又对若干动物赋予了某些特殊的、超人的力量，即西方人类学著作中所谓的“动物权力”。被认为具有这种特殊力量的动物，也就是神。新石器时代艺术品中的若干动物形象，恐怕就是作为神而出现的。

人类自进入新石器时代后，农业发生，许多氏族、部落已以农业为生，所以还产生了土地神和农神。人类学调查材料中往往把土地神叫做地母。那是因为当时的人们见到农作物是从大地中生长出来的，而人类自身又是妇女生育的，自然就把生育农作物的土地神或主宰农作物是否丰收的农神，同女性联系在一起。美洲印第安人把玉米、豆子、南瓜的农神叫做“三姊妹”，便是著名之例。在中国，地母神是用大树或石头来代表的，所以表面上看不出性别特征。但我在江苏丹徒却见到晚近时期的土地神是一种“石婆婆”（见《先秦两汉考古学论集》60、61页，文物出版社，1985年）。这当然是源自远古的一种残痕，足以说明我国原始时代的土地神，亦为女性。

至于生育神，则明显地继续着旧石器时代晚期以来的传统，依然是一些妇女像。例如辽宁喀左东山嘴遗址和牛河梁遗址所出红山文化的妇女陶塑（图三）等。不过，自进入父系时代以后，那些象征男性生殖器的陶祖、石祖，应当也曾具有与生育有关之神的意义。但迟到商周时期，木祖或石祖已是宗庙中供奉的祖神——主。看来，新石器时代晚期所出现的陶祖（图四）、石祖，主要是作为祖神而受崇拜的。

综括上述情况，可知从旧石器时代晚期至整个新石器时代，人们世界观的核心是万物有灵，信仰着为数众多的神灵，而尤以生育神、土地神、农神、祖神为突出。人们既然认为在

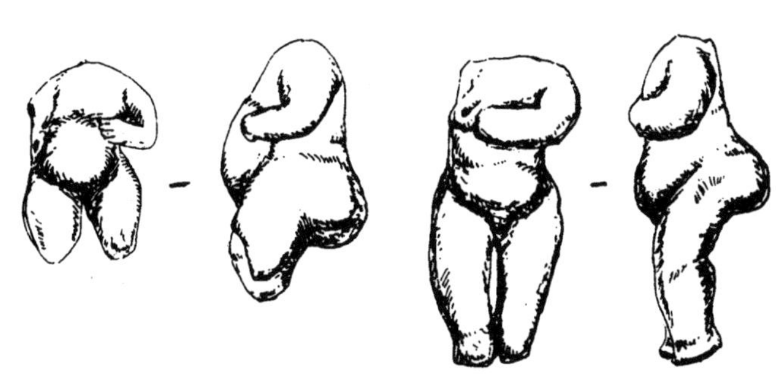

图三　辽宁东山嘴红山文化红陶妇女塑像

自身的周围到处是形形色色的神灵，其艺术品的总貌就是在表现一个多神世界。人类艺术发生阶段或者说是艺术初期阶段的历史实际，再一次表明人们的世界观的确是艺术创作的思想基础。

二、青铜时代多神世界观的信仰核心是地母神和祖神

我国的青铜文化有许多支系，发展并不平衡。其中，对周围文化以及后代文化影响最大的，亦是最重要的，是夏、商、周三代文化。这个时代的社会性质究竟怎样，还存在着不同看法。这个时代的艺术品究竟反映了什么样的世界观，则还没有认真讨论过。但夏、商、周三代都属青铜时代，已经得到考古学的证明；而类似的生产力水平又会产生类似的社会面貌（包括精神状态）的看法，至少已得到越来越多的赞同。这不仅是逻辑推理的结果。环顾世界各地的古文化，例如两河流域的苏美尔至巴比伦、尼罗河流域的古埃及、中美洲的玛雅文化等，都同我国的夏、商、周类似，已经从野蛮时代过渡到文明时代（至少是文明时代的初期），都有类似的精神信仰状态。当然，在不同的地区，由于不同的自然条件和不同的生产形态，过渡的时间有早有晚、有长有短，过渡的形式亦有种种差异。一般讲，在畜牧或游牧部落那里，则迟迟不能产生农业区域所出现的那种国家组织，以至普遍认为依然处于野蛮时代。其实，无论是农业区域或是畜牧、游牧区域的青铜时代遗存，在贫富分化、权力的集中、分工的扩大、手工业和艺术创作的巨大发展等方面，还是有相当的类似性。今天所以把青铜时代的畜牧或游牧部落称作野蛮人，除了其文化发展的总高度确实还不如那些文明古国以外，古希腊希罗多德著作中把这种希腊人以外的部落叫做野蛮人的语汇习惯上的传统性，实际上是起了相当作用的。这就是说，这种“野蛮”一词的含义，同摩尔根著作中“野蛮时代”的“野蛮”一词，并不真正一样。

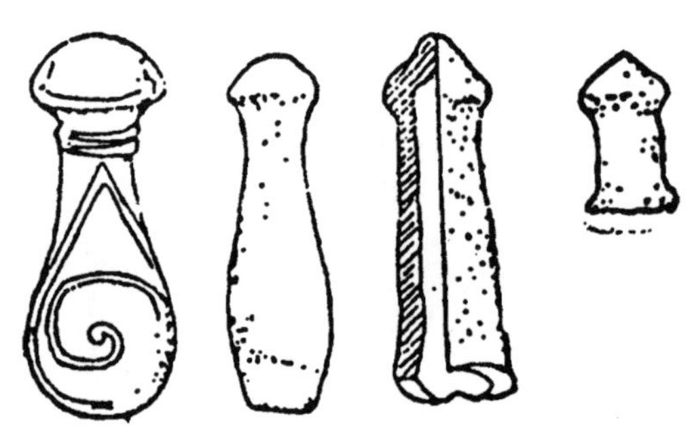

图四　龙山文化时期的陶祖

在青铜时代的各文化中，无论是思想领域或是社会组织，

神灵世界和人间世界、神权和王权（在尚未正式建立国家组织的地方，也就是首领之权）并重，具有很大的普遍性。例如在古埃及，王和祭司是并存、并重的首领。在中国，至少商代也类似这样。这有甲骨卜辞的材料为证。从甲骨卜辞看，至少从武丁时起，商王主要掌握着世俗世界大权，神权则是由贞人来掌握的，所以占卜大事，长期由贞人主持。但第五期的甲骨卜辞则曾曰“王占曰……”。这表示末一个商王帝辛又曾自兼贞人。帝辛既曾兼为贞人，以前那些贞人的地位自然仅次于商王，是可以和商王并肩的。这岂不正相似于古埃及那种王和祭司并重的统治形式吗？而这种王权和神权并重的类似性，岂不又反映出这两个社会的信仰神灵的总情况亦应是很接近的吗？当然，古埃及的王称法老，本身就是宗教领袖。在这种政教合一的政体下，古埃及的神权地位，还是比商代要突出些。

在古埃及，依然充满了各种神灵的信仰，亦依然有图腾崇拜的残余。许多动物往往被神化或是与王、后之像相结合而表现为王、后之族的图腾祖先。

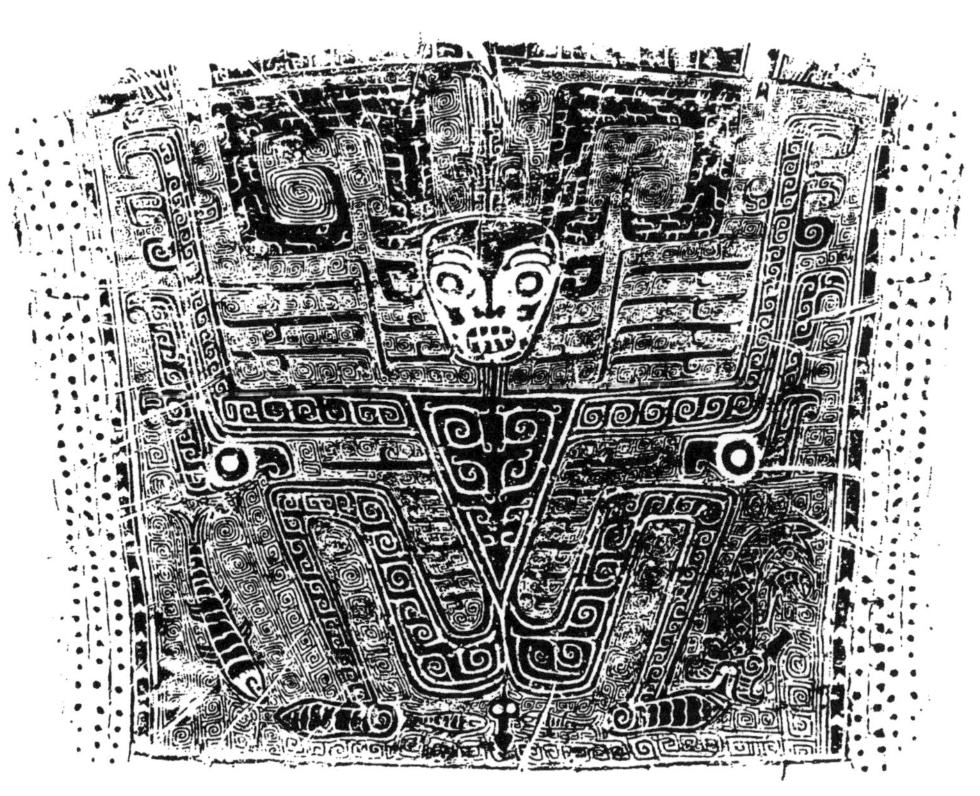

图五　日本泉屋博古馆所藏商时期铜鼓胴部神人像的下半部特写

在商代，甲骨卜辞亦记录大量祭祀地母神（社）和山岳江河等等神祇以及祭祀先祖的活动。其地母神，如以后代的文献为据，是以大树来代表的；如从受到大量商文化影响的江苏铜山丘湾和四川广汉三星堆遗存来看，是以立石和树木来表示的。其他的许多神灵，包括若干氏族的祖神，则至少有一些是商时期铜器中所见的各种神化的动物。

最近，中国历史博物馆的易苏昊先生告诉我，商时期的若干神化的人物图像上，有的明显地表现出图案化的男性生殖器（日本泉屋博古馆藏铜鼓）（图五），而这种人物又会和神化的动物相结合，还隐含交合之状（泉屋博古馆和巴黎池努奇博物馆藏虎卣），非常类似于古埃及那种王、后之像每每和其祖源之动物相结合（动物像位于王、后冠部）的情况，应当理解为是某氏族的祖神之像。这是很精彩的解释。商代或商时期铜器中的某些神化动物图像，放在当时的信仰环境中来考虑，至少有的是在表现铜器主人的祖神。

即使有一些并非象征祖神，亦应是崇拜的鬼神。这可举《左传·宣公三年》中王孙满的一段话作证明。这段话是："昔夏之方有德也，远方图物，贡金九牧，铸鼎象物，百物而为之备，使民知神奸。故民入川泽山林，不逢不若；螭魅罔两，莫能逢之。用能协于上下，以承天休。"所谓"铸鼎象物"，杜预注说是"象所图物著之于鼎"。所谓"百物而为之备，使民知神奸"，杜预注则说是"图鬼神百物之形，使民逆备之。"这里所谓的"物"，指鬼神而言。(《汉书·郊祀志上》颜师古注）王孙满当然知道三代铜器图案的含义。全文之义当为：供奉了"百物"，便能抵御鬼怪侵扰，使得"螭魅罔两，莫能逢之"。夏鼎上的图像既然是驱散"螭魅罔两"的诸神，三代铜器上习见的神化动物形象，当然就是种种神灵的象征。

从这种认识出发再综观三代铜器，可以看到直至春秋中期，还是在表现一种多神世界。在三代的世界观中，大概以为诸神充斥于人们的周围，上下四方，到处都是神灵，诸神并非只活动在天上或地下。因此，在那时的艺术品中，丝毫不见划分天上、人间、地下的任何界限。

但随着人们对自身力量的认识，表现人间生活的内容，毕竟在慢慢出现。例如甘肃灵台白草坡周初墓中所出的铜戟，就铸出了人头像。不过，这大概是模拟俘虏的外族，恐怕还是一种祭祀所用牺牲的象征物，仍然和神灵世界有关。陕西扶风庄白1号窖藏所出西周后期的铜方鬲（故宫有一件藏品相似），则已在下半部铸出守门刖人。这可说是我国艺术品中表现人间世俗生活的发端。到了春秋晚期以后，表现人间生活的题材，就越来越多。此时，人们世界观所发生的变化，已达到了开始一个新阶段的程度。

三、春秋晚期至西汉初期划分天上、人间、地下的世界观的出现和维护宗法等级制度的社会道德观的最后阶段

从春秋晚期起，青铜礼器等许多工艺品上突然涌现出许多描绘人间活动的场面，并日益成为造型艺术的重要内容；而过去那些表现诸神的图案，则越来越不占主要地位。人们在艺术中开始真正表现人的本身了。

图六　马王堆一号汉墓帛画

这自然同人类认识自身价值的提高有根本关系。在当时的社会条件下，也同农村公社走上解体道路而跟随着发生的个性有所解放有关。从人们认识世界的角度看，此时已不像过去那样以为天上地下的四方，皆充斥着“万物之灵”，而是逐渐形成了神仙皆居天上、鬼灵往往深潜地下、天地之间则是人类活动场所的世界观。这种世界观究竟到何时才比较完整地形成起来，现在还说不太清楚。从屈原的《楚辞》看，则当时还认为天地山川之间，仍

然布满着各色神灵，《天问》所云："见楚有先王之庙，及公卿祠堂，图画天地山川神灵，琦玮僪佹，及古贤圣怪物行事，"便是一概括说明。但在宋玉的《招魂》中，已明确把世界分为天上、地下、人间三部分，天帝在上空，地下为幽都，不过天上还有"啄害下人"的虎豹、豺狼等怪物，还没有把天上世界看成完全是神仙所居的乐土。

长沙马王堆1号、3号汉墓的"非衣"帛画，是这种世界观在汉初文景时期的具体表现。两幅帛画，都是表现当时招魂之俗的内容，分成天上、人间、地下三段：天上有日月星辰及多种神怪；中间为墓主画像及其生活的某些场面；下面是有土伯及交龙等鬼怪的幽都，但又表现出波涛及海上鬼怪，这颇似"地下黄泉"的概念，好像以为幽都是海洋般的世界（图六）。这两幅帛画，应该是相当集中地反映出了这时期人们对世界总体的总看法。

在描绘人间生活方面，自春秋晚期至战国中期，主要是表现各种礼仪活动。常见的是铜器上用细线刻镂花纹方法描绘的射礼图和饮酒礼图，还有辉县赵固一号墓铜鉴上的蒐礼图（图七）。故宫所藏铜壶上的采桑图，大约也是在表现一种礼仪活动，即后妃所行蚕桑之礼。只有像汲县山彪镇1号墓铜鉴上的水陆攻战纹那一类图画及秋氏壶等铜器上的狩猎纹，或许是在表现非礼仪性的活动。但从总体看，这时期的美术题材，除大量装饰图案外，凡属人间活动的内容，是以礼仪为主的。至战国晚期以后，礼乐活动的内容大为减少，而具有日常生活意义

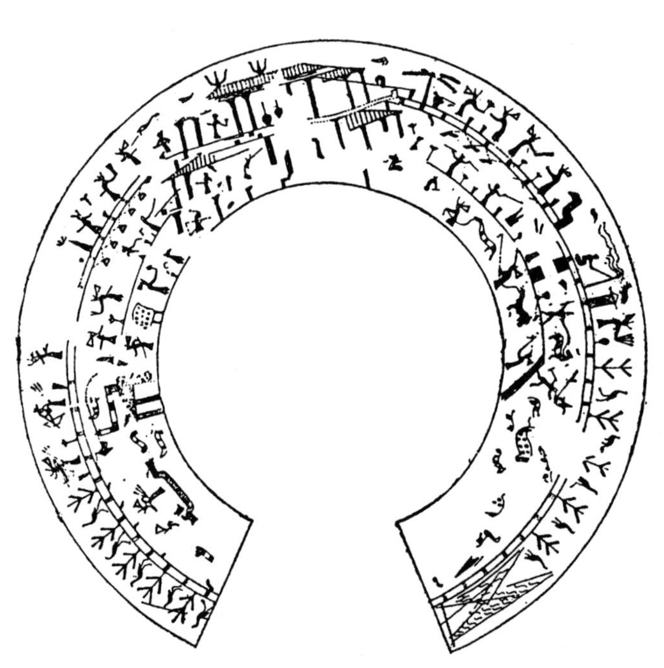

图七　河南辉县赵固一号墓出土铜鉴上的"大蒐礼图"

的题材，则日益增多。

在美术品中所以如此众多地表现礼乐活动，说到底，是受到维护宗法等级制度那种社会观念的支配。但要说明这一点，还必须追溯更早时期的社会状况。

西周时期，整个社会实行着一种以井田制为基础的世卿世禄制度，人们是根据宗法关系而把天子之下的百姓，分为卿、大夫、士、庶人这些等级。适应这种经济基础和社会关系的需要，还有一套非常严密的礼乐制度，不同等级的衣、食、住、行，以及许多生产、军事和各种祭祀活动，都要遵照这套礼乐制度的规定来进行。这实际是维护宗法等级制度的不成文法。春秋后期以后美术品中所表现的礼乐活动，在西周时期应该更为发达和严格。

到春秋晚期以后，原有的井田制正在迅速破坏，与井田制相适应的宗法等级制度自然相随松散，另一套与土地私有制相适应的军功爵制，也就跟着发展起来。由此可知，表现各种礼仪活动的美术品，是在西周以来的礼乐制度走上衰落阶段时才流行的。产生这种表面矛盾的原因，在于古代的人们直到春秋晚期时才真正在美术品中表现自身的活动。就是说，在此以前尽管这种礼仪活动在人们生活中要占重要位置，但包含着更早时期的“万物有灵”、图腾崇拜残余的那些对地母神、祖神及山川诸神的统一信仰，压制着人们认识自身是独立存在的心灵，从而尚未产生表现人间活动的美术品，自然不会表现这种礼仪活动。所以，美术品题材中的礼乐活动确是这时期新出现的，反映的却是那种维护宗法等级制度的社会道德观的最后阶段的情况。

四、西汉中期至东汉末年的“天人合一”的世界观和强调人身依附关系的社会道德观

自西汉中期起，人们的世界观和社会道德观，又一次发生了阶段性的变化。

从汉武帝时至东汉末年，在思想领域里占统治地位的是儒家的今文学派。这时期美术品题材的主体，就是受到今文学派思想所制约的。

今文学派的发生，可上溯到汉初。但到武帝时，因异姓诸侯王的独立军事力量已被削除，六国旧贵族的传统势力无足轻重，便出现了巩固大一统局面的强烈需要。同时，土地私有制经过了前一段时间的发展后，大土地所有制的普遍存在开始登上历史舞台，建立在这种所有制基础上的人身依附关系也就跟着出现并日益发展。适应这种新的社会需要，汉武帝时董仲舒就提出了“天人感应”的理论

图八　山东临沂金雀山九号墓出土帛画(摹本)

和宣扬“仁谊礼知信，五常之道”(《汉书·董仲舒传》)的道德规范。这样一些哲学观念和社会道德观，是汉武帝以后立为官学的今文学派的思想理论基础，并一直延续到东汉之末。其间，在新莽代汉时期，由于配合统治集团的世系有所改变的需要，官学曾一度改为古文学派。但大土地所有制正急剧膨胀的历史轨道并未改变，哲学理论体系依然如故，并加强了神学目的论的色彩，新莽时的古文学派的思想理论实质，同汉武帝至东汉末的今文学派是一样的。如果分析得再仔细一些，到西汉晚期以后，以“天人感应”说为理论基础的谶纬学说和以维护人身依附关系为根本宗旨的宣扬古圣贤、忠臣、孝子、列女的社会道德规范，成为更为泛滥的时代精神。从世界观的角度来说，“天人感应”理论也罢，具体的谶纬活动也罢，都认为天、人是合一的。这就是说，“天人合一”便是这时期占主流地位的世界观；强调人身依附关系合理性的社会道德观，是这种世界观的社会体现。

从汉武帝到东汉末的美术品，主要就是在表现这样的世界观和社会道德观。其中，山东临沂金雀山9号墓的汉武帝时期的帛画，把前一阶段和这一阶段的转折，体现了出来(图八)。

金雀山9号墓的帛画，全形从马王堆1号、3号墓那种“T”形“非衣”式转变为长条形的魂幡式；幡上的画，亦从过去那种分为天上、人间、地下的三段式，变为天上、墓主生活、历史故事、地下幽都的四段式。天上部分已简化成只有日、月和云气的简略内容。地下则仍同过去差

图九　江苏徐州洪楼祠堂天井石画像

不多，亦有土伯、交龙等鬼怪。墓主生活场面则扩大为两组（也是两段）：上组为有侍女相伺的主人坐于堂上的图画；下组为堂下的竽笙乐舞活动。历史故事则是这时期新增加的，共有三段四组，整个形式与汉画像中的历史故事图相似，其中间一段的右侧一幅还可辨认出是曾母投杼图。历史故事的题材，在前引《楚辞·天问》中已经说明，至迟在战国时期就已出现；而到西汉晚期以后的画像及壁画中则大为盛行。但从《天问》通篇所述内容看，那时的宗庙祠堂中的历史故事画，主要是过去的重大历史事件，描绘这些内容的用意，似乎是在追念先祖；而金雀山9号墓及其以后的汉画像，则是通过一些古圣贤及忠臣、孝子、列女来颂扬“三纲五常”道德观念的。两个阶段的历史故事画所表达的思想，实际上差别是很大的；况且过去表现的那种地下幽都的黄泉世界，至西汉晚期以后已经消失。金雀山9号墓帛画的内容，显然正处在前后两大阶段的交替时期。

从西汉晚期至东汉末，画像石墓和壁画墓大为流行了。这些墓中的画像，当然是为了表达墓主家属的意愿。据已知的大量材料，这种意愿既具有时代性，又具有普遍性。具体说，这阶段画像的题材，既包括了对上天山川及风雨雷电等自然现象的幼稚认识，又包括了以为自然变异与人间吉凶有直接关联的神学看法，也包括了人们普遍追求的伦理道德观念，还包括了崇扬墓主社会地位和财产及生活面貌等内容。可以说，这时期的美术品远比过去清晰地表达了人们的世界观和伦理道德观。

细言之，这时期的画像内容，主要有以下八大类：

（1）天象 如日月星辰及云气等；有时则用青龙、白虎、朱雀、玄武的四神图像来代表四方星座。这部分都画在墓顶部位，可知画出这些内容，是为了表现墓顶象征天穹。

（2）仙神 如伏羲、女娲、东王公、西王母、雷公、雨师、风伯、神荼、郁垒等等。有许多神兽仙禽，形态类似人间的动物，但都在云气环绕之中。像雷公、雨师、风伯一类主宰自然力量之神，当是从古老的“万物有灵”原始信仰中演变而来的（图九）。但至西汉晚期以后，原始道教已经形成，而中国本土产生的道教，本是从原有的信仰发展出来的，所以这些仙神画像，有一些即属于道教信仰。西汉晚期，佛教也开始传入中国，但在很长时间内，佛教还是依附于道教而混杂在一起的。到了东汉晚期的桓、灵时期，画像中亦出现了少量的佛教图像。在江苏连云港孔望山的早期道教的东海庙遗址区中，还保留着一大片佛、道混在一起的摩崖造像。世界各地的宗教信仰，都是从多神信仰向一神教发展的。道教和佛教都是一神教，但汉代的宗教信仰既是混杂了道教和佛教，又包括了若干沿自古老信仰的仙神。纯粹的一神教信仰的道教和佛教，要到三国以后才真正占有普遍统治地位。

（3）祥瑞 如芝草、冥荚、木连理、麒麟、大鸵、神鼎等等（图十）。至西汉晚期，今文学派进一步发展了“天人感应”论，谶纬学说盛行。这种学说认为，上天（包括广泛的自然界）如出现了变异，人间必有吉凶相应。于是，各地倘若找到平常见不到或不常见的东西，就以为人间将有吉祥之事。芝草、冥荚、鸵鸟、古之大铜鼎等物是平常难以见到的，画出这些东西，也就是用来意味人间的吉祥。这种表示“天人感应”观念的图画，按照《宋书·符瑞志》中的用语，可以叫做

图十　山东嘉祥武梁祠天井石上的祥瑞图摹本（局部）

图十一　山东长清孝堂山祠堂后壁的“大王出行图”摹本（局部）

“祥瑞图”或“瑞应图”。东汉时期“祥瑞图”或“瑞应图”的发达，反映出了谶纬学说是何其流行！

（4）古圣贤和忠臣、孝子、列女故事 如苍颉四目造字、大禹治水、周公辅成王、孔子见老子和孔子弟子、管仲射齐桓公、二桃杀三士、丁兰孝亲、曾母投杼、京师节女等等。画出这些故事，是让人们以此为道德规范，根本目的就是提倡下层服从上层的社会秩序。此时大土地所有制日益膨胀，依附农民愈来愈多，要稳定这种秩序，自然需要强调人身依附关系的合理性。西汉晚期以后，刘向的《列女传》等著作出现了，圣贤、忠臣、孝子、列女的历史故事画也在这时盛行起来。这些都是出于强调人身依附关系合理性的根本需要。

（5）墓主身份，还经常包括墓主身份升迁的过程 这主要用车骑出行图和官寺图来表现。汉代之制，不同级别的官吏按照礼节举行出行活动时，在主人乘坐之车的前后，有不同规格的车骑作前导后从；无官职之民，即使是豪富，连低级官吏的导从车骑皆不准使用。因此，在汉画像中用车骑出行图来表示墓主身份是极普遍的（图十一）。为了表示墓主的官职升迁过程，许多墓还用多幅不同规格的出行图来表达。在冀中至内蒙古南部，又或用官寺图来表示墓主身份，并且也经常用多幅官寺图来表示墓主的升迁过程。内蒙古和林格尔小板中1号墓是出行图和官寺图并用，还都有榜题，把这两种图画的性质表示得非常清楚。

（6）墓主生活 如墓主夫妇高坐堂上，并往往有宴饮、乐舞百戏场面。一些宅院、粮仓、庖厨之图，也应归属于这一类。

（7）墓主庄园的经济活动 如农耕、收获、放牧、冶铁和制作铁器、纺织等图。这一类画，每因不同地区具有不同的生产内容，画出了不同的生产场面（图

图十二　汉画像石中的经济活动场面

十二）。

（8）建筑装饰 如墓顶的芙蕖藻井、梁架之端的应龙雕像、墓门的铺首衔环等等。当时是把墓室当作死者的居室的，所以往往模仿地上的真正建筑物而施以装饰。

把这八类内容加以概括，可以看到第1至3类表现了当时对天地自然力量的看法；第4类则集中反映了当时的伦理道德观；第5至7类那些关于墓主的经历、生活、财富的描绘，归根结蒂是在宣扬追求强宗豪右地位的人生观；第8类则是豪强宅院的模拟，亦表达了视死如生的思想。归结这些表现世界观及社会道德观和人生观方面的内容，只能是大土地所有制已经发展起来、“天人感应”的哲学思潮正占统治地位、一神教的宗教尚未笼罩人间时才会普遍存在的那种思想观念的产物。

从“万物有灵”经以地母神、祖神为核心的多神信仰再逐步变化成“天人合一”的世界观和强调人身依附关系的社会道德观，便是美术考古材料中反映出的自旧石器时代晚期至东汉末年的世界观的变化轨道。再下一步，则是佛教信仰笼罩大地达千百年的另一个新阶段。

任何学科的研究，都可以分为几个层次。对研究历史来说，缺乏文字表达其内容的考古材料，似乎最宜于说明具体事物的具体情况。但具体和抽象正是相依为存的。任何考古材料都是最具体的，但恰恰又经常包含着极抽象的内容。就考古学研究的总过程来说，当然是从具体到抽象的。在考古学研究的总体中，第一步自然应先作好年代学的研究。谁都知道，在我们面前的一大堆不会说话的实物材料，如果连早晚都分不清楚，任何史的研究都将无从下手。第二步似乎应该理清不同考古学文化之间的相互关系，用我在1983年6月份所写的一篇文章中讲过的话来说，就是要整理出考古学文化的发展谱系。但所有这一些，基本上都还是直观性质的研究，主要还是说明人类的具体行动。我想，第三步就应该透过那些最最具体的考古材料，进而探索人们的社会关系，乃至意识形态。我这样讲，当然并非以为这三个步骤像士兵排队齐步走那样来进行的，实际的研究工作一定互有交错，也不是认为具体事物的考证、考察和抽象内容的思考、探索，在能力上有高低之分。我只是以为，具体事实的论定，自然是抽象探索的基础，而从这个角度出发，又可以把考古学的研究分为几个层次。当然，从具体到抽象，永远不是绝对的。某一个时期的具体研究，可以产生某一阶段所能达到的抽象概括，而接着又会在新的基础上出现新高度的具体研究，再达到新高度的抽象概括，循环往复，以至无穷。所以，上面所说的一些看法，也就是在已有具体研究的基础上，对两汉及其以前的人们抽象思维活动的核心，尝试着作一次史的考察。

1988年4月7日，修改于中国历史博物馆

（原载《庆祝苏秉琦考古五十五年论文集》，111～120页，文物出版社，1989年。）

附记：从20世纪80年代中期起，当我对考古地层学、考古类型学的思考告一段落后，就觉得在我国的考古学研究中，应该鼓动大家多思考一些考古材料中反映的意识形态问题。这篇文章是我自己开始作一些具体思考的起端，内容当然相当粗略。例如，当时把我国青铜时代信仰的核心说成是“地母神和祖神”，竟然遗漏了

最重要的“天帝”。具体原因是觉得“天帝”的形象根本无法在考古材料中捕捉到。但尚未找到不等于“天帝”不是当时信仰的核心。这是本文的一大漏洞。

至1999年夏，突然因保利艺术博物馆新收入的一件周初“神面铜卣”的触发，写了一篇《“神面卣”上的人格化“天帝”图像》的短文（见本书），弥补了这个大缺漏，故本文只作少量文字修改，不作大改动。

2000年2月5日补志

收入《古史的考古学探》，文物出版社，2002年7月。

中国古墓壁画内容变化的阶段性

——“1996 河北古代墓葬壁画精粹展”座谈会上的发言提纲

我国的壁画墓，起自西汉前期，至西汉晚期开始发达起来，元明以后则告衰落。河北省历年来已发掘到的自东汉经北朝至辽金的大型壁画墓，能基本表现出我国古墓中壁画内容变化的主要脉络，所以这次在中国历史博物馆举办的“精粹展”，对了解我国古墓壁画的发展过程来说，可以起到提纲挈领的作用。这当然是很有价值的一次展览。

目前在我国找到的最早的壁画墓是河南永城西汉中期的梁王墓。但壁画的内容主要还仅是象征天象的部分。到西汉晚期以后，则壁画内容扩大到描绘许多人间生活的部分以及大量表现天人合一的哲学思想和人间伦理道德观念的图画。这种壁画墓，首先在当时经济、文化最发达的关中和豫西（包括中条山以南的晋南地区）一带出现，以后则逐渐向西扩大到陇中至河西，向东扩大到山东，向北扩大到河北、山西、内蒙古东部、辽宁、吉林等地。南方因多雨水，雨水易渗透，墓内不宜施加壁画，所以向南只扩大到豫鄂交界处。只要统观所有地区各代古墓的壁画，便能看到不同时代壁画的内容和画风，有其强烈的时代和区域及民族特征；但时代特征是最突出的。

如将各代古墓壁画的内容加以归纳和分类，自两汉至宋辽金，似可大致划分为三大阶段。

第一阶段是两汉，主要为西汉晚期至东汉末。其壁画内容可概括为八大类。一是天象，二是神怪，三是祥瑞，四是圣贤、忠臣、孝子、列女的历史故事，五是表现墓主身份和仕宦经历的出行、官署等场面，六是象征墓主财富的农业、畜牧业、手工业等庄园经济活动，七是墓主家庭的生活情景，包括墓主夫妇家居形象、宅院建筑物、庖厨、宴饮、乐舞和百戏等内容，八是各种装饰图案。天象图从汉代开始，一直到后来，几乎都是画在墓顶部位，因为当时把整个墓葬视为死者所居天地，自然把墓顶当作天空。其他的各种内容，除掉只有装饰意义的各种图案外（当然不少图案也含有象征吉祥来临之意），包括了反映神学目的论的世界观和三纲五常的伦理道德观念，以及表现墓主为大土地所有者与官吏合一的身份。当时人们的精神世界、社会关系和物质生活的时代特点，几乎都被这些壁画记录了下来。这些壁画，可说是地地道道的历史画卷。

黄巾起义后，黄河中下游的葬俗开始发生大变化，墓内壁画，自然也有变化。但这一变化，在黄河上游及河西地区发生较迟，那里魏晋时期的墓室壁画，大体还保留着东汉传统。但至北朝以后，则墓室壁画都出现了极大变化。

第二阶段是北朝至唐和五代。这一阶段王室贵族大墓的壁画，有天象、仪仗侍卫、宫廷侍仆乃至打马毬等宫廷生活；有些略小的贵族官僚墓，则在棺床旁侧的墓壁上，画出一些屏风画。这种屏风画，本是当时的室内装饰，故画面内容和墓主自身的具体活动无涉，都是一些花鸟和当时流行的各种故事传言。故事内容有些似与佛道（尤其是道教）有关，但大都尚未辨认出来。但可清楚地看到，过去盛行的神怪和祥瑞图像消失了，这应当就是西汉晚期至东汉时笼罩人间的谶纬思想被佛道信仰代替以后的一种曲折反映。在南北朝至唐代，佛道（尤其是佛教）信仰是充满于人世间的。但在墓内的壁画中却见不到这种信仰的浓厚痕迹。这只能解释为当时崇拜佛道的活动，主要是在寺观中进行，而不在世俗的葬俗中反映出来。这种现象对理解当时东西方文化状态的差别有很大意义。在此中世纪之时，欧洲政教基本合一，葬俗要在教堂进行，死后要埋在教堂内或教堂区域内。而在中国，则葬事还是按照儒家思想的传统来进行的。至于当时社会关系中极为发达的部曲，在壁画中也缺乏明显的表现；不过，这在随葬的大量陶俑中，则还是有一定程度的表现。

第三阶段是宋辽金。这时期，汉人和契丹人、女真人的墓葬壁画，当然各有民族特点，例如其衣冠服饰，便各有特征。又如辽代庆陵壁画中的捺钵图，描绘的是一种契丹人的居住风俗，当然只能在辽墓中见到。但总起来讲，这阶段的墓内壁画，除了墓室项部还往往如同过去那样画出星象图以外，四壁所绘，主要是一些墓主日常生活中的家居活动，如墓主夫妇对坐酒食、饮茶、散乐演奏、居宅建筑物及其彩画装饰等。纵观汉代以来一千多年的墓内壁画，其内容可说是愈来愈简单。这当然并不意味着社会生活的真正简单化，只应视为葬俗在发生变化。

葬俗变化当然就是观念变化的一种反映。环顾全球，总起来讲，就当时人们所能达到的生产能力来说，青铜时代的葬俗最为隆重，其墓葬最为豪奢（日本因没有青铜时代，以铁器时代早期的古坟最为豪奢）。这大概主要是由两个条件造成的。一是对主宰人间各种命运的各种神祇的信仰程度极高，二是有能力来实现隆重的葬礼和筑造豪奢的墓葬。以后，随着人们的进步，这种观念就日趋淡薄，表现在墓葬壁画的内容中，则是渐渐向仅仅表现墓主自身日常生活消费方面集中。

以上所说自两汉至宋辽金时期壁画内容的变化过程及其解释，没有详细分析等级差别、民族差别和地域差别，只是说明了主要变化的趋势及其阶段性。但这些解释，因为涉及到了古代文化中精神领域方面的内容，如求解释深刻，必须把当时社会的许多方面都综合在一起再作分析。这当然需要有更多的人作出更多的努力，只能待诸来日。

原载《文物》1996年9期。后收入《古史的考古学探索》，文物出版社，2002年7月。

楚文化中的神与人

楚文化是中国古代楚人所创造的一种有其自身特色的文化体系。这里所说的文化，是按照人类学家克鲁勃（A.L.Kroeber）和克拉克洪（C.Kluckhohn）在1952年所下定义而言，即为:“包括各种外显的或内隐的行为模式，借助于符号的使用而学会它或传授之，并且构成为人类群体的显著成就；文化的基本核心包括传统（即由历史的沿袭或选择而产生的）观念，观念是尤为重要的。文化体系虽然可以认为是人类活动的产物，但又可看作是一种限制人类去做其他活动的因素。”（Culture：A Critical Review of Con cepts and Definitions，Paper of the Peabody Museum of American Archaeology and Ethnology，Vol.47，No.1，1952，P.181）这里所说的“各种外显的或内隐的行为模式”，即意味着包含了人类群体的一切行为规范。依此理解，楚文化的体系，就是楚人群体的一切物质文明、精神、文化和社会关系的总和。

楚文化当然有其产生、发展和消亡（或转化）的过程。这个总过程，宜于分成四大阶段，主要是其中的第一、第二、第三阶段。

第一是楚文化的渊源阶段。大体是长江中游从新石器时代晚期至青铜时代之初。这个地区在青铜时代早期存在着好几支文化，既含有承袭着当地新石器时代晚期文化的传统因素，又已大量渗入了黄河中游的二里头文化和二里岗、殷墟文化的因素，也含有很多来自长江以南的几何形印文陶遗存的因素，甚至有某些从清江流域至长江三峡地区新发展起来的早期巴人文化的因素。大概在西周之初，由这些文化因素再加上新渗入的很多周文化因素综合成一体而正式形成了楚文化。

第二是楚文化的青铜时代阶段。《史记·楚世家》载当商代末年，楚人的先祖鬻熊曾经“子事文王”，即被周文王封为子爵。《楚世家》又说，鬻熊的曾孙熊绎亦被周成王以子爵的身份封于丹阳。丹阳之地在哪里？主要有两种说法。一是《史记·楚世家》集解引徐广说，在今湖北省枝江县一带；一是清代宋翔凤在《过庭录》中以为在“丹淅之会”，即丹江和淅水的交会处，大体在今河南省南部丹江水库一带。“丹淅之会”今既为水库区，已难找到古代遗址；枝江一带的鄂西地区，自20世纪80年代初以来曾作过反复的考古调查，但至今还只找到西周晚期以后的楚文化遗址，故周初楚都丹阳的地望问题，尚无明确的答案。不过在文献记载中，清楚表明最迟在西周成王时，楚人已建立了国家，具有自身特色的楚文化体系当已形成。当然，这时期的楚国还是很弱小的，据《左传》昭公二十三年条所说，直到西周晚期至春秋初，楚国的疆域只是“土不过同”。《左传》杜预注说“方百里为一同”，则其面积还没有现在的一个县那么大。大概正因如此，这阶段的楚文化至今还很难确认，其文化面貌自然还不太清楚。

第三是楚文化的繁荣阶段。约在西周晚期的周夷王时，楚国已向东扩展，至公元前 689年，楚文王迁都于郢，控制了江汉平原。春秋中期以后，进而扩张到淮河上游。至战国后期，又灭掉越国，势力扩展到长江三角洲。此时，楚国又已沿着长江向西进逼巴人，疆域西达长江三峡以西的重庆市涪陵县一带；向南则达到广西壮族自治区北部，甚至一度进入广东、贵州两省之境，乃至云南省的滇池一带。这几乎占有了今日的南半个中国。毫无疑问，在整个春秋至战国中晚期之际，楚国最强盛，也是楚文化最为辉煌的时期，故考古发现的楚文化遗存，绝大部分都集中在这个时期。

这时期的楚文化中心，当然是在郢都一带。但现在只能肯定湖北省江陵县的纪南城是战国时期的郢都遗址，楚文王时直至春秋末所建郢都究竟在哪里，至今还不太清楚。从已有发现看，等级最高的春秋中、晚期的楚墓，还只是在河南省南部的淅川一带找到过；战国时期的，则大都在江陵纪南城的周围。

公元前278年，秦国白起攻下了纪南城，楚国被迫迁都于陈（今河南省淮阳县）。公元前253年，又迁都于钜阳。公元前241年，最后迁都于寿春（今安徽省寿县），至公元前223年被秦国灭亡。这段时期楚文化的中心区域被秦人逼迫转移到了河南省东南部至安徽一带，是楚文化的衰落期，但其文化总貌仍然保存着原有的传统特色。

第四是楚文化的延续阶段。在秦灭楚的过程中，原为楚境的大片地段，都立即渗入了大量秦文化的因素；至西汉以后，逐渐形成的汉文化又在这些地区生长起来。总的趋向是楚国旧境内原先的那种楚文化因素，正在迅速被秦文化和汉文化因素所代替，但取代的速度在各地区并不平衡。现在已可看到，在秦代的长沙郡、汉初的长沙国之地，尤其是今天的长沙市一带，直至西汉早期还保留着较多的楚文化传统，大约延续到汉武帝时期。这种现象表明，存在了近千年的楚文化，即使在楚国被灭亡之后，在某些地区还有近百年的延续存在时期；当然这时期又已具有一定的秦、汉文化因素。

了解到楚文化的这种在时、空上的大致变化过程后，便能比较清楚地看明白已有的楚文化的发现在楚文化发展总过程中所占的位置。

二

据上所述，现在对楚文化的了解，主要是属于春秋、战国时期的。如果统观这时期中国境内的一些主要的古文化，可以看到其他一些与楚文化同时期的文化，存在着不同的哲学思潮、文学风格和艺术倾向，暗示出它们的背后都有一种特殊的“文化观念”在起制约作用。

可以举一些大概现象来略加说明。

在楚国，老庄哲学发源于此，直到汉初，楚地仍然流行黄老学说，故湖北荆门战国楚墓出土《老子》残简三种，长沙马王堆汉墓又出有《老子》两种和《黄帝四经》等帛书。民俗中的巫觋活动比其他诸侯国要活跃，所以屈原在《楚辞》中便反映了大量这方面的内容。在汉代编辑的《楚辞》中，甚至还包括了《大招》、《小招》这种巫师在丧葬活动中的祷辞。正因楚人“文化观念”的这种特点，楚人的随葬品以及漆画、帛画中所出现的神灵内容，就远比其他文化为多。

在鲁地，则出现了孔子和孟子，是儒家学说的发祥地。孔孟之道以阐述人间的伦理道德为重，故此地的艺术行为就缺少神奇色彩，这种现象显然也是被另一种“文化观念”所制约的。

在三晋，诞生了法家学说，强调法治而力主耕战。三晋的青铜器上所以多见表现等级制度的礼仪活动图像，当然也就是又一种“文化观念”的表现形式。

在秦地，商鞅、韩非、李斯的法家思想则自战国中期以后一直占有统治地位。专制主义的控制远比其他诸侯国要严厉，至秦始皇之时，更达到了顶峰。这除了表现为建造出超出一般想象的巨大规模的宫殿、陵墓等建筑物以外，秦始皇陵墓区内随葬的大量兵马俑，尽管数量达到好几千，但无论是将军俑或兵士俑，几乎都具有一种沉重的情态。这当然就是那种严酷的专制主义精神的艺术体现。

观察了上述几种春秋晚期至战国时代的古文化的特点后，当能进一步思索出正是因为这些文化各有不同的“文化观念”，才使各自的哲学、文学、艺术等行为都存在着一种气息相通的联系。楚文化中巫觋活动及神灵信仰的发达，自然也反映出了一种“文化观念”的自身特点。

三

为了进一步理解春秋、战国时期楚文化中的神灵信仰情况，这里应当先回顾一下这种信仰在更早时期的总面貌。

在人类的幼年时期，不懂得天下万物生长、消亡之理，并因自身力量的微弱，自然觉得天地间的一切周围之物，例如日月星辰、山川江海以及各种动植物，往往有能决定自己命运的神奇力量。于是，世界各地的原始部落，几乎都产生过万物有灵的观念，出现了形形色色的诸神信仰。

在人类刚刚走出动物界的时候，人们又会天然地感到自身是动物界中的一员，因而很容易和某一种类的动物认同其亲缘关系，产生图腾崇拜。无论是万物有灵的信仰或是图腾崇拜，都会把某些动植物当作神灵或祖神来崇拜。

从数万年前的旧石器时代开始出现的艺术品，直到整个新石器时代，表现的形象便主要是动植物或人体，它们其实都是祈求狩猎顺利、农业丰收和生育繁盛的崇拜物。新石器时代出现的一些图案，恐怕仍是若干崇拜物的抽象和变体，不见得纯粹是为了产生装饰意味的效果而发生的。

由这种世界观决定的艺术行为，即使到了青铜时代，亦未发生转折性的变化。在此阶段，无论是两河流域的苏美尔、巴比伦，还是尼罗河流域的古埃及、中美的玛雅文化，或是中国的夏、商、周，由于已进入到文明时代，已经是王权和神权并重或是政教合一，但艺术行为还几乎仍是为了神权的需要而进行的。

就夏商周而言，最具文化特点的是大量青铜礼器。这主要是沟通神灵与人世的祭祀用物，上面铸出的种种图案，应该主要是崇拜的神灵的一种变形表现。《左传》宣公三年所载王孙满的一段话，说明了这一点。其原文为："昔夏之方有德也，远方图物，贡金九牧，铸鼎象物，百物而为之备，使民知神奸。故民入川泽山林，不逢不若；螭魅魍魉，莫能逢之。用能协于上下，以承天休。"转译成今天的话，就是："从前夏代施行德政，远方之地皆献上各地所信仰的神灵的图像，九州之地并进贡铜料，用来铸造上有各种鬼神形态的大鼎。使用了这种铜鼎，百姓跋山涉水，深入荒林，也不会碰到鬼怪；深山老林中的各种鬼怪，都将躲而避之。这可以承接上天恩惠、沟通大地。"王孙满是春秋时的周大夫，非常熟悉使用各种青铜礼器进行祭祀活动的礼仪，当然了解三代铜器上各种图案的涵义，明确指出，只要供奉鼎上铸出的"百物"（神灵），就能驱散鬼怪的侵扰。王孙满既然懂得夏鼎上的"百物"图像是可以驱赶鬼怪的神灵，商、周青铜器上习见的神化动物形象，当然也就是各种神灵的象征。如依此认识为基点，再通观商代和西周铜器，就又能看到在那个时期的艺术品中，几乎不见表现人间活动的场面。

在青铜礼器或其他工艺品上出现描绘人间活动的场面，基本是从春秋晚期才开始的。最初主要是在青铜礼器上出现若干表现礼仪活动的场面，如射礼、饮酒礼、蒐礼、蚕桑礼等活动。这种图像，在三晋礼器上最为多见，但长沙出土的楚国铜匜上，也出现过用细线刻镂出的饮酒礼的场面。

但此时传统的诸神信仰，并未完全消亡。据战国时屈原在《天问》中的叙述，表明在当时的楚国先王之庙和公卿的祠堂中，绘有天地、山川、神灵及古圣贤事迹的图画。按照《天问》所述，自开天辟地以来的整个历史过程中，古圣贤、古帝王的重大行为，始终和天地、山川、神灵的活动交织在一起。可见在春秋、战国时期的信仰中，神灵和重大的人间活动是交错并存而分不开的。

《天问》所述，并未说明神灵和人间活动在天地之间所占的具体位置，但据《楚辞》所收宋玉的《招魂》和长沙马王堆M1、M3所出两幅汉初文景时期的帛画，此时楚人已把世界明确分为天上、人间、地下三部分。天上是天帝及日月星辰及其他各种鬼神所居，像伏羲这种古圣贤大概因为具有创造人间生命之功，也似天帝那样高居上天之中。地下是幽都，有土伯等神灵以及交龙等鬼怪。最迟从

《左传》隐公元年所载内容算起，中国古代已有“地下黄泉”之说。帛画承袭着这种观念，把地下幽都描绘成海洋般的世界。天地之间便是人间，墓主生前活动的在世生活，即在其间表现。

《招魂》是一篇巫师在举行丧葬活动时为死者招魂而念的祷辞，其内容和马王堆的两幅帛画所绘内容基本一致。这三者尽管都是汉代的作品，但汉初的长沙国地区仍然保存着大量从前的楚文化遗俗。就以马王堆汉墓而言，便继续使用着战国时楚国的棺椁制度、衣衾制度以及随葬品制度；并且，当时在长沙国中仍然通行楚国“郢称”这种称量的黄金货币；又如马王堆M3所出遣册，还把当时当地流行的某些服装和乐舞叫做“楚服”、“楚舞”。只要把这些现象联系起来考虑，就可以认为《招魂》和两幅帛画所表现的活动和观念，在更早的楚国之中也一定是存在的。

综上所述，在春秋晚期以前，楚人大概和商人、周人差不多，头脑中充斥着种种神灵主宰一切的思想，因而在各种活动中，到处都要表现神灵的无所不在。到春秋晚期以后，诸神信仰尽管仍然占据着重要的地位，但人们毕竟已逐渐认识到自身所独立存在的力量，从而开始出现表现人间活动的艺术品。至汉武帝以后，“天人感应”的哲学思想和以“仁谊礼知信，五常之道”（皆见《汉书·董仲舒传》）为道德规范的观念，成为新的时代思潮，于是，神与人的相互地位又发生了一次很大的变化。但是，曾经在历史上长期独立存在的楚文化，此时只在某些方面还保留着遗痕，严格意义上的楚文化已经不存在了。所以，在探讨楚文化中神与人的相对地位的变化过程时，当然就不必再详论了。

注：原文最初为德文译本，发表于1996年，题为“Menschen und Götter im der Kultur von Chu”，刊于DAS ALTE CHINA（Menschen und Gotter im Reich der Mitte 5000v. Chr.–220n. chr.），pp.130–135，Munchen 1995.12。本次发表中文稿时，我本欲做进一步的补充和修改，并增加一些新的材料。因诸事繁忙，一时无法动笔，只有依德文译稿还原。

原载《民族艺术》2000年1期，8—13页。后收入《古史的考古学探索》，文物出版社，2002年7月。

五千年中国艺术的文化基础

从认识全球数千年来艺术的主要传统出发，讨论中国艺术传统的基础是什么，是这些年来大家愈来愈关心的问题。但这上下涉及4000 ~ 5000年，东西横贯欧亚大陆，在这篇短文中，只能表达一种提纲式的思考内容。

一

在历史上，全球各地区的艺术传统都发生过或强或弱的变化，但最迟从公元7世纪以来，却一直并存着三大主要传统：一是以中国为中心的东方或东亚传统，一是以欧洲（包括16世纪以后范围逐步扩大到的美洲）为中心的西方传统，一是信仰伊斯兰教地区的传统。

这三大传统，各有悠久的渊源，而这些渊源都不是单一的、直线的，后来所以形成这三大艺术传统，文化体系的差别是最主要的基础。这种差别就是中国文化传统是以儒家思想为基础，西方文化传统是以基督教思想为基础，伊斯兰教文化是以伊斯兰教思想为基础。

这里所说“文化”的涵义，是按当代人类学研究的规定而言，大意即：“文化包涵着各种外显或内隐的行为模式，借助符号的使用而学会它或传授之，并构成为人类群体的显著成就；文化的基本核心包括传统（由历史的沿袭或选择而产生）观念，观念是尤为重要的。文化体系虽是人类活动的产物，又为限制人类作进一步活动的因素。”[1]简言之，“文化”就是由占主流地位的观念，决定其社会成员的

[1] A.L.Kroeber&C.Kluckhohn, “Culture：A Critical Review of Concepts and Definitions”, Papers of the Peabody Museum of American Archaeology and Ethnology, Vol.47, No. 1, P181, 1952.

行为规范而构成其群体的“文化现象”。由这种概念来思考，表现任何国家、任何民族的艺术风貌的真正基础，就是这种“文化”。

艺术是人们主观愿望的一种表达方式。在历史上的很长时期内，艺术家只是工匠，因而艺术品是主要表现社会支配集团的群体的或个人的意愿。后来，社会的上层也出现了一些艺术家，他（她）们不是依靠主人为生，艺术品中就出现了表现个人愿望的作品；但因艺术家还是社会的上层人物，普遍反映的仍是当时社会支配主体的意识。只有到了近现代，当艺术家真正成为独立的自由创作者时，艺术品才愈来愈多地表现出个人特色，不同的流派亦随之增加。艺术史的这样一种历程，就使不同时期的艺术品具有强烈的时代特点。

人类的历史进程有其逻辑轨道，但各国、各民族的历史发展速度又是不平衡的。由于艺术品是反映当时社会的主流思潮，不同国家、不同民族在同样社会发展阶段中出现的艺术品，便具有相当的类似性。可是，由于其文化的具体基础不一，思想体系相异，又会出现不同特点，形成不同传统。全世界的三大主要艺术传统，由此而生。

这三大传统中，两者是以基督教或伊斯兰教的宗教思想为基础的，惟独中国及东亚是以阐述人间伦理道德观念的儒家思想为基础的。这就造成了自身的审美观和结合生存环境的不同而出现了不同于其他两种艺术传统的内容和表现形式。

当欧洲和中东等地普遍信仰基督教或伊斯兰教时，中国也正大行佛教。为什么佛教思想没有成为中国文化的主要基础呢？

这是因为在相当长的历史时期中，基督教和伊斯兰教在欧洲及中东都是国教，在那里实行着政教合一的体制。而在中国，仅有少量民族（如藏族）政教合一，在汉族等多数民族中，佛教信仰尽管一度极为普遍地受到信奉（特别如南北朝至隋唐），但在文化的总体中，仍是处于从属地位，并且又渗入了许多儒家的伦理道德观念。这就是说，在这三大传统中，中国文化的非宗教性，要远远强于其他两大传统。

在全球历史的长河中，政教合一体制的发源地是中东，如在古埃及，法老即国王，已是政教合一。后来的基督教与伊斯兰教，恰恰也都是创立于中东。欧洲直到古典时代一直没有实行政教合一的体制，而当基督教传至欧洲并逐渐普遍起来时，即于公元4世纪被罗马奉为正教以后，其欧洲各诸侯国遂亦皆定为国教。

伊斯兰教更是自创立后，在中东等地一直被尊为国教。两河流域及古埃及5000年前发生的政教合一的体制，不能不认为是以后曾影响到大片地区的源头。由此而言，欧洲的古典文明，乃至其前身的克里特、迈锡尼文化，并非两河流域和古埃及文化的主要继承者；欧洲的中世纪文明亦难以视为古典文明的直接继承者；古典精神在欧洲的复苏，则要晚到文艺复兴以后。

中国文化传统的形成，则走着另外一种道路。中国自夏、商、周三代步入文明时期后，政教分离，仅商末帝辛时一度出现过集祭司（贞人）之权于自身的情况。政教分离就使中国文化传统得以存在比较浓厚的人间意味；但这种人间意味要到西汉武帝时确立儒家学说为国家的正统思想以后，才强化起来。

二

中国地域广阔，石器时代的原始文化有很复杂的区域性；即使进入文明时代，由于自然环境与文化源流之异，其区域性的差别依然存在。不过，原有的各文化随历史变迁曾多次重组而发生变化，在总体上差别程度亦逐渐缩小。这里所说的中国文化，是指其主体而言。[2]

约自5000年前起，从东北的辽河流域经黄河中、下游至长江中、下游，已纷纷出现了文明的曙光。约自4000年前起，黄河中游依次出现夏、商、周王朝，中国进入到文明时代，通常所谓的中国文化，此时便已形成。这是因为那时实行了以下几方面的措施，成为使其文化传统长期绵延的重要原因，从而使这三代文化成为中国文化传统的正式开端。

一是建立起一种以华夏族（以后为汉族）为中心而又联合各关系较近的其他族群组成一个多民族国家的体制。以后即使控制政权的民族发生变易，多民族共同结合成一个国家的体制始终未变；并且，具体结构形式愈来愈周密，至秦汉以后便形成了以汉族为主体的多民族国家的传统。

二是建立以天子（王权）为中心的专制主义体制，神权就未能登上首要地位。

三是使用基本统一的文字符号，加强着各区域和各族在文化上的交融与共识。

---

[2] 《百万年连绵不断的中华文化——苏秉琦谈考古学的中国梦》，《明报月刊》，1997年7月号，香港。

四是制定礼乐制度，作为社会各阶层的行为规范。三代之时，这种制度以“周礼”为完备，这本为稳定等级制度而设，故伴随周代等级制度的崩坏，这套制度也跟着破坏了，但并未消失。在礼仪活动这种传统中，一直影响着以后的历代王朝，成为长期延续的维持文化传统内容的一部分。

构成文化内涵的另一重要方面是信仰。三代的具体信仰现在还说不大清楚，如按今天国际范围内萨满教研究的成果来说，对天地的崇拜和巫师沟通天地时的迷幻状态，都是萨满教的一些重要特征[3]其中，巫师的迷幻状态当然只能作推测，但其他方面确实同三代的信仰状况是很接近的。例如从长江三角洲新石器时代末期的良渚文化至商、周时期，都用最珍贵的玉器祭祀天地，即用玉璧礼天，玉琮祭地。商周青铜礼乐器那种诡异神秘的形态及纹饰亦能形成可引发人们产生迷幻的气氛。可能正是出于类似的考虑，十多年以前张光直教授便将这种文明解释为“萨满教文明”。[4]萨满教是真正的宗教形成前的一种巫术信仰，世界各地的早期文化曾普遍存在类似的信仰。但用玉器祭祀天地、青铜礼乐器祭祀祖先和山川河泽等神祇，则是中国三代巫术中特有的，并且至少某些内容曾部分地延续至清，成为和礼乐制度一样的一种长期传统。

三代青铜礼乐器上铸出种种神奇图像，不会仅仅是为了引起人们的迷幻之感。《左传》宣公三年说：“昔夏之方有德也，远方图物，贡金九牧，铸鼎象物，百物而为之备，使民知神奸。故民入川泽山林，不逢不若；螭魅罔两，莫能逢之。用能协于上下，以承天休。”所谓“远方图物”，“铸鼎象物，百物而为之备”中的“物”，如按《汉书·郊祀志上》的颜师古注，指鬼神而言。[5]故《左传》之文的原意为：夏时有德，九州臣服，贡纳所产之铜，远方之地并献上描绘当地鬼神的图画，所以夏铸大鼎，上面齐备各种鬼神图像，百姓熟知，从而人们通过各地的川泽山林时，就不会遭遇众多鬼怪的侵扰。这种调协各方的办法，是按天命而行事的。

此时脱离野蛮时代不久，人们事事都会祈求神祇保护，处处想要回避鬼怪

[3] M.Eliade， Shamanism——The Archaic Efcatafy Techonology， Princeton University，1972.

[4] 张光直：《考古学专题六讲》，47—52 页，文物出版社，1986 年。

[5] 《汉书·郊祀志上》：“汉兴，高祖初起，杀大蛇。有物曰蛇，白帝子，而杀者赤帝子。”师古注：“物，谓鬼神也。”

伤害，因而巫术盛行。基于这种文化背景，各种神灵图像当然会成为三代艺术的主体。[6]

三

三代的巫术世界，经过东周至秦近600年的逐渐过渡，至汉武帝以后，已变为讲求儒家推崇的伦理道德观念的人间世界。

三代之时，祭祀以天地、山川和祖先为主，道德观念亦以尊天地、崇百神、[7]敬祖先为重，巫术信仰与道德观念，基本合为一体。

东周时期，特别是春秋晚期以后，儒家等诸子百家学说兴起，各派哲学思想开始占领社会的思想领域；表现人间活动的艺术品亦逐渐增多。

孔子创立的儒家学说提出了一整套社会伦理道德观念。西汉武帝时，罢黜百家，独尊儒术，从此儒家思想统治中国达2000年之久。此时，大土地所有制的发展，又需加强人们的依附关系，适应这一需要，董仲舒把儒家的伦理道德观念概括为“三纲五常”思想，亦影响了以后的2000年。董仲舒同时提倡的“天人感应”论，还把信仰上天的巫术思想和人间社会的伦理道德观念联接起来。这种“天人合一”的思想，如把上天理解为客观存在的环境，则人类文化要适应环境本是凭人的直觉便能感受到的，所以古代出现这种思想是以人类的本能感受为基础的；而这也许就是当时出现“天人合一”思想的原因之一。但董仲舒的这种思想，显然又是从三代那种把天帝视为具有至高无上权力之神的基础上发展出来的，以为人间的一切吉凶祸福都是上天意旨的反映。

在古代世界，“天人合一”论是中国文化特有的一种思想，[8]并自汉武帝以后，一直在两汉时期占据着主流地位。从而，谶纬学说盛行，各地如出现罕见的禽兽、草木或古之宝器，便以为是吉祥或灾害之事的象征。在谶纬思想的基础上，西汉

[6] 见《先秦两汉美术考古材料中所见世界观的变化》，《古史的考古学探索》，文物出版社，2002年。

[7] 当时以为名山大川皆有神，故《汉书·郊祀志上》追叙前代之事曰：“（西周）天子祭天下名山大川，怀柔百神，咸秩无文。”

[8] 钱穆：《中国传统思想文化对人类未来可有的贡献》，《中华文化的过去、现在和未来——中华书局成立八十周年纪念论文集》，中华书局，1992年。

晚期时道教开始形成，佛教也传入中国而和早期道教渗杂在一起受到信仰。

人间活动与天上世界并存，乃是这时期艺术内容的普遍现象，而这在东汉墓的壁画和画像石中表现得最为集中和全面。如描绘天上世界的天象图和众多的仙神图；表现“天人感应”思想的祥瑞图；颂扬古之圣贤、忠臣、孝子、列女等历史图像；反映墓主生活的车骑出行和官寺图以及庄园内的宅院、宴饮、农耕、畜牧、手工业制作等图画。[9]这就远远冲出了从前那种仅仅服从于祭祀需要的巫术活动的领域。

既然汉代的观念体系已从天上的神明世界降至地下的现实生活，毋怪乎各种陶俑、立体石雕、壁画、画像石、画像砖、各类工艺品等等，都减少了从前那种神秘色彩而充满了朴实的人间气息。不仅表现人间活动的内容如此，宗教题材的艺术品也颇富人情味。在中国艺术史上，这个变化非常重要，它使以后大量纯宗教的艺术品，也长期以表现人性而打动信奉者和观赏者的情感。

四

三国以后，中国文化开始进入一个新阶段，其显著特征之一是宗教信仰盛行。

在人类历史上，中世纪时宗教信仰普及人间有普遍的社会基础。中国并不例外，所以，在南北朝至隋唐，佛教信仰发展到中国历史上的高峰地位；但社会的统治思想则仍是儒家的伦理道德观念。在这数百年间，出于政治需要和佛道之争等原因，政府曾多次下令毁佛，这亦可说明佛教信仰尽管盛行，在思想领域中还是处于第二位的。

另外，当汉末三国佛教刚开始流行之时，中国的佛教信仰就渗入了儒家的孔、孟仁道思想。如中国本身撰写的（不是摘录）最早的佛教著作东吴初期的《牟子理惑论》，便表现出佛、道、儒一致的观点。[10]南朝佛教的玄谈义理，亦与魏晋以来的玄学思想有关。北朝晚期达摩在嵩山少林寺所创禅宗，至唐代慧能发挥了

---

[9] 信立祥：《中国汉代画像石的研究》，同成社，东京，1996年。

[10] 任继愈主编：《中国佛教史》第一卷，第三—五章，中国社会科学出版社，1981年。

人心自有佛心的顿悟思想，后来又广泛渗入到文人学士的思想生活中。[11]这样一种佛教信仰中国化的表现，亦是儒家思想仍占社会主要地位的另一种反映。

社会观念以纯宗教的义理为主，还是以儒家的伦理道德观念为重，其文化形态的表现会大不一样。如属前者，社会文化的一切方面将都充满着宗教色彩；如为后者，则人间气息会占据主要地位。三国至隋唐时期的文化，显然属于后一种形态。

这时期的石窟寺和佛寺内的佛教雕塑和绘画，固然极为发达，但表现人世生活的艺术品亦同样兴盛。一些最著名的艺术家的创作，如东晋的顾恺之等，也是宗教与现实题材并重；受犍陀罗、笈多艺术影响的云冈、龙门等佛教雕刻与承自东汉墓前地上雕刻传统的南京附近的六朝陵墓雕刻，分别达到新的艺术高峰；北齐娄叡和唐代永泰公主、懿德太子、章怀太子等贵族墓中壁画的艺术造诣，甚至胜过同时期的敦煌壁画。

就佛教艺术本身而言，从印度经东南亚和中国至朝鲜半岛和日本，当然各具自己的审美标准。但美还是有客观标准的。就唯美角度看，最好的作品在中国。云冈昙曜五窟高达20米左右的佛本尊雕像的庄严端祥，龙门宾阳洞帝后礼佛图浮雕的虔诚高贵，龙门奉先寺卢舍那大佛和菩萨、罗汉、神王、力士这九尊巨型雕像分别表现出的慈祥、温善、笃诚、威武，还有什么其他佛教艺术品超此水平呢？这一则是由于昙曜五窟雕像和宾阳洞浮雕都是当时北魏都城的皇室工匠所雕，奉先寺大佛亦是唐代武则天时皇室工匠所雕，而北魏都城和唐代武则天时的东都洛阳（此时政治中心就在洛阳），正是当时中国，也是全球文化最高的地点；二则是在中国的雕刻史上，这正值古代的高峰时期；更重要的大概还在于中国佛教信仰中所包涵的社会伦理道德意识较强，就可能隐含更多的人间美。从这些认识出发，可以认为这时期中国最好的佛教雕刻，也是当时全世界最美的艺术作品。

作为这时期宗教艺术和人间艺术的文化基础，按其主要的思想潮流而言，一种内在的、渐进的趋势是从佛儒互渗到佛道儒的三教合一。这种趋势沿袭到北宋以后，儒家思想在社会观念中，又占有像汉代那样的比重，佛教艺术在当时艺术总体中，就迅速衰落下去。

---

[11] 中国佛教协会编：《中国佛教》第一辑“南朝佛教”、“禅宗”条，29—40，319—325页，东方出版中心（上海），1980年。

五

宋代程颢、程颐和朱熹的理学，以及明代承自宋代陆九渊和王阳明的心学，是儒家学说的新阶段。程朱理学严格区分“天理”与“人欲”，虽然强调了心与理的联系，却主张“人心”应服从于“道心”。“道心”也就是一种伦理道德观念。理学极端重视“道心”，所以又称道学。陆王心学则强调天理与人心的统一，主张人心无善无恶，即“心无体，以天地万物感应之是非为体。”[12]这就进一步解开了人心谋求进取的束缚。宋代和明代，理学和心学思想被文人学士普遍接受，宗教观念大为削弱，于是，表现文人学士意境的山水画、文人画，逐渐成为艺术的主流。至清中叶以后，并进而出现打破传统画风的新潮流。

但理学和心学虽然是新出现的思想，仍然属于儒家的观念体系，所以这时期的各种艺术，还基本保持着原有传统。这个传统直至近现代，因西学的传入，社会的政治体制和经济结构发生根本转变，就受到极大冲击，动荡不止。政治体制、经济结构和文化基础当然有密切关系，但文化传统有其相对的独立性。反映新要求的新文化、新艺术，一定是在原有文化传统的基础上蜕变出来的。寻找新时代的新文化、新艺术的前进途径，是当代知识界舍不掉的愿望，并已经苦恼着好几代人。回顾五千年来中国文化的历程，思考这个历程中所存在的传统，理解五千年来中国文化及其艺术的基础，是对中国传统文化的准确定位和推进当今中国文化和艺术的需要，也是当代中国人自我认识其价值的要求。可能正是这种追求，我似乎是被迫地作出上述探索。是否妥当，留待大家评论。

本文原为纽约古根海姆博物馆“98 中华五千年文明艺术展”而作，并以英译发表于 China，5000 Years，New York，1998。此为中文原稿，刊于《文物》1998 年 2 期。后收入《古史的考古学探索》，文物出版社，2002 年 7 月。

[12] 《王文成公全集》卷三《传习录》下，《四部丛刊》本 31 页上。

“神面卣”上的人格化“天帝”图像

保利艺术博物馆最近从香港收购一件西周早期的青铜“神面卣”，传出陕西扶风，器盖和器腹铸有和蔼喜人的“神面”图像，一反商周青铜器上习见的那种兽面纹的神秘、严肃……甚至狰狞的面目。此卣刚在北京露面，青铜器专家立即叹为前所未见；油画名家有缘相遇，亦观看不止，不忍遽去，惊为艺术奇珍。在成千上万的商周青铜器中，给人如此可爱的感觉，还是第一次出现，毋怪乎看到的人认为它是存世青铜器中艺术价值最高的几件作品之一。

保利艺术博物馆为鉴定此卣，特意请来马承源、李学勤两位专家。他们已写出专文，作了精彩解释，并介绍了一些与此卣有关的他人鲜知的情况（见《保利藏金》所载马承源：《关于神面纹卣》，李学勤：《异形兽面纹卣论析》）。凡二文所述，我就不再重复，这里主要是对卣上的“神面纹”提出一种新认识。

盖正、背两面饰神面纹，盖顶中心饰一立鸮作钮，两侧有扉棱。腹部正、背两面亦饰神面纹，两侧亦有扉棱。圈足正、背两面饰双身蛇纹，两侧同样饰扉棱。器口中央正、背两面皆凸起一立体造型之貘首。提梁上面中间下凹，内饰鳞形纹，中央凸出一相背的双尾状突饰，两旁向外凸出处则皆作大立耳龙首状，合成一体观察是向相反方面伸出的双龙纹。其下方两端饰又有突出的卷鼻、垂耳的圆雕象首，象鼻根部又作成人鼻状，即象鼻是从人鼻上伸出的。全器无地纹。

盖内、腹底有对铭，皆2行5字，为：

乍（作）氒（厥）宝

尊彝

全器经英国伦敦大学伯尔克贝龙学院作X光摄影，可知分盖、身、提梁、二象首五个部分分铸成再合为一体的。

各种纹饰所模仿的动物形态，都很明确。需要说明的是盖顶鸮纽、嘴前端上翘，正是商周鸮尊、鸮卣上的鸮嘴特征。此鸮头上还有双角，而同时期鸮尊、鸮卣亦多铸有卷曲状的双角纹饰。由此特征看，此钮必为立鸮无误。

从全器的器形、各种纹饰及铭文字体特征看，此卣时代显属西周早期（图一）。

把这些一般情况介绍清楚后，这里就着重讨论神面纹的性质。

盖、腹的四个神面纹，基本特征和风格几乎一样，仅是腹身的神面纹两侧各有三道羽状纹，李学勤先生推测为简化鸟翼是有道理的。

神面纹作高浮雕状，眼、鼻、耳、眉、角、口俱全，既有双角，当为兽面。但其鼻形肥人，鼻梁高起，酷似人鼻，而且盖上之像的口部合拢，亦似人口，盖、身上的神面又都在鼻下作出人中形，所以从总体看，就像是一个人面。十年以前，我曾提出商周铜器上的各种动物形图像是神祇[1]，现在，持有相似看法的人愈来愈多，以至于当这件铜卣刚到北京后，就被人定名为“神面卣”，并得到很多人的赞同。这个纹饰所以会迅速被认作神面，相当重要的原因就是它酷似人面。

它之所以酷似人面，重要原因是其立体感很强。但如果绘出正投影的实测图后，视觉上的立体效果成为平面效果，人面马上变为兽面（图二）。这就立即显示出，这个神面（即人面纹）本来就是通常所谓的兽面纹（即饕餮纹）。

由此得到的启示是，如果这种人面纹很容易被当作神面纹来看待，那种兽面纹（即饕餮纹）不是也应该看作是神面纹吗？

假如再深入一步思考，这种神面又是在表示什么神祇呢？

这就需要全面考察商周时期的信仰状况。

按照甲骨文、金文和古文献中的记载，商周时期信仰的诸神，其实主要有三大类：一类是天地，一类是山川河泽，一类是先祖。细分之，则主要有天帝、后

[1] 参见：《先秦两汉美术考古材料中所见世界观的变化》，《古史的考古学探索》，文物出版社，2002年，46—60页。

图一　神面卣全形照片

图二　神面卣实测线图

土、山神、水神、祖神等[2]。只要重新细审《左传·宣公三年》所载王孙满对楚子讲的那段话，就可知道商周铜器上所铸动物形图像即为神灵。这段话是：

“昔夏之方有德也，远方图物，贡金九牧，铸鼎象物，百物而为之备，使民知神奸。故民入川泽山林，不逢不若；螭魅罔两，莫能逢之。用能协于上下，以承天休。”

其中的“物”字，如解释为天下万物，则商周铜器并不是随意铸出各种各样物品的，而是有特定内容，可知“物”字当有他解。《汉书·郊祀志上》曰：“汉兴，高祖初起，杀大蛇。有物曰蛇，白帝子，而杀者赤帝子。”颜师古注：“物，鬼神也。”这是正确的解释。另如“奸”字，《广雅·释诂》解作“盗也”，《释言》则解作“伪也”，以此来解释《淮南子·主术训》中的“各守其职，不得相奸”这句话，就可理解为是“各种职守，不得违背原来的职责”，即如果“相奸”，就会成为相背的职守。按照此意再

[2]　参见：《五千年中国艺术的文化基础》，《古史的考古学探索》，文物出版社，2002年，61—67页。

审其中的“神奸”二字，“奸”字可解为与“神”相背之职，就是鬼怪。至于所谓“螭魅罔两”，则《文选》卷二张衡《西京赋》李善注云：“《说文》曰：螭，山神，兽形。魅，怪物。蜩蛃，水神。”《西京赋》薛综注亦曰，“蜩蛃，水神。”《文选》卷五左太冲《吴都赋》又曰：“其下则有枭羊麡狼，猰貐貙象，乌菟之族，犀兕之党。钩牙锯齿，自成锋颖；精若耀星，声若震霆。名载于《山经》，形镂于夏鼎。”这也是指一些青铜器上的纹饰。

近数十年来，许多研究古代青铜器的论著，亦引述过上举《左传·宣公三年》中的那段话，但几乎都没有把其中所谓的“物”和“螭魅魍魉”的关系讲明白。其实，在马融、服虔、郑玄、贾公彦至孙诒让那里却知道得很清楚。例如孙诒让《周礼正义》中关于《春官》的末段文字，便作了大量说明。

《周礼·春官》的本文为：“凡以神仕者，掌三辰之灋，以犹鬼神示之居，辨其名物。以冬日至，致天神、人鬼；以夏日至，致地示物鬽（即魅，以下皆依原注字体）；以绘国之凶荒，民之札丧。”孙诒让的《疏》，广引马、服、郑、贾之说作了自己的解释。全文很长，似不必全部引录。其大意为：

天地人鬼各种神祇在祭祀时各有位置。天、人是阳，地、物是阴，所以在立冬之日因阳气升，就祭天神；立夏之日阴气升，故祭地示。天神、人鬼祀于南郊及宗庙，但并不是昊天五帝和日、月及大星辰，而是众小天神。地示鬼、鬽则祭于北郊的社稷坛坪，亦无大地社稷五神及大山川，而是一些小地示。所谓物鬽，即《大宗伯》中的“四方百物之属”。所谓百物之神曰鬽，《说文·鬼部》讲：“鬽，老精物也，从鬼彡。彡，鬼毛重文。魅或从未声。”这就是说，百物之神就是物之老而能为精怪者；也就是《广雅·释天》所云“物神谓之鬽”，《春秋传》中的“螭鬽魍魉”。服虔注《左传·宣公三年》云：“螭，山神，兽形。魅，怪物。魍魉，木石之怪。”《文公十八年》注则为：“螭，山神，兽形；或曰如虎而啖虎。魅，人面兽身而四足，好惑人，山林异气所生，为人害。”

《周礼正义》中考订的细节，和上述其他引文中的解释微有差别，但对于所谓“百物”和“螭魅魍魉”是一些山林水泽木石的鬼神，则都是一样的看法。

把这些字义弄明白后，再观上引《左传·宣公三年》之文，就可理解王孙满那段话说的是：夏代政德很好，各方要图画当地鬼神，九州并贡纳所产铜料，铸造铜鼎，上面铸出各种鬼神图像，让百姓熟知神、怪形态。这样，百姓走进山林

图三　泉屋博古馆藏铜鼓全形照片及胴部纹饰特写

川泽，就可以躲避开山神、鬼怪、水神等等的侵扰。这种协调上下四方的办法，是按天命行事的。

由此看来，商周铜器上的许多神秘动物，的确是象征鬼神。

把这段文字看懂后，再来看看商周铜器上到底有哪些动物形图像。这里当然不必一一列举各种图像，但大家都知道，在商周时期，特别是西周中期以前的铜器上的动物形图像，最主要的是所谓兽面纹即饕餮纹；其次是夔龙、夔凤纹；还有牛、羊、鹿、虎、象、貘、犀、鸮、蛇、蛙等等图像，但并不像兽面、夔龙、夔凤纹那样大量出现。这就可以知道兽面纹象征着一种地位最高，亦是最受尊奉的神灵；以夔龙为主的各种陆地动物则是山神；蛇、蛙等水生动物应即水神；鸟类动物以例相推，大约是丛林之神。兽面纹以外的各种动物，也就是所谓的“螭魅罔两”。

与“螭魁罔两”有别的兽面纹，按三代信仰来考虑，无非是天帝或后土或祖神了。那么，究竟是哪一种呢？

只要综观良渚文化至商周时期的铜器和玉器，就知道祖神或后土另有所属。

先说祖神。人类对祖先的崇拜，最初是图腾祖先，后来才转化为人格化祖先，人格化的祖神要到父系氏族制以后才出现。古埃及法老像的王冠上常有动物，正表现出处于图腾祖先向人格化祖先的转变阶段。商周时期大约亦处于这个阶段，而此时的祖神，应当已以男性为主[3]。

日本京都泉屋博古馆所藏的当为长江流域所出的一件商代晚期青铜鼓，鼓身胴部铸有一个其身九屈的神人[4]，其下身的男性生殖器表现得特别巨大和显著。此神既突出表现其男根，应当是象征祖神[5]（图三）。

图四　巴黎池努奇博物馆藏虎卣

泉屋博古馆和法国巴黎池努奇博物馆又各藏有一件青铜人虎卣，亦出自长江中游。其全形作一蹲坐之虎，自口以下至阴部，与一男子拥抱，男子亦作九屈状，亦为神人。从整个形态看，这是一种人、虎交配状，无疑正特意表示出这是祖神的关键内容[6]。这个祖神，虎形突出，其族群应即以虎为图腾。甲骨文中所记“虎方”就在南方，或许这就是虎方的祖神（图四）。

作为祖神，各族当异，所以上述两种祖神形态正不相同。但兽面纹则商人、周人等等都普遍使用，兽面纹肯定不会是祖神。

后土就是地神。早在原始氏族制时代，世界各地的农业部落，因为见到农作物是从土地中生长出来的，就把土地神称之为地母。先秦时代把地神叫后土，也是这个意思。

当时，对于这种地母神通常是设社来祭祀。甲骨文中社即土字，社神则为土地中的大树。三代之时，祭社活动极为发达。大凡春耕秋获，都要祭社；而且，

---

[3]　参见：《图腾制与人类历史的起点》，《古史的考古学探索》，文物出版社，2002年，1—26页。

[4]　屈原《楚辞·招魂》王逸说“土伯”是“其身九屈”。泉屋博古馆所藏商代铜鼓上的神人，双手、双腿皆作两度弯曲，全身又作蹲坐状，则身、股之间又有一曲，总计正为“九屈”。中国古代之神就是常常作成“其身九屈”之形。

[5]　中国青铜器全集编辑委员会：《中国青铜器全集》（4），图一七九，文物出版社，1998年。

[6]　同上注，图一五二。

祭祀地母的活动是从天子到庶人都要进行的。

但地母神还另有形态，不过在铜器的纹饰中，至今还未见到这种地母神的形象，而从良渚文化开始的玉琮，则都表现出了地神形象。

图五　余杭反山 M12 出土玉琮

按照《周礼·春官·大宗伯》所载："黄琮礼地"，可见琮是祭祀地母神所使用的。所有玉琮，都是外轮作成方形，中有圆穿，正含天圆地方之义。玉璧像天，就作成圆形。玉琮又几乎都在四角琢出圆形凸起。最初大家不明白这是象征何物，所以曾作出过许多随意的解释。后来在浙江余杭反山 12 号墓所出最大的玉琮等器上，见到这种图像最完整的形态是双乳突起的九屈神人，就知大量玉琮四角的纹饰是乳房形态的余痕[7]。这种神人既然特意把双乳表现得如此突出，无疑是女性之神。只要联系《周礼·春官·大宗伯》的记载，就很容易被推定为地母神（图五）。

当我们把地神、祖神、山林川泽的种种神灵推定出来以后，在商周的诸神信仰中只剩下"天帝"没有着落了。于是，自然就会想到那种地位最高、表现得最多的兽面纹，莫非就是"天帝"的象征？

现在，要把兽面纹推定为"天帝"，似乎还缺乏直接证据。但这时期神灵信仰的分类，既已基本认识清楚，而且"天帝"以外的各类神灵在铜器图像中又大体已寻找出来，恰恰只有这种兽面纹还没有找到归属，因而将此卣的神面纹，以及其他铜器上的兽面纹或饕餮纹，推定为"天帝"，正是分类归纳各类图像后自然出现的一种结果。

---

[7]　浙江省文物考古研究所反山考古队：《浙江余杭反山良渚文化墓地发掘简报》，《文物》1988 年 1 期。

如果再考虑到这种图像，又往往以象征云气的云雷纹作地纹，还能进一步证明这正是天上之神。既是上天神灵，脸部又似人面，这不是“天帝”又是什么呢？

商周青铜器图像的分类研究，早已做得相当细致，这种认识似乎早应得到，但过去大家只着重于探索各种图像变化的年代序列，还没有去考察各种图像在人们信仰中的具体性质。而且，即使有了这种愿望，商周诸神在一般的想像中，“天帝”的人格性应当是比较强的，可是过去所见兽面——饕餮纹恰恰是面目恐怖，不容易同“天帝”联系在一起考虑。现在，因为“神面卣”上这个人面形图像的出现，就很容易想到这就是具有人性特征的“天帝”。我对青铜器上各种神像形态的思考，已经有十多年了，但从来不敢去寻找“天帝”的形象，现在则由于见到这件“神面卣”，新的想象被触发了，才作出如上推断。当这种神面纹——兽面纹——饕餮纹的性质被确定后，在同一件器物上的其他各种象征山林川泽之神的图像，无疑可理解为是“天帝”属下掌管各方的神怪。

由此看来，这件“神面卣”不仅因其动人心魄的超凡艺术性而成为商周青铜器中的罕见杰作，而且还解开了兽面——饕餮纹之谜。有此艺术价值和科学价值，其历史文化价值也同时显现了出来。它既然在这三方面都有重大价值，在商周青铜器中所占的地位当然是非常之高的。

原载《保利藏金》349—352 页，岭南美术出版社，1999 年。后收入《古史的考古学探索》，文物出版社，2002 年 7 月。

汉画像石概论

画像石可说是一种石刻绘画。这种造型艺术，按成型技术来说，应属雕刻；依其整体艺术形态而言，实似绘画，故习称为画像石。在艺术品的分类中，正因它具有两个类别的特点，故在此《中国美术分类全集》中，单独列为一类。

人类刚跨入文明时代后，对天地间的各种力量，依然充满了虔诚的信仰，几乎都在神庙、宫殿、祭坛、坟墓等场地，尽其所能地使用各种艺术形式表达其各种崇拜的内容和迷茫的历史记忆；也会因此而含有某些现实活动的描绘。当然，在不同地区因自然和人文环境的差异，具体内容及其表现手法就大为不同。如在埃及、亚述等古文化和中南美的玛雅等文化中，流行石构建筑和大量使用石雕艺术品来表示当时的信仰，其中也就包含了一些类似画像石作风的艺术品。在中国，其建筑物因为以木构技术为传统，而且最初主要通过青铜礼器来表现其信仰；石雕的艺术品，特别是画像石，要晚到汉代才发达起来。

汉代的画像石，存在于石祠堂、石阙、墓葬和石棺之上，主要表现当时的各种信仰及主人的身份地位、生活景况。三国两晋以后，这种表现手法渐被壁画取代，画像石迅速衰落，在北朝至隋唐五代，乃至宋代，只在一些棺椁和棺床之上或是墓门及某些石筑部分的墓壁上还能见到。再往后，则仅在某些石质碑版上还有类似的艺术品，但主要是用线刻手法表现的单幅画面，也包括一些天文图、地图和城池及宫殿、官署、寺观、园苑的平面图。就整个画像石艺术来说，已至尾声阶段。

正因这样一个历史过程，从来在谈论中国画像石时，主要即指汉画像石而言。所以，这部《中国画像石全集》就是以汉画像石为全书的主体，并依分布区域之别，分为如下八卷：

山东画像石（三卷）

江苏、浙江、安徽画像石（一卷）

山西、陕西画像石（一卷）

河南画像石（一卷）

四川画像石（一卷）

陕西、河南等全国的石刻线画（一卷）

一、画像石的研究略史

有关中国画像石的研究，是以汉画像石为主的。

对汉画像石的记录，发端于早期地理学著作。如北魏郦道元《水经注·济水》引东晋戴延之《西征记》和《水经注》本文（济水、比水条），就记录了一些东汉的石祠堂画像。但具体著录汉画像石的内容并作其题材研究的，则是由宋至清的一些金石学家开始。其中，最早的是北宋的赵明诚（《金石录》）；南宋的洪适则扩大了著录内容（《隶释》、《隶续》）；至清代乾隆时黄易和李克正挖出山东嘉祥的武氏祠画像石群后，研究汉画像石之风大盛，出现了冯云鹏兄弟的《金石索》、阮元和毕沅的《山左金石志》、王昶的《金石粹编》、瞿中溶的《汉武梁祠画像考》等著作。民国时关伯益的《南阳汉画像石》、孙文青的《南阳汉画像汇存》和容庚的《汉武梁祠画像考释》，按其研究方法而言，还类似于金石学著作。

另在20世纪初，法国的沙畹、色伽兰和日本的关野贞等，在山东、河南、四川等地调查汉代的石祠、石阙、崖墓及其画像石时，运用了近代的照相、测量等方法加以记录，使若干汉画像石可了解其原有的成组关系及各画像石之间内容上的联系。汉画像石的研究，从此开始步入近代考古学的范畴。[1]

---

[1] Chavannes E, La Sculpture sur le pierre en Chineau tempsdes deuxdynasties Han, Paris, 1893.Mission archeo1ogique dans1a Chine Septentrianale, Tome 1, premiere partie, paris, 1913. 色伽兰著，冯承君译：《中国西部考古记》，中华书局，北京，1955年重印本。关野贞：《支那山东省にわけゐ汉代坟墓の表饰》，东京，1916年。

1933年，中央研究院历史语言研究所考古组对山东滕县（传）曹王墓的发掘，是汉画像石墓的首次正规发掘。但后来发掘资料遗失，只留下了一些零碎的记录[2]。抗战期间在大后方的一些学者，则对四川彭山、乐山、重庆等地的汉代崖墓和石棺的画像石及雅安等地的汉代石阙画像石进行过调查、发掘，但现在公布的材料，并未包括当时的详细记录及研究[3]。

总起来说，从20世纪初至40年代，对汉画像石开始了科学的收集、公布资料阶段，但工作还比较零散。这阶段，最重要的研究成果是滕固于1937年首次对汉画像石的艺术形式，作了至今尚在遵循的基本科学分类，即为拟浮雕的和拟绘画的两大类[4]。另外，1941年美国的费慰梅氏公布了她根据实测和拓片所作山东嘉祥县武氏祠中武梁祠及前石室和左石室的复原图[5]。有了这种复原，已被打散的各幅画像就可以恢复原来的相互关系，从而能认识其本有涵义。这种复原是研究汉画像石内容的一个重要基础。

对各地的汉画像石墓真正进行大规模的发掘，是从1954年发掘山东沂南北寨村的一座大型汉画像石墓才开始的。此墓因墓室众多，画像丰富，可使研究者们进一步思考画像内容的分类和按画像在各墓室中的分布位置来解释其内容[6]。在20世纪60 ~ 70年代，山东、苏北、皖北、豫南、陕北、晋西北、四川的成都平原及重庆一带等地，发掘了大量汉画像石墓，材料大幅度增加；至80年代以来更公布了一批苏北、鲁南、豫南的早期汉画像石墓材料。于是，在内容解释、技法分类、区域划分及分期研究等方面，都出现了系统性的研究成果。由于对画像石墓了解的深入，地面祠堂的复原工作也取得了很好的成果。

这些研究成果中最主要的如：

---

[2] 董作宾：《山东滕县曹王墓汉画像残石》，《大陆杂志》21卷12期，台北，1960年。

[3] 南京博物院：《四川彭山汉代崖墓》，文物出版社，北京，1991年。常任侠：《巴县沙坪坝出土之棺画研究》，《金陵学报》八卷一、二期合刊，1938年；《沙坪坝出土之石棺画像研究》，《说文月刊》一卷，1947年11月。任乃强：《辨王晖石棺浮雕》，《康导月刊》五卷一期，1943年。

[4] 滕固：《南阳汉画像石刻之历史的及风格的考察》，《张菊生先生七十生日纪念论文集》，商务印书馆，上海，1937年。

[5] 费慰梅著，王世襄译：《汉“武梁祠”建筑原形考》，《中国营造学社汇刊》七卷二期。

[6] 曾昭燏、蒋宝庚、黎忠义：《沂南古画像石墓发掘报告》，文化部文物管理局，上海，1956年。

在内容解释方面，林巳奈夫有开创之功。他于1966年首先探索画像石中最常见的车马出行制度[7]。正是在这一研究基础上，现在已很容易地根据画像石中的车马出行图来基本推知墓主或祠堂主人的身份乃至其升迁过程。

他又于1974年，首次对画像中天上世界的若干自然神（如雷公、风伯、雨师等）的形态特征，作了合理推定，解开了一大批画像内容之谜[8]。

在雕刻技法分类方面，蒋英炬、吴文祺和信立祥都在滕固分为拟浮雕及拟绘画两大类的基础上，再细分为阴线刻、凹面线刻、凸面线刻（减地平面线刻）、浅浮雕、高浮雕、透雕六小类[9]。在构图方面，德国的朵丽丝·克萝圣特（Doris Croissant）发现其中存在一种特殊的透视法，即散点透视法。当然，还有少量可属通常所谓的焦点透视法。以后，信立祥曾沿用这种看法而再加细分[10]。至此，汉画像石构图技法的特点，已被大致分析清楚了。

在区域划分和分期研究方面，信立祥于1989年发表论文，首次作了全局性的研究，并得出了可信的结论[11]。

在地面祠堂的复原方面，蒋英炬和吴文祺终于在1981年准确复原了武氏祠中的武梁祠及前石室和左石室[12]（图一）。不久后，信立祥又进一步论证了汉代石构小祠堂及其画像的配置规律[13]。这就使已经散乱的大量汉画像石，能够各返原有位置，重现本来面貌。

回顾已往的汉画像石研究史，可以看到这种研究是从记录画像内容和依据榜题来考证某些画像内容而开始的，20世纪以来则被纳入考古学和艺术史的研究领

[7] 林巳奈夫：《后汉时代の车马行列》，《东方学报》（京都）三十七册，1966年。

[8] 林巳奈夫：《汉代鬼神の世界》，《东方学报》（京都）四十六册，1974年。《汉代の神神》，临川书店，京都，1988年。

[9] 蒋英炬、吴文祺：《试论山东画像石的分布、刻法与分期》，《考古与文物》1980年4期。信立祥：《汉画像石的分区与分期研究》，俞伟超编《考古类型学的理论与实践》，文物出版社，北京，1989年。

[10] 信立祥：《中国汉代画像石の研究》，32—40页，同成社，东京，1996年。

[11] 见[10]信书。

[12] 蒋英炬、吴文祺：《武氏祠画像石建筑配置考》，《考古学报》1981年2期。

[13] 信立祥：《论汉代的墓上祠堂及其画像》，《汉代画像石研究》，文物出版社，北京，1987年。

图二　江苏徐州铜山范山墓石椁侧壁板画像摹本

域[14]。后来，又分别从散乱画像石原有关系的复原、画像内容的解释、地域特征、分期断代及其产生和发达的历史背景等方面作了大量研究。能把这几方面综合在一起的研究，则是从最近信立祥的《中国汉代画像石的研究》才开始的[15]。当然，对于汉画像石兴衰的历史原因、画像内容反映的意识形态乃至中国古代文化的特点等方面，还需要作更加细致的，特别是全方位的长时段的考察，才能更深入地理解其实质。这当然还有待于今后的努力。

二、画像石雕刻技法的分类

汉代画像石上的画像，是一种雕刻，但在雕成图像以前，是先用朱、墨、黄、白、绿等线条勾勒出图像的轮廓才雕凿的，故陕北的绥德、米脂和河南南阳杨官寺、襄城及山西离石左表墓等画像石上，在若干图像轮廓的边缘，还残留着一些画出的线条。山东东阿县芗他君祠堂画像的题记中，除了把雕工简称为“师”（即“石师”）以外，还有“画师”之称[16]，明确说明了制作画像石的工匠有“石师”和“画师”两类。

就雕刻技法而言，1937年滕固已经准确地分为拟浮雕和拟绘画这两大类。但

[14] 大村西崖：《支那美术史雕塑篇》，东京印刷株式会社，东京，1916年。关野贞：《支那の建筑と芸术》，岩波书店，东京，1938年。

[15] 见[10]信书。

[16] 罗福颐：《芗他君石祠堂题字解释》，《故宫博物院院刊》总二号，北京，1960年。

每一类之间，还可再分。

在这两大类中，是以后一类为主的；而这后一类，又由各种线刻组成。如果细分，可以分为阴线刻、凹面线刻、减地平面线刻三小类，而每一小类之间还可再分为几个小类。就这三种技法发展的逻辑过程而言，阴线刻是最原始的，故它在西汉中期河南永城的梁王墓中已有萌芽，而至西汉晚期就更多地出现在山东南部、江苏北部和河南南部（图二），但一直沿用到东汉晚期甚至隋唐以后。不过，早期的阴线刻是在一种表面凿出平行条纹的粗糙石面上，再用阴线刻出物象的轮廓，构图也很简单。至东汉早、中期时，已经大为衰落，而至东汉晚期却重新发达起来，可是线条细致，构图复杂而比例正确，形象生动，比最初的阴线刻要远为成熟了。

凹面线刻是把原有那种阴线刻画出的物象，对整体加以凿平而使物象成凹面状，再刻出一些更深的阴线来表现物象的某些部位；其物象形体以外的石面，依然是粗糙的平行条纹（图三）。从总体看，它从早期阴线刻发展而来的递变现象是非常明显的。这种技法，盛行于东汉早期。

图三　河南南阳杨官寺画像石墓主室门扉画像

减地平面线刻是东汉中、晚期时最流行的技法。这是把石材表面磨平，对物象以外部分加以减地处理，使物象突出，再施加阴线来表现细部。因为这时期汉画像石最为发达，故减地平面线刻在汉画像石中是最多见的（图四）。

以上三种线刻技法，就整体而言，有其前后的发展关系，但实际上都存在着

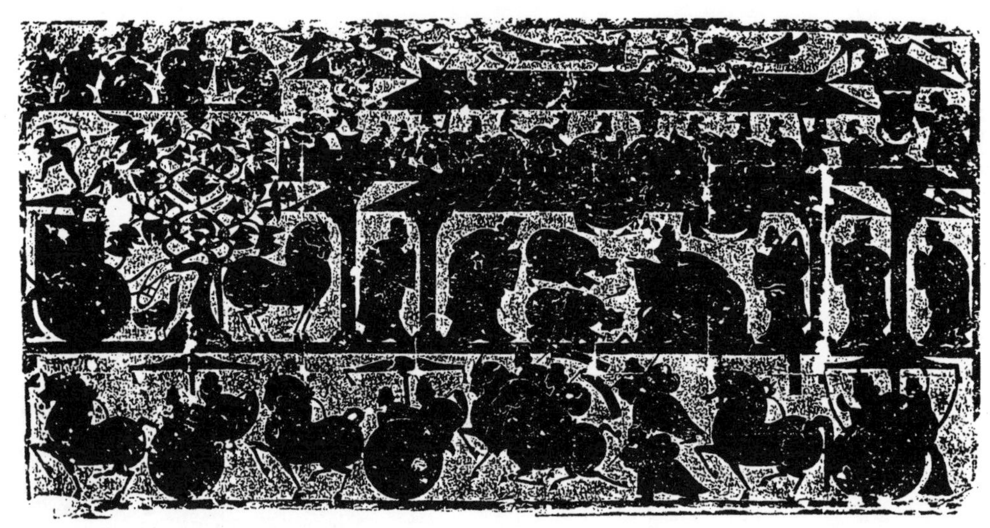

图四　山东嘉祥武氏祠左石室龛室后壁画像

很多交错并存的现象。

浮雕类的技法，又可分为浅浮雕、高浮雕和透雕三小类。真正的浮雕式技法，在画像石中是到东汉晚期才出现的，而高浮雕则比较少见。至于透雕，在墓内只见于某些突出的石梁上所雕应龙形象及柱础部位的蹲羊等形象上。在石阙上，则一些出檐部位的角神和角兽，也是透雕。

以上就是汉画像石雕刻技法的基本分类。

三、汉画像石的内容分类

现存汉画像石的数量，尚未统计清楚，但至少在数千块以上，故其图像内容，多得不胜枚举。要研究如此众多的画像内容，当然首先要作好分类。分类可以选择不同标准，如石阙、祠堂、墓室、石棺上的画像，就有不同的内容范围，而且庙堂之阙和墓阙的内容又有不同。又如这种画像石经历了从西汉至汉末魏晋的三百年以上，不同时期的画像内容又有一定的变化。再如无论是祠堂或是墓葬，由于其主人身份之别，画像内容也就存在类差。不过，这三百多年的文化背景在历史的长河中，基本属同一阶段；而石阙、祠堂、墓室、石棺上的各种画像内容，又都超不出表现当时的鬼神信仰和由社会等级制度所限定的人间生活的追求，因

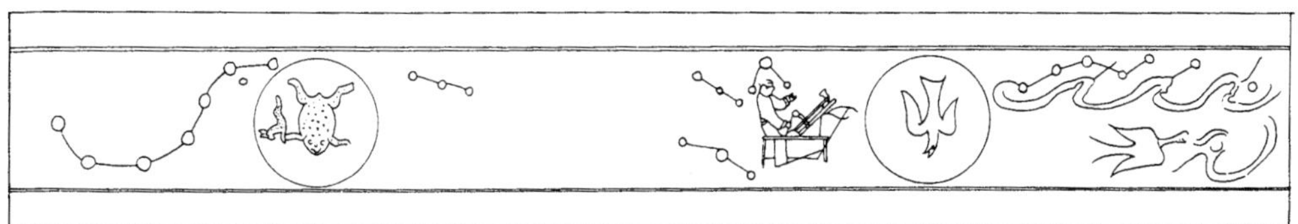

图五 山东长清孝堂山祠堂隔梁石底面的天象图摹本

而可以将其题材进行统一归类，分为八大类：

第一类：天象

汉代宫殿、宗庙、祠堂、墓葬中的壁画或画像石，都是为了“图画天地，品类群生”（王延寿《鲁灵光殿赋》，《文选》卷十一）。要在这些建筑物内描绘天地之间的种种事物，自然将其顶部作为象征天空的部位，故天象图都安排在靠近顶部的地方。各幅天象图是用或多或少的星座组成，最为多见的是内有赤乌图像的太阳和内有蟾蜍图像的月亮，次为北斗星座和牵牛、织女星座（图五）。天空之中，日月最为突出，当然首先表现它们。北斗星座可用来指示正北方位。牵牛、织女星座又是流行的青年男女七夕相聚的动人故事的象征物，所以也多作表现。天象图中的各星座，已注意到星座原有的方位，但不严格，不能视为当时天文观察记录中实际使用的星象图。画像石中的天象图，只是用来表现一般意义的天空苍宇。

第二类：鬼神

远古之时，人类自感力量渺小，以为万物有灵，产生了崇拜大量自然神以及地母神和祖神的信仰[17]。地母神从来是设在社坛或社宫中进行祭祀的，汉画像石就没有加以刻画。祖神最初本为各种图腾祖先，自人类进入父系制时代，特别是确立了王权之后，就转化为人格祖先，在宗庙中进行祭祀。但最迟至战国时，我国古人又信仰伏羲和女娲为人类的始祖，所以在石祠堂或墓葬上方部位的画像石中，多见伏羲、女娲画像（图六）。墓主（夫妇）作为墓葬及墓前石祠修筑者的

[17] 参见俞伟超：《先秦两汉美术考古材料中所见世界观的变化》，《古史的考古学探索》，文物出版社，2002年，46—60页。

父母，亦大都作为主要对象而刻画出来。

图六　山东嘉祥武梁祠西壁的伏羲、女娲图

汉画像石中的多见之神，还有新出现的西王母。这本是出自长江流域的一种信仰，以为中国西极的昆仑山是天帝下都，百神所居，上多不死之药，登临者即为神（《山海经·西山经·海内西经》、《楚辞·天问》、《淮南子·地形训》）。《西山经》中讲的昆仑山由人面虎身虎爪九尾之神陆吾所司，可能是最初的传说，后来就演化成西王母，所以《西山经》中所描写西王母是“其状如人，豹尾虎齿而善啸，蓬发戴胜”，同陆吾的形状还有相似处。西王母的传说，最迟在战国已传到中原（《庄子·内篇·大宗师》、《尔雅·释地》）。至西汉晚期的哀帝建平四年，春大旱，关东民“行西王母筹”（《汉书·哀帝纪》），“经历郡国二十六，至京师。其夏，京师郡国民聚会里巷仟佰，设张博具，歌舞祠西王母。”（《汉书·五行志下之上》）此时西王母的信仰已流行于黄河南北、大江上下了。东汉中期时，民间又给西王母配上了一个东王公，于是，西王母与东王公的信仰并盛。西王母本是承自早期巫术阶段的一种民间信仰，而当早期道教兴起后，则被纳入道教信仰之中。

早期道教是西汉晚期形成的，佛教也在此时开始传入中国。这样，汉画像石中所见信仰内容，就以西王母、东王公和北斗大帝、雷公、电神、风伯、雨师等自然神为主，偶及佛教图像。至于道教，因直到汉末，虽以黄老为尊，独立发展起来的崇拜对象虽已自成系统，但内容庞杂，以至浮屠（《后汉书·楚王英传》）、西王母（《太平经·师策文·解师策书诀第五十》）的信仰，也在其中。还有东海君（《后汉书·方术·费长房传》）、西海君（《隶续·五君杯盘文》）等，颇为类似北斗大帝那样的自然神，故汉画像石中的某些鬼神图像，也可属道教内容。

西王母与东王公往往表现为居于山上之状。二者的显著区别，一为西王母大都

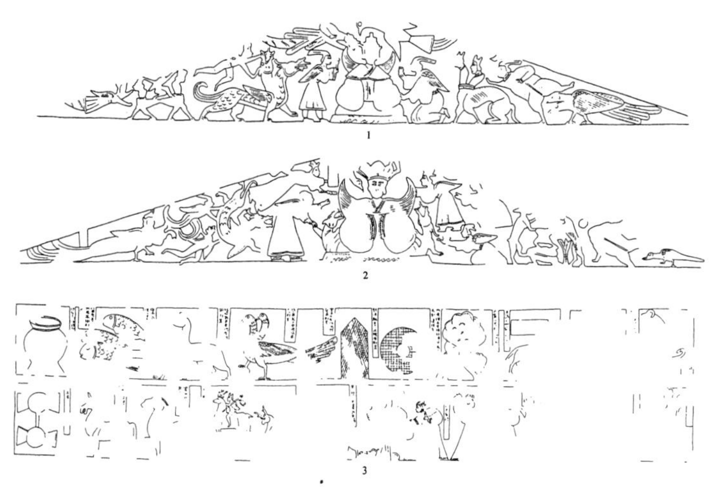

图七　山东嘉祥武梁祠画像

1、2. 东西侧壁上部西王母、东王公画像石摹本　3. 天井石上的祥瑞图摹本

戴胜，画像位于西面，二为东王公则大都带冠，位于东面（图七，1、2）。其他各自然神的形状皆有特征，如北斗大帝作乘坐于北斗星座上的云车之中状，雷公作持槌击鼓状，电神作手握闪电形长鞭状，风伯作吹风状，雨师作持瓶倾水状等等[18]。一些佛像，有的与西王母、东王公在相当的位置上并存（山东沂南画像石墓中室擎天大柱上方），表明地位对等；或单独存在（四川乐山麻浩和柿子湾崖墓前堂后壁的门额部位）；还有用乘坐六牙白象的菩萨降身故事来表现的（传山东滕县画像石）[19]。如把江苏连云港市孔望山的摩崖造像也包括在内，则还有一批佛、道二教题材交错并存的石刻画像[20]。但东汉之时，佛教还是依附于道教而存在的，所以汉画像石出现的佛教图像，其实还是道教信仰的一种表现。

汉画像石中属于鬼神内容的题材还有很多，如不少画像石墓的门扉上，便雕出了辟邪驱鬼的神荼、郁垒像（南阳画像石中尤多），但还有很多至今不能确定原来的神怪之名或性质，目前自然不便详论。就现在已辨认出的鬼神图像而言，几乎都存在于天上的世界，因而一些被云气环绕的人物或动物，皆应归入鬼神之类。按照汉代的信仰状况来考虑，一些地下的鬼神，也应有所表现。但这都有待于以后的辨识。

---

[18]　见 [8]。

[19]　俞伟超：《东汉佛教图像考》，《先秦两汉考古学论集》，文物出版社，北京，1985 年，157—169 页。

[20]　俞伟超：《孔望山摩崖造像的年代考察》，《先秦两汉考古学论集》，文物出版社，北京，1985 年，170—179 页。

第三类：祥瑞

汉代至武帝时，采纳董仲舒奏议，独尊儒术，从此儒家思想笼罩中国二千年。在汉代，自此时直至汉末，除短暂的王莽时期外，儒家的今文学派始终占据着社会思想的主导地位。汉代今文学派的哲学基础是神学目的论的“天人感应论”。“天人感应论”源于“天人合一”的观念。这种观念，就其本义而言，可理解为自然环境与人文活动的统一。董仲舒则扩大成上天意旨具决定作用。他以为儒家经典《春秋》之义为“视前世已行之事，以观天人相与之际，甚可畏也。国家将有失道之败，而天乃先出灾害以谴告之，不知自省，又出怪异以警惧之，尚不知变，而伤败乃至。以此见天心之仁爱人君而欲止其乱也。”（《汉书·董仲舒传》）这种思想以为，人间凡遇虐政，四方必先有灾异相示；施行仁政，则会出现祥瑞之物。两汉书中的《五行志》，就专门记述灾异、祥瑞与世事变易感应而生的大量事例。《汉书》全部卷帙如以分卷之数为计，共一百二十卷。《五行志》有五卷，占二十四分之一。《后汉书》（加上《续汉志》）如亦以分卷之数为计，共一百三十八卷，《五行志》有六卷，占有二十三分之一的比例。在两汉书所述各种内容中，这是最大的比例，可见“天人感应论”在当时的观念中，占有最为中心的地位。

正是由于这种思想背景，为了表示当时的太平，汉画像石中就有很多祥瑞图。这种图像多单幅存在，并有榜题说明。因祥瑞之事虽出在人间，却以为来自天意，故祥瑞图往往布置在象征天空的部位。如在武梁祠中，就刻在屋顶石上（图七，3）。其具体内容和榜题略如：

大瓮。榜题“银瓮，刑法得中则至。”

单鱼。榜题“白鱼，武王渡孟津，入于王舟。”

双鱼。榜题“比目鱼，王者幽明无不衙则至。”

双头鹿。榜题“比肩兽，王者德及鳏寡则至。”

双头鸟。榜题“比翼鸟，王者德及高远则至。”

縠纹圭。榜题“玄圭，水泉流通，四海会同则至。”

縠璧。榜题“璧琉璃，王者不隐过则至。”

连理木。榜题“木连理，王者德纯洽，八方为一家则连理生。”

大熊。榜题“赤罴，仁奸明则至。”

角马。榜题“王（玉）马，王者清明尊贤者则至。”[21]

在其他汉画像石上，祥瑞还有许多别的内容，但皆为当时的珍稀动、植物和古之宝器。正是因为这些东西世间罕见，就拿来象征天降祥瑞，王道大行。不过，现在所见汉画像的主人皆豪强高官，所以实际要称颂的就不仅是汉世的仁政，而是他们自己的为吏清明。

第四类：古之帝王、圣贤和忠臣、孝子、烈士、贞女等历史成败故事

据屈原《天问》，战国时宗庙中曾普遍图画历史故事。到了汉代，此风益盛，最迟在景帝至武帝时，又扩大到宫殿，并延续到三国以后。自西汉晚期至东汉，许多豪族的祠堂、墓葬中也愈来愈多地出现这种题材的图像。表现这些历史故事的目的，就如曹魏时何晏《景福殿赋》所云：“图象古昔，以当箴规。”（《文选》卷十一）换言之，就是拿一些道德规范的实例来教育时人，而这种规范的原则即董仲舒提倡的三纲五常思想。

社会上占主导地位的道德规范，必定适应于一定的经济基础。三代之时的经济基础是土地的公社所有制。后来土地私有制逐渐确立，自西汉中期至汉末，大土地所有制迅速发展并膨胀，以君为臣纲、父为子纲、夫为妻纲和仁、义、礼、智、信为伦理道德规范，正适应于这种经济基础。汉画像石中所以多见古之帝王、圣贤和忠臣、孝子、烈士、贞女等历史图像，正是由这种历史逻辑性决定的。

汉画像石中盛行的这类题材，在西汉景帝至武帝时所建山东曲阜的鲁灵光殿中，已经存在。东汉安、顺之际的王延寿，曾加以观察和作了比较详细的评述。汉代宫殿、庙祠、墓葬中画像内容的类别，大抵相同；鲁灵光殿的年代又与汉画像石的时间相距不远；王延寿更是这类画像流行时期的人士，所以他的大段记录和说明，对于这类画像来说，无疑就是开启理解大门的钥匙。

《鲁灵光殿赋》中的这段文字是：“图画天地，品类群生。杂物奇怪，山神海灵。写载其状，托之丹青。千变万化，事各缪形。随色象类，曲得其情。上纪开辟，遂古之初。五龙比翼，人皇九头。伏羲鳞身，女娲蛇躯。鸿荒朴略，厥状睢盱。焕炳可观，黄帝唐虞。轩冕以庸，衣裳有殊。下及三后，淫妃乱主。忠臣孝

[21] 林巳奈夫：《汉代の神神》第五章，临川书店，京都，1988年。

图八　山东嘉祥武梁祠西壁的荆轲刺秦王图贞女如梁高行、齐桓公夫人卫姬、齐无盐女锺离春等[22]

子，烈士贞女。贤愚成败，靡不载叙。恶以诫世，善以示后。”（《文选》卷十一）如果对照《楚辞・天问》，可知在庙堂中图画这些内容的传统，战国时已经存在；而其用意，显然就是王延寿所说“恶以诫世，善以示后。”

本类画像虽多，但举出武氏祠和沂南画像石墓中的如下二十多幅图像，便可知大略。

属于古之帝王的，如伏羲（此图因与许多其他帝王图像并存，故归入帝王类；另外的更多的伏羲、女娲图像，往往单独存在，可作为人之初祖而归为祖神类）、祝融、神农、黄帝、颛顼、帝喾、唐尧、虞舜、大禹、夏桀等。圣贤如仓颉与沮诵、周公辅成王、孔子见老子、曾参等孔子弟子等。淫妃如上述夏桀图像旁的妺嬉等。忠臣如蔺相如完璧归赵等。孝子如丁兰、老莱子等。烈士如晏婴二桃杀三士、荆轲刺秦王（图八）等。

上面这些都是长方块形的小幅画像。另有一些历史故事画像，则似长卷式。最多见的是一种秦始皇泗水捞鼎图（山东微山县微山岛画像石椁第四石正面等）[23]。周之九

[22]　贾庆超：《武氏祠汉画像石刻考评》，山东大学出版社，济南，1993 年；同 [6]。

[23]　王思礼、赖非、丁冲、万良：《山东微山县汉代画像石调查报告》，《考古》1989 年 8 期。

图九　山东沂南北寨村画像石墓门额胡汉战争图

图十　山东嘉祥武氏祠左右室西壁下部水陆交战图

鼎，春秋、战国时期，一直是王权的象征。周显王四十二年，九鼎没人泗渊。秦始皇于二十八年过彭城，以千人入水求鼎，因龙齿咬断绳索而未得（《史记·秦始皇本纪》，《水经注·泗水》）。这种图像，就是描绘这个情景。汉画像石中所以多表现这个故事，无非是为了说明秦之短祚，实乃天意。

另一多见的是胡汉战争图（孝堂山石祠、沂南画像石墓等）[24]。胡人高鼻风帽，出没山峦，当为北方民族。汉军攻战的部分，有的还包括了馘首、献俘的庆功场面，可知是纪念战争胜利之作。由于这种图像存在的时间是从东汉早期（孝堂山石祠）延续至东汉晚期（沂南画像石墓），不宜理解为表现某个墓主生前的军功，而还应是一种历史故事。两汉与北方民族的战争，最主要的是西汉与匈奴和东汉与西羌、东胡之战。但东汉与西羌、东胡的连年战争，要到东汉中期以后才真正严重，而胡汉战争图在东汉早期已经出现；况且全部汉画像石中的历史故事内容，其时间下限只达于西汉昭、宣（如武氏祠忠臣休屠王太子金日磾画像）至东汉光武时（如武氏祠孝子李善抚孤画像），不见东汉中期以后故事。由此可见，这种

[24]　同 [10]107—114 页。同 [6] 图版贰拾肆。

胡汉战争图，应当是西汉击败匈奴的故事（图九）。

还有一些多次出现的图像（如水陆战争图等），或许也是描绘历史故事，但至今具体内容不辨，目前自然还难以详论（图十）。

第五类：表现墓主身份的车马出行图等

最迟从西周开始，车、服皆有制度。但《汉书》中不载西汉的车、服等级制度，《续汉书》中则有《舆服志》记录东汉的车、服制度。这便能据而判定画像石中各组车马出行图中主人的大致身份，而这也就是祠堂、墓葬主人的身份。但因若干墓主的官位曾有升迁，其车马出行图或不止一幅；有时为了表示主人生前曾参加过某次特殊活动，又专门增加了表现这种活动的出行图。见到这种情况，就要全面分析全部画像石乃至祠堂、墓葬的形制来确定某一组出行图才是反映墓主本人身份的。不过，多数祠堂或墓葬的画像石，只有一幅出行图，而一般讲，这是表现主人生前最高身份的。

同一单位内出现不同规格出行队伍之列，最突出的见于孝堂山石祠。其三壁上部，有一组行列相连的规模极为庞大的出行图。整个行列，共有车舆八辆、骑吏六十二人、步卒十人，驼、象各一，其驷马主车之旁有榜题“大王车”三字，知车主为诸侯王。迎接这个出行队伍的有十人，最前面二人之一，旁有榜题“相”，知为这个诸侯王的王国之“相”。东汉皇帝之车曰“乘舆”，其祭祀天、地、明堂、宗庙等活动的出行行列叫“卤簿”，“乘舆卤簿”之中有“黄门鼓车”。这个出行图中就有一辆“鼓车”，也正合于诸侯王的出行规格。由此可知，这是一幅诸侯王

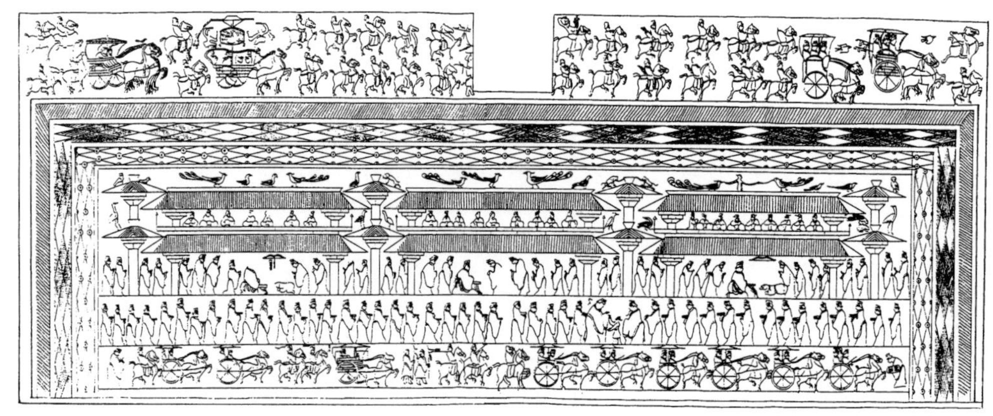

图十一　山东长清孝堂山祠堂后壁画像摹本

的卤簿图。孝堂山石祠之主，并不是诸侯王，只是他参加过这个诸侯王的祭祀活动，所以才在他的祠堂中刻出这幅卤簿图，显示他生前的殊荣。南宋犹存的山东鲁峻石祠的一幅出行图中，有“祀南郊从大驾出时”的榜题（《隶续》卷十七），指明了东汉画像石中确实曾专门表现主人生前随从皇帝祭祀这种特殊的荣幸，与孝堂山的这幅卤簿图，是同一性质的图像。

孝堂山石祠后壁下方的另一幅出行图，才是表现主人身份的。图中主车之旁的榜题为“二千石”，指明了主人的官秩。主车之前有导车六辆，后有从车二辆，另有骑吏六人、步卒三人相随，出行队伍之前则有一人躬身相迎（图十一）。东汉的王国官吏，只有傅或相，官秩才可达二千石。在上方的诸侯王卤簿图中既特意表现出有“相”迎接，可知孝堂山石祠之主，或即王国之相[25]。

同一单位内中有一幅出行图之例甚多，如沂南画像石墓中室南、西、北三壁的上横额，就是一幅连接的车马出行图，正从远方归来，经屋顶有桓表之亭，回到自己的宅院前。出行图中主车带四维杠衣，前有导车六辆，后有从车二辆，最前面为一斧车，最后为一軿车和辎车，是夫人所乘及放置衣物的，斧车及辎车还加放戈、矛，以充行列中的前后兵车。另有骑吏十二人、璅弩二人、伍伯四人和最前面的持节吹管二人。参照《续汉书·舆服志》及孝堂山石祠等主人的出行图，可大抵推知这也是一幅二千石的出行图[26]。

有些车马图，由于主人是没有官秩的当地豪强，只有主人夫妇的二、三辆车，没有导、从之车，也就算不上是什么出行图了。这在陕北画像石中，由于墓门或后室之门的门框上，常用题刻把墓主的姓名和身份标记出来，是可以看得很清楚的。这样一种情况，正从另一侧面表示出这种图中的车马行列，的确是按照身份高低而按当时的制度来安排的。

第六类：表现主人财富的农田、牧场及作坊等

按照西汉晚期至东汉的历史背景来考虑，有能力修建石祠堂或画像石墓的，应为各地拥有大量田产的豪强。所以，许多画像石中就描绘出农田，用来表现主人的财富。

---

[25] 同 [10]86—94 页。

[26] 同 [6] 图版四九、五〇。

现在所见汉代石祠堂皆规模不算太大，可以容纳各类画像的面积不多，故农田画像只见于墓中。因墓壁面积不大，这种农田画像就只能表现一小块，以作象征。

象征大片农田的画像，一种是犁耕图，皆作农夫手扶犁铧，以二牛抬杠或一牛挽犁的耕种状（如山东滕县宏道院、徐州双沟等画像石）。另一种作农田中黍子成熟后其穗下垂状（如陕北绥德王得元墓）。

在陕北这种农牧兼营地区，则还有牧场图像。绥德王得元墓等陕北画像石中，就多见成群的牛、马、羊。这当然是在表现墓主占有的大片牧场。

西汉晚期以后的庄园经济，愈来愈以自给自足为主，许多庄园内就有自己的手工业作坊。滕县宏道院画像石中的鼓风熔铁和锤打铁器的图像，俨然是一幅铁器作坊图。徐州画像石中的纺线和织布图像，固然可理解为是各家农户中的家庭作业，但更可能是在表现一种大庄园中的纺织作坊。

总起来看，汉画像石中的农田、牧场和作坊图像，正表现出了一种当时社会经济中占主导地位的庄园经济面貌。具体讲，就是在表现墓主人的财富。

另外，汉画像石中又多见狩猎图。这既可理解为是表现庄园中有山林，也可理解为是庄园中依附农民在农闲时的习武活动，又可能是表现墓主的打猎娱乐。原意究竟是什么，还有待于继续推敲。

第七类：表现墓主生活的宅院、仓廪、庖厨、宴饮、乐舞、百戏和讲学、献俘等活动

自东汉以后，无论是祠堂或墓葬，画像石中大都有主人夫妇的图像。在石祠中，一般于后壁有一两层楼阁的图像，主人夫妇坐于楼阁上、下层的中央。墓葬画像石中，这种图像大抵在后室，墓主夫妇往往作坐于帷帐之中状。

表现墓主居住的宅院图，只在东汉晚期的大墓中才出现。当然，这只能是整个宅院的一部分。不过，沂南画像石墓中室墓主夫妇出行归来的长幅画像中，出行图奔向的一个宅院，前有一对阙楼，整个宅院作成有前后两个院落、四周皆被房舍包围的格局。其最前面为大门及东、西两塾，后为前堂、后室两重房屋；前院东侧有一井，表示前院东侧的一排房舍即为东厨；后室东北隅又有一向北伸出的小房，当即北厕。这个宅院，从包括出行图在内的整个画面看，描绘的无疑就是墓主日常居住的房子。大门、两塾、前堂、后室、东厨、北厕，正是先秦以来

基本的宫室制度。

图十二　山东诸城前凉台孙琮墓出土髡刑画像石摹本

其他如宅院中的仓廪和墓主接待宾客举行宴饮活动的场面，更是多见。宴饮当要进行庖厨，又会观看乐舞、百戏。所以，画像石中庖厨、百戏图像是非常之多的。这些图像，在大型画像石墓中，每每与墓主夫妇和宾客宴饮场面连在一起；在祠堂中，由于画面范围较小，多被分割布置。[27]

以上是通常所见墓主生活的内容，但也偶有表现墓主生前特有活动的内容。如山东诸城前凉台的汉末汉阳太守孙琮墓画像石中，有一幅墓主向门生弟子讲学之图。东汉有不少高官是以深通经学而起任的。这幅图像，正表现了孙琮曾收录了大量门生弟子。又，墓中还有一幅墓主观看一批受髡刑之人正在被剃长发的图像[28]（图十二）。东汉的汉阳郡在今陇东。汉末的西北羌人，正纷纷反抗官府，战火不断。羌人以“被发覆面”（《后汉书·西羌传》）为俗。图中受刑之人，正皆“被发”，当为被汉阳郡官兵俘获的羌人而被罚作刑徒。对汉末官吏来说，战败羌人，有特殊荣誉，故曾为汉阳太守的孙琮之墓，对此特加表现。其他的特有内容，在汉画像石中，当然还会存在，但需仔细辨认。

第八类：装饰纹带

无论是祠堂或墓葬，画像石的边缘或各幅画像之间，往往有装饰纹带。全部

[27]　陕西省博物馆、陕西省文物管理委员会：《陕北东汉画像石刻选集》，文物出版社，北京，1959 年。

[28]　诸城县博物馆任日新：《山东诸城汉墓画像石》，《文物》1981 年 10 期。王恩田：《诸城前凉台孙琮汉画像石墓考》，《文物》1985 年 3 期。

汉画像石的装饰纹带，图案众多。按照信立祥的分类，装饰图案主要由直线、弧线、流动状曲线、圆形、锯齿纹、菱形等基本单元组成。比较简单的如平行錾痕纹带、锯齿纹带、穗形纹带、斜方格纹带、穿环纹带、连环纹带、垂幛纹带等。比较复杂的如水波纹带、络绳纹带、流云纹带、双曲线纹带、三角形外框的兽面和植物纹带等。还有一些是由两种以上的花纹带组成的宽条状花纹带等[29]。大凡比较简单的花纹带，西汉晚期即已出现，但一直延续到东汉晚期；从东汉中期至汉末，则流行复杂的花纹带。

上述八大类图像，是汉画像石题材的基本内容。

还有一些图像则是为了表现墓主的灵魂升天。如在石刻上方有表示天门的双阙，墓门后壁或石棺后当有仙人半掩门的图像，表示灵魂由半掩门中逸出，再进入天门。这种图像以四川及重庆市地区最为多见，而那一带当时正流行天师道，可见这种图像当和天师道的信仰有关。

四、汉画像石的区域性及其发展情况

汉画像石的存在，是一种文化现象，其内容所反映的正是汉武帝以后两汉时期的主流思想，所以汉画像石盛行之地，这种思想一定占据统治地位；反之，那里就不会出现这种画像石。

汉画像石是刻有图像的墓葬或石祠、石棺中的石材，而修凿这些画像石，需要花费相当的财力，因而各地具有这种力量的社会阶层或集团愈是强大，画像石就可能愈是流行；反之，便不会发达。

汉画像石墓和石祠、石棺的建造，需要很多的石材，因而汉画像石流行的地区，当地一定能比较容易取得适用的石材；反之，如要表现这种图像，就会使用壁画等办法。

汉画像石在某些地区一经出现，便慢慢积淀成一种文化传统而存在很长时间。东汉长江以南的大片地区，许多地方的社会经济基础和社会思想已经和黄河中下游很接近，但因缺乏这种传统而只能偶尔见到，一直没有流行起来。

[29] 同 [10]28 ~ 33 页。

汉画像石的出现与盛行，正因是由许多条件决定，所以只是在某些时期流行于某些区域，而不同区域的题材内容和艺术风格，又各有自身特点。如概括其特征，可划分为四大主要区域；各区之内，或又存在一些细小的区域之别。四大区域以外，则在个别地点也还有一点零星存在，但皆未能自成系统，这里就统括为一个其他区域。

（一）山东至苏北、皖北及相邻的豫、冀交界区

这是两汉时期经济、文化极为繁荣的区域之一，东汉时又形成了许多豪强大族，这都是画像石发达的社会条件。

这里自战国以来，又是盐、铁和丝织业最为发达的地区。冶铁业的发达，可为开采石材提供方便。画像石最早发生在本区之中，后来又是画像石数量最多的区域，可能正是因为具备这个技术条件。

本区中心的齐、鲁之地，自春秋晚期以来一直人文荟萃，诸家学说并起。而当汉画像石兴起后，这里又是作为社会正统观念的儒家学说和日渐流行起来的早期道教的发生地，从而具有许多画像石题材的丰富的思想素材。这应当就是本区画像的许多内容，比如周公辅成王、孔子见老子及其七十二弟子和大量神、怪活动等题材，要比其他区域远为丰富的重要原因。

把画像石的发生，定在这个区域，是因为河南永城西汉武帝时期的梁王墓内更衣之室（厕所）的石壁上，出现了一个阴线所刻的叶状之树的图像。这种图像，正是西汉晚期时画像石中常见的，故无论从雕刻技法还是从艺术造型来说，都可称之为汉画像石的发端。但这毕竟还是偶见的。汉画像石真正进入其发生期，还要再过几十年。

约从西汉的宣、元时期起，画像石就成批地出现了。而且，雕凿这些画像石的主人，并非高官大族，只似中等官吏以下的身份，其典型之例见于山东临沂庆云山二号这座小型单棺石椁墓之壁。雕刻技法为粗犷的阴线刻，图像为小幅的正视式屋宇、叶状树木、对坐和击剑及躬立的成对人物，还有璧形、博局、交错菱形的图纹[30]。

类似这种风格的画像石，在山东南部至江苏北部，从西汉晚期至王莽时期逐

[30] 临沂市博物馆：《临沂的西汉瓮棺、砖棺、石棺墓》，《文物》1988年10期。

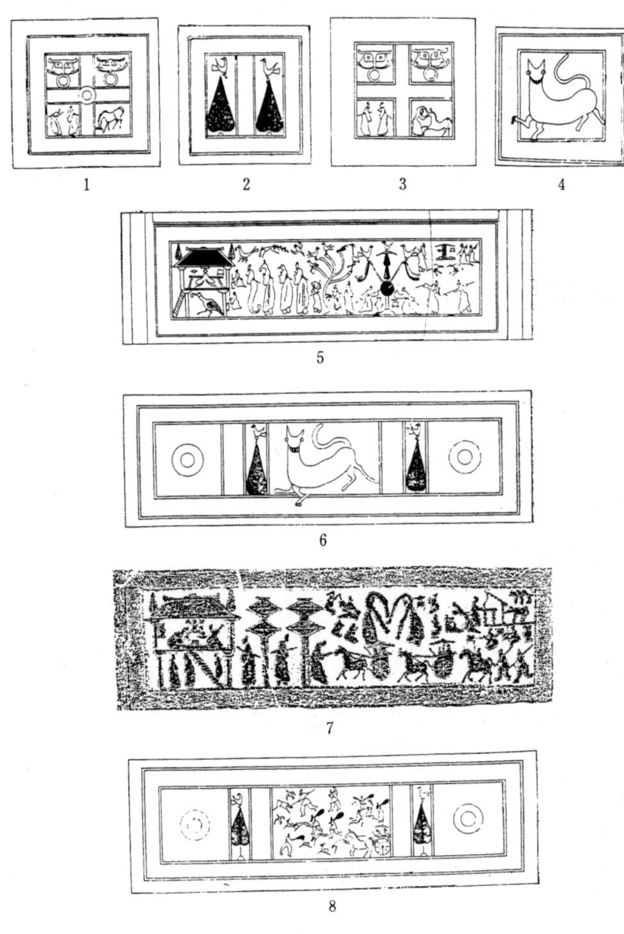

图十三　江苏徐州沛县栖山1号墓中椁画像
1. 头部挡板外壁画像摹本　2. 足部挡板外壁画像摹本
3. 头部挡板内壁画像摹本　4. 足部挡板内壁画像摹本
5. 东侧壁板外壁画像摹本　6. 东侧壁板内壁画像摹本
7. 西侧壁板外壁画像拓本　8. 西侧壁板内壁画像摹本

渐增多（图十三），也都见于一些小型的石墓中；不过，石椁已往往为夫妇合葬的双椁。而且，在阴线所刻物象轮廓以外，又在石板面上凿出地纹，使得图像在拓片上略似阳刻突起。就山东平阴新屯二号墓等王莽前后的画像石而言，图像内容除正视的屋宇楼阁、树木以外，人物增多，还出现了单个车马。人物的造型颇为修长，如同其他物件相比，又嫌高大，掌握合适比例的能力，显然还很不够[31]。就这种技法而言，正符合画像石刚处于发生阶段那种初期状态的情形。

本区东汉前期的画像石，就出自墓葬的材料而言，同前一阶段差别很小，但画面或已扩大，画中的内容有所增加，日月、出行、庖厨、乐舞乃至泗水捞鼎等图像，已经出现。有的画像石如江苏泗洪重岗墓石上所见，已出现了浅浮雕式的

[31]　济南市文化局文物处、平阴县博物馆筹备处：《山东平阴新屯汉画像石墓》，《考古》1988年11期。

阳刻图像[32]。不过，这时期的较大型的画像石墓，在这个区域尚未发现过，这同当地的历史文化背景当有关系。同时期的南阳地区，因是东汉帝乡，多大型画像石墓，故许多画像石的新技法和新内容，首先在那里出现。如果以后在这一区域也见到这时期的较大型的画像石墓，上述认识才可以加以修正。

其实，山东的长清孝堂山、汶上先农坛、嘉祥五老洼和宋山及纸坊镇敬老院等石祠，正属这个时期。尽管它们都仍以阴线之内微凹的手法来表现图像，但长卷式或大幅的天象、胡汉战争、孔子见老子、车马出行、狩猎、庖厨、乐舞等图像，都已存在。孝堂山石祠的主人为二千石官吏。具有这种身份的高官所建画像石墓，自然也会具有类似的内容。所以，仅就画像题材而言，这时期同下一阶段相比，很难简单地指出界限，但技法之别却是明显的。

至东汉后期，本区的画像石已达其极盛时期，雕刻技法的进步，内容的大量增加，画面的宏大与复杂，乃至其数量的众多，都达到了汉画像石的高峰。这里说的东汉后期，包括了通常说的东汉中、晚期，因为从各方面现象的总体来说，东汉中期的和东汉晚期的，除了某些技法以外，很难明显区分开。这里说的极盛时期，即指如和其他地区比较而言，本区画像石的技法和数量，此时又远远胜过其他区域。

此阶段，原先那种阴线刻法已消失，主要使用剔地平面凸刻来表现图像的技法；后来一种流畅的细线阴刻技法开始产生，它可认为是北朝至隋唐时期流行的阴线刻技术的滥觞。另外，还有大量略似浅浮雕的阳刻图像。有的画像石墓的门额部位或立柱上，还出现一些高浮雕式的，甚至是透雕的图像，如山东安丘董家庄墓所见[33]。这个时期的透雕，其实在墓内石柱上端角拱与室顶石梁相接处所饰应龙头部，已经普遍应用（如山东沂南北寨村画像石墓），但在画像石的总体中，高浮雕和透雕，只是在局部位置上少量出现。

按照当时的社会道德观念，东汉后期厚葬成风，一些官秩可抵二千石的豪族，往往兴建了满布画像的多室石墓，因而其画像内容，就可达到八大类俱全。这种

---

[32] 南京博物院、泗洪县图书馆：《江苏泗洪重岗汉画像石墓》，《考古》1986 年 7 期。

[33] 殷汝章：《山东安丘牟山水库发现大型石刻汉墓》，《文物》1960 年 5 期；山东省博物馆：《山东安丘汉画像石墓发掘简报》，《文物》1964 年 4 期。

画像石墓（如沂南墓），充分体现出了画像石的全盛面貌。

但汉末的黄巾大起义，改变了汉画像石的进程。灵帝光和七年春，张角发动起义。过了五年，青徐黄巾复起，这个区域的强宗豪右普遍受到致命打击。于是，这一带的画像石墓与画像石祠，几乎立即消失。黄巾起义不仅使这个区域残存的豪强在很长时间内没有力量再修建画像石墓和石祠，由此而引起的社会变化，还改变了汉画像石存在的社会经济和思想基础，整个汉画像石艺术也就迅速衰落下去。

（二）豫南至鄂北区

这是汉画像石第二个发达的地区。它以河南省南阳市为中心，北抵襄城、叶县，南至湖北的随县，大体为两汉的南阳郡范围。这里和上述的山东至苏北相近，同是画像石最早发展起来的区域，并在西汉晚期至东汉前期又是许多画像石新手法最初发生的地区。到了东汉后期，这种领先地位已经下降，但其影响范围却扩大到鄂西，如湖北当阳县刘家冢子发现的这时期的画像石，其减地阳刻图像的风格，即与此区接近[34]。至汉末，则同上一个区域一样，亦突然衰落下去。

这样一种发展过程，基于如下的历史背景：

战国时，这里是制作铁兵器技术最进步的地区，而且直至两汉，其冶铁业和工商业总体一直很发达，郡府所在地的宛是一个非常繁荣的都会。

西汉晚期以后，这里还是大土地所有制最早膨胀起来的地区之一。

绿林、赤眉起义后，南阳郡蔡阳（今湖北枣阳）的西汉皇族刘秀，依靠南阳豪族集团建立东汉王朝。豪族中的许多人成为东汉开国元勋，并且皇亲众多，使这里自东汉初起，就是财富非常集中、豪强力量极为强大的地区，具有修建大型画像石墓的雄厚基础。

东汉后期时，若干其他地区的豪强大族日益强大起来，南阳一带原有的相对地位，已发生变化。

汉末连续多年的黄巾大起义，横扫各地豪强，其中，汝南黄巾的风暴尤为猛

[34] 沈宜扬：《湖北当阳刘家冢子东汉画像石墓发掘简报》，《文物资料丛刊》第1期，文物出版社，1977年。

烈，故经此扫荡，这一带就消失了原有那种营建画像石墓和祠堂的社会力量。

在决定本区画像石发生和变化的多种原因中，上述数点，应该是最基本的。

本区最早的画像石出自河南唐河县石灰窑村双棺石椁墓东室的门扉、门柱和门楣上，墓的形制和画像风格均同前述山东临沂庆云山石椁墓非常接近，时代亦可能上达西汉的宣、元时期[35]。画像共五幅，门扉上的二幅，上部为正视的双阙、前堂和堂内所坐主人，下部为铺首衔环；门柱上的二幅，一为侧视持彗门吏，一为侧视三角纹；门楣上的一幅为菱形穿连双环纹及垂幛纹。物象皆用阴线刻出轮廓而其表面平整，屋顶瓦垄则以平行直线来表现。所以画像的物象以外部分又用平行或斜行的直线刻成地纹，粗粗看去（尤其是拓片），整个图像好像是平面阳刻。由于这样一种视觉感受的启发，应当是随后出现减地阳刻技法的重要原因。

这种雕刻技法在西汉晚期略细致了一些，但基本无变化。不过，在南阳赵寨砖瓦厂[36]和杨官寺[37]，已出现了有并列三室或是双室带回廊的较大型的画像石墓。画像仍只在门扉和门柱上，而内容则增加了狩猎和伯乐相马等题材。

雕刻技法的明显进步出现在王莽时期。唐河县新店村的始建国天凤五年（公元十八年）郁平大尹冯孺久墓，是单前室、双后室并带回廊的砖石混合结构墓，画像皆刻在石材上。图像是没有地纹的浅浮雕式的减地阳刻。门扉、门柱、门楣上有铺首衔环、四神、执剑或执盾门吏、双龙穿璧、羽人和仙人；后室壁上有龙、游鱼和人面四尾狐；回廊壁上有拜谒、击鼓、百戏、驯虎、骑象、兽斗和墓主等十多幅画像，其墓主夫妇并坐前堂和属吏谒见墓主，分别位于南、北二壁正中，是全部画像的中心。图像中出现了一些神话和生活方面的新内容，但各图皆小幅，还是从前那种早期构图形态。不过，只要统观汉画像石发展的全过程，一个新的阶段这时显然在此区首先开始了[38]。

东汉前期时，画像内容大为增加，许多画面亦有扩大，浅浮雕式的减地阳刻

[35] 赵成甫、张蓬西、平春照：《河南唐河县石灰窑村画像石墓》，《文物》1982 年 5 期。

[36] 南阳市博物馆：《南阳县赵寨砖瓦厂汉画像石墓》，《中原文物》1982 年 1 期。

[37] 河南省文化局文物工作队：《河南南阳杨官寺汉画像石墓发掘报告》，《考古学报》1963 年 1 期。

[38] 南阳地区文物队、南阳博物馆：《唐河汉郁平大尹冯君孺人（按：应为“久”字）画像石墓》，《考古学报》1980 年 2 期。

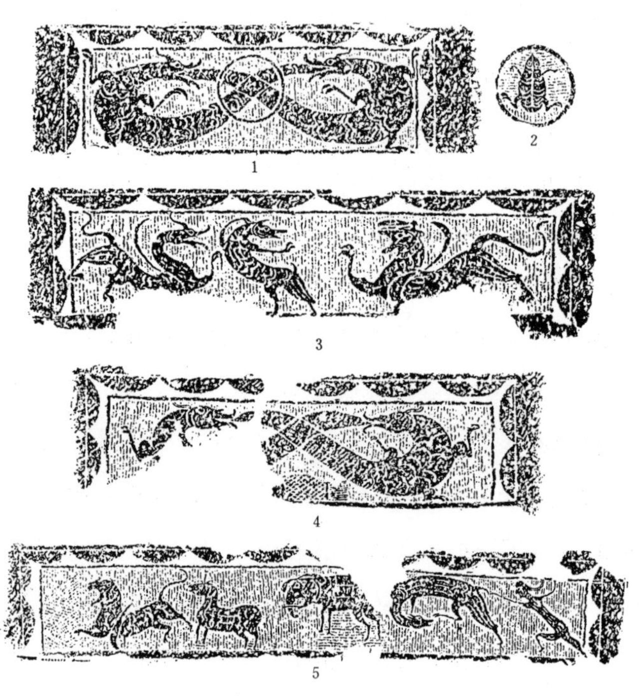

图十四　河南襄城茨沟画像石墓画像

1. 墓门门额画像　2. 后室盖顶石画像　3. 左前室门额画像
4. 中室门额正面画像　5. 中室门额背面画像

已普遍起来，但地纹并未完全消失，在一部分画像中，还延续到东汉后期。

这时期的唐河县针织厂墓，其形制、规格略同前述冯孺久墓，可知墓主身份亦属官秩二千石左右。其画像为墓的顶部有日月星辰图。门扉、门柱、门楣及前、后室各壁有铺首衔环、四神、伏羲、女娲、羽人、门吏、墓主受谒、武器库、车马出行、宴饮乐舞、斗兽狩猎、聂政自屠、范雎受袍、穿璧连环、菱形、垂幛等图像。全部图像皆浮雕式的减地阳刻[39]。

汉画像石的雕刻技法经历了阴线刻、阳刻高浮雕和透雕的逻辑进步过程，但因画像石是图画式雕刻，所以高浮雕和透雕少见，而且要到东汉后期才出现。其题材内容，则逐步发展为前述的八大类，但在豫南至鄂北区，祥瑞和农田、牧场、作坊等表现墓主财富的内容，并未发展起来。这时，本区的画像皆以减地阳刻为主，题材内容亦已发展到本区最充分的程度，足以认为达到了成熟阶段。

东汉后期时，许多墓内石梁上所刻应龙形象，已使用透雕手法，但高浮雕一直没有出现。总的来说，雕刻技法没有变化，而物象的形态比例和线条，以及画面的布置，则要纯熟一些，其画像内容，也没有什么扩大。

[39]　周到、李京华：《唐河针织厂汉画像石墓的发掘》，《文物》1973年6期。

例如河南襄城茨沟的顺帝永建七年（公元一三二年）墓，尽管是大型的七室砖石混合结构墓，画像仅五幅，即后室顶部的蟾蜍月亮和各室门楣上的双龙穿璧、双龙交尾和青龙、白虎、大象、羽人等[40]（图十四）。邓县的长冢店墓，亦为七室砖石混合结构墓，所出画像则最多。其门扉、门柱上同过去一样，主要刻出铺首衔环、四神和多种门吏；各室的门楣上，则刻有许多神兽及狩猎和击鼓等乐舞百戏图像[41]。综观前、后期，有关神仙的内容，比例较它区为大，其中，门扉上多见它区少有的神荼、郁垒像，它区流行的东王公和西王母这里却较少见。

总起来看，这是画像石最早发生的区域之一，在王莽至东汉前期，其艺术成就居各区之首，是本区画像石的真正繁荣期；到东汉后期，并无明显发展，山东和苏北、皖北区则成为画像石艺术的中心。

（三）陕北与晋西北区

这是从东汉中期开始发展起来的一个新区域。陕西郃县雅店的一座王莽时期墓，曾在门扉、门柱和门楣上出现减地阳刻的铺首衔环、白虎、门吏和仙禽神兽等图像[42]。大概是接受了豫南至鄂北区的影响而产生的。但这种影响，当时并未扩大到本区。

这个陕北至晋西北的黄河两岸区域，西汉中期后属西河郡所辖。东汉安帝以后，这一带不断受南匈奴侵扰，故至顺帝永和五年（公元一四〇年）时，西河郡治自平定（今内蒙古准格尔旗附近）向南迁到离石（今山西离石），上郡郡府亦自肤施（今陕西榆林之南）迁至夏阳（今陕西韩城附近）；黄巾起义后，则尽为匈奴之地。

此区的画像石，以减地平面阳刻为特征。雕凿时，先用墨线或朱线勾出物象轮廓，再剔地而形成平面阳刻物象。物象细部用朱、墨、白等线条勾出，有的还通体平涂一些不同的色泽，但大都脱落殆尽。这种技法，使画像颇具拙壮混沌之感。但有时为了使物象清晰，在物象轮廓的边缘施以略深的阴线，甚至还用阴线刻出瓦垄、门窗、马鞍、马缰、袖裙等细部（如绥德义合镇园子沟画像石）[43]。

[40] 河南省文化局文物工作队：《河南襄城茨沟汉画像石墓》，《考古学报》1964年1期。

[41] 《南阳汉画像石》编委会：《邓县长冢店汉画像石墓》，《中原文物》1982年1期。

[42] 陕西考古所泾水队：《郃县雅店村清理一座东汉墓》，《文物》1961年1期。

[43] 同[27]。

1

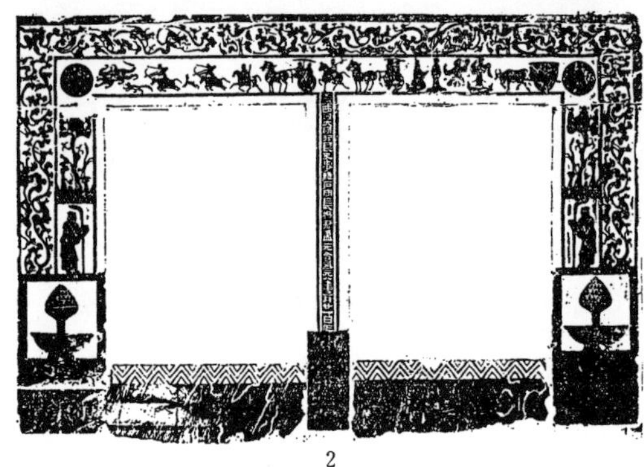

2

图十五 陕西绥德苏家岩墓画像

1. 墓门画像 2. 后室门画像

所有画像石皆出自砖石混合结构的，有前后室（还有的带一、二个侧室）的墓中，其墓门及墓壁为石材，墓顶为条砖。由于墓型及画像技法、内容和艺术风格的相似，可知时代相近。据墓内纪年和表明墓主身份的铭记及车马出行图的分析，这些画像皆东汉后期物，而其主人大抵为俸禄三、四百石左右的官吏或财富相当的豪强。如加细分，早晚还有些差别。

较早的如陕北绥德苏家岩和帝永元八年（公元九六年）离石守长杨孟墓和同县永元十二年（公元一〇〇年）无官秩的王得元墓等画像石[44]。其图像组合为门扉有铺首衔环及朱雀等，门柱有持彗门吏、牛耕、农田（粟）、东王公、西王母等，门楣有车马出行、牛羊放牧、射猎、墓主夫妇和乐舞等，边饰为本区特有的蔓草形云纹等（图十五）。

较晚的如晋西北离石马茂庄的二、三、四号画像石墓，时代为桓、灵时期[45]，雕刻技法无重大变化，但神仙题材大量增加。如各墓门扉虽仍有铺首衔环、朱雀、持彗或执盾门吏等传统图像，还增添了东王公、西王母和鸟首或牛头的神

[44] 同[27]。

[45] 山西省考古研究所、吕梁地区文物工作室、离石县文物管理所：《山西离石马茂庄东汉画像石墓》，《文物》1992年4期。

人性质的门吏；门柱则全被东王公、西王母、神人门吏、仙禽神兽、御龙羽人、驭鹿云车等神仙活动的题材占领；门楣部位不仅有人间的车马出行图，还有规模更大的云气环绕的仙神出行图；边饰中原来那种蔓草形云纹已变成当时盛行的动感很强的流云纹。

综观上述现象，可知本区约在东汉中期，因受了豫南至鄂北区的影响，亦发生了自身的画像石，且也是以减地阳刻为特色。从自然条件来说，这里比较干旱，宜于放牧和种植耐旱的黍粟，所以本区画像的内容，从一开始就表现出了其生产面貌是农牧兼营的。后来神仙图像的大量增加，亦正反映出东汉晚期时与道教信仰交糅在一起的神仙思想的大为流行。就当时人们的思想信仰而言，这具有更大范围的普遍性，所以这种现象此时在其他地区也是非常明显的。

（四）四川与滇北区

这个区域的画像，一开始就是带有地纹的阳刻，从雕刻风格分析，大概是在东汉后期的前段，即通常所说的东汉中期因受到豫南至鄂北区影响而发生。到了更晚一些时候，即东汉晚期至蜀汉前后，数量大增，内容扩大，浮雕和高浮雕式的技法流行，进入到繁荣期。从本区葬俗的整体观察，三国时期的蜀汉保存汉文化的传统较多，而曹魏特别是东吴则新出现的自身特点强烈，而西晋葬俗又更多地继承着东吴传统。在东吴乃至曹魏的文化中，画像石艺术几乎消失了，所以一到西晋，此区的画像石艺术亦迅速衰落。

本区画像石的存在形式颇有其特点。纯粹石室的画像石墓尚未见到，见之于砖石混合结构墓中的（如四川成都曾家包一号墓的门扉和双后室的后壁）[46]亦很少。较多的是出现在崖墓前堂（即前室）部位的立柱、门楣、周壁和门道两侧（如四川乐山麻浩崖墓）[47]。四川及重庆地区的崖墓极发达，在人口众多的成都盆地一带，往往在某一地点就有好几千座崖墓。如据彭山及三台县一带所见，墓内

[46] 成都市文物管理处：《四川成都曾家包东汉画像砖石墓》，《文物》1981 年 10 期。

[47] 乐山市文化局：《四川乐山麻浩一号崖墓》，《考古》1990 年 2 期。

各壁亦常刻出画像，并刻出丰富的建筑图像。还有许多则是雕刻在石棺上的[48]。另外，本区石阙保存最多，可达二十个，上面也有许多画像[49]。其分布范围，东抵重庆、巴县至忠县地带，北为集县（东）和绵阳、梓潼（西）附近，西至雅安、西昌一线，南达泸州、南溪、宜宾等地，甚至滇北昭通[50]。但综而观之，主要是四川盆地。

本区画像石中较早的形态，大抵有斜行或交错地纹，物象比例尚嫌失当而比较呆板，内容有日月、伏羲、女娲、双阙、主人受谒、夫妇对饮、乐舞百戏、龙虎穿环等，如宜宾公子山崖墓中石棺所见[51]。

到了东汉晚期至蜀汉时期，地纹大多消失，剔地较深，高浮雕多见，物象形体大为修美和生动，不少石阙上出现透雕的角神和龙、虎等造型。题材大为增加，有日月、伏羲、女娲、东王公、西王母、佛、仙人、六博、四神、九尾狐等仙禽神兽、嘉禾等祥瑞、荆轲刺秦王等历史故事、车马出行、双阙、堂室、楼阁、墓主夫妇、门吏、谒见、武器库、马厩、仓廪、水田、舂谷、织造、运输、狩猎、宴饮、百戏等等，其他地区所见各类内容，差不多也都出现了，不过每幅画像都比较简单。另外，边饰很不发达。仅仅偶见垂幛纹等。这阶段的代表作品可推乐山麻浩崖墓、雅安高颐阙和成都曾家包一号墓的画像等[52]。从雕刻技法看，这三组画像的时代都应是本区中较晚的，其高颐阙还有献帝建安十四年（公元二〇九年）题铭，与曾家包画像雕刻技法类似的芦山的王晖石棺[53]，则有建安十六年题铭，皆黄巾起义以后之物。汉末的这场大起义，在四川盆地只发生过两次大风暴：

---

[48] 常任侠：《巴县沙坪坝出土之棺画研究》，《金陵学报》八卷一、二期合刊，1938 年。宜宾县文化馆兰峰：《四川省宜宾县崖墓画像石棺》，《文物》1982 年 7 期。四川省博物馆、郫县文化馆：《四川郫县东汉砖墓的石棺图像》，《考古》1979 年 6 期。高文、高成英：《四川出土的十一具汉代画像石棺图释》，《四川文物》1988 年 3 期。

[49] 重庆市文化局徐文彬、谭遥、重庆市博物馆龚廷万、王新南：《四川汉代石阙》，文物出版社，北京，1992 年。

[50] 孙太初：《云南古代画像石刻内容考》，（云南）《学术研究》1963 年 5 期。

[51] 同 [48] 兰峰文。

[52] 同 [46]、[47]、[49]。

[53] 任乃强：《芦山新出汉石图考》，《康导月刊》四卷六、七期合刊，1942 年 10 月。任乃强：《辨王晖石棺浮雕》，《康导月刊》五卷一期，1943 年。迅冰：《四川汉代雕塑艺术》，中国古典艺术出版社，北京，1959 年。

一是灵帝中平五年（公元一八八年）益州黄巾马相、赵祇等自绵竹起兵，攻下广汉、蜀郡、犍为三郡，并进入巴郡，但旬月即败；二是建安五年时，巴中赵韪起兵，广汉、蜀郡、犍为三郡又皆响应，经年即败。(《华阳国志·公孙述、刘二牧志》、《后汉书·灵帝纪》、《后汉书·刘焉传》）总的看来，对当地豪强的扫荡，不像黄河中、下游一带那样激烈，所以画像石艺术还继续延伸，并有发展，此区的一些雕刻技法很高的画像石，可能就是蜀汉时期的。

前已述及，四川及重庆地区多天门及仙人半掩门等隐示灵魂升天的图像。前述王晖石棺上的仙人半掩门图像，仙人有双羽，脚作鳞状，一副神奇形态，足证这种图像是仙人半掩门（实际为半启门）图像。

还应说明的是，它区有一些壁画墓与画像石墓共存，而这里因为雨水很多，墓内难以保存壁画，故壁画墓基本没有出现，但在三台郪江镇一带崖墓的画像却经常涂彩，并有少量壁画共存。此时还出现一种画像砖墓，其图像的艺术风格和题材，皆与画像石略同，所以为了研究的深入，二者应同时了解。

（五）其他地区

除以上四个各有自身特点的画像石区域外，还有一些地点出现过画像石，但并不密集，数量也不多，不宜划为单独的画像石区。

其中，出现较多的是豫西的嵩洛一带。洛阳在两汉时期都是政治、经济、文化的中心地之一，所以在西汉晚期的烧沟五八号墓的石门上，就出现了平面阴线的铺首衔环图像[54]。东汉初的洛阳三〇·一四号砖墓两道石门的门扉、门楣上，也有阴线刻出的铺首衔环、四神、游鱼和门吏[55]。从风格看，当是受到邻近的南阳地区的影响而发生的。但这种艺术，在洛阳并未发展下去。

到东汉后期，嵩山附近则出现了较多的画像石作品。登封的中岳三阙，即太室阙、少室阙和启母阙，皆建于安帝时，是浅浮雕式的减地阳刻，剔地部分的凿痕略似地纹。图像有赤乌、仙禽神兽、谒见、车马出行、穿环纹等。艺术手法显

[54] 洛阳区考古发掘队：《洛阳烧沟汉墓》，科学出版社，北京，1959年。

[55] 河南省文物工作队第二队：《洛阳30·14号汉墓发掘简报》，《文物参考资料》1955年10期。

然是源自南阳一带[56]。

至桓、灵时期，这里出现了减地平面阳刻而又用娴熟的阴刻细线表现物象细部的大幅画像，并且在墓中和壁画并存。密县打虎亭和后土郭的各两墓中，都有门吏、墓主宴饮、庖厨等等大幅画像以及细腻的夔形云纹[57]。就雕刻技法而言，显然来自苏北、皖北区的同时期画像，特别是同安徽亳县董园村一号墓的画像石尤为接近[58]，而和豫南至鄂北地区的同时期画像大相异趣。只要通观嵩洛地区自西汉晚期至东汉后期的全部画像石，就能知道这里始终没有形成本身的独特系统，而是随时接受其他地区的影响发生变化。

北京的西部郊区，也发现过二处画像，一为石景山上庄村和帝元兴元年（公元一〇五年）秦君墓阙上的门吏、青龙、朱雀等画像[59]。另一为丰台三台子砖墓石门上的铺首衔环、四神和伏羲、女娲等图像[60]。皆减地阳刻，时代相近。秦君墓阙有“鲁工石巨宜造”题刻，但从雕刻风格看，却具有豫南至鄂北区的影响。

长江下游的浙江海宁长安镇还发现过一座砖石混合结构的画像石墓，其墓门和前室的部位有减地平面加以极浅线刻的许多图像，风格极似沂南画像石，则当是受到山东一带的影响而出现的[61]。

以上这些，都是受到其他地区影响而出现的少量的、甚至是零星的作品，所以只要了解清楚四大主要地区的画像石，也就掌握了汉画像石的全貌。

汉画像石艺术是一个特定历史阶段的产物，有一定的表现手法和描述内容。这个文化背景发生了变化，这个独特的艺术就会衰落，甚至消失。两晋以后出现了一个新型的社会背景，汉画像石艺术（包括其形式和内容）的地位就被其他艺术所代替。所以，尽管在石材上雕刻图画的艺术作品还长期出现，作为某种特定

---

[56] 河南省博物馆、河南省文物研究所、河南省古代建筑研究所，吕品：《中岳汉三阙》，文物出版社，北京，1990年。

[57] 河南省文物研究所：《密县打虎亭汉墓》，文物出版社，北京，1993年。河南省文物研究所：《密县后土郭汉画像石墓发掘报告》，《华夏考古》1987年2期。

[58] 亳县博物馆：《安徽亳县发现一批汉代字砖和石刻》，《文物资料丛刊》二集，1978年。安徽省亳县博物馆：《亳县曹操宗族墓葬》，《文物》1978年8期。

[59] 北京市文物工作队：《北京西郊发现汉代石阙清理简报》，《文物》1964年11期。

[60] 北京市文物工作队喻震：《丰台区三台子汉画像石墓》，《文物》1966年4期。

[61] 嘉兴地区文管会、海宁县博物馆：《浙江省海宁东汉画像石墓发掘报告》，《文物》1983年5期。

的内容和形式统一体的汉画像石艺术已经不存在了。后来出现的种种石刻绘画，就其主体而言，并不是汉画像石直线的、单纯的延伸和变化。

评论古代艺术品和评论当代艺术品的原则，理应是一样的。这样，对汉画像石的评论，似乎难免陷入一种苦恼：既要称赞它的创作精神和表现手法，又要谴责汉代的，特别是东汉时期的社会主流思想；因为汉画像石的题材就是在表现这种主流思想。对此，这里基本没有涉及。这不是躲避。凡事皆有两重性，汉代的社会思潮，是完善当时社会的一种理想追求，当然也有其两重性。千百年来，人们一直在这种苦恼中挣扎，但到头来社会总是得到了进步。如果能够理解这一点，在汉画像石中就能品味出对于真、善、美的追求，得到美感；而且历史上出现的美感，是以后再也不能重新创造出来的。汉画像石艺术中特有的古拙而质朴的美感，已经使多少人得到像在田园中和淳朴的农民促膝而谈的享受。已经忘却了的烦恼，何必再把它勾引出来？

原题为《中国画像石概论》，载《中国美术分类全集·中国画像石全集》第1卷，3～27页，山东美术出版社，2000年。后收入《古史的考古学探索》，文物出版社，2002年7月。

俞伟超学术著作要目

一、著作

1.《战国秦汉考古》，北京大学历史系考古教研室，1973年。

2.《先秦两汉考古学论集》，文物出版社，1985年。

3.《中国古代公社组织的考察——论先秦两汉的“单—僤—弹”》，文物出版社，1988年。

4.《中国古代の社会と集团》，雄山阁（东京）1994年。

5.《考古学是什么——俞伟超考古学理论文选》，俞伟超著、王然编，中国社会科学出版社，1996年。

6.《考古、文明与历史》，张忠培、俞伟超，“中研院”历史语言研究所，1999年。

7.《古史的考古学探索》，文物出版社，2002年。

二、主编

1.《三门峡漕运遗迹：黄河水库考古报告之一》，中国科学院考古研究所编（俞伟超等执笔），科学出版社，1959年。

2.《考古类型学的理论与实践》，文物出版社，1989年。

3.《中国古钱大系》，西南财经大学出版社，1997年。

4.《华夏之路》，中国历史博物馆，朝华出版社，1997年。

5.《中国通史陈列》，中国历史博物馆编，朝华出版社，1998年。

6.《长江三峡文物存真》，重庆出版社，2000年。

7.《中国画像石全集》，山东美术出版社，2000 年。

8.《中国画像砖全集》，俞伟超、信立祥主编，四川美术出版社，2006 年。

三、参与编著

1.《中国大百科全书·历史学》，先秦史部分编委，中国大百科全书出版社，1986 年。

2.《中国文物地图集》，编辑委员会委员，文物出版社，1987 年—。

四、发掘简报

1.《西安白鹿原墓葬发掘报告》，《考古学报》1956 年第 3 期。

2.《汉长安城西北部勘查记》，《考古通讯》1956 年第 5 期；后收入中国社会科学院考古研究所汉长安城工作队、西安市汉长安城遗址保管所编《汉长安城遗址研究》，科学出版社，2006 年。

3.《一九五六年河南陕县刘家渠汉唐墓葬发掘简报》，黄河水库考古工作队著（俞伟超执笔），《考古通讯》1957 年第 4 期。

4.《跋朝鲜平安南道顺川郡龙凤里辽东城冢调查报告》，《考古》，1960 年第 1 期；又名《高句丽时期的辽东城图》，后收入《古史的考古学探索》，文物出版社，2002 年。

5.《邺城调查记》，《考古》，1963 年第 1 期；后收入刘心长、马忠理主编《邺城暨北朝史研究》，河北人民出版社，1991 年；中国社会科学院考古研究所，河北省文物研究所，河北省临漳县文物旅游局编《邺城考古发现与研究》，文物出版社，2014 年。

6.《盘龙城一九七四年度田野考古纪要》，湖北省博物馆盘龙城发掘队、北京大学考古专业盘龙城发掘队，《文物》1976 年第 2 期。

7.《中国福建连江定海 1990 年度调查、试掘报告·序》，《中国历史博物馆馆刊》1992 年总第 18—19 期。

五、中文论文

1.《应当慎重引用古代文献》，《考古通讯》1957 年第 2 期。

2.《考古教研室准备怎样学习马列主义，怎样学习苏联？》，人民出版社编辑部编

《历史科学中两条道路的斗争》，人民出版社，1958 年。

3.《汉代的“亭”“市”陶文》，《文物》1963 年第 2 期；后收入《先秦两汉考古学论集》，文物出版社，1985 年。

4.《“大武□兵”铜戚与巴人的“大武”舞》，《考古》1963 年第 3 期。

5.《“大武”舞戚续记》，《考古》1964 年第 1 期。

6.《座谈长沙马王堆一号汉墓——关于用鼎制度问题》，《文物》1972 年第 9 期。

7.《座谈长沙马王堆一号汉墓——关于棺椁制度》，唐兰、俞伟超，《文物》1972 年第 9 期。

8.《座谈长沙马王堆一号汉墓——关于帛画》，俞伟超、顾铁符、唐兰、常书鸿、吴作人，《文物》1972 年第 9 期；后收入《先秦两汉考古学论集》，文物出版社，1985 年。

9.《乌兰布和沙漠北部的汉代垦区》，俞伟超、侯仁之、李宝田，《治沙研究》，1965 年第 7 期；后收入《磴口县史志资料》第 2 辑，1986 年。

10.《乌兰布和沙漠的考古发现和地理环境的变迁》，侯仁之、俞伟超，《考古》1973 年第 2 期；后收入《巴彦淖尔史料》第 2 辑，1983 年；唐晓峰，黄义军编《历史地理学读本》，北京大学出版社，2006 年。

11.《铜山丘湾商代社祀遗迹的推定》，《考古》1973 年第 5 期；后收入《先秦两汉考古学论集》，文物出版社，1985 年。

12.《秦始皇统一度量衡和文字的历史功绩》，俞伟超、高明，《文物》1973 年第 12 期。

13.《马王堆一号汉墓出土漆器制地诸问题——从成都市府作坊到蜀郡工官作坊的历史变化》，俞伟超、李家浩，《考古》1975 年第 6 期；后收入湖南省博物馆编《马王堆汉墓研究》，湖南人民出版社，1981 年；收入《先秦两汉考古学论集》，文物出版社，1985 年。

14.《汉初维护统一衡制律令的新发现—记江陵凤凰山一六八号墓的天平衡杆》，《光明日报》1975 年 11 月 6 日。

15.《略释汉代狱辞文例——一份治狱材料初探》，《文物》1978 年第 1 期。

16.《周代用鼎制度研究（上）》，俞伟超、高明，《北京大学学报（哲学社会科学版）》1978 年第 1 期；后收入《先秦两汉考古学论集》，文物出版社，1985 年。

17.《周代用鼎制度研究（中）》，俞伟超、高明，《北京大学学报（哲学社会科学版）》1978年第2期；后收入《先秦两汉考古学论集》，文物出版社，1985年。

18.《周代用鼎制度研究（下）》，俞伟超、高明，《北京大学学报（哲学社会科学版）》1979年第1期；后收入《先秦两汉考古学论集》，文物出版社，1985年。

19.《关于楚文化发展的新探索》，《江汉考古》1980年第1期；后收入湖北省社会科学院历史研究所编《楚文化新探》，湖北人民出版社，1981年；后收入《先秦两汉考古学论集》，文物出版社，1985年。

20.《东汉佛教图像考》，《文物》1980年第5期；后收入《先秦两汉考古学论集》，文物出版社，1985年。

21.《先楚与三苗文化的考古学推测——为中国考古学会第二次年会而作》，《文物》1980年第10期；又名《楚文化的渊源与三苗文化的考古学推测——为中国考古学会第二次年会而作》，《先秦两汉考古学论集》，文物出版社，1985年。

22.《汉代诸侯王与列侯墓葬的形制分析——兼论"周制"、"汉制"与"晋制"的三阶段性》，《中国考古学会第一次年会论文集 1979》，文物出版社，1980年；后收入北京大学中国传统文化研究中心编《北京大学百年国学文粹 考古卷》，北京大学出版社，1998年；收入《先秦两汉考古学论集》，文物出版社，1985年。

23.《古代"西戎"和"羌"、"胡"文化归属问题的探讨》，青海省考古学会编《青海考古学会会刊》1980年第1期；后收入《先秦两汉考古学论集》，文物出版社，1985年。

24.《古史分期问题的考古学观察（一）》，《文物》1981年第5期；后与《古史分期问题的考古学观察（二）》共同收入《复印报刊资料（历史学）》1981年第7期；又与《古史分期问题的考古学观察（二）》一起，以《古史分期问题的考古学观察》为名，收入《史学情报》1982年第1期；后收入《先秦两汉考古学论集》，文物出版社，1985年。

25.《古史分期问题的考古学观察（二）》，《文物》1981年第6期。后与《古史分期问题的考古学观察（一）》共同收入《复印报刊资料（历史学）》1981年第7期；又与《古史分期问题的考古学观察（一）》一起，以《古史分期问题的考古学观察》为名，收入《史学情报》1982年第1期；后收入《先秦两汉考古学论集》，文物出版社，1985年。

26.《孔望山摩崖造像的年代考察》，俞伟超、信立祥，《文物》1981年第7期；后收入《先秦两汉考古学论集》，文物出版社，1985年。

27.《马王堆一号汉墓用鼎制度考》，湖南省博物馆编《马王堆汉墓研究》，湖南人民出版社，1981年；后收入《先秦两汉考古学论集》，文物出版社，1985年。

28.《寻找“楚文化”渊源的新线索》，《江汉考古》1982年第2期；后收入《先秦两汉考古学论集》，文物出版社，1985年。

29.《关于“卡约文化”的新认识》，青海省考古学会编《青海考古学会会刊(3期)》，1981年。

30.《关于当前楚文化的考古学研究问题》，湖南省博物馆编《湖南考古辑刊(第一集)》，岳麓书社，1982年；后收入《先秦两汉考古学论集》，文物出版社，1985年；节选一部分名为《关于楚文化的概念问题》，收入《考古学是什么——俞伟超考古学理论文选》，中国社会科学出版社，1996年。

31.《马王堆一号汉墓棺制的推定》，湖南省博物馆编《湖南考古辑刊(第一集)》，岳麓书社，1982年；后收入《先秦两汉考古学论集》，文物出版社，1985年。

32.《连云港将军崖东夷社祀遗迹与孔望山东汉佛教摩崖造像》，《文博通讯》1980年总第34期。

33.《关于“卡约文化”和“辛店文化”的新认识》，中国中亚文化研究协会编《中亚学刊(创刊号)》，1983年12月；后收入《先秦两汉考古学论集》，文物出版社，1985年。

34.《探索与追求》，俞伟超、张忠培，《文物》1984年第1期；后收入《新华文摘》，1984年第4期。

35.《关于考古学研究的“中国学派”》，俞伟超、张忠培，《史学情报》1984年第3期。

36.《苏秉琦考古学论述选集·编后记》，俞伟超、张忠培，《苏秉琦考古学论述选集》，文物出版社，1984年。

37.《楚文化的发现与研究》，楚文化研究会编《楚文化考古大事记》，文物出版社，1984年；后收入《先秦两汉考古学论集》，文物出版社，1985年。

38.《座谈东山嘴遗址》，《文物》1984年第11期；又名《喀左东山嘴遗址是红山文化部落联盟的祭祀场地》，收入《古史的考古学探索》，文物出版社，2002 年。

39.《中国古代都城规划的发展阶段性——为中国考古学会第五次年会而作》，《文物》1985 年第 2 期；后收入《史学情报》1985 年第 3 期；收入《先秦两汉考古学论集》，文物出版社，1985 年；收入洛阳市文物局，洛阳白马寺汉魏故城文物保管所编《汉魏洛阳故城研究》，科学出版社，2000 年。

40.《先秦两汉考古学论集·自序》，《先秦两汉考古学论集》，文物出版社，1985 年。

41.《连云港将军崖东夷社祀遗迹的推定》，《先秦两汉考古学论集》，文物出版社，1985 年。

42.《论“兵辟太岁”戈》，俞伟超、李家浩，文化部文物事业管理局古文献研究室编《出土文献研究》，文物出版社，1985 年。

43.《内蒙古西部古代狄人文化的推定》，《内蒙古文物考古（第 4 期）》，1986 年 7 月；后收入《古史的考古学探索》，文物出版社，2002 年。

44.《大司农平斛》、《东周都城遗址》、《邯郸赵城遗址》、《纪南城遗址》、《江陵秦汉墓》、《临淄齐城遗址》、《盘龙城遗址》、《秦量》、《秦诏版》、《曲阜鲁城遗址》、《新莽嘉量》、《战国长城》、《郑韩故城遗址》，《中国大百科全书·考古学》条目，中国大百科全书出版社，1986 年。

45.《汉壁画墓》、《汉画像石墓》、《汉画像砖墓》、《和林格尔汉壁画墓》、《辽阳汉壁画墓》、《洛阳西汉壁画墓》、《密县打虎亭汉墓》、《陕北画像石墓》、《望都汉壁画墓》、《武氏石祠》、《孝堂山石祠》、《徐州汉画像石墓》，《中国大百科全书·考古学》条目，俞伟超、信立祥，中国大百科全书出版社，1986 年。

46.《俞伟超于 27 日座谈会的发言》，辽宁省博物馆，辽宁省文物考古研究所编《燕山南北长城地带考古专题座谈会文集》，1986 年 8 月。

47.《俞伟超于 29 日座谈会的发言》，辽宁省博物馆，辽宁省文物考古研究所编《燕山南北长城地带考古专题座谈会文集》，1986 年 8 月。

48.《中国早期的“模制法”制陶术》，《文物与考古论集》，文物出版社，1986 年；后收入《古史的考古学探索》，文物出版社，2002 年。

49.《金山嘴、墙子里与秦汉考古》，《秦皇岛市志通讯》1987 年第 3 期；后收入秦皇岛市地方志办公室编《碣石文辑》，秦皇岛地方志学会，1987年。

50.《楚文化的研究与文化因素的分析》，《楚文化研究论集（第一集）》，荆楚书社，1987年；后收入《考古学是什么——俞伟超考古学理论文选》，中国社会科学出版社，1996年。

51.《关于“考古地层学”的问题》，《考古学文化论集（1）》，文物出版社，1987年；后收入《考古学是什么——俞伟超考古学理论文选》，中国社会科学出版社，1996年；收入水涛、贺云翱、王晓琪编著《考古学与博物馆学研究导引（上）》，南京大学出版社，2011年。

52.《我国考古工作者的历史使命》，《瞭望》1987年第49期；《新华文摘》1988年第2期。

53.《我国考古学上的黄金时代和当前考古工作者的历史使命》，《中国文物报》1988年1月15日第4版。

54.《文物研究既要研究“物”，又要研究“文”》，《中国文物报》1988年1月29日第3版；后收入《考古学是什么——俞伟超考古学理论文选》，中国社会科学出版社，1996年。

55.《〈全国打击文物违法犯罪活动成果展览〉座谈会发言摘要》，《中国文物报》1988年12月2日第1版。

56.《在安徽省文物考古研究所三十年纪念会开幕式上的祝辞》，《文物研究（第五辑）》，黄山书社，1989年；又名《含山凌家滩玉器反映的信仰状况》，收入《古史的考古学探索》，文物出版社，2002年；后收入安徽省文物考古研究所编《凌家滩文化研究》，文物出版社，2006年。

57.《含山凌家滩玉器和考古学中研究精神领域的问题》，《文物研究（第五辑）》，黄山书社，1989年；节选一部分名为《考古学研究中探索精神领域活动的问题》，收入《考古学是什么——俞伟超考古学理论文选》，中国社会科学出版社，1996年。

58.《〈王振铎先生从事博物馆事业和科技史活动五十周年纪念专辑〉前言》，《中国历史博物馆馆刊》1989年总第12期。

59.《早期中国的四大联盟集团》，《中国历史博物馆馆刊》1989年总第13、14期合刊；后收入《古史的考古学探索》，文物出版社，2002年。

60.《先秦两汉美术考古材料中所见世界观的变化》,《庆祝苏秉琦考古五十五年论文集》,文物出版社,1989 年;后收入王元化名誉主编,胡晓明,傅杰主编《释中国(第 4 卷)》,上海文艺出版社,1998 年;收入《古史的考古学探索》,文物出版社,2002 年;收入王仁湘主编《中国考古人类学百年文选》,知识产权出版社,2009 年。

61.《关于"考古类型学"的问题》,收入俞伟超主编《考古类型学的理论与实践》,文物出版社,1989 年;收入《考古学是什么——俞伟超考古学理论文选》,中国社会科学出版社,1996 年;收入水涛、贺云翱、王晓琪编著《考古学与博物馆学研究导引(上)》,南京大学出版社,2011 年。

62.《我国考古工作者的历史责任》,《考古学文化论集(2)》,文物出版社,1989 年;收入《考古学是什么——俞伟超考古学理论文选》,中国社会科学出版社,1996 年。

63.《地下文物发掘调查手册·中译本序》,日本文化厅文物保护部编著,李季译,信立祥校《地下文物发掘调查手册》,文物出版社,1989 年;又名《借鉴与求真》,收入《考古学是什么——俞伟超考古学理论文选》,中国社会科学出版社,1996 年。

64.《对楚文化总体研究的一点期望——关于"考古学文化"的范畴问题》,《中国文物报》1990 年 8 月 9 日第 3 版;又名《对楚文化总体研究的一点期望》,楚文化研究会编《楚文化研究论集(第二集)》,湖北人民出版社,1991 年;收入《考古学是什么——俞伟超考古学理论文选》,中国社会科学出版社,1996 年。

65.《考古研究所四十年研究成果展览笔谈》,俞伟超、邢义田、严文明、杜正胜、李伯谦、李辉柄、张忠培、傅熹年、臧振华,《考古》1991 年第 1 期;又名《陶寺遗存的族属》,收入《古史的考古学探索》,文物出版社,2002 年;解希恭主编《襄汾陶寺遗址研究》,科学出版社,2007 年。

66.《考古学思潮的变化》,《中国文物报》1991 年 1 月 13 日第 3 版、1 月 20 日第 3 版、1 月 27 日第 3 版;后收入中国历史博物馆考古部编《当代国外考古学理论与方法》,三秦出版社,1991 年;收入《考古学是什么——俞伟超考古学理论文选》,中国社会科学出版社,1996 年。

67.《上村岭虢国墓地新发现所揭示的几个问题》,《中国文物报》1991 年 2 月 3 日第 3 版；又名《平王东迁以后的西虢墓地》，《古史的考古学探索》，文物出版社，2002 年。

68.《中国历史文化的殿堂》，《中国历史博物馆馆刊》1991 年总第 15—16 期。

69.《龙山文化与良渚文化衰变的奥秘——致“纪念发掘城子崖遗址六十周年国际学术讨论会”的贺信》，《文物天地》1992 年第 3 期；后收入张学海主编《纪念城子崖遗址发掘六十周年国际学术讨论会文集》，齐鲁书社，1993 年；收入《古史的考古学探索》，文物出版社，2002 年；收入《苏秉琦、张光直、俞伟超论良渚》，科学出版社，2020 年。

70.《考古学新理解论纲》，俞伟超、张爱冰，《中国社会科学》1992 年第 6 期；后收入《复印报刊资料（历史学）》1993 年第 1 期；《新华文摘》1993 年第 2 期；《考古学是什么——俞伟超考古学理论文选》，中国社会科学出版社，1996 年；《中国社会科学文丛·民族学、人类学、宗教学卷》，中国政法大学出版社，2005 年。

71.《为建设二十一世纪的中国历史博物馆而努力——馆庆八十周年献辞》，《中国历史博物馆馆刊》1992 年总第 18—19 期。

72.《楚墓分期研究的新方法》，湖北省宜昌地区博物馆，北京大学考古系编《当阳赵家湖楚墓》，文物出版社，1992 年；后收入《考古学是什么——俞伟超考古学理论文选》，中国社会科学出版社，1996 年。

73.《八十年的历程》，《中国文物报》1992 年 7 月 5 日第 3 版。

74.《忆三门峡古迹勘察》，中国人民政治协商会议三门峡市委员会，中国水利水电第十一工程局编《万里黄河第一坝》，河南人民出版社，1992 年。

75.《方形周沟墓与秦文化的关系》，《中国历史博物馆馆刊》1993 年第 2 期；又名《日本方形周沟墓与秦文化的关系》，收入《古史的考古学探索》，文物出版社，2002 年。

76.《专家笔谈丁公遗址出土陶文》，王恩田、田昌五、刘敦愿、严文明、李学勤、张学海、张忠培、陈公柔、邵望平、郑笑梅、俞伟超、高明、栾丰实、黄景略、裘锡圭、蔡凤书，《考古》1993 年第 4 期；又名《丁公陶文是已亡佚的东夷文字》，收入《古史的考古学探索》，文物出版社，2002 年。

77.《珠海平沙出土宋元文物·序》，古运泉、李祥主编《珠海平沙出土宋元文物》，广东人民出版社，1993 年。

78.《重返伊甸乐园——评选十大考古发现随笔》，《中国文物报》1994 年 3 月 6 日第 3 版。

79.《考古学理论的进步与楚文化研究的历史前景》，楚文化研究会编《楚文化研究论集（第四集）》，河南人民出版社，1994 年；后收入《古史的考古学探索》，文物出版社，2002 年。

80.《增强民族自信心和自尊心》，《人民日报》1994 年 9 月 22 日；《社科信息文荟》1994 年第 20 期。

81.《图腾制与人类历史的起点》，俞伟超、汤惠生，《中国历史博物馆馆刊》1995 年第 1 期；后收入《古史的考古学探索》，文物出版社，2002 年。

82.《三峡文物的发掘和保护》，《人民画报》1996 年第 7 期。

83.《中国古墓壁画内容变化的阶段性——“河北古代墓葬壁画精粹展”座谈会上的发言提纲》，《文物》1996 年第 9 期；后收入《古史的考古学探索》，文物出版社，2002 年。

84.《蝴蝶翼状短剑与错金几何云纹剑》，《商周青铜兵器暨夫差剑特展论文集》，台北历史博物馆，1996 年；后收入《古史的考古学探索》，文物出版社，2002 年。

85.《中国箸文化大观·序》，刘云主编《中国箸文化大观》，科学出版社，1996 年。

86.《三星堆文化在我国文化总谱系中的位置、地望及其土地崇拜》，四川省文物考古研究所编《四川考古论文集》，文物出版社，1996 年；后作修改，以《三星堆文化在我国文化谱系中的位置及三星堆遗址的古地望》为名，收入《古史的考古学探索》，文物出版社，2002 年。

87.《生命的幸福——记苏秉琦老师的最后留言》，《辽海文物学刊》1997 年第 2 期。

88.《百万年连绵不断的中华文化——苏秉琦谈考古学的中国梦》，邵望平、俞伟超，《内蒙古文物考古》1997 年第 2 期。

89.《十年来中国水下考古学的主要成果》，《福建文博》1997 年第 2 期。

90.《三星堆蜀文化与三苗文化的关系及其崇拜内容》，《文物》1997 年第 5 期；后收入《古史的考古学探索》，文物出版社，2002 年。

91.《望世纪内外》,《读书》1997 年第 6 期。

92.《楚文化研究的新基石：评〈楚国历史文化辞典〉》,《中国文物报》1997 年 6 月 8 日第 3 版。

93.《故陵访古·序》，蒋宏耀、张立敏著《寻找三峡库区楚墓引起的——故陵访古》，科学出版社，1997 年。

94.《中国古钱大系·序》，俞伟超主编《中国古钱大系》，西南财经大学出版社，1997 年。

95.《五千年中国艺术的文化基础》,《文物》1998 年第 2 期；后收入《古史的考古学探索》，文物出版社，2002 年。

96.《寻根寄语》,《寻根》1998 年第 4 期。

97.《考古学的中国梦》,《读书》1998 年第 8 期；后收入《读书》杂志编辑部编《不仅为了纪念》，生活·读书·新知三联书店，2007 年。

98.《金代服饰：金齐国王墓出土服饰研究·序》，赵评春、迟本毅著《金代服饰：金齐国王墓出土服饰研究》，文物出版社，1998 年；后以《填补金代服饰制度的空白》为名，发表于《中国文物报》2001 年 7 月 4 日第 8 版。

99.《西周铜剑的渊源》，王振华著《古越阁藏铜兵萃珍（铜剑篇）》，1998 年 10 月；后收入《古史的考古学探索》，文物出版社，2002 年。

100.《秦汉青铜器概论》,《中国美术分类全集·中国青铜器全集·第 12 卷“秦汉”》，文物出版社，1998 年；后收入《古史的考古学探索》，文物出版社，2002 年。

101.《秋海棠叶集·序》，王宏钧著《秋海棠叶集》，中国社会科学出版社，1998 年。

102.《织绣珍品：图说中国丝绸艺术史·序》，赵丰著《织绣珍品：图说中国丝绸艺术史》，艺纱堂服饰出版，1999 年；后发表于《中国文物报》2000 年 3 月 8 日第 3 版。

103.《淮河的光芒：黄河与长江的联结——〈舞阳贾湖·序〉》，河南省文物考古研究所编著《舞阳贾湖》，科学出版社，1999 年；也发表于《东南文化》1999 年第 1 期。

104.《考古学中的汉文化问题》，张忠培、俞伟超著《考古、文明与历史》，“中研院”历史语言研究所，1999年3月；后收入《古史的考古学探索》，文物出版社，2002年；收入杨楠编《考古学读本》，北京大学出版社，2006年。

105.《二十一世纪中国考古学研究前景的展望》，张忠培、俞伟超著《考古、文明与历史》，“中研院”历史语言研究所，1999年。

106.《丛书出版非常有意义》，《中国文物报》1999年5月12日第3版。

107.《人类文化研究的趋势》，《古代文明研究通讯》1999年5月总第1期。

108.《本世纪中国考古学的一个里程碑》，苏秉琦著《中国文明起源新探》，生活·读书·新知三联书店，1999年。

109.《“神面卣”上的人格化“天帝”图像》，《保利藏金》编辑委员会编《保利藏金》，岭南美术出版社，1999年；后收入《古史的考古学探索》，文物出版社，2002年。

110.《秦汉时代考古》，宿白主编、《中华人民共和国重大考古发现》编辑委员会编《中华人民共和国重大考古发现：1949—1999》，文物出版社，1999年；又名《秦汉考古学文化的历史特征》，收入《古史的考古学探索》，文物出版社，2002年。

111.《中国民族文化源新探·序》，徐良高著《中国民族文化源新探》，社会科学文献出版社，1999年。

112.《人文科学与自然科学的结合——在“现代科技考古研讨会”上的发言》，《文物》1999年第5期。

113.《寄语瞭望》，周光召、霍英东、马万祺、朱光亚、费孝通、胡绳、何厚铧、张仃、董辅礽、厉以宁、路甬祥、俞伟超、曹建明、丁聪，《瞭望》1999年第22期。

114.《成都考古发现1999·序言》，成都市文物考古研究所编著《成都考古发现1999》，科学出版社，2001年。

115.《在江苏江阴高城墩佘城遗址全国考古研讨会闭幕式上的总结发言》，《江阴文博》2000年第1期。

116.《江阴佘城城址的发现与早期吴文化的探索——在江苏江阴高城墩畲城遗址全国考古研讨会上的发言》，《江阴文博》2000年第1期；后收入《古史的考古学探索》，文物出版社，2002年。

117.《世纪之交的思考：考古·文物·博物馆》，俞伟超、苏东海、马承源、徐湖平、任式楠、高广仁、曹兵武，《东南文化》2000 年第 1 期。

118.《楚文化中的神与人》，《民族艺术》2000 年第 1 期；后收入《古史的考古学探索》，文物出版社，2002 年。

119.《中国古代文化的离合及其启示》，《北京大学研究生学志》（内部刊物）2000 年第 1 期；后收入《民族艺术》2001 年第 3 期；收入《古史的考古学探索》，文物出版社，2002 年。

120.《人类初生世界的宁静与斑斓——观赵晓宇画展有感》，《民族艺术》2000 年第 2 期。

121.《尼雅 95MN Ⅰ号墓地 M3 与 M8 墓主身份试探》，《西域研究》2000 年第 3 期；又名《“王侯合昏”锦与“五星出东方”锦对推测尼雅 95MN Ⅰ号墓地中 M3 与 M8 墓主身份的启示》，收入《古史的考古学探索》，文物出版社，2002 年。

122.《科技进步与人文学科的关系》，《农业考古》2000 年第 3 期；又名《人类进步过程中物质、精神、社会三方面的关联性》，收入《古史的考古学探索》，文物出版社，2002 年。

123.《〈汉魏洛阳故城研究〉序》，《河洛春秋》2000 年第 3 期。

124.《时代需要环境考古学》，周昆叔、宋豫秦主编，中国第四纪研究委员会环境考古专业委员会、北京大学环境科学中心合编《环境考古研究（第 2 辑）》，科学出版社，2000 年。

125.《关于楚文化形成、发展和消亡过程的新认识》，中国历史博物馆考古部编《中国历史博物馆考古部纪念文集》，科学出版社，2000 年；后收入《古史的考古学探索》，文物出版社，2002 年。

126.《中国画像石概论》，中国画像石全集编辑委员会《中国画像石全集》，山东美术出版社，2000 年；又名《汉画像石概论》，收入《古史的考古学探索》，文物出版社，2002 年。

127.《汉代画像石综合研究·序言》，信立祥著《汉代画像石综合研究》，文物出版社，2000 年。

128.《生命的幸福——记苏秉琦老师的最后留言》，宿白主编《苏秉琦先生纪念集》，科学出版社，2000 年。

129.《凌家滩璜形玉器刍议》，安徽省文物考古研究所编《凌家滩玉器》，文物出版社，2000 年；又名《凌家滩璜形玉器是结盟、联姻的信物》，张敬国主编、安徽省文物考古研究所编《凌家滩文化研究》，文物出版社，2006 年；后收入《古史的考古学探索》，文物出版社，2002 年。

130.《鄞江崖墓的重要价值》，《中国文物报》2000 年 11 月 29 日第 8 版。

131.《两代精绝王——尼雅一号墓地主人身份考》，《沙漠王子遗宝》，香港：艺纱堂服饰出版，2000 年；后收入［日］小岛康誉编著，周培彦译《丝绸之路——尼雅遗迹之谜》，天津人民美术出版社，2005 年。

132.《尼雅 95MN Ⅰ号墓地是精绝王后代继承者的墓地》，《中国文物报》2001 年 1 月 10 日第 7 版。

133.《回首忍倾东海泪》，张忠培、俞伟超、朱启新，《中国文物报》2001 年 2 月 7 日第 5 版。

134.《世纪之交话考古》，《中国文物报》2001 年 2 月 7 日第 7 版、2 月 14 日第 7 版、2 月 21 日第 7 版、2 月 28 日第 7 版、3 月 7 日第 7 版、3 月 14 日第 7 版；又名《考古学体系与人类历史进程关系的新思考》，收入《古史的考古学探索》，文物出版社，2002 年。

135.《促进现代科技考古研究实现的步骤》，现代科技考古研讨会文集编委会编《考古文物与现代科技：现代科技考古研讨会论文汇编》，人民出版社，2001 年。

136.《绥中三道岗元代沉船·序》，张威主编《绥中三道岗元代沉船》，科学出版社，2001 年。

137.《以原始农业为基础的中华文明传统的出现》，俞伟超、张居中、王昌燧，《农业考古》2001 年第 3 期；《文物世界》2002 年第 2 期。

138.《手铲释天书——与夏文化探索者的对话·序》，张立东、任飞编著《手铲释天书——与夏文化探索者的对话》，大象出版社，2001 年；《中国文物报》2001 年 9 月 21 日第 8 版；又名《由夏文化探索引发出的考古学文化与族群关系的争论》，收入《古史的考古学探索》，文物出版社，2002 年。

139.《江阴祁头山遗存的多文化因素》，《中国文物报》2001 年 5 月 2 日第 7 版。

140.《20 世纪中国考古学的一座里程碑》，宿白主编《苏秉琦与当代中国考古学》，科学出版社，2001 年。

141.《洛阳出土北魏墓志选编·序》，洛阳市文物局编、朱亮主编、何留根副主编《洛阳出土北魏墓志选编》，科学出版社，2001 年。

142.《钟磬是此次洛庄汉墓的最重大发现》，《走向世界》2001 年第 2 期。

143.《早期蜀文化发展的多元文化结合道路》，耿宝昌主编《邛窑古陶瓷研究》，中国科学技术大学出版社，2002 年。

144.《中国考古学的一代宗师苏秉琦》，王淑芳、邵红英主编《师范之光——北京师范大学百杰人物》，北京师范大学出版社，2002 年。

145.《长江流域青铜文化发展背景的新思考》，高崇文、安田喜宪主编《长江流域青铜文化研究》，科学出版社，2002 年；后收入《古史的考古学探索》，文物出版社，2002 年；湖南省博物馆编《湖南出土殷商西周青铜器》，岳麓书社，2007 年。

146.《长江上游古巴蜀信仰的文化背景》，［日］安田喜宪主编《神话、祭祀与长江文明》，文物出版社，2002 年。

147.《金沙淘珍——成都市金沙村遗址出土文物·序》，成都市文物考古研究所、北京大学考古文博院编著《金沙淘珍——成都市金沙村遗址出土文物》，文物出版社，2002 年；《中国文物报》2002 年 7 月 5 日第 8 版。

148.《内蒙古东南部航空摄影考古报告·序》，中国历史博物馆遥感与航空摄影考古中心、内蒙古自治区文物考古研究所编著《内蒙古东南部航空摄影考古报告》，科学出版社，2002 年。

149.《东夷系统的已佚古文字》，《揖芬集——张政烺先生九十华诞纪念文集》，社会科学文献出版社，2002 年。

150.《往事追记》，《四海为家——追念考古学家张光直》，生活·读书·新知三联书店，2002 年。

151.《为更多学科服务是考古学的宗旨吗？》，《中国文物报》2002 年 6 月 21 日第 7 版。

152.《古史的考古学探索·序》，《古史的考古学探索》，文物出版社，2002 年。

153.《中国考古学中夏、商、周文化的新认识》，《古史的考古学探索》，文物出版社，2002 年。

154.《汉末、东吴、两晋的鄂城铸镜业》，湖北省博物馆，鄂州市博物馆编《鄂城汉三国六朝铜镜》，文物出版社，1986 年；后收入《古史的考古学探索》，文物出版社，2002 年。

155.《三峡文物抢救计划》，《人文地理》1999 年第 1 期；又名《三峡地区的古文化》，收入《古史的考古学探索》，文物出版社，2002 年。

156.《"三危"地望的新揭示》，《古史的考古学探索》，文物出版社，2002 年；后收入《华学》编辑委员会编《华学（第 7 辑）》，中山大学出版社，2004 年；饶宗颐著《西南文化创世纪：殷代陇蜀部族地理与三星堆、金沙文化》，上海古籍出版社，2010 年。

157.《长江上游古巴蜀信仰及其文化背景的探索》，《古史的考古学探索》，文物出版社，2002 年。

158.《三峡与四川考古新收获以及对长江上游古代文明的新思考》，《古史的考古学探索》，文物出版社，2002 年。

159.《关于三峡地区考古学文化的命名问题》，《重庆历史与文化》，2000 年第 1 期；后收入《古史的考古学探索》，文物出版社，2002 年。

160.《夏家店下层与上层文化为两支东夷遗存》，《古史的考古学探索》，文物出版社，2002 年。

161.《中国魏晋墓制并非日本古坟之源》，《古史的考古学探索》，文物出版社，2002 年。

162.《长江上游古巴蜀信仰的文化背景》，霍巍、王挺之主编《长江上游早期文明的探索》，巴蜀书社，2002 年。

163.《中国临淄文物考古遥感影像图集·序》，山东省文物考古研究所编制《中国临淄文物考古遥感影像图集》，山东省地图出版社，2000 年。

164.《也谈山西运城发现的北周刻石题记》，《文物》2002 年第 9 期。

165.《中国考古学研究的世纪回顾与新世纪展望》，《中国文物学会通讯（2001、2002 年合订本）》，2002 年。

166.《三峡文物的十大价值》，《检察日报》2003 年 6 月 6 日。

167.《关于夏商周断代工程的一封信》，《中国历史文物》2004 年第 2 期。

168.《四川地区考古文化问题思考》，《四川文物》2004 年第 2 期。

169.《罕见的崖墓发现——俞伟超先生谈郪江崖墓》，四川省文物考古研究院、绵阳市博物馆、三台县文物管理所编著《三台郪江崖墓》，文物出版社，2007年。

170.《现有考古学体系的反思——2001年4月8日在四川大学考古系的演讲》，四川大学博物馆等编《南方民族考古（第6辑）》，科学出版社，2010年。

171.《关于〈长江三峡工程淹没及迁建区文物古迹保护规划报告〉的几点说明》，谢辰生口述，李晓东、彭蕾整理《新中国文物保护史记忆》，文物出版社，2016年。

六、外文论著

1. Yu Weichao, and Terry Kleeman: The origins of the Cultures of the Eastern Zhou, Early China, Vol. 9/10 , 1985.
2. Dai Qing, and Yu Weichao: Sites too valuable to be lost, Archaeology, vol. 49, no. 6, 1996.
3. Yu Weichao, and Zhang Aibing: An Outline of the Newly Understood Theories in Archaeology, Social Sciences in China, 3, 1995.
4. Yu Weichao: A Journey into China's Antiquity, Morning Glory Publishers, 1997.
5. Yu Weichao, and Du Yaoxi: Exhibition of Chinese History, China Commercial Publishing House, 1998.
6.《径百余歩なる卑弥呼の墓の謎：東アジアにおける王墓の形成》，福冈县教育委员会，1991年。
7.《中国考古学上の発見と夏、商、周文化についての新たな認識》，《東アジアの社会と経済》，大阪经济法科大学出版部，1992年。
8.《方形周溝墓と秦文化の関係について》，《博古研究（第8号）》，博古研究会，1994年。

七、访谈录

1.《全国考古学会年会在武汉讨论楚文化——俞伟超副教授就有关楚文化的问题答

本报记者问》,《长江日报》1980 年 11 月 28 日。

2.《考古学是什么? —— 俞伟超先生访谈录》, 张爱冰,《东南文化》1990 年第 3 期; 后收入《考古学是什么—— 俞伟超考古学理论文选》, 中国社会科学出版社, 1996 年。

3.《中国考古学的现实与理想—— 俞伟超先生访谈录》, 曹兵武、戴向明,《江汉考古》, 1994 年第 2 期; 后收入《考古学是什么—— 俞伟超考古学理论文选》, 中国社会科学出版社, 1996 年。

4.《诗的考古学》, 俞伟超、张承志,《文学自由谈》1987 年第 5 期; 后收入《考古学是什么—— 俞伟超考古学理论文选》, 中国社会科学出版社, 1996 年。

5.《中国考古学的新阶段—— 俞伟超先生访谈录》, 谷建祥,《东南文化》1997 年第 3 期。

6.《对人的探索》, 王军,《瞭望》1997 年第 44 期。

7.《学者·学问·人生—— 伟超先生访谈录》, 徐良高, 中国国家博物馆、北京大学考古文博学院编《俞伟超先生纪念文集·怀念卷》, 文物出版社, 2009 年。

后　记

俞伟超先生是原中国历史博物馆馆长，中国著名考古学家，中国秦汉考古学的奠基人之一。半个多世纪以来，俞伟超先生在考古学理论与方法、史前考古、夏商周考古、秦汉考古、古史分期、楚文化、巴蜀文化、羌戎文化、艺术史、水下考古、航空遥感考古、三峡文物保护、博物馆展陈等诸多领域进行了精深的研究和开创性的工作，做出了杰出贡献，为发展我国考古、博物馆事业和培养人才做出了巨大努力，被学界誉为天才的考古学思想家。2022年是中国国家博物馆创建110周年，我们组织出版《国博名家丛书·俞伟超卷》，便于大家理解俞伟超先生的考古学探索之路，希望能为读者带来启迪。

本书的编纂得到了馆内外专家和俞先生家人的大力支持。要特别感谢中国国家博物馆终生研究馆员信立祥先生、中国社会科学院考古所徐光冀先生和白云翔先生、北京大学考古文博学院赵化成先生，他们为文章的选择和编排提供了很多宝贵意见和指导；中国国家博物馆研究馆员郝国胜先生也为本书提供了重要帮助。

在本书的编校出版过程中，馆内各相关部门通力协作，许多同志为本书提供了支持，谨此一并表示衷心感谢！

受体例篇幅所限，本书远不能全面展现俞伟超先生在考古学和博物馆学研究方面取得的卓越成就，不免遗憾。疏漏错讹之处，恳祈各方批评指正。

编　者

2022年8月

图书在版编目（CIP）数据

国博名家丛书. 俞伟超卷 / 俞伟超著；王春法主编. — 北京：北京时代华文书局，2022.11

ISBN 978-7-5699-4675-8

Ⅰ. ①国⋯　Ⅱ. ①俞⋯ ②王⋯　Ⅲ. ①博物馆学－文集②史学－文集③文物－中国－文集　Ⅳ. ①G260-53②K0-53③K870.4-53

中国版本图书馆CIP数据核字(2022)第210508号

项目统筹

余　玲

责任编辑

耿媛媛

装帧设计

郭　青

国博名家丛书

俞伟超卷

GUOBO MINGJIA CONGSHU

YU WEICHAO JUAN

主　编：王春法

出版人：陈　涛

出版发行：北京时代华文书局（http://www.bjsdsj.com.cn）

地址：北京市东城区安定门外大街138号皇城国际A座8层

邮编：100011

发行部：010－64267120 010－64267397

印制：北京雅昌艺术印刷有限公司 010—80451188

开本：787 mm×1092 mm 1/16　印张：55.5　字数：964千字

版次：2022年11月第1版　印次：2022年11月第1次印刷

书号：ISBN 978—7—5699—4675—8

定价：468.00元（全二册）